MÉMOIRE
DU MONDE

2000 ans
d'histoire

MÉMOIRE
DU MONDE

2000 ans d'histoire

sous la direction de

Nadeije Laneyrie-Dagen
maître de conférences à l'École normale supérieure

LAROUSSE

21, rue du Montparnasse - 75283 Paris cedex 06

Édition
Laure Talamon

Rédaction
Clarisse Astier, Denise Basdevent, François Bédarida, Nicole Belayche, Frédéric Besset, Denise Blum, Alain Boureau, Nicolas Bourguignat, Jean-Luc Bouyeure, Ghislain Brunel, Élisabeth Campos, Marie Cerciello-Bachy, Cati Chambon, Sophie Collin-Bouffier, Sylvie Crozier, Jean Dagen, Philippe Dagen, Colette Deremble, Jean-Paul Deremble, Caroline Douki, Laurent Feller, Robert Frank, Olivier Guyotjeannin, Élisabeth Lalou, Nadéije Laneyrie-Dagen, Véronique Larcade, Étienne de La Vaissière, Marie-Josèphe Lussien-Maisonneuve, Florence Maruéjol, Sabine Melchior-Bonnet, Philippe Olivera, Denis Pechanski, Thierry Pécout, Christophe Pelinq, Benoît Pellistrandi, Christine Peltre, Dominique Prévot, Olivier Raynaud, Gérard Rippe, Michel Rival, Olivier Roy, Catherine Salles, Marie-Karine Schaub, Frédérique Scheibling-Sève, Marie-Ève Therenty, Stéphanie Thiébault, Renaud Thomazo, François Trassard, Éric Vial, François Weill

Lecture-correction
Service de lecture-correction Larousse

Mise en page
Guy Calka, Danielle Jourdan
Atelier d'édition européen (Anna Klykova)
Dominique Dubois et Didier Pujos

Iconographie
Agnès Calvo, Bernard Crochet, Catherine Dumeu, Nanon Gardin, Jacques Grandremy, Marianne Prost, Laurence Vacher

Fabrication
Martine Toudert

Mémoire 2000 reprend pour une grande part
Mémoire du monde, des origines à l'an 2000 © Larousse, 1997

Édition
Michel Guillemot
Laure Talamon
Nora Schott

Fabrication
Janine Mille

Crédits photographiques de la couverture et du sommaire :
Vue de la Terre, phot. Tom Van Sant/SPL/Cosmos ; *l'empereur romain Hadrien,* Rome, musée des Thermes, phot. Coll. Archives Larbor ; *Couronnement de Charlemagne,* Paris, B.N.F., phot. Coll. Archives Larbor ; A. Danti ; *caravelle italienne,* musées du Vatican, phot. Coll. Archives Larbor ; *Lénine haranguant la foule,* phot. Coll. Archives Larbor ; *l'attentat du 11 septembre 2001,* phot. Jason Szenes/Epa/Sipa ; Mantegna, *le Calvaire,* Paris, musée du Louvre, phot. Lauros-Giraudon ; *Rochambeau et Washington au siège de Yorktown,* phot. Josse H. ; William Turner, *Pluie, vapeur, vitesse,* Londres, Tate Gallery, phot. AKG, Paris ; *la libération de Paris,* phot. Magnum, Capa R. ; *la chute du mur de Berlin,* phot. Cosmos, Stoddart ; *l'arrivée des soldats américains à Bagdad,* phot. Facelly/Sipa.
Les **crédits photographiques du sommaire** sont ceux de la quatrième de couverture, sauf *le Calvaire,* remplacé par le *théatre romain de Sabratha* (Lybie), phot. Artephot, Babey.

ISBN 2-03-505-562-8

AU LECTEUR

Mémoire du Monde *est organisé, selon un découpage chronologique, en six grandes époques historiques. Chacune de ces époques est introduite par deux doubles pages qui permettent d'avoir une vue d'ensemble sur la période traitée. À l'intérieur de chaque partie, les faits se succèdent les uns les autres en fonction de la date à laquelle ils se situent.*

Au récit de chaque événement est consacrée une double page. La date est repérable immédiatement, inscrite dans une vignette placée en haut de la page de gauche. L'essentiel du texte s'attache à raconter les circonstances de l'événement. Ce récit s'enrichit d'informations supplémentaires, qui prennent place dans les encadrés. Lorsque une situation est en partie expliquée par le contexte historique, celui-ci est présenté, en marge du texte principal, dans un encadré inscrit entre deux filets. Si un témoin de l'événement, un contemporain du personnage évoqué ou un historien important parle de celui-ci, un extrait de son témoignage est fourni dans un autre encadré inscrit entre deux filets. Il en va de même s'il faut donner des précisions de caractère technique concernant un aspect particulier du sujet traité. Un dernier encadré apparaît alternativement : il rétablit le récit dans une perspective de long terme, met celui-ci en rapport avec des faits apparentés ou des personnages dont la vie a quelque rapport avec ceux présentés dans le texte principal.

L'iconographie tient une place considérable dans ce livre. Les documents contemporains, à chaque fois que cela est possible, l'interprétation allégorique ou cinématographique d'un thème ou d'un personnage, reflet des fantasmes engendrés par ceux-ci, apportent sur chaque sujet la vision des témoins de l'époque et celle des générations suivantes.

Enfin, un index, à la fin de l'ouvrage, permet de retrouver aisément les personnages qui ont joué un rôle important dans l'histoire du monde.

PRÉFACE

En ce début de XXIe siècle, alors que l'information circule comme elle n'a encore jamais circulé sur la Terre, que les cultures de tous les continents se rencontrent et se mêlent, il n'est plus question d'envisager des histoires simplement nationales, mais il convient de dresser l'héritage mondial des différentes cultures, d'évoquer les faits qui ont contribué à façonner l'identité des différents peuples, de rappeler les événements qui les ont dressés les uns contre les autres ou les ont rapprochés, et de faire renaître à la mémoire des hommes et des femmes d'aujourd'hui les grandes conquêtes de la science, de la culture, qui leur ont permis d'accéder à l'ordre contemporain du monde. La civilisation du monde occidental, pour ne parler que d'elle, est une des plus complexes qu'il soit possible d'imaginer. Alors que l'Europe est en train d'achever son unité, la culture des Européens continue de reposer sur les valeurs du monde gréco-romain et du christianisme, qui n'ont cessé d'être fécondes, et, en même temps, elle s'est ouverte à des civilisations aux composantes culturelles, religieuses et artistiques bien différentes : l'islam, l'Inde, la Chine, le Japon, l'Afrique noire.

Le principe directeur qui commande *Mémoire du monde* est d'ordonner et de tirer au clair une vision de l'histoire qui permette aux lecteurs de comprendre un peu mieux le monde qui est le leur. Nul projet d'érudition, dans ce livre, nulle vocation à l'exhaustivité ; l'intention des auteurs a été de composer un large panorama des événements qui ont déterminé le destin de l'humanité, au cours des deux mille ans qui viennent de s'écouler.

Depuis les premiers siècles de notre ère — la naissance du christinianisme, l'émergence de l'Empire romain — jusqu'à la récente actualité — « l'histoire immédiate », celle des guerres dans l'ex-Yougoslavie et dans le Caucase, de la crise économique, du sida et de la montée des intégrismes —, les moments essentiels de l'histoire des hommes sont ainsi exposés, au fil des pages. Malgré l'importance du livre (720 pages), le choix des événements, nécessairement limité, a été difficile. La sélection des faits était assez aisée à opérer pour les périodes anciennes : après plusieurs années, a fortiori après quelques dizaines d'années ou quelques siècles, il est possible d'évaluer correctement l'impact d'un événement sur le destin d'une nation, d'un ensemble de pays ou de l'humanité entière. Pour l'histoire très récente, le choix devient parfois plus périlleux. Cependant, parce que tant de fils, de liaisons, de raisons lient passé et présent, il n'était pas question de ne pas s'aventurer jusqu'à aujourd'hui. *Mémoire du monde* doit inciter à une appréciation plus subtile d'aspects parfois brûlants de l'actualité, en fournissant au lecteur les cadres et les repères qui lui permettent de replacer les faits dans une vision géographique et historique large.

Le parti de *Mémoire du monde* est strictement chronologique. La succession dans le temps nous a paru en effet constituer le plus évident et le plus commode des repères. La cohérence des périodes n'en est pas pour autant oubliée. La singularité de chaque époque (l'Antiquité, le Moyen Âge, le commencement des Temps modernes...) est mise en valeur par une présentation spécifique : quatre pages de synthèse, singularisées par leur fond noir, présentent à chaque fois l'esprit de l'époque concernée et, sous la forme de documents légendés, ses caractéristiques les plus saillantes ou ses faits les plus marquants.

Ce mode d'organisation permet au lecteur de redécouvrir des simultanéités qui sont trop souvent oubliées. Ainsi, qui se souvient que la naissance de l'islam est contemporaine de l'accession de la dynastie Tang au trône de Chine ? Ou que l'invention de la première machine à vapeur, la « marmite » de Papin, est contemporaine de l'installation de Louis XIV au château de Versailles ?

Parce qu'il se prête aussi bien à une consultation ponctuelle qu'à une lecture continue, *Mémoire du monde* se veut un livre de distraction intelligente en même temps qu'un outil de référence pour un public curieux, avide de comprendre tout autant que d'apprendre.

Nadeije Laneyrie-Dagen

SOMMAIRE

LES PREMIERS SIÈCLES

LE MOYEN ÂGE

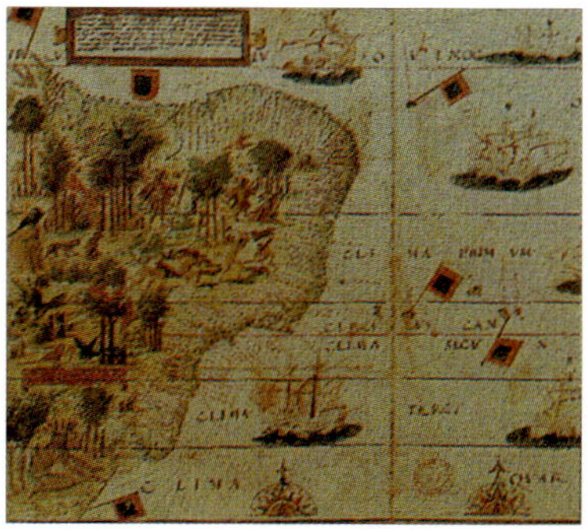

LE COMMENCEMENT DES TEMPS MODERNES

DES LUMIÈRES À L'ÂGE INDUSTRIEL

LE SIÈCLE TRAGIQUE

NOTRE TEMPS

LES PREMIERS SIÈCLES

Ier-IVe siècle

Fondé en 27 avant notre ère par Auguste, l'Empire romain s'affirme comme le maître incontesté de l'Occident pendant les premiers siècles de notre ère. D'une remarquable stabilité malgré les extravagances de souverains comme Néron, l'Empire multiplie les conquêtes territoriales. Il étend son autorité sur l'ensemble du bassin méditerranéen, ainsi que sur l'Angleterre après la défaite de la reine Boadicée, sur la Germanie et sur une partie de l'Europe de l'Est, et il mate sans pitié les révoltes en Judée ou en Syrie, par exemple. Rome exporte ses institutions et sa culture dans tout son empire. Partout s'élèvent des villes qui prennent modèle sur la capitale. L'Empire romain atteint son apogée au début du IIIe siècle. Il est ensuite confronté aux invasions des peuples barbares qui finiront par l'emporter à la fin du Ve siècle. L'Empire romain d'Orient, ou Empire byzantin, dont le siège se trouve à Constantinople, prendra alors le relais de Rome.

Les premiers siècles sont aussi marqués par la naissance et l'épanouissement du christianisme, fondement même, avec l'Empire romain, de la civilisation occidentale : onze ans après la dernière grande persécution chrétienne, en 302, il sera élevé au rang de religion officielle de l'Empire.

Théâtre romain de Sabratha
(Libye, IIe siècle de notre ère).

Les mystérieux Mayas

C'est entre le IIIe et le Xe siècle que la civilisation des Mayas connaît son apogée. De même que l'origine de ce peuple artiste est inconnue, on ne sait pourquoi il disparaît peu à peu à partir de l'an 1000 (tête de guerrier en stuc provenant du temple des Inscriptions à Palenque, Mexico, musée national d'Anthropologie).

L'Empire romain

Empereur de 117 à 138, Hadrien s'appliqua à réaliser l'unité du monde romain, parcourant les provinces pour mieux connaître les peuples et améliorer leur sort. Ce grand voyageur et ce remarquable lettré protégea également les frontières de l'Empire contre les Barbares en multipliant les fortifications — limes germanique, mur d'Hadrien en Bretagne (statue en marbre de l'empereur Hadrien, IIe siècle, musée d'Antalya, Turquie).

La cité rose du désert

Capitale des Nabatéens, attestée depuis 312 avant notre ère, Pétra atteint son apogée du Ier siècle avant notre ère au Ier siècle de notre ère, époque à laquelle elle se couvre de monuments, dont les célèbres tombeaux taillés dans le roc avec une façade sculptée et décorée de colonnes, de niches et de statues. Elle fut annexée par les Romains, sous le règne de Trajan, qui en fit une province romaine (le Khazné, le plus célèbre tombeau de Pétra).

La naissance de Jésus

Né vers 8 avant notre ère, sous le règne de Hérode, roi de Judée, Jésus se heurta très vite à l'incompréhension de ses contemporains, qui voyaient dans son message sur l'instauration d'un royaume de Dieu un ferment d'agitation politique. Arrêté, Jésus fut condamné à mort et crucifié sur l'ordre de Ponce Pilate (l'adoration des mages, fresque de Giotto, chapelle des Scrovegni, Padoue).

Les conquêtes barbares

Dès le IIIe siècle, les peuples barbares — Goths, Alamans, Huns, Vandales, Francs — investissent l'Empire romain sur ses multiples frontières. Réduit à sa partie occidentale en 395, celui-ci sera définitivement anéanti en 476, laissant alors place aux royaumes barbares des Wisigoths en Espagne, des Ostrogoths en Italie, ou encore des Francs et Burgondes en Gaule (Barbare à cheval, VIe siècle, Karlsruhe, Badisches Landesmuseum).

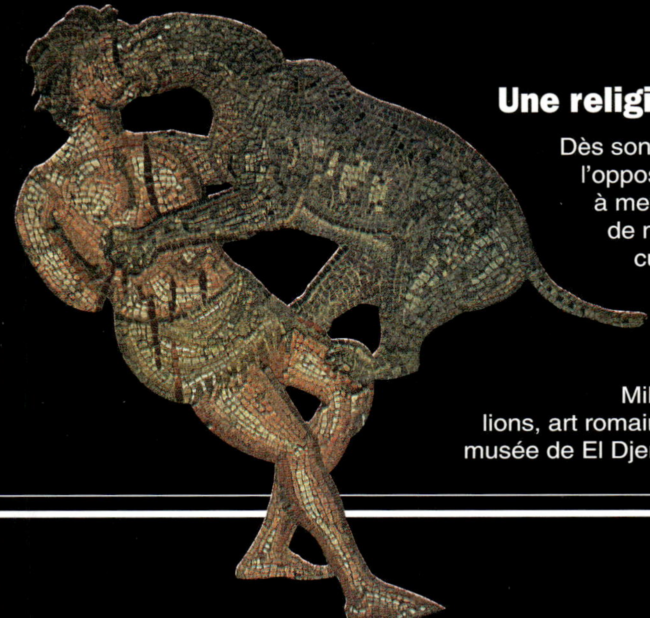

Une religion persécutée

Dès son apparition, le christianisme rencontre l'opposition du pouvoir romain, qui n'hésite pas à mettre à mort ses adeptes, promus au rang de martyrs. À partir du IIIe siècle, la persécution s'accélère et se systématise contre une communauté chrétienne en plein développement, avant que Constantin, en 313, établisse la liberté religieuse par l'édit de Milan (homme se faisant dévorer par des lions, art romain, IIe siècle, fragment de pavement, musée de El Djem, Tunisie).

La cité rose du désert
PÉTRA

Dissimulée dans un massif montagneux du désert de Jordanie, l'envoûtante cité de Pétra est une création commune de la nature et des hommes. D'abord dessinées par les déformations de l'écorce terrestre et par l'érosion, ses falaises de grès rose ont ensuite été sculptées par des artistes très talentueux.

Peuplée par la tribu arabe des Nabatéens, Pétra est une cité caravanière fort prospère qui assure le commerce entre l'Arabie et la Méditerranée. Elle atteint son apogée entre la fin du Ier siècle avant notre ère et le début du IIe siècle de notre ère. C'est à cette époque qu'elle creuse dans la roche ses plus beaux monuments.

Au détour du chemin, le Khazné

La ville n'est accessible que par une gorge étroite et sinueuse, appelée le Sîq, qui s'étend sur plus d'un kilomètre et ne dépasse pas deux mètres de large par endroits. Elle s'enfonce entre deux impressionnantes falaises qui atteignent jusqu'à cent mètres de hauteur. Après un dernier coude, la masse resserrée du Sîq offre soudain au visiteur une vision des plus étonnantes. Dans une mince fente se découpe une partie de la façade du plus beau monument du site, le Khazné.
Au débouché de la gorge, sur une place étroite, cernée par les montagnes, le Khazné apparaît dans sa totalité. L'édifice doit son nom, qui signifie « trésor », aux Bédouins, longtemps persuadés que l'urne du sommet renfermait les richesses d'un pharaon égyptien. Taillé dans la roche abrupte, dans laquelle il s'enfonce légèrement, le Khazné s'élève à 39,50 m de hauteur et mesure 28 m de large. Il comporte deux niveaux. L'étage inférieur est formé d'un portique à six colonnes. Les quatre colonnes centrales supportent un fronton, orné de reliefs. L'étage supérieur se compose d'une rotonde avec quatre colonnes soutenant sa toiture. Cette rotonde est couronnée par un chapiteau et par l'urne convoitée par les Bédouins du désert, et elle est décorée d'un bas-relief représentant la déesse gréco-égyptienne Isis, gardienne des morts. Enfin, de chaque côté, la rotonde est encadrée par deux structures à colonnes sur lesquelles repose un demi-fronton.

Inspiré de l'architecture et de la sculpture grecques, le Khazné est une très grande réussite. D'autres édifices du site l'ont pris pour modèle, mais aucun n'est parvenu à retrouver l'équilibre parfait des volumes et le décor raffiné qui le caractérise.

Des falaises regorgeant de tombeaux

Le Khazné est l'un des quelque cinq cents tombeaux creusés dans les montagnes de Pétra. Comme la plupart d'entre eux, il ne contient aucune inscription identifiant le propriétaire et précisant la date de sa réalisation.

Le Khazné, le plus remarquable parmi les nombreux mausolées dissimulés dans les falaises de Pétra, aujourd'hui en Jordanie.

Habitation creusée dans le grès rose des falaises (Pétra).

Vue d'ensemble des falaises de grès rose (Pétra).

Cependant, les constructeurs de sépultures aussi prestigieuses ne peuvent avoir été que des membres de l'élite : des princes ou de très riches marchands. Aux tombes ornées d'une façade inspirée de l'art grec, tel le célèbre Khazné, s'ajoutent les nombreux tombeaux de tradition orientale dont la façade imite une tour crénelée.

Quel que soit leur aspect extérieur, les sépultures respectent le même type d'organisation intérieure. En général, elles sont formées d'une seule salle, la chambre funéraire. Dans les parois sont creusées les niches où reposent les défunts. Parfois, des fosses funéraires sont excavées dans le sol.

Près des tombes, il existe d'autres monuments taillés dans la roche. Ils ont pour vocation d'accueillir les banquets célébrés en l'honneur des morts. À l'intérieur, trois longues banquettes, creusées le long des parois, reçoivent les convives. Mais, le plus souvent, les repas funéraires se déroulent en plein air, sur des banquettes taillées devant la sépulture.

Une ville pour les vivants

Contrairement à ce que pourrait laisser supposer la présence de multiples tombeaux, Pétra n'est pas une nécropole. C'est une ville à part entière avec des maisons, le plus souvent creusées dans la roche, dont les façades ne sont pas décorées. Elle possède ses boutiques, et ses édifices publics – théâtre, bains, fontaines, arc monumental – construits dans un large cirque. Un système de canalisations perfectionné et des citernes pourvoient à son approvisionnement en eau .

Pétra est le centre d'une intense vie religieuse. Les prêtres y honorent les dieux dans des temples. Le sanctuaire principal est consacré à Dûshara, le dieu dynastique et national, adoré sous la forme d'un bétyle, ou pierre sacrée non décorée, constituant l'habitacle du dieu. Les rites consistent à lui présenter des sacrifices d'animaux et à l'asperger de sang. Les Nabatéens – comme on appelle les habitants de Pétra et du royaume dont elle est la capitale – rendent également le culte dans des sanctuaires à ciel ouvert, situés sur de hauts lieux et dont l'existence est très ancienne. Ils sont équipés d'un autel pour le sacrifice des victimes animales et d'un socle qui supporte le bétyle rectangulaire abritant la présence divine. Trois banquettes ménagées dans la roche sont destinées aux personnages qui assistent aux sacrifices et partagent le repas de communion avec le dieu.

En mêlant savamment la culture orientale et les traditions artistiques grecques et en utilisant toutes les possibilités du cadre naturel, les Nabatéens ont réalisé des monuments originaux qui font de Pétra un site unique.

Pétra, capitale des Nabatéens

Dès 312 avant notre ère, **Pétra est occupée par la tribu arabe des Nabatéens, pasteurs et caravaniers.** Elle réussit à conserver son indépendance dans un Proche-Orient dominé par les Grecs, de la fin du IVe siècle au milieu du Ier siècle avant notre ère. Mais elle subit fortement **l'influence de leur culture et de leur art.**

Au IIe siècle avant notre ère est fondée **la monarchie nabatéenne,** qui s'impose bientôt à la tête d'un royaume s'étendant vers le Sinaï et la péninsule arabique. Mais, en 64 avant notre ère, **les Romains** prennent le contrôle de la Syrie-Palestine. Ils **imposent leur protectorat à la riche cité** commerçante un demi-siècle plus tard, puis, **en 106 de notre ère, annexent purement et simplement le royaume nabatéen.** Au même moment, **le déplacement du commerce de l'Orient** vers une autre route que celle passant par Pétra **amorce le déclin de la cité.**

Après le XIIe siècle, la cité sombre dans l'oubli. **Pétra la rose n'est retrouvée qu'en 1312** par l'explorateur suisse Johann Ludwig Burckhardt.

Une ville qui rayonne sur le monde

ROME

Souverain de l'ensemble de l'Empire romain depuis 30 avant notre ère, Octave reçoit du sénat le nom d'Auguste trois ans plus tard. Mais il n'a pas attendu cet honneur pour remodeler le centre de Rome, la capitale d'un territoire qui englobe tout le bassin méditerranéen.

Énée au Latium *(lavis de bistre de Claude Lorrain, Paris, bibliothèque de l'École des beaux-arts).*

Selon la légende, Rome a été fondée par la lignée d'Énée, un Troyen qui a survécu à l'incendie de Troie à la fin de la guerre qui a opposé Grecs et Troyens au XIIe siècle avant notre ère. Après une longue errance en Méditerranée, Énée s'établit dans le Latium, où son fils crée la ville d'Albe la Longue. Là, une descendante d'Énée met au monde des jumeaux, Remus et Romulus, qu'elle dépose sur le Tibre. Nourris par une louve, les enfants parviennent à l'âge adulte et fondent Rome. Au regard de l'histoire, la ville est une création étrusque datant du VIe siècle avant notre ère. D'abord contrôlée par des rois, la cité devient une république en 509 avant notre ère. En 27 avant notre ère, un nouveau type de gouvernement — le principat, ou monarchie impériale — se met en place.

La ville d'Auguste

Au nouveau régime qu'il instaure, Auguste entend donner un cadre rénové. Depuis des siècles, les activités politiques, religieuses, judiciaires et économiques se concentrent sur une grande place publique, le Forum romain. Dominé par les collines du Capitole, du Palatin et de l'Esquilin, le Forum dessine un long quadrilatère. De César, maître de Rome jusqu'en 44 avant notre ère, Auguste hérite une Curie en construction, édifice qui abrite des sénateurs désormais privés de leur autorité. Il achève le bâtiment. De même, il termine la tribune aux harangues, destinée aux orateurs, commencée elle aussi par l'ancien dictateur. Quant au Forum, Auguste le ferme du côté est, en édifiant un temple voué à César divinisé. Il lui donne ainsi sa forme définitive. Le souverain dote la ville d'un nouveau forum, attenant au Forum romain, qui célèbre son triomphe et sa domination sans partage sur l'Empire. Au fond de la place, bordée par deux portiques, il dédie au dieu de la Guerre, Mars, qui l'a aidé à vaincre ses adversaires, un somptueux temple en marbre. Les portiques ouvrent sur des hémicycles sur lesquels sont dressées les statues des fondateurs mythiques de Rome et des effigies des membres de la lignée d'Auguste. Lui-même trône, sous forme de statue, au milieu de la place. Celle-ci accueille désormais les activités judiciaires, à l'étroit dans le Forum romain.

Une capitale de plus en plus belle

Les empereurs qui succèdent à Auguste laissent aussi leur marque dans la capitale du monde romain en la dotant de superbes monuments. En 80 de notre ère, Rome inaugure le Colisée, le plus grand amphithéâtre de l'Empire, bâti par l'empereur Vespasien. L'édifice ovale, à quatre étages, peut recevoir 50 000 personnes. En 113, l'empereur Trajan offre à la cité un autre forum, voisin de celui d'Auguste. On y accède par un arc de triomphe. Sur la place, entourée de portiques, s'élève une vaste basilique, construction civile, où l'on rend la justice. À côté se dressent deux bibliothèques séparées par la colonne Trajane. Entièrement décoré d'une frise sculptée, le monument commémore les victoires de l'empereur en Dacie (actuelle Roumanie). Sur le côté du forum, adossés à la colline du Quirinal, s'élèvent les marchés de Trajan et leurs quelque cent cinquante bou-

Capitale durant plusieurs siècles d'un immense Empire dominant l'ensemble du bassin de la Méditerranée, la ville de Rome possède aujourd'hui encore de nombreux vestiges de son prestigieux passé.

Un Empire en expansion

Sous la République (509-30/27 avant notre ère). En 264, Rome intervient pour la première fois hors de ses frontières. La campagne qui se déroule en Sicile débouche sur les guerres puniques qui l'opposent à Carthage (aujourd'hui près de Tunis). Elles se terminent par l'annexion de sa rivale, en 146 avant notre ère, et par la création de la province d'Afrique. La même année, la Grèce et la Macédoine deviennent des provinces romaines. L'Espagne est définitivement soumise en 133. En 129, le royaume de Pergame, en Asie Mineure (Turquie actuelle), est légué par son roi à Rome et constitue la province d'Asie. Le sud de la Gaule, conquis en 118, forme la province de la Narbonnaise. En 51, César s'empare du reste de la Gaule. En 30, Octave soumet l'Égypte.

Sous l'Empire (30/27 avant notre ère-476 de notre ère). Les empereurs poursuivent la politique de conquête. Auguste annexe la Rhétie (en Suisse) et plusieurs régions d'Europe centrale et des Balkans. Sous Tibère sont créées les provinces de Commagène, au nord de la Syrie, et de Cappadoce (en Turquie). Sous Claude (41-54), les Romains conquièrent l'Angleterre et créent la province de Thrace (entre Bulgarie, Grèce et Turquie). Jérusalem est prise en 70 sous Vespasien. Sous Trajan (98-117), les provinces de Dacie, d'Arabie, de Mésopotamie, d'Arménie et d'Assyrie accroissent encore l'Empire. Celui-ci atteint alors son apogée.

tiques, réparties sur plusieurs niveaux. Cinq ans plus tard, en 118, l'empereur Hadrien érige le Panthéon, le plus beau temple de Rome, couvert d'une voûte remarquable. Voué à tous les dieux, il abrite les statues des divinités et des empereurs divinisés. Comme les constructions majestueuses qui l'ont précédé, le Panthéon proclame la puissance de Rome, maîtresse du monde. Les empereurs Caracalla, entre 211 et 217, et Dioclétien, entre 284 et 305, équipent la cité des plus grands thermes qu'elle possède. Les premiers peuvent contenir 1 600 personnes, les seconds 3 000. Leur décor intérieur, d'un luxe inouï, associe les marbres aux peintures et aux mosaïques.

Les jeux du cirque étaient un des loisirs préférés des Romains (Combat de gladiateur, *peinture de Paris Bordone, vers 1560, Vienne, Kunsthistorisches Museum*).

Du pain et des jeux

Attentifs à ce que le peuple de Rome, prompt à se révolter, reste calme, les empereurs surveillent particulièrement l'approvisionnement en vivres de la ville. Véritable grenier à blé, l'Égypte fournit les énormes quantités de céréales consommées par la ville, qui compte jusqu'à un million d'habitants. Le « pain » assuré, les souverains se chargent de distraire les Romains et les Romaines. Au Colisée, ils organisent de sanglants combats de gladiateurs et des luttes entre fauves d'Afrique et chasseurs. Extrêmement coûteux, ces « jeux » sont offerts par les empereurs et donc gratuits. Pour le confort du public, très friand de ces spectacles, les empereurs font tendre autour de l'amphithéâtre une gigantesque toile, le *velum,* qui filtre les rayons du soleil ou retient la pluie. Au Grand Cirque, les spectateurs assistent aux courses de chars. Les citadins fréquentent aussi assidûment les thermes. Ouverts aux deux sexes, ces fastueux établissements de bains ne sont pas uniquement destinés à l'hygiène. Lieux de rencontre privilégiés, ils offrent aussi des équipements sportifs et de riches bibliothèques. Rome, qui exporte son art de vivre et son architecture dans toutes les villes de l'Empire, réalise ainsi son unité culturelle.

30

La crucifixion d'un Juif à Jérusalem
JÉSUS DE NAZARETH

En avril 33, selon la tradition, en avril 30, plus probablement, un Juif de Palestine, Jésus de Nazareth, meurt crucifié entre deux larrons. Le supplicié est le fondateur d'une nouvelle religion, le christianisme. Pour les chrétiens, Jésus est le Fils de Dieu, le Messie incarné et mort pour sauver l'humanité. Pour le monde moderne, croyant ou non, l'homme qui meurt cette année-là est celui dont la naissance correspond à une ère nouvelle : l'an 0 du calendrier.

Nous possédons quatre relations concernant la mort de Jésus : celles des quatre Évangiles, les textes écrits par des disciples de Jésus, Matthieu, Marc, Luc et Jean, après la mort du Christ, et, pour le plus tardif *(Jean)*, à la fin du Ier siècle seulement. Ces relations diffèrent les unes des autres : leurs dissemblances marquent la difficulté d'une connaissance de la biographie de Jésus, alors même que cette connaissance est nécessaire, le christianisme étant intrinsèquement lié à la personne de Jésus et à l'interprétation de sa nature : homme et Dieu, et Fils de Dieu, à la fois.

La Mission

Les premières années de la vie de Jésus, celles de la « vie cachée », sont celles d'un Juif. « Cependant, l'enfant grandissait, se développait » *(Luc)*. Sa rencontre avec Jean-Baptiste (en 27-28 ?), son cousin selon la tradition orchestrée par la *Légende Dorée* de Jacques de Voragine, au Moyen Âge, et l'un des ascètes prophétisant au bord du Jourdain le Royaume de Dieu à venir, est déterminante. Il est baptisé, et cet acte inaugure son ministère. « Jésus se mit à prêcher et à dire : " Repentez-vous, car le Royaume des Cieux est tout proche." » *(Matthieu)*. Il parcourt d'abord la Galilée, sa région d'origine. Il y recrute ses premiers disciples, comme Simon-Pierre, dans les couches juives populaires. Son message, qui prend la forme d'allégories et de paraboles, appuyé par des guérisons miraculeuses et autres prodiges, fait naître un fervent enthousiasme. « De grandes foules se mirent à le suivre » *(Matthieu)*.

C'est que la Judée, le pays de Jésus, connaît alors une situation instable. Des difficultés économiques se combinent avec l'impatience nationaliste exacerbée par l'occupation romaine. De plus en plus souvent, des messies se lèvent, promettant la venue imminente du Royaume de Dieu dans l'histoire. L'annonce par Jésus de l'instauration du Royaume est donc entendue, probablement par beaucoup, comme l'imminence d'un bouleversement politique.

Le maître, pourtant, ne cesse de préciser et de répéter devant son auditoire : « Mais mon Royaume n'est pas de ce monde » *(Évangile de Jean)*.

Les exécutions capitales à Rome

L'autorité juridique qui décide la mort est toujours Rome. Sous la République, c'était le peuple romain. Sous l'Empire, c'est l'empereur, ou ses délégués. Après la provincialisation de la Judée, le Sanhédrin de Jérusalem (autorité juive), en tant que gardien de la loi mosaïque, a compétence au plan pénal. Mais la condamnation à mort dépend de la sentence finale du procurateur, délégué de l'empereur.

La forme du supplice varie avec la qualité du supplicié. Pour les Romains, l'intégrité du corps et son contact avec la terre au moment du décès conditionnent la normalité du passage dans l'au-delà. La crucifixion est considérée comme infamante. Elle est appliquée aux esclaves révoltés : ainsi, Spartacus.

La Judée de Jésus

En 4 avant notre ère, Hérode, roi de Judée depuis 37, meurt. Sa succession insoluble pousse l'empereur Auguste à clarifier la situation : en 6 de notre ère, **la Judée devient province romaine,** administrée, par un procurateur.

La date de naissance conventionnelle de Jésus – an 0 – est très sûrement postérieure de quelques années à la date réelle. Malgré les contradictions des Évangiles, **Jésus** doit naître à **l'extrême fin du règne d'Hérode,** entre 6 et 4 avant notre ère. Son ministère, qu'il commence vers la trentaine, est contemporain de la procuratèle de Ponce Pilate (26-36). Son procès et sa crucifixion doivent donc se situer aux environs de l'année 30.

Le Baptême du Christ *(Giovanni Bellini, v. 1500, Vicence, Santa Corona).*

Jésus trahi et supplicié : la Passion

Puis Jésus monte à Jérusalem, la ville du culte sacrificiel juif pratiqué par les sadducéens au Temple et celle où nombre de théologiens représentant l'orthodoxie pharisienne enseignent. Son entrée triomphale, digne du Messie, sa prédication révolutionnaire (« Gardez-vous des scribes », *Marc*), son action contre les marchands, qu'il chasse du parvis du Temple, finissent d'exciter contre lui les autorités politico-religieuses juives. « Les grands prêtres et les scribes cherchaient à le faire périr, les notables du peuple aussi » *(Luc).* Jésus connaît la menace qui pèse sur lui et il l'accepte : « La Pâque, vous le savez, tombe dans deux jours, et le Fils de l'homme va être livré pour être crucifié », dit-il aux apôtres *(Matthieu).* Cette Pâque, il la célèbre, le jeudi soir, avec les apôtres, parmi lesquels Judas, qui va le trahir : au cours du repas, il partage le pain et le vin, modèle de la communion (eucharistie).

À la fin de la nuit il est arrêté, dans le jardin de Gethsémani au pied du mont des Oliviers, où il a passé la nuit à prier. Il comparaît devant le Sanhédrin puis devant Ponce Pilate, procurateur, c'est-à-dire gouverneur, de la province. « Après avoir flagellé Jésus, il le livra pour être crucifié » *(Marc)* : décision prise par souci de préserver l'ordre public, à la demande des sadducéens hostiles à Jésus, et parce qu'un magistrat romain ne peut tolérer que le peuple appelle l'un des siens « Jésus de Nazareth Roi des Juifs » (I.N.R.I.)

Jésus ressuscité : les débuts d'une religion

Jésus vit son calvaire sur la colline du Golgotha, proche de Jérusalem. La communauté de fidèles qui s'est constituée autour de lui pleure d'abord le mort, mais le témoignage des Apôtres proclame qu'il est ressuscité après trois jours.

L'événement décisif, du point de vue de la fondation de la nouvelle religion, a lieu ensuite : 50 jours après l'agonie au Calvaire, c'est la Pentecôte, racontée dans les *Actes des Apôtres* ; les douze disciples de Jésus (Judas ayant été remplacé) sont réunis dans un même lieu, lorsqu'un vent violent secoue la maison, des langues de feu apparaissent, qui se posent sur chacun. L'Esprit-Saint emplit désormais les disciples, qui se séparent pour prêcher aux nations, dans tous les idiomes, la Bonne Nouvelle (« évangile »).

Rome et le christianisme

Un problème nouveau. Tant que les premières communautés chrétiennes restent dans le giron du judaïsme (jusqu'au concile de Jérusalem, en 49, par lequel les chrétiens renoncent à la circoncision), elles ne posent pas de problèmes spécifiques à l'Empire romain. Mais, rapidement, le message évangélique prend ses distances avec le judaïsme : il affirme l'universalité de la Parole, se veut donc prosélyte, et par là menace les dieux romains.

De l'indifférence à la persécution. Pour autant, l'Empire romain ne se décide pas d'un coup à persécuter les chrétiens. Ponctuelles, locales et démagogiques jusqu'au IIIe siècle, les persécutions ne se font systématiques et générales que tardivement, au tournant des IIIe-IVe siècles.

La réconciliation. Mais Constantin, à partir de 306, inaugure une politique favorable à l'Église, par pragmatisme ou par foi. Cette politique, poursuivie pendant le IVe siècle (sauf pendant le règne de Julien, entre 361 et 363), aboutit au triomphe du christianisme, qui devient religion d'État, avec Théodose, en 380. Ainsi s'effectue la rencontre entre l'Empire et l'Église : l'Empire proclame tenir son pouvoir de Dieu – il en est, en quelque sorte, le bras séculier.

Le Calvaire *(Mantegna, v. 1460, Paris, musée du Louvre). En haut de la croix, I.N.R.I. signifie Jésus de Nazareth Roi des Juifs.*

La Pentecôte *(Titien, 1555, Venise, Santa Maria della Salute).*

Le combat acharné d'une Barbare

BOADICÉE, REINE DES ICÈNES

En 43 de notre ère, les Romains envahissent la Bretagne (l'actuelle Angleterre) et en soumettent les habitants. Moins de vingt ans après, en 60, une confédération de peuples déclenche une formidable rébellion. Elle est conduite par une femme, Boudicca, plus connue sous le nom de Boadicée.

Boadicée sur son char. Sculpture en bronze devant les «Houses of Parliament» à Londres.

Ce combat élève Boadicée au rang des héros celtes qui, comme Vercingétorix en Gaule, ont lutté avec la dernière énergie pour libérer leur pays du joug romain. Aujourd'hui encore, Boadicée est considérée en Angleterre comme une héroïne nationale.

Entre légende et réalité

C'est sans doute entre 43 et 45, peu après la conquête de la Bretagne par les Romains, que Boadicée a épousé le roi des Icènes, un peuple d'origine celte installé dans une région isolée du sud-est de l'Angleterre, qui correspond au Norfolk actuel. On ne connaît de la reine que le portrait pittoresque mais apocryphe qu'en a tracé l'historien grec Dion Cassius, cent cinquante ans après les événements : «Elle était forte de carrure, terrifiante d'aspect et avec une voix rude. Une grosse masse de cheveux d'un rouge vif tombait jusqu'à ses genoux. Elle portait un grand collier en or torsadé et une tunique aux nombreuses couleurs, par-dessus laquelle il y avait un manteau épais, attaché par une épingle.» Si cette évocation assez effrayante ne correspond sans doute guère à la réalité, en revanche, la grande énergie de la reine et sa haine envers les Romains ne font aucun doute.
Ce sentiment très vif remonte peut-être aux premières humiliations infligées par les occupants. Quelques années après la conquête, à la suite de troubles causés dans la province par des Belges réfugiés du continent, le gouverneur décide de désarmer toutes les tribus, y compris celles qui, comme les Icènes, ont passé un traité d'alliance avec Rome. Indignés par cette mesure aussitôt appliquée, les Icènes se révoltent pour la première fois, sans succès. Mais Boadicée et les siens n'oublieront jamais l'affront subi.

Un testament non respecté

Quand il meurt, en 59, l'époux de Boadicée laisse un testament qui désigne conjointement pour lui succéder d'une part l'empereur, qui est alors Néron, d'autre part les deux filles qu'il a eues de la reine. Le roi pense ainsi conserver à son royaume un certain degré d'autonomie, à l'intérieur d'un empire auquel il sait que les Icènes ne peuvent résister. Mais les autorités romaines ne tiennent aucun compte des dispositions testamentaires du défunt. Le procurateur, c'est-à-dire le fonctionnaire chargé de l'administration financière de la Bretagne, confisque les biens royaux. Boadicée proteste et revendique son héritage. Elle ne réussit cependant qu'à déchaîner la violence des occupants : elle-même est rouée de coups, ses filles sont violées.
En outrageant la reine, c'est son peuple tout entier que les Romains humilient une nouvelle fois. Boadicée est unanimement soutenue par les Icènes qui réclament vengeance. Très vite, la reine réunit autour d'elle les autres peuples bretons mécontents. Parmi les premiers alliés se présentent les Trinovantes, poussés à bout par les exactions des vétérans, anciens soldats romains installés sur les terres autour de Camulodunum (la future Colchester). Les autres tribus se joignent à la rébellion, en vertu du sentiment patriotique et, surtout, par exaspération contre les prélèvements fiscaux effectués par les Romains.

Une lutte à mort

C'est probablement lors d'un rassemblement chez les Icènes, au cours de l'hiver 59-60, que les Bretons décident de lever des hommes dans chaque tribu et de les réunir sous la direction d'un seul chef : la reine Boadicée. En quelques mois, tout est prêt pour entreprendre la guerre de libération; celle-ci a lieu, pendant la belle saison, à l'été 60.
La première offensive porte sur Camulodunum, où les colons haïs sont sauvagement exterminés. Forts de leur succès, les Bretons anéantissent ensuite l'infanterie de toute une légion. Dans l'est de la Bretagne, il n'y a plus de troupes romaines capables de leur résister. En effet, le gros de l'armée, mené par le gouverneur, fait alors campagne au pays de Galles, où l'expansion romaine rencontre une résistance farouche. Aussitôt avertis du soulèvement qui s'est produit à l'Est, les Romains reviennent en toute hâte : pas assez vite néanmoins pour protéger Londinium (Londres) et Verulamium (Saint-Albans), que Boadicée a entrepris d'attaquer. Les troupes de la reine font un véritable massacre. Depuis le début de la rébellion,

elles ont tué 70 000 Romains ou Bretons pro-Romains, incendié et pillé les trois principales villes de la province.
Après ces événements tragiques, le gouverneur regroupe une partie de ses légions dans le nord-ouest du pays. Boadicée, décidée à lui porter le coup fatal, s'avance à sa rencontre. À la fin de l'été ou au début de l'automne 60, les deux armées se livrent une bataille décisive. Mais elle tourne au désastre pour les insurgés. Les guerriers bretons manquent d'expérience et, surtout, venant de tribus différentes, ils n'ont pas l'habitude de combattre ensemble. Malgré tous les efforts de Boadicée, les vagues désordonnées des Barbares, pourtant beaucoup plus nombreux que leurs adversaires, se brisent contre la stratégie et la discipline romaines. La reine choisit la mort plutôt que l'humiliation de la défaite et de la captivité : sans hésiter, elle s'empoisonne.

Digne héritière de ses ancêtres celtes

Par son énergie et sa détermination, Boadicée est une figure emblématique du courage des femmes celtes. À plusieurs reprises, les historiens romains ont exprimé leur étonnement devant ces héroïnes capables d'en remontrer aux hommes. Ainsi, Plutarque fait l'éloge de la Gauloise Éponine, réfugiée avec son mari dans une grotte après une révolte, et qui le cacha pendant neuf années. Il raconte également qu'en 102 avant notre ère des femmes participèrent au combat qui opposa en Gaule le consul romain Marius à la peuplade celtique des Ambrons. Au cours de la lutte, les Ambrons se replièrent sur leur camp. Cette retraite fit honte à leurs femmes qui se jetèrent à leur tour dans la bataille. Elles se précipitèrent sur les Romains aussi bien que sur les fuyards. Les Ambrons furent cependant battus, mais leurs épouses, plutôt que de tomber aux mains de l'ennemi, achevèrent les survivants puis se donnèrent la mort, ainsi qu'à leurs enfants.
Un siècle et demi plus tard, Boadicée suit fièrement leur exemple.

Boadicée, reine des Icènes. Gravure du XIXe siècle.

Le char de la Dame de Vix (musée de Châtillon-sur-Seine).

Étonnantes Celtes

D'après les témoignages des historiens anciens, les femmes celtes sont autorisées, dans des situations graves, à exprimer leur avis et donner des conseils. Certaines Celtes, comme Boadicée, ont même exercé le pouvoir et commandé aux guerriers. Ce sont là des mœurs bien différentes de celles des Grecs et des Romains, dont les femmes ne sortent guère du foyer.

Cartimandua. Reine du peuple breton des Brigantes, Cartimandua est une contemporaine de Boadicée. Après l'invasion romaine, elle choisit, contrairement à la reine des Icènes, de collaborer avec les conquérants. Elle en vient par exemple à livrer aux Romains le chef rebelle des tribus belges qui avait cherché refuge auprès d'elle. Une telle servilité finit par indigner son peuple : celui-ci se révolte contre sa souveraine, ce qui provoque l'intervention des Romains. Cartimandua perd son trône, et l'État brigante, son autonomie.

La princesse de Vix. On l'appelle ainsi à cause du village, proche de Châtillon-sur-Seine, où sa sépulture a été découverte, en 1953. Elle a vécu bien avant Boadicée et Cartimandua, à la fin du VIe siècle avant notre ère. Elle a peut-être également dirigé un peuple celte. Les magnifiques objets déposés dans sa tombe indiquent que cette femme, âgée de trente ans environ au moment de sa mort, occupait une position très importante — peut-être chef ou prêtresse — et qu'elle appartenait à une famille princière qui seule pouvait posséder de telles richesses. La dame était allongée sur un char de parade, le front ceint d'un diadème en or pesant près d'une livre; à ses côtés se trouvait en particulier le fameux vase de Vix, énorme cratère de bronze. Près de Châtillon, deux autres sépultures féminines ont été mises au jour. Celles-ci montrent que le cas de la princesse de Vix n'était pas unique et que les femmes pouvaient accéder au sommet de la hiérarchie sociale et sans doute aussi politique.

64

Néron a-t-il brûlé sa capitale ?

LE GRAND INCENDIE DE ROME

En 64 de notre ère, un incendie particulièrement violent dévaste pendant plus d'une semaine la plus grande partie de la ville de Rome. L'importance du sinistre fait naître des rumeurs : l'empereur Néron est désigné comme l'instigateur du feu.

C'est un véritable drame national qui se produit en 64, lorsque la métropole romaine est anéantie par les flammes. Si l'ampleur des désastres justifie la notoriété de ce sinistre, sa renommée posthume tient aussi aux accusations portées contre l'empereur, dont la pyromanie devient dès lors légendaire.

La force incontrôlée des flammes

Dans la nuit du 18 au 19 juillet 64, les entrepôts situés près du Grand Cirque prennent feu pour une raison inconnue. Attisées par un vent violent, les flammes montent rapidement vers le Palatin puis redescendent dans les quartiers longeant le Quirinal, le Viminal

L'Empereur Néron *(portrait imaginaire par Grebber, XIXe siècle, Dunkerque, musée des Beaux-Arts).*

L'Incendie de Rome *(peinture d'Hubert Robert, Le Havre, musée des Beaux-Arts).*

et l'Esquilin. Réveillés en plein sommeil, les habitants affolés se répandent à travers la ville dans une cohue indescriptible, chacun essayant de sauver sa vie, sa famille ou ses biens. Les vigiles, soldats chargés de la prévention et de l'extinction des incendies, ne peuvent stopper le sinistre, tant l'obscurité de la nuit et le désordre de la foule constituent des obstacles à leur travail.
Bien loin de se calmer, l'incendie fait fureur pendant sept nuits. Puis, alors que les autorités croient enfin en être devenues maîtresses, il renaît dans un autre quartier. Le neuvième jour, enfin, il s'éteint effectivement. Mais Rome, alors, n'est plus que ruines.

En effet, seules quatre régions, parmi les quatorze que compte Rome, ont été épargnées. Les dix autres sont entièrement ou partiellement détruites. Aucun chiffre n'existe sur le nombre des victimes. 200 000 Romains, sans doute, privés de domicile, se retrouvent à la rue. Les quartiers populaires, aux grands immeubles locatifs, sont parmi les plus touchés. Nombre d'édifices, vénérés par les Romains à cause de leur ancienneté, ne sont plus que décombres. Les œuvres d'art, ramenées de Grèce et d'Orient pour orner les lieux publics, sont irrémédiablement perdues, ainsi que tous les manuscrits contenus dans les bibliothèques publiques.

Les incendies de Rome

Une proie aisée pour les flammes. La ville de Rome, avec ses nombreux immeubles en bois, ses ruelles étroites et encombrées, rend l'extension des incendies particulièrement rapide. Le feu, qu'il soit d'origine accidentelle ou criminelle, ou qu'il soit en relation avec les combats de rues lors des guerres civiles, ne trouve pas d'obstacle et se répand dans toute la cité.

Des incendies nombreux. Ainsi, du début du règne d'Auguste (en 27 avant notre ère) à la fin de l'Empire (476 de notre ère), près de quarante sinistres ravagent Rome. Quatre d'entre eux sont particulièrement violents : celui de 64 et ceux de 80, de 190 et de 283. Ils consument de nombreux quartiers d'habitation ainsi que des temples, des monuments et des œuvres d'art.

Les Torches de Néron *(peinture de H. Smieradzki, Cracovie, musée Narodowe). Pour détourner sur d'autres la fureur de la foule romaine, Néron désigna les chrétiens comme responsables de l'incendie et il les fit brûler à leur tour…*

Le témoignage d'un contemporain

Quelques années après les événements, l'historien latin Tacite (55-120 de notre ère) décrit ainsi l'incendie :

« Le point de départ de l'incendie se trouva dans cette partie du Cirque qui est contiguë aux collines du Palatin et du Caelius. De là, à cause des boutiques dans lesquelles les marchandises alimentent les flammes, le feu, violent et activé par le vent, dévore toute la longueur du Cirque. En effet il n'y avait rien pour le retenir, ni maisons entourées de clôtures ni temples ceints de murs ni rien d'autre d'équivalent. L'incendie se répand avec violence d'abord dans les parties planes, puis s'élance vers les quartiers en altitude avant de dévaster les parties basses de la ville. Par sa rapidité foudroyante, il devance les secours et trouve une proie facile dans la ville aux ruelles étroites et tortueuses, aux quartiers mal alignés, comme était l'ancienne Rome. »

Tacite, Annales, *15, 38.*

Il faut un coupable

Dès le début de la catastrophe, l'opinion cherche des responsables : le feu s'est répandu avec une telle rapidité que, pour beaucoup, il ne peut être imputé au seul hasard.
Certains racontent avoir vu des hommes jeter des torches contre les maisons. Mais, très vite, le peuple romain désigne comme maître d'œuvre de ce spectaculaire désastre Néron lui-même. Pour les uns, l'empereur, désireux de reconstruire sa capitale de fond en comble, aurait trouvé ce moyen expéditif pour raser les vieux quartiers; pour les autres, c'est en vue de trouver l'inspiration pour la composition de son épopée, *la Prise de Troie*, qu'il aurait donné l'ordre d'incendier sa ville!
Lorsqu'il a connaissance des bruits circulant à son sujet, Néron prend peur. La foule a besoin d'un bouc émissaire? Il faut désigner un coupable, qui dégage entièrement la responsabilité du souverain.
La vindicte populaire s'apaise en effet rapidement lorsqu'une accusation officielle est lancée contre une petite secte religieuse, les chrétiens, dont les rites mystérieux ont pu mécontenter les dieux tutélaires de Rome. Environ 200 d'entre eux sont arrêtés et exécutés. Leur martyre devient un spectacle puisque, transformés en torches vivantes, ils illuminent les fêtes données par Néron à son peuple…

La destinée de l'incendie

Nul, à l'heure actuelle, ne peut prouver avec certitude la culpabilité de l'empereur. Plutôt que de désigner telle ou telle catégorie d'individus, il faut en revenir à l'explication la plus vraisemblable et la moins spectaculaire : le feu a pris dans les réserves d'huile et de blé contenues dans les docks et il s'est propagé très vite à cause du vent. Comme l'accident est survenu en plein été, les vigiles sont restés à peu près impuissants, car ils ne pouvaient disposer que de réserves d'eau très réduites.
À l'instar de tous les incendies qui ont ravagé une grande métropole, celui de Rome a eu des conséquences économiques innombrables. Mais les imaginations, au cours des siècles, ont surtout été frappées par l'hypothèse inquiétante d'un empereur pyromane et par les victimes innocentes qui moururent dans une représentation à grand spectacle.

Titus triomphe dans la guerre des Juifs

LA JUDÉE EST SOUMISE

Le 9 du mois de Ab de l'année 3830 depuis la Création, selon le calendrier juif, soit le 29 août 70 de l'ère chrétienne, « un soldat, sans attendre les ordres, sans être effrayé par une telle initiative, mû par une sorte d'impulsion surnaturelle », écrit l'historien juif Flavius Josèphe dans sa *Guerre des Juifs,* met le feu au Second Temple de Jérusalem. La destruction du Sanctuaire unique de Yahvé, Dieu des Juifs, met quasiment fin à quatre années de révolte armée à soixante années de contestation du pouvoir romain, et surtout à l'espoir d'une restauration proche et durable de l'indépendance d'Israël.

Depuis l'an 6, les occasions de heurts sont innombrables. La cohabitation d'une population majoritairement juive et de Grecs installés dans les villes côtières (sans parler des Samaritains) est explosive. La coexistence de l'autorité politique romaine et du conseil ou Sanhédrin de Jérusalem, compétent en matière religieuse et dès lors législative et judiciaire, n'est pas plus aisée, car Rome décide en dernier recours.

L'inévitable conflit

Mais, bien plus fondamentalement, le conflit entre judaïsme et romanisme est inévitable. Rome trouve en Judée un peuple jaloux de l'intégrité de sa religion. Or, le monothéisme juif est exigeant ; ses prescriptions enserrent tous les aspects de la vie et empêchent tout compromis avec d'autres modes de pensée comme de vie. La différence des Juifs a fait naître chez les Romains les reproches classiques d'associabilité et de « haine du genre humain », prélude à un dénigrement systématique et passionnel des pratiques juives, présentées comme les « superstitions barbares » d'une « nation scélérate ». Nul, mieux que l'écrivain Tacite, n'a explicité cette incompatibilité irréductible : « là-bas est profane tout ce qui, chez nous, est sacré, et, inversement, est permis, chez eux, tout ce qui est pour nous abominable » (*Histoires,* V, 4.1). Aussi les Romains, devenus avec la « paix d'Auguste » les maîtres de la concorde universelle du monde, souffrent-ils difficilement la fierté de ce peuple asservi qui se dit élu de l'Éternel et ne manifeste que dédain superbe pour la « majesté du peuple romain » et son panthéon.

Une atmosphère messianique

Car les Juifs n'ont jamais accepté leur annexion par un peuple païen, idolâtre et donc impie. Si une couche de l'aristocratie s'est laissé pénétrer par la culture gréco-romaine – et elle est assimilée par ce fait à des « collaborateurs » à abattre –, la très grande majorité de la population considère toujours comme des insultes volontaires les actes souvent maladroits des procurateurs successifs, les gouverneurs de Judée. La *Pax romana* lui apparaît comme une caricature de l'Empire du monde, ce règne universel d'un envoyé de Dieu, promis aux Juifs par une tradition religieuse invariable. Peu avant l'ère chrétienne, cet espoir messianique se ranime : les malheurs du temps sont vécus comme les signes annonciateurs de la venue imminente du « Seigneur », de l'« Oint » (c'est la signification du mot « Messie ») ; en même temps, l'attente de la réalisation de la promesse se charge d'un contenu politique :

Une ingouvernable province

Hérode, à la fin du Ier siècle, avait été le dernier roi d'**une Judée indépendante mais « alliée et amie du peuple romain ».** Les embellissements apportés au Temple symbolisaient sa volonté politique autonome. Aussi la population supporte-t-elle mal le passage à une administration romaine directe, après sa mort, en 4 avant notre ère.

Face aux difficultés que pose la succession du roi, **Auguste décide en effet, en 6 de notre ère, de transformer la Judée en province.** Des procurateurs se succèdent à Césarée, la capitale ; ils disposent d'une armée et battent monnaie. Même si Rome tolère les croyances du peuple juif, des frictions interviennent, d'autant plus que l'administration a du mal à satisfaire les tendances qui partagent alors l'opinion en « sectes » divergentes.

Reconstitution moderne (maquette) du Temple de Jérusalem et du quartier l'environnant.

« ... ce qui les poussa le plus à la guerre, ce fut un oracle ambigu, trouvé également dans leurs Écritures sacrées, disant que, à cette époque, quelqu'un venant de leur pays commanderait à l'univers » (Flavius Josèphe).

Une aspiration nationale

En deçà du « Royaume à venir », l'espérance des pauvres gens, humiliés par la soumission, confrontés aux problèmes d'une crise économique grave, réside dans une aspiration nationale, qu'accompliraient la restauration de la dynastie de David et le recouvrement de l'indépendance. D'où le nom de zélotes (en grec, « zêlés ») qui désigne les révoltés nationalistes à idéal théocratique. Les manifestations messianiques, parmi lesquelles celle de Jésus de Nazareth, se multiplient avant même l'annexion de la Judée par les Romains, dès la mort du roi Hérode, en 4 avant notre ère : certains se font proclamer « roi » ; tel « prétend être prophète et pouvoir à son commandement diviser les eaux du fleuve » ; un autre annonce que « sur son ordre les remparts de Jérusalem s'écrouler(ont) » [Flavius Josèphe]. Le jour même de l'incendie du Temple, « un faux prophète » presse les Juifs de monter au sanctuaire « pour recevoir les signes de leur délivrance », écrit le même auteur.

◁ *Représentation médiévale du siège d'une ville pendant la guerre de Judée : au premier plan, Titus, et Flavius Josèphe.*

◁ *Détail d'un bas-relief de l'arc de Titus, à Rome : le Triomphe des armées romaines, portant le chandelier à sept branches.*

La *Guerre des Juifs*

À ces aspirations nationales, à cette interprétation momentanée de la promesse faite aux Juifs par leur Dieu, s'ajoute la gestion détestable des derniers procurateurs romains. Ainsi se déclenche une première révolte, en 66 de notre ère. C'est une vraie guerre, menée par un État juif, politiquement constitué malgré de graves dissensions internes et divisé en districts militaires (celui de Galilée échoit au futur historien Flavius Josèphe). Rome, elle-même en crise à partir de 68, quand meurt Néron, doit déployer de nombreuses légions, jusqu'à la réduction, en 73, de Massada, dernier bastion, désormais symbole, de la résistance nationale juive.

Dès l'été 70, cependant, et à cause de la destruction du Temple, Jérusalem est tombée. Les conséquences politiques de cette chute sont pratiquement définitives. Sept cents captifs précèdent Titus lors de son Triomphe à Rome, moment bientôt immortalisé sur les reliefs de son arc du Forum. En Palestine, une légion veille à l'ordre, surtout lors de la levée du *fiscus Iudaïcus,* impôt que Rome oblige dès lors les Juifs, injure suprême, à verser à Jupiter Capitolin ! Une nouvelle révolte éclate, soixante ans plus tard, en 132-135, mais, de nouveau, les Juifs sont battus : c'en est fini, pour deux millénaires, d'un Israël libre, et Jérusalem perd son nom pour un moment.

Les Juifs après la chute du Temple

L'ultime révolte de 132. Dans un premier temps, l'échec de la révolte suscite un immense désespoir, dont les textes contemporains se font l'écho. La crise morale suscitée par la soumission de la Judée est telle que la seconde révolte juive, menée en Palestine par Simon Bar Kochba au temps de l'empereur Hadrien en 132-135, est rapidement écrasée. De nombreux Juifs sont déportés et de nouveaux colons étrangers païens installés dans cette partie de la province romaine de Syrie qui prend le nom de *Syria Palaestina* et comprend avec le territoire du pays biblique une partie de la Transjordanie.

Le temps de la tolérance. Pourtant, sauf dans les périodes qui suivent immédiatement les révoltes, Rome, tant qu'elle reste fidèle aux dieux païens, ne mène contre les Juifs aucune répression comparable à celle qu'elle exerce contre les chrétiens. Juste après le premier siège de Jérusalem, Rabban Johanan ben Zakkaï obtient de l'empereur Titus l'autorisation d'installer à Yabne, près de la côte, une école, qui devient un grand centre national. Pendant trois siècles, les successeurs de Rabban Johanan, qui portent le titre de « patriarches », sont les chefs reconnus de la communauté juive de Palestine, et sous leur autorité s'élaborent les grands ouvrages de la Loi orale, tandis que la synagogue remplace le Temple.

La détérioration à l'époque chrétienne. C'est seulement au IVe siècle, lorsque le christianisme triomphe dans l'Empire, que la situation des Juifs se dégrade. Partout où s'étend l'autorité des Romains, puis dans tout l'Occident chrétien comme dans l'Empire byzantin après la chute de Rome, les Juifs qui refusent de se convertir sont persécutés. Après le VIIe siècle, leur situation s'améliore, comparativement, dans les régions sur lesquelles s'étend la domination musulmane.

Deux villes sont ensevelies sous les cendres

POMPÉI ET HERCULANUM

Le 24 août 79, la vie s'arrête soudain au pied du Vésuve. En quelques heures, deux petites cités, Pompéi et Herculanum, disparaissent sous les cendres. Ce sont des bourgades figées à l'instant de leur mort que, bien des siècles plus tard, découvrent les archéologues.

Surpris au milieu de la matinée par un grondement terrible venu du Vésuve, le volcan qui domine la baie de Naples, les Pompéiens n'ont ni le temps ni les moyens de se préserver de la pluie de pierres ponces puis de cendres qui s'abat sur eux. En moins de trois heures, deux villes sont rayées de la carte. Nul n'aurait gardé leur souvenir sans les fouilles passionnées des archéologues, qui, trois siècles durant, ont travaillé pour faire resurgir et restaurer le site.

Des villes où il fait bon vivre

Situées sur les rives de la baie de Naples, au Ier siècle de notre ère, Pompéi et Herculanum coulent une existence heureuse. La première est spécialisée dans le négoce, la seconde consacre ses activités à la pêche.

Beaucoup de Pompéiens appartiennent à des familles aisées, enrichies par le commerce du vin, de la céramique ou du *garum*, un condiment très prisé fabriqué avec des entrailles de poissons. Dans les rues creusées de profondes ornières par les roues des chars et des charrettes, artisans et boutiquiers proposent leurs denrées aux innombrables badauds. La place principale de la ville, le Forum, qui abrite sous ses arcades des commerces de luxe, est entourée de temples majestueux. Des thermes accueillent dans leurs bains chauds ou froids les habitants de la ville ; un stade offre aux plus sportifs la possibilité d'exercer leur corps; un amphithéâtre, un théâtre et un odéon permettent à tous de distraire leur esprit. Il en va de même à Herculanum.

La catastrophe

Les deux petites cités constituent ainsi un éden, dont la sérénité est pourtant troublée en 62 de notre ère par un tremblement de terre qui jette bas un grand nombre d'édifices. La population, loin de s'enfuir, reconstruit un cadre de vie plus magnifique que par le passé à Pompéi ; dans bien des demeures, les travaux sont encore en cours en 79.

À cette date, la population a si bien oublié la catastrophe de 62 qu'elle ne prête guère attention aux grondements souterrains qui se font entendre le 20 août 79. Mais, quatre jours plus tard, à dix heures du matin, un craquement terrible en provenance du Vésuve crée brutalement la panique. Sitôt le bruit entendu, des rochers projetés depuis la gueule du volcan retombent sur la ville, puis s'élève une colonne de feu, bientôt remplacée par une nuée noire en forme de pin parasol — ou de champignon. L'éruption est d'une rapidité foudroyante, car les gaz accumulés à l'intérieur du volcan explosent en faisant sauter le gros bouchon de basalte obstruant le cratère.

L'Éruption du Vésuve *(peinture de J. Volaire, Le Havre, Nouveau musée).*

Dans les deux villes englouties sous les cendres, la vie s'écoulait paisiblement... jusqu'à un certain 24 août 79 (détail d'une fresque romaine, Naples, musée National).

Le récit d'un témoin

Pline le Jeune, neveu du savant Pline l'Ancien, qui périt dans la catastrophe, et écrivain lui-même, a contemplé l'éruption depuis un bateau ancré au large de Pompéi. Il décrit ainsi ce qu'il vit :
« Un nuage apparaissait, ressemblant par sa forme à un pin. En effet, après s'être élevé comme un tronc très haut, il se déployait en hauteur par des sortes de ramifications. À ce que je crois, il était porté vers le ciel au moment où il était poussé par l'air ; ensuite, en se désagrégeant et alourdi par son propre poids, il se dissipait en s'élargissant. Cette nuée était parfois d'un blanc étincelant, parfois grisâtre et mouchetée, dans la mesure où elle transportait de la terre et des cendres. »

Pline le Jeune, Lettres, *VI,16.*

Des cadavres aux formes pétrifiées : c'est ce que les archéologues ont pu retrouver dans les ruines de Pompéi.

Bientôt, aux projections de blocs se substitue une pluie de cendres ou de plus petites pierres volcaniques (lapilli); un fleuve de boue descend jusqu'à Herculanum. À 13 heures, tout est consommé. La lumière du soleil a disparu. Une nuit profonde obscurcit pendant trois jours ce coin de la baie de Naples.

Panique à Pompéi

L'explosion du volcan crée un affolement indescriptible à l'intérieur des deux villes. Surpris dans leurs activités quotidiennes, les habitants ne savent où diriger leurs pas. Tous n'ont qu'une idée, quitter au plus vite la ville. Ils se précipitent dans les rues obscures, qu'éclairent par instant des jets de lave en fusion. Terrorisés, les uns cherchent à retrouver leur famille, d'autres veulent emporter leurs biens. Deux mille habitants de Pompéi succombent ainsi, soit asphyxiés, soit assommés par les roches, soit étouffés dans la bousculade. Ceux qui veulent s'embarquer sont rejoints par les flots de cendres et de boue : près de 150 squelettes découverts sur la côte, près d'Herculanum, témoignent de leurs espoirs inutiles. Le plus grand savant de l'époque, Pline l'Ancien, qui se trouve à proximité, ne peut résister à la tentation d'aller observer de plus près le phénomène. Victime de sa curiosité scientifique, le vieil homme périt étouffé.

Après le désastre

Jusqu'au 26 août, l'obscurité reste complète sur Pompéi, Herculanum et les bourgades proches. Lorsque le soleil revient, on ne voit plus rien des riantes cités ensevelies. Dans les semaines qui suivent, les rescapés reviennent creuser la couche de dépôts volcaniques, profonde de près de quatre mètres, et tentent de récupérer leurs biens. Puis le site est abandonné et retombe dans le silence de l'oubli.
C'est au XVIIIe siècle que les fouilles commencent sur l'emplacement des deux villes martyres. Petit à petit, Pompéi renaît à la lumière du jour, quartier par quartier, rue par rue, maison par maison. On retrouve les repas, les outils, les œuvres d'art, les meubles à l'endroit où ils se trouvaient le 24 août 79. En coulant du plâtre dans les formes des corps restées en creux dans les cendres solidifiées, on reconstitue l'agonie des Pompéiens : une adolescente s'est brisé les jambes en se jetant du premier étage ; un homme est mort sur place, ses mains agrippant une grosse cassette de pièces d'or ; un vieillard, dans un dernier sursaut, lève les bras vers le ciel ; une petite fille enfouit son visage dans le giron de sa mère.
Tout cela explique la faveur exceptionnelle dont jouit Pompéi dans la mémoire des hommes : à l'horreur d'un cataclysme meurtrier s'oppose la résurrection d'une ville, figée dans la joie d'une matinée estivale.

150

Un géographe fait le point des connaissances

CLAUDE PTOLÉMÉE

Au milieu du Ier siècle de notre ère, le savant grec Claude Ptolémée rédige le Guide géographique, somme des connaissances géographiques dont dispose son temps. Son ouvrage est appelé à connaître une fortune extraordinairement durable : traduit en latin en 1410, copié à de fréquentes reprises, il devient le livre de référence majeur pour les érudits et les explorateurs du monde, aux XVe et XVIe siècles.

La ville de Constantinople : plan extrait de la Cosmographie *de Ptolémée (Paris, Bibliothèque nationale de France).*

Claude Ptolémée dans l'observatoire d'Alexandrie (gravure du XIXe siècle).

De Claude Ptolémée, on sait seulement qu'entre 125 et 141 il a travaillé à Alexandrie, qui est alors l'un des principaux foyers culturels de l'Empire romain. D'après les auteurs arabes qui ont préservé et traduit son œuvre, il a vécu soixante-dix-huit ans. Cela laisse supposer qu'il est né vers l'an 100 et mort vers 180. Scientifique aux multiples facettes, Ptolémée est non seulement géographe, mais aussi astronome, astrologue, mathématicien, théoricien de la musique et philosophe.

Un savant en chambre

Ptolémée n'est pas un homme de terrain. Ses écrits n'évoquent aucun voyage et ne font pas référence à des lieux qu'il aurait personnellement visités. Ses recherches, qui se fondent en grande partie sur les livres, ont pour cadre la très riche bibliothèque d'Alexandrie. Mais Ptolémée n'est pas qu'un compilateur. Il complète son savoir livresque par ses observations astronomiques et par ses calculs géométriques et trigonométriques. Parmi les ouvrages qu'il consulte figure en tête l'*Instruction géographique* de Marin de Tyr, grand géographe du premier tiers du IIe siècle de notre ère, et donc homme de la génération qui le précède. Ce volume, aujourd'hui perdu, sert de point de départ à Ptolémée. Le Grec critique la méthode de son prédécesseur et conteste le procédé cartographique que celui-ci utilise, mais il fait néanmoins de l'*Instruction* l'une de ses principales sources d'information. Les récits d'explorations fournissent aussi matière à sa réflexion. Le voyage de Pythéas, qui a laissé une relation de la découverte du nord de l'Europe, l'expédition d'Alexandre, connue par divers comptes rendus et par le journal d'étapes des arpenteurs, lui livrent maints renseignements. Mais il prête aussi attention à des aventures plus récentes, comme les expéditions des Romains Julius Maternus et Septimius Flaccus qui, les premiers, s'enfoncèrent dans le Sahara, ou les itinéraires des campagnes de Tibère en Germanie et d'Agricola en (Grande-)Bretagne, et il se sert aussi des cartes de l'administration romaine. Ptolémée n'ignore pas non plus l'œuvre des géographes du passé. Il cite Anaximandre qui, au VIe siècle avant notre ère, affirma le premier que la surface de la Terre était courbe et traça les contours du monde connu, ou encore Ératosthène, lequel, au IIIe siècle avant notre ère, réalisa la première mesure presque exacte de la circonférence de la Terre. Ptolémée connaît encore le travail d'Hipparque, le fondateur de la cartographie scientifique, auquel on doit l'idée de projeter sur un plan parallèles et méridiens. Enfin, le savant a lu l'*Enquête* d'Hérodote, le père de la géographie descriptive, qui, au Ve siècle avant notre ère, a détaillé les caractères physiques des pays et dépeint les peuples.

Un cartographe

L'ambition du *Guide géographique,* divisé en huit livres, est clairement définie dès le début : « Notre intention à nous a été, avec ce que nous avons vu nous-même ou avec ce que nous leur avons emprunté [aux auteurs anciens], d'esquisser une manière de carte générale du monde habité, afin de mettre à la disposition des amateurs de science tout ce qui peut leur être utile. » Ptolémée vise à une cartographie du monde plus qu'à une description des mœurs de ses peuples. Le *Guide* commence par proposer un système de projection cartographique et rassemble les données permettant d'établir des cartes régionales. Pour les trois continents, Europe, Asie, Afrique, Ptolémée recense 8 100 toponymes, répartis dans 82 régions. Pour les villes et les lieux remarquables, il donne les latitudes, établies à partir d'observations astronomiques, et les longitudes, souvent erronées, car leur mode de calcul est encore très imparfait. Le cartographe localise les peuples et il indique les durées du jour et de la nuit, du nord au sud en divers points du monde. La dernière partie de l'ouvrage fournit toutes les indications nécessaires pour dresser les cartes de 26 régions du monde. Il est probable que le cartographe lui-même est mort sans avoir encore dessiné les cartes projetées. Certaines copies du texte de Ptolémée contiennent pourtant ces cartes ; elles ont été exécutées, semble-t-il, par un ingénieur d'Alexandrie nommé Agathodaimon, qui dut les réaliser peu de temps après la disparition du géographe.

Une vision théologique du monde

Cosmas Indicopleustès, riche commerçant d'Alexandrie et sujet de l'Empire byzantin, rédige au VIe siècle une Topographie chrétienne. *La conception de l'Univers qu'il y expose manifeste une nette régression par rapport aux théories des savants grecs.*

L'image que le Byzantin se forme du monde, est fondée sur les saintes écritures. Elle nie la sphéricité de la Terre en affirmant que, si c'était le cas, cela signifierait cette chose absurde : que les hommes marchent par endroits la tête en bas. Pour Cosmas Indicopleustès, la Terre est au centre d'un univers représenté comme un grand coffre. Elle est entourée par l'océan, puis par le pays d'Éden, fermé aux hommes. Au nord, elle se termine par une grande montagne autour de laquelle gravitent le Soleil et la Lune. La voûte céleste surmonte la Terre et repose sur deux de ses extrémités. Cette conception symbolique et théologique du monde devait dominer la géographie médiévale jusqu'au XIIIe siècle.

Le monde de Ptolémée

Le *Guide géographique* témoigne d'une conception du monde bien surprenante pour des regards modernes. Le monde connu y est représenté comme un ensemble de terres enserrant les océans. Ainsi, à l'est, l'Asie se rattache à la côte sud-est de l'Afrique et enveloppe l'océan Indien. La côte ouest de l'Afrique touche une terre inconnue et cerne ce que le géographe appelle le « golfe Éthiopien ». Au nord, Ptolémée imagine l'Europe et l'Asie avec des côtes qui se prolongent dans des directions différentes jusqu'à d'autres terres inconnues. Les cartes dessinées, qui concernent les régions plus ou moins explorées, montrent aussi bien des inexactitudes. L'Écosse, par exemple, se développe à l'est de la (Grande-)Bretagne ; l'Armorique disparaît de la côte gauloise ; le bassin méditerranéen est trop long, surtout dans sa partie occidentale ; dans l'Inde, le triangle du Deccan est omis. Le cartographe corrige en revanche quelques-unes des erreurs qui se sont perpétuées jusque-là. Il situe l'Irlande à l'ouest de l'Angleterre et non au nord. Il rectifie l'orientation des Pyrénées, qui s'étendent désormais d'est en ouest et non plus du nord au sud. Il fait de la mer Caspienne une mer fermée, caractéristique oubliée depuis Hérodote. Après Ptolémée, les géographes n'innovent guère jusqu'à la Renaissance et aux grandes découvertes. C'est d'ailleurs le *Guide géographique* qui invite Christophe Colomb à naviguer vers l'ouest pour ouvrir une nouvelle route maritime, plus courte, menant à la côte orientale de l'Asie. Il ne devait pas atteindre l'Asie, mais l'Amérique.

Une nouvelle vision du monde : le système de Ptolémée (gravure du XVIIIe siècle, Paris, Bibliothèque nationale de France).

Des constructions désertées en pleine jungle

L'ÉPHÉMÈRE APOGÉE DES MAYAS

Le temple I, dit «du Grand Jaguar» à Tikal (700 de notre ère, Guatemala).

Peuple d'Amérique centrale, les Mayas sont les fondateurs d'une civilisation évoluée qui s'étendait sur les actuels États mexicains du Yucatán et des Chiapas, et sur le Honduras et le Guatemala. Mais l'abandon de leurs gigantesques cités demeure un mystère.

Enfouies dans les forêts tropicales, ces villes, de véritables mégapoles, connues depuis le XIXe siècle, forment un complexe réseau architectural. La plus fameuse d'entre elles est l'étonnante cité de Tikal.

Une civilisation complexe

Si les Mayas sont surtout des agriculteurs, les poteries retrouvées témoignent de l'habileté de leurs artisans. Ils possèdent également le premier système d'écriture complet de l'Amérique précolombienne, et leurs connaissances astronomiques sont étonnantes. La société, théocratique, c'est-à-dire entièrement pensée en fonction d'un ordre religieux, repose sur un système de castes, et des sacrifices humains sont pratiqués.

À l'apogée de leur histoire (entre 625 et 800 de notre ère), les Mayas construisent de grandes villes. Ce sont des centres politico-religieux et administratifs, les habitations se répartissant aux alentours de l'agglomération proprement dite. L'édifice typique du centre-ville est le temple couvert d'une voûte particulière, formée par deux murs parallèles qui vont en s'épaississant vers l'intérieur, et surmonté d'une crête faîtière.

Tikal, une ville gigantesque

Quatre villes se distinguent par des constructions immenses, dont la configuration donne une idée précise de la technique des architectes : Tikal (Guatemala), Copán (Honduras), Palenque et Uxmal (Mexique).

Tikal la plus grande de toutes, s'étend sur environ 10 km^2. Au cœur de la cité se trouve une vaste cour rectangulaire destinée aux rites religieux. De part et d'autre de cette cour, s'élèvent en terrasse de gigantesques temples-pyramides à gradins dont le plus haut atteint 70 m. Ils recouvrent les tombeaux des souverains de la cité. Plus de 3 000 constructions ont été dénombrées, dont de nombreux temples, palais et cours de jeux de balle, répartis sur trois acropoles et reliés entre eux par de larges chaussées. L'acropole nord, notamment, couvre plus d'un hectare et comprend seize temples, et sur l'acropole centrale se dresse un palais à cinq étages.

De nombreuses stèles sont en pierre nue — il est possible qu'elles aient été à l'origine crépies avec du plâtre, disparu comme les inscriptions qui y étaient gravées. Pour le reste des constructions, les Mayas ont fait venir d'autres régions des pierres plus dures. Lorsque l'on sait qu'ils ne connaissaient pas la roue mais utilisaient un simple système de courroies pour transporter eux-mêmes des objets, on imagine la difficulté qu'ils ont eue pour acheminer certains de ces matériaux. La construction de Tikal s'est d'ailleurs échelonnée sur 500 ans.

Un mystérieux abandon

Mais comment une civilisation à ce point brillante a-t-elle pu disparaître si rapidement ? L'arrêt brutal de la construction des monuments religieux ou politiques est le premier signe de la décadence des Mayas. Pourtant, ce n'est pas seulement la vie culturelle qui se trouve ainsi freinée, puisque la population se met également à décroître, et la plupart des centres sont abandonnés en quelques années. Ainsi la population de Tikal passe de 50 000 âmes à bientôt 5 000. À la fin du IXe siècle, il n'y a plus trace d'habitants dans la cité désertée.

Beaucoup d'explications ont été avancées pour expliquer cet abandon. Certaines font état de phénomènes naturels tels que séismes, changement de climat ou encore épidémies. Mais la géologie de la région contredit les deux premières thèses et on ne trouve pas trace d'une hécatombe par maladie. De même, aucun indice ne nous permet d'affirmer qu'une invasion étrangère est à l'origine de l'extinction de la culture maya : les quelques poteries découvertes provenant du golfe du Mexique ne sauraient constituer la preuve d'une guerre de conquête.

En se fondant sur la découverte de figurines de souverains mutilées, l'archéologue américain Eric Thompson penche plutôt pour des révoltes paysannes. Les jacqueries seraient venues à bout du pouvoir des dirigeants politiques et religieux et, bien que les paysans

Découverte d'une des villes : Copán

«Il s'avéra extrêmement compliqué de réaliser le plan des lieux, d'autant que la jungle envahissait l'ensemble de la structure. Il ne subsistait aucune pyramide entière, mais au mieux deux ou trois faces pyramidales qui rejoignaient des terrasses ou d'autres constructions de même type. Au-delà de l'enceinte se trouvaient des murailles, des terrasses et des élévations pyramidales s'avançant dans la forêt, ce qui semait parfois la confusion dans nos esprits (...) Partout on observait des volées de marches et des élévations pyramidales au sommet desquelles se trouvaient autrefois des édifices ou des autels aujourd'hui effondrés. Toutes ces marches ainsi que les faces pyramidales étaient peintes, et le lecteur imaginera aisément l'effet que devait produire la ville à l'époque où la forêt ne l'avait pas encore envahie et où les prêtres et les officiants gravissaient les degrés jusqu'aux terrasses, afin de venir vénérer les dieux dans les lieux sacrés du temple (...).»

Extraits de Incidents of Travel in Central America, Chiapias and Yucatan, *J. L. Stephens, 1841.*

Tikal, des ruines monumentales envahies par la forêt vierge. Comment une civilisation capable d'ériger de tels monuments a-t-elle pu disparaître si brutalement ?

aient continué par la suite à vivre autour des cités, les édifices, faute d'être entretenus, seraient lentement tombés en ruine. Hypothèse séduisante, mais rendue fragile par le fait qu'on ne trouve, dans les vestiges des cités, aucune trace de luttes sanglantes. Pour certains chercheurs, l'effondrement de la civilisation maya proviendrait au contraire de causes plus naturelles : un épuisement du sol dû à une culture intensive du maïs. Mais l'établissement des champs sur des terrasses aurait dû normalement éviter une telle catastrophe écologique. Aucune des explications avancées ne résout ainsi le mystère de la désertion des cités ensevelies sous la jungle.

Les grandes phases de l'histoire des Mayas

L'âge préclassique (2000 avant notre ère jusqu'à 250 de notre ère). À une civilisation des villages agricoles se substitue progressivement une société plus complexe : apparition des premiers centres cérémoniels, avec des pyramides supportant des temples, premières inscriptions annonciatrices de l'écriture hiéroglyphique, premiers exemples de poteries polychromes.

L'âge classique (de 250 à 950 de notre ère). Les plus remarquables pyramides, les stèles portant des inscriptions relatives notamment aux cycles du calendrier maya datent de cette époque. Le VIIe siècle correspond à l'apogée de la civilisation maya, tandis qu'entre 800 et 1000, les sites urbains sont abandonnés et la population agricole diminue considérablement. Cette décadence semble due à plusieurs causes : trop forte densité de population aboutissant à un épuisement des sols, troubles sociaux et rivalités entre cités, incursions d'envahisseurs.

L'âge postclassique (de 950 à la conquête espagnole). Une cité domine le début de cette période, Chichen Itza : elle diffuse le culte de Quetzalcoatl, le serpent à plumes, parallèlement à celui du dieu de la Pluie. Mayapan lui succède ensuite comme puissance dominante, puis d'autres villes, qui ne parviennent à établir leur hégémonie que localement, de sorte que les Espagnols ne rencontrent, lorsqu'ils arrivent en Amérique, que de petits États indépendants incapables de leur opposer une forte résistance.

La reine de Palmyre défie l'Empire romain

ZÉNOBIE

En 268 de notre ère, installée depuis un an sur le trône de Palmyre, en Syrie, Zénobie, veuve d'Odainat, rompt avec la politique prudente qui régissait, sous le règne de son époux, les relations de son pays avec l'Empire romain.

Elle estime que le moment est venu de profiter des difficultés que Rome rencontre sur les franges extérieures de l'Empire pour se constituer son propre domaine en Orient.

Une femme exceptionnelle

La reine exerce la régence au nom de son fils mineur Wahballat, successeur d'Odainat, qui est mort assassiné en 267. Les textes anciens nous parlent de la très grande beauté de cette femme, ainsi que de son immense culture. En plus de l'araméen, qui est la langue de Palmyre, Zénobie parle le grec, l'égyptien, et possède des notions de latin. Elle connaît parfaitement l'histoire de l'Orient — en particulier celle de l'Égypte, un État qui la fascine —, et cette connaissance lui permet de mesurer exactement les enjeux de la politique internationale de son temps. Cette femme érudite s'entoure d'esprits brillants tels le philosophe grec Longin, qui lui sert de conseiller, et l'évêque d'Antioche. Sous son gouvernement, Palmyre devient le principal foyer culturel de l'Orient. À ces qualités intellectuelles, Zénobie ajoute, selon un texte anonyme du temps, *l'Histoire Auguste,* une exceptionnelle résistance physique.

À la conquête de l'Orient

Le royaume de Palmyre possède, à cette époque, une armée importante et remarquablement organisée. C'est cette armée qui permet à Zénobie de nourrir de grandioses ambitions pour son royaume. Dès 268, elle place un homme de valeur, le général Zabda, à la tête d'un corps expéditionnaire de 70 000 hommes qu'elle envoie s'emparer de l'Égypte. Le but de la reine est d'ouvrir à Palmyre de nouvelles routes vers le continent indien, fournisseur traditionnel de produits rares et précieux qui se revendent dans tout le Bassin méditerranéen, à une époque où la domination des Perses Sassanides, ennemis traditionnels de Palmyre, interdit de passer par la voie habituelle constituée par le golfe Persique. Deux ans plus tard, l'expédition de Zabdas parvient en effet à ses fins : les troupes de Palmyre écrasent celles du préfet romain qui contrôle alors l'Égypte.

La reine ne s'arrête pas à cette victoire. Dirigeant ses visées expansionnistes vers le nord, elle se lance dans la conquête de l'Anatolie. Ses troupes parviennent jusqu'à Ancyre, l'actuelle Ankara. L'autorité de Zénobie s'étend alors sur une partie de la Mésopotamie, sur la Syrie, l'Arabie et l'Anatolie.

Rome, face à ces provocations, met du temps à réagir, occupée à lutter à l'ouest de l'Empire contre les incursions répétées des peuples germaniques.

La reine Zénobie accompagnée d'une allégorie de l'État. Détail d'un bas-relief (Damas, Musée national). Une aigle romaine, symbole de victoire, se tient au-dessus de la tête de la reine, tandis qu'une femme portant une couronne en forme de cité (représentation de Palmyre) brandit une branche d'olivier, autre symbole de triomphe guerrier. Zénobie, par ailleurs, foule à ses pieds un ennemi vaincu.

Palmyre

La ville de Palmyre, en Syrie, doit sa prospérité à sa position au **carrefour des routes caravanières** entre le golfe Persique, l'Euphrate et la Méditerranée. Au moment où Zénobie accède au pouvoir dans la cité, celle-ci — qui conserve ses institutions et notamment son roi — fait partie depuis deux siècles de l'Empire romain. Et, depuis 212 exactement, elle a **le statut de colonie romaine,** qui fait de ses habitants des citoyens romains à part entière.

Mais, à partir du milieu du IIIe siècle, les souverains de Palmyre cherchent le moyen d'accéder à plus de liberté encore. En 259, le roi perse sassanide Sapor Ier fait prisonnier l'empereur Valérien qui lui livrait bataille. **Odainat, époux de Zénobie et souverain de Palmyre à partir de 261, se porte au secours du Romain, bat Sapor et sauve ainsi les provinces orientales de Rome.** Il gagne à l'aventure des pouvoirs étendus et **le titre oriental de «roi des rois».** En 267, il s'apprête à aller défendre la Cappadoce, province romaine envahie par les Goths, mais il est assassiné en cours de route.

C'est alors que sa veuve **Zénobie** prend le pouvoir, au nom de leur fils Wahballat. Mais cette fois, **c'est contre Rome qu'elle va tâcher de faire triompher les intérêts de Palmyre.**

Portrait de Zénobie

«Son faste était royal, et on la saluait par l'adoration selon la coutume des Perses, qu'elle suivait aussi dans ses repas. Mais elle haranguait la foule à la manière des empereurs romains, casque en tête, revêtue d'un manteau de pourpre aux franges ornées de perles, et fermé par une fibule; souvent elle avait le bras nu. De teint mat et brun, elle avait des yeux noirs d'une incroyable beauté, le regard vif et d'un éclat divin. Ses dents étaient blanches comme des perles, sa voix sonore et mâle. Elle était généreuse, mais avec prudence, et ménagère de ses trésors, plus qu'on ne l'attendrait d'une femme... Elle allait souvent à cheval et on rapporte qu'elle faisait communément 3 ou 4 milles avec les troupes à pied. Elle était née avec la cupidité des Espagnols. Souvent elle buvait avec les généraux, quoique sobre par ailleurs. Elle buvait même avec les Perses et les Arméniens, et l'emportait sur eux!»

Extrait de l'Histoire Auguste, *dans J. Starcky et M. Gawlikowski,* Palmyre, *Paris, Librairie d'Amérique et d'Orient, Adrien Maisonneuve, 1985.*

Le retournement du sort

Enfin, en 272, l'empereur, c'est-à-dire, à ce moment, Aurélien, se met en marche avec ses légions en direction de l'Asie Mineure. La nouvelle de l'arrivée des troupes romaines n'effraie d'abord pas trop Zénobie, qui a confiance en la force de son armée. Mais, dès les premiers combats, les soldats palmyréniens ont le dessous. Bientôt, il faut évacuer Ancyre; puis le reflux continue, à un rythme inexorable. Zénobie et Zabda, qui commande toujours les troupes de la reine, se replient finalement sur Antioche, en Turquie, où une nouvelle rencontre a lieu. Au terme d'un combat dont les détails nous échappent, mais qui s'achève par la défaite des forces de Palmyre, la reine, vaincue mais toujours brave, défie une fois encore les Romains en proclamant son fils et elle-même *Auguste,* titre exclusivement réservé aux empereurs de Rome.

Malgré ce geste, les troupes palmyréniennes doivent prendre la fuite. Leur retraite les ramène cette fois en Syrie. Là, dans la plaine d'Émèse, se livre un dernier et terrible combat. Les cavaliers de Zénobie se battent avec une farouche énergie contre les troupes romaines, mais en vain. Beaucoup d'entre eux sont massacrés. La reine et son conseil de guerre décident l'ultime repli, sur Palmyre.

La fin du rêve

Zénobie fortifie en hâte la cité. Son espoir est que les troupes romaines, accablées par la chaleur de l'été et les attaques incessantes des Bédouins, tarderont à arriver ou même renonceront à mener à bien la poursuite. Mais les soldats d'Aurélien sont là en moins d'une semaine et se déploient aussitôt autour de la ville de façon à en bloquer les issues. Les événements se sont déroulés si rapidement que nul, dans la ville, n'a eu le temps de faire des provisions de vivres importantes. Bientôt, les assiégés sont à court de nourriture. Zénobie tente alors une manœuvre de la dernière chance. Elle décide d'aller demander de l'aide au souverain perse, son ennemi, mais aussi l'adversaire acharné des Romains. La reine parvient à fuir la ville sans se faire remarquer des Romains. À dos de dromadaire, accompagnée seulement de quelques hommes, elle réussit à gagner l'Euphrate sans encombre. Mais là, des cavaliers romains la rejoignent, la font prisonnière et la mènent à l'empereur. Palmyre, qui ne peut plus espérer de secours extérieur, capitule.

Dans un premier temps, Aurélien traite la ville vaincue avec clémence. Pourtant, l'année suivante, les habitants se révoltent et massacrent la garnison romaine stationnée sur place. Alors, l'empereur ne fait plus de quartier : la ville entière est pillée, incendiée; viols, assassinats et déportations d'habitants vident presque totalement l'ancienne capitale d'un empire que Zénobie avait rêvé souverain.

Quant à la reine elle-même, nul ne sait exactement comment elle termina ses jours. D'après l'historien grec Zosime, Zénobie, prisonnière d'Aurélien, aurait pris le chemin de Rome mais serait morte pendant le voyage, soit de maladie, soit parce qu'elle se serait laissé périr de faim. À en croire *l'Histoire Auguste,* au contraire, la reine aurait figuré dans l'entrée triomphale de l'empereur, à Rome. Après quoi, Aurélien l'aurait envoyée à Tivoli où elle aurait coulé des jours paisibles jusqu'à sa mort.

Ruines de Palmyre : le tétrapyle ou temple à quatre colonnes. Palmyre devint sous Zénobie, de façon éphémère, le centre culturel et artistique le plus brillant de l'Orient.

Des déplacements de peuples bouleversent l'Occident

LES GRANDES INVASIONS

Tout au long de l'Antiquité, l'Égypte, la Grèce et Rome ont organisé des expéditions à but commercial, ou parfois scientifique, et des campagnes militaires qui ont pénétré dans des contrées sauvages et élargi les frontières du monde connu. À partir du IIIe siècle de notre ère, le mouvement s'inverse.

Désormais, ce sont les peuples barbares qui découvrent à leur manière, extrêmement brutale, les pays de vieille civilisation. Refoulés de leurs territoires par des ethnies plus violentes qu'eux-mêmes et attirés par les richesses des nations civilisées, ils déferlent sur Rome et ses provinces.

Les premiers coups

Au milieu du IIIe siècle, les Goths lancent leurs premières attaques contre l'Empire romain. Une partie d'entre eux ravagent les côtes de l'Asie Mineure (la Turquie actuelle). Ils traversent ensuite le détroit du Bosphore, dévastent la Thrace et les Balkans avant de contraindre Rome à leur abandonner la province de Dacie. Les Goths continuent à harceler les Romains sur la frontière du Danube jusqu'en 332, date à laquelle ils sont vaincus par l'empereur Constantin (307-337). Après avoir reconnu la suzeraineté de Rome, ils profitent d'une période de paix d'une quarantaine d'années, favorable aux échanges avec leur vainqueur. Au cours de cette période, une partie d'entre eux, les Wisigoths, découvrent le christianisme. Sur la frontière entre le Rhin et le Danube, Rome subit la pression des Alamans. En 260, ces Barbares réussissent leur percée et ils parviennent jusqu'aux portes de Milan. Repoussés sur la rive droite du Rhin, ils prennent possession des champs Décumates (le Brisgau actuel), entre le Main et le lac de Constance, et du nord de l'Helvétie. Tout au long du IVe siècle, ils s'efforcent de franchir le Rhin, mais ils sont contenus par les armées de Rome. Les Francs sont également très actifs au milieu du IIIe siècle. Ils enfoncent la frontière du Rhin, et se répandent à travers toute la Gaule. Des bandes descendent même jusqu'en Espagne. Partout, les Francs pillent, incendient et laissent des ruines fumantes. Pour tenter d'endiguer ce flot, Rome installe les Barbares sur son territoire — en contrôlant leur nombre et en faisant de ces colons les défenseurs de ses propres frontières. Elle leur accorde des terres, situées près des frontières, et leur confie en échange le soin d'empêcher les incursions de leurs semblables. Les nouveaux venus fournissent de plus en plus d'auxiliaires à l'armée romaine. Certains d'entre eux se hissent même aux plus hauts postes de commandement. L'Empire romain connaît une période de répit et ne se doute pas que le pire reste encore à venir.

Les Barbares, peuples nomades, vont d'abord se sédentariser au contact de l'Empire romain (guerrier barbare, Londres British Museum).

Le naufrage de l'Empire romain

Tout part cette fois de l'Asie centrale. De féroces tribus originaires de Corée et de Mandchourie repoussent les terribles Huns vers l'ouest. En 374-375, ils arrivent en Ukraine, où ils écrasent les Ostrogoths. Pour échapper à ce sauvage ennemi, Ostrogoths et Wisigoths refluent à leur tour vers l'ouest. Les premiers gagnent le nord du Danube. Les seconds se réfugient dans l'Empire romain, en Thrace et en Pannonie jusqu'en 401. Ils migrent alors vers l'Italie et ils pillent Rome neuf ans plus tard. Pour finir, ils remontent vers l'Aquitaine et vers l'Espagne. Leurs frères ostrogoths, quant à eux, fonderont un État en Italie à la fin du Ve siècle. Pendant ce temps, les Huns poursuivent leur marche vers l'ouest et font fuir devant eux Vandales, Burgondes et Alains, qui passent le Rhin le 31 décembre 406. Hormis les Burgondes, qui demeurent en Rhénanie puis se répandent en Savoie et dans la région de Lyon, ces peuples traversent la Gaule pour se rendre en Espagne. Chassés d'Espagne par les troupes de Rome, les Vandales se dirigent vers l'Afrique romaine et s'en emparent. Les Francs, fixés au nord de la Gaule, attendent leur heure. Avec leur chef Clovis, ils feront la conquête du pays entier à la fin du Ve siècle. En 447, Attila, souverain des Huns et chef d'un puissant et vaste royaume, sème la désolation dans toute l'Europe. Quatre ans plus tard, il pénètre dans le nord-est de la Gaule. Défait près de Troyes, il change d'objectif et s'attaque à l'Italie. Sa mort, en 453, met fin aux déprédations des Huns. Mais plus rien ne peut sauver l'Empire romain, qui n'a plus d'empire que le nom. Celui-ci disparaît définitivement en 476 avec son dernier empereur. Il laisse la place aux royaumes barbares tandis que l'Antiquité s'efface devant le Moyen Âge.

Le recul de la géographie

Bien qu'issus de régions encore mal connues ou inexplorées, comprises entre l'Empire romain et l'Asie centrale, les peuples barbares ne font aucunement progresser les connaissances géographiques concernant ces territoires. Quant à la civilisation romaine, elle n'intéresse les envahisseurs que dans la mesure où elle leur procure de grandes richesses. Les Barbares n'éprouvent pas plus de respect pour ses œuvres littéraires et artistiques que pour ses monuments, auxquels ils n'hésitent pas à mettre le feu lors de leurs opérations de pillage. Dans la tourmente des invasions et les profondes mutations politiques, sociales et intellectuelles qui s'ensuivent, personne ne se soucie de géographie. Ce sont les Arabes qui sauvent de l'oubli les ouvrages scientifiques de l'Antiquité, dont les écrits de Ptolémée, le dernier grand géographe et cartographe antique. La civilisation occidentale, qui se renouvelle à la suite de ce grand brassage de peuples, attendra le XVe siècle pour redécouvrir l'œuvre du savant grec et donner un nouvel élan à la géographie.

Repoussés vers l'ouest par les Huns, les Wisigoths, à leur tour, envahissent l'Italie et pillent Rome (gravure du XIXe siècle).

Grâce à la victoire de Constantin sur les Goths, les Romains réussissent quelque temps à contenir ces envahisseurs au-delà du Danube (gravure du XIXe siècle).

Les Barbares

Les envahisseurs barbares se répartissent en trois groupes. **Les Germains** sont des éleveurs et des agriculteurs qui vivent dans des villages. Parmi les Germains figurent **les Goths, répartis entre Wisigoths et Ostrogoths.** Partis de Scandinavie au début du IIe siècle, ils sont installés au nord-ouest de la mer Noire. **Les Francs,** établis sur le cours inférieur du Rhin, **les Alamans,** localisés entre le Rhin moyen et le haut Danube, et **les Burgondes,** qui ont quitté les rives de la Baltique pour la Vistule puis pour le Main, sont aussi des Germains. **Les Vandales,** issus de Scandinavie, établis au IIIe siècle entre la Vistule et l'Oder, font également partie de cet ensemble de populations.

Le deuxième groupe comprend **des Iraniens,** originaires du plateau d'Iran. Il s'agit notamment des **Alains,** qui vivent entre la mer Noire et la mer Caspienne. **Les Huns,** branche occidentale des **Xiongnu,** tribus mongoles ennemies héréditaires de la Chine, forment le troisième groupe. À partir du Ier siècle de notre ère, ils pratiquent l'élevage en Sibérie occidentale.

Dioclétien s'attaque à l'Église
LES CHRÉTIENS MARTYRISÉS

De 302 à 305, l'empereur Dioclétien, pour restaurer l'unité nationale défaillante, s'en prend aux communautés chrétiennes, déjà très importantes dans le monde romain. C'est le dernier épisode de la lutte impitoyable menée par le paganisme contre le christianisme.

Dès son apparition, la religion chrétienne se trouve confrontée à l'hostilité de l'opinion publique et des autorités. Jugés pervers, hostiles au genre humain et prêts à conspirer contre le pouvoir impérial, les chrétiens sont très vite l'objet de poursuites policières, et des flambées sporadiques de persécutions les livrent à la vindicte publique.

Une religion de plus en plus dérangeante

Tant que les chrétiens restent marginaux, on leur reproche maintes turpitudes, la plupart imaginaires, comme le cannibalisme et l'inceste, mais ils sont rarement poursuivis. Lorsque la colère populaire, excitée par quelque catastrophe, devient trop forte, le pouvoir procède à des persécutions, locales et limitées. C'est ainsi que, après l'incendie de Rome en 64, Néron fait subir aux chrétiens de la ville un châtiment spectaculaire en les transformant en torches vivantes. À Lyon, en 177, une émeute populaire conduit à la mort, dans l'arène, de l'évêque Pothin et d'une cinquantaine de fidèles. Parmi ceux-ci, la jeune esclave Blandine, par son courage et sa foi inébranlables, fait l'admiration même de ses bourreaux.

La situation change à partir du IIIe siècle. À ce moment, les communautés chrétiennes se multiplient. Leurs membres deviennent éminemment suspects au pouvoir parce qu'ils s'abstiennent de rendre hommage à l'empereur — que les sujets romains sont censés considérer comme un dieu — et qu'ils critiquent le service militaire. L'Empire, alors, se désintègre pour de multiples raisons, guerres civiles, dépeuplement des villes, déficit économique et premières grandes invasions barbares. Il devient d'autant plus nécessaire qu'un lien très fort unisse les composantes de cet ensemble, et l'élaboration de ce lien passe par l'élimination des facteurs de division. Dès lors, les chrétiens sont considérés systématiquement comme des ennemis publics. Les législations tentent par la force de débarrasser la société de ces corps étrangers.

La « grande persécution » de Dioclétien

Au début du IIIe siècle, une loi de Septime Sévère interdit la conversion au christianisme. Elle est appliquée de façon inégale dans les diverses régions de l'Empire, mais très brutalement en Égypte et en Afrique. Là, en 235, le successeur de Septime Sévère, Maximin le Thrace, fait éliminer les chefs de l'Église. Quinze ans plus tard, en 250, le nouvel empereur, Dèce, en obligeant tous les citoyens à déclarer leur fidélité aux dieux de l'État, prend l'initiative de poursuites systématiques. Beaucoup de chrétiens sauvent leur vie en apostasiant, c'est-à-dire en renonçant officiellement à leur foi; mais d'autres, par milliers, refusent de se renier et, fidèles à leur engagement, sont torturés, jetés aux fauves, décapités ou brûlés.

Excellent administrateur et homme énergique, l'empereur Dioclétien, qui arrive au pouvoir en 285, entend mener à bien la restauration de l'Empire rêvée par ses prédécesseurs mais jamais accomplie. Le redressement passe, à ses yeux, par la restauration d'un sentiment natio-

La diffusion de la nouvelle foi

Le christianisme se diffuse rapidement dans l'Empire romain : dès 64, les chrétiens sont suffisamment nombreux et apparaissent assez marginaux pour que l'empereur Néron, accusé d'avoir incendié Rome, se décharge sur eux de la responsabilité du drame.

Dès la fin du Ier siècle, des communautés existent dans les grandes villes de l'Empire – la diffusion dans les campagnes sera plus tardive. Le christianisme pénètre dans les familles fréquemment par les femmes, qui sont les premières à écouter la parole des apôtres et des docteurs de l'Église. Les élites sont touchées en premier lieu : par elles, les esclaves se convertissent à leur tour. Le christianisme touche d'abord les zones proches des côtes – les ports, lieux d'échanges de biens et d'idées. Il pénètre à l'intérieur des terres le long des axes fluviaux : la mort de Blandine à Lyon illustre la force de la communauté chrétienne dans cette métropole qui est aussi un carrefour politique et économique.

Le Martyre de Blandine
(aquarelle du XIXe siècle).

nal fondé sur la foi en la personne, divine, de l'empereur. Un tel point de vue implique l'élimination ou la soumission des chrétiens, qui affirment l'existence d'un Dieu unique, évidemment autre que l'empereur. De 302 à 305, la « grande persécution », décidée par Dioclétien, représente le point culminant des poursuites intentées contre les chrétiens. L'épuration commence par l'armée, où certains soldats se posent en objecteurs de conscience. À la suite de quoi, quatre édits, en condamnant ceux qui ne respectent pas les dieux de l'Empire et en décidant la destruction des églises et des livres saints du christianisme, tâchent de porter un coup fatal au christianisme. De nouveau, ces édits sont appliqués avec une rigueur variable selon les parties de l'Empire. En Gaule, les autorités choisissent la modération; en Afrique et en Orient, au contraire, la répression est impitoyable.

Cependant, cette persécution, la plus rigoureuse de l'histoire, se solde par un échec complet : le christianisme, loin d'être éradiqué, a conquis plus de 50 % de la population. En 313, l'empereur Constantin tire les conséquences de cet échec. Par l'édit de Milan, il institue la « paix de l'Église » et met un terme définitif à tous les supplices.

Le culte des martyrs

« Témoins » du Christ. Le terme de *martyr,* qui signifie, en grec, « témoin », est employé dès le IIe siècle pour désigner celui qui meurt pour sa foi en Christ.

Le martyre, une épreuve espérée. Loin de considérer leur supplice comme dégradant, les chrétiens l'élèvent au rang d'exemple, ce qui permet à l'écrivain Tertullien d'écrire : « C'est une semence que le sang des chrétiens. »

Un culte précoce. Le culte des martyrs, issu de celui des morts, comporte des cérémonies commémoratives célébrées près de leur tombe lors de la date anniversaire de leur supplice. Au moment de leur baptême, les nouveaux convertis prennent souvent le nom d'un martyr célèbre et c'est ainsi que naît la coutume du prénom chrétien. Enfin, une littérature abondante, bientôt complétée par des représentations iconographiques, rappelle le courage des suppliciés et les conditions de leur mort.

Les Chrétiens martyrisés jusque dans les catacombes *(peinture de G. Mancinelli, vers 1900, Naples, musée de Capodimonte).*

Le bûcher des premiers martyrs chrétiens (détail d'une fresque du VIe siècle, Vérone, Santa Maria in Stelle).

324

La « Nouvelle Rome » bâtie en Orient

CONSTANTINOPLE

Le 8 novembre 324 de notre ère, Constantin Ier, empereur romain depuis 306, pose la première pierre de la ville qui doit succéder à Rome comme capitale de l'Empire romain et qui porte son nom : Constantinople naît alors.

La « Nouvelle Rome » est bâtie sur le site même de Byzance, une ville de très ancienne fondation grecque, dans laquelle Constantin vient de battre Licinus, le dernier adversaire qui lui disputait le pouvoir. Un texte anonyme affirme que la fondation commémore cette victoire : « Constantin appela Byzance de son propre nom, Constantinople, en raison de son insigne victoire. » Il est plus probable que le choix a été dicté par des considérations d'opportunité, qui tiennent à une position stratégique, tactique et économique également remarquables.

Le besoin d'une nouvelle capitale

Le projet d'abandonner Rome pour une autre capitale ne date pas de Constantin. Dès l'époque des tétrarques, les résidences impériales se trouvent hors de Rome. Les sénateurs romains s'en offusquent, mais le départ des empereurs est compensé par des largesses, les thermes de Dioclétien ou la basilique de Maxence et Constantin sur le Forum.

Des raisons religieuses expliquent-elles le transfert, définitif, sous Constantin ? En effet, alors que la classe sénatoriale romaine reste attachée au paganisme traditionnel, l'empereur défend les chrétiens soit par opportunisme, soit par conviction – la tradition voulant qu'il se soit converti après avoir eu une vision, en 312, à la veille de se battre contre Maxence, au pont Milvius. Cette raison religieuse, selon laquelle Constantinople serait la capitale chrétienne, terrassant Rome, temple de la superstition, apparaît en réalité comme une justification ultérieure : car la consécration de la ville, le 11 mai 330, est « concélébrée » par un évêque et par un philosophe élève de Jamblique, néoplatonicien et adversaire farouche du christianisme – preuve que les choses ne sont pas si simples qu'il y paraît.

Une « seconde Rome »

Les intentions réelles de l'empereur se laissent deviner. Il veut, comme jadis Alexandre avec Alexandrie, fonder une ville glorieuse capable d'immortaliser son nom. Éloigner la classe sénatoriale de Rome n'est pas un obstacle, car voilà longtemps, depuis le IVe siècle au moins, que le sénat n'exerce plus le pouvoir. En revanche, la position orientale de Constantinople est un avantage, en un temps où la pression barbare rend nécessaire l'envoi de troupes soit sur le bas Danube, où les Germains s'enhardissent, soit à l'est, où les Parthes menacent. Pour la même raison, Dioclétien, avant Constantin, avait choisi de fixer sa résidence à Nicomédie, non loin de Byzance. D'autre part, la situation de la ville, moins excentrée que Rome désormais, facile à ravitailler au débouché de l'Hellespont, – détroit entre l'Europe et l'Asie Mineure –, est exceptionnelle pour contrôler le carrefour des routes, tant terrestres que maritimes, qui relient l'Occident et l'Orient aussi bien que le Nord et le Sud. Enfin, la ville jouit d'un site défensif remarquable, à l'extrémité d'une presqu'île fermée par une enceinte du côté du continent, et pénétrée par la légendaire Corne d'Or, une rade de 7 km de long dont on peut, par des chaînes, interdire l'accès. Même si elle

Plan de Constantinople (miniature extraite d'un portulan du XVIe siècle, Chantilly, musée Condé). Au sud-est, la basilique Sainte-Sophie.

Vers la partition de l'Empire

En 235, l'Empire romain sombre dans **une période d'anarchie militaire** où les guerres civiles entre prétendants au sceptre le disputent à la violation des frontières par les Barbares.

Dès la seconde moitié du siècle, Gallien puis Aurélien entreprennent de renforcer le pouvoir impérial. **Dioclétien,** Illyrien proclamé empereur Auguste par ses soldats en 284, tente de le restructurer durablement. Il instaure progressivement **une collégialité impériale, la tétrarchie.** Dès 286, il nomme un second Auguste, Maximien. Puis, en 293, chaque Auguste prépare sa succession en se choisissant un César (Galère et Constance). Les tâches sont réparties, ainsi que les zones d'intervention, centrées autour de quatre capitales : Trèves, Milan, Sirmium et Nicomédie. L'Empire demeure ainsi un « patrimoine indivisible ».

Mais **le système ne résiste** pas aux diverses successions. De 313 à 324, l'Empire est partagé entre Licinius et Constantin. Ce dernier rétablit finalement pour ses fils une hérédité dynastique.

L'Apparition de la Croix à Constantin
(atelier de Raphaël, v. 1520, Vatican, Chambre de Constantin).
En arrière, les bâtiments sont inspirés de Rome (pyramide de Cestius, château Saint-Ange).

n'est au début qu'une Rome en second, la ville de Constantin allait contribuer à la partition de l'Empire qui se dessinait.

Copie conforme

Le souci d'imiter la vraie Rome est minutieux. Le « nouveau rempart, situé à quinze stades (2 775 m) de l'ancien » (selon l'historien grec Zosime), inauguré en 328, délimite un territoire autrement plus vaste que celui de la ville grecque. Malgré un site peu « romain », on parvient à trouver... sept collines, dont un Capitole. La ville est administrativement découpée en 14 régions, comme Rome depuis Auguste, et dirigée par un proconsul qui deviendra préfet de la ville en 359. L'empereur y bat monnaie depuis la fondation et organise, dès 332, les classiques distributions frumentaires à la plèbe locale, qualifiée du nom célèbre de *populus romanus* et dotée du droit italique. Moyen juridique grâce auquel le blé égyptien, en abordant aux rivages du Bosphore, continue à toucher ceux du Latium ! Constantinople a ses magistratures, ouvrant la voie d'un sénat peu nombreux (300 membres), mais dont l'existence va, à long terme, modifier notablement les conditions de la vie politique dans l'Empire. Pour l'heure, son rang inférieur échoue à attirer dans la *Nea Roma* l'aristocratie sénatoriale de l'ancienne. Aussi, ces nouveaux « clarissimes », qui ne le sont qu'à demi, et que Libanius, le grand rhéteur d'Antioche, raille férocement, sont-ils en majorité des Orientaux, parvenus d'autant plus prompts à la flatterie courtisane que Constantin les oblige à résidence.

« Constantin cherchait une ville capable de faire contrepoids à Rome et où il lui serait loisible d'ériger un palais » (Zosime). Construire une réplique orientale de Rome exige un effort urbanistique grandiose. Le palais impérial, « à peine moins vaste que celui de Rome », communique directement, par « le colimaçon », avec la loge impériale de l'hippodrome, « exactement semblable à celle qui se trouve à Rome ». « Constantin fit construire un forum circulaire, entouré de deux étages et limité par deux énormes hémicycles symétriques en marbre de Proconnèse. » En son centre, il érige « une haute et admirable colonne en porphyre rouge de Thèbes. Quant à l'ancien forum, il l'orne de deux temples, dont l'un est dédié à « la Fortune de Rome », entendons Constantinople. Avec l'amphithéâtre, l'université, les temples et les églises, comme la première basilique de la Sagesse (Sainte-Sophie), tout l'appareil de la ville romaine est ainsi mis en place.

Constantin vient de créer une ville où, autour de l'église des Saints-Apôtres, siège de son mausolée, la christianisation est rapide. Elle devient l'unique capitale du seul Empire romain à durer encore un millénaire, jusqu'en 1453, l'Empire byzantin.

Le Triomphe de Constantin, défenseur de la foi ? *[« ivoire Barberini », VIe siècle, Paris, musée du Louvre].*

Les grandes capitales volontaires de l'histoire

Des caractéristiques identiques. Constantinople (Istanbul aujourd'hui) appartient à ce groupe de grandes villes sorties de terre à la suite d'une décision politique visant à magnifier le pouvoir ou son détenteur, devenus éponymes : Alexandre, Pierre le Grand, le Brésil. Créées *ex nihilo* ou presque, sur des terrains inégalement favorables, obligeant à de grands travaux de terrassement, elles affichent une unité urbanistique monumentale, conçue par les plus grands architectes, soucieux d'une perfection classique inégalée, ou de novations révolutionnaires.

Alexandrie en Égypte. C'est le modèle même de ces créations. Malgré un site aux conditions géographiques peu propices, Alexandre le Grand, en 332 avant notre ère, suit la « vision merveilleuse » qui lui indique « une langue ou encoulure de terre assez raisonnablement large », en face de l'île de Pharos. La configuration des lieux et le sens pratique d'Alexandre brident l'audace de l'architecte Dinocratès de Rhodes. La disposition intérieure suit les règles de l'urbanisme ionien, en damier. La majesté de la cité se lit dans des avenues impressionnantes, des bâtiments colossaux, des jardins paradisiaques.

Saint-Pétersbourg. Un autre Grand, Pierre Ier de Russie, choisit un terrain peu hospitalier, qu'il fait drainer par une main-d'œuvre forcée, pour signifier l'ouverture de son pays au monde. En 1703, il fonde la ville sur la Neva, qui débouche sur la Baltique, et il lui donne un nom germanique, jugé plus civilisé. Les perspectives majestueuses s'inspirent des canons architecturaux de la France du Grand Siècle.

Brasilia. Quand, en 1960, le Brésil transfère sa capitale à Brasilia sur les plateaux de l'intérieur, l'État entend signifier la naissance d'un nouveau Brésil. Les urbanistes et architectes L. Costa et O. Niemeyer y conçoivent une capitale qui demeure encore d'avant-garde.

LE MOYEN ÂGE

IVe-XVe siècle

Au début du IVe siècle, l'empereur de Rome Constantin Ier met définitivement fin aux persécutions contre les chrétiens et assure ainsi le triomphe de leur religion. Plus peut-être que la chute de l'Empire romain, victime des invasions barbares, cet événement marque le début du Moyen Âge, période placée sous le signe du rayonnement du christianisme. Celui-ci impose en effet sa domination intellectuelle et idéologique à l'ensemble de l'Occident, et rythme sa vie quotidienne. Il mobilise aussi les foules qui se lancent sur les routes de pèlerinage ou qui participent aux très nombreuses croisades en Terre sainte. Après la brève réunification d'une partie de l'Europe de l'Ouest par l'empereur Charlemagne en l'an 800, le pouvoir politique se désagrège et tombe peu à peu entre les mains des seigneurs féodaux retranchés dans de solides châteaux forts. La société féodale et son économie agraire s'implantent solidement jusqu'au XIIIe siècle. La renaissance des villes et le développement du commerce donnent alors un nouvel élan à l'Europe auquel correspond un véritable épanouissement culturel. Ailleurs dans le monde, dans le bassin méditerranéen, en Chine, en Inde ou en Amérique centrale, se développent des civilisations très différentes de celle de l'Occident.

Baptême du futur roi de France Charles VI
(miniature du XIVe siècle,
Paris, Bibliothèque nationale de France).

Un art religieux

Retranchés dans les campagnes et au bord des routes de pèlerinage avec leurs églises reliquaires, les monastères s'affirment longtemps comme les seuls foyers de culture. À l'époque romane (fin Xe siècle - milieu XIIe siècle), ils sont les initiateurs de la création artistique. Ils cèdent ensuite ce rôle aux villes puis aux princes (*Croix reliquaire du pape Urbain V,* 1368-1378, Prague, trésor de la cathédrale Saint-Gui).

En route pour la Terre sainte

Entre 1095 et 1263, la papauté lance huit croisades pour reprendre Jérusalem aux musulmans et tenter de la conserver. Ces expéditions furent très coûteuses en vies humaines (*Combat singulier de Robert duc de Normandie avec un guerrier sarrasin sous les murs d'Antioche, en 1098,* peinture d'Édouard Pingret, château de Versailles).

La civilisation arabo-musulmane

De Bagdad à Cordoue en passant par Le Caire, Kairouan, Marrakech et Grenade, les Arabes développent une civilisation extrêmement brillante et raffinée. Palais et mosquées fleurissent dans les pays conquis aux VIIe et VIIIe siècles par les héritiers du prophète Mahomet (la Kutubiyya, mosquée de Marrakech).

Au cœur des Andes

Les Incas et leur vaste mais éphémère empire concluent la série des civilisations qui se sont succédé au Pérou. Ce couteau sacrificiel *(tumi)* en or de la civilisation chimu (env. 1300-1440) témoigne de la grande virtuosité de ces artistes des Andes (Lima, Musée anthropologique).

Une compétition entre villes

Dans la seconde moitié du XIIe siècle et au XIIIe siècle, sous l'impulsion de leurs évêques, les villes bâtissent de splendides édifices gothiques et rivalisent pour avoir la cathédrale la plus remarquable (*Construction du temple de Jérusalem par ordre de Salomon,* miniature de Jean Fouquet, vers 1410, Paris, Bibliothèque nationale de France).

L'empire du Milieu

Au moment où, en Occident, le Moyen Âge commence, la Chine a déjà derrière elle une longue histoire. Ses empereurs règnent sur de vastes territoires. L'art, la littérature, les sciences et les techniques atteignent un très haut niveau (*Dame de cour Tang,* Paris, musée Guimet).

La renaissance carolingienne

Grand conquérant, Charlemagne soumet de vastes territoires, qu'il dote d'une administration solide et efficace. Dans son empire, il encourage la renaissance de la culture latine et des arts (*Charlemagne et son fils Pépin,* miniature du Xe siècle, Modène, Biblioteca dei Capitolari).

Une capitale succède à Rome

LA SPLENDEUR DE RAVENNE

Les mosaïques de Ravenne représentent le témoignage le plus précieux du passage du monde antique au monde médiéval. Celles qui subsistent datent du milieu du ve siècle à la fin du vie. Souvent très restaurées, elles témoignent d'un idéal esthétique identique, par-delà la diversité de leur style.

À Ravenne, la capitale de l'empire d'Occident à partir d'Honorius, se rassemblent les influences de Rome, des Barbares et de Byzance. De Rome, l'art de Ravenne garde la monumentalité, et certains thèmes des débuts du christianisme, celui du Bon Pasteur (Jésus gardien des brebis fidèles), si fréquent dans l'art des catacombes et des premiers sarcophages. Des Barbares (les Ostrogoths et Théodoric, qui la dominent un temps), lui vient une tradition d'art décoratif vivement coloré. Byzance, enfin, inspire le faste de ses images et fournit un cadre pour les accueillir : les coupoles des églises, ciels où s'imprime un univers paradisiaque.

Le ciel étoilé de Galla Placidia

Le mausolée que Galla Placidia se fait construire constitue ainsi un écrin idéal et coloré. Au-dessus des parois de marbre jaune se déploient des mosaïques où dominent l'or et le bleu, deux couleurs particulièrement précieuses, parce qu'elles symbolisent la gloire et la pureté, et parce qu'elles coûtent cher. La coupole forme un fond bleu uni où se détachent l'or des symboles des évangélistes, celui des cercles concentriques d'étoiles et, au centre, celui de la croix. Juste au-dessous, les apôtres, silhouettes blanches sur un fond toujours bleu et doré, chantent les louanges de Dieu avec les gestes graves d'orateurs romains. Dans les quatre chapelles de cette construction cruciforme, d'autres mosaïques, en haut des murs, ajoutent à ces couleurs un peu de rouge et du vert. Elles représentent des cerfs, symboles des catéchumènes depuis les premiers temps chrétiens, en train de se désaltérer à l'eau de la Vie; saint Laurent, près du gril où il fut martyrisé, affirmant la victoire de

Détail de la procession des vierges (Ravenne, Saint-Apollinaire-le-Neuf).

Mur gauche de la nef de Saint-Apollinaire-le-Neuf, à Ravenne. En haut, les scènes de la vie du Christ; au registre médian, des saints; en bas, la procession des vierges.

Le Bon Pasteur *(Ravenne, mosaïque du mausolée de Galla Placidia). La mosaïque, appréciée pour ses vives couleurs, fut pratiquée avec prédilection par les Byzantins.*

ceux qui souffrirent pour l'Église, et, enfin, le Christ, vêtu d'une robe d'or, en Bon Pasteur. L'ensemble, qu'unit un enroulement d'arabesques, de spirales et de sarments de vigne, forme un tout continu, une voûte lumineuse, où les tons chauds et profonds s'accordent pour donner l'illusion d'un rêve d'éternité.

Les processions de Saint-Apollinaire-le-Neuf

Tout autre est l'effet produit par les trois larges frises superposées de la nef de l'église Saint-Apollinaire-le-Neuf, érigée par le roi arien Théodoric (493-536).

Plus narratives que les mosaïques du mausolée de Galla Placidia, les scènes supérieures racontent les événements de la vie du Christ, de ses miracles à sa Passion. C'est un choix alors inédit, qui annonce les grands ensembles de peintures consacrés, plus tard dans le Moyen Âge, à l'histoire du Fils de Dieu. La bande médiane, elle, est rythmée de chaque côté par seize figures de saints et de prophètes, dont les portraits majestueux et idéalisés s'inscrivent sur un fond d'or.

La zone inférieure montrait à l'origine le roi Théodoric, sa famille et sa cour, s'avançant vers les figures trônantes du Christ et de la Vierge représentées dans l'abside. Elle fut transformée sous l'empereur Justinien, après qu'il se fut emparé de Ravenne en 540. Le nouveau maître de la ville fit remplacer les portraits des princes ostrogoths par deux processions de vierges et de martyrs, frises éblouissantes dignes des sculptures du Parthénon ou des décors des palais assyriens et achéménides. Comme les sujets d'un roi allant remettre leur tribut, les saints vont déposer leur couronne devant Jésus et Marie, assis tels des empereurs et gardés par une cohorte d'anges. Gestes et attitudes s'inspirent des antiques représentations des triomphes d'empereurs; le blanc, couleur de la pureté, et la pourpre impériale dominent sur l'or immatériel.

Les portraits impériaux de Saint-Vital

Ce goût des fonds dorés, du dépouillement du décor, cette prédominance de la figure humaine le plus souvent vue de face, ce rythme processionnel qui scande le bâtiment, on les retrouve à Saint-Vital, où les artistes associent à l'abstraction byzantine un naturalisme d'inspiration locale. Sur la voûte rutilante de feuilles d'acanthe et de guirlandes de fleurs et de fruits, l'Agneau mystique s'impose à l'adoration des évangélistes. Dans une sorte de jardin éternellement fleuri, des scènes de l'Ancien Testament annoncent son sacrifice sanglant.

Cependant, deux étonnants panneaux attirent l'attention. L'un représente Justinien, entouré de laïcs et de religieux, l'autre Théodora, un calice d'or à la main, suivie d'un cortège de princesses. La polychromie subtile des pierres, où les gris perlés ressortent sur l'or des nimbes et le vert cru de la pelouse, la somptuosité inégalée des parures et des vêtements, l'acuité des regards font de ces portraits, plus qu'une image de propagande politique à la gloire des princes byzantins, figures terrestres du pouvoir divin, les modèles d'un art nouveau.

Ravenne

La prospérité de Ravenne date de l'époque de l'empereur byzantin Honorius (395-423), fils de Théodose Ier, fondateur de l'Empire. Régnant sur la partie occidentale des terres contrôlées par son père, il se heurte à la poussée des Barbares et **choisit pour capitale Ravenne à cause de son site,** défendu de l'intérieur par des lagunes et des marais et ouvert sur la mer par un port qui permet de communiquer facilement avec l'Orient.

Sous les successeurs d'Honorius, notamment sa sœur Galla Placidia (morte en 450), la ville demeure **la capitale de l'Empire romain d'Occident.** Elle se pare de monuments, mausolées, palais et églises, richement ornés de mosaïques.

Mais en 476 finit l'Empire d'Occident. Dix-huit ans plus tard (en 493), **le roi des Ostrogoths, Théodoric,** conquiert la ville. C'est un chrétien, mais il suit l'hérésie arienne. Loin de mépriser l'art qu'il découvre, il en prolonge le génie créateur par des constructions nombreuses : ainsi le Baptistère des ariens, au sud-est de la cathédrale.

La mort de Théodoric, en 526, est suivie d'une période troublée. Puis la ville est conquise par **Bélisaire,** général de l'empereur Justinien, et elle revient ainsi aux **Byzantins (540).** De ce temps datent Saint-Apollinaire-in-Classe, Saint-Vital et une partie des mosaïques de Saint-Apollinaire-le-Neuf.

Au VIIe siècle, la ville se détache progressivement de Constantinople. **Puis, en 751, le Lombard Aistolf met fin à la domination byzantine.**

L'art byzantin

Onze siècles d'art. L'art byzantin s'étend sur onze siècles, de la fondation de Constantinople sur le site de l'ancienne Byzance par l'empereur Constantin en 330 de notre ère à 1453, date de la prise de la ville par les Ottomans. Un laps de temps si long implique des évolutions, des ruptures. Pourtant, au-delà de la diversité de ses manifestations, l'art de Byzance garde des caractères typiques, qui font son unité.

Des images mystiques. L'ambition des artistes, au cours des siècles, reste la même : loin de toute préoccupation mondaine, ils veulent créer des images qui exaltent la puissance et la gloire de Dieu. Ils se préoccupent d'absolu, non de réalisme. Les problèmes de la perspective, du portrait leur demeurent donc étrangers.

L'amour de la couleur. En revanche, le goût des artistes et celui, surtout, des commanditaires — des princes épris de faste — incitent à créer des œuvres vivement colorées, où les ors, les rouges, les bleus rivalisent avec des verts et des jaunes éclatants.

La mosaïque, avant tout. Ce déluge de couleurs est obtenu dans des œuvres réalisées selon une technique préférée à toute autre : la mosaïque. À Constantinople (où il ne reste plus rien des premiers chantiers), à Ravenne, à Milan, à Rome, les artistes assemblent ainsi des morceaux de verre ou de pierre (en particulier de marbres) pour en couvrir progressivement les absides, les coupoles et les nefs des églises.

Alaric le Barbare au Capitole
LE SAC DE ROME

« Une rumeur terrifiante nous parvient d'Occident : Rome est assiégée... Ma voix s'arrête... Elle est prise, la Ville qui a pris l'univers entier. »

Vision d'orgie, et sa conséquence, l'entrée du Barbare dans Rome incendiée : deux visions du XIXe siècle (Th. Couture, la Décadence des Romains, *Paris, musée d'Orsay ; et une gravure allemande).*

L'auteur de ce cri, saint Jérôme, n'est pourtant pas un esprit sensible. Depuis sa retraite de Bethléem, il informe une sainte femme des événements de 410 dans la Ville éternelle. Si le sac des Goths bouleverse autant, ce n'est pas qu'il soit soudain, ou d'une barbarie inconnue. Comme le dit avec réalisme un Père de l'Église contemporain, saint Augustin, dans *la Cité de Dieu :* « Dévastation, massacre, pillage, incendie, désolation, toutes les calamités commises dans ce récent désastre de Rome relèvent donc des coutumes de la guerre. » L'effet produit renvoie au mythe qui entoure la Ville : « Reine si belle d'un monde qui t'appartient, ô Rome » (Rutilius Namatianus).

Un déclin déjà amorcé

Au début du Ve siècle pourtant, voilà plus de cent ans que Rome connaît un déclin relatif. La tétrarchie lui a préféré des capitales plus proches des théâtres d'opérations, au nord et à l'est. En 330, Constantin a inauguré sa ville-capitale : Constantinople. Rome a donc perdu son rôle dynamisant de tête de l'Empire. Les empereurs négligent même de la visiter. Constance II ne s'y rend qu'en 356, après 20 ans de règne !

Bien que délaissée politiquement, Rome demeure pourtant inégalée. L'empereur Constance « resta interdit, de quelque côté qu'il portât ses regards, les merveilles l'assiégeaient en foule » (Ammien Marcellin). Outre la beauté qu'elle doit à sa brillante histoire, c'est une ville très peuplée, embellie par les remparts renforcés à l'approche des Barbares. L'aristocratie sénatoriale, opulente, y entretient une vie mondaine raffinée aux excès décriés. « Le noble corps du sénat voit sa splendeur ternie par la légèreté dissolue de certains de ses membres » (Ammien). Ce dernier conservatoire du paganisme maintient une vie intellectuelle florissante, même si, pour le même auteur, « les chanteurs ont chassé les philosophes et les professeurs d'éloquence ont cédé la place aux maîtres en fait de voluptés ». La foule romaine, assistée, dépend totalement des importations alimentaires. Spectacles et jeux constituent sa préoccupation principale. « Tout un peuple respirant à peine dans l'attente du résultat d'une course de chars ! » (Ammien). Rome est enfin la ville de l'Église, dotée de plus en plus généreusement du fait de l'autorité spirituelle croissante des papes et des pèlerinages *ad sanctos.*

Une razzia... modérée

Dès la mort de l'empereur Théodose, en 395, la menace gothique se rapproche, d'abord sous la pression d'un peuple venu de l'est, les Gètes. Les Barbares s'élancent par les routes les plus impraticables ; tous les obstacles cèdent à leur impétuosité ; « ni cours d'eau ni rochers ne peuvent protéger un pays » (Claudien, en 402). Puis, en 405, après de bons offices infructueux entre le chef wisigoth Alaric et Honorius, empereur d'Occident en résidence à Ravenne, Rome subit un première siège. Famine et épidémie font rage, forçant les Romains à ouvrir des négociations (409).

Mais Honorius refuse toute cession de territoire au chef wisigoth. « Alaric, fâché d'être contraint d'attaquer Rome, envoya des évêques à Honorius pour le supplier de ne pas permettre qu'une ville, qui avait commandé mille ans à une grande partie de l'univers, fût ruinée par les armes des étrangers » (Zosime, *Histoire Nouvelle*). Le siège reprend en août 410. « Il ne venait plus au port de la ville de Rome (Ostie) ni blé, ni huile, ni aucune autre provision. Ainsi la famine y fut plus grande que jamais. » Le blocus ne dure guère. « Alaric arriva, investit la ville agitée, la mit en désordre, l'envahit, mais en ayant donné d'abord l'ordre à ses soldats de laisser sains et saufs et sans crainte, en premier lieu, ceux qui se seraient réfugiés dans les lieux saints, et en particulier dans les basiliques des saints Apôtres Pierre et Paul, et ensuite de s'abstenir autant que possible, dans leurs désirs de butin, de l'effusion de sang » (Orose, *Historiarum adversus paganos*). Tous les témoignages concordent : Alaric, prince chrétien, quoique considéré comme hérétique par l'Église de

Les invasions gothiques

Depuis Marc Aurèle, l'Empire romain est menacé sur sa frontière danubienne par **la pression des peuples germains** d'Europe orientale ; parmi eux, les Goths et les Vandales.

Au milieu du IVe siècle, des nomades des steppes d'Asie centrale, les Huns, fondent vers l'ouest, repoussant les Germains. Les Goths, christianisés par l'évêque Ulfila, se divisent alors en deux branches. **Les Ostrogoths** filent vers les plaines hongroises, avant d'être battus en Italie du Nord en 406. **Les Wisigoths** obtiennent des empereurs romains de passer le Danube et de s'installer dans l'Empire comme fédérés. Bientôt, un de leurs chefs, **Alaric,** profitant des luttes impériales, tente de se tailler une principauté.

Le temps des invasions a inspiré aux artistes des interprétations fantaisistes : non dépourvue d'humour, cette peinture du XIXe siècle en est l'exemple (P. J. Jamin, musée de La Rochelle).

Rome, parce qu'il adhère à l'arianisme, veille à limiter les massacres, destructions et autres violences. Même si nous savons que ses ordres ne furent pas toujours suivis scrupuleusement, les 24-26 août 410 ne ressemblent en rien à ces journées du sac de 1527, lorsque les mercenaires de Charles Quint donnèrent libre cours à une orgie sanguinaire digne de la réputation des Barbares !

Après le sac

Le pillage ne dure pas. « Le troisième jour, après leur entrée dans la Ville, les Barbares repartirent de leur propre gré, en mettant toutefois le feu à quelques maisons, mais pas un feu tel que... l'incendie allumé par l'empereur Néron » (Orose). Mais la gravité de l'événement a pour conséquence d'accélérer la fuite de la population, commencée une dizaine d'années plus tôt. Entre 368 et 419, Rome perd les deux tiers de ses habitants. Des Romains se dispersent dans les pays méditerranéens, jusqu'en Afrique et en Palestine. À en croire l'historien latin Orose, la Ville reprend pourtant étonnamment vite son cours normal : « C'est un événement tout récent, et cependant, pour qui observe la multitude du peuple romain et qui entend son tumulte, il paraîtrait qu'il n'est rien arrivé *(sic)*, si le souvenir de l'incendie n'était rappelé par les ruines encore existantes. »
En 417, Rutilius Namatianus entend « les acclamations qui redoublent (et) annoncent que les théâtres sont pleins ». Avant de rentrer en Gaule, ce païen convaincu a beau offrir à l'*Urbs Sacra* l'une des plus belles odes à sa gloire, Rome est définitivement détrônée. Les faits parlent d'eux-mêmes. En 425, l'église Sainte-Sabine remploie les marbres du temple de Junon reine, et, en 458, un édit de Majorien fait des édifices antiques les carrières de la Nouvelle Rome, toujours sainte et éternelle, mais pontificale et non plus romaine.

Roma aeterna ?

Sauver une Rome chrétienne. L'Église primitive reprend à son compte le thème de la « Ville éternelle ». Pourvu, comme le chante le poète Prudence peu avant 410, qu'elle ne soit plus « l'esclave des ignobles erreurs des cultes païens ». C'est pourquoi saint Augustin tonne dans un sermon après le sac d'Alaric : « Rome a été frappée et non anéantie ; elle a été châtiée, elle n'est pas détruite. » À partir du Ve siècle, les hommes, plus que le temps, vont s'en charger.

Une carrière pour les monuments. Quand la Renaissance, artistique et humaniste, redécouvre les trésors de Rome qui nourrirent sa création, le Forum antique est un pâturage ! La Ville inspire au poète français Joachim du Bellay une émouvante « déploration de sa ruine ». Mais l'engouement pour les antiques précipite aussi les destructions, au point qu'en 1519 le peintre Raphaël s'en émeut auprès du pape Léon X : « Mais pourquoi nous plaindre des Goths et des Vandales... quand ceux qui auraient dû protéger en pères et en tuteurs les pauvres restes de la vieille Rome ont depuis longtemps contribué à sa ruine et à son pillage ! » Car les constructions pontificales puisent largement dans les œuvres romaines encore debout. Il faut attendre le XVIIIe siècle pour que cesse le massacre. Benoît XIV, en consacrant le Colisée au culte des martyrs, préserva alors **in extremis** les restes de l'amphithéâtre flavien.

La véritable fin de l'Empire romain

LES VANDALES EN AFRIQUE

En 429, le plus indomptable et le plus destructeur des peuples germaniques qui aient agressé l'Empire romain durant le Ve siècle, les Vandales, entreprend et réussit la conquête de l'Afrique du Nord.

Les ruines de Dougga, en Tunisie. Avec les destructions vandales, l'Afrique cesse d'être romaine.

Les Vandales viennent du sud de l'Espagne – région qu'ils occupent depuis 420 et à laquelle ils lèguent en héritage une désorganisation profonde et des ruines.

L'Espagne mise au pillage

L'expansion du peuple vandale a été extrêmement rapide. En 406, les Vandales entrent en masse dans l'Empire et combattent durement contre les forces romaines, avant de se ruer à l'intérieur de la Gaule, qu'ils soumettent à un pillage complet. L'armée romaine et ses alliés barbares mercenaires réussissent, toutefois, à les refouler vers le sud-est. Les Vandales reprennent un moment leur souffle, se rassemblent et, en 409, franchissent les Pyrénées. Vont-ils s'installer en Espagne ? Les différentes composantes ethniques (Silings, Alains, Suèves...) qui constituent la troupe des envahisseurs commencent à se partager le territoire. Mais, en 412, contre ces Barbares, Rome choisit de lancer un autre peuple barbare : les Wisigoths. Ceux-ci parviennent à refouler les Vandales, les confinant dans le sud de la péninsule, dans la province romaine de Bétique, qui porte dès lors le nom d'« Andalousie » (Andalucia).

Pillards, les Vandales s'occupent uniquement, pendant leur séjour en Espagne, d'amasser du butin. Loin de songer à fonder un État ou à perpétuer, sur place, l'organisation mise en place par les Romains, ils mettent le pays en coupe réglée. Ils n'agissent pas autrement, quelques années plus tard, en Afrique.

Piller, détruire : c'est tout ce que savent faire les Vandales, en Espagne, en Afrique et dans tout le bassin méditerranéen occidental (détail d'une peinture d'Évariste Luminais, New York, Shepherd Gallery)

Des conquérants et des pirates

Les raisons qui poussent les Vandales à franchir le détroit de Gibraltar sont claires. D'une part, la pression des Wisigoths, qui ont constitué un royaume digne de ce nom, les pousse à refluer toujours plus vers le sud. D'autre part, les régions que les Vandales ont pillées presque un quart de siècle durant, n'ont plus rien à offrir à leur cupidité. De l'autre côté du détroit méditerranéen, en revanche, l'Afrique s'offre à eux, intacte et riche. Ses champs de blé, ses oliveraies en font une terre promise ou, du moins, une proie tentante. Celle-ci va s'avérer étonnamment facile à prendre.

En 429, le chef vandale Genséric, au pouvoir depuis l'année précédente, décide de franchir la mer. Il entraîne avec lui peut-être 80 000 Vandales, dont 15 000 à 20 000 guerriers — soit une armée considérable. Un peuple tout entier, avec tous ses jeunes hommes, part à la recherche d'un havre, de la richesse et de l'aventure. Ce peuple est structurellement prédateur, il ne connaît d'autre économie que le pillage.

En quelques mois, les Vandales enlèvent l'essentiel du Maghreb — tout au moins la campagne et les petits centres urbains. Les grandes villes tombent plus tard : ainsi Carthage en 439. La chute de cette cité marque un nouveau tournant dans l'expansion vandale. Maîtres, désormais, du plus grand port d'Afrique du Nord et s'étant emparés des vaisseaux qui s'y trouvent, les Barbares, qui ont fait leurs premières armes comme navigateurs en venant d'Espagne dix ans plus tôt, se lancent dans des expéditions de piraterie à travers toute la Méditerranée occidentale. Ils affament Rome, en empêchant son ravitaillement, et parviennent même à la mettre à sac, en 455. Cet épisode, le deuxième grand sac de la capitale impériale au Ve siècle, après celui des Wisigoths en 410, lui porte un coup dont elle ne se remettra pas avant plusieurs siècles.

Cependant, les orgueilleux agresseurs ne rencontrent pas de véritable résistance. Toutes les tentatives militaires faites pour endiguer leur progression tournent au désavantage de leurs adversaires. Ainsi, en 467, les Vandales parviennent à incendier les 1 100 navires de la flotte de débarquement lancée contre eux par Constantinople, capitale de l'Empire romain d'Orient, véritable héritière de l'Empire romain antique — qui disparaît, quant à lui, officiellement en 476. À la fin du Ve siècle, ils se sont emparés sans grande lutte de toutes les îles, grandes ou petites, de la Méditerranée occidentale : les Baléares, la Corse, la Sardaigne et la Sicile.

Une domination ruineuse pour l'Afrique

La base des Vandales, à cette époque, reste l'Afrique du Nord. Pas plus qu'en Espagne, ceux-ci n'y constituent un État. Ils en occupent les territoires, oppriment les populations, pillent les biens, détruisent et ravagent ce qu'ils omettent de prélever. Un siècle durant, le Maghreb est ainsi livré au plus anarchique des conquérants qu'on puisse imaginer. Il se ruine, se dépeuple et perd les cadres, culturels et administratifs, que les Romains lui avaient légués. Les Vandales ne retiennent qu'une institution des Romains : l'impôt. Mais le produit de celui-ci, qui servait, à l'époque romaine, à la prospérité publique, à l'entretien des routes et des bâtiments, alimente le trésor des grandes familles vandales, à moins qu'il ne fournisse les fonds pour armer les navires devant servir aux opérations de conquête en Méditerranée. À aucun moment, les Vandales ne comprennent la nécessité d'organiser des structures politiques stables ou de travailler à la mise en valeur du pays. À aucun moment, non plus, ils ne s'efforcent d'assimiler la culture latine. Vivant dans le luxe des anciens maîtres, tués ou chassés, ils ne se préoccupent guère de leur ressembler. La destruction du système de canalisation servant à irriguer les champs, la ruine des anciens temples romains puis la dévastation des villes, dépeuplées ou systématiquement saccagées, tout cela est l'apport des Vandales, en un siècle d'occupation.

La libération de l'Afrique intervient grâce à l'entremise de l'Orient, un peu moins de 100 ans après l'arrivée des troupes de Genséric. En 533, en effet, le général byzantin Bélisaire attaque l'Afrique vandale. La population indigène ne fait rien pour l'arrêter. Les Vandales, quant à eux, amollis par des décennies de rapines faciles, ne sont plus les guerriers redoutables du siècle précédent. Leur manque de hardiesse n'est en rien compensé par une organisation militaire défensive efficace. Les chefs vandales ne se sont jamais donné les moyens de mettre un tel système en place. L'avance du Byzantin, dans ces conditions, se révèle aussi facile que celle de Genséric autrefois. Sa violence est la même : il ne fait pas de quartier à ses ennemis. Sa victoire est totale et les survivants sont déportés en Asie. L'Afrique est entièrement libérée de ses maîtres. Fait rare dans l'histoire, la présence des Vandales ne laisse dans la région à peu près aucune trace matérielle positive : quelques tombes, seulement, et de rares bijoux. Seuls demeurent le souvenir et, dans le paysage, la marque des destructions, qui ont fait du nom des Vandales le synonyme même de la barbarie.

« Vandalisme »

Détruire les idoles. Ruinée par les Barbares, Rome, mise à sac par les Wisigoths en 410, puis par les Vandales en 455, l'est aussi par les chrétiens. Le destruction des idoles est un des thèmes majeurs des prédicateurs des premiers siècles chrétiens et un de ceux qu'on rencontre le plus souvent dans les vies de saints anciens.

Abattre les temples des dieux. La fureur iconoclaste chrétienne, cependant, ne se limite pas aux statues. Les architectures païennes, à commencer par les temples, doivent être détruites. Dans le meilleur des cas, les sanctuaires où l'on adorait les divinités païennes sont transformés, et leur fonction cultuelle est désormais transférée au Dieu chrétien. Dans le pire des cas — le plus fréquent —, les temples sont purement et simplement détruits, et leurs pierres, leurs colonnes, remployées dans des églises nouvellement construites.

Le vandalisme n'est pas le fait des seuls Barbares. Les premiers chrétiens, en s'attaquant aux restes païens, ont contribué à détruire les restes de la civilisation romaine (détail d'une fresque de l'atelier de Raphaël, Vatican, Stanze).

Le règne de la violence en pays franc

LES ROYAUMES MÉROVINGIENS

Même le pouvoir religieux n'est pas à l'abri : l'évêque d'Autun, le futur saint Léger, est exécuté, parce qu'il prétend s'opposer au pouvoir du maire du palais Ébroïn (miniature du XVe siècle, Paris, Bibliothèque nationale).

À la fin du Ve siècle, le roi franc Clovis conquiert la Gaule romaine par les armes. Commence alors une longue période de luttes pour le pouvoir suprême, au sein de la famille royale issue du légendaire Mérovée ou entre les divers clans nobiliaires. Le pays, privé de cadres institutionnels, est livré presque tout entier à la violence et au bon ou au mauvais vouloir des nobles.

Telle est, du moins, l'image détestable que la mémoire collective conserve de l'époque mérovingienne, obscure et sanguinaire à souhait. Les ecclésiastiques, historiens des événements survenus de Clovis (480-511) à Pépin le Bref (751-768), sont les responsables d'une telle vision, puisque leurs chroniques n'omettent aucun détail des intrigues, des traîtrises, des exils et des assassinats pour motif politique ou personnel, qui se sont égrenés tout au long de ces trois siècles. Mais le royaume des Francs, devenu la première puissance de l'Occident, est-il un État aussi barbare et aussi anarchique qu'on le pense habituellement ?

Guerres de conquête et guerres civiles

Comme pour d'autres peuples barbares (Wisigoths, Ostrogoths ou Burgondes), la conquête militaire est à la base de la construction et de l'expansion du royaume franc. L'époque de Clovis voit, par exemple, se succéder les guerres contre les armées gallo-romaines de Syagrius, contre les Alamans, les Wisigoths d'Alaric II et les Burgondes de Gondebaud. Les traditions guerrières des Francs se maintiennent ensuite lors des expéditions vers l'Espagne, la Provence, l'Italie et la Germanie, lors des luttes contre la résistance basque ou bretonne, mais aussi à l'occasion des conflits intérieurs, nés des querelles dynastiques.

La permanence de la guerre et de la violence, publique et privée, caractérise donc bien le monde mérovingien. Mais il est bien difficile d'évaluer les retombées des conflits sur la vie quotidienne des populations : la mobilisation des hommes à l'armée, les désordres engendrés par les guerres civiles, la tyrannie locale d'un comte ou d'un grand contribuent, bien sûr, à la précarité de leur existence. Cependant, le plus grave est, sans doute, le mouvement irrésistible d'affaiblissement de la royauté, minée au VIIe siècle par la montée en puissance de la noblesse territoriale.

L'assassinat comme moyen de gouvernement

Par ailleurs, l'usage du meurtre politique et de l'élimination physique de l'adversaire, constant dans l'histoire mérovingienne, n'est pas l'apanage des souverains francs. L'Empire romain offre, en la matière, un cruel exemple d'assassinats répétés des détenteurs du pou-

L'établissement

Dans le cours des Ve-VIe siècles, les Barbares se fixent dans les régions d'Europe, qu'ils ont d'abord dévastées, et ils y créent **des États.** Venus de la région de l'Elbe, **les Angles et les Saxons** s'emparent de ce qui devient alors l'Angleterre et y fondent sept petits royaumes (Heptarchie).

Les Ostrogoths s'emparent de l'Italie en 489-493 : ils y créent un royaume, que l'empereur byzantin reconquiert un demi-siècle plus tard et auquel se substitue finalement un autre royaume, fondé par une dernière vague d'envahisseurs germains, **les Lombards** (568).

Les Wisigoths, guerriers terribles qui ont pris et pillé Rome en 410, repassent ensuite en Gaule et s'installent de part et d'autre des Pyrénées, en Aquitaine et en Espagne. Toulouse devient avec eux la capitale d'un royaume qui s'étend au nord jusqu'à la Loire.

Les Burgondes s'établissent dans le sud-est de la Gaule : à la fin du Ve siècle, leur domaine comprend tout le bassin du Rhône et de la Saône.

Les Francs, enfin, se fixent dans le nord de la Gaule : ils sont divisés en tribus ayant chacune un roi. Vers 480, une de ces tribus est cantonnée sur l'Escaut : son roi Childéric est le père de Clovis, qui réalise avec ses successeurs immédiats l'unité des Francs au détriment des royaumes voisins, Lombards exceptés.

voir militaire et civil ou de leurs prétendants. Chez les Francs, Clovis est, le premier, à conduire l'unification de son peuple en supprimant ses concurrents, les petits rois du nord-est de la Gaule : il fait assassiner le roi de Cologne Sigebert le Boiteux, avant d'éliminer son ancien allié Ragnacaire, roi de Cambrai, et son frère Riquier, en leur fracassant lui-même la tête à coups de hache.

Pendant deux siècles, à cause du principe franc de patrimonialité du royaume, chaque succession donne lieu à des complots machiavéliques. Les propres fils de Clovis massacrent leurs neveux, orphelins du roi Clodomir, n'épargnant que le célèbre saint Cloud. Sigebert Ier et Chilpéric Ier ne cessent de se battre l'un contre l'autre, directement ou par l'entremise de leurs épouses respectives, les fameuses Brunehaut et Frédégonde : Sigebert finit poignardé (en 575) et Chilpéric assassiné (en 584) ; Brunehaut elle-même est mise à mort à l'âge de 80 ans, attachée par les cheveux à la queue d'un cheval sauvage.

La période d'ascension politique des Pippinides (les futurs Carolingiens), dans les années 650-690, voit redoubler ce déferlement de terreur, de tortures et de meurtres, car les grands chefs nobles et les maires du palais sont entrés en lutte pour la conquête du trône. La longue litanie des règlements de compte se poursuit ainsi jusqu'à la victoire des Carolingiens. Il suffit de rappeler le martyre de l'évêque d'Autun, Léger, opposant politique du maire du palais, Ébroïn : langue et lèvres coupées, yeux crevés, Léger est égorgé et jeté dans un puits (677).

Violence privée et loi salique

La violence n'est cependant pas sans frein. Le droit pénal franc tente de préserver la paix sociale autant que les intérêts des familles impliquées. Les peines criminelles cherchent à tourner la loi du talion (« œil pour œil, dent pour dent »), afin d'éviter l'enchaînement interminable des vengeances, la *faida ;* les coupables peuvent ainsi réparer leurs torts en payant une amende, dite de « composition » (le *wergeld*), proportionnelle au délit et à l'importance de la victime (un esclave, un homme libre, une vierge, un comte, un évêque, etc.). La loi wisigothique comme la loi salique, rédigée sous Clovis puis remaniée, donne des listes très précises de ces compensations. Si ni le coupable ni sa famille ne peuvent payer, la victime peut exercer son droit de représailles.

Frédégonde fait assassiner son époux le roi Chilpéric Ier : les conflits divisent les familles, autant que le pays (miniature du XVe siècle, Toulouse, bibliothèque municipale).

La punition de Brunehaut *(gravure allemande du XVe siècle). Le châtiment des coupables est d'une effroyable cruauté : la reine fut écartelée entre des chevaux.*

Les Francs ont un roi chrétien
LE BAPTÊME DE CLOVIS

Des temps mérovingiens, nous savons peu de choses. Un seul historien ancien, l'évêque Grégoire de Tours, qui écrit un demi-siècle après les évènements, nous raconte la vie de Clovis, en aménageant sans doute le récit des faits et la chronologie. Le baptême de Clovis, évènement essentiel de l'histoire politique et religieuse de l'Occident, a pu avoir lieu en 496, mais aussi bien dix ans plus tard !

Aucun portrait ne permet seulement de se faire une idée de l'aspect de Clovis. On peut se représenter le roi d'après les descriptions qui existent des princes de l'époque : « un jeune chef... précédé ou suivi de chevaux couverts de pierreries, paré d'une soie blanche..., brillant d'or, ardent de pourpre » (Sidoine Apollinaire, *Épîtres*). Une longue chevelure flotte sur ses épaules, insigne de sa dignité. Les guerriers qui l'entourent sont chaussés de fourrures, les pieds et les genoux à nu ; leur casaque étroite descend jusqu'aux jarrets, une épée bat leurs flancs couverts d'un gilet de peau.

Clovis n'a que quinze ans lorsqu'il hérite, en 481, du petit royaume de son père Childéric. Il règne, sous le nom dynastique de « Mérovingien », patronyme emprunté au légendaire ancêtre *Mérovée,* sur une étroite région au nord de la Gaule, dans l'actuelle Belgique ; et il veut devenir un grand chef, conquérant de pays et unificateur de tous les Francs qui habitent la Gaule. Les premières années de son pouvoir sont consacrées à ces conquêtes, d'autant plus efficaces qu'elles se doublent de l'assassinat des princes hostiles et d'un mariage politique avec une princesse burgonde, la catholique Clotilde.

Les royaumes francs à l'avènement de Clovis

À l'avènement de Clovis, en 481, la France est encore **la Gaule,** c'est-à-dire un territoire placé jusqu'à une date très récente (la fin de l'Empire d'Occident, en 476) sous la domination de Rome.

Elle ne constitue pas un territoire unitaire, mais elle se divise en au moins quatre principautés : **le royaume wisigoth** dans le sud-ouest, débordant au sud au-delà des Pyrénées, dans l'actuelle Espagne, et à l'est dans ce qui est aujourd'hui la Provence ; **le royaume burgonde** à l'est, couvrant les bassins du Rhône et de la Saône ; au centre **le royaume de Syagrius,** fils d'un général romain qui se dit l'héritier de la tradition gallo-romaine ; au nord et au nord-est **le domaine des Francs,** sur un territoire où plusieurs tribus exercent et se disputent le pouvoir, se regroupant parfois en deux groupes principaux : les Francs Saliens sur l'Escaut et la Meuse, et les Francs du Rhin.

Les populations de ces différents ensembles ont **des religions distinctes :** les sujets de Syagrius sont catholiques, les Wisigoths et les Burgondes sont ariens, les Francs restent païens.

Le vase de Soissons

Avec beaucoup d'habileté, les campagnes du roi, qui est encore païen, se font dès cette époque en ménageant les prêtres : l'épisode célèbre du vase de Soissons en est la meilleure illustration.

En 486, Clovis bat à Soissons le chef Syagrius, qui dit représenter l'autorité romaine et domine un territoire aux contours vagues, dans le centre et l'ouest de la Gaule. Un prélat, peut-être déjà Remi (le futur saint Remi), évêque de Reims, réclame pour son église un vase qui fait partie du tribut. Le roi va accéder à sa requête, quand un des soldats s'oppose à lui, brisant le vase de sa hache. Un an plus tard, Clovis punit le rebelle en lui fendant le crâne de sa propre hache, et il dit, selon la légende : « Ainsi as-tu fait au vase, à Soissons ! »

Les royaumes francs à l'avènement de Clovis.

Une conversion intéressée

Il faut quand même, après Soissons, une année pour que le souverain punisse celui qui a fait obstacle à sa volonté et témoigne de son autorité. Le sentiment de cette faiblesse et le souci de se ménager une assistance céleste expliquent pour une part la conversion de Clovis, adorateur des idoles héritées des Celtes, au Dieu de l'Église catholique. L'en-

Le baptême de Clovis par l'évêque Remi (détail d'une peinture de Joseph Blanc au Panthéon, à Paris, XIXe siècle).

tourage du roi est formé de chrétiens influents, sa femme Clotilde lui prêche la conversion et fait baptiser ses fils ; mais la décision de se convertir émane, à proprement parler, d'un défi et d'un marché.
Il suffit de lire le récit de Grégoire de Tours. Nous sommes en 496, à Tolbiac (Zülpich), dans l'Allemagne actuelle. Clovis est en guerre contre les Alamans, Francs qui habitent le sud du bassin du Rhin : « Les deux armées... combattaient avec acharnement, et (celle de Clovis) commençait à être taillée en pièces. À cette vue, il leva les yeux au ciel et, fondant en larmes, il dit d'un cœur fervent : "Jésus-Christ... si Tu m'accordes de vaincre ces ennemis, je croirai en Toi et serai baptisé en Ton nom"...» Le roi obtint la victoire.

Victoire de l'Église, triomphe de Clovis

La première conversion au catholicisme d'un roi barbare est un événement capital, célébré avec magnificence. À Reims, peut-être le jour de la Noël, dans la cathédrale où seront ensuite sacrés les rois de France, le souverain, préalablement instruit par l'évêque Remi, est consacré en même temps que sa sœur Alboflède, et trois mille de ses guerriers le suivent dans le bain sanctifié.
L'Église profite du baptême de Clovis : alors que la Gaule de la fin du Ve siècle est essentiellement païenne, alors que les peuples germaniques installés à ses confins sont des chrétiens, mais de ces chrétiens hérétiques qu'on appelle les *ariens,* un jeune roi, un conquérant, dont tout permet de penser qu'il va faire sentir très loin son autorité, se range sous la bannière catholique et, nouveau Constantin, s'apprête à imposer la conversion à toute l'Europe occidentale.
Mais Clovis lui-même bénéficie plus encore du baptême : le soutien de l'Église lui assure, chez les peuples qu'il veut dominer, l'appui de tous les hommes et les femmes qui veulent le triomphe du catholicisme. La conversion de Clovis aboutit à la formation en terre ennemie de partis qui espèrent la victoire de Clovis, formés de gens d'Église et de tous les laïcs chrétiens fidèles à Rome. Cette situation facilite évidemment les conquêtes : moins de dix ans après avoir été baptisé, Clovis met fin à la puissance des Wisigoths qui dominent le sud de la France. C'est la bataille de Vouillé (507), où le roi wisigoth Alaric est tué. À la mort du Mérovingien, seul le vieux royaume des Burgondes lui échappe encore, dans le cadre de l'ancienne Gaule : les fils de Clovis achèvent la besogne de leur père en anéantissant cet État, dans les années qui suivent.

L'épisode du vase de Soissons (miniature).

La christianisation de l'Occident

La christianisation est d'abord un fait urbain. Elle concerne les villes, où les aristocrates convertis en premier lieu entraînent leur clientèle. Les campagnes restent largement païennes jusqu'au IVe siècle. Une seule région se convertit à peu près entièrement au christianisme, très tôt : l'actuelle Tunisie, autour de Carthage.

Le rôle essentiel des missionnaires. À partir du Ve siècle, ermites et moines se livrent à un grand travail missionnaire : ainsi saint Martin en Gaule (IVe siècle), saint Patrick en Irlande (Ve siècle), saint Boniface en Germanie (VIIIe siècle).

Au VIIIe siècle, le christanisme est soutenu par la nouvelle dynastie carolingienne. Charles Martel, puis surtout Charlemagne, font aller de pair la conquête et la conversion : en Saxe, la région entre Rhin et mer du Nord, Charlemagne impose aux populations l'alternative entre la conversion et la mort !

La fin du Xe siècle voit la conversion des peuples du Nord et de l'Est. En Pologne et en Hongrie, les rois se convertissent d'abord, et les populations font de même de plus ou de moins bon gré. L'ensemble de l'Europe serait donc chrétien, si la majeure partie de l'Espagne, entre-temps, n'était passée à l'islam... comme l'a fait également l'ensemble de la Tunisie.

527

Une actrice devient impératrice

THÉODORA

«Théodora était belle de visage et par ailleurs charmante ; elle était petite et de teint blanc, pas tout à fait blanc mais plutôt mat ; elle avait le regard toujours impérieux et direct.» Malgré sa brièveté, le portrait dressé par l'historien Procope de Césarée laisse entrevoir la personnalité peu banale de la femme élevée en 527 à la dignité d'impératrice.

Constantinople, la capitale de l'Empire byzantin : un emplacement stratégique sur le Bosphore (Istanbul, Bibliothèque de l'Université).

L'historien, qui est un contemporain de Théodora, ne ménage pourtant pas critiques et calomnies à son égard. La souveraine représente ce qu'il déteste par-dessus tout, une femme qui s'occupe des affaires de l'État au lieu de demeurer sagement dans l'ombre du gynécée, la place traditionnellement réservée à son sexe.

Une extraordinaire promotion

Théodora est la fille d'un gardien d'ours au service du cirque de Constantinople, capitale de l'Empire byzantin. Née entre 495 et 497, elle appartient à la classe sociale la plus humble de la société. Son père meurt alors qu'elle n'est encore qu'une fillette, et sa mère se remarie afin de donner un nouveau foyer à Théodora et à ses deux sœurs.

Bientôt, l'enfant est assez grande pour commencer à gagner sa vie : comme l'a fait son aînée avant elle, elle embrasse le métier d'actrice. Très probablement, elle mène parallèlement une carrière d'hétaïre, les deux professions étant souvent liées. Pour tenter de sortir de leur situation, les jeunes filles pauvres n'ont en effet guère le choix des moyens. Après quelques années cependant, Théodora abandonne la vie d'actrice pour suivre un gouverneur en poste dans une province d'Afrique du Nord. Cette liaison ne dure pas : bientôt, la voici de retour, seule, à Constantinople. Elle s'installe alors dans une maison proche du palais impérial et gagne sa vie en filant de la laine et non plus comme actrice.

La rencontre avec Justinien, neveu de l'empereur et héritier du trône, met fin à son existence précaire. Théodora devient sa maîtresse. Justinien ne peut l'épouser à cause de l'opposition de l'impératrice et d'une loi interdisant l'union d'un haut dignitaire et d'une actrice — ce qu'elle reste aux yeux de tous. En 523 ou 524, l'impératrice disparaît. Justinien, qui exerce officieusement le pouvoir avec son oncle, fait édicter une loi abrogeant celle qui l'empêchait d'épouser Théodora. Le mariage est donc célébré : jusqu'à la fin de ses jours, l'ancienne actrice demeurera fidèle à son époux et celui-ci n'aura rien à lui reprocher. Mais leur union demeure stérile.

En avril 527, Justinien est proclamé coempereur par son oncle. Théodora est couronnée en même temps que lui et devient donc impératrice. Il ne s'agit pas que d'un titre : son mari, qui lui fait entièrement confiance, partage dans la pratique l'exercice des responsabilités avec elle.

Une réputation injustement salie

Dans ce passage, Procope évoque la jeunesse de Théodora, qui fut actrice et hétaïre, et il laisse libre cours à son imagination :

«Avec ses amants, elle était moqueuse ; raillant et badinant avec sans cesse de nouvelles inventions amoureuses, elle parvenait constamment à se soumettre les âmes des débauchés. Elle n'acceptait pas d'être sollicitée par un passant quelconque, mais, au contraire, c'est elle-même qui, avec des plaisanteries et en se déhanchant de manière bouffonne, invitait tous ceux qu'elle rencontrait, surtout ceux qui étaient tout jeunes. Il n'y eut jamais personne qui s'abandonnât ainsi à toutes sortes de plaisirs. Souvent, s'étant rendue à un repas commun avec dix jeunes gens ou davantage, tous remarquables par leur force physique et qui faisaient métier de faire l'amour, elle couchait avec tous les convives toute la nuit, et lorsque tous abandonnaient la partie, elle allait vers les serviteurs de ceux-ci.»

Procope, Histoire secrète, *IX, 15-16, traduite et commentée par P. Maraval, Paris, Les Belles Lettres, 1990.*

Une émeute qui tourne mal

L'année 532 offre à Théodora l'occasion de démontrer son courage et son énergie. Pour comprendre les événements auxquels elle participe alors, il faut se souvenir de l'importance tenue par les jeux publics dans les villes de l'Empire byzantin, comme jadis à Rome. L'un des jeux préférés du public constantinopolitain consiste dans les courses de chevaux. Celles-ci ont lieu dans un vaste bâtiment, l'Hippodrome, géré par deux factions, les Verts et les Bleus, qui organisent les courses et les jeux et font concourir leurs champions. Les deux partis, soutenus par des milliers d'ardents supporters, profitent de leur influence sur les foules pour exprimer leurs opinions politiques. Souvent, ils s'en prennent à l'empereur lui-même. En janvier 532, les factions s'affrontent et sèment le désordre dans la capitale. Les forces de l'ordre interviennent alors : contre elles, les deux partis font subitement front et, au cri de *nika* (gagne!), parole d'encouragement lancée sur le champ de course, ils combattent l'ennemi commun.

Verts et Bleus unis déferlent donc dans les rues de Constantinople. Ils mettent le feu à des bâtiments publics, à des églises, et assiègent finalement le palais. La foule insulte Justinien et Théodora, et acclame un nouvel empereur. L'heure est grave. Justinien se prépare à fuir, résigné à quitter son trône. Un bateau l'attend dans le port. Son épouse, elle, refuse de céder. Consciente du danger extrême que lui fait courir cette foule enragée, elle préfère risquer la mort plutôt que de s'exiler honteusement. Quelques généraux restés fidèles sont convaincus par elle de tout tenter pour venir à bout des révoltés. Galvanisés par la bravoure et la détermination de l'impératrice, ils parviennent finalement à contenir la population. Beaucoup de sang a été versé, mais le trône est sauvé. Comble de paradoxe, quand tout est terminé, Théodora est acclamée par le peuple.

Une souveraine charitable et pieuse

Avec Justinien, Théodora détermine les grandes orientations politiques du royaume. Le couple a pour ambition de retrouver la grandeur de l'Empire romain. Pour réaliser ce projet, il entreprend la reconquête des provinces perdues en Occident et en Afrique du Nord et réforme l'administration et la loi. Les privilèges de l'aristocratie sont réduits — l'hostilité de Procope, membre de cette classe, reflète le mécontentement des nobles vis-à-vis de cette situation.

Dans le domaine législatif, l'impératrice, qui n'a pas oublié ses débuts difficiles, se préoccupe plus particulièrement du sort des actrices et des prostituées. La loi règlemente les conditions de la prostitution, et oblige en particulier les proxénètes à rendre leur liberté aux femmes, esclaves ou libres, qui voudraient renoncer à se prostituer. Des peines corporelles et des expulsions sont prévues contre ceux qui transgressent les nouvelles mesures. L'intérêt de la souveraine pour les malheureuses qui vendent leur corps se manifeste aussi par des gestes de charité. Théodora rachète ainsi un jour à leurs propriétaires, sur sa propre cassette, toutes les locataires des maisons de tolérance de Constantinople. Elle fonde d'autre part un monastère pour les pauvres prostituées. L'ancienne actrice mène le même combat en faveur de ses anciennes consœurs. Sous son gouvernement est promulguée une loi interdisant qu'on les enrôle contre leur volonté.

Ces gestes de charité sont inspirés à Théodora par sa biographie, mais aussi par les préceptes que lui enseigne l'Église. Car Théodora est profondément pieuse. Elle respecte tous les devoirs religieux, la prière, le jeûne, la célébration des fêtes, et se soucie comme Justinien d'imposer à tous ses sujets la foi chrétienne et de faire l'unité religieuse de l'Empire. Sa foi diffère cependant de celle de son mari. Théodora soutient les monophysites, qui proclament que le Christ a une seule nature, divine, alors que l'Église latine affirme sa double nature, à la fois divine et humaine. Considérés comme hérétiques, les monophysites sont persécutés par Justinien alors qu'ils sont protégés par l'impératrice! C'est en vain que l'empereur et sa femme cherchent à concilier leurs thèses, radicalement opposées. Jusqu'à sa mort en 548, Théodora se fait une très haute idée de la fonction d'impératrice. Aux côtés de son mari, elle partage ses responsabilités de chef d'État avec énergie, intelligence et dignité et participe à l'épanouissement de la civilisation byzantine, l'une des plus brillantes du monde occidental

Justinien, l'époux de Théodora. Détail d'une mosaïque (Ravenne, Saint-Vital). L'empereur doit à l'énergie de sa femme d'avoir conservé son trône lors de l'émeute de 532.

Théodora, impératrice de Constantinople, et sa cour. Mosaïque (Ravenne, Saint-Vital).

Saint Benoît rédige sa règle

LES PREMIERS MOINES D'OCCIDENT

En 529, Benoît, un noble italien retiré comme ermite dans la région de Rome, fonde l'abbaye du Mont-Cassin. Dans l'année qui suit, il rédige la règle fondamentale de l'ordre bénédictin, qui constitue l'acte de naissance de la vie monastique en Occident.

Né en 480 dans la province de Nursie, en Ombrie, Benoît a abandonné vers l'âge de vingt ans la vie de gloire mondaine à laquelle sa naissance et son éducation le préparaient pour vivre dans le « désert », c'est-à-dire dans la solitude des forêts. À cette époque, aucune vie monastique collective n'existe encore en Occident. Les hommes, les femmes qui renoncent au monde pour consacrer leur vie à Dieu se retirent dans des cabanes ou des grottes où ils se consacrent à la méditation, dans un isolement presque complet. Entre les différents ermites de rares liens existent. Benoît lui-même, qui a d'abord gagné le désert en compagnie de sa nourrice, est ensuite assisté par un autre moine, qui, chaque jour, vient descendre dans une corbeille suspendue à une corde les aliments qui lui permettent de vivre dans la caverne proche de Subiaco où il a choisi de séjourner. Privés de maître spirituel, vivant selon leur jugement, sans ordres qui dictent leur emploi du temps, les ermites risquent de se décourager, de sombrer dans des errements théologiques ou de substituer à l'ascèse le relâchement le plus complet. C'est pour pallier de tels dangers que Benoît décide de regrouper les moines et de leur donner une règle.

Légende de la vie de saint Benoît : *saint Benoît ordonne à un corbeau d'emporter au loin le pain empoisonné (fresque de Maître Consolus, XIIIe siècle, Subiaco, monastère de St Benoît, dit Sacro Speco).*

Le Mont-Cassin et la règle bénédictine

Au sud de Rome, sur le mont Cassin (monte Cassino), à l'emplacement où se dressait auparavant un temple d'Apollon, Benoît inaugure donc, en 529, le chantier du plus ancien de tous les monastères d'Europe. Dans l'abbaye dont les murs s'élèvent progressivement, il travaille à une œuvre inédite : l'élaboration d'un règlement fixant chaque moment de la journée des moines qui viendront vivre auprès de lui. Cette règle prescrit de prier, mais aussi de travailler. Il y a d'ailleurs dans l'enceinte même du bâtiment tout ce qu'il faut pour occuper les moines, tant intellectuellement (ainsi, une bibliothèque, qui deviendra l'une des plus riches du monde) que manuellement (des ateliers, une exploitation agricole, un moulin, un jardin). La règle soumet d'autre part la vie de la collectivité et celle de chacun de ses membres à l'autorité d'un maître, l'abbé : Benoît lui-même, en premier lieu, puis ses successeurs, désignés par le vote des moines.

Saint Benoît à Subiaco, *peinture de l'école de Fra Angelico (Chantilly, musée Condé).*

« Du travail manuel quotidien »

« L'oisiveté est l'ennemie de l'âme. C'est pourquoi, à des moments fixés, les frères doivent être occupés au travail des mains ; et, à heures fixées également, à la lecture divine. De Pâques jusqu'au début d'octobre, sortant le matin, qu'ils fassent les travaux nécessaires depuis la première heure jusqu'à la quatrième environ. De la quatrième à la sixième heure, qu'ils s'occupent à la lecture. Après la sixième heure, se levant de table, qu'ils se reposent sur leur lit, en parfait silence, ou, si l'un d'eux veut lire, qu'il lise pour lui de façon à ne gêner personne. Et qu'on célèbre none [la neuvième heure] un peu plutôt, au milieu de la huitième heure ; puis de nouveau qu'ils travaillent à leurs tâches jusqu'à vêpres. Si la nécessité ou la pauvreté exigent qu'ils s'occupent aux récoltes, qu'ils n'en soient pas attristés ; c'est être vraiment moines que de vivre du labeur de ses mains, comme nos pères et les apôtres. »

Extrait de la Règle de saint Benoît, *chap.* XLVIII.

La diffusion du monachisme

Vers 580, lors de l'invasion de l'Italie par les Lombards, le monastère du Mont-Cassin est détruit — il sera restauré au VIIIe siècle. Les moines trouvant refuge à Rome, la règle de Benoît est alors mieux connue et appréciée. Or, à la même époque, le besoin que celui-ci avait ressenti de regrouper les religieux se répand dans les autres régions d'Occident : à Milan, avec saint Ambroise, en Gaule, avec saint Martin de Tours, et surtout en Irlande, grâce à l'action des saints Comgall, Colomban et Gall, surgissent des monastères. Des communautés de femmes se créent également, à partir de cette période : la sœur jumelle de saint Benoît, sainte Scholastique, aurait ainsi fondé une maison religieuse fonctionnant sur des principes équivalents à ceux édictés par son frère, inaugurant l'ordre des Bénédictines. Ces fondations nécessitent d'être encadrées par des règles claires : la modération et la souplesse de celles qui ont été appliquées au Mont-Cassin les rendent particulièrement attractives. En 909, la fondation de l'abbaye Saint-Pierre, à Cluny, marque un tournant fondamental dans l'histoire de l'ordre et plus généralement de la vie monastique en Occident : le monastère, bénédictin, multiplie les fondations de maisons dépendantes de lui, et qui, sur le modèle de la féodalité alors dominante, demeurent sous sa sujétion tout au long de leur existence. L'influence de Cluny contribue à imposer la règle bénédictine comme la règle dominante et alors à peu près exclusive dans tous les monastères d'Europe. La réussite clunisienne suscite par réaction des mouvements de réformes qui, à leur tour, débouchent sur la constitution de confédérations de monastères qui suivent la règle bénédictine en y imprimant leur marque propre, en l'occurrence une plus grande rigueur ascétique : les camaldules, l'ordre de Vallombreuse, celui de Fontevrault, et surtout celui de Cîteaux à la fin du XIe siècle. Ainsi le mode de vie bénédictin, s'il conserve jusqu'à nos jours sa spécificité, se subdivise-t-il en des branches extrêmement diverses. Il constitue moins un ordre proprement dit, à l'instar de ce que seront, plus tard, les franciscains, les dominicains ou les jésuites, mais plutôt une organisation souple, unie par un idéal de vie mêlant la prière et le labeur.

Une œuvre civilisatrice

Consacrant une part de leur vie au travail, les moines bénédictins ont joué un rôle décisif dans l'histoire de la civilisation occidentale. Enfermés dans les scriptoriums — les ateliers d'écriture et d'enluminure — et les bibliothèques de leurs couvents, ils ont sauvé d'une disparition totale les œuvres de la littérature de l'Antiquité. De grands penseurs du Moyen Âge, des hommes qui ont joué un rôle politique considérable ont appartenu à l'ordre bénédictin : le plus célèbre est saint Bernard, le fondateur de l'abbaye de Clairvaux, d'obédience cistercienne — l'homme qui lutta contre Abélard et prêcha la croisade. Tout aussi importante est la part prise par les monastères bénédictins dans le domaine de l'architecture et de l'art en général. Les plus belles constructions romanes, les chefs-d'œuvre de la sculpture de ce style ont pour lieu d'expérimentation les grandes abbayes d'Occident. Situées hors des villes, les maisons bénédictines ou cisterciennes ont aussi joué un rôle essentiel en diffusant dans les campagnes une organisation originale et de nouveaux modes culturels. Le mouvement monastique inauguré par saint Benoît a ainsi traversé les siècles, survivant aux crises successives.

→**Voir aussi** : p. 88-89 (La fondation de Cluny).

*Véritable initiateur de la vie monastique en Occident, saint Benoît établit une règle rythmant la journée des moines, placés sous l'autorité d'un maître (*Saint Benoît et ses moines au réfectoire du monastère,* fresque du Sodoma, 1505, abbaye de Monte Oliveto Maggiore).*

552

Le Japon fait son entrée dans l'histoire

L'ADOPTION DU BOUDDHISME

Statue japonaise représentant Ashura, l'un des huit gardiens de Bouddha (Nara, temple de Kofudai-ji).

« Cette Loi est la plus excellente de toutes les lois, difficile à comprendre et difficile à pénétrer [...]. Elle peut faire naître d'innombrables, d'infinis mérites et rétributions et mener finalement à l'Éveil suprême. » C'est en ces termes que le souverain de Paikche, l'un des royaumes de Corée, présente le bouddhisme dans une lettre qu'il adresse en 552 (ou en 538, selon une autre tradition) à l'empereur du Japon.

Apparue en Inde au VIe siècle avant notre ère, la religion bouddhiste pénètre aux Ier et IIe siècles de notre ère en Chine, où elle connaît un grand développement. De là, elle gagne les royaumes de Corée, qui l'adoptent entre la fin du IVe et le début du VIe siècle. Un souverain de Corée l'introduit ensuite au Japon, réalisant ainsi, selon ses propres dires, la prédiction de Bouddha : « Ma Loi se propagera vers l'Orient. » Ce faisant, il n'exporte pas qu'un ensemble de croyances mais aussi la civilisation chinoise, indissociable du bouddhisme de l'Extrême-Orient. Cet événement provoque de profonds bouleversements dans l'archipel nippon et marque son entrée dans l'histoire.

Une foi qui ne fait pas l'unanimité

La missive du souverain étranger est remise à l'empereur du Japon par une ambassade, qui apporte également une statue de Bouddha en bronze doré et des textes sacrés consignant les paroles et les actes de ce dernier. La pensée bouddhiste, dont le prince coréen encourage la diffusion, divise très vite en deux factions rivales les puissants clans qui entourent et contrôlent la monarchie. La famille des Soga, liée à la Corée et favorable à une réorganisation du pays s'appuyant sur l'importation de certains traits de la civilisation chinoise, se prononce en faveur du bouddhisme et se fait confier la précieuse statue. Les clans des Nakatomi et des Mononobe, qui défendent les traditions ancestrales et le shintoïsme — culte rendu aux forces naturelles (astres, montagnes, cours d'eau, arbres, feu) incarnées dans des divinités, les *kami* —, s'opposent farouchement au bouddhisme. Aussi, lorsque survient une épidémie de peste, ils l'attribuent à la colère de leurs divinités, mécontentes du

Le Japon avant l'histoire

Entre **le IIIe et le Ier millénaire avant notre ère, des chasseurs et des pêcheurs** du Japon, en partie sédentarisés, élaborent une **culture préhistorique appelée Jomon** ou « cordé », d'après le dessin décorant leurs poteries.

Avec l'apparition de l'agriculture au **IIIe siècle avant notre ère débute la période du Yayoi,** du nom d'un site où furent retrouvées les poteries caractéristiques de cette période, qui dure **jusqu'au IIIe siècle de notre ère.** Grâce à leurs relations avec le continent, les agriculteurs améliorent leur outillage et ils s'initient à la technique du bronze. À l'aube du IIIe siècle, leur société est divisée en un grand nombre de clans.

À partir de cette époque et jusqu'au Ve siècle, les puissants clans guerriers se distinguent par les immenses sépultures, souvent en forme de serrure, qu'ils font aménager. En 369, le Japon fonde un petit État en Corée et il commence à s'ouvrir à la culture continentale. Le VIe **siècle voit l'avènement du royaume du Yamato et de sa capitale, Asuka** (dans la région actuelle de Kyoto et de Nara), dont les débuts restent inconnus, et l'entrée du pays dans l'histoire.

Le Nandaimon, ou « Grande Barrière du Sud » du temple Todai, à Nara : les toits en pagodes de ce monument témoignent de l'influence de l'art chinois sur le Japon du VIIIe siècle.

Le moine aveugle Ganjin, introducteur du bouddhisme au Japon (Nara, statue du temple de Toshodai-ji).

bon accueil réservé à Bouddha et à son effigie. Sur leurs instances, l'empereur fait jeter la statue, jugée responsable de la maladie, dans un canal. Mais, à la suite de l'incendie du palais impérial, interprété à son tour comme une vengeance de Bouddha, le souverain commande deux sculptures pour remplacer celle qui a été détruite… Finalement, les armes tranchent la querelle entre les partisans du bouddhisme et leurs adversaires. En 587, les Soga écrasent leurs ennemis et imposent le bouddhisme comme religion officielle. Les anciens dieux ne sont pas détrônés, et ils continuent à exister parallèlement. Bientôt s'opèrent même des rapprochements entre les deux religions.

Une nouvelle culture

L'adoption du bouddhisme s'accompagne de la diffusion de l'écriture chinoise dans un Japon qui ne possède alors pas de caractères graphiques propres. Au cours du demi-siècle suivant, les Japonais font bien d'autres emprunts à la brillante civilisation de l'empire du Milieu. Par l'intermédiaire des moines et des nonnes bouddhistes, des artisans et des artistes de Chine et de Corée installés à la cour nipponne, et grâce au séjour de religieux, de lettrés et d'étudiants japonais chez leurs puissants voisins, l'archipel développe ses connaissances dans les domaines les plus divers. Il s'ouvre à la littérature chinoise, lue dans sa langue d'origine, aux sciences, à l'astronomie, à l'art et s'initie aux règles de la cour, à la bureaucratie et aux méthodes de gouvernement. En 588, le premier temple bouddhique est construit dans la capitale, Asuka, selon un plan et un décor copiés sur les sanctuaires du continent. Au début du VIIe siècle, le prince régent Shotoku Taishi, porté au pouvoir en 595 par le clan Soga aux côtés de l'impératrice Suiko, envoie des ambassades en Chine et il établit des relations fructueuses et durables avec ce pays.

Une volonté de centralisation

La religion bouddhique, qui se répand dans l'ensemble de l'État du Yamato, apparaît rapidement comme un facteur d'unification et comme un élément propre à favoriser l'autorité centrale. L'empereur et le clan Soga, placés à la tête de l'État, s'appuient en effet sur le bouddhisme et sur la culture chinoise qu'il véhicule pour restreindre le pouvoir des autres grandes familles et des nobles. En 604, le prince Shotoku Taishi, bouddhiste fervent et fin politique, promulgue la première constitution du Japon, la Constitution en 17 articles. Le texte, qui débute par l'affirmation de la suprématie du souverain, associe habilement préceptes moraux et principes politiques. Il prône la sincérité, la maîtrise de soi et l'assiduité au travail. Parallèlement, il condamne les fonctionnaires qui se jalousent entre eux et les nobles qui font passer leurs ambitions personnelles avant l'intérêt de la nation et le bien public. Le document avertit en outre ces derniers que les lois sont faites pour tous, grands personnages comme gens du peuple, et que les mêmes punitions s'appliquent aux uns et aux autres. La confiscation des charges importantes, détenues de droit par les grands, est aussi évoquée à travers le problème des compétences. Cette Constitution est très bien acceptée par le peuple, car elle se soucie de son bien-être. Au IXe siècle, après avoir consacré deux siècles à l'assimilation des apports étrangers, les Japonais prennent conscience de leur identité propre, et ils se détachent progressivement de leurs modèles pour élaborer une culture vraiment nationale.

→**Voir aussi** : p. 404-405 (L'avènement de Meiji).

Une cité du golfe du Mexique à son apogée

EL TAJÍN

Blottie au sein de collines à la végétation luxuriante, El Tajín, dans l'État de Veracruz au Mexique, fait partie des plus beaux vestiges laissés par les anciennes civilisations de la Méso-Amérique. Le site s'étend sur près de 1 000 hectares dont 60 seulement ont été défrichés et explorés.

Malgré les fouilles entreprises à El Tajín, le site reste enveloppé de mystère. Ainsi, il n'a pas livré le nom du peuple qui a résidé en ces lieux. On l'a qualifié arbitrairement de totonaque par référence au nom des occupants actuels de la région. Mais rien ne prouve, en fait, que les maîtres d'El Tajín soient les ancêtres des Totonaques. De même, les informations historiques recueillies par les archéologues sont très minces. On suppose que c'est vers 200 de notre ère que la métropole de Teotihuacán, près de l'actuelle Mexico, a fondé un comptoir commercial à El Tajín. Vers 600, celui-ci semble se détacher de la puissante cité qui amorce son déclin. Il élabore dès lors une culture bien à lui.

Le site archéologique de El Tajín, au cœur de la forêt, autrefois siège de la culture totonaque.

Une architecture originale

Monuments et reliefs conservent le souvenir de cette brillante culture. Pyramides, plates-formes, palais se glissent entre les collines d'El Tajín ou s'appuient dessus. Ces édifices se rassemblent autour de cours étroites de manière très dense. Leur implantation n'obéit à aucun plan d'urbanisme, mais il semble plutôt le fait du hasard.

Parmi ces constructions, la plus remarquable est la pyramide des Niches. Formant à la base un carré de 36 m de côté et s'élevant à 25 m de hauteur, elle se compose de six gradins, disposés très en retrait les uns par rapport aux autres, qui supportent un temple. L'entrée du sanctuaire se situe à l'est, c'est-à-dire face au soleil levant. À l'intérieur, des reliefs figurent le ciel, des divinités et des animaux à caractère sacré. Sur la face est de la pyramide, un escalier permet d'accéder au sommet. Il est encadré de rampes ornées de serpents stylisés en pierre. Chaque gradin de la pyramide est constitué d'un mur oblique en talus, surmonté de niches carrées et d'une corniche. Les niches se poursuivent sous l'escalier, qui est lui-même décoré de cinq ensembles de trois niches. Au total, on en compte 365 – autant que les jours de l'année solaire. Autrefois, l'intérieur des niches était peint en rouge sombre et les moulures qui les encadrent en bleu. Les niches, qui favorisent à tous les moments de la journée des jeux d'ombre et de lumière intensifiés par les couleurs, composent un splendide décor architectural qui n'appartient qu'à El Tajín. Il a été repris avec le même succès dans d'autres édifices du site.

Un jeu mortel

Parmi les nombreux monuments de la ville, il en existe un qui se distingue non par son décor architectural, mais par sa fréquence.

La pyramide des Niches, avec ses 6 étages, s'élève à plus de 25 m . La destination des multiples niches reste inconnue.

Bas-relief totonaque d'El Tajín montrant la pratique rituelle des sacrifices humains.

C'est le terrain de jeu de balle. Jusqu'à présent, onze terrains ont été découverts. De forme rectangulaire, ils sont délimités sur les grands côtés par des murs obliques, revêtus de dalles sculptées en relief. L'un des terrains a conservé certains de ces reliefs qui évoquent les rites associés au jeu de balle.

Le jeu de balle, commun à toute l'Amérique centrale et au Mexique, existe au moins depuis 1000 avant notre ère. Mais nulle part il n'a été pratiqué avec autant de ferveur qu'à El Tajín. Les joueurs, répartis en deux équipes, portaient une épaisse ceinture sur les hanches, des bandes de coton sur les cuisses et des genouillères en guise de protection. Leur tête était coiffée d'une superbe parure. Pour jouer, ils utilisaient une balle de caoutchouc qui pesait 3 kg. Ils se la renvoyaient à l'aide des avant-bras ou des hanches. Il y avait sans doute des buts comme le laissent penser des poteaux surmontés de disques. Par la suite, des anneaux de pierre, destinés à faire passer la balle, furent fixés sur les murs. Les règles du jeu ne sont pas précisément connues.

Le jeu n'est pas un simple délassement. Il est chargé de symbolisme religieux. Le trajet de la balle représente la course du Soleil à travers le ciel. Or, pour perpétuer ce mouvement, il faut nourrir le Soleil de cœurs humains. C'est pourquoi le jeu se termine par le sacrifice d'un joueur de l'équipe perdante. Cette sanglante cérémonie est peut-être également liée à des rites de fertilité garantissant une bonne récolte. Les reliefs d'El Tajín figurent l'immolation. Le joueur, assis sur une pierre, est maintenu par un prêtre tandis qu'un personnage plante le couteau qui arrachera le cœur de la victime.

Malgré la pratique intensive du jeu de balle et l'accomplissement régulier des rites religieux, le Soleil ralentit sa course à El Tajín, qui entre irrémédiablement en décadence vers 950.

Les grandes civilisations du Mexique

Les Olmèques. La civilisation olmèque, la première du Mexique, s'est épanouie sur la côte est, dans les centres de La Venta et de San Lorenzo, entre 1200 et 400 avant notre ère. Son art et sa religion ont fortement marqué les civilisations qui lui ont succédé.

Teotihuacán. Teotihuacán, la première métropole de Méso-Amérique, se développe entre 100 avant notre ère et 650-700 après notre ère, près de l'actuelle Mexico.

Les Mayas. Entre les années 250 et 900 de notre ère, les Mayas bâtissent une grande civilisation sur les sites de Chichén Itzá, Uxmal et Palenque dans le sud du Mexique, de Tikal au Guatemala et de Copan au Honduras.

Zapotèques et Mixtèques. La civilisation zapotèque parvient à son plein épanouissement sur le site de Monte Albán et dans la vallée de Oaxaca, sur le haut plateau central du Mexique, entre 550 et 800. À partir de 900 environ, les Mixtèques, descendus du nord, s'infiltrent dans la région et en prennent progressivement le contrôle.

Les Totonaques. Ils rayonnent sur la région du centre de l'État de Veracruz sur la côte du golfe à partir d'El Tajín. Leur civilisation atteint son apogée entre les années 600 et 900 de notre ère.

Les Toltèques. Ils ont pour capitale Tula, au nord de Mexico, et atteignent leur pleine puissance entre le IXe et le XIIe siècle.

Les Aztèques. En 1325, les Aztèques fondent leur capitale, Tenochtitlán, ensevelie sous l'actuelle Mexico. Ils se rendent maîtres d'un puissant empire, détruit en 1521 par les Espagnols.

Mahomet reçoit la révélation

NAISSANCE DE L'ISLAM

Au début du VIIe siècle, dans la péninsule arabique fidèle au culte des idoles, un homme, Mahomet, un conducteur de caravanes que ses voyages ont amené à connaître les croyances juives et chrétiennes, proclame qu'il n'y a qu'un seul Dieu et que ce Dieu se nomme Allah : l'islam naît à ce moment.

« Lorsque Mahomet eut accompli sa quarantième année (écrit, à la fin du Xe siècle, le chroniqueur musulman al-Tabari), Dieu envoya vers lui l'ange Gabriel pour lui porter une vision. » C'est en effet un homme mûr, négociant considéré dans sa ville natale de La Mecque, qui, au cours de méditations pieuses sur le mont Hira', près de La Mecque, s'entend appeler « Apôtre de Dieu » par des voix qui semblent sortir des pierres, avant que l'ange de Dieu ne le salue de la même façon. Cet ange, qui joue le rôle de messager divin auprès des hommes, est le même que celui de la tradition juive, le même aussi que celui qui, dans le christianisme, annonce à Marie la conception de Jésus : en effet, l'islam reprend en héritage une partie de la tradition juive et de la tradition chrétienne ; son Dieu est celui qui s'est fait connaître, jadis, à Abraham, à Moïse, et plus tard à Jésus. La parole divine s'exprime désormais en Mahomet, l'ultime et le plus grand des Prophètes.

Les devoirs du croyant

Dieu exige des hommes des actes précis, mais qui n'ont de valeur que si celui qui les accomplit est sincère dans ses intentions : cinq d'entre eux constituent les obligations de tout croyant – les cinq piliers de l'islam :

1. La profession de foi, par laquelle le musulman affirme sa croyance en un seul Dieu nommé Allah et en son prophète Mahomet ;

2. La prière, cinq fois par jour et en particulier le vendredi midi, dans la mosquée ;

3. L'aumône légale qui, obligatoire dans les premiers temps pour faire vivre la communauté, se transforme vite en un impôt ;

4. Le pèlerinage à La Mecque, à réaliser au moins une fois dans sa vie (sauf cas de maladie ou d'extrême pauvreté) ;

5. Le jeûne diurne du mois de ramadan, 9e mois (lunaire) de l'année islamique.

La guerre sainte n'est le fait que d'une élite ; elle procure le salut à ceux qui y trouvent la mort. Une interprétation moderniste lui donne un sens métaphorique : une lutte pour plus de perfection.

Les débuts difficiles

Aux premières voix qu'il entend, Mahomet est d'abord sceptique : terrorisé et craignant de devenir fou, il se confie à sa femme, Khadidja, une riche veuve plus âgée que lui et de bon conseil. Celle-ci le rassure : Mahomet est trop vertueux pour être la victime d'un démon et il n'adore pas les idoles.
Au cours d'une deuxième apparition, Gabriel se fait encore plus net : « Lève-toi (lui dit-il), avertis les hommes et appelle-les à Dieu. » De nouveau, Mahomet est désorienté et effrayé. « Qui appellerai-je (dit-il à son épouse), qui me croira ? » Et, de nouveau, Khadidja le rassure : elle est sa première convertie. Le second sera 'Ali, un enfant de sept ans, cousin et fils adoptif du Prophète.
Mahomet commence donc à professer en public ce Dieu unique, inconnaissable, créateur de l'Homme et de la Nature. Au jour du Jugement dernier, ce Dieu punira et récompensera chacun selon ses mérites, sans considération de clan ni de tribu : le discours est révolutionnaire par son caractère égalitaire ; il inquiète une bonne partie de la propre tribu de Mahomet, les Quraychites, qui dominent La Mecque. Lorsque Mahomet dénonce les idoles mecquoises, au nom de l'unicité divine, c'est la rupture : la ville s'enrichit du pèlerinage aux idoles et ne peut accepter une prédication qui met en cause ses intérêts. La petite communauté en formation se voit en butte à l'hostilité des chefs quraychites. En 622, elle est forcée d'émigrer : c'est l'*Hégire,* de l'arabe *hidjra,* qui signifie « émigration » ; Mahomet et ses fidèles se transportent à Yathrib, que l'on appellera Médine (« La Ville »), les chefs de cette cité étant favorables au nouveau culte.

L'Arabie avant l'islam

La péninsule est peuplée de **Bédouins éleveurs de chameaux,** dominant une minorité de sédentaires qui exploitent et cultivent les oasis. Au sud-est, la fertile « Arabie heureuse » (l'actuel Yémen) est divisée en un ensemble de royaumes qui exportent myrrhe, encens et parfums vers les Empires perse et byzantin.

Les Arabes croient à une infinité d'esprits, les djinns, qui habitent des arbres, des pierres, etc. **La Mecque,** à mi-chemin des circuits caravaniers, est une étape commerciale et un grand centre de pèlerinage polythéiste. Dans le Nord vivent aussi des populations chrétiennes et, dans le Sud, des communautés juives. Les conceptions monothéistes sont donc présentes de façon diffuse quand apparaît Mahomet.

Le Prophète armé

À Yathrib, on trouve aussi une nombreuse et florissante communauté juive : a

Mahomet et son armée avancent sur les Mecquois (miniature du Musée d'art turc et islamique d'Istanbul).

Mahomet reçoit sa première vision, sur le mont Hira' (miniature du XVIIIe siècle). L'islam interdit de figurer le visage du Prophète.

La Ka'ba de La Mecque (miniature du XVIe siècle, de la Bibliothèque universitaire d'Istanbul).

Mahomet, fondateur d'une religion

À la différence de Jésus, que les chrétiens proclament Fils de Dieu et né miraculeusement d'une vierge, Mahomet est un homme ordinaire : il est celui par lequel s'exprime la parole de Dieu, mais sa naissance est toute humaine, il ne produit pas de miracles, il n'est pas non plus un ascète, et, en particulier, il reprend femme plusieurs fois après la mort de sa première épouse Khadidja.

La jeunesse. Il naît vers 570, d'une branche pauvre de la famille des Quraychites qui domine La Mecque. Orphelin, il est élevé par son oncle, Abu Talib. Vers 595, il épouse Khadidja, une riche veuve nettement plus âgée que lui pour laquelle il conduisait des caravanes. Il ne prendra pas d'autres épouses tant qu'elle vivra.

La révélation et les débuts de la prédication. Vers 610 ou 613, il reçoit pour la première fois la parole d'Allah et se met à prêcher. En 619, meurent Khadidja et Abu Talib : ce dernier, chef d'un clan puissant parmi les Quraychites, avait jusque-là protégé la petite communauté de l'hostilité des autres dirigeants de la tribu.

L'Hégire. L'attitude du successeur d'Abu Talib, l'Omeyyade Abu Sufyan, rend la vie à La Mecque impossible pour Mahomet et ses fidèles. Ceux-ci s'exilent à Yathrib (Médine). De 622 à 627, une série de razzias, dans la tradition bédouine, sont menées contre les Mecquois par les musulmans. En 627, les Quraychites font le siège de Médine et échouent. L'année suivante, Mahomet décide de faire de La Mecque le centre de la nouvelle religion ; une trêve est signée et, en 628, le Prophète peut y faire le pèlerinage.

Le retour à La Mecque et les dernières années. En 630, la communauté revient à La Mecque. L'Arabie presque entière est convertie ou soumise. Le Prophète meurt en 632. Son successeur, le premier calife, est Abu Bakr.

été manifestement influencé par le judaïsme et un certain nombre de prescriptions coraniques reprennent la loi mosaïque, à commencer par l'interdiction de manger du porc. Mais, si le Prophète a espéré se faire reconnaître par la communauté israélite d'Arabie, il doit vite y renoncer : les Juifs de Médine sont finalement expulsés ou massacrés et la direction de la prière, initialement fixée vers Jérusalem, change après les premiers temps ; le croyant doit se tourner vers La Mecque, présentée non seulement comme le lieu où Dieu a appelé son ultime et plus parfait prophète, mais aussi comme une ville marquée par un séjour d'Abraham, le premier vrai représentant d'une foi monothéiste trahie par les gauchissements introduits par les Juifs puis par les chrétiens. Le principal des sanctuaires jusqu'alors polythéistes de la ville, la Ka'ba, est, dans la tradition musulmane, un temple construit par Abraham lui-même.

Il faut donc conquérir cette ville sainte. Le devoir du *djihad* (guerre sainte) commence par là. Après quelques années de conflit, en 630, les dirigeants mecquois changent d'attitude : Mahomet est devenu puissant, les conversions s'étant multipliées, et ils sont assurés que le pèlerinage ne va pas disparaître mais simplement changer de nature, devenant celui d'un culte monothéiste. Les musulmans rentrent dans la ville et les Quraychites reconnaissent le prophète d'Allah.

→**Voir aussi** : p. 70-71 (Le schisme chiite).

L'empereur Taizong règne sur la Chine

LA DYNASTIE DES TANG

Relief du tombeau de Taizong. Un soldat arrache au poitrail de son cheval une flèche reçue pendant la bataille (Paris, musée Guimet).

En 626, le deuxième souverain de la dynastie Tang monte sur le trône : le prince Li Shimin devient l'empereur Taizong. Il a assassiné deux de ses frères, parmi lesquels l'héritier légitime, et contraint son père à abdiquer.

Contrairement à ce que pourrait laisser supposer cette brutale prise de pouvoir, le nouvel empereur n'est pas un souverain sanguinaire uniquement préoccupé d'assouvir ses ambitions personnelles. Ses principaux soucis seront d'agrandir l'empire hérité de son prédécesseur et de lui donner une solide administration afin d'établir durablement la dynastie.

Un empire en expansion

La première tâche du monarque est de transformer l'armée que son père avait commencé de constituer, afin de la rendre plus efficace. Divisées en 633 unités de 800 à 1 200 hommes — cavaliers, archers à cheval et fantassins —, les troupes sont complétées par des garnisons stationnées aux frontières et, le cas échéant, par des soldats levés par conscription. En moins de trois ans, Taizong dispose d'un outil efficace qui lui permet d'envisager de grandes conquêtes. Il attaque alors les tribus nomades des Turcs orientaux qui menacent sans cesse les frontières du nord-est de la Chine, et il les écrase (629-630). Au lieu de massacrer les vaincus ou de les renvoyer vers l'ouest, ce qui ne serait qu'un bienfait éphémère, il les établit dans diverses provinces de l'empire, installant même certains d'entre eux à Changan, la capitale. Des dizaines de milliers de Turcs sont ainsi déplacés. Les plus vaillants de leurs chefs deviennent ses généraux. Le danger à la frontière nord étant conjuré, Taizong se tourne contre d'autres catégories de Turcs, installés au nord du bassin du Tarim. Il donne ainsi à la Chine le contrôle de la route de la soie, qui concentre tout le commerce avec l'Asie centrale, l'Inde, la Perse et, finalement, avec l'Occident. Enfin, à partir de 645, l'empereur s'efforce d'étendre sa domination sur la Corée, mais il échoue à deux reprises. Il meurt alors qu'il prépare une troisième campagne contre la Corée, d'une envergure beaucoup plus considérable. C'est le seul échec militaire de ce grand conquérant.

L'empereur Taizong, deuxième souverain de la dynastie des Tang.

La révision du système d'examens permet d'améliorer le recrutement des fonctionnaires. L'empereur assistant à un concours (peinture sur soie du XVIIe siècle, extraite de la Vie des empereurs chinois, *Paris, Bibliothèque nationale de France).* ▷

Le temps de la réorganisation

Observateur lucide de la valeur des hommes, Taizong s'entoure de ministres intègres, d'une grande compétence et qui, choisis pour la plupart parmi ses compagnons de jeunesse et ses partisans de la première heure, font preuve d'un dévouement sans faille. Au tout début de son règne, en particulier, le monarque se montre

La dynastie des Tang

Fondée en 618 par Gaozu et consolidée par son fils Taizong, la dynastie Tang se maintient jusqu'en 906. Elle compte vingt empereurs et une impératrice. Elle marque l'une des périodes les plus brillantes de l'histoire de la Chine.

Une capitale cosmopolite. Dès le règne de Taizong, des sujets de tout l'empire et de nombreux étrangers affluent à Changan. Outre des quantités de marchandises, ils apportent avec eux des croyances et des coutumes très diverses. À la fin du VIIe siècle, la capitale rassemble plus d'un million d'âmes. Divisée en quartiers ceints de murailles, elle présente un plan en damier et possède de nombreux édifices bouddhiques.

L'apogée du bouddhisme. Lorsque Taizong accède au pouvoir, le bouddhisme, qui s'est répandu en Chine aux Ier et IIe siècles de notre ère, est bien implanté dans le pays. Peu favorable à cette religion, l'empereur tente d'en limiter l'influence. Le bouddhisme continue pourtant à prospérer, jusqu'à la grande persécution de 843-845, qui marque son recul en Chine.

L'art des Tang. Les souverains Tang et les membres de leur cour encouragent les arts. Les peintres, connus surtout par des copies postérieures, excellent dans la peinture de paysages, de portraits et de chevaux. La sculpture se distingue par son réalisme et sa puissance et par la virtuosité des sculpteurs. De belles statuettes en terre cuite peintes ou couvertes de glaçures, déposées dans les tombes, évoquent la vie quotidienne.

avide de leurs conseils et ne cesse de les consulter. Entouré d'un gouvernement compétent, Taizong accomplit une œuvre politique considérable. Il s'attache principalement à réformer l'administration provinciale, auparavant pléthorique et inefficace, en diminuant le nombre des subdivisions administratives et en réévaluant le statut des responsables locaux, gouverneurs, préfets et hauts fonctionnaires, désormais nommés par lui. En outre, la révision du système des examens permet de recruter du personnel compétent ; la formation des candidats, sélectionnés dans tout le pays, s'effectue dans la capitale, au sein d'écoles créées à cet effet. Afin de contrôler les instances locales et de corriger leurs défauts, l'empereur envoie à deux reprises ses représentants en tournée d'inspection. Le souverain Tang s'efforce également d'améliorer une fiscalité qui permet aux deux tiers des contribuables d'échapper à l'impôt. La loi pénale est une autre préoccupation de Taizong : il réduit nombre de peines qu'il juge trop sévères par rapport au délit, limite l'usage de la torture, et il supprime le châtiment consistant à amputer un membre. De même, il fait clarifier, amender et compiler le Code de lois.

Un modèle à suivre

Les annales officielles chinoises, qui retiennent de Taizong l'image d'un souverain parfait, à la fois habile administrateur et grand conquérant, mettent surtout en lumière la personnalité de l'empereur des premières années du règne. Intelligent, énergique, peu sensible aux présages et autres éléments irrationnels, Taizong a alors un esprit ouvert. Après quelques années, cependant, Taizong, fermement installé sur son trône, est sûr de lui, autoritaire et même despotique. D'abord avare des grands travaux qui font peser tout le poids des corvées sur le peuple, il construit ensuite quatre immenses palais – en en faisant raser un pour la seule raison qu'il lui déplaît. À la même époque, c'est-à-dire après 635 environ, il organise des chasses mobilisant plusieurs milliers d'hommes, qui, si elles ont une utilité militaire, n'en sont pas moins excessivement dispendieuses. Malgré tout, Taizong lègue à ses successeurs un empire florissant. D'ailleurs, une compilation des échanges de Taizong avec ses ministres, parue en 705, élève l'empereur au rang de souverain idéal et devient pour ses successeurs un livre de référence indispensable.

Crise de succession dans l'islam

LE SCHISME CHIITE

La « Bataille du chameau », un des épisodes de la lutte d'Ali contre ses adversaires ; ici, sa belle-mère Aicha, portée par le chameau.

Deux fois parent de Mahomet, par son père Ali, fils adoptif du Prophète et l'un des premiers convertis à l'islam, et par sa mère Fatima, fille de Mahomet, Husayn est le grand martyr vénéré par l'islam chiite.

Mahomet, sa fille Fatima, son gendre Ali, ses deux petits-fils Hasan et Husayn (miniature du XVe siècle).

En l'année 656, Uthman, troisième calife, de la famille omeyyade, meurt assassiné. Ali, le plus proche parent de Mahomet, lui succède. Mais il est lié au parti de mécontents qui est à l'origine du meurtre de Uthman ; un parent de ce dernier, Muawiyya, gouverneur de Syrie, se révolte. La guerre civile dure jusqu'en 661 : à ce moment, Ali est assassiné et, du coup, le pouvoir n'est plus contesté à Muawiyya, d'autant que celui-ci n'a pris aucune part dans le meurtre d'Ali dont le fils aîné, Hasan, se laisse acheter (il mourra paisiblement à Médine). Tout change avec la mort de Muawiyya, en 680.

Le calife : chef religieux ou monarque héréditaire ?

Husayn, personnalité mal connue mais, semble-t-il, de peu de relief, s'était lui aussi soumis à Muawiyya malgré les incitations à la révolte de ses partisans à Médine, où il résidait. En revanche, il refuse, avec d'autres hauts personnages de l'État, de reconnaître pour calife le fils de Muawiyya, Yazid.
À Kufa, en Iraq, les partisans de Husayn sont nombreux : dès l'annonce de la mort de Muawiyya, la population a envoyé des messagers au fils d'Ali. Les motivations exprimées ont des accents révolutionnaires : on accuse les Omeyyades de détourner les biens d'Allah au profit des puissants et des riches. Cette donnée morale demeurera dans le chiisme, pour lequel le calife doit d'abord être un homme de Dieu.

Les prémices de la bataille

Aux messagers iraquiens, Husayn fait une réponse favorable, mais il tarde à agir. Yazid en profite pour réprimer énergiquement le début d'insurrection à Kufa, puis il se retourne contre les troupes de Husayn qui se sont alors mises en route.

Le monde musulman à la fin du VIIe siècle

Les musulmans sont présents dans **l'ensemble des pays arabes actuels et en Perse.** Sauf en Arabie où l'islam est majoritaire, ils ne représentent dans ces régions qu'une minorité, mais le nombre des conversions s'accroît régulièrement.

Depuis la mort du Prophète, **l'islam est dirigé par des califes.** Depuis 661, ces califes sont choisis dans la même famille : celle des Omeyyades.

Cet état de choses entraîne un déplacement du centre de l'islam : **l'Empire omeyyade est dirigé depuis Damas,** et l'Arabie se trouve rejetée à la périphérie. Le nouvel État se dote de structures complexes, empruntées à Byzance et à la Perse ; l'arabe devient sa langue d'administration et de culture ; l'art musulman naît de la fusion des styles autochtones et des influences grecque et iranienne.

Les corps martyrisés de Husayn et des siens pleurés par les veuves et les filles de sa famille, après la bataille de Karbala, en 680 (détail d'une miniature ancienne).

Les tendances dans l'islam

Elles naissent dans l'atmosphère des luttes pour la succession au califat au temps d'Ali.

Les sunnites. Hommes de la tradition (la « *sunna* »), ils acceptent l'ordre établi et donc, pour commencer, la réalité de la victoire des Omeyyades. Du point de vue politique, ils sont donc des réalistes. Ils sont très largement majoritaires.

Les kharidjites. Face aux précédents, nombreux à l'origine mais représentés aujourd'hui à peu près par les seuls Mzabites (des oasis du Mzab, au Sahara algérien, refuge ultime d'une minorité autrefois persécutée), les kharidjites sont des « puritains de l'islam » : le chef de la communauté doit, pour eux, être le meilleur croyant. Ils ont rompu avec Ali lui-même, qu'ils soutenaient au début.

Les chiites. Ils ont été longtemps, en somme, des « légitimistes » : c'est dans la descendance d'Ali que le chef (l'« *imam* ») de la communauté doit être pris. Les grands événements de la constitution du chiisme sont la mort d'Husayn en 680 et, vers 873, la disparition du douzième *imam* (à compter à partir d'Ali inclus). Depuis cette date, la majorité des chiites attend le retour de cet *imam* « caché », appelé *mahdi* : ce sont les « duodécimains » – leur religion est la religion officielle de l'Iran actuel.

Subdivisions dans le chiisme. Mais tous les chiites ne révèrent pas la personne d'Husayn et sa descendance, et tous ne reconnaissent pas la légitimité des douze *imams* des duodécimains. Il faudrait parler de chiismes au pluriel : les sectes ont été presque aussi nombreuses que les descendants d'Ali. Il y a des *partisans* des « Hasanides », les descendants du frère aîné de Husayn. Et, parmi les « Husaynides », des divisions successives se sont produites : vers 740, un petit-fils d'Husayn, Zayd, se révolta et fut écrasé. De ce nouveau « martyr » est née la secte des Zaydites, qui se livre d'ailleurs à une contestation plutôt intellectuelle que violente. En 765, nouvelle division : deux frères, Musa et Ismail, ont chacun leurs partisans ; les Ismaéliens, minoritaires, sont encore représentés de nos jours. Mais ils ont subi des divisions : si la majorité reste fidèle à la mémoire d'Ismail, qu'ils considèrent comme le septième et dernier *imam*, d'autres, comme les Druzes du Liban, révèrent un de ses descendants lointains, le calife du Caire al-Hakim (mort en 1202) ; et un groupe extrémiste révolutionnaire, les Hachichiyyin (d'où le français « assassin »), dont les membres fanatisés pratiquaient au XIIe siècle l'assassinat politique, vénèrent aujourd'hui, paisiblement, l'Agha Khan.

Apprenant ce mouvement, Husayn ne rebrousse pas chemin : il se fie à la justice de sa cause et en conséquence il remet son destin entre les mains d'Allah. Les détachements de cavaliers envoyés par le calife le ménagent tout d'abord et veulent éviter l'affrontement, mais, comme Husayn poursuit sa route, il se trouve face à l'ensemble de l'armée du calife, à Karbala, dans la province de Kufa, au sud-ouest de l'actuelle Bagdad.

À ce moment, Husayn décide de se retirer. Mais ordre est donné aux rebelles de prêter hommage à Yazid. L'intransigeance des représentants du calife empêche tout accord : après trois jours, pendant lesquels Husayn et ses troupes souffrent de la soif (la route vers le fleuve étant barrée), les hostilités s'engagent à l'aube, le 10 octobre.

Le massacre et ses conséquences

Plus qu'une bataille, il y a dans cette journée une série de combats singuliers et d'escarmouches : vers la fin seulement, la rencontre prend un tour exaspéré et dégénère en massacre général de Husayn et des siens par les soldats de Yazid, rendus furieux par la résistance. Un seul fils de Husayn, Ali, encore enfant et épargné pour cette raison, survit. Il engendrera (signe de la faveur divine aux yeux des chiites) la nombreuse lignée des Husaynides.

Que Yazid ait voulu ou non une issue aussi sanglante, l'irréparable est commis dans cette bataille. Les chiites, désormais, ont un martyr. Toute une tradition, qui fait de Husayn un inspiré d'Allah, le montre allant au sacrifice final en toute conscience de ce qui va arriver. Cette version fait du personnage, en quelque sorte, un rédempteur acceptant la mort d'avance, pour purifier l'islam de la destruction vers laquelle des califes corrompus le précipitent. Son tombeau devient un lieu saint de l'islam chiite, et le jour anniversaire de sa mort, *Achura*, un grand jour de deuil marqué, dans la suite des temps, par la représentation de la *Passion d'al-Husayn.*

Très vite, le chiisme se divise en de nombreuses tendances. Dans toutes, on retrouve deux thèmes majeurs : d'une part, l'islam doit être dirigé par les meilleurs, les plus pieux ; d'autre part, c'est parmi les proches du Prophète – donc parmi les Alides – que ces meilleurs se trouveront – du moins pendant une longue période.

→**Voir aussi** : p. 66-67 (Naissance de l'islam).

La première capitale fixe du Japon

NARA

Au début du VIIIe siècle, l'impératrice Gemmei rompt avec une coutume vieille de quatre cents ans qui contraint les souverains à changer de résidence après le décès de leur prédécesseur. En s'installant dans un nouveau site, ils échappaient à la souillure que représentait la mort, surtout celle du souverain, pour la religion shintoïste.

Concurrencé par le bouddhisme au VIe siècle de notre ère, le shintoïsme coexiste aujourd'hui avec lui au Japon (procession honorant Kasuga, une divinité shintoïste vénérée à Nara).

En 708, l'impératrice décide de faire construire une capitale fixe au sud de l'île de Honshu, près de l'actuelle Osaka. En 710, les travaux de construction de la ville ainsi que le déplacement des temples et des palais de certains nobles sont terminés. La cour prend possession de Heijôkyô, la « cité de la paix », appelée aussi Nara.

Sur le modèle chinois

Nara emprunte son plan à Changan, la capitale chinoise, siège de la dynastie des Tang (618-907), dont elle forme une réplique à échelle plus réduite. Quadrillée par des rues et des avenues qui se coupent à angle droit et délimitent des carrés, elle dessine un quadrilatère de 4,3 km sur 4,9 km. Elle s'articule autour d'une voie centrale, un axe nord-sud qui mène au palais impérial, érigé au nord de la ville. L'édifice, à la fois siège du gouvernement et résidence, est un vaste complexe. Les appartements privés du souverain et de ses épouses en constituent la partie la plus retirée. Ils sont précédés par le palais où siège l'empereur lorsqu'il remplit ses fonctions officielles et par les bureaux du gouvernement. Diverses annexes, telles que cuisines ou magasins, complètent l'ensemble. La cour impériale est au cœur d'un réseau routier qui sillonne le pays. Tout en permettant au souverain de contrôler les provinces, les routes facilitent l'acheminement des impôts en nature vers la cour impériale. Nara se compose aussi des palais des aristocrates, de deux marchés, un à l'est et un autre à l'ouest, d'ateliers d'artisans au service de la cour, de simples habitations et de temples et monastères bouddhiques dont l'influence est considérable. Dans la capitale vivent 200 000 personnes, chiffre considérable pour le VIIIe siècle.

Le foyer du bouddhisme

Introduit au Japon en 552 par un souverain de Corée, le bouddhisme prend rapidement le pas sur le shintoïsme, la religion locale qui vénère les forces naturelles incarnées dans des divinités, les kami. Nara compte sept grands monastères bouddhiques, quatre transférés de la précédente capitale, Asuka, située à 30 km, et trois fondés sur place. Le Todai-ji, ou « Grand Temple de l'Est », le plus important et le plus grandiose d'entre eux, doit son existence à l'empereur Shomu (724-749), qui le fait construire en 743. Pour bâtir ce complexe, qui reste aujourd'hui le plus grand monument en bois du monde, 50 000 bûcherons et charpentiers sont mobilisés. Peu après, le souverain fait fabriquer une colossale statue en bronze de Rushana, le Bouddha de l'Absolu, assis sur un lotus, qui mesure 16 m de hauteur. Inaugurée en 752, elle a pour fonction, comme le monastère dans lequel elle s'élève, de protéger l'État. L'effigie se dresse dans un immense pavillon, le Daibutsu-den, reconstruit à l'identique au cours des siècles. L'enceinte du Todai-ji abrite une trentaine de bâtiments parmi lesquels figurent, outre le Daibutsu-den, ou sanctuaire principal, la résidence du supérieur, les cellules des moines, une bibliothèque où l'on conserve les textes sacrés, un édifice où l'on prononce les sermons et un pavillon où l'on sonne la cloche qui rythme la vie monacale. Le Todai-ji renferme aussi le Shosoin, magasin où sont conservés les trésors de l'empereur. Les luxueux tissus et céramiques de Chine y voisinent avec des verres de Byzance, des tapis d'Asie centrale et des œuvres japonaises. À la mort de l'empereur Shomu, devenu moine en 749, le Shosoin s'enrichira de tous ses biens. C'est à ce monastère, promu sanctuaire central du Japon, que l'empereur Shomu confie le soin de diriger les autres temples et monastères du pays. Nara devient donc à la fois le siège du pouvoir politique et celui de l'autorité religieuse. Mais l'emprise croissante des moines sur le gouvernement conduira finalement à l'abandon de la capitale et de ses temples en 784.

L'épanouissement culturel

En même temps que le bouddhisme, importé de Chine, le jeune État du Japon a adopté la civilisation chinoise. Il lui a emprunté non seulement son urbanisme et son architecture, mais aussi ses institutions, ses codes de lois, son écriture et ses livres. Au VIIIe siècle, la cour de Nara favorise le développement de la culture. En 712 et 720 y est achevée la rédaction de deux chroniques, qui sont les plus anciens ouvrages du Japon. *Les Récits des choses anciennes,* ou *Kojiki,* et les *Chroniques du Japon,* ou *Nihonshoki,* s'ouvrent sur les mythes de la création et les généalogies des dieux japonais, dont les empereurs prétendent descendre. Les livres retracent également l'histoire des souverains jusqu'en 697. À ces livres s'ajoutent ensuite une anthologie de poésies d'inspiration nationale et une étude géographique sur les provinces et leurs diverses productions. La musique, d'origine chinoise, est en plein essor. Elle accompagne les danses exécutées par des troupes de danseurs masqués qui animent les processions bouddhiques et les banquets. La capitale possède aussi un centre d'enseignement où l'on étudie des disciplines aussi diverses que le droit, la littérature ou la médecine. Nara, qui a rayonné sur le pays pendant soixante-dix ans, a profondément marqué la civilisation japonaise.

Temple érigé au VIIIe siècle, le Todai-ji comprend de nombreux monuments contenus dans une enceinte.

Haute de 16 m, la statue de Rushana, le Bouddha de l'Absolu, veille sur le pays.

Le clan des Fujiwara

Des proches de l'empereur. À Nara, outre l'influence du clergé bouddhiste, les souverains subissent celle du puissant clan aristocratique des Fujiwara, fondé au VIIe siècle. Ces nobles sont étroitement liés à la famille impériale grâce au mariage de leurs filles, qui deviennent des épouses et des mères d'empereurs. Fils d'une Fujiwara, Shomu (724-749), par exemple, épouse la sœur de sa mère, avec laquelle il engendre l'impératrice Koken (749-757).

Au cœur du pouvoir. En 757, après la découverte d'un complot organisé par des membres du clergé bouddhiste pour la renverser, l'impératrice Koken abdique sous la pression de Nakamaro Fujiwara. Le dignitaire écarte alors l'héritier du trône pour le remplacer par un candidat facile à manipuler. En 764, l'impératrice chasse l'usurpateur avec l'aide d'un moine bouddhiste du nom de Dokyo. Elle prend le nom de Shotoku et règne avec le moine. À la mort de la souveraine, en 770, les Fujiwara empêchent ce dernier de prendre le pouvoir. En 781, ils portent sur le trône l'empereur Kanmu. C'est ce souverain qui décide trois ans plus tard d'abandonner Nara pour échapper à l'influence du clergé bouddhiste.

Une conquête réalisée en trois ans

L'ESPAGNE ARABE

À la fin de la première décennie du VIIIᵉ siècle, les Arabes viennent à peine d'achever la conquête du Maroc. Mais déjà, deux de leurs officiers, un ancien esclave, Tariq ibn Ziyad, et le maître qui l'a affranchi, Musa ibn Nusayr, se lancent dans une entreprise audacieuse et toute nouvelle pour les armées du Prophète : franchir la mer.

L'idée d'une telle expédition ne leur serait peut-être pas venue sans l'intervention d'un personnage assez classique dans les aventures de ce genre, celui du traître qui appelle l'envahisseur à des fins de vengeance personnelle. Les chroniqueurs arabes nous parlent d'un « comte Julien », sans doute byzantin d'origine. Les causes de son appel sont on ne peut plus romanesques : le roi Rodéric (ou Rodrigue), pris d'une folle passion pour la fille du comte, aurait abusé d'elle. Julien aurait vengé l'affront en faisant venir les troupes arabes. Sous-entendons qu'il y avait pour le moins une opposition violente d'une partie de l'aristocratie wisigothique à un roi contesté, qui avait eu à évincer un rival, Akhila, lors de son arrivée au trône.

Les débuts de l'expédition

Les musulmans hésitent : informé, le calife al-Walid s'effraye des risques de tempête en mer. Une première incursion, en juillet 710, s'avère fructueuse : Musa ibn Nusayr, dans son palais de Kairouan, reçoit son lot de belles captives chrétiennes et ordonne l'expédition de conquête.

Tariq, alors gouverneur de Tanger, est chargé de diriger cette expédition. Ce sont surtout des Berbères fraîchement convertis qui s'engagent dans l'affaire. Le corps expéditionnaire est peu nombreux : 7 000 hommes, 12 000 après l'envoi de renforts – le transport maritime d'une grande armée n'est alors guère possible. Les envahisseurs débarquent dans la baie qu'on nomma Gibraltar (de l'arabe « *djabal al-Tariq* », « montagne de Tariq »), en avril ou mai 711. Le comte Julien garde une base de repli installée aussitôt, tandis que Tariq s'enfonce dans l'intérieur. Le roi Rodrigue serait alors venu à sa rencontre, avec une armée de 100 000 hommes ! Chiffre manifestement exagéré par les chroniqueurs arabes. La rencontre a lieu sur le rio Barbate, le 19 juillet 711. Les musulmans y remportent une victoire grandement facilitée par les désaccords entre chrétiens : les partisans d'Akhila, en effet, ont fait demi-tour dès le début de la bataille !

De l'incursion à la conquête

La victoire ouvre l'Andalousie aux Arabes : Juifs et serfs, tous les mécontents du régime se rallient. Tariq laisse un affranchi, Mughith, occuper Cordoue, et va prendre Tolède sans coup férir, les habitants ayant fui. D'incalculables richesses, dans les palais et les églises de la capitale wisigothique, tombent entre ses mains. Au lieu de se réjouir, Musa conçoit du dépit et de la jalousie à l'égard de son lieutenant, son ancien esclave ! Il s'empresse d'arriver avec des troupes plus nombreuses, arabes avant tout, cette fois. Et il complète la conquête de l'Andalousie en s'emparant de Séville et de Mérida.

La cavalerie arabe portant les étendards et sonnant de la trompette (miniature de l'école de Bagdad, XIIIᵉ siècle, à la Bibliothèque nationale de Paris).

La péninsule Ibérique en 711

Depuis le début du Xᵉ siècle, l'Espagne et le Portugal actuels sont **aux mains des Wisigoths, devenus catholiques** à partir du roi Reccared (587).

Mais, au début du VIIIᵉ siècle, le royaume wisigoth est **en pleine décadence** : luttes sanglantes entre candidats au trône, intrigues des Grands et du haut clergé contre l'autorité royale. Seuls en Europe, les rois wisigoths persécutent les Juifs. Dès 694, ceux-ci auraient appelé les Arabes pour assurer leur protection.

Mais le bilan n'est pas entièrement négatif : les Wisigoths ont, les premiers, donné une **conscience nationale** aux peuples de la Péninsule : ce sera un des ressorts de la Reconquête. Ils ont contribué, plus que d'autres, au maintien de la culture romaine et de l'écrit : l'évêque Isidore de Séville rédige, au début du VIIᵉ siècle, une encyclopédie, synthèse de ce qui reste du savoir antique. Les Arabes eux-mêmes puiseront dans cette culture préservée.

Le siège d'une ville par les Arabes (miniature espagnole du XIIIe siècle).

On est moins sûr de la suite. Une tradition veut que, à l'été 713, dans des montagnes proches de Salamanque, Musa ait battu et tué Rodrigue. La conquête se poursuit en tout cas bientôt vers le nord-est – Saragosse est prise en 714 – et elle déborde les Pyrénées en 715-716, englobant pour quelques décennies le Roussillon et le Bas-Languedoc actuels. Mais cette extension est une autre histoire : d'autres que Tariq et Musa, rappelés en Orient pour rendre compte, en sont chargés.

L'expansion du monde musulman

D'abord liée à une conquête militaire, elle se poursuit de nos jours sous une forme pacifique.

La civilisation des califes. L'époque des premiers successeurs de Mahomet et surtout celle des califes omeyyades (661-750) installés à Damas correspondent à une première vague d'expansion, considérable. Entre 634 et 642, un Empire arabe se crée, dans le sud-est, alors chrétien, de l'Empire romain d'Orient (Syrie, Palestine, Égypte) ainsi qu'en Mésopotamie et en Iran. De 647 à 711, le Maghreb est conquis progressivement. Enfin, de 711 à 714 se produit la conquête fulgurante de la péninsule Ibérique. Parallèlement, à l'est, entre 700 et 714, l'Asie centrale est occupée et l'Indus atteint.

La domination turque. Avec les Turcs, une population qui part de l'Asie centrale, l'expansion reprend au XIe siècle, après un temps d'arrêt. Elle se poursuit jusqu'au XVe siècle : l'Inde du Nord, conquise par une dynastie turque, s'islamise partiellement (la zone du Bangladesh actuel). Dès la fin du XIe siècle, les Turcs submergent l'Asie Mineure et s'y installent : c'est l'actuelle Turquie. Y est fondé, à la fin du XIIIe siècle, un nouvel État, l'Empire ottoman, qui occupe progressivement les Balkans et prend Constantinople en 1453. Plus à l'ouest, des dynasties berbères, c'est-à-dire originaires d'Afrique du Nord, remportent des succès plus mitigés : successivement, les Almoravides (1061-1147) et les Almohades (1147-1269) permettent à l'islam de pénétrer au sud du Sahara, commençant une expansion – pacifique cette fois, et réalisée par le biais du commerce – en Afrique noire, du Sénégal au lac Tchad ; mais le repli s'accélère dans la péninsule Ibérique, où, à partir des années 1250, ne subsiste plus que le royaume de Grenade (perdu en 1492).

Repli à l'ouest, expansion à l'est et au sud. À partir du XVIe siècle, le rêve d'une extension de l'islam en Europe s'évanouit (échecs des sièges de Vienne, en 1529, puis en 1683). En revanche, depuis l'Inde, dominée par les Moghols à partir de 1526, les marchands musulmans font pénétrer l'islam en Indonésie et jusqu'aux Philippines. Au XIXe et au XXe siècle, enfin, l'expansion se poursuit sous une forme pacifique, en Orient et en Afrique noire, par le phénomène des conversions et du fait d'une démographie pléthorique.

La Péninsule islamisée

En 714, en tout cas, il n'y a plus de résistance et d'indépendance chrétiennes que dans les Pyrénées occidentales et dans les massifs peu accessibles des Asturies, au nord-ouest, où s'exilent volontairement des nobles wisigoths. En 718, selon une tradition incertaine, ces derniers se donnent un roi, Pelayo – francisé en Pélage : celui-ci réussit à repousser les troupes musulmanes à la bataille de Covadonga (718). Les conquérants négligent après cela de faire l'effort de contrôler ces montagnes misérables, et ils laissent ainsi aux réfugiés chrétiens l'opportunité de se fortifier progressivement dans des réduits d'où partira la Reconquête. En attendant, l'islam s'installe d'autant plus facilement dans la péninsule Ibérique que la grande majorité de la population demeure passive, surtout les masses rurales. En outre, le pays est d'autant mieux tenu en main qu'un nombre considérable de nouveaux musulmans, Berbères venus d'Afrique du Nord, vient s'installer dans ce qu'on appelle désormais, non plus « Espagne », mais *« al'Andalus »*. Tolérants envers les « gens du Livre », Juifs et chrétiens, les conquérants ne cherchent pas à imposer leur foi, mais beaucoup se convertissent. Certaines communautés chrétiennes demeurent, conservant leur évêque métropolitain à Tolède : leurs membres seront appelés « mozarabes » jusqu'à la Reconquête.

L'Empire omeyyade, de l'Indus à l'Espagne.

L'islam, en Espagne, ne signifie pas seulement la guerre, mais aussi culture et vie raffinée (miniature ancienne).

Charles Martel arrête les Arabes en France

LA BATAILLE DE POITIERS

Le 25 octobre 732, à Moussais, près de la vieille voie romaine qui va de Poitiers à Tours, l'armée franque, commandée par le maire du palais des royaumes de Neustrie et d'Austrasie, Charles Martel, et par le prince d'Aquitaine Eudes, écrase, après sept jours d'escarmouches, les troupes berbères, à la tête desquelles se trouve le plus haut dignitaire militaire d'Espagne, l'émir 'Abd al-Raḥmān. Celui-ci laisse sa vie sur le champ de bataille.

C'est en 719 que les conquérants arabes, devenus maîtres de l'Afrique du Nord puis de l'Espagne, ont pour la première fois pénétré en Gaule, prenant Narbonne, ravageant la vallée du Rhône jusqu'à Lyon, puis la région de la Garonne. Très vite, ces pillards, demeurés sur place sous forme de colonies militaires, se sont trouvés aux prises avec la résistance du duc d'Aquitaine Eudes, qui les a forcés, par exemple, à lever le camp devant Toulouse (721). Mais, en 725, Eudes se lie avec un nommé Othmān, chef musulman qui tient la Cerdagne et ses passes et qui s'est révolté contre les autorités de Cordoue. En 732, cette alliance se retourne contre lui : l'émir d'Espagne, 'Abd al-Raḥmān, décide d'en finir avec le rebelle ; il s'ouvre un chemin à travers les Pyrénées, bat Othmān, et il en profite pour lancer ses troupes contre l'Aquitaine, terre fertile et riche en sanctuaires, où la piété des fidèles a accumulé des trésors. Eudes sait qu'il ne peut résister seul à l'afflux des troupes berbères ; il appelle à l'aide son suzerain mérovingien, c'est-à-dire en fait Charles Martel, le maire du palais qui, en éliminant un à un ses adversaires, a fini par se rendre maître de la Gaule du Nord.

La France des derniers Mérovingiens

Le royaume de Clovis ne maintient pas longtemps son unité. Par partage d'héritage à chaque génération, **quatre royaumes** se constituent : la Neustrie, c'est-à-dire le Bassin parisien ; l'Austrasie (les pays du Rhin) ; la Bourgogne ; et enfin l'Aquitaine. Après la mort de Dagobert (623-629), les rois mérovingiens qui gouvernent ces petits États sont des personnages effacés, privés de pouvoir, par manque de ressources financières et par incapacité personnelle : la propagande carolingienne, plus tard, désignera ces rois ludions sous le nom de « **rois fainéants** ».

La réalité du pouvoir, dans ces conditions, passe aux **maires du palais**, qui sont à l'origine, en quelque sorte, de grands intendants. En Austrasie, la charge de maire du palais devient héréditaire au profit d'une famille : celle des Carolingiens. Au début des années 700, **Pépin de Herstal** réussit à réunir les mairies d'Austrasie et de Neustrie. Son fils Charles, qui sera surnommé Martel (Marteau) après Poitiers, guerroie contre les Germains dans le Nord avant de s'attaquer aux Arabes dans le Sud : son œuvre prépare le triomphe de son fils, Pépin le Bref (751-768), couronné roi à la place du dernier Mérovingien, Childéric III.

Le raid de 732

L'entreprise de l'émir d'Espagne ne semble pas avoir visé la conquête : le nord de la Gaule, avec ses immenses forêts et son climat froid et humide, ne peut que médiocrement intéresser un peuple accoutumé au climat méditerranéen ou au désert. C'est la recherche du butin qui incite les musulmans à pénétrer loin dans l'Europe du Nord-Ouest : sept ans auparavant, en 725, d'autres bandes ont ainsi poussé jusqu'à Autun, mettant la ville à sac.

De fait, en 732, les soldats de 'Abd al-Raḥmān pillent la basilique Saint-Hilaire de Poitiers ; puis ils quittent la ville en direction du nord pour aller saccager la riche abbaye Saint-Martin de Tours. C'est alors que se produit la rencontre avec l'armée de Charles Martel et d'Eudes. On ne sait pas exactement où eut lieu la rencontre, ni comment elle se passa. Les charges de cavalerie arabes vinrent s'écraser contre les masses serrées de l'infanterie franque, « semblables (dit un contemporain)

Charles Martel, vainqueur chrétien, à la bataille de Poitiers (peinture française du XIXe siècle).

Le baptistère Saint-Jean, à Poitiers. Une des rares constructions de la ville datant de l'époque de la bataille.

Portrait imaginaire du maire du palais Charles Martel, équipé en guerrier (gravure du XIXᵉ siècle).

Des batailles pour une nation

Dans la naissance du sentiment national français, les grandes batailles du Moyen Âge ont joué un rôle essentiel.

Poitiers. La victoire de Poitiers et les combats menés dans le sud de la France contre les musulmans marquent le début de l'âge héroïque du peuple franc. Ces luttes ont contribué à façonner un imaginaire, arrière-fond d'épopée dont s'est nourrie la conscience nationale : les plus fameuses chansons de geste françaises se rapportent à cette époque et mentionnent des personnages historiques de ce temps.

Bouvines. Presque cinq siècles plus tard et contre un ennemi chrétien, le Saint Empire romain germanique et les comtes de Flandre et de Boulogne, la bataille de Bouvines, en Picardie, le 27 juillet 1214, marque la première victoire d'une armée véritablement nationale qui, sous les ordres du roi Philippe Auguste, comprend non seulement les nobles et leurs vassaux, mais aussi des milices communales, c'est-à-dire des bourgeois et de petites gens enrôlés volontairement pour défendre le territoire national.

Orléans. Enfin, en avril 1429, à la fin de la guerre de Cent Ans, et marquant le terme d'une longue période de revers français, la délivrance d'Orléans, assiégée par les Anglais, par la petite bergère Jeanne d'Arc, marque un sursaut venu du peuple. Contre les Grands qui se soumettent ou restent passifs face aux perspectives d'une dissolution de l'État et de l'absorption de la monarchie française au sein de la dynastie anglaise, une paysanne prend les armes, inspirée, dit-elle, par des voix célestes, mais mue aussi par sa haine des Anglais et sa dévotion au roi « français » Charles VII.

à un mur ou à un bloc de glace ». À la nuit, les Arabes s'enfuirent.

Les conséquences de la bataille

La défaite n'est pas une catastrophe pour les forces musulmanes : la puissance militaire arabe et la capacité offensive des pillards d'Espagne et de Provence restent intactes. Les musulmans, d'ailleurs, ne quittent immédiatement ni l'Aquitaine ni la Provence, et Charles Martel passe l'essentiel des années 730 à guerroyer dans ces régions.

Mais les autorités d'Espagne renoncent à conquérir la Gaule, si tant est qu'elles en aient jamais nourri le projet. Les musulmans restent sur place pour piller, non pour établir une domination. L'État arabe, plus que jamais, transpose le mode de vie des Bédouins du temps de Mahomet à l'échelle de l'Empire qu'il est devenu : s'il pousse son avantage, c'est moins par esprit de conquête que pour permettre à ses soldats de s'enrichir. Après Poitiers, la Gaule est sauvée de l'islam.

La bataille a une autre conséquence : elle renforce considérablement le prestige de Charles Martel. Celui-ci a réussi à constituer une armée remarquable, soudée autour de lui, capable d'intervenir pour arrêter toute agression et apte à prendre l'offensive. Poitiers est le signe éclatant, au VIIIᵉ siècle, de l'accroissement de la puissance franque, et elle parachève l'ascension de la famille des Carolingiens. C'est plus qu'un épisode dans la guerre opposant les chrétiens aux musulmans ; c'est véritablement un tournant.

Le plus grand monument bouddhique du monde

LE TEMPLE DE BOROBUDUR

Au centre de l'île de Java en Indonésie, à 42 km au nord-ouest de Jogjakarta, est érigé aux environs de l'an 800 le plus grand monument dédié à Bouddha qui existe sur terre. Treize millions de blocs de pierre, 1 300 bas-reliefs sculptés, 504 statues grandeur nature du Bouddha assis, 432 niches contenant des statues de Bouddha font de Borobudur le site le plus important et le plus somptueux du bouddhisme.

Vue aérienne de l'ensemble bouddhique de Borobudur, au centre de l'île de Java.

Outre sa taille, inégalée, le monument surprend par sa forme particulière et la splendeur de ses sculptures. Pour le pèlerin ou pour le touriste attentif, il s'impose comme un des hauts lieux de l'art mais aussi de la pensée et de la spiritualité humaines.

Comment les princes de la région de Java trouvèrent-ils les moyens techniques et financiers pour construire un monument de l'importance de Borobudur ? Une dynastie bouddhiste, les Sailendra, gouvernait alors le centre de l'île, peuplée peut-être de un million de personnes. Aux périodes de l'année où la culture du riz, principale source de subsistance, était le moins exigeante, les rois de cette dynastie pouvaient réquisitionner une abondante main-d'œuvre. Plus au nord, sur la côte et dans les montagnes, régnaient des souverains hindouistes. Vassaux des Sailendra, ils devaient également fournir à ceux-ci les matériaux de construction et la force de travail.

Or, les Sailendra étaient de très grands bâtisseurs. Influencés par l'art de l'Inde et de Sri Lanka, ils surent élaborer un art très original : Borobudur, édifié par l'un d'eux, le roi Samaratunga (792-825), en constitue l'exemple le plus parfait.

Un parcours hautement symbolique

Borobudur (dont le nom signifie peut-être « monastère de Bouddha sur la colline ») est construit sur un plateau d'une quinzaine de mètres de hauteur entouré par la plaine du Kédu, appelée « le jardin de Java » à cause de sa beauté et de sa fertilité. Palmeraies, rizières et chaînes de montagnes l'entourent, constituant un décor magnifique. Le monument se présente comme une immense pyramide à degrés, constituée par neuf terrasses superposées dont la taille diminue à chaque étage. Au sommet de la pyramide se trouve un stupa, ou construction en forme de cloche. La hauteur totale de l'édifice est de 35 mètres.

La pyramide de Borobudur est pleine, c'est-à-dire qu'elle ne contient aucune pièce, et donc aucune entrée véritable. Le monument est conçu de sorte que le pèlerin déambule sur ses terrasses, s'élevant d'un degré à l'autre : la visite est purement extérieure. Aussi, sur les quatre côtés de l'édifice, des escaliers permettent de monter jusqu'au sommet. Celui que les pèlerins empruntent en premier lieu est celui de l'est, avec lequel commence la série des bas-reliefs. À chaque degré, aidé par les scènes sculptées et par la structure même des gradins, le visiteur mène une réflexion qui le conduit à un progrès spirituel : au fur et à mesure de son ascension, des formes plus pures symbolisent son accession vers la perfection absolue.

Les terrasses carrées

L'escalier lui fait d'abord gravir la plate-forme qui recouvre la base originelle du monument et qui, avec ses 12 000 m^3 de pierre, abrite 160 panneaux sculptés représentant la loi du *karma* (principe d'enchaînement du désir et de la douleur). Ce rebord, conçu sans doute pour renforcer la base de l'édifice, a aussi la fonction symbolique de dissimuler la partie la

moins pure de l'univers : ce que la philosophie bouddhiste nomme le *kamadhatu,* domaine où l'homme est prisonnier de ses désirs. L'escalier conduit ensuite le visiteur, successivement, à cinq terrasses de forme carrée. Le carré, dans le bouddhisme, symbolise la terre, le cercle étant réservé à la représentation du ciel. Ces terrasses sont le lieu du *rupadhatu,* domaine où l'homme a renoncé à ses désirs sans échapper totalement au pou-

Les galeries des quatre étages du monument, décorées de bas-reliefs et portant les petits stupas.

Chaque petit stupa renferme une statue de Bouddha.

voir des apparences. En cet endroit du monument, les murs de l'édifice et les faces intérieures des balustrades limitant les terrasses sont couverts de scènes sculptées évoquant des récits sacrés. Sur 2 500 m² environ, les sculpteurs de Java ont ainsi représenté, avec un art d'une délicatesse et d'une inventivité extrêmes, tous les épisodes de la vie du Bouddha, depuis les événements qui ont environné sa conception jusqu'à son illumination, ou révélation de la vraie sagesse. Sur un des panneaux, on peut voir le rêve de sa mère, la reine Maya, qui aperçut en songe un éléphant blanc à six défenses pénétrant dans son ventre ; sur un autre, Bouddha – qui n'est encore que le prince Siddharta – vit entouré de luxe et de plaisir. Les artistes ont naturellement représenté aussi les quatre rencontres décisives qui dessillèrent les yeux du jeune homme : un vieillard, un malade, un mort et un moine, qui lui firent connaître les douleurs de la vie et lui découvrirent la voie du salut. Sur la partie haute des murs internes de ces terrasses, les scènes sculptées alternent avec 432 niches contenant chacune une statue grandeur nature du Bouddha assis, taillée dans un seul bloc. Au-dessus des balustrades s'échelonnent 1 472 stupas, avec lesquels alternent 504 statues de Bouddha, taillées chacune dans un unique bloc de pierre, d'une majesté et d'une sérénité extraordinaires.

Les terrasses circulaires

L'escalier mène le visiteur qui a fait le tour des terrasses carrées à trois nouvelles terrasses, de forme circulaire cette fois. Ces terrasses symbolisent l'*arupadhatu,* le lieu idéal où l'homme est libéré du monde des apparences. Cette libération est évoquée d'une façon éloquente : désormais, toute décoration, tout ornement a disparu. Les statues de Bouddha, visibles sur les terrasses inférieures, sont maintenant à demi dissimulées dans des stupas ajourés. La première terrasse circulaire possède 32 stupas, la deuxième 24 et la troisième n'en comporte que 16. Depuis ces terrasses dépouillées, le visiteur jouit d'une vue admirable : au-delà de la plaine du Kédu, le regard porte sur les chaînes de montagnes, le volcan Mérapi, les monts Menoreh. Cette beauté du paysage, ce calme, ces longues étendues de verdure à perte de vue contribuent à faire ressentir encore plus l'impression de méditation et d'élévation qui se dégage du lieu.

L'ultime terrasse circulaire est surmontée d'un grand stupa. Là, celui ou celle qui a accompli avec la gravité et le recueillement nécessaires la longue déambulation des gradins successifs accède enfin au lieu de l'ultime vérité, de la sérénité parfaite. Le grand stupa, étape finale de la montée vers l'absolu, est vide, car ici plus rien n'est censé exister : l'homme, à ce stade, se trouve confronté à la désintégration de l'être dans le vide éternel.

L'Empire romain restauré en Occident

CHARLEMAGNE COURONNÉ

À Rome, le jour de Noël de l'an 800, en la basilique Saint-Pierre, Charles, fils du défunt roi des Francs Pépin le Bref, surnommé Charles le Grand – Charlemagne – est sacré empereur par le pape Léon III. Ce jour-là, un souverain devenu en trente-deux ans de pouvoir le monarque le plus puissant de l'Occident semble ressusciter un empire disparu depuis un peu plus de 300 ans : l'Empire romain.

C'est l'immensité des territoires conquis par Charlemagne qui oblige celui-ci à changer la nature de ses pouvoirs, à se faire conférer le titre d'empereur. Successeur de son père depuis 768, puis seul héritier de celui-ci (après la mort de son frère Carloman en 771), Charlemagne constitue en effet, entre 770 et 800, un ensemble territorial considérable, qui va de l'Elbe à l'Atlantique et de la Méditerranée à la mer du Nord – de la Tchécoslovaquie ou de la Hongrie à la France, et de l'Espagne aux Pays-Bas, pour prendre des pays actuels. Ces conquêtes se font au gré des occasions, plutôt que par un projet politique délibéré. La question de la survie, de la longévité d'un ensemble si divers se pose aussitôt que les territoires sont soumis. Or, le sacre impérial peut contribuer par deux moyens à assurer cette survie. Dans l'immédiat, il dote le souverain d'un charisme particulier, d'un prestige qui compense son éloignement. Pour l'avenir, la résurrection de la notion d'empire permet de promouvoir l'idée d'un État unitaire et indivisible, par-delà la personne de l'empereur, alors que la tradition des Francs veut que les simples royaumes qui ont succédé à l'Empire romain soient des biens patrimoniaux partagés à chaque génération entre les différents héritiers d'un souverain.

Les malheurs de Léon III

C'est l'entourage de Charlemagne, formé de clercs experts en droit romain, qui paraît à l'origine de l'idée de faire sacrer le roi empereur. Mais le pape Léon III (795-816) apporte au projet le soutien indispensable. Car la papauté traverse alors une crise : elle est en butte à de très graves attaques de la part de l'aristocratie romaine et ne peut espérer aucun appui de Byzance, protectrice traditionnelle de l'Italie, mais avec laquelle elle est en litige sur des points de théologie.

Le processus qui mène au couronnement s'enclenche au printemps 789. En avril, le pape est emprisonné par ses ennemis politiques, qui l'accusent des pires dépravations. Charlemagne, pris comme arbitre, se prononce en faveur de Léon, mais il se réserve le droit de juger de la moralité du pape. C'est le prétexte du voyage à Rome, à la Noël 800. Charlemagne vient à cette occasion pour la quatrième et dernière fois en Italie, un pays qu'il a enlevé aux Lombards à partir de 774 et qu'il gouverne par l'intermédiaire d'un de ses fils. Ce voyage marque son triomphe, et en même temps la dernière visite du grand souverain à ses possessions méridionales : il ne revient plus jamais en Italie, au cours des quinze ans qui lui restent à vivre.

Le couronnement de Charlemagne à Rome par le pape Léon III (détail d'une miniature de Jean Fouquet, XVe siècle).

Guerre et paix sous Charlemagne

Le temps de Charlemagne est celui d'**une résurrection artistique et intellectuelle** de l'Occident (l'« invention de l'école »). Elle se produit dans les villes, endormies pendant des siècles, et qui renaissent.

Mais l'Empire carolingien est aussi **un empire militaire :** trente ans de guerres permettent à Charlemagne de dominer l'essentiel de l'Europe, quand il meurt en 814. Si les expéditions sont le plus souvent victorieuses (en Pannonie, en Italie, en Saxe), certaines échouent lamentablement : ainsi en Espagne, en 778, dans le défilé de Roncevaux – c'est le thème de la *Chanson de Roland.*

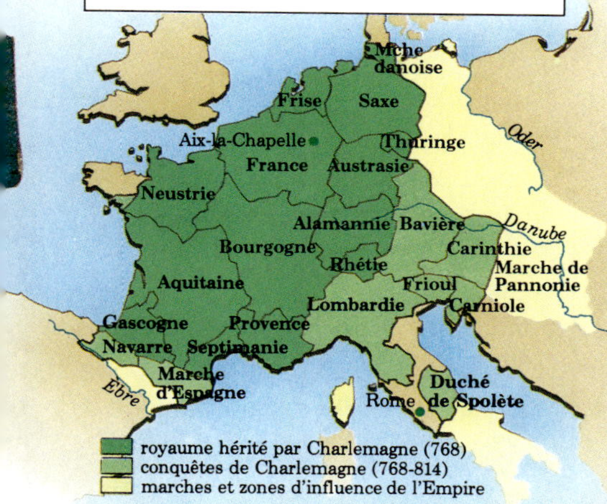

L'empire de Charlemagne.

Le triomphe et l'élection

Charlemagne arrive à Rome le 23 novembre 800. Il est accueilli selon un rituel précis, mis en œuvre depuis le IVe siècle pour la réception des empereurs romains puis byzantins. Le pape se déplace jusqu'à Mentana, à trente kilomètres au nord de Rome, pour accueillir le souverain ; une procession accompagne celui-ci jusque dans Rome, en chantant des hymnes à sa gloire ; il monte au Capitole, la colline historique de Rome, comme un triomphateur antique, sur un char. Bref, bien qu'il ne possède pas encore le titre, il est déjà traité comme un empereur.

À partir de ce moment, les sources deviennent confuses. Une assemblée mêlant laïcs et ecclésiastiques est réunie le 1er décembre pour régler la situation du pape. Le 23 semble être la journée importante. Une cérémonie solennelle a lieu : le pape jure que les accusations portées contre lui sont fausses, ses détracteurs se désistent, il est lavé de tout soupçon. L'assemblée change alors de fonction. Elle délibère du rétablissement de l'empire et, sans doute ce même jour, élit Charlemagne empereur : la procédure est conforme au droit romain, qui subordonne la création d'un empereur à l'acclamation de l'armée et du peuple – en l'occurrence des chefs de l'armée et des Grands.

Le sacre, revanche du pape

Le dernier épisode de l'accession de Charlemagne à l'empire est le sacre, moment privilégié dans une séquence d'événements tous importants, symboliques et fondateurs. Les *Annales royales,* rédigées peu de temps après l'événement, racontent la cérémonie : « Le pape lui plaça sur la tête une couronne, et tout le peuple des Romains l'acclama ... Après ces acclamations, il fut adoré par le pape... et on l'appela désormais empereur et auguste. » La succession des gestes et des paroles suggère un singulier renversement de tendance : Léon III, naguère acculé à flatter Charlemagne et à agir selon ses vœux, est désormais la puissance qui d'abord couronne l'empereur et ensuite seulement le fait acclamer et s'humilie devant lui. Ainsi se trouve signifié que c'est le pape, donc l'Église, qui fait l'empereur. De là à glisser vers la thèse d'une subordination du pouvoir de l'empereur au pouvoir du pape, il n'y a qu'un pas : c'est l'origine des grandes luttes du Moyen Âge (querelle des Investitures et lutte du Sacerdoce et de l'Empire), entre les prétentions de l'Église et celles des souverains.

→**Voir aussi** : p. 84-85 (Le partage de Verdun).

Le Passage des Alpes par Charlemagne *(peinture d'E. Roger, XIXe siècle).*

Les différentes vies de l'Empire romain d'Occident

Après la chute de l'Empire romain en Occident, en 476, on n'a cessé de rêver de faire renaître ce qui fut l'État des Auguste. Charlemagne donne le premier exemple de cette restauration, mais d'autres souverains, après lui, suivent son modèle.

Le Saint Empire romain germanique. L'Empire carolingien se disloque au milieu du IXe siècle. En 962, l'idée impériale ressuscite une deuxième fois grâce à Otton Ier le Grand, roi de Germanie et conquérant de l'Italie, qui se fait couronner à Rome. Son empire, qui ne comprend pas le territoire de l'actuelle France, survit jusqu'en 1806.

Le premier Empire napoléonien. Couronné empereur en 1804 et roi d'Italie en 1805, Napoléon Ier reprend à son tour la succession de Rome et celle de Charlemagne. Sa politique continentale est déterminée par ce rêve : reconstituer un pouvoir universel en Europe. Après lui, les empires qui subsistent ne sont plus que des puissances régionales : l'Autriche-Hongrie (1867-1918), le second Empire en France (1852-1871), ou l'Empire allemand (1871-1919).

Ivoiriers et enlumineurs sous Charlemagne et ses fils

LA RENAISSANCE CAROLINGIENNE

La renaissance carolingienne donne l'impression d'une floraison soudaine, éblouissante, mais éphémère. Née avec Charlemagne, elle s'éteint après la troisième génération, dans un empire éclaté, impuissant à résoudre les conflits intérieurs et les agressions normandes, arabes et hongroises.

Cet intense moment de fécondité artistique se manifeste aussi bien dans la décoration intérieure des monuments que dans les arts somptuaires. Mais les ornements en poudre de marbre («stucs»), les fresques et les mosaïques, qui formaient l'essentiel du décor monumental, ont presque tous disparu. De leur splendeur ne restent plus que de rares vestiges, telles les mosaïques qui ornent l'abside de la petite église de Germigny-des-Prés, dans le Val de Loire, en France. Le travail des ivoiriers, des orfèvres et des enlumineurs est donc le seul témoin subsistant du génie plastique des artistes carolingiens : ces petits objets, conservés souvent dans les trésors des églises, ont résisté au temps.

L'Évangéliste saint Matthieu, *IXe siècle, miniature de l'Évangile d'Ebbon (Épernay, Bibliothèque).*

Les temps carolingiens

L'époque carolingienne dure du milieu du VIIIe siècle à la fin du IXe siècle. Elle connaît son apogée sous le règne de **Charlemagne (768-814), couronné empereur à Rome à la Noël de l'an 800**, qui réunit sous son pouvoir la Gaule, l'ouest de l'Allemagne actuelle, les régions alpines et le nord de l'Italie.

L'empire carolingien conserve une relative stabilité sous le règne du fils de Charlemagne, **Louis Ier le Pieux** (778-840), empereur en 814. Puis il s'effondre à l'époque des petits-fils de Charlemagne (**Lothaire Ier**, **Pépin Ier**, **Louis le Germanique et Charles le Chauve**), qui, après 840, se disputent le pouvoir et se partagent l'empire.

L'évolution artistique suit plus ou moins le cours de ces péripéties politiques. Du vivant du fondateur de l'empire, c'est à la cour impériale, située à **Aix-la-Chapelle**, que se concentre la production artistique. Après la mort de Charlemagne, de nouveaux lieux de créations apparaissent, en particulier à l'ouest de l'empire, dans **la France** actuelle. Ces centres se développent à la faveur des commandes des rois des différents États nés de l'éclatement de l'empire, ou grâce à l'impulsion donnée par des mécènes religieux généralement liés à la famille carolingienne : l'évêque Ebbon à Reims, l'évêque Drogon à Metz.

Page de manuscrit du psautier d'Utrecht. L'écriture portée sur cette page est la «caroline», graphie nouvelle inventée à l'époque de Charlemagne.

Du texte aux images : le prestige de la Bible

Aux origines de cette renaissance, il faut compter le goût retrouvé pour la lecture et l'étude. Les souverains promeuvent un immense travail autour de l'Écriture sainte. Ils cherchent à établir un texte plus fiable de la Bible, si souvent de fois copiée que de nombreuses erreurs s'y sont glissées. L'activité des scribes et des enlumineurs est fébrile, dans les abbayes ou les grands centres installés dans la cour impériale. Le triomphe d'une écriture nouvelle, la très belle et très lisible minuscule «caroline», fait de ces copies des trésors de calligraphie.

Le caractère cosmopolite de la cour de Charlemagne explique aussi cette floraison culturelle. Auprès de l'empereur se côtoient des hommes d'horizons divers : Alcuin, lettré anglais qui a dirigé en 766 l'école d'York, conseille le prince; Paul Diacre, un Italien qui a travaillé à la cour de Lombardie; Théodulf, qui apporte d'Espagne la richesse de la culture mozarabe; Scot Érigène, le théologien irlandais, et enfin le Germain Éginhard sont présents au «palais», c'est-à-dire à la cour impériale.

Cette ouverture internationale contribue à renouveler les formes esthétiques en même temps que le texte et son écriture. Les artistes de la cour se réfèrent aussi bien aux sources antiques qu'à l'art irlandais contemporain. Aux premières, elles empruntent l'expression tridimensionnelle de l'espace et les techniques illusionnistes, perdues aux temps mérovingiens. Au second, le génie décoratif et, en particulier, les dédales de fins entrelacs d'or qui entourent les lettres.

L'enluminure

Le recueil d'évangiles de l'évêque de Reims Ebbon, fils d'un affranchi et frère de lait du futur empereur Louis le Pieux, illustre cet épanouissement, dans le domaine de la peinture. Au début du livre est peint un *Saint Matthieu*, véritable portrait emblématique du commanditaire de l'œuvre, personnage important de la politique et de l'histoire religieuse du temps, agitateur rebelle et esthète raffiné. L'auteur du premier évangile est représenté comme un écrivain dévoré par son inspiration. Le dos courbé, le regard fasciné par le texte qu'il rédige, il semble emporté par une force intérieure. Sa figure incendiée est cernée de boucles folles et désordonnées, sa robe éclatante, sillonnée de hachures dorées, vibre et tourbillonne en mille plis irréels, comme soulevée elle aussi par un frémissement intense. Au loin, des collines ondoient, brossées de traits rapides et hérissées de petits arbustes et d'édifices imprécis qui éloignent l'horizon.

Les ivoires de la crucifixion

L'art des ivoiriers s'inspire moins de la nature et puise davantage dans le répertoire antique. Encouragé par Charlemagne, il s'épanouit pleinement durant les règnes de Louis le Pieux et de Lothaire. La crucifixion est alors le thème préféré des artistes. Dans un relief de cette scène conservé à Liverpool, les plans se superposent : la croix surgit de la ligne sinueuse de collines, dont les bords relevés servent à désigner d'un côté saint Jean, habillé d'une toge d'orateur antique, de l'autre vers la Vierge éplorée, qui s'apprête à sécher ses larmes du pan de son manteau. Des soldats vêtus en centurions romains se cambrent, le dos tourné. Leurs têtes s'inscrivent dans un cercle parfait qui s'achève dans les bustes du Soleil et de la Lune, témoins cosmiques de l'événement. Dans le bas, les saintes femmes s'approchent du tombeau où l'ange leur annonce la Résurrection. La douceur des modelés, la fermeté de la composition, la profondeur du relief, la sûreté des proportions font de cet ivoire un chef-d'œuvre.

La Crucifixion et les trois Marie au Tombeau, *IXe siècle, plaque d'ivoire fermant la reliure d'un livre (musée de Liverpool).*

L'art des ivoiriers médiévaux

Aussi précieux que l'or. Pendant tout le Moyen Âge, l'ivoire est considéré comme une matière précieuse très convoitée et recherchée par les artistes. Ses vertus esthétiques et symboliques sont grandes, parce que c'est une substance vivante qui peut évoquer le teint laiteux de la chair, donner l'illusion de l'albâtre, du marbre ou de l'ambre. La mobilité des œuvres d'ivoire renforce leur fragilité, mais permet au cours des siècles la circulation des formes et des motifs : c'est une des voies essentielles qui permit aux Occidentaux de connaître les arts antiques, musulman et byzantin.

Un travail difficile. Si l'on se sert aussi bien de dents de cétacés, cachalots par exemple, ou de sangliers, biens précieux dans les moments de ralentissement du commerce avec l'Orient, l'éléphant surtout est prisé pour ses défenses, longues parfois de 2 m, qui permettent d'amples compositions. Mais il faut savoir utiliser la courbure du cône, trouver une découpe fidèle au sens des lignes, prévoir l'effet du vieillissement de la matière... Gravé, taillé, sculpté de toutes les manières possibles, souvent rehaussé de couleurs (aujourd'hui le plus souvent disparues), l'ivoire est souvent inclus dans une monture de métal précieux et sert abondamment à la décoration des reliures.

Une histoire mouvementée. La production d'œuvres d'ivoire est entièrement liée aux aléas des importations et donc aux fluctuations de la politique. L'époque des Carolingiens (VIIIe-IXe s.), celle des empereurs ottoniens (X^e-XIIe s.), puis le XIIIe siècle gothique marquent l'apogée de cet art, déjà très prisé dans l'Antiquité. Nés de l'imitation de quelques œuvres de l'Empire romain tardif, les ivoires carolingiens forment un groupe original d'une beauté et d'une qualité telles que peu d'œuvres médiévales peuvent leur être comparées. Certains d'entre eux comptent parmi les monuments majeurs de l'histoire de l'art.

Naissance de deux puissances

LE PARTAGE DE VERDUN

En août 843, les petits-fils de Charlemagne se partagent l'Empire, après plus de dix ans de guerres et un an de négociations. Le partage de Verdun met fin à une brève unité : pour des siècles, il fixe les limites du futur royaume de France. Mais il sépare aussi définitivement deux pays : la France et l'Allemagne.

Le démembrement de l'État de Charlemagne intervient trente ans après la mort du fondateur (814). Sa première raison est l'immensité même de l'empire : il réunit des populations diverses et éloignées, Saxons, Bavarois, Aquitains, Bretons ou bien Romains, qui ne se reconnaissent pas dans un souverain vivant à Metz ou à Aix-la-Chapelle. L'immensité de l'État est accrue par la lenteur des déplacements : il faut 23 jours pour aller du Mans à Padeborn, 29 jours de Langres à Pavie. L'empereur délègue son pouvoir à l'aristocratie locale, qui l'exerce d'autant plus avidement qu'elle ne trouve plus dans la conquête un dérivatif à sa soif d'action : un moment enrayées, la pression des nomades, à l'est et au nord, et celle de l'islam, au sud, reprennent forçant l'empire à une politique défensive.

Dès lors, l'Église seule défend l'idéologie impériale et le concept unitaire, soutenant qu'il doit y avoir un seul État comme il n'y a qu'une Église ; la tradition franque s'oppose à cette idée puisqu'elle fait de la royauté un patrimoine familial dont chaque héritier doit avoir sa part – poussant au partage de l'État à chaque fois que meurt un souverain.

L'Europe du IXe siècle

L'Europe chrétienne commence alors à se séparer entre **catholiques,** à l'ouest, et **orthodoxes,** ou Grecs (Byzantins), à l'est.

L'Occident de l'Europe entre presque entièrement dans **l'Empire carolingien :** outre les peuples du Nord, en cours d'évangélisation, outre les royaumes anglo-saxons et l'Irlande, qui souffrent des raids scandinaves, l'Espagne, aux mains des musulmans (sauf la Catalogne vite indépendante), est le seul pays à échapper entièrement à la tutelle des fils de Charlemagne.

L'Italie constitue un cas particulier : à l'exception du Patrimoine de Saint-Pierre, qui appartient au pape, le pouvoir carolingien s'y exerce, directement dans le Nord, nominalement dans le Sud (duché de Spolète). Mais l'empereur est impuissant dans les quelques parties qui appartiennent soit aux Lombards, soit aux Byzantins, soit encore aux musulmans (Sicile).

Déchirements et guerres d'une famille

Si l'Empire carolingien survit un temps à Charlemagne, c'est que celui-ci ne laisse, en 814, qu'un descendant mâle : Louis, dit le Pieux. Or, le nouvel empereur a trois fils. En 817, il édicte une « Charte de partage » qui donne la prééminence à l'aîné, Lothaire, doté du titre impérial, et fait des cadets, Pépin et Louis, des roitelets contrôlés et pourvus de territoires périphériques, Aquitaine et Bavière : l'avenir de l'empire semble assuré. Mais Louis, devenu veuf, se remarie : la naissance d'un quatrième fils, Charles, dit plus tard le Chauve, remet en cause le compromis. Car l'empereur constitue un nouveau royaume en faveur de l'enfant : il s'ensuit une première grave révolte des fils du premier lit, qui s'estiment lésés. Dans les années qui suivent alternent les périodes d'apaisement et de guerre : Louis le Pieux est déchu par ses fils en 833-834 ; puis restauré

Couronnement de Charles le Chauve. Miniature du IXe siècle.

Louis le Pieux, en empereur chrétien. Miniature du IXe siècle.

par l'aîné et le benjamin qui font alliance avec leur père contre le roi de Bavière.
En 840 surviennent de nouvelles révoltes, au cours desquelles Louis le Pieux trouve la mort. Dès lors, la guerre n'a plus de cesse. À cette date ne survivent plus que trois fils : Lothaire, qui réclame l'autorité suprême ; Louis et Charles, qui s'unissent pour la lui refuser. L'armée de Lothaire est écrasée le 25 juin 841 à Fontenoy-en-Puisaye. En 842, Louis et Charles confirment leur alliance à Strasbourg. Ils prêtent serment non pas en latin, mais, pour la première fois, en langue vulgaire : le tudesque et le roman, ancêtres de l'allemand et du français dont le serment de Strasbourg constitue ainsi le premier document. En avril, Lothaire accepte le principe du partage.

Un sondage suivi d'un partage

Quarante Grands se réunissent alors, sans succès : les souverains prennent les choses en main. Une enquête est lancée dans l'Empire, qui dresse l'inventaire des richesses et estime les biens du fisc. Ses résultats permettent de signer le partage à Verdun, en août 843. Lothaire conserve la préséance morale, avec le titre impérial ; il obtient un territoire tout en longueur : la *Francie moyenne,* des bouches du Rhin à l'Italie centrale. Louis a la *Francie orientale,* c'est-à-dire la rive droite du Rhin plus quelques terres sur la rive gauche, « pour sa provision de vin ». Enfin, Charles reçoit la *Francie occidentale :* les pays au bord de l'Océan, les bassins de l'Escaut, de la Seine, la Loire et la Garonne.

Le traité donne aux trois frères des parts égales, en poids politique et économique, mais surtout il crée des entités territoriales dont l'existence détermine pour des siècles les guerres à venir. Aux extrémités de l'Europe, la Francie occidentale et la Francie orientale deviennent la France et la Germanie – l'Allemagne. L'État intermédiaire, la Francie moyenne, ou Lotharingie, se disloque après la mort de son fondateur, par partage entre les héritiers : autour des honneurs et des territoires qui s'en détachent – le titre d'empereur, l'Italie et surtout la Lorraine – les puissances commencent à se livrer une lutte acharnée.

→**Voir aussi** : p. 80-81 (Charlemagne couronné).

Louis Ier le Pieux fait exécuter Bernard, roi de Lombardie. (818). Miniature du XVe siècle.

Lothaire Ier à cheval. Miniature du XIe siècle.

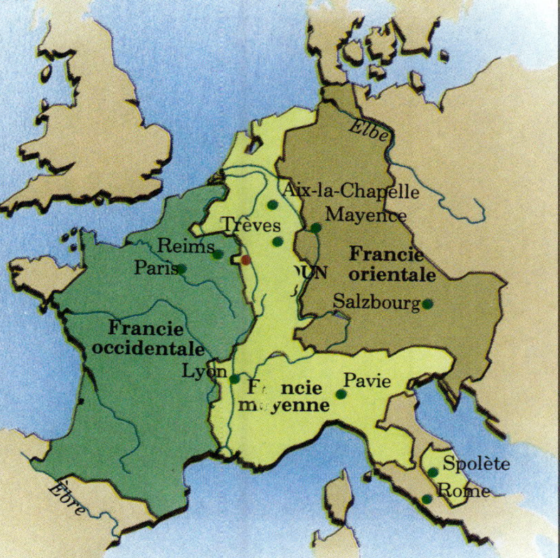

Le partage de Verdun.

Les États nés du serment de Strasbourg

Un partage essentiel. Aucun événement, au Moyen Âge, n'a plus d'importance pour l'histoire de l'Europe que le partage de l'Empire carolingien au traité de Verdun. Les royaumes nés de ce partage sont à l'origine d'États qui existent encore aujourd'hui, ou d'ensembles plus éphémères mais dont le démantèlement donne lieu à des rivalités qui durent des siècles et dans lesquelles se forgent les antagonismes nationaux.

La Francie orientale. Elle deviendra la Germanie – ce que nous appelons à présent l'Allemagne : un ensemble aux frontières bien distinctes de celles qui existent aujourd'hui, mais rendu cohérent par la pratique d'une même langue et caractérisé par l'aspiration à une forme d'unité, au-delà des démembrements successifs de l'histoire.

La Francie occidentale. Elle est à l'origine de la France. Les frontières qui lui sont attribuées en 843 sont les « quatre rivières », Escaut, Meuse, Saône et Rhône, qui demeurent, au moins dans l'idéal, une donnée fondamentale de la politique de défense (parfois démentie par la volonté de conquête) avec le mythe des « frontières naturelles ». Elle englobe la Bourgogne, à l'est, qui faillit, au XVe siècle, constituer un État indépendant.

La Francie moyenne ou royaume de Lothaire – Lotharingie. Cet ensemble plus disparate survécut peu de temps. Ses principales composantes constituent les terrains de bataille où s'opposèrent les autres puissances et en premier lieu la France et l'Allemagne : l'Italie, au sud, que les interventions étrangères privèrent jusqu'au XIXe siècle d'un destin autonome ; la Lorraine, pour la possession de laquelle la France et l'Allemagne luttèrent jusqu'à la Première Guerre mondiale.

Les Scandinaves attaquent l'Occident

LA FUREUR DES NORMANDS

L'arrivée des drakkars normands *(peinture de P.S. Christiansen, Aarhus, musée des Beaux-Arts).*

Une résistance désorganisée

« L'abbé Gozlin et l'armée qui l'accompagne décident de faire la guerre aux Normands. Ils préviennent les gens de la rive droite de l'Escaut pour que, le jour fixé, les hommes des deux rives du fleuve attaquent les Normands. Mais cela ne se passe pas comme prévu. La chance leur fait défaut ; pire, ils doivent fuir honteusement, s'échappant à grand peine, plusieurs d'entre eux étant capturés et tués. La peur des Normands et la terreur s'abattent aussi sur les habitants de la région. Emportés par cette victoire, les Normands ne cessent de brûler les églises, jour et nuit, et d'égorger la population chrétienne. Alors prennent la fuite tous ceux qui vivent entre Escaut et Somme, et au-delà de l'Escaut : moines, chanoines et moniales, emportant avec eux les corps des saints ; gens de tous âges et conditions. Les Danois n'épargnent personne, l'âge n'y fait rien ; ils dévastent tout par le fer et le feu… Puis les Normands, ou Danois, changent de résidence et, en novembre, se construisent un camp à Courtrai pour hiverner. »

Annales de Saint-Vaast *(880)*,
Monumenta Germaniae historica, *1826*.

Les « invasions normandes » marquent les hommes du Moyen Âge à tel point que ceux-ci les comparent au déferlement des Barbares sur l'Empire romain. Depuis la fin du VIIIe siècle, en effet, les populations anglo-saxonne et franque sont la cible continuelle des raids des « hommes du Nord » *(Nortmanni)*.

Les destructions, pillages et tueries des guerriers vikings sont cependant très amplifiés par les chroniqueurs, et l'épopée normande devient, aux XIIe et XIIIe siècles, un thème littéraire à la mode, qui éclipse la véritable portée sociopolitique et culturelle des migrations scandinaves d'avant l'an mille.

L'art de la guerre-éclair

La supériorité militaire des Normands tient surtout à leur mobilité et à leur étonnante maîtrise des techniques de navigation. Leur célèbre « drakkar » se déplace rapidement, à la voile ou à la rame, et remonte les fleuves depuis la côte ; transportant hommes et bêtes, il sert de camp mobile et d'entrepôt pour le produit des razzias. Après 850, l'utilisation de la cavalerie élargit le rayon d'action des Vikings, qui restent plusieurs mois à l'intérieur des terres, protégés par des campements d'hiver fortifiés. Repérant à l'avance les lieux et les mouvements des troupes adverses, ils s'infiltrent facilement dans les lignes ennemies, frappant à tout moment et où ils le veulent.

La soif de l'or et de l'argent

Les attaques scandinaves contre l'Empire carolingien n'ont pas pour but de conquérir de nouvelles terres ; il s'agit plutôt de s'emparer des richesses des églises et des cités côtières et de capturer des Francs pour les vendre comme esclaves. Églises et abbayes, désarmées, vidées de leurs occupants en fuite, sont des proies faciles, fouillées de fond en comble et pillées de leurs trésors. Quant aux souverains et aux populations, ils préfèrent bien souvent verser des tributs en argent aux Normands pour acheter leur retraite et éviter l'affrontement militaire.

La résistance à l'envahisseur

À la suite des premiers raids normands, Charlemagne inspecte le littoral atlantique et met en place un système défensif, poursuivi après lui : flottilles et garnisons mobiles surveillant l'activité des « pirates de la mer » et brisant net leurs attaques ; postes de guet reliés entre eux par des phares et des signaux lumineux ; réquisition militaire des habitants pour monter la garde. Toutefois, face aux vagues répétées des envahisseurs, certains chefs francs ont une attitude ambiguë et laissent passer des armées normandes qui vont dévaster les territoires voisins. D'autres se font, au contraire, une réputation grâce à leur activisme. Tel est le cas des ancêtres d'Hugues Capet : Robert le Fort, son arrière-grand-père, mort au combat contre les Normands en 866, ou Eudes, son grand-père, défenseur de Paris contre les Danois en 885-886.

Fuite et panique : un choc mental

L'exode touche principalement les ecclésiastiques qui partent sur les routes avec leurs reliques et leurs ornements précieux, quelques manuscrits et documents d'archives. Ils reviennent au monastère dès le départ des Normands. À partir de la fin du IXe siècle, ils préfèrent cependant se réfugier, comme le reste de la population, dans les places fortes édifiées pour l'occasion, en attendant la fin du raid. En l'absence d'une occupation durable des Normands, il n'y a pas, somme toute, de rupture brutale dans la vie sociale et économique de l'époque ; les activités agricoles et commerciales, les reconstructions des bâti-

ments dévastés se poursuivent entre deux attaques, même si un sentiment d'épouvante se dégage des témoignages contemporains, et si la raréfaction des moyens de subsistance affecte vraiment les zones razziées.

Pour les scribes de l'époque, tous clercs, les Vikings représentent finalement le mal absolu, les hordes païennes envoyées par Dieu pour éprouver ses fidèles, jusqu'à ce que les Danois de Rollon s'établissent officiellement en pays franc (en 911) et se convertissent à la foi catholique, garantissant à jamais le souvenir des Normands sur une terre qui porte leur nom.

Le phénomène viking

Le mot « viking » (du nordique *vik*, qui signifie « baie, anse ») désigne une expédition militaire maritime et qualifie par extension les participants des conquêtes menées par les Scandinaves entre le VIIIe et le XIe siècle.

Une expansion tous azimuts. Les Suédois se dirigent vers l'est ; développant un intense réseau commercial entre Baltique et mer Noire, ils créent un État russe centré sur Kiev. Les Norvégiens lancent des raids sur l'Occident (de la Flandre au Portugal), imposent un État viking en Irlande, colonisent l'Islande et le Groenland, poussent jusqu'au continent nord-américain. Quant aux Danois, ils s'attaquent aux îles anglo-saxonnes et à l'Empire carolingien.

Des motivations multiples. À la faveur d'un climat plus doux, de meilleures récoltes et d'une baisse de la mortalité, la population scandinave croissante (2 millions d'habitants vers 800) devient à l'étroit sur une terre cultivable limitée. La polygamie, source de familles nombreuses, la condition subalterne des cadets, l'exil des délinquants et des criminels, l'atavisme de ces voyageurs hors du commun, excellents navigateurs et constructeurs de navires, tout pousse les Scandinaves à la recherche de nouvelles terres et à l'aventure.

Le comte Eudes défendant Paris contre les Normands *(détail d'une peinture de Schnetz).*

À l'origine de la réforme de l'Église

LA FONDATION DE CLUNY

C'est au fond d'une vallée obscure, située aux confins des royaumes de Francie et de Bourgogne que, en 909, le duc d'Aquitaine, Guillaume le Pieux, décide de fonder une abbaye. Cette vallée s'appelle Cluny.

Cette nouvelle fondation va connaître un destin hors du commun et se trouver à la pointe de tous les mouvements de réforme qui, dès le Xe siècle, agitent l'Église.

La crise de l'Église

À la fin du Xe siècle, l'Église carolingienne traverse une crise qui n'a d'égale que celle des structures politiques de l'Empire lui-même. Se pose, tout d'abord, la question du haut personnel, c'est-à-dire des évêques et des abbés des grands monastères. Ceux-ci, recrutés parmi les grandes familles de l'Empire, tendent à considérer les hautes charges ecclésiastiques comme une propriété, et se comportent en seigneurs, occupés à accroître leur pouvoir et leur richesse, davantage qu'en pasteurs, soucieux du salut du peuple chrétien.
Conséquence de cette situation, les trafics qui se développent autour des évêchés et des abbayes. Les charges sont vendues à l'encan. Cela ne fait qu'amplifier la crise, les acheteurs se souciant d'abord d'amortir l'investissement souvent très lourd qu'ils ont consenti.

Clartés dans la nuit

Il demeure encore toutefois des lieux de savoir et de vie digne, c'est-à-dire de prière et d'exercice de la charité, au début du Xe siècle. Près de Poitiers, Saint-Savin-sur-Gartempe rayonne déjà d'un grand éclat. En Lorraine, l'abbaye de Gorze est renommée pour la sainteté de la vie qu'y mènent ses moines. Ces abbayes ne sont pas seulement des modèles de conduite, ce sont aussi des foyers d'élaboration et de transmission du savoir. À partir d'elles, un renouveau va se développer. Car, s'ils altèrent les structures de l'Église, les grands se montrent aussi préoccupés de leur salut. Ainsi, les mêmes personnages qui trafiquent des biens et dignités ecclésiastiques attendent des moines qu'ils prient pour eux de manière efficace. Dès le début du Xe siècle, en France, les donations pieuses se multiplient, au point, parfois, d'amener des familles nobles entières au bord de la ruine. Les grands, parfois, ne se contentent même pas

Une grande famille en Occident

La fondation de l'abbaye de Cluny se situe dans **la suite de la réforme promue par Benoît d'Aniane** (v. 750-821) qui, l'un des premiers, préconisa l'application stricte de la règle de saint Benoît dans les monastères d'Occident.

Très vite, l'abbaye devient **le chef d'une grande famille de moines**, l'une des principales de l'ordre bénédictin. Des centaines de maisons, bientôt, non seulement en France mais aussi dans le reste de l'Europe (ainsi l'important monastère de Lewes, en Angleterre), dépendent d'elle. Leur abbé est parfois directement nommé par l'abbé de Cluny ; elles observent **des règles et des coutumes identiques**, et participent aux chapitres généraux qui, régulièrement, se tiennent à Cluny.

Des fidèles (à gauche, détail d'une miniature du XIIIe siècle, Laon, bibl. mun.) et le pape Urbain II (1042-1099) [à droite, miniature du XIIe siècle, Paris, Bibl. nat.], à l'autel de Cluny. Fondée par le duc d'Aquitaine et dirigée d'abord par l'abbé Bernon, l'abbaye exerce rapidement un rayonnement spirituel immense sur la chrétienté.

Détruits sous la Révolution, les bâtiments de Cluny étaient parmi les plus imposants du monde chrétien (dessin d'A. Crespo).

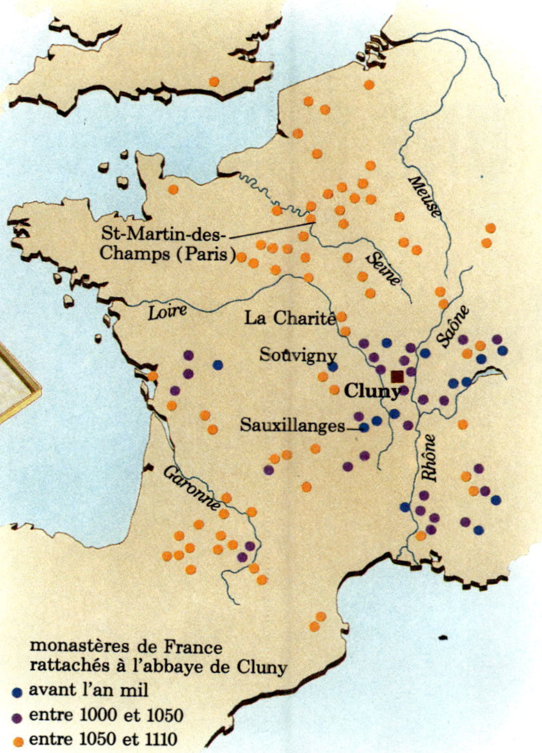

L'expansion clunisienne en France

de donner des terres : ils offrent à Dieu un fils, qui entre au monastère comme oblat ; ou ils revêtent, tardivement, la robe de bure, pour racheter, par leur fin de vie, les péchés de leur existence première.

Guillaume le Pieux et Bernon

C'est dans cette atmosphère que Guillaume d'Aquitaine fonde Cluny. Le duc est l'un des puissants du temps. Il gouverne un territoire allant de la Catalogne à la Loire et de l'Atlantique aux monts du Mâconnais. Il est, comme ses contemporains, convaincu de ne pouvoir atteindre le salut qu'en faisant preuve de générosité envers l'Église : les mérites que les moines attirent en priant Dieu rejailliront sur sa tête.

Le duc fait en sorte, en établissant la charte de fondation, que le monastère puisse vivre dans des conditions matérielles et morales telles que son existence soit toujours agréable à Dieu. Première précaution : l'attention apportée au premier chef de cette communauté. Guillaume choisit comme premier abbé Bernon, membre d'une famille noble et fortunée de Bourgogne, et surtout homme de qualité : formé à Autun, abbaye réformée par des moines venus de Saint-Savin, près de Poitiers – dont Guillaume est aussi le comte – et fondateur, déjà, d'un monastère, Baume (dans l'actuelle Franche-Comté), de renom immédiatement considérable. À la tête de Cluny, Bernon va déployer durant trois décennies un zèle et une énergie remarquables, s'attachant à rendre effectives les mesures de protection prévues par le fondateur.

Les débuts de Cluny

L'indépendance économique, acquise dès la fondation, est renforcée par les donations, très nombreuses dès le Xe siècle. L'indépendance politique, à l'égard de l'évêque de Mâcon, dans le diocèse duquel Cluny est située, est également garantie dès 909 : l'abbaye, dédicacée à saint Pierre et à saint Paul, ne dépend que du Saint-Siège. L'abbé de Cluny est donc totalement libre. La règle qu'il institue pour son abbaye est d'ailleurs originale : les moines de Cluny, au lieu de partager leur temps entre travail et prière, comme le prévoit la règle de saint Benoît, le passent à prier, célébrant des offices splendides et interminables, chantant la grandeur de Dieu dans des édifices qui, au XIe siècle, passeront pour être parmi les plus vastes et les plus beaux de la chrétienté.

L'Église et la réforme

Le sens de la réforme. L'Église est une institution au contact du siècle. Pour cette raison, il lui faut sans cesse s'adapter, afin de répondre à des besoins spirituels nouveaux qui traduisent l'évolution des sociétés, de leurs cadres mentaux et de leurs représentations. La réforme est donc perpétuellement à l'ordre du jour de l'Église, qui la vit non pas comme une adaptation au temps présent, mais comme un retour à la pureté des origines, à l'Église du temps des Actes des Apôtres. Composée d'hommes, l'Église n'en est pas moins instituée par Dieu. Les changements à opérer ne doivent l'être, dans ces conditions, que parce que les hommes, faillibles et pécheurs, ont fait dévier le plan divin. Les appels à la réforme traversent ainsi tout le Moyen Âge.

Les faits. Aux Xe-XIe siècles, l'Église réussit à transformer suffisamment ses structures pour devenir un instrument efficace d'encadrement des esprits. Devant faire face, au XIIe siècle, à des contestations plus radicales, comme le catharisme, venues dans un monde en train de s'urbaniser alors que son réseau d'encadrement est essentiellement rural, l'Église peine à trouver les formules qui satisfassent les nouvelles exigences spirituelles du temps. C'est l'immense mérite de saint François d'Assise que de trouver une réponse à la plus grave crise que connaisse l'Église jusqu'au XVIe siècle. Confrontée alors à des problèmes similaires, mais sur une échelle plus vaste, l'Église laissera le champ libre à la Réforme protestante.

Les pieds bandés des fillettes de Chine

UNE MODE POUR 1 000 ANS

Au milieu du Xe siècle, peu après la chute des Tang, les mères chinoises commencent à bander les pieds de leurs filles afin de les rendre le plus petits possible. Ces pieds déformés symboliseront pour l'Occident à la fois la barbarie et l'exotisme de cette contrée mal connue.

Parmi les dernières victimes d'une trop durable mode : de jeunes Chinoises aux pieds bandés, aux alentours de 1900.

Soulier pour pied atrophié en satin et en bois (13,5 cm de longueur et 9 cm de hauteur).

Femme chinoise se bandant les pieds, auprès de son époux.

Un témoignage littéraire

Dans Vent d'Est, vent d'Ouest, *écrit en 1923, la romancière Pearl Buck, élevée en Chine, décrit une famille attachée aux traditions de la Chine ancienne et qui se trouve brusquement confrontée à la modernité à l'occasion du mariage des enfants. La mère parle, s'adressant à sa fille juste avant son mariage :*

« C'est pour ton mari que je t'ai initiée à la manière d'orner ta personne [...]. Ah tes pauvres pieds, que de larmes ils ont coûtées ! mais je n'en connais pas d'autres aussi menus, dans ta génération. Les miens, à ton âge, ne l'étaient guère plus. J'espère seulement que la famille de Li a tenu compte de mes messages et qu'ils ont lié aussi étroitement les pieds de leur fille, la fiancée de ton frère. »

Pearl Buck, Vent d'Est, vent d'Ouest, *Stock, Paris, 1932.*

Les origines de cette pratique mêlent histoire et légende. On sait que, dès le VIe siècle avant notre ère, il existe en chinois des expressions décrivant exactement le procédé employé — l'oppression grâce à des bandes d'étoffe — sans que soit précisée quelle partie du corps est concernée. Un millénaire et demi plus tard, au début du IXe siècle, le poète Tu Mu exalte les courtisanes aux petits pieds, mais il ne mentionne pas une déformation artificielle. Il faut encore attendre plus d'un siècle pour que soit inventée une technique permettant à toutes les courtisanes d'avoir les pieds petits. Les historiens chinois du XIVe siècle situent en effet l'apparition du bandage déformant sous les « Cinq Petites Dynasties » qui se partagent la Chine entre 907 et 962, avant que les Song ne refassent l'unité du pays. Cette méthode est alors l'apanage des milieux de la cour et des courtisanes de haut rang.

Le croissant de la Nouvelle Lune

La légende, quant à elle, nous rapporte que, vers 950, sous le règne de Li Yu, souverain esthète des Tang du Sud, sa concubine, une certaine Yaniang, dansait sur une grande feuille de lotus dorée, charmant les specta-

La Chine des Tang

De 618 à 907, la dynastie des Tang règne sur la Chine. Elle fait de ce pays **l'empire le plus grand et le plus puissant de la Terre,** fort d'une population d'environ 50 millions d'habitants (dont deux millions dans la capitale, Chang'an), prospère et jouissant de la paix.

En 907, le dernier empereur Tang est détrôné. L'empire se divise en fiefs entre les mains de princes jaloux de leur pouvoir : cette **situation d'anarchie, la Chine des Cinq dynasties, ou Wu Dai,** durera cinquante ans.

teurs par la grâce de sa démarche et de ses petits pieds, « semblables au croissant de la Nouvelle Lune ». Il apparaît donc, l'histoire et la légende s'accordant, que la coutume était à l'origine une mode des courtisanes de la cour impériale. Comment expliquer alors qu'elle se soit répandue dans toute la société chinoise et que les petites filles de toute condition y aient été soumises ?

De la courtisane à la paysanne

Partie du harem impérial, la mode du petit pied artificiellement déformé gagne progressivement toutes les classes sociales. Après les courtisanes, elle pénètre toute la haute société puis descend l'échelle sociale. La rapidité de sa propagation est difficile à estimer : il semble que cette pratique se généralise à la fin du XIe siècle, mais certains historiens pensent qu'au XIIIe siècle encore le milieu des courtisanes demeure le cœur de cet usage. Quoi qu'il en soit, le phénomène finit par toucher au XIXe siècle toute la population féminine. C'est de génération en génération et par les femmes que se transmet cette pratique. Il est vrai que l'éducation chinoise ne favorise guère les tendances individualistes et cultive plutôt chez les filles et les garçons la piété filiale et la soumission. Le conformisme social peut dès lors sans nul frein conduire à la perpétuation de tels comportements. En effet, si la déformation touche d'abord les fillettes que l'on destine au métier de courtisane, très répandu en Chine, son extension à d'autres groupes de population s'explique surtout par la conviction, finalement partagée par toute la société, que de cette atrophie dépend en partie le prestige de la famille. Une jeune fille qui n'a pas de petits pieds n'a aucune chance de trouver un jour un mari qui fasse honneur à sa famille, la taille du pied étant regardée comme un élément essentiel de la beauté. Les petits souliers sont déterminants lorsqu'il s'agit de faire un riche mariage et, de proche en proche, toute la société chinoise finit par les adopter !

Un idéal de 15 centimètres

Le mariage est d'ailleurs d'autant plus beau que le pied est petit, le pied idéal mesurant 15 centimètres. Cette perfection est très rarement atteinte, mais les jeunes filles aux pieds aussi menus peuvent prétendre aux meilleurs partis. La réussite dépend de l'âge auquel la mère a commencé à bander les pieds de sa fille, ainsi que de la fréquence et de la qualité des massages et des manipulations vigoureuses des articulations du pied. Il est impératif de commencer avant que la fillette ait atteint 8 ans. Aussi, dans certaines provinces, les mères commencent-elles à poser les bandages dès le quatrième anniversaire. Ceux-ci se portent de nuit comme de jour. La déformation la plus courante consiste à replier progressivement les quatre derniers doigts de pied sous le gros orteil, afin d'affiner le pied, puis à le raccourcir en accentuant la courbure de la voûte plantaire à l'aide d'un objet cylindrique qui la comprime. Les conséquences portent sur l'ensemble du corps car la petite fille — et plus tard la femme — ne peut compter sur l'équilibre assuré par des pieds de taille naturelle. La démarche, lente, s'effectue forcément à petits pas.

Érotisme et contrôle

La tradition chinoise a cherché à expliquer la perpétuation millénaire de ce qui n'était au départ qu'une mode : dès l'origine, l'érotisme est présent aux sources historiques de la déformation. Mais il y a plus : le pied est en Chine la partie du corps la plus érotique. Perpétuellement à l'abri des regards, il ne doit être vu que par le mari. On le compare poétiquement au lotus ou au lis. La démarche ondulante constitue, elle aussi, un symbole de féminité. La petite fille, élevée en vue du mariage, doit soumettre son corps aux futurs impératifs d'une science érotique raffinée afin de plaire à son mari. Les poètes ont joué un grand rôle dans la transformation de cette mode en véritable institution sociale. Peut-être était-ce aussi tout simplement un moyen de restreindre physiquement la liberté de mouvement des femmes. Quoi qu'il en soit, l'enracinement de cette coutume a infligé pour mille ans aux fillettes des douleurs difficilement tolérables.

La création du Saint Empire romain germanique

OTTON Ier EMPEREUR

Le 2 février 962, au terme d'une cérémonie largement byzantine déjà utilisée par Charlemagne, Otton Ier reçoit à Rome des mains du pape Jean XII la couronne impériale, qui n'a plus été portée depuis 924. La renaissance politique et culturelle voulue par la principale dynastie d'Allemagne, celle des Saxons, crée le Saint Empire romain germanique, un pouvoir qui se veut universel, mais qui ne gouverne effectivement que des territoires limités.

Avec énergie et habileté, les ducs de Saxe se sont hissés depuis le début du Xe siècle au premier plan de l'assemblage de peuples qui constitue le royaume d'Allemagne : en 919, Henri Ier l'Oiseleur a été élu roi de Germanie. Le pays recouvre l'ancienne Francie orientale, augmentée de lambeaux de la Francie médiane en « Lorraine », que les Allemands disputent aux derniers Carolingiens de l'Ouest. Le royaume de Bourgogne se maintient à part jusqu'en 1032, l'Italie est divisée en plusieurs États parmi lesquels, au nord, l'ancien royaume lombard, ou royaume d'Italie et, au centre, les États de l'Église.

En 936, Otton le Grand, âgé à peine de 24 ans, succède à son père Une description rapporte sa « stature imposante », son « abondante chevelure, des yeux brillants (aux) lueurs fulgurantes... son visage rouge avec une grande barbe flottante... sa poitrine velue ». L'homme est un guerrier redoutable et un politique habile : il ménage les duchés germaniques jusqu'au moment où des révoltes lui permettent de placer à leur tête des fidèles ou des parents, son frère Henri en Bavière, son fils Liudolf en Souabe. Il mène une politique prudente à l'égard de l'Église, distribuant les faveurs, contrôlant les nominations, transformant la hiérarchie en un relais du pouvoir impérial : son frère Brunon est archevêque de Cologne, son bâtard Guillaume, archevêque de Mayence.

Prestation de serment de Bérenger à Otton, couronné roi d'Italie.

Italie et Empire

En 951, Otton se tourne vers l'Italie. Il passe le Brenner en septembre et marche sur Pavie, l'ancienne capitale des Lombards. Le 23, il y ceint leur couronne de fer et épouse Adélaïde, fille de Rodolphe II, qui avait prétendu à la royauté. Un accord est passé avec un autre aspirant au trône, Bérenger II, qui reste en place comme vice-roi.

Dans les années qui suivent, le roi s'impose

Otton Ier arrête les Hongrois à la bataille de Lechfeld, en 955 (gravure du XIXe siècle).

Otton Ier et sa première femme, Édith d'Angleterre.

Le Saint Empire jusqu'à Napoléon

L'Empire fondé par Otton Ier comprend les royaumes de Germanie, d'Italie et, à partir de 1032, de Bourgogne.

Les institutions. La maison de Saxe fournit à l'Empire ses quatre premiers empereurs. Puis le trône passe d'une famille à une autre, le roi de Germanie ou « roi des Romains », auquel le pape remet ensuite la couronne impériale, étant choisi par élection par ses vassaux allemands.

Empire et papauté. Les empereurs prétendent tenir la papauté sous leur coupe. L'effort des pontifes pour s'affranchir de cette domination détermine les grandes crises des XIIe et XIIIe siècles : la querelle des Investitures (1076-1122), puis la lutte du Sacerdoce et de l'Empire (1157-1273). L'unité de l'Empire ne résiste pas à ces crises, qui finissent en anarchie : c'est le « Grand Interrègne », de 1250 à 1273.

Le repli sur l'Allemagne. Le pouvoir de l'empereur sort de l'Interrègne très abaissé. À partir de 1437, l'Empire est entre les mains des Habsbourg. Charles Quint est le dernier empereur à rêver d'une monarchie universelle et à recevoir la consécration pontificale (1530). Après quoi, l'Empire se replie sur le domaine germanique : son titulaire est le souverain de l'Autriche, constituée en un royaume séparé depuis 1522. Il survit jusqu'en 1806.

comme le protecteur de la chrétienté. Il met en œuvre une politique d'évangélisation, conduit contre les Slaves une guerre d'extermination et, surtout, arrête les incursions hongroises à la bataille du Lechfeld, près d'Augsbourg (755) : les Hongrois reculent jusqu'en Hongrie, où ils se convertissent et se sédentarisent.

Dans ces conditions, c'est tout naturellement que le pape Jean XII, lorsque Bérenger occupe une part de ses États, appelle au secours Otton. Avant de quitter l'Allemagne, Otton fait sacrer son fils, Otton II. Il se ménage la faveur des évêques d'Italie du Nord, ôte son pouvoir à Bérenger et se fait élire une seconde fois roi d'Italie, à Pavie, en octobre 961. Enfin, le 31 janvier 962, il est à Rome. Il fait au pontife de somptueux cadeaux, reconnaît les droits de la papauté, l'autonomie de Rome et le Patrimoine de Saint-Pierre, c'est-à-dire les États de l'Église. En échange, le 2 février, dans Saint-Pierre, il reçoit la couronne impériale, puis le peuple l'acclame aux cris d'« empereur et auguste », comme jadis Constantin, puis Charlemagne.

Vers l'Empire universel

La papauté a passé un marché de dupes. En décembre 963, un synode romain dépose Jean XII et désigne un nouveau pape : Léon VIII, candidat de l'empereur. Les Romains lui opposent un autre homme, Benoît V, qu'Otton Ier refuse, brisant la révolte de la ville. Léon VIII meurt en 965 : les papes qui lui succèdent sont les obligés d'Otton. Ces réussites font de l'empereur le premier personnage d'Occident. Mais, dès le règne d'Otton, et plus encore sous ses descendants, les souverains nourrissent des ambitions plus larges. Ils veulent constituer une puissance chrétienne à l'Ouest, réunissant sous leur domination, outre les Allemands et les Italiens, les peuples en cours de conversion : Polonais et Hongrois. Et pour cela ils regardent vers Byzance, modèle contemporain d'un empire chrétien à vocation mondiale. Le mouvement est amorcé à l'époque d'Otton Ier, qui délaisse Pavie pour Ravenne. En 972, Otton II épouse une princesse byzantine, Théophano : les deux cours entretiennent des relations serrées.

La culture des empereurs connaît la même évolution : Otton Ier ne parle pas le latin ; ses descendants le parlent ainsi que le grec. Sous les trois premiers Otton, le centre de gravité de la puissance impériale se déplace vers l'est : si Otton Ier fréquente encore et vénère Aix-la-Chapelle, ses résidences préférées sont

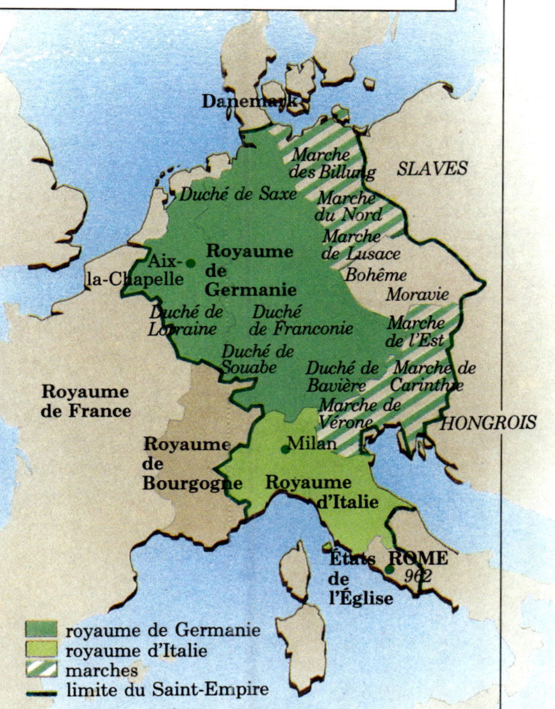

Le Saint Empire à la fin du Xe siècle.

à Würzburg et surtout à Magdeburg, trait d'union entre la Saxe et les marches du Nord. On retrouve la même dualité dans le domaine des arts. L'architecture développe, dans sa monumentalité, les solutions carolingiennes ; mais l'enluminure traduit l'imitation de Byzance. Quant à Otton III (980-1002), c'est vers Rome qu'il se tourne, y établissant sa résidence. Par la suite, l'Empire s'affaiblit ; mais le projet de domination chrétienne universelle continue à s'affirmer dans l'idéologie, jusqu'à Charles Quint.

Le siècle de fer

Le Xe siècle est un siècle dur, un « siècle de fer », caractérisé par **des guerres constantes** opposant des principautés, des peuples, des cultures, sans aucune cohérence.

Le plus extrême morcellement gouverne l'Europe. L'Espagne, l'Italie, les îles Britanniques, sont divisées en plusieurs États. En Allemagne, en France, les principautés sont très puissantes.

Mais le siècle de fer est aussi celui de **la renaissance monastique** : en Auvergne, en Lorraine, et surtout en Bourgogne, où l'ordre bénédictin se réforme, à Cluny, en 909 ou 910.

Enfin, l'époque s'achève sur **les premiers conciles de paix**, qui tentent d'endiguer la violence.

Une communauté au cœur de l'orthodoxie

LE MONT ATHOS

La plus orientale des trois péninsules formant la presqu'île de la Chalcidique, en Grèce, doit son nom au mont Athos qui la domine du haut de ses 2 033 m. Cette langue de terre, longue d'une quarantaine de kilomètres et baignée par la mer Égée, accueille son premier monastère en 963. L'établissement devient rapidement le centre d'une communauté monastique, encore active aujourd'hui.

C'est peut-être dès le VIIe siècle que les moines, séduits par la beauté sauvage du mont Athos, propice au recueillement, se sont installés sur la sainte montagne. Selon la tradition chrétienne, ils n'auraient fait que suivre les traces de la Vierge, qui se serait arrêtée à cet endroit alors qu'elle voguait vers Chypre en compagnie de saint Jean. Ravie par le cadre naturel, Marie aurait demandé à son fils de lui accorder cette terre, baptisée depuis le « jardin de la Vierge ». Dès la fin du IXe siècle, l'empereur de Byzance réserve le mont Athos aux moines et en interdit l'accès aux laïques.

La Grande Laure

Jusqu'en 963, date de la fondation du monastère de la Grande Lavra ou Laure (terme désignant les grands monastères orthodoxes) par saint Athanase, le mont Athos ne connaît qu'un seul mode de vie monastique, celui des ermites. Athanase est le premier à proposer aux moines, dispersés à travers la péninsule, de se réunir dans une communauté ouverte sur le monde. Nombre de religieux, séduits par la vie cénobitique (communautaire) offerte par le saint, abandonnent leur habitat solitaire pour aller peupler le monastère. Il s'agit d'un édifice, ceint d'une muraille, qui s'organise autour d'une cour centrale. L'église, les cellules, le réfectoire, le bâtiment renfermant le trésor et la bibliothèque s'ordonnent autour de cet espace. L'empereur byzantin apporte son concours financier à l'entreprise d'Athanase. Le saint édicte la première « règle » du mont Athos, qui consiste en fait en une série de dispositions régissant la vie contemplative de la communauté, où la prière intérieure joue un rôle important. Les cénobites partagent tout et ne possèdent rien individuellement. La Grande Laure sert de modèle aux nombreuses fondations établies sur le mont Athos grâce à la générosité des empereurs byzantins. Avant la fin du Xe siècle, on érige Ivíron et Vatopédi, toujours actifs. Au XIe siècle, les monastères se multiplient. On en compte jusqu'à 180, de tailles très diverses.

Une histoire mouvementée

Dans la seconde moitié du XIIe siècle, le mont Athos, centre majeur de l'orthodoxie depuis le schisme de 1054 entre les Églises d'Orient et d'Occident, est victime de l'empereur de Byzance. Fervent partisan de l'union des deux Églises, Michel VIII Paléologue veut en effet convertir les moines du mont Athos au catholicisme. Pour y parvenir, il détruit des édifices et il assassine des moines. Après une période plus sereine, le mont Athos et ses immenses trésors sont la proie de pirates, qui, au début du XIVe siècle, brûlent et pillent les lieux, égor-

Le mont Athos, qui est régi par des règles très précises, attribue à chaque moine une fonction bien définie.

Une république monastique

Le mont Athos est la **seule république de moines du monde.** Entité autonome, qui fait partie de la Grèce, elle est régie par une **charte mise au point en 1924** et inscrite dans la Constitution grecque. **Le gouvernement siège à Karyès,** la capitale du mont Athos. Il est aux mains des monastères de la péninsule, **dont le nombre est limité à vingt.**

Le pouvoir législatif revient à la **sainte assemblée,** formée des vingt supérieurs des monastères. Deux fois par an, elle se réunit à Karyès pour édicter les règlements. L'administration est assurée par la **sainte communauté,** constituée de vingt membres élus chaque année par les monastères. Le pouvoir exécutif est détenu par une commission, la **sainte épistasie,** composée de quatre moines élus par les monastères et présidée par l'un d'eux. Elle gère notamment les finances du mont Athos. À Karyès également, un **gouverneur civil,** fonctionnaire grec, veille à l'application de la charte et au respect de l'ordre. Depuis 1060, le mont Athos est interdit aux femmes et aux enfants.

gent leurs habitants, ne laissant sur pied que 25 monastères. Au siècle suivant, le mont Athos survit aux changements politiques en se soumettant aux Turcs, les nouveaux maîtres de l'Empire byzantin. Les moines sauvent ainsi leur indépendance, mais non leurs terres : les domaines situés hors de la péninsule sont en effet confisqués. En outre, ils sont contraints d'acquitter de lourds impôts, et les dons des bienfaiteurs orthodoxes ne suffisent pas toujours à remplir les caisses. Les difficultés économiques que connaît le mont Athos sont à l'origine du mode de vie idiorrythmique (qui vit à son rythme) qu'adoptent beaucoup de monastères au début du XVIIIe siècle. Dans ces établissements, les moines ont leurs propres ressources et ils prennent en charge leur entretien. Ils se retrouvent pour la prière collective, mais, contrairement aux cénobites, ils organisent eux-mêmes leur travail et leurs repas. Pendant les quatre siècles que dure la domination turque, le mont Athos reste le foyer où se maintient la culture grecque et où brille la foi orthodoxe. Dans leurs écoles et leurs bibliothèques, les moines du mont Athos forment des patriarches, des évêques, d'autres moines et des théologiens. Ils reçoivent l'aide des princes orthodoxes du Danube et de Hongrie, et surtout celle des tsars de Russie. Après l'indépendance de la Grèce, obtenue en 1832, le mont Athos retrouve à la fois sa liberté et sa prospérité.

La vie au mont Athos

Cénobitiques ou idiorrythmiques, les moines remplissent les fonctions qui leur sont attribuées par leurs supérieurs. Les moines portiers et gardiens reçoivent les pèlerins et les visiteurs; les moines hôteliers veillent à leur hébergement. D'autres s'occupent de la liturgie, des reliques ou encore de la boulangerie. Quelle que soit leur appartenance, les religieux observent un régime très frugal, à base de pain et de légumes. Aux frères qui résident dans les monastères s'ajoutent les moines hagiorites, qui vivent à part, tout en étant placés sous leur dépendance. Il y a ceux qui se rassemblent dans les *skites,* ensemble de maisons groupées autour d'une église, et qui respectent les mêmes règles que le monastère. D'autres se consacrent à l'agriculture dans les *kellia* (grandes fermes) ou à l'artisanat dans les *kalyves* (petites maisons). Enfin, certains moines préfèrent s'isoler dans les *kathismata,* cabanes où ils sont ravitaillés par un monastère. Les plus ascétiques se retranchent dans des *hésychastéria,* cabanes d'accès très difficile. Avec 1 500 moines environ aujourd'hui, le mont Athos demeure un ensemble monastique unique au monde.

Réduite aujourd'hui à 1 500 moines, la communauté du mont Athos demeure néanmoins encore très active et continue d'occuper une place de choix dans l'Église orthodoxe.

Situé à l'écart du monde, dans un cadre naturel lumineux, le mont Athos était particulièrement désigné pour accueillir des moines épris de solitude.

985-988

La pointe extrême de la conquête normande

ERIK LE ROUGE AU GROENLAND

Vers 980, un chef de clan viking est assassiné par son fils, Erik le Rouge. Celui-ci doit fuir la Norvège où s'est déroulé le drame. Il emmène avec lui les hommes du clan qui ont choisi de lui rester fidèles, ainsi que son fils, Leif.

Les fuyards atteignent d'abord la côte occidentale de l'Islande. Le refuge, toutefois, n'est pas assez lointain. Il leur faut se lancer à l'aventure et, sur la foi de renseignements glanés auprès de pêcheurs islandais, au péril de l'Atlantique nord, chercher plus à l'ouest un asile nécessaire.

La route du nord-ouest

Les Vikings sont craints en Europe pour les descentes qu'ils font, les pillages et les massacres qu'ils commettent. Pourtant, ce ne sont pas des conquérants, mais d'abord des marchands, et donc des explorateurs, et aussi des pêcheurs : la piraterie n'est considérée par eux que comme une activité complémentaire, le moyen de se procurer rapidement des marchandises qu'ils revendent ailleurs. Voici plus d'un siècle que les tribus établies sur les fjords norvégiens lancent des expéditions, de plus en plus loin, soit vers l'ouest et le sud-ouest, c'est-à-dire vers les royaumes saxons d'Angleterre et vers la Gaule carolingienne. Ils contribuent pour beaucoup à la destruction d'un ordre politique stable dans ces régions. Une autre de leurs routes d'expansion est le nord-ouest. Ils sont, dans cette direction, moins à la recherche de territoires peuplés à piller que de matières premières, de zones de pêche nouvelles ou de produits rares, comme l'ambre, dont leur aristocratie est si friande. Les îles qu'ils découvrent ainsi sont pauvres et

Les Vikings à l'assaut du monde

Les hommes du Nord, **« Northmann », ou Normands, appelés aussi Vikings, c'est-à-dire, dans leur langue, « pirates »,** se répandent dans tout l'univers connu.

Les Suédois partent vers l'est et la Baltique. Ils commercent avec Novgorod et descendent les fleuves de la Russie jusqu'à la Caspienne et la mer Noire. Ils fondent, ou contribuent à fonder, à Kiev, le premier État russe.

Norvégiens et Danois se dirigent vers l'ouest. Les Danois visitent régulièrement les côtes gauloises et finissent par fonder, en 910, autour de Rouen, le premier État normand. La conquête de l'Angleterre, en 1066, est l'ultime avancée de cette expansion dans le nord de l'Europe.

Puis, à partir de 1020, **d'autres Normands, apparentés à ceux installés en Gaule, en fait les cadets de familles trop nombreuses, s'installent en Italie méridionale.** Ils s'emparent de cette région avant la fin du siècle, aux dépens des Lombards, des Byzantins et des musulmans de Sicile.

Erik le Rouge atteint le Groenland (gravure du XXe siècle).

fort semblables à la Norvège. Mais ces nouveaux territoires permettent de déverser le trop-plein de leur population. Les Vikings atteignent ainsi, reconnaissent et peuplent en partie le nord des îles Britanniques, l'archipel des Shetland, dès le début du VIIIe siècle, puis vers 800, les Orcades et les Féroé. De là, pointant toujours audacieusement vers le nord-ouest, ils découvrent l'Islande, où ils établissent des pêcheries.

Le Groenland

Erik le Rouge n'a pas, à partir de la côte nord-occidentale de l'Islande, une grande distance à parcourir afin de parvenir au Groenland, qu'il touche en 986 et 988. Plein d'optimisme, il nomme la nouvelle terre, le « Pays vert », dénomination qu'il porte encore. Le climat du Xe siècle, plus doux et plus humide que celui des siècles suivants, explique que ce nom n'ait pas alors été totalement injustifié. C'est d'ailleurs cette douceur relative, qui, en faisant reculer vers le nord la limite de la banquise, a permis aux explorations de cette époque d'aller si loin vers le nord. Erik est apparemment si content de sa découverte qu'il décide d'y installer une colonie de peuplement dont il serait le chef. Retourné en Islande, il trouve assez de volontaires pour repartir avec lui définitivement. Ces premiers colons réussissent leur implantation. Le Groenland devient, avec eux, le fournisseur des produits précieux de la Scandinavie : peaux de phoques, fourrures d'ours et ivoire de morses. Une quinzaine d'années plus tard, le fils d'Erik, Leif, quitte le Groenland pour une nouvelle expédition, encore plus à l'ouest. À son tour, il découvre une terre — probablement la terre de Baffin : c'est dire qu'il a atteint l'Amérique. Mais, totalement dépourvu des moyens de se représenter l'espace, c'est-à-dire de cartes, il ne peut concevoir l'idée que la côte sur laquelle il aborde est celle d'un gigantesque continent. Habitué à la navigation par cabotage, à des terres fermes constituées par des successions d'îles, il ne dut nullement prendre conscience de l'immensité des espaces à l'intérieur desquels il aurait pu s'enfoncer. Pourtant, il doit bien être regardé comme le véritable découvreur de l'Amérique.

Le Groenland après Erik

Des colons venus de l'est. La terre découverte par les Norvégiens n'est pas entièrement vierge. Deux fois déjà, vers 2000 avant notre ère et au début de celle-ci, des peuplades de chasseurs arctiques, venues d'Amérique du Nord, ont atteint l'île et s'y sont installées. Mais ces communautés n'ont pas survécu, lorsque les variations climatiques ont durci le climat du nord. Au moment même où Erik s'établit avec les premiers colons norvégiens, d'autres migrants, venus de l'ouest, arrivent sur la côte nord-ouest de l'île, fondant la culture de Thulé.

Esquimaux et Norvégiens. Cinq cents années durant, les deux cultures vivent côte à côte, en s'ignorant, ou en se combattant. La colonie scandinave, qui atteint 4 000 âmes à son apogée, est rattachée à la fois à la Norvège (traité de 1261) et au Danemark (1380). Mais elle disparaît finalement, victime d'un refroidissement climatique et du manque de ravitaillement venant d'Europe.

L'âge de la pêche. Vers 1500, les Esquimaux restent donc seuls maîtres de l'île : leurs descendants sont les Groenlandais actuels. La région, oubliée de l'Occident, est redécouverte en 1585 par l'Anglais John Davis : alors commence l'épopée de la chasse à la baleine.

De nos jours, le Groenland est devenu beaucoup plus froid qu'au temps d'Erik le Rouge.

Habitation viking reconstituée au Danemark (site de Fyrkut, Jutland).

Le couronnement d'Hugues Capet
LE DÉBUT D'UNE DYNASTIE

En 987, le roi carolingien Louis V meurt d'un accident de chasse : il ne laisse pas d'enfants et, à son oncle, Charles, les grands de Francie occidentale préfèrent un non-Carolingien, Hugues Capet, descendant des Robertiens. Le roi élu est couronné à Noyon le 1er juin et sacré sans doute à Reims le 3 juillet. Le personnage manque d'éclat ; son règne bref (jusqu'en 996) n'est marqué par aucun fait illustre : mais il inaugure pour huit siècles une lignée de trente-six souverains se succédant suivant les lois du sang.

Alors que le dernier Carolingien a disparu en Allemagne en 911, les descendants de Charlemagne se maintiennent, non sans rupture, en Francie occidentale, jusqu'à la prise de pouvoir d'Hugues Capet. Affaibli par les incursions normandes, leur royaume souffre surtout de sa faiblesse interne : les grands y ont constitué, au fil du temps, des principautés autonomes, qu'ils tiennent bien en main au xe siècle, avant de les voir s'effriter, au xie siècle, au profit des petits châtelains. Les derniers Carolingiens sont des rois sans pouvoir : la seule base solide dont ils disposent est circonscrite aux vallées de l'Oise et de l'Aisne.

L'irrésistible ascension des Robertiens

La lignée des Robertiens, dont est issu Hugues Capet, tire son origine et son nom de Robert le Fort, aristocrate de la région rhénane passé à l'Ouest, à qui Charles le Chauve confie, en 852, les comtés d'Anjou et de Touraine : il est en quelque sorte préposé à la défense de la vallée de la Loire contre les Normands.
Son fils et successeur Eudes poursuit cette tâche lorsqu'il défend Paris en 885. Il monte sur le trône en 888, par la faveur des Grands, après l'abdication de Charles le Gros. Dès 893, il compose avec le prétendant carolingien, Charles le Simple, qui lui succède à sa mort en 898. Nouvel intermède en 922-936, quand Robert, frère d'Eudes, puis son gendre, Raoul de Bourgogne, reprennent la couronne. Les Carolingiens, avec Louis IV, remontent sur le trône : mais c'est par la volonté d'Hugues le Grand, fils du roi Robert, et « duc des Francs », qui préfère rester au second plan. Véritable vice-roi, Hugues contrôle directement un vaste territoire d'Angers à Senlis, de Chartres à la Bourgogne ; il accumule les abbayes prestigieuses : Saint-Denis, Tours, où une relique précieuse, la « chape » de saint Martin, donne son surnom à son fils Hugues. L'arrangement ne va pas sans heurts ni tensions entre le roi et le duc, mais se rétablit toujours. Une tentative de restauration par les deux derniers Carolingiens leur est fatale.

La rivalité de deux cousins

Hugues Capet succède à son père en 956 : il a seize ans, le nouveau roi Lothaire, son cousin, en a treize. Les adolescents sont placés sous la tutelle de leurs oncles germaniques : le roi Otton Ier et l'archevêque de Cologne Brunon.
Cette minorité, puis l'absence de force de caractère d'Hugues Capet favorisent la décomposition de la principauté robertienne : d'anciens vassaux d'Hugues le Grand, le

Capétiens, Valois, Bourbons et Orléans

De 987 à 1328, les fils succèdent aux pères : ce sont les Capétiens directs.
À la mort de Charles IV, sans héritiers, aucun fils de roi ne survit plus. Le trône passe à un descendant de cadet n'ayant pas régné : Philippe de Valois, qui devient Philippe VI.
En 1498, le même phénomène se reproduit : Louis XII, descendant valois par un prince cadet, établit sur le trône la branche des Valois-Orléans – qui cède la place lorsqu'il meurt, sans fils (en 1515), à celle des Valois-Angoulême, inaugurée par François Ier. Une nouvelle crise s'ouvre en 1589, quand meurt Henri III, sans postérité. Au prix de sa conversion au catholicisme, Henri IV impose son droit à la succession et commence le règne des Bourbons : il a fallu remonter à Robert de Clermont, fils de Saint Louis, pour trouver un successeur au roi qui ait dans ses veines du sang d'Hugues Capet !
Les fils des fils d'Henri règnent jusqu'en 1830. À cette date, l'abdication de Charles X fait passer la couronne à une nouvelle branche : Louis-Philippe, descendant de Philippe, fils cadet de Louis XIII, est un Bourbon-Orléans.

La France d'Hugues Capet

Né du traité de Verdun en 843, le Royaume s'étire à l'ouest du Rhône et de la Saône, depuis l'actuelle Belgique jusqu'aux régions septentrionales de l'Espagne.

Dans ces limites coexistent **de vastes principautés et un maigre domaine royal.** Parmi les premières, largement indépendantes : les comtés d'Anjou et de Flandre ; le duché (d'origine viking) de Normandie et celui d'Aquitaine ; enfin, la constellation Blois-Tours-Champagne, en cours de formation.

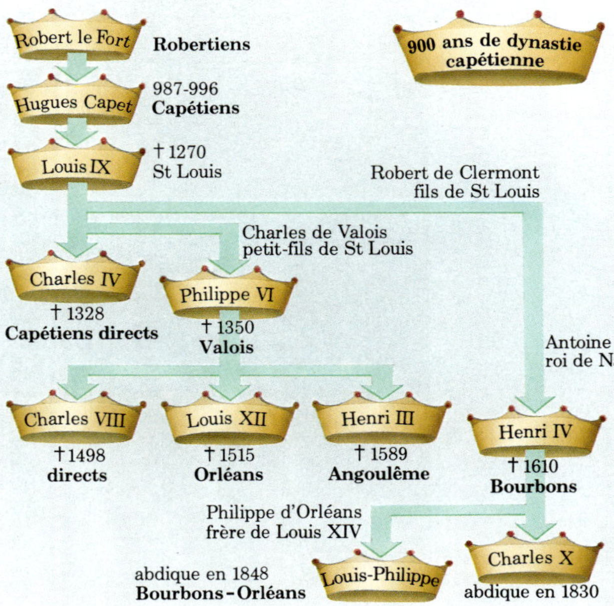

Les descendants d'Hugues Capet.

Portrait imaginaire d'Hugues Capet (peinture française du XIXe siècle, détail).

Le couronnement d'un roi de France. (détail de l'Ordre de couronnement, manuscrit français du XIIIe siècle).

comte d'Anjou, le comte de Blois-Chartres, maître aussi de Tours, affirment leur indépendance, avant de se révéler les plus dangereux rivaux des premiers Capétiens. Les heurts se multiplient entre Hugues et Lothaire, sans qu'aucun puisse prendre l'avantage : la situation profite aux Grands et aux Ottoniens de Germanie.
Mais Lothaire, en 978, prend une initiative : il essaie de conquérir cette zone contestée née du traité de Verdun, l'ancienne Lotharingie, que le successeur d'Otton Ier, Otton II, contrôle alors. La tentative provoque la réaction de l'Allemand, qui vient camper devant Paris, dont Hugues Capet défend les murs : l'avant-dernier Carolingien doit compter désormais avec l'hostilité du Germain. Quand il meurt dix ans plus tard, la situation n'a pas évolué. Il laisse un fils de dix-neuf ans, qu'il a associé au pouvoir et qui lui succède aisément : c'est Louis V – qui périt accidentellement un an plus tard.

Hugues Capet, roitelet

Cette mort est la chance d'Hugues Capet : l'archevêque de Reims et le parti ottonien le poussent en avant, les grands le proclament d'autant plus aisément que sa faiblesse les laisse plus libres.
Car le roi n'est vraiment maître chez lui que d'Orléans à Paris et à Senlis, même si quelques évêchés du nord du royaume lui permettent de prolonger indirectement son pouvoir. Hugues peut capturer un prétendant carolingien, Charles de Basse-Lorraine, frère de Lothaire, qui lui est livré par l'évêque de Laon. Mais le pouvoir royal s'enlise bientôt dans un conflit avec le nouvel archevêque de Reims, coupable d'avoir protégé le captif. Contre le comte de Blois, Hugues inaugure une politique que systématiseront ses successeurs, mélange de grignotement territorial et d'un jeu d'équilibre entre principautés rivales. Pendant un siècle et demi, le pouvoir royal vivote. Mais les rois se succèdent, de père en fils : la continuité familiale, avec le temps, fait oublier l'origine du pouvoir – qui est une usurpation.

→**Voir aussi** : p. 84-85 (Le partage de Verdun); p. 174-175 (La guerre de Cent Ans).

Les Capétiens et la succession au trône de France

Le complexe de l'usurpation. Pendant deux siècles, la dynastie capétienne prend soin d'assurer son pouvoir : le père fait couronner le fils de son vivant et l'associe au règne ; la propagande royale enjolive les évènements de 987, imagine une association ou une parenté avec les Carolingiens. Ces pratiques n'ont plus cours à partir de Philippe Auguste (roi de 1180 à 1223), descendant, par sa mère, des Carolingiens, et qui peut enfin revendiquer une légitimité.

Éliminer les femmes. Au XIVe siècle, le contexte politique oblige à formuler la doctrine officielle de succession au trône. La règle s'impose alors d'écarter les femmes du trône et même de la transmission du trône. La prétendue « loi salique » (elle remonterait aux Francs Saliens), qui devient une loi fondamentale du royaume, est formulée sous Charles V, roi de 1364 à 1380. Mais plusieurs crises, auparavant, en imposent le principe. La première éclate en 1316, à la mort de Louis X. Un fils posthume lui naît, Jean, qui meurt au bout de cinq jours. Il demeure une fille mineure, Jeanne, écartée par son oncle paternel, qui devient Philippe V. Le précédent joue ensuite en la défaveur des filles de Philippe V, au profit de Charles IV, dernier frère de Louis X. Celui-ci ne laisse encore qu'une fille, qui est écartée du trône. Le problème est alors compliqué par le fait qu'il ne reste plus de descendant direct d'Hugues Capet : grâce à l'appui des barons, un Valois, descendant par les hommes, en branche cadette, des Capétiens, s'impose sous le nom de Philippe VI (1328-1350). Le roi d'Angleterre Édouard III est débouté parce que son ascendance capétienne est féminine. C'est un prétexte de la guerre de Cent Ans.

988

Vladimir le Grand convertit son État

LE BAPTÊME DE LA RUSSIE

La tradition situe l'adoption officielle du christianisme en Russie en 988, sous le règne du grand-prince de Kiev Vladimir. Cependant, on connaît des efforts allant dans ce sens dès avant cette date.

En effet, les Varègues, c'est-à-dire la branche orientale des Vikings, les Slaves installés sur les grandes voies fluviales et les marchands de Kiev sont depuis le début du Xe siècle en contact avec le christianisme byzantin. Par ailleurs, en 944, un important traité d'alliance entre Kiev et Byzance mentionne des Russes baptisés habitant Kiev. Il semble aussi que des populations scandinaves installées sur les bords de la mer Noire se soient converties à la fin du IXe siècle, en 864. Enfin, la princesse Olga, grand-mère de Vladimir, accepte la conversion lors d'un voyage en 954-955.
Mais toutes ces tentatives sont limitées dans l'espace ou elles ne concernent que quelques individus.

Une opération politique

C'est donc à l'époque où le pouvoir princier s'organise à Kiev, dans un État qui s'assure progressivement la domination sur toutes les tribus des Slaves de l'Est, que s'effectue véritablement la christianisation. Celle-ci est promue par les souverains, soucieux d'établir des liens serrés avec des populations au loyalisme encore douteux et qu'ils souhaitent rassembler dans une ferveur commune. Dans un premier temps, les grands-princes se contentent d'utiliser le culte païen, dont ils renforcent et réorganisent les rites ; mais la nécessité de cimenter les structures sociales autour du souverain les amène finalement à promouvoir une religion nouvelle.

Controverse religieuse

Le récit de la conversion, tel qu'on le trouve dans un texte célèbre, la *Chronique des temps passés,* se présente comme une légende : le prince Vladimir Ier Sviatoslavitch de Kiev mande auprès de lui des Bulgares de la Volga qui lui présentent les mérites de l'islam, des Allemands qui défendent le christianisme romain, des Khazars pratiquant la religion juive et enfin un Grec qui lui expose la foi orthodoxe. Aux Bulgares, Vladimir rétorque : « C'est une joie pour les Russes de boire, nous ne saurions nous en passer. » Les Allemands sont éconduits rapidement. Aux juifs, la réponse suivante est faite : « Si Dieu vous aimait, ainsi que votre Loi, vous ne seriez pas dispersés parmi les terres étrangères. Voulez-vous peut-être qu'il nous en arrive autant ? » Et c'est donc le dernier émissaire, le représentant des chrétiens de l'Empire byzantin, séparés de Rome, qui arrive à convaincre le prince.

Les premiers temps de la Russie

Peuplée au VIIe siècle de Slaves venus de l'Est, la Russie commence à se constituer comme entité politique autour de **l'État de Kiev** à la fin du IXe siècle.

Oleg, premier prince de Kiev, règne de 882 à 913, puis Igor, de 913 à 945. Des Vikings, les Varègues, contrôlent les territoires autour de Kiev, de Novgorod, au nord, au Dniestr, au sud. **Igor,** à sa mort, laisse le pouvoir à sa veuve, Olga, la première princesse orthodoxe de Russie, qui renforce les structures administratives de son pays. Son fils **Sviatoslav,** prince à partir de 962, repousse les frontières de l'État. Quand il meurt en 972, une guerre civile éclate entre ses trois fils, qui se disputent le pouvoir.

En 980, Vladimir est maître de tout le territoire. Il règne jusqu'en 1015.

Le Baptême du grand-prince de Kiev Vladimir Ier *(« saint Vladimir »)* *[fresque de la cathédrale Saint-Vladimir à Kiev, XIXe siècle].*

◄ *Le grand-prince Vladimir Ier entouré de ses conseillers (miniature des* Chroniques de Radziwill, *Académie des sciences, Léningrad).*

Le baptême de tout un peuple

Parallèlement, Vladimir demande la main d'une princesse byzantine. En échange, la conversion au christianisme est exigée de lui. La *Chronique* raconte encore que Vladimir, frappé de cécité à l'arrivée de sa fiancée, est miraculeusement guéri au moment où le sacrement lui est administré...

Le prince baptisé fait détruire les statues des dieux païens. Surtout, il convoque tous les habitants de son État : « Il fit dire à travers toutes les villes : "si quelqu'un riche ou pauvre, indigent ou esclave, ne se trouve pas demain au bord du fleuve, je le considérerai comme mon ennemi" ». Le baptême est donc plus forcé que consenti. C'est un baptême collectif, dont le cadre est vraisemblablement la Potchaïa, affluent du Dniepr, et la date, le printemps 988 : « ... Le peuple s'y rendit avec joie... Ils entrèrent dans l'eau qui leur arrivait certains jusqu'au cou, d'autres jusqu'à la poitrine... Les adultes allaient et venaient, les prêtres se tenaient sur la berge et récitaient des prières. »

La *Chronique* révèle deux choses importantes : elle montre que la conversion est un acte politique qui vise à renforcer le pouvoir princier, au moment où le souverain doit gouverner un État devenu multiethnique à la suite de son expansion ; et elle rappelle la situation géopolitique de la Russie kievienne, à la position indécise entre l'Empire byzantin à l'est et le Saint Empire germanique à l'ouest.

Les travaux de construction d'une église en bois et la cérémonie de sa consécration dans l'ancienne Russie (miniature russe du XVe siècle).

Mille ans d'Église orthodoxe russe

Les premiers temps. Les premières institutions de l'Église orthodoxe sont fondées dès le baptême. Le chef de l'Église russe est le métropolite, établi à Kiev et qui reconnaît alors l'autorité du patriarche de Constantinople. De rares évêchés, des monastères fameux sont créés au Xe et au XIe siècle, mais, dans l'ensemble, l'évangélisation ne dépasse pas les environs immédiats de Kiev.

La fin du Moyen Âge. À partir du XIIIe siècle, le rôle de l'Église, renforcée dans ses structures et riche de vastes domaines, devient considérable : les clercs assurent, outre les fonctions religieuses, les devoirs de charité et de soin aux malades ; les jeûnes et fêtes religieuses forment un rituel important dans la vie quotidienne des Russes ; le droit canon s'applique non seulement à ceux qui lui sont rattachés, mais aussi à toute la population en matière d'observance religieuse et de moralité. En 1448, l'Église russe se détache de l'allégeance constantinopolitaine. Peu après cesse le monopole religieux de Kiev : Moscou s'impose comme un centre extrêmement influent, presque la « troisième Rome » de la chrétienté.

Les temps modernes. Renforcée dans son organisation au XVIe siècle, l'Église russe est ébranlée au XVIIe siècle par un schisme très grave : celui des « vieux-croyants », fidèles à ces coutumes et des rituels anciens que les autorités officielles rénovent alors. Au XVIIIe siècle, sous Pierre le Grand, l'Église est totalement réformée : le patriarche, autorité indépendante créée en 1589, est remplacé par un saint-synode composé de douze prêtres et dirigé par un fonctionnaire de l'État.

L'Église orthodoxe en U.R.S.S. En 1918, l'élection d'un patriarche est rétablie. Soumise à une violente persécution par le pouvoir soviétique, l'Église orthodoxe russe retrouve une grande partie de sa liberté à la fin des années 1990. Alors que des églises et des couvents lui sont restitués, elle est autorisée à ouvrir des séminaires.

La grande peur a-t-elle existé ?

L'AN MILLE

Peu de périodes ont aussi mauvaise réputation que les alentours de l'an mille. Les historiens romantiques, au XIXe siècle, ont accrédité l'idée d'une période d'anarchie, de disettes, de crédulité et de craintes. Une critique approfondie et un examen global des sources ont pourtant permis de faire la mesure des « terreurs », mais aussi des élans, riches de conséquences, de la fin du Xe et du début du XIe siècle.

Dès le XIIe siècle, des historiens ont narré les prodiges qui marquèrent le millénaire, plus exactement les deux millénaires : celui de la naissance du Christ — dont le décompte est fixé, sous sa forme actuelle et sans doute avec une erreur, au VIe siècle — et celui, plus lourd de menaces, de sa Passion, en 1033. Le thème des « terreurs » ne fait que s'amplifier au fil des siècles. En 1833, Michelet organise le mythe avec son habituel talent : « Cette fin d'un monde si triste était tout ensemble l'espoir et l'effroi du Moyen Âge. Voyez ces vieilles statues dans les cathédrales..., l'air souffrant comme la vie, et laides comme la mort (...). Malheur sur malheur, ruine sur ruine. Il fallait bien qu'il vînt autre chose, et l'on attendait. Le captif attendait dans le noir donjon, dans le sépulcral *in pace* (cachot) ; le serf attendait sur son sillon, à l'ombre de l'odieuse tour ; le moine attendait, dans les abstinences du cloître.... Dans cet effroi général, la plupart ne trouvaient un peu de repos qu'à l'ombre des églises. » Mais, au juste, si l'époque est sombre à ce point, c'est d'abord qu'elle est plongée dans une épaisse obscurité documentaire.

Les témoignages contemporains

Des rares actes de l'époque, il n'y a rien à attendre. Certains parlent bien du « monde qui approche de sa fin » : lieu commun, usuel depuis le VIe siècle. Restent par ailleurs quelques lettres, quelques chroniques, toutes d'hommes d'Église : par vocation, par formation, ils lisent et interprètent le monde comme un vaste livre, écrit par le Créateur. Comètes, éclipses, « combats d'étoiles », naissance de monstres, disettes et épidémies : tout a un sens. Le moine bourguignon Raoul Glaber construit sa *Chronique* (qui va de 900 à 1046) autour des manifestations accompa-

Vision de la fin des temps : les ossements reprennent vie sous l'action des vents personnifiés et de la main de Dieu (miniature du XIe siècle).

*Image du déchaînement du mal : cadavres flottant au fil de l'eau – un corbeau attaque l'œil de l'un d'eux (miniature de l'*Apocalypse de Saint-Sever, *XIe siècle).*

L'Europe de l'an mille

L'Occident de l'an mille amorce une **reprise démographique,** difficile à évaluer en chiffres : les estimations varient de 25 à 40 millions d'habitants. Des chiffres de 1 million en Angleterre, 5 millions en Italie, moins dans le royaume de France, semblent vraisemblables.

La pression des « invasions » est contenue : Hongrois et Scandinaves restent sur les marges ; on réplique aux razzias sarrasines, c'est-à-dire musulmanes.

Enfin, **la christianisation s'affirme :** les missionnaires achèvent ou entreprennent de convertir les pays nordiques et slaves, où se multiplient les créations de sièges épiscopaux et les baptêmes de princes.

Le déchaînement des forces du mal : la cinquième trompette (Apocalypse de Saint-Sever).

gnant les deux millénaires de 1000 et 1033. L'impiété des hommes du siècle, la rapacité des aristocrates, l'anthropophagie au pire de la famine, autant de crimes qui appellent une punition divine. Que les croyances de Raoul, esprit instable et tourmenté, aient été partagées, n'est pas invraisemblable : on sait qu'à Paris un prédicateur agitait devant son auditoire la menace du millénaire et prédisait l'arrivée de l'Antéchrist pour l'an mille. Le dossier, particulièrement mince, ne suffit pas à étayer l'hypothèse d'une psychose collective : guère plus d'angoisse, sans doute, que quelques siècles avant ou après : tout le Moyen Âge, tendu vers le salut, s'est vu au milieu d'un monde vieillissant et décrépit.

Le millénarisme aux époques médiévale et moderne

On appelle millénarisme un mouvement de contestation de l'ordre, fondé sur l'attente d'un « Messie » : un envoyé de Dieu appelé à établir sur terre un règne de mille ans (*millenium*), avant le Jugement dernier.

Une tendance de toutes les religions. Le millénarisme existe dans toutes les religions : dans le judaïsme comme dans le christianisme, en islam comme dans des croyances « primitives », tel le « culte du cargo » en Mélanésie, qui promet l'expulsion des Blancs et l'instauration d'un âge de paix et de prospérité marqué par le retour des ancêtres sur un grand bateau blanc.

Dans le christianisme. Le problème, pour les chrétiens, est que le Messie est déjà venu et qu'il a refusé d'établir son règne terrestre. Les Pères et docteurs de l'Église chrétienne ne consentent donc qu'à une interprétation spirituelle, symbolique, du *millenium :* ils y voient la promesse du triomphe de l'Église dans le monde, avant le Jugement dernier. Mais la tradition millénariste demeure vivace dans les consciences chrétiennes : elle s'appuie sur le dernier livre du Nouveau Testament, l'*Apocalypse* de Jean, chronique anticipée de la fin des temps, qui décrit une période de calamités et de destructions, celle du règne provisoire d'un Antéchrist.

Les mouvements historiques. C'est surtout après le XIe siècle que prennent forme les mouvements millénaristes. Jusqu'au XIIIe siècle, les crises sont provoquées par des illuminés qui se font passer pour le Messie, remportant un certain succès auprès des laïques pauvres et lors des croisades « populaires ». Chez certains clercs, le millénarisme débouche sur une critique de la hiérarchie ecclésiastique : Joachim de Flore, qui annonce l'Apocalypse pour 1260, influence une partie du courant franciscain (fraticelles). Le mouvement s'exacerbe à la fin du Moyen Âge et prend un sens anticlérical (taborites de Hongrie), psychologique (flagellants) ou social révolutionnaire (anabaptistes de Münster, 1535).

Assoupi à l'âge moderne, le millénarisme médiéval se réveille à l'époque contemporaine, chez diverses sectes à tendance anticoloniale du tiers-monde.

Les espoirs de l'an mille

Plus que d'anarchie, la période est celle d'une recomposition des pouvoirs sur des bases locales : la société sort des schémas antiques et, dans un cadre souvent oppressif, se reconstitue autour de cellules, châtellenies et paroisses. Le temps des grands périls est passé pour l'Occident. La disette peut toujours surgir, mais les famines se font moins fréquentes, les « pestes » moins générales. Sans doute portée par une amélioration climatique, la croissance démographique et agricole est évidente : plus précoce sur les rivages méditerranéens, elle s'amplifie au cours du XIe siècle.

Le bilan global ne peut certes masquer la violence quotidienne, physique et morale. De rares témoignages subsistent de révoltes paysannes durement matées, ainsi en Normandie (996-997), comme de mouvements hérétiques qui concernent des théologiens hantés par les rapports de la foi et de la raison, ou impliquent des clercs marginaux et des « illettrés », c'est-à-dire des laïques : ainsi en Champagne, où l'on récrimine contre la dîme, en Flandre et en Milanais. Bien plus que les frayeurs, c'est un puissant mouvement de fond qui porte l'Occident sur les routes à la conquête de la terre. Raoul Glaber lui-même traduit bien l'optimisme de ce monde jeune qui se croit vieux : « La millième année après la Passion du Seigneur, après ces désastreuses famines, la bonté et la miséricorde divines apaisèrent nuées et averses. Le ciel se mit à resplendir joyeusement, les vents à souffler à la juste mesure et la sérénité des éléments vint manifester la clémence du Créateur. Toute la surface de la terre verdit agréablement et l'abondance des récoltes chassa la disette » ; « aux alentours de 1033, on se mit sur presque toute la terre, principalement en Italie et dans les Gaules, à reconstruire les basiliques (...), comme si le monde lui-même s'était secoué pour rejeter la vieillesse et avait, un peu partout, endossé un blanc manteau d'églises. »

La dureté du temps explique certains désespoirs : serf attaché à sa herse (miniature du XIe siècle).

Les Vikings débarquent en Amérique

LEIF ERIKSSON

Toujours avides d'aventures, les Vikings installés au Groenland s'embarquent pour explorer des terres inconnues (miniature anglaise du XIe siècle).

Les exploits des Vikings en Amérique du Nord sont connus par les sagas scandinaves, épopées historiques, teintées de légende, qui ont été rédigées en langue islandaise au XIIIe siècle. La saga d'Erik le Rouge, qui se fonde sur une tradition orale ancienne, attribue à Leif Eriksson, ou « Leif fils d'Erik », l'exploration de l'Amérique.

Les navires des Vikings

Les embarcations des Vikings nous sont bien connues grâce à l'archéologie. En effet, les princes normands se faisaient enterrer avec leur embarcation. Quelques-unes ont été retrouvées.

Le navire caractéristique est le knorr, *large de 4,5 m et long de 16,5 m. Il s'agit d'un bateau de transport de marchandises. Il n'est pas ponté, et sa coque est construite à clins, c'est-à-dire que les planches qui la composent se recouvrent partiellement l'une l'autre, assurant une excellente étanchéité. Il est propulsé par une voile, les rames ne servant que d'auxiliaires en cas de manque de vent.*

Le navire utilisé pour la guerre est le snekkja. *Construit selon les mêmes principes, il est plus long, plus large et plus rapide, pouvant mesurer jusqu'à 25,5 m de long sur 5,4 m de large. Naviguant aussi bien à la voile qu'à la rame, il sème la terreur sur les rivages européens et jusqu'à l'intérieur des terres, car sa maniabilité lui permet de remonter les fleuves. Sa proue décorée d'une tête de dragon (drak) peinte de couleurs vives, comme les boucliers multicolores appendus aux bordés, donne à ce navire son autre nom, le* drakkar.

Drakkar viking (Olso, Norvège).

Vikings et Indiens d'Amérique

La Saga d'Erik le Rouge *décrit ainsi les Indiens : « C'étaient des hommes noirs et de chétive apparence, leurs cheveux étaient laids, ils avaient de grands yeux et de larges pommettes. »* Le Récit des Groenlandais *rapporte la première rencontre entre les deux peuples : « Alors ils aperçurent les Skraelings, une grande troupe d'hommes sortit de la forêt. Le bétail de Karlsefni se trouvait dans le voisinage, le taureau se mit à meugler très fort ; les Skraelings furent pris de peur et se sauvèrent, emportant leur chargement de petit-gris, de zibelines et d'autres fourrures, ils se dirigèrent vers la ferme de Karlsefni et ils voulurent pénétrer dans les bâtiments mais Karlsefni fit barricader les portes. Ni les uns ni les autres, ils ne parvenaient à comprendre la langue de leurs interlocuteurs. Les Skraelings déposèrent alors leurs ballots de marchandises, les ouvrirent et les leur offrirent ; ils souhaitaient surtout avoir des armes en échange, mais Karlsefni interdit qu'on leur en vendît. Il s'avisa alors d'un expédient, voici ce qu'il fit : il demanda aux femmes de leur apporter du lait, ils voulurent en acheter et ne voulurent rien acheter d'autre. Ainsi s'acheva l'expédition commerciale entreprise par les Skraelings. »*

M. Gravier, la Saga d'Erik le Rouge et le Récit des Groenlandais, *Aubier, Paris, 1955.*

Intérieur d'une maison dans l'île Saint-Laurent : les terres découvertes par Leif Eriksson sont probablement le Canada où même le nord des États-Unis (Paris, bibliothèque de la Marine).

La découverte du continent américain par les Vikings aux alentours de l'an 1000, qui a longtemps fait l'objet de controverses, est aujourd'hui communément admise. Les textes contiennent en effet des descriptions trop précises pour appartenir uniquement au domaine de la fantaisie. En outre, les vestiges archéologiques, mis au jour sur le site de l'Anse aux Meadows, au nord de Terre-Neuve, semblent bien confirmer la présence des audacieux navigateurs vikings en Amérique du Nord.

Une découverte fortuite

Dans les dernières années du Xe siècle, le commerçant Bjarni Herjolfsson quitte la Norvège au cours de l'été avec un navire, chargé de marchandises. Il fait voile vers l'Islande, où il compte passer l'hiver en compagnie de son père. Or, celui-ci a émigré au Groenland. Après avoir appris cette nouvelle, Bjarni décide de rejoindre son géniteur dans la nouvelle colonie norvégienne. La traversée, qui s'effectue en partie dans un épais brouillard, conduit le navire et son équipage vers une terre inconnue. Les marins ignorent où ils sont, mais ils savent qu'ils ne sont pas au Groenland. Prudemment, ils longent la côte pendant deux jours sans jamais descendre sur la rive. Bjarni est un commerçant avisé qui ne souhaite pas prendre de risques inutiles. En suivant de plus en plus loin le rivage, les marins remarquent que la terre, d'abord plate et glacée, devient ensuite rocailleuse et boisée. Après cette brève reconnaissance, les Norvégiens reprennent la direction de l'est. Ils arrivent au Groenland au bout de quatre jours. Le récit de la découverte, due au hasard d'une navigation qui s'effectue sans carte, sans boussole et sans pilote, excite la curiosité des compatriotes de Bjarni, toujours avides d'aventures. Vers l'an 1000, Leif, l'un des fils d'Erik le Rouge, décide de partir en exploration.

Une exploration consciencieuse

Leif Eriksson rachète le navire de Bjarni et recrute sans doute une partie de son équipage. Décidant d'entreprendre le voyage dans le sens inverse de son prédécesseur, il aborde en premier lieu dans la zone rocheuse, gelée et sans herbe. Il l'appelle Helluland, le « Pays des pierres plates » — historiens et géographes identifient généralement cette région avec le nord de l'île de Terre-Neuve. Le Norvégien se dirige ensuite vers le sud. Il atteint un pays boisé, avec de grandes plages de sable blanc, qu'il nomme Markland, le « Pays des forêts ». Cette description correspond à la Nouvelle-Écosse. Deux jours supplémentaires de navigation mènent les Norvégiens à une terre que Leif baptise Vinland ou « Terre des vignes », en raison de la présence de vigne sauvage. Sa localisation pose davantage de problèmes. S'agit-il de la région du golfe du Saint-Laurent ou d'un territoire compris entre Boston et New York ? Les avis divergent. Leif se livre à une exploration intensive des nouveaux espaces. Il demeure au Vinland durant tout l'hiver, à l'abri de vastes maisons construites avec ses compagnons. Au printemps, il retourne au Groenland avec une moisson de renseignements, notamment sur la végétation et les animaux des contrées visitées. Au Vinland, Leif a, par exemple, repéré en plus du raisin, du blé sauvage, de l'herbe verte, en hiver comme en été, de beaux saumons et du gibier en quantité.

Les premiers colons

Le voyage de Leif Eriksson détermine son frère Thorvald à approfondir l'exploration des nouveaux territoires. Au Markland, Thorvald rencontre les premiers habitants de la contrée, les Skraelings ; il perd d'ailleurs la vie dans un combat contre ceux-ci. L'équipage retourne au Groenland et relate la malheureuse expédition. Cela ne décourage pas les candidats, décidés à tenter leur chance. Thorstein, frère de Leif et Thorvald, s'efforce de gagner le Vinland pour récupérer le corps de son parent. Mais il retourne au Groenland sans avoir rempli sa mission. Le riche marchand Thorfinn Karlsefni, qui entreprend de coloniser le Vinland, est plus heureux. Il équipe trois bateaux, où prennent place 160 hommes, parfois suivis de leur compagnes, et du bétail. Au Vinland, où ils résident durant trois années, les colons bâtissent des demeures et cultivent le sol. Au début de leur séjour, ils réussissent à établir des rapports de troc avec les Skraelings. Sous ce nom, les Norvégiens désignent à la fois les Indiens du Vinland et les Esquimaux du Markland. Avec les Indiens du Vinland, les colons échangent du lait et des bandes de tissu contre des fourrures et des peaux. Mais les relations entre les deux groupes se détériorent rapidement. Devant l'hostilité croissante des indigènes, Thorfinn se résigne à ramener tout le monde au Groenland. Ainsi prend fin la présence des Vikings en Amérique du Nord. Les colons, en trop petit nombre, n'ont pas pu résister à une population locale agressive. Peu à peu, la route du Vinland s'efface des mémoires, tout comme la découverte de l'Amérique par Leif Eriksson et ses intrépides compagnons. Il faut attendre 1497 pour que Jean Cabot redécouvre le nord du continent américain.

→**Voir aussi** : p. 96-97 (Erik le Rouge au Groenland).

La brillante renaissance d'un site maya

CHICHÉN ITZÁ

Au Xᵉ siècle, Chichén Itzá, cité maya implantée au nord de la péninsule du Yucatán, au Mexique, périclite. Entre la fin du Xᵉ siècle et la fin du XIIᵉ siècle, elle est envahie et occupée par un peuple qui lui redonne vie. De nouveaux édifices, d'une ampleur inconnue jusque-là sur le site, surgissent de terre.

L'origine des envahisseurs n'est pas encore fermement établie. Ce sont des Toltèques originaires de Tula, dans la région de Mexico, ou des Itzás, groupe maya venu du sud-ouest du Yucatán et fortement imprégné de culture toltèque. D'après certaines versions des chroniques mayas, les Itzás, qui ont donné leur nom à Chichén, ne se seraient installés dans la ville qu'au XIIIᵉ siècle, après son abandon par les Toltèques.

Des monuments témoins de la conquête

Quand les envahisseurs pénètrent dans Chichén Itzá, ils découvrent les monuments élevés par les Mayas au cours des quatre siècles précédents, dans un style très décoratif. Ils épargnent certains d'entre eux et en retouchent d'autres, comme l'observatoire astronomique, pour les adapter à leurs besoins. Puis ils commencent à construire leurs propres édifices, dans lesquels ils glorifient leurs guerriers et commémorent leurs victoires.

Les sculptures (bas-reliefs) qui ornent les murs de ces nouveaux monuments montrent en effet les phases de la conquête de la région par le nouveau peuple. Dans le temple des Guerriers ou dans celui des Tigres, par exemple, les artistes ont représenté de féroces guerriers en tenue de combat.

Le premier de ces temples, l'un des plus harmonieux de Chichén Itzá, se dresse au sommet d'une pyramide à quatre gradins. Celle-ci est flanquée sur deux côtés par 200 élégants piliers et colonnes. Piliers et parois sont couverts de figures de guerriers en relief et de scènes de guerre qui se terminent par la défaite des Mayas. Le même thème est évoqué dans le temple des Tigres, qui borde le terrain de jeu de balle. Les reliefs décrivent un combat entre conquérants, munis de lances et de boucliers, et Mayas défendant un de leurs villages reconnaissable à ses huttes au toit de palme.

Une fusion réussie entre cultures

Les conquérants ont importé leurs croyances religieuses et leur style artistique. Confrontés à la culture maya de Chichén Itzá, ils ont su habilement l'intégrer à leurs œuvres. Le temple des Guerriers présente des éléments purement toltèques : ainsi le chac-mool, statue d'une divinité non identifiée sur laquelle étaient peut-être versé, en guise d'offrande, du sang humain ; les atlantes, statues en forme d'hommes servant de support de support ; et les colonnes en forme de serpents à plumes. Mais les bâtisseurs ont su mêler à ces éléments des techniques et des décors empruntés à leurs prédécesseurs mayas : la forme de la voûte, ou les masques de Chac, dieu de la Pluie des Mayas.

Des emprunts similaires, voûte, masques, se retrouvent dans l'édifice le plus imposant de Chichén Itzá, le temple de Kukulcan ou Quetzalcóatl, « serpent à plumes de quetzal [un précieux oiseau local] », le dieu créateur commun à de nombreux peuples du Mexique. La pyramide à neuf gradins, qui a recouvert une pyramide maya-toltèque plus ancienne, entièrement conservée, mesure 24 m de hauteur. Elle est construite selon le procédé du talud-tablero, ou mur oblique surmonté d'un panneau vertical, emprunté à la ville de Teotihuacán. Au centre de chacune des quatre faces, un escalier conduit au sommet. Les rampes de l'un des escaliers se terminent en bas par des têtes de serpent. L'orientation de la pyramide a été calculée de façon que, lors des équinoxes de mars et de septembre, les rayons du soleil couchant dessinent le corps du serpent sur les rampes. Ce phénomène rappelle la venue sur terre du dieu Kukulcan et son retour au ciel. En haut, au centre de la pyramide, s'élève le temple orné de jaguars, de serpents et à nouveau de guerriers.

Sous le signe de la mort

À la présence obsédante des guerriers s'ajoute, à Chichén Itzá, l'évocation constante de la mort. Ainsi, sur la vaste esplanade de la cité se trouve une plate-forme appelée mur des Crânes. Le décor du monument rappelle les rites qu'on y pratiquait : on plantait là, au bout de perches, les têtes de prisonniers sacrifiés aux dieux.

Au-delà, sur un côté de l'esplanade, s'étend le jeu de balle le plus vaste de toute l'Amérique centrale. De nouveau, les représentations qui ornent la construction évoquent la mort violente. Sur le terrain, à l'issue de la partie qui oppose deux équipes, le capitaine des joueurs vaincus est sacrifié, peut-être uniquement de manière symbolique. Les reliefs montrent un joueur de l'équipe gagnante qui brandit la tête de son malheureux adversaire.

Parallèlement à leurs propres pratiques, les nouveaux occupants de Chichén Itzá ont continué à observer une funeste coutume de leurs prédécesseurs mayas. Au cours de périodes de famine ou de sécheresse, des victimes humaines étaient jetées dans un énorme et profond puits naturel de caractère sacré afin d'implorer le dieu Chac. En deux siècles, ce sont au total une cinquantaine d'hommes, de femmes et d'enfants qui ont été sacrifiés par les Mayas et par les Toltèques. En dehors de ces moments difficiles, on offrait à la divinité des objets en cuivre, en jade et en bois, des disques d'or, des poteries.

À la fin du XIIᵉ siècle, la période de renouveau s'achève brutalement avec l'attaque de Chichén Itzá par une puissante cité voisine. Grâce à son puits sacré, le site ne tombe pas dans l'oubli. Il survit en tant que lieu de pèlerinage des populations mayas jusqu'à l'arrivée des Espagnols au XVIᵉ siècle.

Ces atlantes soutenaient le plafond aujourd'hui disparu du temple de l'Etoile du matin, Tula, Mexique.

Le temple des Guerriers, Chichén Itzá, Mexique.

Le Castillo (temple-pyramide) et le chac-mool (statue d'une divinité non identifiée) vus du temple des Guerriers, Chichén Itzá, Mexique.

Tula, capitale toltèque

Des liens de parenté très étroits unissent Chichén Itzá et Tula, capitale toltèque située à près d'une centaine de kilomètres de Mexico.

Le problème de l'antériorité. Selon les anciennes chroniques mayas, Tula serait plus ancienne que Chichén Itzá, qui aurait été envahie en 987 par un roi-prêtre banni de Tula. Tous les spécialistes ne sont pas d'accord avec ce récit. Ils font aussi remarquer que le style architectural de Chichén Itzá est beaucoup plus abouti que celui de Tula, qui offre un aspect provincial à côté de celui de la grande cité du Yucatán. Seules de nouvelles recherches trancheront la question.

Des monuments semblables. Le temple de Tula est très proche du temple des Guerriers de Chichén Itzá. Sa pyramide est précédée comme à Chichén Itzá d'un portique aux multiples piliers. Du temple lui-même, il ne subsiste plus aujourd'hui que les gigantesques atlantes, statues d'hommes supportant la toiture. À Tula comme à Chichén Itzá, on relève la présence du chac-mool, statue d'homme assis penché en arrière, de colonnes en forme de serpents à plume, d'atlantes...

Une cité sainte de l'hindouisme

BHUBANESWAR

À quelque 400 km au sud-ouest de Calcutta, Bhubaneswar, aujourd'hui capitale de l'État de l'Orissa, comprend vers l'an mille des milliers de temples. Il en reste à présent une centaine, dont beaucoup sont toujours en activité.

Érigés autour du lac Sarovar, alimenté, selon la légende, par tous les fleuves sacrés de l'Inde, ces sanctuaires sont dédiés à différentes divinités. Le plus impressionnant d'entre eux, le Lingaraja, est élevé en 1014 à la gloire de Siva.

Le temple de Siva

Haut de plus de 60 m, le Lingaraja – que seuls les hindous ont le droit de visiter – est le type le plus parfait de ce qu'on appelle, en Inde, un *sikhara*. Le sikhara est une tour qui, au tiers environ de sa hauteur, commence à diminuer de volume jusqu'au sommet arrondi que surmonte un disque de pierre aplati *(amalaka)* et un épi de faîte *(kalaça)*. C'est une structure creuse : elle est divisée en quatre grandes salles, comme la plupart des temples de cette région. Ces quatre salles abritent les différentes étapes du rituel : il y a la salle des offrandes *(Bogha-Mandapa)* ; la salle de danse *(Nata-Mandir)* ; la salle de réunion *(Jagamohan)* ; et le sanctuaire. La tour principale s'élève au-dessus

Siva, le dieu du Lingaraja

Émanation de Brahman, esprit rayonnant incréé et principe supérieur à la base de toutes choses, Siva est un dieu redoutable, détenteur de pouvoirs immenses selon les hindouistes - de pouvoirs absolus, selon les sivaïtes.

Essentiellement destructeur, il exerce une action ambivalente. Dieu maléfique, il est présent sur des lieux terrifiants comme les champs de bataille, les bûchers crématoires ou les croisements de route ; mais il est aussi celui qui détruit le vice, l'illusion et l'ignorance.

Les représentations de Siva sont conformes à ces deux orientations : entouré de spectres et de génies malfaisants dans de nombreuses images, Siva est aussi montré sous la forme d'un ascète : assis sur une peau de tigre, au sommet du mont Kaïlasa, dans l'Himalaya, il médite et sa méditation assure la conservation du monde. Sur sa tête repose le croissant lunaire ; son chignon est la source du Gange, le fleuve sacré ; un troisième œil, au milieu de son front, symbolise sa sagesse absolue. Au moment du barattage de l'Océan cosmique, c'est lui qui sauva les autres dieux en absorbant un poison mortel : aussi des serpents s'enroulent-ils autour de ses bras tandis que son trident reste à sa portée.

Enfin, Siva est toujours représenté avec à ses côtés Maha Davi, son épouse ; déesse mère, celle-ci est, comme Siva, tour à tour protectrice (Parvati), terrifiante (Kali) ou illusion (Maya). Près de Siva, également, les artistes figurent sa monture, le taureau Nandi.

Fresque représentant Siva monté sur Nandi.

Le temple de Siva, Bhubaneswar, Inde.

du sanctuaire, les trois autres salles du temple sont surmontées de tours moins élevées.

Mais le Lingaraja n'est que l'élément principal d'un complexe religieux plus vaste entièrement dédié à Siva. Entourés par un épais mur d'enceinte, des sanctuaires de moindre importance l'environnent en effet. Les surfaces extérieures de ces bâtiments s'ornent de magnifiques sculptures, montrant des divinités, des couples dans des positions volontiers érotiques. Les intérieurs, en revanche, sont dépourvus de tout ornement. Les salles, vastes, sont dépourvues de piliers : de fortes colonnes appliquées aux murs (pilastres) soutiennent seules les plafonds.

Les autres temples

Ville sacrée de l'hindouisme, Bhubaneshwar compte, outre le Lingaraja, bien d'autres sanctuaires consacrés aux divinités de cette religion. Ainsi, à l'est du lac, le plus ancien temple, le Parasuramesvara, qui date du VIIe siècle, est orné d'une statue du dieu de la Sagesse, Ganesa, représenté sous la forme d'un éléphant à quatre bras, et d'une autre de Kartikeya, monté sur un paon et s'attaquant à un serpent.

Dans un autre temple, le Sisiresvara, on retrouve à nouveau ces représentations de Ganesa et de Kartikeya ; mais, par un syncrétisme dont rend compte l'histoire particulière de la région où se trouve le temple, les artistes ont sculpté aussi une statue de Bouddha entouré d'un cerf et d'un serpent (le *naga)* .

Un des plus beaux temples de l'Orissa est le Muktesvara, dont les murs et le portique sont ornés de sculptures représentant des femmes agenouillées devant des lingas, des éléphants, des singes, un ensemble d'images érotiques. De très jolies fenêtres à losanges s'ouvrent sur la façade du jagamohan. C'est un des rares temples dont l'intérieur est richement décoré.

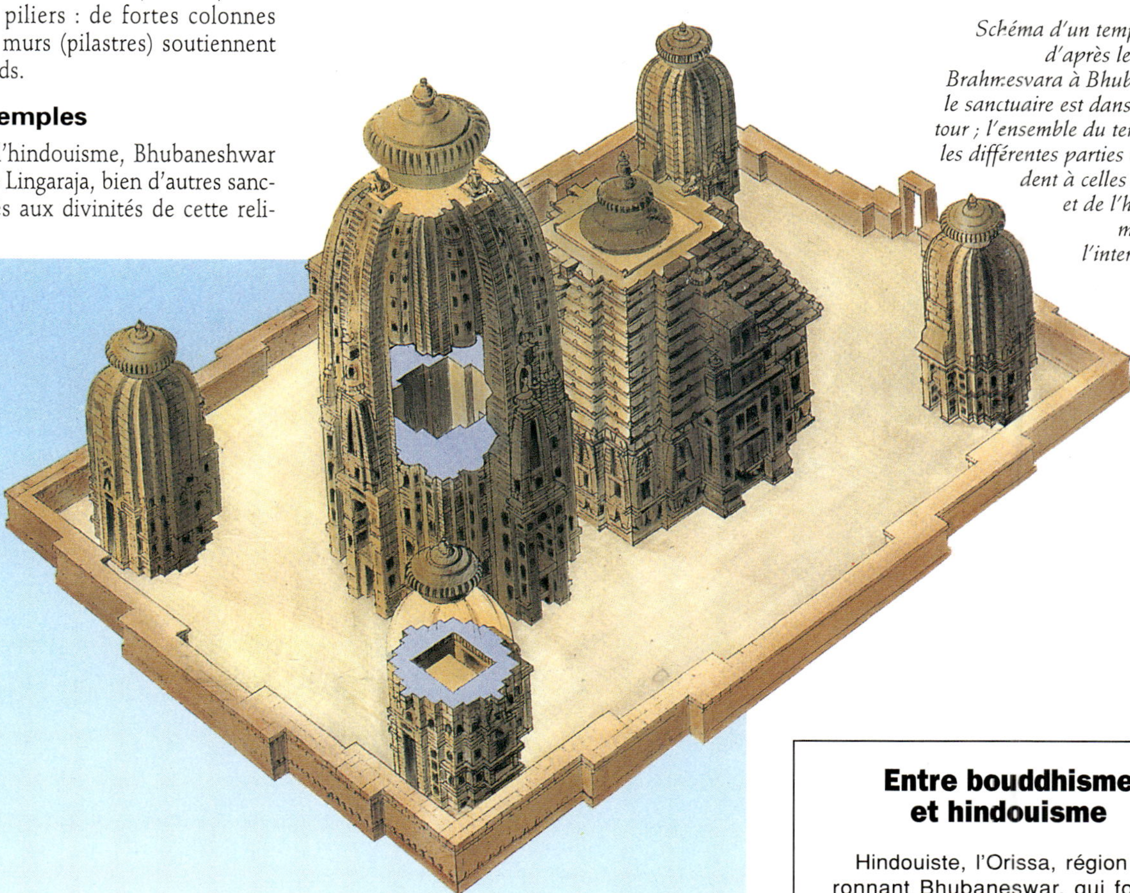

Schéma d'un temple hindou d'après le temple de Brahmesvara à Bhubaneswar : le sanctuaire est dans la grande tour ; l'ensemble du temple, dont les différentes parties correspondent à celles du cosmos et de l'homme lui-même, est à l'interieur d'une enceinte.

Entre bouddhisme et hindouisme

Hindouiste, l'Orissa, région environnant Bhubaneswar, qui formait autrefois le royaume de Kalinga, fut convertie au **bouddhisme** par son conquérant l'empereur maurya Ashoka, au cours du IIIe siècle avant notre ère.

Puis, entre le IIe et le XIIe siècle de notre ère, après la chute de l'Empire maurya, **les Kesari, nouveaux maîtres du pays, entreprirent de restaurer l'hindouisme.**

Entre le VIIIe et le XIIIe siècle, ces efforts culminèrent dans la construction de nombreux et superbes temples. C'est de cette époque que datent les principaux monuments de **Bhubaneswar.**

Une culture indienne s'épanouit en Amérique du Nord

LES INDIENS DE CAHOKIA

Entre 1050 et 1250 une communauté indienne parvient à son apogée sur le site de Cahokia, à l'est de la ville de Saint Louis, dans l'état actuel du Missouri, aux États-Unis. Cahokia, le plus beau fleuron de la culture du Mississippi, apparue vers 700, constitue la plus grande cité de l'Amérique du Nord avant l'arrivée des Européens.

Un Indien mort est porté sur une litière entre deux files d'êtres humains prêts à être sacrifiés (dessin, 1758).

Les peuples du Mississippi, qui se répartissent le long du bassin de ce très long fleuve, entre la Louisiane et l'Alabama au sud et le Wisconsin au nord, élaborent la civilisation la plus avancée de l'Amérique du Nord ancienne. Leurs grandes cités dominent de plus petites communautés, soumises par la voie des armes. Cahokia, centre politique, cérémoniel et religieux, règne sur une cinquantaine d'entre elles.

Des constructions impressionnantes

Au temps de sa splendeur, Cahokia abrite une population de 10 000 âmes au moins, nombre très important en regard du lieu et de l'époque. Une partie de la cité est cernée par une palissade, constituée de solides madriers couverts d'une couche d'argile. Des bastions, dressés à intervalles réguliers, la protègent des agressions éventuelles. Au cœur de cet espace se dresse un tertre en terre, long de 316 m et large de 241 m à la base, appelé aujourd'hui Monks Mound. Cette gigantesque construction, haute de 30, 5 m, couvre une superficie de 6 hectares et contient 600 000 m^3 de terre. Le tertre, érigé par étapes au cours d'une période — longue de deux siècles — qui s'acheva après 1100, a nécessité la participation de très nombreux Indiens. Le sommet plat supporte un temple en bois et en chaume, dont il ne reste plus rien. Des vestiges, mis au jour sur les terrasses inférieures, semblent être ceux des habitations de l'élite de Cahokia. Le tertre, le plus grand de l'Amérique du Nord, est le troisième de toute l'Amérique après la pyramide de Cholula et celle du Soleil à Teotihuacán, au Mexique. Il est entouré de 16 autres monts de moindres dimensions. À l'extérieur de la palissade sont établis 80 autres tertres. Certains contiennent des salles servant de magasins pour les récoltes, notamment le maïs; d'autres forment la base de monuments importants — résidences de grands personnages ou édifices religieux —; d'autres enfin recouvrent des tombes. Cahokia abrite aussi un marché animé et des quais où l'on débarque et embarque les marchandises les plus diverses.

Une économie florissante

L'essor des peuples du Mississippi et de la ville de Cahokia est dû au développement de l'agriculture et aux possibilités de stockage des récoltes. Les Indiens choisissent des terres fertiles, proches de fleuves et donc inondables, qu'ils peuvent aisément travailler malgré leurs instruments rudimentaires, houe en silex ou bâton pour bêcher. Importé du Mexique tout comme les courges et les haricots, cultures complémentaires, le maïs forme l'aliment de base. Les produits de la pêche et de la chasse pourvoient aux principaux besoins : poissons et oiseaux migrateurs sont particulièrement appréciés, ainsi que les daims, les ratons laveurs, les écureuils, les lapins, les dindes sauvages et les castors. Le sel, puisé dans les sources salifères, est consommé en abondance. Les ressources sont suffisamment importantes pour que les Indiens du Mississippi en consacrent une partie à l'entretien d'artisans spécialisés. Leurs potiers, s'ils

Au cœur du site de Cahokia se trouvait Monks Mound, le tertre le plus important d'Amérique du Nord.

mettent au point une technique qui rend leurs céramiques très résistantes, empruntent formes et motifs au Mexique. Les tailleurs de pierre fabriquent des outils en silex et réalisent des instruments en basalte remarquablement tranchants, comme des haches et des herminettes. Les forgerons martèlent le cuivre pour obtenir les feuilles qui servent à fabriquer des parures; en revanche, ils ne connaissent pas la fonte. D'autres artisans gravent les coquillages, qui proviennent du golfe du Mexique, ou les transforment en perles.

Une société complexe

À Cahokia, le pouvoir, qui se transmet sans doute héréditairement, est aux mains d'un chef puissant. Ce dernier est assisté par de hauts dignitaires qui contrôlent l'administration, l'armée et le culte. L'habitat, de la simple hutte à la spacieuse demeure de plusieurs dizaines de mètres carrés, reflète les divisions sociales au sein de la cité. De même la cérémonie des funérailles et le type de sépultures révèlent le statut social et la richesse de leur propriétaire. Les archéologues ont découvert sur le site une tombe renfermant le corps d'un homme revêtu d'une tunique décorée de milliers de perles de coquillages. Autour du défunt sont disposés pointes de flèches, pierres polies et mica, ainsi que les corps de six serviteurs; une tombe annexe abrite les restes de 53 femmes sacrifiées pour l'accompagner dans la mort. La culture de Cahokia décline après 1250, pour des raisons que nous ignorons, même si les vestiges archéologiques prouvent qu'une population s'est maintenue sur le site jusqu'aux alentours de 1500. Pourtant, un siècle plus tard, les explorateurs européens qui découvrent la ville parcourent des ruines désertes.

Reconstitution d'une hutte habitée par les Indiens de la culture du Mississippi.

Les Indiens Natchez

De la préhistoire à l'histoire. Installés dans la vallée inférieure du fleuve, près de la ville actuelle qui porte leur nom, dans l'État du Mississippi, les Natchez, dont la vie a été décrite par les explorateurs français qui les ont rencontrés au XVIe siècle, se rangent parmi les derniers représentants de la culture du Mississippi. Leurs mœurs pourraient avoir perpétué en partie celles des Indiens de Cahokia.

Le « Grand Soleil ». Les Natchez sont dirigés par un chef nommé le « Grand Soleil », qui exerce une autorité absolue sur ses sujets. La succession de celui-ci se fait par les femmes : c'est en effet le fils d'une sœur du Grand Soleil qui hérite de la charge suprême.

Une société hiérarchisée. La société est divisée en cinq classes. Au sommet de la hiérarchie se trouvent les parents du Grand Soleil, ou « Soleils inférieurs »; viennent ensuite les nobles, qui fournissent les cadres de l'armée; puis les prêtres; enfin, les « honorables », dont les rangs sont constitués, dans l'ordre, par les principaux guerriers, artisans et commerçants. Au bas de l'échelle figure la majorité de la population, paysans, militaires, petits artisans et esclaves, qui porte le nom collectif de « puants ». Le mariage, qui peut lier les membres des classes supérieures et les « puants », assure la mobilité sociale.

Des sacrifices sanglants. Des témoins anciens qui ont suivi les funérailles d'un chef militaire de cette tribu ont décrit le meurtre rituel, par étranglement, des deux épouses du mort et de cinquante serviteurs. Les sacrifices étaient précédés par des danses et des chants, et suivis de l'enterrement du défunt et de ses familiers dans un tertre.

La rupture entre Byzance et l'Occident

LE SCHISME ORIENTAL

Le 16 juillet 1054, les cardinaux Humbert de Moyenmoutier et Frédéric de Lorraine, accompagnés de l'archevêque d'Amalfi, se rendent à la basilique Sainte-Sophie de Constantinople. Ils sont porteurs d'une bulle rédigée par Humbert, le chef de la légation, par laquelle ils excommunient le patriarche de Constantinople, Michel Cérulaire.

Après avoir, en public, lancé l'anathème contre ce dernier, les trois dignitaires de l'Église romaine déposent le texte sur l'autel et quittent la basilique. En sortant, ils secouent la poussière de leurs souliers, souillés par ce lieu qu'ils viennent de maudire et, hautains, ils déclarent : « Que Dieu voie et nous juge. »

Une séparation effective depuis longtemps

L'excommunication est réciproque : dans les jours qui suivent, Michel Cérulaire réplique sur le même ton. À vrai dire, voici déjà longtemps que Grecs et Latins ne se comprennent plus. La rupture date du VIIIe siècle, quand les papes ont pris conscience que l'Empire byzantin ne les protégeait plus contre leurs ennemis en Italie et qu'ils ont choisi de faire alliance de préférence avec les souverains francs.

Or, cet éloignement politique, effectif dès le couronnement de Charlemagne, précède une série de malentendus dont l'accumulation va provoquer la rupture de 1054. Ceux-ci sont d'inégale gravité, mais leur nombre montre bien que l'Orient et l'Occident se sont très fortement éloignés. Dès le IXe siècle, de graves querelles théologiques éclatent, aussi bien à propos de la place des images et des reliques dans la liturgie, et de la nature du culte que l'on doit leur porter, qu'à propos de la place de l'Esprit-Saint dans la Trinité. Elles ne trouvent pas de solutions. Simplement, pour préserver les relations entre Rome et Constantinople, on les passe le plus souvent sous silence. En même temps, c'est-à-dire dès le Xe siècle, les coutumes pratiquées par les deux Églises s'éloignent de plus en plus.

Les griefs de Michel Cérulaire

Pourtant, ce n'est pas sur ces points de doctrine, essentiels, que s'opère l'ultime rupture, mais sur des griefs en apparence parfaitement subalternes. Les Grecs reprochent, par exemple, aux Occidentaux, de ne pas saigner les animaux dont ils mangent la viande. Ou encore, ils rejettent l'idée que les prêtres doivent être astreints au célibat. Ils condamnent le fait que les hosties occidentales soient de pain azyme ; ils voient là une

L'Empire byzantin au milieu du XIe siècle

L'Empire byzantin atteint son apogée vers 1025. Il s'étend alors sur l'Italie du Sud, l'ensemble des Balkans et une large partie de l'Anatolie.

L'État byzantin a su maîtriser les nombreux périls qui pesaient sur lui. **Les Bulgares,** peuple d'origine asiatique, ont été vaincus : ils forment désormais un royaume vassal, après avoir constitué une menace pour l'existence même de l'Empire. Les musulmans ne progressent plus sur le plateau anatolien : **l'Empire abbasside** est en voie d'éclatement, tandis que la structure militaire de Byzance se renforce, au moins jusqu'au milieu du XIe siècle.

L'Empire byzantin est alors indubitablement la plus grande puissance du monde médiéval.

Le pape Léon IX excommunie le patriarche de Constantinople Michel Cérulaire (miniature italienne du XVe siècle).

Au centre de la querelle théologique, la question de la Trinité (fresque byzantine de Zagorsk).

Déjà, au IXe siècle, le patriarche de Constantinople Photios avait ouvert la querelle avec l'Occident (miniature du XIIIe siècle).

Les deux têtes de l'Église chrétienne Rome et Constantinople

Les premiers temps. Lorsque Constantin vient s'installer sur les rives du Bosphore, il ne modifie pas les structures de l'Église. La primauté continue d'aller à Rome, parce que ses évêques, les papes, sont les successeurs de saint Pierre.

Après la chute de l'Empire romain. La disparition de l'Empire d'Occident, en 476, ne change rien à l'affaire, pas plus que l'ancrage décidément occidental de la papauté à partir des Carolingiens. Le pape est le chef de l'Église universelle. Le patriarche de Constantinople, quant à lui, est, du point de vue romain, un archevêque comme un autre : il est à la tête d'une province ecclésiastique, rien de plus. Dans la pratique, il est nommé par l'empereur et est considéré par lui comme un fonctionnaire. De fait, le plus souvent, le patriarche obéit à la volonté impériale, même en matière de dogme. Les interventions impériales dans la vie de l'Église sont nombreuses autant qu'efficaces, même si elles se heurtent fréquemment à une résistance, qui vient d'ailleurs davantage des moines, très riches et très influents, que du clergé séculier.

Le bouleversement du XIe siècle. La situation change à partir du XIe siècle : alors, le patriarche de Constantinople se pose de plus en plus en rival du pape. C'est que la papauté, à ce moment, est particulièrement faible et manque de prestige. À partir des années 1030, les papes sont, eux aussi, désignés par l'empereur, entendons, par le chef du Saint Empire germanique, que ne reconnaît pas Byzance. D'autre part, dans la première moitié du XIe siècle, le patriarche de Constantinople parvient à asseoir son autorité sur l'ensemble des évêchés orientaux, et il maîtrise même la nomination à d'autres patriarcats, comme celui d'Antioche. Exerçant une autorité religieuse incontestée sur l'ensemble de l'Empire, il ne se considère en rien comme inférieur au pape, et, en conséquence, il refuse de plus en plus de lui obéir.

attitude judaïsante. Tous ces reproches sont exprimés par un dignitaire de l'Église grecque en 1050 et traduisent l'opinion de Michel Cérulaire lui-même.

Ces reproches concernent-ils vraiment des faits secondaires ou accessoires ? Certainement pas, puisqu'ils touchent aussi bien le mode alimentaire des Occidentaux que leurs conceptions de la pureté nécessaire dans les rapports entre Dieu et l'homme. Ainsi, au moment même du schisme se développe, dans tous les pays d'Occident, un puissant mouvement visant à obliger les prêtres à demeurer célibataires et chastes : il faut ne pas être souillé par l'acte sexuel pour pouvoir consacrer l'hostie. Autrement dit, l'ensemble des reproches que se renvoient Humbert de Moyenmoutier et Michel Cérulaire traduisent l'éloignement constant de deux civilisations devenues totalement étrangères l'une à l'autre. Cela, davantage que les divergences théologiques, rendait le schisme inéluctable.

Les acteurs

Dans cette affaire, les passions aussi comptent beaucoup. Michel Cérulaire, le patriarche, est ambitieux et orgueilleux. Il ne veut plus que, même sur un plan formel, l'Église orientale dépende de Rome. Il éprouve, par ailleurs, le plus profond mépris pour cet Occident qu'il estime barbare : Byzance seule est, à ses yeux, dépositaire de la grandeur passée et de la gloire de la première Rome. C'est la raison qui fait que, durant le séjour de l'ambassade romaine, il manœuvre avec une maladresse délibérée, de manière à rendre la rupture inévitable.

Humbert de Moyenmoutier, quant à lui, déteste l'arrogance de ces Grecs qu'il juge efféminés. C'est un homme violent, emporté, vaniteux, mais sûr de son bon droit. Il est, en ce sens, un excellent représentant de ce qu'est l'aristocratie de l'Occident au XIe siècle. Même s'il sait le grec, on ne peut pas dire de lui qu'il soit véritablement cultivé, ni que son esprit puisse s'affranchir des préjugés. Bref, il n'est guère possible de trouver deux personnages plus disposés à l'affrontement, plus aptes à rechercher la rupture, plus désireux, au fond, de la provoquer, que le patriarche de Constantinople et l'envoyé de Rome.

Les conséquences

Sur l'instant, personne ne se rend bien compte de l'importance de ce qui vient de se passer : il y a eu d'autres brouilles, celle-ci finira bien par se terminer, estime-t-on. De fait, au cours des nombreux conciles qui marquent l'histoire religieuse des XIe-XIIIe siècles, la question de l'unité de l'Église est toujours évoquée, et l'on ne manque jamais d'inviter des représentants de Constantinople. En vain : les anathèmes réciproques ne seront levés, rappelons-le, que dans les années 1960, sous le pontificat de Paul VI...

1057

La capitale birmane aux 13 000 temples

PAGAN

Un des quatre grands bouddhas debout du temple d'Ananda, Pagan, Birmanie.

Aucune cité au monde ne peut s'enorgueillir d'une quantité de temples aussi importante que Pagan, capitale du premier Empire birman, fondée en 1057. Pendant la période de gloire de la ville, des milliers de pagodes et de temples, de tailles et de formes différentes, sont construits sur la rive aride de l'Irrawaddy, le fleuve qui la traverse. Nul ne peut alors, dit-on, bouger un pied ou une main sans toucher un objet sacré.

D'un ensemble aussi gigantesque beaucoup de monuments ont disparu, emportés par les crues du fleuve ou réduits à l'état de ruines. Mais plus de 2 000 édifices demeurent encore debout – 2 217 exactement. Restaurés de manière remarquable entre 1975 – date à laquelle un tremblement de terre causa de nombreux dégâts – et 1981, ils font de Pagan un site unique au monde.

Le temple Ananda

Construit aux environs de 1090, le temple Ananda est l'un des premiers monuments que rencontre le visiteur en pénétrant dans les lieux depuis le nord. Entièrement blanc et d'une forme très simple (une croix aux bras de même taille), il est considéré comme le chef-d'œuvre de l'architecture « môn » – celle du peuple qui a habité le pays avant la conquête birmane. Au centre de la croix se trouve une vaste salle, dans laquelle on pénètre par l'un, indifféremment, des vestibules situés dans les bras. Cette salle est creusée de quatre vastes niches placées aux points cardinaux, qui abritent chacune une statue en bois de teck du Bouddha. Faiblement éclairées par des fentes situées dans le toit du sanctuaire, ces statues donnent l'impression de flotter dans les airs.

Elles sont complétées dans la salle même par une riche série de bas-reliefs racontant l'histoire du fondateur du bouddhisme, ainsi que, dans les vestibules, par d'autres statues de Bouddha, qui atteignent parfois des dimensions considérables.

La couverture du temple est constituée par cinq terrasses superposées et de taille progressivement réduite. Les bords de ces terrasses sont ornés de 389 tuiles en terre cuite émaillée, sur lesquelles sont illustrés les derniers faits de la vie de Bouddha. La dernière terrasse supporte en son centre un sikhara, ou tour au diamètre plus réduit au sommet qu'à la base, surmonté lui-même d'une structure pyramidale – stupa – dorée, qui hausse le monument à 51 m du sol. Des stupas plus petits, également dorés, sont implantés aux quatre coins du toit.

Le temple de l'Omniscience

À 500 m à peine du temple Ananda, un autre temple en forme de croix occupe le centre de Pagan : le Thatbyinniu, ou temple de

L'Empire birman

Apparus dans la région au XIe siècle de notre ère, **les Birmans,** un peuple venu de la région frontalière entre l'actuelle Chine et le Tibet, soumettent par la force la population autochtone des Môns.

Faisant de Pagan, une cité fortifiée, leur capitale militaire et politique, ils y font venir toute l'élite des Môns – la famille royale, de nombreux moines bouddhistes, des artisans et des architectes. Ils agissent comme, jadis en Occident, les Romains par rapport aux Grecs : tout en imposant leur domination au pays, ils en assimilent la culture. **Le langage môn** devient le langage officiel birman, attesté dans les inscriptions royales ; **le bouddhisme theravada** (la « doctrine des anciens »), importé de Ceylan avec laquelle les Môns entretenaient des relations étroites, est adopté comme religion du royaume de Birmanie et, progressivement, à mesure que l'influence de cet État s'étend, par l'ensemble du Sud-Est asiatique.

Dans ce contexte, en un peu plus de deux siècles, depuis les règnes du fondateur du royaume, Anoratha (1044-1077), et de son successeur Kyanzittha (1077-1113) jusqu'à la prise de Pagan par les forces du Mongol Kubilay Khan, en 1287, quelque **13 000 temples,** pagodes ou autres édifices religieux sont construits sur le site de Pagan.

Le site de Pagan avec ses milliers d'édifices religieux, en Birmanie.

Le Thatbyinniu, ou temple de l'Omniscience, Pagan.

l'Omniscience, haut de 60 m. Inspiré du précédent monument, mais bâti au siècle suivant, une fois la mainmise sur le pays assurée, il présente par rapport à son modèle des variations qui suggèrent la naissance d'un style neuf, propre aux conquérants.

Ainsi, la croix formée par le temple n'est plus symétrique ; mais le bras oriental du Thatbyinniu, qui abrite l'un des quatre vestibules menant à la salle centrale, est plus allongé que les autres.

Par ailleurs, alors que le temple Ananda comporte un seul étage, comme tous les sanctuaires de la région antérieurs à l'invasion birmane, le Thatbyinniu présente plusieurs niveaux. À la jonction des quatre bras, en effet, la salle principale est interrompue en son centre par un cube de maçonnerie qui supporte, à l'étage supérieur, une structure creuse de même taille et de même forme. Il en va de même à ce niveau, dont le centre, massif, supporte une structure de même taille placée au-dessus d'elle. De cette manière, l'ensemble s'élève en tout à sept étages.

Deux séries de fenêtres, à chacun de ces étages, ainsi que de grandes arches incrustées de frontons au riche décor, permettent à la lumière d'entrer largement à l'intérieur du temple. Le premier et le deuxième étage servaient jadis de résidence de moines. Le troisième étage abritait des représentations de divinités. Une bibliothèque se trouvait au quatrième étage. Le cinquième niveau, ou temple supérieur, abritait une statue de Bouddha, ainsi qu'un escalier intérieur menant aux trois terrasses supérieures.

Au-dessus de la dernière de ces terrasses s'élève un sikhara, comme c'est le cas pour le temple Ananda. Au-dessus encore, un stupa contient de saintes reliques. Nul ne peut y accéder, mais, déjà, de la dernière plate-forme, on aperçoit la vaste plaine où, huit siècles plus tôt, vécurent 500 000 habitants.

La pagode Shwesanda

À quelques centaines de mètres au sud-est de Pagan se trouve la pagode Shwesanda, un des trois monuments religieux construits par Anoratha, en 1057, après la victoire qu'il remporta contre le royaume môn de Thaton. Cette pagode – la forme locale du stupa indien – contient une relique extrêmement précieuse : quelques cheveux de Bouddha envoyés à Anoratha par le roi de Pegu. Symbole du syncrétisme de la religion birmane, ce temple est aussi appelé temple de Ganesh, car l'image de ce dieu hindou à tête d'éléphant est sculptée aux quatre coins des cinq terrasses superposées et dont la taille diminue étage par étage. Au-dessus de ces terrasses, une plate-forme octogonale supporte un stupa.

La pagode est entourée d'un vaste mur d'enceinte, qui détermine un enclos où sont édifiés d'autres monuments. L'un d'eux, construit tout exprès en longueur, contient la statue d'un bouddha couché de 18 m de long, sculpté au XIe siècle. Ce bouddha est étendu la face tournée vers le sud, ce qui signifie : le Bouddha dormant.

Les Normands conquièrent l'Angleterre à Hastings

GUILLAUME LE CONQUÉRANT

En 1066, l'armée du duc de Normandie, Guillaume, qui n'est encore que le Bâtard, entreprend la dernière invasion de l'Angleterre qui ait réussi. La guerre n'est pas celle de deux peuples, les Normands contre les Anglo-Saxons : elle oppose des prétendants à un même trône. Mieux, selon une boutade célèbre, elle oppose « trois Vikings », plus exactement le parti normand de Guillaume, le parti anglo-danois d'Harold et les Norvégiens attirés par le frère d'Harold, Tostig, allié de Guillaume ou travaillant pour son propre compte.

Né vers 1027, Guillaume est le fils naturel du duc Robert le Diable. Gros, chauve, doué d'une force extraordinaire, il domine d'une main de fer la Normandie depuis 31 ans au moment où il entreprend la conquête de l'Angleterre. À l'extérieur, il entretient de bonnes relations avec son suzerain le roi de France, mais aussi avec la papauté, qu'il sert en menant à bien la réforme de l'Église à laquelle celle-ci s'est attelée : c'est un étendard envoyé par le pape que Guillaume fera flotter à Hastings.

La Normandie

La région appelée Normandie (c'est-à-dire, la terre des hommes du Nord) est née en **911, du traité conclu entre le roi de Francie occidentale Charles III, dit le Simple, et le chef viking Rollon.**

Aux termes de ce traité, **un domaine est attribué aux Vikings, moyennant l'engagement de leur part de ne plus lancer de raids** contre les territoires de Charles. La fille de Charles est donnée en mariage à Rollon, qui se convertit au christianisme.

La principauté, qui prend le titre de duché, s'accroît territorialement sous les successeurs de Rollon. Les ducs, qui ont nom Guillaume Longue-Épée, Richard, etc., sont des hommes de valeur, qui raffermissent leur pouvoir sur un territoire en réalité pratiquement souverain par rapport au roi de France. **L'héritier de la lignée, Guillaume le Bâtard, franchit une nouvelle étape dans l'ascension de la lignée, en se rendant maître de l'Angleterre.**

Selon la version normande, Harold aurait prêté serment au duc Guillaume, en 1064 (tapisserie de Bayeux).

Les raisons de l'invasion

La décision d'intervenir est engendrée par une crise de succession en Angleterre. Conquise par des pirates germains angles et saxons au Ve siècle, christianisée entre le VIe et le VIIIe siècle, l'île reste, au IXe siècle, un domaine morcelé et convoité. Le roi de Danemark Knud le Grand y a établi sa domination, entre 1017 et 1035, mais, depuis, le pays a repris son indépendance, la couronne revenant en 1045 à un Anglo-Saxon, le roi Édouard le Confesseur, petit-fils par sa mère de Richard de Normandie.

Quand Édouard meurt sans laisser d'enfant, en 1066, deux candidats affirment leurs droits au trône : Harold, beau-frère du défunt, qui représente le parti saxon ; Guillaume, duc de Normandie, cousin d'Édouard, puisque lui aussi petit-fils de Richard. Le duc prétend que le souverain anglais l'a lui-même désigné comme successeur avant sa mort, en 1051, et qu'Harold a reconnu cette désignation, en 1064. Cette thèse permet à la propagande normande de présenter l'invasion comme la défense de droits légitimes, lorsque la décision est prise d'aller sur place contester le pouvoir d'Harold, qui s'est emparé de la couronne, le 4 juin 1066.

La campagne

L'opération est l'une des dernières grandes entreprises de la piraterie normande. Son ampleur et sa logistique sont, pour l'époque, exceptionnelles. Des renforts sont fournis par des guerriers bretons, manceaux, français, normands d'Italie du Sud, attirés par l'appât du gain et l'espoir de s'établir sur des terres. 7 000 hommes peut-être, dont 2 000 cavaliers, sont ainsi rassemblés. Il faut se procurer ou construire des navires pour les transporter. Par là, on prend la mesure du pouvoir ducal et de la richesse normande.

La flotte est réunie autour de l'estuaire de la Dives. Faute de vent, elle ne peut gagner l'île de Wight où Guillaume a d'abord prévu de débarquer. Non sans dégâts, elle se transporte dans l'estuaire de la Somme : de là, dans la nuit du 28 septembre 1066, après un mois et demi, elle peut enfin appareiller. Le lendemain, le duc débarque à Pevensey puis s'établit à proximité de Hastings : la côte, alors déchiquetée, les marais et les bois sont autant de protections. Pendant qu'il était ainsi retardé à cause du manque de vent, Harold l'a attendu sur les côtes ; puis il a licencié une partie de son armée. Une invasion de Norvégiens, suscitée par son frère Tostig, l'appelle en catastrophe

dans le nord du pays, fin septembre, au moment où les bateaux normands vont mettre à la voile. Le 25, après une marche forcée, il écrase les envahisseurs près de York. La nouvelle du débarquement l'oblige à redescendre, avec des troupes épuisées.
Au matin du 14 octobre, Harold a pourtant le choix du terrain et dispose ses fantassins, armés de la lourde hache, sur une colline. Les archers, puis les cavaliers de Guillaume, ont du mal à entamer cette muraille humaine ; ils la disloquent finalement, en feignant de prendre la fuite : c'est du moins la version normande, car la panique semble avoir été réelle à certains moments. Cependant, la flèche d'un archer de Guillaume perce l'œil d'Harold, qui s'effondre blessé à mort. La perte de leur chef décourage les Saxons qui cèdent le terrain à la nuit tombée, au terme d'un effroyable massacre.

L'organisation de la conquête

Guillaume n'a plus en face de lui de compétiteur sérieux. Il soumet Douvres et Canterbury, louvoie autour de Londres, puis se fait sacrer le 25 décembre 1066 à Westminster. Le premier des rois anglo-normands va connaître les difficultés de contrôle de deux États : faute d'un vice-roi, ses vingt dernières années de règne seront une série d'allers et retours pour lutter contre les révoltes, nombreuses, et pour conquérir le Nord, jusqu'à l'Écosse, en 1074. Sous le règne de Guillaume, les Normands se substituent aux Anglo-Saxons comme cadres du royaume. Le latin dans l'administration, le français à la cour remplacent l'anglo-saxon. Enfin, un régime seigneurial oppressif et une féodalité très poussée donnent à l'Angleterre un visage original dans l'Europe médiévale.

→**Voir aussi** : p. 140-141 (Henri Plantagenêt).

L'Angleterre, entre Anglo-Saxons et Normands

Des Germains... L'histoire anglaise commence au Ve siècle de notre ère avec l'installation, dans la Bretagne insulaire *(Britannia)*, d'un peuple germanique, les Anglo-Saxons. Ceux-ci, refoulant ou assimilant les anciens occupants, colonisent le pays, qui lui doit son nom (*England*, terre des Angles). Ils s'organisent au cours des VIe et VIIe siècles en sept royaumes rivaux *(Heptarchie)*, qui se christianisent progressivement.

... aux Danois. Vers 795 commencent les premières intrusions scandinaves : à la fin du IXe siècle et au début du XIe, les incursions se transforment, par deux fois, en vagues de conquête, qui modifient profondément l'équilibre démographique, culturel et politique du pays. Sous la direction du chef Knut le Grand, l'unification de l'Angleterre s'effectue, au profit d'une unique dynastie danoise (1016-1042).

Une querelle de succession. L'anarchie qui suit la mort de Knud Hardeknud, dernier grand souverain danois en Angleterre, permet cependant à l'héritier d'un des royaumes saxons, Édouard le Confesseur (1042-1066), de restaurer brièvement un État saxon. Édouard mort sans postérité, un conflit s'ensuit entre deux prétendants, Harold, fils du comte du Wessex Godwin, qui avait presque réussi à s'emparer du pouvoir à la fin du règne d'Édouard, et le Normand Guillaume, cousin d'Édouard, qui passe finalement la Manche et entreprend la conquête de ce qu'il considère comme son héritage légitime.

Les bateaux normands traversent la Manche (miniature française du XIe siècle).

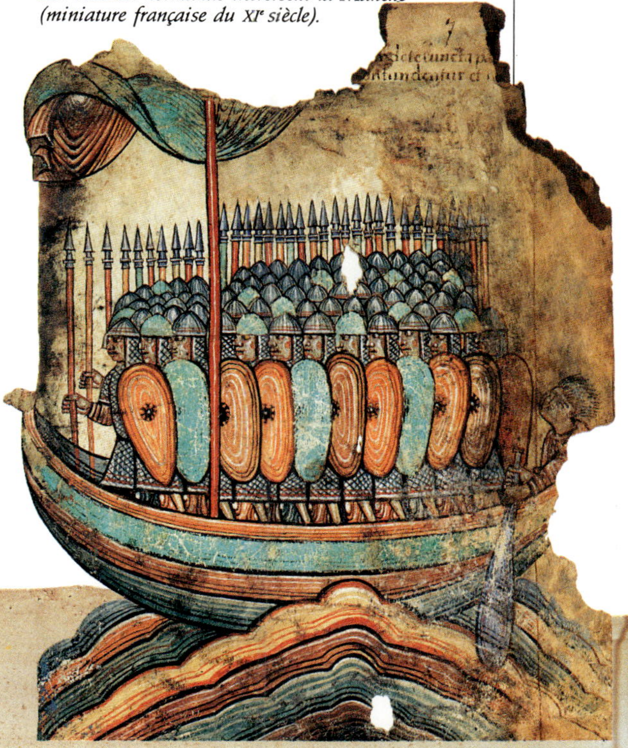

Combat des cavaliers de Guillaume contre les Anglo-Saxons juchés sur une colline (tapisserie de Bayeux).

Le roi de Germanie s'humilie face au pape

CANOSSA

Le 25 janvier 1077, Henri IV, roi de Germanie depuis 1053, et candidat au trône impérial, se présente au château de Canossa où s'est réfugié, chez la comtesse Mathilde de Toscane, le pape Grégoire VII. Il est sous le coup d'une excommunication. Pire encore, le pape a relevé ses sujets de leur devoir d'obéissance à son égard.

La version officielle, qui ne correspond guère à la réalité des événements, veut que le roi soit demeuré trois jours durant devant la porte du château, nu-pieds, en costume de pénitent, et qu'alors seulement, ému par les signes d'un repentir en apparence sincère, et les marques éclatantes d'une si grande humilité, Grégoire VII ait réconcilié le souverain avec l'Église. L'image est belle. Les choses ne se sont pas tout à fait passées ainsi, et toute la durée du séjour fut employée en négociations afin de ramener un semblant de paix entre le chef spirituel de la chrétienté et celui qui s'efforce alors de devenir son chef temporel.

Les causes d'un conflit violent

Grégoire VII et Henri IV sont en conflit sur un point capital pour l'un comme pour l'autre, celui de savoir qui a le droit de nommer les évêques. Le pape veut réformer l'Église en ôtant aux laïques toute possibilité de contrôler l'activité pastorale : dans ces conditions, il est hors de question d'accepter comme une règle que le pouvoir temporel désigne les titulaires des sièges épiscopaux. Or, depuis la rénovation de l'empire voulue et organisée par Otton Ier au siècle précédent, les évêques sont un atout majeur du pouvoir impérial. Ils remplissent fréquemment, en plus de leur juridiction spirituelle, une fonction d'ordre public. Comtes de la ville où se trouve leur siège, ils exercent un pouvoir civil et militaire sur celle-ci. Le roi de Germanie, qui est aussi empereur, trouve en eux les plus sûrs relais de son autorité, le plus fidèle des personnels politiques et le plus compétent. Il ne peut donc pas se permettre de ne pas exercer un droit de regard sur les nominations. Le conflit n'éclate pas tant que l'empereur, ou le roi, ne désigne que des personnes dignes, dans des circonstances ne prêtant pas trop à la contestation. La papauté sait faire preuve de pragmatisme. Mais, avec l'accession au trône pontifical de Grégoire VII en 1073, elle ne veut plus accepter des prélats notoirement corrompus, incapables, ou qui privilégient leur fonction politique au détriment de leur rôle spirituel.

L'affaire de Milan et ses suites

C'est le choix par Henri IV d'un archevêque de Milan à la fin de 1075, alors qu'il y en a un en place, régulièrement élu et consacré, qui fait éclater ce conflit latent depuis des années. Sitôt connue la nomination de l'archevêque intrus, Grégoire VII s'emploie à réagir. Il somme Henri IV de revenir sur sa décision et, tout en prenant bien soin de ne fermer aucune porte à la négociation, en profite pour affirmer l'autonomie du pouvoir spirituel ainsi que, au-delà, sa supériorité sur celui des princes temporels : l'affaire de Milan n'est plus qu'un prétexte à l'affrontement de deux conceptions du monde. La réaction du roi est d'une violence extrême. En janvier 1076, il fait prononcer, à Worms, par les évêques germaniques, la déchéance du pape, et il ordonne à celui-ci de quitter Rome. Grégoire VII, à son tour, fait prononcer par un synode, rassemblé à Rome à partir de décembre 1076, l'excommunication et la déposition du roi (février 1076). Ces actes

Le roi de Germanie Henri IV, agenouillé aux pieds du pape Grégoire VII et de la comtesse Mathilde (miniature du XIe siècle).

Grégoire VII

Protagoniste principal dans la « querelle des Investitures » qui l'oppose à Henri IV, **Grégoire VII,** un Italien nommé Hildebrand, d'origine modeste, **est élu pape en avril 1073, sous la pression du peuple.**

Cet ancien moine, qui connaît bien la situation de l'Église dans les différents pays d'Europe (il a été légat en France puis en Allemagne), se donne pour mission de lutter contre les hérésies, et de **réformer le clergé de l'intérieur**, en corrigeant les maux qui le rongent depuis le siècle précédent : **la simonie, ou trafic des charges et bénéfices, le mariage des prêtres.**

L'Église l'a canonisé en 1606.

Comment on choisit les évêques au Moyen Âge

Depuis l'Antiquité tardive, les évêques sont, en théorie, élus par le clergé et le peuple du diocèse. En réalité, depuis Charlemagne, les souverains ont toujours eu leur mot à dire, soit qu'ils désignent le candidat qu'ils désirent voir gagner, soit qu'ils nomment purement et simplement les évêques.

Au XIe siècle, ce ne sont plus seulement les rois qui interviennent en ces affaires, mais aussi les principaux seigneurs du diocèse. L'action de l'Église consiste alors à restreindre le collège électoral au seul clergé de l'église cathédrale, le chapitre des chanoines.

Une autre représentation de l'événement : le roi est accueilli par le pape et par Mathilde à la porte du château (miniature du XIVe siècle).

posent deux questions, en apparence fort simples : le roi a-t-il le droit de déposer le pape ? Le pape peut-il disposer ainsi du pouvoir royal ? De la réponse apportée dépend la forme même du pouvoir. Les rois seront-ils soumis au pape, ou, inversement, celui-ci peut-il être contrôlé par le plus puissant d'entre eux ? Dans l'immédiat, la situation est bloquée, mais les mois qui suivent la font évoluer en faveur du pape.

Comment l'on va à Canossa

Henri IV a trop présumé de sa force. En Germanie, un à un, les évêques l'abandonnent, effrayés par l'audace de leur souverain et par les conséquences très graves que celle-ci peut avoir sur l'existence même de l'Église. Les princes laïques s'agitent. Face au roi excommunié, ils sont en position de force et peuvent exiger de lui, en menaçant de le déposer, qu'il se réconcilie avec Grégoire. Une procédure est envisagée, en octobre 1076, dont l'exécution signifierait le triomphe total du pape : celui-ci viendrait à Augsbourg, et, là, l'ensemble des princes laïques et des évêques du territoire impérial jugerait la valeur des positions réciproques du pape et du roi. Henri IV risque d'y perdre sa couronne ou son prestige et, surtout, de devoir reconnaître la supériorité du pape sur l'empereur. Il décide d'éviter cette épreuve, préférant implorer le pardon du pape plutôt que de subir une humiliation plus publique encore. Il se rend donc à bride abattue, et presque sans escorte, en Italie, afin de rejoindre le pape avant que celui-ci ne se mette en route vers Augsbourg. C'est en Émilie qu'il le trouve, et que, à Canossa, il obtient finalement son pardon.

Canossa n'est qu'un épisode dans une lutte durable : ici, Frédéric Barberousse s'humilie devant Alexandre III (fresque du XIVᵉ siècle).

Le pape, l'empereur et les rois

Au XIᵉ siècle, la décomposition politique de l'Occident est totale. La notion d'État n'a plus guère de signification et la réalité du pouvoir ne se trouve pas entre les mains des souverains, mais dans celles des seigneurs châtelains.

La toute puissance de la papauté. Les tentatives des empereurs pour conserver certaines prérogatives les plaçant au-dessus des autres puissances se soldent par des échecs. Les rois ne sont pas davantage en mesure de sauvegarder leur pouvoir. Seule puissance semblant encore en mesure d'assurer un minimum de cohérence à une société dont les cadres sont encore bien instables depuis l'échec carolingien, la papauté s'efforce alors de placer rois et empereurs sous son contrôle. Elle se dote, avec Grégoire VII, d'un ensemble de textes de nature législative qui visent à assurer et à justifier cette prééminence, et marquent le premier pas vers la définition, au début du XIIᵉ siècle, d'une véritable théocratie.

Le conflit avec les empereurs et les rois. La grande réforme entreprise par Grégoire VII, qui ne fait que poursuivre l'œuvre de ses prédécesseurs en en tirant les plus extrêmes conséquences, est à comprendre dans ce contexte. Elle déchaîne un conflit que l'on appelle la lutte du Sacerdoce et de l'Empire et qui dure, sous des formes variables et avec des degrés d'intensité différents, jusqu'au XIVᵉ siècle, c'est-à-dire jusqu'à l'affrontement de Boniface VIII et de Philippe IV le Bel.

1078

Une nouvelle cathédrale pour l'apôtre saint Jacques

COMPOSTELLE

Embarquement du corps de saint Jacques vers l'Espagne *(peinture du Maître de Raigern, v. 1425, Vienne, Kunsthistorisches Museum).*

L'origine des principaux pèlerinages chrétiens

La vogue du pèlerinage se développe après que l'empereur romain Constantin (306-337) eut mis fin aux persécutions contre les chrétiens et autorisé le christianisme.

La Terre sainte. Tandis que, selon la tradition, Hélène, la mère de Constantin, découvre la Vraie Croix, l'empereur fait édifier à Jérusalem la basilique du Saint-Sépulcre à l'emplacement du tombeau du Christ. Dès cette époque, le Saint-Sépulcre attire de nombreux pèlerins.

Rome. Au IVe siècle, Constantin érige deux basiliques sur l'emplacement des tombeaux de saint Pierre et de saint Paul, où les chrétiens allaient auparavant prier en cachette. Dès lors, les pèlerins affluent à Rome auprès de la sépulture des apôtres.

Compostelle. En 951, Gotescalc, évêque du Puy, effectue le premier pèlerinage connu à Saint-Jacques-de-Compostelle. Il faut cependant attendre le dernier quart du XIe siècle et la fin de l'insécurité liée aux incursions maures dans le nord de l'Espagne pour que le pèlerinage connaisse son plein essor.

En 1078, le roi de León et de Castille Alphonse VI et l'évêque de Compostelle entreprennent de reconstruire la basilique consacrée à l'apôtre Jacques le Majeur. De style roman, la somptueuse église est conçue pour recevoir les nombreux pèlerins qui se pressent autour du tombeau du saint.

Selon une tradition datant du VIIe siècle, après la mort de Jacques, décapité à Jérusalem, ses disciples auraient déposé son corps dans une barque. Des anges auraient alors conduit l'embarcation en Espagne, nation évangélisée par le saint avant son retour en Palestine. Une légende plus tardive rapporte que, au début du IXe siècle, un ermite, averti par des signes lumineux et par une étoile, mit au jour la sépulture du martyre, mystérieusement enterré en Galice. L'évêque du lieu ayant authentifié la dépouille, une première église est érigée à l'endroit de la découverte. Très vite, le saint devient le patron de la lutte que les Espagnols mènent pour chasser les Infidèles, c'est-à-dire les Arabes, ou Maures, qui dominent alors une grande partie du pays. Il se voit attribuer l'épithète de « Matamore », autrement dit « le tueur de Maures ». Son caractère guerrier se double cependant de celui d'un paisible pèlerin.

Au cœur du sanctuaire

En 1078, les travaux sont confiés à deux maîtres d'œuvre, peut-être d'origine française. Le plan choisi imite celui des grandes églises romanes de pèlerinage — celui, par exemple, de Saint-Sernin de Toulouse. Le bâtiment, long de 90 mètres, adopte la forme de la croix latine : il se compose de trois nefs et d'un vaste transept qui s'étend sur 67 mètres. En arrière du transept s'élève le maître-autel, qui abrite le tombeau du saint. Un large déambulatoire permet aux pèlerins de circuler autour de la sépulture et d'accéder aux chapelles distribuées sur le pourtour. Un magnifique décor sculpté s'épanouit sur les chapiteaux dominant les colonnes à l'intérieur, sur les portails du transept — les deux bras de l'édifice, perpendiculaires à la nef — et enfin sur la façade. Au cours du temps, ce décor a été remanié : dès la fin du XIIe siècle, un grand artiste, maître Mateo, remodèle le portail principal, y sculptant autour d'un Christ en gloire des représentations à la signification théologique et une figure de saint Jacques, en tenue de pèlerin, assis et accueillant les chrétiens venus à lui : effort vain, puisqu'au XVIIe siècle une imposante façade de style baroque fut plaquée contre ce « Portail de la Gloire ».

Un voyage difficile

Avant de contempler les merveilles de l'église dédiée à saint Jacques, les pèlerins du Moyen Âge, surtout originaires de France, d'Angleterre, d'Allemagne et de Flandre, ont une longue route à parcourir. Vêtus d'une courte tunique, d'une pèlerine et d'un chapeau à larges bords orné de la coquille, emblème de Jacques, équipés d'une besace et d'un bourdon, ou bâton, les «jacquets», c'est-à-dire les pèlerins de saint Jacques, se mettent en chemin après avoir reçu la bénédiction de l'évêque de leur région d'origine. Pour des raisons de sécurité, les départs se font généralement en groupe. Dès le commencement du XIIe siècle, un *Guide du pèlerin de Saint-Jacques-de-Compostelle,* rédigé en 1139, vient en aide aux pieux voyageurs. L'auteur — un moine de Parthenay, Aimery Picaud, semble-t-il — y décrit quatre itinéraires à travers la France, selon le lieu de provenance des pèlerins. Il insiste sur les étapes religieuses qui jalonnent le voyage, c'est-à-dire sur les autres grands lieux de pèlerinage, Sainte-Foy de Conques, Saint-Front de Périgueux ou encore Saint-Léonard de Noblat. Il livre aussi des indications pratiques, mentionnant les hospices ou monastères qui offrent l'hébergement, et recommandant de se garder des auberges, où des vols sont trop souvent commis. Mais il rappelle aux voyageurs qu'ils peuvent demander l'hospitalité aux particuliers, puisqu'il est du devoir des chrétiens d'aider et d'accueillir les jacquets. Lorsque ceux-ci parviennent au mont de la Joie, la colline qui surplombe Compostelle, nul doute qu'ils se sentent récompensés de leurs fatigues, de leurs peurs et de leurs peines. Ils se lavent et se purifient, puis se rendent enfin dans la cathédrale, où ils veillent toute la nuit en chantant des cantiques. Le lendemain, ils présentent leurs offrandes et assistent à la messe. Puis ils avancent vers le maître-autel pour prier devant le tombeau de l'apôtre et embrasser sa statue. Ils participent aussi à diverses processions, se confessent, communient. À partir du XIVe siècle, il leur est délivré un certificat de pèlerinage.

Les attentes des chrétiens

Le pèlerin entreprend le voyage à Compostelle soit de sa propre volonté — pour accomplir un vœu, pour rechercher la guérison ou en guise d'action de grâce —, soit parce qu'il y est obligé. Dans ce cas, il s'agit d'une pénitence destinée à la punition et au rachat de graves péchés. Quelques voyageurs effectuent encore le pèlerinage par substitution, c'est-à-dire qu'ils vont à Compostelle pour le compte de quelqu'un d'autre… Le but de ces chrétiens est d'obtenir de Jacques qu'il intercède en leur faveur auprès du Christ. Pour le chrétien du Moyen Âge, s'approcher physiquement de la dépouille d'un saint, adresser à celle-ci sa supplique, est une garantie plus sûre d'obtenir son aide que de prier de loin. La foi de ces chrétiens trouve à s'alimenter dans les nombreux miracles que produit, à Saint-Jacques, la relique du saint, et dont le *Guide du pèlerin* se fait naturellement l'écho : « La santé est donnée aux malades, la vue est rendue aux aveugles, la langue des muets se délie, l'ouïe est accordée aux sourds, une démarche normale est donnée aux boiteux, les possédés sont délivrés, et qui plus est, les prières des fidèles sont exaucées, leurs vœux s'accomplissent, les chaînes du péché tombent, le ciel s'ouvre à ceux qui frappent, la consolation est donnée aux affligés. »

Un jacquet, ou pèlerin de saint Jacques (peinture XIVe-XVe siècle, Madrid, Musée archéologique).

Le Portail de la Gloire de Saint-Jacques-de-Compostelle.

Les pogroms contre les Juifs en Rhénanie

LES VIOLENCES ANTISÉMITES

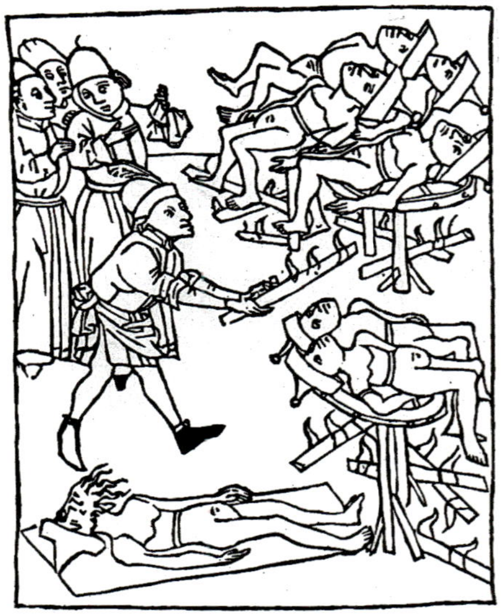

Périodiquement, les communautés juives d'Europe ont servi de victimes expiatoires pour les malheurs du temps. Ainsi, en 1493, des Juifs de Cologne furent accusés d'avoir procédé au meurtre rituel d'un enfant chrétien et condamnés au bûcher (détail d'une gravure sur bois).

Pogroms antisémites, en Allemagne pendant la Peste noire (miniature d'une chronique juive du XIVe siècle). Accusés d'avoir empoisonné les puits, les Juifs furent rendus responsables de la terrible épidémie qui ravagea l'Europe à partir de 1348.

En novembre 1095, le pape Urbain II appelle les chrétiens d'Europe à partir en croisade pour la première fois. Dans les mois qui suivent, des milliers de gens s'en vont sur les routes, avec l'espoir d'aller délivrer Jérusalem, la ville de la Passion du Christ, aux mains des musulmans depuis 638.

La ferveur religieuse est intense, la haine envers les non-chrétiens aussi. Sur leur chemin qui traverse l'Europe centrale et orientale, les soldats du Christ sèment la violence. De véritables massacres s'organisent contre les communautés juives de ces régions, les « pogroms ».

Le témoignage d'un chroniqueur

Un témoin des pogroms, le chroniqueur Albert d'Aix, raconte ainsi les massacres commis par les croisés :

À Cologne, «Quand les Juifs virent ces événements, 200 d'entre eux environ s'embarquèrent sur un bateau, de nuit et en silence, pour fuir jusqu'à Neuss. Mais les croisés les découvrirent et les massacrèrent, les dépouillèrent de leurs biens et n'en laissèrent pas un vivant.»

À Mayence, «Emicho et le reste de sa bande décidèrent d'attaquer les Juifs dans la cour au lever du soleil avec des flèches et des lances. Ils forcèrent les portes et les Juifs furent submergés. La bande tua 700 Juifs qui tentaient de résister à l'assaut de plusieurs milliers. Ils tuèrent aussi les femmes et à la pointe de leurs épées transpercèrent les jeunes enfants, quels que soient leur âge et leur sexe. Les Juifs, voyant que les chrétiens les attaquaient et n'épargnaient même pas leurs enfants, tombèrent les uns sur les autres — frères, enfants, épouses, mères et sœurs — et se tuèrent les uns les autres. Vérité horrible à dire, les mères coupaient la gorge de leurs nourrissons avec des couteaux et assommaient les autres enfants, préférant périr ainsi de leurs propres mains plutôt que d'être tués par les armes des non-circoncis.»

Une route semée de sang

Avant même que les troupes « régulières » des croisés ne se mettent en route pour la Terre sainte, des dizaines de milliers de pauvres gens, hommes, femmes et enfants, se croisent, puis, suivant des prêcheurs qui ont pour nom Pierre l'Ermite ou Gautier Sans Avoir, s'élancent vers la Terre sainte. Ces foules exaltées sont dépourvues autant d'expérience militaire que du sens de la discipline. Elles sont suivies et encouragées, sinon encadrées, par des nobles, aventuriers, qui voient dans la croisade moins le moyen de sauver leur âme que celui d'acquérir puissance et fortune : des Allemands — le prince Gottschalk ou les comtes Emich de Leisingen et Volkmar — ainsi que des Français — par exemple Guillaume Le Charpentier, vicomte de Melun. Ces croisés se dirigent des régions occidentales de l'Europe vers Constantinople, où ils pensent s'embarquer pour les Lieux saints. Ils traversent donc la Lorraine, la Rhénanie, la Hongrie. Leur cohorte, au fur et à mesure de leur progression, se grossit de nouveaux arrivants, tout aussi exaltés et impréparés. Les grandes villes, où les voyageurs vont chercher de quoi se nourrir, sont les étapes forcées de ce périple : Metz, Cologne, Spire, Trèves, Mayence, Worms, Ratisbonne ou Prague sont tour à tour visitées. Dans aucune de ces cités, les croisés ne se satisfont de camper et de réquisitionner vivres et matériel, ils pillent, ils extorquent de l'argent. Pas à toute la population, mais à la communauté censée être la plus riche et qui est en même temps la plus décriée : les Juifs.

Ces exactions s'accompagnent de violences gratuites. Non contents de dépouiller leurs victimes, les croisés les assassinent en grand nombre. Les autorités tâchent de protéger les communautés attaquées. Quelquefois, des conversions subites, évidemment plus opportunistes que sincères, permettent d'épargner des vies. Mais, le plus souvent, des centaines de cadavres de Juifs s'accumulent lorsque les troupes, enfin, quittent l'enceinte urbaine pour reprendre leur chemin.

Le retour de l'antisémitisme

L'événement est brutal et prend les communautés juives au dépourvu. En effet, en Rhénanie comme dans le reste de l'Europe, la vie des Juifs était relativement paisible. L'anti-

Torture et bûcher de Juifs, en Allemagne (gravure sur bois du XVe siècle). Les victimes portent le chapeau en entonnoir, accessoire dont le port fut imposé aux Juifs, dans ces régions, à la fin du Moyen Âge.

judaïsme, virulent dans l'Antiquité sous un aspect surtout politique et puissant encore dans l'Espagne wisigothique, s'était en quelque sorte atténué à partir de Charlemagne. Du IXe siècle à la fin du XIe siècle, les communautés juives avaient ainsi vécu dans la tranquillité, qui leur avait permis de prospérer et de développer une culture solide et brillante. Certes, des persécutions locales, provoquées par tel épisode malheureux, épidémie ou famine, existaient. Mais aucune n'atteignait l'ampleur des pogroms de 1096.

La 1re croisade marque donc le retour de l'antijudaïsme. Celui-ci est lié aux motivations profondes de ce conflit religieux : la guerre sainte et le pèlerinage sur le tombeau du Christ. Les croisés accusent les Juifs d'être les assassins du Christ : ils les considèrent comme un peuple « déicide ». Même si les croisades suivantes ne connaissent pas de si fortes explosions de violence, les communautés juives ne retrouvent pas l'état de calme et de tranquillité antérieur. Les pogroms de l'année 1096 marquent ainsi un tournant décisif dans l'histoire des communautés juives de l'Europe du Nord et, connus jusque dans le Sud, influencent la pensée des Juifs d'Espagne, épargnés alors par les violences.

Au cours des XIIe et XIIIe siècles, la situation économique et juridique des Juifs se modifie sensiblement, et les relations avec les populations chrétiennes se dégradent. Certains souverains protègent ces populations juives mais d'autres laissent l'antisémitisme se développer. À la fin du XIIIe siècle, l'Église accuse les Juifs de se livrer à l'usure. On les oblige alors à s'établir, dans les villes, à l'intérieur de quartiers réservés. Beaucoup de métiers leur deviennent interdits. Ils doivent porter des signes distinctifs, en France la « rouelle », ou rond de feutre jaune, dans les pays allemands des chapeaux, en Angleterre des bandes d'étoffe sur la poitrine. Ils n'ont pas le droit de sortir au moment de certaines fêtes religieuses chrétiennes. Partout, ils doivent acquitter des tributs importants, la « taille des Juifs », qui s'ajoutent souvent aux autres prélèvements. Certains souverains, comme Édouard Ier d'Angleterre, en 1290, ou les rois de France, les expulsent de leur royaume. Surtout, ils sont à la merci de la moindre émotion populaire, qui leur attribue automatiquement la responsabilité de tel ou tel événement malheureux. Des rumeurs — de crime rituel, de profanations d'hosties — courent en permanence, provoquant souvent la condamnation au bûcher de malheureux innocents. Lorsque survient le cataclysme de la Peste noire, au milieu du XIVe siècle, les Juifs, de nouveau, servent de victimes expiatoires : accusés d'avoir empoisonné des puits, ils sont massacrés en Rhénanie, en Provence et dans toutes les contrées où ils vivent.

La cruauté des croisés en Terre sainte

LA PRISE DE JÉRUSALEM

Le 7 juin 1099, l'armée croisée arrive devant les murs de Jérusalem. Partis trois ans plus tôt pour la première croisade, les barons contemplent enfin la Ville sainte, tombée aux mains des musulmans quatre siècles et demi plus tôt.

Ils y mettent le siège, quarante jours durant, et parviennent à la prendre. En ces murs sacrés, que foula autrefois le Christ, ils se livrent alors, sans scrupules, à d'indignes massacres.

La ville assiégée

L'Histoire anonyme de la première croisade nous livre le récit des semaines qui précédèrent l'assaut et place les protagonistes : «Robert de Normandie assiégea [Jérusalem] du côté nord, près de l'église du premier martyr saint Étienne ; à sa suite était Robert comte de Flandre. À l'Ouest, ce furent le duc Godefroi [de Bouillon] et Tancrède qui l'assiégèrent. Le comte de Saint-Gilles l'assiégea au midi, sur la montagne de Sion.» Les conditions de l'attente sont épouvantables : il fait terriblement chaud, en ce début d'été, et la forte température est rendue plus insupportable encore par le manque d'eau. Les musulmans, en effet, ont comblé ou empoisonné tous les puits, à l'exception d'une fontaine, celle de Siloé — bien maigre source d'approvisionnement pour une armée entière ! À quoi sert ce siège ? Il n'est pas question pour l'armée chrétienne, dépourvue de bases arrière de ravitaillement, de songer à affamer une ville qui s'est préparée depuis longtemps à un encerclement. Les croisés ne peuvent pas compter non plus sur une aide intérieure, qui leur livrerait la cité : les chrétiens de Jérusalem ont été expulsés de la ville, bien avant le début du siège. Mais il faut du temps pour préparer l'assaut, car les murs de Jérusalem sont solides, et sa garnison est composée de soldats d'élite, arabes ou soudanais. Or, la construction des instruments indispensables à l'attaque finale — tours mobiles et échelles géantes — est retardée par la rareté de la matière première, le bois, qu'il faut aller quérir à des dizaines de kilomètres.

Malgré ces difficultés, la ferveur des croisés reste à son comble. Entretenue par l'épuisement physique, la souffrance, la soif et la chaleur, elle donne lieu à des accès d'enthousiasme collectif, provoque des visions. En face, la garnison arabe se moque des processions entreprises par les assiégeants, profane les croix prises aux églises de Jérusalem, les couvre de crachats. Ces actes emplissent les assiégeants d'horreur et d'une volonté terrible de «venger la honte de Jésus-Christ».

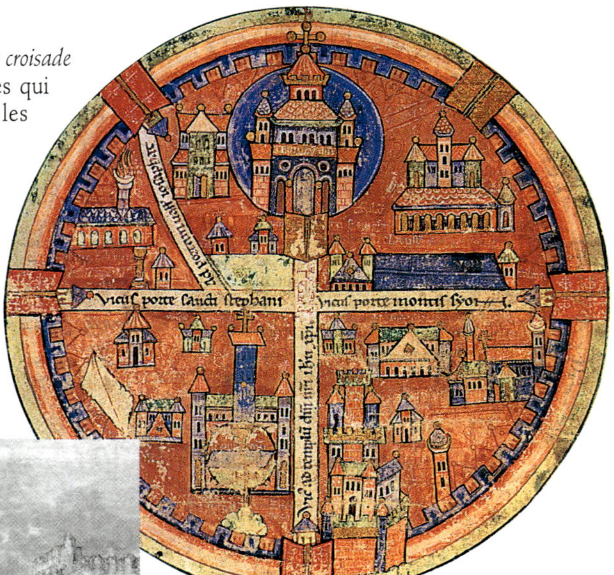

Carte de Jérusalem (enluminure d'un manuscrit du XIIIe siècle, Uppsala, bibliothèque de l'université). Dans cette image provenant d'une chronique chrétienne des croisades, la cartographie de la ville apparaît comme idéale : une croix inscrite dans une forme pure, le cercle.

Le deuxième assaut de Jérusalem : les croisés repoussés (gravure de l'Histoire des croisades, *de Michaud, 1877). Les instruments de bois nécessaires au siège, et notamment les tours mobiles géantes, jouèrent dans le combat un rôle déterminant.*

Les croisades

Délivrer Jérusalem. De la fin du XIe au XIIIe siècle, de grandes expéditions sont entreprises par les chrétiens d'Europe occidentale pour délivrer Jérusalem et le tombeau du Christ, tombés aux mains des musulmans. Le nom de « croisade » donné à ces expéditions vient du fait que ceux qui y prenaient part faisaient coudre sur leurs vêtements, sur l'épaule, une croix de drap rouge.

Les huit croisades. Ces expéditions sont au nombre de huit : 1re croisade (1095-1101) ; 2e (1145-1148) ; 3e (1188-1192) ; 4e (1202-1204, détournée sur Constantinople) ; 5e (1217-1221) ; 6e (1228-1229) ; 7e (1248-1254) ; 8e et dernière, conclue par la mort de Saint Louis (1270). Elles se soldent par un échec définitif, puisque la Terre sainte demeure aux mains de l'islam.

Un événement considérable. Les croisades réunissent des chrétiens de diverses nationalités : Français, Allemands, Italiens. Elles amènent de prodigieux déplacements de populations et de richesses, mettent en contact les diverses populations de l'Europe occidentale avec l'Empire byzantin et le monde oriental musulman : leur importance politique est considérable, mais aussi leur influence sur l'évolution et le développement de la civilisation du Moyen Âge européen.

La prise de Jérusalem et son pillage (enluminure d'un manuscrit du XVe siècle, Chantilly, musée Condé).

Les rues de Jérusalem inondées de sang

Le 12 juillet, l'assaut est donné et, au bout de trois jours de bataille acharnée, Godefroi de Bouillon et quelques hommes finissent par prendre pied sur les murailles de Jérusalem.
Les croisés pourchassent dans les rues les défenseurs. Un groupe se réfugie dans la mosquée al-Aqsa, la plus grande de la ville. Lorsque les chrétiens parviennent à y pénétrer, ils tuent tant de personnes que «les nôtres marchaient dans le sang jusqu'aux chevilles», dit l'auteur de *l'Histoire anonyme.* Le gouverneur de la ville, avec quelques hommes, a cherché refuge dans la citadelle. Au bout de quelques jours, il se rend au comte de Toulouse, Raymond IV, moyennant promesse de la vie sauve. Il sort effectivement vivant de la ville. En revanche, un autre chef de la croisade, Tancrède de Hauteville, promet la vie sauve à quelques centaines de combattants musulmans réfugiés sur le toit de la mosquée d'al-Aqsa — la protection de sa bannière ne suffit pas à éviter leur massacre par les autres croisés.
Pendant deux jours en effet, les 15 et 16 juillet 1099, les «soldats du Christ» parcourent la Ville sainte et tuent toute la population, les soldats puis les civils, les hommes d'abord, y compris et surtout les religieux musulmans, les femmes et les enfants aussi. Les croisés enferment les Juifs dans la synagogue — et mettent le feu à l'édifice. L'extermination de la population est générale : environ 40 000 personnes sont tuées ces jours-là. Le chroniqueur Guillaume de Tyr écrit quatre-vingts ans plus tard : «La ville présentait en spectacle un tel carnage d'ennemis, une telle effusion de sang, que les vainqueurs eux-mêmes ne pouvaient qu'être frappés d'horreur et de dégoût.»

Les massacres et la dévotion

Cette émotion tardive ne traduit pas l'état d'esprit des croisés, en 1099. À cette date, le bonheur d'avoir enfin atteint le but — «délivrer» Jérusalem — passe devant toute autre considération : l'heure est à la victoire, à la vengeance — nullement à la modération. Certes, les manifestations de dévotion ne sont pas oubliées, ou du moins pas toujours. Pendant que les massacres font rage dans les rues de la cité, les chefs de la croisade se rendent tous ensemble au Saint-Sépulcre. «Pieds nus, avec des soupirs et des larmes, ils allèrent par les saints lieux de la cité où Jésus-Christ le Sauveur du monde avait demeuré corporellement. Ils baisaient avec dévotion les places que Ses pieds avaient foulées» dit le même Guillaume de Tyr. Mais *l'Histoire anonyme* continue : «Le matin suivant, les nôtres escaladèrent le toit du Temple, attaquèrent les sarrasins, hommes et femmes, et, ayant tiré l'épée, les décapitèrent. Quelques-uns se jetèrent du haut du Temple.»
Le massacre frappe d'horreur le monde musulman. Depuis le début de l'année, déjà, la marche des croisés en Terre sainte avait été marquée par de terribles exactions : après Banias, Ma'arra, en Syrie, avait fait l'objet d'un pillage et d'un massacre général — accompagné d'actes de cannibalisme. La prise de Jérusalem met un comble à la progression dans la violence. Elle creuse entre les Arabes et les Francs un fossé que plusieurs siècles ne suffiront pas à combler.

Les croisés : des cannibales ?

À Ma'arra, cité syrienne qu'ils assiègent au début de l'année 1099, les croisés sont la proie d'une terrible famine. Des actes de cannibalisme se produisent alors, sur lesquels deux auteurs du temps apportent un témoignage :
«À Ma'arra — et partout autre part — on trouvait sur le sol des morceaux de cadavres musulmans ; la famine, alors, força nos soldats à commettre des actes de cannibalisme (il faut savoir que les Francs commettaient ces actes en secret et aussi rarement que possible). Aussitôt, une rumeur hideuse courut parmi les infidèles : ils disaient qu'il se trouvait des hommes dans l'armée franque pour se nourrir par plaisir des corps des sarrasins. Quand ils entendirent cela, les Tafurs [la partie la plus pauvre de l'infanterie, en partie marginale], pour impressionner l'ennemi, rôtit le corps dépecé d'un Turc au-dessus d'un feu, comme si c'était de la viande apprêtée pour un repas, à portée de vue des armées turques.»

D'après Guibert de Nogent, Historia Hierosolymitana.

Et encore :
«[...] après vingt jours, nos soldats souffrirent d'une terrible famine. J'ai honte de le dire : ils étaient si enragés de faim qu'ils arrachèrent des morceaux de chair aux cadavres des sarrasins qui étaient morts là, les cuisinèrent, les mastiquèrent et dévorèrent avec des appétits sauvages, même quand ces morceaux n'étaient pas suffisamment rôtis sur le feu. Et ainsi, les assiégeants s'avérèrent pires que les assiégés.»

D'après Fulcher de Chartres, Historia Hierosolymitana.
Textes publiés dans le Moyen Age, *M. Mollat et R. Van Santbergen, Dessain, Liège, 1977.*

Un mal qui entraîne le retranchement du monde

LA LÈPRE

Moine franciscain soignant des lépreux (manuscrit du XVIe siècle, bibliothèque Augusta, Pérouse).

La lèpre

La lèpre est une maladie infectieuse. Le médecin norvégien Gustav Armauer Hansen en a identifié en 1873 le bacille (dit, dès lors, «de Hansen», ou mycobacterium leprae*), une forme très proche du bacille de Koch, responsable de la tuberculose.*
La lèpre revêt deux aspects :
La forme tuberculoïde, à taches cutanées anesthésiques, infiltre lentement les nerfs, paralyse, atrophie les extrémités du corps jusqu'à l'amputation spontanée des doigts, des orteils, des mains. Cette forme évolue en 20 ou 30 ans ou davantage.
La forme lépromateuse, beaucoup plus contagieuse, forme des nodules, appelés «lépromes», qui infiltrent la peau, donnent le fameux «facies léonin» (l'os de l'orifice nasal est érodé, le palais est troué), des démangeaisons, des écailles et, par poussées fébriles douloureuses, paralysent et atrophient aussi. L'évolution est plus rapide, en 2, 3 ou 5 ans vers la mort.
Considérée comme héréditaire et incurable avant la découverte du bacille par Hansen, la lèpre a reçu un premier traitement avec l'utilisation des sulfones aux États-Unis en 1943. Mais il n'existe pas encore de vaccin.

Par l'effroi qu'elle répand, la condition misérable des lépreux et l'importance des mesures préventives prises pour combattre la contagion, la lèpre apparaît comme un des grands fléaux du Moyen Âge. Les lépreux sont particulièrement nombreux en Occident au XIIe siècle.

Le grand essor de la maladie dans le monde européen est le résultat des croisades. Celles-ci, en effet, entre la fin du XIe et la fin du XIIIe siècle, sont l'occasion de relations plus fréquentes entre l'Occident, jusque-là en partie préservé, et la Palestine, où la lèpre est endémique. C'est d'ailleurs en Palestine que, en 1189, est fondé l'ordre hospitalier de Saint-Lazare, qui se voue à donner des soins aux lépreux.

La relégation des malades

Au XIIe et au XIIIe siècle, c'est le nombre des léproseries qui révèle à l'historien le regain de la maladie : ces installations spécialisées, dites aussi «maladreries» ou «ladreries», sont fondées par les princes et par les cités. Au début du XIIIe siècle, environ 4 000 léproseries, sur le territoire actuel de la France, abritent 60 000 lépreux, dits aussi «ladres» ou «mesels».
Faute de savoir soigner la maladie, en effet, la société se protège en éloignant d'elle les personnes qui en sont victimes. Le lépreux est le plus souvent repéré par une dénonciation : quelqu'un constate une maladie de peau chez un membre de son entourage et signale la personne qui en est affectée à l'autorité religieuse ou séculière. Celle-ci convoque alors un jury devant lequel comparaît le malade. Ce jury, d'abord composé de lépreux, est ensuite formé d'un médecin, d'un prévôt et d'un prêtre.
Le malade chez lequel la lèpre est reconnue doit partir à la maladrerie. Une cérémonie religieuse, équivalent d'une messe des morts, célèbre son départ : le prêtre, par trois fois, jette sur la tête du lépreux une pelletée de terre du cimetière pour lui signifier qu'il est mort au monde. Le lépreux se voit signifier aussi sa mort civile. Il est séparé du monde, privé du droit de porter des armes et d'ester en justice. Il ne peut épouser une femme saine, non plus que baptiser les nouveau-nés. On le contraint à porter des vêtements spéciaux, avec des marques de son état, des chaussures, des gants et un instrument produisant des sons, la cliquette, par laquelle il doit signaler son approche.

Un sort certain, la mort

Dans les léproseries, le séjour moyen des malades dure, semble-t-il, de deux à trois années; après quoi s'ensuit la mort. La plupart du temps, le lépreux ne reçoit aucun soin dans ces institutions. Dans le meilleur des cas, on lui fait prendre des bains ou on lui applique des onguents. Quelquefois, on tente d'obtenir une amélioration en... castrant l'homme atteint de la lèpre!
Dans ces conditions, on comprend que bien des malades essaient d'échapper à l'incarcération dans les léproseries. De nombreux lépreux sont vagabonds. Bien sûr, leur état leur interdit de pénétrer dans les villes, d'où ils sont impitoyablement chassés — ainsi, les lépreux sont expulsés de Londres en 1346 et de Paris en 1371. Ils sont donc voués à errer par les campagnes, isolément ou en petits groupes, en quête d'une nourriture improbable.

L'origine de la maladie

La lèpre, si elle culmine à l'époque des croisades, n'est pas tout à fait inconnue en Occident avant cette époque.

Sa première mention, en France, date du **IIe siècle de notre ère**. On signale des lépreux au IVe siècle en Berry, à Levroux, où un sanctuaire païen a la réputation de guérir la maladie. **Le premier établissement spécialisé — la première «léproserie» — est probablement élevé, en France, en 460**, dans le Jura, à côté de l'abbaye de Saint-Claude. Au VIe siècle, des conciles préconisent que les évêques doivent assistance aux lépreux. Vers 580, saint Agricol, évêque de Chalon-sur-Saône, fait construire une léproserie à la porte de la ville.

Après cette date, on entend de nouveau parler de la lèpre au **VIIIe siècle**, moment où **les invasions musulmanes** en Europe favorisent sa dissémination; puis la maladie recule de nouveau jusqu'au XIIe siècle.

Une réputation ambiguë

Les paysans qui se soucient de se montrer généreux envers les lépreux sont en effet bien rares. Mort socialement et voué à une mort physique certaine, le lépreux est un malade craint mais aussi haï. Il ne peut vivre que grâce aux aumônes qu'on lui accorde. Certes, les Évangiles incitent à les aider : Jésus-Christ n'a-t-il pas lui-même guéri les lépreux? Les rois suivent cet exemple en consentant aux léproseries d'importantes sommes pour leur fonctionnement. Mais la lèpre, durant tout le Moyen Âge, est indissociablement associée au péché. Dans la littérature de l'époque, la figure du lépreux est celle d'un être méchant, pervers, lubrique, lâche. Pire, la rumeur soupçonne ces morts en sursis de vouloir entraîner avec eux le reste de la population ou de pratiquer la sorcellerie : en 1320 et 1321, ainsi, le bruit court, en France, que les lépreux (aidés d'ailleurs de juifs et de musulmans) ont empoisonné les fontaines pour tuer tous les chrétiens sains! Le roi fait mener une enquête, ordonne des procès : plusieurs milliers de lépreux, à cette occasion, périssent sur des bûchers... Ces peurs, génératrices de massacres, ne cessent qu'à la fin du XIVe siècle, lorsque, enfin, la maladie commence à reculer. Mais ce sont d'autres fléaux qui prennent alors le relais : la variole ou la tuberculose.

La lèpre aujourd'hui dans le monde

Les estimations concernant le nombre de cas connus dans le monde varient considérablement, les chiffres donnés allant de 6 à 12 millions de personnes.

En Europe. La maladie est essentiellement «importée», les cas recensés, qui s'élèvent à quelques dizaines, étant ceux de personnes qui ont contracté la lèpre dans les pays où cette maladie survit.

L'Afrique. L'Afrique noire reste très fortement contaminée, sans qu'on puisse disposer d'aucune estimation certaine. La lèpre, semble-t-il, existe dans cette partie du monde depuis des temps très reculés.

L'Asie. L'Inde est le foyer le plus touché avec 2 millions de malades; l'Océanie, où la maladie a pénétré avec les immigrants chinois et japonais, est également un secteur très affecté.

L'Amérique. Contaminées au XVIe siècle par les conquérants européens, et ensuite par l'importation d'esclaves africains, l'Amérique centrale et l'Amérique latine restent concernées par la maladie. Au Brésil, notamment, on compte environ 160 000 lépreux.

Lépreux à Madagascar au début du XXe siècle.

Job sur son fumier reçoit la visite de sa femme et de ses amis, puis est visité par Dieu (chapiteau de Pampelune, musée de Navarra).

Le triomphe de l'art gothique

LES CATHÉDRALES DE FRANCE

Lorsqu'il entreprend de reconstruire l'église de l'abbaye de Saint-Denis, près de Paris, dont il est l'abbé, Suger bouleverse l'architecture et l'art de son temps en leur faisant exprimer une nouvelle conception religieuse et en introduisant d'autres techniques. Il donne naissance à l'art gothique, qui triomphe avec les cathédrales de France.

La cathédrale de Chartres, soutenue par une série d'arcs-boutants perfectionnés, est l'une des plus belles illustrations de l'art gothique.

Contrairement aux églises romanes, qui louent le Dieu vengeur de l'Ancien Testament, l'abbatiale de Suger célèbre le Christ des Évangiles, le Dieu fait homme. Pour glorifier ce Dieu de lumière, Suger conçoit un édifice très clair, aux murs percés de multiples ouvertures, qui diffère des constructions romanes, plutôt obscures. Pour obtenir ce résultat, il utilise la voûte sur croisée d'ogives, qui fait porter le poids de la couverture non plus sur les parois, mais sur des piliers. Inaugurée dans la cathédrale de Durham, à la fin du XIe siècle, la voûte d'ogives est soutenue par deux arcs ogivaux qui se croisent en diagonale. Ce système d'arcs ogivaux est repris dans les arcades qui ferment le chœur. Suger innove aussi en ornant les portails des premières statues-colonnes, évoquant les ancêtres du Christ, et en perçant la première rose au sommet de la façade. Très vite, Saint-Denis s'impose comme le modèle des cathédrales.

Une compétition entre villes

Aux XIIe et XIIIe siècles, les évêques du domaine royal, alors centré sur l'Île-de-France, et les régions qui subissent son influence, comme la Champagne, la Bourgogne et la Flandre, profitent de la prospérité de leurs villes pour édifier d'immenses cathédrales. Chacune cherche à surpasser sa voisine en réalisant les plus grandes prouesses architecturales. Le plan de la cathédrale gothique varie peu par rapport à celui de l'église romane. Il comprend toujours une nef centrale, bordée de bas-côtés et coupée par une allée transversale, le transept. Dans l'axe de la nef, au fond du bâtiment, se trouve le chœur arrondi, où se dresse l'autel. Le chœur est entouré d'un ou deux déambulatoires, qui ouvrent sur une série de chapelles. Les changements concernent surtout la voûte et l'élévation. En 1180, l'architecte de Notre-Dame de Paris invente les arcs-boutants, qui supportent la poussée de la voûte à l'extérieur de l'édifice. Grâce à cette innovation, la voûte est portée à 35 m de hauteur. À Chartres, où les arcs-boutants sont perfectionnés, la voûte culmine à 36,55 m. À Beauvais, les constructeurs la propulsent à 48 m au-dessus du sol. Mais douze ans après son achèvement, le chœur s'écroule en partie. De plus en plus haute, la nef centrale, au XIIIe siècle, est élevée sur trois niveaux. Aux grandes arcades du rez-de-chaussée se superposent le triforium, ou galerie de circulation, bordé d'arcades, et une rangée de fenêtres hautes. À Chartres, où le gothique parvient à son plein épanouissement, les lignes verticales de la nef, qui s'affirment avec force, confèrent à l'édifice unité et légèreté. Les murs aux ouvertures plus vastes accordent aux roses et aux vitraux une place de choix. C'est finalement Reims qui réalise l'équilibre parfait entre la haute voûte d'ogives, les puissantes lignes verticales de la nef et les évidements ménagés pour les fenêtres et les roses.

Le vocabulaire de l'église gothique

Arc-boutant : *c'est un élément architectural en forme de quart de cercle qui prend appui sur un massif de maçonnerie extérieur (culée) pour soutenir la voûte de l'église.*

Jubé : *il s'agit d'une clôture de pierre sculptée séparant la nef du transept et isolant l'espace le plus sacré de l'édifice (chœur). Il est surmonté d'une galerie où se faisait la lecture de l'Évangile.*

Ogive : *arcade formée de deux arcs qui se croisent et forment à leur sommet un angle aigu.*

Rose : *grande ouverture circulaire fermée par des vitraux insérés dans un réseau de pierre, disposé autour d'un petit cercle central.*

Voûte sur croisée d'ogives : *voûte soutenue par deux arcs ogivaux qui se croisent en diagonale.*

Un précis d'histoire religieuse

Les cathédrales, qui honorent Dieu incarné, venu sur terre pour racheter les péchés des hommes et assurer leur salut, sont souvent dédiées à sa mère, Marie. Ainsi Paris, Chartres, Reims ou Amiens portent le nom de Notre-Dame. Les trois portails de la façade (cinq à Bourges), abondamment décorés, accueillent les fidèles avec des images inspirées des Évangiles. Les sculptures, reliefs et statues, du porche central représentent le Christ sauveur qui préside au Jugement dernier. Celles de l'un des portails latéraux retracent un épisode de la vie de la Vierge tel que le couronnement par son fils ou la Dormition

Le sourire charmant de l'ange Gabriel de la cathédrale de Reims.

(dernier sommeil de Marie). Le portail de droite est en général consacré à un saint ou une sainte, sainte Anne à Paris, par exemple. Sauf à Reims, où elle est omniprésente, et mis à part le jubé, ou clôture du chœur, la sculpture est cantonnée à l'extérieur de la cathédrale. Le vitrail, ou peinture sur verre, prend le relais à l'intérieur. Il enseigne à la grande masse des chrétiens qui ne possède pas de livres l'histoire religieuse et la vie édifiante des saints. Chartres et Bourges conservent aujourd'hui les plus beaux ensembles de vitraux, véritable féerie de couleurs. Pour faciliter leur lecture, les artistes parent les saints personnages d'attributs caractéristiques, tels un crâne dégarni et une épée pour saint Paul ou une barbe et la clé du paradis pour saint Pierre. Les artistes évoquent aussi les travaux des mois et des jours, et les corporations qui, comme à Chartres, ont financé les vitraux. Quant aux grandes roses, elles glorifient le Christ et la Vierge.

La répartition des tâches

La construction des vastes monuments que sont les cathédrales a pu être menée à bien grâce à une organisation sans faille. Le chapitre, c'est-à-dire l'assemblée des chanoines, prêtres affectés à la cathédrale, se charge de l'administration. Il gère les ressources provenant des donations des corporations et des riches marchands de la ville, fiers de participer à une œuvre qui symbolise la gloire de leur cité. Le chapitre fournit au chantier les matières premières — pierre, bois et métal — et il paie les ouvriers. C'est l'évêque qui décide de la construction de la cathédrale et qui choisit l'architecte, auquel il expose les grandes lignes du projet. Jouissant d'un grand respect et recevant une forte rétribution, l'architecte conçoit le monument et dessine les plans, accompagnés de nombreuses indications et de chiffres, sur lesquels se fondent les maîtres maçons pour élever l'édifice. Mais, dès la fin du XIIIe siècle, l'élan qui a engendré ces grandes constructions retombe. L'art des cathédrales gothiques se perpétue jusqu'à la fin du Moyen Âge, mais il n'innove plus.

À l'intérieur aussi, le gothique innove : voûte sur croisée d'ogives et vitraux donnent aux églises une clarté incomparable (basilique de Saint-Denis).

Des villages rupestres disséminés dans le Colorado

LA MESA VERDE

Pétroglyphes indiens à Mesa Verde, Colorado, États-Unis.

La Mesa Verde, la « Table verte » en français, est un plateau entaillé de profonds canyons qui se trouve dans le Colorado, aux États-Unis. Elle doit son nom aux Espagnols qui ont parcouru le site au XVIIIe siècle et qui ont été frappés par le vert intense de son épais tapis végétal de cèdres, de pins et de yuccas.

Pourtant, la végétation ne fait pas le seul intérêt de la Mesa Verde. Entre 1100 et 1300, les Indiens Anasazi, qui habitaient cette région, hérissèrent d'étonnants ensembles architecturaux, tout d'abord le plateau lui-même puis des cavités de ses falaises. Aujourd'hui, les vestiges de ces agglomérations forment le témoignage le plus célèbre et le plus impressionnant de l'architecture précolombienne en Amérique du Nord - la seule architecture élaborée, en fait, laissée par les Indiens de cette partie du continent.

Une culture durable et remarquable

La culture des Indiens Anasazi s'est développée dans l'extrême sud-est des États-Unis, sur un vaste territoire recouvrant les États actuels du Colorado, de l'Utah, du Nouveau-Mexique et de l'Arizona. Ses racines sont extrêmement anciennes. Peu avant le début de notre ère, les premiers Anasazi dont l'histoire ait conservé le souvenir construisent dans la région des maisons-fosses circulaires, en partie creusées dans le sol. 700 ans plus tard, leurs descendants commencent à bâtir, au-dessus du sol, des habitations de pierre. Mais les premiers édifices importants de la Mesa Verde ne sont construits qu'à partir de 1100, au début de la période d'apogée de cette civilisation.

Environ 30 000 Anasazi vivent alors sur le plateau, bien que, avec son altitude variant de 2 200 à 2 500 m, ses hivers rudes et ses étés brûlants, il constitue pourtant un milieu relativement hostile. Cette population se réunit en agglomérations, petites, certes, mais nombreuses et prospères, où sont édifiés de vastes complexes architecturaux. À cette époque, par exemple, le site connu sous le nom moderne de Far View regroupe une population de 500 personnes environ, groupées en 18 petits centres d'habitation *(pueblos)*, proches les uns des autres. La communauté se retrouve dans un bâtiment collectif (Far View House) qui s'élève sur trois étages et comprend, outre cinq vastes salles cérémonielles nommées *kivas*, une cinquantaine d'autres salles de beaucoup plus petites dimensions, aux fonctions exactes encore mal connues.

Les abris troglodytes du XIIIe siècle

Cent ans plus tard – aux environs de l'an 1200, donc –, Far View et les autres agglomérations du plateau sont désertés pour des raisons inconnues. Les Indiens de la Mesa Verde se regroupent alors dans des abris-sous-roche. Ce que les Américains d'aujourd'hui nomment Cliff Palace, le « Palais de la Falaise », est la plus vaste et la plus connue des installations de ce type.

Il s'agit d'une structure bâtie à l'intérieur même d'une cavité de la roche, une anfractuosité longue de 100 m, large de 27 m et haute de 18 m, située sur le versant très abrupt d'une falaise. D'accès difficile, la grotte rebute les éventuels ennemis. Elle offre aussi une protection efficace contre les intempéries : l'hiver, le soleil, qui est bas dans le ciel, pénètre au fond de l'abri et réchauffe ses habitants ; l'été, ses rayons sont trop hauts pour gêner les occupants. Les jeux d'ombre et de lumière donnent tout son relief au site.

L'aménagement de Cliff Palace, entre ciel et terre, est un véritable défi lancé par les Indiens à la nature. Ces bâtisseurs ont exploité toute l'étendue du terrain pour implanter une structure à la fois unique et démultipliée, adaptée à la vie communautaire de 250 personnes environ. Les différents bâtiments – ou, plutôt, les parties de ce palais collectif – sont répartis sur des terrasses. Ils sont de plusieurs types : des immeubles de plusieurs étages (quatre au maximum), de forme principalement quadrangulaire, abritant en tout 220 pièces, dont certaines très petites (moins de 6 m^{2}) ; des tours carrées ou circulaires, au rôle probablement plus cérémoniel que défensif ; des aires de rassemblement à la géométrie circulaire, souvent décorées de peintures et pourvues de bassins et de foyers – les nouvelles kivas. Les portes des édifices, rectangulaires ou en forme de « T », étaient jadis fermées par des nattes, d'épais tissus ou des peaux de bête. De petites ouvertures éclairaient et aéraient les étages.

Cliff Palace a été construit avec des blocs de grès très soigneusement taillés à l'aide d'outils de pierre, les seuls connus des Anasazi. Les blocs, qui ressemblent à de grosses briques, sont liés entre eux par de l'adobe, ciment à base de boue et de paille. Les parois sont recouvertes d'un enduit, mélange d'argile, de plâtre et de torchis. Certaines salles sont ornées de peintures monochromes aux motifs géométriques. La voûte de la grotte sert de toit aux structures les plus élevées. Ailleurs, les toitures sont formées par des poutres et des lattes de bois.

La vie au village

La plupart des salles de Cliff Palace, ainsi que celles des autres villages rupestres qui subsistent dans le Colorado, ne sont pas des pièces d'habitation, mais plutôt des entrepôts pour le maïs, les haricots et les courges, aliments de base de la population. Dans quelques-unes de ces salles, des mortiers et des pilons pour le maïs ont été mis au jour. La vie commune se déroulait à l'extérieur – plus exactement dans l'abri rocheux, mais en-dehors des architectures, dans ce qui correspondrait à des rues et à des places mais qui faisait office, surtout, d'aires de travail. Là, les archéologues ont découvert des foyers utilisés pour la cuisine. Là aussi, sans doute, on fabriquait les superbes poteries, aux dessins souvent géométriques, qui caractérisent la civilisation Anasazi. Là, enfin, on tissait vêtements et étoffes de coton – une plante dont les Anasazi avaient importé la culture du Mexique – ou bien on exécutait, avec beaucoup d'habileté, paniers et sandales en vannerie. Les cultivateurs, quant à eux, quittaient l'abri, au prix de périlleux exercices, pour aller s'occuper des champs situés sur le plateau. Les chasseurs faisaient de même, pour rapporter les animaux qui complétaient l'alimentation.

Vers 1300, Cliff Palace, ainsi que tous les autres abris-sous-roche de la Mesa Verde, est abandonné par sa population. Des envahisseurs, une sécheresse prolongée, un accroissement démographique rendent-ils impossible la survie en ces lieux exigus ? Nul ne connaît vraiment les raisons de ce départ. Mais c'est la fin d'une époque qui correspond à l'épanouissement des Indiens du Colorado. Demeurés presque tels qu'ils étaient au moment de leur abandon, ces villages rupestres constituent aujourd'hui un précieux témoignage de l'étonnante civilisation Anasazi.

Le Cliff Palace, la plus grande des constructions sous roche de Mesa Verde, tient à la fois de l'habitat, de la forteresse et du sanctuaire, Colorado, États-Unis.

La Mesa Verde, plateau couvert d'une végétation dense, avec au premier plan l'habitat troglodyte, Colorado, États-Unis

Les ruines des cités khmères au milieu de la jungle…

ANGKOR

Au XIIe siècle de notre ère, la civilisation khmère atteint son apogée ; sous le règne du plus glorieux roi angkorien, Suryavarman II (1113-1150), est construit l'admirable temple-pyramide d'Angkor Vat ; sous celui de son successeur, Jayavarman VII (1181-v. 1218), surgit la cité cruciforme d'Angkor Thom, abritée par une enceinte formant un carré presque parfait.

Ces lieux seront occupés sans discontinuer jusqu'en 1431, puis abandonnés à la forêt, sous la pression militaire d'un royaume rival, celui d'Ayuthia. Au XVIe siècle seulement, le site fut un moment occupé par un prince qui, à l'occasion d'une partie de chasse, redécouvrit les monuments à peu près entièrement ensevelis sous la végétation. Réhabilitation éphémère, suivie d'un oubli qui dura jusqu'après le milieu du XIXe siècle.

Un site vaste et complexe

Le site d'Angkor est formé par un ensemble complexe de bâtiments disséminés dans ce qui constitue aujourd'hui un parc immense et luxuriant, vaste de quelque 300 km^2.
Deux ensembles se dégagent particulièrement : en arrière d'une grande pièce d'eau carrée désignée typologiquement par le terme *baray* et qui porte en son centre, sur une île, le temple du Mébon, se trouvent les restes de ce qui fut jadis une fastueuse capitale, Angkor Thom. Un peu plus au sud – à moins d'un km de l'enceinte d'Angkor Thom se dresse le temple d'Angkor Vat. « Temple » et « capitale » sont d'ailleurs des termes qui conviennent assez peu : le mot même Angkor, en cambodgien, signifie « ville-capitale », et Angkor Thom veut dire « la grande ville », tandis qu'Angkor Vat signifie « la ville qui est un temple ». Il reste, des deux cités, essentiellement les murs d'enceinte et les temples : les demeures, tant princières que populaires, étaient faites dans un matériau périssable, le bois, et il n'en subsiste rien aujourd'hui. Au nord-est d'Angkor Thom, on trouve un autre baray, plus petit, celui du temple de Preah Khan. Plus loin dans la forêt, de part et d'autre de l'ancienne chaussée qui menait vers les régions de l'ouest, d'autres vestiges émergent de la forêt comme autant de somptueuses surprises.

Des travaux hydrauliques considérables

La grande époque de construction du site correspond à celle des grands barays et à l'aménagement du réseau hydraulique. Ces immenses réservoirs, réalisés à l'aide de digues surélevées, sont destinés à corriger les effets d'un climat au régime de précipitations irrégulier dicté par la mousson, en permettant un écoulement régulier de l'eau pendant les huit mois de sécheresse. L'aménagement de ces bassins s'étale du dernier tiers du IXe siècle au milieu du XIe : sous les rois Indravarman Ier (877-889), Yaçovarman Ier et Udayartiyavarman II, sont creusés les plus considérables. Autour de chacun, des milliers d'hectares sont destinés à la culture du riz, tandis que des temples, des bâtiments publics, des maisons d'habitation sont construits, constituant chaque fois une nouvelle capitale. La dernière de ces capitales, Angkor Thom, est édifiée par le dernier grand souverain de la monarchie angkorienne, le roi conquérant Jayavarman VII (1181- v. 1218), connu aussi sous le nom de « roi lépreux » : elle prend la forme d'une cité fortifiée entourée d'un mur quadrangulaire de 3 km de côté, centrée à l'intérieur sur un temple-montagne considérable appelé Bayon.

Angkor Vat, le premier temple

Le plus équilibré, le plus harmonieux, le plus parfait des temples du site – celui que visitent en tout premier lieu les touristes –, Angkor Vat, date de cette époque. Construit par le

Au cœur de la forêt tropicale, Angkor Vat, au Cambodge.

puissant souverain Suryavarman II (1113-après 1144), il est établi à l'intérieur d'une vaste enceinte quadrangulaire qui devait contenir les diverses constructions d'une capitale et un palais, dont il ne reste rien aujourd'hui.

Le temple est entouré de deux douves de 250 m de large. On franchit la première par une chaussée édifiée sur une digue large de 12 m et bordée par une balustrade sculptée de nagas – des serpents mythiques. Après quoi, une seconde digue, longue de 350 m et dallée entièrement de grès, conduit jusqu'au pied du temple ou, plus exactement, jusqu'au mur de sa première enceinte.

Ce plan rigoureux, conforme à celui des autres temples du site — ainsi le Bayon —, est censé refléter l'ordre de l'univers. La forme générale du temple est celle d'un massif dominé par une tour entourée d'autres tours de moindres dimensions, le tout édifié sur une terrasse haute de 13 mètres. L'ensemble évoque la structure conventionnelle du monde : un continent principal dominé en son centre par une haute montagne, le Méru ; et d'autres continents et océans disposés autour, de façon concentrique, le dernier continent s'achevant par une muraille rocheuse. Il faut imaginer tout le monument admirablement sculpté de reliefs représentant des scènes du *Ramayana* et du *Mahabarata,* les grandes épopées sanskrites importées de l'Inde au Cambodge, ainsi que de gracieuses silhouettes féminines, celles des *Apsaras* et des *Davatas,* des déesses à la taille fine et à la lourde poitrine, fixées par de très grands artistes dans les poses délicates de la danse.

Les nagas, serpents mythiques qui ornent les balustrades d'Angkor Vat.

Relevé d'architecture, datant du XIXe siècle, de la Pagode royale d'Angkor Vat, vue ici en coupe nord-sud (Paris, E.N.S.B.A.).

Le Cambodge jusqu'à l'époque d'Angkor

Le premier royaume historique à se développer dans l'actuel Cambodge est le **Funan,** un puissant État établi dans la région du moyen Mékong et de son delta, du Ier au Ve siècle de notre ère, et qui entretient des rapports tant avec la Chine qu'avec l'Inde.

Au milieu du VIe siècle, un nouveau royaume se développe aux dépens du Funan, qu'il finit par absorber : le **Tchen-la.** Cet État se scinde en deux royaumes pendant le VIIIe siècle. Ces deux parties sont réunies dans la première moitié du IXe siècle par le **roi Jayavarman II** (802-850), premier souverain à établir sa capitale sur le plateau du Phnom Kûlen, près du Grand Lac (Tonlé Sap), proche du site futur d'Angkor ; cette vaste zone, où les monarques successifs établiront leur capitale, est déplacée et reconstruite à chaque règne ou presque, jusqu'à **l'abandon définitif de la région au profit de l'actuelle capitale, Phnom Penh, en 1434.**

Quand la mer déferle
LA RUPTURE DES DIGUES FRISONNES

Lors d'une grande marée d'équinoxe, en 1134, une tempête provoque la rupture du cordon de dunes qui protège alors la côte hollandaise : l'eau, dans un raz de marée, envahit les terres plus basses puis noie les habitations et les hommes installés dans ces régions. Les dunes sont seulement des îles qui ne retiennent plus la mer.

La catastrophe est ressentie d'autant plus douloureusement que les hommes de cette région de l'Europe mènent contre la mer un combat qui dure depuis des siècles. Or la construction nouvelle de digues, depuis le début du XIIe siècle justement — c'est-à-dire au moment où survient la catastrophe, toute récente —, avait pu leur faire croire que leur puissante ennemie, enfin, était vaincue.

L'inondation (enluminure d'un manuscrit du XIVe siècle, Rouen, bibliothèque municipale).

La colère de la mer

La Frise — région partagée aujourd'hui entre les Pays-Bas et l'Allemagne —, depuis le IXe siècle, a déjà perdu au cours d'inondations semblables une partie conséquente de ses terres, recouvertes par la mer du Nord. À plusieurs reprises, en 808, en 1014, puis en 1042, les documents mentionnent des débordements effroyables, qui commencent à grignoter peu à peu le domaine des hommes. Après quoi, au XIIe et au XIIIe siècles, les incursions de la mer deviennent de plus en plus fréquentes, provoquant une accélération du mouvement de destruction du cordon de dunes. La mer, à cette époque, envahit lacs intérieurs et tourbières, unifiant l'ensemble en de grandes mers intérieures comme le Zuiderzee. Les fleuves voient dans le même temps leur cours sensiblement modifié ; leurs inondations s'ajoutent souvent aux raz de marée et ravagent encore davantage les terres.

Des digues pour arrêter les eaux

Depuis les plus anciennes époques de leur implantation, les habitants ont pourtant essayé de se protéger contre les hautes eaux. Aux alentours de 500 avant notre ère, déjà, les maisons des Frisons sont bâties sur des tertres. Mais le véritable combat contre les eaux commence au début du XIIe siècle. À ce moment, les agriculteurs entreprennent l'édification de digues. Ce sont d'abord de modestes ouvrages construits par chaque village. Puis, au fur et à mesure que ces digues voient le jour, elles se rejoignent, formant une ligne continue qui abrite de petites régions. L'ensemble relativement important connu sous le nom de « digue de la Frise de l'Ouest » est achevé, par exemple, avant la fin du XIIIe siècle. Ayant ainsi mis les terres à l'abri, les habitants entreprennent de les bonifier. À la construction de murs succède le drainage des sols, grâce à la construction de canaux et d'écluses. Ces tra-

Au XIIIe siècle, la mer, de nouveau…

Nous ne possédons pas, pour l'inondation de 1134, de témoignage détaillé sur la forme et les effets de la catastrophe. Mais, pour le XIIIe siècle, un chroniqueur ancien, Emon, fait les récits suivants :
«L'an 1220, le 4 janvier, la mer envahit les terres et les hommes tremblaient durant cette horrible nuit. Mais, bien que la mer ait avancé profondément dans les terres, elle ne fit pas autant de morts qu'auparavant, car les gens n'avaient pas encore osé se réinstaller sur les terres envahies précédemment.
«Le 14 décembre 1287 eut lieu en Frise un déluge très préjudiciable pour les hommes, les animaux et les biens. Les eaux soulevées et bouillonnantes brisent les digues et emportent jusqu'aux forêts tous les hommes qui habitaient dans des lieux plus bas que le niveau de la mer, avec les animaux, les maisons, les réserves de blé et de foin. Elles brisèrent même des maisons de pierres. Les récoltes arrachées étaient emportées dans les forêts. Les eaux traversèrent les lieux plus bas sans rencontrer d'obstacles. Personne n'avait le moindre souvenir d'un tel raz de marée. Et il fut la cause de la mort par noyade d'un grand nombre de personnes.»

Extrait de la Chronique de Bloemhof.

La rupture de la digue de Bennel, près de Nimegs, en 1799 (aquatinte du XVIIIe siècle). Depuis la création des digues, au XIIe siècle, les accidents sont fréquents et leurs conséquences dramatiques.

En 1953, encore, le déferlement de la mer sur les Pays-Bas causa d'immenses dommages.

vaux ne peuvent être menés que par des collectivités : les paysans libres, qui peuplent les villages frisons du Moyen Âge, s'organisent pour les accomplir. De nombreux monastères y participent. L'autorité civile locale — celle du comte — peut aussi obliger ses sujets à construire des digues ou, du moins, à entretenir les ouvrages existants. Un peu plus tard, à partir du XVe siècle, un outil nouveau et puissant, le moulin à vent, viendra aider les hommes dans ces opérations de drainage.

Un combat sans fin

Tous ces travaux, naturellement, n'empêchent pas raz de marée et tempêtes de continuer à battre les côtes hollandaises. Ces cataclysmes brisent sans cesse les digues et, sans cesse, il faut les reconstruire. L'inondation de 1134 est comme un avertissement donné aux hommes : leur combat contre la mer sera constamment à reprendre.

Et, en effet, les chroniques rapportent, avec une fréquence qui finit par paraître monotone, les grandes victoires de la mer sur la terre, porteuses de mort et de ruine. Après les siècles médiévaux, les inondations les plus terribles, à l'époque moderne, se produisent en 1530, 1552, 1625, 1686, 1717 et 1775-1776. Progressivement, bien sûr, les digues — terre accumulée sur la terre déjà levée par les générations précédentes — deviennent de plus en plus sûres, de plus en plus difficiles à passer pour la mer. Au XXe siècle, la Hollande en vient ainsi, presque, à oublier combien elle est construite sur une base précaire. Mais subitement, en 1953, une inondation catastrophique envahit 9,4 % des terres agricoles et, surtout, fait 1 800 morts — répétition, peut-être, de ce qui se produisit en 1134… Le traumatisme est intense et le gouvernement des Pays-Bas prend aussitôt des mesures. Le plan Delta prévoit de placer le pays entier sous la protection d'une série de digues ultramodernes et apparemment infranchissables. L'entreprise a été menée à bien il y a très peu de temps seulement. Espérons que l'avenir ne démentira pas l'optimisme des techniciens, qui, cette fois, croient avoir triomphé de la puissance de la mer.

Un pays gagné sur la mer

Au-dessous de la mer. Le nom de « Pays-Bas » résume les difficultés d'un pays où une grande partie des terres est située au-dessous du niveau de la mer. Construits par la nature, des cordons de dunes de sable constituent le long des côtes une barrière pour les zones arables qui se trouvent en arrière. Mais que survienne une marée plus importante que les autres, ou une tempête, et cette barrière se trouve percée.

Des digues de terre. En Frise, en Groningue, en Zélande et en Hollande, les habitants s'efforcent donc, très tôt, de contrecarrer l'action de la mer. Dès le VIIIe siècle, peut-être, et sûrement à partir du XIIe, ils construisent des digues de terre renforcées de bottes de paille ou de fagots de joncs.

Moulins et canaux. À partir du XVe siècle seulement, et surtout au XVIe siècle, les méthodes de construction se perfectionnent, et des lignes ou « couloirs » de moulins viennent s'ajouter aux cordons de terre, pour pomper et évacuer, par des canaux, l'eau excédentaire qui se maintient à l'intérieur des polders. Si, périodiquement, des accidents continuent à survenir, désormais, non seulement les terres ancestrales sont mieux protégées, mais, à chaque génération, des zones nouvelles sont conquises sur la mer.

1137

Un comte favorise le commerce

LES FOIRES DE CHAMPAGNE

Le comte Thibaud le Grand octroie, en 1137, un large privilège à la ville de Provins, autorisée, désormais, à organiser deux foires par an. Avant 1164, Troyes, Lagny et Bar-sur-Aube recevront des droits analogues.

La Champagne devient ainsi la plaque tournante du commerce européen : dès 1148, ses foires sont fréquentées par les gros marchands de Paris. Les Italiens y sont mentionnés pour la première fois en 1172.

Thibaud, comte de Champagne

Au début du XIIe siècle, les comtes de Champagne sont parmi les plus puissants des princes du royaume de France. Ils sont même des rivaux des rois de France, dont ils menacent, à l'est, le domaine encore fragile. En 1125, le nouveau comte de Champagne est Thibaud, surnommé Thibaud le Grand (1125-1152), personnage ambigu, que certains présentent comme un homme orgueilleux et vain et d'autres – particulièrement les moines – comme un prince généreux, sage et vaillant. Il est en tout cas fabuleusement riche et il se fait, de son devoir de prince, une très haute idée.

Une sécurité assurée

L'essentiel, pour lui, est de garantir la paix, c'est-à-dire de protéger les hommes qui se réclament de lui contre tout acte pouvant leur nuire. Les marchands sont, au premier chef, les bénéficiaires de son attitude. Thibaud leur accorde son « conduit ». Sur ses terres, il les prend sous sa protection, et il étend cette

Tout au long du Moyen Âge, la fabrication des étoffes est la première des activités industrielles (miniature du XIIe s., Dijon, Bibl. mun.).

Le renouveau des échanges

L'essor des foires de Champagne est un des signes de **la révolution commerciale du XIe-XIIe siècle.**

Les échanges avec le Moyen-Orient n'ont jamais cessé depuis la fin de l'Antiquité. Les aristocraties sont, en effet, très friandes de **soieries et d'épices,** et celles-ci se trouvent à Byzance et dans les pays musulmans. Le commerce porte alors sur de petites quantités de produits d'une immense valeur.

À partir du XIe siècle, les conditions changent. **Les grandes villes maritimes italiennes,** Gênes, Pise, Venise, Amalfi exportent des quantités croissantes de produits finis, comme les draps flamands, et importent toujours ces marchandises précieuses dont l'Occident est dépourvu. Elles sont relayées et épaulées, au XIIe siècle, par **les villes de l'intérieur :** Milan, Plaisance, Asti... Les villes françaises ne jouent, jusqu'à l'essor des foires de Champagne, qu'un rôle secondaire. Les villes flamandes prennent une importance considérable à partir du XIVe siècle.

◁ *Bénédiction à la foire du lendit, à Saint-Denis (miniature du XIVe s., Paris, Bibl. nat.).*

Une rue marchande au Moyen Âge dans une grande ville : au premier plan, des marchands drapiers (miniature du XVIe s., Paris, Bibl. nat.).

protection au-delà de son comté. Thibaud offre sa garantie à toutes les personnes qui se rendent aux foires de Champagne dans le but de commercer. S'en prendre à elles, leur dérober leurs marchandises ou les molester, c'est s'en prendre à lui. La vaste parentèle du comte, son prestige et son argent lui permettent de rendre cette protection efficace. La sécurité qui en résulte est à l'origine de la transformation de Lagny, Provins, Troyes et Bar en places de commerce internationales.

Le comte, d'autre part, se porte garant de la régularité des transactions. Il assure la police des marchés et un règlement équitable des litiges. Il dote, enfin, les foires de Champagne d'un instrument monétaire de très grande valeur, le denier de Provins. Celui-ci, d'un bon poids et d'une bonne teneur en argent, se révèle parfaitement adapté aux besoins des marchands, qui l'exportent et s'en servent par toute l'Europe pour leurs paiements. Dès les années 1150, les deniers de Provins circulent en Italie, avant d'être imités et copiés par les principales villes de la péninsule, dont Rome.

L'organisation des foires

Les quatre villes de foire ne se font pas véritablement concurrence. Les privilèges octroyés par Thibaud puis par son fils, Henri le Libéral, organisent, en effet, un véritable roulement entre elles, dont le résultat est d'aboutir à ce que les foires se succèdent presque sans interruption dans l'année.

Le comte, par ailleurs, se fait rétribuer. Il prélève une taxe sur le montant des transactions, très faible, cependant, puisque de l'ordre de quatre pour mille. Sa rémunération est ailleurs, dans le prestige qu'il retire de ces foires : elles établissent le caractère international de sa puissance et sa capacité à faire respecter l'ordre. Les foires, en outre, parce qu'elles stimulent l'activité économique des villes sont, pour le comte, l'occasion de profits dérivés. Ainsi, les prélèvements qu'il effectue sur les profits d'autres activités économiques rentrent-ils bien dans ses caisses.

Les marchands affluent de partout. Les Flamands viennent en Champagne vendre leurs draps à des Italiens qui les portent à Gênes ou à Pise, afin qu'ils y soient affinés. De là, ils sont expédiés vers le Moyen-Orient. C'est l'axe essentiel. Autour de l'échange entre l'Italie et la Flandre se développe la prospérité des foires. Mais autour des marchands gravite une constellation de personnages exerçant les métiers indispensables aux échanges, au premier rang desquels les changeurs. Les foires de Champagne prennent, en effet, un rôle financier croissant parallèlement à leur rôle commercial. Très vite, dès la fin du XIIe siècle, les marchands y règlent des dettes contractées dans d'autres lieux, parfois fort lointains, élaborant des techniques de compensation et de transferts de fonds de plus en plus sophistiquées, que nos techniques commerciales n'ont fait que développer.

Le temps des foires

La foire, un marché saisonnier hors ville. Les échanges commerciaux, durant le Moyen Âge, ne se passent pas nécessairement en ville. Au contraire, la coutume est de tenir des marchés périodiques, les foires, en dehors des murailles. Celles-ci sont placées sous la protection de la puissance publique, qui prélève, sous divers noms, des droits sur les échanges.

Le fait de l'évêque. Fréquemment, c'est l'évêque qui détient le droit d'organiser la foire, et qui, surtout, en récolte les bénéfices. Ainsi, en Champagne même, dans certaines villes, par exemple à Reims, le comte ne possède pas le droit d'organiser des marchés. Cette situation est un héritage des temps carolingiens, durant lesquels les souverains ont concédé ce droit de façon très libérale aux évêques, parce qu'ils leur manifestaient une plus grande fidélité que les laïcs.

Essor commercial et renouveau de l'État. Le développement des foires est lié à la restauration de la puissance publique laïque, seule en mesure de garantir la sécurité des transactions et des marchands. Au XIIe siècle, cette restauration s'effectue à l'intérieur des États féodaux que sont la Flandre, la Provence, la Champagne et la Catalogne. Le siècle suivant voit l'affirmation des monarchies. Le déplacement vers Paris de l'activité commerciale est une conséquence du renforcement, au XIIIe siècle, de la royauté.

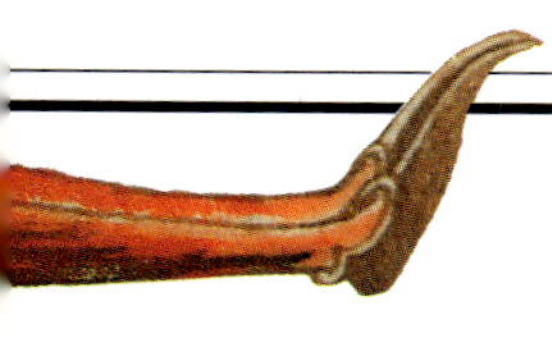

Une forteresse pour défendre la Terre sainte

LE KRAK DES CHEVALIERS

Puissante forteresse perchée sur le flanc d'une montagne, le krak des Chevaliers, en Syrie, évoque encore, par sa masse imposante et par sa situation stratégique, l'aventure des croisades et la conquête de la Terre sainte par des chrétiens d'Europe, désignés alors par le terme générique de « Francs ».

En 1095 – la 1re croisade est en cours depuis quatre ans – Raimond de Saint-Gilles, puissant chevalier franc, s'empare d'un petit château de montagne alors qu'il fait route vers Jérusalem. Le krad, ou karat – mot qui signifie « fortin » en arabe –, repris par les musulmans, est de nouveau conquis par les chrétiens menés par le roi Tancrède, en 1110. Cinq ans plus tard, il est confié au comte de Tripoli, souverain d'un des quatre éphémères États chrétiens nés de la conquête de la Syrie-Palestine. Mais le comte n'a pas les moyens de mettre à profit le don qui lui est fait. En 1142, Raimond II, comte de Tripoli, cède la place aux chevaliers de l'Hôpital, ou hospitaliers de Saint-Jean-de-Jérusalem. Cet ordre de moines-soldats dispose de ressources considérables et de troupes bien disciplinées. Il entreprend aussitôt de transformer le vieux château en une redoutable forteresse, le krak des Chevaliers. Les travaux s'étalent sur un siècle environ. La parfaite adaptation au relief, la qualité de la construction, la taille imposante ainsi que l'excellent état de conservation concourent à faire du monument le plus remarquable de tous les châteaux forts.

La prise de Damiette par Saint Louis (miniature de la Vie de Saint Louis, *de Joinville, vers 1330-1340, Paris, Bibliothèque nationale).*

L'œuvre des Hospitaliers

L'emplacement du château est éminemment stratégique. Situé non loin de la partie de la Syrie dominée par les Arabes, il contrôle le passage entre la vallée de l'Oronte et la Méditerranée. Il s'appuie sur une contrée fertile qui lui fournit les produits de la terre et le bétail dont ses hommes ont besoin.

La forteresse, réalisée par des architectes francs, forme un ensemble très compact. Elle épouse grossièrement la forme d'un trapèze. Ses installations sont isolées par deux enceintes, proches l'une de l'autre et construites sur deux niveaux différents qui sont utilisés conjointement pour combattre l'ennemi. Les murailles sont jalonnées de tours. La seconde enceinte comporte un chemin de ronde. Les défenses les plus importantes se trouvent du côté qui ne bénéficie pas de la protection naturelle de l'escarpement montagneux. Dans cette direction, trois tours massives, englobées dans l'enceinte intérieure, font face à l'ennemi. Elles sont protégées des projectiles, de la sape et des mines visant à provoquer la chute des murs, par de hauts talus en pierre. Ceux-ci se poursuivent sur l'un des longs côtés de la muraille. Dans ces tours, qui servent d'ultime refuge aux défenseurs en cas de siège, résident les chevaliers de l'Hôpital ainsi que le commandant de la forteresse, qui ne se mêlent pas à la troupe.

L'entrée du chateau, accessible par un pont-levis, est constituée par une longue rampe. Herses, portes, meurtrières ménagées dans les murs, assommoirs (ouvertures pratiquées dans le plafond pour pilonner l'assaillant), tout est prévu, le long du chemin, pour repousser l'ennemi.

La vie s'organise

En temps de paix, le krak héberge 2 000 hommes, recrutés pour la plupart parmi les chrétiens de Syrie-Palestine. Mais les Hospitaliers enrôlent aussi des musulmans, habiles cavaliers. Ces soldats sont dirigés par les moines-chevaliers de l'Hôpital, au nombre de 50 ou de 60.

Le krak est capable de satisfaire les besoins des troupes, aussi bien en période de paix que lors de sièges prolongés. Sur ses différents niveaux, dont certains sont souterrains, la forteresse est équipée de casernements pour les hommes, d'écuries pour les chevaux et d'étables pour le bétail sur pied. Les magasins de vivres, les celliers pour le vin et l'huile et les silos à grains sont d'une très grande capacité. Les céréales sont broyées sur place, dans un moulin à vent installé sur l'une des tours de l'enceinte extérieure. L'approvisionnement en eau est assuré par des citernes qui recueillent l'eau de pluie, par un puits et par un long bassin (le berquil), alimenté par un aqueduc. Cette vaste pièce d'eau, aménagée entre les deux murailles, invite les hommes à

Le krak des Chevaliers, une des nombreuses forteresses chrétiennes en Terre sainte, Syrie.

Vue intérieure du krak des Chevaliers, Syrie.

se baigner et les bêtes à s'abreuver ; elle forme en même temps un obstacle supplémentaire pour les assaillants.

Sur la cour, enclose dans l'enceinte intérieure, ouvrent une chapelle romane, où les moines-soldats remplissent leurs devoirs religieux, et une salle, longue de 120 m, bordée par une galerie aux gracieuses baies gothiques. La grande salle accueille les débats des chevaliers de l'Hôpital et prête son cadre aux réceptions organisées en l'honneur de grands personnages de passage.

Une forteresse parmi d'autres

Le krak des Chevaliers n'est qu'une des nombreuses forteresses sur lesquelles repose la survie des États de Terre sainte. La 1re croisade achevée, les Francs repartent en Europe et laissent la défense des terres conquises en Orient à un petit nombre de chevaliers et à leurs souverains. Ces chevaliers prennent possession de terres qui pourvoient à leur entretien et bâtissent des châteaux forts pour les protéger et les administrer.

Les forteresses, qui sont plus d'une centaine si l'on compte les châteaux et les villes fortifiées, ne sont pas implantées selon un plan précis déterminé à l'avance par une autorité supérieure, mais dépendent bien souvent des choix personnels des chevaliers. Elles n'en constituent pas moins un système de défense cohérent, dans la mesure où les châteaux sont établis selon des lignes nord-sud qui s'imposent d'elles-mêmes. Les places fortes se succèdent, en effet, le long de la côte et de la zone montagneuse, qui borde le désert à l'est, et contrôlent les passages entre ces deux régions. Malgré l'intervention des ordres militaires, tels les Hospitaliers et les Templiers, qui héritent progressivement de la protection de la Terre sainte et des forteresses, et malgré le soutien de quelques troupes locales, les Francs jouent une partie perdue d'avance. Le rapport des forces est par trop déséquilibré. Les chrétiens, venus d'Europe, forcément peu nombreux, s'opposent à une population entière, musulmane.

Ils se voient infliger de cuisantes défaites lors des rares rencontres à terrain découvert et perdent leurs châteaux les uns après les autres. Le krak des Chevaliers, s'il résiste à plusieurs sièges, tombe finalement en 1271, vingt ans exactement avant la disparition définitive des États latins de Terre sainte. Son aventure militaire aura duré deux siècles.

Le début d'une dynastie anglaise

HENRI PLANTAGENÊT

Le 19 décembre 1154, Henri Plantagenêt, duc de Normandie et comte d'Anjou, est couronné à Londres roi d'Angleterre. Arrière-petit-fils de Guillaume le Conquérant, il domine l'Ouest européen des marges écossaises aux Pyrénées ; il commence en 1166 la conquête de l'Irlande et appesantit la tutelle anglo-normande sur la Bretagne. En vingt ans de guerres et de réformes, il impose sa domination, et hisse la monarchie anglo-normande au premier rang des principautés européennes.

Guillaume le Conquérant a lui-même réparti ses possessions entre ses fils : Robert Courteheuse (Courtes bottes) reçoit la Normandie, Henri Ier Beauclerc (le Bien instruit) hérite du royaume d'Angleterre. La médiocrité de Robert permet à Henri de rétablir à son profit l'unité, en 1106. Mais, en 1120, son unique fils, Guillaume, périt en mer. Six ans plus tard, il fait reconnaître sa fille Mathilde à ses barons et à son neveu Étienne, héritier de la maison de Blois ; puis il marie la jeune femme, veuve de l'empereur Henri V, à l'héritier du comte d'Anjou, Geoffroi Plantagenêt. De ce mariage naît Henri Plantagenêt, en 1133. Deux ans plus tard, Henri Ier meurt, et les hostilités s'ouvrent entre le parti d'Étienne de Blois, couronné en hâte à Westminster le 23 décembre 1135, et celui de l'enfant, héritier souhaité du roi défunt, qui se trouve alors sur le continent avec sa mère et est soutenu par la maison d'Anjou.

L'Europe occidentale au XIIe siècle

L'Europe de l'Ouest reste morcelée mais **un processus d'affermissement** transforme les vieilles principautés en États modernes.

Ce renforcement est rendu possible par **les mutations sociales et économiques** : l'accroissement de la prospérité, donc de l'impôt dont dispose le seigneur ou le roi ; la généralisation des liens féodaux, qui obligent un vassal à obéir à son seigneur ; la diffusion de la culture, qui permet de recruter clercs et juristes pour constituer une administration efficace.

Le mouvement s'affirme d'abord dans **les principautés continentales** vassales de la monarchie française : Normandie, Champagne, Anjou. Puis l'évolution affecte **les puissances indépendantes** : Angleterre ; États de l'Église en Italie ; et le royaume de France lui-même.

Les débuts de la guerre civile

Activement épaulé par son parent, le comte de Champagne, mollement reconnu par le roi de France, Étienne se rallie rapidement la Normandie. Hormis l'Anjou, seule l'Écosse, parmi les régions concernées, lui refuse son soutien. Étienne fait investir son fils Eustache de la Normandie et consacre tous ses efforts à l'Angleterre : le parti Plantagenêt est bientôt forcé de conclure avec lui une trêve. Mais sa réussite même le rend dangereux aux yeux des barons du royaume, trop heureux de marchander leur aide à un roi faible, et qui se remettent à voir en Mathilde un parti acceptable.

Des révoltés appellent celle-ci en Angleterre, où elle débarque le 30 septembre 1139. Surtout soutenue par les barons de l'Ouest, elle prend lentement l'avantage, au terme de conflits limités et souvent confus, occupe Londres en 1141 et se fait proclamer « dame d'Angleterre ». La même année, son époux Geoffroi entame la conquête de la Normandie, qu'il emporte en 1144 avant de remettre le duché à son fils Henri en 1150.

L'entrée en scène d'Henri

Entre-temps, Mathilde s'est, comme Étienne, heurtée au baronnage et au clergé d'Angleterre. L'issue est encore indécise lorsque, en 1147, elle regagne le continent. Geoffroi meurt en 1151 ; son fils Henri ajoute l'Anjou à la Normandie. L'année suivante, il épouse Aliénor, que vient de répudier le roi de France Louis VII : il acquiert ainsi un domaine étendu en Poitou, en Guyenne et en Gascogne, et devient le seigneur d'une vaste zone de fiefs, qui s'étend de l'Atlantique à l'Auvergne.

En janvier 1153, Henri croit le moment venu de revendiquer son héritage anglais. Il est accueilli sans grand enthousiasme, même par les ennemis d'Étienne. Mais le décès d'Eustache, qui prive Étienne de descendant, emporte la décision. Par le traité de Wellingford, en novembre 1153, Étienne reconnaît Henri pour successeur. La mort d'Étienne, le 25 octobre 1154, lui assure la couronne anglaise, dont il fait confirmer à son fils Guillaume l'héritage, dès avril 1155.

La gloire du roi

Le règne d'Henri Plantagenêt – Henri II – est un incessant va-et-vient entre ses possessions. Le roi et sa cour parlent français : Henri comprend l'occitan, mais il ignore l'anglais. Initiateur d'une vie de cour brillante, même si son éclat littéraire est modéré, ce prince à la large carrure, aux cheveux drus et roux, aux mains calleuses, est avant tout un politique, un guerrier, un administrateur. Il sait, comme ses ancêtres, ménager d'intenses relations diplomatiques avec la pa-

Vassal et suzerain ? Ou rois égaux entre eux ? Henri II d'Angleterre (Henri Plantagenêt) et son rival Philippe Auguste, dans une miniature française.

Tête du gisant d'Henri II Plantagenêt, duc de Normandie, comte d'Anjou et roi d'Angleterre (statue de pierre polychrome, abbaye de Fontevrault, France). ▷

pauté, mais son caractère impérieux, sa volonté despotique l'entraînent aussi dans un conflit grave avec l'Église : en décembre 1170, il fait assassiner, en pleine cathédrale, pendant la messe, l'archevêque de Canterbury Thomas Becket, qui ose s'opposer à sa volonté de placer l'Église dans son entière dépendance. Le scandale est tel, en Angleterre et dans toute la chrétienté, qu'Henri est obligé de s'humilier, faisant pénitence publique au tombeau de l'archevêque.

Henri II réussit en revanche parfaitement dans le domaine des affaires laïques. Le développement d'organes d'administration judiciaire et financière spécifiques dans chacune de ses possessions lui permet de tirer profit de la prospérité agricole de ses terres, du dynamisme urbain et de l'amplification des échanges commerciaux. Quant aux affaires extérieures, le roi s'y montre d'une hardiesse que justifient ses moyens : vassal du souverain français sur le continent, mais son égal par le sacre en Angleterre, il se heurte à Louis VII puis à son successeur Philippe Auguste. Ainsi commence une véritable « première guerre de Cent Ans », qui ne s'achève qu'en 1258, après que le roi de France a remis la main sur la Normandie, l'Anjou, la Touraine, la Saintonge, le Poitou.

Le règne de Henri II prend fin le 6 juillet 1189 : ses dernières années, assombries par la rivalité de ses fils, Richard Cœur de Lion et Jean sans Terre, contiennent en germe la décomposition du vaste « empire Plantagenêt », assemblage de domaines disparates menacé par les ambitions des barons.

→**Voir aussi** : p. 116-117 (Guillaume le Conquérant).

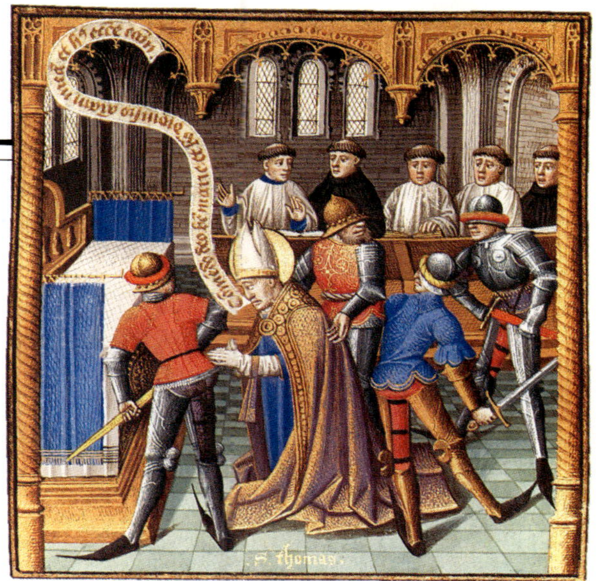

Le meurtre de l'archevêque de Canterbury Thomas Becket (miniature française).

Les dynasties anglaises jusqu'à la guerre des Deux-Roses

Les Plantagenêts. Après Henri II règnent ses deux fils, Richard Cœur de Lion (1189-1199), mort en luttant contre Philippe Auguste, puis Jean sans Terre (1199-1216) qui ajoute à ses échecs face à la France un despotisme odieux aux barons anglais : en 1215, la « Grande Charte » limite sévèrement les droits de la royauté. Dès lors, l'essentiel du règne des souverains plantagenêts se passe à défendre leur pouvoir contre les prétentions des Grands du royaume, réunis en un « Parlement ».

Les Lancastres. En 1399, la déposition de Richard II, dernier Plantagenêt, profite à son cousin Henri de Lancastre, roi sous le nom de Henri IV (1399-1413). Lui succèdent Henri V (1413-1422), vainqueur de la France à Azincourt (1415), puis Henri VI (1422-1461), roi à un an, qui perd les possessions acquises par l'Angleterre en France pendant la guerre de Cent Ans.

Les Yorks. L'incapacité de Henri VI détermine la révolte de son cousin Richard d'York, et ouvre la guerre des Deux-Roses : rose blanche des Yorks contre rose rouge des Lancastres. Richard meurt en 1360, mais son fils Édouard, appuyé par la Bourgogne, devient roi en 1461. Henri VI, réfugié en Écosse, finit exécuté en 1471 après la victoire des Yorks à Tewkesbury. Le même sort frappe Édouard VI et les deux fils d'Édouard, en 1483, à l'instigation de son propre frère, qui devient Richard III. La lutte cesse en 1485 avec l'avènement d'Henri Tudor (Henri VII), héritier des Lancastres, qui tue Richard à la bataille de Bosworth.

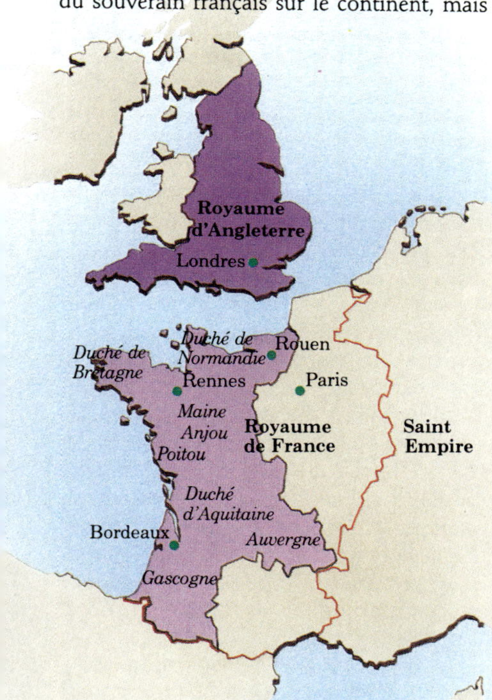

L'empire Plantagenêt à son apogée.

Des guerriers sans pitié dans le Japon féodal

L'ÂGE DES SAMOURAÏS

Le XIIe siècle est pour le Japon une époque de guerres civiles chroniques. La force et l'épée y prévalent de façon permanente sur le droit. Deux grandes familles nobles, alors, se disputent le pouvoir : les Taira et les Minamoto. À la faveur de ces troubles, une caste de guerriers voit le jour : les samouraïs.

Combat de samouraïs (estampe japonaise du XIXe siècle, Paris, bibliothèque des Arts décoratifs).

En 1156, l'exécution de sang-froid, à Kyoto, de cinquante membres du clan Minamoto par des guerriers Taira, accompagnée de pillages et du massacre d'une partie de la population, marque un tournant de l'histoire du Japon. Désormais, des guerriers inféodés à des seigneurs imposent leur morale, faite de violence et d'amour de la guerre, aux principes bouddhistes de modération et de non-violence qui gouvernaient l'histoire de l'archipel depuis l'introduction de cette religion, au cours du VIe siècle.

Les massacres de Kyoto

Depuis le dernier quart du XIe siècle, environ, désordres, brigandages et guerres privées sévissent, au fur et à mesure que s'amenuise l'autorité du pouvoir central. Puis, au milieu du XIIe siècle, la lutte pour le pouvoir entre les deux familles Taira et Minamoto s'exacerbe. La guerre, alors, prend une envergure épouvantable. En 1156, elle atteint la capitale, Kyoto, alors dépourvue de toute fortification ou garnison. À Kyoto, les guerriers à la solde des Taira mettent le feu aux maisons, massacrent les habitants dévoués au clan Minamoto. La plupart des prisonniers sont décapités. Au début de la lutte, le chef de la famille Minamoto, fait prisonnier, est condamné à mort par les Taira. Son propre fils reçoit l'ordre de l'exécuter. C'est un de ses guerriers, finalement, qui tue son seigneur, avant de se suicider à son tour. Mais la victoire des Taira est de peu de durée. Dans les années 1180, le parti des Minamoto recommence à progresser. En 1192, Minamoto no Yoritomo, chef de la famille, est nommé *shogun*, c'est-à-dire dictateur militaire : s'il ne prend pas le titre d'empereur — qui revient à chaque génération à un personnage fantoche, il exerce la réalité du pouvoir, et sa descendance à sa suite. Cette situation dure jusqu'en 1333 : elle correspond à ce qu'on appelle, dans l'histoire du Japon, «la période de Kamakura», à cause du nom de la ville où les shoguns Minamoto établissent leur résidence.

Les samouraïs

À la faveur des troubles, les guerriers ont des liens d'allégeance de même nature que les liens féodaux en Europe vers la même époque. Au début du XIIe siècle, la plupart des soldats se trouvent ainsi liés aux deux grandes familles. Ce système féodal est fondé sur la loyauté personnelle. C'est alors qu'apparaît le guerrier-gentilhomme, le samouraï. Le mot signifie «celui qui sert». Le samouraï est au service d'un seigneur. Les samouraïs sont unis à ce seigneur par un code qui exige une loyauté absolue, rien ne devant altérer leur dévouement vis-à-vis du maître, ni l'amour de leur famille (femme et enfants), ni la peur de la mort.

Le riche samouraï combat à cheval, revêtu d'un heaume et d'une armure souple faite d'étroites bandes d'acier liées entre elles par des cordes ou des pinces. Nul homme d'un rang inférieur à la caste des guerriers n'est autorisé à utiliser les armes suprêmes de la guerre, en particulier la longue épée à double poignée, aussi vénérée qu'un objet sacré. D'une certaine façon, le samouraï ressemble au chevalier européen. Mais l'Église impose à la chevalerie européenne la ferveur religieuse et l'obligation de servir Dieu et non pas seulement la guerre ou la mort. Le samouraï est donc un guerrier combattant pour son seigneur, sans qu'aucune morale dictée par une foi puisse mettre une limite aux actes qu'il commet, sous l'inspiration d'une fidélité fanatique et du goût de la guerre et de la violence.

Le «bushido» ou la voie des guerriers

Le samouraï est soumis au *bushido,* ou voie des guerriers, qui exige une dévotion entière à la vie militaire, faisant de la souffrance physique la règle et de la mort au combat en héros le but le plus noble.

L'expédition des Minamoto contre le palais d'un ennemi

Contemporaine des événements, une chronique japonaise donne une idée de la sauvagerie des mœurs des samouraïs aux ordres des clans rivaux : «Des flammes sauvages remplirent le ciel, un vent de tempête balaya des nuages de fumée, les nobles, les courtisans, et même les dames de compagnie furent abattus ou frappés à mort [...] Quand ils se précipitaient au-dehors pour échapper à l'incendie, ils étaient criblés de flèches. Quand ils revenaient pour échapper aux flèches, ils étaient la proie des flammes. Nombreux étaient ceux qui, fuyant les flèches et les flammes se jetaient dans des puits : au fond, ils périssaient par noyade; au milieu, ils étaient écrasés à mort par les suivants, tandis que les derniers avaient déjà été brûlés par les flammes.»

Cité dans le Japon médiéval, *J. Norton Léonard, Time-Life, Pays-Bas, 1968-1969.*

Plus largement, la vie du samouraï est réglée par un réseau serré de devoirs. Il a l'obligation absolue de fidélité et d'obéissance aux supérieurs ; fidélité totale aux lois, à l'empereur et surtout au *shogun;* soumission complète aux anciens de la famille, aux professeurs et aux patrons. Il doit maintenir sans tache l'honneur du clan. S'il est défait ou fait prisonnier, le samouraï choisit le suicide plutôt que la perte de son honneur de guerrier. Le rituel du *seppuku* est connu : le samouraï s'ouvre le ventre puis un servant lui tranche le cou. Le samouraï n'a pas le droit de travailler ni de gagner de l'argent. Il doit se consacrer uniquement à des tâches nobles : servir le seigneur, défendre le territoire, s'adonner à la pratique des arts militaires.

Pour acquérir la force physique et morale nécessaire, le jeune samouraï passe entre les mains de maîtres qui lui apprennent l'art d'utiliser arcs et épées, mais qui l'endurcissent aussi en le soumettant à des épreuves. Il doit jeûner, faire de longues marches pieds nus dans la neige. Au combat, le samouraï applique des méthodes où la souplesse du mouvement l'emporte sur la force brutale. Cependant, les samouraïs emportent souvent comme trophée la tête de leurs ennemis battus. La plus petite de leur épée est destinée à ce sinistre usage.

Scène de bataille entre les clans ennemis des Taira et des Minamoto (peinture du XIVe siècle, Gênes, musée d'Art oriental). La lutte des grandes familles japonaises pour le pouvoir, au XIIe siècle, empoisonna la vie de l'archipel et favorisa les progrès d'une caste guerrière, les samouraïs.

Hommes portant des tenues anciennes de samouraïs (photographie prise en 1875).

Cette coutume provoque rapidement l'apparition d'un casque muni de collerets pouvant résister précisément à la décapitation. Ils y ajoutent des protège-cous et des masques qui intimident l'ennemi par des expressions menaçantes et un visage féroce.

Le samouraï doit être prêt à tout moment à prendre les armes, il s'entraîne chaque jour et toute sa vie est une quête de maîtres de plus en plus exigeants. Il vit pour la guerre. Comme le prescrit le *bushido,* «un samouraï doit vivre et mourir l'épée à la main».

Le pouvoir des samouraïs reste entier jusqu'en 1868. À ce moment, les *shoguns* de la famille des Tokugawa instaurent la paix et les samouraïs, seigneurs de la guerre, perdent progressivement leur raison d'être.

Un État au carrefour de l'Occident et de l'Orient

LA SICILE DE FRÉDÉRIC II

Frédéric II (Chronique d'Espagne, *manuscrit de 1344, Lisbonne, Académie des sciences).*

Proclamé roi de Sicile à l'âge de trois ans, après la mort de ses parents, l'empereur Henri VI de Hohenstaufen et Constance de Sicile, Frédéric II grandit à Palerme sous la tutelle du pape Innocent III. Sa vie durant, la Sicile restera sa terre d'élection.

L'île a souvent changé de maître au cours des siècles précédant le règne de Frédéric. Après la domination des Vandales et des Ostrogoths au Ve siècle, elle est passée sous le contrôle de Byzance, héritière de l'Empire romain en Méditerranée orientale, sous celui des Arabes qui y ont développé une civilisation très brillante, avant de tomber entre les mains des Normands (XIe siècle) qui ont couvert sa capitale, Palerme, de magnifiques monuments au style composite, inspiré à la fois des arts byzantin, islamique et chrétien d'Occident. Frédéric est né de l'union, en 1186, de l'ultime descendante de la dynastie normande avec l'empereur du Saint Empire romain germanique : il est donc l'héritier de la Sicile et de la région de Naples que la couronne sicilienne contrôle dans le sud de l'Italie, et un excellent candidat pour la couronne impériale, dont la possession se transmet par élection.

Un royaume fortement centralisé

Durant la minorité de Frédéric puis pendant les années qu'il passe au loin pour conquérir le titre d'empereur germanique que lui a décerné le pape en 1212, la Sicile est la proie des grands seigneurs : ceux-ci étendent leurs territoires au détriment de la couronne et font régner l'injustice. En 1221, le souverain, de retour dans ses États d'Italie du Sud, convoque une assemblée de notables, les assises de Capoue, pour élaborer une constitution réaffirmant pleinement son autorité. Dix ans plus tard, un nouveau texte, les constitutions de Melfi, fait de la Sicile un État fortement centralisé. L'île est administrée directement par les fonctionnaires désignés par le roi et par une chancellerie divisée en plusieurs ministères : les Impôts, les Douanes, l'Agriculture et les Travaux publics. Le roi fonde à Naples, en 1221, une université destinée à la formation d'un personnel efficace et soucieux des intérêts du pays ; d'une intelligence remarquable, il s'entoure d'une équipe dirigeante très compétente. Cette politique porte rapidement ses fruits et fait de la Sicile un État moderne et prospère. La réussite est d'autant plus méritoire que Frédéric doit affronter le délicat problème de la situation de la minorité musulmane, qui survit dans l'île et tend à y fomenter de multiples complots. Le roi essaie d'abord de transférer les communautés dans des villes et villages dispersés du sud de l'Italie, puis, devant les résistances qu'il rencontre, il fonde en Sicile même une ville fortifiée, Lucera, où il rassemble les Arabes. Une confiance nouvelle s'établit entre les habitants de la cité et le monarque, qui recrute parmi eux non seulement une armée mais également sa garde personnelle. La politique de Frédéric est bien différente en ce qui concerne les terres péninsulaires qui dépendent de son autorité et

Homme très cultivé, ouvert à l'islam, amoureux du faste, Frédéric II s'entoure d'une cour semi-orientale composée de soldats, pages ou servantes musulmanes (la Cour de Frédéric II à Palerme, *peinture d'Arthur von Ramberg, v. 1860, Munich, Neue Pinakothek).*

le domaine impérial en général. Fixé en Sicile et travaillant en premier lieu à l'élaboration d'un gouvernement centralisé dans ce royaume, en Allemagne il favorise, au contraire, la féodalité qui lui permet de déléguer le pouvoir dans les régions les plus lointaines, et l'émancipation des villes qui apporte un utile contrepoids aux ambitions des nobles. Il affaiblit ainsi de manière irréversible l'autorité impériale.

Une cour brillante

Fin politique, Frédéric II est aussi un grand intellectuel. Très cultivé, parlant plusieurs langues, il possède des connaissances développées en mathématiques, en astronomie, en médecine, en philosophie et en sciences naturelles. Auteur d'un traité de fauconnerie, il compose aussi des poésies, en langue vulgaire plutôt qu'en latin. Dans sa cour de Palerme, il attire des savants de toutes origines, Grecs, Arabes, Juifs, ainsi que les poètes les plus talentueux d'Allemagne et d'Italie. Il s'affirme comme un grand bâtisseur, élevant nombre de châteaux qui constituent à la fois des forteresses et des résidences vouées au délassement — sa passion est la chasse, au faucon notamment. Partout où il va, il se fait accompagner par une suite importante qui déploie un luxe extraordinaire.

Le règne de Frédéric II est marqué par ses démêlés avec la papauté, de son excommunication par Grégoire IX en 1227 à sa déposition par le concile de Lyon convoqué par Innocent IV en 1245 (Grégoire IX lance l'excommunication contre Frédéric II, *peinture de Giorgio Vasari, palais du Vatican).*

Un conflit interminable

Le règne de Frédéric II est cependant assombri par un long et grave différend avec la papauté. Éduqué sous la tutelle d'Innocent III, protégé par le successeur de celui-ci, Honorius III, Frédéric, devenu empereur, contrôle un ensemble de terres qui, au nord et au sud des États pontificaux, menacent d'étrangler ceux-ci. Aussi, à partir du pontificat de Grégoire IX, les relations du souverain avec Rome deviennent-elles exécrables. Excommunié à plusieurs reprises, en premier lieu sous le prétexte d'avoir refusé de se croiser (ce qu'il fait avec retard, en 1229), Frédéric est finalement jugé en 1245 par un concile, réuni par Innocent IV à Lyon, sous la protection de Saint Louis. Les fautes qui lui sont reprochées sont réelles (l'enlèvement de prélats qui se rendaient à un précédent concile chargé d'examiner son cas) ou relèvent du parti pris (le non-respect des droits et des possessions de l'Église), mais la sentence, quant à elle, est prévue d'avance : conformément aux vœux du pape, le concile prononce la déposition de Frédéric II en tant qu'empereur. Le monarque refuse de se soumettre ; cependant, son prestige en est considérablement affaibli : pour imposer son autorité, il lui faut lutter sans relâche contre les villes du Nord, de plus en plus rebelles, de sorte que, à sa mort, en décembre 1250, l'empire — l'Allemagne et l'Italie — est en proie à l'anarchie. Son fils Conrad IV, qui lui succède à la fois comme empereur et comme roi de Sicile, meurt en 1254. Un autre de ses fils, le bâtard Manfred, s'efforce de conserver le royaume, d'abord au nom de son neveu Conradin puis pour lui-même. En 1266, il en est dépossédé par Charles Ier d'Anjou, frère de Saint Louis, qui a été chargé par le pape de conquérir la Sicile. Deux ans plus tard, le jeune Conradin tente de reprendre l'île, mais il est vaincu et décapité. La papauté l'a finalement emporté sur les Hohenstaufen.

La Sicile après Frédéric

La crise de succession qui suit la mort de Frédéric, une fois résolue au détriment de ses successeurs Conrad, Manfred et Conradin, la couronne de Sicile passe à une branche française issue des Capétiens, la deuxième maison d'Anjou. Mais cette situation dure peu.

Un souverain maladroit. En 1266, Charles Ier d'Anjou ceint la couronne de Naples et de Sicile. Souverain brutal, il impose à l'île un régime très dur et il l'accable d'impôts destinés à financer ses guerres. Son impopularité ne cesse de croître, comme l'atteste le qualificatif de *Carlo l'Assassino* (« Charles l'Assassin »), que lui attribuent ses sujets. Un ancien médecin de Frédéric II, Jean de Procida, soutenu par le roi d'Aragon Pierre III, gendre de Manfred, tué par Charles d'Anjou, donne le signal de la rébellion.

L'extermination des Français. Le 30 mars 1282, alors que Palerme s'apprête à célébrer les vêpres, les Français sont massacrés par la population exaspérée. La fureur sanguinaire se propage bientôt à l'ensemble de l'île et dure jusqu'au 28 avril. Toutes les garnisons françaises sont décimées. Les Siciliens n'épargnent que deux Français, qui ont mérité leur respect, et une petite troupe cantonnée à l'intérieur des terres. L'événement, passé à la postérité sous le nom de « Vêpres siciliennes », met fin au règne de Charles d'Anjou, qui est contraint de fuir. Pierre III d'Aragon monte sur le trône de Sicile.

Les forteresses bantoues

GRAND ZIMBABWE

Aux XIIIe et XIVe siècles, la région située entre le Zambèze et le Limpopo assiste à l'éclosion d'un royaume très prospère. Les ruines de sa capitale, Grand Zimbabwe, à 30 km environ au sud de la ville actuelle de Masvingo, sont les plus spectaculaires de l'Afrique subsaharienne.

La colline qui domine Grand Zimbabwe conserve les premières traces de peuplement. Laissées par de petites communautés agricoles, celles-ci remontent au IIe ou au IIIe siècle. Abandonné au cours du Ier millénaire, le site est à nouveau occupé au début du XIe siècle, et cela pour quatre cents ans.

D'étonnantes constructions

Au XIe siècle, la région, fertile et boisée, attire des agriculteurs qui appartiennent à un peuple bantou. Au pied de la colline de Grand Zimbabwe, ceux-ci érigent des structures légères, faites de branches recouvertes de *daba,* mélange à base de poudre de termites, dans lesquelles ils logent. Ils n'utilisent la pierre que pour édifier des murs de soutènement qui supportent des terrasses agricoles ou des murets entourant les champs ou les enclos pour le bétail. Ce n'est qu'au XIIIe siècle qu'apparaît une véritable architecture de pierre. Extraite dans les affleurements de granite locaux, la roche est éclatée à la chaleur du feu. Sur la colline, dite « l'acropole », les maçons édifient un réseau d'enceintes en pierres simplement superposées et non liées par un quelconque mortier, formant des blocs assez grossiers. En contrebas, dans la vallée, à environ 600 m de la colline, ils érigent l'édifice le plus impressionnant et le mieux bâti de la ville, appelé la Grande Enceinte. Il s'agit d'un mur, en grande partie conservé, qui décrit une ellipse. Haute d'au moins 9 m et large de 5 m à la base, la muraille mesure 250 m environ de circonférence. Elle est construite avec de petits blocs de granite, soigneusement taillés, qui ont la forme d'une brique. L'entrée de la structure fait face à la colline. À l'intérieur, l'enceinte abrite une tour conique, pleine, sans ouverture ni escalier, aux assises aussi régulières que celles du mur. On ignore tout de sa fonction. Le vaste édifice, qui renferme d'autres enceintes, contient à lui seul plus de pierres que toutes les autres constructions de la ville réunies. Entre la colline et cet ensemble s'étend un groupe d'une dizaine d'enceintes plus petites.

Un État puissant

On considère aujourd'hui que les constructions de la colline constituaient un ensemble religieux. C'est là, sans doute, qu'on enterrait les rois et qu'on rendait le culte aux ancêtres. Les prêtres venaient aussi y consulter les esprits. Dans ce complexe, il existe une cavité naturelle dans laquelle certains chercheurs ont reconnu, sans preuve, une chapelle oraculaire. La Grande Enceinte a été identifiée à la résidence royale. Son mur ne semble pas avoir joué un rôle défensif : il avait simplement pour fonction de glorifier le souverain et son

royaume. Les enceintes extérieures au palais abritaient des membres de la famille royale et les principaux dignitaires. Au-delà, certaines maisons, entièrement en daba et solidement construites, étaient destinées à d'autres membres de l'élite. La majorité de la population résidait, quant à elle, dans les petites constructions en matériaux traditionnels, branches et daba. Incontestablement, les monuments de Grand Zimbabwe sont l'œuvre d'un État riche, gouverné par un roi puissant, ayant suffisamment d'autorité pour mobiliser une main-d'œuvre qui compte sans doute des centaines d'ouvriers. Ce ne sont pas les ressources agricoles, tout juste suffisantes pour nourrir les deux mille âmes qu'abrite la

À la découverte de Grand Zimbabwe

C'est un certain Adam Render, un Européen dont on ne sait presque rien, qui découvre la ville ancienne. En 1871, il accompagne Karl Mauch, géologue et explorateur allemand, intéressé par le site, à Grand Zimbabwe.

Les premiers relevés. Karl Mauch séjourne à Grand Zimbabwe pendant près de un an afin de décrire les vestiges et en dresser des plans. Persuadé que les constructions ne peuvent pas être l'œuvre d'Africains, il les considère comme des répliques des palais du roi Salomon et de la reine de Saba. Il en attribue la paternité à des hommes venus du Proche-Orient. Il donne ainsi naissance à la légende qui identifie les ruines aux légendaires mines du roi Salomon, mentionnées dans la Bible.

Le pillage. Après leur publication, les travaux de Karl Mauch font accourir sur les lieux les prospecteurs qui travaillent dans la région. Ils écument la vieille cité à la recherche de trésors et la vident de ses objets en or. Le pillage systématique, qui ne prend fin qu'au cours du XXe siècle, cède la place à des fouilles archéologiques sérieuses.

Les ruines imposantes de Grand Zimbabwe témoignent de la présence d'un royaume très puissant.

◁ *La tour conique demeure l'une des constructions les plus mystérieuses de Grand Zimbabwe.*

ville à son apogée, qui ont permis à Grand Zimbabwe d'ériger ces édifices : ce sont les profits qu'elle tire du commerce. Installée sur la route qui relie les mines d'or, situées au nord et à l'ouest de la ville, au port musulman de Sofala, sur l'océan Indien, Grand Zimbabwe vit des échanges à longue distance. Elle y contribue directement, ou se contente de collecter des taxes sur les biens qui circulent. Par Sofala, de l'or et de l'ivoire sont exportés tandis que des vêtements et des perles sont importés. Les rois de Grand Zimbabwe achètent aussi des faïences de Perse et des plats en porcelaine de Chine.

Un déclin rapide

Cette vaisselle, très coûteuse, utilisée par le roi pour son usage personnel, est un signe de la vie luxueuse que celui-ci devait mener. Sa cour, qui dispose de jolies céramiques locales et se pare de bijoux en cuivre, en bronze ou en or, est également bien lotie. Les artisans de la ville excellent dans l'art du métal et du tissage. Mais, au XVe siècle, cette prospérité prend brutalement fin, peut-être en raison des deux siècles d'exploitation intensive de la nature. En effet, les cultures et l'élevage très poussé du bétail ont épuisé les sols. Les animaux, chassés de manière excessive, sont de moins en moins nombreux. L'abattage massif des arbres, qui fournissent le combustible indispensable à l'extraction du granite, a privé Grand Zimbabwe de cette matière première vitale. L'État, incapable de faire face à la situation, disparaît, et les habitants quittent la ville. Certains se dirigent vers le nord du pays, où éclôt bientôt l'empire du Mwene Mutapa.

Roi africain devant une tente (détail d'une carte de la mer Méditerranée par Maggiolo, 1563, Paris, Bibliothèque nationale de France).

1204

Les croisés attaquent l'Empire byzantin

CONSTANTINOPLE PILLÉE

Le 13 avril 1204, les armées de la 4e croisade, parties enlever Jérusalem aux musulmans, s'emparent de Constantinople, ville orthodoxe, capitale de l'Empire byzantin. La cité est pillée pendant plusieurs jours, puis l'État byzantin est supprimé, remplacé par un Empire d'Orient gouverné par un Occidental. Le pape n'a pu éviter ce détournement : les ambitions de Venise, les visées de quelques grands barons ont transformé une guerre pieuse en opération de spoliation contre une ville et un souverain chrétiens.

C'est l'échec de la précédente croisade, en 1188-1192, qui oblige les chrétiens à repartir vers l'Orient : Jérusalem est toujours entre les mains des musulmans, en l'occurrence les successeurs du sultan Saladin, mort en 1193. Inspirée par le pape Innocent III, prêchée entre autres par Foulques de Neuilly, la nouvelle croisade rencontre un écho favorable dans l'Italie septentrionale et dans la moitié nord de la France, puis en Allemagne. Le recrutement change de nature : les rois ne s'engagent plus directement, le peuple ne se mobilise plus, mais les seigneurs se croisent avec enthousiasme, comme le duc de Bourgogne, les ducs de Blois et de Chartres, le comte du Perche et de nombreux nobles allemands. Puisque la puissance musulmane a désormais son centre en Égypte, une nouvelle tactique est proposée : on ne se dirige plus vers Jérusalem, mais on attaque l'ennemi au cœur de sa puissance, sur les rives sud de la Méditerranée. Et comme les souvenirs des souffrances endurées lors des voyages à pied restent vifs, on décide que le transfert se fera par mer – via Venise qui possède la seule force maritime capable d'assurer un transport d'hommes si important.

Le détournement progressif de la croisade

C'est à cause de cette décision que la croisade finit à Constantinople. Lorsque les croisés se rassemblent à Venise en juin 1202, ils sont un nombre considérable : 4 500 chevaliers avec leur monture, 9 000 écuyers et 20 000 hommes à pied. Il faut de l'argent pour transporter ce monde : Venise exige 85 000 marcs, les croisés n'en ont pas la moitié. Alors, le doge vénitien négocie : le paiement se fera plus tard, à condition qu'en chemin les croisés aident Venise à consolider ses positions en Méditerranée. Au même moment, Alexis le Jeune, successeur légitime de l'empereur Isaac Ange à Constantinople, est privé du trône par son frère cadet. Il appelle au secours l'Occident pour recouvrer sa couronne. La flotte quitte Venise le 1er octobre 1202 et prend Zara, dans l'Adriatique, pour le compte de la Sérénissime. Les croisés ne reprennent la mer qu'en avril suivant, pour secourir Alexis, qui promet d'aider l'expédition par la suite. De Rome, le pape fait savoir son désaccord sans que personne l'écoute. Les chrétiens conquièrent Corfou et Scutari, toujours au bénéfice des Vénitiens ; le 11 juillet, ils assiègent Constantinople.

Constantinople assiégée par les croisés

Ce premier siège dure peu : dès le 17 juillet, la ville tombe ; Alexis est couronné le 1er août. Mais l'armée reste dans Constantinople sans que le nouvel empereur fasse rien pour l'aider à repartir. Des incidents surviennent et se multiplient, entre les Occidentaux – les Latins – et les Constantinopolitains – les Grecs. Le 29 janvier 1204, le faible souverain byzantin est renversé et exécuté par un magistrat de sa cour, Alexis Dukas. Une seconde fois, les croisés assiègent Constantinople, qui tombe le 13 avril 1204. La ville aux célèbres richesses est mise à sac. Le butin est partagé entre Vénitiens, chefs de l'expédition et chevaliers : or et argent, vaisselle et bijoux, étoffes de luxe, précieuses reliques, accumulés depuis des siècles, inondent le monde occidental.

Un partage préparé de longue date

Les dépouilles de l'Empire byzantin sont aussi partagées. Le comte de Flandre, Baudouin, est le mieux loti : le 16 mai, il est élu

Le chargement des bateaux vénitiens partant pour la croisade (miniature française du XIVe siècle). On remarquera les bannières de toutes origines (Flandre, France, États pontificaux...).

Le siège de Constantinople par les croisés, (tableau du Tintoret au Palais ducal de Venise) [à gauche] ; et le sacre de Baudoin de Flandre, « empereur latin d'Orient » (miniature du XVe siècle) [à droite].

La Méditerranée orientale au début du XIIIe siècle

L'Empire byzantin est coupé de Rome sur le plan religieux : orthodoxe, il ne reconnaît pas l'autorité du pape. Son autorité s'étend sur la Grèce, un tiers de l'Asie Mineure, les côtes ouest et sud de la mer Noire ; sa frontière nord va de Belgrade aux bouches du Danube. La famille des Anges a succédé sur le trône à celle des Comnènes en 1185.

Les catholiques – **les chrétiens occidentaux** – ne conservent plus de leurs conquêtes de la 1re croisade, outre Chypre, que trois poches côtières, à Antioche, Tripoli et Acre.

Réunis un temps sous l'autorité du sultan Saladin (1171-1193), **les musulmans** sont de nouveau divisés. Sous la domination théorique du calife de Bagdad, deux blocs luttent pour la prééminence : l'Asie Mineure (sultanat de Rūm) et l'Égypte.

empereur de l'ex-Empire byzantin rebaptisé Empire latin d'Orient, et il reçoit le quart de la ville et des territoires de l'ancien État. Le reste est partagé par moitié entre les croisés et les Vénitiens.

La distribution, manifestement, a été préparée de longue date ; au-delà du prétexte d'intervention, l'intention des Occidentaux était de se substituer aux Byzantins. La responsabilité du projet incombe surtout à Venise – ou plutôt à l'aristocratie guerrière et marchande qui, derrière le doge Enrico Dandolo, convoite d'étendre l'influence du port à toute la Méditerranée. Mais les chefs de la croisade, les « barons », gênés dans leurs pays par l'essor des constructions monarchiques, ont vu dans l'opération l'occasion de se tailler aisément de riches principautés ; et les chevaliers ont oublié leur devoir face à la chance imprévue de se procurer des richesses.

Mais un bénéfice précaire et éphémère

Pourtant, l'avantage tiré par les Occidentaux de leur brutale conquête est plus apparent que réel : l'Empire, nominalement partagé, reste à conquérir, au printemps 1204. Les Vénitiens, de parti pris, délaissent l'intérieur et s'implantent en des îles et bases côtières, qui favorisent leur commerce. Les autres bénéficiaires du partage peinent à concrétiser leurs fiefs, en Thrace, en Thessalie, en Macédoine ou dans le Péloponnèse, rebaptisé principauté de Morée ou d'Achaïe.

La résistance byzantine s'organise autour de trois pôles : l'ancienne dynastie des Comnènes maintient son autorité à Trébizonde, où elle demeure après la chute finale de Byzance, en 1453 ; la famille des Anges perpétue son pouvoir dans le despotat d'Épire ; enfin, un État byzantin relativement puissant, l'Empire de Nicée, subsiste en Turquie, grâce à un homme, Théodore Lascaris. Cet État cause la fin de l'Empire latin d'Orient, cinquante ans à peu près après sa constitution : en 1261, les successeurs de Lascaris reprennent Constantinople et donnent à l'Empire byzantin reformé sa dernière dynastie, celle des Paléologues.

→**Voir aussi** : p. 194-195 (La chute de Constantinople).

La Méditerranée, lac italien

Le rôle de Venise dans le détournement de la 4e croisade est exemplaire des ambitions de ce port italien (et de l'ensemble des ports italiens) en Méditerranée.

Dès le Xe siècle, les ports de la péninsule contestent la domination maritime musulmane, à qui ils arrachent, entre autres, la Corse et la Sardaigne.

Au XIIe et au XIIIe siècle, la carte commerciale se simplifie : les ports d'Italie méridionale déclinent (Gaète, Bari, Amalfi), puis c'est le tour de Pise. Gênes et Venise restent face à face, au prix d'une terrible rivalité.

Au XIVe siècle, l'ouest de la Méditerranée se ferme partiellement à l'influence italienne, face à la concurrence catalano-aragonaise. C'est donc en Méditerranée orientale que se situe l'apogée du commerce maritime italien, à la faveur des croisades et en s'appuyant sur l'Empire byzantin ou en le spoliant. Les navires de Gênes et de Venise assurent le convoi vers l'Occident des produits orientaux (soie, coton, épices) et slaves (cire, fourrure, esclaves), ainsi que de quelques matières spécifiques, l'alun de Phocée ou le mastic de Chio. Ce trafic suppose des relais pour le mouillage des navires et des comptoirs où s'approvisionner : Venise et Gênes égrènent ainsi leurs bases le long des côtes dalmates et dans les îles grecques, en pays musulman ou byzantin et jusqu'au fond de la mer Noire et de la mer d'Azov. Dans certaines régions se constituent de véritables colonies italiennes, quartiers de ville (tel celui, génois, de Pera, à Constantinople) ou zones d'agriculture précieuse (en Crète, où les Vénitiens développent la vigne et la culture de la canne à sucre).

À partir du XVe siècle, cet état de choses est remis en cause : les relais et comptoirs italiens disparaissent peu à peu et les navires des deux ports de la péninsule perdent le monopole du commerce vers et depuis le Moyen-Orient.

Le peuple des hauts plateaux à la conquête du monde

LES MONGOLS, FLÉAU DE DIEU

Du Japon aux frontières de l'Occident, les Mongols, tout au long du XIIIe siècle, sèment la terreur et se taillent d'immenses empires, plus ou moins éphémères. La férocité de ce peuple est célèbre d'un bout à l'autre du monde. Ces guerriers d'une ténacité sans pareille parviennent à s'emparer de puissances jusqu'alors invaincues, comme la Chine ou la Perse. Ils en demeurent les maîtres jusqu'à la fin du XIVe siècle.

Au XIIe siècle, les clans mongols dispersés sont installés au sud-est du lac Baïkal, sur les rivières Keroulen et Onon, où ils vivent assez misérablement. Leur centre est la colline sacrée de Delün-Boldak, aux sources de l'Onon. Là sont plantés l'étendard à neuf queues blanches, symbole du peuple mongol, et celui à quatre queues noires, symbole des Niroun, un ensemble de clans considérés comme étant de sang parfaitement « pur ». Certaines tribus aux confins de la taïga sibérienne vivent de la chasse, d'autres, plus au sud, sont composées de pasteurs nomades. Le peuple des Niroun ignore l'écriture, la vie urbaine, l'agriculture, mais il compte des cavaliers et des archers incomparables.

Gengis Khan donnant audience (miniature de l'Histoire des Mongols, *Paris, Bibliothèque nationale). Ces «Barbares» se montrèrent aussi des princes cultivés et raffinés.*

Des guerriers mongols précipitent des prisonniers dans des «marmites» (en fait des troncs d'arbres creusés) remplies d'eau bouillante (miniature extraite de l'Histoire des Mongols *par Rachîd al-Din, XVe siècle, Paris, Bibliothèque nationale).*

Gengis Khan

Fils d'un petit chef de clan assassiné par ses ennemis, Temüdjin réussit à réunir les tribus mongoles en vainquant les Tatars en 1198 et en 1202, les Naymans vers 1199, les Tayidji'uts en 1201, les Keraïts en 1203 et les Merkits en 1205. Proclamé souverain universel (*Tchingiz Kagan* ou *Gengis Khan* — littéralement, le Khan Océan) entre 1187 et 1196 et de nouveau en 1206, par les représentants de 26 clans mongols et de 19 peuples turcs, il établit sa capitale, une immense ville de tentes, à Karakorum. Alors commence la conquête du monde.

En 1209, il mène ses troupes à l'assaut de la Chine; il s'empare de Pékin en 1215 et, en 1217, il est maître de la Chine méridionale.

Il part alors à la conquête de l'Occident. En 1220, il s'empare de la Transoxiane, le Turkestan actuel. Il y anéantit de brillants foyers de civilisation, comme Samarkand, conquise en mars 1220.

Pour prendre une ville assiégée, les Mongols, afin de faire nombre, poussent devant eux des prisonniers qu'ils affublent d'enseignes mongoles. À Samarkand, après la prise de la ville, 1 000 hommes résistent dans la citadelle. Les Mongols finissent par y pénétrer et mettent le feu à la mosquée du Vendredi : « La mosquée et tous ceux qui se trouvaient à l'intérieur furent brûlés dans le feu de ce monde et lavés dans l'eau de l'au-delà », raconte un chroniqueur. La garnison est massacrée, la ville, pillée. Sur la population civile, 30 000 artisans qualifiés sont déportés en Mongolie; 30 000 autres sont emmenés pour servir de « bétail de siège ».

Un empire immense et brillant

Des conquêtes… Si les conquêtes de Gengis Khan se traduisent par des violences inouïes, en Asie comme en Occident, au temps des razzias succède celui de la paix. Gengis Khan établit alors l'ordre et la discipline dans une société qui connaissait une grande anarchie. Systématisées sous le règne d'Ogoday, fils et successeur de Temüdjin, les conquêtes, sans cesser tout à fait, se combinent après sa mort, en 1241, avec l'établissement d'un empire puissant et durable.

… à l'établissement. À ce moment, en effet, se met en place une structure politique originale, de type fédératif, appuyée sur une bureaucratie importante et qui, dans chacune des régions — souvent appelées khanats —, réserve aux Mongols d'origine ou à de rares étrangers dont l'empereur est sûr (ainsi Marco Polo) les charges politiques les plus importantes.

La paix et la prospérité. Dès 1260, à l'avènement du grand souverain Kubilay, l'Empire entre ainsi dans une période de paix et de prospérité profonde, qui dure jusqu'à la fin du règne de Timur, au début du XIVe siècle. Il continue par ailleurs à s'accroître, et finit par couvrir une immense étendue allant de la Russie aux côtes de Chine et de Corée, en englobant l'Iran et le Tibet.

Siège d'une citadelle par l'armée mongole (miniature extraite de l'Histoire des Mongols, *Paris, Bibliothèque nationale). Ces conquérants, bâtisseurs d'un formidable empire, furent d'incomparables cavaliers et des archers experts.*

Une férocité raisonnée

Gengis Khan ne se contente jamais d'une soumission formelle. Toute cité qui résiste est saccagée. À son fils Toluy *(Tuli)*, qui a choisi d'épargner une place conquise, il écrit : « La pitié est signe d'un caractère faible, seule la sévérité retient les hommes dans le devoir ; un ennemi simplement vaincu n'est jamais réconcilié et déteste toujours son nouveau maître. »

La conquête de l'Iran est l'occasion où se manifeste le plus dramatiquement la férocité des Mongols. La plupart des grandes cités du pays : Balkh, Merv, Bamian, Nichapur, Hamadhan, Tabriz, sont incendiées, leurs habitants égorgés. À Tus, dans le Khorasan, les Mongols ne se contentent pas de s'en prendre aux vivants : ils détruisent le tombeau du célèbre calife Harun al-Rachid. Hors des villes, ils mènent également un impitoyable combat : la population des montagnes de l'Iran oriental est à peu près systématiquement massacrée, sans que la conquête nécessite en rien une telle extermination. Mais la résistance est brisée par la terreur.

Neuf sacs d'oreilles...

À la mort de Gengis Khan (1227), l'Empire mongol s'étend de la mer Caspienne et du nord de l'Inde à la Mandchourie. L'empire est divisé entre ses quatre fils, mais chacun d'eux continue les conquêtes. Ceux-ci soumettent la Perse et, en Chine du Nord, l'État des Kin.
En Occident, le petit-fils de Gengis Khan, le prince Batu, se montre particulièrement féroce. Ayant reçu en apanage de son oncle Ogoday, successeur de Gengis, tous les territoires conquis et «à conquérir» du nord-ouest de l'empire, il lance dès 1236 l'offensive en direction de l'Europe à la tête d'une armée qu'il nomme la Horde d'Or. Les Bulgares de la Volga en sont les premières victimes. À Riazan, le siège dure cinq jours. À la suite de quoi, la ville, prise, est incendiée ; le prince, les boyards et tous les habitants sont massacrés, les uns empalés, les autres encloués, brûlés vifs. Le Mongol ravage ensuite le nord-est de la Russie. Moscou, Vladimir, Rostov, Iaroslav sont livrées aux flammes, le grand-duc Vladimir est défait et tué sur la Sit (1238). Seul le dégel sauve Novgorod. L'année suivante, Kiev est anéantie.
Les Mongols ravagent ensuite la Hongrie. Après les batailles, ils poursuivent les soldats ennemis en fuite et les exterminent sans merci. À Noël 1241, ils franchissent le Danube. Lublin succombe. À Cracovie, les habitants s'enfuient, la ville, désertée, est incendiée. Les puissances locales tentent d'intervenir : le 9 avril 1241, près de Leignitz, à Wahlstadt, quelque trente ou quarante mille hommes, croisés et chevaliers teutoniques, sous la direction d'Henri de Silésir, affrontent les Mongols, quelque deux fois plus nombreux qu'eux, qui les écrasent entièrement. Pour recenser leurs victimes, les vainqueurs, dit-on, coupent une oreille aux cadavres : ils emplissent ainsi 9 sacs — 500 selon d'autres versions... La mort d'Ogoday, en 1241, et la convocation d'une assemblée statuant sur sa succession sont les seules causes qui poussent Batu à interrompre l'offensive. La Horde d'Or rebrousse chemin, brûlant tout sur son passage.

Des villes pillées et une civilisation détruite

LA CROISADE CONTRE LES CATHARES

Le 22 juillet 1209, l'armée des barons du Nord menés par un seigneur d'Île-de-France, Simon de Montfort, saccage la ville de Béziers, dans le sud de la France. L'événement, qui marque le début de la campagne contre les hérétiques albigeois du comté de Toulouse et du Languedoc, préfigure de façon sinistre les épisodes des mois suivants.

« Tuez-les tous ! »

Le sac de Béziers est ainsi raconté dans la Chanson de la croisade contre les albigeois, *de Guillaume de Tudèle, une œuvre en langue d'oc (ici traduite), contemporaine des événements :*

« Dans la grande église ils se réfugièrent tous, / Les prêtres et les clercs allèrent se vêtir / et faire sonner les cloches [...] / et tous ceux qui étaient dans l'église furent tués, / rien ne put les protéger, ni croix, ni autel, ni crucifix ; / et les ribauds, ces fous et ces mendiants, tuèrent les clercs, / les femmes et les enfants, aucun ne réchappa, je crois. / De plus sauvage tuerie, depuis le temps des Sarrasins / je crois qu'il n'y en a pas eu. »

La Chanson de la croisade contre les albigeois, *traduction de E.M. Chabot, Paris 1960-1972.*

Et, d'après le moine cistercien Césaire de Heisterbach :

« Ils arrivèrent à une grande cité qui s'appelait Béziers où l'on disait qu'il y avait plus de 100 000 hommes, et l'assiégèrent [...] Alors que les hérétiques étaient providentiellement terrifiés et perdaient pied, ils ouvrirent les portes à ceux qui les suivaient et prirent la ville. Apprenant que les catholiques étaient mêlés aux hérétiques, ils dirent à l'abbé [de Cîteaux] : "Que devons-nous faire seigneur ? Nous ne pouvons distinguer les bons des mauvais." L'on rapporte que l'abbé, craignant que ceux qui restaient ne fissent semblant d'être catholiques par peur de la mort et ne revinssent après leur départ à leur perfidie répondit : "Tuez-les tous ! le Seigneur reconnaîtra les siens." »

Dialogus Miraculorum, *traduction de J. Berlioz, bibliothèque de l'École des chartes.*
Textes cités dans M. Zerner, la Croisade albigeoise, *Gallimard, Paris, 1979.*

Le siège de Carcassonne par les troupes de Simon de Montfort (bas-relief du XIIIe siècle, Carcassonne).

L'expulsion des cathares de Carcassonne (miniature du XIVe siècle, Londres, British Library). ▷

Les guerriers de Montfort remplissent une mission que le pape leur a confiée : ce sont des croisés et ils sont censés gagner leur salut en combattant pour la vraie foi. Leur inébranlable conviction d'avoir le droit pour eux leur permet tous les excès. Au cours de la campagne, ils saccagent les villes, s'emparent des terres et des biens, écrasent sans remords la belle civilisation d'oc. Ces soldats sont accompagnés par des moines désignés par le pape pour juger les hérétiques : les inquisiteurs. Dénonciations, tortures et procès truqués se multiplient alors. Ils aboutissent à l'exécution sur le bûcher d'une bonne partie de la population, dont la sentence de mort est prononcée pour la plus grande gloire de Dieu...

Pillages et massacres

Quand l'armée des croisés arrive devant Béziers, première ville « hérétique » qu'elle rencontre en venant du nord, elle demande tout d'abord à l'évêque et à la municipalité de lui livrer les 222 cathares dont elle a la liste. Parce qu'ils se heurtent à un refus, les soldats pénètrent dans la place, dont ils massacrent la population. Ils tuent tout le monde, femmes, enfants, prêtres, y compris ceux qui se réfugient dans les églises. L'abbé Arnaud de Cîteaux, légat — c'est-à-dire représentant du pape — écrit : « Sans égard pour l'âge et le sexe, presque vingt mille de ces gens furent passés au fil de l'épée. » Les croisés, de plus, ne se contentent pas de tuer ; ils pillent et emportent les biens de leurs victimes, comme butin. Après quoi, ils mettent le feu à la ville. La cathédrale elle-même n'échappe pas à l'ardeur des flammes : « elle éclata, se fendit par le milieu et tomba en deux pans », témoigne le légat.

Le carnage de Marmande

Le sac de Béziers terrorise les populations du Languedoc. Il permet à Montfort de s'emparer d'autant plus facilement des terres du comte de Toulouse. Le chef des armées du Nord a le droit pour lui — le concile de Latran, en 1211, a en effet dépossédé de ses biens le comte, Raimond VI, coupable d'avoir encouragé l'hérésie. Or Raimond perd en 1213 son unique allié, le roi d'Aragon, tué à Muret, en livrant bataille. La progression des croisés est donc extrêmement facile. Les massacres, les sanglantes prises de ville n'en continuent pas moins : après Béziers, Narbonne et Carcassonne subissent les violences des soldats du Nord. Lors d'une deuxième étape de la croisade, après la mort de Simon de Montfort, le sac de Marmande, en juin 1219, semble la réplique de celui de Béziers. La description en est terrible : « Alors commencent le massacre et l'effroyable boucherie. Les barons, les dames, les petits enfants, les hommes, les femmes, dépouillés et nus, sont passés au fil de l'épée. Les chairs, le sang, les cervelles, les troncs, les membres, les corps

Le bûcher des cathares (gravure du XIXe siècle, musée de Tarascon-sur-Ariège).

ouverts et pourfendus, les foies, les cœurs, mis en morceaux, brisés, gisent par les places comme s'il en avait plu. Du sang répandu, la terre, le sol, la rive sont rougis. La ville est détruite, le feu l'embrase », raconte le chroniqueur Guillaume de Tudèle.

Des bûchers dans tout le Midi

La conquête militaire cesse en 1229, lorsque le traité de Paris livre le Midi, jusqu'alors indépendant, à la Couronne capétienne — ce qui était, sous le prétexte religieux, le véritable but de la croisade. La guerre a appauvri la région, auparavant florissante : les villes, privées de leurs richesses, sont à demi détruites, le commerce est ruiné, la population, décimée. Comme les récoltes ont été brûlées sur pied, après quelques mois, la famine menace.

Du point de vue spirituel, la croisade constitue un échec. Il s'agissait d'extirper l'hérésie, or celle-ci n'est pas morte, mais repart de plus belle au cours des années 1230. Le feu est la seule réponse que les inquisiteurs, restés sur place, opposent à ce regain. Déjà, en 1210 et en 1211, à Minerve, à Lavaur, à Cassès, environ 600 cathares ont été conduits au bûcher sur leur ordre. À partir de 1233, le procédé est systématisé et une véritable terreur règne dans le Midi. À Moissac, en 1235, 210 personnes périssent par le feu ; à Montségur, le 16 mars 1244, les 310 derniers défenseurs de ce bastion cathare montent sur le bûcher. Cet épisode fatal met un terme à peu près définitif au massacre des hérétiques. Une dernière fois, cependant, le feu est rallumé pour une exécution collective, à Agen, en 1247, où 80 personnes sont brûlées vives.

L'Inquisition

Du spirituel au temporel. L'Inquisition est une institution ecclésiastique, créée au concile de Toulouse, en 1029, et destinée à rechercher et à punir l'hérésie. Pendant tout le XIe siècle et au début du XIIe, cette institution prononce des peines essentiellement spirituelles, la plus grave étant l'excommunication. Dans la seconde moitié du XIIe siècle, sous l'influence des princes et des autorités temporelles qui ont recours à ses services pour lutter contre les hérétiques dans leur domaine, elle commence à prononcer des condamnations à des châtiments physiques. L'ampleur de l'hérésie cathare en précipite l'évolution.

Le tribunal et la diffusion de l'Inquisition. L'Inquisition est d'abord confiée aux évêques. Puis, dans le premier tiers du XIIIe siècle, est créée la fonction de légat. Ce représentant officiel du pape préside le tribunal. Les légats sont généralement des moines, franciscains ou dominicains. Le midi de la France constitue le banc d'essai de l'institution, et celle-ci se répand progressivement. À partir de 1240 environ, l'Inquisition a gagné toute l'Europe.

Repentis ou obstinés. L'inquisiteur ouvre son enquête par deux édits : l'édit de foi — adressé aux fidèles, qui ont le devoir de dénoncer les hérétiques, sous peine d'excommunication — et l'édit de grâce — destiné aux hérétiques, qui ont un délai de quinze jours pour se rétracter. Si l'hérétique se repent, il est soumis à des peines assez douces (jeûne, pèlerinage...). S'il s'obstine dans son erreur, il subit un interrogatoire qui doit le faire avouer. Pour ce faire, l'inquisiteur peut utiliser la contrainte et, en particulier, la torture, autorisée en 1252 par le pape Innocent IV. Les peines prononcées vont de la confiscation des biens à la prison, voire à la remise au bras séculier, c'est-à-dire la peine de mort par le feu.

Les chrétiens rentrent en Andalousie

LAS NAVAS DE TOLOSA

En 1212, et depuis environ un demi-siècle, l'Espagne est aux mains de la dynastie berbère des Almohades, également maîtres de tout le Maghreb. Cette dynastie a ranimé l'esprit d'offensive contre les chrétiens, qui, dans un premier élan de reconquête, au XIe siècle et surtout dans la première moitié du XIIe, avaient repoussé al-Andalus jusque dans le tiers méridional de la Péninsule.

C'est avant tout une guerre d'usure qui se poursuit entre le Tage, au nord, et le Guadiana, au sud, le long d'une frontière jalonnée par les « *ribat* », sortes de monastères-forteresses caractéristiques des Almohades, auxquelles répondent du côté chrétien les châteaux des ordres militaires, Templiers surtout.

Les difficultés des royaumes chrétiens

Face aux musulmans unis, les chrétiens sont alors affaiblis par leurs rivalités internes : au nord-ouest, la Castille et le León, un moment unis, sont de nouveau séparés depuis 1157 ; un nouveau royaume est né, celui de Portugal, contre lequel le León s'épuise en vaines batailles, des décennies durant. À ces rivalités s'ajoutent, dans plusieurs royaumes, des guerres civiles provoquées par des crises de succession : ainsi, en 1158, un enfant de trois ans, Alphonse VIII, monte sur le trône de Castille ; les féodaux se rendent autonomes. Le roi devenu majeur met du temps à rétablir l'ordre. Le seul point positif est l'union de l'Aragon et de la Catalogne en un seul royaume, en 1134.
Dans ce contexte difficile est déclenchée une offensive almohade, qui s'achève par la défaite chrétienne d'Alarcos, en 1195 : celle-ci permet aux musulmans de remonter nettement vers le nord ; Tolède manque être prise, mais une rébellion au Maroc empêche les assaillants de pousser leur avantage.

La péninsule Ibérique en 1212

Les musulmans occupent **le royaume de Grenade :** refoulés au sud de Tolède dans la seconde moitié du XIe siècle (à l'époque du Cid Campeador puis d'Alphonse VI de Castille), ils sont dirigés au début du XIIIe siècle par la dynastie des Almoravides (qui contrôle aussi l'Afrique du Nord), qui tâche de reprendre l'offensive.

Les chrétiens sont divisés en royaumes rivaux : **la Catalogne et l'Aragon, la Castille et le León** sont des États distincts qui commencent seulement à se rapprocher, par des unions toujours précaires. L'existence, depuis 1139, d'un nouveau royaume, le Portugal, est un autre facteur de division.

Religieusement et ethniquement, la Péninsule est aussi bigarrée : il y a les **chrétiens** ; les « **mozarabes** » – des chrétiens d'al-Andalus et des régions reconquises –, qui parlent l'arabe ; les **musulmans** (« *mudéjars* »), nombreux dans le Sud ; et une importante **minorité juive.**

La Bataille de Las Navas de Tolosa *(peinture espagnole du XIXe siècle, au palais du Sénat à Madrid). Alphonse VIII et l'archevêque de Tolède se trouvent au centre.*

Alphonse VIII de Castille et sa femme Aliénor (miniature espagnole).

Croisade internationale et victoire espagnole

Un péril extrême menace donc les chrétiens de la péninsule Ibérique lorsqu'un homme énergique, l'archevêque de Tolède Rodrigo Jimenez de Rada, sauve la situation. Le personnage n'est pas un croisé fanatique mais un lettré, animateur d'un groupe de traducteurs de l'arabe. Il parvient à mobiliser les forces de plusieurs pays étrangers et réussit à mettre fin aux querelles entre la Castille, la Navarre et l'Aragon, qui signent leur alliance au traité de Guadalajara (1206). Seuls le León et le Portugal font bande à part, et continuent à se chamailler.

En juin 1212, une armée conduite par Alphonse VIII de Castille, Pierre II d'Aragon et Sanche VII de Navarre (pourtant ennemi juré de la Castille), augmentée de nombreux étrangers, part de Tolède et s'avance vers le sud. Pourtant, la victoire revient aux Espagnols seuls : après la prise de Calatrava, les étrangers se retirent pour la plupart, incommodés par la chaleur et irrités d'une clémence qu'ils ne comprennent pas envers les musulmans des villes reconquises, dont le roi de Castille veut faire de fidèles sujets.

La bataille de Las Navas

Les soldats qui demeurent franchissent la sierra Morena par des sentiers détournés, non gardés par les Maures : ils débouchent dans une de ces vastes vallées aux pentes douces que les Castillans appellent « *navas* » et là, précisément dans le hameau nommé Las Navas de Tolosa, ils se trouvent face aux forces du souverain almohade, revenu hâtivement du Maroc. Les croisés attaquent à l'aube, après s'être confessés et avoir communié.

La panique, d'abord, manque gagner leurs troupes : les Maures lancent des flèches depuis un fortin élevé et leur cavalerie légère harcèle les Espagnols. Une chronique fait dire à Alphonse VIII : « Archevêque, vous et moi mourrons ici. – Seigneur, mieux vaut nous fier à Dieu, car nous pourrons plus que nos ennemis, et vous les vaincrez aujourd'hui », aurait été la réponse. Le roi de Castille se lance alors à l'assaut du fortin, selon le même texte ; il ranime les courages et perce la ligne des Maures. Comme souvent dans de tels combats, la surprise fait lâcher pied à l'adversaire, pris de panique ; le sultan s'échappe avec quelques compagnons et les rois, l'archevêque et les clercs entament un *Te Deum* sur le champ de bataille.

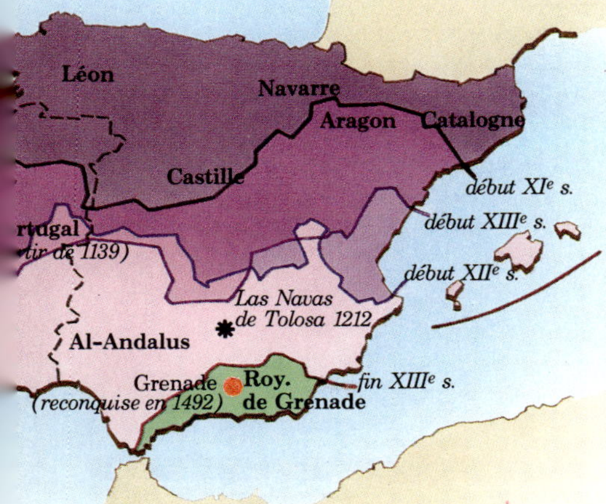

Les étapes de la Reconquête.

Un moment décisif de la Reconquête

Après la bataille, les rois rentrent simplement chez eux. Mais les conséquences de leur victoire sont considérables à moyen terme. L'année suivante, une contre-offensive musulmane en León est de nouveau brisée. L'échec sonne le glas de la dynastie almohade, dernier grand moment de l'histoire de l'islam dans l'Occident médiéval. Le souverain vaincu abdique et l'Empire se désagrège rapidement, l'Espagne musulmane se divisant en principautés rivales. Au contraire, la Castille et l'Aragon demeurent désormais liés par une alliance intangible : tandis que, entre 1229 et 1235, les Aragonais conquièrent les Baléares, puis Valence en 1238, les Castillans s'emparent des villes prestigieuses d'Andalousie, Cordoue en 1236, Séville, enfin, en 1258.

De leur côté, les Portugais atteignent Faro, à l'extrême sud, dès 1249. Il ne demeure donc plus de l'ancienne Espagne musulmane que le petit royaume de Grenade, obligé pour se maintenir de jouer tantôt la carte de l'alliance marocaine contre la Castille, tantôt l'inverse ! Cette situation durera deux siècles et demi.

→**Voir aussi** : p. 74-75 (L'Espagne arabe).

Le déclin de l'islam occidental

Déclin en Espagne. Las Navas est fatale à l'islam d'al-Andalus. À moyen ou à long terme, le petit royaume de Grenade est condamné. Dans la seconde moitié du XIVe siècle, le mariage d'Isabelle la Catholique et de Ferdinand d'Aragon, unifiant définitivement les forces de l'Espagne chrétienne, sonne le glas de la dynastie alors régnante des Nasrides : Grenade est prise en 1492 – date symbole –, la même année que la découverte de l'Amérique.

Déclin en Afrique du Nord. Après l'écroulement des Almohades, le Maghreb se divise définitivement en plusieurs États. Si, en Tunisie et dans le Constantinois, la dynastie des Hafsides et, au Maroc, celle des Marinides assurent une stabilité relative de deux siècles, l'Algérie occidentale est aux mains de petites dynasties qui ne durent pas. Ce déclin politique s'accompagne d'un déclin économique et démographique : d'anciennes techniques d'irrigation sont oubliées ; les Italiens (Génois surtout) se chargent désormais du trafic maritime du Maghreb, qui leur vend son blé.

Le dernier éclat d'une civilisation. Cette décadence s'accompagne d'un isolement culturel nouveau : c'est le repli sur un islam mystique, fermé aux influences extérieures, celui des confréries populaires, les « *zaouias* ». La distance commence dès lors à se creuser, entre ce monde et l'Europe de l'Ouest. Le tableau est cependant à nuancer : l'Alhambra de Grenade, entre autres palais, témoigne du raffinement de cette culture décadente. C'est au XIVe siècle, enfin, que vit Ibn Khaldun, historien génial dont la réflexion sur le monde berbère de son temps fait un précurseur de la sociologie moderne.

Des bandes de jeunes parcourent la chrétienté

LES CROISADES DES ENFANTS

Jérusalem : le mot fait rêver au Moyen Âge. Déjà, en 1096, lors de la première « croisade des pauvres », les plus jeunes de ceux qui étaient partis demandaient devant chaque château : est-ce Jérusalem ? En 1212, des troupes entières d'enfants et d'adolescents s'en vont reconquérir la ville sainte.

Cette année-là, deux événements, sans doute distincts quoique souvent confondus par les chroniqueurs, ébranlent la jeunesse de la vallée du Rhin et du nord-est de la France.

Étienne et Nicholas

En juin, un jeune berger, Étienne, proclame que Jésus lui est apparu et qu'il lui a confié une lettre pour le roi de France. Bientôt, il se

Les enfants à Marseille

« Cette année [1212] il y a eu une expédition assez miraculeuse d'enfants venus de partout [...] Lorsqu'ils furent environ 30 000, ils allèrent à Marseille, voulant traverser la mer pour lutter contre les Sarrasins. Les ribauds et d'autres hommes mauvais qui s'étaient joints à eux souillèrent toute l'armée, de telle sorte que pendant que certains périssaient en mer, et que d'autres étaient vendus, seuls quelques-uns d'une telle multitude rentrèrent chez eux. [...] On dit que ceux qui trahirent ces enfants furent Hugues Ferreus et Guillaume Porcus, marchands de Marseille. Comme ils étaient capitaines de navires, ils étaient censés les transporter gratuitement outre-mer pour la cause de Dieu, comme ils le leur avaient promis. Ils remplirent sept grands navires avec eux ; et après deux jours de voyage [...] une tempête se leva, deux navires furent perdus, et tous les enfants à bord noyés [...] Les traîtres pendant ce temps conduisirent les cinq autres navires à Bougie et Alexandrie, et là vendirent tous ces enfants [...] Dix-huit ans après l'expédition, ajoute mon informateur, Mascemuch d'Alexandrie en possédait toujours sept cents, non plus des enfants mais des hommes faits. »

Chronique *d'Albert,*
moine des Trois-Fontaines

Le départ pour la croisade (illustration de Job).

met en route, accompagné d'autres pâtres du même âge. Son charisme est tel que d'autres enfants se joignent à lui, suivis peu à peu par des hommes et des femmes de tous âges. Le « saint enfant », comme on le nomme, se rend auprès de Philippe Auguste, à la tête d'une grande procession chantant des hymnes et portant des bannières. Le roi n'est pas convaincu : il ne confie aucune mission à l'adolescent. Déçue, la foule se disperse ; certains hommes s'enrôlent pour la « croisade des albigeois », qui va lutter contre les cathares dans le sud du royaume, mais la plupart rentrent chez eux.

Dans la vallée du Rhin, un peu plus tôt au cours du même printemps 1212, ont lieu des événements comparables, mais de plus grande ampleur. Des enfants très jeunes — à partir de 6 ou 7 ans — échappent à la surveillance de leurs parents et, par groupes de quelques dizaines, partent pour Jérusalem. Le mouvement est d'importance : plusieurs chroniqueurs d'abbayes (à Liège, à Trèves, à Cologne...) l'évoquent en termes clairs. Son point de départ est Cologne, d'où est originaire le jeune Nicholas, qui prend la tête du groupe le plus important. Partis d'Allemagne, n'écoutant pas les conseils de prudence soulignant la témérité de l'entreprise ou leur suggérant que l'hérésie cathare est un ennemi moins lointain que les musulmans, ces jeunes traversent l'Alsace puis les Alpes.

Un désastre

Les abandons et les morts sont nombreux en chemin : ces enfants, entièrement dépourvus de moyens financiers, sont aussi sans légitimité. Des prêtres exaltés les accompagnent sans doute, mais le clergé, dans son ensemble, condamne une entreprise qu'il regarde comme insensée. Seuls quelques pauvres laïcs, dans chaque ville, se prennent de sympathie pour un mouvement si spontané et aident les jeunes voyageurs à survivre. Arrivés en août sur les côtes italiennes (ou, pour quelques-uns, à Marseille), dans les grands ports d'où l'on part pour la Terre sainte, la plupart des jeunes, faute de pouvoir payer, ne trouvent pas de bateaux pour les emmener. Une minorité parvient à s'embarquer : ceux-là sont, semble-t-il, bientôt vendus comme esclaves. La croisade des enfants s'achève ainsi sur les côtes méridionales d'Europe. Une partie seulement des enfants a encore la force de reprendre le chemin du retour, les autres demeurent sur place. Quant à l'histoire de Nicholas, deux chroniques se contredisent : selon l'une d'elles, il aurait plus tard participé à la 5e croisade ; selon l'autre, il serait mort en Italie, et son père se serait suicidé pour avoir vendu des enfants comme esclaves ! Dans l'échec de cette croisade, les contemporains ont vu l'œuvre du démon : si les enfants ont échoué, n'est-ce pas parce que Dieu était hostile à leur projet ? Les historiens du XXe siècle, eux, tentent de trouver des explications à ce phénomène de grande ampleur, qui, sous une forme ou une autre (par exemple avec la croisade dite « des Pastoureaux » en 1251), se répète aux XIIIe et XIVe siècles.

Une lutte sans merci

Pourquoi, en effet, des enfants et des adolescents se précipitent-ils ainsi sur les routes, à plusieurs reprises, en quête d'un but si lointain ? Une conjonction de facteurs peut expliquer en partie ce phénomène. Les premières raisons sont politiques : après la chute de Jérusalem, en 1187, devant l'armée de Saladin, les croisades menées par l'empereur ou par les rois de France et d'Angleterre ont échoué. Or, le combat entre la chrétienté et l'islam est alors général : il se déroule en Terre sainte, mais aussi en Anatolie et en Espagne, où, en 1212, les royaumes chrétiens remportent la victoire décisive de Las Navas de Tolosa. Les enfants — et le peuple en général — entendent parler de ces événements lointains. Un réseau d'information répercute les nouvelles de ce combat dans toutes les campagnes : les prédicateurs de l'Église dénoncent le danger et appellent à la lutte pour reconquérir la cité de Dieu — Jérusalem. Leurs prêches passionnés rencontrent un grand écho auprès des populations. Après plus d'un siècle de prédication en faveur de la croisade, le thème est profondément implanté et soulève la ferveur et l'enthousiasme des foules.

La croisade des laissés-pour-compte

On peut facilement comprendre pourquoi les jeunes sont attirés par ce mouvement de croisades. Mais pourquoi ceux des régions du nord-est de la France, des Flandres et de la vallée du Rhin sont-ils touchés en particulier ? Il faut se rappeler qu'à cette époque, entre la Seine et le Rhin, une fermentation sociale se superpose à l'effervescence religieuse : l'économie y est alors en pleine transformation, les villes se développent, la population croît rapidement. Les conditions de vie sont bouleversées : les paysans d'hier sont devenus citadins. Sur de telles bases, l'impact de prédications qui vantent les richesses de la Terre sainte se trouve décuplé. Les plus pauvres se lancent exaltés dans l'aventure qui, périodiquement, les mène au désastre.

Enfants croisés contre petits combattants maures (gravure d'après E. Zier). La vision très romanesque de l'illustrateur du XIXe siècle ne doit pas occulter la réalité des faits : des milliers d'enfants et d'adolescents partirent libérer Jérusalem, et moururent sur les routes bien avant d'arriver.

1220-1438

Le berceau de la civilisation thaïe

SUKHOTHAI

Au XIIIe siècle, l'Asie du Sud-Est est placée sous le signe des Mongols. L'avancée de ceux-ci a eu pour conséquence, un peu moins de deux siècles auparavant, le déplacement d'une population – les Syam, ou Thaïs – de sa région d'origine, le Yunnan, en Chine méridionale, vers le bassin du Ménam, au cœur de la Thaïlande actuelle.

Statue de Bouddha de la tour centrale, avec, en bas-relief, une frise représentant ses premiers disciples, Sukhothai.

Le royaume que ce peuple fonde aux alentours de Sukhothai entre 1220 et 1240 devient pour quelques décennies, à partir du dernier quart du XIIIe siècle, un État extrêmement puissant, qui tient sous son joug des régions dépassant les limites de la Thaïlande contemporaine. Dans la jeune capitale naît et s'épanouit une civilisation marquée par une importante culture. L'alphabet, les arts, les lois de l'ancienne Thaïlande sont issus de la région de Sukhothai. Cet âge heureux dure jusqu'en 1438, date à laquelle un royaume situé plus au sud, Ayuthia, triomphe militairement de Sukhothai, qui connaît alors un déclin rapide et tombe finalement en ruine.

Une architecture insolite

Inscrite dans un plan rectangulaire, la ville était protégée par trois levées de terre séparées par deux douves. À l'intérieur de ces remparts, les ruines de quelque vingt temples *(wat)* et monastères demeurent encore aujourd'hui en place.

Le plus grand temple, situé au centre précis de la cité, est le Wat Mahathat. Construit par Indraditya, le premier roi de la dynastie de Sukhothai (1220-1250), il doit sa forme actuelle au roi Lo Thai (1345). C'est un ensemble de tours et de stupas (ou monuments-reliquaires en forme de cloche) construits en latérite – le matériau local – au-dessus d'une plate-forme édifiée dans la même pierre. La tour centrale, portée par un très haut soubassement quadrangulaire, est couronnée par un bulbe s'étirant en pointe, dit « en bouton de lotus », qu'on ne trouve qu'à Sukhothai. Les tours périphériques, plus petites, sont décorées de reliefs réalisés en poudre de marbre (stuc), matériau qui a également été utilisé pour le grand bas-relief (frise) qui, sur la base de la tour centrale, représente

La deuxième capitale : Ayuthia

L'apogée de l'histoire thaïe. Si le site de Sukhothai est associé aux débuts historiques de la Thaïlande, celui d'Ayuthia correspond à l'apogée du destin de cette nation. Fondé en 1350 par un prince venu d'U Thong, l'empire constitué autour de cette cité établie aux confluents de trois rivières, à proximité de la mer et dans une plaine fertile de rizière, soumet rapidement plusieurs principautés thaïes, vainc le royaume de Sukhothai au nord et entre en lutte contre les Khmers (ou Cambodgiens), saccageant Angkor en 1431 et provoquant ainsi le déplacement de la capitale cambodgienne.

« Prangs » et « chedis ». Ayuthia fut habitée de sa fondation, en 1350, à sa destruction, en 1767, par des Birmans. Mise au jour en 1956 après des siècles d'oubli, l'ancienne capitale n'est plus constituée que des ruines d'une grande quantité de temples et de palais. Le style des monuments est très influencé par l'art de Sukhothai et par celui des Khmers. Il se singularise toutefois par la construction des prangs, tours cylindriques surmontant les sanctuaires, et par celle des chedis, édifices en forme de cloche extrêmement pointus, adaptation locale du stupa indien.

Les plus beaux temples. L'un des plus anciens temples du site est le Wat (« temple ») Pra Ram, commencé en 1369 ; des éléphants sculptés sur les portes des anciens murs sont encore debout et la terrasse centrale est dominée par un prang entouré d'une galerie sur laquelle on peut voir des serpents sacrés *(nagas)* et des statues de Bouddha. Le Pra Si Sanpet – « Bouddha recouvert de feuilles d'or » – a donné son nom au temple qui l'abrite (le Wat Pra Si Sanpet), un monument du XVe siècle. C'était le temple royal, dont les trois chedis abritaient les cendres des souverains en même temps que des reliques bouddhiques. Le Wat Rajapurana, édifié en 1424, sépulture de deux membres de la famille royale, contenait dans des salles funéraires souterraines un admirable mobilier, aujourd'hui au musée d'Ayuthia.

Le plus grand temple de Sukhothai, le Wat Mahathat, avec ses stupas en forme dite « en bouton de lotus », Sukhothai, Thaïlande.

Les « chedis », édifices en forme de cloche, d'Ayuthia sont une adaptation des stupas indiens, Ayuthia.

des personnages debout et marchant, supposés constituer le tout premier groupe de disciples de Bouddha.

Des sculptures d'une exceptionnelle nouveauté

L'originalité des artistes de Sukhothai s'exprime d'ailleurs dans cette forme sculptée tout à fait nouvelle : le Bouddha marchant. Ce style, qui a donné lieu à de fort belles statues en ronde bosse (c'est-à-dire détachées de tout support mural), est considéré comme la plus belle innovation des sculpteurs de cet empire. Aujourd'hui, ces statues en bronze ou en pierre, qui sont généralement à l'échelle humaine et parfois plus grandes, ont, le plus souvent, été transportées dans les musées : les sculptures conservées par le musée de Bangkok, par exemple, montrent des personnages saisis en pleine marche, un pied en arrière, légèrement décollé, l'autre en avant, posé bien à plat sur le socle, tout le corps exprimant par un léger déhanchement le gracieux déséquilibre d'une personne en train d'avancer. À Sukhothai, on peut encore voir devant le temple une grande statue de Bouddha assis encastrée entre des piliers. L'œuvre se reflète à la surface d' un étang, ce qui ajoute une dimension très poétique à la perspective du grand temple.

Les premiers royaumes thaïs

Région anciennement et densément peuplée, convertie au bouddhisme au IIIe siècle avant notre ère, **l'actuelle Thaïlande est d'abord occupée par une population autochtone, les Mòns.**

À partir de la fin du XIe et surtout au XIIe siècle, l'immigration d'**une population non chinoise venue de Chine du Sud, les Thaïs, ou Syam** (que les Occidentaux nommeront communément Siamois), modifie profondément les caractéristiques ethniques de la région.

Groupe dominant à partir du deuxième quart du XIIIe siècle, cette population est à l'origine de royaumes qui deviennent bientôt extrêmement puissants. Deux de ces royaumes, celui de **Sukhothai, dans le nord du pays (1250-1438),** et celui d'**Ayuthia, qui a sa capitale plus au sud (1350-1767),** sont les plus brillants du point de vue de la civilisation.

Le pape Honorius confirme la règle franciscaine

SAINT FRANÇOIS D'ASSISE

En 1223 à Rome, le pape Honorius III confirme la règle donnée par François d'Assise deux années plus tôt à l'ordre qu'il a institué à partir de 1209 : les Frères mineurs, ou franciscains, constituent une communauté monastique d'un type nouveau, destinée à répondre aux besoins spécifiques de l'Église en ce début du XIIIe siècle.

Le terme de « frères mineurs » évoque l'une des raisons d'être fondamentales de l'ordre : se rapprocher des humbles, des plus petits, des plus pauvres, répondre à leur attente.

La Confirmation de la règle, *peinture de Giotto (Assise, Basilique San Francesco).*

Le fils d'un marchand d'Assise

François, quant à lui, est le fils d'un marchand de drap aisé. Né à Assise en 1182, il est baptisé du nom de Jean, mais, sa mère étant d'origine française et son père séjournant fréquemment en France, il reçoit le surnom de Francesco, qu'il conserve. Après une jeunesse dissipée, il se convertit vers l'âge de vingt-cinq ans et mène désormais à la lettre la vie évangélique, cherchant à imiter en tout le Seigneur. Ayant renoncé à son riche héritage, il épouse « dame Pauvreté » : il devient le « Povorello », celui qui vit dans la misère. Peu à peu, des disciples se joignent à lui, autour de la petite chapelle du Portioncule, près d'Assise, qu'il fréquente avec prédilection. Innocent III, d'abord méfiant, finit par encourager la communauté naissante. En 1212, Claire, une jeune fille d'Assise, fonde, avec l'aide de François, un ordre équivalent pour les femmes : les Pauvres Dames. Soldat de Dieu, François rêve de partir en croisade. Il fait trois tentatives pour gagner l'Orient, où il veut, non seulement se battre, mais surtout convertir. En 1219, il parvient en Égypte, où le sultan le reçoit. De retour en Ombrie, il refuse de prendre de nouveau la tête d'un ordre dans lequel il ne se reconnaît plus qu'à moitié : les frères veulent retourner à leurs études et à une vie de contemplation ; ils placent la méditation au-dessus de la pratique de la pauvreté, et réclament des couvents, des biens, pour s'adonner à une existence monastique plus traditionnelle que celle que le Povorello leur propose. François choisit donc l'isolement : il se retire sur le mont Alverne, en compagnie de rares disciples qui lui restent fidèles. Là, le jour de la fête de l'Exaltation de la sainte Croix, le Christ crucifié lui apparaît sous la forme d'un séraphin — un ange à six ailes : des plaies du Sauveur s'échappent des rayons qui viennent imprimer des stigmates dans la chair de François. Dès lors, celui-ci, devenu presque aveugle, est vénéré comme un saint vivant. Il meurt deux ans plus tard, en 1226, accueillant le trépas en chantant.

La stigmatisation de saint François

«Dans une vision, le serviteur de Dieu aperçut au-dessus de lui un séraphin crucifié qui imprima les marques de sa crucifixion d'une manière si évidente sur François que le saint paraissait avoir été lui-même crucifié. Ses mains, ses pieds et son côté furent marqués du caractère de la croix ; mais il cacha ces stigmates à tous les yeux avec grand soin. Quelques-uns cependant les virent de son vivant ; mais, à sa mort, il y en eut beaucoup qui les considérèrent.»

Extrait de J. de Voragine, la Légende dorée.

« Spirituels » et « conventuels »

Canonisé dès 1228, François inspire, par son exemple, d'innombrables vocations, de telle sorte que les franciscains se multiplient pour devenir, ce qu'ils sont encore aujourd'hui, l'ordre religieux le plus nombreux du christianisme. Pourtant, les années qui suivent la disparition du Povorello sont des années de crise. Si la foi, l'obéissance et la chasteté, les trois vœux essentiels définis par la règle de 1223, ne font pas problème, le quatrième vœu exigé des franciscains, la pauvreté absolue constitue une révolution aux implications considérables. Elle suppose en effet que l'ordre, en tant que tel, ne peut rien pos-

Saint François entre deux anges, *peinture du Maître de saint François (Assise, basilique Sainte-Marie-des-Anges).*

La Stigmatisation de saint François, *détail d'une peinture de Giotto, début du XIVe siècle (Paris, musée du Louvre).*

L'ordre dominicain

Voués comme les franciscains à la pauvreté, les dominicains constituent l'autre « ordre mendiant » fondé pour résoudre les problèmes de l'Église au XIIIe siècle.

Dominique. Né en Vieille-Castille en 1170, Dominique accompagne son évêque en Languedoc rejoindre les cisterciens qui tentent de convertir les hérétiques. À la mort de l'évêque en 1207, il prend la tête de la mission. Son apostolat échoue, mais, en 1215, il se rend à Rome, au concile du Latran, et, l'année suivante, il obtient du pape Honorius III l'autorisation de fonder un nouvel ordre, celui des Frères prêcheurs — les dominicains. Il meurt en 1221 et il est canonisé en 1234.

Les dominicains. La mission de prédication est, pour des moines, une nouveauté : jusqu'au XIIIe siècle, seuls les évêques sont habilités à prêcher. La gravité de cette mission implique une préparation : aussi Dominique inscrit-il dans les constitutions de l'ordre l'obligation pour les frères de se livrer à l'étude. Situés à l'intérieur des villes, les couvents, liés à une vaste église, deviennent des centres de contemplation, d'étude, d'enseignement et d'apostolat. À aucun moment ils n'oublient leur mission apostolique, qu'ils luttent, au fil du temps, comme inquisiteurs contre les cathares, les juifs ou les protestants, ou bien qu'ils portent la bonne parole hors d'Europe, en particulier en Amérique du Sud, où l'un d'eux, Bartolomé de Las Casas, prend au XVIe siècle la défense des Indiens.

séder en propre, pas plus d'ailleurs que chacun de ses membres pris isolément. La vie que François propose aux franciscains n'est plus celle de moines vivant dans de confortables couvents, dégagés de soucis matériels afin de pouvoir consacrer leurs efforts à une vie de contemplation et d'étude ; elle est celle de frères errant, prêchant et mendiant leur subsistance, chaque jour, au sein même du peuple des laïcs, à l'intérieur des villes. Aussi, très vite, des tensions opposent, à l'intérieur de l'ordre privé de son chef, ceux qui veulent suivre à la lettre cette exigence de pauvreté — les « spirituels » — et les « conventuels », c'est-à-dire les moines qui entendent interpréter de façon plus souple l'idéal de François, et combiner la possession d'un minimum de biens, garantie sans laquelle un ordre religieux peut difficilement se perpétuer, avec l'esprit d'humilité et de pauvreté du franciscanisme.

L'établissement

Le temps passant, la crise se résout progressivement dans le sens d'une interprétation modérée de l'idéal franciscain. Profondément attachés aux quatre vœux que symbolise sur leur robe de simple bure, une ceinture constituée d'une corde nouée de quatre nœuds, les franciscains se résolvent à vivre dans une pauvreté personnelle qui se combine avec la possession communautaire de biens, notamment immobiliers. De très grandes églises, attachées à des couvents, sont ainsi construites, en premier lieu à Assise, sur le tombeau du saint, et dans les villes, où les frères peuvent ainsi résider, tout près de la population modeste qu'ils veulent toucher. Cette amélioration de leur situation matérielle permet aux franciscains, de consacrer une partie de leur temps aux études, à la réflexion. L'ordre peut ainsi s'introduire dans le domaine de la pensée et y jouer, en particulier dans les universités, un rôle actif. Il ne renonce pas par ailleurs au rôle missionnaire pour lequel François avait quitté l'Europe : mais il participe activement aux efforts de conversion des pays, notamment de la lointaine Asie, en particulier la Chine, où l'un d'eux, Jean de Montcorvin, devient dès 1307 le premier archevêque de Pékin.

1226

Les Teutoniques conquièrent la Prusse

LE « DRANG NACH OSTEN »

Au début du XIIIe siècle, au moment où s'élève Notre-Dame, à Paris, et où meurt saint François d'Assise, lorsque la civilisation de la chrétienté médiévale atteint son apogée, les Prussiens, isolés sur une terre ingrate, froide, souvent marécageuse, adorent des divinités telles que celles du Tonnerre et de la Fécondité.

On sait fort peu de choses de ce peuple disparu : même son nom reste mystérieux. Il n'a laissé aucun écrit. Il est formé de Baltes, comme les Lituaniens, longtemps païens eux aussi. Hommes libres regroupés sous l'autorité de multiples roitelets, ils se protègent par des places fortes rudimentaires, faites de terre et de bois.

Une proposition imprudente

Voisins pillards et incommodes, ils ont en face d'eux, au début du XIIIe siècle, des princes polonais divisés et qui se sentent incapables, tant d'en venir à bout que de les convertir par leurs propres moyens. Aussi, en 1226, l'un d'eux, Conrad de Mazovie, demande à un ordre militaire, les chevaliers Teutoniques, d'intervenir. Le grand maître, Hermann von Salza, ami et conseiller de l'empereur Frédéric II, se fait prier : ses hommes sont alors peu nombreux, décimés en combats malheureux en Terre sainte. Il se décide cependant et obtient de Frédéric un privilège lui concédant des droits de souveraineté dans les régions qu'il conquerra. L'imprudence du duc Conrad fait ainsi entrer la Prusse dans l'orbite de l'empire. Déjà, en Livonie (l'actuelle Lettonie), un évêque allemand a fondé Riga (en 1201) et s'est assuré une petite principauté côtière avec l'aide d'un autre ordre militaire, les Porte-Glaive : les Teutoniques vont agir sur un territoire plus vaste. Mis officiellement par le pape à la tête d'une croisade, munis des mêmes indulgences que les croisés qui vont combattre en Terre sainte, ils déclenchent la guerre en 1230 contre les « Sarrasins du Nord ».

L'Europe de l'Est dans la première moitié du XIIIe siècle

Depuis la fin du XIe siècle, **la Pologne est en pleine anarchie.** La royauté disparaît en 1138, le pays est divisé en de multiples duchés qui se disputent. L'unité monarchique ne revient qu'à la fin du siècle.

Sur les côtes des pays Baltes se créent **des ports allemands** avec l'appui des ordres militaires ; ainsi, à Riga viennent des gens de Brême et de Hambourg. Les révoltes des paysans lettons et estoniens sont matées plus aisément que celles des Prussiens et il n'y aura donc pas de colonisation rurale allemande.

Un seul de ces peuples maintient son indépendance, **les Lituaniens.** Unifié sous un chef unique, maintenant jusqu'au XIVe siècle son paganisme, il profite de l'affaiblissement des princes russes, après la désastreuse invasion mongole (1240), pour amorcer la conquête d'un immense territoire au sud-est (jusqu'à Kiev).

Par le fer et par le feu

Chaque année, du printemps à l'automne, la campagne part des bords de la Vistule ; l'avance est assurée par la construction d'une forteresse où l'on s'enferme l'hiver ; la nouvelle bande de terre conquise est occupée par des colons-paysans allemands. Des villes naissent. Menée sans difficulté au début, la guerre se durcit peu à peu : les Prussiens apprenant à mieux combattre pratiquent la guérilla, parviennent à prendre les châteaux. 54 années d'une lutte affreuse se passent ainsi, mettant souvent les chevaliers, en fin de compte assez peu nombreux, et les colons en des périls extrêmes. D'autant que, en 1237, la fusion avec l'autre ordre militaire, les Porte-Glaive, qui ne parviennent plus à tenir la Livonie, élargit démesurément le cadre des conflits à l'ensemble des pays Baltes et que l'appétit de puissance des chevaliers les amène à des expéditions parfois hasardées : en 1242, le prince Alexandre Nevski, sur les rives du lac Peïpous, brise leurs velléités de dominer des terres russes.

L'église de Marienburg, en Pologne, fondée par les chevaliers Teutoniques.

Ce n'est qu'en 1283 que le territoire prussien est finalement soumis. Ce qui reste du peuple vaincu est alors asservi et se perd progressivement dans la masse des colons allemands les plus pauvres. Le dernier paysan parlant prussien meurt au XVIIIe siècle et un professeur de Königsberg évoque à cette occasion « ce peuple qui dort sous nos pieds et à qui nous avons tout pris, même son nom ».
Mais, il faut le dire, cette sanglante épopée n'est pas tout le « Drang nach Osten » (la « poussée vers l'est »). À maints égards, elle n'en est pas représentative.

La poussée paysanne

L'essentiel de la colonisation se fait en effet pacifiquement, par l'arrivée massive de paysans qui absorbent progressivement la population locale. Déjà, au XIIe siècle, ont été soumis de cette façon les territoires entre l'Elbe et l'Oder (plus ou moins la moitié nord

L'une des batailles les plus fameuses des Teutoniques : celle de Tannenberg, en Pologne, en 1410 (J. Matejko, XIXᵉ siècle).

Une vision cinématographique des Teutoniques : Alexandre Nevski, d'Eisenstein (1938).

de l'ancienne R.D.A.), qu'occupaient de petits peuples slaves païens entre Germanie et Pologne. Les colons venaient de Flandre et de Hollande ; la fusion avec les éléments autochtones, devenus bientôt minoritaires, se fit sans difficultés.

Le même phénomène se reproduit à l'est, beaucoup plus massivement, au XIIIᵉ siècle : le mouvement de colonisation culmine après 1250 ; il demeure intense jusqu'aux premières décennies du XIVᵉ siècle.

Des villages neufs en très grand nombre sont alors fondés par les princes territoriaux : ils traitent avec de véritables « entrepreneurs » de colonisation, les « locatores », qui se chargent de recruter des paysans et de les installer, puis deviennent les chefs des communautés. Des villages naissent, à la tête des nouveaux districts ruraux : ainsi Berlin, vers 1230. Chose très remarquable, les princes et souverains non allemands se mettent, dès le XIIᵉ siècle, à appeler les défricheurs germains pourvus de techniques plus avancées : ainsi en Bohême, Pologne et Hongrie. Dans une province du sud-ouest de la Pologne, la Silésie, environ 1 200 villages nouveaux sont créés ; la part des Allemands y est si prépondérante que l'élément slave y devient très minoritaire et, dès 1163, l'empereur Frédéric Iᵉʳ oblige le grand-duc de Pologne à abandonner de fait cette terre limitrophe, qui commence dès lors à s'intégrer à l'Allemagne.

450 ans plus tôt, les Saxons...

La partie de l'Europe qui n'a jamais été conquise par les Romains a déjà fait l'objet, avant le XIIIᵉ siècle, d'une entreprise combinée de conquête territoriale et de conversion.

Douze ans de guerre. Entre 772 et 785, en effet, Charlemagne conduit contre les tribus saxonnes établies à l'ouest de l'Elbe une guerre d'une épouvantable violence. Le prétexte de l'intervention est fourni par les raids que mènent ces tribus contre les domaines du royaume franc.

4 500 prisonniers exécutés. Douze années durant, la guerre fait rage, quelquefois sur le territoire saxon, quelquefois plus à l'ouest, lorsque les attaqués, à leur tour, choisissent de porter l'offensive contre l'assaillant. La violence culmine en 782 quand, après les avoir fait prisonnier, Charlemagne ordonne de faire décapiter les 4 500 hommes du chef saxon Widukind.

Une conversion forcée. La soumission des Saxons se combine, dans l'esprit de Charlemagne, avec leur christianisation : l'assimilation, garante de la paix future, passe par la conversion. Le premier objectif est donc la destruction de l'arbre sacré de ce peuple – l'Irmansul – auquel le Franc parvient et qu'il fait abattre l'année même de l'offensive. Après quoi, en 785, une fois toute résistance abattue, une série de mesures rend obligatoire le baptême et punit de mort les infractions commises contre la religion du Christ.

Cet immense mouvement laisse aujourd'hui sa marque dans le paysage : aspect plus ou moins géométrique, non seulement des villages neufs, mais aussi des terroirs, avec des parcelles en lanières ordonnées. Le succès s'explique parce que les paysans-colons sont, au XIIIᵉ siècle, particulièrement favorisés : ce qui les attire, c'est la liberté, l'exemption des corvées et des charges les plus lourdes qu'ils devraient à leur seigneur dans leur pays d'origine. Tout change avec la fin du Moyen Âge. Les seigneurs locaux imposent peu à peu le servage à toute la paysannerie, de l'Est allemand à la Russie.

Un roi de France s'éteint à Tunis

MORT DE SAINT LOUIS

Le dimanche 24 août, dans la plaine qui fait face à Tunis, Louis IX, roi de France, meurt en prononçant ces mots : « Ô Jérusalem, Ô Jérusalem ». Il est sous une tente, au milieu du camp de l'armée des croisés qui, depuis plus d'un mois, attend l'arrivée du roi de Sicile, Charles d'Anjou, son propre frère. Celui-ci débarque au moment où le mourant expire. Il ne lui reste plus qu'à ramener ce qui demeure de l'armée, malmenée par le typhus et la dysenterie. L'expédition, partie trop tard, en juillet, quand la canicule commence, ne peut être poursuivie. Et, sans le roi de France pour la mener, cette huitième croisade perd sa signification.

L'idée de prendre Tunis est celle du roi. La ville ne présente, du point de vue de la croisade, qu'un intérêt secondaire : l'essentiel est de secourir les États chrétiens du Moyen-Orient. Mais Louis IX poursuit un but essentiel à ses yeux : il a entendu dire que le roi de Tunis est prêt à se convertir, pourvu que l'armée chrétienne le protège contre ses coreligionnaires. La brillante armée qui a quitté Aigues-Mortes le 2 juillet a, dans l'esprit du souverain, une vocation missionnaire autant que militaire. La mort de Louis, dans ces circonstances, apparaît à la chrétienté occidentale comme étant digne de celle d'un martyr. La rumeur commence à courir que le roi de France était un saint. L'Église donne à ces bruits une consécration officielle en accélérant les formalités de canonisation : le procès qui reconnaît la sainteté de Louis IX est achevé dès 1297 : le délai entre la mort et la canonisation ne pouvait être plus bref.

La piété de l'homme

La piété de Louis IX, son angoisse du salut, pour ses sujets autant que pour lui, l'ascétisme parfois héroïque de son existence ont impressionné ses proches et ses sujets. Lors

Comment l'Église reconnaît ses saints

C'est au terme d'un procès de canonisation qu'un mort, connu de son vivant pour sa piété, devient finalement un saint.
Deux procès ou enquêtes, précisément, se succèdent : un procès de béatification, instruit par l'évêque du lieu du décès, au terme duquel, si tout se passe bien, le mort est déclaré « bienheureux » (« bienheureuse » s'il s'agit d'une morte) ; puis un procès de canonisation, qui s'effectue à Rome et aboutit le cas échéant à la proclamation de la sainteté.
Le procès de canonisation est véritablement conduit comme une procédure judiciaire : il faut exhiber des preuves de la piété, des vertus exceptionnelles et si possible des miracles du candidat à la sainteté ; et un « promoteur », appelé aussi « avocat du diable », a pour tâche de présenter des objections contre les arguments avancés.

La monarchie française au XIIIe siècle

Au XIIIe siècle, le roi de France devient **une véritable puissance.**

Ce renforcement est dû aux prédécesseurs de Saint Louis. **Philippe Auguste** (1179-1223) a agrandi le domaine royal, récupéré des biens continentaux contre le roi anglais Jean sans Terre, et résisté aux prétentions du Saint Empire romain germanique. Louis VIII (1223-1226) a régné trop peu pour laisser une trace mémorable. Mais sa femme **Blanche de Castille,** mère de Saint Louis, régente pendant la minorité de son fils (1226-1234), puis pendant la septième croisade (1248-1252), a fait obstacle aux tentatives des féodaux tendant à rabaisser le pouvoir royal.

Saint Louis lui-même (Louis IX), à partir de sa majorité, œuvre dans le sens de ce renforcement, en consolidant l'appareil d'État (administration, justice) et en contraignant les Grands à l'obéissance.

La mort de Saint Louis sous sa tente, devant les murs de Tunis (miniature de Jean Fouquet, XVe siècle).

de la septième croisade, de 1248 à 1254, le roi s'est trouvé prisonnier dans des conditions très dures. La grandeur d'âme dont il a fait preuve alors a forcé l'estime de tous : son ami et biographe, Joinville, nous le dit avec des mots touchants qui, au-delà de l'attachement du vassal à son seigneur, montrent une véritable affection.
Mais ce n'est pas seulement dans les circonstances exceptionnelles de la croisade qu'éclate la sainteté de Louis. Tous ses actes, ceux de son gouvernement comme ceux de sa vie privée, montrent que son existence est commandée par une exigence de rigueur morale et par la recherche d'un idéal proche de l'absolu. Dans l'intimité, Louis s'inflige des pénitences d'une rigueur excessive, même aux yeux des prêtres les plus exigeants,

Les conceptions de la fonction royale au Moyen Âge

Le commandement. Le pouvoir royal, au début du Moyen Âge, procède de l'élection. Le roi est un seigneur élu par ses pairs, et son pouvoir est appelé ban : c'est le droit de commander, de contraindre et de punir. Les autres seigneurs jouissent aussi du droit de ban sur leurs vassaux ; mais le roi peut les commander et les punir, il est de ce point de vue leur seigneur commun, alors que lui-même n'a aucun seigneur.

Droit du sang et droit divin. Avec le temps, l'élection disparaît progressivement au profit du droit du sang, c'est-à-dire d'une légitimité tirée d'une descendance de père en fils ou de parent à parent. Puis le sacre devient la source qui fonde religieusement le pouvoir royal. Tout règne commence par cette cérémonie, qui s'effectue en des lieux consacrés par la tradition (Westminster en Angleterre ; Reims en France ; Rome pour l'empereur germanique) et au cours de laquelle des gestes toujours semblables sont accomplis. Le sacre transforme la personne du roi : il cesse d'être un laïc, sans véritablement devenir prêtre. Il est désormais le favori de Dieu, son porte-parole ou son émissaire. En France et en Angleterre, la faveur divine s'exprime par le fait qu'il est censé faire des miracles : il guérit, par le toucher, les maladies de peau (écrouelles).

Le justicier. Cette situation entraîne pour le roi une obligation essentielle, celle d'être juste. Ainsi, c'est plus en assurant à leurs sujets une justice équitable que par la force que les rois de France construisent peu à peu l'État. La représentation la plus populaire de Saint Louis est d'ailleurs celle du souverain rendant justice, assis, en majesté comme le Christ aux tympans des cathédrales, sous un chêne – l'arbre qui garde encore, au Moyen Âge, un caractère sacré très fort.

Saint Louis (Louis IX), roi de 1226 à 1270 (détail d'une statue en bois polychrome du XIVe siècle).

comme de porter un cilice qui l'épuise, et dont son confesseur, effrayé par sa responsabilité, voudrait bien qu'il se débarrasse. La santé du roi est trop fragile, en effet, et sa vie est trop précieuse, pour justifier ces extrémités.

La sainteté du roi

Mais c'est aussi dans sa façon de gouverner que Louis IX manifeste sa volonté de salut. D'abord, à une époque où l'idée de croisade recule, où les hommes disposés à engager leur avoir pour partir outre-mer sont moins nombreux qu'au siècle précédent, et où plus rares encore sont les souverains disposés à quitter leur royaume pour aller délivrer le tombeau du Christ, Louis organise deux croisades. Peu importe que l'une et l'autre s'achèvent en fiascos : le roi de France est, pour l'Église, et plus encore pour le peuple qui l'admire, celui qui fait passer la gloire de Dieu avant la sienne propre.
Dans un souci de justice et d'équité, d'autre part, Louis réforme l'administration de son royaume, lui donnant une vraie justice et un corps de fonctionnaires rompus aux techniques du droit. Cela, il le fait, non pour accroître son pouvoir, mais pour gouverner de la même manière qu'il vit, chrétiennement. Il considère en effet que ce serait pécher que tolérer que la justice rendue soit mauvaise ou que des fonctionnaires médiocres puissent conserver des postes. Les rudiments de l'État moderne naissent de cette exigence morale.
Cette attitude a son revers : comptable devant Dieu du salut de ses sujets, Louis IX se montre intolérant, par exemple à l'égard des Juifs, qu'il persécute. Son moralisme l'amène à réprimer la prostitution ou les jeux de hasard. Enfin, il ne tolère pas qu'on lui résiste ou que l'on s'oppose à sa politique, puisque, ce faisant, on s'oppose à la volonté de Dieu, dont il est sûr d'être sur terre le lieutenant : n'est-il pas roi par la grâce de Dieu ?

L'ouverture du tombeau du roi lors des procès de canonisation (miniature française du XIVe siècle).

Saint Louis servant les pauvres à table (miniature française du XIVe siècle).

Un Vénitien raconte ses aventures

LE VOYAGE DE MARCO POLO

En 1298, à la bataille de Curzola, les galères vénitiennes sont défaites par la flotte génoise. L'événement ne serait qu'un épisode mineur dans l'histoire de l'incessant conflit entre les deux cités italiennes, si, parmi les prisonniers, ne se trouvait un certain Marco Polo, revenu d'Asie depuis seulement quatre ans.

Le prisonnier est retenu jusqu'à l'année suivante dans les geôles génoises. Pour occuper ses loisirs forcés, il dicte ses Mémoires à un compagnon de captivité : Rusticien de Pise, auteur, lui-même, de romans de chevalerie. La relation qui en découle est appelée *le Livre des merveilles du monde.*

Une affaire de famille

C'est en tant que marchand et fils de marchands que Marco a quitté Venise pour l'Orient, vingt-sept ans auparavant. Il appartient à une de ces familles de commerçants-aventuriers qui ont fait la gloire et la fortune de leur ville, et ce sont ses parents qui ont préparé son voyage.
Pendant que Marco était enfant, en effet, son père, Niccòlo, et son oncle, Matteo, se sont rendus eux-mêmes en Orient, allant de Crimée en Asie centrale, à Boukhara, puis jusqu'en Chine, à Pékin, où ils furent les hôtes du Grand Khān, Kūbīlāy. Partis en 1255, ils reviennent en 1269 seulement, soit quinze ans après leur départ, et ils portent au pape un message de Kūbīlāy qui demande qu'on envoie à sa cour cent docteurs experts. Ni le pape ni la chrétienté ne sont en état de répondre favorablement à cette requête ; du moins, les deux Vénitiens organisent-ils un nouveau voyage, se munissant cette fois de cadeaux et d'un message du pape. Nous sommes en 1271. Marco Polo a seize ans cette année-là ; il part avec eux.

De Venise à Pékin

Le voyage dure quatre ans. Il s'effectue, depuis Lajazzo Ayas, en Cilicie, sur la côte orientale de la Méditerranée, entièrement par voie terrestre : les voyageurs remontent vers le nord, jusqu'en Arménie, traversent l'actuelle Géorgie, puis bifurquent de nouveau vers le sud, rejoignant le golfe Persique. Après quoi, ils retrouvent l'itinéraire traditionnel des caravanes : cette piste au nom fabuleux, la route de la soie, qui s'enfonce à travers les montagnes d'Asie centrale, traversant le Pamir jusqu'à Kachgar, Yarkand et Khotan, passant par les déserts entourant le Lob Nor, jusqu'à la première ville chinoise, Ghanzhou, où l'expédition s'arrête une année entière, réalisant un fructueux commerce.
Le voyage reprend lorsque Kūbīlāy Khān envoie une escorte pour guider les voyageurs jusqu'à sa résidence d'été, à Shangdu, au nord-est de Pékin : ils y parviennent en 1275.

Au service de Kūbīlāy

La réception des Vénitiens à Shangdu est fastueuse. Le Khān interroge les trois hommes sur les mœurs et la science de l'Occident, il écoute soigneusement leurs réponses, se fait raconter leur voyage par le menu ; et, surtout, il se prend d'amitié pour Marco. C'est ainsi que, pendant que son oncle et son père font des affaires, le jeune homme assume des missions qui le mènent au Tibet, en Chine du Sud et jusqu'en Birmanie. Il devient, pendant trois ans, l'adjoint du gouverneur d'une province et, à l'en croire, lui et ses parents aident Kūbīlāy à s'emparer d'une ville, en fabriquant des catapultes.
C'est le vieillissement de Kūbīlāy, l'approche prévisible de sa mort, ou le désir de revoir le pays qui déterminent la décision du retour. En 1291, les trois marchands s'offrent à accompagner en Perse une jeune princesse qui va s'y marier. Ils quittent la Chine par la mer, font route vers le sud jusqu'au détroit de Malacca, longent les côtes de l'Inde après avoir doublé par le sud l'île de Ceylan, et débarquent à Ormuz. Puis, déguisés en mendiants, mais portant des pierres précieuses cachées dans leurs ceintures, ils reprennent la route terrestre, jusque en Arménie. La dernière partie de leur périple s'accomplit en bateau, par la mer Noire et par la Méditerranée. Ils sont à Venise en 1295.

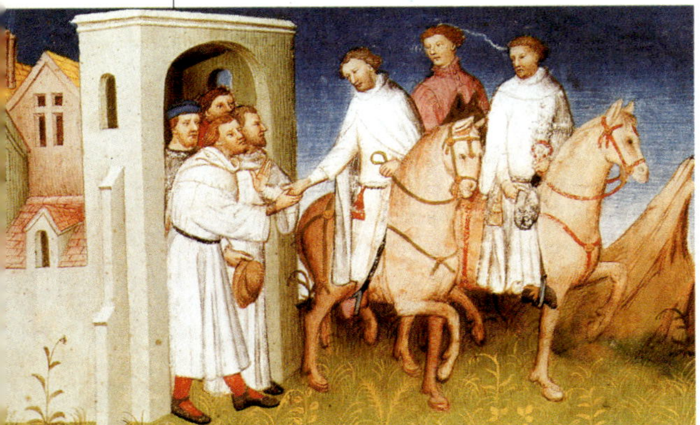

Le Départ de Marco, de son père Niccòlo et de son oncle Matteo vers l'empire du Grand Khān *(miniature française du XVe siècle illustrant le* Livre des merveilles, *Paris, Bibliothèque nationale).*

Occident et Asie au XIIIe siècle

Le besoin qu'a l'Occident des richesses de l'Orient est à l'origine des premiers contacts, commerciaux, entre les deux régions : les marchands italiens, et en particulier vénitiens, vont chercher à l'est **des soieries, des pierres précieuses et, plus encore, des épices,** indispensables alors dans l'alimentation, pour faire supporter le goût des viandes qu'on mange le plus souvent avariées.

La liaison entre l'Europe et l'Asie est terrestre, depuis les côtes de la mer Noire ou du golfe Persique. L'ensemble des pistes fréquentées forme **la route de la soie**, qui traverse les montagnes et les déserts inhospitaliers d'Asie centrale.

Fréquentée dans l'Antiquité puis, après une interruption, après le VIIe siècle, la route de la soie est rendue plus sûre par l'établissement d'une puissance qui domine l'Asie centrale et la Chine, au XIIIe siècle : **l'Empire mongol.** Celui-ci connaît son apogée sous **le règne de Kūbīlāy Khān (1260-1294),** qui établit sa capitale à Pékin.

Marchands indiens débarquant en Iran
(miniature française du XVe siècle illustrant le Livre des merveilles*,*
Paris, Bibliothèque nationale).

Voyageurs occidentaux en Asie

Avant l'époque des grands voyages touristiques du XXe siècle, un départ vers les régions centrales de l'Asie, au Tibet par exemple, où Marco Polo s'est rendu, demeure une expédition. Trois voyageurs, parmi ceux qui ont osé risquer l'aventure, méritent d'être cités.

Au XVIIe siècle, le jésuite Antonio de Andrade. Ce Portugais, l'un des plus grands missionnaires du XVIIe siècle, parcourt l'Asie et pénètre par deux fois au Cachemire et au Tibet (à partir de 1624), dont il tente l'évangélisation. Son *Voyage au Tibet* paraît à Lisbonne en 1626, huit ans avant sa mort, à Goa.

Au XIXe siècle, le père Huc. Ce lazariste, parti comme missionnaire en Chine en 1839, séjourne cinq ans en Mongolie et tente l'aventure du Tibet : il entre à Lhassa en 1844 et y demeure deux années. Rentré à Paris, où il meurt en 1860, il y publie en 1850 ses *Souvenirs d'un voyage dans la Tartarie, le Tibet et la Chine.*

Au XXe siècle, Alexandra David-Neel. À partir de 1898, à vingt-cinq ans, elle voyage à travers l'Asie centrale et surtout, déguisée en mendiante, parcourt le Tibet, alors fermé aux Occidentaux. Morte en 1969, elle laisse plusieurs ouvrages consacrés à ses voyages et au bouddhisme.

Les voyages des Polo en Asie centrale et en Chine.

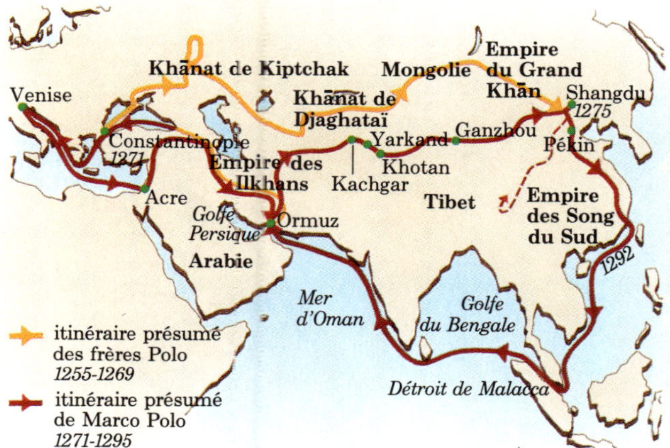

Le Repas de Kūbīlāy Khān
(miniature française du Livre des merveilles*,*
Paris, Bibliothèque nationale).

Un récit vrai et à peine croyable

Il fallut aux Polo, dit-on, étaler leurs richesses pour qu'on croit à leurs récits. Il est vrai que Marco et ses oncles décrivent un empire dont leurs contemporains soupçonnent à peine l'existence : l'État centralisé des Khāns, c'est-à-dire la Chine mongole à son apogée. Le tableau qu'en dresse *le Livre des merveilles du monde* est riche de légendes, que Marco rapporte sans jugement critique : régions où les pierres précieuses se cueillent comme des fruits, mers où les magiciens charment les requins pendant que les pêcheurs ramassent des perles d'une inimaginable grosseur... Mais les domaines où sont passés les Polo existent bien, leurs richesses sont réelles, et le récit du plus jeune permet de dresser les premières cartes de ces régions mal connues. Toutes les informations et toutes les suggestions, vraisemblables ou non, que livrent ses Mémoires font rêver : elles inspirent de façon décisive, cent cinquante ans plus tard, un Christophe Colomb qui part par la voie maritime occidentale à la recherche des terres fabuleuses qu'a décrites le Vénitien.

Un ordre monastique entier arrêté et jugé

LE PROCÈS DES TEMPLIERS

« Naguère, sur le rapport de personnes dignes de foi qui nous fut fait, il nous est revenu que les frères de l'ordre de la milice du Temple, cachant le loup sous l'apparence de l'agneau et, sous l'habit de l'ordre, insultant misérablement à la religion de notre foi, crucifient de nos jours notre Seigneur Jésus-Christ. »

Après ce préambule, le roi de France Philippe le Bel développe, dans une lettre datée du 14 septembre 1307 et adressée aux officiers royaux de l'ensemble du pays, les accusations formulées à l'encontre des Templiers : reniement du Christ et crachats lancés à son visage lors de leur réception dans l'ordre, pratiques obscènes consistant à embrasser des parties du corps dénudé du nouveau frère et sodomie. Dans la même missive, il ordonne à ses représentants d'arrêter tous les membres du Temple en un jour donné, gardé secret. Plus rien ne peut désormais empêcher le procès de l'ordre monastique et militaire international du Temple, fondé deux siècles auparavant, en 1118-1119, pour défendre la Terre sainte.

Un procès rondement mené

L'opération de police, menée le 13 octobre à l'aube, est une réussite parfaite. La surprise est complète pour les Templiers, qui n'ont pas le temps d'organiser leur fuite. Après l'arrestation et la confiscation des biens des prévenus, les officiers royaux commencent aussitôt les interrogatoires, conformément aux instructions reçues. Pour extorquer la vérité aux prisonniers, ils utilisent largement la torture. Très vite, les résultats des interrogatoires, poursuivis bientôt par les inquisiteurs de l'Église, confirment les affirmations de Philippe le Bel sur la corruption de l'ordre. Rien qu'à

Cinquante-quatre Templiers sont condamnés à être brûlés (le Bûcher des Templiers, *Londres, British Museum*).

La défense de l'ordre

Le 7 avril 1310, neuf Templiers présentent la défense de l'ordre devant la commission pontificale. « Item, ils [les Templiers] demandent, supplient, requièrent que, chaque fois que des frères seront examinés, aucun laïc [homme dévoué au roi] ne soit présent, qui puisse les entendre, ni aucune personne de l'honnêteté de qui on puisse douter avec raison ni que, sous prétexte de terreur ou de crainte, le faux puisse être dit, le vrai caché parce que tous les frères en général sont frappés d'une telle crainte et d'une telle terreur qu'il ne faut en aucune façon s'étonner qu'il y en ait qui mentent, mais plutôt qu'il y en ait qui soutiennent la vérité, quand on voit les tribulations et les angoisses qu'éprouvent ceux qui disent la vérité. »

G. Lizerand, le Dossier de l'affaire des Templiers, *Les Belles Lettres, Paris, 1989.*

Paris, cent trente-quatre prisonniers sur cent trente-huit confirment l'exactitude des accusations. Au reniement du Christ, aux rites obscènes et à la sodomie, les confessions ajoutent encore l'adoration des idoles, la cupidité, la négation des sacrements et les réunions nocturnes secrètes. Devant ce déferlement d'aveux, le pape Clément V ne peut qu'approuver Philippe le Bel. En novembre, il ordonne par une lettre officielle (bulle) à tous les rois et princes d'Europe d'arrêter à leur tour les Templiers.

Sursauts et réticences

Le doute envahit cependant le pontife lorsqu'il apprend que les prisonniers ont rétracté leurs aveux devant deux cardinaux qu'il a dépêchés auprès d'eux. Il décide aussitôt d'interrompre les activités des inquisiteurs. Cela ne convient guère à Philippe le Bel, qui use de menaces pour contraindre le Saint-Père à relancer la procédure. Il tâche aussi de le convaincre des fautes de l'ordre, et lui présente soixante-douze Templiers soigneusement choisis, qui dressent un tableau terrible des crimes du Temple. Ainsi pressé et persuadé, Clément ordonne la formation dans chaque diocèse de commissions ecclésiastiques chargées d'examiner les cas individuels, tandis qu'une commission nommée par lui siégera à Paris avec charge d'enquêter sur l'ordre en général. Des conciles provinciaux jugeront enfin les personnes tandis qu'un concile général, réuni à Vienne, prononcera la sentence finale concernant l'ordre.

À peine venu à bout de la résistance du pape, le roi doit faire face à la résistance inattendue des Templiers. Depuis le début du procès, les aveux du grand maître Jacques de Molay et des autres dignitaires avaient brisé toute velléité de résistance. Aussi, lorsque la commission pontificale demande à ce que l'ordre présente des défenseurs, Philippe le Bel, certain qu'il n'y aura guère de candidats, ordonne à ses officiers d'envoyer les volontaires à Paris. À son grand étonnement, plus de cinq cents membres du Temple manifestent bientôt leur désir de s'exprimer. Neuf d'entre eux expliquent à la commission que la torture est responsable des aveux et défendent la pureté de leur ordre.

Le triomphe de Philippe le Bel

Le roi n'a plus le choix. Il doit agir très vite. Il décrète que la culpabilité du Temple est une certitude et qu'il n'y a donc pas lieu de le laisser se défendre. Il réunit à Sens, sous la présidence de l'archevêque de la ville, un concile provincial qui prononce les sentences à l'encontre des Templiers de la province, ceux de Paris inclus. Cinquante-quatre hommes sont condamnés comme relaps, c'est-à-dire comme hérétiques revenus sur leurs aveux : ils sont condamnés à être brûlés, et sont exécutés. Leur mort anéantit la résistance des Templiers. Évincée, la commission pontificale met un point final à ses travaux. Reste au concile général de Vienne, qui s'ouvre en octobre 1312, à décider de l'avenir de l'ordre. Malgré l'avis de la majorité des Pères, qui souhaitent entendre la défense de l'ordre, le pape prononce unilatéralement la dissolution du Temple. Il prévoit que les membres de l'ordre, s'ils sont innocents ou repentis, recevront une pension et resteront dans les anciennes maisons du Temple. Les relaps et ceux qui ont refusé d'avouer leurs crimes seront brûlés s'ils ne l'ont encore été, ou resteront emprisonnés à vie. Les biens du Temple sont dévolus à l'ordre de l'Hôpital. La sentence des quatre grands dignitaires de l'ordre n'est prononcée qu'en 1314. Leur condamnation à la prison clôt définitivement le procès des Templiers. Après l'énoncé du verdict, Jacques de Molay et l'un de ses compagnons reviennent sur leurs aveux : ils se placent ainsi dans la situation de relaps, et sont brûlés à leur tour.

L'ordre des Templiers avait été créé pour libérer la Terre sainte (le sceau des Templiers, Paris, Archives nationales).

L'exécution de Jacques de Molay, le grand maître de l'ordre des Templiers (illustration de Lehugeur, 1880).

Un roi contre les Templiers

Affaibli depuis la perte de la Terre sainte en 1291, l'ordre des Templiers rencontre en Philippe le Bel **un adversaire acharné**, pour plusieurs raisons, financières, politiques et religieuses.

Toujours à la recherche d'argent, le souverain, qui a surévalué **les richesses du Temple**, comptait tirer des bénéfices substantiels de la suppression de l'ordre.

Le Temple est en outre la victime de **la lutte politique que livre le monarque, représentant du pouvoir temporel, au pape, détenteur du pouvoir spirituel**. La disparition du Temple prive le faible Clément V, mais aussi ses successeurs, du soutien d'un ordre international placé sous la responsabilité directe de la papauté.

En même temps, Philippe le Bel a peut-être liquidé **un obstacle à la création d'un nouvel ordre militaire**, qui aurait eu également pour tâche de reconquérir la Terre sainte sous sa direction.

1312-1337

L'empire du Mali au faîte de sa puissance

KANKAN MOUSSA

Le pèlerinage à La Mecque de Kankan Moussa en 1324 reste le grand événement de son règne (certificat de pèlerinage avec, au centre, la Kaaba, fin du XIIe siècle, Istanbul, musée des Arts turcs et islamiques). ▷

« Mon prédécesseur ne croyait pas que l'Atlantique soit impossible à traverser […]. Il fit préparer deux mille bateaux, mille pour lui et sa suite, mille pour l'eau et les vivres. Puis il m'investit pour le remplacer et s'embarqua sur l'océan avec ses compagnons. Ce fut la dernière fois que nous le vîmes. »

Ces propos, rapportés par l'historien arabe al-Umari, sont ceux de Kankan Moussa, souverain de l'empire africain du Mali. Le roi explique qu'il doit à la curiosité géographique et à la soif d'exploration de son père d'avoir accédé si rapidement au trône. Lancé sur l'océan sans instruments de navigation et sur de simples pirogues, embarcations sans voiles, le marin audacieux n'avait pas la moindre chance de réussir. Ainsi, après deux ans de règne seulement, le prédécesseur de Kankan Moussa, souverain d'un immense État, déserta-t-il son trône et trouva, sans aucun doute, la mort en mer.

Un pèlerinage inoubliable

Il est remarquable que le plus grand événement que l'histoire a retenu du règne de Kankan Moussa, un roi dont la renommée est parvenue dès le Moyen Âge jusqu'en Europe, soit aussi un voyage : en l'occurrence, le pèlerinage que celui-ci effectue en 1324 à La Mecque en empruntant la route du Caire. Depuis la conversion à l'islam du fondateur de l'empire du Mali au XIIIe siècle, les souverains de ce pays sont en effet tous musulmans. Kankan Moussa, qui ne déroge pas à la règle, se rend donc à La Mecque comme doit le faire chaque fidèle de l'islam une fois dans sa vie ; emmenant avec lui un cortège de 12 000 personnes, dont 8 000 soldats, il convoie également entre dix et douze tonnes d'or afin de subvenir aux dépenses du voyage. Mais sa prodigalité est telle qu'il lui faudra emprunter une grosse somme d'argent à un riche personnage du Caire pour retourner dans son pays. Désireux d'impressionner les étrangers, Kankan Moussa mène un train fastueux, montrant ainsi la richesse du pays qu'il domine. Pour son entrée dans la capitale égyptienne,

L'empire de Kankan Moussa, d'après un atlas du XIVe siècle (Paris, Bibliothèque nationale de France).

Un caravanier sur sa monture (poterie provenant du tumulus de Djenné, au Mali, Courtesy Whistle Gallery, Londres).

La naissance de l'empire du Mali

Le nom de Malal, pour Mali, apparaît pour la première fois **au XIe siècle** dans les écrits du géographe arabe al-Bakri. Il désigne d'abord un royaume situé au nord du pays des Mandingues, avant de s'appliquer à l'empire qui se développe à partir d'**une chefferie implantée dans le sud de cette contrée, au bord du Niger, en amont de Bamako.**

Vers 1230, Soundiata Keita, le roi de cet État, défait le chef du royaume Sosso, sur les rives du Niger, qui s'efforce de soumettre son peuple, et il s'empare des territoires de son ennemi. **Le guerrier poursuit ses conquêtes et il fonde l'empire du Mali,** plus vaste que celui du Ghana qui l'a précédé dans cette partie de l'Afrique. Son fils, Ouali, porte la frontière jusqu'à l'Atlantique. En 1285, ses héritiers, l'un incapable et l'autre mentalement dérangé, se font ravir le pouvoir par un certain Sakoura. **L'usurpateur soumet Gao, qui devient la limite orientale de l'empire.**

Vers 1300, après l'assassinat de Sakoura, au retour du pèlerinage à La Mecque, **les descendants de Soundiata reprennent leurs droits.** Après deux souverains dont on ne connaît que le nom, **le trône échoit de 1310 à 1312 au père de Kankan Moussa.**

il se fait ainsi précéder par 500 esclaves parés de superbes costumes et chargés chacun d'un lingot d'or. Si l'étalage de cette richesse et la générosité inouïe du souverain frappent en effet vivement la population, ils ont aussi pour contrepartie d'éveiller la convoitise des commerçants cairotes. Ceux-ci apprennent rapidement à exploiter leurs nouveaux clients, qui ignorent le prix réel des marchandises. Le sultan d'Égypte, Mohammed en-Nasr, reçoit quant à lui le pèlerin avec tous les honneurs dus à son rang. Il le loge dans un palais et lui offre de somptueux présents en retour des cadeaux reçus. Il veille également au bon déroulement de son voyage jusqu'à La Mecque. Parvenu en Arabie, Kankan Moussa déverse de nouveau des flots d'or. Ses largesses sont si considérables qu'elles entraînent une baisse durable du cours de l'or au Proche-Orient ! Douze ans après le passage du roi, le métal précieux n'a toujours pas retrouvé son niveau antérieur.

Un souverain éclairé

Mais le roi du Mali n'est pas un parvenu qui se soucie seulement de dépenser sa fortune. Tout au long de son voyage, il influence favorablement ceux qui l'approchent et qui admirent sa culture, son érudition, sa connaissance parfaite de la langue arabe et son éducation raffinée. De fait, Kankan Moussa est un des plus puissants souverains de son temps. L'empire qu'il domine s'étend de l'Atlantique au fleuve Niger ; il tire ses inépuisables ressources des plus grands gisements aurifères d'Afrique de l'Ouest. Défendu par une armée de 80 000 fantassins et 20 000 cavaliers, le Mali est un État centralisé, administré, du moins pour certaines provinces, par des gouverneurs désignés par le souverain. Cet État, à l'époque de Kankan Moussa, connaît une mutation remarquable. En effet, le but du roi est d'ouvrir son empire à la civilisation arabo-musulmane, qu'il a découverte au cours de son pèlerinage. Du Proche-Orient Kankan Moussa ramène, dans cette intention, des juristes, des théologiens, des commerçants et des artistes qu'il rétribue très largement pour leurs services. Au poète et architecte andalou Abu Ishaq al-Sahili il confie par exemple le soin d'élever une salle d'audience couverte d'une coupole et des mosquées inspirées des constructions islamiques, inconnues en Afrique noire. Pour le premier travail, le bâtisseur reçoit quelque 56 kg d'or. Une véritable communauté étrangère se constitue ainsi dans la capitale. Par ailleurs, l'habile souverain s'emploie à renforcer les relations culturelles et commerciales établies avec Le Caire et il noue des relations diplomatiques avec les différents États d'Afrique du Nord. Paix intérieure et extérieure, stabilité et prospérité marquent les vingt-cinq années de son règne.

Un rapide déclin

Cet apogée est pourtant éphémère. Après la mort de Kankan Moussa, le trône passe à son fils de 1337 à 1341, puis à son frère Suleymane, le dernier grand souverain de l'empire du Mali, qui exerce le pouvoir de 1341 à 1360. Le voyageur marocain Ibn Battuta, qui visite le pays sous le règne de Suleymane, s'émerveille de la sécurité absolue qui règne dans le pays et de la perfection avec laquelle y est exercée la justice. Il s'étonne en revanche des formes qu'utilise la population pour manifester à son maître humilité et respect : « Lorsque le sultan convoque un de ses sujets à son audience [...], celui-ci se dépouille de ses vêtements pour mettre des haillons et ôte son turban pour mettre une calotte sale. » Au cours de son séjour dans la capitale, sans doute Niani, aujourd'hui un simple village guinéen sur le Sankarani, à la frontière avec la république du Mali, l'explorateur est témoin de la déchéance de la reine, qui est accusée d'avoir comploté contre son époux pour le détrôner. Cet événement marque le début d'une série de querelles dynastiques qui accélèrent le déclin du pays après la disparition de Suleymane. Dirigé dès lors par d'incompétents personnages qui ne savent éviter le morcellement de l'empire, celui-ci est progressivement réduit pour disparaître au XVIIe siècle.

L'ultime floraison artistique des Arabes d'Espagne

L'ALHAMBRA DE GRENADE

Résidence des souverains de Grenade, l'Alhambra s'inscrit dans un splendide cadre naturel. Elle déploie ses édifices, ses pièces d'eau et ses jardins sur une éminence aux pentes verdoyantes, qui domine la ville et la plaine avoisinante. Sa silhouette, haut perchée, se découpe sur le fond grandiose des montagnes aux sommets enneigés de la sierra Nevada.

Le mot *alhambra* signifie en arabe « citadelle rouge », et l'ensemble architectural grenadin est désigné sous ce terme à cause de la couleur des murailles qui le ceignent. Ses premières pierres sont posées dans le courant du XIIIe siècle par les souverains musulmans d'un des royaumes nés de l'éclatement de l'ancien royaume de Cordoue, décidés à édifier une forteresse pour en faire leur résidence. Mais l'essentiel de l'Alhambra date du XIVe siècle, des règnes des princes Yusuf Ier (1333-1354) et Muhammad V (1354-1359 et 1362-1391) qui y édifient deux magnifiques palais. Derniers chefs-d'œuvre de l'art musulman d'Espagne, ces constructions sont les seuls palais arabes du Moyen Âge parfaitement préservés.

Une ville au-dessus de la ville

Citadelle et résidence royale, l'Alhambra est aussi une véritable cité, qui surplombe la ville basse de Grenade. La forteresse comporte, outre des casernes, des magasins pour les vivres et des citernes, destinés à faire face à d'éventuels sièges. Elle englobe aussi un édifice religieux, la Grande Mosquée, où, chaque vendredi, les croyants se rassemblaient pour la prière obligatoire, effectuée en présence du souverain. À l'origine, des bains publics, des logements, des bureaux pour l'administration, des boutiques, des ateliers d'artisans complétaient l'ensemble – beaucoup de ces édifices ont disparu au cours des siècles.

De la cour des Myrtes…

Les palais royaux, quant à eux, sont toujours là pour évoquer l'art de vivre de la cité. Extrêmement dépouillés à l'extérieur, ils mon-

La cour des Myrtes avec, au second plan, la tour de Comares, l'Alhambra, Grenade.

La cour des Lions : dans les palais musulmans, l'eau et les jardins sont indissociables de l'architecture, l'Alhambra, Grenade.

trent à l'intérieur un décor exubérant. Les salles y sont distribuées autour de cours rectangulaires, bordées de gracieux portiques et de bâtiments. Tandis que le rez-de-chaussée est destiné aux salles de réception, les étages sont réservés aux appartements privés du roi et au harem, où vivent les femmes. L'eau et les jardins, indissociables de l'architecture, contribuent au charme envoûtant des deux résidences musulmanes.

Le plus ancien des palais, œuvre de Yusuf Ier, est bâti autour de la cour des Myrtes. Il est précédé par le vestibule du Méchouar, qui abrite la salle où les souverains tenaient leur conseil et où ils rendaient la justice. Un passage relie cet ensemble à la cour des Myrtes.

Cette cour est occupée par un grand bassin bordé par des haies de myrtes, dans lequel se reflètent deux portiques supportés par de fines colonnes. La cour est dominée par le bâtiment le plus élevé de l'Alhambra, la tour de Comares, haute de 45 m. La bâtisse, reliée à la cour par un vestibule, renferme la splendide salle des Ambassadeurs, la plus vaste du palais. Cette pièce, de forme carrée, est haute de 18 m. Ses murs comportent neuf niches profondes percées chacune d'une baie. Dans la niche centrale, qui fait face à la porte, le souverain s'installait pour recevoir les envoyés des nations étrangères. Le plafond est orné d'une remarquable coupole en bois de cèdre, sculpté de muqarnas, des éléments décoratifs en forme de stalactites, et d'entrelacs. Les parois sont revêtues de carreaux de faïence, ainsi que de stucs, c'est-à-dire de légers reliefs en plâtre, façonnés et peints avec délicatesse – les uns et les autres reproduisant des inscriptions arabes et de nouveaux entrelacs.

...à la cour des Lions

Le second palais, celui de Muhammad V, s'ordonne aussi autour d'une cour : la cour des Lions, une des plus belles œuvres de l'Espagne islamique, par l'harmonie de ses lignes et la rigueur de son arrangement symétrique. Au milieu de la cour, douze lions de marbre portent une vasque d'où jaillit un jet d'eau. De cette fontaine partent quatre allées qui divisent le sol en autant de petits jardins. Alentour s'élèvent de splendides portiques, formés d'élégantes colonnes et d'arcatures où foisonnent des stucs d'une très grande finesse. Sur les petits côtés se détachent deux pavillons, soutenus par de minces colonnes de marbre, et décorés de stalactites.

Portiques et pavillons donnent accès à un ensemble de pièces qui constituaient peut-être les appartements des sultanes, et dont le décor n'a rien à envier à celui de la cour. La salle des Abencérages se distingue par sa coupole en forme d'étoile, de nouveau ornée de stalactites, et la salle des Rois par ses peintures. Celles-ci, exécutées sans doute par des artistes chrétiens de la fin du XIVe siècle, constituent l'une des rares réalisations picturales islamiques qui représentent des individus – en l'occurrence, sans doute, les souverains nasrides de Grenade. La salle des Deux Sœurs, qui doit son nom à deux dalles de marbre jumelles, est, quant à elle, une des merveilles de l'Alhambra. Sa décoration de stalactites, d'arcs ciselés, de stucs et de carreaux de faïence est d'un raffinement extrême. La pièce mène à un mirador d'où l'on jouit d'une belle vue sur un jardin intérieur. Dans les palais de l'Alhambra, ainsi, tout invite le roi et sa cour à la détente et au plaisir.

D'un extrême raffinement, la coupole en forme d'étoile de la salle des Abencérages, l'Alhambra, Grenade.

La fin de l'Espagne musulmane

Après la disparition de l'État arabe de Cordoue en 1031, les territoires espagnols contrôlés par les musulmans **éclatent en une série de petits États.** Parmi ceux-ci se détachent les royaumes de Séville, de Grenade, de Murcie, de Valence, de Saragosse.

Au même moment, les **États chrétiens du nord** de l'Espagne s'organisent et **entreprennent la Reconquête** ***(Reconquista)*** de leur pays. En 1212, **la victoire des armées** chrétiennes sur les troupes musulmanes à **Las Navas de Tolosa sonne le glas de la plupart des royaumes arabes.** Ceux-ci sont soumis aux chrétiens les uns après les autres au cours des trente années suivantes.

Seul subsiste encore **pendant deux siècles et demi le petit royaume de Grenade,** qui prospère grâce à son agriculture et à son commerce. Depuis 1238, il est gouverné par la dynastie nasride. Dans la cité de Grenade où ils résident, les princes élèvent les superbes palais de l'Alhambra. Protecteurs des arts, des lettres et des sciences, ils font de leur capitale un important centre culturel.

Mais, en 1492, les Rois Catholiques, résolus à achever la Reconquête, **s'emparent de Grenade et mettent un terme à huit siècles de présence musulmane** en Espagne.

Un siècle d'hostilité entre deux nations

LA GUERRE DE CENT ANS

En 1337, la France et l'Angleterre s'engagent dans un conflit, connu sous le nom de guerre de Cent Ans, qui, de victoires en défaites, de conquêtes en reconquêtes et de négociations en trêves, parfois fort longues, durera exactement 116 ans. C'est une calamité, que les rois et leurs sujets se transmettent d'une génération à l'autre.

La bataille de L'Écluse : elle marque tragiquement le début de la guerre, pour les Français (XVe siècle, miniature des Chroniques de Froissart, *Paris, Bibliothèque nationale de France).*

Le conflit puise son origine dans une querelle féodale. Le roi d'Angleterre détient le fief de Guyenne (Aquitaine), pour lequel il doit prêter l'hommage au roi de France, son seigneur. Ce lien l'empêche de gouverner sa province en toute indépendance. En effet, en tant que suzerain, le souverain français peut intervenir dans les affaires de justice et imposer son autorité. Le roi d'Angleterre Édouard III n'accepte pas cette ingérence. En 1337, les menées du vassal déterminent le roi de France Philippe VI de Valois à confisquer le fief de Guyenne. Peu après, Édouard III riposte en revendiquant le trône de France, se fondant sur sa qualité de plus proche parent, par sa mère, de Philippe IV le Bel. Il met ainsi en doute la légitimité de son rival, ce qui lui permet de renier l'hommage prêté pour son fief. La guerre, dès lors, est inévitable.

Les malheurs de la France

En 1338, Édouard III engage les opérations militaires en Flandre. Il profite du mécontentement des villes flamandes, dominées alors par la France, pour les gagner à sa cause et s'assurer ainsi d'une base sur le continent. En 1340, près de L'Écluse, l'avant-port de Bruges, il inflige à la flotte française une cuisante défaite, qui lui donne le contrôle des mers. Six ans plus tard, les troupes anglaises, mieux organisées, mieux armées et plus disciplinées que les combattants français, écrasent l'armée de Philippe VI à Crécy-en-Ponthieu. En 1347, elles enlèvent Calais, qui devient une importante base anglaise. Après une trêve de huit ans et l'échec des négociations, qui se prolongera jusqu'en 1355, le conflit reprend. Jean II le Bon, qui a succédé à son père Philippe VI, subit une défaite très grave à Poitiers en 1356. Fait prisonnier par les Anglais, il est contraint en 1360 de signer le traité de Brétigny, qui cède à

La bataille de Crécy, 26 août 1346

« Ni le roi ni ses maréchaux ne purent être maîtres de leurs gens, car il y avait tant de gens et si grand nombre de grands seigneurs que chacun voulait montrer là sa puissance.

Ils chevauchèrent en cet état, sans arroi ni ordonnance, si avant qu'ils approchèrent de leurs ennemis. Or ce fut grande honte pour les premiers : [...] sitôt qu'ils virent leurs ennemis, ils reculèrent tout d'un faix en tel désordre que ceux qui étaient derrière s'en ébahirent et crurent que les premiers se battaient et étaient déjà vaincus. Ils eurent alors bien la place d'aller devant s'ils voulaient, quelques-uns y allèrent, d'autres se tinrent tout cois. [...] Quand ils durent approcher de leurs ennemis, à trois lieus près, ils tirèrent leurs épées et crièrent « À la mort ! À la mort ! » et pourtant ils ne voyaient personne. »

Cité dans J. Froissart, la Guerre de Cent Ans, *Paris, 1964.*

l'Angleterre de nombreux territoires et annule la souveraineté française sur l'Aquitaine. En outre, il doit verser à ses geôliers une très forte rançon. Les assemblées, qui représentent les états du royaume de France, refusent le traité et votent des subsides pour la poursuite de la guerre. Une nouvelle intervention anglaise sur le territoire français, accompagnée de dévastations et de pillages, conduit à la reprise des négociations. Édouard III se voit concéder une Aquitaine qui couvre le tiers de la France. En échange, il abandonne ses prétentions au trône des Capétiens.

Le royaume reconquis puis aliéné

Charles V, qui a succédé à Jean II le Bon, profite de la négligence d'Édouard III — qui n'a pas fait ratifier le traité de Brétigny — pour proclamer à nouveau sa souveraineté sur l'Aquitaine et s'immiscer dans les affaires de justice de ce qu'il considère toujours comme un fief. En 1369, à la suite du refus anglais de se plier aux règles du royaume de France, il confisque à nouveau la province et la reconquiert par les armes. Les hostilités, de nouveau, sont interrompues par des trêves, dont la dernière dure de 1388 à 1411. En 1399, Henri IV de Lancastre s'empare du trône d'Angleterre. En France, la folie du roi Charles VI a livré le gouvernement à deux factions rivales, les Armagnacs et les Bourguignons. À la tête de la première se trouve le duc d'Orléans, frère du roi, soutenu par le comte d'Armagnac. La seconde est dirigée par l'oncle du souverain, le duc de Bourgogne. Quatorze ans plus tard, Henri V de Lancastre, qui succède à Henri IV, est bien décidé à regagner les terres données à son pays par le traité de Brétigny. Pour éviter une alliance avec les Bourguignons, les Armagnacs, qui exercent alors le pouvoir, sont prêts à de multiples concessions ; mais ils ne veulent pas céder la Normandie, que le roi anglais convoite particulièrement. En 1415, Henri V entreprend donc la conquête de cette région. À Azincourt, il écrase la défense française, organisée par les Armagnacs. En 1417, il domine toute la Normandie. Le dernier épisode de la lutte entre Bourguignons et Armagnacs s'achève par la remise du royaume de France à Henri V. En 1420, le traité de Troyes, négocié par les Bourguignons et la reine Isabeau de Bavière, épouse de Charles VI, ligués contre les Armagnacs, prévoit de céder la couronne à Henri V, après la mort de Charles VI. Le Dauphin, futur Charles VII, est déshérité.

Le sacre d'Henri VI d'Angleterre. En 1431, deux ans après avoir été couronné roi d'Angleterre, le jeune garçon est sacré roi de France à Paris. En vain : Charles VII, sacré lui-même à Reims grâce à Jeanne, aura finalement la victoire (miniature du XV

La bataille de Crécy, en Picardie : opposant les forces de Philippe de Valois à celles d'Édouard III, elle se conclut par l'écrasante défaite des Français (XIVe siècle, miniature des Chroniques de Froissart, *Paris, bibliothèque de l'Arsenal).*

Un tournant décisif

Or, Charles, qui conteste le traité, dispose du soutien du centre et du sud de la France, Aquitaine exclue. Après la mort d'Henri V, il affronte son frère, le duc de Bedford, régent de France et chef de l'armée anglaise. En 1428, le duc met le siège devant Orléans, première étape de la conquête des régions situées au sud de la Loire. En 1429, alors que le Dauphin cède au découragement, une jeune fille — ou «pucelle», dans le langage du temps — prénommée Jeanne se présente à la cour de Chinon, affirmant qu'elle est investie d'une mission divine. Après examen, les théologiens la déclarent en effet inspirée par Dieu. Équipée en chef de guerre, la Pucelle gagne Orléans, où, en quelques jours, elle oblige les Anglais à lever le siège. Elle vole ensuite de victoire en victoire, ce qui aboutit au sacre du roi, à Reims. Oint de Dieu, grâce à Jeanne, Charles VII devient enfin le roi légitime. Mais il hésite à poursuivre son avantage et perd le bénéfice de l'élan populaire suscité par Jeanne. Quelques mois plus tard, celle-ci est faite prisonnière devant Compiègne. Vendue aux Anglais, qui lui reprochent leurs revers, Jeanne est brûlée comme sorcière, à Rouen, le 30 mai 1431. En 1435, Charles VII signe avec les Bourguignons la paix d'Arras, qui facilite la reconquête. En 1450, il reprend la Normandie. En 1453, il achève la reconquête de la Guyenne, mettant un terme à un conflit qui a trouvé son origine dans cette province.

Une épidémie ravage l'Europe

LA PESTE NOIRE

La plus grande catastrophe démographique du Moyen Âge. C'est ainsi qu'on peut qualifier la terrible épidémie de peste qui a accablé l'Europe vers le milieu du XIVe siècle, n'épargnant aucune région, tuant le tiers de la population, suscitant paniques et massacres.

D'Asie, où la peste sévit de façon endémique, est arrivé le mal : de Crimée, des navires infestés l'ont rapporté dans les ports d'Occident. Depuis les côtes italiennes et espagnoles auprès desquelles ils ont mouillé, la peste se diffuse avec les voyageurs. Par les cols des Alpes et des Pyrénées, elle pénètre dans le sud de la France – elle frappe Avignon et Toulouse au début de 1348. Par les navires de l'océan Atlantique, elle atteint le Pays basque et la Normandie vers la même époque. Elle traverse la Manche avec les cargaisons des bateaux, elle suit les routes commerciales : l'Angleterre et l'Irlande sont touchées, puis le sud de la Scandinavie. Vers l'est, le mal s'étend jusqu'en Russie et en Hongrie.

Mais qu'est-ce que la peste ?

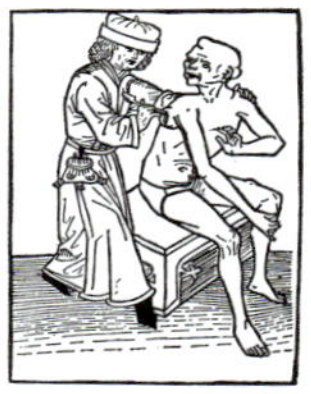

La peste est due à un bacille que transmet la puce, passant du rat à l'homme ou d'homme à homme, selon les cas. On distingue la peste bubonique, avec des ganglions (« bubons ») et la peste pulmonaire, avec des expectorations sanglantes. Avant l'apparition des antibiotiques, les deux pestes entraînaient la mort.

L'horrible mort des pauvres

La forme de la maladie est la peste bubonique : à l'aine, au cou, aux aisselles, des ganglions apparaissent. Ils s'indurent, noircissent – d'où le nom de *Peste noire*. Le malade a de la fièvre, des hémorragies l'affaiblissent. Il délire. Il meurt en quelques jours. La peste touche surtout les villes, épargne davantage les campagnes, où l'isolement protège. On peut difficilement tenter une estimation, en un temps où sondages et statistiques n'existent pas. Mais les complaintes renseignent sur l'ampleur et la cruauté du mal : « En mil trois cent quarante-huit – À Nuits de cent restèrent huit – En mil trois cent quarante-neuf – À Beaune de cent restèrent neuf », écrit un poète bourguignon.

Les pauvres sont les plus exposés. Mal nourris, donc plus faibles, ils résistent mal à l'épidémie. Vêtus de haillons, de fourrures bon marché, leur hygiène est douteuse : ils ont davantage de chances de contracter la maladie. De plus, ils n'ont pas la ressource de fuir le mal en se réfugiant à la campagne comme le font les riches. À Florence, le poète Boccace gagne sa villa sur les collines, en compagnie d'une agréable société de jeunes gens : pendant que les autres meurent dans la ville, il compose ses *Nouvelles*.

Le terrible XIVe siècle

Pour le continent européen, le XIVe siècle est un siècle noir.

Le climat est plus froid, les famines très graves (1315-1317), les épidémies nombreuses (1348, mais aussi 1360, 1371, 1381).

C'est un siècle de guerres : la guerre de Cent Ans commence en 1347, Byzance doit lutter contre la pression turque, et les chevaliers Teutoniques mènent de grandes campagnes en Prusse.

Les remèdes impossibles

On ne soupçonne pas que les rats et les puces sont les vecteurs de l'épidémie. On accuse l'air, les aliments ou l'eau. On soupçonne tout, on se méfie de tout. Et quand le mal arrive, les docteurs multiplient les conseils : ils demandent que les logis soient gardés secs et chauds, préconisent un régime alimentaire léger – un régime de riche, à base de viandes blanches et de pain de froment. Ils recommanderaient volontiers qu'on s'abstienne de boire, prônant repos, promenades aux heures fraîches, pour réduire la soif. Ils

Les miniatures du temps attestent l'hécatombe des victimes : ici, l'ensevelissement des morts de la ville de Tournai, dans l'actuelle Belgique.

A Tournai, les cadavres trop nombreux sont ensevelis à même le sol ou brûlés (miniature du temps).

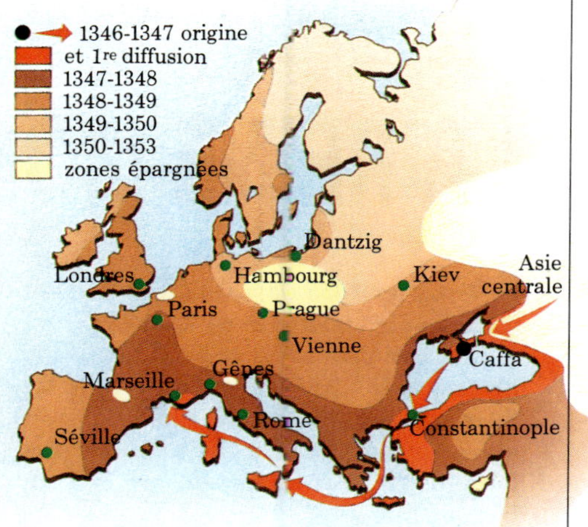

L'expansion du mal.

dénoncent aussi les amours et même les conversations : des caresses, des paroles pourraient transmettre le mal. La vérité est qu'ils sont impuissants à guérir la peste ou à en empêcher l'extension.

De la maladie aux massacres

Faute d'une aide des savants, la tentation est grande de chercher ailleurs un protecteur, de découvrir en marge du rationnel un motif ou de désigner des coupables. Certains recourent à la magie ou à l'astrologie, d'autres remettent leur destinée entre les mains d'un saint, Sébastien, dont le corps percé de flèches saigne comme celui des pestiférés, en attendant que saint Roch le remplace dans ce rôle. À mesure que l'épidémie fait plus de victimes, la recherche d'un secours prend une forme collective et exaltée. Les prédicateurs désignent dans l'épidémie un châtiment : les fidèles s'accusent d'avoir provoqué le mal par leurs péchés ou cherchent ceux qui leur ont valu le fléau. Dans le Saint Empire, d'abord, dans la France du Nord-Est ensuite, des foules parcourent rues et places en se donnant le fouet. Ces « batteurs », ou flagellants, ne dénoncent pas qu'eux-mêmes. Ils affirment que les responsables ne sont pas les chrétiens, que la peste n'est pas vraiment la peste : qu'on a empoisonné les puits, les aliments et l'air. Les coupables seraient les Juifs, ennemis héréditaires, ceux qui ont « tué le Christ ». Dans un paroxysme de délire antisémite, les flagellants exigent qu'on brûle ces maudits, jusqu'au dernier d'entre eux.

Et les exécutions ont lieu. Dans l'Europe du Nord, dans la vallée du Rhin et jusqu'en Catalogne, on conduit les Juifs au bûcher. En Alsace, la tuerie commence à l'approche de l'épidémie : à Benfeld, les représentants des cités impériales décident d'anéantir les communautés. À Strasbourg, les patriciens obtiennent pour les Juifs un répit de quelques mois : un gouvernement populaire les renverse et envoie au supplice général les Israélites, le 14 février 1349. À travers les Juifs, ce sont aussi les prêteurs, les usuriers, les riches, auxquels le petit peuple s'en prend : la peste avive en même temps les détestations sociales et les haines raciales.

Sébastien, le premier saint prié contre la peste.

Pestes et épidémies dans l'histoire

Qualifiées de « pestes », les épidémies anciennes sont en fait difficiles à identifier. Les plus célèbres sont les suivantes :

429 avant notre ère. L'épidémie d'Athènes. Elles se déclare en été, dans une ville surpeuplée, au début de la guerre du Péloponnèse.

542. Constantinople ravagée par le mal. Venu d'Égypte, il fait des centaines de milliers de victimes, puis ravage, 50 ans durant, les côtes européenne et africaine du bassin méditerranéen.

XIVe-XXe siècle. Le mal se réveille au XIVe siècle, culmine avec la Peste noire. Il frappe Constantinople en 1466 ; touche Venise en 1478, Lyon en 1628, Nimègue en 1635, Londres en 1665, Marseille en 1720. Puis il se localise au Moyen-Orient, et, à la fin du XIXe siècle, il se concentre en Asie, avec des épidémies meurtrières en Inde (1896) et en Chine (1910).

D'autres maladies que la peste sont extrêmement meurtrières :

La variole, qui ravagea l'Europe avant la découverte de procédés de vaccination au XVIIIe siècle.

La rougeole, qui provoqua une hécatombe chez les Indiens d'Amérique au XVIe siècle.

La syphilis, importée d'Amérique en 1443 par les compagnons de Colomb, qui tire son nom de sa première victime, le berger Syphilus.

Le choléra, venu d'Asie, qui atteint l'Europe et l'Afrique au XIXe siècle et se manifesta par l'épidémie de 1830.

La grippe, qui reste au XXe siècle une maladie très grave. En 1918, la « grippe espagnole » fit 22 millions de morts.

Enfin depuis son apparition, en 1981, **le sida** a tué près de 17 millions de personnes.

Inés de Castro entre l'histoire et la légende

LA REINE MORTE

Le 7 janvier 1355, la hache du bourreau s'abat sur le cou d'Inés de Castro. Tel est le prix que doit payer la belle Castillane pour avoir aimé Pierre, l'infant de Portugal. Cent cinquante ans environ après sa mort, la légende s'empare des faits historiques et transforme Inés en héroïne littéraire.

Les premiers récits de la fin tragique d'Inés sont dus aux chroniqueurs portugais qui ont vécu sous le règne de son amant, le roi Pierre Ier, ou juste après. La légende se répand ensuite aussi bien au Portugal qu'en Espagne, où Inés occupe une place comparable à celle d'Héloïse en France.

Le coup de foudre

En 1340, à l'âge de 18 ans environ, Inés est choisie comme dame d'honneur de Constance, l'héritière d'une grande famille espagnole. Elle quitte alors les siens pour suivre la jeune femme, qui part se marier au Portugal avec l'héritier du trône. Inés appartient à une prestigieuse famille espagnole. Elle n'est, il est vrai, qu'une bâtarde, mais sa beauté fait oublier sa naissance illégitime. Pierre, l'infant du Portugal et l'époux de Constance, tombe amoureux d'Inés. Consciente de la passion qu'éprouve son mari, Constance s'efforce d'y faire obstacle. En vain : Inés devient la maîtresse de Pierre.

À la cour, le scandale éclate. Le roi Alphonse IV renvoie Inés, qui retourne chez elle, en Espagne. Mais la mort de Constance, en 1345, permet à Pierre de faire revenir sa bien-aimée, malgré l'opposition du roi et la désapprobation de la cour. À nouveau réunis, Inés et Pierre vivent ensemble, ouvertement, sans être mariés. Et Inés, comme Constance, donne à Pierre trois enfants, deux garçons et une fille.

La raison d'État

L'affaire pourrait en rester là. Mais à l'union illégitime viennent s'ajouter les remous politiques. Car autour d'Inés s'est constitué un parti espagnol, qui inquiète vivement le roi et l'aristocratie portugaise. D'autant plus que les deux frères d'Inés, qui sont les principaux ani-

Détail du gisant d'Inés de Castro dans l'église d'Alcobaça.

Les origines du Portugal

Occupée au Ve siècle par les Alains et les Suèves puis par les Wisigoths, sous domination musulmane à partir de 711, l'ancienne province romaine de Lusitanie est reconquise par des rois chrétiens en deux temps : aux alentours de 900, par **Alphonse III d'Asturies,** et en 1064, par **Ferdinand Ier de Castille. Le comté de Portugal** naît alors, qui correspond à la région de Porto (Oporto, en portugais) ; **il devient indépendant au XIIe siècle sous Alphonse Henriques (1128-1185),** qui prend le titre de roi.

Le nouveau royaume conduit son expansion vers le sud, en menant une croisade conquérante contre l'occupation musulmane. Installant sa capitale à Coimbra, Alphonse Ier prend Lisbonne, Sintra, et occupe une partie de l'Alentejo. La conquête s'accélère sous le souverain Alphonse II (1211-1223), après la bataille de Las Navas de Tolosa (1212), à laquelle les troupes portugaises participent. Elle s'achève dans l'Algarve pendant le règne du roi Alphonse III (1248-1279).

Alphonse IV, qui fit condamner Inés à mort (Madrid, Bibliothèque nationale).

mateurs de ce groupe, poussent Pierre à émettre des prétentions sur les trônes des royaumes voisins d'Aragon et de Castille. Alphonse IV, qui ne désire pas la guerre, est contraint d'agir. Pour lui comme pour ses proches conseillers, il est clair qu'Inés est au centre de cette agitation, même si elle ne participe pas directement aux intrigues. De plus, le roi craint que les partisans d'Inés ne finissent par assassiner Ferdinand, le fils de Constance et l'héritier légitime de Pierre, dans le but de le remplacer par l'un des fils d'Inés. La décision d'Alphonse est prise : pour que soit préservée la paix civile, Inés doit mourir. Profitant d'une absence de son fils, le roi met la sentence à exécution. À Coimbra, le 7 janvier 1355, il livre Inés au bourreau, puis la fait enterrer dans le couvent de Santa Clara, où Pierre l'avait installée avec ses enfants.

Une vengeance terrible

Lorsque Pierre apprend la disparition de sa compagne, sa douleur est telle qu'il prend d'abord les armes contre Alphonse. La guerre civile se termine pourtant assez rapidement, par un accord conclu entre le père et le fils. Pierre y jure de pardonner aux trois conseillers qu'il accuse de la mort d'Inés. Cependant, en 1357, quelques mois avant sa mort, Alphonse IV suggère aux intéressés de se mettre hors d'atteinte de son fils; ils se réfugient donc en Castille.

À 37 ans, Pierre Ier monte sur le trône du Portugal. Aussitôt, il met en œuvre sa vengeance. Cédant aux pressions de Pierre, le roi de Castille livre deux des coupables (le troisième a réussi à s'enfuir). Pierre Ier remet ses prisonniers aux bourreaux. Ils sont torturés, puis brûlés. D'après un chroniqueur, le roi aurait même ordonné qu'on leur arrache le cœur. Plus tard, Pierre reconnaîtra qu'il a mal agi et il rendra leurs biens aux descendants des deux conseillers. À cause de cette vengeance, le roi est surnommé le Cruel, ou le Justicier.

Pierre entreprend ensuite la réhabilitation d'Inés, sans doute autant par amour que pour faire oublier sa conduite passée, susceptible de porter atteinte à son autorité. En 1360, pour faire croire qu'il a vécu légitimement avec Inés, il proclame qu'il l'avait épousée secrètement, vers 1353. Peu importe que personne ne se laisse convaincre par un mariage annoncé si tardivement. Ensuite, il fait transférer en grande pompe la dépouille d'Inés de Santa Clara à l'abbaye d'Alcobaça. À la lueur des torches, nobles, religieux, gens du peuple, tous assistent à la cérémonie. Celle-ci s'achève avec l'inhumation d'Inés dans l'un des deux splendides tombeaux que Pierre a fait construire dans l'église d'Alcobaça.

Pierre Ier du Portugal, l'amant d'Inés (Madrid, Bibliothèque nationale).

Inés de Castro. Quoique bâtarde, la belle Castillane sut se faire aimer de l'infant Pierre du Portugal (Madrid, Bibliothèque nationale).

L'entrée dans la légende

Au cours du siècle et demi qui suit la mort d'Inés, les événements historiques, embellis, donnent naissance à la magnifique légende d'Inés de Castro. Au XVIe siècle, Luís de Camões, le plus grand poète portugais, raconte la vie d'Inés dans ses *Lusiades,* et son compatriote le dramaturge Antonio Ferreira écrit une belle *Tragédie de Dona Inés de Castro.* À leur tour, ces auteurs inspirent une multitude d'écrivains, graveurs, peintres, musiciens... qui augmentent la renommée d'Inés. Dès le XVIIIe siècle, la figure de la reine morte franchit les frontières de la péninsule Ibérique et entre dans l'imaginaire européen. Au XIXe siècle, le thème est même repris par Victor Hugo dans une œuvre de jeunesse.

La littérature introduit dans la vie d'Inés un épisode fictif, mais d'une grande intensité dramatique : la rencontre de l'héroïne et d'Alphonse IV. Au cours de cette entrevue, le roi énonce la sentence de mort. La belle Espagnole, entourée de ses enfants, supplie le souverain de lui laisser la vie sauve. Son plaidoyer émeut le vieux roi, qui commence à fléchir. Mais les sévères conseillers veillent et poussent le roi à se montrer inébranlable.

Souvent, la mort d'Inés elle-même s'écarte de la vérité historique. Les écrivains dédaignent la décapitation, pas assez tragique, et lui préfèrent un lâche assassinat perpétré par les conseillers eux-mêmes, armés de poignards. Or, ceux-ci n'ont joué qu'un rôle secondaire, malgré la vengeance de Pierre Ier.

Enfin, l'épisode le plus spectaculaire de la légende, repris par Henry de Montherlant dans sa pièce *la Reine morte,* est le couronnement d'Inés après sa mort. Il trouve sa source dans le transfert, sur ordre du nouveau roi, du corps de la jeune femme. Sous la plume des poètes et des dramaturges, la scène se précise : Pierre sort du tombeau les restes desséchés d'Inés pour la couronner. Au cours de la cérémonie, il ordonne aux courtisans de baiser la main décharnée de la reine morte. C'est sur cette note macabre que s'achève le récit légendaire de la vie d'Inés de Castro.

Les villes de la Baltique forment une fédération

LA HANSE

En 1356, une assemblée réunit à Lübeck les députés de tout un groupe de villes commerçantes de la Baltique : elle transforme une association économique de marchands en une fédération politique associant des cités. L'événement marque un tournant essentiel dans l'histoire d'un groupement qui existe alors depuis deux siècles.

À l'origine de la Hanse, il y a la fondation, vers 1158, de Lübeck, sur la Baltique, au fond de l'isthme du Holstein, à 50 km environ de Hambourg qui occupe un emplacement quasi symétrique sur la mer du Nord.

À la tête de l'association : Visby ou Lübeck ?

La nouvelle cité est la véritable organisatrice de la Hanse, puis sa principale dirigeante. C'est elle qui réussit à grouper les marchands allemands d'abord, puis, peu à peu, scandinaves et polonais, qui constituent l'association. Pourtant, une autre ville que Lübeck a bien failli détenir la préséance dans l'association. Pendant longtemps, en effet, la « Hanse » n'a été qu'une association quasi informelle, unissant ses membres par un simple serment d'entraide, et dans laquelle Lübeck ne jouait pas un rôle de premier plan. Ainsi en est-il de la première structure, encore réduite en nombre et de modeste ambition, qu'on lui connaisse : la « communauté des marchands allemands saisonniers de Gotland », qui apparaît très tôt, peu après 1160. Dans cette île située au centre de la Baltique, que peuplent à l'origine des marins scandinaves et dont le port s'appelle Visby, les Allemands se fournissent en produits russes. Au XIIIe siècle, la communauté de Visby, désormais en bonne partie allemande, rivalise avec Lübeck pour la préséance à la tête du groupe. Mais cette dernière finit par la réduire à un rôle d'étape sur la route maritime vers Novgorod et la Russie.

Le conflit des marchands allemands avec Bruges

La Hanse a donc déjà toute une histoire en l'an 1356. Depuis le XIIIe siècle, elle s'est même dotée d'une sorte d'exécutif : quatre « Anciens », élus respectivement par les marchands de Lübeck, Visby, Soest et Dortmund – la présence de ces deux dernières villes dénotant l'extension de l'association

Le commerce européen au XIVe siècle

Depuis l'époque des croisades, le commerce a repris activement en Europe : les villes sont des marchés importants, des foires considérables se tiennent en certaines régions (Champagne, Paris).

Si la distribution locale se fait forcément par route ou par voie fluviale, **la mer est le moyen de transport essentiel** du commerce au long cours.

Dans le sud de l'Europe, **l'Italie** est le grand centre du commerce et de la redistribution des produits méditerranéens. Dans le nord, les grands comptoirs sont Bergen, Novgorod et surtout **Londres et Bruges.**

Dans ces dernières villes, les marchands de la Baltique et ceux des pays méridionaux échangent leurs produits : les premiers proposent les fourrures et la cire de Russie, les draps flamands et le sel de Basse-Saxe, le cuivre et le fer de Suède, la morue de Norvège, le bois et les blés de Pologne et de Prusse, ou encore les vins du Rhin ; les seconds apportent des épices, des soieries et des cotonnades, des vins également, du sucre de canne, voire du blé et du sel aussi.

Le port de Bruges avec sa grue pour le transbordement des marchandises (miniature du XVe siècle).

L'embarquement des marchandises dans un port de l'Europe du Nord (miniature du XVe siècle).

aux villes rhénanes, y compris la plus prestigieuse, Cologne. Mais, au milieu du XIVe siècle, tout commence à aller mal. Bruges, depuis longtemps, constitue (avec Londres, mais davantage que cette dernière) le comptoir où, à l'ouest, se redistribuent les marchandises qu'apportent les commerçants de la Hanse depuis la Baltique et la mer du Nord, et où ces derniers entrent en contact avec les vendeurs de produits venus de l'Europe du Sud. Or, une contestation s'élève entre le port flamand et les Hanséates. La guerre de Cent Ans a rendu les routes commerciales moins sûres ; les corsaires anglais et français sur mer, et les soldats sur terre, font subir des pertes graves aux marchands. Juridiquement, les Brugeois sont responsables et devraient verser des indemnités : leur refus est la source d'un grave conflit.

La détérioration parallèle des rapports entre l'Angleterre et la Flandre en général, à la même époque, contribue aussi à déranger les affaires des commerçants de la Hanse : c'est un autre facteur qui incite ceux-ci à renégocier leur statut dans la région.

Les grandes dates de la Hanse

1158. Fondation de Lübeck par le duc de Saxe Henri le Lion.

1161. Création de l'association des marchands de l'Empire « romain » fréquentant Gotland.

1189. Accord conclu entre les marchands allemands et le prince Iaroslav à Novgorod.

XIIIe siècle. Les marchands soutiennent les Teutoniques dans leur conquête des pays baltes.

1250. Des commerçants allemands participent à la naissance de Stockholm, qui sera une ville hanséatique.

1281. Les marchands de Cologne et des villes baltiques, longtemps rivaux, créent à Londres un comptoir unique de la Hanse d'Allemagne.

1356. Première diète plénière des villes hanséatiques.

1370. Paix de Stralsund, imposée au Danemark. Liberté de navigation pour les Hanséates dans les détroits danois ; la Hanse est une grande puissance politique en Europe du Nord.

1388. Blocus contre les Flamands, les Anglais et les Russes, pour les obliger à respecter les privilèges hanséatiques. Mais, désormais, les concurrents ne manquent pas.

1471. Prise de Novgorod par le tsar Ivan II et déclin de ce comptoir.

XVIe siècle : déclin de Bruges, peu à peu ensablée, au profit d'Anvers.

1618-1648. La guerre de Trente Ans désole l'Allemagne et porte le coup de grâce à la Hanse.

1630. La Hanse se résume désormais à une ligue de Lübeck, Hambourg et Brême.

1862. Les derniers biens de la communauté sont liquidés.

De l'association de marchands à la ligue de villes

C'est Lübeck qui prend l'initiative de convoquer les délégués des villes dont les marchands sont membres de la Hanse : l'assemblée de 1356, véritable « diète plénière » des cités hanséatiques, transforme la nature de l'association.

On ne peut pourtant parler avec exactitude de cette réunion fondamentale : la liste même des villes représentées n'a pas été conservée. Mais il est clair que la participation fut énorme. Les décisions prises sont d'importance variable : la principale en apparence est d'envoyer une ambassade à Bruges. En vain, la Hanse devra utiliser la force, en organisant le blocus maritime de la Flandre, suivi d'un traité qui lui donne satisfaction, en 1360. L'essentiel est sans doute ailleurs : le comptoir de Bruges, jusque-là indépendant, passe sous l'autorité des villes hanséatiques. Et, plus généralement, les dirigeants des villes membres du groupement (donc un pouvoir politique) établissent leur domination sur les marchands à l'étranger. La nécessité d'intervenir diplomatiquement et militairement transforme une association commerciale en une ligue de cités.

Des conséquences essentielles

Les conséquences d'une telle transformation s'avèrent très vite considérables. Tout d'abord, l'engagement des instances politiques rend possible le blocus des Flandres qui n'aurait pas, autrement, été envisageable. De même, en 1361, à l'autre extrémité de l'espace hanséatique, une ambassade dirigée par un représentant de Lübeck et un autre de Visby place le comptoir de Novgorod sous l'étroite dépendance des villes dirigeantes. Enfin et surtout, l'existence d'une ferme direction politique permet de mener, durant dix ans (1360-1370), une dure guerre contre le roi de Danemark Valdemar IV, qui veut imposer son hégémonie sur la Baltique. La paix de Stralsund, par laquelle le roi renonce à toutes ses prétentions (et laisse notamment à la Hanse une parfaite liberté de passage dans les détroits danois), marque sans doute l'apogée de la puissance hanséatique.

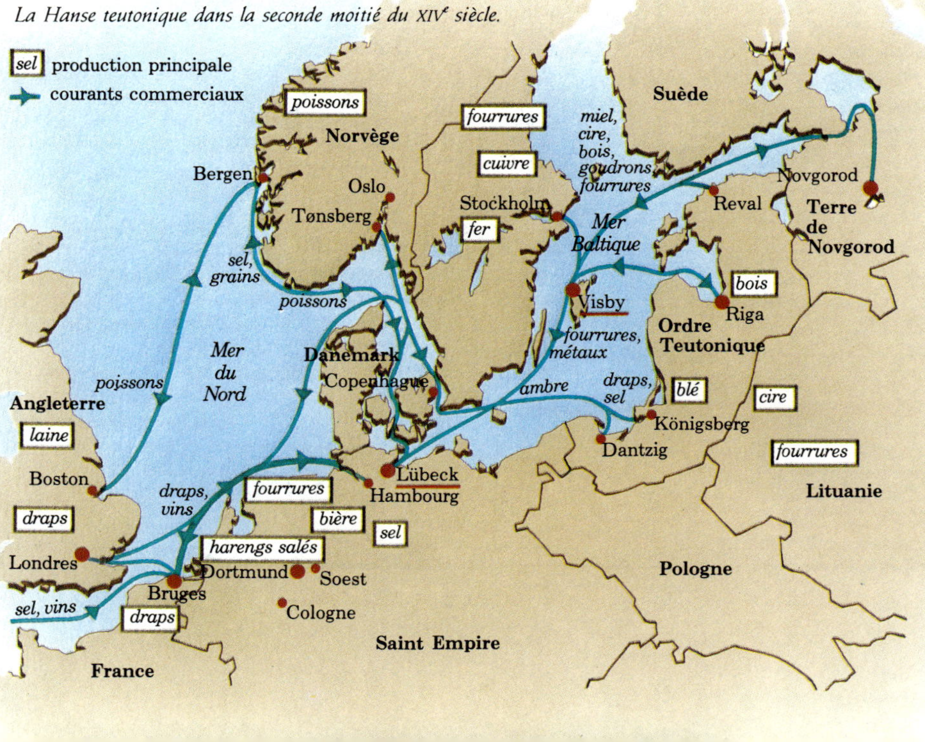

La Hanse teutonique dans la seconde moitié du XIVe siècle.

Deux papes sont élus à la fois

LE SCHISME D'OCCIDENT

Le 27 mars 1378, meurt Grégoire XI, épuisé par la dureté d'un climat auquel sa vie, passée tout entière en Avignon, ne l'a pas préparé, et par les soucis d'une tâche très lourde. Il a réussi à ramener la papauté à Rome, et c'est là un immense succès pour une institution dont le prestige a été mis à mal par son long séjour trop près du roi de France. Les fausses manœuvres du Sacré Collège vont, en quelques mois, détruire les résultats positifs d'années entières de diplomatie. Pire : elles provoquent la crise la plus grave qu'ait jamais connue l'Église d'Occident, et dont elle ne sort pas sans dommages, après quarante ans de déchirements et de luttes.

Dès le 7 avril, les cardinaux présents à Rome se réunissent en conclave. L'atmosphère est incandescente. Les Romains, privés de la présence pontificale depuis plus de soixante ans, entendent avoir leur mot à dire dans le choix du pape. Ils veulent que ce soit un Italien et, si possible, un Romain. Le peuple de Rome qui a, durant tout le Moyen Âge, pesé sur les élections pontificales retrouve tout à coup ses traditions. Durant toute la nuit du 7 au 8 avril, présents en nombre aux portes du palais du Vatican, énervés par le glas qui sonne sans discontinuer, les Romains, au bord de l'émeute, tentent d'exercer une pression sur les cardinaux. Cette atmosphère ne trouble guère les délibérations du conclave, qui n'a aucun mal à se mettre d'accord sur le nom de Bartolomeo Prignano, archevêque de Bari. Celui-ci est un personnage tout à fait honorable. Il a fait sa carrière dans l'administration en Avignon. Il est d'une irréprochable moralité. Il est italien. C'est, a priori, un choix acceptable.

D'un pape à l'autre

Les cardinaux ne peuvent guère prévoir ce qui va se produire. Le nouveau pape, qui prend le nom d'Urbain VI, est affligé d'un caractère difficile : une maladie d'estomac le rend irritable à l'extrême. Il semble, d'autre part, que son équilibre psychique ait été des plus précaires et n'ait pas résisté à l'honneur d'être pape : l'élection fait basculer Urbain dans un état proche de la folie. Il se rend insupportable en tançant vigoureusement les cardinaux, trop amateurs de luxe à ses yeux, ou en insultant les ambassadeurs des souverains venus lui rendre leurs devoirs. Il est, en fait, hors d'état de traiter sérieusement des complexes affaires de l'Église et de gouverner aussi bien la chrétienté que l'État pontifical. C'est du moins ce qu'estiment les cardinaux qui l'ont élu, et qui, bien vite, se repentent de leur choix, conscients du fait qu'ils ne peuvent travailler avec un tel personnage. Durant l'été de 1378, ils se réfugient, pour fuir la chaleur estivale, dans la petite ville campanienne d'Anagni. Ils fuient, en fait, celui qu'ils se sont donné pour maître. Réunis, à la fin de l'été, dans la petite ville de Fondi, ils somment Urbain VI d'abdiquer, prétextant que leur choix d'avril leur a été imposé. Le pape, naturellement, refuse. Les cardinaux élisent alors Robert de Genève, qui prend le nom de Clément VII.

L'éclatement de la chrétienté

Dans les premiers mois de son pontificat, Clément VII, qui est autant guerrier qu'homme d'Église, entreprend, à la tête de bandes de mercenaires, de s'emparer de Rome par la force, afin d'en chasser son rival. Il échoue, et, dès le printemps de 1379, il se retrouve en Avignon. Là, il reconstitue la lourde machine étatique que ses prédécesseurs ont su construire. Il a sur place un personnel compétent et dispose, surtout, d'une administration fiscale sans équivalent dans l'Europe du temps, qui lui permet d'extorquer de l'argent à toute la chrétienté. Urbain VI a, lui aussi, des moyens : son principal atout réside dans la maîtrise qu'il a de l'État pontifical en Italie, auquel il fait rendre tout ce qu'il peut rendre. Les deux camps ayant l'un et l'autre de l'argent, la lutte est appelée à durer, et cela d'autant plus que les ralliements à l'un ou l'autre parti se font pour des motifs politiques : ainsi, la France ayant choisi Clément VII, et avec elle ses alliés, la Castille et l'Écosse, l'Angleterre se rallie à Urbain VI, entraînant avec elle la Flandre. Une partie de l'Europe, cependant, s'abstient de choisir ou change constamment de camp : ainsi le royaume de Naples, le Portugal ou les seigneuries d'Italie du Nord.

Comment on élit un pape

Depuis 1049, le pape est élu par le collège des cardinaux. Les cardinaux sont, à l'origine, les curés des paroisses romaines. C'est donc, théoriquement, le clergé de Rome qui élit son propre évêque, en conformité avec le droit canonique. En réalité, les cardinaux ne sont que fictivement, on s'en doute, les curés de la paroisse dont ils portent le nom. Leur réunion forme le Sacré Collège. Depuis le milieu du XIVe siècle, afin d'éviter que l'Église ne reste trop longtemps sans chef à la mort du pape, les cardinaux sont enfermés jusqu'à ce qu'ils soient parvenus à un accord sur le nom du successeur qu'il convient de donner au disparu. C'est ce que l'on appelle le conclave.

Le Grand Schisme signifie le retour de l'un des papes en Avignon, où les pontifes s'étaient déjà établis au XIVe siècle.

L'Église et les États à la fin du XIVe siècle

Les relations de l'Église et des États se développent sur trois plans : judiciaire, fiscal et diplomatique.

L'Église possède **des privilèges exorbitants,** comme celui d'avoir ses propres **tribunaux** ou de prélever des **impôts.** Les souverains s'efforcent de limiter au plan strictement spirituel la compétence des justices ecclésiastiques, sans y parvenir tout à fait. En revanche, pour ce qui est des exigences fiscales de l'Église, qui sont lourdes, les États, qui prélèvent au passage une partie de leur produit, s'en accommodent fort bien.

Les **relations diplomatiques** sont complexes, mais, grossièrement, on peut considérer que les papes du XIVe siècle ont plutôt favorisé la France au détriment de l'Angleterre durant la première phase de la guerre de Cent Ans.

La crise de l'Église à la fin du Moyen Âge

Le schisme est l'occasion de poser, sans lui apporter de réponse, la question de la réforme de l'Église qui traverse tout le XVe siècle, sans que jamais l'institution ecclésiastique n'apparaisse en mesure de satisfaire les nouvelles exigences spirituelles des fidèles ou d'améliorer son propre fonctionnement.

De nouveaux besoins spirituels. Les fidèles sont de plus en plus nombreux à habiter en ville et à bénéficier d'une instruction élémentaire. Moins incultes, ils recherchent une spiritualité plus personnelle et plus intériorisée : c'est le sens de courants comme celui de la *Devotio moderna*, qui se développe au XVe siècle surtout.

Des dysfonctionnements de structure. D'autre part, l'Église souffre, depuis bien longtemps, de maux profonds : immoralité ou ignorance des prêtres, absentéisme des évêques sont de plus en plus mal supportés à la fin du Moyen Âge. La richesse de l'Église et celle de ses princes la rendent impopulaire. La lourdeur de sa fiscalité, dont l'utilité n'est pas bien perçue ou semble contestable aux fidèles, accroît un sentiment diffus d'anticléricalisme.

Le refus de tout changement. De grands théologiens, comme Wycliffe ou Jan Hus, essayent d'apporter des réponses cohérentes à ces inquiétudes nouvelles, qui, parce qu'elles remettent en cause l'organisation matérielle de l'Église, sont jugées irrecevables par elle : Jan Hus est brûlé à Constance en 1415 et Wycliffe chassé d'Oxford où il enseignait. Faute d'avoir alors su saisir l'esprit du temps, l'Église devra, au XVIe siècle, subir des contestations bien plus radicales.

La fin du Grand Schisme : un pape unique, Martin V, est élu au concile de Constance en 1417 (miniature du XVe siècle).

Le doute sur la légitimité des papes élus a profondément traumatisé les consciences : cette miniature en est la preuve (miniature du XVe siècle).

En 1409, le concile de Pise échoua à résoudre le schisme en élisant un troisième pape ! Les deux autres furent brûlés en effigie (miniature du temps).

Une lutte de quarante ans

Le résultat, sur le plan de l'administration de l'Église, est désastreux. En effet, le choix des souverains n'engage pas nécessairement les Églises nationales. En conséquence, les dignitaires ecclésiastiques vont choisir leur camp en suivant soit leur conscience soit leur intérêt, ni l'un ni l'autre des deux papes n'hésitant à payer les ralliements. De la sorte, toutes les institutions ne tardent pas à se diviser. Les ordres monastiques se dédoublent, les communautés se scindant en factions qui reconnaissent chacune à leur tête leur propre abbé. De même, les évêchés sont parfois pourvus de deux titulaires. Et cette division descend parfois jusqu'au niveau de la paroisse.

Tous les contemporains ont parfaitement conscience du caractère scandaleux de la situation. Il est pourtant impossible d'y mettre un terme : ce ne sont pas seulement deux individus qui s'affrontent, mais deux structures institutionnelles parallèles, qui mettent en cause des individus, c'est-à-dire des intérêts privés et des carrières. Par ailleurs, du simple point de vue juridique, les positions des deux camps sont défendables, même si elles débouchent sur un état de fait qui, lui, ne l'est pas. Il faut attendre le concile de Constance, en 1418, pour que le schisme soit définitivement résorbé.

1398

Tamerlan s'empare de Delhi

L'INDE SOUS LA DOMINATION MONGOLE

En 1369, Timur Lang, né en 1336 au Turkestan, et qui prétend descendre du grand conquérant Gengis Khan, devient chef suprême des Mongols d'Asie centrale. Installé à Samarkand, sa capitale, il a embrassé la religion musulmane mais ne rêve que de soumettre toutes les populations turques et arabes par la force, et de reconstituer l'empire de son ancêtre.

Appelé Tamerlan par les Turcs et les Occidentaux, Timur Lang dispose d'une armée bien organisée, que les chroniqueurs arabes et turcs ont improprement qualifiée de « horde ». La guerre que Tamerlan mène contre les peuples musulmans laisse, entre la fin du XIVe et au début du XVe siècle, un peu de répit aux Byzantins soumis à la pression des Turcs Ottomans.

L'adversaire de Tamerlan : les armées indiennes des sultans de Delhi

Les Tughluq du sultanat de Delhi doivent compter avec une population majoritairement hindoue. Leur armée repose sur deux contingents complémentaires : l'un est constitué de guerriers rétribués par une terre, l'autre, de troupes de mercenaires levées en cas de menace sérieuse.

Les sultans disposent ainsi d'une cavalerie composée de 80 000 à 90 000 hommes, qu'ils peuvent renforcer par des contingents levés chez les nobles. Mais cette armée est attachée à ses prérogatives et sa puissance dépend largement des possibilités financières des sultans. L'affaiblissement du sultanat de Delhi, au cours du XIVe siècle, provoque une diminution des recettes fiscales et, par là, mine la force armée.

À côté des cavaliers, on trouve également des fantassins en grand nombre.

De plus, les musulmans ont adopté les techniques de combat des Indiens, et notamment l'utilisation des éléphants : environ une centaine d'entre eux, solidement harnachés et cuirassés, transportent des archers et doivent semer le trouble dans la cavalerie adverse. Mais ces animaux sont parfois très difficiles à manier et, lorsqu'ils sont blessés, ils risquent de détruire les rangs indiens autant que ceux de l'ennemi.

Un impitoyable chef de guerre

Après avoir soumis la Horde d'Or en 1397 et semé la désolation dans la région de la Volga, Tamerlan rentre à Samarkand en triomphateur. Sans s'accorder le moindre répit, car il convoite une possession du sultan Mahmoud – maître des pays de l'Indus et du haut Gange –, le sultanat de Delhi, il rassemble de nouveau son armée et prend la même année la route de l'Inde.

La cavalerie de Tamerlan, l'arme par excellence des Mongols, est composée de plusieurs escadrons aux armoiries et aux couleurs spécifiques. Certains sont lourdement cuirassés, tandis que d'autres, revêtus d'une cotte de mailles, constituent la cavalerie légère. Les effectifs sont considérables, souvent plusieurs centaines de milliers d'hommes. Le choc provoqué par cette masse invincible est irrésistible. Par ailleurs, la réputation sanguinaire de Tamerlan le précède partout où il va : la terreur suscitée par les massacres dont il se rend coupable joue autant que sa force réelle.

La fin du sultanat de Delhi

Le sultanat de Delhi, créé au XIIIe siècle et gouverné par une dynastie mamelouk, est déjà miné par des dissensions internes. Le sultan Mahmoud, de la dynastie des Tughluq, ne domine plus qu'un territoire réduit par le morcellement des principautés musulmanes. Tamerlan se fait le champion de l'orthodoxie musulmane afin de rallier à sa cause nobles et guerriers mongols et turkmènes enrôlés dans son armée, mais qui ne sont guère partisans d'une aussi lointaine expédition.

L'Empire mongol à la fin du XIVe et au début du XVe siècle

À la fin du XIVe siècle, **les lambeaux de l'empire de Gengis Khan et de ses successeurs sont autant de vestiges de la première domination mongole sur l'Asie.** Tandis que les Mongols du khanat de Djaghataï contrôlent l'Asie centrale, que la Horde d'Or occupe le Caucase, ceux du khanat de Jiji luttent contre les Russes pour se maintenir en Asie occidentale.

Tamerlan réunifie l'ensemble des terres mongoles. Après avoir repris en main l'Asie centrale, **il soumet la Perse** entre 1380 et 1395 et fait preuve d'une violence inouïe, massacrant la population d'Ispahan. En 1387, il se rue dans le Caucase contre la Horde d'Or, puis contre les Russes, et ravage Moscou avant de se retourner contre les Ottomans de Syrie en **prenant Damas** (1400). En 1402, **il écrase les Turcs à Ankara.** Se tournant alors vers l'Extrême-Orient, il tente de conquérir la Chine des Ming.

Mais **il meurt en 1405, avant d'avoir pu accomplir ses rêves de domination universelle. Son empire ne lui survit guère.** En Inde du Nord, ses descendants fondent une principauté musulmane qui s'épanouit à partir du XVIe siècle : l'empire des Grands Moghols.

Prince indien sur son éléphant de guerre (miniature indienne du XVIIIe siècle, Londres, Victoria and Albert Museum).

Tamerlan – ou Timur Lang (miniature indienne, XVIIIe siècle, Paris, B.N.F.).

Attaque d'une forteresse par les soldats de Tamerlan (miniature du XVe siècle).

Gagnant finalement l'Asie centrale en avril 1398, son armée traverse Kaboul et Lahore, passe l'Indus et parvient en vue de Talamba, en septembre, sans rencontrer de résistance sérieuse. Le 13 octobre, elle s'empare de la ville, dont la population est réduite en esclavage. Après quoi, le riche Pendjab est soumis au pillage plusieurs semaines durant.

Tamerlan arrive enfin en vue de Delhi et met le siège devant ses murailles. La capitale, dominée par le Qutb Minar, la plus grande tour du monde, étale sous les yeux des Mongols des richesses considérables. Le sultan Mahmoud, à la tête d'une grande armée de plusieurs dizaines de milliers d'hommes, tente alors de dégager sa capitale. Le choc entre les deux armées a lieu le 17 décembre 1398. Malgré ses 120 éléphants et sa cavalerie, Mahmoud est rapidement débordé par les troupes adverses. Les cavaliers mongols taillent en pièces les Indiens affolés. L'armée du sultan se replie et succombe en masse. Mahmoud, défait, s'enfuit précipitamment et se réfugie au Gujerat. Delhi, elle, est prise : ses fabuleuses richesses sont livrées au pillage pendant plusieurs jours et, à son tour, la population, après le massacre de 80 000 personnes, est réduite en esclavage – Tamerlan dépêche tous les artisans prisonniers vers sa capitale afin qu'ils contribuent à l'édification d'une somptueuse mosquée.

La victoire de Tamerlan marque la fin du sultanat de Delhi; son souvenir reste profondément ancré dans la mémoire indienne comme un irréparable traumatisme. Cependant, la victoire livre au Mongol un riche royaume qui s'étend à presque toute l'Inde du Nord. En janvier 1399, Tamerlan poursuit sa progression, saccage Jammu. Le 19 mars, il retraverse l'Indus, chargé d'un immense butin, laissant à ses lieutenants le soin de gouverner les territoires conquis. Guerrier infatigable, il s'en va combattre les Mamelouks, maîtres de la Syrie et de l'Égypte, et parvient en 1400 sous les murs d'Alep.

1407-1424

La demeure sacrée des Fils du Ciel

LA CITÉ INTERDITE

En Chine, le palais servant de résidence à l'empereur a toujours eu l'importance d'une véritable cité à l'intérieur de la capitale. L'empereur y vivait retiré, entouré de ses femmes, des eunuques les gardant et des quelques hauts personnages qui avaient le droit de l'approcher.

Le palais impérial n'est donc pas un bâtiment isolé, c'est un ensemble d'édifices réunis dans une vaste enceinte ou plutôt dans une série d'enceintes qui en interdisent l'accès au commun des mortels : une « Cité interdite ».

Une organisation symbolique

Un des principes de l'architecture de la Chine ancienne est que tout édifice ou ensemble d'édifices, qu'il soit religieux ou profane, doit refléter l'harmonie de l'Univers. Or, la cosmogonie chinoise conçoit le Ciel comme un cercle, et la Terre comme un carré au milieu de chaque côté duquel s'ouvre une porte. Ces quatre portes correspondent à nos quatre points cardinaux ; un cinquième point cardinal existe pour les Chinois, le centre, qui est pour eux le plus important. Autour de la capitale, d'autres carrés sont censés exister, qui donnent une image géométrique du monde. Un autre symbolisme, de type chronologique, intervient aussi dans la définition du plan. Finalement, la capitale idéale est ainsi définie : c'est un quadrilatère ceint de murs avec 12 portes correspondant aux 12 mois

L'édifice le plus grand de la Cité interdite. le Taihedian, ou temple de l'Harmonie suprême, Pékin.

de l'année ; en son centre s'élève la résidence royale, elle aussi carrée, enfermée dans son enceinte et formant une cité à elle seule. D'autres considérations de type philosophique ou religieux président à la conception d'un projet architectural. Avant de commencer un chantier, les anciens Chinois veillent à s'assurer si la nature du terrain, la configuration du sol et jusqu'aux emplacements des arbres et des rochers sont de nature à attirer les esprits fastes et à repousser les esprits néfastes. Si tel n'est pas le cas, il convient soit de choisir un autre lieu, soit de modifier la situation du futur bâtiment par des travaux de rectification. Ce fut le cas pour la Cité interdite, avec l'édification d'une butte artificielle, appelée Colline du Charbon, ou Colline de la Contemplation, destinée à protéger le palais contre les vents septentrionaux et les mauvais esprits. La situation de cette colline, en arrière du complexe, c'est-à-dire au nord, n'est en aucun cas fortuite : en Chine, les dangers sont censés venir du nord, qu'il s'agisse du froid, des intempéries et, surtout, du risque des invasions barbares. C'est aussi pourquoi la Cité impériale, comme toutes les villes de Chine, est construite sur un axe nord-sud, c'est-à-dire avec sa porte principale ouverte vers les régions méridionales, et tous les bâtiments construits à l'intérieur orientés selon cette même disposition.

L'Empereur, au cœur de la Cité

Des milliers de travailleurs et artisans de toute sorte ont uni leur peine et leurs efforts pour construire et ordonner cet immense rectangle de près de 1 km de long sur 760 m de large, ceint d'une muraille de couleur pourpre de 10 m de haut. Le visiteur qui pénètre dans la Cité doit arriver du sud. Il franchit successivement trois portes monumentales séparées les unes des autres par de vastes jardins ou des cours, et traverse par deux fois le cours d'une rivière – la Rivière aux Eaux d'or – avant d'arriver dans l'espace le plus sacré de la Cité, celui que fréquentait en permanence l'empereur. Aujourd'hui, ce visiteur peut passer par la voie même qu'empruntait jadis le Fils du Ciel : les trois portes sont percées chacune de trois ouvertures, les ponts de marbre blanc ornés de balustrades qui enjambent le cours d'eau sont à chaque fois au nombre de cinq - la porte ou le pont du centre étant évidemment réservés jadis au seul usage impérial. Au-delà de la troisième porte, au fond d'une cour profonde de 180 m, apparaît le premier des trois grands bâtiments d'honneur de la partie officielle. Cet édifice, le plus beau et le plus grand de la Cité, est le Taihedian, ou pavillon de l'Harmonie suprême. À l'intérieur se déroulaient les cérémonies d'intronisation de l'empereur, celles de son anniversaire, ainsi que les célébrations du nouvel an lunaire et du solstice d'été. La double toiture de l'édifice est supportée par 24 colonnes en bois de camphrier. Le trône impérial est entouré de 6 colonnes dorées, décorées de dragons. L'empereur y présidait les différentes cérémonies, entouré de ses courtisans, respirant l'odeur des bois précieux brûlant dans des brûle-parfums.

La Cité interdite vue de la Colline de la Contemplation, Pékin.

Une œuvre des Ming

La Cité interdite est construite pour l'essentiel **entre 1407 et 1424,** même si les travaux se prolongent jusqu'en 1441 : occupée sans discontinuité et donc constamment entretenue sauf un moment au XVIIe siècle, lorsque la chute des Ming entraîna sa mise à sac, elle constitua pour le souverain chinois **un cadre de vie à peu près immuable jusqu'au retrait du dernier empereur, en 1924.**

C'est l'empereur Yongle qui est l'initiateur des travaux : il décide la construction de la Cité en même temps qu'il ordonne le transfert de la capitale de l'empire de Nankin à Pékin. La Chine est en effet dirigée à cette époque par **les souverains Ming,** dynastie purement chinoise qui succède en 1368 à la famille mongole des Yuan et sera détrônée en 1644 par les Mandchous.

La multiplication des enceintes, des portes et des cours fait ressembler la Cité interdite à un véritable labyrinthe, Pékin.

Les deux bâtiments suivants sont le Zhonghedian et le Baohedian – respectivement le palais de l'Harmonie parfaite et le palais de l'Harmonie préservée. Le premier servait de salle de réflexion et de repos à l'empereur. Le second, plus vaste encore que la salle du trône (Taihedian), était utilisé pour les grands banquets. Au-delà de ces trois palais commence la partie du complexe réservée aux bâtiments privés. On y pénètre après avoir passé un nouveau portail monumental. Trois palais, répliques en plus petit des précédents, s'échelonnent du sud au nord : le Qianqinggong, palais de la Pureté céleste, résidence personnelle de l'empereur et salle d'audience pour les fonctionnaires et les envoyés des pays tributaires ; puis le Jiaotaidian, ou pavillon de l'Union, et le Kunninggong, ou palais de la Tranquillité terrestre, réservés à l'impératrice. Tout autour s'étendent des jardins et des pavillons qui, tel celui de la Tranquillité impériale, étaient les résidences des veuves impériales. Tout un système de canalisations était installé à l'intérieur du palais pour évacuer les eaux de pluie. La plupart des salles, à partir des Ming, eurent des canalisations de chauffage.

1430-1521

Un grand empire rayonne sur le Mexique

LES AZTÈQUES

Une reconstitution idéale de la grande capitale aztèque Tenochtitlán (détail d'une fresque de Diego Rivera, Mexico, Palais nationaux). ▷

En 1430, l'alliance des Mexicas de Tenochtitlán, appelés aujourd'hui Aztèques, avec deux autres cités de la vallée centrale du Mexique scelle la naissance d'un empire qui ne cessera de croître jusqu'en 1519, début de la conquête espagnole. Celui-ci s'étend alors du Guatemala, au sud, à l'État actuel de San Luis Potosi, au nord, et du golfe du Mexique, à l'est, au Pacifique à l'ouest.

La légende veut que les Mexicas aient quitté leur région d'origine, dans le nord du Mexique, au début du XIIe siècle. Après bien des tribulations, ils se seraient fixés définitivement au XIIIe siècle dans la vallée de Mexico, réalisant ainsi la prophétie de leur dieu Huitzilopochtli. Celui-ci aurait en effet prédit qu'ils s'établiraient à l'endroit où ils apercevraient un aigle tenant un serpent dans le bec et posé sur un figuier de Barbarie enraciné dans une pierre. Les Mexicas ont trouvé ce lieu dans les îles du lac Texcoco : ils y ont fondé, sur le site de la moderne Mexico, leur capitale, Tenochtitlán (vers 1325 ou 1345), et la ville de Tlatelolco.

Un empire bien organisé

Très vite, le souverain aztèque, qui commande les forces fédérées des trois États, s'affirme comme le maître de l'empire naissant. Les conquêtes militaires, qui se poursuivent encore à la veille de la venue des conquistadores, soumettent d'autres régions et intègrent des peuples de cultures très diverses. Pour administrer cet immense territoire, les Aztèques le divisent en trente-huit provinces. Chacune est dirigée par un gouverneur, choisi parmi les anciens dirigeants de la contrée, mais dont les actes sont supervisés par un fonctionnaire aztèque. Le même souci d'assimilation et de contrôle préside à un dédoublement similaire des charges, au niveau local. Les nouveaux maîtres ont aussi l'habileté de ne pas intervenir dans les coutumes et dans les croyances des peuples vaincus. Les provinces versent aux conquérants un tribut sous forme de produits agricoles, de matières premières ou d'objets manufacturés. Les régions les plus proches envoient à la capitale les plus lourds chargements de denrées, maïs et haricots essentiellement, tandis que les provinces plus lointaines la fournissent en matières premières et objets précieux — de l'or, de l'argent, des plumes d'oiseaux —, plus aisés à acheminer. Les fonctionnaires tiennent une comptabilité très précise de tous les versements effectués. Comme les produits du commerce, très actif dans tout le pays, s'ajoutent à ces échanges forcés, la capitale de l'Empire aztèque voit transiter de très grandes richesses. Les commerçants appartiennent d'ailleurs à une puissante corporation qui jouit de privilèges importants.

Une capitale fascinante

Tenochtitlán, qui compte près de 250 000 âmes en 1519, est peuplée d'habitants venus des quatre coins de l'empire et parmi lesquels les Mexicas ne sont plus qu'une minorité. Le brassage qui s'opère entre les traditions et les religions de ces peuples divers et celles des Mexicas a donné naissance à la culture aztèque. Le cœur de la ville est occupé par le centre cérémoniel, quadrilatère entouré d'un mur orné d'impressionnants serpents sculptés. À l'intérieur de l'enceinte se dresse le temple principal, le majestueux Templo Mayor, double car dédié à la fois au dieu Soleil et au très ancien dieu de la Pluie, Tlaloc. D'autres temples l'entourent, de même que des places

Les dieux Xiuhtecuhtli et Itztapaltotec (enluminure du Codex Borbonicus, *Paris, bibliothèque de l'Assemblée nationale).*

pour les sacrifices, des terrains de jeu de balle, des écoles où sont formés les futurs prêtres et les enfants nobles, et l'immense palais du souverain. Le reste de la ville est constitué de quatre quartiers orientés selon les points cardinaux, et de la ville de Tlatelolco, bâtie progressivement à une date plus récente. Là vit l'essentiel de la population, divisée en groupes de 1 500 à 2 000 personnes, dirigés chacun par un chef, dont l'élection doit être confirmée par le souverain. Comme l'ensemble de la société aztèque, les habitants de Tenochtitlán se répartissent en différentes classes. Au bas de l'échelle se trouvent les esclaves, vendus par des marchands, par leur famille ou par eux-mêmes, mais qui ne tirent jamais leur condition de leur naissance. Puis viennent les simples citoyens, paysans, artisans et artistes, nombreux et spécialisés, commerçants. Enfin l'élite, formée par les nobles. Au sommet de l'édifice trône le souverain, qu'un conseil choisit parmi les membres les plus capables de la famille régnante.

→**Voir aussi** : p. 238-239 (La fin de l'Empire aztèque).

Sacrifice humain chez les Aztèques. Si de tels sacrifices ont incontestablement existé chez les Aztèques, les conquérants espagnols ont insisté sur l'horreur qu'ils constituaient pour faire apparaître plus légitime leur entreprise de destruction de l'Empire aztèque (lithographie en couleurs, déb. XIXe siècle).

La religion et les sacrifices

Le Soleil et la Pluie. Héritiers d'une riche mythologie, les Aztèques adorent de nombreux dieux. Au premier rang des divinités figurent le Soleil, Huitzilopochtli, protecteur des Mexicas, Tlaloc, le dieu de la Pluie, ou encore Xipe Totec, dieu de la Fertilité et des Champs. En l'honneur de ces dieux, les Aztèques sacrifient des êtres humains, qu'ils désignent parmi les prisonniers de guerre. Certaines victimes sont pourtant volontaires, croyant par leur mort se procurer une place dans le paradis du dieu solaire.

Des victimes humaines pour Huitzilopochtli. Pour rendre ses forces au Soleil, épuisé après son passage nocturne dans le monde souterrain, et assurer ainsi son lever, les prêtres sacrifient en effet un homme tous les matins. Ils lui arrachent le cœur et font couler son sang afin que l'astre s'en nourrisse et se régénère. Les individus tués pour les autres divinités sont considérés comme l'incarnation du dieu bénéficiaire du rite : au moment du sacrifice, leurs forces investissent le dieu.

Le point de vue des Espagnols. Nombreux à l'occasion des fêtes, les sacrifices ne se chiffraient pas cependant par dizaines de milliers comme l'ont rapporté les Espagnols. Ces derniers ont largement exploité l'aspect «inhumain» de ces sacrifices pour justifier l'anéantissement de la florissante culture aztèque et leurs propres crimes envers les Indiens.

La fondation du collège d'Eton

LES « PUBLIC SCHOOLS » ANGLAISES

En 1440, le roi d'Angleterre Henri VI a 18 ans. Par dévotion envers la Vierge Marie, il décide de fonder à Eton, à l'ouest de Londres, près de son lieu de naissance, un collège. Un maître d'école y formera 25 garçons pauvres et le collège accueillera, en plus, 25 garçons infirmes.

Collégiens d'Eton, au début du XXe siècle.

Aujourd'hui, Eton est devenue la plus célèbre des *public schools* anglaises. Ces collèges extrêmement « sélects » ont acquis au cours des siècles le quasi-monopole de l'éducation de l'aristocratie mâle britannique, et les formes extérieures de l'éducation médiévale s'y sont prolongées jusqu'à nos jours.

Les origines : une école de grammaire

Très rapidement, en effet, ce qui aurait dû être une fondation pieuse est devenu la reine des écoles de grammaire en même temps qu'une des institutions de formation des enfants les plus recherchées en Angleterre. C'est du vivant même d'Henri VI qu'une telle évolution commence. Eton est conçue, à l'origine, sur le modèle des écoles de grammaire existant pour les enfants pauvres, écoles dotées d'un internat.

Fondées par des bourgeois, des chevaliers ou des confréries afin de favoriser, tout en accomplissant un acte de piété, l'éducation des petits nécessiteux, ces écoles, extrêmement répandues, forment la base du système scolaire de l'Europe de cette époque, parallèlement à l'enseignement donné par les curés de village. Les enfants, entretenus, ainsi que les maîtres, grâce aux revenus de terres attribuées à l'institution au moment de sa fondation, y apprennent à lire et à écrire et s'y frottent d'un peu de latin — la langue de la culture à cette époque. Quelques-unes de ces écoles, exceptionnellement, dispensent des enseignements plus relevés, l'apprentissage poussé de la grammaire latine et une formation à la logique, par exemple. Eton, dès sa création, vise à un tel type d'enseignement : cette institution fournit à ses élèves une formation complète, qui va de l'alphabétisation à la préparation aux études supérieures. Cette formation mène d'ailleurs naturellement à un collège créé par le roi à la même époque à Cambridge, qui est une université depuis 1318, et destiné exclusivement à accueillir les élèves d'Eton. Rapidement, cette extension universitaire influence la nature d'Eton et son recrutement. L'établissement cesse d'être une simple école d'initiation, et a fortiori une institution charitable.

Dès 1443, le nombre des écoliers admis passe à 70, tandis que celui des invalides est réduit à 20. Dans les années qui suivent, le déséquilibre s'accroît encore, jusqu'à ce qu'il ne demeure, dans les locaux vidés de leurs infirmes, que le collège. À la même époque, l'origine sociale des écoliers se modifie : ils ne sont plus choisis parmi les nécessiteux, mais, de plus en plus, dans les groupes sociaux privilégiés. Les conditions de l'admission des enfants qui sont celles de cette époque restent inchangées jusqu'à la Seconde Guerre mondiale : les écoliers doivent être anglais et issus d'une union légale. De fait, ils appartiennent aussi, de plus en plus, à des familles nobles et riches, car les élites, de plus en plus conscientes de l'importance du savoir, poussent leur progéniture vers les écoles, et particulièrement vers celles qui ouvrent la voie vers les grandes universités que sont Oxford et Cambridge. Les fils de la petite noblesse — les chevaliers — sont les premiers à prendre en masse le chemin d'Eton et des autres *public schools ;* ils seront suivis au XVIIIe siècle par les enfants de la haute aristocratie, élevés jusque-là par des précepteurs privés.

Une évolution lente

À l'origine comme à notre époque, les écoliers entrent vers 8 ans à l'école et en ressortent, 10 ans plus tard, pour aller à l'université. Jusqu'à la formation de classes, au XIXe siècle, les élèves, dont certains sont très jeunes et d'autres presque des hommes, se côtoient toute la journée, partageant les mêmes maîtres dans une unique et vaste salle de cours. Des siècles durant, par ailleurs, ces enfants reçoivent un enseignement identique, ou presque. Car Eton, ainsi que les autres grandes *public schools,* devient le lieu exclusif d'un enseignement fondé sur le latin et le grec, qui a pu être considéré comme moderne au moment de sa fondation, à l'époque de l'humanisme, mais qui, après quelques siècles, n'a plus forcément autant de raisons d'être. La discipline, elle aussi, change peu en 5 siècles : les châtiments corporels, qui sont systématiques en 1440, restent en vigueur par la suite ; c'est à peine si, avec le temps, ils s'adoucissent un peu. Mais le fouet ou le

Eton College, au XIXe siècle.

gourdin clouté viennent jusqu'au XXe siècle sanctionner les fautes de petits garçons de 8 ans soumis à l'autorité quasi discrétionnaire de « grands » qui sont responsables de la discipline... Enfin, les conditions de vie en général demeurent inchangées, ou peu s'en faut, pour des générations d'enfants. Achevés entièrement à la fin du XVe siècle, les bâtiments d'Eton ne sont agrandis et modernisés qu'à partir du XIXe.

Les enfants vivent au fil des siècles dans des locaux immuables : ils dorment dans d'immenses dortoirs, où les lits se côtoient sans aucune séparation, interdisant toute intimité ; ils mangent la même nourriture médiocre dans le même réfectoire, dominés par la *high table* (« haute table ») du corps professoral, posée sur une estrade. Ils se distraient et exercent leur corps en pratiquant ensemble, assidûment, les mêmes sports (c'est d'une *public school* fonctionnant selon des règles identiques à celles d'Eton que le rugby tire son nom). Enfin, vêtus de la même façon — toge noire au XVe siècle, costume et haut de forme, toujours de tissu noir, au XIXe —, ils s'initient aux mêmes manières, se forment aux mêmes goûts — et apprennent ainsi à se reconnaître entre eux et à se distinguer de ceux qui, quant à eux, n'ont pas eu le privilège de grandir dans une *public school.*

L'éducation au Moyen Âge

Au Moyen Âge, **les filles sont élevées chez elles et reçoivent, auprès de leur mère, un enseignement essentiellement religieux et ménager.**

Pour les garçons, l'école suit le développement des villes et du commerce. Si **les nobles bénéficient, au château de leur père, d'une éducation principalement militaire, les paysans demeurent analphabètes,** faute d'écoles de campagne ; les futurs prêtres et moines apprennent la lecture et un peu de latin dans les monastères, ou ils sont placés dès leur jeune âge, ou dans les écoles paroissiales.

Les citadins sont les mieux lotis : ils vont apprendre dans des écoles, outre la lecture et l'écriture, les mathématiques, qui serviront aux marchands à tenir leurs comptes, et le latin, langue de l'enseignement supérieur et véhicule des actes officiels.

L'étude à Eton (gravure du XIXe siècle).

Une fabuleuse cité inca

MACHU PICCHU

Au cœur d'une chaîne de montagnes couverte d'un épais tapis végétal, Machu Picchu domine depuis plus de cinq siècles l'étroite et profonde vallée de la rivière Urubamba. Ce cadre naturel exceptionnel a fait de la cité inca le site le plus spectaculaire de l'ancien Pérou.

Érigée vers 1450 par le souverain inca Pachacuti, Machu Picchu a été brutalement abandonnée par ses habitants en 1572, puis oubliée. Elle a été redécouverte en 1911 par l'historien Hiram Bingham, dont les théories sur le site ont longtemps fait autorité.

Une ville dans une nature domptée

Sous la conduite des architectes et des chefs de chantier au service de l'État inca, les ouvriers des carrières, les tailleurs de pierre et les maçons professionnels construisent la nouvelle cité. Ils sont secondés par des manœuvres recrutés parmi les paysans soumis à la corvée, travail forcé au service de l'État. Sur le versant est du Machu Picchu (le « Vieux Pic »), les ouvriers effectuent d'énormes travaux pour adapter la ville au milieu naturel. Ils érigent des murs de soutènement et aménagent de multiples terrasses dans les deux secteurs, agricole et urbain, que comprend la ville. Plusieurs enceintes aux hautes murailles protègent le tout.

Dans la zone agricole, les ouvriers installent en outre des canalisations pour l'irrigation et transportent sur les terrasses les énormes volumes de terre nécessaires aux cultures. Sous le climat tropical, la montagne, transformée en jardin, pourvoit aux besoins alimentaires de la population.

Au-dessus des terrasses agricoles, les bâtisseurs incas érigent le secteur urbain. Celui-ci est formé de deux grands ensembles, couronnés par la place sacrée où se dressent des temples. Une centaine d'escaliers et de multiples ruelles permettent de circuler dans les quartiers étalés sur plusieurs niveaux. Des fontaines fournissent l'eau.

Machu Picchu compte quelque deux cents édifices, le plus souvent en forme de quadrilatère, qui ne possèdent en général qu'un seul étage et aucune séparation intérieure. Les constructions les plus marquantes sont le *Torreon,* ou observatoire astronomique en forme de demi cercle, utilisé pour déterminer les dates importantes du calendrier, et l'*Intihuatana,* ou cadran solaire. La petite ville peut héberger entre 500 et 1 000 personnes, chiffre modeste si on le compare aux 200 000 habitants que comptait sans doute alors Cuzco, la capitale.

Le Torreon, observatoire astronomique en forme de demi-cercle, Machu Picchu.

De grands bâtisseurs

Pour construire la ville, les sujets de l'empereur Pachacuti se sont approvisionnés en pierres dans les montagnes de granit de Machu Picchu. Les ouvriers détachent les blocs à l'aide de coins de bois humidifiés, placés à intervalle régulier en suivant les contours du bloc. En se dilatant, le bois fait éclater la roche. Les pierres gagnent ensuite le chantier sur des traîneaux hissés le long de chemins de terre battue, où elles sont tirées sur des rondins de bois à l'aide de cordes. Sur le chantier, les tailleurs de pierre prennent le relais et les façonnent avec des outils de bronze, des ciseaux et des percuteurs en pierre dure. Extrêmement précis, ils ajustent parfaitement les blocs, donnant ainsi une grande solidité aux murs qui ont résisté aux tremblements de terre. Ils obtiennent le polissage final en frottant le bloc avec du sable. Ce superbe travail est réservé aux édifices les plus importants de Machu Picchu, tels les temples ou l'observatoire astronomique. Pour mettre les matériaux en place, les maçons se servent de plates-formes de terre qu'ils élèvent au même rythme que le mur en construction.

Les édifices modestes, quant à eux, sont faits avec des pierres grossièrement taillées, appareillées de façon moins régulière et liées par un épais mortier d'argile.

Isolée dans les Andes

À la suite de Hiram Bingham, Machu Picchu a longtemps été identifiée à Vilcabamba, la capitale de la résistance inca aux Espagnols. En 1964, la découverte de cette ville, située en

Vue d'ensemble de Machu Picchu, une ville oubliée dans les Andes, Pérou.

L'Intihuatana, construction dont la fonction reste mystérieuse : appareil astronomique ou autel des sacrifices, Machu Picchu.

aval de Machu Picchu, est venue corriger cette erreur. Les interprétations fausses auxquelles s'est livré l'historien américain quant au rôle de la ville se sont perpétuées cependant au-delà de la découverte. Selon Bingham, le site aurait abrité les Vierges du Soleil, ou femmes recluses au service du souverain inca, et aurait été divisé en quartiers spécialisés. Ainsi Bingham énumérait un quartier des prisons, un palais de l'Inca, des logements de prêtres, un quartier de la noblesse, des ateliers... Ces appellations continuent aujourd'hui à désigner les diverses parties du site ; pourtant, chacun sait qu'elles ne recouvrent aucune réalité. Mais si, pour le moment, la destination de la plupart des bâtiments reste inconnue, en revanche le rôle de la ville apparaît plus clairement. Fondée dans cette vallée pour des raisons stratégiques, sa mission était de contrôler les groupes de population occupant cette région sauvage proche de Cuzco, la capitale, et d'éviter leurs incursions. En même temps, Machu Picchu avait une importance économique puisqu'elle fournissait à Cuzco les produits tropicaux et les plumes d'oiseaux dont elle faisait une grande consommation. Environnée de montagnes sacrées, Machu Picchu est aussi un lieu saint.

En ménageant la part du rêve, les questions qui se posent encore au sujet de Machu Picchu ne font qu'accroître le charme fascinant du site.

Un empire éphémère

Le souverain **Pachacuti**, grand conquérant, **fonde l'Empire inca vers 1440.** Celui-ci atteint son apogée vers 1490. Il s'étend alors de la Colombie, au nord, au Chili central, au sud, et comprend l'Équateur, le Pérou, la Bolivie et le nord-ouest de l'Argentine. Sa capitale est Cuzco, dans le sud du Pérou.

En 1532, les Espagnols, sous la conduite du conquistador **Francisco Pizarro,** s'emparent de cet empire qui aura duré un peu moins d'un siècle. Ils mettent l'Inca Atahualpa à mort et s'octroient ses fabuleux trésors.

En 1536, son demi-frère Manco Capac prend la tête de la rébellion contre les envahisseurs. Après avoir vainement assiégé Cuzco, il se retire dans les montagnes et les forêts impénétrables de la région de Vilcabamba, capitale du dernier foyer de résistance. **L' « empire de Vilcabamba »** s'achève avec l'invasion de l'armée espagnole en 1572 et l'exécution du dernier souverain, Tupac Amaru. Machu Picchu, qui fait partie du royaume de Vilcabamba, est soumise et abandonnée par ses habitants à la même date.

Les victoires ottomanes mettent fin à une époque

LA CHUTE DE CONSTANTINOPLE

Trois ans après le milieu du XVe siècle, Constantinople, l'ancienne Byzance, l'actuelle Istanbul, s'effondre sous les coups de l'armée ottomane. La ville est la capitale politique de l'Empire byzantin, héritier du vieil Empire romain d'Orient ; elle est aussi le siège du patriarcat d'Orient, c'est-à-dire la métropole des catholiques séparés de Rome : les « orthodoxes ». Sa chute marque symboliquement la fin d'une époque : le Moyen Âge s'achève, l'époque moderne commence.

En 1453, et depuis plus de 150 ans, le vieil Empire byzantin agonise. Déjà, vers 1400, le pouvoir du souverain – le *basileus* – ne s'exerce plus, outre sur la capitale, que sur quelques ports de la mer Noire, sur Thessalonique, un petit nombre d'îles grecques et sur l'essentiel du Péloponnèse. Une dynastie rivale demeure le long de la côte nord d'Asie Mineure : l'empire de Trébizonde. Enfin, des colonies latines, surtout génoises et vénitiennes, survivent çà et là, en mer Égée. Ailleurs, en quelques décennies, les Turcs ont tout conquis, de la Macédoine à l'Arménie. Les princes serbes résistent difficilement au nord.

Mehmed II, dit « le Conquérant » (miniature turque du XVe siècle).

L'Entrée des Turcs de Mehmed II dans Constantinople en 1453 *(peinture de Benjamin Constant, XIXe siècle).*

Les Balkans et la Turquie au milieu du XVe siècle

L'Empire byzantin, séparé religieusement de Rome depuis 1054, et disparu une première fois après le sac de Constantinople par les croisés (1204), **est en pleine décadence :** la dynastie des Paléologues, au pouvoir depuis 1258 et dont le dernier représentant est Constantin Dragasès (1449-1453), ne contrôle plus qu'un territoire réduit et morcelé, dont l'essentiel est formé par Constantinople.

L'Empire ottoman, au contraire, constitué à la fin du XIIIe siècle et formé de Turcs arrivés en Anatolie deux siècles plus tôt, **émerge d'une période difficile :** à la fin du XIIIe siècle, son expansion vers l'est s'est trouvée bloquée par la volonté d'un terrible conquérant, également turc : Timur Lang (1370-1405), fondateur d'un immense et éphémère empire en Asie centrale. Après la mort de Timur Lang, les sultans ottomans, Mehmed Ier, Murad II et surtout Mehmed II, surnommé « le Conquérant » (1444-1446 et 1451-1481), peuvent envisager de nouveau des conquêtes, et se tournent en particulier vers les Balkans.

Prélude au désastre

Les Tatars de Timur Lang (Tamerlan) arrêtent un moment ce flux et donnent, sans le vouloir, un moment de répit à Byzance en écrasant les troupes du sultan Bayezid (Bajazet) à Ankara, en 1403. Puis la peau de chagrin se rétrécit à nouveau : sous Murad II (1421-1451), les Turcs conquièrent l'essentiel du Péloponnèse et Thessalonique. Dans ses dernières années, Murad se montre pacifique. Mais le jeune Mehmed II, son fils et successeur, n'a pas les mêmes dispositions. Très vite, il manifeste son intention de s'emparer de la vieille capitale encastrée au cœur de son empire.

Curieusement, la ville moribonde en impose encore : il est vrai que Murad lui-même en a mené vainement le siège, en 1422. Son successeur doit arracher la décision à des conseillers fort récalcitrants. Et pourtant ! La capitale n'est plus que l'ombre d'elle-même, déjà ruinée et désertée. La population, qui avoisinait le million au XIIe siècle, n'est plus que de 50 000 personnes environ, vers 1450 ! Les voyageurs décrivent une ville clairsemée et misérable. Les faubourgs qui s'étendent de l'autre côté du Bosphore sont déjà aux mains des Turcs. Au-delà de la Corne d'Or, le détroit séparant les deux parties de la ville, Pera est une colonie génoise qui se comporte en ville indépendante.

Très vite s'élève une colossale forteresse sur le Bosphore, au nord de Constantinople : elle existe encore aujourd'hui et les Turcs l'appellent Rumeli Hisar... Le dernier empereur de Byzance, Constantin XII Dragasès, qui s'est d'abord montré hautain envers le jeune homme inexpérimenté qu'est ce sultan de dix-neuf ans, envoie des ambassadeurs pour protester contre cet acte d'hostilité ; Mehmed les fait décapiter.

L'Occident abandonne Byzance

Pour sauver sa capitale, Dragasès ne peut compter que sur l'aide européenne. Mais, depuis des décennies, les souverains grecs tâchent en vain de parvenir à une entente avec les puissances occidentales. Celle-ci passe par un accord avec Rome, c'est-à-dire par un retour à l'union religieuse et donc, de fait, à la reconnaissance de la prédominance spirituelle du pape. Des religieux grecs, envoyés à un concile tenu à Ferrare puis à Florence, en 1438-1439, ont fini par s'y résoudre. En vain : ni la population de Constantinople ni le monde orthodoxe dans son ensemble, grec et slave, n'ont accepté ces décisions.

En 1453, l'Occident abandonne donc le vieil État à sa destinée. À la nouvelle de l'imminence du siège, Gênes et Venise, dont les intérêts sont directement menacés, envoient de rares navires et quelques centaines de soldats que le valeureux Giovanni Giustiniani – un Vénitien – commande pendant l'assaut. Mais c'est là tout le secours fourni.

La catastrophe

Le siège commence en avril 1453 : sur mer, une escadre musulmane de plus de 300 navires bloque le détroit ; sur terre, une masse de près de 100 000 hommes, munie d'une considérable artillerie. Beaucoup d'irréguliers sont venus sans doute : toute une tradition attribue à Mahomet lui-même la désignation de Constantinople comme l'objet le plus glorieux de l'islam. En face, 6 000 défenseurs environ. La résistance est d'autant plus acharnée que, ayant refusé la reddition proposée, ils ne peuvent attendre que la mort ou l'esclavage, sauf des cas isolés de clémence du sultan. Des milliers de soldats turcs meurent durant les combats. Le sultan fixe au 29 mai l'assaut final, qui commence aux premières heures de la matinée. Une grave blessure met hors de combat le brave Giustiniani : c'est le signal de la panique. Dès lors, tout est perdu. Le *basileus* meurt au combat.

Le pillage, consenti par Mehmed à ses troupes, dure trois jours. Des milliers de personnes cherchent refuge dans l'église Sainte-Sophie, une légende disant qu'un ange viendrait chasser les Turcs au moment où ils en approcheraient. Les vainqueurs s'emparent de cette foule et l'emmènent en esclavage. Des scènes de viol, de saccage et de vandalisme inévitables se produisent : des œuvres d'art, des bibliothèques d'une valeur inestimable disparaissent. Dans la soirée, le sultan fait son entrée et se rend d'abord à Sainte-Sophie où il assiste pour la première fois à la prière des musulmans. La mélancolie qu'inspire la réalisation des rêves le saisit au spectacle de cette ville ravagée ; un témoin l'entend réciter ces vers d'un poète persan : « L'araignée remplit l'office de portier devant les salons voûtés de Chosroês, le hibou joue la musique des gardiens dans le palais d'Afrasiyab. »

La Chute de Constantinople.
(miniature grecque du XIXe siècle).
Mehmed II se trouve à droite.

→**Voir aussi** : p. 148-149 (Constantinople pillée).

L'Empire ottoman de 1453 à sa chute

La progressive ascension (1453-1520). La prise de Constantinople marque le début d'une nouvelle époque pour l'Empire ottoman, qui fixe aussitôt sa capitale dans l'ancienne cité byzantine rebaptisée Istanbul, et se lance dans la conquête totale des Balkans, où elle ne se heurte guère qu'à la résistance, trente ans durant, de l'Albanie.

L'apogée de Soliman (1520-1566). La plus belle période de l'Empire se situe sous le sultan Soliman Ier le Magnifique. Grand législateur, allié du roi de France François Ier et surtout conquérant de l'Égypte (1517), de la Hongrie (bataille de Mohacz, 1526), de l'Algérie, de la Tunisie et de la Tripolitaine, vainqueur de Bagdad et de Tabriz en Orient, il ose porter le siège devant Vienne, en 1529.

La stagnation et le déclin (1570-1914). La bataille de Lépante, en 1571, défaite turque devant les troupes chrétiennes commandées par don Juan d'Autriche, est suivie par d'autres échecs face aux Autrichiens, puis à l'Empire russe. Le déclin véritable commence au XIXe siècle : l'Empire ottoman perd alors la Grèce (1830), doit accepter la colonisation de l'Algérie par la France et l'évolution de l'Égypte vers l'autonomie (1840). À la fin du siècle, l'Empire, endetté, ne peut lutter contre l'ingérence des puissances occidentales, et il perd la Serbie, la Roumanie, la Tunisie et la Bulgarie. En 1909, des réformateurs, les Jeunes-Turcs, prennent le pouvoir : il est trop tard ; de nouveaux territoires sont perdus dans les Balkans avant la Première Guerre mondiale ; en 1920, l'Empire ottoman, qui a pris le parti de l'Allemagne pendant les hostilités, cède la place à la République de Turquie, dirigée par Mustafa Kemal, dit Atatürk.

La Bible de Gutenberg publiée à Mayence

L'INVENTION DE L'IMPRIMERIE

En 1455, à Mayence, paraît le premier livre qui ait jamais été imprimé dans le monde : une Bible en latin, publiée sur deux colonnes de 42 lignes chacune, sort de l'« Atelier du Livre », une société fondée par deux associés, Johannes Gensfleisch, dit Gutenberg, et Johann Fust.

La même année, les deux associés se disputent : Gutenberg, ruiné, se voit privé de son matériel d'imprimeur et, probablement, des bénéfices commerciaux tirés de l'édition de la Bible. Quelques années après, cependant, il parvient à fonder une nouvelle imprimerie, cette fois sous sa seule responsabilité. Au-delà des aléas d'une nouvelle découverte, l'essentiel est acquis : un procédé nouveau, l'imprimerie, a prouvé son efficacité. Le livre imprimé est né, qui va bouleverser les modes de consommation de l'écrit.

L'Europe lettrée au milieu du XVe siècle

Si la masse de la population reste analphabète, il **existe dans les villes un milieu de lettrés :** commerçants qui utilisent l'écrit pour leur profession, rédigent eux-mêmes des mémoires ; étudiants des écoles ; cercles cultivés des cours, où l'on discute de la philosophie des Anciens.

Plus généralement, les fidèles ne se contentent plus d'écouter seulement les sermons dominicaux à l'église. De plus en plus, ils cherchent **un accès direct aux textes religieux :** sous la forme de manuels de piété personnelle (*Arts de bien mourir*) et surtout avec le texte essentiel des chrétiens, c'est-à-dire la Bible.

Portrait de Johannes Gutenberg (entre 1397 et 1400-1468), gravure du XVIe siècle).

Le livre imprimé, un besoin

L'invention de l'imprimerie ne marque nullement l'acte de naissance du livre. Celui-ci existe depuis l'Antiquité, sous forme de manuscrits produits et reproduits dans des ateliers spécialisés où œuvrent des « copistes ».

Mais, à partir du XIIIe siècle, en Occident, le nombre des lecteurs augmente : le travail des copistes, même plus nombreux que jamais, commence à ne plus suffire. D'autre part, des exigences intellectuelles nouvelles naissent, au temps de l'humanisme : les érudits se soucient d'obtenir des ouvrages fiables, c'est-à-dire aussi conformes que possible au texte de l'auteur. Or, l'intervention des copistes ne se borne pas toujours à copier fidèlement : il arrive que ceux-ci commettent des erreurs, ou même, délibérément, rectifient le texte qu'ils sont censés reprendre.

Ainsi, à la fin du Moyen Âge, le besoin se fait sentir d'un procédé nouveau de reproduction de l'écrit, qui permette sa diffusion plus large et qui garantisse sa fidélité par rapport à l'original.

Comment on imprime un livre

La première opération consiste à fabriquer en métal des caractères, ou lettres, mobiles. Ces caractères sont formés à l'envers, car leur forme imprimée sur la page, à la manière d'une image dans un miroir, apparaîtra inversée.

La deuxième opération consiste à composer le texte : c'est-à-dire à disposer les lettres de sorte à former des mots, puis à placer en lignes les mots ainsi formés.

Il faut ensuite enduire avec de l'encre la planche ainsi obtenue : un mélange de noir de fumée, de térébenthine et d'huile de noix ou de lin, au XVe siècle.

Enfin, on place la feuille de papier vierge sur la planche recouverte d'encre, et une presse permet de mettre les deux surfaces solidement en contact.

Il suffit de laisser sécher, puis de rassembler et couvrir (relier et brocher) les feuilles imprimées.

Le papier, à l'origine du livre

Face à ce besoin nouveau, plusieurs inventeurs, en Europe, au XVe siècle, cherchent à apporter une réponse : l'invention de l'imprimerie n'est pas le résultat d'une découverte individuelle ; elle est le produit d'une série de recherches et d'inventions, auxquelles Gutenberg apporte seulement la dernière touche, décisive.

Indépendamment de tout problème de reproduction des caractères, la première condition du livre imprimé, c'est le papier. En effet, le

parchemin, utilisé longtemps en Occident comme support exclusif de l'écrit, est impropre pour l'imprimerie, parce que trop cassant et trop épais. L'invention chinoise du papier, fait d'abord d'écorce de mûrier et de déchets de soie, puis de chanvre, est donc la première des découvertes préalables à l'imprimerie. Elle parvient en Europe au XIIe siècle : là, sa production connaît un développement rapide, grâce à l'abondance de la matière première qu'elle utilise : le chiffon, répandu en Europe à cause... de la généralisation du port des sous-vêtements.

L'invention décisive : les caractères mobiles

La nouveauté de l'imprimerie, c'est l'utilisation de caractères, ou lettres, mobiles. Les Chinois, de nouveau, sont les premiers inventeurs du procédé : ils sont capables de reproduire de courts textes au moyen de signes en bois. En Europe, on sait dès le XIVe siècle reproduire des images simples en encrant des planches de bois gravées (c'est ce qu'on appelle la *xylographie*), et, entre 1423 et 1437, le Hollandais Laurens Janszoon, dit Coster, tâche de fabriquer des textes au moyen de lettres en bois. Mais le matériau choisi est trop fragile : il ne permet pas l'impression en grand nombre des textes, ce qui est un des objectifs recherchés.

Le grand mérite de Gutenberg est l'idée d'utiliser des caractères métalliques : idée qui lui est suggérée, tout naturellement, par sa première profession, celle d'orfèvre. C'est à partir de 1438 qu'il travaille à la mise au point de ces caractères métalliques, qu'il obtient par une fonte en alliage. Encore n'est-il pas le seul à envisager, à la même époque, cette solution : il y réussit le premier et le plus complètement, mais son rôle ne doit pas occulter celui des autres grands esprits qui parviennent, presque en même temps, à des solutions similaires : son propre associé Peter Schöffer ou, à Avignon, le Pragois Procope Waldorfer.

Le livre : une inflation jamais contredite

Des tirages en augmentation constante. L'invention de l'imprimerie permet de produire des livres à meilleur marché que les manuscrits et fabriqués en grand nombre. Au XVe siècle, une édition moyenne est de 500 exemplaires ; au XVIe siècle, de 3 000 exemplaires. Aujourd'hui, des tirages de 300 000 à 500 000 exemplaires ne sont pas rares. La production des livres augmente dans les mêmes proportions : dans les années 1980, 800 000 à 850 000 titres sont publiés annuellement, en moyenne.

Un best-seller inégalé : la Bible. Le plus ancien de tous les livres imprimés, la Bible, est en même temps le plus vendu et le plus traduit ; au XXe siècle, elle existe en 279 langues différentes. Les autres textes religieux (vies de saints, missels...) constituent jusqu'au XIXe siècle une autre part importante du marché de l'édition, qu'alimentent également l'impression de textes antiques, puis, de plus en plus, la littérature romanesque : des récits de chevalerie du type de la *Chanson de Roland* aux romans actuels.

Une part croissante de l'édition : les nouvelles. L'invention de l'imprimerie permet aussi de donner un essor nouveau à ce qui existait auparavant : la diffusion des nouvelles, à l'origine sur des feuilles manuscrites. Le premier journal, imprimé avec des caractères en bois, date du VIe siècle, en Chine. En Occident, les premières feuilles volantes d'actualités, occasionnelles, remontent aux guerres d'Italie ; la première gazette hebdomadaire paraît à Strasbourg, en 1605.

La presse de Gutenberg.

Un atelier d'imprimerie au XVIe siècle (gravure flamande d'après Jan Van der Straet).

La maladie des prisons et de la guerre

L'APPARITION DU TYPHUS

Le typhus exanthématique est la maladie de la saleté, de la promiscuité et de la misère, et, par conséquent, le complément funeste des malheurs de la guerre. Il a pour surnoms « fièvre de famine », « fièvre des prisons » ou, plus récemment, « fièvre des tranchées ».

Curieusement, il semble ne pas avoir existé avant 1477. La première mention d'une épidémie qualifiée après coup — au XVIIIe siècle seulement — de « typhus » date en effet de cette année-là. Elle se déclenche dans une prison et affecte des captifs turcs que les Vénitiens viennent de combattre dans le Frioul et qu'ils ont ramenés dans leur cité. Les soldats revenant du champ de bataille sont bientôt affectés, comme leurs prisonniers. Plus de la moitié d'entre eux tombe malade, un tiers meurt.
La maladie nouvelle vient donc de Turquie, voire d'Asie. Elle ne cesse dès lors de frapper périodiquement les troupes des diverses puissances d'Europe, venant brouiller les cartes sur le champ de bataille, obligeant les armées à interrompre le combat ou à lever les sièges. Ainsi, une épidémie du même type apparaît en 1489 chez les troupes espagnoles assiégeant Grenade. Les médecins espagnols la nomment alors « fiebre maligna puncticular » ou « tabardillo ». En mai 1528,

Scène de capitulation : combien de vaincus l'ont été par le bacille du typhus, ou d'autres épidémies, plutôt que par leur ennemi humain ?

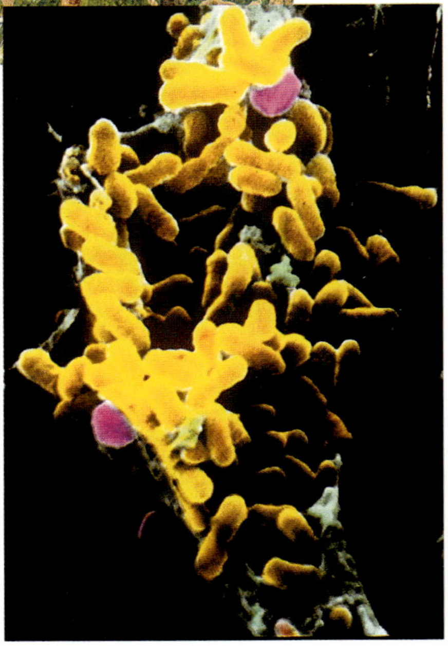

Le bacille Rickettsia prowazeki, *responsable du typhus.*

Le typhus

Dû au bacille typhique Rickettsia prowazeki *(du nom de deux médecins du début du XXe siècle, morts en luttant contre la maladie), le typhus exanthématique est transmis par les poux. Le pou s'infecte en piquant un malade. Puis le bacille prolifère dans l'insecte au point de le faire éclater. Les déjections sont emplies de bacilles. La puce peut de même, par ses déjections, transmettre le typhus.*
Au terme d'une incubation d'une dizaine de jours, le malade voit sa température monter à 40 °C. Il est accablé de céphalées, de courbatures. Il a les yeux injectés de sang, la langue sèche, rouge. Il connaît l'insomnie, avec délire. Vers le cinquième jour, une éruption de petites taches roses, qui deviennent ensuite pourpres, apparaît sur tout le corps, sauf la tête. La température reste à 40 °C, le malade est prostré dans une torpeur; la constipation et l'anorexie sont totales, la soif intense. Vers le dixième jour se déclarent des troubles cardiovasculaires qui entraînent généralement la mort. Si le malade ne meurt pas, sa convalescence est longue et pénible, avec des risques de complications. En général, un tiers des malades décèdent, deux tiers si la population est affaiblie, dans le cas de sous-alimentation par exemple.
La découverte d'un vaccin en 1932, l'emploi du D.D.T. — qui permet d'exterminer les poux — depuis 1943, enfin le recours aux antibiotiques (le chloramphénicol en 1947) permettent de lutter efficacement, à présent, contre la maladie.

Le typhus, aggravé par la disette et la promiscuité, est responsable de milliers de morts pendant les guerres napoléoniennes (illustration de A. Raffet).

durant les guerres d'Italie, le typhus frappe encore l'armée du maréchal de France Lautrec qui met le siège devant Naples. Lautrec meurt le 15 août et un tiers seulement des hommes de son armée peut prendre le chemin du retour, les autres étant morts ou encore malades.

La fièvre des prisons

Dès le début, ainsi, le typhus se trouve associé à des concentrations d'hommes regroupés dans des conditions d'hygiène précaires : il frappe les captifs dans des prisons surpeuplées ou les soldats pendant les sièges de villes. C'est d'ailleurs encore d'une prison fétide qu'il sort, en 1586, en Angleterre. À Exeter, des prisonniers qui croupissent dans leurs cellules, des matelots portugais et des Anglais « félons » communiquent leurs fièvres à leurs geôliers et à leurs juges.

La guerre de Trente Ans voit l'extension du fléau à tous les pays impliqués dans le conflit. En 1623, l'épidémie frappe Montpellier assiégée. À partir de la ville de Louvain, assiégée en 1635, les troupes malades répandent l'épidémie jusqu'à Lille. La maladie s'efface un peu avec l'apaisement du conflit, avant de reparaître au milieu du XVIIIe siècle dans l'armée de mer. En 1746, 2 000 marins de l'escadre du chevalier Pionsin sont malades et 513 meurent. La guerre de Sept Ans s'accompagne aussi d'une épidémie de typhus.

Le typhus contre la Grande Armée : la « peste de guerre »

Pendant les guerres de la Révolution et de l'Empire, le typhus réapparaît et est responsable d'un nombre effroyable de morts. Au printemps 1800, la ville de Gênes, assiégée, est touchée par la maladie. La disette s'ajoute au typhus. 20 000 personnes sont malades ; on dénombre pour finir 8 500 morts, soit une mortalité de 42,4 pour mille, proportion plus forte que la moyenne.

Entre 1806 et 1809, le typhus suit les soldats qui font les campagnes de Prusse, de Pologne et d'Autriche. Von Hildenbrand, professeur de médecine à l'université de Vienne, écrit alors un traité, *Du typhus contagieux. Moyens d'éteindre la peste de guerre.*

Lors de l'expédition de Russie, le déchaînement du fléau est sans précédent. Dès l'été 1812, l'épidémie commence. Des hôpitaux sont organisés dans chacune des places de garnison. Des milliers de fiévreux envahissent ces établissements, en plus des blessés. À Moscou, où la Grande Armée séjourne en septembre et octobre 1812, 10 000 malades sont répartis dans divers hôpitaux. La retraite des mois de novembre et décembre 1812 force à abandonner les malades sur le bord des routes. Quand les Russes pénètrent à Wilno, le 10 décembre, ils découvrent 20 000 hommes blessés ou mourants. L'empereur Alexandre Ier organise les secours, fait inhumer les cadavres.

Mais le typhus suit la Grande Armée. Le chirurgien Larrey l'appelle « fièvre méningite catarrhale de congélation ». Chaque place polonaise ou allemande reçoit plusieurs milliers de malades du typhus : 6 000 sont laissés à Dantzig en janvier. Et la maladie suit l'armée en Rhénanie et jusqu'en France. À Dresde assiégée, où se trouvait une garnison de 30 000 hommes, en septembre 1813, on compte 200 à 300 morts par semaine. Le conflit s'apaisant, la maladie décline. En 1814, l'épidémie disparaît à peu près complètement — pour un siècle seulement.

La résurgence de la maladie

Au début du XXe siècle, en effet, le typhus se manifeste de nouveau et fait un nombre effroyable de victimes. La maladie est de plus en plus meurtrière, car les conflits — avec les risques épidémiques qu'ils entraînent — touchent un nombre de personnes de plus en plus considérable. Une des plus grandes épidémies de typhus est ainsi contemporaine des bouleversements de la société russe consécutifs à la révolution de 1917. Entre 1919 et 1922, de 20 à 30 millions de personnes, sur le territoire de ce qui allait devenir l'U.R.S.S., auraient été touchés par le typhus, et la maladie aurait fait, selon les estimations, 3 millions de morts.

Puis de nouveau, la maladie frappe, dramatiquement, au moment de la Seconde Guerre mondiale, les personnes déportées dans les camps de concentration nazis et sur les champs de bataille de Russie. Le retour de la paix, l'existence d'un vaccin — depuis l'entre-deux-guerres, en réalité — ont contribué aujourd'hui sinon à l'éradication du mal, du moins à sa mise en sommeil. Mais la maladie aura coûté la vie à des millions et des millions de personnes.

1477

Une défaite fatale à la Bourgogne

LA MORT DU TÉMÉRAIRE

Charles le Téméraire (1433-1477) *[détail d'un portrait attribué à R. Van der Weyden].*

Le 5 janvier 1477, devant Nancy, le duc de Bourgogne Charles le Téméraire livre sa dernière bataille. Il jette ses cavaliers sur les archers du duc René de Lorraine, le maître de la place, soutenu par 20 000 alliés suisses.

En un instant, l'armée de Charles est taillée en pièces, et le duc lui-même meurt dans le combat. Son cadavre déchiqueté n'est même pas ramené hors du champ de bataille. On le retrouvera gisant dans la boue glacée d'un étang. Le désastre est irréparable : l'État bourguignon cesse d'exister ce jour-là.

Un prince doué et ambitieux

Charles le Téméraire est le fils du duc de Bourgogne Philippe le Bon et d'Isabelle de Portugal. Né en 1433 à Dijon, il recueille le fastueux héritage intellectuel de la cour de son père, en même temps qu'une principauté prospère et étendue. Nature ardente et vigoureuse, esprit fin et cultivé, lisant le latin, connaissant la musique, il gouverne dès 1565, soit deux ans avant la mort de Philippe, un domaine qui s'étend des rives de la Saône (le duché de Bourgogne et la Franche-Comté, ou comté de Bourgogne) jusque, dans le nord, aux rives de la Baltique : le comté de Flandre et le duché de Brabant (c'est-à-dire l'actuelle Belgique et les actuels Pays-Bas) ainsi que, un peu plus au sud, le comté de Hainaut et le duché de Luxembourg.

L'ambition du jeune duc est de réunir ces possessions entre lesquelles existe un hiatus : le duché de Lorraine, terre d'Empire, et la Champagne, région française. Son rêve serait, dans un deuxième temps, d'étendre sa domination vers le sud, le long du Rhône, jusqu'à la Méditerranée, et de constituer ainsi entre le Saint Empire et la France un nouveau royaume, aux villes nombreuses et à la riche économie. Face à ces ambitions, le duc trouve un adversaire acharné : celui qui fut, un moment, son ami de jeunesse, le roi de France Louis XI, qui a tout à perdre à la constitution d'un tel royaume et qui convoite, au contraire, la Bourgogne, pour l'intégrer au sein de ses États.

Louis XI et Charles, adversaires acharnés

La lutte contre le roi commence très tôt, alors que Charles n'a pas même encore succédé à son père.

En 1465, comte du Charolais, le futur Téméraire anime la *Ligue du bien public,* une coalition de la noblesse française contre

Un danger pour la Couronne française : les apanages

On désigne du nom d'apanage, à l'époque de la monarchie capétienne, les fiefs que les rois de France donnent à leurs puînés, pour les dédommager du titre royal, qui passe naturellement à leur seul fils aîné.

L'apanage est un bien indivisible et inaliénable. Il ne revient à la Couronne qu'en l'absence d'héritier mâle – c'est ce qui se produit en Bourgogne, à la mort du Téméraire.

Cela signifie que, tant qu'une descendance masculine subsiste, un apanage demeure comme un vaste territoire soumis, non à l'autorité du roi, mais à celle d'un grand qui est seulement le vassal du roi de France. C'est un danger considérable pour la Couronne, qui risque de voir le territoire sur lequel elle exerce une souveraineté directe se réduire comme une peau de chagrin, si le nombre des apanages s'accroît ou si leur permanence leur permet de se constituer en des entités de plus en plus indépendantes et puissantes.

Intérêts affrontés

La Bourgogne est **une des dernières grandes principautés** échappant à la Couronne française et susceptible de se transformer, si un prince assez valeureux la dirige, en un véritable royaume rival de la France.

Or, au XVe siècle, les ducs de Bourgogne sont des chefs d'État remarquables : **Philippe le Bon (1419-1467)** accroît ses domaines de la Somme, du Boulonnais et de la Picardie, du Brabant, du comté de Namur et du Luxembourg ; **son fils Charles,** qui lui succède en 1467, nourrit des ambitions territoriales encore plus vastes.

Face aux ducs bourguignons, la royauté française est affaiblie jusqu'après le milieu du siècle par la nécessité d'accorder la priorité, non à la lutte anti-bourguignonne, mais à l'expulsion des Anglais. Toutefois, **après 1461, l'avènement de Louis XI,** roi d'un territoire totalement libéré des Anglais, modifie la situation.

Une principauté considérable : les États bourguignons

Philippe le Hardi (1363-1404). C'est en 1363 que se constitue la principauté bourguignonne, quand le duché de Bourgogne est donné en apanage au fils puîné du roi Jean II le Bon : Philippe, surnommé le Hardi. Sous son règne, la principauté commence déjà à s'accroître : elle s'agrandit, grâce à l'épouse de Philippe, Marguerite de Flandre, de l'Artois, de Nevers, de Rethel et de la Franche-Comté.

Jean sans Peur (1404-1419). Fils de Philippe le Hardi, il participe activement aux affaires françaises : c'est lui qui, en 1407, fait assassiner le chef du parti armagnac, Louis, duc d'Orléans ; puis, à la tête du parti bourguignon, il s'empare de Paris après la bataille d'Azincourt. Il meurt assassiné par Tanneguy Duchâtel.

Philippe II le Bon (1419-1467). Fils de Jean sans Peur, il épouse, en 1409, la fille de Charles VI, qui lui apporte les villes de la Somme, le Boulonnais et la Picardie, passe du parti anglais à celui de Charles VII, en 1435, annexe les duchés de Brabant et de Limbourg, confisque le Hainaut, la Hollande, la Zélande et la Frise, puis acquiert le Luxembourg. Fondateur de l'ordre de la Toison d'or en 1429, il se montre par ailleurs, comme son père et son grand-père, un protecteur zélé des arts : les Van Eyck, Rogier Van der Weyden travaillent pour lui.

Charles le Téméraire (1467-1477). Le règne ambitieux du Téméraire et sa mort à Nancy marquent la fin des États bourguignons : sa fille unique, Marie, est mariée à l'archiduc Maximilien de Habsbourg, et les biens de Charles sont divisés entre le roi de France et l'empereur d'Autriche.

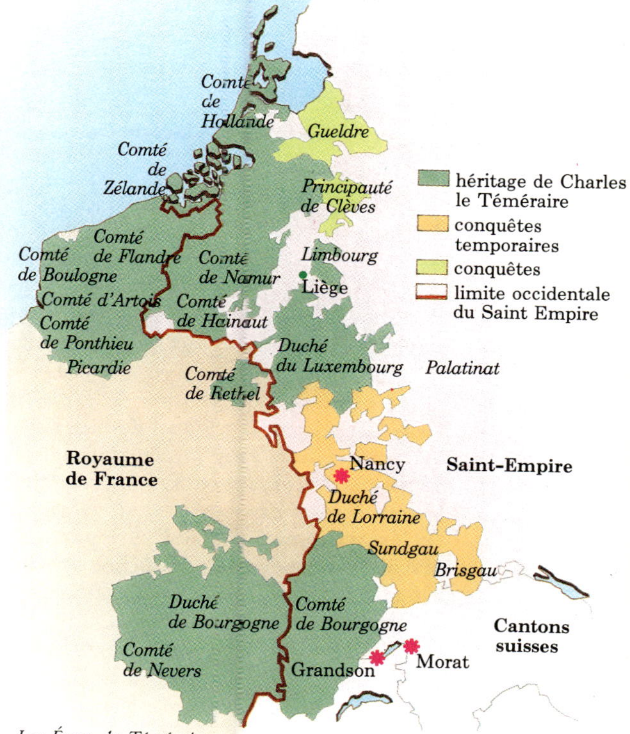

Les États du Téméraire.

Louis XI, et il impose au roi de négocier, après la bataille de Montlhéry et le siège mis devant Paris. Par les traités de Saint-Maur et de Conflans, la Bourgogne obtient la cession d'une partie de la Picardie : plusieurs villes de la Somme, parmi lesquelles Amiens et Péronne. Devenu duc, Charles poursuit de plus belle ses menées. Contre la France, il cherche un allié dans l'Angleterre et, pour cela, épouse en 1468 la sœur d'Édouard IV. Mais surtout, en octobre 1468, alors que, pour la deuxième fois, les Liégeois se sont révoltés contre son autorité avec le soutien du roi de France, Charles profite d'une entrevue avec Louis XI, à Péronne, pour retenir le roi prisonnier : il exige, avant de le libérer, que Louis abandonne la Champagne et la Brie, en apanage à son frère Charles, et il lui impose de participer en personne à la répression de Liège. La haine entre les deux hommes, après cette date, est inexpiable.

Le coup de grâce est porté par les Suisses

Tout en poursuivant la lutte contre Louis XI, Charles le Téméraire agrandit ses États aux dépens de ses autres voisins. Il annexe la Gueldre (1473), pénètre en Haute-Alsace où il ne peut se maintenir (1469-1474), et surtout, il entreprend, en 1475, de conquérir la Lorraine. Cette politique agressive lui attire de nombreuses inimitiés. Elle permet à Louis XI, qui parvient, en 1471, à se rétablir dans les villes perdues de la Somme, de recruter des alliés : en 1473, le roi fait échouer un rapprochement entre la Bourgogne et l'empereur Frédéric III, dont Charles espère la succession et, en attendant, un titre royal ; en 1474, il réunit contre le Téméraire une vaste coalition, formée des cantons suisses, des villes du Rhin, du duc de Lorraine et de l'Autriche ; en 1475, enfin, il achète la défection du roi d'Angleterre, débarqué à Calais pour aider le Bourguignon, et avec lequel il signe in extremis le traité de Picquigny.

Ce sont finalement les Suisses qui portent les coups décisifs au Téméraire : à Grandson, le 2 mars 1476, à Morat, le 22 juin de la même année, ils infligent au duc de gravissimes défaites. Le combat de la dernière chance a lieu à Nancy, possession du duc de Lorraine, dans laquelle le Bourguignon a juré qu'il fêterait les Rois. Le 5 janvier au matin, alors que le combat va commencer, dans un froid vif et avec, du côté bourguignon, des hommes éprouvés par la dernière année de lutte, Charles se coiffe de son heaume : le lion doré qui en orne le sommet se détache et tombe sur le sol. « Signe de Dieu », aurait déclaré le duc, sceptique ou faussement désinvolte. Quelques heures plus tard, il trouve la mort, et ses troupes se débandent ou se font massacrer.

La bataille de Nancy *(Eugène Delacroix, Nancy, musée des Beaux-Arts).*

La Bataille de Morat contre les Suisses, en 1476 *(miniature suisse du XVe siècle).*

Une police religieuse en Espagne

L'INQUISITION

En 1480, le premier tribunal de l'Inquisition, appelé aussi Saint-Office, s'installe à Séville. Languissante durant tout le Moyen Âge en Espagne, cette institution ecclésiastique chargée d'extirper les déviations religieuses par la prison et par le feu connaît un spectaculaire renouveau à l'initiative des Rois Catholiques.

Apparue vers 1230 en Allemagne et dans le sud de la France, l'Inquisition, alors dans les mains du pape, devient à la fin du XVe siècle, en Espagne, un instrument entièrement au service du pouvoir royal. En 1492, tous les royaumes d'Espagne la subissent et les colonies américaines n'y échappent pas non plus. Par la terreur qu'elle inspire, l'Inquisition sert d'abord à réduire les particularismes d'un pays où voisinent de fortes minorités juive et musulmane. L'institution survit jusqu'en 1820 et marque durablement l'histoire de l'Espagne, qui lui doit sa légende noire.

Une répression tous azimuts

Dans la péninsule Ibérique, plus que dans n'importe quel autre pays d'Europe à l'époque, la religion est affaire d'État. Le Saint-Office — ainsi nommé par l'Église pour désigner la «tâche» *(officium)* sainte qu'est le combat pour la foi — est d'abord créé pour discerner, parmi les juifs convertis au christianisme, ceux qui ont reçu le baptême sincèrement des autres, qui cultivent leur ancienne foi clandestinement. De fait, l'ombre de l'Inquisition suffit à pousser bon nombre d'israélites à s'assimiler sans bruit : dans la pensée des autorités espagnoles, la cohésion culturelle des deux royaumes de Castille et d'Aragon, réunis depuis 1479 seulement, s'en trouve renforcée. Après l'expulsion de la minorité juive, le Saint-Office se retourne contre les morisques — les musulmans convertis bon gré, mal gré —, eux aussi persécutés avant d'être définitivement chassés, au début du XVIIe siècle.

L'Inquisition éradique aussi le protestantisme espagnol, qui ne dépasse jamais le stade embryonnaire, après quelques arrestations spectaculaires — dont celle de l'archevêque de Tolède en personne ! — suivies d'une gigantesque propagande. Entre-temps, les tribunaux du Saint-Office s'intéressent aussi aux chrétiens de souche poursuivis pour blasphème, bigamie, pratiques magiques... Après le concile de Trente, qui, en 1563, impose à la chrétienté catholique une profonde rénovation doctrinale et morale, l'Office se concentre sur quelques thèmes de prédilection, comme la sexualité — inculquant l'idée que l'acte d'amour hors mariage est un péché — et le respect dû au clergé, lui-même strictement surveillé. L'Église espagnole devient ainsi la championne de la Contre-Réforme catholique, mais à quel prix !

Un « mode d'emploi » pour l'Inquisition...

Dans le dernier quart du XIVe siècle, l'Inquisiteur général de Catalogne, le dominicain Nicolau Eymerich, rédige un Manuel des inquisiteurs, *réédité cinq fois par Rome au cours des XVIe et XVIIe siècles. Procédures et techniques d'interrogatoire y sont soigneusement décrites.*

« Lorsque l'inquisiteur a affaire à un hérétique retors, audacieux, rusé, qui élude les questions et tergiverse, il doit lui rendre la pareille et user de ruse afin d'acculer l'hérétique à dévoiler ses erreurs [...]

« Et lorsque l'accusé sera face à l'accusateur et que celui-ci s'apercevra que l'accusé ne veut toujours pas avouer, l'inquisiteur lui parlera calmement. Il lui tiendra ce type de langage : "Tu vois, j'ai pitié de toi. On a abusé de ta simplicité, et tu vas perdre ton âme à cause de la bestialité d'un autre. Bien sûr, tu es un peu coupable ! Mais ceux qui t'ont égaré le sont bien davantage !" [...]

« Si l'hérétique s'en tient à ses dénégations, l'inquisiteur feindra d'avoir à partir pour longtemps, et il dira à peu près : "Vois-tu, j'ai pitié de toi [...] Tu ne veux pas avouer, et voilà que tu m'obliges ainsi à te garder en prison jusqu'à mon retour... Ça me fait de la peine, tu sais, car je ne sais pas quand je reviendrai." »

Le Manuel des inquisiteurs, *École des hautes études en sciences sociales, Paris, 1973.*

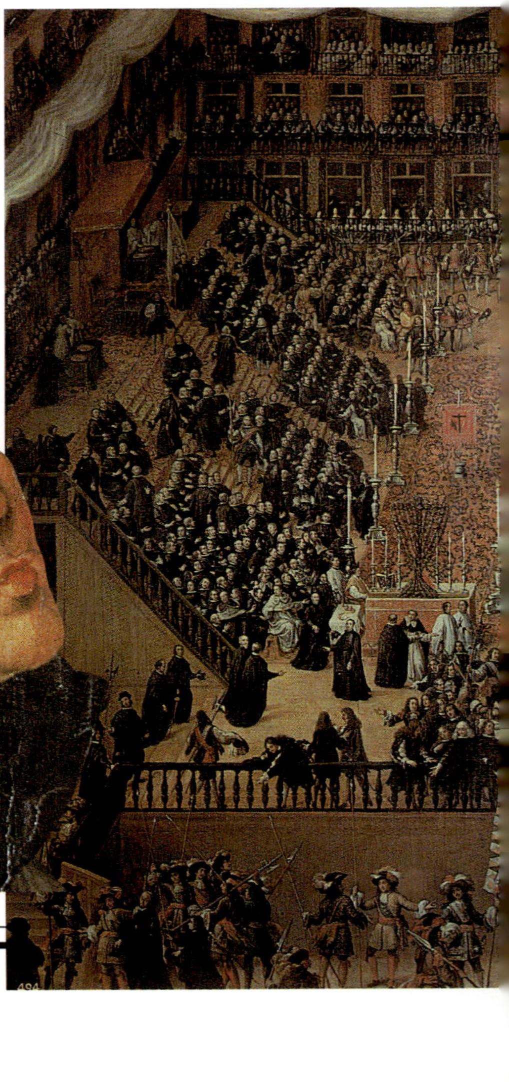

Un auto da fe sur la Plaza Mayor à Madrid, au XVIIe siècle *(peinture de R. Francisco, Madrid, musée du Prado). Dans les « actes de foi » (auto da fe), on brûla longtemps des hommes et des femmes puis, ensuite, seulement des livres interdits.*

Tomás de Torquemada *(1420-1498) [détail d'une peinture espagnole du XVe siècle, Madrid, musée du Prado]. Le moine dominicain, nommé Inquisiteur général par le pape, est responsable de la mort sur le bûcher d'un grand nombre d'hérétiques.*

Le faste des supplices

L'Inquisition espagnole dépend d'un Inquisiteur général, nommé par le pape sur proposition du roi. Le premier et le plus célèbre pour son extrême rigueur est Tomás de Torquemada (1420-1498). Assisté d'un conseil, il encadre des juges de district qui quadrillent tout le pays, faisant appel à un corps de commissaires bénévoles recrutés localement. Rome n'a aucun droit de regard sur les activités de tribunaux que la monarchie utilise d'abord comme une police politique. Ainsi, lorsque Philippe II veut faire emprisonner son trésorier Antonio Perez, qui se croit à l'abri dans le royaume d'Aragon, il l'accuse de blasphème et lance à ses trousses l'Inquisition, laquelle ignore les privilèges provinciaux...

Lorsque l'Office découvre un «nid d'hérétiques», il réussit à les faire se dénoncer les uns les autres grâce à la torture, mais aussi à des techniques de destruction psychologique plus subtiles, comme l'isolement absolu dans des cachots cyniquement appelés *in-pace* («en paix») ou l'alternance calculée de douceur et de menace. Le plus souvent, la peine est la confiscation des biens assortie d'une véritable mort sociale. Mais l'Inquisition développe aussi la prison — souvent à vie —, peine peu appliquée en tant que telle avant elle en Occident, où la prison n'est que l'antichambre du supplice. Mais elle aime aussi le retentissement d'exécutions publiques en grande pompe, nommées «autodafés» ou, en espagnol, *auto da fe* — acte de foi. Les condamnés, coiffés d'une mitre et revêtus d'une tunique jaune — le san-benito parce qu'il ressemble à un vêtement de bénédictin —, s'avancent en procession et sont longuement exhortés à renier leurs erreurs. S'ils y consentent, ils obtiennent de mourir étranglés. S'ils s'obstinent, ils sont livrés au feu rédempteur du bûcher. Attachés très haut sur une sorte de mât, les malheureux peuvent mettre plusieurs heures à mourir, car les flammes ne dépassent guère leurs genoux.

Une surprenante modernité

Ces scènes atroces sont tout de même infiniment plus rares qu'un XIXe siècle volontiers anticlérical n'a voulu le faire croire. Les juges ne sont pas des fanatiques. Ce sont des techniciens du droit très compétents qui, par exemple, à Tolède, acquittent 15 % des accusés.

Hérétiques au bûcher *(détail d'une peinture de P. Berruguete, Madrid, musée du Prado). Le supplice pouvait durer plusieurs heures avant de provoquer la mort de la victime...*

Ils refusent aussi de brûler des sorcières prétendument adoratrices du démon même lorsque la populace leur en livre. L'Office préfère de loin taxer quelque riche famille d'une forte amende, sur laquelle l'État prélève sa part.

C'est une institution unique en son genre car, à l'instar de ce qui ne deviendra la règle commune qu'après la Révolution française, elle refuse de considérer les privilèges personnels et locaux : nobles et roturiers, prêtres et laïcs, bourgeois et manants, tous sont égaux devant elle. Au nom de la responsabilité directe du fidèle comptable de sa foi devant Dieu, elle invente une manière d'égalité devant la loi. Mais une loi totalitaire qui impose par la terreur l'orthodoxie religieuse à tout un peuple.

Un traité pour lutter contre les sorciers

LE MALLEUS MALEFICARUM

La sorcellerie est, au départ, une survivance des religions païennes dans lesquelles les fidèles croient pouvoir communiquer, par magie, avec les forces de la nature. Puis, au fil du temps, à mesure que triomphe le christianisme, le sorcier est présenté comme entretenant un commerce avec le diable, et il est, à ce titre, pourchassé par l'Église catholique désormais toute-puissante.

Vers 1485 paraît le *Malleus Maleficarum (le Marteau des Sorcières),* manuel de lutte contre les démons, qui devient rapidement le bréviaire de tous les inquisiteurs.

Une nouvelle forme d'hérésie

Selon la tradition, le sorcier est celui qui sait obtenir, par des moyens magiques et inavouables, des satisfactions tant morales que matérielles. Personnage ambigu, capable de faire le mal mais aussi de guérir, il est à la fois craint et respecté par les populations paysannes, qui attribuent généralement de grandes vertus aux philtres qu'il concocte. Mais, dès le Xe siècle, l'Église catholique voit en lui un ennemi qui incarne la survie des pratiques préchrétiennes, puis un personnage hérétique qui s'est fait le serviteur du diable. Dès 900, la sorcellerie est ainsi dénoncée par le moine Régimon de Prüm. Puis, en 1270, paraît la *Summa de Officio Inquisitionis (le Traité de l'Office de l'Inquisition),* qui édicte les peines à infliger aux sectateurs du démon. En 1535, à Toulouse, un procès retentissant a lieu devant le tribunal de l'Inquisition. Soixante-trois hommes et femmes accusés d'hérésie avouent sous la torture qu'ils adorent le diable et se rendent à des sabbats. Dès cette époque, les crimes d'hérésie et de sorcellerie sont donc associés. Un démonologue de l'époque, Jean Vinetti, dans son *Tractatus contra demonum invocatores (Traité contre les invocateurs du démon)* de 1450, fait d'ailleurs explicitement entrer la sorcellerie dans le cadre de l'hérésie.

Mais c'est surtout au XVe siècle que se développe une violente répression de la sorcellerie. Le pape lui-même intervient : Innocent VIII promulgue en 1484 une bulle *Summis desiderantes* qui condamne la sorcellerie comme l'ont déjà fait les autorités temporelles. La publication du *Malleus Maleficarum* s'inscrit dans ce contexte. Il n'est d'ailleurs pas le seul code destiné à guider les inquisiteurs, puisqu'il s'inspire d'autres manuels du même genre : la *Practica Officii Inquisitionis (Pratique de l'Office de l'Inquisition),* due à l'inquisiteur Bernard Gui (personnage que Umberto Eco fait apparaître dans son roman *le Nom de la Rose*) et le *Directorium Inquisitorum (Guide des Inquisiteurs),* rédigé par Eymerich.

L'Inquisition

L'Inquisition est **un tribunal religieux d'exception chargé de poursuivre les hérétiques,** qui sont ensuite remis au pouvoir civil afin de subir leur condamnation.

Créée au XIIe siècle pour lutter contre **les hérétiques cathares et les vaudois,** elle est progressivement étendue **aux sorciers et aux devins.** Elle doit son nom à la **procédure inquisitoire** qui donne au juge un rôle prépondérant dans la conduite de l'instance. Ainsi, les inquisiteurs recherchent eux-mêmes les suspects et peuvent convoquer les populations entières d'un village. **De nombreux moyens de contrainte** sont utilisés pour obtenir des aveux, **y compris la torture. Les peines** les plus graves sont l'emprisonnement à perpétuité accompagné de la confiscation des biens et, souvent, le bûcher.

En Allemagne, mais aussi en **Espagne,** l'Inquisition connaît un essor particulièrement important. Elle se signale par de terribles exactions, notamment, dans ce dernier pays, celles du sinistre inquisiteur général **Torquemada** (1485-1494) qui soulèvent la désapprobation du pape Sixte IV lui-même.

Sorcières, plutôt que sorciers

Le *Malleus Maleficarum* est dû à deux inquisiteurs dominicains, dont Jakob Sprenger (1436-1505) supérieur d'un monastère. Le but des auteurs est de convaincre les populations de la réalité de la sorcellerie, et de donner aux inquisiteurs une méthode pour traiter ce qu'ils considèrent comme une forme gravissime d'hérésie. Le rôle laissé à la délation est important et le recours à la torture, appelée «question», est préconisé le cas échéant. Cette dernière apparaît comme un moyen parmi d'autres pour obtenir des aveux, et les tribunaux religieux ne sont pas les seuls à l'utiliser.

Les auteurs remarquent que la sorcellerie est essentiellement un phénomène féminin. Ils ne font en cela que constater un fait : les procès en sorcellerie concernent alors surtout des femmes — les chiffres dont nous disposons montrent qu'un homme pour trois ou quatre femmes seulement est condamné pour ce crime. Le vieux sentiment de misogynie, ou en tout cas de méfiance de l'Église vis-à-vis des femmes, qui voit dans les filles d'Eve d'éternelles tentatrices, transparaît ici. À cela s'ajoute une crainte de la sexualité incarnée par les femmes : les pages du *Malleus Maleficarum* relatives à ces dernières en disent long sur la crainte et le mépris que les deux dominicains leur portent.

Le *Malleus Maleficarum* inspire une série de textes similaires qui alimentent à leur tour les verdicts de très nombreux procès. À travers toute l'Europe, la lutte contre la sorcellerie se poursuit, avec une vigueur inégale selon les époques, les plus troublées favorisant le mieux la répression. Mais c'est en Allemagne que celle-ci est la plus sanglante. La violence des juges est parfois si forte qu'elle suscite des révoltes et que certains inquisiteurs sont assassinés, dont le fanatique Conrad de Marbourg. Des procès de sorcellerie ont également lieu dans le Nouveau Monde, notamment à Salem, en 1692.

Après avoir atteint son apogée au début du XVIe siècle, cette répression commence à décliner vers la fin du XVIIe siècle. Mais elle a longtemps été si intense que l'expression «chasse aux sorcières» demeure, de nos jours, synonyme de poursuites arbitraires et iniques. Poursuites vaines d'ailleurs : sorciers et sorcières continuent à mener leurs mystérieuses pratiques ou à abuser de la crédulité populaire, un peu partout dans le monde.

→**Voir aussi** : p. 152-153 (La croisade contre les cathares).

Scène d'exorcisme *de Goya (Madrid, musée Lázaro Galdiano).*

Un bûcher de sorcières, bois gravé, 1555.

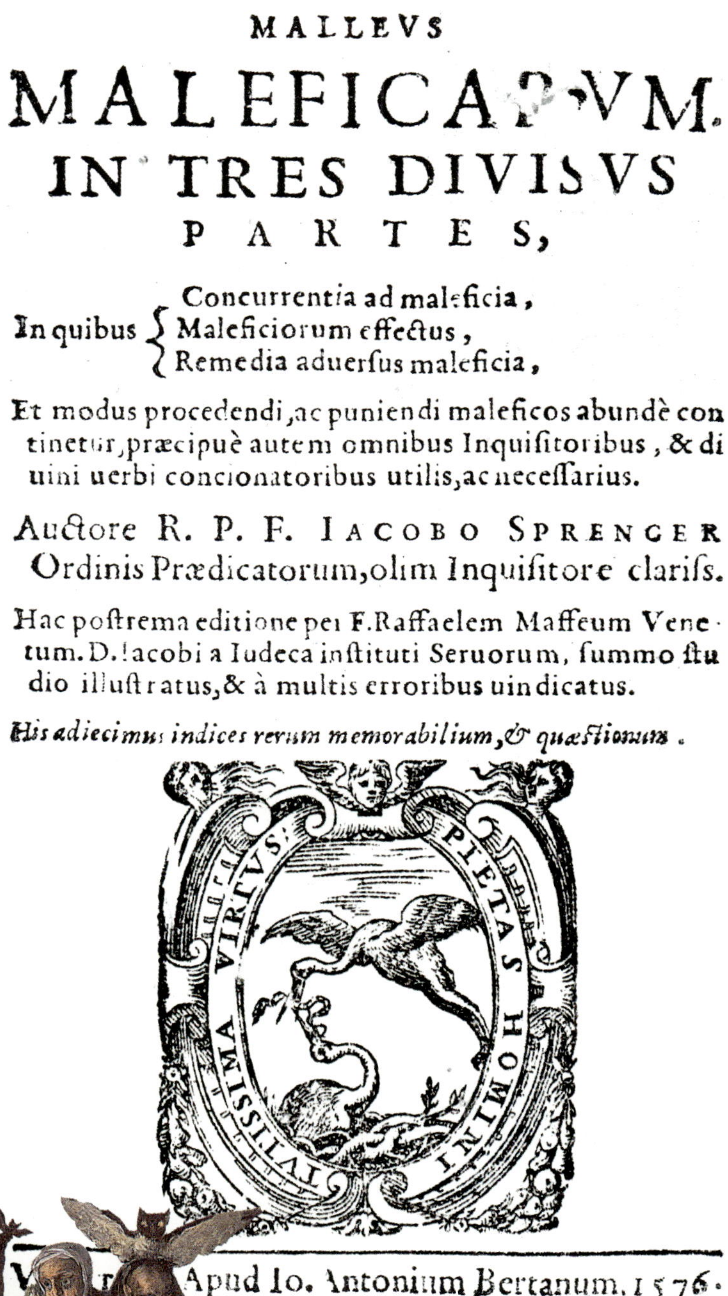

MALLEVS

MALEFICAP·VM.

IN TRES DIVISVS

PARTES,

In quibus { Concurrentia ad maleficia, Maleficiorum effectus, Remedia aduersus maleficia,

Et modus procedendi, ac puniendi maleficos abundè continetur, præcipuè autem omnibus Inquisitoribus, & diuini uerbi concionatoribus utilis, ac necessarius.

Auctore R. P. F. IACOBO SPRENGER Ordinis Prædicatorum, olim Inquisitore clariss.

Hac postrema editione per F. Raffaelem Maffeum Venetum. D. Iacobi a Iudeca instituti Seruorum, summo studio illustratus, & à multis erroribus uindicatus.

His adiecimus indices rerum memorabilium, & quæstionum.

V... Apud Io. Antonium Bertanum. 1576.

Le frontispice de l'édition originale du Malleus Maleficarum. *La plus grande des vertus : la piété humaine, clame la vignette.*

Petit tour du monde de la sorcellerie moderne

En Auvergne. À Saint-Anthème, des épingles puis des cailloux attaquent la ferme de Buriane. Le fait connaît un retentissement public, des équipes de télévision se déplacent en 1985, mais aucune explication n'est trouvée. Plusieurs voyants se succèdent en vain avant qu'un mage ne trouve la parade de désenvoûtement adéquate et ne désigne la coupable, une voisine sorcière.

En Chine. À l'occasion du Nouvel An lunaire 1980, la radio diffuse un message interdisant aux sorcières de sortir de chez elles. La même année, un parlementaire, député de la province de Heilongjiang (nord-est du pays) est convaincu de sorcellerie et relevé de ses fonctions.

En Tanzanie, Monseigneur Emmanuel Milingo, archevêque de Lusaka, comparaît en 1981 devant d'autres religieux pour crime de sorcellerie. On lui reproche en fait de pratiquer l'imposition des mains et de jouer au guérisseur, pouvoir réservé, dans la chrétienté, aux saints et à quelques rois.

Au Zimbabwe. Le ministre de la Santé, Monsieur Ushewokune, annonce en 1980 qu'il est persuadé de la réalité du pouvoir des sorciers-guérisseurs. À tel point qu'il envisage même de leur demander d'aider officiellement les médecins et de jouer «un rôle vital pour restaurer la santé».

Aux États-Unis. Le pays du capitalisme triomphant fait honneur à sa réputation en prouvant que tout peut être vendu, y compris les accessoires de sorcellerie. En 1980, une chaîne de magasins à l'enseigne de *The Sorcerer* («le sorcier») lance ainsi sur le marché des articles de ce type, prenant simplement la précaution de joindre à leur emballage une notice spécifiant que l'utilisation de ces objets nécessite un certain degré d'initiation.

Tabula hec Regionis magni brasilis est & ad partem occidentalez
Antilias castelle regis obtinet. Gens uero eius nigrescentis coloris.
fera & immanissima carnibus humanis uescitur. Hec eadem gens arcu
& sagittis egregie utitur. Hic psytaci uersicolores aliequ innumere a
ues fereque monstruose. et Seminaz plura genera repetiuntur plu
re tingendis opportuna censetur
TERRA BRASILIS
CLI
CIRCV
CLIMA
CLIMA
C LIMA

LE COMMENCEMENT DES TEMPS MODERNES

1492-1700

Le phénomène des grandes découvertes ouvre l'ère des Temps modernes. Les voyages des explorateurs transforment la conception du monde des Européens et les horizons nouveaux qui leur sont révélés stimulent leur imagination et leur réflexion.
Par l'invention de l'imprimerie, qui accélère la diffusion des idées nouvelles, le savoir humain s'élargit et remet en cause les traditions médiévales. Aussi le XVIe siècle se caractérise-t-il par le bouillonnement des opinions et des réalisations.
Acte de foi dans la grandeur de l'homme, l'humanisme prend pour objectif l'épanouissement de l'être et, en relation avec cet idéal, le mouvement culturel de la Renaissance renouvelle en Europe les conceptions esthétiques et littéraires. Parallèlement, les réformateurs rompent avec l'Église catholique et fondent une religion se réclamant du libre examen.
À travers mutations et guerres, de grands souverains imposent par ailleurs leur hégémonie, tels Charles Quint dans le Saint Empire romain germanique, Henri VIII et sa fille Élisabeth Ire en Angleterre, ou encore Louis XIV en France.
Bien loin de l'Europe, en Inde, les Grands Moghols règnent sur un empire dont les fastes font l'admiration des voyageurs européens.

Carte portugaise du Brésil (parchemin enluminé du XVIe siècle, Paris, Bibliothèque nationale de France).

1492-1700

Les grandes découvertes

Grâce au progrès des techniques de la navigation, les Européens se lancent à la découverte de nouveaux continents. Vasco de Gama, Christophe Colomb, Magellan et les autres grands explorateurs ouvrent le monde entier à la curiosité et à la convoitise des nations européennes (caravelle italienne du XVIe siècle, détail d'une peinture de A. Danti, musée du Vatican).

La Renaissance

Née en Italie, la Renaissance s'étend ensuite à toute l'Europe occidentale. En s'affranchissant des règles médiévales, les artistes trouvent dans l'Antiquité une nouvelle inspiration. La beauté, sans implication morale, devient l'idéal des peintres, sculpteurs et architectes protégés par les princes et les nobles italiens (*le Mariage de la Vierge*, peinture de Raphaël, Milan, pinacothèque de Brera).

L'Angleterre des Tudors

Après la rupture entre Rome et l'Angleterre, les règnes des filles d'Henri VIII sont symboliques des fluctuations religieuses de l'Europe. Après la très catholique Marie Tudor, sa demi-sœur Élisabeth fixe définitivement la religion de son royaume et devient le chef de l'Église anglicane, dont les dogmes sont inspirés par le calvinisme (*Élisabeth Ire*, peinture de M. Gheeraerts, Londres, The National Portrait Gallery).

Louis XIV

Sous le règne du Roi-Soleil, qui exerce un pouvoir absolu sur ses sujets, la France devient une très grande puissance par son développement économique et son rayonnement culturel. Mais les nombreuses guerres menées par le roi pour étendre son hégémonie sur l'Europe ruinent le royaume (*Louis XIV au Grand Carrousel,* peinture du XVIIe siècle, Versailles, château).

La rupture de la Réforme

L'unité religieuse de l'Europe occidentale est rompue par la contestation de Luther et des autres réformateurs. Les nations se divisent sur les nouvelles doctrines des protestants et dans certains États, comme en France, ces querelles conduisent à de sanglantes guerres de Religion (*Nouveau Testament* en langue allemande avec le portrait de Luther, gravure coloriée).

L'Inde moghole

Sous les sultans moghols Djahangir et Chah Djahan, les traditions des miniatures persanes sont reprises par les artistes hindous et musulmans qui vivent à la cour. Colorées et dessinées avec une grande virtuosité, ces miniatures illustrent le luxe raffiné de la vie de la noblesse (miniature, bibliothèque de Saint-Pétersbourg).

1492

La conquête du Nouveau Monde

CHRISTOPHE COLOMB

Le 12 octobre 1492, vers deux heures du matin, la lune brille et la vigie du navire la *Pinta* scrute l'océan avec plus d'attention que d'habitude. Il sait que de la précision de sa vue dépend non seulement le sort d'une expédition mais aussi sans doute la vie de ses compagnons. À bord, comme sur la *Nina* et la *Santa Maria*, qui naviguent un peu en arrière, presque personne n'a pu trouver le sommeil.

Aucun des marins n'a encore connu, de la sorte, plus de cinquante jours de mer sans le moindre rivage à l'horizon ; aucun n'a jamais eu affaire à un vent aussi puissant et régulier que celui qui, depuis plus d'un mois, maintient le cap à l'ouest. Comment alors ne pas craindre que le retour soit impossible ? Comment ne pas sentir se préciser la menace de la faim et de la soif ? L'avant-veille, on a frôlé la mutinerie. Il a fallu toute la force de persuasion du commandant, Christophe Colomb, pour obtenir qu'on poursuive deux jours avant de faire demi-tour. L'aube fatidique du second jour approche. Et, soudain, la voix de Rodrigo fait retentir le mot qu'on n'espérait plus : « Terre ! » Sur le pont de la *Santa Maria,* Christophe Colomb maîtrise mal sa joie ; cet aventurier d'une quarantaine d'années, peut-être d'origine juive, sans doute fils d'un tisserand génois, croit que le rêve de sa vie se réalise enfin. Il ignore que commence pour lui une longue suite de déconvenues et d'échecs.

La caravelle de Colomb et les îles découvertes par lui (gravure sur bois extraite de la Lettre de Christophe Colomb, *datée de 1494).*

Un formidable entêtement

Quelques heures plus tard, quand il met pied à terre – sur un îlot des Bahamas –, il ne sait pas qu'il vient de découvrir un nouveau continent. Jusqu'à la fin de ses jours, il s'obstine à défendre une idée fausse. Il croit avoir atteint l'Extrême-Orient, et les indigènes accueillants qu'il rencontre ne sont pour lui que des « Indiens ». Les petits anneaux d'or des captifs qu'il exhibe à son retour, après huit mois de voyage, lui servent à persuader les souverains espagnols – en leur faisant miroiter des trésors autrement mirifiques – de commanditer dans les mois qui suivent une autre expédition, en septembre 1493. Elle se fourvoie, presque trois ans durant, dans les Antilles et s'avère tout aussi décevante. Colomb, qui prétend cette fois avoir touché la péninsule malaise, n'obtient qu'au bout de deux ans d'efforts le financement d'un troisième voyage. En 1498, il est au large de l'Amérique du Sud, à l'embouchure de l'Orénoque. La puissance du courant est telle qu'elle fait dériver les navires. Seul un continent de très vastes dimensions a pu donner naissance à ce fleuve géant. Colomb ne nie pas l'évidence mais reste fidèle, quant à la conclusion, aux théories fumeuses qu'il affectionne : s'il est impossible de reconnaître quoi que ce soit qui ressemble à l'Asie, c'est qu'on est au seuil du paradis terrestre, dont parlaient les géographes – bien peu scientifiques – du Moyen Âge !

Ironie du sort, au cours de la quatrième expédition (1502-1504), si difficile à lancer, il passe sans s'en douter, longeant les côtes de l'Amérique centrale, au large de l'Empire aztèque dont les richesses, de tous ordres, dépassent tout ce que les Européens peuvent imaginer. Parce qu'il rentre une fois de plus les mains vides ou presque, il ne repart plus jamais et meurt, deux ans après, épuisé, dénigré et toujours dans l'erreur. Il lui reste à subir une dernière avanie : c'est le Florentin Amerigo Vespucci qui, ayant démontré, incontestablement, qu'il s'agit d'un nouveau monde, donnera son nom (Amérique) à la « découverte » de Christophe Colomb.

Un « homme sans qualité » ?

Cet effroyable échec s'explique par les insuffisances du personnage. Lors de la première traversée, il ment délibérément à ses marins en minimisant les étapes pour les rassurer et en tenant un faux journal de bord : habileté qui ne fait pas de lui un bon marin (plusieurs fois ses navires se trouvent en difficulté par sa faute) et encore moins un bon administrateur (à Hispaniola, en 1503-1504, son séjour est désastreux). Ce héros malgré lui a, plutôt que maîtrisé, subi les événements après sa « découverte ».

Le secret de Christophe Colomb

Mais alors, comment un personnage d'aussi piètre envergure a-t-il pu trouver des appuis, et non des moindres, pour partir à l'assaut de l'océan ?

En effet, les théories géographiques qu'il professe sont jugées naïves par les spécialistes. Tous les gens instruits savent depuis longtemps que la terre est ronde ! Quant à rejoindre l'Asie, Colomb utilise des données fausses sur la circonférence de la Terre : la distance est beaucoup plus longue qu'il ne le pense !

Le secret de Colomb est trahi par un événement particulier de sa vie : son passage

Le Retour de Christophe Colomb à la Cour d'Espagne *(peinture française du XIXe siècle).*

Portrait de Christophe Colomb *(par Ridolfo Ghirlandaio).*

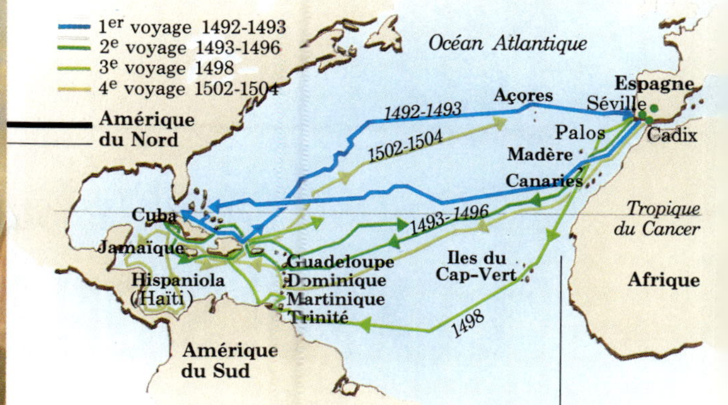

Les voyages de Christophe Colomb.

clandestin de la frontière entre le Portugal et l'Espagne.

En fait, à la fin du XVe siècle, les Portugais, maîtres des mers, ont deviné la présence des terres au-delà de l'océan. Sinon, pourquoi cet empressement à faire déplacer, en 1494, par le traité de Tordesillas, la ligne de partage du monde à l'ouest et gagner ainsi le Brésil (officiellement « découvert » en 1500) ? Grâce à leur profonde expérience de l'Atlantique, les Portugais ont percé le secret des vents qui conditionnent la traversée : l'alizé qui pousse les navires vers l'ouest au niveau de l'équateur ; plus au nord pour le retour, les vents d'ouest qui ramènent vers l'Europe. C'est un Portugais qui aurait dû découvrir l'Amérique, s'il n'y avait eu Colomb ! Jouant de son physique avantageux, il a su séduire et épouser, en 1479, Felipa de Perestello, dont le principal avantage est d'être la fille d'un vieux loup de mer, le gouverneur de Madère, où il s'installe pendant plusieurs années et est mis dans la confidence. Comment expliquer sinon qu'il mette sans hésiter le cap directement sur les Canaries à son premier voyage et qu'au lieu de dériver vers l'Arctique il trouve du premier coup les vents adéquats pour le retour ?

Il faut se rendre à l'évidence, Christophe Colomb a vendu à l'Espagne, en échange d'une part sur les bénéfices futurs, un véritable secret d'État. Quoi qu'il en soit, il est certain que Christophe Colomb a changé à jamais, sans en être conscient, le destin du monde.

→**Voir aussi** : p. 246-247 (Jacques Cartier).

À la recherche de nouvelles terres

À la fin du XVe siècle, **l'Europe semble avoir atteint ses limites.** On manque d'or. Les mines s'épuisent et le commerce est entravé par le manque de monnaie. On manque aussi de denrées indispensables : les épices.

La compétition est ouverte pour **la conquête de nouveaux espaces :** le Portugal et l'Espagne, riches d'une longue tradition maritime et jouissant d'une vaste façade atlantique, l'Angleterre et la France, dans une moindre mesure, se lancent dans l'exploration et la maîtrise de nouvelles terres, au-delà de l'océan.

L'Amérique avant et après Colomb

Vers 30 000 av. J.-C. Profitant d'un refroidissement du climat, des hommes préhistoriques originaires d'Asie traversent le détroit de Béring pris par les glaces. Ce sont les ancêtres des « Indiens ».

Vers l'an 1000. Un Viking, Leif Eriksson, explore une terre qu'il appelle « Vinland » (pays des vignes) et qui doit correspondre à une partie de la côte est des États-Unis actuels. Mais, les glaces ayant avancé, on perd la route.

1492. Christophe Colomb découvre le continent.

1497, 1508. Jean Cabot, puis son fils Sébastien débarquent au Labrador pour le compte de l'Angleterre.

1500. Le Portugais Cabral découvre le Brésil.

1519-1521. L'Espagnol Hernán Cortés conquiert avec cruauté l'Empire aztèque (Mexique).

1523. Au nom du roi de France François Ier, Jean Verrazano explore l'estuaire de l'Hudson et le baptise « Nouvelle-Angoulême ». C'est le tout premier nom de New York.

1531-1534. L'Espagnol Francisco Pizarro s'empare du Pérou en détruisant l'Empire inca. Les Indiens sont décimés par des maladies inconnues (grippe, rougeole...), apportées par les Européens, ou bien ils sont réduits à l'esclavage.

1534. Le Français Jacques Cartier découvre le Canada.

200 000 israélites sur les routes de l'exil

L'EXPULSION DES JUIFS D'ESPAGNE

Usurier juif recevant d'une chrétienne une hostie pour la profaner (peinture de Paolo Ucello, XVe siècle, Urbino, Galerie nationale des Marches). L'Europe médiévale est profondément antisémite. Les Juifs sont accusés de tous les maux : usuriers, sorciers, ils répandent exprès les épidémies...

Les Juifs de France

L'Espagne n'est pas le premier pays d'Europe à chasser ses Juifs. L'Angleterre bannit les siens dès 1290. En France, **Philippe le Bel ordonne en 1306 l'éviction des nombreux Juifs de son royaume.** Près de 100 000 personnes s'exilent, dont beaucoup choisissent d'immigrer en Espagne. Peu à peu, avec l'aval des autorités qui leur font payer de forts droits d'entrée, les Juifs reviennent. Les malheurs des temps — la peste endémique à laquelle vient s'ajouter la guerre de Cent Ans — **poussent le roi Charles VI dit le Fou à chasser encore une fois tous les Juifs**, par l'ordonnance du 17 septembre 1394, pour attirer sur le royaume la clémence divine. L'exil, cette fois, est définitif et il n'y aura plus de communauté juive en France jusqu'aux mesures prises sous la Révolution.

Le 31 mars 1492, les Rois Catholiques, Isabelle de Castille et Ferdinand d'Aragon, somment par un édit sans appel quelque 200 000 Juifs de quitter leurs royaumes avant le 1er juillet, sous peine de mort. Les communautés, affolées, doivent liquider leurs biens dans les pires conditions.

Après une longue période de coexistence avec les chrétiens et les musulmans dans une Espagne où trois religions se juxtaposent, les juifs, plus nombreux que partout ailleurs en Europe, connaissent une vie difficile dès la fin du XIVe siècle : tracasseries administratives, prédications haineuses des clercs, pogroms se multiplient. En 1391, lors d'une disette aggravée d'épidémie dont on les rend responsables, les communautés hébraïques sont massacrées à Séville, à Barcelone et à Valence. Dans le courant du XVe siècle, les souverains des deux principaux royaumes espagnols, l'Aragon et la Castille, renoncent progressivement à les protéger, face à l'antisémitisme croissant de la population. En 1480, ils laissent les assemblées provinciales — les Cortes — décider l'enfermement des juifs dans des quartiers réservés, des « ghettos »...

Un catholicisme intransigeant

Les Juifs espagnols se croient néanmoins à l'abri de mesures plus graves, ne serait-ce qu'en vertu des énormes contributions qu'ils fournissent aux souverains. Commerçants en étoffes, artisans spécialisés dans le travail des métaux, banquiers, médecins, ils constituent la véritable élite — très jalousée — de la bourgeoisie urbaine. Certains parviennent à de très hautes charges dans les allées du pouvoir. Leur influence est d'autant plus étendue dans le pays que, à côté de ceux qui se reconnaissent comme Juifs, il existe aussi toute une population au statut ambigu : les *conversos*, d'anciens Juifs baptisés par la force, et qui, en grand nombre, continuent à pratiquer leur culte en secret.

Les autorités feignent d'ignorer cet état de choses et se réjouissent officiellement du tarissement progressif du judaïsme : l'Espagne de la fin du XVe siècle, qui achève la reconquête d'un territoire occupé depuis des siècles par les musulmans, n'entend plus tolérer d'autre religion que celle des Rois Catholiques. La capitulation, en janvier 1492, du dernier bastion islamique — le royaume de Grenade, au sud de la péninsule — fournit l'occasion d'en finir avec ce qui reste du judaïsme officiel en Espagne : profitant de ce que les tribunaux de l'Inquisition font état de tentatives de prosélytisme des Juifs officiels en direction des *conversos,* Isabelle et Ferdinand, en parfait accord, décident le bannissement de tous les israélites qui refuseront d'embrasser définitivement et sincèrement la religion chrétienne.

Le temps des tribulations

Avertis dans le courant du mois d'avril de la mesure d'expulsion, les Juifs ont à liquider leurs avoirs et à organiser leur départ en deux mois. Quelques hauts personnages choisissent le baptême, tel Abraham Senior, chef de la diaspora de Castille, dont les Rois Catholiques eux-mêmes sont les parrains. Mais la grande majorité des Juifs refusent de se convertir, vendent leurs biens ou plutôt les troquent, car interdiction leur est faite de sortir du royaume avec de l'argent. Leurs concitoyens chrétiens, les sachant dans la dernière nécessité, finissent par obtenir une maison contre un âne, et une vigne pour un morceau de tissu... Quelques Juifs, pour conserver du numéraire, choisissent d'avaler des ducats avant de passer la frontière; d'autres, plus au fait des perfectionnements des techniques financières, parviennent à se défaire de leurs valeurs contre des lettres de change négociables dans toute l'Europe.

Tous les Juifs d'Espagne ne prennent pas le même chemin. Quittant les côtes d'Espagne, certains gagnent Alger, Tunis, l'Empire ottoman parce qu'ils se souviennent que l'islam les a toujours tolérés. De très industrieuses cités d'Italie, comme Ferrare, accueillent aussi une partie d'entre eux. Mais les régions septentrionales les attirent aussi, qu'il s'agisse du sud-est de la France, où ils sont cependant accueillis avec peu d'empressement, ou surtout des Flandres, alors sous gouvernement bourguignon, qu'ils fécondent de leur esprit d'entreprise. Cette dispersion favorise ainsi l'essaimage de savoir-faire et de forces vives dont l'Espagne aurait pu rester l'unique bénéficiaire.

Un mythe, la pureté de sang

Cependant, les souverains espagnols, non contents de traquer ceux qui se réclament de la religion juive, s'attaquent bientôt à toutes les personnes qui ont un ancêtre israélite : celles-ci sont exclues d'à peu près toutes les fonctions à responsabilités. Ces mesures iniques se justifient, selon leurs inspirateurs, par le fait que le sang juif transmet une tare héréditaire : la haine du Christ. Une goutte, à les en croire, suffit à corrompre les générations jusqu'à la fin des temps !

Vers 1540, ainsi, le clergé de l'évêché de Tolède se ferme aux nouveaux chrétiens : nul homme, s'il a un ancêtre juif, ne peut devenir prêtre; nulle femme, dans les mêmes conditions, ne peut entrer en religion. L'affaire est portée devant le roi et devant Rome, qui donnent raison aux clercs espagnols et officialisent les «statuts de la pureté de sang» : selon ces statuts est réputé pur un sang où ne se mêle aucune hérédité juive, et l'on remonte en pratique jusqu'aux grands-parents.

Encouragés par cet exemple, universités, ordres militaires, confréries et corporations se dotent progressivement de statuts similaires. À partir de 1560, tout candidat à une place dans ces institutions doit fournir une «information de pureté de sang». Souvent, il ne s'agit que du serment de trois témoins mais, pour les emplois importants, le candidat doit payer des dizaines d'enquêteurs. À cette époque, cependant, le résultat de cette procédure complexe et fort coûteuse importe assez peu : tous les membres de la noblesse castillane et aragonaise comptent alors parmi leurs ancêtres au moins un Juif ou un maure. Le système, en réalité, sert de prétexte à une ponction fiscale et à un contrôle par les groupes au pouvoir de l'accès en leur sein.

Toutefois, l'invention reste particulièrement pernicieuse, car elle donne lieu à la première définition biologique de la judéité. À ce principe d'exclusion, qui repose non sur une appartenance religieuse mais sur une soi-disant identité infamante du sang, répondent au XXe siècle de bien sinistres échos.

Après les Juifs, les Maures, ou morisques — c'est-à-dire les musulmans : l'Expulsion des Maures (dessin de Carducho, Madrid, musée du Prado). Avec l'expulsion de ces deux communautés, ce sont des centaines de milliers de personnes, artisans, commerçants, érudits…, dont se prive l'Espagne. Les conséquences de cette décision seront considérables.

Le cas des musulmans

En 1492. Avec la conquête du royaume de Grenade, les Rois Catholiques héritent de 15 000 musulmans supplémentaires. Les clauses de leur capitulation stipulent qu'ils pourront rester fidèles à l'islam. Mais, dès 1502, les musulmans sont contraints de recevoir le baptême. Les nouveaux convertis sont désignés par le terme de «morisques».

Au XVIe siècle. L'unité religieuse du pays, si elle paraît acquise, n'est que superficielle. Davantage encore que les Juifs, les morisques pratiquent en secret leur ancienne religion. La plus grande partie de l'opinion s'en moque, mais les tribunaux de l'Inquisition les persécutent et les poussent à la révolte en 1569.

L'expulsion. En 1609, la décision est prise d'expulser les morisques – 300 000 personnes qui apparaissent décidément inassimilables. Cette opération gigantesque mobilise l'Administration et l'armée une année durant. La plupart des Maures sont envoyés en Afrique du Nord, quelques-uns sont expédiés en France, d'où ils repartent assez vite pour des pays musulmans.

Deux Juifs (peinture du XVe siècle, Madrid, musée du Prado).

La syphilis se répand en Europe

LE GRAND MAL DE L'OCCIDENT AMOUREUX

Au printemps de 1494, une maladie épidémique éruptive, mortelle la plupart du temps, se déclare à Barcelone. Là où, un an auparavant, ont été fêtés Christophe Colomb et ses compagnons de retour du Nouveau Monde...

Les contemporains, tout d'abord, ne font pas le rapport entre les deux événements. Ce qui les frappe, ce sont les moyens de la contamination, qui a lieu par voie sexuelle. Les marins ont infecté des prostituées, qui, à leur tour, répandent le mal. Certes, les maladies vénériennes ne sont pas inconnues en Occident : le chancre, la gonorrhée sévissent, mais c'est à peine si on y prête attention tant les individus sont résignés à supporter toutes sortes d'incommodités. Il en va autrement de la syphilis, que, en 1530, le grand médecin italien Girolamo Fracastoro (Fracastor) baptise ainsi, du nom d'un berger mythique — Syphilus. Maladie très grave, la syphilis devient de surcroît la première maladie honteuse.

Mal étranger

Sans doute rapportée de Haïti, où les marins se sont unis avec nombre de femmes indigènes, l'agent responsable de la maladie — le

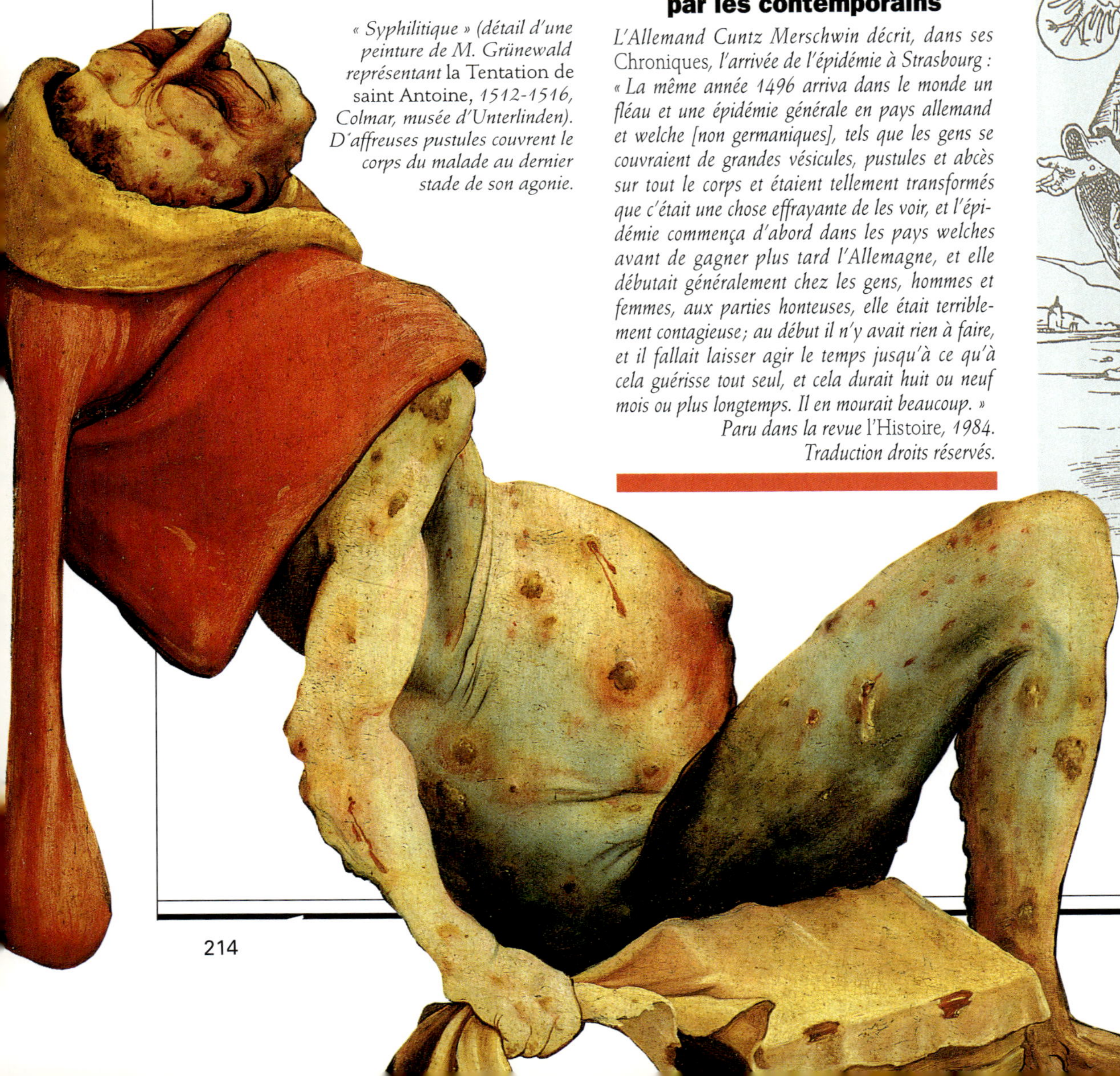

« Syphilitique » (détail d'une peinture de M. Grünewald représentant la Tentation de saint Antoine, *1512-1516, Colmar, musée d'Unterlinden). D'affreuses pustules couvrent le corps du malade au dernier stade de son agonie.*

La syphilis décrite par les contemporains

L'Allemand Cuntz Merschwin décrit, dans ses Chroniques, *l'arrivée de l'épidémie à Strasbourg : « La même année 1496 arriva dans le monde un fléau et une épidémie générale en pays allemand et welche [non germaniques], tels que les gens se couvraient de grandes vésicules, pustules et abcès sur tout le corps et étaient tellement transformés que c'était une chose effrayante de les voir, et l'épidémie commença d'abord dans les pays welches avant de gagner plus tard l'Allemagne, et elle débutait généralement chez les gens, hommes et femmes, aux parties honteuses, elle était terriblement contagieuse; au début il n'y avait rien à faire, et il fallait laisser agir le temps jusqu'à ce qu'à cela guérisse tout seul, et cela durait huit ou neuf mois ou plus longtemps. Il en mourait beaucoup. »*

Paru dans la revue l'Histoire, *1984. Traduction droits réservés.*

L'homme atteint de grosse vérole *(gravure d'A. Dürer, vers 1495) : une des plus anciennes représentations de la syphilis.*

tréponème pâle — se répand de manière galopante à la faveur d'une série d'événements historiques. Décrit pour la première fois en Espagne par le médecin portugais Ruiz Diaz de Isla dès la fin de 1493, révélé de manière plus spectaculaire à Barcelone au printemps suivant, le mal explose en Italie en 1494, lors du siège de Naples par le roi de France Charles VIII. Des mercenaires espagnols combattent aux côtés des Français comme dans les rangs des assiégés italiens : ils partagent avec leurs frères d'armes les mêmes prostituées et contaminent ainsi assiégés et assaillants, lesquels rentrent bientôt dans leur patrie avec « le mal de Naples ».

La progression, dès lors, est foudroyante : l'Écosse est touchée en 1495 ; deux ans plus tard, l'Europe entière, jusqu'aux pays Baltes, est infectée. En 1498, les marins qui, sur les bateaux de Vasco de Gama, effectuent le premier tour du monde de l'histoire contaminent Canton et, de là, la Chine tout entière. L'Afrique est frappée à son tour, peut-être par l'intermédiaire des Juifs chassés des royaumes ibériques. Mais c'est en Amérique même que les esclaves noirs contractent la maladie au début du XVIe siècle et presque tous en sont atteints par la suite.

Mal étrange

Si elle est communément admise aujourd'hui, l'hypothèse de l'origine américaine de la syphilis est encore discutée. La syphilis serait présente sur tous les continents depuis la préhistoire, mais sous des formes endémiques diverses. On aurait pu en confondre les manifestations avec celles de la lèpre. Dans les premières années de sa propagation, le mal revêt une forme aiguë : il entraîne rapidement une issue fatale, faute d'une quelconque immunité des populations.

Les médecins sont désemparés devant une maladie que n'ont pas décrite les maîtres de l'Antiquité, auxquels ils se réfèrent toujours. Des traitements empiriques sont expérimentés, certains avec un relatif succès comme les sudations, la résine du bois de gaïac et surtout le mercure. Mais la maladie impressionne d'autant plus que son évolution apparaît aléatoire : quelquefois, les symptômes régressent spontanément ou, au contraire, l'état d'un malade se dégrade en quelques semaines au point que le malheureux devient méconnaissable.

Mal nouveau, nouvelles règles

L'apparition de la «grande vérole», comme on nomme aussi la syphilis, accélère la mise en place d'une nouvelle économie du sexe à cette époque. La relative liberté qui prévaut au Moyen Âge disparaît : les autorités réagissent à la syphilis endémique en fermant étuves et bordels municipaux, qui disparaissent à peu près partout. La prostitution est de plus en plus encadrée et la monogamie se renforce. Les manuels des confesseurs se font plus curieux des mœurs sexuelles des fidèles. Les clercs tendent à présenter un mal qui n'épargne ni les rois ni les empereurs — François Ier et Charles V en sont tous deux atteints — comme la rançon de la conquête et du péché.

La syphilis inscrit ainsi dans la chair des pécheurs les stigmates de leur déchéance morale. Mais la maladie hante aussi la société, qui, au XIXe siècle, fait des «avariés», selon l'expression de l'époque, une des composantes de la peur sociale qu'inspirent les classes laborieuses. Le mythe de l'hérédosyphilis — la syphilis héréditaire — gagne aussi du terrain, repris par les théories qui mettent en garde contre une « décadence de la race ». À côté de cela, de grands écrivains — Baudelaire, Rimbaud ou Maupassant — revendiquent hautement leur vérole par goût de la provocation. Depuis sa dramatique entrée en scène, la syphilis, insidieuse, inquiétante, infamante, fascine autant qu'elle repousse.

L'évolution de la maladie

La syphilis apparaît comme une maladie évolutive : après une incubation silencieuse de deux à cinq semaines survient un chancre indolore sur les parties génitales, accompagné d'un gonflement des ganglions voisins. Peu après, la phase secondaire voit se développer sur tout le corps des pustules cutanées : c'est la roséole, ou «collier de Vénus». Suit un grand entracte de cinq, dix ou vingt ans avant que n'apparaissent des lésions de la peau, des muqueuses, des os, si graves que le sujet semble pourrir sur pied. Quand le système nerveux est touché, c'est le tabès — sorte de paralysie —, enfin la démence qui entraîne la mort à plus ou moins brève échéance.

Ce n'est qu'au XIXe siècle que l'iode permet des progrès significatifs dans le traitement de la maladie. L'arsenic puis le bismuth, dans la première moitié du XXe siècle, marquent une nouvelle étape avant que la pénicilline, à partir de 1943, permette de guérir le mal, mais non de l'éradiquer totalement.

Caricature à propos des maladies vénériennes transmises aux jeunes mondains par les prostituées (lithographie de J.-J. Grandville, vers 1840, Paris, musée Carnavalet)

1498

Un moine brûlé en public à Florence

L'EXÉCUTION DE SAVONAROLE

Le 23 mai 1498, à Florence, la place de la Seigneurie, cœur politique traditionnel de la cité, présente un aspect insolite : un bûcher est dressé en son centre, un gibet occcupe la terrasse au pied du Palais-Vieux, siège du gouvernement.

Tout cet appareil est destiné à un moine, et à deux de ses compagnons : Savonarole, l'homme qui a présidé aux destinées de la cité du Lys pendant trois années et demie, Savonarole, le grand réformateur des mœurs, est pendu ce jour-là par la foule même qui l'a longtemps applaudi, et son corps est brûlé.

Une ville en perdition

Né en 1452, à Ferrare, entré dans l'ordre dominicain à Bologne en 1475, Savonarole arrive à Florence en 1490, et devient prieur du couvent Saint-Marc l'année suivante.

La cité qu'il découvre, fief de Laurent le Magnifique, est une ville brillante, aux bâtiments superbes – le campanile de Giotto, la coupole de Brunelleschi –, habitée par les plus grands artistes – Michel-Ange s'y forme, le vieux Léonard y travaille quelquefois – et où la vie est riche en divertissements joyeux : tournois de cavaliers sur les places, bals lors des mariages bourgeois, fêtes à la campagne.

> ### Florence en 1490
>
> Vieille commune médiévale, Florence est devenue une seigneurie dans le premier quart du xve siècle : un membre de la famille des Médicis y exerce la réalité du pouvoir, même si les organes collectifs traditionnels du gouvernement subsistent, avec les conseils.
>
> La ville est riche de son industrie et de son commerce du drap ; elle tire plus encore d'argent de **ses activités bancaires,** concentrées entre les mains de quelques familles, parmi lesquelles, de nouveau, l'on trouve les Médicis.
>
> Enfin, la cité constitue **un centre culturel et artistique brillant :** autour de Laurent le Magnifique (1469-1492), la philosophie néoplatonicienne renaît avec Marsile Ficin, les arts se développent avec Botticelli, Ghirlandaio ou le jeune Michel-Ange.

Savonarole prêchant à San Miniato *(Auguste Flandrin ; Lyon, musée des Beaux-Arts).*

Exécution de Savonarole et de deux de ses compagnons, à Florence, le 23 mai 1498 sur la place du Palais-Vieux *(Florence, musée Saint-Marc).*

Mais cet éclat, justement, commence à se ternir. Le marché de l'argent, qui a fait la fortune de Florence, décline et les grandes banques doivent fermer leurs comptoirs. Laurent lui-même, qui n'a pourtant que 44 ans, se sent malade et usé, et apparaît de moins en moins en public. Enfin, la ville, comme les autres cités d'Italie, est menacée d'un danger : la péninsule attire les convoitises des puissances étrangères ; ouvertes par l'invasion des Français en 1494, les guerres d'Italie vont commencer.

Les visions du dominicain

Dans ce climat d'inquiétude Savonarole prêche. Ses sermons, d'abord peu écoutés – l'homme n'a pas un talent naturel d'orateur –, retiennent peu à peu l'attention et attirent un public plus grand. C'est que le message qu'ils délivrent a de quoi frapper les esprits : Savonarole annonce la fin prochaine du monde, le retour triomphant de Dieu sur terre – la parousie – et le début d'un règne de mille années de paix – le *millenium* –, mais tout cela précédé de maux terribles qui s'abattront sur l'Italie, et sur Florence en premier lieu.

Portrait de Jérome Savonarole *(Fra Bartolomeo ; Florence, musée Saint-Marc).*

L'instauration de la république

Or, les prédictions du visionnaire commencent à s'accomplir. En 1492, comme il l'avait annoncé, Laurent le Magnifique meurt, ainsi que le pape et le roi de Naples. À l'automne 1494, les armées de Charles VIII franchissent les Alpes pour aller envahir le royaume de Naples et, en octobre, elles occupent Florence, qui doit abandonner aux Français des

villes et des places fortes, ainsi qu'une somme d'argent : malheur que le dominicain avait prédit, plusieurs mois avant qu'il n'advienne. Bouleversé, le peuple de Florence décide de remettre son sort entre les mains du moine : Pierre de Médicis, le fils et le successeur de Laurent, est chassé de la ville ; Savonarole s'entremet auprès des Français, et, quelques mois plus tard, le conseil des Vingt, organe du pouvoir, fait appel à lui pour gouverner Florence. Une nouvelle Constitution est votée : la seigneurie devient une république.

Le censeur des mœurs

Depuis des mois, le moine réclame qu'on réforme les mœurs. De la chaire où il prêche, il s'attaque aux coquettes, au clergé, au pape, aux banquiers orgueilleux. Il exige que les pécheurs se corrigent, afin qu'ils puissent bénéficier, le jour venu, de la clémence divine. Son zèle trouve désormais l'occasion de s'appliquer : des lois sont votées, qui interdisent les courses de chevaux, les jeux, les chants licencieux, ou qui encouragent à dénoncer les impies.

Cette réforme n'est pas du goût de toute la population. Aux partisans de Savonarole, les *piagnoni* (« pleureurs ») s'oppose un groupe progressivement grandissant d'adversaires, les *arrabbiati* (« enragés ») : les deux partis se battent dans les rues de la ville ; la violence accompagne la rigueur des mœurs.

La chute du réformateur

Mais l'échec de Savonarole tient moins aux réactions provoquées par sa réforme qu'à des raisons religieuses et à des causes diplomatiques et économiques. Son principal ennemi est le pape : Alexandre VI Borgia. Rome supporte mal que le nouveau chef de la ville la traite de « prostituée » et de « monstre d'abomination ». Elle accepte encore plus mal qu'il ait entraîné Florence dans l'alliance avec les Français, agresseurs de l'Italie. Aussi, le 13 mai 1497, après avoir longtemps tenté d'amener le moine à résipiscence, Alexandre excommunie-t-il Savonarole.

Cette excommunication signifie, pour la population de Florence, si elle continue à suivre Savonarole, qu'elle est rejetée hors du sein de l'Église. Dans leur crainte d'être damnés, les Florentins commencent à remâcher leurs griefs : l'alliance avec Charles VIII n'a apporté aucun bien, car les Français sont chassés d'Italie en 1497 et la situation de la ville, qui perd ses débouchés, ne cesse d'empirer. En avril 1498, le mécontentement est à son comble. Un « jugement de Dieu » – une épreuve du feu – auquel Savonarole refuse de se soumettre, provoque la crise finale. Le 8, dans le couvent Saint-Marc pris d'assaut par la population, Savonarole est arrêté avec deux moines ; quinze jours durant, les trois hommes sont soumis à la torture ; le 23 mai, ils sont exécutés. La réforme des mœurs cesse d'être à l'ordre du jour ; les Médicis, d'ailleurs, reviennent quelques années plus tard. L'histoire de Florence reprend son cours, les fêtes recommencent, l'activité artistique, que le moine condamnait, s'épanouit de nouveau.

→**Voir aussi** : p. 230-231 (Marignan).

La censure des moeurs, une tentation répétée

De tout temps, pour des raisons morales ou pour des raisons religieuses, des censeurs ont tâché de réformer les mœurs, de forcer leurs contemporains à mener une vie vertueuse et austère.

La vertu des Romains. Sous l'Empire romain et même dès la République, nombreux sont ceux qui dénoncent l'amollissement des mœurs et regrettent la vertu des premiers Romains. Ainsi, à partir de 184 avant notre ère, Caton, surnommé le Censeur, institue-t-il des lois contre la parure féminine et épure-t-il le Sénat de ceux qu'il juge indignes d'en être membres.

Les communes italiennes. De même, jusqu'à la fin du Moyen Âge, les républiques italiennes, nommées communes, votent périodiquement des lois qui réglementent le costume ou limitent les fastes de la table. Venise, en particulier, édicte de nombreux règlements de ce genre. Le but de ces mesures est de préserver la paix civile, non de réformer les citoyens.

Savonarole et Calvin : une réforme religieuse. Les mesures proposées par Savonarole poursuivent un autre but : la régénérescence morale des Florentins, qui doit aller de pair avec leur perfectionnement religieux. En ce sens, Savonarole annonce l'œuvre d'un Calvin à Genève, instigateur d'une Réforme radicale, à la fois théologique et morale.

À l'époque moderne. Au XVIIIe siècle, c'est au nom de la vertu, notion morale et civique plus que religieuse, que certains philosophes s'élèvent contre le luxe et prônent des mœurs austères : Rousseau, dans *Du contrat social*, est de ceux-ci.

Vasco de Gama atteint l'Inde

LA ROUTE DES INDES ORIENTALES

En janvier 1498, soit six ans après la découverte par Christophe Colomb de l'Amérique, qu'il croit être l'Asie, un convoi portugais composé de quatre vaisseaux touche le port de Calicut. C'est l'un des événements les plus considérables de l'histoire des découvertes. C'est aussi l'aboutissement de l'aventure portugaise promue par Henri le Navigateur.

L'expédition de Vasco de Gama bénéficie de l'accumulation des connaissances maritimes. Grâce à l'expérience et aux conseils de Dias, le navigateur portugais sait quelle route il doit prendre, dans l'Atlantique, pour bénéficier en permanence de vents favorables et rejoindre au plus vite le cap de Bonne-Espérance. Il a lu aussi les rapports de Covilha, parvenus à la cour du roi de Portugal au début de la décennie et qui lui permettent de mieux comprendre les conditions du voyage, l'Afrique passée, sur l'océan Indien. Ces connaissances lui permettent de tenter dans les meilleures conditions possibles d'achever le voyage accompli en partie seulement par ses deux audacieux prédécesseurs.

L'expédition

Pour des raisons mal connues, Manuel Ier préfère ce jeune homme qui n'a pas encore trente ans à des marins de plus grande expérience comme Dias. Le roi espère une réussite éclatante qui lui permettra de prendre sa revanche après l'expédition triomphale de Colomb, dont il a naguère refusé les services, et de rentrer dans ses fonds par des profits importants qui le dédommageront, et au-delà, des investissements perdus dans les expéditions précédentes. Quatre navires sont affrétés. Trois sont des nefs de fort tonnage, destinées à affronter la haute mer, et le quatrième est une caravelle, navire plus petit et maniable qui aura pour mission d'aller quérir le ravitaillement lorsque les bateaux passeront au large des comptoirs portugais d'Afrique, puis celle d'explorer les côtes avant d'y engager les lourdes et profondes coques des autres navires. Vasco de Gama lève l'ancre en juillet 1497. Une navigation audacieuse et bien menée lui permet de rejoindre l'extrémité sud de l'Afrique en ne faisant escale que deux fois, aux Canaries et aux îles du Cap-Vert. Comme Dias, il descend plein sud jusqu'au 30e parallèle puis infléchit sa route vers l'est-sud-est. Le cap de Bonne-Espérance est doublé le 22 novembre 1497. Le 25 décembre, Gama et sa flotte fêtent Noël dans une baie baptisée, pour cette raison, Natal (aujourd'hui Durban).

De la côte d'Afrique orientale à l'Inde

Remontant alors vers le nord, Vasco de Gama a l'occasion de vérifier à la fois l'exactitude et l'insuffisance des informations laissées par Covilha. La côte africaine compte alors une longue chaîne de petits ports prospères par où transitent, vers l'est, mais aussi vers la mer Rouge et l'Occident, l'or et l'ivoire du continent africain. Tout le commerce est là aux mains des musulmans. Les relations directes entre cette côte et l'Inde sont une longue tradition, et, depuis toujours, les principaux acteurs en sont les Arabes. À Melinde, en face de Zanzibar, Vasco de Gama embarque de force un pilote pour le guider jusqu'en Inde. Le 19 mai 1499, grâce à cette aide indispensable, les bateaux portugais, sains et saufs, atteignent la rade de Calicut. Un très vieux rêve est alors réalisé : celui d'un lien direct entre la source des épices et l'Occident chrétien.

Les difficultés indiennes

Vasco de Gama n'est pourtant pas au bout de ses peines. Dans les ports de la côte orientale de l'Afrique, les habitants, musulmans, et surtout les commerçants arabes, conscients des buts de la mission et des conséquences qui peuvent en résulter pour eux, manifestent à l'égard des Portugais une franche hostilité. Il en va de même en Inde, où l'existence d'États fortement structurés et dotés de puissants moyens d'action pour faire obstacle aux vues de l'explorateur, combinée avec la mauvaise volonté des marins et des commerçants arabes, qui font tout ce qu'ils peuvent pour égarer Vasco de Gama et l'empêcher de se procurer soie et épices, manque faire échouer l'entreprise. La déception de l'envoyé de Jean II est d'autant plus grande que les Portugais avaient cru jusqu'alors que les musulmans ne tenaient qu'un fragment de la route menant vers les épices, et non tous les États de l'Inde. Or, force est à Vasco de Gama de le constater, l'espace contrôlé par l'islam est beaucoup plus considérable que ce que l'opinion commune admettait : des régions entières de l'Inde sont entre les mains des musulmans. Vasco de Gama découvre aussi peu à peu, à sa grande déconvenue, que les pratiques commerciales auxquelles les Portugais se sont habitués sur les côtes africaines, c'est-à-dire le troc de bimbeloterie

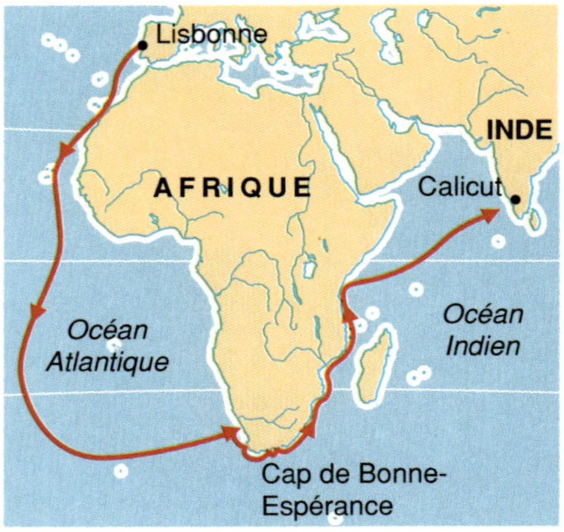

Le départ des vaisseaux de Vasco de Gama (enluminure du Livro das Armadas, *Lisbonne, Académie des sciences).*

L'art de la navigation

Estimer la distance. Les marins savent estimer la vitesse de leur navire. Pour la connaître, ils lancent à la mer une corde étalonnée à l'aide de nœuds dont l'extrémité reste sur place, car elle est fixée à un plomb, puis ils la laissent filer pendant un temps donné. En renouvelant la manœuvre périodiquement, ils parviennent ainsi à estimer la distance parcourue quotidiennement.

Déterminer l'orientation. La question de la direction ne se pose plus en cette fin du XVe siècle, car les marins disposent depuis quelques décennies de l'instrument précieux qu'est la boussole. La seule difficulté est que l'on connaît encore assez mal les altérations du champ magnétique terrestre et la différence entre nord géographique et nord magnétique.

Calculer la latitude. Le calcul de la latitude est, quant à lui, relativement bien maîtrisé par les marins, qui savent établir la situation d'un objet sur l'arc méridien grâce au point astronomique. Un instrument d'optique, l'ancêtre du sextant, l'astrolabe, est perfectionné à la fin du Moyen Âge, de manière telle qu'il est désormais utilisable à bord d'un navire en mouvement.

Une incertitude : la longitude. En revanche, il reste difficile à la fin du XVe siècle, d'évaluer la longitude. Celle-ci ne peut être connue qu'en comparant l'heure locale à l'heure du méridien d'origine. On ne disposera d'une horloge assez précise pour obtenir un résultat fiable qu'en 1761. Le capitaine Cook sera le premier à l'utiliser.

contre des objets de valeur, sont dépourvues d'efficacité sur le territoire indien. Les marchands indiens n'ont que mépris pour les parures de verre tant appréciées des Noirs. L'investissement à engager sera donc plus lourd que prévu, même si les Portugais parviennent à accéder aux denrées qu'ils convoitent... plus lourd relativement, car le chef de l'expédition a la bonne surprise, en revanche, de constater que, au total, les épices proposées sur place sont à un prix dérisoire par rapport à leur valeur en Occident. Après bien des difficultés, les Portugais parviennent à négocier. Poivre, cannelle, gingembre, girofle sont embarqués à bord des trois plus gros navires, en grande quantité car ils tiennent peu de place. Vasco de Gama rapporte également nombre de pierres précieuses, achetées assez cher toutefois, car les Indiens ont une conscience exacte de la valeur de ces biens. Le retour s'effectue dans des conditions malaisées. Vasco de Gama n'a aucune raison de connaître le mécanisme de la mousson. Il s'embarque dans les pires conditions : il lui faut trois mois pour rejoindre l'Afrique. La flotte se disperse. On perd deux des quatre navires. L'équipage, épuisé, est atteint par le scorbut. Les survivants rejoignent Lisbonne en août 1499 ; les frais de l'expédition sont couverts soixante fois par la vente des épices, et la mission a apporté la preuve que l'Inde pouvait être rejointe par l'Afrique, et les épices livrées à l'Occident sans transiter par les marchands musulmans.

→**Voir aussi** : p. 210-211 (Christophe Colomb).

Vasco de Gama (gravure en couleurs du XVIe siècle).

La rade de Calicut, en Inde (gravure du XVIe siècle). La réussite du navigateur commandité par le roi Manuel ouvre au commerce portugais une route dont elle garde longtemps le monopole.

1500

Les débuts d'un grand pays

LE BRÉSIL

Timbre brésilien représentant Pedro Álvares Cabral, découvreur du Brésil en 1500.

En l'an 1500, le Portugais Pedro Álvares Cabral prend la tête d'une flotte de treize navires qui fait voile vers les Indes. Pour éviter le calme du golfe de Guinée, le navigateur met le cap vers le sud-ouest. Il s'éloigne tant de l'Afrique que, le 22 avril, il rencontre une nouvelle terre. L'explorateur pense qu'il s'agit d'une île, qu'il baptise Vera Cruz. Il ignore qu'il a accosté sur le continent américain lui-même et qu'il vient de découvrir le Brésil.

En route vers les Indes, les Portugais ne s'attardent pas sur les lieux. Ils prennent possession de la terre au nom du roi de Portugal et ils lèvent l'ancre le 2 mai. Ils dépêchent l'un des bateaux vers leur pays afin d'informer le roi de la découverte. En 1501, le souverain organise une expédition de reconnaissance à laquelle participe le navigateur italien Amerigo Vespucci. Les explorateurs se forgent une première idée de cet immense territoire, dont les côtes s'étendent sur 8 000 km.

Une terre convoitée

Les Portugais, qui sont occupés à installer des bases en Inde et à s'assurer la maîtrise de l'océan Indien, négligent quelque peu l'exploitation de leur possession américaine. Contrairement aux grands empires aztèque, au Mexique, et inca, au Pérou, ce territoire n'offre pas, à première vue, de grandes richesses en or, argent et pierres précieuses. Il possède néanmoins un produit intéressant, le bois brésil, prisé pour la belle teinture rouge qu'il fournit. Les nouveaux maîtres de la région se contentent d'abord d'installer des établissements pour faire le commerce de ce matériau. Celui-ci devient si florissant que le bois finit par donner son nom au pays. Le faible engagement des Portugais laisse la voie libre aux commerçants et aux marins français — essentiellement des Bretons et des Normands. Ceux-ci se lancent dans le troc avec les Indiens et implantent des comptoirs sur les côtes brésiliennes. Comme la France refuse de reconnaître le traité de Tordesillas (1494) qui fixe les possessions coloniales de l'Espagne et du Portugal, ses marins

Installés au Brésil dès 1548, les jésuites entreprennent d'évangéliser les indigènes (la première messe au Brésil, peinture de Victor Meirelles de Lima, Rio de Janeiro, musée des Beaux-Arts).

Les jésuites en Amérique du Sud : les « réductions »

Hantés par le souci de gagner des âmes à Dieu, les jésuites se lancent dans toutes les directions, au Brésil, d'abord, puis au Mexique, au Paraguay, au Pérou, dans la région de Quito et au Chili. Pauvres, risquant le martyre ou le recherchant, ils avancent dans la jungle sans arme et sans escorte. Ils tâchent de défendre les Indiens, massacrés ou réduits en esclavage par les autres Blancs. Ils plaident alors auprès des gouverneurs, alertent la cour, comme Las Casas l'avait fait avant eux, ce qui leur vaut la haine farouche des colons avides de main-d'œuvre et forcés d'importer à grands frais des Noirs d'Afrique. Dans les colonies espagnoles, leur lutte obstinée aboutit, avec l'assentiment du pouvoir royal, à la création des « réductions », petites colonies où les Indiens convertis sont regroupés à l'abri de l'avidité des Blancs ; mais au Brésil, à São Paulo, les « Mamelouks » — société composite de pirates, d'assassins et d'esclaves fugitifs — prennent pour cible ces réductions, plus accessibles que les villages où vivent les Indiens, en pleine forêt vierge. Ils obligent les pères à partir bien plus loin fonder de nouvelles colonies, qui seront cette fois défendues par des hommes en armes, les Indiens convertis eux-mêmes.

Découverte par les Portugais, la baie de Rio de Janeiro est momentanément investie par les Français (carte de la baie de Rio de Janeiro, 1579, Lisbonne, bibliothèque d'Ajuda).

n'hésitent pas à jouer les pirates lorsque l'occasion s'en présente, se servant directement sur les navires portugais. En 1555, ils vont jusqu'à fonder la colonie de la France antarctique dans la baie de Rio de Janeiro, mais la royauté ne mobilise aucun moyen pour aider à l'entreprise, et les dissensions entre les hommes empêchent en définitive son succès. Les Portugais s'emparent de la colonie française en 1560 et ils chassent les derniers colons sept ans plus tard. Ces événements belliqueux mettent aux prises non seulement les Blancs, mais aussi les Indiens, qui se rallient à l'un ou l'autre camp et comptent dans leurs rangs de nombreuses victimes. Les Hollandais, qui fondent leur premier établissement en 1530, constituent une menace plus sérieuse pour les ambitions portugaises. En 1630, ils sont devenus les maîtres de 2 000 km de côtes et contrôlent 60 % de la production de sucre. Soldats et colons lusitaniens se mobilisent alors et luttent victorieusement contre les Hollandais. Ils obtiennent la reddition de la dernière garnison ennemie en 1654. Cette guerre met un terme définitif aux intrusions étrangères ; elle éveille en même temps le sentiment national des Brésiliens.

Les progrès de la colonisation

Le roi de Portugal confie d'abord l'administration de la colonie à des « capitaines-donataires » recrutés parmi les nobles et les guerriers. Ces hommes règnent sur douze capitaineries réparties le long de la côte. Ils distribuent les terres aux colons, encaissent leurs impôts et rendent la justice. Le souverain conserve le monopole du bois brésil et des épices. Les colons portugais, qui comptent parmi eux des repris de justice, défrichent les forêts par le feu et développent des plantations de canne à sucre surtout, mais aussi de manioc, de tabac, de gingembre et de cacao. Très rarement accompagnés de femmes, ils font des Indiennes les auxiliaires obligées de la colonisation. En 1538, les Portugais, peu satisfaits de leurs esclaves indiens — dont beaucoup ne songent qu'à fuir —, importent leur première cargaison d'esclaves africains pour remplacer ou compléter leur main-d'œuvre. La traite des Noirs se prolongera jusqu'en 1850, date de son abolition officielle. Les Noirs, qui travaillent dans les plantations, constituent une nouvelle couche de la population brésilienne et ajoutent leurs traditions à celles des indigènes et des Portugais. En 1548, le roi instaure un gouvernement centralisé, confié à un gouverneur général résidant à Bahia. Les capitaineries passent au nombre de treize. En même temps que la vie politique et administrative, la vie religieuse s'organise. Bahia accueille le premier évêché du Brésil, tandis que les jésuites arrivent avec le premier gouverneur.

Les jésuites, protecteurs des Indiens

L'ordre de la Compagnie de Jésus commence en effet à œuvrer au Brésil en 1548, huit ans à peine après sa fondation. Ses membres fondent des missions et des collèges où ils éduquent les Indiens en langue portugaise et indigène. Ils leur apprennent aussi des métiers utiles à la colonisation, tels que le tissage, la fabrication de charpentes et de meubles. Pour évangéliser et instruire les tribus de l'intérieur du pays, ils créent en 1554, sur le plateau, la ville de São Paulo. Si l'action des missionnaires met en péril les traditions et les mœurs ancestrales des Indiens, elle est néanmoins beaucoup moins néfaste pour eux que celle des colons, uniquement soucieux d'en faire des esclaves. Les jésuites mènent en outre un combat acharné pour faire respecter la bulle rédigée par le pape en 1537, qui reconnaît les Indiens comme des êtres humains et interdit de les réduire en esclavage. Ils luttent, longtemps sans succès, pour imposer les décrets royaux qui accordent la liberté aux indigènes. Dans la première moitié du XVIIe siècle, les religieux sont même contraints de se transformer en guerriers pour défendre les missions contre les attaques des aventuriers, les *bandeirantes,* qui se livrent à d'impitoyables chasses aux esclaves. En 1610, on compte dans les missions 100 000 Indiens qui jouissent de la protection des pères. La Compagnie de Jésus poursuit son action jusqu'à son expulsion du Portugal et du Brésil, en 1759.

Une figure calomniée et émouvante
LUCRÈCE BORGIA

Le 4 septembre 1501, les canons du château Saint-Ange, à Rome, tonnent toute la journée. La fille naturelle du pape Alexandre VI Borgia vient d'épouser l'héritier du duché de Ferrare. Moyennant une dot prodigieuse, elle entre dans l'une des premières familles d'Italie. Elle a 21 ans et Alphonse est son troisième époux.

Le premier a été écarté par son père, le deuxième assassiné par son frère : quel qu'ait été son rôle dans la fin de ses précédents mariages, la belle Lucrèce est poursuivie par une réputation sulfureuse.

La fille chérie du pape

Alexandre VI n'est encore que le cardinal Rodrigue Borgia lorsque, en 1480, sa favorite Vanozza Catanei met Lucrèce au monde. Ecclésiastique très sensuel, il a déjà des enfants d'autres lits et Vanozza lui donne aussi trois garçons : César, Jean et Joffré. Dans l'Église d'avant la Contre-Réforme, les prélats se conduisent en grands seigneurs plus qu'en ecclésiastiques, et la situation de Rodrigue n'a rien d'exceptionnel. Fait plus rare : le cardinal ne se contente pas de procréer, mais il nourrit pour sa progéniture une véritable passion.

Douze ans après la naissance de Lucrèce, en 1492, Rodrigue devient pape sous le nom d'Alexandre VI. Il installe sa famille dans un palais contigu à celui du Vatican, Santa Maria in Portico. Outre Lucrèce et Vanozza vivent là la somptueuse Julie Farnèse — la nouvelle concubine du saint-père — et la mère de celle-ci, Adrienne de Milan. Entre les trois femmes, qui vivent en parfaite harmonie, Lucrèce grandit heureuse. Si on la désigne comme une nièce du pontife, nul n'ignore la vérité. Les plus hauts dignitaires, cardinaux ou ambassadeurs, viennent soumettre leurs requêtes aux «femmes du pape», comme les appelle le prédicateur Savonarole, qui, au même moment, à Florence, fulmine contre les péchés du chef de l'Église.

Lucrèce Borgia, détail d'une fresque de Pinturicchio (palais du Vatican). Mariée à quatorze ans, remariée deux fois, la fille naturelle du pape Alexandre VI était d'une exceptionnelle beauté.

Les Borgia

Le nom des Borgia est lié à Rome, dont la famille est originaire, et à l'histoire de l'Église, à laquelle elle fournit deux papes : Alonso Borgia, élu sous le nom de Calixte III, et Rodrigo Lançol y Borgia, autrement dit Alexandre VI ; et un saint : Francisco de Borgia (1510-1572).

Avec deux des enfants bâtards d'Alexandre, César (1476-1507) et Lucrèce, les Borgia participèrent activement à la vie politique et religieuse de la péninsule, prise dans la tourmente des guerres d'Italie et de la Réforme luthérienne. Avec Francisco (saint François Borgia), qui fut vice-roi de Catalogne avant d'entrer dans l'ordre jésuite et d'en devenir le général, elle servit Charles Quint et milita pour la Contre-Réforme catholique.

La fortune du clan

Alexandre aime sa fille, et il se soucie de bien la marier. Âgée de treize ans, la jeune fille constitue un parti fort attirant : sa beauté est bientôt célèbre — les peintures la représentent avec un corps délié, de très longs cheveux qu'elle laisse parfois flotter librement, contre les convenances de l'époque, des yeux bleu sombre. Cette adolescente a, de plus, une dot considérable : elle apporte dans sa corbeille de noces beaucoup d'argent et des bénéfices ecclésiastiques capables de rapporter plus encore.

Le mari choisi est Jean, comte de Pesaro, un membre de la puissante maison des Sforza, maîtresse du duché de Milan. Mais le pape juge bientôt avoir mal choisi, car le comte n'a aucune chance d'hériter un jour du duché. De plus, des circonstances politiques nouvelles rendent gênante l'union de Lucrèce avec Pesaro : les guerres d'Italie ont commencé; le roi de France, allié aux Sforza, part à la conquête du royaume de Naples, dépendance de l'Aragon. Le pape, qui ne peut accepter que les territoires qu'il contrôle, au centre de l'Italie, soient pris en étau par deux puissances alliées entre elles, défend les Aragonais. Les Sforza, conscients de la situation, font courir le bruit que le pape est prêt à assassiner Pesaro avec la complicité de Lucrèce. La jeune femme gagne dans cet épisode sa réputation d'empoisonneuse. En réalité, Alexandre a un moyen plus simple que le poison pour libérer sa fille de ses liens : la dissolution du mariage. Sommé de reconnaître qu'il n'a pas consommé l'union, Jean Sforza laisse entendre que le pape ne veut reprendre sa fille que pour son propre usage. Cette fois, c'est la tendresse même du père pour sa fille qui est en cause : le bruit qu'ils entretiennent des rapports incestueux court dans toute l'Italie.

Ces horribles calomnies n'empêchent pas de nombreux prétendants d'aspirer de nouveau à la main de la jeune femme, pour obtenir ainsi les faveurs du pape. César Borgia, frère de Lucrèce et bras temporel de son père — il dirige les armées d'Alexandre —, pousse à une union avec le royaume de Naples, c'est-à-dire au mariage de Lucrèce et d'Alphonse de Bisceglie, fils bâtard du souverain de ce royaume. Les noces sont en effet célébrées en 1497. Mais, un peu plus de deux ans plus tard, en 1500, le même César, qui a retourné entre-temps ses alliances et conclu un pacte avec les Français, assassine froidement le nouvel époux. Lucrèce n'est pour rien dans ce crime, mais l'Italie entière, de nouveau, voit en elle une coupable. La jeune femme, à qui nul ne demande son avis, est remariée un an plus tard.

La dame de Ferrare

Le nouvel élu est le duc de Ferrare. Mais Lucrèce, désormais, n'est plus une enfant, et son père décide de lui confier directement des responsabilités. Ainsi la nomme-t-il, à 19 ans, gouverneur de Spolète, haute charge réservée jusqu'alors à des prélats. Et Lucrèce gouverne vraiment, organisant un corps de police ou imposant des trêves avec la cité voisine. En 1501, durant quelques semaines, Lucrèce est même chargée de diriger l'Église tandis que le pape visite ses territoires. Installée dans les appartements pontificaux, elle traite les affaires courantes et ouvre le courrier officiel... Mais c'est dans le rôle de duchesse de Ferrare — une principauté prospère aux portes des États de Venise — que Lucrèce atteint sa vraie dimension. Accueillie d'abord avec suspicion, elle emporte bientôt l'adhésion de ses sujets par la constance qu'elle met à gouverner. Lucrèce attire près d'elle des poètes comme Pietro Aretino (l'Arétin) ou Pietro Bembo. À la mort du pape, en 1503, elle reprend le grand rêve des Borgia de se constituer un État territorial en Italie centrale et se fait l'auxiliaire de son frère César, levant des troupes pour lui. Le nouveau pape Jules II, farouchement hostile aux Borgia, déclenche en 1509 les hostilités contre le duc de Ferrare, qui, contre lui, reste fidèle au roi de France. Comme jadis au Vatican, Lucrèce prend en main les affaires de l'État en l'absence de son mari, retenu par la guerre, et anime sur place la résistance jusqu'à la mort de Jules II en 1513. Cette résistance a peut-être aussi une connotation religieuse : en 1519, l'année même de sa mort, la duchesse — fille du chef de l'Église catholique — se convertit à la Réforme proclamée par l'ex-moine Luther deux ans seulement plus tôt. Cette femme, qui connaît mieux que quiconque les mœurs de l'Église romaine, choisit le camp de ceux qui veulent la transformer. L'historiographie catholique ne le lui pardonnera pas : les horreurs déversées sur son compte par les contemporains seront répétées au fil du temps par des générations d'auteurs.

Les papes de la Renaissance

Alexandre VI (1492-1503), né Borgia, est l'exemple du **grand seigneur libertin devenu pape par promotion familiale.** Neveu de Calixte III, il est élu à la plus haute charge de l'Église, sans rien changer à son mode de vie, et en particulier sans rompre sa liaison avec sa maîtresse Vannozza Catanei. Pontife, il se montre un homme d'État habile, mais nullement un pasteur.

Son cas est extrême, mais non exceptionnel. Après lui, **Jules II (1503-1513) et Léon X (1513-1521) mènent des vies moins dissolues.** Mais leur action proprement politique et leur rôle de mécène fastueux (la construction de Saint-Pierre, l'embellissement du Vatican, la constitution de collections archéologiques) les font apparaître, de nouveau, comme **des souverains temporels plus que comme des modèles de foi.**

Carte de Ferrare au XVIe siècle. Lucrèce, calomniée par l'histoire, gouverna sagement le duché dont elle était devenue maîtresse par son mariage.

Lucrèce Borgia dénoncée par ses ennemis, détail d'une peinture de Louis Boulanger (Paris, musée Victor-Hugo).

Une reconstruction qui fait problème

LA BASILIQUE SAINT-PIERRE

Vue aérienne de la basilique Saint-Pierre de Rome, Vatican, Rome.

Cette fresque représente le pape Paul III en train de diriger les travaux d'édification de la basilique Saint-Pierre (Giorgio Vasari, Rome, Palazzo della Cancelleria).

La basilique Saint-Pierre est le monument le plus prestigieux de la chrétienté, un édifice dont l'histoire se confond avec celle de la Renaissance : sa construction s'étire sur 120 ans – le temps que règnent vingt papes et qu'interviennent dix architectes.

L'idée de remplacer la vieille basilique construite à l'époque de l'empereur Constantin sur le tombeau de l'apôtre saint Pierre date du milieu du XVᵉ siècle, lors du règne de Nicolas V, premier pape à revenir à Rome après des décennies d'exil pontifical en Avignon. Cinquante années durant, les projets se succèdent : il n'est pas aisé d'arrêter un plan pour ce qui constitue le plus glorieux des monuments du christianisme... Le pape Jules II, après de multiples consultations, arrête son choix sur un architecte célèbre, Donato Bramante. Le 18 avril 1506, la première pierre d'un gigantesque chantier est enfin posée. L'événement est considérable : les chrétiens de l'Europe entière entendent parler du projet et sont sollicités pour le financer, au cours des décennies suivantes. L'affaire des « indulgences », ou promesses de rémission des péchés pour ceux qui accepteront de payer pour financer le chantier de cette construction, est l'occasion du déclenchement de la Réforme, en Allemagne en 1517.

Optimisme et effervescence

Jules II veut faire de Rome, ville qui est demeurée à peu près à l'abandon au XIVᵉ siècle et dans la première moitié du XVᵉ siècle, un foyer de culture sans équivalent en Europe. Pour mener à bien les travaux nécessaires, entrepris, pour certains, par ses prédécesseurs, il attire des artistes venus de toute l'Italie. Bramante, homme cultivé, ambitieux, esprit doué – selon la rumeur – dans l'art de l'intrigue, et qui a prouvé son talent sur les chantiers qu'il a menés à Urbino et à Milan, est la personnalité qui le séduit le plus. Le pape admire le projet qu'il a conçu pour le Tempietto, la petite église consacrée à saint Pierre en train de s'édifier sur la colline du Janicule, et il lui confie le soin de reconstruire la basilique selon des principes identiques : fidélité à un langage architectural qu'on peut appeler classique – c'est-à-dire d'inspiration antique ; et définition d'un plan central, expression symbolique idéale de l'unité de l'Église et de la position du pape…

L'architecte, en 1506, fait abattre les murs entourant l'autel et la Confession – c'est-à-dire le tombeau de saint Pierre : c'est en cet endroit que les travaux commencent. Un dessin, déposé sous la pierre de fondation de 1506, nous permet de connaître exactement le projet : un édifice en croix grecque, c'est-à-dire formé de quatre bras (ou « croisillons ») de taille identique se croisant au-dessus de la tombe de l'apôtre, elle-même surmontée d'une immense coupole d'environ 40 m de diamètre. Les croisillons, quant à eux, doivent être dominés par quatre autres coupoles de dimensions plus modestes. À la rencontre des murs de la croisée et de ceux des croisillons, des tours d'angle viennent compléter l'ensemble.

Considérable, le chantier est à peine commencé quand meurent, à une année d'intervalle, le commanditaire de l'œuvre, Jules II (1513), et son premier constructeur, Bramante (1514). À mesure que se succèdent ensuite les architectes, des hommes aussi célèbres que Raphaël (jusqu'en 1512), Michel-Ange (après 1547) et Giacomo della Porta (après 1564), il connaît des transformations considérables, et c'est une basilique finalement plus traditionnelle, avec une longue nef et un transept, mais surmontée de la majestueuse coupole prévue dès l'origine, qui est finalement achevée, sous Urbain VIII, en 1626.

L'occasion de la Réforme

Construire une immense et magnifique église sur le lieu où repose saint Pierre, le premier pape, peut sans doute apparaître comme une idée judicieuse, dans les premières années du XVIe siècle. À ce moment, l'Église catholique n'est pas divisée. La chrétienté ne connaît qu'un schisme, celui des Églises orientales, qu'elle a en vain jusqu'au siècle précédent tâché de ramener dans le sein de Rome. Cela signifie que le pape — Jules II en l'occurrence — peut compter, pour financer le symbolique chantier, non seulement sur ses propres revenus, ceux des « États de l'Église », qui forment au centre de l'Italie un territoire riche, densément peuplé et qu'il gouverne comme un souverain temporel, mais aussi sur les dons qui proviendront des chrétiens de toute l'Europe.

Or, comme ces dons n'arrivent pas assez vite et ne se montent pas à des sommes suffisantes, le pape — en l'occurrence Léon X, pape jusqu'en 1521 — ou ses conseillers imaginent une solution fortement incitative pour les susciter. Depuis longtemps, l'Église reconnaît et approuve le système des « indulgences » : ce sont en quelque sorte des remises de peine, censées abréger le temps que le pécheur passera après sa mort au purgatoire et qu'il obtient de son vivant par une action méritoire, par exemple un pèlerinage. En Allemagne, le dominicain Johannes Diez, surnommé Tetzel, à l'incitation de l'archevêque Albert de Brandebourg, associé au banquier Jacob Fugger, détourne ces indulgences au profit du chantier de Saint-Pierre, promettant la grâce et le paradis à tout chrétien qui fera un don en argent destiné à la basilique. Le trafic ainsi mis en place provoque l'indignation du moine augustin Martin Luther, qu'obsède dès ce moment la question de savoir comment le pécheur peut ou non gagner son salut. Il apparaît au religieux allemand comme un leurre, une escroquerie qui permet à l'Église de se constituer un trésor en berçant de pures illusions les pauvres fidèles qui se croient quittes de leurs péchés : en 1517, Luther dénonce la vente inique des indulgences dans ses « 95 thèses » affichées sur les portes du château de Wittenberg.

De la sorte, la construction de la basilique Saint-Pierre apparaît comme la circonstance, l'occasion qui fait éclater la Réforme, une crise dont les raisons profondes ne se limitent pas aux questions financières mais qui place le salut au centre de ses préoccupations. Financé difficilement, le chantier de la basilique progresse quant à lui de façon heurtée. Les vicissitudes de sa construction suivent celles de l'Église catholique elle-même. Les décennies 1520 et 1530 sont particulièrement difficiles : les pontifes, assiégés dans Rome même par les lansquenets allemands protestants engagés pour le compte de Charles Quint dans les guerres d'Italie (Sac de Rome, 1527), ont trop à faire, dans leurs États et en Europe, pour consacrer temps et argent à l'entreprise de Jules II. Le chantier recommence à progresser seulement à partir du milieu du siècle. À ce moment — à partir du concile de Trente — une communauté catholique rétrécie mais d'autant plus fervente fait du chantier de Saint-Pierre le paradigme de la chrétienté rassemblée sous la bannière de Rome et l'un des monuments phares de la « Contre-Réforme ».

→**Voir aussi** : p. 232-233 (Le début de la Réforme).

Michel-Ange

Personnalité artistique la plus complète et la plus moderne du temps, **Michel-Ange Buonarroti (1475-1564) est un érudit, un savant, un poète, un philosophe, un peintre et un sculpteur.** Sa nature sensuelle, violente et mystique s'exprime avec fougue dans des œuvres exceptionnelles : le tombeau, inachevé, de Jules II, le *David*, les fresques de la voûte de la chapelle Sixtine inspirées de l'Ancien Testament et le *Jugement dernier.*

En architecture, outre Saint-Pierre, il s'illustre par sa composition de **la place du Capitole** à Rome, à l'origine de l'urbanisme moderne, et par sa contribution à **la construction du palais Farnèse,** dans la même ville ; par la **bibliothèque Laurentienne** et son admirable escalier, à Florence ; par **la Sacristie neuve** et, en dessous, le tombeau des Médicis à San Lorenzo, également à Florence.

Vue intérieure de la coupole édifiée par Michel-Ange (et modifiée par Giacomo della Porta) pour Saint-Pierre, Vatican, Rome.

1509

La reine de Castille enfermée pour démence

JEANNE LA FOLLE

À l'automne 1509, Ferdinand le Catholique fait enfermer sa fille Jeanne, héritière du royaume de Castille, au château de Tordesillas. La malheureuse reine a 30 ans. On la surnomme *la Loca,* «la Folle». Jusqu'à sa mort, en 1555, tous les actes officiels portent son nom, mais jamais elle ne quitte Tordesillas.

La raison d'État milite en faveur de ce statu quo. Ferdinand, puis Charles Quint — le fils de Jeanne — s'accommodent de l'ombre de la reine recluse dont on se garde de prononcer la déchéance. Sa «mélancholie», selon l'expression du temps, réelle ou supposée, favorise bien des desseins : on souhaite assez peu l'en guérir... Enjeu des factions, la reine demeure pour le peuple une figure tutélaire et, pour les plus chimériques, un possible recours contre le rude pouvoir de Charles Quint.

Un mariage décisif

Rien ne prédestine Jeanne à un aussi sombre destin. Deuxième fille des Rois Catholiques, Isabelle de Castille et Ferdinand d'Aragon, elle naît en 1479. Sa beauté, frappante, selon certaines sources, rappelle celle de sa grand-mère Jeanne de Portugal, victime de troubles men-

Jeanne la Folle demeura enfermée pendant plus de quarante ans dans le château de Tordesillas (peinture anonyme du XVIe siècle, Madrid, Institut Valencia de Don Juan).

Après la mort de Philippe, Jeanne refusa de quitter le corps et le fit embaumer (Madrid, musée d'Art moderne).

taux. L'infante se révèle intelligente : elle pratique la musique et apprend aisément les langues. Mais elle est, aussi, farouche et introvertie : seule entre tous ses frères et sœurs, elle ne laisse aucune correspondance. Comme celui de toute infante, le destin de Jeanne est lié aux impératifs diplomatiques : l'archiduc Maximilien d'Autriche la demande en mariage pour son fils Philippe le Beau. Cette union, essentielle dans l'histoire moderne, prépare le règne des Habsbourg sur l'Espagne — il dure jusqu'en 1715 — et, finalement, sur la moitié de l'Europe. Mariée par procuration à Valladolid l'été 1496, Jeanne doit, à dix-sept ans, quitter sa famille et s'embarquer pour rejoindre aux Pays-Bas un époux qu'elle ne connaît pas.

L'exaltation et le dépit

Après un voyage épouvantable de deux mois, Jeanne débarque en Zélande où elle fait grande impression sur les Flamands. L'entrée de la nouvelle souveraine à Anvers reste comme un moment de triomphe dans l'aventure de Jeanne. La légende rapporte que, à leur première rencontre, les jeunes époux s'éprennent si profondément l'un de l'autre qu'ils s'éloignent en se tenant par la main au mépris de toute étiquette. Philippe le Beau est un prince aimable, spirituel, mais aussi un politique acharné. Il fait immédiatement valoir les droits de sa femme à la succession d'Espagne. Or l'héritière en titre est la fille aînée des Rois Catholiques, la reine de Portugal. Isabelle et Ferdinand s'inquiètent de ces prétentions, d'autant que Jeanne ne donne plus de nouvelles. Longtemps solitaire, elle éprouve pour Philippe une passion jalouse qu'elle vit sur un mode extrême et presque douloureux. Les deux époux auront six enfants, dont les empereurs Charles Quint et Ferdinand Ier.

Cependant, le comportement de Jeanne, qui présente des signes de débilité mentale, inquiète son entourage. Un émissaire dépêché de Séville observe chez la princesse un *turbacion*, un trouble. En fait, Jeanne est surtout humiliée : humiliée de la suspicion de ses parents, humiliée aussi par le comportement de Philippe, qui la trompe, après les premiers temps de son mariage, et dilapide son apanage. Enfin Jeanne désapprouve les choix politiques de son époux : elle admet mal que Philippe, circonvenu par l'or français, accepte en 1499 de prêter hommage au nouveau roi de France Louis XII pour la Flandre et l'Artois, provinces qu'elle regarde comme siennes.

Un trône confisqué?

La même année, avec Don Manuel, disparaît le dernier héritier en ligne directe d'Isabelle et de Ferdinand. Jeanne est appelée à régner sur la Castille, l'Aragon et les Indes, récemment découvertes. Les Rois Catholiques s'alarment de voir compromise dans les mains de Philippe le Beau leur œuvre d'unification monarchique, si ce n'est nationale. D'autant que Philippe n'est pas indifférent aux propositions de la France et de l'Angleterre, voisines de ses territoires. Aussi invite-t-on l'archiduc, dans l'espoir d'en faire un prince espagnol. L'évêque de Tolède suggère à Jeanne qu'elle n'est peut-être, pour Philippe, qu'un instrument au service de ses ambitions.

En vain Jeanne essaie-t-elle de retenir Philippe en Espagne, dont il exècre la sourcilleuse austérité. Redoutant les infidélités de son époux, elle part bientôt le rejoindre. Peut-être craint-elle aussi de demeurer l'otage de la cour de Séville. Mais, de retour au côté de Philippe, elle fait preuve d'une jalousie maladive. Ainsi ne veut-elle pour la servir que des servantes maures ! La mort d'Isabelle la Catholique provoque une réconciliation provisoire. Dans son testament, la souveraine demande à ses sujets de regarder Jeanne comme reine et propriétaire de ses royaumes. Malgré les réticences de Ferdinand, le couple arrive en Espagne pour recueillir l'héritage de Jeanne, aussitôt proclamée reine par les Cortes — assemblées de notables du royaume — en avril 1506. Quelques mois plus tard, Philippe disparaît, victime — officiellement — d'un refroidissement. À la suite de cet événement, Jeanne sombre plus profondément dans la folie, refusant de croire à la mort de son mari. Elle ne prend aucune décision politique et remet toutes les responsabilités entre les mains de son père, qu'elle admire. Ferdinand, retiré à Naples, revient triomphalement assurer la régence à l'appel de la noblesse.

L'enfermement et le mythe

Ferdinand décide de confiner Jeanne au château de Tordesillas, où elle s'installe auprès de la chapelle funéraire de son époux. Toutefois, le roi d'Angleterre, Henri VII, demande la reine en mariage ; on évince ses ambassadeurs. Une partie de l'opinion espagnole se persuade alors que la reine est victime d'une odieuse machination. Les opposants reportent sur elle leur espérance et donnent corps à un véritable mythe. Ainsi, lors des troubles qui suivent la mort de Ferdinand, les *Comuneros*, qui refusent le pouvoir de Charles Quint, obtiennent une entrevue avec Jeanne à Tordesillas, en 1520 et lui demandent d'exercer ses prérogatives royales. Mais, dès 1521, les rebelles sont défaits. Jeanne ne sortira plus jamais de sa solitude. Au fil des années, elle achève de perdre la raison, refusant de se laver et, parfois, même, de se nourrir. Oubliée de tous, elle meurt en 1555.

Des années décisives

Ferdinand d'Aragon (1479-1516) et Isabelle de Castille (1474-1504) ont fait de l'Espagne **la grande puissance destinée à jouer un rôle mondial dans les siècles suivants.** Par leur mariage, ils ont réalisé l'union personnelle des deux grandes couronnes ibériques, la Castille et la confédération catalano-aragonaise. Ils ont achevé la Reconquête contre les musulmans, imposé dans le pays un catholicisme austère — au prix de la persécution des Juifs. Enfin, en favorisant le voyage de Christophe Colomb, ils ont permis la découverte de l'Amérique, prélude à la constitution d'un empire hispanique dans le Nouveau Monde.

Sous le règne de Jeanne la Folle et sous celui de son fils Charles Quint, en effet, soit **durant une trentaine d'années à partir de 1519, les conquérants espagnols créent un empire considérable outre-Atlantique.** Pourvues de chevaux et d'armes à feu, les troupes de Hernan Cortés et de Francisco Pizarro viennent à bout sans grande peine de la résistance des Aztèques et des Incas : les nouveaux venus substituent une société coloniale hiérarchisée aux très anciens empires américains. **L'or,** extrait en quantité considérable des mines du Potosi (Bolivie) et du Zacatecas (Mexique), vient enrichir le trésor de la métropole : il donne à la monarchie espagnole des moyens d'action considérables — qui expliquent en partie la victoire de Charles à l'élection impériale, en 1519.

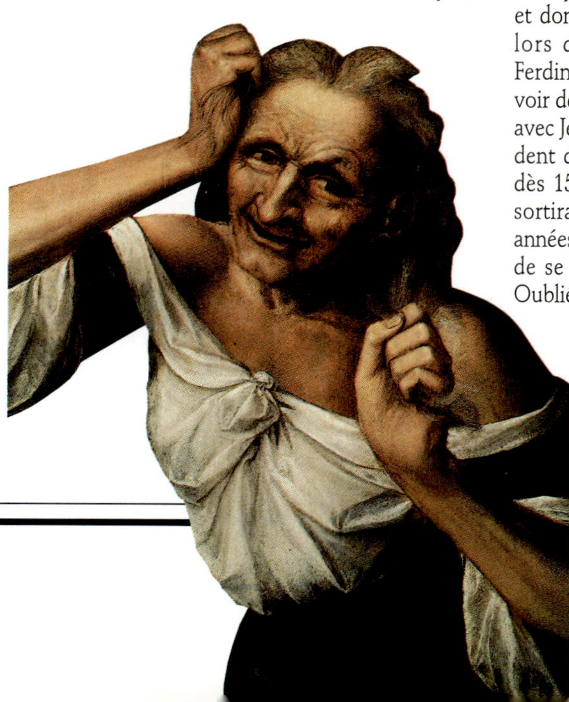

Vieille Femme s'arrachant les cheveux, *peinture de Quinten Metsys (Madrid, musée du Prado). L'isolement aggrave encore la folie de Jeanne, qui refuse bientôt de se laver et de s'alimenter.*

1510

Des hommes vendus comme esclaves

LA TRAITE DES NOIRS

Colonne d'esclaves noirs, en Afrique, marchant vers les ports négriers (peinture du XIXe siècle, d'après les récits de l'explorateur anglais Livingstone).

Le 22 janvier 1510, le roi Ferdinand d'Aragon autorise la vente de 50 puis de 200 Noirs comme esclaves pour les Amériques. C'est le début, officiel, d'une gigantesque déportation, qui, en 350 ans, transplante quelque 10 millions d'hommes et de femmes d'une rive à l'autre de l'Atlantique.

La traite, y compris en Afrique, existe déjà depuis des temps immémoriaux. Elle est abondamment pratiquée par les Arabes, qui organisent dès l'Antiquité des circuits transsahariens de capture et de revente : l'esclavage est une donnée traditionnelle des tribus africaines. Avec l'irruption des Européens le phénomène change d'échelle : la traite devient l'outil indispensable de l'exploitation du Nouveau Monde et, en tant que tel, une activité commerciale hautement spéculative.

En accompagnant la traite...

Listré, avocat au Cap-Français, décrit une campagne de traite à laquelle il participa à bord d'un négrier nantais sur les côtes de l'Angola, en 1777.

« [Les esclaves] arrivaient au comptoir avec une fourche au col ayant un long manche avec lequel on les conduisait qu'on appelait bois mayumbu. On sciait cette fourche pour lui substituer un collier de fer. Le soir, on emmenait à bord tous les captifs. Les nègres étaient plus ou moins chers suivant la concurrence et la défectuosité. Un beau nègre pièce d'Inde, on appelait ainsi un nègre de 19 à 35 ans, bien fait, sans infirmité, ayant toutes ses dents parce qu'autrefois il ne fallait que de pareils nègres pour les Indes orientales. Un tel nègre s'achetait en 1777 [500] livres. Une belle négresse se payait le même prix. Quant aux enfants, qu'on appelait les mâles négrillons et les femelles négrettes, on les payait un peu moins [...] Les nègres étaient nourris avec des fèves apportées de France dont on faisait de la soupe en les écrasant, qu'ils appelaient macoudia. On les mettait par plat de sept ou dix [...] Arrivés aux colonies, on faisait rafraîchir les nègres quelques jours avant de mouiller en leur donnant d'autres nourritures comme du riz ; on les faisait enduire d'huile pour flatter le coup d'œil et paraître plus frais. »

Listré (Histoire de la Révolution et des événements de Saint-Domingue depuis 1786 jusqu'à 1812). Enquêtes er documents, *Université de Nantes, 1972.*

Une main-d'œuvre de substitution

En 1444, une première cargaison de « bois d'ébène » quitte l'embouchure du Sénégal pour Lisbonne : il s'agit alors de combler le désert démographique laissé dans cette région par la peste noire, près d'un siècle plus tôt. Mais, à partir de 1520-1540, c'est le vide d'une Amérique en état de choc qu'il faut pallier : les Indiens y meurent en masse, victimes de maladies inédites pour eux.

Aux nécessités économiques et démographiques s'ajoutent des considérations légales : sous l'influence de l'Église, les autorités interdisent qu'on réduise les Indiens en esclavage. Nul empêchement n'existe, en revanche, à l'asservissement des Noirs. La place des Africains, ces gens à la peau sombre si différents des Européens, paraît alors mal assurée dans l'échelle des êtres... Or le Noir résiste mieux que l'Indien aux durs travaux des mines ou des champs : on pense le dédommager de sa peine terrestre en lui découvrant les voies de son salut dans l'au-delà.

Le commerce triangulaire

À Séville, la Casa de Contratación, chargée de l'exploitation des Indes, délivre le privilège d'*assiento* — de trafic négrier — à des particuliers sous forme de licences payantes, valables pour tant de têtes d'esclaves à livrer à un prix donné. Les Anglais, les Hollandais puis les Français, qui accèdent eux aussi au Nouveau Monde, contournent bientôt cette exclusivité et fondent leurs propres compagnies de commerce...

Ainsi les navires français, chargés de verroterie, de tissu, d'alcool, quittent-ils Nantes ou Bordeaux pour le fort de Mina, à l'embouchure du fleuve Sénégal, où ils troquent leur cargaison contre des nègres, qui leur sont payés deux mois plus tard à Saint-Domingue en sucre de canne raffiné. À Nantes, ce sucre est revendu à un prix élevé par les commanditaires de l'expédition. Tout un monde d'armateurs, d'assureurs, de banquiers gravite autour de ce circuit triangulaire qui rapporte entre 10 % et 30 % l'an.

Le sort des Noirs

Razziés à l'intérieur des terres par des chefferies africaines spécialisées, vendus par leurs propres tribus, les captifs suffoquent pendant des semaines dans les geôles des côtes du golfe de Guinée. Marqués au fer, embarqués, ils ont ensuite à affronter une longue traversée, dans un entassement indescriptible qui pousse certains au suicide. Mais le taux de mortalité n'est parfois pas plus élevé que celui de l'équipage, et certains capitaines de navires négriers prennent soin de faire danser leur marchandise sur le pont au son des binious pour entretenir sa forme...

Jusqu'à la fondation de l'État — théoriquement autonome — du Liberia, en 1820, par

La cale aux esclaves, sur un navire négrier (aquarelle du XXe siècle, château de Kronborg, au Danemark) : une vision romantique d'une situation effectivement dramatique.

Une main-d'œuvre pour l'Amérique

Des empires territoriaux. En 1492, Christophe Colomb aborde au Nouveau Monde. Dès lors, les Européens multiplient les voyages : il ne s'agit pas d'exploration, mais de conquête. En Amérique du Sud, l'Espagne et le Portugal établissent leur domination ; en Amérique du Nord, un peu plus tard, l'Angleterre, devant la France, devient la puissance dominante.

L'assassinat d'un peuple. Or, l'arrivée des Occidentaux provoque un cataclysme démographique. En Amérique du Sud, les violences militaires, l'arrachement à une culture millénaire — le christianisme remplaçant les anciennes religions —, l'importation de microbes inconnus (la rougeole) et l'obligation de se soumettre à un travail très dur au service des Européens provoquent l'effondrement de la population. Pour exploiter les ressources minières et mettre en valeur les terres, la solution inventée par les Européens est l'importation d'une main-d'œuvre arrachée à l'Afrique.

Le « commerce triangulaire ». Le trafic négrier se met en place sous la forme du « commerce triangulaire ». Des armateurs des ports européens de la façade atlantique (Nantes, Bordeaux, La Rochelle ; Bristol ; Lisbonne ; Amsterdam ; Anvers...) arment les navires qui vont s'approvisionner en main-d'œuvre noire razziée à l'intérieur des terres en Afrique, la transportent en Amérique et reviennent dans l'Ancien Monde, les cales pleines des produits du Nouveau. Las Casas, au XVIe siècle, est le seul à trouver à redire à ce commerce, qui ne diminue qu'au XIXe, pour cesser après l'abolition de l'esclavage au Brésil, en 1888.

des Noirs américains, le voyage est sans retour. Malgré des mesures d'interdiction en France et en Angleterre au début du XIXe siècle, un intense trafic illégal se maintient au moins jusqu'en 1848. Si la traite est abolie en 1807 aux États-Unis, l'esclavage y subsiste jusqu'en 1865, où son abolition devient effective avec la fin de la guerre de Sécession.

Le travail des esclaves africains en Amérique : dans le sud des États-Unis, au XIXe siècle, le travail forcé des Noirs constituait une des bases de l'économie agricole (gravure en couleurs du XIXe siècle).

1515

François Ier victorieux en Italie

MARIGNAN

Dans l'après-midi du jeudi 13 septembre, les sentinelles françaises, entrées en Lombardie après avoir franchi le col de l'Argentière, voient s'élever au loin un nuage de poussière : les troupes suisses sont en marche, elles attaquent ! La bataille de Marignan est sur le point de commencer : tout a été fait, pourtant, pour l'éviter.

Moins d'une semaine auparavant, en effet, un accord a été conclu. Contre 150 000 écus payés comptant, les Suisses se sont engagés à rentrer chez eux.

Les Suisses inévitables

Pour réunir au plus vite une telle somme, les Français ont vidé leurs fonds de poche, allant jusqu'à livrer la précieuse vaisselle d'or et d'argent que les plus riches font suivre avec eux. On va livrer aux Suisses 400 kg d'or... Mais on a oublié l'acharnement du bouillant cardinal de Sion, Mathias Schiner, qui sermonne la garnison suisse de Milan : cet accord est un piège qui ruine les projets helvètes d'expansion en Italie. Il convainc aisément, car deux siècles de luttes contre la domination des Habsbourg ont aguerri les hommes : ils ont forgé une tradition militaire renforcée, depuis le milieu du XVe siècle, par un service militaire obligatoire.

Les armes à feu

Grâce à l'adoption d'une invention chinoise, la poudre, les armes à feu apparaissent durant la guerre de Cent Ans (bataille de Crécy, 1346). Elles connaissent un essor spectaculaire au XVIe siècle.
Il y a l'arquebuse, ancêtre du fusil. Elle est lourde et lente à manier. Il y a surtout les canons, ou « pièces à feu », en bronze, plus meurtriers mais plus pesants encore.
Ces nouvelles armes s'accompagnent d'un changement des priorités sur le champ de bataille : l'infanterie l'emporte désormais sur la cavalerie et la stratégie sur les actes de bravoure individuels. Plus que jamais, parce que ces armes coûtent cher, l'argent est le nerf de la guerre.

L'Italie au XVIe siècle

Avec les Pays-Bas, l'Italie est, au XVIe siècle, **le pays le plus développé et le plus peuplé d'Europe.** Mais c'est **un pays morcelé** en une vingtaine de petits États. Cinq seulement ont un poids réel : Naples, Milan, Florence, Venise et les États du pape.

Leurs rivalités encouragent les grandes puissances du moment à intervenir, dans l'espoir de fructueuses conquêtes : ainsi **le Saint Empire,** maître théorique du nord de la péninsule, **l'Espagne,** qui a déjà pris pied dans le royaume de Naples, ou **la France**, dont la famille royale a des liens avec des princes italiens. **Les Suisses** sont présents là où on les appelle, à cause d'une longue tradition de mercenariat : en 1515, ils sont au service du duc de Milan et leurs chefs commencent à nourrir, eux aussi, des visées impérialistes sur le pays.

La Bataille de Marignan *(miniature du Maître de la Rapière, Chantilly, musée Condé). On remarquera le rôle des canons.*

François Ier, nouvel Hannibal

Mais le roi français est un homme remarquable. Âgé de vingt ans seulement, il a de la prestance et de la fougue à revendre. Son accession au trône (il est le neveu et non le fils du défunt Louis XII) a provoqué quelques murmures. Pour les faire taire, il a besoin d'actions d'éclat. Aussi, François Ier, à peine sacré, reprend-il les vieilles revendications de la famille royale française sur Milan. Il charge un transfuge espagnol de recruter une armée, où se rangent bientôt, encadrés par des nobles français, des aventuriers gascons et navarrais, des fantassins allemands (lansquenets) et des baroudeurs (la « bande noire ») venus des Pays-Bas. Pour les réunir, le roi augmente l'impôt et fait des emprunts, car il lui faut payer fort cher la neutralité de l'ambitieux Henri VIII d'Angleterre.
Enfin, il franchit les Alpes par le chemin le plus difficile, pour déjouer la surveillance des troupes du pape, allié de Milan. Les lourds canons sont hissés avec des treuils pour passer les cols par des sentiers à chèvres, du côté de Montgenèvre : l'exploit est jugé digne de celui des éléphants carthaginois d'Hannibal.

Un « combat de géants »

Aux premières heures, les Français se replient sous l'assaut. Il faut charger pour rétablir la situation. Le roi lui-même est dans la mêlée, si activement que le cuir qui le protège (il n'a pas eu le temps de mettre son armure) est déchiré par un coup de pique. Le « chevalier sans peur et sans reproche », Bayard, célèbre pour le courage dont il a fait preuve dans les précédents combats en Italie, se distingue de nouveau, invectivant ses ennemis : « Traîtres

Les Français en Italie.

Portrait de François Ier
(par Jean Clouet, Paris, musée du Louvre).

Bayard arme François Ier chevalier
(illustration de Robida, 1909).

Les guerres d'Italie

1494. Charles VIII. Revendiquant le royaume de Naples, où jadis régnèrent ses ancêtres, il traverse la péninsule et conquiert Naples avec une facilité déconcertante. Mais, 3 mois plus tard, il doit battre en retraite.

1495. Bataille de Fornoue. Il faut une charge héroïque des cavaliers français pour forcer le passage. Un jeune homme se distingue : Pierre Terrail de Bayard.

1498. Louis XII. Il conquiert le Milanais, où il s'installe solidement. Il s'entend avec Ferdinand d'Aragon pour s'emparer du royaume de Naples – qu'il ne conserve que peu de temps.

1512. Bataille de Ravenne. Remarquable homme de guerre, Gaston de Foix, âgé de 22 ans, y trouve la mort. Malgré les exploits de Bayard, les Français doivent évacuer le nord de l'Italie.

1515. François Ier. Après l'éclatante victoire de Marignan, il réoccupe le Milanais.

1521. Charles Quint ouvre les hostilités. Faute de l'appui d'Henri VIII (échec de l'entrevue du Camp du Drap d'or), les Français sont chassés du Milanais. Bayard périt alors (1524).

1525. Bataille de Pavie. Défaite de François Ier, venu à la rescousse. Retenu prisonnier à Madrid, il doit payer une rançon et abandonner la Flandre et l'Artois à Charles Quint.

1536. Nouvelle reprise des combats. Dans un conflit fait désormais de raids et d'escarmouches plus que de batailles rangées, le Gascon Blaise de Monluc se distingue, notamment, lors du siège de Sienne (1554).

1559. Fin des guerres d'Italie. Henri II, aussi épuisé financièrement que Charles Quint, signe la paix du Cateau-Cambrésis qui sonne le glas des ambitions françaises.

et vilains maudits, retournez dans vos montagnes manger du fromage ! » Son cheval est tué sous lui. Il se remet en selle aussitôt ; les brides sectionnées, sa seconde monture s'emballe et l'entraîne vers les rangs suisses. Mais il se sauve à temps et regagne son camp à quatre pattes...

Au coucher du soleil, en dépit de tels actes de bravoure et des centaines de cadavres qui jonchent le sol, le combat reste incertain. Toute la nuit, des deux côtés, on demeure armé, sur le qui-vive. Au petit matin, le combat reprend, encore plus acharné. Le Français Galiot de Genouillac fait tirer sans discontinuer ses canons : c'est un carnage ! Décimés, les Suisses reculent. Mais, bientôt, ils contre-attaquent. On les repousse encore, mais jusqu'à quand ? Soudain, un cri retentit : « Marco ! Marco ! ». Ce sont les Vénitiens. Ils viennent grossir les rangs des Français. Ainsi, le 14 septembre, vers midi, François Ier remporte la victoire. Il y a 13 000 morts chez les Suisses, 2 000 du côté français : une armée compte alors, au plus, 30 000 hommes...

Une bataille décisive

Pour les Suisses, cette défaite traumatisante est le coup d'arrêt de toute visée expansionniste. Le 29 novembre suivant, ils signent avec la France un traité de « Paix perpétuelle », prélude à une neutralité qui, en durant, fera de la nation la plus militaire du continent un modèle de pacifisme.

François Ier, en revanche, oublia rapidement que l'artillerie venait de faire la démonstration éclatante de son rôle désormais décisif. Cela lui coûta cher, dix ans plus tard, à Pavie. À contre-courant, à Marignan, au soir de la bataille, il renoue avec les traditions médiévales et fait armer chevaliers les gentilshommes les plus vaillants du combat. Lui-même se compte dans le nombre et choisit pour l'adouber le nobliau de basse extraction qu'est Bayard. C'est un hommage spectaculaire aux mérites d'un héros. C'est surtout une récompense pour la petite noblesse qui, mieux que la grande, sait se dévouer aveuglément à la cause royale.

Martin Luther affiche ses 95 thèses

LE DÉBUT DE LA RÉFORME

Le 21 octobre 1517, à Wittenberg, en Saxe, Martin Luther, ancien ermite de l'ordre de Saint-Augustin, prêtre et professeur à l'université de la ville, placarde sur la porte de la chapelle du château un écrit contenant 95 thèses qui dénoncent le trafic des « indulgences » par l'Église.

Au-delà de l'affaire qui est en cause – le commerce de dominicains qui échangent des promesses de rémission de péchés contre de l'argent –, c'est toute l'institution ecclésiastique que Luther attaque et, bientôt, le message théologique même que véhicule l'Église romaine. La Réforme commence alors.

Un moine sans vocation

Martin Luther est né en 1483 à Eisleben, en Saxe, où son père est entrepreneur de mines. Reconstitution ou vérité, il explique, par la suite, que le désir d'échapper à un milieu familial oppressant l'a mené au couvent, sans véritable vocation : « La vie sévère et rude que je menais... fut la raison pour laquelle... je me fis moine. » L'absence de conviction ne fait pas moins du jeune homme une recrue appréciée : entré en 1505 au couvent des ermites de Saint-Augustin, à Erfurt, il est ordonné prêtre en 1507 et envoyé en mission à Rome en 1510-1511.

Le Pape encaissant les indulgences
(gravure sur bois de Lucas Granach l'Ancien).

Le drame personnel

Alors se situe le premier tournant de sa vie spirituelle. À Rome, il découvre, ou croit découvrir, une Église en proie aux œuvres du diable : au lieu des saints ou des grands esprits qu'il croyait fréquenter, il rencontre un pape, Léon X, plus préoccupé d'art que de religion, et des cardinaux, des évêques qui se conduisent en grands seigneurs laïques et ne semblent même pas toujours avoir la foi.
Rentré en Allemagne, à Wittenberg, Luther cherche dans l'ascétisme et la méditation personnelle un remède aux doutes que lui inspirent la situation de l'Église et sa propre imperfection.
Un soir de l'hiver 1512, il a une illumination : c'est par sa foi en Dieu, non par ses actes – ses œuvres – que l'homme pourra être sauvé.

L'affaire des indulgences

Cette crise personnelle se situe en même temps qu'une affaire où l'engagement temporel de l'Église, qui a tant choqué Luther à Rome, se manifeste en Allemagne. Pour construire la basilique Saint-Pierre de Rome, ambitieux chantier qui commence à peine, la papauté a besoin de trouver de l'argent. Avec l'aide des grands banquiers Fugger, elle s'en procure, en Allemagne, en vendant aux fidèles des « indulgences », c'est-à-dire des promesses de remise de péché et donc d'accession plus rapide au ciel, après la mort.

L'Europe religieuse au début du XVIe siècle

L'Europe du début du XVIe siècle est encore **massivement croyante :** le scepticisme, l'incroyance, sont des attitudes rarissimes, même au sein de l'élite intellectuelle.

Dans toute sa partie occidentale, **cette Europe est catholique :** de la Pologne à l'Angleterre, de la Baltique à la Méditerranée, les fidèles sont soumis au pape, successeur du Christ et chef de la chrétienté, qui réside à Rome.

Cette union n'empêche pas qu'existent **de nombreux problèmes :** plus cultivés que naguère, les laïques se posent la question de leur salut en des termes nouveaux ; les gens d'Église ne savent pas toujours leur répondre, préoccupés qu'ils sont, souvent, de leur bien-être personnel plus que du soulagement spirituel de leurs ouailles.

Portrait du réformateur Martin Luther (1483-1546)
[Granach l'Ancien, Nuremberg Germanisches Museum].

Les thèses de Wittenberg

Luther est scandalisé par ce qui lui apparaît comme une intolérable escroquerie. C'est la raison pour laquelle, le 21 octobre 1517, il affiche ses thèses. Comme elles sont rédigées en latin, langue que le peuple est incapable de comprendre, Luther les traduit en allemand et, dans les semaines et les mois qui suivent, il les fait diffuser à travers toute la Saxe.

La controverse s'anime alors. Luther est convoqué à Rome, en juillet 1518. Il refuse de s'y rendre, et il obtient, dans sa rébellion, le soutien de son prince, Frédéric de Saxe, et celui de l'empereur, Maximilien Ier.

Worms, ou la rupture consommée

Deux années durant, les deux partis s'efforcent d'éviter la rupture. La trêve est rompue par le pape qui, en décembre 1520, répond à la publication par Luther d'un opuscule appelé *De la liberté du chrétien* par l'excommunication du rebelle.

Le divorce est consommé au printemps suivant, en avril 1521, lors d'une assemblée, ou diète d'Empire, réunie à Worms à l'instigation de l'empereur Charles Quint, successeur de Maximilien Ier. Le 17, l'empereur demande à Luther de renoncer à ses propositions. Il répond, le lendemain : « Je ne puis et ne veux rien révoquer, car il est dangereux et il n'est pas droit d'agir contre sa conscience. »

Mis au banc de l'Empire, il risque alors la mort ; mais il est sauvé de ce péril par Frédéric de Saxe, qui le cache dans son propre château de la Wartburg. Toute réconciliation, désormais, est impossible : la chrétienté occidentale va commencer à se diviser.

→**Voir aussi** : p. 248-249 (L'autre Reforme).

La diffusion de la Réforme luthérienne

Luthéranisme, calvinisme, anglicanisme. Luther lance un mouvement de contestation au sein du christianisme qui inaugure une division de l'Europe entre les « réformés », fidèles à la nouvelle vision religieuse, et les catholiques qui restent soumis à l'autorité de l'Église romaine. Mais le luthéranisme ne reste pas longtemps la seule doctrine réformée : dans les trente ans qui suivent la publication des 95 thèses, le calvinisme touche la Suisse, les Pays-Bas et la France, tandis que le climat religieux de l'Angleterre est transformé par l'instauration d'une religion d'État, l'anglicanisme.

Les pays germaniques et le nord de l'Europe. La Réforme de Luther s'étend dans les régions allemandes et dans les pays scandinaves et baltes. Adoptée à l'initiative des bourgeois dans les cités-États, par exemple dans la région rhénane, la Réforme est promulguée par les princes dans les États ruraux, comme la Saxe, les duchés de Hohenzollern ou de Wurtemberg. Le luthéranisme est adopté comme religion d'État en 1536 dans l'actuelle Norvège et dans l'actuel Danemark ; en Suède et en Finlande, la doctrine s'implante sous le roi Gustave Ier Vasa (1523-1560).

La Diète de Worms en 1521 *(peinture d'Anton von Werner, Stuttgart, Staatsgallerie). De là, date la rupture définitive entre les partisans de Luther et les catholiques.*

Un Habsbourg maître de l'Europe ?
CHARLES QUINT EMPEREUR

L'année 1519, un jeune homme de 19 ans, le roi Charles Ier d'Espagne, déjà prince des Pays-Bas et roi de Sicile (Charles IV), est élu par les princes d'Allemagne et d'Autriche empereur du Saint Empire romain germanique : sous le nom de Charles Quint, il succède à son grand-père Maximilien et devient le plus puissant souverain d'Europe.

Cette puissance est le fruit d'heureux héritages et de tractations où l'argent a joué un rôle décisif.

Un héritage fabuleux

Charles, né le 24 février 1500 à Gand, compte trois souverains parmi ses grands-parents : Maximilien de Habsbourg, empereur du Saint Empire romain germanique, Ferdinand, roi d'Aragon, et Isabelle, reine de Castille. Fils de l'archiduc d'Autriche Philippe le Beau et de Jeanne, reine de Castille, il recueille l'héritage des maisons de Habsbourg et de Bourgogne : l'Autriche, la Styrie, la Carniole, la Carinthie, le Tyrol, des possessions territoriales en Alsace, la Franche-Comté et les Pays-Bas.

Le hasard des morts – son cousin, qui devait recevoir les couronnes espagnoles, meurt en 1500, sa grand-mère Isabelle en 1504, son père Philippe le Beau en 1506, son grand-père Ferdinand en 1516 – et le hasard de la vie – sa mère Jeanne devient folle et est enfermée en Espagne jusqu'à sa mort en 1555 – ajoutent au fabuleux héritage un incomparable joyau : les couronnes de Castille et d'Aragon.

Le royaume d'Aragon, c'est le nord-est de l'Espagne, mais ce sont aussi les Baléares, la Sardaigne, la Sicile et le royaume de Naples ; autrement dit, la Méditerranée occidentale. La Castille, c'est toute la péninsule Ibérique, à l'exception du Portugal, et ce sont aussi, depuis 1492, les nouvelles terres de l'au-delà de l'Atlantique : les Indes occidentales, ou Amériques.

Le 5 janvier 1515, Charles prend possession de l'héritage bourguignon. En 1516, sous les voûtes de Sainte-Gudule, à Bruxelles, il est proclamé roi de Castille et d'Aragon. Il quitte alors la Flandre pour l'Espagne, où il débarque en octobre 1517.

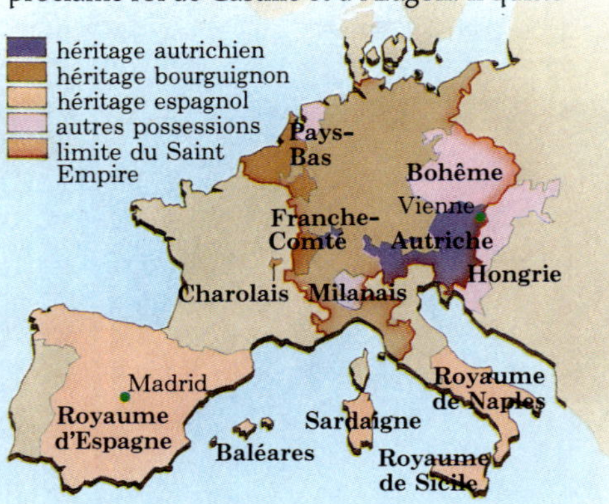

Les États de Charles Quint.

Les électeurs de l'empereur

La couronne du Saint Empire romain germanique est élective ; les électeurs sont au nombre de sept. Trois sont des ecclésiastiques : les archevêques de Cologne, Mayence et Trêves. Le roi de Bohême, le margrave de Brandebourg, le duc de Saxe et le comte palatin complètent la liste. Pour fixer sa succession, l'empereur Maximilien, grand-père de Charles Quint, a commencé avec chaque électeur les négociations. L'entrée en campagne du roi de France modifie la situation. Désormais, il y a rivalité, et rivalité aiguë. Ce sont les électeurs qui en profitent : ils vendent leur vote au plus offrant. Seul l'électeur de Brandebourg se laisse séduire par la candidature française. Le vote de l'archevêque de Mayence est acheté par Charles pour 113 000 florins, celui de l'électeur palatin pour 184 000 florins. On comprend facilement pourquoi cette élection a coûté plus de un million de florins à Charles Quint.

> **L'Europe occidentale dans la première moitié du XVIe siècle**
>
> Trois souverains dominent cette Europe qui profite de ce que l'on appelle le beau XVIe siècle : **Henri VIII** d'Angleterre, **François Ier** de France et **Charles,** cinquième d'Allemagne, premier d'Espagne.
>
> En cette première moitié du XVIe siècle, la conjoncture économique est favorable. Aussi l'Europe occidentale offre-t-elle l'aspect souriant de **la Renaissance.** Une même éducation complète cette harmonie artistique et culturelle.
>
> Politiquement, l'unité ne peut exister car les rivalités entre nations et souverains l'emportent, rivalités que la coupure religieuse opérée par le protestantisme va accroître. **La guerre** fait donc partie de cette Europe du XVIe siècle et la paix est plus un rêve, une illusion qu'une réalité tangible.

L'élection à l'Empire

Mais Charles, déjà puissant souverain, se doit de recueillir la couronne impériale du père de son père, Maximilien de Habsbourg. La couronne est élective et Maximilien n'a pu imposer Charles de son vivant. Deux candidats se déclarent : Charles, évidemment, et François Ier, le jeune roi de France. Charles a pour lui l'avantage d'être le petit-fils du défunt et de descendre d'une maison allemande. C'est un avantage politique. Il en a un autre, plus convaincant encore : la richesse et l'argent. C'est l'argent qui, le 28 juin 1519, à l'unanimité, fait élire Charles : des lettres de change ont été accordées aux électeurs, payables après l'élection. Un de ses banquiers, Jacob Fugger, lui écrira en 1523 : « Il est de notoriété publique et clair comme le jour que Votre Majesté n'aurait pu, sans moi, obtenir la couronne. »

Quittant l'Espagne, Charles s'en va se faire couronner à Aix-la-Chapelle, le 23 octobre 1520. En 1529, à Bologne, il est à nouveau couronné, cette fois-ci par le pape, ce qui lui donne l'auréole d'un véritable empereur, d'un chef politique de la chrétienté.

L'idéal impossible du souverain chrétien

Dominer ainsi l'Europe, la Méditerranée et l'Amérique impose à Charles Quint d'incessants voyages : entre 1520 et 1555, il se rend

Le Couronnement
de Charles Quint empereur
(tapisserie flamande du XVIIe siècle).

Portrait équestre de l'empereur
(Charles Quint à Mulhberg)
[Titien, Madrid, musée du Prado].

neuf fois en Allemagne, six fois en Espagne, cinq fois en Italie, deux fois en Angleterre et même deux fois en Afrique du Nord. Il doit d'autant plus se déplacer que l'Europe se déchire et se brise. Depuis 1517, Luther défait l'unité catholique au cœur même de l'Empire de Charles. Celui-ci se rend à Worms, en Allemagne, pour tenter une conciliation. Rien n'y fait : la rupture est consommée dès 1520, jamais plus on ne reviendra en arrière.

L'autre danger, c'est l'Empire ottoman : les Turcs ne cessent d'avancer vers l'Europe centrale ; leurs galères écument la Méditerranée ; la Hongrie est envahie en 1526 ; Vienne, la capitale de l'Autriche, est assiégée en 1529. Sauver l'unité catholique de l'Europe pour repousser l'infidèle : voilà la tâche immense et impossible que s'impose l'empereur. Or après un tiers de siècle de règne, il ne peut que constater l'échec : fatigué, épuisé, il abdique à Bruxelles, le 25 octobre 1555. En février 1557, après une dernière traversée de l'Espagne, il entre au monastère de Yuste, en Estrémadure : il s'y éteint deux ans plus tard, le 21 septembre 1558.

→**Voir aussi** : p. 232-233 (Le début de la Réforme).

Habsbourg d'Autriche et Habsbourg d'Espagne

Familles cousines. La dynastie des Habsbourg est la protagoniste de l'histoire européenne diplomatique et politique du XVIe au XIXe siècle. En effet, Charles Quint réunit sur sa tête les couronnes d'Espagne et d'Autriche, sans parler des possessions annexes. Mais l'ensemble à dominer dépasse les capacités d'un seul homme. Très tôt, Charles Quint s'appuie sur son frère Ferdinand, dont il fait son représentant permanent en terre d'Empire et à qui il cède, dès 1522, les territoires autrichiens de l'héritage Habsbourg. Ainsi, la descendance de Ferdinand dispose de la monarchie héréditaire d'Autriche. À Madrid et à Vienne, règnent des monarques cousins, qui ont en commun un illustre ancêtre : Charles Quint. Cela explique la grande proximité politique entre l'Espagne et l'Autriche tout au long de ces siècles. Cette alliance familiale et politique fait donc des Habsbourg les maîtres de la majeure partie de l'Europe.

La France contre les Habsbourg. Toute la politique de Louis XIV vise à briser cette hégémonie. Aussi oriente-t-il l'agressivité de la France d'abord contre l'Espagne. Et, de fait, peu à peu, la France l'emporte. Signe de cette victoire : les mariages ne se font plus seulement entre Madrid et Vienne, mais aussi entre Versailles et Madrid. En 1700, le roi d'Espagne, Charles II, meurt sans héritier direct : la branche espagnole des Habsbourg s'éteint avec lui. Commence alors une guerre pour la succession au trône d'Espagne, qui oppose un candidat de Vienne, l'archiduc de Habsbourg, et le petit-fils de Louis XIV, Philippe, qui devient en 1713, Philippe V d'Espagne. La suprématie des Bourbons a remplacé celle des Habsbourg.

Magellan atteint l'océan Indien en passant par l'ouest

LE PREMIER TOUR DU MONDE

Le 6 septembre 1522, un navire accoste au petit port espagnol de San Lucar. À son bord, 18 hommes épuisés que commande un aventurier, Sébastien del Cano. C'est là tout ce qui reste de l'escadre confiée trois ans plus tôt à Ferdinand Magellan.

Les indigènes des Mariannes, dans leurs étranges pirogues à balancier (enluminure du XVIe siècle, Paris, Bibliothèque nationale de France).

La mort de Magellan n'aura pas été vaine. L'entreprise, conduite à son initiative, achevée sans lui, livre au roi d'Espagne et empereur du Saint Empire romain germanique un accès aux Indes qui ne longe pas l'Afrique, sous domination portugaise, et permet à son État de rattraper le retard qu'il avait pris en direction de l'Asie depuis le franchissement du cap de Bonne-Espérance par Vasco de Gama. L'expédition donne par ailleurs à Charles Quint l'occasion d'affirmer sa domination sur de nouvelles terres : les Philippines et, surtout, les Moluques, où se trouvent les meilleures épices. Enfin, la connaissance que les Européens ont du monde se trouve considérablement améliorée par la réussite de ce prodigieux périple.

Vers l'ouest

Magellan, âgé d'une quarantaine d'années en 1519, peut passer à cette date pour un aventurier aigri. Portugais, de naissance noble, ayant servi son pays aux Indes et y ayant reçu une blessure qui l'a laissé boiteux, il ne réussit pas à mener la grande carrière dont il rêve au service du roi Manuel. C'est pourtant à lui qu'il va proposer le projet de rejoindre l'Inde par l'ouest : Magellan ne fait que reprendre et approfondir les intuitions de Christophe Colomb afin de leur donner corps. On sait en effet depuis 1508 et le voyage d'Amerigo Vespucci que Colomb n'a pas atteint les Indes, mais une terre jusque-là inconnue. L'isthme que l'on appellera « de Panama » a été traversé pour la première fois en 1513, par Balboa : de l'autre côté du nouveau continent se trouve une mer libre. Magellan propose de rechercher le passage symétrique du cap de Bonne-Espérance, qui donnera accès à cette mer. Il lui arrive la même aventure qu'à Colomb : le roi de Portugal l'éconduit. Le navigateur s'en va donc, comme son prédécesseur, soumettre son projet au roi d'Espagne, qui, après bien des hésitations, accepte de le soutenir. Magellan, naturalisé espagnol, se voit confier le commandement d'une escadre de cinq navires à bord desquels se trouvent 265 hommes originaires de neuf nations différentes.

Le détroit de Magellan

La navigation est, au début, presque routinière : Magellan vise les îles du Cap-Vert, puis, de là, se dirige vers le sud-ouest. Il touche le Brésil à la latitude de Rio de Janeiro, où il relâche le 13 décembre 1519. Il est au Rio de la Plata le 11 janvier 1520 et, en avril, à la fin de l'été austral, à San Julian, par 49° de latitude sud. Durant l'hivernage, très rude, des mutineries éclatent, que Magellan réprime avec une impitoyable sévérité. Il perd un de ses navires, envoyé en reconnaissance le long de la côte. Quatre bateaux repartent donc à la fin du mois d'août et, le 21 octobre

La mort de Magellan devant les Philippins (27 avril 1521).

1520, découvrent un passage entre la Terre de Feu et la Patagonie : c'est le détroit nommé, depuis, d'après le patronyme du navigateur. À ce moment, l'inquiétude et le mécontentement recommencent à agiter les hommes de Magellan. Chacun a conscience que la suite de la navigation se produira sur des mers entièrement inconnues, et probablement dans des conditions de difficultés extrêmes. Un des navires, avec tous les marins et l'état-major, rebrousse chemin, avant que Magellan s'en aperçoive et puisse l'en empêcher. Le 28 novembre 1520, cependant, Magellan est dans le Pacifique.

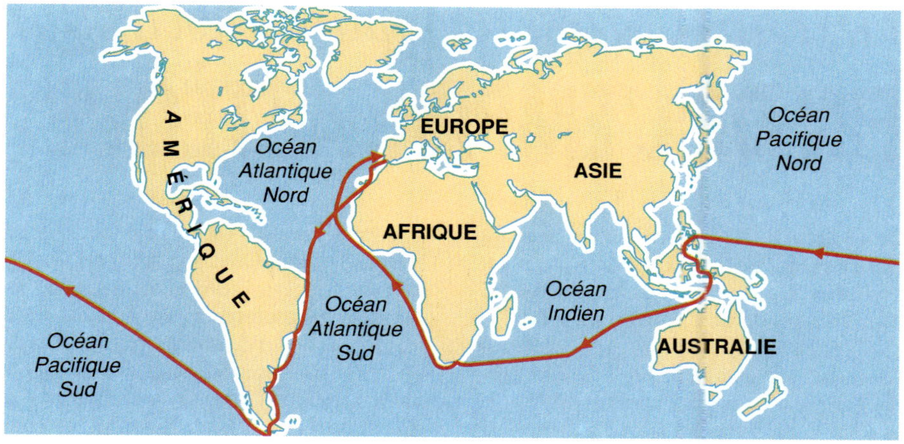

Le Pacifique

Les déserteurs ont vu juste. Aucun relais n'existe sur la côte du Chili, et le ravitaillement, dans ces conditions, est impossible, aussi bien pour les vivres que pour l'eau fraîche. Magellan, cependant, sait ce qu'il fait et où il doit aller. Il a déjà navigué à la latitude des Moluques. Son principal souci, mais il est de taille, vient naturellement de la longitude. Les navigateurs, parmi lesquels les Portugais sont nombreux, reconnaissent avec soulagement les constellations de l'hémisphère, et la Croix du Sud, qui guide depuis si longtemps l'exploration des côtes africaines, leur permet de se diriger au mieux. Manquant par malchance tous les archipels situés à cette latitude, mais dont ils ignorent bien sûr l'existence, les trois navires subsistants demeurent quand même 99 jours en mer avant de pouvoir avitailler : c'est seulement le 6 mars qu'ils relâchent à Guam, dans les îles Mariannes. La traversée s'est effectuée dans le calme — d'où le nom de *Pacifique* que le chef de l'expédition donne au nouvel océan —, mais sous un soleil de plomb ; les équipages ont été décimés par le scorbut, les survivants sont épuisés et affamés. Après que les hommes ont fait relâche un temps suffisant, le convoi repart, se dirige par une erreur de cap vers les futures Philippines, dont Magellan prend possession au nom du roi d'Espagne et où il entreprend de faire respecter sa souveraineté. C'est au cours d'une opération de maintien de l'ordre que le capitaine est mortellement blessé par une flèche indigène.

Un retour difficile

Les lieutenants de Magellan ne se montrent pas à la hauteur de leur tâche. Certes, ils vont aux Moluques, proclament l'appartenance d'une des îles de l'archipel à l'Espagne et remplissent les cales des navires des épices tant convoitées. Mais les deux tiers des hommes sont morts et il a fallu abandonner un autre bateau avant de quitter les Philippines. Les Portugais, d'ailleurs, qui contrôlent la région et apprécient fort peu de voir leur monopole battu en brèche, se sont montrés inamicaux. Un dernier vaisseau est perdu, ce qui contraint à laisser aux Moluques une partie du chargement, confié à la garde de ceux qui n'ont plus le courage ou la force de continuer. Le 13 décembre 1521, le dernier navire repart sous le commandement de Sébastien del Cano, un ancien bagnard basque que ses qualités ont fait reconnaître pour chef par ses camarades. Le voyage s'effectue dans des conditions atroces. La route choisie est celle de Bonne-Espérance. Alors que le navire — il s'agit de la *Victoria* — comptait soixante hommes au départ, dix-huit seulement arrivent en Espagne, le 6 septembre 1522.

→**Voir aussi** : p. 210-211 (Christophe Colomb); p. 218-219 (La route des Indes orientales).

Magellan et son détroit

Les fruits de l'expérience. Magellan a, en partant, une assez bonne idée de ce qui l'attend : il bénéficie de l'expérience accumulée depuis plusieurs générations par les marins portugais. Il sait, en particulier, que descendre très au sud multipliera inévitablement les difficultés de navigation qu'il lui faudra surmonter. Il prévoit la possibilité de s'avancer jusqu'au 75e degré de latitude, c'est-à-dire de ce que nous savons être le cercle polaire.

Un passage très problématique. Magellan pressent en outre que le sud du continent américain risque d'être encore plus difficile à franchir que le cap de Bonne-Espérance. Le détroit qu'il découvre se situe en effet au-delà du 50e parallèle. Cela signifie que, au-delà de la limite méridionale du Nouveau Monde, la houle d'ouest n'est plus brisée par aucun obstacle, même lointain : les vagues peuvent donc atteindre des hauteurs monstrueuses.

La recherche du détroit. Dans ces conditions, le navigateur considère qu'il vaut mieux passer un mois à explorer un chenal étroit que courir le risque de passer outre la terre qui s'étend au sud, qui est pour nous la Terre de Feu. L'une des îles qui en forment la pointe extrême est le cap Horn. Magellan sait pertinemment qu'en recherchant le passage vers l'ouest, il va à contre sens de la circulation atmosphérique. Mais il sait aussi que ses navires sont trop fragiles pour supporter les mers dangereusement fortes des latitudes extrêmes.

Le détroit de Magellan, au sud du Nouveau Monde : le symétrique du cap de Bonne-Espérance (atlas du XVIe siècle).

Hernán Cortés reprend Tenochtitlán

FIN DE L'EMPIRE AZTÈQUE

Le 13 août 1521, au terme d'un siège qui dure depuis 79 jours, Hernán Cortés, envoyé de l'Espagne, s'empare de Tenochtitlán, la capitale de l'Empire aztèque.

Ce qui fut, jusqu'au siège, une ville admirable et très riche n'est plus qu'un champ de ruines, et l'État dont Tenochtitlán fut le centre, la civilisation dont ses temples étaient le cœur sacré vont, en quelques années, périr avec elle.

Le retour des dieux

C'est pourtant par un immense espoir que le conquistador espagnol et ses hommes avaient été accueillis dans ce qui est aujourd'hui le Mexique, un peu moins de deux ans plus tôt.

Un mythe aztèque racontait en effet que le dieu civilisateur Quetzalcóatl, parti jadis au loin sur l'océan, reviendrait près de son peuple et lui apporterait paix et gloire. Aussi, lorsque, au début de novembre 1519, Cortés, qui a débarqué sur les côtes du Yucatán en février précédent avec une petite troupe de 600 soldats, approche de la capitale aztèque, celle-ci, au lieu de chercher à résister, lui ouvre volontiers ses portes. L'empereur Moctezuma II, prêtre suprême de la religion aztèque et tempérament religieux plus que tête politique, reçoit l'Espagnol comme il le ferait du dieu prodigue : il lui offre l'hospitalité, le comble d'honneurs et de cadeaux.

Naturellement, Cortés ne songe qu'à tirer profit de ces bonnes dispositions. Il obtient de l'Aztèque qu'il reconnaisse la souveraineté de l'empereur Charles Quint et, bientôt, il le place sous une véritable tutelle et exerce le pouvoir par son intermédiaire.

La « Noche triste »

Un si bon début est gâché par la faute des Espagnols. Secrétaire du gouverneur de Cuba Diego Velázquez, Cortés a quitté l'île pour se lancer dans l'expédition militaire contre le Mexique en 1518, alors que son chef ne lui en avait pas donné l'ordre exprès. Aussi est-il déclaré rebelle, et une troupe espagnole, commandée par Pánfilo de Narváez, est-elle envoyée contre lui.

Laissant à Tenochtitlán son lieutenant Pedro de Alvarado et une petite garnison, Cortés s'en retourne donc vers la côte, où il obtient contre Narváez une victoire facile. Mais, à son retour à Tenochtitlán, avec des forces grossies par l'enrôlement des soldats de son adversaire, la situation a gravement dégénéré. Exaspérés par un acte inique d'Alvarado, le massacre de la noblesse aztèque dans le grand temple de la capitale, le 23 mai 1520,

Les raisons d'un effondrement

Au moment de la conquête, les Espagnols ne trouvent en face d'eux que deux puissances capables de leur résister : **les Aztèques et les Incas**.

La chance des conquérants est que **ces puissances se trouvent affaiblies**. Étendus sur **des territoires trop vastes**, ces empires englobent **des peuples qui** supportent mal les lourdes charges qui leur sont imposées (tributs et corvées) et **ne songent qu'à reprendre leur indépendance**. Ils souffrent aussi de leur **lourde administration**, une bureaucratie croissante, improductive et accablante. À l'intérieur des cours, **les zizanies et luttes dynastiques** jouent aussi un rôle désastreux, qui favorise la victoire rapide et violente des Espagnols.

Paradoxalement, **les villes mayas, alors indépendantes et rivales, surent relativement mieux résister,** mettant dans le combat contre les nouveaux venus le même acharnement qui avait caractérisé leur lutte contre la mainmise aztèque.

L'Armée de Cortés en marche vers Tenochtitlán *(miniature aztèque)*.

le peuple de Tenochtitlán s'est révolté. L'arrivée de Cortés, le 24 juin, ne calme pas les insurgés, bien au contraire : alors qu'il continue à prêcher la conciliation, Moctezuma meurt, mortellement blessé par une pierre lancée par un Mexicain, ou d'un coup d'épée porté par un Espagnol, selon d'autres sources. Au cours des combats qui s'engagent, Cortés perd la moitié de ses hommes : il lui faut décider l'évacuation de Tenochtitlán. C'est la « Nuit triste » *(Noche triste)*, du 30 juin au 1er juillet 1520.

Épisode de la conquête du Mexique : la « Nuit triste » *(Noche triste), du 30 juin au 1er juillet 1520 (peinture espagnole, Madrid, musée de l'Amérique).*

La revanche du conquérant

Le conquérant espagnol ne s'avoue pas vaincu pour autant. Dès le 7 juillet suivant, après avoir regroupé ses forces, il remporte une victoire décisive sur les Aztèques à Otumba, en rase campagne, l'infériorité numérique des Espagnols étant très largement compensée par la supériorité de leur armement : acier contre bois, arbalètes contre arcs et flèches, et chevaux qui permettent une incomparable mobilité. Grâce au répit que lui procure cette victoire, Cortés mène ses hommes dans le royaume voisin de Tlaxcala, qu'il a soumis en 1519 avant de pénétrer dans le pays aztèque et qui lui reste fidèle par haine de cet Empire. Il peut ainsi, dans les mois qui suivent, refaire ses forces, d'autant qu'il reçoit renforts et munitions depuis la Jamaïque et Cuba.

Alors, il reparaît devant Tenochtitlán, où, entre-temps, une épidémie de variole, introduite par un esclave noir de son escorte, a commencé à décimer la population : dans les derniers jours de l'année 1520, il se rend maître de la rive nord-est du lac sur lequel la capitale est bâtie ; le siège proprement dit commence le 26 mai. 650 fantassins, 194 mousquetaires et frondeurs, 84 cavaliers, quelques pièces d'artillerie et des auxiliaires indiens très nombreux participent à l'opération ; 13 navires rapides – des brigantins – contrôlent les eaux du lac. Le 16 juin 1521, un premier assaut est lancé contre la ville, dont l'approvisionnement en eau potable a été coupé. Il échoue, mais, à partir de là, au fil des semaines, les assaillants parviennent à prendre progressivement tous les quartiers de la ville, qu'ils rasent au fur et à mesure pour éviter la résistance de lanceurs de pierres postés sur les toits. Le 13 août 1521, le dernier quartier se rend, l'empereur Cuauhtémoc est fait prisonnier. Il sera exécuté quelques années plus tard : c'en est fait de l'Empire aztèque.

Entrée de Cortés à Tlaxcala *(peinture sur cuivre du XVIIIe siècle).*

L'Amérique latine et les conquistadores

Après 1520, le temps des expéditions maritimes est clos : aux découvreurs succèdent les *conquistadores,* des soldats espagnols qui se lancent à l'assaut des civilisations denses et riches des hauts plateaux. Outre Hernán Cortés (1485-1547), les plus célèbres sont les suivants :

Francisco Pizarro (1475-1541), au Pérou. Ancien combattant des guerres d'Italie, il passe dans le Nouveau Monde et se lance à cinquante ans dans la conquête du Pérou. Débarqué à San Mateo (Équateur) en 1531, il pénètre dans l'Empire des Incas jusqu'à la capitale, Cuzco. Avec 150 cavaliers seulement, il exploite les faiblesses de l'Empire, guerres serviles et luttes dynastiques, s'empare de l'empereur Atahualpa (1533) et pille les temples de Cuzco. Des disputes éclatent entre les conquérants, qui conduisent à l'assassinat de Pizarro ; mais le Pérou, désormais, est aux mains des Espagnols.

Diego de Almagro (1475-1538), au Chili. Lui aussi participe avec Pizarro à la conquête du Pérou, à partir de 1533. Mais, en 1534, des dissensions avec le conquistador l'amènent à partir pour le Chili. Rentré au Pérou en 1537, il tâche de soustraire à Pizarro la domination sur Cuzco, est vaincu et exécuté.

Francisco de Orellana (1511-1546) et le cours de l'Amazone. Il participe à la conquête du Pérou et part en 1538, avec Pizarro, dans une expédition vers l'intérieur de l'Amérique du Sud. Son détachement s'étant trouvé séparé du reste de l'expédition, il descend l'Amazone jusqu'à son embouchure (1540) : le récit des combats de ses soldats avec les guerrières Coniapayara explique le nom donné à ce fleuve.

La guerre des paysans s'éteint dans le sang

L'ALLEMAGNE DE LA RÉVOLTE

Le 15 mai 1525, à Frankenhausen, en Thuringe, 8 000 paysans livrent bataille aux troupes du prince-Électeur de Saxe, qui les massacrent. Quelques jours plus tard, leur chef, Thomas Münzer, est décapité après avoir été abominablement torturé. La répression qui s'abat sur les révoltés dans tous les pays allemands fait environ 100 000 morts.

Ce que les contemporains baptisent d'emblée « la guerre des Paysans » est le point culminant d'une longue série de révoltes. La pauvreté des campagnes, jointe à une angoisse mystique diffuse, en suscite régulièrement dans toute l'Allemagne, depuis la fin du XVe siècle. En 1525, les paysans se réclament de la pensée de Martin Luther, qui, huit ans plus tôt, a affiché ses thèses sur la liberté chrétienne : mais cette liberté que le réformateur entend dans une acception théologique, les humbles l'interprètent sur un plan très matériel. Münzer est un ancien prêtre catholique passé dans le camp de l'anabaptisme — secte chrétienne qui dénie toute valeur au sacrement du baptême conféré à des enfants —, son charisme lui permet de transformer les revendications des paysans en une véritable idéologie, une sorte de communisme agraire. De telles prétentions horrifient les autorités de l'époque, ainsi que Luther lui-même, qui appelle à châtier sans faiblesse les « hordes pillardes et meurtrières des paysans ».

L'immense détresse du monde rural

L'existence d'un mouvement collectif de désespoir dans l'Allemagne en pleine croissance économique du début du XVIe siècle pourrait paraître surprenante. Mais la prospérité des villes, où s'épanouit une bourgeoisie commerçante, ne doit pas occulter la médiocre situation des campagnes. En fait, les zones rurales souffrent, plutôt qu'elles ne bénéficient, de la croissance des villes. La hausse des prix agricoles, déterminée par la plus forte demande urbaine, incite les seigneurs à faire valoir leurs droits sur des terres qu'ils avaient jusque-là abandonnées à des tenanciers contre une redevance symbolique. Ces droits sont financiers, ou parfois juridiques : la fin du XVe siècle et le début du XVIe correspondent en effet à l'époque où s'établit, dans les régions orientales de l'Allemagne, le servage. Forcés de vendre l'essentiel de leur récolte pour payer leurs redevances ou de la livrer gratuitement aux seigneurs s'ils sont serfs, les paysans, exsangues, souffrent de plus en plus de terribles disettes.

Cette situation explique la rébellion d'une partie de cette communauté. En Allemagne du Sud — entre Tyrol et Thuringe —, les habitants des campagnes, excédés d'avoir sans cesse à payer, s'organisent, dans les premières années du XVIe siècle, en des communautés qui exigent l'octroi d'une réelle autonomie face au pouvoir des villes et protestent collectivement contre l'excès de taxes. Lorsque Luther commence à publier son appel à la révolte contre les abus et les erreurs de l'Église, ces mécontents voient dans ses écrits comme une incitation à se soulever, non seulement contre le pouvoir spirituel, mais aussi contre toutes les autorités temporelles : les princes et les propriétaires de biens.

L'utopie « münzerienne »

Thomas Münzer, qui fut un temps un protégé de Luther, développe, quant à lui, une pensée beaucoup plus radicale que celle des paysans. Inspiré par une tradition millénariste, c'est-à-dire par la conviction que la fin du monde est proche et que les hommes doivent, d'urgence, se réformer, il invente, en 1521, dans le *Manifeste de Prague,* l'utopie d'une société idéale entièrement soumise au Christ, où régneraient l'égalité et la concorde entre les hommes. Mais cette société, pour exister, doit être précédée d'un embrasement total du monde, duquel survivront seulement quelques convertis prêts à bâtir un monde nouveau. C'est pour provoquer cet embrasement qu'il prend la tête des paysans soulevés.

Scène de la guerre des Paysans : le chef, à cheval, porte une chape ecclésiastique, confisquée dans une église ; un noble est emmené en otage par la bande des rebelles.

Exécution de rebelles : en 1525, au terme de la guerre des Paysans, puis de nouveau en 1534, après l'échec de l'aventure anabaptiste de Münster, la répression fut terrible.

Un paysan révolté (détail d'une gravure sur bois de 1522).

Une révolution paysanne ?

Le prédicateur fanatique circule ainsi dans toute l'Allemagne pour prêcher l'insoumission. Même là où il ne se rend pas, les paysans s'organisent. Mais leurs revendications sont alors purement pragmatiques. À Menningen, en Haute-Souabe, 40 000 d'entre eux, répartis en six groupes, délèguent ainsi à une diète le soin de rédiger une charte en douze articles où ils réclament — notamment — le droit de chasse, l'abrogation du servage et des redevances féodales. Les seigneurs cèdent ponctuellement, misant sur le temps pour que le mouvement s'apaise de lui-même. Mais la colère des paysans, stimulés par la parole enflammée de Münzer, s'avère singulièrement plus tenace et dangereuse qu'ils ne s'y attendent…

En Alsace, au début de 1525, le soulèvement des paysans connaît son apogée. En quelques semaines, organisés en bandes armées, les rebelles se rendent maîtres de tout le pays, détruisant plusieurs centaines de châteaux forts. Leur troupe, peu habituée à la discipline, est contrôlée par des chefs, qui leur fournissent les cadres d'une organisation minimale. Certains de ces chefs sont nobles, quoique pauvres : ainsi le fameux Götz von Berlichingen, héros romantique avant la lettre, qui inspirera plus tard l'écrivain Goethe. À Mulhausen, du 17 mars au 25 mai, Münzer en personne anime une éphémère commune populaire selon le principe *omnia sunt communia,* « toutes les choses sont communes ».

L'hallali

À ce point de radicalisme, les seigneurs ne peuvent plus temporiser. Dès lors, la répression s'organise. Luther, le premier, renie ceux qui ont osé se réclamer de sa pensée — au risque de perdre celle-ci dans la réputation de la majorité des chrétiens : « Chers Seigneurs, poignardez, pourfendez et égorgez à qui mieux mieux ! » écrit-il. L'empereur Charles Quint ordonne à ses mercenaires, qui viennent de remporter en Italie la victoire de Pavie, de revenir en hâte vers le nord, afin de rétablir l'ordre en Alsace, en Forêt-Noire ou dans le pays de Bade. Les villes où se sont établies des municipalités « libres » sont prises d'assaut, et tous leurs habitants passés au fil de l'épée, comme à Heilbronn. En Thuringe, la rencontre décisive a lieu au pied d'une colline, aux abords de la ville de Frankenhausen. Jusqu'au bout, Münzer se comporte en prophète plus qu'en chef militaire. Le margrave Philippe de Hesse — surnommé étrangement le Magnanime — sabre sans états d'âme ces combattants de fortune. Six cents hommes, faits prisonniers, sont décapités quelques jours après cette confrontation.

La révolte est écrasée dans le sang, tout comme le sera, dix ans plus tard, en 1535, la commune utopique de Münster, inspirée par des anabaptistes disciples posthumes de Münzer… Mais cette guerre des Paysans, première grande révolte sociale d'Allemagne, légitime paradoxalement le luthéranisme, en faisant apparaître celui-ci comme une religion s'appuyant sur les autorités.

Dix ans plus tard, Münster…

En 1534, à Münster, en Westphalie, un tailleur de pierre nommé Jean de Leyde tente de faire revivre la société utopique, communiste et anabaptiste, prêchée naguère par Thomas Münzer.

Un communisme radical. Cette année-là, avec l'aide d'anabaptistes chassés des Pays-Bas, il s'empare du pouvoir dans la ville et y instaure, sous le nom de « roi de la nouvelle Sion », son gouvernement absolu. La ville devait constituer la base d'un royaume progressivement étendu, par voie de conquête, à toute la terre, et donc celle d'un nouvel ordre social, moral et politique, d'où seraient exclus les pécheurs. En attendant, la polygamie est instituée, en même temps que la mise en commun de tous les biens matériels.

Une fin sanglante. Assiégée par des troupes protestantes et catholiques menées par l'évêque de la ville, Münster est reprise, le 24 juin 1535, au terme de terribles combats. La révolte est noyée dans le sang, tous les chefs anabaptistes sont exécutés après d'affreuses tortures.

Une nouvelle dynastie établit son pouvoir en Inde

L'EMPIRE MOGHOL

Rendue vulnérable au XIVe siècle par son morcellement en de nombreux sultanats et royaumes, l'Inde est envahie et unifiée au début des années 1500 par les descendants du terrible conquérant Tamerlan (Timur Lang). L'Empire moghol connaît pendant deux siècles un remarquable essor culturel et artistique, grâce à l'harmonie des traditions hindoues et persanes.

La splendeur de l'empire des Grands Moghols, dans lequel l'extrême raffinement des mœurs côtoie la férocité de guerres incessantes, est l'œuvre de la lignée des souverains, lointaine postérité des grands aventuriers mongols, qui ont établi leur domination sur l'Inde. Après le conquérant Babur, la personnalité hors du commun de l'empereur moghol Akbar, qui sait, par sa tolérance, s'attacher les hindous, ouvre la voie au grand siècle classique de Djahangir et Chah Djahan.

L'empereur moghol Akbar reçoit une ambassade (miniature moghole du XVIe siècle, Londres, Victoria and Albert Museum).

Babur la Panthère et Akbar le Très Grand

À la fin du XVe siècle, la péninsule, morcelée en de nombreux petits États, musulmans ou hindous, constitue une proie facile pour un conquérant audacieux. C'est le cas du prince Baber ou Babur (la « Panthère »), descendant de Gengis Khan par sa mère, et Timuride — c'est-à-dire descendant de Timur Lang — par son père. Après plusieurs vaines tentatives pour s'installer en Asie centrale, dans la région de Samarkand, où il se heurte à la résistance des Ouzbeks, il pousse plus loin ses ambitions et, depuis l'Afghanistan, dont il est devenu le maître en 1504 (conquête de Kaboul), il franchit, à la tête d'une armée de 12 000 hommes, les frontières de l'Inde (1525). Il bat alors dans la plaine de Panipat les troupes d'Ibrahim Lodi, souverain du plus considérable des sultanats de l'Inde, celui de Delhi, et, en 1527, installe ses forces à Delhi et à Agra. Lorsqu'il meurt, en 1530, son empire s'étend de l'Afghanistan au Bangladesh. Après le court règne de son fils Humayun, l'empire timuride de l'Inde est définitivement stabilisé par le petit-fils de Babur, Akbar (1556-1605), monté sur le trône à l'âge de treize ans. Akbar se révèle à la fois un guerrier valeureux et un administrateur de premier ordre. Le luxe de sa cour, l'organisation de fêtes somptueuses préfigurent la splendeur de l'Empire moghol au siècle suivant. Avec un

L'Inde du XIIIe au XVe siècle

Au début du XIIIe siècle, l'Inde devient la cible de raids successifs menés par les Turcs musulmans établis en Afghanistan. À cette époque, le conquérant Muhammad de Rhur se rend maître du Pendjab et de Delhi, fondant **le sultanat de Delhi, qui annexe la majeure partie du Deccan et devient la plus grande puissance de l'Inde du Nord.** L'islam est la religion officielle de ce grand État, et c'est à Delhi qu'est construite la première grande mosquée.

Cinq dynasties successives occupent le trône de Delhi, jusqu'à celle des Lodi, qui règne de 1421 à 1526. **Cependant les sultans de Delhi n'arrivent jamais à réaliser l'unité complète de l'Inde** : les guerres contre les gouverneurs des provinces, la formation de sultanats indépendants, la terrible invasion de Timur Lang, qui, en 1398, pille Delhi et massacre toute sa population, sont les facteurs de la désagrégation du sultanat de Delhi. **Cette désagrégation même est le facteur qui permet à Babur d'envahir l'Inde, un siècle plus tard.**

L'arrivée des Européens en Inde

Les premiers Européens qui abordent le sous-continent découvrent une civilisation brillante, mais aussi un pays économiquement faible et politiquement divisé.

Le Portugal. Les Portugais Vasco de Gama en 1498 puis Pedro Álvarez Cabral en 1500 profitent des conflits locaux entre hindous et musulmans pour fonder, à Cochin, Goa et Bombay, des comptoirs commerciaux florissants.

L'Angleterre et les Provinces-Unies. Les Anglais et les Hollandais débarquent en Inde au début du XVIIe siècle et se trouvent en concurrence pour établir leurs factoreries. La Compagnie anglaise des Indes orientales, créée en 1600, se fixe à Bombay, à Madras et au nord du golfe du Bengale. Les Hollandais s'installent sur la côte orientale de la péninsule et à Ceylan.

La France. Les Français sont les derniers à s'implanter en Inde : après l'institution de la Compagnie française des Indes orientales, par Colbert, en 1664, un comptoir est créé à Pondichéry. Masulipatam, Mahé, Yanaon, Calicut et Karikal ne passeront sous contrôle français qu'au XVIIIe siècle.

sens politique profond, Akbar met fin à l'hostilité qui règne entre hindous et musulmans en instituant une société et une culture « mogholes », qui intègrent la diversité des peuples de son empire. L'obstacle le plus important de cette fusion étant celui de la religion, Akbar rompt, en 1582, avec l'islam et se proclame chef d'une nouvelle religion, la « Divine Foi », alliance du monothéisme musulman et du polythéisme hindou.

L'apogée de l'Empire moghol

La tolérance d'Akbar et de ses successeurs, Djahangir (1605-1627) et Chah Djahan (1628-1658), permet l'apparition de l'art original qui s'épanouit au XVIIe siècle en Inde. Autorisés à représenter des êtres animés (ce que l'islam interdit rigoureusement), les peintres exécutent d'admirables miniatures qui évoquent les activités et les distractions de l'empereur et de son entourage. Sous le règne de Djahangir (le « Conquérant du monde »), la ville d'Agra, avec ses nouvelles constructions et ses jardins enchanteurs, fournit un cadre prestigieux à sa cour, où la poésie, la musique et tous les arts sont à l'honneur. Chah Djahan (« le Magnifique »), le plus grand bâtisseur de la dynastie moghole, innove en imposant comme matériau le marbre le plus blanc pour la construction des monuments, telle la mosquée de la Perle, à Agra. À la mort de son épouse bien-aimée, il fait ériger dans un vaste jardin son mausolée, le Taj Mahal, pure merveille de marbre ajouré garni de mosaïques de pierres précieuses. À Delhi, où il installe alors sa capitale, il édifie la plus grande mosquée de l'Inde.

La tyrannie d'Aurangzeb

Le règne du fils de Chah Djahan, Aurangzeb, contient les prémices du déclin du grand Empire. Arrivé au pouvoir en 1658 après avoir emprisonné son père et assassiné ses trois frères, le nouveau souverain est un conquérant et un administrateur de valeur, qui agrandit encore l'empire de ses prédécesseurs. Mais il est un musulman fanatique qui se proclame « Protecteur de la foi » : abandonnant la politique de tolérance de ses aïeux, il interdit tout ce qui n'est pas conforme à l'islam. Il doit alors faire face aux révoltes provoquées par sa politique d'annexion et son fanatisme religieux : les sikhs, une secte religieuse du Pendjab, sous la direction de leurs chefs, ou guru, mènent une lutte impitoyable contre l'empire timuride ; les Marathes, un peuple guerrier du Deccan, avec leur roi Sivaji, constituent une menace permanente ; enfin, les Rajputs, un peuple du nord de l'Inde (dans la région de Jodhpur), se soulèvent à plusieurs reprises. Le règne d'Aurangzeb, que les Occidentaux découvrent grâce aux récits de François Bernier, Français qui vit à Delhi de 1658 à 1666, se termine sur la dégradation irréversible de l'Empire moghol, qui s'effondre définitivement à la fin du XVIIIe siècle.

Le Taj Mahal, tombeau d'une impératrice aimée, est l'un des joyaux de l'architecture moghole.

Un divorce qui tourne à la rupture religieuse

LE SCHISME ANGLICAN

Le 23 mai 1533, le roi d'Angleterre Henri VIII, deuxième souverain de la dynastie Tudor, divorce de sa première femme Catherine d'Aragon et épouse Anne Boleyn, dame d'honneur de la reine, qu'il fait couronner quelques jours plus tard. L'événement provoque l'excommunication du roi par le pape Clément VII, premier épisode d'un schisme qui s'avérera définitif.

Peu de choses, pourtant, auront manqué pour que le schisme soit évité. En 1533, en effet, le roi est depuis six ans en tractations avec la papauté pour obtenir que son mariage soit annulé et qu'il puisse se remarier sans rompre avec l'Église. Plusieurs arguments doivent, en bonne analyse, jouer en sa faveur : la précarité de la façon dont sa descendance est assurée – il ne survit, des enfants que lui a donnés Catherine, qu'une fille, Marie ; et surtout le degré de parenté entre le roi et sa femme, qu'il a épousée sans dispense, alors qu'elle était la veuve de son frère aîné Arthur.

Une demande qui vient au mauvais moment

Le passé du souverain devrait aussi inciter le pape à la compréhension. Prince raffiné et cultivé, connaissant le latin, le français, l'espagnol, Henri VIII se comporte en effet, jusqu'à l'affaire du divorce, comme un prince distingué et un soutien sûr des catholiques : n'a-t-il pas participé à la Sainte Ligue, en 1511 ? Et n'a-t-il pas lancé contre Luther, en 1521, une réfutation en règle, l'*Assertio septem sacramentorum* (l'Affirmation des sept sacrements) qui lui a valu de Léon X le titre de « Défenseur de la foi » ?

Mais la demande d'annulation intervient à un très mauvais moment. Elle est formulée pour la première fois en 1527, c'est-à-dire l'année du « sac » de Rome, au moment où le pape Clément VII se trouve prisonnier des troupes de Charles Quint, neveu de Catherine. C'est cette situation politique, dont les effets perdurent dans les années suivantes, qui explique l'intransigeance du pape. Elle conduit Henri, après quelques années de patience, à chercher d'autres solutions que l'aval pontifical : à l'automne 1529, les universités européennes sont consultées sur la question du divorce royal et un grand nombre d'entre elles, hors des terres soumises à Charles Quint, se prononcent en faveur de la demande d'Henri ; au printemps 1533, une cour réunie sous la présidence de l'archevêque de Canterbury, Thomas Cranmer, nommé par Henri, qui s'est fait reconnaître, entre-temps, chef suprême de l'Église d'Angleterre, prononce le divorce. Catherine, reléguée loin de la cour depuis 1531, meurt trois ans plus tard.

L'établissement de l'anglicanisme

Ce n'est pas la première fois, dans l'histoire, qu'un souverain est excommunié. La crise passée, une réconciliation intervient générale-

Portrait d'Henri VIII, roi d'Angleterre (1509-1547) et d'Irlande (1541-1547) *[peinture d'Holbein le Jeune, Rome, Galleria Nazionale Barberini, vers 1540 ; détail].*

L'Angleterre en 1533

Une nouvelle dynastie règne dans le pays, depuis la fin de la guerre des Deux-Roses : **les Tudors,** montés sur le trône en 1485 avec Henri VII.

Henri VIII est le deuxième souverain de cette dynastie. Second fils d'Henri VII, il a été couronné en 1509, et a épousé la même année **Catherine d'Aragon,** qui était la femme de son frère aîné Arthur, mort en 1502.

Vingt-quatre ans après ce mariage, les deux époux n'ont conservé qu'**une fille, Marie,** née en 1516, des enfants qu'ils ont conçus. Le roi s'inquiète pour sa descendance, et son tempérament le porte, par ailleurs, vers des femmes plus jeunes que Catherine.

A. Boleyn, deuxième femme du roi décapitée.

ment, qui fait que le royaume du souverain exclu de l'Église rejoint le sein de celle-ci. Il n'en va pas de même dans le cas d'Henri VIII. Le souverain anglais, en effet, profite d'un anticléricalisme très ancien de la société anglaise, qui reproche à la papauté sa fiscalité trop lourde et aux ordres monastiques leur extrême richesse. Surtout, la rupture intervient à un moment sensible de l'histoire de la chrétienté : moins de quinze ans après le début de la Réforme luthérienne, au moment où celle-ci s'est suffisamment répandue pour qu'il soit envisageable de penser que le pape peut ne pas avoir raison et qu'une Église chrétienne peut exister en dehors de Rome. En se faisant reconnaître chef de l'Église du royaume, Henri franchit un premier pas décisif, en 1530 ; l'année qui suit son excommunication, il rend définitive cette séparation de l'Église anglaise avec l'autorité de Rome, en faisant voter l'*Acte de Suprématie,* qui confirme la dépendance exclusive de l'Église anglaise par rapport à lui. En 1535, le roi fait exécuter ceux qui refusent de reconnaître le nouvel état de droit : l'ancien chancelier du royaume Thomas More, auteur du célèbre essai politique l'*Utopie,* et l'évêque Jean Fisher – deux hommes que l'Église canonisera au XXe siècle. En revanche, Henri ne se mêle pas d'intervenir sur le fond de la théologie catholique : ses *Six Articles* de 1539 maintiennent l'intégralité du dogme formulé par Rome, et ce n'est que sous le règne de son fils Édouard VI que la politique ecclésiastique s'orientera vers les thèses protestantes.

Le Martyre de Thomas More *(détail d'une peinture d'A. Caron, musée de Blois).*

Une œuvre extérieure également décisive

Du point de vue de la politique étrangère, l'œuvre d'Henri VIII se traduit en termes d'équilibre entre les deux grandes puissances de l'époque : la France et l'Espagne. La première guerre qu'il mène sur le continent est dirigée contre la France (1512-1513), qu'il vainc à la bataille de Guinegatte : c'est la *Journée des éperons* (16 août 1513), où les chevaliers français fuient presque sans combattre, utilisant leurs éperons pour aiguillonner leurs chevaux plutôt que leurs armes pour affronter l'ennemi. Puis le roi se réconcilie avec la France, donnant à Louis XII sa sœur en mariage (1514). Mais il refuse à François Ier son soutien pour l'élection au trône impérial, après l'entrevue du *Camp du Drap d'or* (1520), où le Français tâche malencontreusement d'impressionner Henri par un faste excessif. Enfin, un nouveau revirement intervient après 1525, quand la puissance de Charles Quint, maître des deux tiers de l'Europe continentale et possesseur de la première flotte mondiale, inquiète le roi d'Angleterre.

Le souverain britannique apparaît ainsi, en politique étrangère comme dans son œuvre religieuse, comme un esprit avant tout pratique et opportuniste, capable de tous les revirements, pour le bien de son propre règne et pour celui de son pays.

Les six femmes d'Henri VIII

C'est le tempérament passionné du roi mais aussi l'obsession d'assurer sa descendance, alors que le souvenir de la guerre des Deux-Roses reste présent, qui expliquent les mariages d'Henri VIII.

Catherine d'Aragon (reine de 1509 à 1533). Fille des Rois Catholiques, Ferdinand d'Aragon et Isabelle de Castille, épouse, en 1501, du prince de Galles Arthur, qui meurt en 1502, elle est donc la belle-sœur, avant d'être la femme, d'Henri VIII. Des six enfants qu'elle eut du roi, un seul survécut : Marie, qui sera plus tard Marie Ire (Marie Tudor ou Marie la Sanglante).

Anne Boleyn (reine de 1533 à 1536). L'ancienne dame d'honneur de Catherine d'Aragon ne donne au roi, à nouveau, qu'une fille : la future Élisabeth Ire. Très impopulaire dans le royaume, elle est accusée d'adultère et décapitée trois ans après son couronnement.

Jane Seymour (reine de 1536 à 1537). Épousée le lendemain de l'exécution d'Anne, elle meurt peu après la naissance d'un fils, le futur Édouard VI.

Anne de Clèves (reine en 1540). Ce mariage est une affaire politique, arrangée pour rapprocher le royaume du parti protestant. Mais la mariée est jugée décidément trop laide : l'union est annulée l'année même de sa conclusion.

Catherine Howard (reine de 1540 à 1542). Poussée par le parti adverse de celui qui avait provoqué le mariage avec Anne de Clèves, la nouvelle reine est bientôt jugée, et décapitée, pour son inconduite.

Catherine Parr (reine à partir de 1543). C'est la seule des femmes d'Henri VIII qui survécut à son mari. Mariée au roi en troisièmes noces, elle se remaria après la mort de celui-ci.

La naissance de la Nouvelle-France

JACQUES CARTIER

Le 24 juillet 1534, bien en vue, près de l'actuelle Gaspé au Canada, le Malouin Jacques Cartier fait ériger une grande croix ornée de fleurs de lys et portant la devise « Vive le Roy de France ». Puis, avec ses hommes, il s'agenouille et prie. Ainsi, suivant l'usage institué par les explorateurs portugais, il prend possession au nom de François Ier des rivages qu'il parcourt depuis plusieurs semaines.

Ce Breton de quarante-trois ans n'est pas le premier à s'aventurer dans ces parages : plus de trente ans auparavant, Jean Cabot, pour le compte du roi d'Angleterre, a accosté au Labrador, et les autres marins de Saint-Malo sont familiers des côtes poissonneuses de Terre-Neuve.

Les obstacles initiaux

Comme, avant lui, Colomb et Magellan, Cartier est hanté par la fièvre de l'or et des épices et par les légendaires richesses de la Chine (le pays de Cathay). Il songe à s'y rendre en contournant le continent américain, contrôlé au sud par les Espagnols et les Portugais. La découverte de ce « passage du Nord-Ouest » intéresse vivement l'ambitieux François Ier : il permettrait de placer le royaume, un peu en retard, dans la course au Nouveau Monde ; il permettrait surtout de s'affirmer face à la puissance voisine et rivale : l'Espagne.

Le premier voyage

Parti le 20 avril 1534, Cartier revient cinq mois plus tard. Bloqué par la débâcle des glaces sur la côte désolée du Labrador, il a longé la rive ouest de Terre-Neuve et atteint les doux pays des chaleureux Indiens Micmacs (le Nouveau-Brunswick actuel), où fleurissent rosiers, framboisiers et groseilliers...

Les voyages de Cartier.

Le domaine des « Indiens »

Sur une superficie 35 fois plus vaste que la France vivent **1 à 2 millions d'« Indiens »,** selon l'expression fausse de Christophe Colomb.

Dispersés en **plusieurs centaines de tribus,** parfois fédérées comme la « Ligue des 5 nations iroquoises », le plus souvent, ils s'ignorent. En effet, tout les sépare, les distances, la langue et le mode de vie : agriculteurs sédentaires comme les Creeks ou les Cherokees au sud ; cultivateurs de maïs comme les Hopis ou éleveurs nomades comme les Apaches et les Navajos au sud-ouest ; traqueurs de bisons comme les Cheyennes des Grandes Plaines ou chasseurs et pêcheurs comme les Algonquins et les Iroquois au nord-est. Enfin, ces « peaux-rouges » présentent des caractéristiques physiques variées.

Moins élaborée que celles de leurs cousins d'Amérique du Sud, leur civilisation repose sur **une profonde connaissance de la nature,** mais elle est mal connue car ils ignorent l'écriture, comme d'ailleurs le fer, le cheval et les armes à feu.

De ce premier voyage, Cartier ne rapporte ni le passage du Nord-Ouest ni des cargaisons d'or, mais seulement la perspective de trafics de fourrures et les deux fils d'un chef huron, comme gage de sa bonne foi.

La découverte du Saint-Laurent

Reparti pour un deuxième voyage, le 10 août 1535, fête de saint Laurent, il découvre une vaste baie. Il ignore que c'est l'embouchure d'un fleuve et espère que c'est le fameux passage. Guidé par les deux jeunes Hurons qui servent à présent d'interprètes, il en remonte le cours jusqu'à un territoire que ses hommes baptisent, pour avoir entendu les Indiens en parler, « Canada » (« village », en huron). Ils sont émerveillés – on est en septembre – par la beauté du paysage et par la fertilité du sol de Stadaconé, la « capitale » du chef Donnacona (les Indiens qui l'occupèrent par la suite l'appelèrent Québec). D'abord amical, Donnacona cherche ensuite,

Jacques Cartier prend possession de la Nouvelle-France au nom du roi *(illustration d'Eugène Couénin, 1900).*

sous prétexte d'un mauvais présage, à dissuader Cartier de poursuivre la remontée du Saint-Laurent. Ce dernier vient à bout de ces réticences par une salve de canons bruyante et spectaculaire. Et il parvient ainsi avec une partie de ses compagnons, le 2 octobre, au village d'Hochelaga, au pied d'une majestueuse colline qu'il appelle mont Royal ou Montréal.

Les mois qui suivent sont terribles. De la mi-novembre 1535 à la mi-avril 1536, les navires sont pris dans la glace. La neige monte au-dessus des bordages. Une terrible épidémie de scorbut sévit. Cartier lui-même est atteint et très affaibli, lorsqu'il note le rétablissement spectaculaire d'un des interprètes hurons. Celui-ci lui indique une tisane souveraine à base d'annedda (épinette blanche) qui sauve les dernières vies.

Donnacona, victime ou affabulateur ?

Le retour des beaux jours apporte de nouveaux soucis. Les Français ont été décimés alors que Donnacona aligne des troupes fraîches et nombreuses. Son attitude manque de franchise ; il prépare, semble-t-il, un coup de force. Cartier choisit de prendre les devants : par ruse, il fait monter Donnacona à bord de l'un de ses navires et négocie avec ses sujets le droit de l'emmener en France avec d'autres Indiens.

Mais Cartier rentre au mauvais moment, le 16 juillet 1536 : François Ier a trop à faire, cette année-là (il combat Charles Quint), pour penser à la « Prouvynce du Canada ». Ce n'est

Jacques Cartier découvre l'embouchure du fleuve Saint-Laurent *(peinture française du XIXe siècle, Versailles, château).*

qu'en 1540 qu'on reparle d'une expédition ambitieuse : Cartier est promu capitaine général de la flotte du Canada et il est question de colonisation.

Le combat des chefs : Cartier et Roberval

En 1541, Cartier doit repartir ; à cause des embûches dressées par les Espagnols et par ses compatriotes malouins, il n'a pu achever les préparatifs de l'expédition. On le dessaisit de son commandement au profit d'un personnage de peu d'envergure, Jean-François de La Rocque de Roberval. Cartier, piqué au vif d'avoir été privé d'une partie des responsabilités dans l'entreprise qu'il a mise sur pied, parvient quand même à s'embarquer, le 23 mai 1541, avec des bâtiments chargés de vivres pour deux ans. Il fonde, non loin de Stadaconé, Charlesbourg-Royal, qui deviendra la capitale de la future colonie ; il y plante des graines venues de France, puis part en exploration en amont du Saint-Laurent.

En juin 1542, Roberval arrive enfin au large du Canada. Croisant Cartier, qui rentre alors en France, il arrive juste à temps pour faire la première moisson à Charlesbourg, qu'il rebaptise « Francy-Roy ». Mais, rapidement, les conditions de vie se dégradent pour les colons peu expérimentés et mal encadrés. Bientôt affamés, ils sont décimés par la maladie. Cartier est chargé, en 1543, d'aller rapatrier les survivants, ce qui consacre l'échec lamentable de l'entreprise.

La fin d'un rêve ?

Cartier meurt en France en 1557, lors d'une épidémie de peste. Son aventure, malgré l'insuccès immédiat, a du moins permis de nouer des liens avec ce que les hommes de Roberval ont appelé « la Nouvelle-France ». Lorsque Champlain reprendra la route du Canada, au début du XVIIe siècle, l'aventure recommencera.

→**Voir aussi** : p. 316-317 (Signature du traité de Paris).

La lutte pour la domination en Amérique

Au Sud : des corsaires contre les Espagnols. Dans les années qui suivent la découverte de l'Amérique, l'Espagne et le Portugal acquièrent un monopole sur l'isthme et la moitié sud du continent. Les autres puissances européennes n'ont d'autre possibilité, pour profiter des richesses de cet immense ensemble territorial, que de se livrer à la piraterie contre les galions chargés d'or qui traversent l'Atlantique : d'où les exploits des Anglais Francis Drake et John Hawkins.

Dans le nord, la voie reste libre pour les ambitions d'autres pays. La lutte oppose les Français et les Anglais. Dans un premier temps, avec la fondation de Québec par Samuel de Champlain en 1608, la France prend l'avantage. Mais, en 1635, l'établissement français végète, avec seulement 85 résidents. À l'inverse, en Angleterre, les candidats à l'émigration sont nombreux parmi les minorités religieuses persécutées, comme les « Pères pèlerins ». C'est l'origine d'un conflit et du triomphe des Anglais sur les Français.

1541

Jean Calvin est rappelé à Genève

L'AUTRE RÉFORME

Le 13 septembre 1541, un événement considérable se produit à Genève, la grande ville de la Suisse romande passée à la Réforme protestante au début des années 1530 : le réformateur français Jean Calvin, qui avait séjourné une première fois dans la ville entre 1536 et 1538, y est rappelé, cette fois définitivement.

Cette installation inaugure l'instauration d'un régime théocratique à Genève et constitue l'acte de naissance d'une nouvelle tendance de la Réforme protestante : le calvinisme.

Jean Calvin, ou la Réforme après Luther

Né à Noyon, en Picardie, en 1509, Jean Calvin appartient à la deuxième génération des réformateurs. Étudiant en droit, puis en théologie, versé dans les langues anciennes – le latin, bien sûr, mais aussi le grec et l'hébreu – , il fréquente les milieux humanistes et c'est par eux qu'il se familiarise avec le débat religieux du temps. En novembre 1533, gagné à la Réforme, il est à l'origine d'un premier scandale : il profite de la rentrée de l'université de Paris pour faire prononcer à son ami, le recteur Cop, une apologie des thèses luthériennes. À la suite de quoi il est obligé de se retirer en province. Un an plus tard, en octobre 1534, l'« affaire des Placards » – un tract hostile aux catholiques, affiché en de nombreux exemplaires et jusque sur la porte du roi – détermine François Ier à s'engager dans une politique de répression anti-protestante : Calvin, alors, s'exile. Après un séjour en Italie, il se fixe à Genève.

La Réforme, vingt ans après

En 1541, **Luther est encore vivant** (il meurt en 1546). **Sa Réforme,** inaugurée en 1517 par la publication des 95 thèses, **s'est considérablement répandue.** Elle a atteint la majorité des régions germaniques, les pays scandinaves et baltes, et, sous une forme particulière, l'Angleterre d'Henri VIII. Dans une moindre mesure, elle a pénétré en France ; et elle a touché une partie de la Suisse alémanique et romande : Genève est devenue protestante en 1533.

Les crises traversées dans les premiers temps du luthéranisme **sont alors dépassées** : la guerre des Paysans (1524-1526), la folie anabaptiste de Münster (1534) ne sont plus que des souvenirs ; Ulrich Zwingli, principal contradicteur de Luther, est mort à la bataille de Kappel, en Suisse, en 1531 ; et les autres disciples de Luther, le très orthodoxe Melanchthon ou le plus personnel Martin Bucer, ont trouvé un terrain d'entente **(Concorde de Wittenberg).**

Le premier séjour genevois

Le choix de cette ville est déterminé par l'appel que lui adresse un autre réformateur, qui est en même temps son ami : le Français Guillaume Farel (1489-1565), premier introducteur du protestantisme à Genève.

D'abord professeur de théologie, puis pasteur, Calvin, qui publie en 1536 la première version, en latin, de son *Institution de la religion chrétienne,* entreprend de consolider l'œuvre de Farel. Son projet est d'établir dans la ville une rigoureuse discipline morale et religieuse que l'État, c'est-à-dire le gouvernement de Genève, fera respecter par les citoyens. Ses *Articles sur le gouvernement de l'Église locale,* rédigés en 1537, donnent le pouvoir à une compagnie de pasteurs et instituent une police chargée de veiller au maintien des bonnes mœurs, à la fréquentation du culte ou à l'interdiction des danses. Ce programme se heurte, comme cela était prévisible, à l'opposition d'une partie de la population : au printemps 1538, Calvin entre en conflit avec les magistrats de la cité, qui refusent d'appliquer des peines de bannissement dans les cas d'hétérodoxie. Il est contraint de quitter la ville.

Le retour du réformateur

Installé dès l'automne suivant à Strasbourg, ville protestante depuis 1530, située dans le Saint Empire romain germanique et où affluent les réfugiés protestants français à partir de 1534, Calvin y organise une paroisse, qui fournira plus tard le modèle des paroisses réformées de France.

Mais, en septembre 1513, un renversement de majorité s'étant effectué dans le Conseil de la ville, Calvin est rappelé à Genève. Désormais, il dicte ses conditions. Sept jours après son retour, les institutions de la ville votent ses *Ordonnances ecclésiastiques :* elles font de Genève un État où la politique et la religion sont confondues, donc où chaque citoyen est soumis à l'autorité de l'Église, en l'occurrence des pasteurs nommés par le gouvernement, qui se réunissent en congrégations hebdomadaires et en synodes mensuels

Portrait de Jean Calvin *(1509-1564) [peinture suisse ou allemande du début du XVIIe siècle, Genève, collection Albert Rilliet].*

Genève au XVIe siècle (gravure, Paris, Bibliothèque nationale). La vieille ville s'étend principalement sur la rive gauche du Rhône, sur la colline où se dresse l'ancienne cathédrale Saint-Pierre, devenue temple à partir de la Réforme.

et participent à un consistoire chargé de surveiller les mœurs et la morale.

Intransigeance à l'intérieur

Dans un tel système, les infractions morales sont considérées comme des crimes et sanctionnées comme tels. Une opposition au réformateur sur des points de théologie est punie, dans le moindre des cas, par l'exil : il en va ainsi pour un ancien ami de Calvin, l'humaniste français Sébastien Castellion, forcé de quitter Genève pour Bâle, où il publie d'ailleurs par la suite, sous un pseudonyme, un manifeste en faveur de la tolérance, réfutation directe du gouvernement des esprits imposé par Calvin. Mais la controverse peut aussi se conclure par la mort. C'est ce qui se produit en 1553 : cette année-là, l'Espagnol Michel de Villanueva, ou Michel Servet, un médecin protestant réfugié à Genève pour fuir l'Inquisition, est arrêté et jugé parce qu'il nie le dogme de la Trinité. Au terme du procès, dans lequel Calvin joue un rôle essentiel, il est condamné et brûlé.

Portrait du théologien Michel de Villanuova, ou Michel Servet *(1511-1553)*.
En arrière, son exécution.

Au centre des débats théologiques, le salut

La question du salut est un des points sensibles sur lequel se fait la Réforme et qui divise ensuite les protestants, luthériens ou calvinistes.

Pour les catholiques : le salut par les œuvres. La théologie catholique met l'accent sur la liberté de l'individu (libre arbitre). Une fois baptisé (le baptême permettant d'effacer la faute originelle, le péché d'Ève), le chrétien peut, par l'accomplissement d'actes justes (les « œuvres ») ou par un repentir sincère des fautes qu'il a commises, mériter son salut.

Pour les luthériens : le salut par la foi. Luther, à l'inverse, insiste sur l'impuissance de l'homme à effectuer lui-même son salut (serf arbitre). Marqué définitivement par la faute originelle, il ne peut que pécher, non accomplir des actes justes. Ce ne sont donc pas les œuvres qui permettent au chrétien d'accomplir son salut, mais la parfaite confiance qu'il a en la bonté divine : sa foi en Dieu. Encore cette foi ne procède-t-elle pas d'un libre choix de l'homme : elle est accordée seulement à certains hommes, par grâce divine.

Calvin : la double prédestination. Calvin réduit encore la part de l'action humaine dans le salut. Pour lui, Dieu a choisi des élus avant la chute, et son Fils Jésus, par sa Passion, n'a sauvé que ces élus. Les hommes sont donc deux fois prédestinés, soit à être sauvés, soit à être damnés. Ceux que Dieu a choisi de sauver, ceux auxquels il a accordé sa grâce ne peuvent pas résister à cette grâce : si grands soient les péchés qu'ils accomplissent, ils seront sauvés pour l'éternité.

Rayonnement à l'extérieur

Dans un premier temps, tout au moins, cette intransigeance ne dessert pas l'image de la Genève calviniste. La ville devient un centre essentiel de diffusion du protestantisme. De son Académie, fondée en 1559 pour former des pasteurs, partent des missionnaires qui vont répandre la bonne parole en France, dans les pays germaniques, en Hongrie, en Pologne, en Écosse, en Angleterre. Le réformateur, qui, bientôt, ne rencontre plus aucune opposition à Genève, peut se concentrer sur son œuvre doctrinale : en 1559 paraît l'édition définitive, en latin, de l'*Institution de la religion chrétienne,* mais surtout est échangée une correspondance incroyablement abondante (plus de 4 000 lettres), qui permet à Calvin d'influencer les esprits du monde entier et, en France, de travailler à l'organisation des Églises réformées.

La pensée calvinienne se répand ainsi dans toute l'Europe : à la mort de Calvin, en 1564, le calvinisme est solidement implanté en France et est en voie de surpasser le luthéranisme dans les pays du nord et du nord-ouest de l'Europe.

La mauvaise conscience des conquistadores

L'ACTION DE LAS CASAS

Fixé à Cuba à partir de 1511, le prêtre Bartolomé de Las Casas dénonce l'injustice qui est à l'origine de la prospérité espagnole dans le Nouveau Monde : le mépris radical des Indiens et leur exploitation éhontée.

Las Casas n'est pas le premier Occidental à vitupérer les exactions des conquérants venus d'Europe à l'égard des indigènes d'Amérique. Mais sa personnalité et son expérience donnent un retentissement considérable à sa protestation. Fils d'un compagnon de Colomb, Las Casas, né en 1474 à Séville, accompagne dès 1498 son père dans le deuxième voyage de l'explorateur aux îles, puis traverse de nouveau l'Atlantique en 1502. Entré quelques années plus tôt dans l'ordre dominicain, licencié en droit, il cultive le projet de mener de l'autre côté de l'Océan une double carrière, ecclésiastique et administrative. En 1510, il est d'ailleurs ordonné prêtre à Saint-Domingue — cette ordination est la première qui ait lieu outre-Atlantique. Mais, progressivement, il découvre les réalités sociales et économiques du Nouveau Monde, et cette révélation le conduit à un travail intérieur qui modifie radicalement sa destinée. Il accomplit son premier acte politique à son propre détriment : bénéficiant, comme les autres colons espagnols, du système de l'*encomienda,* ou *repartimiento,* qui met à leur disposition des terres et des serfs indiens pour les exploiter, il renonce à sa concession et donc aux indigènes attribués par le gouvernement.

Portrait allégorique de Bartolomé de Las Casas (peinture du XIXe siècle, Mexico, Musée national d'Art).

Une alternative à l'encomienda

À Cuba, où il réside à partir de 1511, il se lance dans des prêches vigoureux contre les violences commises par les Espagnols : conscient du déclin numérique de la population américaine, soumise à un travail forcé rigoureux, exposée aux violences, aux maladies et à l'alcool, il exhorte ses compatriotes à plus de modération à son égard. L'hostilité qu'il rencontre le conduit à retourner en Espagne pour tâcher d'y obtenir l'oreille du souverain : il arrive en Europe peu avant le décès de Ferdinand le Catholique. Ce prêtre avisé connaît trop bien la réalité sur le terrain pour exiger des solutions radicales. La principale difficulté, pour l'exploitation du nouveau continent, réside dans le manque de main-d'œuvre. Las Casas en vient un moment à proposer de substituer systématiquement aux

---

Après la conquête espagnole

L'hécatombe. Si les envahisseurs européens, comme Cortés, laissent des milliers de victimes dans leur sillage, ce sont surtout les microbes qu'ils véhiculent avec eux (comme celui de la rougeole, par exemple) qui font les ravages les plus considérables sur des populations non immunisées. Ainsi, de 80 millions d'Amérindiens à la fin du XVe siècle, on serait passé, un siècle plus tard, à moins de 10 millions. Cette dépopulation, synonyme de main-d'œuvre défaillante pour les Espagnols, explique largement le recours à la traite des Noirs.

La fin des civilisations précolombiennes. Des foyers durables de résistance se manifestent, ainsi celui des Araucans au Chili, mais la conquête entraîne, c'est le plus évident, la destruction de l'organisation sociale et politique préexistante. Le bouleversement vient aussi de ce que les Européens introduisent de nouvelles données dans l'agriculture : ils importent, par exemple, du bétail qui concurrence, voire menace (il n'y a pas de clôtures), les cultures traditionnelles indigènes.

Une protection limitée. Parce qu'il permet de dégager de juteux profits, le système de l'*encomienda* reste en vigueur jusqu'au XVIIe siècle. Des ordonnances royales de 1576 à 1589, après les Lois nouvelles, largement inappliquées, tentent cependant de l'adoucir. Lors du concile de Lima, en 1583, les autorités de l'Église font obligation, en termes prudents, de « préparer les Indiens à la vie sociale ». En fait, ce ne sont ni un changement des mentalités ni les progrès relatifs du métissage qui entraînent la disparition de l'institution seigneuriale de l'*encomienda.* Ce sont les contraintes de l'exploitation du sol, laquelle est fondée sur les grandes propriétés : les *haciendas.*

Les derniers instants d'un cacique indien (gravure du XVIe siècle, illustrant la Très Brève Relation de la destruction des Indes *de Las Casas). Le prêtre qui assiste le condamné est Las Casas lui-même.*

Las Casas s'est préoccupé de convertir les Indiens, autant que de les protéger. Il respectait en eux des hommes dotés d'une âme, mais non une civilisation.

Les « Indiens »

Au moment des Grandes Découvertes, **ceux qu'on appelle « Indiens » sont répartis en zones de peuplement dispersées.** Les Européens rencontrent d'abord **les Arawaks** dans les Antilles, **les Caraïbes** sur les côtes du Venezuela et de la Guyane, et **les Tupis** au Brésil. Sur le pourtour du golfe du Mexique vivent notamment **les Séminoles** (en Floride) et, plus à l'ouest, **les Muskogis et les Pueblos.** L'Amérique centrale, au sud de **l'Empire aztèque,** est occupée par **les Mayas.** Le long de la cordillère des Andes, du nord au sud, habitent **les Chibchas,** et **l'Empire inca** regroupe **les Karas, les Quechuas, les Aymaras et les Araucans.**

Tous ces peuples, qui vivent sans contact les uns avec les autres et dont les caractères ethniques et linguistiques sont extrêmement divers, ont en commun de **ne connaître ni les chevaux, ni (hormis les Mayas) l'écriture, ni les armes à feu.** Mais ces dernières supportent mal le climat tropical, et les armes d'obsidienne des Aztèques, notamment, sont redoutables pour les Européens dans les combats qui les opposent aux Indiens.

Les modes de vie sont très différents. **Mais les grands empires précolombiens ne sont pas les seuls pôles de civilisation élaborée.** Ainsi, les Arawaks disposent pour la culture du manioc d'un système dit « conucos », hautement productif, qui peut nourrir des densités de population comparables à celles des régions les plus prospères d'Europe.

Indiens des esclaves noirs importés d'Afrique… Surtout, il suggère d'inventer des règles nouvelles pour fixer les rapports entre la population indigène et les Européens. En 1520, il obtient l'autorisation d'expérimenter son projet d'une colonie d'un type nouveau sur la côte de Cumana, au nord du Venezuela. Mais les indigènes, échaudés par ce qu'ils connaissent de la réalité espagnole dans les zones voisines, font un mauvais accueil aux nouveaux venus. Handicapée par les guerres que se livrent entre elles les tribus indiennes, l'expérience se termine en bain de sang.

Les « Leyes nuevas »

Affecté par ce désastre, Bartolomé de Las Casas se retire, dix ans durant (1522-1531), à Saint-Domingue, où il écrit une *Histoire générale des Indes,* œuvre majeure dont la publication accroît son autorité. L'extension de l'*encomienda,* sur les territoires de l'ancien Empire aztèque, le pousse à intervenir de nouveau activement. En 1533, au Nicaragua, il dénonce la brutalité de la conquête espagnole. Quatre ans plus tard, il entreprend de faire d'une zone insoumise *(tierra de guerra),* le Tezulutlan, la *tierra de la Vera Paz* — la « terre de la Vraie Paix » : un modèle d'évangélisation pacifique. Après quoi, en 1542, il rejoint l'Espagne, à l'injonction de son ordre. Cette fois, son renom est tel qu'il est plus facilement écouté. En 1542, l'empereur Charles Quint promulgue les Lois nouvelles *(Leyes nuevas).* Elles reprennent et approfondissent des textes plus anciens destinées à protéger les Indiens. La nouvelle réglementation interdit de réduire ceux-ci en esclavage et prévoit la disparition de l'*encomienda.* Par ailleurs, l'action de Las Casas reçoit une forme de reconnaissance officielle, car il devient évêque de Chiapas, aux confins du Mexique et du Guatemala.

Un évêque controversé

Le succès de Las Casas est pourtant relatif. Dans son propre diocèse, parce qu'il tire avec rigueur les conséquences des *Leyes nuevas,* refusant les sacrements à ceux qui conservent des esclaves indiens, les autorités locales lui sont hostiles. Là où il ne se trouve pas en personne, la situation est bien pire. Au Pérou, la législation de Charles Quint déclenche une révolte des colons espagnols. L'empereur, en conséquence, ne fait rien pour hâter la fin de l'*encomienda,* et Las Casas, désavoué par ses supérieurs, doit finalement quitter son évêché. Revenu en Espagne en 1547, il ne renonce pas à la lutte. Il soutient notamment une vive polémique contre le docteur Sepulveda. Ce dernier, s'appuyant sur Aristote, prétend qu'il existe des êtres vivants à l'apparence humaine mais dépourvus d'âme, que les Indiens font partie de ces créatures, et qu'il est fondé de les réduire en esclavage. Las Casas, au contraire, affirme que les Indiens sont des hommes à part entière, que les maltraiter est non seulement contraire au message évangélique, mais que c'est aussi se priver d'un moyen de régénérer le christianisme par leur sincère conversion. Pour défendre ces idées qui dérangent, Las Casas publie clandestinement, en particulier, *la Brevísima Relación de la destrucción de las Indias,* un texte qui fait scandale et connaît une large diffusion. Le vieux défenseur des Indiens s'éteint en 1566, à 92 ans, en s'accusant de n'avoir pas fait encore assez pour ces derniers.

→**Voir aussi** : p. 228-229 (La traite des Noirs) ; p. 238-239 (Fin de l'empire Aztèque).

1543-1546

Vésale et Paré explorent le corps de l'homme

LES PROGRÈS DE LA MÉDECINE

Ambroise Paré opérant les blessés à la bataille de Nancy (fresque du XIXe siècle, Paris, la Sorbonne). ▷

Dater l'apparition de la médecine moderne est chose hasardeuse. Mais la parution, à trois années d'intervalle, du traité d'anatomie de Vésale, *la Fabrique du corps humain* (1543), et du manuel de chirurgie de Paré, *la Méthode de traiter les plaies...*, marque un tournant décisif dans l'histoire de cette discipline.

Les deux ouvrages constituent chacun de leur côté une véritable révolution à partir de laquelle peut renaître, après des siècles d'obscurantisme, une véritable connaissance du corps humain, des façons de l'ouvrir et de le soigner.

Le retard de la médecine médiévale

Pendant tout le Moyen Âge, des obstacles théologiques et pratiques rendent impossibles les interventions consistant à ouvrir le corps, pour tenter d'en extraire le mal, résultat d'une maladie ou d'une blessure. L'interdiction, énoncée par l'Église, d'ouvrir les cadavres pour en explorer l'intérieur fait que la configuration des organes internes est extrêmement conjecturée. L'ignorance absolue des conditions dans lesquelles se produisent les infections après l'ouverture des chairs (asepsie), l'absence de tout procédé d'anesthésie contribuent également à rendre exceptionnelles et inefficaces les opérations. Ouvrir le corps du malade ou du blessé, au Moyen Âge, c'est le condamner à peu près à coup sûr à mourir et, de plus, dans d'atroces douleurs. Pour des raisons similaires, il est exclu d'ouvrir le ventre d'une femme pour en sortir un fœtus dont l'accouchement se présente mal : la « césarienne » n'intervient que dans des cas désespérés.

Les débuts de la dissection...

À partir de la seconde moitié du XIe siècle cependant, particulièrement en Italie du Sud, puis surtout au XIIIe siècle, l'interdiction de disséquer les corps se fait moins absolue. Des dispenses pontificales ou épiscopales permettent aux chirurgiens d'ouvrir les cadavres, dans certains cas : les corps sont ceux de condamnés à mort, que la justice livre aux facultés de médecine, en particulier à Padoue, Bologne, Montpellier et Paris. Alors apparaissent les premières descriptions de l'intérieur des êtres humains ; elles s'accompagnent d'images, d'abord enluminées, puis gravées, dans un premier temps grossièrement, sur bois. Ces essais restent bien incertains, bien vagues, et ils sont souvent riches d'erreurs : tout est à apprendre, à découvrir, y compris la façon de représenter des organes, volumineux, superposés, se recouvrant entièrement ou partiellement les uns les autres.

Le grand progrès dans la connaissance anatomique intervient un peu avant le milieu du XVIe siècle, grâce à André Vésale. Ce Flamand (il est né à Bruxelles en 1514 ou 1515), professeur d'anatomie à Louvain puis médecin des armées impériales en Allemagne, se fixe en Italie en 1540 et obtient, successivement, une chaire d'anatomie à Padoue, à Bologne, puis à Pise. Profitant de la présence d'artistes magistraux dans la péninsule, il conjugue, dans ses sept

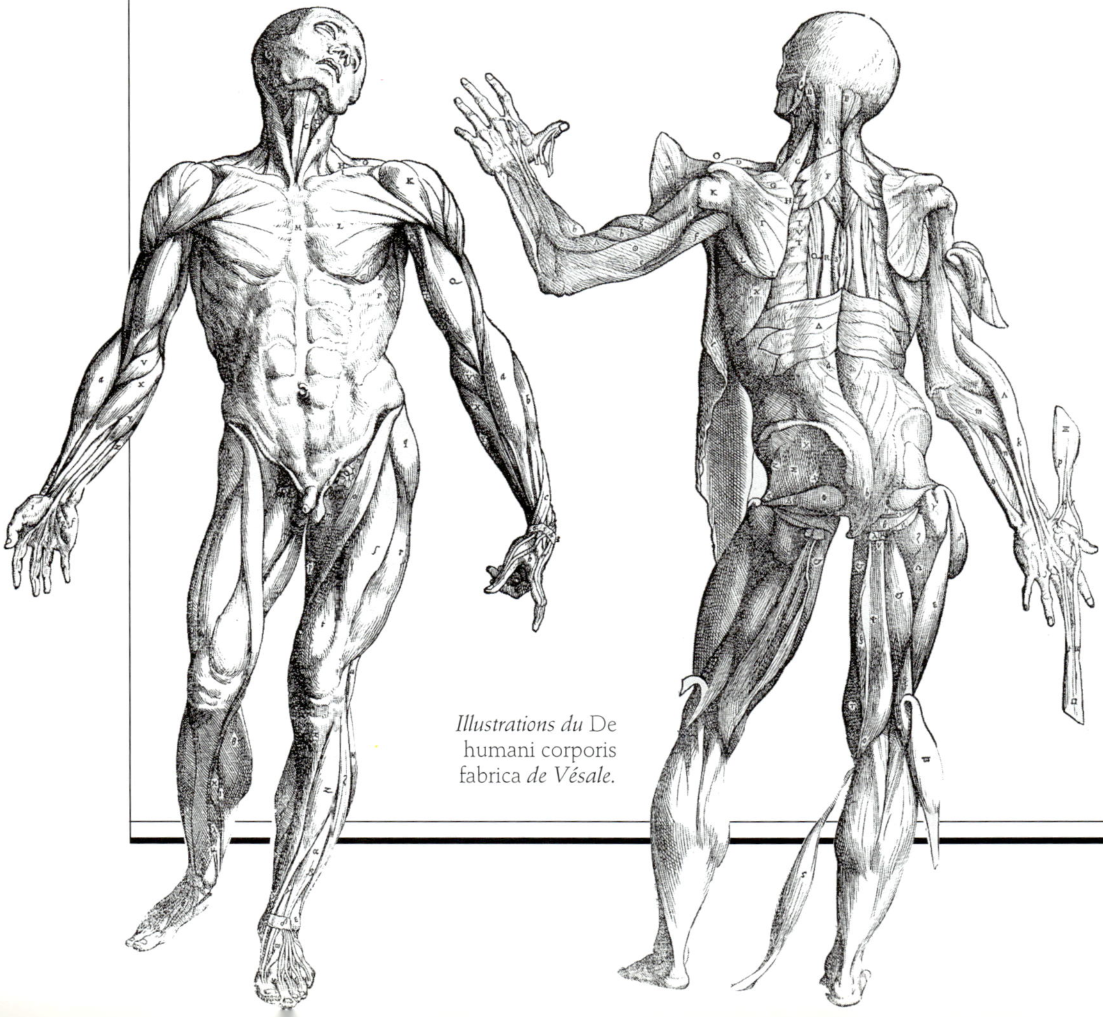

Illustrations du De humani corporis fabrica *de Vésale.*

Ambroise Paré et le traitement atraumatique des plaies

Ce texte, où Paré raconte comment il a découvert la méthode pour traiter de manière atraumatique les plaies contuses provoquées par les armes à feu, est tiré de la Méthode de traiter les plaies..., *publiée en 1546.*

«Mon huile me manqua et je fus contraint d'appliquer en son lieu un digestif fait avec un jaune d'œuf, huile rosat et térébenthine. La nuit je ne pus bien dormir à mon aise, craignant, par faute d'avoir bien cautérisé, trouver les blessés à qui j'avais failli mettre ladite huile morts empoisonnés, qui me fit lever de grand matin pour les visiter; outre mon espérance, trouvai ceux auxquels j'avais mis le médicament digestif sentir peu de douleurs et leurs plaies sans inflammation ni tumeurs, ayant assez bien reposé la nuit. Autres où l'on avait appliqué ladite huile bouillante les trouvai fébricitant, avec une grande douleur et tumeur aux environs de leurs plaies. Adhonc me délibérai de ne jamais plus brûler aussi cruellement les pauvres blessés d'arquebusade.»

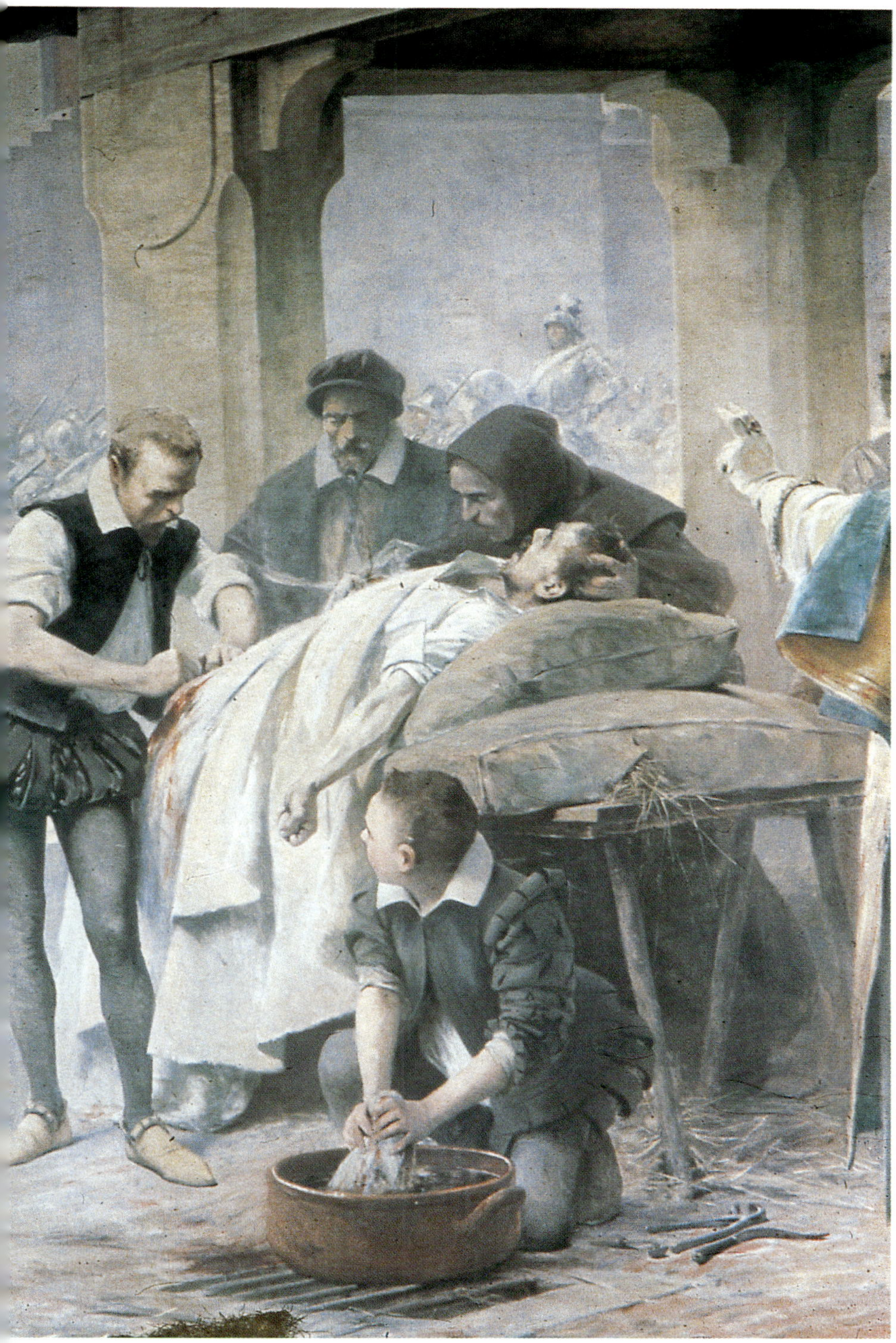

livres de *la Fabrique du corps humain (De humani corporis fabrica libri septem),* une description pour la première fois extrêmement détaillée et exacte des muscles, des os et des viscères, et en livre des gravures d'une beauté admirable et d'une précision tout aussi exceptionnelle. Il offre ainsi aux savants de toute l'Europe l'instrument qui leur permet de concevoir exactement, et donc de pouvoir songer à soigner, l'intérieur de l'homme. En plein XVIe siècle, la tâche de Vésale n'est cependant pas sans risque : si l'anatomiste bénéficie de la faveur de Charles Quint, qui le fait venir en 1544 à Madrid pour lui servir de médecin, il a aussi à affronter la méfiance et finalement l'acharnement de l'Inquisition : accusé d'avoir disséqué le corps d'un homme vivant, Vésale se voit condamné à mort. Grâce à Philippe II, successeur de Charles, la peine est commuée en un voyage de pénitence à Jérusalem. Au retour de ce pèlerinage, le fondateur de l'anatomie moderne trouve la mort sur l'île de Zante, où il est rejeté après une tempête et où il meurt de soif et de faim (1564).

... et ceux de la chirurgie

La Fabrique de Vésale constitue le livre théorique indispensable qui permet la promotion de la catégorie professionnelle des barbiers-chirurgiens, regardés jusqu'alors comme des techniciens incultes et dangereux, et fondamentalement méprisés par le corps des médecins. Le changement est préparé, il est vrai, dans les derniers siècles du Moyen Âge, par l'œuvre de quelques esprits exceptionnels, tels les chirurgiens français Henri de Mondeville et Guy de Chauliac, qui, au XIVe siècle, rédigent chacun un important traité de chirurgie. Mais c'est Ambroise Paré, chirurgien militaire bientôt affecté spécialement au service des rois de France Henri II, François II, Charles IX et Henri III, qui transforme véritablement les conditions de la pratique chirurgicale. Né près de Laval vers 1509 – et donc l'exact contemporain de Vésale –, ce fils d'un coffretier de campagne consacre ses premières années d'exercice professionnel à courir les champs de bataille, du Piémont au Luxembourg. Le premier, il systématise — s'il ne les invente pas toujours — certains procédés qui deviendront fondamentaux dans la pratique chirurgicale moderne : la ligature des vaisseaux sanguins, qui saignent au cours des amputations ; le pansement soigneux des plaies, que l'on cautérisait auparavant sans profit et au prix de terribles souffrances au fer rouge ou avec de l'huile bouillante (traitement atraumatique). Cet esprit pratique, observateur et plein d'humanité évite aux patients d'autres douleurs et sacrifices inutiles : il tente avec succès des trépanations, trouve une technique d'opération des hernies qui évite de châtrer le malade, comme on le faisait d'ordinaire ; il met au point des membres articulés, jambes, bras ou mains, et des prothèses faciales (nez postiches) qui permettent aux amputés de mener une vie plus normale. Enfin, loin de garder pour lui ces procédés, il fait passer son savoir dans une série d'ouvrages, rédigés en français car il ignore le latin, d'abord spécialisés puis généraux, qui vont de *la Méthode de traiter les plaies faites par les arquebuses et aultres batons à feu* (1545) aux importants *Cinq Livres de chirurgie* (1571), publiés dix-neuf ans avant sa mort.

La papauté confirme les dogmes catholiques

LE CONCILE DE TRENTE

Confrontée à la tourmente de la Réforme protestante, la papauté choisit de convoquer un concile pour préciser les croyances et la discipline de l'Église catholique. Les Pères conciliaires, réunis à Trente durant près de vingt ans, accomplissent une œuvre décisive et donnent à l'Église le visage qu'elle conservera jusqu'au XXe siècle.

Au milieu du XVIe siècle, il est plus urgent que jamais de convoquer un concile pour répondre aux problèmes posés par les progrès des mouvements réformateurs en Europe. Les idées de Luther triomphent dans l'Empire germanique, la réforme de Zwingli s'impose en Suisse, celle de Calvin en France ; l'Angleterre d'Henri VIII a rompu avec la papauté. « Tout le monde crie : concile, concile », formule laconiquement le légat du pape, Aléandre.

La papauté a besoin d'un concile

De fait, dès le début de la Réforme, il apparaît indispensable à certains catholiques de redéfinir clairement les dogmes de l'Église de Rome et les règles de la discipline ecclésiastique, face aux affirmations des protestants. Des obstacles doctrinaires et politiques retardent pourtant la réunion du concile : l'humaniste Érasme,

Le pape Paul III, véritable instigateur du concile, reçoit des mains d'Ignace de Loyola la règle de l'ordre jésuite (peinture du XVIe siècle, Rome, église du Gesù).

Les Jésuites

Ignace de Loyola. C'est en 1540 que l'Espagnol Ignace de Loyola fonde la Compagnie de Jésus, approuvée par une bulle du pape Paul III. Une constitution, la *Formula Instituti,* rédigée par le fondateur et plusieurs fois remaniée au cours de sa vie, contient les statuts de cet **«ordre régulier»** destiné à intervenir dans le monde entier pour **«défendre et protéger la foi»**. Sous la direction d'un «général», les futurs jésuites doivent se plier à une discipline quasi militaire, associant exercices spirituels et longues études intellectuelles.

L'« armée » de Rome. L'Église catholique dispose ainsi d'une « armée » composée d'hommes de valeur, actifs, entièrement dévoués au pape, et qui s'illustrent dans le domaine de **l'enseignement**, de **la direction des consciences**, comme dans celui des **activités missionnaires** (qu'on songe à l'œuvre de saint François Xavier, au Japon, et à celle de ses compagnons en Asie en général, mais aussi au rôle des jésuites auprès des Indiens d'Amérique latine). Par leur efficacité et leur très large domaine d'action, les Jésuites, actifs dans la reconquête des âmes en Europe centrale à l'époque de la Contre-Réforme, se placent en première ligne pour mettre en œuvre la Réforme catholique inspirée par le concile de Trente.

Le concile en séance plénière (peinture anonyme vénitienne du XVIe siècle, Paris, musée du Louvre).

conseiller de l'empereur Charles Quint, veut croire à une réconciliation avec les Réformés, que la définition unilatérale des grands dogmes chrétiens rejetterait définitivement dans le camp de l'hérésie. D'autre part, les hostilités entre Charles Quint et la France (guerres d'Italie) rendent matériellement difficile la réunion d'une assemblée représentant l'Europe, qui se tiendrait d'ailleurs dans la péninsule, pas trop loin de Rome. La papauté craint, de son côté, la tenue d'un concile, où la voix des grands dignitaires de l'Église se substituerait à sa seule autorité. Mais le pape élu en 1534, Paul III Farnèse, est un partisan farouche de l'ouverture d'un concile. Après deux tentatives avortées, à Mantoue et à Ratisbonne, le choix de Trente, ville italienne en terre d'Empire, permet de contenter à la fois Italiens, Français et Allemands. Le 13 décembre 1545 a lieu dans cette cité la cérémonie d'ouverture de l'assemblée attendue depuis si longtemps.

Un concile en vingt-cinq sessions

Difficile à organiser, le concile de Trente est un des plus longs de l'histoire de l'Église : pendant dix-huit ans, sous quatre papes successifs et en vingt-cinq sessions, les Pères conciliaires légifèrent sur la doctrine catholique. Les débuts sont décevants : à la séance d'ouverture, seuls quatre cardinaux, vingt-cinq évêques et cinq supérieurs d'ordres religieux se retrouvent dans la cathédrale Saint-Vigile de Trente. La présidence est confiée aux trois légats pontificaux, Pole, Cervini et Del Monte. Malgré la volonté de Charles Quint, les protestants sont absents de ce rassemblement, pourtant défini comme « œcuménique et général ». Jusqu'en 1549, les Pères délibèrent sur les Écritures (la version latine de la Vulgate est reconnue comme canonique), sur les sacrements et le problème de la justification de l'homme par la grâce ou par les œuvres, point essentiel de la discorde avec les protestants. En 1547, alors que les troupes de Charles Quint approchent de Trente, les membres du concile prennent prétexte d'une épidémie pour se déplacer à Bologne. En septembre 1549, Paul III, deux mois avant de mourir, donne congé aux Pères. Une seconde période s'ouvre en 1551, après l'élection du cardinal Del Monte, qui devient pape sous le nom de Jules III. Comme en 1545, les effectifs sont maigres : soixante-cinq conciliaires, des Espagnols en majorité; le roi de France Henri II a interdit à ses évêques de se rendre à Trente... Les travaux, cette fois, concernent la discipline ecclésiastique, les sacrements et la doctrine de la transsubstantiation, ou présence du corps et du sang du Christ dans le pain et le vin de l'eucharistie, autre pomme de discorde avec les protestants. Devant la recrudescence des hostilités en Europe, les Pères prennent peur et, en avril 1552, le concile marque une nouvelle pause. Pendant les années qui suivent, l'arrivée au pontificat du cardinal Carafa (Paul IV, 1555-1559) marque une interruption dans les tentatives de conciliation avec les Réformés. Cependant, en 1555, la paix d'Augsbourg instaure une trêve entre les deux religions des états de l'Empire germanique. La situation se fige : l'existence de deux courants chrétiens irréconciliables devient une évidence.

L'œuvre du concile

Le quatrième pape du concile de Trente, Pie IV, élu en décembre 1559, fixe la session d'ouverture de l'ultime phase du concile en janvier 1562. Les Italiens sont désormais majoritaires parmi les cent treize participants. Il n'y a plus d'Allemands et les prélats français ne rejoignent le concile qu'en décembre 1562. Les dernières sessions définissent le sacrement de l'ordination ecclésiastique, décident de la création de séminaires pour former les futurs prêtres, abordent la question de l'organisation du culte des saints et de la vénération des images. Le 4 décembre 1563, la clôture du concile est proclamée : 236 Pères conciliaires signent les Actes, qui sont confirmés par le pape en janvier 1564. Réuni dans des conditions difficiles, le concile de Trente a accompli une œuvre considérable : réforme de la carrière ecclésiastique avec la formation dans des séminaires de prêtres ordonnés à partir de vingt-cinq ans et qui ne peuvent cumuler plusieurs charges ; affirmation des dogmes catholiques du salut par la grâce et les œuvres, de la transsubstantiation, des sept sacrements ; définition des doctrines relatives au culte de la Vierge et des saints, aux indulgences ; rénovation du catéchisme. L'application des décisions du concile est rapide en Italie, en Espagne et au Portugal, plus longue en France à cause des guerres de Religion. En outre, les décisions prises par le concile de Trente se prolongent dans l'important mouvement de la Contre-Réforme, ou Réforme catholique, qui transforme la vie spirituelle des chrétiens d'obédience romaine.

L'apogée et la fin de la dynastie Tudor

L'AVÈNEMENT D'ÉLISABETH Ire

Le 17 novembre 1558, Marie Tudor, reine d'Angleterre depuis 1553, meurt. Sa demi-sœur Élisabeth, fille d'Henri VIII et de sa deuxième femme Anne Boleyn, lui succède. Elle est âgée de 21 ans : un grand règne commence.

Peu de choses, pourtant, destinaient Élisabeth à régner. Déclarée illégitime en 1536, après que sa mère eut été exécutée sur l'échafaud, et destituée de ses droits, elle recouvre ceux-ci, par un statut du Parlement, en 1544, mais avec, seulement, le troisième rang dans l'ordre de succession, après le futur Édouard VI et la future Marie Ire (Marie Tudor). L'enfant est élevée dans l'isolement et se réfugie dans l'étude : elle apprend le latin et le grec, le français, l'italien et l'espagnol.

L'établissement définitif de l'anglicanisme

Il était naturel que la fille du fondateur de la religion anglicane continuât l'œuvre de son père. Élisabeth, pourtant, agit avec modération. Couronnée selon le rite catholique, elle rétablit en 1559 l'*Acte de Suprématie* de 1534, mais se contente du titre de « suprême régulateur de l'Église » au lieu de se faire appeler « chef suprême de l'Église », comme c'était le cas pour Henri VIII. La même année, le *Book of Common Prayer* d'Édouard VI est rétabli, mais privé des formules les plus susceptibles de heurter les catholiques. Un souci identique de paix religieuse amène la reine à décréter le maintien de la hiérarchie épiscopale ainsi que des ornements de la liturgie catholique, en 1563.
Pourtant, Élisabeth ne parvient pas à éviter une crise dramatique, en 1587 : cette année-là, après des mois de tergiversations, elle ordonne l'exécution de sa cousine, la catholique Marie Stuart. Celle-ci, ancienne reine de France et reine d'Écosse, écartée en 1567 par une révolte de la noblesse protestante écossaise et réfugiée en Angleterre, n'a jamais cessé de conspirer pour renverser Élisabeth et lui succéder sur le trône d'Angleterre.

Une politique extérieure brillante

La même volonté de modération, finalement démentie par un acte d'éclat, se manifeste dans la politique extérieure.
Plus proche, sur le plan religieux, du parti protestant que du parti catholique, Élisabeth ne cherche pourtant pas à mener la guerre contre les puissances catholiques. Elle songe même, un moment, à épouser le roi Philippe II d'Espagne, ancien époux de Marie Tudor, qui lui en fait la proposition, et elle ne renonce à ce mariage que pour ne pas mécontenter l'opinion anglaise, majoritairement hostile au « papiste ». Mais des raisons économiques et politiques conduisent, progressivement, à un durcissement des relations entre l'Angleterre et l'Espagne. En 1588, c'est Philippe II qui prend l'initiative de la rupture. Il équipe l'*Invincible Armada* (l'Invincible Armée) pour envahir l'Angleterre. La flotte quitte Lisbonne en 1588, mais l'impréparation et le mauvais état de la mer se liguent pour faire échouer l'expédition, de sorte qu'il ne reste à la flotte anglaise, inférieure en nombre mais commandée par d'incomparables marins (Charles Howard d'Effington, Francis Drake, etc.), qu'à porter aux Espagnols le coup de grâce, au large des côtes

Les Notables du royaume anglais annoncent à Marie Stuart sa sentence de mort *(peinture de F. Hayez, Milan, Palais royal).*

L'Angleterre en 1558

Depuis la mort d'Henri VIII, deux souverains se sont succédés : **Édouard VI et Marie Ire.** Le premier de ces règnes a correspondu à une expansion du protestantisme, le second, à un retour en force du catholicisme.

À l'extérieur, **l'Angleterre s'est rapprochée de l'Espagne** sous Henri VIII et surtout sous Marie Tudor, épouse de Philippe II. Mais les intérêts anglais s'inversent, quand le pays s'engage dans une expansion maritime et commerciale qui se heurte aux positions des Espagnols.

Dans le cadre des îles Britanniques, enfin, les règnes des Tudors correspondent aux **derniers temps de l'existence de royaumes séparés.** En 1541, le roi d'Angleterre Henri VIII a pris le titre de roi d'Irlande. En Écosse, Marie Stuart (1542-1567), catholique dans un royaume protestant, est la dernière souveraine avant l'union, conclue au bénéfice de son fils Jacques VI, successeur d'Élisabeth Ire.

Une dynastie : les Tudors

La dynastie Tudor a régné sur l'Angleterre pendant tout le XVIe siècle : exactement de 1485 à 1603. Elle est d'origine galloise, et l'un de ses membres les plus fameux, avant que la famille n'accède au trône, est l'écuyer Owen Tudor (mort à Hereford, en 1461), qui devint l'amant ou plus probablement l'époux de la reine mère Catherine, veuve d'Henri V.

Henri VII (1485-1509). Héritier de la famille des Lancastres, éteinte en 1471, il monte sur le trône après la bataille de Bosworth (1485), qui met fin à la guerre des Deux-Roses par la mort du dernier York, le roi Richard III.

Henri VIII (1509-1547). Fils d'Henri VII, il mène une politique d'équilibre entre l'Espagne et la France, rompt avec Rome et instaure l'anglicanisme en Angleterre.

Édouard VI (1537-1553). Fils d'Henri VIII et de Jeanne Seymour, c'est un enfant précoce et religieux. Son court règne, dominé par l'influence de son oncle, Edward Seymour, duc de Somerset, jusqu'en 1550, puis par celle de John Dudley, favorise la propagation du protestantisme dans le royaume.

Marie Ire (1516-1558). Fille d'Henri VIII et de Catherine d'Aragon, épouse de Philippe II d'Espagne (1554), elle se montre un adversaire acharné de la Réforme, et ses persécutions anti-protestantes la font surnommer Marie la Sanglante.

Élisabeth Ire (1558-1603). Deuxième enfant d'Henri VIII, elle est le dernier membre de la famille Tudor à régner. Avant de mourir, comme elle est demeurée célibataire et n'a donc pas de descendance personnelle, elle désigne pour héritier son petit-cousin Jacques VI d'Écosse, le fils de Marie Stuart, qui devient en 1603 le roi d'Angleterre Jacques Ier Stuart.

◁ *L'Armada espagnole (à droite) et les corsaires anglais (à gauche) [peinture de H.C. Vroom, XVIIe siècle].*

Élisabeth Ire, reine d'Angleterre et d'Irlande (1558-1603) *[portrait dit « de l'Armada », par Marc Geerarts].*

anglaises : la flotte de Philippe II doit regagner l'Espagne... en longeant les rivages de l'Écosse, et la moitié seulement des navires partis revoient l'Espagne. L'Angleterre, dans l'aventure, gagne la maîtrise des mers.

Une reine autoritaire

Femme sèche, au physique, et d'une extraordinaire coquetterie, célibataire jusqu'à sa mort, mais toujours entourée d'hommes et exigeant des membres mâles de sa cour une idolâtrie continue, Élisabeth fait preuve, dans son gouvernement, d'une très grande autorité. Pour éviter de réunir trop souvent le Parlement, elle agit par décrets. Un petit nombre de conseillers l'entourent, qui forment le Conseil restreint, et des favoris sont plus écoutés que d'autres, sans que jamais la reine se laisse dicter sa volonté : en 1601, elle fait même exécuter l'un d'eux, le comte d'Essex, son protégé depuis longtemps, coupable d'avoir tenté un coup d'État.

Cette autorité est mise au service d'une remarquable intelligence. Outre son œuvre de pacification religieuse et les réussites de sa politique extérieure, Élisabeth favorise un épanouissement culturel qui se traduit dans les arts, par la venue en Angleterre de peintres comme Holbein et Van Dyck et, en littérature, par l'œuvre théâtrale de William Shakespeare, ou celle, philosophique, de Francis Bacon. Bref, le règne d'Élisabeth marque l'apogée de la dynastie des Tudors : un règne d'autorité monarchique, de rayonnement culturel et de puissance extérieure.

→**Voir aussi** : p. 264-265 (Marie Stuart, la reine tragique).

1559

Les astres influencent-ils le destin ?

L'ÂGE D'OR DE L'ASTROLOGIE

L'astrologie est l'étude de l'influence des astres sur le comportement et la destinée des hommes. Pratiquée depuis la plus haute antiquité, elle a longtemps été confondue avec l'astronomie, dont elle a permis le développement.

À l'aube de l'époque moderne, les astrologues jouent un rôle important dans la vie des nations : au XVIe siècle, des souverains, à l'exemple de Catherine de Médicis en France et d'Élisabeth Ire en Angleterre, font appel à leurs services pour conduire leur politique.

Le siècle de l'astrologie

Au XVIe siècle, **l'étude des astres et l'interprétation de leur influence sur le destin des hommes** entrent fréquemment dans le champ des compétences des savants : le mélange des sciences exactes et de l'occultisme est alors commun.

Cette époque constitue l'âge d'or de la magie et de l'occultisme. De grands magiciens ou astrologues marquent durablement leurs domaines. La mentalité du temps fait de l'homme un être relié inextricablement à l'univers par de multiples correspondances et **il existe une analogie entre le macrocosme interplanétaire et le microcosme humain.** Pour reprendre une formule canonique de la tradition hermétique de l'époque : «Tout ce qui est en haut est en bas» (*la Table d'émeraude,* version latine, vers 1520).

Dans cette perspective, les astres ont une influence sur la destinée des êtres humains. Ainsi, **Paracelse** croit qu'il y a un lien entre les sept organes du corps et les sept planètes (on n'en connaissait alors que sept). C'est après avoir examiné le mouvement des astres et du ciel que **Nostradamus** rédige ses fameuses prophéties. Enfin, Cornélius **Agrippa** (1486-1535), docteur en théologie, démontre, dans son ouvrage *De la philosophie occulte* (1510-1533) l'importance des signes du zodiaque.

Un grand astrologue élisabéthain

Lorsque Élisabeth succède à son père Henri VIII sur le trône d'Angleterre en 1558, un de ses premiers gestes est de faire calculer par son astrologue John Dee le jour le plus favorable pour son couronnement. Dee propose le 14 janvier 1559, suggestion que suit la reine — pour son bonheur, apparemment : les 45 ans de règne d'Élisabeth correspondent en effet à l'une des périodes les plus fastes du royaume d'Angleterre. L'astronome favori de la reine peut ainsi s'attribuer une partie de la gloire de ce qu'on a appelé le «siècle élisabéthain».

Né en 1527 à Londres, d'une famille modeste, Dee est diplômé en 1546 Bachelor of Arts du prestigieux Trinity College de Cambridge. Plus libre, dès lors, dans ses études, il se passionne pour les mathématiques et autant pour les sciences occultes : l'alchimie et l'hermétisme. De 1547 à 1551, il voyage en Europe, fréquentant les grandes universités, comme celle de Louvain, rencontrant des savants et consultant les livres des plus prestigieuses bibliothèques. En 1550, il est à Paris, où il enseigne, à la Sorbonne, la géométrie d'Euclide. Sa renommée, désormais considérable, atteint les frontières de l'Europe. Il garde des liens avec l'Angleterre, où il revient, par exemple, en 1548, y faisant découvrir des instruments jamais vus encore et précieux pour la navigation.

En 1570, il préface une traduction des *Éléments de géométrie* d'Euclide, contribuant ainsi de façon magistrale à la promotion des mathématiques dans les milieux universitaires. Il retourne s'établir définitivement à Londres en 1551. C'est alors qu'Élisabeth le prend sous sa protection. Pour elle, pêle-mêle, il dresse des horoscopes, établit des cartes géographiques, travaille à un nouveau calendrier et contribue à l'élaboration des plans de défense navale de l'Angleterre : les savoirs que nous considérons aujourd'hui comme «sérieux» ne se distinguent pas, à l'époque, des autres. D'ailleurs, Dee est toujours fasciné par l'occultisme et travaille à la recherche de la pierre philosophale, chère aux alchimistes. En 1581, à en croire ce qu'il dit, il reçoit la visite d'un angelot qui lui remet un globe de cristal poli dans lequel est enfermé un ange nommé Uriel, et un miroir magique en anthracite noir : on peut encore voir aujourd'hui au British Museum la fameuse boule de cristal, ainsi que des tablettes de cire sur lesquelles l'astronome avait gravé les hiéroglyphes mathématiques dont il se servait lors de cérémonies magiques.

La Lune, *détail d'une carte du tarot dit de Charles VI (coll. part.).*

Grandeur et chute de Dee

Peu de temps après cet événement, cette même année 1581, Dee rencontre un étrange personnage, Edward Kelly (1555-1597), qui s'affirme capable de converser avec les défunts. Dee le prend à son service, afin qu'il l'aide à entrer en communication avec les esprits de son globe de cristal et l'assiste dans ses recherches alchimiques. Bientôt, le bruit court que les deux hommes ont réussi : on les croit capables de transmuter du plomb en or. Ils sont invités partout en Europe, et se rendent notamment en Pologne, où ils séjournent chez le prince Laski à qui ils ont promis fortune. Mais le pape Sixte V les accuse de nécromancie, c'est-à-dire d'invoquer les morts, et obtient leur expulsion du pays. Ils

L'influence des astres sur le corps humain, illustration du XVIIe siècle.

Le docteur John Dee (1527-1608). Un ange aurait remis à l'astrologue de la reine Élisabeth un globe habité par des esprits…

gagnent pour quelque temps Leipzig puis Hesse-Cassel. Le 18 avril 1587, une première querelle oppose les deux hommes, qui se sont entre-temps mariés. Kelly prétend qu'un esprit de la boule de cristal a ordonné que Dee et lui-même mettent leurs épouses en commun. Cela n'est pas du goût de Dee ni de sa femme, Jane. D'autres disputes suivent et le quatuor se disloque. Dee s'installe alors à Brême tandis que Kelly se rend à Prague où il continue à transformer, dit-il, du plomb en or. Ses prouesses lui valent le titre éphémère de maréchal de Bohême; il tombe peu après en disgrâce et il est par deux fois emprisonné sur l'ordre de Rodolphe II de Bohême. Au cours de sa seconde arrestation, il se tue en tentant de s'échapper du donjon.

Pendant ce temps, Dee est revenu à Londres où la reine lui renouvelle sa confiance et lui octroie une pension. Le retour dans son pays n'est cependant pas totalement heureux : rentrant chez lui, à Mortlake, Dee découvre que sa maison a été pillée et que 500 livres sur les 4 000 de sa bibliothèque, dont des manuscrits très rares, ont disparu. La fin de sa vie est difficile, surtout après la mort d'Élisabeth, puis celle du comte de Leicester, un autre de ses protecteurs. En 1603, Jacques Ier, grand pourfendeur de sorcières et de magiciens, refuse de lui accorder une pension et, en 1605, il doit abandonner son poste de recteur du Collège de Manchester. Il meurt dans la pauvreté en décembre 1608. Mais sa forte personnalité, à mi-chemin entre le savant et le mage, a marqué son temps et continue d'influencer l'avenir. Les écrits de Dee, *la Monade hiéroglyphique,* etc., contribuent dans les siècles qui suivent à la formation de la doctrine et du mouvement spirites de la Rose-Croix. Au XXe siècle encore, l'Allemand Gustav Meyrink lui consacre un roman : *l'Ange à la fenêtre d'Occident* (1927).

En France, Nostradamus

Médecin et devin. Né en 1503 à Saint-Rémy-de-Provence, Michel de Nostre-Dame exerce d'abord la médecine. Voyageant dans le sud de la France et en Italie, il a la révélation de ses dons de voyant : il rencontre un moine dont il pressent qu'il s'agit d'un futur pape, en l'occurrence Sixte Quint.

L'horoscope de trois rois. Fixé à Salon en 1546, il publie des observations astrologiques accompagnées de présages. Ces ouvrages le font remarquer par Catherine de Médicis, l'épouse d'Henri II, passionnée d'occultisme, qui l'appelle à sa cour en 1556 pour qu'il établisse l'horoscope de ses trois fils. Nostradamus lui annonce que chacun d'eux régnera — ce qui s'accomplit en effet après la mort de leur père, en 1559. La justesse de la prédiction porte le médecin-astrologue au faîte de la renommée — mais il retourne habiter Salon, où il meurt en 1566.

Les Centuries. L'œuvre qui fait la célébrité de Nostradamus se nomme *les Centuries*. Publié en 1555 et constamment augmenté, l'ouvrage est un ensemble de vers où se trouvent annoncés des événements qui concernent l'histoire de la France et du monde jusqu'au commencement du XXIe siècle. Rédigées de façon obscure, les prophéties laissent comprendre leur sens… une fois que l'événement a eu lieu. Aussi est-il bien difficile de dire si l'auteur a en effet prévu la série de faits qu'il paraît avoir annoncés, ou si les vers mystérieux ont été réinterprétés après coup.

La violence ravage la France

LES GUERRES DE RELIGION

Le massacre de Wassy, le 12 mars 1562 : dans le temple de ce village champenois, 60 huguenots, hommes, femmes et enfants, furent massacrés par des catholiques.

Le 12 mars 1562, à Wassy, un village champenois, les hommes du duc François de Guise pénètrent dans un temple protestant, où 60 huguenots assistent à un prêche. Tous les fidèles sont passés au fil de l'épée.

Ce massacre inaugure un cycle de violence qui ensanglante la France pendant près de 40 années. Le « bon roi Henri IV », après une difficile phase de pacification et de remise en ordre, n'y met un terme qu'en 1598 : il accorde un édit de tolérance — l'édit de Nantes — qui garantit aux protestants (dits « réformés », ou « huguenots ») certaines places fortes dans le royaume. Certes, ces guerres, dites « de Religion », sont aussi favorisées par la vacance conjoncturelle de l'autorité royale et elles ont de très puissants ressorts politiques. Mais, dans

le heurt de deux intransigeances, de deux fanatismes, entre le parti protestant et le parti catholique, la violence prend un caractère non de nécessité, mais de véritable rituel — elle devient un acte sacré. Pour les partisans des deux camps, il ne s'agit pas seulement de se débarrasser d'un adversaire en le tuant, mais il faut extirper le démon de sa chair même, dans une débauche apocalyptique de cruauté.

L'angoisse et la déraison

Cette violence s'instaure dans le contexte de recrudescence des fléaux naturels de la seconde moitié du XVIe siècle : épidémies — en particulier la peste — et disettes s'enchaînent impitoyablement. Devant tant de malheurs, les fidèles n'ont même plus la certitude d'assurer au moins leur salut dans l'au-delà : la division des chrétiens laisse place à deux discours sur la foi et la rédemption. D'où la tentation de faire de l'« autre », papiste idolâtre ou huguenot hérétique, l'unique responsable des malheurs des temps, qui ne sont que l'expression, pour les contemporains, de la colère de Dieu.

Pour faire triompher leur camp, catholiques et protestants s'arment, recrutent des troupes, non seulement parmi leurs coreligionnaires, mais aussi à l'étranger, et notamment en Allemagne, d'où arrivent des mercenaires — reîtres (c'est-à-dire cavaliers) ou lansquenets (fantassins armés d'une pique ou d'une longue épée). Ces bandes mal contrôlées, auxquelles s'agrègent en chemin des miséreux déracinés n'ayant plus rien à perdre, rançonnent les villages qu'ils traversent, ennemis ou amis, de la même confession ou d'une autre, peu importe. Les solidarités religieuses s'oublient vite devant l'appât de la licence absolue et de la « picorée », la rapine. La possibilité de voler, de violer, de tuer sans risque — et si possible avec le sentiment d'accomplir une œuvre sainte — grise des natures frustes.

Meurtres collectifs et sièges de villes

Le massacre prototype est, sans nul doute, celui perpétré dans la nuit du 24 août 1572 contre les protestants, à Paris et dans les grandes villes du royaume. La tuerie commence dans la cour du Louvre même : peut-être ne s'agit-il au départ que d'éliminer les chefs du parti protestant.

Chronologie des guerres

Les premières guerres (1562-1574). Elles marquent le règne de Charles IX et s'ouvrent par le massacre des protestants à Wassy. Le conflit culmine avec la tragédie de la Saint-Barthélemy, nouveau massacre de protestants, à Paris dans la nuit du 23 au 24 août 1572.

Le règne d'Henri III (1574-1589). Le dernier fils d'Henri II et de Catherine de Médicis louvoie entre les deux partis. Les concessions qu'il accorde aux huguenots amènent les catholiques à se grouper en une Ligue. Le roi, pour anéantir cette Ligue, fait assassiner son chef, Henri de Guise, en décembre 1588. En tentant de reconquérir sa capitale, soulevée contre lui, le roi est poignardé par le moine Jacques Clément (1er août 1589).

La pacification d'Henri IV (1589-1598). Henri de Navarre succède à Henri III. Pour être sacré, ce protestant accepte d'abjurer, et il négocie avec les Ligueurs. La paix religieuse est rétablie par l'édit de Nantes (13 avril 1598), qui autorise le culte protestant. Mais le roi est assassiné par un exalté de confession catholique, Ravaillac, le 14 mai 1610.

Mais le petit peuple de Paris, surexcité depuis des mois par les prêches des curés, galvanisé par des « prodiges », s'enflamme. En un grand défoulement collectif, au cri de « Tuez tout ! », il trouve l'occasion de piller les richesses des réformés, souvent des artisans cossus et enviés. Le pavé des rues, la Seine même, où l'on précipite pêle-mêle les vivants et les morts, hommes et chevaux, sont rouges de sang. 30 000 personnes au moins, dans tout le pays, paient de leur vie ces quelques jours de furie sanguinaire des catholiques.

Mais, le plus souvent, le prélude à l'extermination est un siège en règle qui est en lui-même déjà une atrocité. La famine où on le pousse ravale l'adversaire au rang d'un animal : lors du terrible siège de Sancerre, en 1573, les habitants dévorent chats, rats et taupes, jusqu'aux harnais et ceintures, pour finir par se repaître, dit-on, de crottin de cheval... Paris, assiégé d'avril à septembre 1590 par l'armée d'Henri IV, voit se reproduire des horreurs plus grandes encore : on déterre un jour les ossements du cimetière des Innocents afin de les broyer et d'en faire un pain qui tue d'ailleurs plus vite que la consomption. Des scènes d'anthropophagie sont relatées de manière insistante.

L'exorcisme de la cruauté

Choquante par son ampleur, la violence l'est encore plus par sa forme. Chaque huguenot, chaque papiste tué l'est par un rituel qui bien souvent est celui d'une exécution sacralisée selon l'imaginaire du jugement divin. Les malheureux sont entraînés vers la rivière ou vers les flammes d'un enfer censé être le lot des réprouvés... Une ironie sauvage se mêle à ces exécutions, la noyade étant volontiers assimilée à un baptême. Les cadavres (quand ce ne sont pas les hommes tout vifs) font l'objet de savantes mutilations destinées à mettre en scène l'inhumanité fondamentale de l'hérétique, traité pour cela telle de la viande de boucherie : les sexes sont coupés, les viscères déroulés, le cœur ou la tête exhibés en trophée. Ainsi la déviation religieuse est-elle extirpée des corps déchirés. Le plus désolant est que ces atrocités mystiques ont lieu dans une atmosphère de liesse : pour les bourreaux, chaque mort hérétique authentifie la participation à la gloire de Dieu et hâte la sortie du désespoir, la délivrance. Pervertissant complètement l'esprit de l'amour divin, les hommes font de la violence un acte de piété, un acte de salut jusqu'à mettre Dieu dans la violence et avec elle.

Scène de la Saint-Barthélemy

(détail d'une gravure du XVIe siècle) : à Paris, dix ans après Wassy — dans la nuit du 24 au 25 août 1572 — des milliers de personnes sont assassinées, parce qu'elles ont embrassé la foi calviniste. La tuerie, dans les jours qui suivent, s'étend à tout le pays.

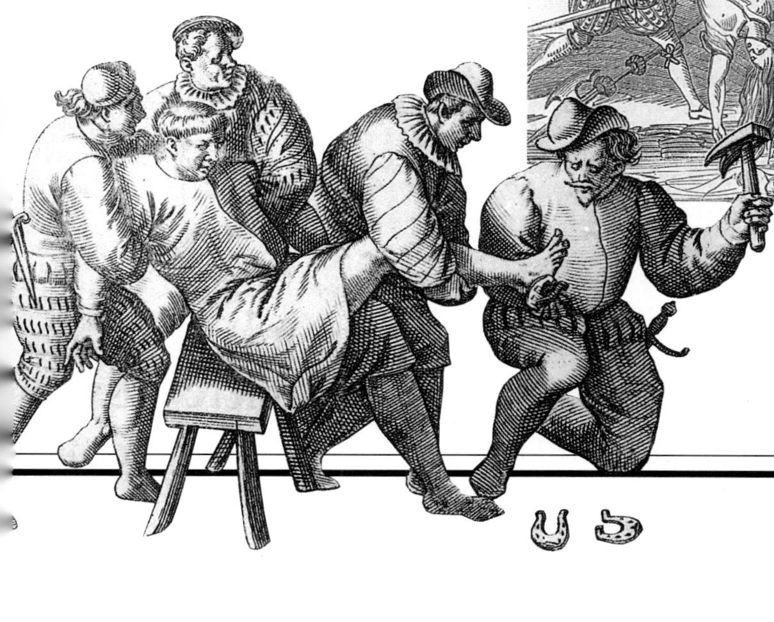

Supplices et exécutions sans jugement, voire mutilations des cadavres d'ennemis : telles sont les horreurs commises par les deux camps, pendant ce conflit sans pitié.

Le fragile apogée de l'Espagne de Philippe II

LA BATAILLE DE LÉPANTE

Pendant longtemps, le nom de Lépante a évoqué dans le bassin méditerranéen la plus belle victoire de la chrétienté sur l'Infidèle. Elle fut la bataille la plus glorieuse dont pouvaient s'enorgueillir les combattants qui y avaient pris part. Cervantès lui-même, le génial inventeur de Don Quichotte, tenait la blessure qu'il y avait reçue comme sa qualité la plus digne d'admiration.

Depuis le début du XVIe siècle, les Turcs ne cessent de lancer leurs galères en Méditerranée occidentale. Là, ils débarquent sur les côtes siciliennes ou espagnoles et razzient les populations du littoral. Nombreux sont ceux que les musulmans arrachent à leur village pour les emmener comme esclaves au service du sultan de l'Empire ottoman. En mer, voir s'approcher une de ces galères turques remplit de désespoir marins, marchands et voyageurs, car ils savent bien que c'est la captivité qui vient ainsi à leur rencontre briser leur existence. La Méditerranée est devenue une mer dangereuse pour les chrétiens.

Une coalition contre les Turcs

Cette insécurité touche aussi les États. La République de Venise, qui vit de son commerce maritime, est menacée par les Turcs. En mars 1570, ils occupent Nicosie, à Chypre, une possession vénitienne. Jamais la situation n'a été aussi critique. D'un autre côté, l'alliance des Turcs et du roi d'Alger, Eudj Ali, constitue une menace immense pour les possessions espagnoles qui embrassent la Méditerranée de Gibraltar à Naples, à travers un chapelet d'îles : Baléares, Sardaigne et Sicile.

La prise de Nicosie oblige les chrétiens à réagir. Le pape Pie V redonne vie à l'idéal de croisade et sert d'intermédiaire entre Venise et l'Espagne pour la constitution d'une Sainte Ligue. Début 1571, l'accord est fait : le Saint-Siège, Venise et l'Espagne assemblent leurs forces pour lutter contre la puissance navale de l'Empire ottoman.

À Messine, au cours de l'été 1571, les navires arrivent les uns après les autres ; au total : 200 bâtiments et 30 000 hommes de combat.

△ Portrait de Philippe II, roi d'Espagne (1556-1598), *par Titien (Rome, Galerie Barberini)*

La Bataille de Lépante, en 1571 *(peinture anonyme conservée au musée Correr à Venise).*

◁ Le Songe de Philippe II, ou l'Allégorie de la Sainte Ligue, *en souvenir de la victoire chrétienne de Lépante (école du Greco).*

Le 7 octobre 1571

Placée sous le commandement de don Juan d'Autriche, le demi-frère de Philippe II, bâtard de Charles Quint, la flotte quitte Messine le 16 septembre pour Corfou. Là, des éclaireurs localisent la flotte turque. Elle se trouve dans le golfe de Lépante, à l'entrée du golfe de Corinthe. 230 navires turcs la composent.

Le bassin méditerranéen au XVIe siècle

Deux grandes puissances se partagent la domination du bassin méditerranéen au XVIe siècle. D'un côté, **l'Espagne et ses possessions** insulaires et italiennes – Baléares, Sardaigne, Sicile, royaume de Naples, duché de Milan. De l'autre, **l'Empire ottoman.** Depuis le début du XVIe siècle, l'Empire ottoman s'étend. À la veille de la bataille de Lépante, il s'enroule autour de la Méditerranée depuis les frontières de l'Autriche jusqu'au golfe Persique et des rivages de la mer Noire aux confins algéro-marocains.

À cette division politique s'ajoute naturellement **la division religieuse entre chrétiens et musulmans,** qui augmente les antagonismes et ressuscite périodiquement l'idée de « guerre sainte ».

En revanche, les activités économiques – le commerce – mettent en relation ces deux pôles du bassin méditerranéen. Venise possède Chypre, relais nécessaire pour gagner le Proche-Orient. C'est la conquête de cette île par les Ottomans qui commande aux chrétiens de s'unir.

Informés eux aussi de la présence d'une flotte chrétienne, les Turcs décident de fondre sur elle. La même décision est prise du côté chrétien. Le 7 octobre, au soleil levant, les deux flottes se rencontrent.

Premier succès pour don Juan d'Autriche : il réussit à enfermer les Turcs dans le golfe. Aucune sortie ne leur est plus possible. Le combat est un combat naval, mais il devient souvent un combat terrestre lors des abordages successifs. L'infanterie espagnole révèle sa force et sa hardiesse. Les galéasses vénitiennes, puissamment armées, divisent l'ordonnance des navires turcs, tandis que les fines galères, commandées par Jean André Doria, contribuent par leur vitesse et la précision de leurs attaques à désorganiser la défense turque. Les canons tonnent, les boulets ouvrent des brèches dans les navires, le feu s'étend : la panique s'empare des Turcs. Au centre du golfe, les énormes vaisseaux espagnols fondent si lourdement sur les Ottomans que la contre-offensive est impossible. Seul l'habile roi d'Alger, Eudj Ali, parvient, avec trente galères, à s'échapper.

Une journée complète de combats, un déluge de fureur et de feu. Au soir, les chrétiens ont gagné, mais la mer est rouge du sang des victimes.

Un ennemi dérouté, un butin considérable

Les Turcs ont perdu 30 000 hommes, tués ou blessés, 3 000 sont faits prisonniers, 15 000 forçats chrétiens sont libérés. Les chrétiens ont 8 000 hommes tués, 21 000 sont blessés, une dizaine de galères coulées. Lourd prix de la victoire ? Certes, mais le butin, s'il ne rend pas la vie aux morts, console les chrétiens de leurs pertes matérielles ; 117 navires, 450 canons et 39 étendards sont pris aux Turcs. Mais le plus beau résultat, c'est la victoire.

Lépante devient, au dire de Cervantès, « la plus mémorable rencontre qu'aient vue les siècles passés et qu'espèrent voir les siècles à venir ». La victoire est célébrée dans toute la chrétienté par une série de fêtes. La nouvelle se répand vite et accroît le prestige du roi d'Espagne, Philippe II. La légende de don Juan d'Autriche est née. Dans l'euphorie de la joie, certains imaginent d'autres victoires à venir.

Pourtant, l'Empire ottoman n'a pas reçu une blessure mortelle : il se relève assez vite et, bientôt, il est à nouveau capable d'aligner ses menaçants vaisseaux, comme au temps d'avant Lépante. Ce n'est qu'apparence. Lépante a bien brisé quelque chose : l'image d'un Empire invincible. La paix devient possible en Méditerranée, la trêve s'installe de fait. Victoire navale et militaire, Lépante reste gravée dans la mémoire des Européens des XVIe et XVIIe siècles, parce qu'elle a été surtout une victoire morale et politique. Jamais fait militaire n'avait autant rendu confiance à la chrétienté que domine alors l'Espagne. C'est l'origine de la gloire de Lépante.

Heurs et malheurs du règne de Philippe II

Lépante, où don Juan d'Autriche agit sur l'ordre de Philippe II (1556-1598), n'est que l'un des aspects d'un règne dont la politique, intérieure et extérieure, s'explique en partie par un rêve : être le bras politique de la chrétienté catholique, c'est-à-dire lutter à la fois contre l'Infidèle – le musulman – mais aussi contre l'Hérétique – le protestant.

La révolte des Pays-Bas. Ce foyer s'allume en 1566 pour des raisons politiques et religieuses : le sectarisme du roi d'Espagne empêche toute conciliation, et la révolte se généralise en 1572, les Provinces-Unies font sécession en 1579. Malgré le talent de leurs généraux, les troupes espagnoles ne parviennent pas à empêcher la dislocation de l'empire hérité de Charles Quint dans le nord de l'Europe, ni la constitution d'une puissance protestante.

L'intervention en France. La France est plongée dans les guerres de Religion : le pouvoir royal y est affaibli, les protestants ont un candidat au trône : le roi de Navarre Henri, futur Henri IV. Le dévôt Philippe II intervient inévitablement dans le conflit : il finance les catholiques de la Ligue, puis envoie ses armées lutter en France. Là encore, il échoue : il n'arrive pas à empêcher, en 1589, l'accession au trône de Henri IV, qui, il est vrai, s'est converti au catholicisme.

La lutte contre l'Angleterre. Le dernier volet de l'action extérieure du roi associe encore des aspects politiques (lutte pour la maîtrise des mers) et religieux (guerre contre l'anglicanisme) : en 1588, l'ex-époux de Marie Tudor envoie une « Invincible Armada », immense flotte qui a pour mission d'envahir l'Angleterre. La tempête, tout autant que le génie défensif des marins anglais, convertit cette expédition de gloire en expédition de deuil.

Dans ses dernières années Philippe, qui gouverne depuis son palais-monastère de l'Escurial, est pris du même sentiment d'échec qui a marqué les dernières années de son père, Charles Quint.

Un procès aux preuves truquées ?

MARIE STUART, LA REINE TRAGIQUE

Élisabeth Ire, reine d'Angleterre, pourrait faire exécuter sa cousine Marie Stuart secrètement, pour raison d'État. Mais la loi qu'elle a fait voter en 1585, punissant de mort toute personne ayant participé à un complot contre elle, lui donne une arme légale. En octobre 1586, elle choisit donc de faire comparaître l'ex-reine d'Écosse devant une commission spéciale de 46 membres.

Le piège se referme

Marie Stuart a 44 ans au moment de son procès. Sa vie n'a été qu'une suite d'événements tragiques. Fille de Jacques V d'Écosse, reine de France durant un an, catholique, belle, elle revient dans son pays natal en 1561, à l'âge de 19 ans, après la mort de son époux François II, pour trouver un royaume agité par la Réforme. Manœuvrant entre les factions, oscillant entre divers partis matrimoniaux, elle se remarie avec son cousin, Henri Stuart Darnley, dont elle a un fils. Mais Darnley est assassiné, probablement par l'homme que Marie épousera peu après, lord Bothwell. Ces péripéties qui font scandale servent de prétexte au soulèvement de la noblesse protestante. Contrainte d'abdiquer, Marie Stuart se réfugie chez sa cousine, la protestante Élisabeth d'Angleterre, qui la tient en résidence surveillée. L'ex-reine est une exilée encombrante. Arrière-petite-fille d'Henri VII, elle a des droits sur la Couronne d'Angleterre puisque Élisabeth n'a pas d'enfant. D'autre part, princesse catholique, elle porte les espoirs des « papistes », qui n'ont jamais reconnu le mariage d'Henri VIII et d'Anne Boleyn, dont est née Élisabeth. Marie se trouve au centre de plusieurs intrigues avec l'Espagne, visant à la placer sur le trône anglais. Son régime de résidence surveillée se durcit progressivement. Il se change en une détention sans ménagement lorsque naissent les rumeurs d'un complot. En 1585, Marie est gardée captive au château de Chartley, sous la surveillance d'un geôlier impitoyable, Paulet. On lui interdit toute visite, toute correspondance. Or, un beau jour, elle reçoit dans un tube de bois un billet signé d'un certain Gifford, qui lui propose de lui servir de contact avec des amis de Paris et d'acheminer une correspondance clandestine. Gifford doit faire la liaison avec un fanatique catholique, Babington, qui brûle de servir Marie et d'assassiner Élisabeth. Le plan du complot comprend le débarquement des Espagnols en Angleterre, le soulèvement des catholiques et la libération de la reine... De fait, au bout de quelques semaines, les courriers, alors interrompus, arrivent et repartent, par le canal d'un brasseur de bière. Marie Stuart est pleine d'espoir. En réalité, le piège se referme. Le 16 août 1586, au cours d'une partie de chasse, des cavaliers l'obligent à les suivre. Pendant qu'ils la retiennent, Chartley est fouillé de fond en comble — sans résultat. Babington et ses comparses sont arrêtés et ils avouent tout sous la torture. Élisabeth décide alors de faire inculper sa cousine de tentative d'assassinat contre sa personne. Marie Stuart est conduite au château de Fotheringay.

Les pièces à conviction

Marie Stuart est-elle innocente ou coupable ? Une seule chose est certaine, c'est que la reine d'Écosse a été victime d'une terrible machination, fomentée par le secrétaire d'État d'Élisabeth, Walsingham. Celui-ci a introduit

La lettre fatale

Marie a certes été au courant du projet de soulèvement catholique, mais a-t-elle véritablement été complice d'un projet d'assassinat ? La question est toujours controversée : certains admettent que Walsingham a pu fabriquer ou truquer la fameuse réponse de Marie en ajoutant ces mots fatidiques : « Ces choses étant ainsi préparées et les forces, tant dedans que dehors le royaume, toutes prêtes, il faudra alors mettre les six gentilshommes en besogne et donner ordre que, leur dessein étant exécuté, je puisse quant et quant aussitôt être tirée hors d'ici [...]. Je voudrais qu'ils eussent toujours auprès d'eux quatre vaillants hommes bien montés pour donner avis en toute diligence du succès dudit dessein aussitôt qu'il sera effectué, à ceux qui auront charge de me tirer hors d'ici. »

Lettres, Instructions et Mémoires de Marie Stuart, *par le prince de Labanoff, Londres, 1844.*

Prisonnière, Marie Stuart mit ses espoirs dans une évasion montée de toutes pièces pour l'accuser (gravure du XVIIIe siècle, Paris, bibliothèque du musée des Arts décoratifs).

un homme à lui, Gifford, pour donner corps au complot et perdre Marie : impulsive, esseulée, la reine a mordu à l'hameçon. Les juges n'ont plus qu'à prouver qu'elle connaissait et approuvait le projet d'assassinat de Babington contre Élisabeth. Deux lettres constituent les pièces à conviction, obtenues par l'entremise du brasseur de bière. La première, signée de Babington, n'est qu'une copie, mais une copie authentifiée par son auteur. La seconde, accablante, est une réponse de Marie à Babington, chiffrée, par laquelle la reine donne des conseils et demande à être informée du projet : cette missive est également une copie, curieusement écrite en français, alors que l'original, selon le témoignage d'un secrétaire de Marie Stuart, fut rédigé en anglais... De toute façon, Marie récuse ses juges. Elle est reine d'Écosse, cousine d'Élisabeth, non sa sujette, et elle ne se considère pas justiciable des lois anglaises. En outre, ses accusateurs ne peuvent produire aucun document, les originaux ayant été brûlés, et il leur est impossible de dévoiler la traîtrise de Gifford. Paulet cherche en vain à obtenir des aveux spontanés. Marie comparaît le 14 octobre. Une grande solennité entoure la séance. Parmi les membres de la commission, triés sur le volet, figurent l'archevêque de Canterbury, primat d'Angleterre, le grand chancelier Bromley, Walsingham. Jetant un coup d'œil sur la salle où le trône de la reine, vide, a été placé, Marie murmure : « Je vois ici bien des juges, mais pas un seul en ma faveur. » Sa défense est simple : elle ignore tout de l'affaire; la lettre chiffrée n'est qu'une « forgerie ». Elle en appelle « à Dieu et aux princes chrétiens ». Mais déjà, devant le ton des juges, elle devine ce qui l'attend. Très vite, elle se retranche dans le silence et la dignité d'une reine persécutée pour sa foi. Le 25 octobre, la commission, à l'unanimité moins une voix, proclame l'accusée coupable, sentence équivalant, selon la loi de 1585, à la peine de mort.

L'exécution de Marie Stuart, reine d'Écosse (peinture anonyme, vers 1608, Édimbourg, Scottish National Portrait Gallery).

Les gardes viennent chercher Marie Stuart pour la conduire à son exécution (peinture de P. J. van Bree, 1587, Tourcoing, musée des Beaux-Arts).

Quatre mois d'attente

La condamnée doit attendre quatre mois l'exécution de la sentence. Pendant ce délai terrible, elle demeure prisonnière à Fotheringay. Des pressions, venues de France, tentent de faire fléchir Élisabeth. La condamnée elle-même, qui craint d'être assassinée en secret, écrit une lettre pleine de noblesse qui arracha — dit-on — des larmes à la reine; mais celle-ci n'y répondit pas. Enfin, le 7 février 1587, l'attente prend fin : Marie est prévenue qu'elle sera exécutée le lendemain. Le médecin Bourgoing a relaté ses derniers instants. Au matin du supplice, la reine d'Écosse a revêtu une très belle robe de satin noir à traîne. Crucifix en main, elle s'agenouille devant le billot, tandis qu'on lui bande les yeux avec un mouchoir brodé d'or qu'elle a préparé elle-même. Le bourreau, troublé, frappe d'un bras mal assuré. Il lui faut s'y prendre à deux fois. Puis il saisit les cheveux pour soulever la tête et la montrer aux témoins; mais il ne garde en main qu'une perruque couvrant quelques rares cheveux gris... Les lèvres, affirme le médecin, remuent encore plusieurs minutes. Le petit chien de Marie, retrouvé blotti sous elle, ne veut pas bouger.

Des pionniers français au Canada
LA FONDATION DE QUÉBEC

Champlain et ses compagnons combattant contre les Iroquois aux côtés des Algonquins et des Hurons (gravure du XVIIe siècle). Les arquebuses des Français semèrent la panique parmi les Iroquois. ▽

Le 3 juillet 1608, quelques Français conduits par Samuel de Champlain gravissent pour s'y installer un escarpement qui domine le Saint-Laurent : l'endroit, planté de noyers, est appelé « Québec » par les Indiens.

C'est là qu'on commence à bâtir « l'habitation », destinée à abriter les pionniers de ce qui n'est, au fond, qu'un recommencement. Ne retrouvent-ils pas là, en effet, les vestiges du camp que, plus de soixante ans plus tôt, Jacques Cartier y avait établi et qu'il nommait alors Stadacone ? Mais, par-delà le souvenir de Cartier, les premiers habitants de Québec rencontrent, à la mauvaise saison, les mêmes épreuves que lui. Tenaillés par la faim et le froid, décimés par le scorbut qui emporte 20 d'entre eux, ils nouent avec les Indiens des liens de solidarité qui finalement les sauveront.

Le cosmographe royal

L'aventure a commencé dix ans plus tôt. En 1598, Champlain, qui a alors 31 ans, sert sur des navires espagnols, le long des côtes de l'Amérique centrale. Il y gagne le goût des explorations et une science de la cartographie qui lui vaut, à son retour en France, en 1601, d'être nommé par Henri IV « cosmographe (ou géographe) royal ».

Ces fonctions officielles le mettent en contact avec le commandeur Aymard de Chaste, détenteur du monopole de l'exploitation (ou « privilège ») de ce qu'on appelle la « Nouvelle-France ». À son instigation, en 1603, Champlain part pour la première fois vers le Canada. Il y retourne avec le successeur de Chaste : M. de Monts. Il passe dès lors pour le grand spécialiste de la région ; déjà, il lance des projets de colonisation. Mais ces derniers sont compromis, car Basques et Bretons, sous prétexte que le privilège de M. de Monts les ruine, obtiennent sa destitution. Champlain doit attendre que les luttes d'influence à la cour tournent au profit de son protecteur avant de pouvoir fonder Québec en 1608.

Champlain explorateur

Au printemps 1609, les Indiens Algonquins et Hurons reprennent le sentier de la guerre contre leurs ennemis, les Iroquois. Pour consolider la bonne intelligence établie avec eux durant l'hiver, Champlain les suit. Sous leur conduite, il découvre la « mer des Iroquois », l'immense lac qui porte aujourd'hui son nom. Sur ses rives, il participe à un « accrochage » entre tribus rivales. Grâce aux arquebuses qu'ont emportées les Français, la victoire revient aux Algonquins.

En 1613, Champlain est chargé de vérifier les dires d'un certain Nicolas de Vignau, qui prétend que, en remontant le cours de la rivière Outaouais (Ottawa), on rejoint une mystérieuse « mer du Nord ». L'affaire est d'importance, car on a l'espoir de trouver, dans cette zone, un passage vers l'Asie. Il n'en est rien, mais Champlain reconnaît ainsi la région.

C'est d'autant plus nécessaire que des marchands de Saint-Malo, de Dieppe et de Rouen viennent de fonder une compagnie commerciale pour l'exploitation de l'Amérique française. En toute logique, ils en ont confié la responsabilité sur place à Champlain. Ce

La France outre-mer au XVIIe siècle

C'est **sous François Ier seulement,** soit très en retard par rapport aux autres pays, que **la France se lance dans la course aux Grandes Découvertes :** en 1524, l'Italien Verrazzano explore, pour le compte du roi, la côte est des actuels États-Unis et découvre le site de la future New York. Depuis déjà trois décennies (traité de Tordesillas, 1494), Espagnols et Portugais se sont partagé l'Amérique du Sud et les côtes de l'Afrique.

Les premières tentatives de colonisation sont des échecs : aussi bien en Amérique du Sud (où, **au Brésil,** des protestants français tentent en vain de s'implanter, entre 1555 et 1567) que dans le Nord, **au Canada,** où Jacques Cartier échoue à créer un établissement français, entre 1534 et 1543. La nouvelle tentative que fait Champlain est d'autant plus importante.

dernier se sent également investi de responsabilités d'ordre spirituel : pour évangéliser les « sauvages », il fait venir de France des religieux récollets. Avec quatre d'entre eux, il part en 1615 pour une nouvelle mission d'exploration qui le mène près des Grands Lacs (rive nord-est du lac Huron ; traversée du lac Ontario).

Québec assiégée, prise et regagnée

Champlain continue de soutenir ses alliés indiens dans leur lutte contre les Iroquois. Blessé au combat, il passe un hiver parmi les Hurons. En 1620, la situation de la colonie paraît assez solide pour que Champlain y installe son épouse. L'année précédente, déjà 80 nouveaux colons sont arrivés. Champlain s'occupe alors de doter Québec de fortifications : à « l'habitation » s'ajoute le château Saint-Louis.

Mais, en 1628, surviennent des événements qui risquent de tout compromettre. Ces événements font écho à la guerre qui oppose alors les Français et les Anglais, venus au secours des protestants de La Rochelle assiégés. Les Anglais, qui ont eux-mêmes des intérêts en Amérique, projettent d'anéantir les établissements français au Canada en utilisant les services de trois frères, les Kertk, natifs de Dieppe, écossais par leur père et français par leur mère. Le 10 juillet 1628, leur flotte vient menacer Québec, mais Champlain organise une exemplaire résistance qui les force à se retirer. L'année suivante, ils reviennent, et, le 19 juillet 1629, Champlain ne peut que capituler. Les Anglais s'emparent de lui, il doit passer par Londres avant de pouvoir regagner la France. Là, il se montre si convaincant que Richelieu emploie tout son talent politique pour obtenir de l'Angleterre, au traité de Saint-Germain (1632), la restitution du Canada. Alléché par l'enthousiasme de Champlain, le cardinal encourage la création d'une nouvelle compagnie de commerce ; la compagnie des Cent-Associés, pour assurer le développement de la colonie. À cette tâche, Champlain emploie les dernières années qui lui restent : après avoir traversé environ vingt-cinq fois l'Atlantique, il meurt à la Noël 1635.

Samuel de Champlain *(v. 1567-1635) représenté devant un paysage des côtes de la Nouvelle-France (gravure, Paris, Bibl. nat.).*

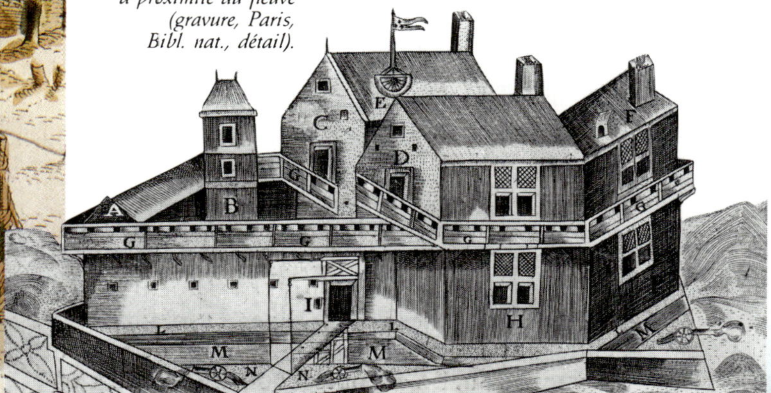

La première « habitation » de Champlain : une forteresse en bois à proximité du fleuve (gravure, Paris, Bibl. nat., détail).

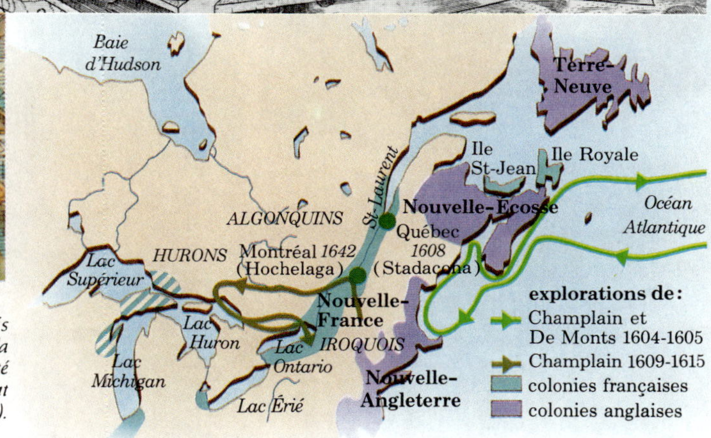

Français et Anglais au Canada jusqu'au traité d'Utrecht (1713).

Français et francophones au Canada

Une colonisation insuffisante. Le peuplement est beaucoup plus lent et plus faible que celui des colonies anglaises voisines : 85 résidents adultes à Québec en 1635 ; 1 600 au début du XVIIIe siècle ; 55 000 avant 1800, contre 1 500 000 du côté anglais, à la même époque.

La fin de la Nouvelle-France. Le traité d'Utrecht (1713) est un premier coup de semonce pour la communauté française d'Amérique : il provoque l'exode des Acadiens – dont la terre devient alors anglaise – vers le Québec et la Louisiane. Puis le traité de Paris (1763) coupe pour deux siècles les liens des colons du Canada avec la mère patrie.

La province de Québec. Au XXe siècle, le Canada devient indépendant (1926). Dans les années 1960, la province de Québec, jusque-là agricole et catholique, s'industrialise et devient moins sensible à l'influence de l'Église. Le particularisme québécois prend alors une dimension politique, illustrée par la formule du général de Gaulle, « Vive le Québec libre ! » le 24 juillet 1967. En mai 1974 est votée la « loi 22 », qui fait du français la seule langue officielle de la province ; en 1976, le Parti québécois remporte les élections. Mais, lors d'un référendum sur l'indépendance, en 1980, le « non » l'emporte. Cependant, l'agitation suscitée en 1989 par l'éventualité d'une modification de la « loi 22 » au profit du bilinguisme montre que l'intégration des 5 millions de francophones dans la Confédération canadienne n'est pas une affaire réglée.

Michel Romanov est élu tsar de Russie

NAISSANCE D'UNE DYNASTIE

Portrait de Michel Romanov, *tsar de Russie de 1613 à 1645, fondateur de la dynastie Romanov (icône du XVIIe siècle).*

En 1613, Michel Fedorovitch est élu tsar de Russie par le *zemski sobor,* le « Conseil de toute la Terre », la plus haute autorité du pays.

L'Entrée triomphale de Michel Fedorovitch Romanov dans Moscou, le 2 mai 1613 *(image russe du XIXe siècle).*

Cette élection marque l'avènement d'une nouvelle dynastie, celle des Romanov, et elle met fin à une période de troubles qui dure depuis 15 ans.

Le « temps des troubles »

En 1598, l'ancienne dynastie régnante des Riourikides s'est éteinte. Il ne reste aucun héritier naturel au trône. Commence alors le « temps des troubles », période durant laquelle les souverains se succèdent très vite et sont assassinés, des imposteurs se prétendant les héritiers se présentent pour prendre le pouvoir, l'agitation paysanne est permanente surtout après la terrible famine de

La Russie, des Mongols au « temps des troubles »

De 1240 à 1480, la Russie est dominée par **les Mongols de la Horde d'or.** Au début du XIVe siècle, un État unifié se crée autour de Moscou. En 1380, à Koulikovo, un Russe, D. Donskoï, est pour la première fois vainqueur des Mongols. En 1480, Ivan III, grand-prince de Moscou (1462-1505), libère le pays. C'est la fin de cette domination qui a retardé le développement du pays et l'a morcelé.

Le nouvel État se centralise (un code administratif et judiciaire est rédigé en 1497), la démographie et l'économie connaissent un essor. Le règne du premier « tsar de toutes les Russies », **Ivan le Terrible** (1547-1584), voit la conquête de nouvelles terres (Kazan en 1552 et Astrakhan en 1556), le renforcement de l'État et du pouvoir personnel du souverain et une ouverture vers les pays occidentaux. À la mort d'Ivan, son fils **Fédor Ier** lui succède (1584-1598). Son frère Dimitri d'Ouglitch, seul survivant mâle de la famille, est assassiné en 1591. **Boris Godounov**, conseiller tout-puissant de Fédor, devient lui-même tsar en 1598 et il est tué en 1605. **Son règne marque le début des troubles.**

L'Intronisation de Michel Romanov (1596-1645), le 21 juillet 1613, dans la cathédrale de la Dormition, au Kremlin *(gravure anonyme russe du XVIIe siècle).*

1601-1603, la société se décompose et le pays est envahi par ses deux ennemis séculaires, la Pologne et la Suède.

Une union nationale contre des candidats imposés

Pendant l'été 1610, le prince polonais Ladislas se propose à la succession au trône ; il est soutenu par un grand nombre de nobles, à condition qu'il passe de la religion catholique à l'orthodoxie. Mais, au moment où l'ambassade russe arrive, le roi de Pologne Sigismond refuse cette candidature. L'armée polonaise envahit alors l'ouest du pays et s'empare de la capitale, Moscou. Au nord, les Suédois revendiquent également la couronne de Russie pour le prince Charles Philippe et menacent Novgorod.

La Russie, jusque-là divisée, décide de s'unir. Ce « mouvement national » est dirigé par l'Église (le patriarche Hermogène), par des nobles et des militaires (K. Minine, Troubetskoï et Pojarski), et composé de troupes venues de partout (Riazan, Nijni-Novgorod). En 1611, les Polonais prennent Smolensk et les Suédois, Novgorod, mais, en novembre 1612, l'armée nationale récupère Moscou. Le premier souci des vainqueurs est d'élire un tsar et de doter la Russie d'un gouvernement stable.

L'élection

Les candidats sont nombreux : le Polonais et le Suédois sont soutenus par différents clans de boyards (des nobles), mais un groupe composé du clergé, de la noblesse du Sud, du peuple des villes et des cosaques exige un prince natif de Russie. Les noms de ces candidats sont donc rejetés. Il y a bien les chefs des grandes familles de boyards (Romanov, Chouïski ou Golitzyne), mais ils sont prisonniers des Polonais, à cette date. Les chefs de l'armée nationale, Pojarski et Troubetskoï, soutenus d'abord par les cosaques, sont finalement jugés comme indignes du trône, car leur famille n'est pas assez noble. Reste alors Michel Romanov, un jeune garçon de 16 ans, fils de Philarète Romanov. Les discussions pour le choix sont longues et elles donnent lieu à des intrigues de palais. En janvier 1613, les états généraux *(zemski sobor)* sont convoqués à Moscou pour élire le nouveau tsar. Sont présents 500 à 700 membres, qui représentent la noblesse de service, les boyards, le clergé, le peuple des villes, et même des paysans. Le 7 février 1613, l'assemblée choisit Michel Romanov. Des émissaires sont envoyés dans toute la Moscovie pour sonder l'opinion, qui se montre favorable. Le 21 du même mois, une autre cession est réunie pour la décision finale : on raconte que, ce jour-là, une foule composée de cosaques et du peuple de Moscou se rendit au Kremlin pour réclamer la confirmation de la désignation de Michel. Celui-ci est donc élu tsar à l'unanimité.

Mais pourquoi ce jeune homme totalement inexpérimenté ? D'abord parce que sa famille est alliée à l'ancienne dynastie des Riourikides (Ivan le Terrible a épousé Anastasia, une Romanov, et le père de Michel est le cousin du tsar défunt Théodore, dernier fils d'Ivan). Ensuite, parce que Michel est le candidat du patriarche Hermogène, des cosaques et de certains boyards, qui espèrent le manipuler en raison de son âge. Enfin sa jeunesse joue également en sa faveur, parce qu'il ne s'est pas compromis avec les étrangers et qu'il est resté neutre face aux intrigues du « temps des troubles ».

Le couronnement

Après l'élection, le gouvernement provisoire doit envoyer, le 2 mars, des délégués à Kostroma, où Michel vit alors avec sa mère, pour le convaincre d'accepter le choix qui a été fait de son nom. Les émissaires lui demandent de rejoindre au plus vite Moscou, sous la menace que la guerre pourrait recommencer. L'arrivée de l'élu est retardée en raison de la difficulté des transports dans le pays dévasté, mais il fait une entrée triomphale dans la capitale, le 2 mai. Le couronnement a lieu le 21 juillet 1613 dans la cathédrale de la Dormition, au Kremlin. Platonov, un historien, écrit : « Aux yeux des contemporains, c'était Dieu lui-même qui avait choisi le souverain, le pays tout entier exulta de joie et célébra l'événement. »

En 1613, la dynastie des Romanov s'installe sur le trône de Russie et cela jusqu'en 1917.

Trois siècles de dynastie Romanov

Le XVIIe siècle : une monarchie forte. Sous les règnes de Michel, d'Alexis et de Fédor, de 1613 à 1682, le système juridique est réformé ; la colonisation de la Sibérie s'accentue ; des révoltes paysannes sont écrasées (en 1667-1671, le soulèvement de Stenka Razine) ; l'Église russe est divisée par le schisme.

Misère et grandeur du XVIIIe siècle. Après le règne de Pierre le Grand (1682-1725) se succèdent, au XVIIIe siècle, Catherine Ire, Pierre II, Anne, Ivan VI, Elisabeth Ire et Pierre III, de 1725 à 1762 : trois femmes, un garçon de 12 ans, un enfant en bas-âge et un débile mental. En 1762, la dynastie s'éteint avec Élisabeth, qui n'a pas d'enfant. Elle est remplacée par les Holstein-Gottorp. Mais Pierre III est un héritier Romanov (petit-fils de Pierre le Grand). Sa femme le fait assassiner en 1762 et règne sous le nom de Catherine II (Catherine la Grande), jusqu'à sa mort en 1796.

Le XIXe siècle : réaction et assassinats. Paul Ier (1796-1801) succède à Catherine II. Il est assassiné par une révolution de palais. Alexandre Ier (1801-1825) est l'un des inspirateurs de la Sainte-Alliance. Nicolas Ier (1825-1855) entame une politique réactionnaire après la révolte des « décembristes » en 1825, écrase le soulèvement polonais de 1830 et engage la guerre de Crimée (1854-1856). Alexandre II (1855-1881) fait des réformes (abolition du servage en 1861, création des zemstvos en 1864). Il est assassiné en 1881 par des socialistes. Alexandre III (1881-1894) favorise le bouleversement économique de la Russie. En 1894, il est assassiné.

La fin dramatique du dernier tsar. Nicolas II (1894-1917) poursuit la politique de son père. L'influence de Raspoutine précipite le discrédit sur la famille impériale. Nicolas abdique en mars 1917 et il est tué avec toute sa famille à Ekaterinbourg, le 17 juillet 1918.

Les puritains débarquent en Amérique
LE « MAYFLOWER »

Le 9 novembre 1620, le *Mayflower,* un bâtiment d'une trentaine de mètres transportant 149 hommes, femmes et enfants, arrive en vue du cap Cod, dans l'actuel État du Massachusetts.

Ces colons du *Mayflower* – les Pères Pèlerins – sont des puritains, c'est-à-dire des protestants calvinistes anglais soucieux de préserver une orthodoxie religieuse qui leur paraît faire défaut en Angleterre. Persuadés de l'impossibilité de parvenir à leurs fins en Angleterre, et refusant de reconnaître l'autorité royale en matière religieuse, ils se résolvent alors à se séparer de l'Église anglicane – on les appelle les séparatistes – et, devant les menaces et les persécutions dont ils sont l'objet, s'installent à Leyde, en Hollande, vers 1607-1608 avant de décider, dix ans plus tard, de tenter l'aventure d'une installation en Amérique du Nord, où ils sont convaincus de pouvoir développer un refuge religieux.

Des voyageurs unis par un pacte

L'organisation du voyage prend plusieurs années, nécessaires pour obtenir de la Compagnie de Virginie à Londres le droit de s'établir outre-Atlantique et d'y installer leur « plantation ». Ce n'est qu'à la fin de l'été 1620 que les démarches sont terminées : les colons, qui devaient à l'origine utiliser deux bateaux, le *Mayflower* et le *Speedwell,* embarquent alors sur le seul *Mayflower* et mettent à la voile, le 16 septembre 1620.

Au terme de deux mois de navigation, et avant de débarquer sur les rives inconnues et apparemment inhospitalières qu'ils contemplent depuis leur bord, les Pèlerins, ou tout au moins la plupart des hommes adultes, prennent une décision qui témoigne de leur souci de se doter d'une organisation politique sociale stable : ils rédigent, le 11 novembre 1620, le pacte du *Mayflower,* par lequel ils s'engagent individuellement à respecter les lois qu'ils seront amenés à établir pour le bien-être général de la colonie. Ils jettent ainsi les bases lointaines et fragmentaires, mais essentielles, d'une tradition politique américaine de gouvernement par consentement populaire.

La rade de Plymouth

Quelques semaines après leur arrivée, les colons jettent leur dévolu sur un site déjà exploré naguère par le capitaine John Smith, la rade de Plymouth, et se lancent dans la construction de leur colonie. La première maison de la « plantation » est érigée le 25 décembre 1620. Malgré un hiver rude et meurtrier pour nombre d'entre eux, les co-

Le départ des Pères Pèlerins anglais sur le Mayflower, *(« Fleur de mai »), le 16 septembre 1620, dans le port de Southampton.*

Le débarquement des Pères Pèlerins à Plymouth, le 11 décembre 1620 : les puritains rendent grâce à Dieu. ▷

L'Amérique du Nord en 1620

Atteinte par les premiers explorateurs à la fin du XVe et au début du XVIe siècle, l'Amérique du Nord n'est encore **connue et habitée par les Européens, au début du XVIIe siècle que dans sa partie orientale proche de la mer.** Rares sont les voyageurs à s'être aventurés à l'intérieur du continent : ainsi Cabeza de Vaca, ou Coronado, dans la première moitié du XVIe siècle.

À cette époque, l'Amérique du Nord reste donc, très largement, **le domaine des Indiens :** il s'agit principalement, à l'est, des Algonquins et des Hurons (au nord du Saint-Laurent), des Mohicans et des Iroquois (au sud de ce fleuve) ; des Creeks, des Cherokees, des Choctaws, des Chickasaws et des Séminoles (les « Cinq Nations »), dans les régions méridionales.

Les réfugiés, débarqués en plein hiver, découvrent un environnement hostile et un peuple inconnu – les Indiens – avec lequel ils parviennent heureusement à établir des relations pacifiques.

lons parviennent à survivre. Le printemps venu, aucun des survivants ne rentre en Angleterre avec le *Mayflower*. Sous la direction du gouverneur – et historien de la colonie – William Bradford, qui dirige Plymouth presque sans interruption de 1621 à sa mort survenue en 1657, les colons établissent des relations amicales avec les Indiens. La colonie peut ainsi se développer lentement. En 1630, Plymouth compte près de 300 colons, en 1637 près de 500.

Une colonie aux mœurs austères

L'histoire de Plymouth n'est pas celle d'une colonie appelée à connaître une croissance démographique spectaculaire. La rigidité des doctrines religieuses des Pèlerins est susceptible de décourager même certains sympathisants des thèses puritaines. La faiblesse de l'économie de la nouvelle colonie, fondée sur le très aléatoire commerce des fourrures et non sur l'agriculture et la pêche qui s'avèrent vite décevantes, est également un obstacle à son essor.

Mais l'arrivée des colons du *Mayflower* marque un tournant dans l'histoire de la colonisation européenne de l'Amérique du Nord. Pour la première fois, une colonie est fondée pour durer, par des colons qui décident eux-mêmes de leur destin.

Les Européens en Amérique du Nord

Les Espagnols, d'abord. Maîtres de Mexico en 1519, ils cherchent à s'implanter en Floride à partir de la première moitié du XVIe siècle et y parviennent après plusieurs échecs. Au début du XVIIe siècle, ils se tournent vers le Nouveau-Mexique, fondant Santa Fe en 1609. Par la suite, ils prennent pied au Texas (San Antonio, 1716), puis sur la côte Pacifique (Monterey, 1769).

La présence française. Les Français font des apparitions sporadiques au cours du XVIe siècle. Ainsi Verrazano explore-t-il la baie de New York, en 1524, pour le compte d'un Dieppois. Mais seule la fondation de Québec, en 1608, par Samuel de Champlain assure une présence stable et permet le développement ultérieur de la colonisation française. L'exploration du Mississippi par Cavelier de La Salle en 1682 donne à la France une région immense qui prend le nom de Louisiane.

Éphémères Hollandais. Les Hollandais s'intéressent à la région de New York à partir de 1609, lorsque Henry Hudson explore pour leur compte la vallée du fleuve qui porte son nom. Mais leur comptoir commercial de New Amsterdam tombe en 1664 entre les mains des Anglais et devient New York.

Le triomphe des Anglais. Ils se sont installés en Virginie et en Nouvelle-Angleterre à partir de 1584 (établissement d'une première colonie) et dans la première moitié du XVIIe siècle. Hors de ces deux régions, des colonies sont fondées au cours du XVIIe et du XVIIIe siècle : le Maryland au début des années 1630 ; le New Jersey et le New York en 1664 ; la Pennsylvanie (autre refuge d'une minorité religieuse, les quakers) au début des années 1680 ; le Delaware en 1712 et la Géorgie en 1733. La force du nombre permet ainsi à l'Angleterre de triompher des autre puissances européennes au XVIIIe siècle et d'imposer un temps sa domination sur l'Amérique du Nord.

Un nouveau ministre pour la France

RICHELIEU

Le 29 avril 1624, Armand Jean du Plessis, cardinal de Richelieu, prend place au Conseil du roi, parmi ceux qui, auprès de Louis XIII, assurent le gouvernement du royaume. Un peu plus de trois mois plus tard, il en est le chef : il le demeure jusqu'à sa mort, avec le titre de principal ministre. Sa réussite est celle d'un arriviste, ou plutôt celle d'un lutteur acharné.

Dès le départ, en effet, Richelieu doit se battre contre le destin. Comme tous les nobles, il rêve, enfant, de prouesses guerrières, de chevauchées et de gloire. Mais, orphelin contraint d'assurer à sa famille les subsides d'une charge ecclésiastique, il entre dans les ordres : à 24 ans, en 1606, ce Parisien ne connaît que la misère et la boue de Luçon, un obscur évêché du Poitou. Cependant, l'exceptionnelle valeur de cet évêque « malgré lui » frappe Marie de Médicis – régente toute-puissante de la France après l'assassinat de son époux Henri IV en 1610 –, lors de l'assemblée des états généraux de 1614, où il est délégué. Le jeune homme entre à son service, devient son aumônier et un de ses fidèles. Il obtient le secrétariat d'État à la Guerre et aux Affaires étrangères... Mais il est entraîné dans la disgrâce de la reine mère, après l'assassinat du favori de celle-ci, Concini. Il doit déployer des trésors de patience pour négocier la réconciliation du roi et de sa mère et regagner sa place à la cour : c'est chose faite en 1624, lorsqu'il est appelé au Conseil ; sauf le titre de cardinal qu'il a gagné deux ans plus tôt, il repart en somme de zéro, cette année-là.

La France en 1624

En 1624, il faut trois semaines de voyage pour traverser le royaume de France, le plus peuplé d'Europe avec **20 millions d'habitants.**

Les trois quarts ne savent ni lire ni écrire, beaucoup ne parlent que leur langue régionale. 85 % des Français vivent à la campagne ; au bord de la famine, car les mauvaises récoltes se multiplient à cause d'un refroidissement du climat : **le « petit âge glaciaire ».**

Marie de Médicis a tenu les rênes du pouvoir après l'assassinat de son mari Henri IV – **Louis XIII** n'avait alors que 9 ans. La faiblesse de la régente s'est avérée désastreuse. Le redressement du pays, ravagé par les guerres de Religion, a été compromis. Affaibli face à l'Espagne, le royaume s'est trouvé en proie à **l'agitation des clans** nobles. Mais, en 1624, le roi a 23 ans et la volonté de se démarquer de sa mère. Il l'a montré en 1617 en faisant assassiner son favori, Concini.

Les premières audaces

Pour Richelieu, seules comptent la puissance du roi et la grandeur de la France. Cette suprême « raison d'État » balaie les principes et les contradictions. Puisque l'affrontement est inévitable avec la grande puissance de l'époque, l'Espagne, qui prétend défendre le catholicisme, Richelieu ne voit aucun inconvénient, pour la vaincre, à s'allier avec des souverains protestants, bien qu'il soit lui-même un haut dignitaire catholique.

Mais, si les protestants à l'étranger servent sa politique, il voit dans ceux qui habitent le royaume une menace intolérable d'agitation et de division : ils disposent, depuis l'édit de Nantes (1598), d'une administration particulière et, dans le Sud, de places fortes militaires. En 1628, après un terrible siège, la plus puissante d'entre elles, La Rochelle, se rend. Bien qu'il porte comme eux la barbe taillée en pointe, Richelieu juge les nobles tout aussi dangereux. En 1627, pour la première fois dans l'histoire du royaume, il fait condamner à mort deux d'entre eux, pour s'être battus en duel au mépris des lois du royaume. Mais il redoute surtout les complots des Grands, dont la susceptibilité est attisée par les agents secrets espagnols, la reine mère et même Gaston d'Orléans, frère du roi, jaloux du pouvoir croissant de Richelieu. Ce n'est d'ailleurs qu'à la fin de 1630, le 10 novembre, que le morose et changeant Louis XIII écarte définitivement sa mère et que Richelieu s'impose définitivement : cela lors de la journée des Dupes, lorsque les dévots, groupés autour de Marie de Médicis, après qu'ils eurent cru avoir obtenu le renvoi de Richelieu, furent exilés par le cardinal rentré en grâce.

La Réconciliation de Marie de Médicis et de son fils *(peinture de Rubens, Paris, musée du Louvre).*

Un homme de fer

En 1631 commence la guerre ouverte contre l'Espagne, dans le cadre du grand conflit qui ravage alors l'Europe : la guerre de Trente Ans. Les débuts sont désastreux, et les dépenses énormes. Renoncer aux mesures qui auraient amélioré la situation du royaume ne suffit point. Il faut aussi augmenter considérablement les impôts. Pour justifier ces sacrifices, Richelieu encourage le médecin protestant Théophraste Renaudot à créer le premier journal paru en France, *la Gazette,* qui présente les événements sous le jour le plus

L'homme d'Église... et l'homme de fer : Richelieu sur la digue de La Rochelle *(peinture de P. Henri, XIXᵉ siècle La Rochelle, musée d'Orbigny).*

Richelieu est aussi un homme de cabinet (portrait par Philippe de Champaigne, chancellerie des Universités de Paris).

favorable à sa politique. De même, il fonde en 1635 l'Académie française, pour avoir à sa disposition des écrivains et des penseurs qui le défendent.

Mais les paysans sur qui repose, à l'époque, tout le poids de l'impôt ne lisent pas ces ouvrages. Rassasiés de misère, armés de fourches et de bâtons, ils se révoltent. Richelieu répond par la violence d'une répression sanglante. Avec la même brutalité, il fait face aux révoltes des Grands, derrière lesquelles se trouve toujours Gaston d'Orléans : depuis Henri de Montmorency, décapité en 1632, jusqu'au jeune Cinq-Mars, pourtant favori du roi, exécuté en 1642.

Une œuvre positive

Si Richelieu détruit, il bâtit aussi. Il dote la France de sa première marine de guerre et jette les bases d'un empire colonial : au Canada, qui commence à se peupler, son nom est donné à un affluent du Saint-Laurent. Sous son ministériat, des Français fondent Saint-Louis du Sénégal, en Afrique, et Fort-Dauphin, à Madagascar. Cependant, l'on prend goût aux produits venus d'Amérique et des Antilles : le tabac et le sucre de canne. Cet homme à la volonté indomptable, dormant peu et travaillant énormément, trouve le temps d'assurer sa gloire personnelle en même temps qu'il s'occupe du bien de l'État. Il se fait construire, à Paris, un fastueux palais (qui deviendra le Palais-Royal) et il rachète, en province, la terre de Richelieu que sa famille a dû vendre, pour y édifier une ville modèle. Considérablement enrichi par son accession au pouvoir, il veille aussi à pourvoir les siens de postes lucratifs, ou à leur faire faire des mariages avantageux. Enfin, ce cardinal, qui ne dit pas souvent ses prières, prend le temps, néanmoins, de courtiser les dames de la cour.

Mais, en 1643, alors que la victoire de Rocroi consacre le recul de l'Espagne, cet homme, à qui rien n'a jamais résisté longtemps, perd son ultime bataille, celle qu'il livre contre son propre corps malade. Toute sa vie, ce grand corps, nerveux et sec, l'a tourmenté de fièvres, de douleurs et d'infections diverses. Dans les dernières années, il ne peut plus tenir à cheval, ni même supporter les cahots d'un carrosse. Il parcourt le royaume, couché sur une litière portée par 24 hommes se relayant. L'annonce de sa mort ne provoque guère de larmes : au contraire, on allume des feux de joie dans les campagnes. Le ministre détesté n'est associé qu'à la misère et à la peur. On ne reconnaît pas encore que, grâce à lui, la France est devenue une grande puissance.

Les grands ministres de l'ancienne France

Éloi (v. 588-660). D'abord orfèvre, il devient le conseiller du roi Dagobert dont parle la chanson. Une carrière d'évêque lui permet finalement d'être canonisé.

Suger (v. 1081-1151). Moine dès l'âge de 10 ans, à cause de sa pauvreté, il est élevé auprès du futur Louis VI et reste son homme de confiance.

Sully (1559-1641). Aussi habile administrateur qu'il a été bon soldat aux côtés d'Henri IV aux heures difficiles des guerres de Religion. Sa fidélité au protestantisme accélère sa mise à l'écart après l'assassinat du roi.

Mazarin (1602-1661). Durant la jeunesse de Louis XIV, cet Italien gouverne la France aux côtés de l'Espagnole Anne d'Autriche, veuve de Louis XIII. Cardinal sans être prêtre, il l'épouse en secret, dit-on.

Colbert (1619-1683). Sa politique économique vise à donner à Louis XIV les moyens de ses ambitions. Mais les guerres continuelles du Roi-Soleil ruinent ses efforts.

→**Voir aussi** : p. 276-277 (Un conflit européen).

Condamné pour avoir dit la vérité
LE PROCÈS DE GALILÉE

En 1633, le jour où l'été commence, le 22 juin, un astronome italien, Galileo Galilei, dit Galilée, est condamné à perpétuité à la prison et doit abjurer ses erreurs à genoux devant le tribunal de l'Inquisition. Sa faute ? Avoir osé proclamer, après le Polonais Copernic, que la Terre tourne autour du Soleil, et qu'elle ne constitue pas le centre autour duquel gravitent tous les astres, comme l'affirme l'Église.

L'affaire s'inscrit dans un climat particulier. Nous sommes dans l'Italie baroque, au temps de la Réforme catholique, après le concile de Trente. L'Église romaine n'a qu'une obsession : reprendre en main les savants et les philosophes, réaffirmer le dogme, éviter toute nouvelle hérésie, après le drame que fut la scission de la chrétienté occidentale par la Réforme protestante, un siècle plus tôt. Or, la doctrine exposée par Galilée met en cause la conception du monde que l'Église enseigne : elle dénie en effet à la Terre tout rôle privilégié dans l'Univers, alors que l'Église présente la planète où vit l'Homme, sur la foi de la Bible et en s'appuyant sur la tradition ancienne d'Aristote, comme le centre immobile du monde et l'axe de la Création. Pour

L'Astronomie selon Galilée *(gravure du XVIe siècle). Au centre, le Soleil.*

Portrait de Galilée (détail de Galilée devant le Saint-Office au Vatican, *de J.N. Robert-Fleury, 1847).*

Science et religion au XVIIe siècle

Ce siècle est marqué par la mise en cause de la portée de la pensée religieuse dans le domaine scientifique. Dans *le Discours de la méthode pour bien conduire sa raison et chercher la vérité dans les sciences* (1637), R. Descartes réserve le domaine de la foi à la religion et à Dieu et explique le monde par la raison et les sciences et non par la providence.

On assiste au XVIIe à **un progrès des mathématiques et de la physique** (**Torricelli** montre que les trajectoires des projectiles sont toujours des paraboles et **Pascal** démontre l'existence du vide et de la pression atmosphérique). En médecine, William **Harvey** (1578-1658) met en évidence la circulation du sang dans le corps et le rôle du cœur et des artères.

Les représentations du système solaire

Selon Ptolémée et Aristote dans l'Antiquité, la Terre est immobile au centre du monde. L'univers comprend une région céleste où tous les mouvements sont circulaires et une région terrestre où tous les mouvements sont rectilignes.
Nicolas Copernic (1473-1543) affirme que la Terre tourne autour du Soleil comme toutes les autres planètes mobiles et que cette rotation sur elle-même donne l'alternance des jours et des nuits. La « révolution copernicienne » découvre « l'héliocentrisme » (c'est-à-dire que le Soleil est le centre de notre système).
Johannes Kepler (1571-1630) perfectionne le système de Copernic en découvrant que la trajectoire des planètes dessine une ellipse dont le Soleil est le foyer.
Avec Isaac Newton (1642-1727), la découverte de la loi de la gravitation universelle permet de penser la rotation de la Lune et de rendre compte des marées et du mouvement des comètes.

la première fois, une théorie scientifique déplace les valeurs de la société et inquiète les autorités religieuses.

La formation de Galilée

Jusqu'en 1612, cependant, les recherches de Galilée ne lui valent que des honneurs. Né en 1564, formé comme médecin et comme mathématicien, ce professeur de l'université de Padoue travaille sur la chute des corps et, surtout, améliore la lunette astronomique inventée par les Hollandais. L'instrument qu'il met au point lui permet de révolutionner l'observation de l'Univers : il découvre le relief de la Lune, les taches du Soleil, les principaux satellites de Jupiter, les phases de Vénus et la présence d'étoiles dans la Voie lactée. Toutes ces découvertes, rapportées par lui dans *le Messager céleste,* en 1610, lui permettent d'obtenir les faveurs du grand-duc Cosme II. Celui-ci le fait venir en Toscane et lui offre la chaire de mathématiques dans la célèbre université de Pise.

Galilée devant le tribunal de l'Inquisition *(détail d'une peinture de Joseph Ciérian, XIXe siècle, Aix-en-Provence, musée Granet).*

La polémique

C'est en 1612 que la situation se retourne : Galilée est soupçonné de suivre les thèses de Copernic sur le mouvement des planètes. Mais il est alors protégé par le cardinal Bellarmin, favorable, à ce moment, à la discussion des thèses traditionnelles face aux découvertes scientifiques. En 1616, les œuvres de Copernic sont mises à l'Index, c'est-à-dire interdites de lecture à tous les catholiques. Galilée, averti qu'il pourrait être inquiété, se tourne vers d'autres recherches. En 1618, l'apparition de trois comètes ravive les polémiques des astronomes, et Galilée se rend une première fois à Rome pour défendre ses thèses : le soutien du pape Urbain VIII, cette année-là, permet que tout se passe bien. En 1623, nouvelle étape : Galilée fait paraître *Il Saggiatore (l'Essayeur),* où il invite ses lecteurs à une réflexion sur la science fondée sur la seule observation et l'expérience, hors de tout postulat préétabli. Mais, surtout, en 1632, il rédige *le Dialogue sur les deux grands systèmes (Dialogo sopra i due massimi sistemi del mondo),* dans lequel deux savants coperniciens démontrent à un savant aristotélicien que son système est faux. Cet essai vaut à Galilée d'être convoqué devant le Saint-Office, ou tribunal de l'Inquisition, à Rome, sitôt la parution du livre.

Le procès

Le pape Urbain VIII n'est déjà plus son allié. Pendant l'hiver 1632-1633, Galilée retarde par tous les moyens cette comparution en prenant prétexte de son âge et de la peste en Italie centrale. Il vient cependant à Rome en février. L'instruction, secrète, dure deux mois : après des interrogatoires sur le *Dialogue,* la cause est entendue par les inquisiteurs et il est jugé coupable « d'avoir tenu cette fausse doctrine, contraire à l'Écriture sainte et divine, que le Soleil est le centre du monde, que la Terre se meut et n'est pas le centre du monde ». Une tradition veut qu'en se relevant, après l'abjuration, il ait frappé du pied la terre et se soit écrié *« Eppur, si muove ! »* (« Et pourtant, elle tourne ! »).
Galilée reste en résidence surveillée le restant de ses jours près de Florence, travaillant surtout à des ouvrages de mécanique avec quelques disciples. Ses travaux sont traduits et diffusés en Europe. En 1637, une dernière épreuve l'attend : il devient aveugle. Il doit s'aliter en 1641 et meurt, le 8 janvier 1642, à l'âge de 78 ans.
L'Église, en cette occasion, s'est montrée coupable devant la science. Ce qui était inacceptable pour elle dans la « révolution galiléenne », c'était la remise en question de la centralité de la Terre et de l'Homme, la possibilité d'un Univers incohérent ou du moins dans lequel la cohérence ne serait pas d'ordre divin, et enfin la naissance d'une théorie critique des sciences.

Les procès scientifiques et philosophiques dans l'histoire

Socrate (470-399 av. J.-C.). Accusé par ses concitoyens d'impiété, d'avoir ébranlé les traditions, « d'avoir honoré d'autres dieux que ceux de la cité et tenté de corrompre la jeunesse », il est condamné à avaler un poison (la ciguë).

Giordano Bruno (1548-1600). Un moine défroqué, converti au calvinisme, prend position pour les théories héliocentriques de Copernic et Tycho Brahe et préconise la connaissance du monde fondée sur l'expérience et la raison. Torturé par l'Inquisition, il refuse d'abjurer. Il est condamné à mort et brûlé vif à Rome.

Tommaso Campanella (1568-1639). Un dominicain qui a écrit *la Cité du Soleil,* une utopie dans laquelle sont abolies la famille et la propriété privée. Il est emprisonné de 1599 à 1623.

Charles Darwin (1809-1882). Un naturaliste anglais qui a voyagé en Amérique du Sud et dans le Pacifique. Il en rapporte des observations sur les animaux dont il tire une théorie explicative de l'évolution : *De l'origine des espèces par voie de sélection naturelle* (1859). Sa thèse de la lutte pour la vie produisant des changements et des évolutions dans les espèces est alors très controversée. Au XXe siècle, cette pensée est encore jugée dangereuse pour les esprits, au point qu'en 1925, aux États-Unis (à Daynton, Tennessee), le professeur J. Scopes est jugé pour avoir enseigné à ses élèves les thèses darwinistes interdites dans cet État.

Trofim Lyssenko (1898-1976). Biologiste soviétique, décidé « à accorder la génétique avec le matérialisme ». Il lutte contre les théories de Mendel sur les caractères héréditaires et ses adversaires scientifiques sont arrêtés et déportés. À la mort de Staline, il est considéré comme responsable du retard de la génétique en U.R.S.S. et de l'agriculture expérimentale. Il est démis de son poste de direction à l'Institut de génétique en 1965.

La France intervient dans la guerre de Trente Ans

UN CONFLIT EUROPÉEN

Le 19 mai 1635, la France déclare la guerre à l'Espagne de Philippe IV ; en conséquence de quoi, l'année suivante, Ferdinand II de Habsbourg, empereur du Saint Empire romain germanique et cousin du roi d'Espagne, déclare à son tour la guerre à la France.

La guerre de Trente Ans, un conflit commencé en 1618 et qui semblait sur le point de s'apaiser, l'année précédente, s'en trouve relancée. De l'Espagne à la Suède, de l'Autriche à la France, sans oublier la mosaïque des États allemands, l'Europe plonge dans la guerre.

Le premier champ de bataille : les pays allemands

La guerre est la conséquence de la Réforme protestante : c'est la dernière des guerres de religion en Occident. Née en Bohême, où les calvinistes ont pris les armes contre l'empereur catholique Ferdinand, elle a rapidement gagné tous les pays germaniques, soumis au même Ferdinand ; elle s'est trouvée aggravée par l'intervention du Danemark et de la Suède, pays protestants ; et par celle, en faveur de l'autre camp, de l'Espagne (catholique) qui domine, dans la région, les Pays-Bas (calvinistes), révoltés contre son autorité. Pendant tout le temps qui précède l'intervention française, les grandes batailles qui ponctuent les campagnes militaires évoquent des noms allemands : Dessau, Lutter, Magdebourg, Breitenfeld, Lützen, Nordlingen. La plus célèbre d'entre elles, celle de la Montagne Blanche, en 1620, a lieu aux abords de Prague, seconde capitale traditionnelle de l'Empire, après Vienne.

L'intervention française, ou la politique contre la religion

Si le conflit est avant tout allemand, pourquoi la France intervient-elle ? C'est que, dans le nord de l'Europe, se joue la prépondérance en Europe. La victoire reviendra-t-elle aux Habsbourg ? Ce serait un triomphe pour l'Espagne. Et la France ne peut l'accepter. Aussi, alors même que le royaume est catholique, alors même que Richelieu est homme d'Église, la France entre dans la guerre dans le camp des princes protestants, contre les catholiques. La politique étrangère obéit rarement aux intérêts spirituels ou moraux : ce qui l'emporte, c'est la raison d'État.

L'Europe en guerre

De 1618 à 1648, la guerre de Trente Ans oppose dans l'Europe du Nord, et en particulier dans les pays germaniques, **les protestants aux catholiques.**

Les réformés allemands luttent contre leur empereur, **Ferdinand II** de Habsbourg ; les calvinistes des possessions flamandes de l'Espagne se révoltent contre **Philippe IV,** un Habsbourg également ; princes protestants, les rois du Danemark et de Suède, **Christian IV** et **Gustave-Adolphe,** entrent dans le conflit aux côtés des rebelles.

Seule, **la France du règne de Louis XIII,** menée par Richelieu, soutient dans la guerre un parti qui ne correspond pas à la religion de son roi : pour faire pièce aux Habsbourg en Europe, elle intervient en faveur des protestants.

Combat de cavalerie pendant la guerre de Trente Ans *(Jacques Courtois, dit le Bourguignon ; musée de Blois).*

La guerre de Trente Ans laisse le souvenir d'horribles violences et de pillages, les troupes vivant sur le pays, spoliant et massacrant sans vergogne les paysans (peintures de XVIIe siècle).

Les opérations militaires

Or, la guerre commence mal pour la France. En 1632, les protestants ont perdu un chef remarquable en la personne du roi de Suède, Gustave-Adolphe, tué à la bataille de Lützen. En 1635, les Habsbourg d'Autriche et d'Espagne ont remporté une victoire décisive contre l'armée suédoise, à Nördlingen, en Bavière. En 1636, les succès espagnols confirment la progression du parti catholique sur la frontière française : la Picardie est envahie, Corbie est prise le 7 août.

Puis, à partir de 1638, le sort des armes s'inverse. Cette année-là, la place forte de Brisach, tenue jusque-là par les Espagnols, tombe. La route qui permet à ceux-ci de faire passer des troupes en Allemagne est coupée. En 1639, leur défaite navale au large de Douvres affaiblit le recours à la voie maritime. Les victoires de Hesdin (1639), Arras (1640) et Bapaume (1641) ouvrent aux Français la route de l'Artois.

Vers la paix

En 1643, la lassitude gagne tous les belligérants. Pourtant, il faut encore cinq années de guerre pour arriver à la paix. De 1643 à 1648, les succès militaires sont français ; ils ont pour artisans le jeune Condé qui, à 22 ans, inflige, à Rocroi, la première défaite de son histoire à la redoutable infanterie lourde espagnole, et Turenne, qui fait reculer les Autrichiens. Les défaites espagnoles s'accumulent : en 1648, la paix est signée en Westphalie.

Premier enseignement de cette paix : l'unité catholique de l'Europe est impossible. La guerre force les puissances catholiques – Espagne, Autriche et Saint-Siège – à reconnaître l'existence politique du protestantisme et à renoncer à son élimination. Deuxième apport : les « libertés germaniques », mises en avant par la Suède et la France dans leur intervention militaire, sont sauvegardées et même étendues. Les princes allemands jouissent d'une véritable autonomie par rapport à l'empereur. Celui-ci, cependant, demeure le chef de l'Empire. La couronne impériale reste élective, mais les Habsbourg jouissent de fait d'une quasi-hérédité de la dignité impériale. D'un point de vue territorial, la Suède et la France sont les gagnantes du conflit. C'est par les traités de Westphalie que la France commence à annexer l'Alsace.

Les misères de la guerre

Trente années de guerre ne s'effacent pas par des traités. Le sang, la sueur et les larmes irriguent longtemps les terres ravagées et les populations restent empreintes de ces temps de tragédie. Car la guerre, ce sont les batailles, mais plus souvent encore les destructions de récoltes, les pillages, les meurtres et les viols qu'entraîne le sac d'une ville. Ce sont aussi tous ces soldats qui errent dans le pays et terrorisent les habitants. C'est enfin le héros picaresque qui tente de survivre dans ces années agitées. L'auteur allemand Grimmelshausen lui donne un nom : Simplicissimus. Un héros qui vit encore dans l'imaginaire des populations allemandes.

Les principales phases de la guerre

Si l'étude de la guerre de Trente Ans est si compliquée, c'est qu'elle a entraîné tous les pays européens dans un tourbillon de batailles, de victoires et de défaites ; les alliances se sont liées, défaites et renouées...

D'abord, entre 1619 et 1620, la guerre se limite à la Bohême. La révolte protestante est écrasée lors de la bataille de la Montagne Blanche, le 8 novembre 1620. L'écho de ce succès des catholiques est comparable à celui de Lépante, un demi-siècle plus tôt. Profitant de la victoire, l'empereur veut alors se venger des calvinistes allemands.

Les années 1620, ou les succès des Habsbourg. L'équilibre catholiques-protestants se rompt au sein de l'Empire. Du côté des Autrichiens se rangent les Espagnols et la Pologne. Le roi du Danemark, Christian IV, apporte, lui, son soutien aux protestants. Les batailles de Dessau (mars 1626) et de Lutter (août 1626) donnent l'avantage aux Autrichiens et aux Espagnols. Le roi du Danemark voit alors ses territoires, au nord et dans la Baltique, menacés par les troupes catholiques. Il s'avoue vaincu et signe la paix, le 22 mai 1629. Ainsi, au début des années 1630, la victoire va aux monarchies cousines de Vienne et de Madrid.

1631-1648 : la revanche. Cette prépondérance inquiète à la fois Richelieu, le ministre de Louis XIII, et Gustave-Adolphe, roi de Suède. L'entrée en guerre de ce dernier est marquée par la victoire de Breitenfeld (17 septembre 1631), véritable revanche, pour les protestants, de la défaite de Montagne Blanche. De nouvelles victoires marquent l'année 1632. Pourtant, la mort prématurée de Gustave-Adolphe redonne l'avantage aux Habsbourg. C'est pourquoi, le 19 mai 1635, Louis XIII déclare la guerre au roi d'Espagne, Philippe IV.

L'Irlande désertifiée

L'ETHNOCIDE IRLANDAIS

En mai 1641, l'Angleterre est au bord de la guerre civile. Le roi Charles Ier est contesté par le Parlement, les Écossais se révoltent. L'Irlande, à son tour, profite de la situation pour s'insurger. En Ulster, à l'automne, les Irlandais de pure souche, accompagnés de quelques Anglais catholiques, massacrent une dizaine de milliers de colons anglais et écossais.

Dans les années qui suivent, les troubles continuent sans que les Anglais soient en mesure de rétablir l'ordre. Puis, en 1649 — quelques mois après l'exécution du roi —, l'Anglais Cromwell est envoyé en Irlande pour briser la rébellion. Dans le port de Drogheda, en septembre 1649, il ordonne le massacre systématique des catholiques. 1 500 personnes meurent, victimes de la violence des troupes anglaises. Mais, dans l'ensemble de l'île, ce sont peut-être 700 000 personnes — soit la moitié de la population d'origine — qui périssent, dans la décennie 1640, du fait du conflit entre les catholiques irlandais et les colons protestants venus d'Angleterre.

La persécution des protestants par les papistes : gravure de propagande anti-britannique du XVIIe siècle).

Cromwell, bourreau de l'Irlande

À l'opposition du sentiment national s'ajoutent, chez les Irlandais, une frustration économique qui tient aux confiscations réitérées de terres au bénéfice de colons anglais et la dissidence religieuse de catholiques viscéralement attachés à leur foi, qui ne peuvent accepter la Réforme imposée par les souverains anglais. L'arrivée de nouveaux colons anglicans — une confession qui est la version anglaise du protestantisme — suscite de terribles soulèvements, toujours férocement réprimés. En 1641, de nouvelles menaces de confiscation de terres, conjuguées avec la situation de faiblesse où se trouve plongée la monarchie, sont l'occasion de la rébellion générale. Celle-ci, par ses excès, horrifie l'opinion anglaise, qui crie à la vengeance. Comme cela a déjà été le cas au Moyen Âge, la question irlandaise devient ainsi un enjeu de la vie politique anglaise. Parce qu'il se montre extrêmement modéré, le roi Charles Ier Stuart est soupçonné par l'opinion britannique de soutenir la révolte, et même de l'avoir suscitée — le conflit éclot en une sanglante guerre civile — en fait, la première révolution d'Angleterre (1642-1649) —, qui aboutit à l'instauration d'un nouveau régime, républicain, le Commonwealth (1649-1659).

La misère en Irlande (gravure de R.C. Woodville, Paris, bibliothèque des Arts décoratifs) : une tragédie séculaire, qui mena à plusieurs reprises les Irlandais à la révolte.

Oliver Cromwell, l'homme fort de la révolution, est un brillant stratège mais aussi un puritain mystique. En 1649, il vient de remporter la plus complète victoire sur les troupes royalistes. Son rôle dans le pays croît dangereusement — il imposera effectivement sa dictature quatre ans plus tard : le Parlement, pour gagner du temps, se débarrasse de lui en l'envoyant soumettre l'Irlande. Or Cromwell s'acquitte de cette tâche de « pacification » avec une froide sauvagerie et un fanatisme sans égal. À ses yeux, les Irlandais — des Celtes et non des Anglo-Saxons, et, qui plus est, des catholiques, des « papistes » — ne méritent aucun quartier, aucune pitié.

Une histoire brillante avortée

Vieux pays celtique à la civilisation originale, l'Irlande est très précocement et **profondément catholicisée** grâce à l'évêque Patrick (futur saint Patrick). Aux VIe et VIIe siècles, elle connaît un rayonnement singulier sur toute l'Europe, par l'intermédiaire de ses nombreux missionnaires.

Mais, dès le XIIe siècle, **les rois anglo-normands** de la puissante île voisine interviennent, souvent à la demande de barons locaux en conflit, et s'installent sur la côte orientale de Pale. En 1175, Henri II se fait reconnaître par le pape une souveraineté théorique sur toute l'île. C'est en vain que les Tudors tentent avec le régime des «Plantations» (l'installation autoritaire de colons anglais) de hâter une conquête jamais vraiment effective. Ils ne font que mettre en place les éléments du drame du XVIIe siècle.

Les massacres en Irlande, en 1644 (gravure française du XVIIe siècle, Paris, bibliothèque des Arts décoratifs).

La mort, l'esclavage et l'exil

Ainsi Cromwell fait-il passer par l'épée tous les habitants des villes irlandaises de Drogheda et de Wexford. Les prêtres et les moines sont les premiers à mourir. Puis, comme les femmes et les enfants se sont réfugiés dans une église, Cromwell ordonne d'y mettre le feu. Aujourd'hui encore, le simple nom de Drogheda reste une blessure ouverte pour les catholiques irlandais. « Je suis convaincu, écrit Cromwell, que cette punition leur inspirera une telle terreur que l'effusion de sang ne sera plus nécessaire à l'avenir. » Bien sûr, il n'en est rien. La répression poursuivie par les successeurs de Cromwell, avec les mêmes méthodes, dure encore trois ans.

Cette folie meurtrière est institutionnalisée par des tribunaux spéciaux, baptisés du nom révélateur de « cours de carnage ». Les terres des malheureux que ces tribunaux condamnent sont distribuées aux soldats de l'armée de Cromwell. Si 30 000 à 40 000 Irlandais parviennent à gagner le continent, 60 000 autres — essentiellement des femmes et des enfants — sont vendus comme esclaves à la Jamaïque ou à la Barbade. Les survivants, trop heureux de garder la vie, sont impitoyablement refoulés en 1652 dans la misérable province occidentale du Connaught. « *Into Hell, into Connaught* », « Dans le Connaught, comme en enfer », leur lance-t-on.

Une terre de conquête jamais conquise

L'Irlande, dépecée au profit des propriétaires fonciers et des spéculateurs anglais, reste la grande victime du gouvernement anglais. La fin de la République de Cromwell et la restauration de souverains catholiques n'y changent rien. En 1660, l'*Establishment Act* avalise les détournements de terres opérés durant la reconquête. La plupart des Irlandais autochtones, dépouillés de leurs champs, en sont réduits à louer leurs bras pour le compte de propriétaires étrangers absentéistes, auxquels les oppose une haine religieuse inexpiable.

Des lois draconiennes sont imposées à un pays dont les élites, écartées de toute charge publique, disparaissent. Le Parlement anglais interdit au XVIIIe siècle aux Irlandais de tisser sur place leur laine, qu'ils doivent impérativement exporter vers l'Angleterre. Cette mesure et d'autres, similaires, maintiennent le pays dans un état de sous-développement chronique qu'exacerbe une démographie généreuse. D'habiles promesses, toujours trahies, sauvegardent une paix relative. La Révolution en France — alliée traditionnelle de l'Irlande — inspire pourtant un soulèvement sous l'égide du charismatique Theobald Wolfe Tone, mais ce mouvement est écrasé, et le parlement de Dublin, contraint et forcé, doit voter en 1800 l'Acte d'union de l'Irlande et de la Grande-Bretagne, elle-même formée de la réunion de l'Angleterre et de l'Écosse. Cependant, les Irlandais n'acceptent pas ce traité et, durant les deux siècles suivants, les mouvements nationalistes prolifèrent : Jeune Irlande, Fennians, Sinn Féin ou IRA...

L'Espagne reconnaît l'indépendance des Provinces-Unies

NAISSANCE D'UNE PUISSANCE

La Célébration de la paix de Münster, *acte fondateur des Provinces-Unies (détail d'une peinture de B. Van der Helst).*

En 1648, une série de traités, appelés les traités de Westphalie à cause de la région où ils furent signés, met fin à la guerre de Trente Ans. L'un d'eux est conclu en mai, à Münster : il règle un conflit plus long encore que celui commencé en 1618, puisqu'il reconnaît l'indépendance des Provinces-Unies, rebellées contre la domination espagnole depuis le siècle précédent.

Comme la guerre de Trente Ans, la révolte de la partie septentrionale des possessions espagnoles en Europe du Nord s'explique par des causes religieuses autant que politiques : c'est un conflit entre protestants et catholiques autant qu'entre dominés et dominants.

La guerre de Quatre-Vingts Ans

C'est en 1566 qu'éclate la révolte des Pays-Bas, comme on appelle alors les 17 provinces qui, près de la mer du Nord, sont placées sous la domination des Habsbourg d'Espagne. Jusqu'en 1609, date à laquelle est signée la trêve de Douze Ans, l'agitation politique et religieuse, les opérations militaires opposant les insurgés, mais aussi leurs alliés étrangers, aux troupes espagnoles font de cette contrée un foyer d'incendie. Le seigneur naturel de ces pays est alors Philippe II, roi d'Espagne depuis 1556. Celui-ci, qui s'est fait le champion de la catholicité, entend extirper de ses terres l'hérésie protestante, qui prend aux Pays-Bas la forme du calvinisme. Aussi choisit-il d'introduire l'Inquisition. Cette décision provoque l'alliance des nobles et des calvinistes. Les premiers, hostiles à l'autoritarisme du roi d'Espagne, trouvent chez les seconds une volonté farouche de lutte pour leur liberté. Cette alliance joue sur deux registres : le politique et le religieux, aussi est-elle apte à se présenter comme une synthèse nationale.

La fureur gagne toutes les provinces. En 1570, l'autorité de Philippe II ne tient plus qu'à l'aspect implacable de la répression, confiée au duc d'Albe. Les années suivantes voient la reprise des combats. Les chefs espagnols se succèdent sans obtenir le succès définitif. Du côté des révoltés, Guillaume d'Orange s'impose comme chef. En 1579, le trouble est tel que des notables des Pays-Bas, soucieux d'éviter une extension des conflits, prêchent la réconciliation avec Madrid. L'Union catholique d'Arras est née. Cette tentative échoue et provoque en réponse la formation de l'Union protestante d'Utrecht, qui fédère les insurgés.

Le conflit, tel le feu, se nourrit de ses braises. Il faut quarante ans de combats pour que la lassitude impose temporairement ce que la raison n'a pu obtenir : une trêve. Cette trêve est fixée pour douze années. Nous sommes en 1609.

Vers la paix

La trêve a permis à chaque parti de panser ses blessures, puis de se remettre humainement, mais aussi financièrement de l'incroyable effort de guerre demandé. Pourtant, en 1621, le nouveau roi d'Espagne, Philippe IV, et son ministre Olivares décident de reprendre la lutte pour en finir avec cette dissidence de fait d'une partie des Pays-Bas.

La guerre, cependant, ne se circonscrit plus

L'Espagne et ses possessions au milieu du XVIIe siècle

Philippe IV, roi d'Espagne de 1618 à 1665, hérite d'une Espagne partout présente en Europe, mais aussi **d'une domination déjà ébranlée** par les différentes révoltes nationales : celle des **Provinces-Unies** est la plus ancienne, la plus éprouvante par l'effort de guerre qu'elle nécessite.

En Italie, la domination de Madrid s'étend sur le royaume de Naples et sur le Milanais. **Le Portugal** se révolte en 1640. En 1668, Madrid doit reconnaître son indépendance.

La Catalogne aussi tente une sécession en 1640, mais, après d'âpres combats, reste dans l'ensemble dominée par Madrid. En revanche, les colonies espagnoles ne connaissent au XVIIe siècle aucun mouvement sécessionniste.

Le centre d'Amsterdam et son port, lieux d'une intense activité économique (peintures du XVIIe siècle).

à ce seul espace. Elle est européenne. Depuis 1618, les pays germaniques sont devenus le champ de bataille de ce qu'on appellera la guerre de Trente Ans. Depuis 1635, la France participe à ce conflit. L'Espagne, qui tient l'actuelle Belgique, doit donc faire face à trois fronts : au nord, les provinces révoltées ; à l'est, les réformés en lutte contre les Habsbourg ; et, au sud, la France. Elle doit compter, en plus, avec une guerre navale : traditionnellement, les Pays-Bas regardent vers la mer, non pour y faire la guerre mais pour y commercer. Dans leur effort de guerre, les insurgés arment des navires et les lancent à la poursuite des galions espagnols qui reviennent chargés de l'or des Amériques. Cette activité de piraterie leur permet d'affaiblir le camp adverse tout en s'enrichissant. La guerre est donc totale, sur terre et sur mer. Les coups répétés que portent la France et les insurgés aux troupes espagnoles conduisent à la victoire des uns, défaite des autres.

Quatre-vingts années après la révolte, la paix de Münster est signée : la république des Provinces-Unies accède, de droit et non plus seulement de fait, à l'indépendance.

La promesse d'un bel avenir

La victoire n'est pas que la sanction des armes. Il y a, dans la naissance des Provinces-Unies, la reconnaissance d'une nouvelle puissance. Le dynamisme des Hollandais s'investit dans les activités maritimes et le commerce. Dans la guerre qui les oppose à l'Espagne, ils comprennent l'importance des colonies de leur adversaire en Amérique ou dans le Pacifique. Aussi leurs efforts consistent-ils non seulement à armer des corsaires, mais aussi à se rendre sur place et à tenter de créer un réseau commercial dont l'aboutissement serait Amsterdam. En 1602, ils fondent la Compagnie réunie des Indes orientales, qui, moyennant une redevance aux États Généraux (l'organisation politique des insurgés, qui contrôle le territoire depuis 1580), obtient le monopole du commerce maritime. Une deuxième compagnie, cette fois-ci des Indes occidentales, voit le jour en 1621. Ces deux créations se révèlent être de puissants soutiens à la cause nationale. Très vite, les Hollandais prennent l'avantage maritime sur l'Espagne. En 1628, une flotte espagnole est capturée à Cuba. En octobre 1639, la grande flotte de l'amiral Oquendo est écrasée par l'amiral Tromp. Avec ce succès, la Hollande est consacrée comme première puissance maritime.

La paix qui s'ouvre en 1648 se présente comme la promesse d'une prospérité accrue. Déjà, Amsterdam est la plus grande place financière du monde. La richesse y est naturelle. Les villes s'embellissent tandis que les productions de luxe se développent. La liberté d'esprit qui règne fait d'Amsterdam la capitale de la tolérance européenne.

Un nouvel État est né : les Provinces-Unies. Des douleurs de la révolte et de la guerre, il ne reste plus désormais que le dynamisme d'une communauté qui se sait un destin cosmopolite...

→**Voir aussi** : p. 276-277 (Un conflit européen).

Pays-Bas, Provinces-Unies et Belgique : les divisions politiques du Nord-Ouest européen

Un ensemble ancien, les Pays-Bas. Au début des temps modernes, les pays qui constituent à présent la Hollande, la Belgique et une partie du nord de la France sont appelés Pays-Bas.

Le nord des Pays-Bas : les Provinces-Unies (actuels Pays-Bas). Avec la révolte des provinces septentrionales et surtout à partir de leur indépendance en 1648, il faut établir une distinction entre les différents États. Ces provinces révoltées – Gueldre, Hollande, Zélande, Utrecht, Frise, Overijssel et Groningue – se fédèrent et prennent le nom de Provinces-Unies.

Le sud des Pays-Bas (actuelle Belgique). Pour la partie méridionale, restée sous domination espagnole et peuplée majoritairement de catholiques, le nom de Pays-Bas espagnols demeure après 1648. Au XVIIIe siècle, les Pays-Bas espagnols sont rattachés à l'Autriche. Au lieu de dépendre de Madrid, ils dépendent de Vienne : cela change peu leur destin. En 1792, l'empereur d'Autriche intervient contre la Révolution française. Une nouvelle fois, l'Europe vit au rythme de la guerre. Napoléon envahit ces Pays-Bas autrichiens. Lors du congrès de Vienne, en 1815, les Pays-Bas autrichiens sont rattachés aux Provinces-Unies : l'ensemble constitue le royaume des Pays-Bas, dont la capitale est Amsterdam. En 1830, la partie catholique se révolte et se détache d'Amsterdam : la révolution nationale donne naissance à la Belgique.

La première révolution d'Angleterre

CHARLES Ier DÉCAPITÉ

Le 30 janvier 1649, à Londres, un échafaud particulièrement solennel, entièrement drapé de tentures noires, est dressé devant le palais, aujourd'hui détruit, de Whitehall. L'homme qui va y monter est un roi : Charles Ier d'Angleterre, qui règne depuis 24 ans.

L'homme a quarante-neuf ans : grisonnant, un peu marqué par des mois de captivité mais très droit, il gravit lentement les marches. Jusqu'au bout, il veut rester ce roi à la prestance hautaine, célébrée en des temps plus heureux par le portraitiste Van Dyck, son peintre. Il a pris soin de revêtir l'une sur l'autre deux chemises, afin que l'on ne puisse prendre des frissons pour de la peur... C'est la première fois, en Angleterre, qu'on ose commettre cet acte terrible : juger et condamner un roi comme un simple criminel. La foule, qui a été autorisée à assister à l'exécution, est écartée par les gardes hors de portée de voix de Charles ; c'est inutilement que celui-ci, une dernière fois, clame son innocence : « Remember » (souvenez-vous) est la dernière parole qu'il murmure. Puis la tête sanglante est montrée, rapidement, par le bourreau ; la populace est dispersée brutalement : les nouveaux maîtres de l'Angleterre ont peur de ses réactions.

L'Angleterre des Stuarts

En 1649, et depuis 46 ans, l'Angleterre est **unie avec l'Écosse** et elle est gouvernée par **une dynastie nouvelle, celle des Stuarts.** Sur son lit de mort, en effet, en 1603, Élisabeth Ire, la « reine vierge », a reconnu comme successeur le fils de sa cousine et pire ennemie la reine d'Écosse Marie Stuart, qu'elle a fait décapiter en 1587. Ainsi, Jacques VI d'Écosse est devenu Jacques Ier d'Angleterre.

Cette nouvelle dynastie est accueillie avec sympathie : on espère d'elle un gouvernement moins autoritaire que celui d'Élisabeth. Mais **Jacques Ier** n'est qu'un fêtard épris de beaux garçons ; et son fils et successeur **Charles Ier** un esprit faible et dangereusement attaché à l'idée d'un pouvoir absolu.

Les erreurs du prince de Galles

Le régicide solde des années de fautes et de maladresses royales.

Le règne de Charles a mal commencé : adolescent timide, le jeune prince de Galles tombe sous la coupe du duc de Buckingham, favori de son père Jacques Ier, personnage séduisant et audacieux mais mauvais conseiller. La guerre de Trente Ans ravage l'Allemagne, et le beau-frère de Charles, l'Électeur palatin, est en difficulté : sous prétexte de trouver des armes et de l'argent pour le secourir, Buckingham persuade le prince de partir incognito avec lui, sans consulter personne, vers le pays le plus riche et le plus puissant de l'Europe d'alors, mais qui est aussi l'ennemi de l'Angleterre : l'Espagne. Équipée rocambolesque : là-bas, Charles

Charles Ier d'Angleterre (détail du Portrait de Charles Ier à la chasse, *par Van Dyck, vers 1635) [Paris, musée du Louvre].*

L'homme qui eut raison du souverain, Olivier Cromwell (détail d'un portrait par Gaspar De Crayer, Versailles, château).

L'Exécution de Charles Ier d'Angleterre sur la place de Whitehall *(détail d'une peinture du XVIIe siècle).*

s'éprend de l'infante Maria, fille de Philippe IV. Il escalade un soir le mur de son jardin pour lui déclarer sa flamme : le scandale est énorme, tant en Espagne, où l'on ne plaisante pas avec le protocole, qu'en Angleterre, où la légèreté de l'héritier du trône fait frémir... Charles doit renoncer définitivement à sa belle : de retour dans son pays, il épouse sans amour, en 1625, Henriette-Marie, sœur du roi de France Louis XIII.

Un roi sous influence

Devenu roi la même année, Charles se lance, toujours avec Buckingham, dans des expéditions militaires à la fois coûteuses et désastreuses. Il lui faut lutter pied à pied pour obtenir des crédits du Parlement avant de se résoudre, en 1626, à renvoyer ses membres. Car les parlementaires veulent faire un procès au favori. Mais cela ne suffit pas pour soustraire Buckingham à la haine des Anglais : le duc est poignardé par un illuminé, en 1628. Désespéré, esseulé, Charles se tourne alors vers Henriette-Marie... À ce moment commence un heureux mariage d'où naissent huit enfants.

Mais la Française, elle aussi, est impopulaire. Dans un pays où patriotisme et religion anglicane se confondent, elle affiche un catholicisme tapageur. Sous son influence, Charles Ier adopte à la cour un cérémonial pompeux, à la française, qui marque intolérablement sa supériorité. Il opte aussi définitivement, en politique, pour une conception autoritaire du pouvoir royal, comme le fait à la même époque la monarchie française. Ainsi, rompant avec la tradition, il refuse, durant une décennie, de réunir le Parlement : c'est la « tyrannie de 11 ans » (1629-1640). Le fossé se creuse entre l'Angleterre profonde, un peu sévère, marquée par un protestantisme moralisateur, et attachée aux libertés, et la cour fastueuse, dépensière, volontiers licencieuse, où règne un souverain qui se voudrait absolu et dont les convictions inclinent, sinon vers le catholicisme, du moins vers un anglicanisme « mou » que certains taxent de papisme.

La débâcle

L'occasion de la rupture est la politique religieuse. Charles Ier entreprend d'imposer le système religieux anglais aux Écossais, attachés à leur particularisme. Il doit mener contre eux deux guerres, en 1638 et en 1640. Dès lors, le fragile équilibre financier dû à la gestion du ministre Strafford est rompu. Un seul recours possible pour obtenir de nouveaux impôts : la convocation du Parlement, à laquelle le roi se résout, en avril 1640.

La rancœur du pays, longtemps privé de porte-voix, se déchaîne alors. Charles, outré, renvoie les parlementaires. Mais il est aux abois, les caisses sont vides. En novembre 1640, un second Parlement est réuni, et le roi fait des concessions. Il abandonne Strafford aux parlementaires : le ministre est jugé et exécuté. Mais le roi tâche de reprendre en main le pouvoir. Il fait arrêter, le 4 janvier 1642, les chefs de l'opposition parlementaire, et il plonge le pays dans la guerre civile. Les adversaires du roi – les « têtes rondes », ainsi nommés parce qu'ils portent les cheveux courts – sont menés par un gentilhomme campagnard, Olivier Cromwell, qui révèle dans la lutte un talent stratégique et politique remarquable.

À Naseby, le 14 juin 1645, les troupes de Cromwell écrasent l'armée royale. Le roi se réfugie chez les Écossais, qui le livrent au Parlement, contre rançon, en janvier 1647. Les deux années qui suivent le voient passer de prison dorée en geôle sordide et d'humiliation en humiliation, jusqu'au procès bâclé qui le condamne sans appel.

→**Voir aussi** : p. 290-291 (L'Habeas Corpus).

L'ère des révolutions

Si la Grande-Bretagne, de nos jours, est un bastion de la tradition et le modèle d'un certain conservatisme, il n'en est rien au XVIIe siècle qui est, pour ce pays, l'ère des révolutions.

Entre 1640 et 1660 éclate la première révolution appelée aussi « Grande Rébellion ». À la suite de la révolte du Parlement contre Charles Ier, chassé du pouvoir et décapité, est établie une dictature religieuse inspirée par des protestants extrémistes (les puritains) et dirigée par Olivier Cromwell. C'est en fait la république.

Entre 1645 et 1650, certains trouvent qu'on ne va pas assez loin dans la démocratie ; ce sont les « niveleurs ». Leurs revendications sont audacieuses pour l'époque (suffrage universel – égalité sociale). Les disputes sur le choix du successeur de Cromwell, mort en 1658, facilitent la restauration de la monarchie et le retour sur le trône des Stuarts en la personne du fils de Charles Ier : Charles II.

En 1688 survient une deuxième révolution surnommée « Glorieuse Révolution ». Elle chasse du pouvoir le frère de Charles II, Jacques II. Il a eu le tort de se convertir au catholicisme et de céder au penchant des Stuarts pour l'autoritarisme. À l'instigation du Parlement montent alors sur le trône sa sœur Marie et son époux, le prince hollandais Guillaume d'Orange. Fidèles protestants, ils s'engagent à respecter leurs sujets et placent définitivement le royaume sur la voie d'un nouveau régime politique : la monarchie parlementaire. Cette évolution prévient ultérieurement tout choc révolutionnaire.

1654

Une souveraine renonce à son trône

CHRISTINE DE SUÈDE

Le 6 juin 1654, devant le Riksdag — le Parlement — d'Uppsala, Christine, reine de Suède, dont la conversion au catholicisme est encore secrète, prononce son discours d'abdication. Aussitôt après, elle part en direction du sud, vers Rome, chargée de nombreux objets d'art. Stupéfaits, ses sujets s'interrogent sur les raisons de cette retraite.

Pourquoi renoncer au trône à vingt-huit ans? La rumeur dit Christine malade, et, surtout, en proie à une crise mystique. La réalité est plus complexe : un projet personnel mûri de longue date se mêle à une conjoncture politique particulière. En fait, dès son avènement, la fille de Gustave Adolphe a montré une personnalité hors du commun, fortifiée par une éducation non-conformiste.

Le «roi» de Suède

Christine n'a que six ans lorsque son père est tué à la bataille de Lützen, en Allemagne, où il soutient les intérêts protestants dans la guerre de Trente Ans. Christine, dernière princesse de la maison des Vasa, lui succède sur le trône. La régence est assurée par un homme de grand talent et de haute ambition, le chancelier Axel Oxenstierna, qui poursuit brillamment la guerre. Pendant ce temps, la jeune souveraine reçoit une éducation très originale, une éducation d'homme, alternant exercices physiques violents et culture humaniste complète : elle étudie la littérature, le latin, le grec, aussi bien que la théologie et les mathématiques, sous la direction de son précepteur, Johannes Matthiae. Mais le goût évident que Christine montre pour l'abstraction la plus ardue ne la détourne pas de la politique, à laquelle l'initie le chancelier.

Lorsqu'elle atteint sa majorité en 1644, ses chances de régner effectivement apparaissent minces. Depuis dix ans, la haute noblesse exerce la réalité du pouvoir. Christine doit donc s'imposer. Aussi prend-elle d'abord ses distances avec Oxenstierna, soupçonné de vouloir limiter l'autorité royale. Ainsi, en octobre 1648, contre l'avis du chancelier, elle hâte opportunément la conclusion de la paix de Westphalie, très favorable à la Suède. Au Parlement, elle n'hésite pas non plus à flatter les représentants roturiers afin de faire contrepoids à la noblesse.

Même en l'absence d'héritier direct, Christine refuse de se marier. D'un physique sec, un peu voûtée et contrefaite, elle prend peu soin de son apparence et revêt souvent un costume masculin. La vérité est qu'elle refuse de sacrifier son indépendance à la raison d'État : «Mon tempérament ardent et impétueux ne m'a pas donné moins de penchant pour l'amour que pour l'ambition ; cependant, j'ai toujours résisté [...] pour ne me soumettre à personne», écrit-elle. Mais elle ne veut pas non plus affaiblir le trône. Aussi est-elle soucieuse de faire agréer comme son successeur son cousin du Palatinat, Charles Gustave des Deux-Ponts. Elle y parvient en 1650, l'année de son couronnement, où elle prend le titre de «roi» de Suède.

Une épître de Christine à Descartes

Comme tous les nobles européens du XVIIe siècle, la reine maîtrise parfaitement le français, langue qu'elle utilise pour rédiger son autobiographie inachevée. Cette lettre, adressée de Stockholm le 12 décembre 1648, montre toute l'estime et l'affection que la reine portait au philosophe Descartes, avec lequel elle entretint une correspondance à partir de 1646 :

«Monsieur Descartes,

Ma curiosité me porta, il y a quelque temps, de vous faire demander [...] votre sentiment sur la question du souverain bien : là-dessus, Monsieur, vous l'avez déclaré dans une lettre que vous avez pris la peine de m'écrire, laquelle je prétends de vous remercier par la présente, comme aussi du Traité des passions *que vous y avez joint ; je vous assure, Monsieur, que ces pièces m'ont confirmée dans la bonne opinion que [j'avais] de vous. [...] À cette heure que vous vous êtes fait connaître par les beaux livres que vous avez écrits, je vous [...] prie de croire que j'embrasserai avec plaisir toutes les occasions qui me permettent de vous témoigner que vos mérites vous ont acquis l'estime et l'affection de :*

Christine»

Les fastes de l'intelligence

Dès l'âge de vingt ans, Christine est en correspondance avec René Descartes. En 1649, elle affrète un navire spécial pour conduire le philosophe d'Amsterdam, où il s'est établi, à Stockholm. Mais Descartes, que son hôtesse force à lui rendre visite à cinq heures du matin, dans son palais glacial, ne survit pas au rude hiver suédois et meurt en février 1650. D'autres Français entourent la souveraine : l'érudit Pierre Chanut, ambassadeur de Louis XIV auprès de la reine, le poète Tristan l'Hermite, le médecin Gabriel Naudé, le peintre Nanteuil font le voyage de Stockholm... Beaucoup d'autres, libres-penseurs ou catholiques fervents, envoient à Christine leurs productions, jusqu'à Pascal qui expédie un exemplaire de sa célèbre machine à calculer.

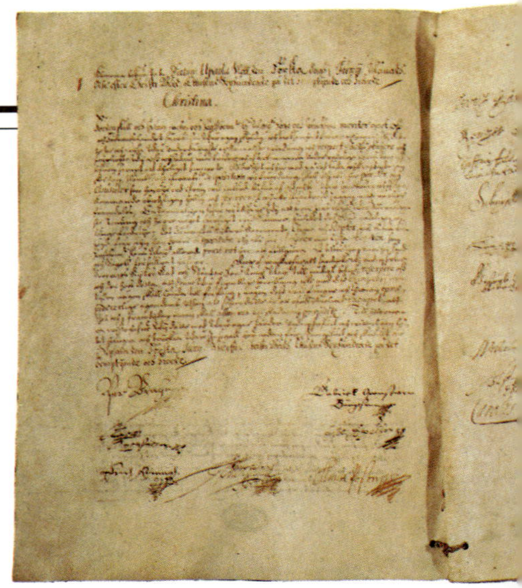

L'acte d'abdication de Christine de Suède (Archives du Vatican).

La Suède de Christine

Avec Gustave Adolphe, le père de Christine, **ce petit pays protestant** d'un million d'habitants, qui englobe l'actuel territoire de la Finlande, fait une entrée fracassante sur la scène européenne. Il mène **une guerre continuelle en Allemagne,** obtenant, par le **traité d'Osnabrück,** en 1648, un siège à la diète du Saint Empire et l'embouchure de trois fleuves allemands — ce qui fait de la Baltique un véritable lac suédois.

Toutefois, la guerre, puis la politique dispendieuse de Christine, obligent à vendre à la noblesse jusqu'à 75 % des terres, privant l'État de ses rentes et agitant les paysans. Les successeurs de Christine, en même temps qu'ils renforcent le pouvoir royal, doivent renouer avec l'expansion, notamment en direction du Danemark, de la Pologne et du Brandebourg. Commence alors **«l'ère de la grandeur», qui s'achève en 1709 à Poltava,** en Ukraine, quand les armées du martial Charles XII (1697-1718) sont écrasées par Pierre le Grand.

Christine, passionnée de sciences et de philosophie, reçoit les plus grands esprits, en particulier le philosophe Descartes, à la cour de Suède. Détail d'une peinture de Dumasnil (Versailles, château).

Une brillante vie de cour s'instaure ainsi : Christine fait donner des fêtes, des concerts, des ballets. Ses tentatives pour acclimater l'art baroque choquent les Suédois. La reine rompt avec les habitudes de luthérienne austérité d'un royaume assez pauvre et peut-être trop petit pour elle. Ses collections, son mécénat finissent par absorber, en 1653, un huitième des revenus de la Couronne! Elle doit, pour financer son train de vie, multiplier les aliénations de domaines publics. La sensibilité de Christine s'écarte de celle de ses sujets, y compris dans le domaine religieux puisque, rompant avec une réputation d'agnostique, elle se convertit au catholicisme. Lasse du pouvoir, voulant se consacrer à une œuvre littéraire et morale — la rédaction de maximes — ou à des expériences de chimie, elle abandonne le trône après s'être assuré des revenus convenables.

La tentation de l'errance

On néglige souvent la dernière partie de l'existence de cette non-conformiste. Lentement descendue à Rome à travers les Pays-Bas et les territoires de l'Empire, elle y reçoit la confirmation des mains du pape Alexandre VII. Mais elle ne renonce pas au monde, puisque, en 1656, un voyage fastueux la conduit jusqu'à Paris via Marseille. Elle rencontre le jeune Louis XIV, qui ne l'éblouit pas tant il lui semble peu cultivé, et la brillante Ninon de Lenclos, qu'elle essaie d'attirer à sa suite. Moins que le pouvoir, elle cherche un établissement dans la douce Italie. En 1657-1658, un second séjour en France la déçoit. À Fontainebleau, elle fait assassiner devant elle son amant Monaldeschi parce qu'il l'a trahie. La cour la déclare indésirable...

Par un étrange revirement d'esprit, Christine cherche à cette époque, mais en vain, à retrouver un trône, à Naples d'abord, chez elle en 1660, puis en Pologne. Elle se fixe en 1668 dans son palais romain du Riario, où elle collectionne antiquités et œuvres d'art. Elle continue à s'entourer de savants, d'un cénacle d'écrivains, l'académie de l'Arcade, et emploie à son service de jeunes musiciens comme Corelli et Alessandro Scarlatti. Son activité est prodigieuse : elle correspond avec d'autres femmes d'esprit de son temps, comme la princesse Palatine en France, publie un appel à la tolérance envers les Juifs et, familière des papes, leur propose une vaste croisade contre les Turcs. Après la culture et le pouvoir, l'insatiable Christine vit en même temps une histoire d'amour peu conventionnelle : elle vit maritalement avec un prélat, le cardinal Azzolino, qui lui reste fidèle jusqu'à sa mort. Quand elle disparaît, en 1689, cette femme étonnante reçoit un ultime et solennel hommage : le pape ordonne qu'on ensevelisse son corps à l'intérieur de Saint-Pierre de Rome.

Fête en l'honneur de Christine au palais Barberini (musée de Rome).

1682

Louis XIV s'installe en son théâtre

LE CHÂTEAU DE VERSAILLES

C'est dans un château qu'il veut digne de lui et de son règne que Louis XIV s'installe en 1682, au sommet de sa puissance. Il a fait transformer un petit pavillon de chasse de Louis XIII en un grandiose palais pour que la noblesse et le monde entier viennent admirer le spectacle de la fastueuse monarchie française.

Lorsque Louis XIV s'installe avec sa cour au château de Versailles en 1682, les travaux ne sont pas encore achevés. Mais le projet de construction d'une nouvelle résidence est, dans la pensée du monarque, très important depuis longtemps. En effet, avant 1682 la cour royale est nomade et se promène de château en château : le Vieux Louvre, Vincennes, Fontainebleau, Chambord ou encore Saint-Germain.

Le siècle de Louis XIV

Long de 54 années, le règne du Roi-Soleil fait du XVIIe siècle « le siècle de Louis XIV ».

Souverain à cinq ans, à la mort de son père Louis XIII, le roi connaît une minorité troublée par la révolte de la Fronde, sous la régence d'Anne d'Autriche et le gouvernement de Mazarin.

À la mort de Mazarin, en 1661, commence le règne personnel de Louis, qui s'avère très vite absolu. Le roi s'entoure de ministres (Colbert, Le Tellier, Louvois) consulte des conseils (restreints), mais il impose **une transformation des institutions** (assemblées, intendants) dans un sens centralisateur. Sur le plan économique, il favorise les manufactures et le commerce maritime. Et il se lance dans **une politique extérieure expansionniste,** qui se traduit par des guerres aux issues diverses et qui ruinent le pays.

Le souci principal du roi est sa gloire : il impose son image de souverain catholique en luttant contre les protestants et les jansénistes ; il se veut un modèle et **le maître de la vie intellectuelle et artistique :** la fondation de Versailles, celle des Académies (littéraire, des beaux-arts), dont la production est destinée au château, sont les instruments essentiels de ce contrôle.

Un chantier considérable

Durant la première tranche de travaux (1661-1666), l'architecte Le Vau remanie le vieux château de Louis XIII et Le Nôtre dessine les premiers plans des jardins. La fête des Plaisirs de l'Île enchantée, donnée en l'honneur de la maîtresse du roi, Mademoiselle de La Vallière, en 1664, est somptueuse. De 1666 à 1683, trois corps de bâtiments sont rajoutés au vieux château. Là encore, les plus illustres artistes du temps (Le Vau puis Hardouin-Mansart, le Nôtre et Le Brun) sont associés au projet : les appartements intérieurs sont redistribués et redécorés et la galerie des Glaces est édifiée sur la terrasse qui domine les jardins. L'ensemble change encore ; entre 1687 et 1688 le Grand Trianon est transformé en une résidence de plaisance, les jardins garnis de sculptures monumentales, de fontaines grandioses et de canaux.

Ce chantier a réclamé un travail considérable : en 1685, 36 000 ouvriers et soldats y travaillaient. Vauban, pour capter les eaux de l'Eure qui devaient servir à alimenter les fontaines, fit travailler l'armée à un aqueduc qui ne fut d'ailleurs jamais terminé.

Le cadre de l'étiquette

Le nouveau palais est le lieu de résidence du roi, de sa seconde femme Madame de Maintenon et de leur suite, c'est-à-dire des domestiques, gentilshommes, membres du gouvernement et artistes attachés à la cour.

Une étrange atmosphère règne dans le palais car, malgré une étiquette très stricte, il y a toujours une cohue extrême. La vie de toute cette société est organisée autour de l'emploi du temps du roi, qui est réglé avec une grande minutie. N'a-t-on pas dit que le roi était « un roi-machine » à cause de l'aspect contraignant de ses obligations ? De 8 heures à 9 heures se déroulent les petit et grand levers (médecins, membres de la famille royale et grands officiers assistent à la prière, à la toilette et à l'habillement du roi). Cette cérémonie a lieu dans sa chambre, située au centre du château, face au soleil levant, ce qui est l'une des manifestations de l'image du Roi-Soleil. De 9 heures à 10 heures, il travaille. À 10 heures, il se rend à la chapelle. À 11 heures, il tient un conseil spécialisé. À 13 heures, il dîne dans sa chambre en compagnie de quelques princes seulement. De 14 heures à 17 heures, il se promène dans les jardins du Trianon. Sinon, il chasse le cerf. À son retour, il assiste à un salut du Saint-Sacrement à la chapelle. Puis il retourne à son cabinet pour une nouvelle séance de travail.

Les lundis, mercredis et jeudis de 19 heures à 22 heures, il y a des jeux, des danses, de la musique et parfois de la comédie dans les appartements royaux. Les autres jours, le roi se retire chez Madame de Maintenon. À 22 heures, c'est le grand souper avec la famille royale et les courtisans. Puis c'est la détente avec ses enfants. Enfin, Louis passe dans sa chambre, fait sa prière et se déshabille en public : ce sont les grand et petit couchers. Durant toute cette journée, le roi est donc en représentation devant un public de nobles, de

◄ *Louis XIV, vers l'époque de l'installation à Versailles (détail d'un portrait français). On remarquera l'habit fastueux et la pose majestueuse du roi.*

Vue perspective du château et des jardins de Versailles *(peinture de Pierre Patel). La vue date de 1668, au terme de la première branche des travaux.*

courtisans et des membres de son gouvernement présents pour admirer la magnificence du Roi-Soleil. Il a choisi ce symbole solaire parce qu'il : « fait du bien en tous lieux, produisant sans cesse de tous côtés la joie et l'action ».

Le théâtre d'une propagande

Le théâtre principal de ce spectacle de la monarchie est le grand appartement du roi et la galerie des Glaces, où chacun essaie de se faire voir et d'obtenir des privilèges. Faire de l'aristocratie le simple spectateur des fastes de la royauté est un moyen de domestiquer cette classe encore puissante mais peu à peu réduite à l'inertie et aux plaisirs frivoles de la cour.

Par ailleurs, la somptuosité des réceptions dans la galerie des Glaces frappe les ambassadeurs de tous les pays, qui admirent les collections de peintures du roi (Rubens, Titien, Van Dyck) ainsi que la ville qui se crée autour du château parce que la noblesse espère des faveurs en habitant à proximité de la personne royale. Un témoignage d'un contemporain rapporte : « Je reviens de Versailles, tout est grand, tout est magnifique. Et la musique et la danse sont dans leur perfection. » Car le palais est aussi conçu pour accueillir des ballets (musique de Lully) et des pièces de théâtre (Racine et surtout Molière, protégé du roi).

Cette magnificence est le principal moyen de propagande du Roi-Soleil car elle prouve la richesse personnelle du monarque et, par conséquent, de son royaume. Versailles étant public, chacun peut venir admirer cette réalisation, l'illustration la plus évidente de cette formule que la tradition attribue à Louis XIV : « L'État c'est moi. »

Versailles, modèle d'architecture et modèle d'urbanisme

Une ville nouvelle. L'une des particularités de Versailles est d'associer un château, résidence du roi, et une ville, nouvelle et artificielle, résidence des nobles qui renoncent à leurs demeures provinciales ou parisiennes. Les autres « villes-résidences » qui existent en Europe (en Espagne, près de Madrid, autour de l'Alcazar ; et en Allemagne, à Mannheim, autour du palais de l'Électeur palatin) n'ont pas ce caractère systématique d'un espace urbain annexé par le château du prince.

Un palais aux répliques nombreuses. Par son faste et son immensité, l'unité du style classique imposé pour ses jardins, ses bâtiments et ses décors sculptés et peints, le château construit par Louis XIV a fait rêver bien des princes, soucieux d'édifier à leur tour un « petit Versailles » qui manifeste leur puissance. Plusieurs monarques ont ainsi copié directement l'esprit de Versailles : en Espagne, Ferdinand VI fait bâtir en 1746 une reproduction du plan de Versailles à Aranjuez. Karl de Bade à Karlsruhe fait élaborer un plan de ville circulaire autour du château central. Enfin, Pierre le Grand, séduit lors de son voyage en Occident par le prestige du palais, appelle un disciple de Le Nôtre, qui avait travaillé pour Louis XIV, pour édifier les plans de sa future capitale Saint-Pétersbourg : les jardins en terrasse de Peterhof et sa grande allée d'eau sont directement inspirés du modèle français.

Une des premières fêtes données à Versailles, en 1664 (gravure d'Israël Silvestre, de la série des Plaisirs de l'Isle enchantée*).*

Une ville qui brûle pendant quatre jours

L'INCENDIE DE LONDRES

Le dimanche 2 septembre 1666, vers une heure du matin, chez Faryner, le boulanger du roi, on commence de préparer la fournée. Une lampe à huile ou une bougie mal posée tombe-t-elle ? Un apprenti manquant de sommeil laisse-t-il rouler une bûche hors du foyer ? L'engrenage des gestes routiniers dérape soudain et tourne à la catastrophe : en un instant, l'échoppe s'embrase.

Commence alors un des plus gigantesques incendies de l'histoire occidentale. La boutique est située non loin du port de Londres, à l'est de la vieille ville médiévale où les maisons se touchent toutes. À trois heures, le lord-maire vient constater la rapidité avec laquelle l'incendie se propage. Vers sept heures, trois cents maisons ont déjà brûlé. À huit heures, les flammes atteignent le pont, sans toutefois gagner l'autre rive. C'est alors que commencent à arriver les badauds, riches et pauvres, désœuvrés ce dimanche.

L'Incendie de Londres en 1660
(peinture de l'école hollandaise du XVIIe siècle, musée de Londres).

Le feu gagne du terrain

Il faut dire qu'il n'a pas plu depuis plusieurs semaines et que la sécheresse est telle qu'il suffit d'une étincelle pour que tout flambe. Pour comble de malheur, il souffle ce jour-là sur Londres un fort vent d'est qui attise les flammes et les pousse vers l'ouest, vers le cœur de la Cité. On fait passer de maison en maison, de rue en rue, les meubles et les ustensiles qu'on veut sauver à tout prix, on sollicite parents, voisins, amis, jusqu'à ce que leur propre maison soit atteinte, et qu'ils doivent à leur tour battre en retraite devant le feu. Les pigeons eux-mêmes sont touchés, certains, voulant rester trop longtemps sur leur perchoir habituel, se brûlent les ailes et tombent. Les rues sont encombrées de charrettes, de carrosses, de voitures à bras chargées à ras bord, on se bouscule, on s'injurie, c'est le chacun pour soi.

Un sinistre sans précédent

Souvent réquisitionnées comme garde-meubles, les églises ne connaissent pas, en ce dimanche terrible, la foule habituelle des fidèles. Mais la plupart des Londoniens vaquent à leurs occupations ordinaires : c'est seulement dans l'après-midi que tous réalisent l'ampleur exceptionnelle de l'incendie. Car c'est alors que les flammes atteignent les docks et trouvent, dans les entrepôts, des matières combustibles propres à entretenir et à amplifier le sinistre : charbon, poix, huile, alcools. De partout jaillissent des flammèches, qui, d'un coup, incendient trois, quatre ou six nouveaux bâtiments, avec une sorte de rage sauvage qui frappe les observateurs. La fumée est devenue trop épaisse pour qu'on puisse approcher le front de l'incendie.
À la nuit tombante, la Tamise est couverte d'embarcations de toutes sortes, chargées des objets les plus hétéroclites qu'on veut sous-

Londres en 1666

Bâtie sur la rive gauche de la Tamise, à quatre-vingts kilomètres de la mer, encore soumise au rythme des marées, la capitale de l'Angleterre compte entre **250 000 et 500 000 habitants.**

C'est, de très loin, la ville la plus peuplée du royaume : elle rassemble, à elle seule, près d'un dixième de la population anglaise.

C'est une ville de bois et de torchis, où peu de maisons ont plus de deux étages et où les pauvres s'entassent dans des caves malsaines.

La cathédrale Saint Paul, de style gothique, et le quartier environnant, avant l'incendie (gravure de Visschor, début du XVIIe siècle).

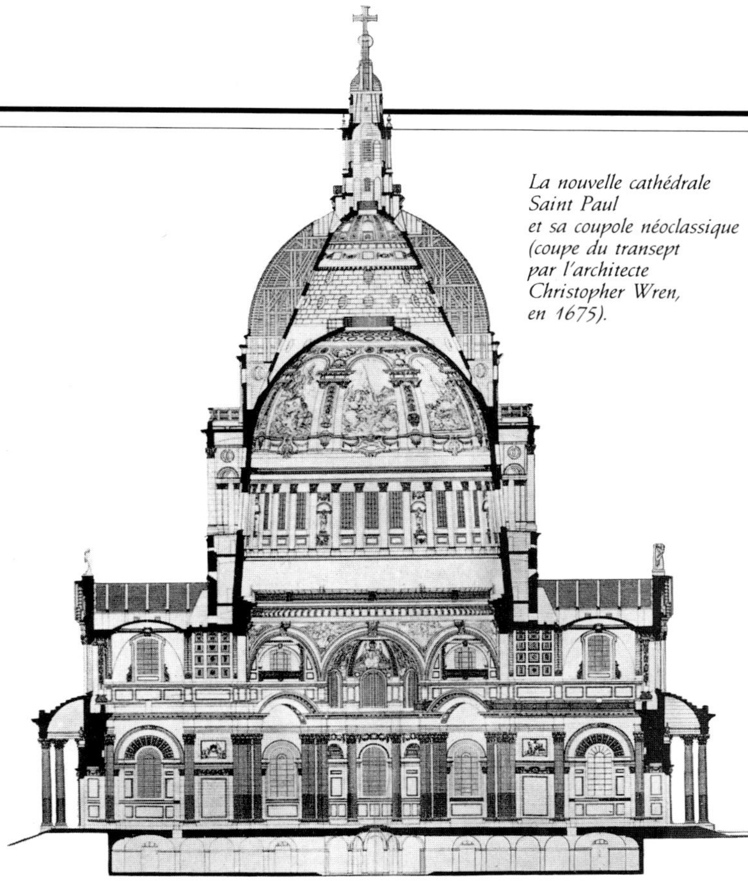

La nouvelle cathédrale Saint Paul et sa coupole néoclassique (coupe du transept par l'architecte Christopher Wren, en 1675).

traire au feu. Alentour flottent au hasard meubles et marchandises, et les Londoniens, de plus en plus inquiets et désemparés, regardent se consumer leur cité. Dans l'obscurité s'élève à ce moment une gigantesque arche de flammes de près de deux kilomètres de long. Rien ne semble plus pouvoir échapper à l'incendie.

Face aux flammes

Fièvreusement cette nuit là, on trie, on emballe en vue de l'évacuation qui s'impose. L'encombrement des rues s'amplifie au matin du 3 septembre, car des gens de la campagne, saisissant l'aubaine, viennent louer leurs charrettes et leurs services à prix fort. Ce jour-là et le suivant, il fait désespérément beau, et le vent continue de souffler.

Dans la nuit du 4 au 5 septembre, le vent fléchit enfin et il devient possible, le mercredi, de faire vraiment « la part du feu », en privant l'incendie de combustible par la destruction anticipée des maisons sur son passage. C'est l'unique façon de maîtriser le feu – puisqu'il n'existe pas à l'époque de système efficace d'adduction d'eau ou de pompe à incendie. Le jeudi 5 septembre, on contrôle la situation, mais c'est seulement le dimanche suivant que la pluie vient à bout des derniers foyers.

Londres n'est plus qu'un tas de décombres fumants ; on ne compte que six victimes, mais les quatre cinquièmes de la ville sont détruits, quatre cents rues sont dévastées, treize mille deux cents maisons ont brûlé et, avec la cathédrale, quatre-vingt-neuf églises sont en ruine.

La reconstruction

Lorsque le calme est un peu revenu, l'on commence à réfléchir sur les moyens d'éviter qu'un tel désastre se produise de nouveau. L'obligation est faite aux Londoniens de reconstruire en brique et non en bois. Surtout, une des premières opérations de l'urbanisme moderne est alors décidée : on interdit toute initiative de restauration individuelle, et le principe est retenu d'un plan d'ensemble, sur lequel travaillent les meilleurs architectes du temps. Le projet de l'un d'entre eux, Christopher Wren, est finalement retenu : il donne à la capitale l'aspect qu'on lui connaît aujourd'hui, à la fois classique et baroque, tel qu'il s'exprime, par exemple, dans la cathédrale Saint Paul.

Les grandes cités détruites de l'histoire

En 146 av. notre ère. Au terme des guerre puniques, les Romains détruisent la capitale de leurs ennemis : Carthage.

En juillet 64. Rome est détruite par un incendie. On accuse l'empereur Néron de l'avoir allumé. Mais lui-même en fait porter la responsabilité aux premiers chrétiens.

En 70. Titus s'empare de Jérusalem, qu'il détruit.

Le 1er novembre 1755. Un séisme ravage Lisbonne, provoquant une inondation du Tage et un incendie qui dure six jours. Les trois quarts des bâtiments sont inhabitables, il y a 100 000 victimes.

Le 15 septembre 1812. Moscou est incendiée, au lendemain de l'entrée des troupes napoléoniennes, sur l'ordre du général Rostopchine, ce qui oblige l'Empereur à se retirer.

Du 8 au 10 octobre 1871. Chicago brûle à la suite de l'incendie d'une des nombreuses étables de la ville. Il y a au moins 300 morts, 90 000 sans-abris et 18 000 bâtiments incendiés.

Le 18 avril 1906. San Francisco est détruite par un séisme suivi d'un incendie. Plus de 1 000 morts et plus de 250 000 sans-abris campent dans un parc. 28 000 immeubles sont détruits.

Le 1er septembre 1923. Tokyo subit un terrible séisme : 60 000 morts et 300 000 maisons détruites ou endommagées.

Le 23 décembre 1972. Managua, capitale du Nicaragua, est détruite à 70 pour 100 par un tremblement de terre qui fait 5 000 morts et 100 000 blessés.

Le 13 novembre 1985. L'éruption du volcan colombien Nevado del Ruiz libère un torrent de boue mortel : la ville d'Arnero est rayée de la carte et sa population (plus de 20 000 personnes) est décimée.

Le 17 janvier 1995. Le port japonais de Kobe est ravagé par un séisme violent : 5 000 morts et près de 50 000 bâtiments effondrés.

La liberté individuelle garantie en Angleterre

L'HABEAS CORPUS

En 1679, un bill voté par le Parlement anglais institue l'*habeas corpus,* abréviation latine d'une formule qui signifie « que tu aies ton corps », et dont l'objet est de garantir l'individu contre toute arrestation et toute détention abusives. C'est un acte fondamental, qui reste applicable aujourd'hui en Grande-Bretagne et dans tout le Commonwealth, et qui a inspiré les Déclarations des droits de l'homme et les lois assurant ses libertés, dans la suite des temps.

Le vote de l'*Habeas Corpus Act* est le résultat d'une tempête politique qui agite l'Angleterre dans les dernières années du règne de Charles II et que rien ne laissait prévoir. Lorsqu'il est monté sur le trône, en 1660, le jeune roi n'a, en effet, rencontré aucune opposition au Parlement, qui a fait obstacle à son père et l'a finalement détrôné. Mais le souverain n'a cessé d'accumuler les fautes, tant et si bien que les parlementaires se sont détachés de lui et sont devenus ses adversaires acharnés.

*La Grande Charte de 1215 : quatre siècles et demi avant l'*habeas corpus, *elle apporte à l'individu un minimum de garanties judiciaires.*

Un souverain qui inquiète

Charles II a commencé par malmener les finances et la fierté nationale de ses sujets en engageant contre les Hollandais deux guerres, en 1665-1667 et en 1672-1674, qui se sont soldées par des défaites cuisantes. De plus, il a fait preuve dès le début, à l'égard du Roi-Soleil, son cousin français assoiffé de conquêtes et de gloire, d'une admiration qui inquiète les Anglais. Le roi n'a-t-il pas vendu Dunkerque à Louis XIV, en 1662, contre 400 000 livres ? On sait qu'il y a entre les deux souverains des négociations secrètes, on craint leurs suites et surtout que le roi d'Angleterre, dont l'adhésion intime au catholicisme n'est un secret pour personne, ne se convertisse ouvertement au « papisme » pour mieux imiter le roi français. Cet abandon de l'anglicanisme traditionnel serait éminemment choquant de la part du souverain, car l'attachement à cette forme de protestantisme constitue une des composantes principales du patriotisme anglais. Mais le peuple

L'Angleterre en 1679

Depuis 1660 règne **Charles II,** fils du malheureux Charles Ier, décapité en 1649 durant la 1re Révolution. Il a hérité du caractère jovial et débonnaire de son grand-père maternel, le roi de France Henri IV.

Mais **l'atmosphère de fête** et de défoulement, qui a accompagné la restauration de la monarchie, après la sévère dictature puritaine de Cromwell, **fait place à la méfiance** et à l'inquiétude.

*Le baron Ashley, comte de Shaftesbury, et père de l'*habeas corpus *(portrait d'après J. Greenhill, vers 1672).*

*Le Parlement britannique : c'est pour prévenir un coup de force du roi que ses membres inventèrent l'*habeas corpus.

Les droits de l'homme avant 1789

Vers 1750 av. notre ère. Hammourabi établit un code de loi au Moyen-Orient.

IIIe s. av. notre ère. En Inde, Asoka institue la liberté religieuse.

XIIe s. de notre ère. Le décret de Gratien, inspiré de la tradition chrétienne, définit le droit d'asile.

1215. Sous Jean sans Terre, la Grande Charte restreint les pouvoirs du roi d'Angleterre (interdiction d'emprisonner, de condamner ou de punir sans motif, obligation de respecter la loi du royaume).

1542. Par les « Leyres nuevas », Charles Quint, à la demande du missionnaire Las Casas, prend des mesures pour protéger ses sujets indiens du Nouveau Monde.

1628. La « Pétition de droit » contraint le roi d'Angleterre Charles Ier à reconnaître l'illégalité des arrestations d'opposants politiques et des tribunaux d'exception.

1776. La Déclaration d'indépendance des États-Unis proclame le caractère fondamental des droits de l'individu. Elle inspirera le texte français voté en 1789.

redoute également que le royaume ne devienne rapidement qu'un simple satellite de la France.

L'affaire Titus Oates

C'est à un individu louche, Titus Oates, que revient, fin 1678, la responsabilité du pourrissement de la situation. Il fait courir le bruit qu'il est dans le secret d'un complot catholique ; il s'agit d'assassiner le roi qui, faute d'héritier légitime, serait remplacé sur le trône par son frère le duc d'York, un prince aux convictions catholiques affichées.

Dès lors naît un débat passionné, où les arguments font souvent place aux insultes. Il divise le Parlement comme le pays en deux grandes tendances : d'une part, ceux qui ne veulent pas accepter l'exclusion d'York de la succession à la couronne dont le principe dynastique est pour eux sacré – leurs adversaires leur donnent le nom infamant de brigands irlandais, les « tories » ; d'autre part, les partisans de l'exclusion que l'on traite de « whigs », abréviation de « whigamores », du nom des paysans puritains rebelles de l'ouest de l'Écosse.

Une vieille coutume ressuscitée

C'est alors que, pour prévenir tout abus de pouvoir de la part du roi, un whig, le baron Ashley, comte de Shaftesbury, entreprend de redonner une nouvelle jeunesse à une disposition juridique oubliée, l'*habeas corpus.*

Cette formule latine définit l'obligation pour celui ou ceux qui détiennent un individu en prison de le présenter en personne – « corporellement », selon le vocabulaire de la justice – devant un tribunal qui doit décider si cet emprisonnement est justifié ou non et ordonner, dans ce dernier cas, la libération immédiate de l'intéressé. C'est la Grande Charte, arrachée en 1215 au brutal roi Jean sans Terre par ses barons, qui a établi cet usage. Théoriquement, tout homme libre peut ainsi faire appel contre un emprisonnement : il suffit qu'un parent ou un ami en fasse la demande à un juge, qui délivre alors un mandat ou *« writ d'habeas corpus ».* L'habileté de Shaftesbury est de faire voter par le Parlement et accepter par Charles II un nouveau texte, plus perfectionné que le premier, et qui définit en détail, sans conteste ni échappatoire possible, l'*habeas corpus.*

Se souvenant du châtiment terrible qu'a subi son père pour avoir voulu tenir tête à ses sujets, Charles II, cerné par les whigs présents jusque dans son Conseil privé, accepte. Sur le coup, il ne réalise peut-être pas, d'ailleurs, la concession qu'il vient de faire. Il se dessaisit, au profit des juges que ses prédécesseurs ont mis à genoux, du pouvoir exorbitant que les rois du XVIIe siècle possèdent sur la liberté individuelle de leurs sujets. Bien au-delà d'un moyen de pression, il se prive d'une part importante de son autorité, et cela de façon irrémédiable.

Un bel avenir

Cela ne suffit que momentanément aux whigs et à bien des Anglais. S'ils ne peuvent empêcher, six ans plus tard, que le duc d'York devienne roi sous le nom de Jacques II, ils ne manquent pas, dès ses premières manifestations d'autoritarisme, de déclencher une révolution qui le contraint à abdiquer. Moins violente que la première, cette Seconde Révolution est appelée « Glorieuse ». Elle dote l'Angleterre d'un système de gouvernement où le Parlement détient la réalité du pouvoir et qui fera l'admiration des philosophes du XVIIIe siècle, de Montesquieu à Voltaire.

La plus belle réussite pourtant, celle que le temps consacre de la façon la plus convaincante, c'est l'*habeas corpus.* Au départ, il ne semblait s'agir que d'un point très technique de droit ; en fin de compte, sans grands discours ni grandes théories, le ferment de la liberté s'est ancré dans l'âme du peuple anglais, et ce texte fait date dans l'histoire de l'humanité. D'abord, parce qu'il a été progressivement étendu à l'ensemble des colonies et des terres dominées par l'Empire britannique, qui s'étendait sur les cinq continents. Ensuite, parce que son application a conduit à poser d'importants problèmes de société comme celui de l'enrôlement forcé dans l'armée ou dans la marine, en 1758, ou celui des esclaves noirs, en 1771. Enfin, parce qu'il a permis très tôt à des individus qu'on n'appelait pas encore des prisonniers d'opinion d'échapper à leur sort. Ainsi, la situation des prisonniers canadiens compromis dans la révolte de 1837, transitant en Angleterre pour être déportés au fin fond de l'Empire, a ému des citoyens qui firent jouer en leur faveur la procédure d'*habeas corpus* : ils n'étaient que les premiers miraculés d'une sorte de long pèlerinage des hommes vers la reconnaissance universelle de leur dignité.

→**Voir aussi** : p. 330-331 (Déclaration des droits).

1683

Les Polonais libèrent l'Occident de la menace turque

VIENNE

Le 12 septembre 1683, les charges de Jean Sobieski et de sa cavalerie polonaise libèrent Vienne de la menace turque, après 59 jours d'un siège éprouvant; à l'annonce de cette nouvelle, la chrétienté occidentale se trouve immensément soulagée.

Combat entre les Turcs et les impériaux lors du siège de Vienne (École autrichienne, XVIIe siècle, Vienne, Kunsthistorische Museum).

À la fin du mois de mai 1683, au terme d'une trêve que l'Empire ottoman refuse de renouveler, la guerre a repris entre le monde musulman et le monde chrétien – en l'occurrence, l'empereur du Saint Empire germanique. Rassemblées à Belgrade, les troupes turques se sont ébranlées pour porter secours aux «Malcontents» de Hongrie, révoltés contre la tutelle de Léopold Ier. Leur objectif est donc limité et les opérations sont censées se cantonner à ce pays. Mais, dès le mois de juin, Kara Mustapha, grand vizir et chef des armées du sultan ottoman, homme violent, avide de gloire et de richesses, décide de marcher droit sur Vienne au mépris des ordres qu'il a reçus et de la plus élémentaire stratégie, car il laisse sur ses arrières des forteresses aux mains de ses ennemis.

Les Viennois se préparent au siège

Tandis que l'armée du vizir progresse le long du Danube, Vienne s'apprête à recevoir les assaillants. Léopold, la Cour et tout le gouvernement ont quitté la ville pour se replier à Passau, mais 60 000 habitants demeurent encore entre les murailles, sous la direction du bourgmestre Liebenberg. La garnison, commandée par le comte de Starhemberg, rassemble 11 régiments. À cette force s'ajoutent la milice de la ville, celle des marchands et celle de l'université – soit 700 étudiants : en tout, entre 16 000 et 20 000 hommes décidés qui peuvent compter sur une solide artillerie, forte de 400 pièces de tous calibres.

La population de la ville s'est activée pour renforcer les remparts; les faubourgs ont été brûlés et rasés pour dégager les abords de la cité et ne pas gêner les tirs en provenance des murailles; des vivres ont été accumulés pour tenir en attendant les secours.

Car les Viennois ne sont pas abandonnés à eux-mêmes : l'empereur a su trouver des alliés. L'avancée des Turcs fait en effet trembler la chrétienté entière. Déjà, au mois de mars 1683, des traités ont été conclus avec la papauté, d'une part, et avec la Pologne, de l'autre. Les princes allemands se mobilisent; Gênes et Venise, la Toscane, l'Espagne et encore le Portugal apportent leur soutien. Dans ce concert des puissances catholiques, seule la France se tait : elle est l'alliée traditionnelle du sultan et l'ennemie des Habsbourg. Mais, partout ailleurs dans l'Europe chrétienne, des hommes se lèvent, des troupes se mettent en marche. L'armée impériale, qui a quitté les abords de Vienne, les attend pour lancer la contre-offensive.

L'attaque des Turcs

Le 14 juillet 1683, une mer d'hommes et de tentes s'installe devant Vienne. L'armée de Kara Mustapha compte plus de 150 000 soldats : 40 000 appartiennent aux troupes régulières ottomanes et 70 000 aux troupes provinciales. Le reste est formé par 20 000 Tatars de Crimée, 6 000 hommes levés par le prince de Transylvanie, 6 000 Moldo-Valaques – et 20 000 « Malcontents » hongrois.
Les Turcs ne disposent que d'une très faible artillerie, à peine 160 pièces de campagne, dont seulement 4 de gros calibre, mais ils l'utilisent assez peu. Ils lui préfèrent les mines et les bombes. Des tranchées profondes, reliées entre elles par des boyaux, sont creusées en demi-lune parallèlement au rempart. De plus en plus proches, couvertes de poutres, elles abritent les troupes prêtes à surgir lorsque la brèche sera faite. La réalisation de cette brèche revient aux artificiers qui, à l'intérieur de galeries plus profondes que les autres, atteignent la ligne de défense et la font écrouler à l'aide de charges puissantes.
Suivant cette méthode, la progression de l'ennemi est lente, mais elle semble aussi inexorable aux assiégés. Dès le 22 juillet, les assaillants sont à la palissade ; on s'y bat au corps à corps, farouchement, et les impériaux finissent par céder. Le 12 août, après cinq jours de combat, les Turcs sont maîtres de la contrescarpe et l'étau se resserre malgré des sorties nombreuses des assiégés. Le 3 septembre, la ligne des fortifications est sur le point de tomber. Les défenseurs, qui entrevoient l'horreur du pillage et des combats de rue, ont le moral au plus bas. D'autant que, dans la ville, les munitions s'épuisent et les vivres aussi. Les plus pauvres traquent les chats, rebaptisés « lièvres de gouttière », pour les manger. Les rumeurs les plus folles circulent, il y aurait des traîtres. Des potences sont érigées, tandis que la dysenterie fait des ravages. Seul l'espoir d'un secours permet encore de tenir.

Vienne assiégée par l'armée ottomane (détail d'une peinture de F. Geffels, XVIe siècle, Vienne, Musée de la ville).

Corps à corps entre Turcs et impériaux (détail d'une peinture du XVIIe siècle, Vienne, Kunsthistorische Museum).

Le dénouement de Kahlenberg

Or, les assiégés ont raison d'espérer, car les troupes promises par les alliés de l'empereur commencent en effet à se rassembler et elles convergent vers Vienne. Les Bavarois sont plus de 8 000 (4 800 fantassins et 3 400 cavaliers), l'électeur de Saxe a envoyé 7 000 hommes, la Souabe et la Franconie en ont envoyé 8 000. Ces troupes fraîches rejoignent l'armée impériale commandée par le duc de Lorraine Charles V, et celle-ci reçoit en dernier lieu à la fin du mois d'août, un ultime et précieux renfort constitué par les 18 000 soldats de Jean Sobieski, soit, aux côtés des Polonais, 7 000 Lituaniens et 4 000 cosaques Zaporogues. Cette armée composite, qui rassemble au total 60 000 à 70 000 hommes, se trouve finalement confiée à ce dernier chef, car le roi de Pologne s'est déjà illustré en Ukraine dans la lutte contre les Turcs.
Le 3 septembre, le plan de bataille est arrêté. Le gros de l'armée doit s'emparer des hauteurs qui dominent à l'ouest Vienne et le camp ottoman. Kara Mustapha attend : il n'a pas fortifié ses positions, ce qui le contraint à un affrontement en plaine. De surcroît, il divise ses forces, ordonnant à ses janissaires de poursuivre le siège dont il croit la fin imminente. Le 11 septembre, les coalisés, qui ont annoncé par des fusées leur arrivée aux assiégés, s'établissent sur le Kahlenberg. Le lendemain matin, après la messe célébrée par le légat pontifical, ils en descendent lentement. À l'aile gauche, Autrichiens et Saxons, emmenés par Charles de Lorraine, doivent se rapprocher du Danube et tenter de libérer la ville. Au centre, les troupes de Souabe et de Franconie, épaulées par les Bavarois, progressent lentement sur la pente. La droite est tenue par Sobieski, qui balaie les Turcs envoyés à sa rencontre. Vers 16 heures, les chrétiens ont atteint le pied de la montagne.
Face à eux, Kara Mustapha a rassemblé ses hommes pour le choc final. Affaiblis par la défection des Tatars et des Hongrois, les Ottomans ne résistent pas aux terribles charges de la cavalerie polonaise. Ils fuient bientôt abandonnant le siège et laissant derrière eux près de 15 000 tués, en plus d'un imposant butin.
La nouvelle de la victoire de Vienne se répand dans l'Europe entière et Jean Sobieski est célébré comme un héros de la chrétienté. C'est au tour des Turcs de reculer, et les armées coalisées pénètrent en Haute-Hongrie. L'échec est au contraire fatal à Kara Mustapha, qui reçoit du sultan un lacet de soie noire, signe de mort. Il dessert aussi la France, qui fait l'unanimité contre elle, tandis que les puissances catholiques se soudent autour de la lutte menée par l'empereur.

L'invention d'une viennoiserie

Qui sait encore aujourd'hui que le croissant, cette délicieuse viennoiserie en forme de quartier de lune, fut inventé au lendemain du siège de Vienne ?
On le doit à Kulczyski, un Polonais qui s'était installé dans cette ville après un long séjour à Constantinople, où il a servi de drogman. Au contact des Turcs, Kulczyski avait acquis des habitudes orientales, et notamment un goût pour le café qu'il aspirait à faire partager à ses concitoyens. En 1683, après la fuite des armées de Kara Mustapha, et pour le remercier de hauts faits accomplis durant le siège, la municipalité de Vienne lui fait cadeau de 500 sacs de ces grains noirs trouvés dans le camp ottoman. Elle l'autorise aussi à vendre cette boisson dans une échoppe installée à deux pas de la cathédrale. Mais les habitants boudent l'établissement et le breuvage inconnu, jusqu'à ce que Kulczyski ait l'idée d'en filtrer le marc et d'y ajouter un peu de crème tout en agrémentant sa dégustation de petites pâtisseries en forme de croissant qu'il a spécialement commandées aux boulangers de la ville.
L'allusion est claire et les Viennois, heureux de dévorer à si bon compte ce symbole qui les a fait tant frémir, se précipitent désormais chez le Polonais et assurent ainsi le succès du premier café viennois.

Les protestants abandonnent le royaume de France

LA RÉVOCATION DE L'ÉDIT DE NANTES

Le 17 octobre 1685, au château de Fontainebleau, Louis XIV signe un édit que l'histoire connaîtra sous le nom de révocation de l'édit de Nantes.

En paraphant ce texte, Louis XIV croit fermer ce qui n'est, à ses yeux, qu'une parenthèse ouverte dans l'histoire religieuse du royaume par son grand-père Henri IV : l'existence d'une minorité protestante en France. Fait remarquable, les lourdes procédures administratives qui, d'ordinaire, retardent l'application des décisions royales sont, dans ce cas, expédiées. En quelques semaines, gouverneurs et intendants de province font passer dans les faits les dispositions de ce nouvel édit : bannissement des pasteurs, fermeture des écoles protestantes, démolition des temples et, bien sûr, surveillance étroite de ceux qu'on appelle désormais les « nouveaux convertis ».

La France en 1685

Le royaume compte environ 20 millions de sujets, parmi lesquels **900 000 protestants ou « huguenots »** (de l'allemand « Eidgenossen », terme désignant les confédérés suisses), soit près de 5 % de la population.

Dans la logique de l'absolutisme de Louis XIV, c'est-à-dire d'un exercice autoritaire et sans partage du pouvoir royal, la cohésion du royaume est nécessaire pour mieux le contrôler. Une formule résume cela : **« un roi, une loi, une foi ».** Dès lors, les protestants sont doublement gênants. D'une part, leur existence nuit à l'unité recherchée ; d'autre part, l'organisation de leurs communautés repose sur des principes de concertation et de partage de l'autorité assez démocratiques et en contradiction avec l'ordre imposé par Louis XIV.

À cela s'ajoute, depuis le début du siècle, le dynamisme renouvelé du catholicisme, qui gagne des conversions dans les meilleures familles protestantes.

De plus, **en 1685, Louis XIV,** pour des motifs de politique internationale, **a besoin de l'appui du pape...**

Le temple de Charenton, près de Paris (Copenhague, Bibl. royale). En 1685, 5 % des Français sont protestants.

« Caisses de conversions » et dragonnades

Pour en finir avec le problème protestant, on a créé, dès 1676, des « caisses de conversions ». Ces organismes s'engagent à verser deux livres à chaque homme ou une livre à chaque femme qui acceptent de se faire catholiques. Les résultats sont peu probants. Poussés par la nécessité, beaucoup empochent la somme et continuent à fréquenter le temple. Aussi certains agents du roi inventent-ils un moyen de pression plus efficace : la dragonnade. Il s'agit de loger chez les protestants des soldats appelés « dragons », qui s'autorisent exactions et violences : viols, vols, coups, humiliations deviennent le lot quotidien de leurs malheureux hôtes. Ils ne peuvent souhaiter que de s'en débarrasser à tout prix. Ainsi, en 1680, l'intendant Marillac en Poitou obtient en quelques mois 30 000 conversions. Il est imité en Béarn et en Languedoc. Louis XIV n'est pas informé, semble-t-il, de l'étendue de ces atrocités. Sur la foi des chiffres toujours croissants de convertis qu'on lui présente, il croit peut-être sincèrement, à l'automne 1685, que l'édit de Nantes est devenu inutile : c'est ce qu'il prétendra, du moins, sur son lit de mort.

L'exode...

En fait, le nombre des protestants reste élevé. Par dizaines de milliers – peut-être 200 000 au total –, les « huguenots » quittent le royaume en fraude, pour se réfugier dans les pays protestants du nord de l'Europe. L'arrivée de ces familles entières, réduites à la misère, provoque en Hollande, en Angleterre, en Suisse, en Allemagne une profonde réprobation.

Il s'ensuit le plus grand mouvement de population du siècle, aux conséquences désastreuses pour le royaume. Beaucoup de ceux qui partent sont des gens de valeur, capables et compétents. C'est de l'installation des huguenots français que date l'essor de Berlin. Ce sont eux qui contribuent à forger l'excellente armée prussienne. Parmi eux, aussi, le prince hollandais Guillaume d'Orange recrute ses meilleurs officiers. Et de nombreux secrets de fabrication, des monopoles techniques sont alors divulgués et portent atteinte aux exportations françaises.

Louis XIV écrase la religion prétendument réformée (R.P.R.) *[gravure allégorique de 1685, Paris, Bibl. nat.]. Le roi, l'âge venant, fait preuve d'un zèle catholique dont l'acte de révocation est la manifestation.*

Les problèmes religieux sous Louis XIV

La révocation de l'édit de Nantes est l'un des moments forts de la politique religieuse de Louis XIV marquée par :

Des relations orageuses avec le pape. À partir de 1673, une première crise intervient avec l'affaire de la « régale » (à propos de l'attribution au roi ou au pape des revenus des évêchés dans l'intervalle qui sépare le décès du titulaire et la nomination de son remplaçant) ; la tension rebondit, en 1688, avec l'occupation momentanée par les troupes royales du Comtat-Venaissin, possession du pape en France. Cela conduit, conformément à la volonté de puissance de Louis XIV, à affirmer l'indépendance de l'Église de France vis-à-vis de Rome : c'est le gallicanisme.

Les péripéties de l'affaire janséniste. Celle-ci se clôt momentanément, sous le règne de Louis XIV, par l'expulsion des religieuses de Port-Royal en 1709.

L'itinéraire personnel du roi. L'âge venant, le roi devient un catholique dévot, sous l'influence de sa dernière favorite, épousée secrètement en 1683, Mme de Maintenon, petite-fille du grand poète protestant Agrippa d'Aubigné, convertie au catholicisme dans son enfance.

... ou les galères

Pour les protestants restés en France qui refusent de se convertir, la situation est intenable. Ceux qui sont pris ou dénoncés s'exposent à un emprisonnement à vie ou au terrible châtiment des galères. Pour pratiquer le culte, ils doivent déployer des trésors de ruse, choisir des endroits isolés en plein air – c'est ce qu'on appelle les « assemblées du désert ». Là, de simples fidèles, les « prédicants » prennent la parole, souvent animés d'un souffle prophétique. Car les pasteurs manquent : ceux qui parviennent à s'infiltrer dans le royaume sont vite arrêtés, torturés et souvent mis à mort.

La guerre des camisards

Surtout, dans les Cévennes où les huguenots sont très nombreux, se développe au début du XVIIIe siècle un véritable mouvement de résistance armée : c'est la « guerre des camisards ». Ce nom vient des raids nocturnes (ou camisades) durant lesquels les révoltés portent une chemise blanche pour se reconnaître. Ces paysans sont mobilisés par réaction aux violences de l'abbé du Chayla, qu'ils assassinent en juin 1702. De leurs rangs surgissent des chefs remarquables : Jean Cavalier, fils d'un boulanger, le berger Pierre Laporte surnommé « Rolland », Abraham Mazel et Jacques Couderc, des tisserands et d'anciens soldats comme Jouany, Ravenel et Maurel dit « Catinat ». Leur nombre ne s'élève jamais à plus de 3 000 à 4 000, mais, parce qu'ils bénéficient du soutien de la majorité des Cévenols, ils parviennent à tenir tête pendant deux ans à l'armée royale, qui compte jusqu'à 10 000 hommes et se livre aux représailles les plus atroces. Ils finissent par se rendre en 1704. La flamme de la résistance huguenote se reporte alors sur le plan de l'héroïsme individuel ; à l'exemple de Marie Durand et de ses compagnes qui, après leur arrestation en 1730, préfèrent rester plus de trente ans prisonnières plutôt que de renoncer au protestantisme. Jusqu'aux dernières décennies du XVIIIe siècle, on trouve encore des forçats dont le seul crime est la fidélité à leur foi : les derniers sont libérés en 1775.

→**Voir aussi** : p. 260-261 (Les guerres de religion).

Représentation satirique d'une scène de dragonnade (dessin exécuté peu après la révocation, Paris, Bibl. nat.).

Une révolution technique inaugure l'âge moderne

LA MACHINE À VAPEUR

Plus que toute autre invention, la machine à vapeur symbolise la révolution industrielle. Elle est, en tout cas, le prélude à une révolution énergétique d'une immense ampleur, car, pour la première fois, l'homme peut produire de l'énergie motrice indépendamment des circonstances naturelles.

La machine à vapeur, en affranchissant l'industrie des liens de dépendance qu'elle continuait d'entretenir avec la nature par l'intermédiaire de ses convertisseurs d'énergie habituels (moulins à eau, à vent et à marée), inaugure véritablement l'ère moderne du machinisme.

Le vide et la pression

Le développement de la machine à vapeur, dans le dernier quart du XVIIe siècle, est, en effet, étroitement tributaire des découvertes faites vers le milieu du XVIIe siècle, sur le vide et la pression atmosphérique.

Ainsi, toutes les tentatives visant à employer la puissance motrice du feu avant 1643, date de l'invention du baromètre, se heurtent à la méconnaissance ou à l'absence totale de connaissance de phénomènes physiques de base : le vide partiel créé par condensation de vapeur d'eau est ignoré, tout simplement parce que l'existence du vide est niée; la pression atmosphérique est, quant à elle, tout à fait inconnue.

La situation change radicalement dans la seconde moitié du XVIIe siècle, avec l'invention du baromètre et le développement des pompes à air. On sait alors que, non seulement la pression atmosphérique existe, mais qu'elle peut aussi exercer une force considérable — ce que démontre Otto von Guericke, en 1645, lors d'une expérience célèbre, qui met en évidence les rapports mécaniques fondamentaux liant pression atmosphérique et vide, et qui introduit l'idée, décisive pour l'avenir de la machine à vapeur, de faire le vide sous un piston.

Guericke fait déplacer par seize hommes un piston vers le haut d'un cylindre, à l'aide d'une corde passant par une poulie. Puis, lorsque l'air résiduel situé dans l'espace cylindrique au-dessous du piston est évacué, à l'aide d'une pompe à air, l'air extérieur repousse avec force le piston dans le cylindre, et les vingt hommes sont renversés par le brusque retour.

Les essais de Denis Papin

Un progrès décisif intervient lorsque le Français Denis Papin substitue la vapeur d'eau à la poudre, en 1690. La brusque condensation de la vapeur d'eau dans un cylindre où coulisse un piston crée, en effet, un vide partiel.

Le piston est alors enfoncé par la pression atmosphérique, et un système composé d'une crémaillère et de roues dentées relaie ce mouvement, permettant ainsi d'actionner n'importe quel mécanisme. On inverse ensuite le processus pour ramener le piston en

Les inventeurs

Denis Papin (1647-1712). Ce Français qui a étudié d'abord la médecine, travaille dans plusieurs des grands centres scientifiques de l'Europe : à Londres, à Venise, à Paris et à Marburg, où il met au point sa première machine à vapeur (1690).

Thomas Newcomen (1663-1729). Anglais de condition modeste, il commence sa carrière comme apprenti avant de mettre au point sa machine (1712), qu'il ne peut exploiter qu'au prix d'un accord financier avec Savery, titulaire quant à lui d'un brevet concernant la « pompe à feu ».

James Watt (1736-1819). L'Écossais est un spécialiste des instruments de précision. Son intérêt pour la machine à vapeur date de 1764, année où il est appelé pour réparer une machine de type Newcomen.

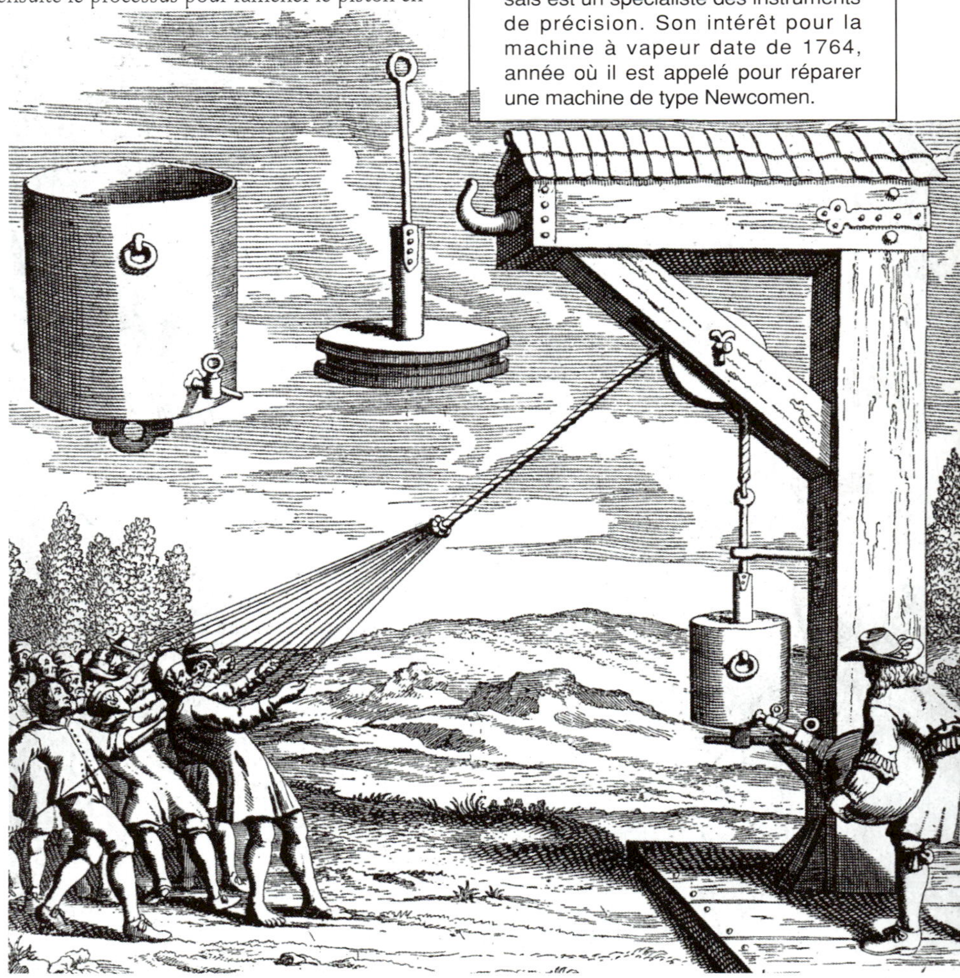

Le digesteur ou marmite de Denis Papin, premier instrument moderne à fonctionner à la vapeur, mis au point en 1679 (Paris, C.N.A.M.).

◁ *Expérience d'Otto von Guericke sur le rapport mécanique entre vide et pression atmosphérique; seize hommes luttent contre la pression atmosphérique.*

place. Malheureusement, on ne peut recommencer qu'au bout de quelques minutes (le temps de laisser se refroidir le cylindre), alors qu'une véritable machine doit pouvoir fonctionner en continu. La «machine atmosphérique à piston flottant» de Papin n'est donc qu'une ébauche.

La machine de Savery

Les Anglais Thomas Savery et Thomas Newcomen réalisent les premiers des machines atmosphériques véritablement efficaces. La «pompe à feu» de Savery, introduite en 1698, est une machine sans piston, fonctionnant grâce à un jeu de robinets : on amène la vapeur d'eau depuis une chaudière jusqu'à un récipient contenant une partie de l'eau à épuiser, et l'irruption de la vapeur expulse l'eau vers le haut; puis un jet d'eau froide condense cette vapeur et crée un vide partiel. L'eau située plus bas dans la mine est alors aspirée dans le récipient, et le cycle peut recommencer. Ce qui fait l'originalité de la machine de Savery, par rapport à celle de Papin, c'est la condensation accélérée de la vapeur, par arrosage extérieur du récipient, qui permet de réaliser une pompe foulante et aspirante efficace – quoique sujette à de nombreux accidents, en raison de l'absence de soupapes de sûreté.

Une machine adaptée au travail des mines

Enfin, en 1712, Thomas Newcomen met au point la première machine pratique. Elle combine les qualités des machines de Papin et de Savery, empruntant à l'un le coulissage du piston dans un cylindre, à l'autre la chaudière et le système de refroidissement.
La grande innovation de l'ingénieur anglais est de remplacer l'arrosage extérieur du cylindre par un arrosage intérieur. Cette méthode accélère encore la condensation et assure le succès de sa machine auprès des propriétaires de mines anglais. Ceux-ci n'ont de cesse de l'employer pour actionner des pompes à eau ordinaires.
Mais la contribution décisive revient à l'Anglais James Watt, entre 1765 et 1769. Pour éviter le gaspillage de la vapeur, Watt invente, en 1765, le condenseur séparé, dont le rôle est de permettre le maintien d'une chaleur élevée dans le cylindre. L'autre grande innovation de Watt est de faire fonctionner sa machine en circuit fermé, et non plus ouvert. Pour cela, il substitue la puissance de la vapeur à celle de l'atmosphère, en faisant agir celle-ci sur les deux faces du piston. Cette avancée révolutionnaire est, une fois encore, due à un souci de rentabilité : Watt cherche à empêcher le

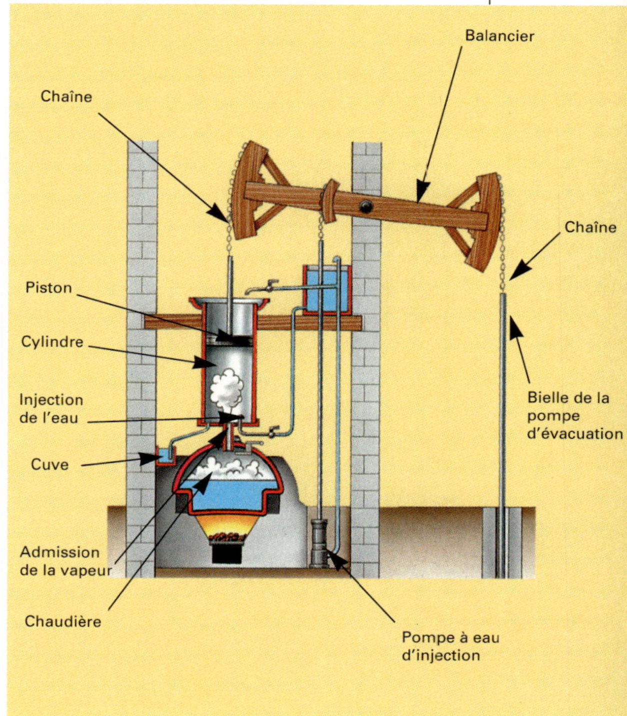

La machine de Newcomen.

refroidissement de la paroi intérieure du cylindre, quand le piston s'enfonce sous l'effet de la pression atmosphérique. L'économie générale de la machine est encore accrue par l'invention de la détente, en 1769, qui permet de régler la durée des périodes d'expansion et de compression de la vapeur.
Outre le gain d'énergie ainsi réalisé, l'emploi exclusif de la vapeur pour actionner le piston donne à la machine de Watt un avantage décisif sur ses concurrentes : la pression de la vapeur étant plus élevée que celle de l'air, le rendement des machines de Watt est forcément supérieur à celui des machines atmosphériques. À moyen terme, la possibilité d'accroître cette pression au-delà d'une atmosphère va permettre d'obtenir des rendements encore plus importants.
Dès 1800 apparaissent les premières machines à vapeur développant des hautes pressions (jusqu'à cinq atmosphères), sous l'impulsion de Richard Trevithick et Davies Gilbert en Grande-Bretagne, ainsi que d'Oliver Evans aux États-Unis. Ces machines ne nécessitent plus ni condenseur, ni pompe à air, et elles sont donc assez légères pour servir aux transports.
Les premiers essais vraiment concluants de locomotion à la vapeur suivent d'ailleurs immédiatement, et Trevithick introduit la première locomotive à vapeur en 1801.

DES LUMIÈRES À L'ÂGE INDUSTRIEL

1700-1898

Le mouvement des idées dans les années 1750 prépare les bouleversements politiques des cent années suivantes. Au nom des « lumières » de la raison, les philosophes appellent de leurs vœux le triomphe de la liberté individuelle, l'abolition des servitudes religieuses et monarchiques. Cette agitation intellectuelle ouvre la voie aux crises violentes qui touchent les peuples d'Europe au siècle suivant. S'inspirant de la Révolution française, les nations du Vieux Continent sont bouleversées par les courants de pensée libéraux et nationalistes. Petit à petit, la carte de l'Europe est remodelée. Parallèlement à ces transformations politiques, la révolution industrielle métamorphose les mécanismes économiques. Si elle enrichit les États, elle pose également avec acuité les questions liées à la condition ouvrière. La misère du prolétariat amène les théoriciens du socialisme et du syndicalisme à prôner la lutte contre les inégalités excessives. Pour les puissances occidentales en mal de débouchés, l'Afrique et l'Asie deviennent des terres à conquérir et forment de vastes empires coloniaux. Cependant, l'Europe est déjà menacée par la supériorité industrielle des États-Unis, alors que le Japon s'ouvre au monde moderne en entrant dans l'ère Meiji.

Pluie, vapeur et vitesse (peinture de William Turner, Londres, National Gallery).

Les Lumières

Les philosophes du Siècle des lumières revendiquent la liberté de penser, le triomphe de la raison et la mise en place de régimes démocratiques. Leur combat débouche sur la Révolution française et, à plus long terme, sur les mouvements européens du XIXe siècle (*la Table ronde du château de Sans-Souci,* Frédéric II de Prusse discute avec Voltaire, peinture de A. von Menzel, Berlin, Nationalgalerie).

La Révolution française

La réunion par le roi Louis XVI des États généraux de 1789 marque le début de la Révolution française. Malgré les excès de la Terreur, cette période exerce une profonde influence sur le reste de l'Europe (un sans-culotte, gravure d'époque coloriée).

L'expansion américaine

La conquête de l'Ouest par les émigrants venus de l'est des États-Unis repousse les frontières du pays jusqu'au Pacifique. Les différentes tribus indiennes, Sioux, Cheyennes, Apaches, sont massacrées par les pionniers ou chassées vers des terres infertiles (course de chevaux d'Indiens Sioux, The New York Public Library).

Le réveil du Japon

Alors que le Japon est resté isolé pendant deux siècles face à l'Europe, l'empereur Mutsuhito, arrivé au pouvoir en 1867, fait entrer son pays dans l'ère du Meiji ou des lumières. Pour faire du Japon une nation moderne, l'empereur transforme les institutions et les coutumes selon le modèle européen (entrevue entre l'empereur japonais Meiji et des émissaires chinois, collection particulière).

Napoléon

S'étant emparé du pouvoir par un coup de force, le général Bonaparte poursuit son ascension fulgurante jusqu'à la proclamation de l'Empire. Après avoir soumis la majeure partie de l'Europe, Napoléon, à partir de 1812, subit des défaites militaires qui entraînent la chute de l'Empire (*Napoléon Premier consul,* détail d'une peinture d'Ingres, Liège, musée des Beaux-Arts).

Le « printemps des peuples »

Dans de nombreuses régions européennes éclatent en 1848 des révoltes au nom du libéralisme et du nationalisme. Réprimés avec violence, ces soulèvements traduisent les revendications de peuples différents réunis arbitrairement sous un même souverain (scène de barricades à Berlin en 1848, gravure d'époque coloriée).

L'Europe en mal d'empire

Le continent noir, découvert petit à petit par les explorateurs, devient l'enjeu des convoitises européennes à partir de 1870. Anglais, Français, Allemands rivalisent pour agrandir leurs empires coloniaux, qui leur fournissent les nouveaux débouchés commerciaux nécessaires à leur expansion économique (une expédition allemande sur le lac Victoria, en Afrique, gravure coloriée).

Pierre le Grand change de capitale

SAINT-PÉTERSBOURG

Pierre le Grand est la figure majeure qui inaugure l'histoire de la Russie moderne : il transforme son pays et le hisse au rang des principales nations européennes. La capitale qu'il fonde, Saint-Pétersbourg, se veut le symbole de cet ordre nouveau. Mais la politique du tsar se heurte à la résistance des représentants de l'ancienne Moscovie.

À son avènement, en 1682, Pierre le Grand n'a que 10 ans. Il ne reçoit qu'une éducation très sommaire : son histoire personnelle l'explique.

L'enfant qui ne devait pas régner

Né à Moscou en 1672, Pierre est le quatrième enfant du tsar Alexis et de sa seconde femme Nathalia Narychkina. Deux frères du premier lit ont droit, avant lui, à la succession au trône : Pierre ne reçoit pas la formation d'un futur tsar. De fait, à la mort d'Alexis, en 1676, l'aîné de ses fils, Fédor, est proclamé tsar : il meurt en 1682. Ivan, deuxième fils d'Alexis, jeune homme malade et faible, succède à Fédor. La réalité du pouvoir appartient à sa sœur, Sophie ; Pierre est quand même proclamé cosouverain, mais il est relégué avec sa mère à la campagne.

Là, il grandit en toute liberté, s'adonnant avec deux compagnies d'« amuseurs » (qui deviendront ses régiments personnels) à des jeux militaires extrêmement perfectionnés. Autodidacte, il construit lui-même des bateaux. Sa taille est étonnante (plus de deux mètres) et il est doué d'une force et d'une énergie incomparables. Son caractère mérite également d'être souligné : il est volontaire, violent, ivrogne, et il se livre volontiers à des débauches sexuelles.

En 1689, le jeune homme investit Moscou et envoie Sophie dans un couvent. Mais il laisse sa mère gouverner et retourne à la campagne. Sept ans plus tard, Ivan meurt : Pierre prend enfin les rênes du pouvoir.

Une politique extérieure brillante

Lorsqu'il cherche des collaborateurs, le jeune souverain se découvre très isolé. Il recrute donc là où cela lui est possible, sans s'inquiéter de l'origine sociale ou du pays de ses proches. L'un de ses conseillers les plus écoutés, Alexandre Menchikov, est le fils d'un palefrenier.

En 1695 commence la guerre contre la Turquie, qui contrôle la mer Noire. Pierre est victorieux à Azov, grâce à la flotte de 30 vaisseaux qu'il a fait construire pour cette raison. Il décide ensuite de faire un voyage en Occident, incognito, pour y apprendre les mœurs et les techniques de ces pays ; c'est la « grande ambassade » de 1697, qu'il est obligé d'interrompre en 1698 en raison d'une révolte d'un corps d'officiers (les « streltsy ») à Moscou. Il fait impitoyablement exécuter ces derniers. En 1700, il traite avec les Turcs : il doit rendre Azov et renoncer à sa flotte

La Russie de Pierre le Grand

Depuis un peu moins d'un siècle, depuis 1613, la Russie est dominée par **la dynastie des Romanov,** instituée par Michel Fedorovitch.

L'essentiel de la population est formé de paysans attachés à la terre : des serfs, **le servage** étant devenu une institution reconnue par le Code, en 1649.

Ces gens sont **analphabètes, très religieux et attachés aux coutumes ancestrales.** Leur refus de toute innovation en matière religieuse a provoqué en 1666-1667 le schisme des vieux-croyants, ou *raskols.*

Détail d'un portrait de Pierre Ier, dit Pierre le Grand (1672-1725), (peinture de l'école russe).

Pierre le Grand coupe la barbe d'un de ses sujets *(image de propagande contre les partisans des anciennes coutumes russes ; XVIIe siècle).*

L'Édification de Saint-Pétersbourg, *la ville nouvelle voulue par Pierre le Grand (peinture de l'école soviétique).*

septentrionale. Mais le conflit avec ce pays reprendra en 1710-1711.
L'affaire du règne, c'est « la guerre du Nord ». Pierre se joint à une alliance militaire composée de la Saxe, de la Pologne et du Danemark contre la Suède de Charles XII. En novembre 1700, les Suédois sont victorieux des Russes à Narva, en Livonie. Mais la campagne suédoise de l'hiver 1708 contre la Russie est un échec et l'armée se fait anéantir par les troupes mieux équipées et plus nombreuses de Pierre le Grand à Poltava, le 8 juillet 1709. Cette victoire, sanctionnée par le traité de Nystadt en 1721 (la Russie se voit attribuer la Livonie, l'Estonie et une partie de la Carélie), est décisive.

La fondation de Saint-Pétersbourg

La construction d'un fort pour garder l'embouchure de la Neva commence en mai 1703. Le site est un marécage plat et vide avec une douzaine d'îles désertes. C'est un endroit sauvage, humide et que l'on a toujours considéré jusque-là comme trop malsain pour qu'on puisse y vivre. Plus le temps passe, plus le tsar désire une ville à cet emplacement. Il fait venir un architecte italien, D. Trezzini, influencé par le baroque nordique et qui, dès lors, élabore un plan de construction gigantesque. Celui-ci réclame une main-d'œuvre effrayante, souvent recrutée de force, pour laquelle les conditions de travail sont terribles. On estime à 25 000 ou 30 000 les victimes de ce chantier. La ville est couverte de stuc jaune imitant le marbre. La vie y est très difficile en raison du mauvais ravitaillement, du climat très rude et de la nature sauvage (des loups).

Pierre le Réformateur

Pour moderniser la société, Pierre emprunte à l'Occident des modèles qu'il adapte à la réalité russe.
L'armée : il institue une conscription universelle, renforce l'obligation pour la noblesse de se soumettre au service militaire, fait améliorer l'artillerie et crée une marine moderne construite dans les ports de la Baltique.
L'administration : il institue un Sénat dirigeant qui devient l'instance suprême de l'État contrôlée par lui seul.
L'Église : en 1721, un règlement ecclésiastique, rédigé par Théophane Prokopovitch, en réorganise la hiérarchie. L'Église est désormais dirigée par un saint-synode de 12 prêtres surveillés par un fonctionnaire laïque et non plus par un patriarche.
Les finances et la société : la perception des impôts est réorganisée et change de nature. La capitation (impôt par tête) est instaurée. Toute la population est soumise à l'État, soit par l'impôt, soit par le travail. La noblesse doit servir et elle est transformée par la « Table des rangs » (1722) qui énumère les 14 rangs que l'on peut obtenir en faisant carrière dans l'administration, l'armée ou la cour. Il est donc possible pour un roturier d'accéder à la noblesse.
L'économie : l'industrie est développée grâce à la fondation de manufactures dans la métallurgie (dans l'Oural), les mines et le textile. Pierre le Grand meurt en 1725 sans désigner de successeur (il a exécuté son fils Alexis pour trahison et n'a pas d'enfant survivant de son second mariage). Il lègue un empire multinational et auréolé de gloire, mais épuisé et réticent à la modernisation.

Progrès et archaïsmes dans la Russie d'Ancien Régime

La division entre une élite voulant moderniser le pays et la masse de la population fidèle à de vieilles coutumes est une constante des XVIIIe et XIXe siècles russes.

Les barbes de Pierre le Grand. En introduisant la civilisation occidentale dans le pays, l'empereur Pierre le Grand importe les vêtements, les coutumes des Européens, en dépit d'une forte opposition de certains Russes. Par exemple, selon une tradition ancestrale, l'homme doit porter la barbe : la raser signifie se révolter contre Dieu. Mais Pierre exige, « pour la gloire et la bienséance de l'État et de l'armée », que les hommes se rasent. Il participe lui-même à des séances violentes où il force les hommes à ce rasage.

Catherine II et les Lumières. Le règne de Catherine II marque aussi un recul du rôle de l'Église orthodoxe et un essor de la philosophie des Lumières dans les cercles des élites nobles et cultivées connaissant le français et s'habillant à l'occidentale.

Au XIXe siècle, le débat persiste. Durant tout le XIXe siècle, l'intelligentsia continue à approfondir sa connaissance de l'Occident et un débat oppose slavophiles et occidentalistes. Les premiers affirment la supériorité de l'orthodoxie et de la Russie traditionnelle, tout en lui donnant le rôle de guide de l'humanité (l'écrivain Dostoïevski, par exemple) ; les seconds, influencés par les philosophes allemands (Hegel et Schelling), entendent accélérer les processus de modernisation du pays. Ce conflit parcourt tout le siècle et n'empêche pas les coutumes du peuple de rester extrêmement archaïques à l'aube du XXe siècle.

L'ultime paix du Roi-Soleil
LE TRAITÉ D'UTRECHT

Au moment où le manque de pain oblige le pouvoir à organiser des distributions (ci-dessous), *le maréchal de Villars sauve la situation, à l'extérieur, en remportant la victoire de Denain* (à droite, *peinture de J. Alaux, Versailles).*

On n'efface pas en un seul traité douze ans de guerre : le 11 avril 1713, à Utrecht, aux Provinces-Unies, est signé le premier en date d'une véritable série.

Il conclut la paix entre la France et l'Espagne d'une part, et l'Angleterre, les Provinces-Unies, le Portugal, le duc de Savoie et le roi de Prusse d'autre part. Suit, le 13 juillet, un traité entre la Savoie, l'Angleterre et Philippe V d'Espagne. Puis, le 6 mars 1714, à Rastatt en pays de Bade, la paix est faite entre Louis XIV et l'empereur Charles VI. Le roi Philippe V traite enfin avec les Hollandais, en juin 1714, et avec le Portugal, le 6 février 1715. Cette paix qui n'en finit pas est à l'image d'une guerre à rebondissements.

Des débuts épouvantables

C'est la victoire du maréchal de Villars à Denain, le 24 juillet 1712, qui permet aux Français de négocier la paix au mieux de leurs intérêts. Conclusion presque inespérée : depuis le début des hostilités, tout semble jouer contre eux, la coalition de presque tous les pays d'Europe, le sort des batailles et jusqu'au déchaînement des éléments. Les défaites s'accumulent : Blenheim (1704), Ramillies (1706), Audenarde (1708). À cette dernière date, le Trésor est vide, les troupes épuisées, et il s'abat sur le royaume l'hiver le plus terrible du siècle. Les fleuves sont pris par la glace. À Versailles, l'eau et même les liqueurs gèlent dans leurs flacons. Puis vient un printemps pourri. Nouveau calvaire pour les paysans, qui forment l'essentiel de la population du royaume : la récolte est nulle, la mortalité effroyable.

L'appel du 12 juin

Cependant, alors que tout incite à baisser les armes, Louis XIV parvient à susciter par un appel solennel, la « Lettre aux paroisses » du 12 juin 1709, un sursaut de fierté chez ses sujets. En leur exposant les conditions humiliantes que l'ennemi impose, il les convainc du bien-fondé de la poursuite de la guerre. Le 11 septembre, à Malplaquet, le général anglais Churchill, duc de Marlborough – celui de la chanson –, inflige aux Français une nouvelle défaite, qui n'est, pour lui, qu'une demi-victoire. Malplaquet marque le début du redressement pour Louis XIV et Philippe V. Ce dernier, finalement soutenu par ses sujets espagnols et secondé par le général français Vendôme, remporte la bataille de Villaviciosa (1er décembre 1710).

La France et la succession d'Espagne

Au début du XVIIIe siècle, Louis XIV règne depuis plus de cinquante ans (depuis cinquante-sept ans en 1700), sur **le pays le plus peuplé d'Europe :** 20 millions de sujets.

La guerre de la Succession d'Espagne (1701-1714) découle d'**une décision du roi d'Espagne Charles II :** dépourvu d'héritier, il choisit **un petit-fils de Louis XIV pour lui succéder** sur le trône. Le jeune homme est son cousin, puisqu'il a pour grand-mère la propre tante de Charles, Marie-Thérèse, l'épouse du Roi-Soleil.

« Il n'y a plus de Pyrénées » et, pour défendre « Philippe V » contre un prince Habsbourg d'Autriche, le Roi-Soleil engage sa dernière guerre.

Un bilan ambigu

Apparemment, Louis XIV est contraint à beaucoup de concessions. Certes, la dynastie Bourbon est à présent implantée en Espagne ; mais l'union des deux couronnes est interdite et les possessions espagnoles en Europe hors de la péninsule sont partagées entre les

La France contre l'Europe : les guerres de Louis XIV

Avant la guerre de la Succession d'Espagne, le règne de Louis XIV est marqué par trois grands conflits.

1667-1668 : la guerre de Dévolution. Menée contre l'Espagne, elle éclate parce que Louis XIV veut faire valoir les droits de son épouse sur les Pays-Bas espagnols. Condé et Turenne font merveille à la tête des troupes. Le traité d'Aix-la-Chapelle permet à la France d'annexer une dizaine de villes, dont Lille, Douai et Charleroi.

1672-1678 : la guerre de Hollande. En déclenchant ce conflit contre la principale des Provinces-Unies, Louis XIV souhaite affaiblir une puissance commerciale rivale. Les Hollandais, pour résister à l'invasion, brisent les digues et inondent leur pays. Ils se donnent un chef, Guillaume d'Orange, qui gagne à sa cause l'Autriche et l'Espagne. À la suite de la paix de Nimègue, cette dernière cède à la France la Franche-Comté et plusieurs villes (Valenciennes, Cambrai, Maubeuge).

1688-1697 : la guerre de la ligue d'Augsbourg ou guerre de Dix Ans. Louis XIV se lance dans une politique d'annexions (celle de Strasbourg en 1681, notamment) qui inquiète les pays voisins. Sous l'impulsion de Guillaume d'Orange, devenu roi d'Angleterre (Guillaume Ier), une coalition (ligue d'Augsbourg) se forme. Elle réunit Provinces-Unies, Angleterre, Espagne, Suède, Savoie et plusieurs princes allemands. Les prétentions françaises à la succession d'États de l'Empire (Palatinat, Cologne) précipitent l'ouverture des hostilités. Les troupes françaises se livrent outre-Rhin à des atrocités, pillant et rasant villes et villages entiers : c'est le « sac du Palatinat » (printemps 1689). Le maréchal de Luxembourg se couvre de gloire. À la paix de Ryswick, Louis XIV ne conserve de ses annexions que Strasbourg et Sarrelouis. Surtout, Hollandais et Anglais ont montré que la suprématie française n'était pas inébranlable.

Épisode de la signature du traité d'Utrecht : la ratification des articles de paix (gravure hollandaise coloriée, Paris, Bibl. nat., détail).

Habsbourg d'Autriche et le duc de Savoie. Surtout, l'Angleterre obtient, avec Gibraltar, le contrôle de l'entrée de la Méditerranée et elle reçoit de la France l'Acadie et Terre-Neuve, ainsi que l'exclusivité des droits sur la baie d'Hudson.

Malgré tout, on juge Louis XIV victorieux. Son armée a, une nouvelle fois, fait preuve de son efficacité, couronnant les réformes entreprises dès le début du règne par le ministre Le Tellier (1643-1677) et surtout par son fils Louvois (1677-1691). La longue série de guerres menées par Louis XIV, qui se clôt avec celle de la Succession d'Espagne, a donné à la France de nouvelles frontières qui, avec le temps, passent pour définitives. On tient le royaume pour un pays riche. Sa culture et sa langue sont au plus fort de leur rayonnement. Louis XIV est un monarque admiré et volontiers copié. Et le fait que les Hollandais exigent que leur pays soit protégé d'une invasion par une ligne de forteresses appelées « places de la Barrière » montre combien la France est alors redoutée.

Deux ans après la signature du traité d'Utrecht, au mois d'août 1715, Louis XIV est pris d'une douleur à la jambe. La crise de goutte diagnostiquée d'abord se révèle être une gangrène, qui l'emporte en quelques semaines. À son chevet, il fait venir le petit Dauphin, fragile garçonnet de cinq ans sur lequel repose désormais l'avenir de la dynastie, pour lui confier qu'il regrette d'avoir trop fait la guerre, avant de s'éteindre comme il a vécu, avec grandeur.

L'avènement de Frédéric II en Prusse

LE DESPOTISME ÉCLAIRÉ

Lorsque Frédéric prend le pouvoir en 1740, la Prusse est une puissance moyenne (120 000 km²) qui possède environ deux millions d'habitants. C'est un pays sous-urbanisé, sauf Berlin, et qui vit pour l'essentiel d'une agriculture extensive et primitive. Ses structures sociales sont caractérisées par la grande propriété nobiliaire et le servage paysan. On dit alors que c'est un « royaume de sable et de tourbe ». Le règne de Frédéric transforme cet état de choses.

Frédéric II vers 1740 (détail d'un portrait du roi par Antoine Pesne).

Le prince accorde sa préférence à l'agriculture : dans l'est du pays, il favorise la colonisation des terroirs par l'installation de paysans étrangers, à qui il fournit des semences gratuites. Les régions traditionnellement pauvres, comme la Prusse-Orientale, sont irriguées et reboisées. Frédéric développe également l'industrie existante, ranime les fabriques en déclin et en crée de nouvelles. Pour cela, il investit des sommes considérables et il attire des artisans compétents. La production traditionnelle de textile reste vivace, en Silésie surtout. Des secteurs nouveaux se multiplient : des industries de luxe comme la faïence, le velours, les soieries, les sucreries et les cotonnades sont introduites. La métallurgie connaît un essor grâce au fer de Silésie et à un grand programme de prospection minière.

Une politique de puissance

L'enrichissement du pays passe par une politique mercantiliste fondée sur le développement de manufactures, la création de banques royales et vise surtout au développement de l'armée. Celle-ci se compose de 200 000 hommes, soit environ 4 % de la population, elle est l'une des meilleures d'Europe. La discipline y est extrêmement sévère, sanctionnée par des châtiments corporels (des coups donnés avec la lame du sabre) et faite d'exercices quotidiens. Si l'on innove peu dans le domaine administratif, la centralisation et l'unification des coutumes, de la justice et du droit aboutissent à la rédaction, en 1794, du *Code général de droit prussien* qui garantit également la liberté de conscience. Enfin, le système de levée des impôts est amélioré.

Toutes ces innovations visent à donner au pays les moyens d'une politique extérieure brillante. Sous le règne de Frédéric, la Prusse s'affirme pour la première fois comme une grande puissance : à l'issue de la guerre de la Succession d'Autriche, elle ravit la Silésie à l'Autriche ; pendant la guerre de Sept Ans (1756-1763), elle s'approprie définitivement la Silésie et le comté de Glatz ; en 1772, lors du partage de la Pologne, elle récupère la Prusse-Occidentale.

La Prusse au XVIIIe siècle

Christianisée au XIIIe siècle par les chevaliers Teutoniques, passée à la réforme luthérienne au XVIe siècle, la Prusse, d'abord constituée en un duché soumis à la Pologne, forme à partir de 1701 **un royaume indépendant.**

Avant Frédéric II (1740-1786), son père **Frédéric-Guillaume Ier,** deuxième roi de Prusse, commence l'œuvre de renforcement du pays. Mais le « Roi-Sergent » est bien différent du « Roi-Philosophe », et la Prusse de la première moitié du siècle est un pays encore peu ouvert aux idées nouvelles de l'Occident.

C'est à partir des années 1740, et dans la seule capitale, **Berlin, l'« Athènes du Nord »,** que s'épanouit une vie intellectuelle brillante, grâce à la venue, de savants et de philosophes européens : Euler, Maupertuis, Voltaire et La Mettrie.

« Penser, vivre et mourir en roi »

La personnalité de Frédéric II est double. Il y a le monarque philosophe, le « Salomon du Nord », grand ami de Voltaire, qui a lu les grands philosophes français contemporains (Rousseau, Diderot, Montesquieu). Il a rédigé des essais politiques comme *l'Anti-Machiavel, les Testaments politiques* où sont développées les idées d'efficacité gouvernementale, d'importance du pouvoir personnel, de nécessité de la puissance militaire du pays. Frédéric dit dans *le Testament* de 1752 que les

La Table ronde du château de Sans-Souci
(peinture d'A. von Menzel).
Le souverain (au fond) discute avec Voltaire (à droite).

Frédéric II le Grand est aussi un souverain militaire : ici, avec ses généraux (peinture de J.-F. Clémens).

princes doivent travailler « au noble emploi de faire le bonheur de leurs peuples ».
Pour atteindre ce but, il faut, selon le prince, que tout concoure à un seul but : « l'affermissement de l'État et l'accomplissement de sa puissance ». Ce qui est très neuf et important dans son œuvre écrite, c'est qu'il déplace les fondements traditionnels de la souveraineté royale : il rejette l'idée de royauté de droit divin et affirme que son pouvoir lui vient d'un accord tacite de son peuple, d'un contrat social qui lui donne des droits mais aussi de grands devoirs. Il réunit tous les pouvoirs (législatif, exécutif et judiciaire) entre ses mains et se donne l'obligation d'écouter personnellement les plaintes de tous ses sujets et surtout des opprimés ; il assure un gouvernement personnel dans tous les domaines, car il considère que l'État n'appartient pas aux ministres. Le métier de roi est ainsi défini par Frédéric II : « Si le roi est premier juge, premier général, premier financier, il n'est que le premier serviteur de l'État. »
De l'autre côté, il y a le militaire qui doit se mettre à la tête du pays ; selon lui : « il faut qu'un roi de Prusse soit militaire et qu'il soit chef de l'armée ».
À sa mort en 1786, il laisse un État agrandi en terres (200 000 km²) comme en population (six millions d'habitants) et considérablement enrichi. Mais ce système souffre d'une contradiction : il pousse la bourgeoisie à s'enrichir et à être l'un des piliers de la société, mais il lui enlève toute possibilité de participer à la vie politique.

→**Voir aussi** : p. 314-315 (La grande Catherine).

Le temps des despotes

Le « despotisme éclairé » est un régime autoritaire et d'esprit moderne, qui se caractérise par des tendances laïques (tolérance religieuse) et par un souci très neuf de ce que l'on appelle aujourd'hui l'opinion publique. Outre la Prusse, plusieurs pays d'Europe ont connu au XVIIIe siècle des régimes de ce type.

Marie-Thérèse (1740-1780) et Joseph II (1780-1790) en Autriche. Leur règne est marqué par une unification du pays (l'allemand devient la seule langue officielle), une centralisation, une réorganisation de l'administration et de la justice et l'abolition du servage personnel. Pour Joseph, l'État c'est « le plus grand bien pour le plus grand nombre ». En 1781, la liberté de conscience est accordée aux juifs et aux protestants. L'Église catholique est limitée et subordonnée à l'État : c'est le « joséphisme ».

Catherine II de Russie (1762-1796). Élevée par une Française, elle est considérée comme la « Sémiramis du Nord » car elle vient en aide à Diderot et correspond avec Voltaire. En 1767, elle réunit une « commission législative » pour rédiger un nouveau Code de loi. Mais, très vite, elle renforce son pouvoir en réorganisant le gouvernement et l'administration ; en favorisant la noblesse par la charte de 1785 (le service militaire n'est plus obligatoire pour celle-ci) ; en assujettissant plus les paysans aux seigneurs (ce qui conduit à de fréquents soulèvements dont le plus spectaculaire est la révolte de Pougatchev en 1773) ; elle se montre assez tolérante sur le plan religieux, même si elle confisque les biens de l'Église. À la fin de son règne, son autoritarisme finit par l'emporter sur sa volonté d'innover.

En Suède, Gustave III (1772-1793). Il abolit la torture, réorganise les finances et instaure la tolérance religieuse.

En Espagne, Charles III (1759-1788). Il affermit l'autorité centrale et réorganise les finances. Il expulse les Jésuites en 1767. Il favorise l'agriculture, ouvre des manufactures royales et construit des routes.

Au Portugal, le marquis de Pombal. Il chasse les Jésuites en 1759, reconstruit Lisbonne détruite par le tremblement de terre de 1755, réorganise l'armée sur le modèle prussien et développe l'économie.

Le premier tome de l'« Encyclopédie »

LA FRANCE DES LUMIÈRES

L'entreprise encyclopédique constitue au milieu du XVIIIe siècle un bilan, un programme, un symbole. Elle veut rassembler toutes les connaissances, telles qu'elles résultent notamment de la révolution scientifique du siècle précédent (Galilée, Descartes, Newton). Elle annonce la direction du progrès à venir et définit les modes de pensée qui le permettent. Elle suscite la formation d'une équipe dont l'esprit est partagé par les principaux penseurs et artistes de l'époque.

Le libraire Le Breton confie en 1747 à Diderot et d'Alembert la tâche de réaliser, à partir de la traduction du *Dictionnaire* anglais de Chambers, une *Encyclopédie ou Dictionnaire raisonné des sciences, des arts et des métiers.*

L'aventure de l'*Encyclopédie*

Le *Prospectus* de Diderot en 1750 provoque les premières attaques des jésuites. Quand paraît le t. I, en 1751, éclate l'affaire de l'abbé de Prades, dont la thèse de théologie apparaît comme marquée par l'esprit philosophique.

L'idée d'encyclopédie

*Diderot la précise lui-même dans l'important article « Encyclopédie », au t. V de l'*Encyclopédie *(1755). « Ce mot signifie enchaînement des connaissances (...) Le but d'une encyclopédie est de rassembler les connaissances éparses sur la surface de la terre ; d'en exposer le système général aux hommes avec qui nous vivons, et de le transmettre aux hommes qui viendront après nous ; afin que les travaux des siècles passés n'aient pas été des travaux inutiles pour les siècles qui succéderont ; que nos neveux, devenant plus instruits, deviennent en même temps plus vertueux et plus heureux, et que nous ne mourions pas sans avoir bien mérité du genre humain. »*

Il s'agit de relier sujets et disciplines, de manière à mettre chacun à même d'en prendre possession et de les exploiter pour son progrès moral et matériel ; il s'agit de prendre conscience de l'acquis et des manques, de façon à préparer les avancées nouvelles : le dessein théorique et le dessein pratique sont indissociables.

Pour que la publication se poursuive, malgré les interdictions, il faut que les maîtres d'œuvre comptent sur la protection de Mme de Pompadour et du directeur de la librairie Malesherbes. L'article « Genève » (t. VII, 1757) entraîne la réaction vigoureuse, plutôt

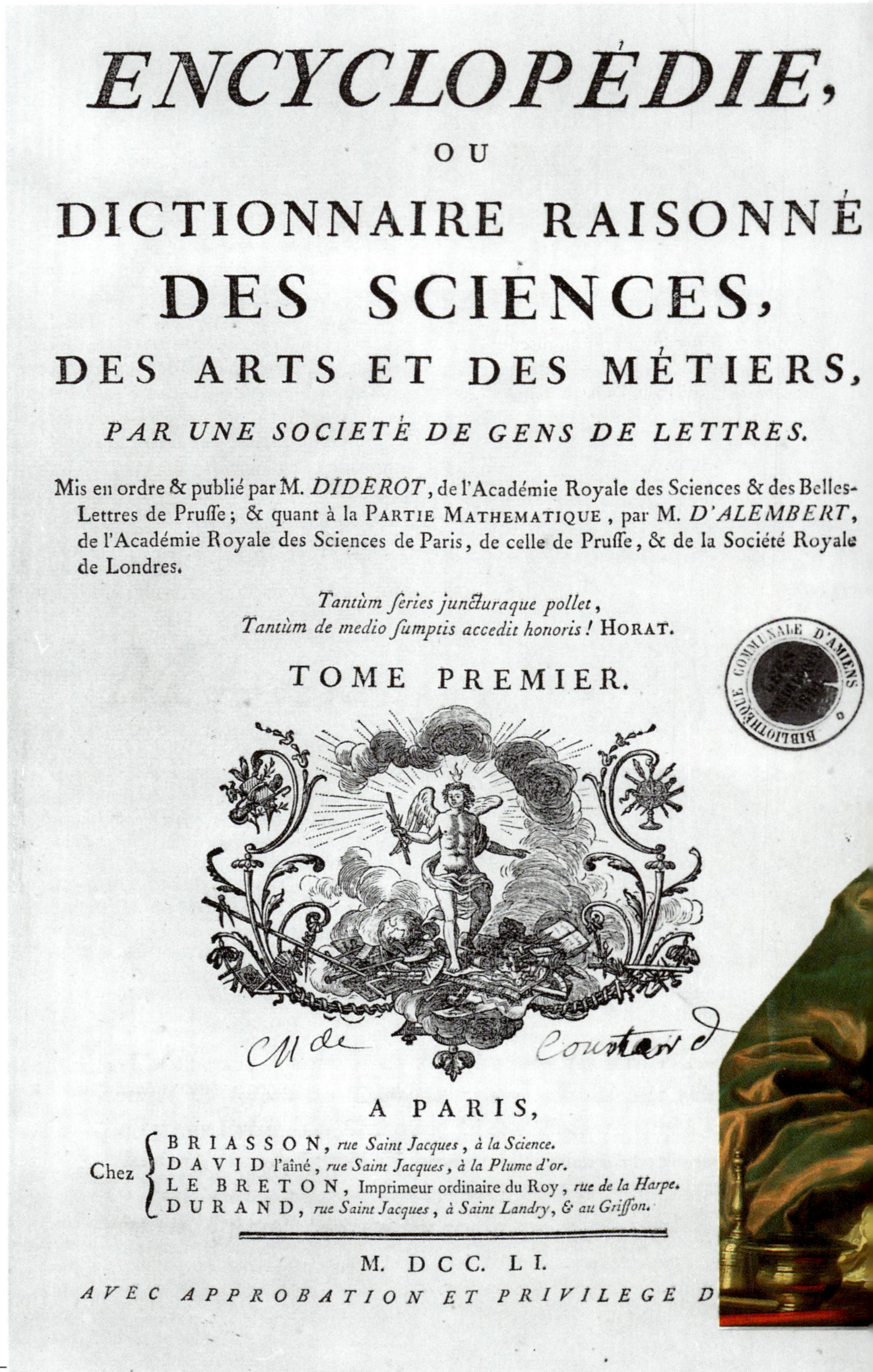

ENCYCLOPÉDIE,

OU

DICTIONNAIRE RAISONNÉ

DES SCIENCES,

DES ARTS ET DES MÉTIERS,

PAR UNE SOCIETÉ DE GENS DE LETTRES.

Mis en ordre & publié par M. *DIDEROT*, de l'Académie Royale des Sciences & des Belles-Lettres de Pruſſe ; & quant à la PARTIE MATHEMATIQUE, par M. *D'ALEMBERT*, de l'Académie Royale des Sciences de Paris, de celle de Pruſſe, & de la Société Royale de Londres.

Tantùm ſeries juncturaque pollet,
Tantùm de medio ſumptis accedit honoris ! HORAT.

TOME PREMIER.

A PARIS,

Chez
BRIASSON, *rue Saint Jacques, à la Science.*
DAVID l'aîné, *rue Saint Jacques, à la Plume d'or.*
LE BRETON, Imprimeur ordinaire du Roy, *rue de la Harpe.*
DURAND, *rue Saint Jacques, à Saint Landry, & au Griffon.*

M. DCC. LI.

AVEC APPROBATION ET PRIVILEGE D

Les philosophes se réunissent souvent pour échanger des idées : leurs lieux de prédilection sont les cafés, véritables clubs de lecture, mais ils vont aussi les uns chez les autres, comme ici, chez Diderot (peinture de J. L. E. Meissonier, 1859).

inopportune, de Rousseau (*Lettre à d'Alembert sur les spectacles,* 1758), désormais en délicatesse avec ses anciens amis.

Préparée par des attaques répétées, la crise éclate en 1759 : révocation du privilège, vives critiques du journaliste Fréron, discours hostile de Lefranc de Pompignan. La comédie des *Philosophes* (1760) de Palissot fait, et avec succès, la satire du clan des encyclopédistes : Diderot y est particulièrement visé et pourrait être tenté, à l'instar de d'Alembert, d'abandonner l'entreprise.

Il persiste, les volumes de planches sont publiés, puis en 1765, simultanément, les volumes de texte VIII à XVII. L'œuvre achevée ne satisfait pas son principal auteur, surtout quand il découvre les amputations dues à l'autocensure des libraires.

L'affaire de librairie n'en est pas moins excellente et impressionnante, avec les éditions in-quarto et in-octavo qui, avant le lancement de l'*Encyclopédie méthodique* de Panckoucke (1781), exploitent le prestige attaché aux 28 volumes, dont 11 de planches, de la grande édition in-folio.

*Denis Diderot (1713-1784), principal créateur et animateur de l'*Encyclopédie* pendant vingt ans (peinture de J. Van Loo, 1767, Paris, Louvre).*

L'esprit encyclopédique

Usant du doute comme Bayle, de la raison critique comme Fontenelle, préconisant l'expérience d'après Bacon, les encyclopédistes, tout en se donnant pour respectueux de la religion et des institutions, enseignent l'esprit d'examen, étendent aux disciplines morales et historiques la méthode scientifique. Ils justifient et préparent le développement des « sciences humaines ».

La systématisation et le perfectionnement des connaissances prennent tout leur sens en raison de leur efficacité concrète : dans les arts et les métiers, grâce à la qualité des descriptions et planches techniques ; dans le champ social, grâce à l'apologie discrète de la liberté de pensée et de la tolérance. Sur les sujets dangereux, politique, religion, on recourt à la suggestion, à l'insinuation, on utilise le système des renvois, on s'abrite derrière l'érudition. Certains articles supposent une conception matérialiste (« Naître ») ou libérale (« Privilège »).

L'important est de conduire à l'humanisme universel par la communication du savoir, d'entraîner à la pensée rationnelle, de procurer un outil également efficace dans l'ordre de la théorie et dans l'ordre de la technique.

L'âge des « philosophes »

La préparation et la publication de l'*Encyclopédie* (1747-1765) sont contemporaines des œuvres principales de ceux que l'on a nommés les « philosophes », dont beaucoup participent au grand ouvrage.

Montesquieu publie *l'Esprit des lois* en 1748, **Buffon** les premiers volumes de l'*Histoire naturelle* et **Diderot** la *Lettre sur les aveugles* en 1749. Du *Discours sur les sciences et les arts* (1750) à l'*Émile* et au *Contrat social* (1762), du *Siècle de Louis XIV* (1751) au *Dictionnaire philosophique* (1764), **Rousseau** et **Voltaire** écrivent leurs livres majeurs *(Essai sur les mœurs* et *Candide, la Nouvelle Héloïse)* dans les années de l'*Encyclopédie.*

Dans le même temps Condillac, Duclos, Helvétius, entre autres, contribuent à élargir le champ d'une réflexion centrée sur la recherche d'un humanisme empirique et utile. La décennie 1750-1760 marque bien l'**apogée des Lumières.**

Lumières et anti-lumières

Diderot et d'Alembert s'entourent de collaborateurs illustres, plus ou moins assidus ou constants : La Condamine, Duclos, le président de Brosses, Quesnay, Turgot, et même Montesquieu et Voltaire. Les deux directeurs accomplissent une tâche énorme. Mais un chevalier de Jaucourt, multipliant ses compétences, produit à lui seul un quart du texte environ.

Les encyclopédistes sont traités par leurs adversaires comme formant un parti homogène, alors qu'ils ne relèvent pas de la même appartenance sociale et idéologique : il est commode aux jésuites du *Journal de Trévoux,* à un Fréron, à un Luneau de Boisjermain de les envelopper dans une réprobation collective.

Diderot mérite le traitement particulier qu'on lui réserve comme au chef des « Cacouacs ». Il a donné à l'ouvrage le meilleur de ses forces et de son temps. Vingt ans de labeur encyclopédique ont, il est vrai, assuré sa notoriété et ses revenus. Surtout, il y a gagné une culture, acquis un savoir-faire, développé une capacité de réflexion dont ses œuvres personnelles tirent admirablement parti.

Le philosophe qu'il est par excellence, le champion des Lumières, peut devenir l'auteur du *Neveu de Rameau.*

Une ville et ses habitants anéantis

LE SÉISME DE LISBONNE

Le 1er novembre 1755, Lisbonne connaît pour les cérémonies de la Toussaint un temps radieux. Subitement, au début de la matinée, la terre vacille et s'entrouvre. En six minutes, toutes les constructions du centre sont renversées. Pour les quelque 60 000 victimes, ce jour-là est bien le jour des morts...

Lisbonne a déjà subi une dizaine de séismes en 250 ans. En 1531, le plus terrible fait des milliers de morts. Mais, cette fois, la ville est pratiquement rasée par un tremblement de terre ressenti jusqu'en Scandinavie et, de l'autre côté de l'Atlantique, en Nouvelle-Angleterre. La plaque tectonique qui porte l'Afrique et la Méditerranée s'enfonce très lentement avec une puissance inouïe sous la plaque de l'Europe. Sur la zone de contact — dans le Maghreb, en Provence, au Portugal... —, la terre tremble, à intervalles réguliers, avec une violence inégale, qui culmine en 1755.

La terre, l'eau et le feu...

La fête de la Toussaint, dans ce pays de foi ardente et volontiers démonstrative, a attiré dans les rues une foule considérable. Depuis quelques décennies, des prédicateurs prophétisent un désastre. Autour de 1750, ils annoncent «grande clameur de gens déchiquetés en l'an qui aura deux cinq». Cependant, les secousses surprennent tout le monde. Dans les églises pleines, les voûtes s'effondrent sur les fidèles. À l'extérieur, les petites ruelles étroites et tortueuses dominées par des balcons ou des encorbellements de pierre sont des pièges mortels. Beaucoup meurent piétinés quand la foule, affolée par les gerbes de vapeurs et de soufre qui fusent du sol percé à plusieurs endroits, se presse pour franchir les éboulis.

Puis un souffle violent se lève d'un coup dans l'air calme, augmentant l'ardeur des incendies qui se sont déclarés un peu partout lors des premières secousses. Les habitants refluent vers le port. Mais un raz de marée les y attend et brise les navires qui tentent de fuir la terre en révolte. Les quais s'écroulent sous la poussée des flots, qui envahissent les quartiers en contrebas. Cent dix églises, près de 80 % des maisons, tout le centre populaire — le Russio —, le palais royal même ne sont plus que ruines. Pendant plusieurs jours, des secousses secondaires entretiennent la terreur.

«Enterrer les morts et s'occuper des vivants»

Telle est l'urgence que fixe l'énergique Premier ministre du pays, Carvalho e Melo, futur marquis de Pombal. Tout manque, en particulier les vivres, et les rescapés sont en état de choc. Il n'y a rien qui ressemble à un corps de pompiers ou à un service d'urgence pour secourir les milliers de blessés. Seuls circulent des prêtres qui distribuent l'absolution aux agonisants. À la hâte, les corps sont jetés dans le Tage : on a voulu prévenir leur décomposition sur place, sans penser au risque de contaminer les eaux. Sur les décombres, le Premier ministre fait répandre de la chaux : en l'absence de tout moyen de levage, on ne peut rien pour les malheureux restés ensevelis sous leurs maisons.

Dans chaque paroisse, le curé enregistre les noms des survivants : c'est ainsi qu'est officialisé le sobriquet dont beaucoup de pauvres se contentaient jusqu'alors en guise de patronyme. La troupe est réquisitionnée pour canaliser la foule des réfugiés qui fuient la capitale dévastée. En ville, des patrouilles composées d'un juge,

Le Tremblement de terre de Lisbonne en 1755 *(peinture de Glama, Lisbonne, musée d'Art ancien).*

Le Portugal, un pays en décadence

Autrefois riche et conquérant, le Portugal est, en 1755, **une puissance marginalisée, une société archaïque**, un pays qui n'a échappé à l'orbite de l'Espagne que pour devenir, **quasiment, une colonie de l'Angleterre**. Le traité de Methuen, signé en 1703, laisse la laine portugaise être tissée en Angleterre, tandis que le commerce est assuré par des navires britanniques jusque dans les colonies, que le Portugal n'exploite plus lui-même.

Vivant dans **la contemplation nostalgique** de leur grandeur perdue, méprisant les activités artisanales et industrielles, les Portugais ne connaissent guère de zèle que pour **la foi catholique**, dont ils exagèrent encore les cérémonies dans un pays couvert de monastères et qui compte 10 % d'ecclésiastiques.

Jusqu'à l'ascension **du marquis de Pombal**, les souverains, médiocres et veules, se satisfont très bien de ce déclin. Mais l'œuvre de Pombal ne lui survit pas et le royaume retourne bientôt à ses mauvais démons.

d'un confesseur et d'un bourreau expédient les pillards au gibet. Lisbonne, déjà fort pieuse à l'ordinaire, est prise d'une véritable frénésie de dévotion : les jésuites, qui détestent le Premier ministre, répandent la thèse que la catastrophe est un châtiment de Dieu.

Le Tremblement de terre de Lisbonne *(gravure allemande du XVIIe siècle, Paris, bibliothèque des Arts décoratifs).*

Une autre Lisbonne

Les survivants n'osent pas regagner leur maison, même si celle-ci est restée debout. Ils s'entassent dans des villages de toile qui resteront en place près de vingt ans. De Hollande, nation déjà éprouvée par les catastrophes dues aux inondations, arrivent par bateau des pavillons démontables qui peuvent se bâtir en moins de 24 heures. Mais le Premier ministre n'entend pas seulement parer au plus pressé. La catastrophe, en mobilisant toutes les énergies, permet de reconstruire selon des partis pris résolument modernes une cité qui restait jusqu'alors marquée par un urbanisme encore largement médiéval.

Le Tremblement de terre *(gravure en couleurs de M. Engelbrecht, réalisée sur du papier cartonné à plans multiples, permettant de faire se mouvoir les bâtiments).*

Le Premier ministre opte pour de larges avenues en damier où s'alignent des façades d'une grande simplicité — par économie mais aussi en réaction contre le décor chargé de la période précédente — crépies de différentes couleurs selon les rues. À la Hollande, de nouveau, les ingénieurs portugais empruntent des techniques de consolidation des sols, qui autorisent la construction des premiers édifices antisismiques ; leur hauteur est volontairement limitée à deux ou trois étages et l'on y expérimente des charpentes en bois du Brésil, aussi souples que résistantes. Mais la reconstruction, faute d'argent et de volonté politique, après la disgrâce du marquis de Pombal, ne sera jamais achevée. Il en résulte une cité éparpillée qu'un voyageur anglais, à la fin du XVIIIe siècle, compare à « une suite de villages maladroitement faufilés l'un à l'autre ». Le malheur qui le frappe en 1755 n'est pas, pour le Portugal, l'occasion d'un durable renouveau.

Une victoire ouvre le Bengale aux Anglais

PLASSEY

Le Bengale, au nord-est de l'Inde, dans le cours inférieur du Gange, est la plus riche des provinces de l'ancien Empire moghol. De là viennent de précieuses cotonnades, très appréciées en Europe. Aussi cette zone est-elle chèrement disputée, et s'assurer de son contrôle c'est prendre un avantage certain sur les puissances rivales.

Un aspect de Pondichéry au bord du fleuve sacré vers 1865 (gravure d'après Bérard).

Mise en place de l'artillerie du nabab du Bengale.

Au Bengale, les Anglais sont présents à Fort William (Calcutta), les Français à Chandernagor. Les ambitions croissantes de la Compagnie des Indes orientales anglaises finissent par indisposer. En juin 1756, le nouveau nabab du Bengale, Siradj al-Dawla, s'empare de Fort William et enferme les Anglais dans une très étroite prison, « le trou noir », dans laquelle beaucoup périssent de faim et de soif. Le colonel Robert Clive, marchand devenu officier au service de la Compagnie des Indes, sans cesser de faire ses propres affaires, est envoyé avec des forces importantes : 850 Européens et 2 100 *sepoys*, soldats indiens armés et entraînés à l'européenne. Pour reconquérir le Bengale, Clive peut compter aussi sur les canons de la Navy, car les navires sont en mesure de remonter assez loin l'Houghly.

Contre la France...

Le 9 février, après un combat confus, le nabab reconnaît à la Compagnie des Indes la possession de Calcutta. Clive profite de ce répit et de la présence de forces importantes pour en finir avec les Français de Chandernagor, un comptoir commercial qui est aussi une place forte, très isolée du gros des territoires français situés plus au sud vers Pondichéry, sur la côte de Coromandel. C'est surtout dans cette région et au cœur du Deccan que quelques Français, alliés ou au service de dynastes indiens, ont conquis d'immenses territoires face à des foules en armes. Mais, au Bengale, les Français sont peu nombreux et ils dépendent surtout de leurs alliés indiens. Les navires de guerre anglais bombardent Chandernagor, qui se rend le 23 mars.

... puis contre le nabab

Pour éviter toute menée anti-anglaise, Clive veut maintenant déposer Siradj al-Dwala et le remplacer par un de ses généraux, Mir Jaffar. Depuis Calcutta, Clive se met en marche le long de l'Houghly. L'objectif est Murshidabad, la capitale du nabab. Celui-ci ignore l'accord

Rivalités franco-anglaises en Inde

La dislocation progressive de l'Empire moghol, qui s'étendait à tout le monde indien, **permet aux Européens de jouer un rôle croissant.** Les comptoirs commerciaux de leurs différentes « **Compagnies des Indes orientales** » rassemblent des cargaisons de soieries et de fines étoffes de coton expédiées vers Amsterdam, Londres ou Lorient. Cependant, dans les guerres qui se multiplient, leur alliance militaire devient un facteur décisif.

Les Français avec Dupleix et le marin La Bourdonnais prennent d'abord l'avantage sur les Anglais, s'emparant de Madras – rendu à la paix de 1748. Celle-ci n'interrompt pas les rivalités, bien au contraire. Mais les audacieuses conquêtes de Dupleix lui valent d'être rappelé, car on s'inquiète en France d'une guerre possible avec les Anglais – crainte vaine de toutes manières, puisque **la rivalité franco-britannique aboutit effectivement à un conflit, celui de la guerre de Sept Ans, ouverte en 1756.**

Grâce à l'énergie du Britannique **Robert Clive**, qui sera bientôt honoré du titre de baron de Plassey, cette **guerre tourne au désavantage des Français,** dans cette région comme en Amérique. Éliminée de fait en 1759, la France ne garde plus au traité de Paris, en 1763, que 5 comptoirs dont Pondichéry, et leur Compagnie disparaît bientôt. **La Grande-Bretagne, désormais, domine l'Inde.**

secret entre Clive et Mir Jaffar et s'installe à Plassey, un bois de manguiers enclos d'une levée de terre, à quelque distance à l'est d'un double méandre de l'Houghly, dont le cours s'écoule du nord vers le sud. Un peu au nord du clos s'élève un pavillon de chasse, flanqué plus au nord d'un autre bois. C'est à l'abri de ce double couvert arboré que Clive s'établit. L'armée de Siradj al-Dawla, appuyée sur le méandre, s'est disposée selon un arc de cercle allant du nord au sud-est, aménageant des redoutes et utilisant une butte boisée et les levées de terre de réservoirs d'eau, autant d'endroits faciles à transformer en positions d'artillerie. Les canons ne manquent pas. Ils supposent une puissante logistique, car, à côté des pièces légères facilement maniables, on ne craint pas de traîner sur des chemins incertains de gros calibres : de 24, voire de 32 livres. Il faut alors de 40 à 50 paires de bœufs pour tirer et un éléphant pour pousser dans les passages difficiles. Siradj al-Dawla possède 50 canons, net avantage face aux 8 pièces et aux 2 obusiers de Clive, ainsi qu'une cavalerie et une infanterie importantes. Il dispose aussi d'environ 60 000 hommes dont une partie est commandée par Mir Jaffar. Armés de fusils, de piques, d'épées, d'arcs, ces soldats sont formés en colonnes dans les intervalles desquelles sont regroupés les canons. C'est un spectacle magnifique et bariolé que découvre Clive, surpris du nombre et de l'assurance de ses adversaires. Décidé à livrer bataille, il fait sortir ses troupes, qui se déploient, pour une part, en avant du pavillon de chasse, face au nord tandis que le reste contrôle le bois de manguiers. À 8 h 30 claquent les premiers coups de feu. L'artillerie du nabab bombarde les Anglais, qui répliquent mais qui doivent se replier bien vite parmi les manguiers, à l'abri des levées. La canonnade dure toute la matinée. Mais les Indiens ne cherchent pas vraiment à enlever de vive force les positions anglaises. Un assaut de cavalerie est repoussé par la mitraille.

La pluie fait la décision

Vers midi, une pluie torrentielle s'abat sur le champ de bataille. Chacun doit tenter de garder sa poudre au sec. C'est l'artillerie du nabab qui souffre le plus, si bien que son feu décroît sensiblement. Ébranlé par la mort d'un de ses généraux, le nabab, qui a cru jusqu'alors à la victoire, se tourne vers Mir Jaffar : celui-ci lui promet assistance mais prévient aussitôt Clive de la situation. Le nabab ordonne le repli. Les derniers canons se taisent et l'armée se débande. Alors, sans en avoir reçu l'ordre, des troupes anglaises entament la poursuite : Clive les rappelle, leur évitant ainsi d'être isolées, d'autant plus qu'il n'est pas sûr des intentions de Mir Jaffar, lent à se replier du sud-est face aux anglais. Après quoi, il rassemble ses forces, qui s'élancent vers le camp du nabab. L'infanterie indienne contre-attaque mais est rapidement dispersée par les canons anglais. Les Français, peu nombreux, doivent se replier. Vers 17 heures, la résistance s'effondre et le pillage du camp commence. Les forces du nabab fuient en pleine confusion à la suite de leur chef, tandis que celles de Mir Jaffar rejoignent Clive. L'Anglais a perdu une soixantaine d'hommes, son ennemi peut-être 500. L'engagement a été limité. Le fils de Mir Jaffar assassine le nabab, permettant ainsi à son père de prendre sa place. Clive touche les bénéfices de la victoire : 250 000 livres, cadeau de Mir Jaffar. Il rentre à Londres, riche et glorieux, espérant une prompte carrière politique, que l'oligarchie refusera à ce parvenu tapageur, trop convaincu que tout s'achète. Mais le Bengale est aux Anglais, qui deviennent la première puissance militaire en Inde. Il faut encore un siècle pour qu'avec la révolte des cipayes, les soldats musulmans de l'armée des Indes, la Grande-Bretagne contrôle tout le sous-continent et fasse de Victoria l'impératrice des Indes.

Assaut des troupes anglaises contre les troupes de Siradj al-Dawla.

Robert Clive et Mir Jaffar après la bataille de Plassey (peinture anglaise, Londres, National Portrait Gallery).

Une impératrice s'impose par un coup d'État

LA GRANDE CATHERINE

Le 28 juin 1762, au milieu de la nuit, la femme du tsar harangue les troupes de la Garde à Saint-Pétersbourg. Elle leur annonce qu'elle monte sur le trône du tsar de toutes les Russies à la place de son mari, l'empereur Pierre III. C'est un coup d'État conjugal.

La nouvelle impératrice accueille avec jubilation le piteux message d'abdication de Pierre. Le tsar ne lutte pas. Il sait que l'armée, tenue en main par les tout-puissants frères Orlov, amants de sa femme, ne bougera pas. Catherine place l'empereur déchu en résidence surveillée, sans lui laisser autre chose que «son chien, son nègre et son violon», selon ses propres termes. C'est sans doute trop encore : une semaine plus tard, l'ex-tsar meurt de façon si suspecte que personne ne doute que l'impératrice y ait mis la main.

Une Allemande épouse la Russie

Singulier retournement depuis les humiliants débuts à la cour, en janvier 1744, l'année de ses quinze ans, de la princesse Sophie d'Anhalt-Zerbst. L'impératrice Élisabeth veut donner une épouse à celui qu'elle a choisi pour lui succéder, son neveu Pierre, dernier descendant de Pierre le Grand : un être rustre qui demeurera immature, fortement attaché à son Allemagne natale. Sophie, elle, oublie très vite son enfance à Stettin, nourrie de protestantisme et de langue française. Vive, enjouée, spirituelle, elle détonne au milieu d'une cour encore très mal dégrossie. Sans états d'âme, elle se laisse convertir à l'orthodoxie et rebaptiser Catherine.

Elle a plus de peine, en revanche, à s'accoutumer aux frasques de son mari, qui la réveille au milieu de la nuit pour lui vanter les charmes de ses maîtresses. L'indifférence puis la haine s'installent au sein d'un mariage qui, semble-t-il, ne fut jamais consommé. Catherine s'ingénie à prendre le contre-pied de son époux. À son luthéranisme, à sa prussophilie, elle oppose un patriotisme russe et un zèle orthodoxe du meilleur effet; elle ne tarde pas à devenir plus populaire que le tsar. Celui-ci, dès son avènement en 1762, commet l'erreur de déplaire à l'armée en se rangeant au côté de l'ennemi de la veille, la Prusse, dans la guerre de Sept Ans.

La propagande par la philosophie

Catherine agit sans retard pour abréger le règne de cet époux indélicat, «déposé comme un enfant qu'on envoie se coucher», selon le mot du roi de Prusse Frédéric II. La nouvelle impératrice prend, quant à elle, un soin tout particulier de son image. Ainsi, son usurpation s'efface très vite... L'intelligentsia européenne est d'emblée fascinée par celle qui se fait passer pour une libérale: Grimm, qui lui procure des œuvres d'art, d'Alembert, Voltaire, pensionné, et, surtout, Diderot, invité cinq mois à la cour, sont ses obligés; elle les enjôle, les éblouit par sa culture, les flatte en leur demandant des mémoires sur divers sujets de gouvernement. Sans même s'en rendre compte, ils deviennent ses agents de publicité à travers l'Europe. Catherine étonne en convoquant en 1767 une commission consultative pour laquelle elle rédige une instruction dans un pays qui n'a jamais eu de Constitution ou de députation. Ce texte, véritable doctrine du despotisme éclairé, parle si haut de raison et de tolérance qu'en France même la censure l'interdit. Catherine jubile, construisant sa légitimité sur cette réputation de grande législatrice, de «Sémiramis du Nord», selon les mots de Voltaire.

Portrait équestre de Catherine II. Détail d'une peinture de V. Erichsen (Chartres, musée des Beaux-Arts).

La Russie de Catherine II

C'est encore **un grand État barbare,** immense – des marges de la Pologne à une Sibérie encore à conquérir – et sous-peuplé, avec dix ou douze millions d'habitants quand la France en a plus du double. Une double singularité le caractérise : religieuse, avec **l'orthodoxie** dont Moscou se veut la protectrice, notamment contre les Turcs, et sociale, avec le servage qui maintient une grande partie de la population dans une totale dépendance.

Le tsar Pierre le Grand (1682-1725) fait entrer son empire sur la scène européenne. Il institue une nouvelle hiérarchie de la noblesse au détriment des boyards (nobles de haut rang) et recrute des techniciens en Occident pour construire une flotte de guerre et une capitale sur la Baltique, **Saint-Pétersbourg** (la ville de Pierre). Si l'impératrice Catherine obtient l'accès à la mer Noire via la Crimée, Pierre, lui, conquiert une précieuse fenêtre sur l'Océan, au nord, en affrontant la puissance suédoise un moment magnifiée par Charles XII.

Continuatrice de Pierre le Grand, l'impératrice Catherine II s'empare du pouvoir dans une nation aussi **originale qu'archaïque.**

Catherine II à la chasse au faucon. Peinture de Valentin Serov, 1900-1902 (Saint-Pétersbourg, Musée russe). La «Grande Catherine» a fasciné historiens et peintres jusqu'à la révolution de 1917.

Sans être une totale imposture, cette volonté brouillonne de réforme a des effets très modestes. Les travaux de la Commission piétinent. Loin de réduire le servage, Catherine l'étend à l'Ukraine et «distribue» les serfs par milliers à ses favoris. Tandis qu'elle vante au naïf Diderot l'abondance dont jouirait le paysan russe, une terrible révolte éclate dans l'Oural, qui ébranle son pouvoir : Pougatchev, un cosaque d'une bravoure charismatique, prétend être le tsar défunt; entraînant une immense armée de miséreux, il fait le siège de plusieurs grandes villes. Une répression sauvage en vient à bout. Mais Catherine continue de jouer les mécènes, les éducatrices, et s'amuse à entretenir un dialogue courtois avec ses «opposants» dans des journaux qu'elle anime.

Diderot et Catherine II, illustration pour l'Histoire de France *de Madame Guizot.*

Les conquêtes de Catherine la Grande

La tsarine a un grand projet oriental : détruire la puissance turque pour reconstituer à son profit l'Empire byzantin. Après deux guerres contre les Ottomans, elle obtient en 1783 la Crimée, l'accès à la mer Noire et aux détroits. Elle ne se montre pas moins habile sur ses frontières européennes, où la Pologne fait les frais de sa politique de conquête. Profitant de divisions intestines, elle réussit à faire élire roi de Pologne le comte Poniatowski, qui lui est entièrement dévoué. Les partages successifs du royaume, dépecé de concert avec l'Autriche et la Prusse, aboutissent en 1795 à sa disparition pure et simple. Presque sans bruit : la Révolution française occupe alors l'Europe et Catherine, méprisant cette «égrillarde», ne se donne plus l'élégance de se réclamer des Lumières...

La vie privée de l'impératrice est tout aussi mouvementée : elle s'entoure de favoris qu'elle met toujours au service de sa politique. Le plus illustre et le plus cher au cœur de la tsarine est Grégoire Potemkine : un colosse à l'activité prodigieuse, que ses qualités d'administrateur et ses talents militaires rendent indispensable à sa souveraine. Il conquiert la Crimée et fonde aux portes de l'Oural Iekaterinoslav, la ville de Catherine. Pour suggérer une bien illusoire prospérité lors du voyage en Crimée de l'impératrice, il dispose sur son trajet des villages de carton-pâte restés célèbres.

En 1796, une congestion cérébrale emporte brutalement la Grande Catherine, âgée de 67 ans. Son règne a marqué la Russie. Sa personnalité aussi, qui mêle sensualité, cynisme et génie politique. Avec elle, la Russie sort de l'ombre, mais elle ne quitte pas le despotisme.

Les adieux de Diderot à Catherine II

Si Frédéric II manipule habilement Voltaire, son ennemie Catherine II, en une curieuse symétrie, se sert de Diderot. Son séjour à Saint-Pétersbourg ôte au philosophe toute illusion sur la possibilité d'une transformation de la Russie. Mais il garde confiance en sa protectrice. Ses adieux sont empreints d'une réelle émotion, qui doit plus au lyrisme qu'à la flagornerie.

«Saint-Pétersbourg, 22 février 1774.

Madame,

Vous m'avez défendu les adieux. Il faut se conformer à vos ordres et vous épargner le spectacle d'une grande peine. Oui, Madame, d'une grande peine; car une chose que je puis assurer à votre Majesté parce que je la sens, c'est que je ne me suis point arraché du sein de ma famille pour venir lui présenter ma reconnaissance et mon hommage avec plus de douleur que je n'en ai éprouvé à m'éloigner d'elle. [...]

Je m'en retourne comblé des bontés de votre Majesté et rempli d'admiration pour ses rares qualités. [...] Toute ma vie, je me féliciterai du voyage à Saint-Pétersbourg. Toute ma vie, je me rappellerai de ces moments où votre majesté oubliait la distance infinie qui me séparait d'elle et ne dédaignait pas de s'abaisser jusqu'à moi pour me dérober ma petitesse. Je brûle d'en entretenir mes compatriotes.[...]

Si l'on savait en quel endroit réside la couvée des Frédérics, l'homme de bien en irait casser tous les œufs, et il se presserait d'en faire éclore les Catherines.»

La France cède la Nouvelle-France à la Grande-Bretagne

SIGNATURE DU TRAITÉ DE PARIS

La signature du traité de Paris, en 1763, marque la fin de sept années de guerre entre la France et la Grande-Bretagne. Vaincue, la France cède à sa rivale le Canada et tous les territoires qu'elle contrôle dans les vallées de l'Ohio et du Mississippi. C'est la fin de l'Empire colonial français en Amérique du Nord.

Cet épisode diplomatique conclut une longue période de luttes entre les deux puissances européennes sur le sol américain. Leur rivalité est économique – le contrôle du commerce des fourrures – et géopolitique, puisque la présence française au nord et à l'ouest des colonies britanniques restreint singulièrement les possibilités d'expansion de ces dernières. Elle reflète également, sans les calquer exactement, les tensions européennes : entre

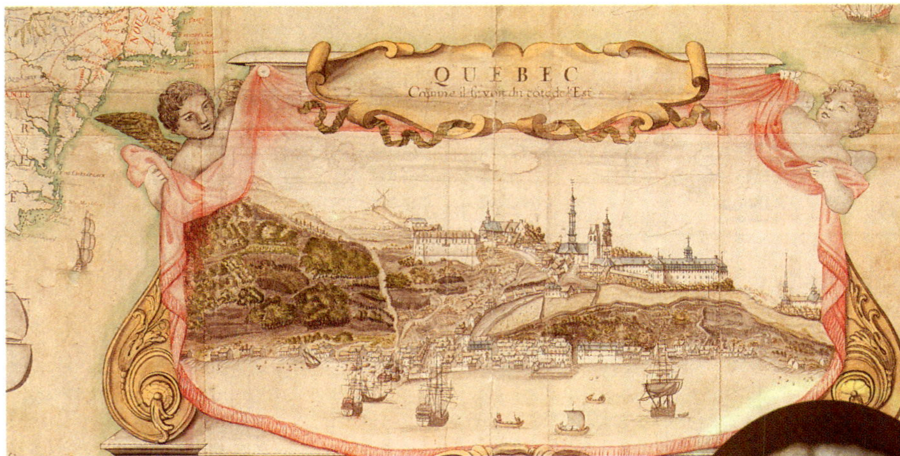

La guerre de Sept Ans

Les luttes franco-britanniques en Amérique du Nord ne sont que **la traduction du conflit plus large** qui oppose les deux pays durant la première partie du XVIIIe siècle et culmine durant la guerre de Sept Ans. Entre 1756 et 1763, **l'Europe est divisée en deux camps :** d'un côté, Frédéric II de Prusse – Frédéric le Grand – soutenu par la Grande-Bretagne ; de l'autre, une coalition regroupant la France, l'Autriche, la Russie, la Suède, plusieurs États allemands et, à partir de 1762, l'Espagne.

La guerre, provoquée par l'invasion de la Saxe et de la Bohême par la Prusse, est longtemps incertaine. Vainqueur à Rossbach en 1757, Frédéric II est, en 1759, au bord de la défaite. Mais, en 1762, une paix séparée avec la Russie et la Suède lui laisse les mains libres pour battre les troupes autrichiennes. Les Anglais, qui s'imposent en Amérique du Nord et en Inde (Pondichéry, 1761), sont également vainqueurs des Français en Europe (Minden, 1759).

La victoire anglo-prussienne, consacrée par le traité de Paris, marque **le déclin prononcé de la France,** le triomphe de la Grande-Bretagne et l'émergence de la Prusse.

le début de la guerre de la ligue d'Augsbourg en 1689 et la signature du traité de Paris en 1763, Anglais et Français se font la guerre en Amérique du Nord de 1689 à 1697, de 1702 à 1713, de 1744 à 1748 et de 1754 à 1763.

Les premiers succès français

Démographiquement plus puissantes, économiquement plus riches, les colonies britanniques bénéficient aussi d'un soutien plus actif de la métropole que les possessions françaises. Mais les conflits successifs de la première moitié du XVIIIe siècle s'achèvent tous sans que la question de la suprématie de l'un ou l'autre adversaire soit tranchée.

Une série d'avancées françaises dans la vallée de l'Ohio, à l'initiative de Duquesne, gouverneur du Canada, provoque en 1754 de nouvelles hostilités. Entre 1755 et 1758, les Anglais et les colons échouent dans leurs opérations contre les Français, dirigés, à partir de 1756, par le marquis de Montcalm. Ils frôlent la catastrophe lorsque Braddock est pris en embuscade par les Franco-Indiens en 1755 et son armée écrasée. Le seul succès dont peuvent s'enorgueillir les Anglais est la déportation peu glorieuse, cruelle et inutile des Acadiens : le « grand dérangement » les disperse dans les colonies britanniques.

◁ *La fin de la guerre de Sept Ans marque, pour la France, la perte du Canada, jusqu'alors nommé Nouvelle-France. Le marquis de Montcalm (photographie du milieu), commandant des troupes françaises, trouve la mort, en défendant Québec (en haut), en 1759.*

La fin d'un empire

Mais, à partir de 1758, l'espoir et la victoire changent de camp. Les Britanniques, à l'initiative de William Pitt (le « Premier Pitt », devenu par la suite lord Chatham, 1708-1778), ministre whig de la guerre et l'homme clef d'une politique impériale ambitieuse, entreprennent un effort militaire sans précédent. Des troupes sont levées, des moyens financiers sont mis à la disposition de jeunes officiers de valeur qui contrastent singulièrement avec les généraux médiocres des années précédentes.

En quelques années, Pitt obtient des résultats spectaculaires. La flotte française est vaincue à Quiberon, laissant le Canada à son destin. Dupleix perd les Indes, à l'exception de quelques comptoirs laissés à la France. Les Anglais s'emparent des « îles à sucre » françaises et de la Floride espagnole. En Amérique du Nord, le fort de Louisbourg, sur l'île de Cap-Breton, à l'embouchure du Saint-Laurent tombe définitivement, en 1758, aux mains des troupes de Jeffrey Amherst : il avait déjà été pris une fois par une expédition de Nouvelle-Angleterre en 1745 – avant d'être rendu à la France à la paix d'Aix-la-Chapelle en 1748. Avec sa chute, c'est la porte du Canada qui s'entrouvre.

Bataille des Français contre les Anglais à l'Île de Terre-Neuve, du côté de Saint-Jean à l'Occident, pendant la guerre de Sept Ans (Paris, musée des Arts Africains et Océaniens).

Le Canada aux Anglais

L'année suivante, en 1759, les Anglo-Américains lancent une double campagne terrestre et maritime contre le Canada. Tandis qu'Amherst passe par le lac Champlain et contraint Montcalm à abandonner les forts français de la région, James Wolfe remonte le Saint-Laurent et met le siège devant Québec. En septembre 1759, il donne l'assaut lors de la bataille des Plaines d'Abraham. Les deux commandants, Wolfe et Montcalm, sont tués, mais ce sont les Britanniques qui l'emportent. En 1760, Montréal tombe à son tour. Le Canada est désormais entre les mains anglaises, même s'il faut attendre 1763 pour que la paix soit signée. La France ne conserve que les îles de Saint-Pierre et Miquelon, la Martinique et la Guadeloupe. À la Grande-Bretagne, elle cède le Canada et tous ses territoires à l'est du Mississippi ; à l'Espagne, qui abandonne de son côté la Floride aux Anglais, la France concède La Nouvelle-Orléans et ses territoires à l'ouest du Mississippi. La fin de l'Empire français marque un tournant de la vie des colonies britanniques d'Amérique du Nord. Une fois la menace française à jamais écartée, la tutelle impériale britannique apparaît soudain aux colons plus pesante. Au lendemain de la paix, la Grande-Bretagne, devenue la première puissance coloniale et navale du temps, se trouve ainsi confrontée aux difficultés de gestion de son immense Empire.

Le Canada depuis 1763

L'histoire du Canada depuis 1763 est celle de la conquête du continent, de l'organisation politique et du développement économique du pays.

1774, le Canada unitaire. Onze ans après le traité de Paris, le *Québec Act* de 1774 garantit la liberté de langue et de religion des Canadiens français. Mais les tensions entre anglophones et francophones aboutissent à plusieurs changements de statut politique : le Canada est divisé en 1791 en deux colonies, le « Haut-Canada » (Ontario) et le « Bas-Canada » (Québec) qui fusionnent en 1841, après des révoltes dans les deux colonies, en une seule « Province du Canada ».

1867, la Confédération. Finalement, en 1867 est créé le « Dominion du Canada » qui rassemble l'Ontario, le Québec, la Nouvelle-Écosse et le Nouveau-Brunswick. Durant les décennies qui suivent d'autres provinces sont établies : le Manitoba en 1870, la Colombie-Britannique en 1871, l'île du Prince-Édouard en 1873, l'Alberta et le Saskatchewan en 1905 et finalement Terre-Neuve en 1949, auxquels s'ajoutent les Territoires du Nord-Ouest (1869) et le Yukon (1898), qui sont des terres fédérales.

Des problèmes persistants. Devenu indépendant en 1926, dans le cadre du Commonwealth, le Canada contemporain conserve sa structure fédérative. Mais la question des relations entre les provinces n'est pas pour autant résolue, et le problème des francophones du Québec, en particulier, constitue un sujet de tensions.

La fin du mythe de la terre australe

LE PREMIER VOYAGE DE COOK

En avril 1769, un mois après l'arrivée de la *Boudeuse* à Saint-Malo, l'*Endeavour,* navire marchand armé par la Royal Navy et commandé par le lieutenant de vaisseau James Cook, jette l'ancre à Tahiti. Son objet : établir des relevés astronomiques. Ses résultats : la première exploration enfin organisée et systématique du Pacifique.

Cook est un fils de domestique de ferme, et il est devenu marin par passion. Placé comme garçon épicier dans son enfance, il se fait engager comme mousse sur un navire charbonnier, et, d'étape en étape, parvient progressivement aux plus hauts degrés de la carrière scientifique et navale. Passé dans la flotte royale, il y est promu pour ses qualités de caractère et sa grande intelligence.

Observer Vénus

Autodidacte, Cook a su en effet acquérir des connaissances scientifiques remarquables en hydrographie, en astronomie et en mathématiques. Il a ainsi établi deux cartes impeccables, l'une de la baie du Saint-Laurent et l'autre des côtes de Terre-Neuve, et il a publié en 1766, dans une des plus prestigieuses revues scientifiques de Grande-Bretagne, un compte rendu très remarqué d'une éclipse de Soleil qu'il a pu observer. Aussi son nom, après quelques hésitations, finit-il par s'imposer à la *Royal Society* de Londres, quand celle-ci décide d'envoyer un homme capable de mener, depuis l'hémisphère Sud, des observations sur un phénomène astronomique exceptionnel qui doit y être visible entre le 3 et le 4 juin 1769 : le passage de Vénus devant le Soleil. Tahiti (l'île du roi George), découverte par le navigateur Wallis en juin 1767, apparaît d'emblée comme le lieu idéal pour mener l'étude projetée. La *Royal Navy,* qui accepte de prêter à la mission bateau et hommes, confie de plus à Cook la charge d'explorer la zone maritime et de résoudre la question, si irritante, et qui partage encore les esprits en cette seconde moitié du XVIIIe siècle, de savoir s'il y a ou non une grande terre (continent austral) au sein du Pacifique !

Une des plantes, nommée Banksia Serrata, *découverte à Botany Bay lors de l'exploration de Cook.*

L'« Endeavour »

Promu pour l'occasion lieutenant de vaisseau, à plus de 40 ans, Cook agit avec une extrême prudence. Contrairement à Bougainville, ce marin

Le débarquement de Cook à Botany Bay, en Nouvelle-Galles du Sud (Australie), en 1770 (peinture de Philipp Fox).

choisit non pas d'armer un prestigieux navire de guerre, mais d'utiliser une embarcation susceptible d'offrir les meilleures conditions de vie à son équipage et, surtout, de transporter suffisamment de vivres pour toute la durée de l'expédition. Il obtient de la marine royale qu'elle rachète un de ces navires charbonniers qu'il a toutes les raisons de connaître, l'*Earl of Pembroke,* rebaptisé pour l'occasion *Endeavour.* Il s'agit d'un navire de dimensions plutôt modestes : 25 mètres de long, 9 mètres de large, mais qui dispose d'une grande cale, et ne doit embarquer que 94 hommes, deux fois moins que la *Boudeuse* de Bougainville. Tenant bien la mer, l'*Endeavour* présente de surcroît l'avantage de pouvoir s'échouer facilement, grâce à une quille droite. On munit le navire de dix canons, à toutes fins utiles. Bougainville, lui, doit faire le voyage avec l'encombrement et le poids mort que constitue l'artillerie complète de sa frégate.

Le Pacifique

Parti de Londres le 31 juillet 1768, Cook franchit le cap Horn en janvier 1769 et atteint Tahiti en avril. Il y reste trois mois pleins, le temps de procéder, avec l'aide d'un astronome, Charles Green, aux observations qui lui ont été demandées. Le temps, aussi, d'observer, beaucoup plus finement que Bougainville n'a pu le faire, la société de Tahiti. Pendant ce temps, un naturaliste, Bank, recueille, de son côté, toutes sortes de renseignements sur la flore et la faune de l'île. Prenant la mer en juillet en direction de l'ouest puis du sud, l'*Endeavour* atteint la Nouvelle-Zélande en octobre 1769. Cook en fait le tour, dressant un relevé systématique des côtes. Ensuite, en mars 1770, il met le cap au nord et atteint une terre, qu'il nomme Nouvelle-Galles : il en prend possession au nom du roi d'Angleterre. Il s'agit de l'Australie, qu'il atteint trop au sud pour avoir été gêné par la Grande Barrière de corail face à laquelle Bougainville dut rebrousser chemin. La baie où Cook aborde est si riche en plantes inconnues de l'Europe qu'il la baptise « Botany Bay ». L'*Endeavour* explore ensuite toute la côte orientale de cette terre. Cook navigue entre la Grande Barrière et la terre : il manque d'y perdre son navire, qu'il doit échouer pour le réparer après avoir heurté un récif. Passant par le détroit de Torrès, entre Australie et Nouvelle-Guinée, Cook rejoint alors des eaux moins inconnues. Il relâche à Batavia pour caréner avant le voyage de retour. L'équipage y souffre de malaria, de dysenterie et de maladies vénériennes. L'*Endeavour* rejoint l'Angleterre le 11 juin 1771. C'est alors, sinon une épave, du moins un navire fatigué et comme désemparé. Cook, malgré ses précautions et son attention à l'hygiène du bord, a perdu la moitié de son équipage. La moisson scientifique qu'il rapporte, du point de vue géographique, ethnologique, botanique et zoologique fait de ce voyage une réussite sans commune mesure avec celle de Bougainville. Et le parcours effectué ne permet plus de douter de l'existence de la terre australe.

→**Voir aussi** : p. 328-329 (Le temps des convicts).

Le vaisseau de Cook échoué sur les côtes australiennes pour y être réparé (gravure des Cartes et figures de voyages du capitaine Cook, *Paris, 1774).*

La choucroute contre le scorbut

À l'époque des grandes explorations maritimes du monde, la nourriture est la préoccupation principale des chefs d'expédition. Constituée principalement de salaisons et de biscuits souvent gâtés, elle est forcément déséquilibrée, aucune vitamine provenant de produits frais ne pouvant plus être fournie après quelques jours passés en mer. Aussi, lors des longs voyages, les maladies de carence, dont la plus grave est le scorbut, provoqué par l'absence de vitamine C, ne tardent pas à se déclencher. Le mal se signale par un saignement des gencives, puis par la perte des dents et un affaiblissement général, qui se termine par la mort. Dans la seconde moitié du XVIIIe siècle, les navigateurs apprennent empiriquement à prévenir le mal, au moins dans une certaine mesure : Cook, pour cela, fait manger à ses marins de la choucroute, tandis que d'autres préconisent les jus de citron.

L'Angleterre et sa marine

Au XVIIIe siècle, l'Angleterre développe véritablement ce prodigieux outil qu'est la fameuse *Royal Navy,* qui va lui permettre de dominer le monde au siècle suivant. Contrairement à la France, en effet, l'Angleterre n'a pas à s'engager fréquemment sur le continent. Elle peut donc investir, et lourdement, dans ses matériels et dans son personnel.

Les matériels, ce sont d'abord **les majestueux trois-ponts,** qui embarquent jusqu'à 120 canons et un millier d'hommes. Puis les beaux et redoutables **vaisseaux de ligne** de deux ponts et 74 canons, qui portent plus d'un demi-millier de marins. Enfin, **les frégates,** plus petites et plus rapides (35 canons).

La force de la marine anglaise réside surtout dans **la qualité de son commandement.** À la différence de ce qui se passe en France à la même époque, des roturiers, et non seulement les nobles, peuvent devenir officiers, ce qui augmente considérablement les possibilités du recrutement. La carrière d'un Cook, ainsi, n'aurait pas été possible en France.

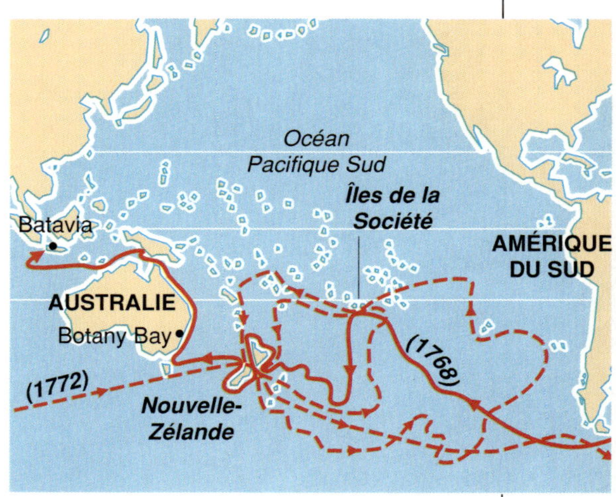

La Pologne dépecée

LA NATION TRAGIQUE

Le 25 juillet 1772, les représentants de la Russie, de la Prusse et de l'Autriche s'attablent pour se distribuer les meilleurs morceaux d'un des plus vieux pays d'Europe. D'un trait de plume, la Pologne, trop affaiblie pour résister, perd le tiers de ses territoires, le quart de sa population.

Quelques années plus tard, un deuxième puis un troisième partage ne laissent rien subsister du pays. Cet effacement brutal — unique dans l'histoire des États d'Europe — durera plus d'un siècle… Une grande nation au passé prestigieux, aux ressources abondantes, au peuple souvent d'une folle vaillance disparaît dans la souffrance et l'oppression. Faut-il accuser la seule infortune historique qui a flanqué la Pologne de voisins devenus de trop puissants prédateurs ?

Stanislas II Auguste Poniatowski (1764-1795), dernier roi de Pologne (peinture de Vigée-Lebrun, Versailles, château).

Un pays offert

Avec 735 000 km² au cœur du continent européen et 14 millions d'habitants, ses villes millénaires et ses riches terres à blé, largement ouverte sur la Baltique, la Pologne fait belle figure. Mais c'est un décor en trompe-l'œil : au XVIIIe siècle, le pays est l'homme malade de l'Europe. Ces Polonais qui, au siècle précédent, aidaient d'une manière décisive Vienne à repousser les assauts des Turcs ont laissé passer la mutation de l'État moderne. L'Autriche, au sud, la Russie, à l'est, et surtout la Prusse, à l'ouest, sont au contraire des États absolutistes à l'organisation militaro-administrative rigoureuse, gouvernés par des despotes aussi éclairés que sans états d'âme.

La Pologne, fidèle à sa tradition, se veut une république nobiliaire où l'aristocratie élit librement le souverain. Mais le choix du monarque — libre en théorie — est influencé par le jeu des factions, auquel se mêlent volontiers les cours étrangères. Encore ce roi doit-il rendre des comptes à la Diète — l'assemblée des nobles —, où la pratique anachronique du *liberum veto* permet à un seul des

Le Gâteau des rois ou l'Allégorie du partage de la Pologne *(détail d'une gravure du XVIIIe siècle).*

membres de bloquer indéfiniment n'importe quelle décision. Faute d'un introuvable consensus, le pays, ligoté par cette constitution coutumière, est à peu près ingouvernable.

La curée

Le dernier roi de Pologne, Stanislas Auguste Poniatowski (1764-1795), n'est pas dénué de qualités. Mais, candidat imposé par la faction russophile de l'aristocratie, il est d'emblée prisonnier du système. Catherine II, l'impératrice de Russie, ne l'a pas fait monter sur le trône pour qu'il soit le roi d'une Pologne forte : la Russie entend disposer sur ses marges lituano-polonaises d'un État vassalisé. Aussi les velléités réformatrices du nouveau souverain, sincèrement patriote, provoquent-elles une intervention militaire russe dès 1766.

Elle est appuyée par une partie de la noblesse, jalouse de ses prérogatives et peu soucieuse de voir le roi se transformer en véritable chef de l'exécutif. Mais certains aristocrates refusent cet asservissement et prennent les armes pour défendre l'espoir d'une Pologne libre et forte. Ils reçoivent le soutien de la France, vieille alliée pas toujours désintéressée. La résistance qu'ils animent au sein de la Confédération de Bar (1768-1772) ne sert qu'à décider Catherine à démembrer le pays, faute de pouvoir le contrôler. Mais la souveraine doit compter avec les appétits aiguisés du roi de Prusse, qui, menaçant l'Europe d'un conflit, impose un partage à trois du pays.

En 1772, Fréderic II obtient ainsi la région de la basse Vistule — moins Gdansk — et la Prusse-Occidentale; l'Autriche, une partie de la Podolie et de la Galicie; la Russie, une partie de la Lituanie et de la Biélorussie, alors possessions polonaises. L'ancienne République unie de Pologne-Lituanie est privée de ses régions les plus riches. L'année suivante, la diète polonaise doit accepter, en votant ces amputations territoriales sous la pression des armées de la Grande Catherine, un statut de quasi-protectorat.

L'impossible sursaut

En un sens, cette catastrophe nationale est salutaire. À un régime impuissant, la Pologne du XVIIIe siècle ajoute une société archaïque où d'immenses masses paysannes connaissent un servage généralisé sur les domaines de quelques magnats. Derrière la noblesse rétrograde, la bourgeoisie reste médiocre; les villes, florissantes au Moyen Âge, sont dans une profonde décadence; le commerce stagne... Le traumatisme du partage provoque une prise de conscience. La Pologne se dote ainsi du premier ministère de l'Instruction publique d'Europe (1773) tandis que, dans les campagnes, le système féodal s'amende.

À la Diète, les réformateurs sont désormais majoritaires. Ils font rationaliser la fiscalité et créer une armée royale, gages d'un État modernisé. En 1791, soutenus par le roi Stanislas, ils font voter par acclamation une Constitution inspirée des principes des Lumières mais cependant très modérée. C'en est encore trop pour certains grands propriétaires, qui appellent en 1792 les troupes de Moscou et de Berlin à venir mettre au pas la « jacobinière » que serait devenue, selon eux, la Pologne.

La Prusse et la Russie se taillent de nouvelles provinces dans leur proie facilement vaincue. Mais, après ce deuxième partage, une grande insurrection se déclenche, que la légende romantique célèbre outrancièrement au XIXe siècle : en fait, toute la nation est loin de se ranger derrière le valeureux Tadeus Kosciuszko, vaincu à Maciejowice et capturé. De la Pologne il ne doit rien subsister, jusqu'à son nom même que les vainqueurs interdisent de prononcer : lors d'un troisième et ultime partage, le 24 octobre 1795, Varsovie rejoint la Prusse, Cracovie l'Autriche, Brest-Litovsk la Russie. La Pologne a cessé d'être mais pas les Polonais. Peut-être ceux-ci ont-ils aidé leur propre malheur en s'abandonnant aux démons de la discorde civile...

De la tragédie au mythe

Le nationalisme polonais se réveille à l'heure du désastre, dans l'exil ou l'oppression. Durant tout le XIXe siècle, il se cristallise en une sorte de messianisme souvent héroïque, toujours impuissant

1795-1815. Durant vingt ans, les patriotes espèrent en la France révolutionnaire puis impériale. Les légions de Jan Henryk Dabrowski combattent pour Napoléon, qui ressuscite effectivement une éphémère Pologne indépendante (le grand-duché de Varsovie).

1815. Le congrès de Vienne, qui fixe le nouvel ordre européen après la défaite de l'Empereur, transforme le grand-duché en royaume du Congrès, en fait un protectorat russe.

1815-1863. À plusieurs reprises, les Polonais tentent de s'affranchir de la tutelle étrangère. Mais, en 1830 comme en 1863, ces insurrections romantiques sont cruellement réprimées.

Après 1919. Après plus d'un demi-siècle d'intense russification, la Pologne ne renaît qu'avec le traité de Versailles, en 1919. Mais ses tribulations ne sont pas terminées pour autant : le pays est occupé et martyrisé pendant la Seconde Guerre mondiale, puis se voit imposer un régime communiste à l'instigation de l'U.R.S.S.

Épisode de la révolution polonaise de 1830 *(peinture de J. Lewiski, Varsovie, Musée historique). Au XIXe siècle, en 1830 puis en 1863, les Polonais mènent une lutte héroïque et vaine pour retrouver leur ancienne indépendance.*

Les colonies américaines proclament leur indépendance

NAISSANCE DES ÉTATS-UNIS

Le 4 juillet 1776, le Congrès continental, composé de délégués des treize colonies britanniques d'Amérique du Nord et réuni depuis 1775 à Philadelphie, proclame l'indépendance des États-Unis.

Bien que la responsabilité du texte incombe officiellement à un comité composé de John Adams du Massachusetts, Benjamin Franklin de Pennsylvanie, Robert Livingston de New York, Roger Sherman du Connecticut et Thomas Jefferson de Virginie, c'est ce dernier qui en rédige l'essentiel. Proclamant que « tous les hommes sont créés égaux » et sont dotés de « certains droits inaliénables, dont la vie, la liberté et la poursuite du bonheur » pour la défense desquels le peuple était en droit de renverser un gouvernement qui les mette en péril, la Déclaration d'indépendance des États-Unis contient une liste des griefs des colons à l'égard de la métropole et du roi George III, accusé de menées tyranniques et despotiques.

La Déclaration d'indépendance est la conséquence de plusieurs années de dispute entre les colons et le gouvernement de Londres. Depuis le traité de Paris de 1763 et l'abandon du Canada par la France, la paix règne en Amérique du Nord, et les colonies souhaitent profiter de ce contexte favorable pour s'éloigner de la métropole, tandis que Londres envisage au contraire de renforcer son autorité. Les treize colonies et la métropole s'opposent économiquement, politiquement et culturellement.

Des intérêts économiques opposés

Les intérêts économiques des unes et de l'autre sont en effet souvent opposés et les tentatives de Londres pour contrôler l'économie de ses colonies provoquent l'irritation des colons qui se jugent parfois exploités par Londres. Les marchands et les négociants sont victimes du principe de l'exclusif qui les contraint à commercer uniquement avec la métropole, alors que les échanges avec les Antilles – le commerce des Indes occidentales – forme la base de l'économie commerciale de la Nouvelle-Angleterre. Les planteurs du Sud sont soumis aux décisions des grandes maisons de commerce londoniennes, qui décident pratiquement du cours des matières premières. Ainsi les prix d'achat du tabac sont-ils exagérément bas, alors que les prix de vente de produits manufacturés sont artificiellement élevés. Tandis que de nombreux colons souhaitent mettre la main sur des terres nouvelles, Londres entend contrôler strictement la colonisation de l'Ouest et empêcher les spéculations auxquelles se livrent de nombreux colons, y compris un Benjamin Franklin, par exemple.

Des divergences politiques et culturelles

Politiquement, les velléités d'autonomie des colonies, nourries par une tradition déjà longue, sont en opposition directe avec la volonté proclamée du gouvernement anglais d'asseoir son autorité au lendemain des guerres anglo-françaises. Les colons n'entendent pas entretenir une armée permanente en Amérique du Nord, dont le coût leur paraît prohibitif, et l'utilité douteuse, sans parler de la menace que fait peser une telle présence sur leurs libertés.

Enfin, la métropole et les colonies sont de plus en plus éloignées culturellement, à mesure que se forme une identité américaine spécifique. Des doctrines républicaines et radicales, venues de la métropole, ont pris racine sur le sol américain.

George Washington (1732-1799), héros de l'Indépendance américaine (portrait par S. King, XVIIIᵉ siècle).

Les colonies britanniques avant l'indépendance

À la veille de l'indépendance, **les colonies britanniques sont au nombre de 13 :** du nord au sud, le New Hampshire, le Massachusetts, le Rhode Island, le Connecticut, le New York, le New Jersey, la Pennsylvanie, le Delaware, le Maryland, la Virginie, la Caroline du Nord, la Caroline du Sud et la Géorgie. Elles sont administrées par **un gouverneur nommé par la Couronne** et par des assemblées.

Ces colonies sont **très différentes l'une de l'autre,** qu'il s'agisse d'économie, de culture ou de politique. À tel point que la question qui se pose, quand commence la lutte pour l'indépendance, est de savoir ce qu'elles ont en commun. Le conflit avec l'Angleterre, ainsi, contient en germe un autre conflit : celui, civil, de la guerre de Sécession.

Prélude à la guerre, la Boston Tea Party *manifeste, en 1773, la colère des Américains face aux privilèges commerciaux anglais.*

C'est à Philadelphie, le 4 juillet 1776, que fut signée la Déclaration d'indépendance des États-Unis (tableau de J. Trumbull, Washington, Rotonde du Capitole).

De la revendication aux émeutes

Entre 1763 et 1776, les griefs contre l'Angleterre se transforment en appels à l'indépendance. Des révoltes locales témoignent de la résistance progressive à la politique fiscale de Londres. Des marchands organisent des campagnes de boycott de produits anglais. Des comités s'organisent, donnant naissance à tout un corps de pamphlets qui attisent l'agitation intellectuelle. À partir de 1774 se créent des assemblées d'État, ou « congrès provinciaux » qui se substituent aux anciennes législatures jugées trop conservatrices et soumises à Londres.

La Déclaration d'indépendance est la conséquence de tous ces mouvements politiques et intellectuels qui s'accélèrent dans les années 1770. À New York, à Boston, en 1770, se déclenchent des manifestations, sanglantes dans le dernier cas. En décembre 1773 se produit à Boston une émeute au cours de laquelle des caisses de thé sont vidées dans le port. Quelques mois plus tard, en septembre 1774, des représentants de douze des treize colonies se rassemblent à Philadelphie et forment le premier Congrès continental.

La guerre de l'Indépendance

Sept années de luttes (1776-1783) sont nécessaires aux Américains pour obtenir des Anglais la reconnaissance de leur indépendance. Malgré les rivalités entre les colonies et la faiblesse numérique des forces des insurgés, les colons l'emportent, grâce à la médiocrité du commandement britannique, à l'avantage d'être sur leur terrain et à l'appui de la France.

Des débuts incertains. Pourtant, les premières années du conflit ne sont guère favorables aux insurgés, qui abandonnent Boston en mars 1776 et ne doivent qu'à la pusillanimité du général anglais Howe de ne pas être écrasés près de New York en août 1776. Seules les victoires de Washington à Trenton et à Princeton, en décembre 1776-janvier 1777, apportent quelque espoir aux insurgés. L'année 1777 est aussi incertaine, avec la capture de l'armée du général anglais Burgoyne en octobre 1777 à Saratoga, et les défaites de Washington près de Philadelphie.

L'appui décisif de la France. Mais, à partir de 1778, la France – rejointe par l'Espagne en 1779 – soutient la cause des insurgés. Après trois années indécises, la victoire américaine de Yorktown en Virginie, en octobre 1781, met un terme aux opérations militaires, après la capture de Cornwallis par Washington bien soutenu par les troupes de Rochambeau.

L'indépendance reconnue. En 1783, au traité de Paris, Londres reconnaît l'indépendance de ses anciennes colonies. Il reste à construire les États-Unis.

La guerre inévitable

Le conflit, désormais inévitable, éclate en avril 1775, après une escarmouche entre Anglais et « patriotes » à Lexington, près de Boston. En juillet 1775, une véritable bataille rangée se déroule à Bunker Hill, durant laquelle les Américains repoussent les assauts anglais avant de battre en retraite.

En quelques mois, la lutte contre des mesures jugées iniques devient une guerre révolutionnaire pour l'indépendance. Alors que les troupes des insurgés, commandées par le Virginien George Washington, adoptent un nouveau drapeau, les esprits sont excités par la publication du pamphlet d'un jeune radical venu d'Angleterre, le *Sens commun* de Thomas Paine, qui prône la rupture avec la métropole. Cette rupture intervient le 2 juillet 1776 lorsque le Congrès adopte le texte proposé par Jefferson, et le proclame deux jours plus tard.

Des alpinistes en costume de ville

LE MONT BLANC EST VAINCU

Personne n'osera s'aventurer sur le mont Blanc, nommé mont Maudit jusqu'en 1742, avant la fin du XVIIIe siècle (vue prise de la voûte nommée le Chapeau, du glacier des Bois et des aiguilles du Charmoz dans le massif du mont Blanc, gravure de Linck, Genève, Bibliothèque publique et universitaire). ▷

Pendant des siècles, les hauteurs enneigées du mont Blanc enflamment les imaginations, sans que personne ose jamais affronter le « mont Maudit ». La première ascension est réalisée en 1786 par J. Balmat et le Dr Paccart, deux hommes partis de la vallée de Chamonix à l'initiative du naturaliste genevois H. B. de Saussure. Ce dernier, conduit par Balmat, parvient lui-même au sommet l'année suivante, pendant l'été de 1787.

Dès lors, le mont Blanc perd progressivement de son mystère. Grâce à l'exploit des trois hommes, l'ascension des plus hauts sommets ne semble plus impossible et les premières techniques de l'alpinisme commencent à être mises au point.

Les « fous » du mont Maudit

Jusqu'au XVIIIe siècle, les montagnes demeurent des objets de crainte et nul n'ose s'aventurer au-delà d'une certaine altitude. Point culminant de la chaîne des Alpes, la cime enneigée de ce qui reste appelé, jusqu'en 1742, le « mont Maudit », fascine et effraie à la fois. Mais, à l'âge des Lumières, se développent le sentiment de la nature et la passion pour les explorations aventureuses. L'intérêt, alors, se tourne vers ces hauteurs jugées jusqu'alors inaccessibles pour l'homme. En 1741, déjà, deux Anglais, Richard Pococke et William Windham, avaient décidé d'explorer la vallée qui s'enfonce vers Chamonix. Bien armée (on redoute les assauts des « sauvages » qui habitent cette région mal connue), chargée d'un matériel considérable, une petite caravane parvient jusqu'au village de Chamonix dont, contrairement aux craintes des voyageurs, les habitants s'avèrent fort pacifiques. Émerveillés par le glacier sans fin qui entoure les Drus et la muraille du Montenvers, Pococke et Windham le nomment « mer de Glace ». Ils viennent d'esquisser les premiers pas vers la conquête du « mont Maudit ». L'exploit des deux Anglais enthousiasme les Européens et, parmi eux, un jeune Genevois, Horace Bénédict de Saussure qui, envoyé par ses professeurs herboriser dans la vallée de Chamonix, découvre les pentes escarpées du mont Blanc et se promet d'en faire un jour l'ascension. En 1760, il fait afficher sur la porte de l'église de Chamonix l'annonce d'une forte récompense pour qui, le premier, atteindra le sommet de la montagne inviolée. Aux yeux du jeune naturaliste — il n'a alors que vingt ans —, la conquête du mont Blanc ne représenterait nullement un exploit gratuit, mais elle permettrait un véritable travail scientifique, concernant la pression atmosphérique, la géologie, la flore et la faune de ces terres inconnues. Cependant, la récompense ne motive guère les Chamoniards et, pendant vingt-cinq ans, à l'exception de quelques tentatives infructueuses, le mont Blanc garde son secret.

Un an après Balmat et Paccard, au mois d'août 1787, Saussure s'élance à son tour vers le sommet du mont Blanc (aquarelle de Wocher, Genève, Bibliothèque publique et universitaire).

Le 8 août 1786 à 18 h 23

En 1786, enfin, deux hommes de la vallée de Chamonix réalisent le projet insensé de Saussure. L'un, le docteur Michel-Gabriel Paccard, est, comme Saussure, un bourgeois fasciné par l'inaccessible montagne. L'autre, Jacques Balmat, est un paysan. À l'inverse des montagnards qui l'entourent, celui-ci n'est pas sujet aux superstitions : à une époque où l'on croit que rester en altitude provoque inévitablement la mort, il ose, pour chasser le chamois, bivouaquer seul à des hauteurs considérables. Les deux compagnons de Saussure se connaissent déjà depuis un certain temps, car Balmat, chercheur de cristal à l'occasion, comme beaucoup de montagnards, a fourni à maintes reprises en minéraux le cabinet de curiosités du docteur Paccard. Appelé un jour chez Balmat pour examiner sa fillette malade, Paccard propose au paysan de tenter avec lui l'ascension du mont Maudit, en lui promettant l'intégralité de la récompense promise. Le 7 août 1786, alors que le beau temps règne sur la vallée de Chamonix, les deux hommes, simplement équipés d'un bâton, de sacs à dos contenant les instruments scientifiques de Paccard et un minimum d'aliments, empruntent le chemin de la Montagne de la Côte où ils installent leur camp pour une nuit. Le lendemain, l'ascension devient plus pénible jusqu'aux Rochers rouges et aux Petits-Mulets. Malgré la fatigue et le froid, les deux hommes progressent sans se décourager. Tout d'un coup, brusquement, ils n'ont plus devant eux que l'infini du ciel : le 8 août, à 18 h 23 précises, la « première » du mont Blanc est enfin réussie. Après une demi-heure d'expérimenta-

tion, Balmat et Paccard entament leur descente. Dans la matinée du 9 août, les yeux brûlés par la réverbération du soleil sur la neige, ils arrivent à Chamonix, moins de 48 heures après leur départ du village.

Saussure réalise son rêve

Sitôt informé de la réussite de Balmat et Paccard, Saussure se rend à Chamonix pour gravir à son tour les pentes du mont Blanc. Cette saison-là, cependant, le mauvais temps fait obstacle à son entreprise et il lui faut attendre l'année suivante. Le 2 août 1787, c'est une véritable armée qui quitte Chamonix : Saussure, son valet de chambre, Jacques Balmat qui sert de guide, sont accompagnés de dix-huit porteurs chargés de provisions, de bois de chauffage, de matériel de couchage, des instruments scientifiques de Saussure et de son bagage personnel qui ne compte pas moins de 2 redingotes, 3 vestes, 3 gilets, 5 paires de souliers, des pantoufles, des bottes et un parasol ! L'ascension se révèle aussi difficile que celle accomplie par Balmat et Paccard l'année précédente. Saussure, qui n'est plus tout jeune et que sa corpulence handicape, s'appuie sur des perches tenues par deux guides. Le 3 août, le savant genevois atteint enfin le but qu'il s'était fixé vingt-cinq années auparavant. Malgré la fatigue de ses équipiers, il tient à rester quatre heures au sommet pour prendre des notes, mesurer l'humidité de l'air, la température d'ébullition de l'eau et enfin l'altitude, qu'il estime à 2 450 toises, autrement dit 4 775 m, soit une erreur d'une trentaine de mètres seulement. À son retour, il est accueilli en vainqueur à Chamonix : l'alpinisme, mi-exploration, mi-sport et loisir, est né.

Horace Bénédict de Saussure : dès sa jeunesse, le naturaliste genevois désira, par intérêt scientifique, faire l'ascension du mont Blanc (gravure de J. Juel, Genève, Bibliothèque publique et universitaire).

Les femmes aussi

Après les exploits des premiers alpinistes, des pionnières se lancent à leur tour à l'assaut du mont Blanc.

Maria Paradis. En 1808, une servante de Chamonix, Maria Paradis, se joint à une expédition menée par Balmat et, malgré sa fatigue, est hissée par ses compagnons jusqu'au sommet.

Henriette d'Angeville. En 1838, une aristocrate, Henriette d'Angeville, après avoir minutieusement préparé les détails de son aventure, commence l'ascension, vêtue d'un étonnant costume de son invention, pantalon bouffant « à la zouave » et redingote écossaise. Avec six guides, malgré bien des difficultés, elle gagne son pari et la « fiancée du mont Blanc », qui se flatte d'être « la femme la plus haute du monde », jouit d'un triomphe mérité.

Meta Brevoort et Isabella Straton. Mais, pendant le XIXe siècle, peu de femmes suivent son exemple, gênées en particulier par leurs vêtements, bien peu faits pour l'escalade. Il faut attendre 1865 pour qu'une Américaine, Meta Brevoort, sable le champagne sur le sommet du mont Blanc, et 1876 pour que l'Anglaise Isabella Straton réussisse la première ascension effectuée pendant l'hiver.

Les États-Unis se dotent d'une Constitution

LA CONVENTION DE PHILADELPHIE

James Madison (1751-1836), un des « pères » de la Constitution américaine (portrait par C. Harding).

Le 17 septembre 1787, les délégués de onze des treize États américains réunis en convention à Philadelphie signent le texte de la Constitution des États-Unis.

Cette grande journée, qui marque aux yeux du vieux Benjamin Franklin, membre de la délégation de Pennsylvanie, l'aube de temps nouveaux, n'est que le prélude à trois années de luttes politiques difficiles avant que les treize États ne ratifient la Constitution – qui ne peut entrer en application que si elle est approuvée par au moins neuf États. Le Delaware, le 7 décembre 1787, la Pennsylvanie cinq jours plus tard, le New Jersey, la Géorgie, le Connecticut et le Massachusetts au début de 1788 se décident rapidement. Le quorum requis est atteint quelques mois plus tard, après les votes du Maryland en avril 1788, de la Caroline du Sud en mai, du New Hampshire et de la Virginie en juin, du New York en juillet. Il faut attendre novembre 1789 et mai 1790 pour que, respectivement, la Caroline du Nord et le Rhode Island ratifient la Constitution. Mais ces votes successifs masquent des débats féroces et des majorités serrées, en particulier dans les États les plus grands, dont le vote est décisif.

L'élection du président

Le président des États-Unis est élu pour quatre ans au suffrage universel indirect par un collège de 538 grands électeurs élus au suffrage universel direct sur une liste établie par État. Bien que ces grands électeurs n'aient pas de mandat impératif, il est rare qu'ils trahissent la volonté des électeurs.

Les grands électeurs sont élus le mardi qui suit le premier lundi de novembre de l'année électorale. Ils se réunissent dans leur État le lundi qui suit le premier mercredi de décembre. Les bulletins de vote sont dépouillés par le Congrès le 6 janvier à 13 heures. C'est alors que le président des États-Unis est officiellement déclaré élu.

Seul un individu né aux États-Unis, ayant résidé au moins 14 ans dans le pays et âgé d'au moins 35 ans peut être élu. Il ne peut accomplir que deux mandats.

Le travail des « pères fondateurs »

La Constitution des États-Unis est l'œuvre de la convention réunie à partir de mai 1787 à Philadelphie ; elle comprend 63 délégués, dont 55 sont effectivement présents et 39 signent le texte final. Ces « pères fondateurs » forment un groupe exceptionnel. De Virginie viennent le gouverneur Edmund Randolph, ainsi que James Madison, George Mason et George Washington. Le New York est représenté par Alexandre Hamilton, la Pennsylvanie par Benjamin Franklin, le juriste James Wilson, le politicien Gouverneur Morris et le banquier Robert Morris, le Massachusetts par Rufus King, le Connecticut par Roger Sherman. S'il y a de grands absents, tels Thomas Jefferson, alors en France, John Adams, à Londres, ou les radicaux Patrick Henry, Thomas Paine ou Sam Adams, la convention regroupe sans discussion possible l'élite politique du nouvel État.

Un texte entièrement nouveau

L'adoption d'une Constitution est rendue nécessaire par l'absence d'un gouvernement national. En mars 1781, les treize États ont signé les Articles de confédération. Mais ces textes, tout en préparant la voie à la solution qui prévaut par la suite, sont trop limités pour être effectifs. De même, le Congrès continental ne dispose pas de pouvoirs suffisants, notamment en matière fiscale. Le besoin d'un texte nouveau se fait rapidement sentir, en particulier durant les années de crise économique et politique, qui culminent avec la rébellion de fermiers du Massachusetts dirigés par Daniel Shays, en 1786.

La première décision fondamentale de la convention est de ne pas chercher à réviser les Articles de 1781 mais de produire une

Les États-Unis en 1789

Lorsque **George Washington** prête serment le 30 avril 1789 et devient le premier président des États-Unis, la jeune république compte près de **4 millions d'habitants.** La population, pour l'essentiel, habite la campagne. Philadelphie, la plus grande ville, n'a que 40 000 habitants. New York 33 000, Boston 18 000. Les communications entre les régions sont déficientes et difficiles.

Les États-Unis bénéficient d'un **afflux constant d'immigrants** attirés par la possibilité d'acquérir de la terre. Des industries y naissent sous la forme de petites usines textiles ; le commerce extérieur y est en pleine expansion. Le pays est neuf et rude, mais l'ordonnance du Nord-Ouest de 1787 a ouvert la possibilité de **la conquête des régions situées à l'ouest** des terres déjà occupées.

Les présidents des État-Unis

De George Washington, premier président de la République des États-Unis, à George Bush (élu en 1988), 41 présidents ont accédé à la tête de l'État américain.

Deux mandats au maximum. La tradition créée par Washington veut qu'un président n'accomplisse pas plus de deux mandats de quatre ans. Seul Franklin Delano Roosevelt (président de 1933 à 1945) a rompu avec cette coutume, en étant réélu à trois reprises en 1936, 1940 et 1944. Depuis, la limite des deux mandats est devenue une contrainte constitutionnelle par le XXIIe amendement (1951).

Grandes figures. Certains présidents américains ont sombré dans l'oubli, tels Z. Taylor (1848-1850), M. Fillmore (1850-1852) ou Fr. Pierce (1852-1856). Mais d'autres ont joué un rôle important, tels Thomas Jefferson (1801-1809), Andrew Jackson (1828-1836), Abraham Lincoln (1860-1865) ou Grover Cleveland (1884-1888, 1892-1896). Les présidents du xxe siècle, en particulier les deux Roosevelt (Theodore 1901-1908 ; Franklin 1932-1945), Wilson (1912-1920), Truman (1945-1952), Eisenhower (1952-1960), Kennedy (1960-1963), Johnson (1963-1968), Nixon (1968-1974), Carter (1976-1980) et Reagan (1980-1988), ont eu un rôle international essentiel.

Un pouvoir considérable. Malgré les contraintes constitutionnelles soigneusement disposées de façon à éviter tout dérapage, et dont l'efficacité a été mesurée lors de la démission forcée de Nixon en 1974 au terme de l'affaire du Watergate, le président des États-Unis est l'homme politique le plus puissant du monde.

La Signature officielle de la Constitution des États-Unis, *le 17 septembre 1787 (peinture de Howard Chandler Christy).*

Constitution entièrement nouvelle, qui prenne en compte à la fois la souveraineté et les pouvoirs des treize États et la nécessité de créer un gouvernement central fort, dont les pouvoirs soient soigneusement définis. Pendant plusieurs mois, les délégués tiennent séance après séance. Les débats, secrets à l'époque, sont animés, mais les progrès sont rapides, tant il apparaît que tous les membres de la convention sont d'accord sur l'essentiel – la mise au point d'un texte qui sanctionne les acquis de la guerre de l'Indépendance.

Des institutions toujours en vigueur

Le résultat de ces travaux est connu. Trois branches de gouvernement – législatif, exécutif et judiciaire – qui se contrôlent mutuellement de manière à empêcher tout excès : un président, deux chambres, des juges fédéraux. La Constitution établit un pouvoir central fort, pour l'époque, et parfaitement susceptible de se renforcer, comme l'évolution ultérieure le montre bien. Ainsi se trouvent garanties l'indépendance de la jeune république, sa stabilité politique et sa prospérité économique. Sans doute la Constitution ne résout-elle pas tous les différends entre les colonies : la question de l'esclavage est soigneusement écartée par les auteurs du texte et constitue un facteur de discorde jusqu'à l'explosion de la guerre de Sécession. Mais le texte de 1787, complété par les dix amendements passés peu après et connus sous le nom de *Bill of Rights,* qui garantissent en particulier les libertés individuelles, constitue un excellent compromis deux siècles plus tard et, après vingt-six amendements, il est toujours en vigueur.

Aux origines de l'Australie moderne

LE TEMPS DES CONVICTS

Le capitaine Phillip, responsable de la « première flotte », passe en revue les bagnards (gravure du début du XXe siècle). ▷

Pendant près d'un siècle, la Grande-Bretagne utilise les étendues quasiment vierges de l'Australie pour y installer des colonies pénitentiaires. Des condamnés de droit commun et des déportés politiques, dans des conditions très dures de détention et de travail, commencent à mettre en valeur les terres de l'immense continent.

Le travail de ces forçats est décisif dans le premier essor économique de l'Australie. Deux autres facteurs jouent également un rôle, à partir du début du XIXe siècle : l'introduction du mouton sur le continent et la découverte de mines d'or.

Les forçats du capitaine Phillip

En janvier 1788, une flotte anglaise de onze bateaux commandée par le capitaine Phillip arrive à Botany Bay, sur la côte orientale de l'Australie. Cette « première flotte » amène sur le continent les premiers convicts, ou forçats, que l'Angleterre expédie hors de son royaume : 736 prisonniers, hommes, femmes et même enfants, accompagnés d'un peu plus de 200 militaires, débarquent, après un voyage pénible, à l'endroit où s'élèvera plus tard la ville de Sydney. Si le convoi est constitué en majorité par des condamnés de droit commun, il comporte aussi des Irlandais auxquels est reprochée leur rébellion contre l'Angleterre. Pour cette population, rejointe deux ans plus tard par d'autres prisonniers convoyés par la « seconde flotte », les conditions de vie sont très difficiles. Le bush — le sol desséché et broussailleux de l'Australie — ne peut alors fournir la nourriture qui leur est nécessaire. Les logements sont à bâtir, les vêtements à importer. Les premiers travaux des forçats sont donc de première nécessité : arracher la végétation tenace qui couvre les terrains qu'il faut mettre en culture, construire des routes et des bâtiments. À ces tâches, les convicts travaillent neuf heures par jour, y compris lors des terribles chaleurs de l'été australien. Les chaînes qu'ils doivent garder en permanence rendent leurs mouvements plus pénibles encore ; et le fouet ou, dans les cas graves, la pendaison, punissent les infractions. La plupart des évasions se soldent par un échec, la nature inhospitalière rendant difficile la survie hors des camps ; les mutineries, périodiques à partir de 1804, sont réprimées par les soldats armés. Mais ces colons involontaires ont pour eux l'avenir, d'autant que leur nombre ne cesse de croître. Régulièrement, en effet, de nouveaux convois de bagnards provenant des prisons surpeuplées d'Angleterre, arrivent en Nouvelle-Galles du Sud et en Tasmanie. En 1830, près de 60 000 convicts sont ainsi établis en Australie ; pendant les quatre-vingts années que dure la déportation, de 1788 à 1868, ils sont en tout 160 000, avec une proportion d'une femme pour six hommes. Les soldats qui encadrent ces colons forcés sont presque aussi difficiles à contrôler que ces derniers : à partir de 1840 environ, des heurts de plus en plus nombreux opposent les gouverneurs des provinces — pourtant eux-mêmes des militaires — à ces hommes, qui ont acquis un véritable monopole sur le trafic d'alcool (d'où le sobriquet de *rum corps* qui leur est donné). Le conflit le plus violent a lieu en 1808, lorsque les soldats de Nouvelle-Galles, pour une fois unis avec les colons, déposent le gouverneur William Bligh — l'homme, déjà tristement célèbre par la mutinerie de ses marins du Bounty en 1787, est d'un tempérament exceptionnellement rigide.

L'attaque de la diligence par des bushrangers. À l'instar du Far West américain, le « bush » australien demeure longtemps dangereux : les aborigènes se montrent agressifs, et les bagnards évadés survivent au prix de crimes (gravure en couleurs du XIXe siècle).

L'Australie jusqu'en 1901

La modernisation d'une terre. Dans la seconde moitié du XIXe siècle, le développement économique de l'Australie se poursuit grâce à l'élevage du mouton et à la découverte de nouvelles mines d'or. Les cinq provinces : Nouvelle-Galles du Sud, Australie-Méridionale, Tasmanie, Victoria et Queensland, possèdent à partir de 1859 un gouvernement autonome de type parlementaire. L'urbanisation se développe, les usines se multiplient — le niveau de vie des nouveaux Australiens s'améliore considérablement.

La création d'un État. Les troupes anglaises quittent définitivement le continent en 1870. Cependant, les Australiens sont menacés par les visées ambitieuses des Français, des Allemands et des Américains sur le Pacifique. Aussi, en 1885, créent-ils une fédération des provinces, qui n'a d'abord qu'une existence théorique. Après bien des débats, une Constitution est approuvée par référendum en 1900 et, en 1901, est créé le Commonwealth of Australia. Il a un gouverneur général, qui représente la Couronne britannique, et un Parlement composé de deux chambres.

Scènes de la vie minière en Australie (gravure en couleurs du XIXe siècle).

La formation d'une société

À partir des années 1820, la situation de l'Australie évolue rapidement. L'introduction du mouton mérinos, par J. Macarthur, en 1797 est le facteur essentiel du développement économique. En 1807, la première cargaison de laine australienne est expédiée vers l'Angleterre. En 1821, près de 80 000 kilos sont exportés, en 1840, 4 500 000. Dans le même temps, la population australienne commence à se diversifier. Parmi les bagnards, beaucoup ont été libérés et ont reçu du gouvernement trente acres de terre, leur donnant le statut de *settlers,* autrement dit de cultivateurs. Ces « émancipés » représentent en 1828 la moitié de la population libre de Nouvelle-Galles du Sud. À cette époque se constitue le *currency people.* Par ce terme dérisoire de *currency,* qui désigne le papier-monnaie utilisé à Sydney à la place des pièces de monnaie, sont désignés tous les Blancs nés sur le sol australien, en général les enfants des convicts. Ils constituent en 1830 le quart de la population de la Nouvelle-Galles du Sud. Enfin, l'émigration d'hommes libres, venus en majorité d'Angleterre, ne cesse de se développer : on compte 170 000 immigrants volontaires entre 1831 et 1850. La plupart achètent des terres, mais d'autres, qui appartiennent à des classes sociales plus instruites, fournissent les cadres de la société qui est en train de se créer. En quelques décennies, ces hommes et ces femmes d'origine si diverse vont parvenir à former un État homogène.

La découverte de l'or

Le XIXe siècle est celui de la colonisation, mais aussi de l'exploration systématique du continent. Après les reconnaissances effectuées le long des côtes par Baudin et Flinders au début du siècle, des aventuriers se lancent à la découverte de l'intérieur des terres. Les Montagnes Bleues, qui semblaient une barrière infranchissable, sont vaincues par Blaxland, Lawson et Wentworth en 1813. En 1841, John Eyre est le premier à longer la Grande Baie australienne d'est en ouest. En 1862, enfin, le continent est traversé du sud au nord par McDouall Stuart. Ces explorations révèlent aux plus entreprenants des Blancs de nouvelles possibilités : des caravanes de chariots transportent vers l'intérieur les *squatters,* éleveurs de moutons qui tentent de s'installer sur les terres ancestrales des Aborigènes. L'entreprise comporte des dangers : l'hostilité des tribus indigènes, qui défendent leurs territoires, et la violence incontrôlée des *bushrangers,* des bagnards évadés devenus brigands de grand chemin. Aussi importante que l'introduction du mouton, la découverte de mines d'or, contemporaine à peu de chose près de la ruée vers l'or américaine, marque une autre date décisive de l'essor du continent. En 1851, l'Australien Edward Hargraves découvre le premier filon aurifère, près de Bathurst, en Nouvelle-Galles. Bien vite, la nouvelle se répand et, comme dans le Nouveau Monde, des hommes qui rêvent de faire fortune affluent de tous les pays vers ce nouvel Eldorado. En dix ans, près de 500 000 nouveaux immigrants s'installent en Australie, essentiellement dans le Victoria. Ces *diggers* (« creuseurs ») connaissent des fortunes diverses, mais leur présence même crée les conditions du développement d'une société et d'une économie plus complexes qu'auparavant. Désormais, l'Australie n'a plus besoin qu'on contraigne des hommes et des femmes à venir y travailler : la « transportation » des bagnards cesse en 1868.

La Révolution française ouvre une ère nouvelle

LA DÉCLARATION DES DROITS DE L'HOMME

Le 26 août 1789, l'Assemblée nationale constituante adopte le texte de la Déclaration des droits de l'homme et du citoyen. Il doit servir de préface à la Constitution qu'élaborent les députés : la première Constitution dont la France se soit jamais dotée.

Mais la Déclaration va devenir surtout une référence obligatoire pour ceux qui, dans le monde, sont épris de liberté : une sorte de charte fondamentale, dont les principes restent actuels aujourd'hui. Composé d'un préambule et de 17 articles, le texte est inspiré par le préambule de la Déclaration d'Indépendance américaine de 1776 et par les Constitutions qu'ont promulguées les États américains depuis leur indépendance. Mais il est surtout le résumé de la philosophie des Lumières, et, plus encore, la concrétisation politique des immenses bouleversements que la France a connus au cours des deux mois précédents.

Les causes d'une révolution

La France de la fin du XVIIIe siècle reste **une nation agricole.**

Or, depuis 1780, **l'agriculture se porte mal.** Une crise de surproduction entraîne une chute des prix du blé et du vin. C'est le marasme pour ceux qui vivent des revenus de la terre, depuis le fermier jusqu'au grand propriétaire noble. Celui-ci essaye de compenser ces pertes par une augmentation des prestations féodales. C'est ce que l'on appelle **la réaction aristocratique.** Elle s'exprime aussi dans une série de mesures qui bloquent **l'ambition sociale de la bourgeoisie.**

L'année 1787 est marquée par des pluies et des inondations auxquelles succède la sécheresse. Le 13 juillet 1788, une véritable catastrophe naturelle – la grêle – ravage tout l'ouest de la France. **Deux années de faibles récoltes** conduisent à la crise classique de « soudure », c'est-à-dire d'épuisement des stocks dans l'attente de la nouvelle récolte. Le prix du pain flambe. Nous sommes au printemps de 1789.

La Déclaration des droits de l'homme et du citoyen, *décrétée par l'Assemblée nationle constituante les 23, 24 et 26 août 1789 (gravure de 1789 ; Paris musée Carnavalet).*

L'effondrement de l'Ancien Régime

Tout a commencé avec l'élection aux États généraux, en février 1789. Les sujets du roi rédigent à cette occasion des cahiers de doléances dans lesquels ils expriment leurs aspirations. Le tiers état – c'est-à-dire l'ensemble des Français ni nobles, ni membres du clergé – le tiers état, qui regroupe l'immense majorité de la population, réclame la fin des privilèges.

Le 5 mai 1789, à Versailles, les États généraux s'ouvrent. Pour le roi, ils n'ont d'autre but que d'assainir les finances de l'État. Pour les nobles et une partie du clergé, il ne peut être question de renoncer à leurs privilèges. En revanche, le tiers veut réformer l'État.

Au cours du mois de mai, rien ne se passe. La colère et l'impatience grondent du côté du tiers état, d'autant plus que les trois ordres de la nation se réunissent séparément. Le 10 juin, Sieyès invite les deux autres ordres à se joindre au tiers pour rassembler tous les représentants de la nation. Quelques députés du clergé se rallient. Le 17, l'assemblée des députés du tiers se proclame Assemblée nationale. La Révolution est née. Tout alors s'accélère. Le roi, conscient de l'audace des députés, fait fermer leur salle de réunion. Qu'à cela ne tienne ! Ils se réunissent dans la salle du jeu de paume, où, le 20 juin, ils prêtent serment de ne pas se séparer avant d'avoir donné une constitution à la France. Le 27 juin, Louis XVI, qui sait toute résistance inutile, invite la noblesse à se réunir au tiers état. En juillet, l'événement capital est la prise de la Bastille. Un symbole de la toute-puissance royale s'effondre. Puis, dans la nuit du 4 août 1789, la noblesse et le clergé renoncent à leurs droits féodaux : la dîme est ainsi abolie.

La difficile rédaction d'une déclaration des droits

En détruisant le régime, l'Assemblée constituante a fait des Français des citoyens : des individus libres et égaux devant la loi. Dès le début juillet, les députés ont l'idée d'une déclaration des droits de l'homme et du citoyen. Un des meneurs du tiers, Mounier, déclare : « Pour qu'une constitution soit bonne, il faut qu'elle soit fondée sur les droits de l'homme et qu'elle les protège. » La discussion est vive et révèle plusieurs visions possibles des droits de l'homme. Des personnalités émergent de ce débat : Sieyès, Mirabeau, Barnave, Condorcet... Même après la nuit exaltante du 4 août, l'unanimité ne règne pas dans cette Assemblée : les uns, grisés par le succès de leur audace, tentent de mener plus loin la destruction de l'Ancien Régime ; les autres, noblesse et clergé, hésitent : pour eux, avec la fin des privilèges, leur supériorité sociale s'achève.

Le Serment du Jeu de paume *(d'après Jacques-Louis David).*

La Prise de la Bastille, *le 14 juillet 1789 (gouache de Jean-Pierre Houel, Paris ; musée Carnavalet). L'événement marque symboliquement le début de la Révolution.*

La Déclaration : une révolution ?

La Révolution trouve son sens non seulement dans la destruction de l'ordre ancien, mais aussi dans la construction d'un idéal nouveau. L'article 1 de la Déclaration : « Les hommes naissent et demeurent libres et égaux en droits » pose les fondements de la nouvelle société. Il proclame la naissance du corps civique. L'homme n'est plus sujet du roi : il est citoyen de la nation. Et l'article 3 de confirmer : « Le principe de toute souveraineté réside dans la nation ; nul corps, nul individu ne peut exercer d'autorité qui n'en émane expressément. » La démocratie représentative est proclamée. Les autres articles expriment ce même idéal. La liberté de pensée et d'opinion permet l'existence de partis et de la presse, mais la tolérance religieuse promet autre chose que la clandestinité pour les Juifs et les protestants.

La Déclaration constitue l'armature morale du projet des révolutionnaires de 1789. Elle n'est pas une révolution : elle est le message de la Révolution. Message cependant plus théorique que réel si l'on examine les autres épisodes de cette grande convulsion.

Autour de 1789 : les déclarations de droits à l'époque contemporaine

Le modèle : la Déclaration d'indépendance américaine. Si certains historiens, juristes et hommes politiques n'hésitent pas à considérer la Grande Charte de 1215 – charte octroyée par le roi anglais Jean sans Terre à ses nobles en révolte – comme la première Déclaration de droits dans l'histoire, le véritable modèle de la Déclaration de 1789 est le préambule de la Déclaration d'indépendance américaine, en 1776. Celui-ci proclame « pour vérités évidentes que les hommes naissent égaux, que leur Créateur les a dotés de certains droits inaliénables parmi lesquels sont la vie, la liberté, la recherche du bonheur ; que les gouvernements ont été institués pour garantir ces droits ».

Les autres déclarations révolutionnaires. En 1793 et en 1795, en France, sont votées deux autres Déclarations. La première, qui sert de préface à la Constitution de l'an I, met l'accent sur l'égalité et interdit l'esclavage ; la deuxième, introduction à la Constitution de l'an III, est plus proche de la Déclaration de 1789 mais elle s'accompagne d'une déclaration des devoirs, qui insiste sur le maintien de la propriété. Au XIXe siècle, en 1848, la Constitution de la IIe République a comme introduction une déclaration des droits qui reconnaît la supériorité des droits individuels sur ceux de l'État.

Au XXe siècle : des déclarations universelles. Rédigée dans le but d'éviter que se reproduisent les horreurs de la Seconde Guerre mondiale, la Déclaration universelle des droits de l'homme, adoptée par l'O.N.U. en 1948, reprend le texte de 1789 en ajoutant aux droits politiques et juridiques des droits économiques et sociaux. Complétée par des textes particuliers (à propos des enfants, etc.) ainsi que, en 1975, avant la libéralisation de l'Europe de l'Est, par l'Acte final de la conférence d'Helsinki relatif aux États de cette zone, elle demeure plus comme une utopie ou un idéal à réaliser que comme une réalité quotidienne.

Le roi de France jugé et exécuté

LE PROCÈS DE LOUIS XVI

Louis XVI comparaissant devant la Convention réunie pour le juger (gravure réalisée d'après une peinture de Miller).

En décembre 1792, devant la Convention, comparaît le roi de France, accusé de trahison envers le pays et traité comme un simple citoyen. À une très faible majorité, les députés « régicides » votent la peine capitale et le roi est guillotiné en public.

Pour la première fois dans l'histoire de la France, un roi est traduit devant des juges. En décrétant l'abolition de la royauté, puis en faisant conduire Louis XVI à la guillotine, les Conventionnels mettent définitivement un terme à l'Ancien Régime.

Louis Capet accusé

En abolissant la royauté le 21 septembre 1792, la Convention doit se prononcer sur un éventuel procès de Louis XVI. Une commission de 24 députés est chargée de rassembler et d'examiner les pièces à charge contre le roi. La découverte dans une « armoire de fer » des Tuileries de documents secrets révélant des connivences du souverain avec des monarques européens et des contre-révolutionnaires est décisive : par un décret du 3 décembre, il est conclu que « Louis Capet » sera jugé par la Convention. Le 11 décembre, Louis XVI, escorté de 600 fantassins, 100 cavaliers et 6 canons, pénètre dans la salle du Manège, où se réunit la Convention présidée par Barère. La salle est comble et Barère demande à l'assemblée « l'impassibilité et le silence qui répondent à la majesté du peuple français ». Devant Louis XVI, un secrétaire lit « l'acte énonciatif » des faits qui lui sont imputés : avoir voulu empêcher la réunion des États généraux de 1789, avoir fait obstacle aux décisions de l'Assemblée constituante, avoir préparé l'évasion de Varennes, avoir comploté avec le roi de Prusse et l'empereur d'Autriche pour restaurer la monarchie absolue en France, ainsi que d'autres griefs relatifs à tous les événements qui se sont déroulés entre 1789 et 1792 (en tout, 57 chefs d'accusation). Louis XVI donne de brèves réponses à toutes ces accusations. Il nie certains faits qui lui sont reprochés, se justifie en rappelant qu'il a été fidèle aux décrets de l'Assemblée constituante. À 5 heures du soir, il est reconduit au Temple au milieu d'une foule déchaînée qui réclame « la mort du tyran ».

La séance du 26 décembre

Certains des Conventionnels préconisent l'exécution immédiate du roi. Cependant, de l'avis général, il est décidé de conserver au « procès de Capet » un déroulement légal. On permet alors à l'ancien souverain de se choisir des avocats. En conséquence, Louis XVI demande l'assistance de Target et de Tronchet, célèbres au parlement de Paris. Le second accepte, mais le premier se récuse, sous prétexte de maladie. Plusieurs volontaires proposent alors leur concours à l'accusé. Parmi eux, une femme, Olympe de Gouges, et un ancien ministre, Malesherbes — Louis XVI choisit ce dernier. Immédiatement, Malesherbes et Tronchet, aidés par un assesseur, Desèze, se plongent dans l'énorme dossier que constituent les 57 chefs d'accusation. Le 26 décembre, accompagné de ses trois défenseurs, Louis XVI se présente devant les Conventionnels, présidés cette fois par le représentant Defermont. Desèze lit un long plaidoyer dans

La guillotine

Dès le XVIe siècle, il existe dans différents pays d'Europe des instruments de décapitation au moyen d'une **lame de fer**.

En 1789, un professeur d'anatomie à la faculté de Paris, qui est aussi député de Paris aux États généraux, le **docteur Joseph Guillotin**, propose de perfectionner ce genre de machine pour permettre d'abréger les souffrances des exécutés. Un certain nombre d'expériences sont effectuées sur des cadavres, et l'instrument est utilisé pour la première fois le **25 avril 1792** pour l'exécution en place de Grève d'un bandit, Pelletier.

Le docteur Guillotin a toujours protesté contre le fait que son nom ait été donné contre sa volonté à cette machine à décapiter.

lequel il invoque l'inviolabilité royale et nie les accusations de trahison. La brève intervention de Louis XVI, trop laconique et sans effet oratoire, ne touche personne. On renvoie l'accusé au Temple. Les modérés demandent l'exil ou l'emprisonnement. Vergniaud propose de soumettre la nature de la condamnation à un plébiscite. Robespierre, Saint-Just et Marat s'élèvent avec violence contre cette proposition.

Les votes des 15 et 16 janvier

Le 14 janvier 1793, les Conventionnels se mettent enfin d'accord sur l'énoncé des questions sur lesquelles ils vont voter : « Louis Capet, ci-devant roi des Français, est-il coupable de conspiration contre la liberté de la nation ? Le verdict, quel qu'il soit, sera-t-il soumis à la ratification du peuple réuni dans des assemblées primaires ? Quelle peine sera infligée à Louis Capet ? » Le vote doit se faire nominalement, chaque député montant à la tribune pour justifier sa position. Le 15 janvier, sur 749 députés, 707 déclarent Louis « coupable de conspiration contre la liberté de la nation et d'attentats contre la sûreté générale de l'État ». La deuxième question donne lieu à plus de débats, mais 423 voix contre 281 votent contre l'appel au peuple. On remet au lendemain le vote concernant la peine à infliger à Louis XVI. Le 16 janvier, le défilé des députés reprend et se prolonge tard dans la nuit. Sur 721 votants, 387 se prononcent pour l'exécution immédiate. C'est donc à une majorité de 53 voix que le ci-devant roi de France doit subir la peine de mort. Tronchet et Malesherbes, soutenus par quelques Conventionnels, essaient d'obtenir un sursis, en vain. Selon la décision de la Convention, l'exécution doit être immédiate. Après avoir pu s'entretenir avec sa famille, Louis XVI, le 21 janvier, est conduit place de la Révolution (ancienne place Louis-XV) où se dresse la guillotine. 20 000 gardes nationaux entourent l'endroit, pour empêcher toute intervention royaliste. Louis XVI, faisant preuve d'un courage tranquille, gravit les marches de l'échafaud. Un roulement de tambour couvre ses derniers mots. À 10 h 15, un aide du bourreau Sanson présente à la foule la tête coupée du dernier roi de l'Ancien Régime…

Condamné à mort, Louis XVI est exécuté aussitôt (illustration de l'Histoire de la Révolution française *de Louis Blanc).*

Le plaidoyer de Malesherbes pour la défense de Louis XVI (gravure du XVIIIe siècle, Paris, Bibliothèque nationale de France).

Le procès de Marie-Antoinette

Au moment du procès de Louis XVI, Marie-Antoinette se trouve enfermée dans la prison du Temple avec sa fille et sa belle-sœur, Madame Élisabeth. Le 1er août 1793, elle est transférée à la Conciergerie et enfermée dans une pièce où se trouvent en permanence deux gardiens.

Le 11 septembre, elle subit dans sa cellule un interrogatoire destiné à lui faire avouer ses relations avec les émigrés. Le 13 octobre, un greffier et deux huissiers lui notifient son acte d'accusation.

Le 14 octobre, elle comparaît devant le tribunal révolutionnaire présidé par le Conventionnel Herman. Elle est assistée de deux avocats, Chauveau-Lagarde et Tronson du Coudray. L'accusateur public, Fouquier-Tinville, lit l'acte d'accusation, qui comporte, entre autres, des charges concernant le rôle politique de la souveraine, en particulier la dilapidation des deniers publics et les intelligences avec l'ennemi. Le substitut du procureur, Hébert, fait état de témoignages infamants, selon lesquels la « veuve Capet » aurait eu des relations incestueuses avec son jeune fils, le petit Dauphin.

Le 16 octobre, à 4 heures du matin, après lecture de la décision du jury, le président condamne Marie-Antoinette à la peine de mort. Après avoir traversé Paris en tombereau ouvert, l'ancienne souveraine est guillotinée vers midi, sur la place de la Révolution.

La chute de Robespierre marque la fin de la Terreur

LE 9 THERMIDOR AN II

Le 27 juillet 1794, 9 thermidor an II selon le nouveau calendrier républicain, Maximilien de Robespierre, maître tout-puissant du Comité de salut public et grand ordonnateur de la Terreur, est arrêté en pleine séance de la Convention.

Saint-Just, Couthon et d'autres alliés de celui qu'on appelait l'« Incorruptible » sont arrêtés dans les mêmes conditions. Le lendemain, tous sont guillotinés. Une période de la Révolution s'achève.

La victoire des Montagnards : la mise en place de la Terreur

En quelques mois, les événements se sont précipités en France. Depuis le 10 août 1792, la monarchie n'existe plus et, depuis septembre de la même année, le pays est une république. C'est l'an I du calendrier révolutionnaire. Les armées étrangères pénètrent sur le territoire, menacent Paris et donc la Révolution. Valmy, le 20 septembre 1792, donne la victoire à la France et par là-même aux révolutionnaires. Puis, en automne-hiver, c'est le procès du roi Louis XVI et son exécution, le 21 janvier 1793. L'emballement des événements devient spectaculaire. Toutes les frontières sont forcées par les Autrichiens et les Prussiens. Une insurrection en Vendée allume un foyer de guerre civile. La province se révolte contre Paris. À Paris, la Révolution se divise. Les Girondins, des modérés, tentent de calmer les revendications des Montagnards, la partie extrémiste de la chambre révolutionnaire – la Convention. Le 2 juin 1793, un coup de force, dirigé par les ouvriers parisiens, conduit à l'arrestation de 29 d'entre eux. La Montagne prend le pouvoir. Cela veut dire que le gouvernement va se faire plus farouche dans la défense de la Révolution. La Constitution est suspendue : un régime de dictature s'installe. Le décret du 4 décembre 1793 organise ce gouvernement révolutionnaire.

Le pouvoir exécutif est confié au Comité de salut public et au Comité de sûreté générale. Le premier a autorité sur l'administration. Parmi ses douze membres, on trouve Robespierre, Couthon, Saint-Just qui dirigent la politique générale, Carnot qui s'occupe de la guerre. Le deuxième Comité joue le rôle de police politique qui s'étend à tout le territoire. La guerre – qui oblige Carnot à décréter la levée en masse des Français –, l'insurrection vendéenne, les difficultés économiques : telles sont les raisons avancées pour justifier l'existence du gouvernement révolutionnaire.

Épisode de la Terreur en 1793 à Nantes, place de Bouffoy *(école française ; Nantes, musée des Beaux-Arts).*

La Terreur et ses victimes

La Terreur court de septembre 1793 à juillet 1794. Elle est marquée par le gouvernement des deux Comités (de salut public et de sûreté générale). Ceux-ci édictent des lois de plus en plus sévères, qui font de tout citoyen un suspect en puissance.

300 000 à 500 000 personnes sont emprisonnées pendant ces dix mois ; 17 000 sont guillotinées. Mais, si l'on compte les décès en prison et les exécutions sommaires, le chiffre s'élève à 40 000 morts. Dans six départements, on ne dénombre aucune exécution, tandis que, dans dix-huit, elles ont été supérieures à 1 000.

Il faut aussi compter dans ces chiffres macabres, les morts de la guerre de Vendée, guerre civile où chaque camp rivalise d'atrocité : au moins 200 000 Français en sont morts, peut-être même 300 000.

La France en 1794

Ce sont les guerres extérieures, puis le déclenchement de la guerre civile qui aggravent la situation à partir de 1792.

Une coalition des monarchies autrichienne et prussienne menace le territoire français. Fin 1793, à Wattignies, puis à Wissembourg, les armées de la Révolution repoussent l'ennemi. À l'intérieur, **le soulèvement vendéen** connaît de nombreux revers. L'œuvre des Comités, si l'on adopte le point de vue du gouvernement révolutionnaire, est un succès.

Début 1794, **le redressement militaire** de la France est acquis et la victoire de la Révolution assurée. La famine est écartée, mais la France vit néanmoins dans une économie de guerre, avec tout ce que cela comporte de privations.

Robespierre, ou la Terreur confisquée par un idéaliste

Parmi les membres du Comité de salut public, un homme d'une trentaine d'années s'impose bientôt : Maximilien de Robespierre. Jeune avocat envoyé par sa province aux États généraux, en 1789, il est devenu rapidement un des chefs du Paris révolutionnaire. Avec son visage fin et son élégance austère, il inspire le respect. Cet idéaliste voue un culte à la vertu, ce qui le rend pessimiste : les vertueux sont toujours minoritaires, pense-t-il. Son charisme lui assure un pouvoir sans cesse croissant : dès juillet 1793, il est l'un des principaux responsables du gouvernement. Début 1794, il est le vrai chef du Comité de salut public et, à ce titre, il confisque le pouvoir, poussé par l'idée qu'il est le seul capable de sauver la Révolution, à la fois contre le danger extérieur et contre les factions intérieures qui tentent soit de renverser le gouvernement, soit de lui faire prendre une autre direction.
C'est le cas des sans-culottes, dirigés par Hébert qui, en mars 1794, lance un appel à l'insurrection. Devant ce danger, le Comité arrête les hébertistes, les fait guillotiner, dissout la Commune de Paris. Après ce coup à gauche, voici un coup à droite : l'opposition, groupée autour de Danton, réclame la fin de la Terreur. Ce sont « les Indulgents ». Le 6 avril 1794, après avoir été mis hors la loi, Danton et ses amis sont exécutés. Le 10 juin, Robespierre, inspiré par Couthon, fait voter la loi du 22 prairial qui renforce la Terreur. Tout le monde devient suspect. L'innocence semble fuir la France. Mais cette loi trop injuste divise jusqu'aux amis de Robespierre, qui craignent de devenir à leur tour suspects.

Portrait de Maximilien de Robespierre *(1758-1794) [détail d'une peinture du XVIIIe siècle ; Paris, musée Carnavalet].*

La Nuit du 9 au 10 thermidor an II *(gravure de Tassaert ; Paris, musée Carnavalet). Robespierre est à droite, blessé par le coup de pistolet d'un gendarme.*

La chute du dictateur

Un temps, Robespierre semble découragé. Le 26 juillet, après être resté un mois sans paraître au Comité – ce qui permet à ses adversaires de se reconnaître et de s'organiser –, il prononce un discours à la Convention où il affirme sa volonté de lutter contre les « fripons », c'est-à-dire d'épurer Comités et Assemblées : tous ceux qui se croient menacés sentent l'urgence d'agir. La concertation des anciens amis de Robespierre (ainsi Billaud-Varenne) et des conventionnels modérés aboutit à l'arrestation du 9 thermidor. Dans la nuit du 9 au 10, des combats opposent les robespierristes aux sections modérées de la Commune de Paris. Au petit matin, les partisans de la Terreur ont perdu : Robespierre et ses amis sont guillotinés le soir même ; le lendemain, 71 exécutions ont lieu ; 12, le 12 thermidor, et encore 3, peu après. La guillotine a fonctionné contre ceux qui avaient ordonné qu'elle fonctionne.

Les grandes périodes de la Révolution

Commencée en 1789, la Révolution s'achève en 1799 par le coup d'État de Bonaparte.

Les États généraux et l'Assemblée constituante (juillet 1789-1791). En 1789, il s'agit de renverser l'ordre ancien : la société de privilèges est abolie et l'on prépare le remplacement de la monarchie absolue de droit divin par une monarchie constitutionnelle.

L'Assemblée législative (septembre 1791-1792). La monarchie constitutionnelle fonctionne cahin-caha. Le double jeu du roi, qui tente de fuir la France en juin 1791, les divisions de l'Assemblée et les menaces extérieures poussent le peuple de Paris à s'insurger, le 10 août 1792, puis à renverser la monarchie.

La Convention nationale (septembre 1792-1795). La République est proclamée le 22 septembre. Une nouvelle Assemblée est élue : la Convention. Elle rédige la première Constitution républicaine. D'abord dirigée par les Girondins, modérés, elle vote la mort de Louis XVI, exécuté le 21 janvier 1793. Les Girondins sont peu à peu écartés du pouvoir. Commence alors, en juin 1793, ce que l'on appelle la Terreur, et qui dure jusqu'à la chute de Robespierre, le 27 juillet 1794. La Convention survit quinze mois à la Terreur et parvient, pour un temps, à pacifier l'ouest de la France, où vendéens et chouans ont pris les armes contre la Révolution, en 1793.

Le Directoire (novembre 1795-1799). C'est un gouvernement de cinq membres, appelés directeurs. La renaissance royaliste, la crise financière, les divisions politiques paralysent le gouvernement, souvent bousculé par des coups d'État. Celui de Bonaparte, le 18 brumaire an VIII (9 novembre 1799), met un point final à cette agitation et inaugure une ère de réorganisation complète de la France.

L'armée de Bonaparte emporte la décision

LA CAMPAGNE D'ITALIE

La Bataille de Rivoli *(14 janvier 1797) [peinture d'après Carle Vernet, château de Versailles].* ▷

«Le 15 mai 1796, le général Bonaparte fit son entrée dans Milan à la tête de cette jeune armée qui venait de passer le pont de Lodi, et d'apprendre au monde qu'après tant de siècles César et Alexandre avaient un successeur. Les miracles de bravoure et de génie dont l'Italie fut témoin en quelques mois réveillèrent un peuple endormi [...]»

C'est par ces mots que l'écrivain Stendhal, au commencement de *la Chartreuse de Parme*, évoque la glorieuse campagne menée par Bonaparte dans la péninsule italienne en 1796-1797. Le terrain était favorable : l'Italie, morcelée en de nombreux petits États, lasse de l'hégémonie autrichienne, travaillée par des aspirations nationales, était prête aux nouveautés – le général français sut en tirer parti.

Premiers succès

En quelques jours, les 30 000 Français, venus de Nice par la «Corniche», le chemin le plus court de la rive méditerranéenne pour intervenir vite sur ce front, déferlent dans la plaine du Pô. À Montenotte et à Dego, les 12 et 13 avril, ils battent les Autrichiens ; à Millesimo et à Mondovi, les 13 et 21 avril, ils l'emportent contre les Sardes. La maison de Savoie, qui représente alors la puissance montante en Italie du Nord, sollicite peu après une suspension d'armes. Par l'armistice de Cherasco, elle sort de la coalition, cède à Bonaparte les forteresses de Coni et d'Alexandrie, et lui ouvre la route de Plaisance et de la Lombardie. Ces succès ne constituent dans l'esprit de Bonaparte qu'un premier pas. Comme il l'écrit le 28 avril au Directoire, son projet est de remporter une victoire si totale qu'elle mettra l'Autriche hors d'état de poursuivre la guerre : «Je marche demain contre Beaulieu [le commandant de l'armée autrichienne], je l'oblige à repasser le Pô, je le passe immédiatement après, je m'empare de toute la Lombardie et, avant un mois, j'espère être sur les montagnes du Tyrol, trouver l'armée du Rhin et porter de concert la guerre dans la Bavière.»

Prise de Mondovi *(21-22 avril 1796) [peinture de Plumereau, Paris, ministère des Armées].*

La Bataille de Lodi *(10 mai 1796) [peinture de L. F. Lejeune, château de Versailles].*

L'armée d'Italie

Bonaparte prend le commandement de l'armée d'Italie à Nice (occupée par les armées révolutionnaires depuis 1792). Constituée théoriquement de 106 000 hommes, en réalité de 38 000 – dont 8 000 composent les garnisons de Nice et de la zone côtière et doivent donc demeurer sur place –, cette armée est une armée de famine, mal vêtue, mal chaussée, à laquelle on ne paie plus de solde depuis longtemps. L'état de l'artillerie est précaire : 30 canons en tout. On manque de chevaux. L'armée comporte deux divisions de cavalerie, mais elle n'a au total que 2 500 sabres.

Face à elle, l'armée austro-piémontaise compte 80 000 hommes et 200 canons. Elle est donc deux fois et demie supérieure en nombre à celle des Français, et à peu près sept fois plus forte en artillerie... Mais Bonaparte saura suppléer au manque d'hommes et à l'insuffisance grave de son armement en jouant sur l'extrême rapidité et sur la mobilité d'hommes tenaillés par la faim et stimulés par le charisme de leur général et la succession même des victoires.

Isoler l'Autriche

Le 10 mai, une nouvelle victoire, la fameuse bataille remportée à Lodi et marquée par la prise d'un pont sur l'Adda réputée imprenable, livre effectivement la Lombardie aux Français et force les Autrichiens à battre en retraite à travers le territoire de la République vénitienne. Six jours plus tard, Bonaparte entre dans Milan. Il y organise un gouvernement provisoire sous le nom de «Congrégation d'État», et en repart le 23 pour continuer sa campagne contre Beaulieu. C'est alors qu'il rencontre les premières difficultés. À peine a-t-il repris la route qu'il apprend que la Lombardie, peu désireuse de passer d'une domination à une autre, s'est soulevée. Revenant en toute hâte à Milan, Bonaparte y rétablit l'ordre par la force, puis s'en va en direction de Pavie, où il impose aussi la liberté française par les armes. Ce temps perdu a permis à l'armée autrichienne de se mettre à l'abri dans la ville fortifiée de Mantoue. Pour la battre – avec des forces numériquement inférieures –, le général français a besoin que l'ar-

rière et le front droit de son armée ne soient pas menacés par quelque diversion des princes italiens. Aussi négocie-t-il des armistices avec Plaisance, Parme, Modène, et même avec le grand-duc de Toscane – pourtant étroitement lié à l'Autriche –, qui paient la paix en argent, en vivres, en livres précieux et en œuvres d'art. Il prend encore le temps d'isoler les Autrichiens en traitant avec Rome et avec le gouvernement de Naples. À la fin de juillet, lorsque les Français qui assiègent toujours Mantoue sont avertis de l'approche d'une première armée autrichienne de secours conduite par le maréchal Wurmser, ils n'ont donc plus à craindre d'attaque en arrière de leurs lignes, ayant fait la paix avec tous les belligérants italiens.

De la conquête du nord de la péninsule...

Pourtant, l'armée d'Italie se trouve encore à ce moment dans une position précaire. Faute d'un nombre d'hommes suffisamment important, elle se voit forcée de lever le siège de Mantoue et prépare même une retraite. Mais, dès le 5 août, les Français parviennent à retourner la situation en leur faveur : ils battent Wurmser à Castiglione et l'obligent à se réfugier à son tour à l'intérieur de Milan. Une autre armée autrichienne, venue en renfort et commandée par le maréchal Alvinczy, est défaite à Arcole le 17 novembre 1796, puis à Rivoli le 14 janvier 1797. La capitulation de Mantoue intervient moins de trois semaines plus tard, le 2 février.

... à la marche vers Vienne

Dès lors, maître de l'Italie du Nord, c'est contre Vienne que Bonaparte fait porter son effort. Le 12 mars 1797, il s'enfonce dans les Alpes. En quelques jours, les soldats français franchissent la Piave, le Tagliamento, le col de Tarvis et entrent en Carinthie. Puis, traversant la Styrie, ils atteignent Leoben, leur avant-garde étant au col de Sœmmering, à 25 lieues de Vienne. Bonaparte a trop peu de troupes pour risquer d'attaquer Vienne : il lui reste 25 000 hommes et ses communications avec l'Italie risquent d'être coupées en cas d'un soulèvement des Vénitiens. Au même moment, Hoche passe le Rhin en remportant de brillantes victoires et paraît devant Francfort : le gouvernement autrichien, voyant que la situation se dégrade de tous côtés, se décide à entamer des négociations. Le 18 avril, les préliminaires de Leoben sont signés. Le génie stratégique de Bonaparte s'est révélé dans la campagne : l'ambitieux général devient, politiquement parlant, un personnage incontournable.

→**Voir aussi** : p. 340-341 (Le sacre de Napoléon); p. 354-355 (Waterloo).

L'Italie, un front subsidiaire...

En 1796, conformément au plan formé par le Directoire, **les tâches essentielles sont dévolues à l'armée de Sambre-et-Meuse, commandée par Jourdan, et à l'armée du Rhin, sous la direction du général Moreau.** Ces deux armées doivent porter un coup décisif aux **Autrichiens** – le dernier grand ennemi qui demeure, sur le continent, au sein de la première coalition –, et les poursuivre jusqu'à Vienne.

L'Italie constitue un troisième front, ouvert sur les instances de Barras et confié à Bonaparte, mais qui ne doit être que subsidiaire. Craignant la contagion révolutionnaire, les États qui la composent ont tous pris parti contre la Convention : le Piémont (ou Sardaigne, ou maison de Savoie) et la Toscane poussés par l'Autriche, les Bourbons de Naples, le pape hostile à la France depuis la Constitution civile du clergé forment des puissances divisées et jalouses les unes des autres, dont Bonaparte va faire sa proie.

Ce dernier, dans la charge qui lui est confiée, manifeste un tel talent stratégique qu'**il transforme l'Italie en front principal et y emporte la décision.**

La campagne d'Italie (1796-1797)

La locomotion «sans chevaux» prend son essor

LE RAIL ET LE CHEMIN DE FER

L'idée d'appliquer la puissance motrice de la vapeur à la locomotion terrestre remonte au milieu du XVIIIe siècle. À cette époque, on commence à publier dans les gazettes des articles décrivant des engins de propulsion fonctionnant «sans chevaux».

Le seul projet de l'époque à voir le jour est celui du Français Joseph Cugnot, qui construit, en 1769, un véhicule à vapeur employant un lourd moteur atmosphérique de type Newcomen. Son «fardier», qui est doté de trois roues, roule à 5-6 km/h et c'est le premier véhicule automobile de l'histoire. Cette machine, exécutée en 1770-1771, est aujourd'hui conservée à Paris au musée des techniques du Conservatoire national des arts et métiers.

L'erreur de James Watt

James Watt, dans un brevet de 1784, soutient à son tour l'idée de la locomotion à vapeur. Selon lui, l'une des améliorations qui restent à apporter est l'invention de «machines à vapeur que l'on emploiera pour mettre en motion des véhicules à roues, afin de permettre le déplacement des personnes et des biens d'un lieu à un autre, auquel cas les machines devront être en mesure de se mouvoir d'elles-mêmes».
L'ingénieur William Murdock, qui partage cette idée, construit vers 1786 un modèle réduit d'engin à vapeur doté d'un cylindre de 2,5 cm de diamètre, dont les roues mesurent 24 cm de diamètre, et qui roule à 10-12 km/h à travers les pièces de sa maison de Cornouailles.

Mais Watt ne croit pas à l'avenir des machines à haute pression. Ce n'est pas le cas de Richard Trevithick, qui en est l'un des inventeurs. Car, précisément, l'une des grandes qualités de ces machines, outre leur rendement supérieur, est qu'elles permettent de réaliser, à effet égal, des engins plus compacts. C'est grâce au système d'évacuation directe de la vapeur dans l'atmosphère que l'on peut, en effet, se passer du condenseur séparé. Comme l'expliquera Sadi Carnot, en 1824, l'atmosphère, naturellement plus froide que la vapeur, joue le rôle d'un condenseur. Celui-ci devient donc inutile. Sans condenseur, plus de vapeur d'eau condensée; plus besoin, par conséquent, d'une pompe à air pour l'évacuer ni d'un lourd balancier de renvoi pour régler la marche de la machine. Ainsi, la machine à haute pression remplit les

Richard Trevithick surveillant les premiers mètres effectués par sa locomotive, le 22 février 1804, entre la fabrique métallurgique de Pennydarren et la ville d'Abercynon, au pays de Galles (peinture de T. Cuneo, Cardiff, Nat. Mus. of Wales).

La locomotive de Blenkinsop avec, en premier plan, un mineur du Yorkshire (gravure publiée en 1813, coll. Charles Dollfus).

conditions requises pour la motorisation des véhicules, et l'on ne tarde pas à construire des voitures à vapeur. Ce mode de transport survit à l'invention de la voiture à moteur à combustion interne par Karl Benz, en 1885 : les voitures à vapeur restent populaires jusqu'en 1905 environ, et la dernière à être commercialisée est une luxueuse berline anglaise, la *Doble*, en 1932.

L'ère du rail

Mais c'est le transport sur rail qui donne à la locomotion à vapeur terrestre son véritable essor. Le rail profilé, avec une roue adaptable, a été inventé en 1630 par l'ingénieur anglais Beaumont, pour permettre de haler des wagonnets de charbon, depuis la mine de Newcastle upon Tyne jusqu'au port. Avant la révolution industrielle, les rails pour la mine sont en bois. À partir de 1765, on commence à fabriquer des rails de fonte. Trop cassants, ils sont remplacés par des rails de fer, puis d'acier, dans le courant du XIXe siècle, et l'on met au point des techniques de laminage spéciales, qui permettent de produire de grandes quantités de rails de formes adaptées. C'est donc autant à la sidérurgie qu'à la maîtrise de l'énergie thermique que l'on doit l'essor du transport ferroviaire au XIXe siècle.

L'expérience de Trevithick

En 1801, Trevithick construit un prototype de locomotive à vapeur, qu'il brevette en 1802 et dont les premiers essais ont lieu à Coalbrookdale, sur des rails de fer, mais aussi sur des routes — en particulier Tottenham Court Road, à Londres. En février 1804, une première démonstration publique se déroule depuis la fabrique métallurgique de Pennydarren jusqu'au canal de Glamorgan, au pays de Galles. La locomotive de Trevithick parcourt plus de 15 km sur des plaques de fonte. L'engin pèse cinq tonnes (eau comprise) et remorque cinq wagons, contenant dix tonnes de fer et soixante-dix hommes. La réussite de Trevithick est incontestable. Pourtant, l'ingénieur, ruiné en 1811, doit abandonner ses travaux et s'exiler en Amérique du Sud. Il laisse la voie libre à George Stephenson, qui développe à son tour la traction à vapeur terrestre.

La première ligne commerciale

Stephenson n'est alors pas le seul à construire des locomotives pour la métallurgie et la mine en Grande-Bretagne. D'autres ingénieurs se mettent au travail de manière indépendante, tels John Blenkinsop, Matthew Murray ou William Hedley. Mais Stephenson est le premier à introduire le concept de voie ferrée, en construisant des locomotives avec des roues à rebord. De plus, les performances de sa *Blücher* de 1814 sont nettement supérieures à celles de toutes les autres machines. En 1825, la *Locomotion* de George Stephenson inaugure la première ligne commerciale, pour le transport exclusif de fret, entre Stockton et Darlington. Le transport des passagers suit peu après et propulse le monde dans l'ère du rail.

La peur du train

Or le nouveau moyen de transport, le plus rapide qui ait jamais existé, n'est pas sans inquiéter. D'autant plus que, très vite, surviennent les premiers accidents. En 1830, lors de l'inauguration de la ligne Manchester-Liverpool, un député a la jambe broyée par la locomotive la *Fusée,* et meurt dans la soirée ; un an plus tard, aux États-Unis, une explosion tue le mécanicien d'un train. Surtout, en France, en 1842, se produit le premier déraillement : celui du chemin de fer Versailles-Paris, qui, suivi d'un incendie, cause la mort de 55 personnes. Le drame émeut l'opinion — mais le train est déjà devenu, à cette date, trop nécessaire pour qu'on interrompe les travaux qui conduisent à l'édification de lignes nouvelles, un peu partout dans les pays occidentaux.

→**Voir aussi** : p.296-297 (La machine à vapeur).

Le chemin de fer au XIXe siècle

1829. George Stephenson construit sa *Rocket*, la première locomotive employée au transport des passagers.

1830. Ouverture de la première ligne commerciale de chemin de fer pour le transport des passagers, reliant Liverpool à Manchester.

1832. Ouverture de la première voie ferrée française, Saint-Étienne - Lyon.

1833. Construction de la première locomotive à boggie.

1835. Première ligne commerciale allemande, entre Nuremberg et Fürth.

1836. Construction de la première voie ferrée russe, reliant Saint-Pétersbourg à Pavlovsk.

1837-1852. Le réseau anglais passe de 800 à 12 000 km.

1852-1870. Développement du réseau ferré français, sous l'impulsion de Napoléon III, à partir de Paris et sous la forme d'une étoile allant dans toutes les directions du territoire : 45 000 km en 1900.

1852-1859. Construction du Transcanadien.

1858-1865. Construction du réseau indien.

1859-1864. Construction du réseau australien.

1869. Jonction des deux tronçons construits séparément par la Central Pacific Railroad et l'Union Pacific Railroad. Réalisation de la première liaison transcontinentale américaine.

1870-1890. Essor de l'industrie ferroviaire américaine : construction de la Southern Pacific et du Great Northern.

1876. Ouverture de la première voie ferrée chinoise, Shanghai-Woosung.

1896. Ouverture du premier tronçon du Transsibérien (la ligne Moscou-Vladivostok est achevée en 1902).

Le chemin de fer conquiert vite les populations (image d'Épinal, 1840).

1804

La fin de la Révolution française

LE SACRE DE NAPOLÉON

Le 2 décembre 1804, en la cathédrale Notre-Dame de Paris, Napoléon Bonaparte est couronné empereur par le pape Pie VII. L'événement clôt la période tourmentée ouverte en France par la Révolution en 1789. Il instaure dans le pays un régime autoritaire et belliqueux qui ne dure que dix années mais qui marque l'une des plus brillantes périodes de l'histoire française : le premier Empire.

Napoléon Bonaparte s'est imposé politiquement au pays depuis le coup d'État du 18 brumaire an VIII (9 novembre 1799) : celui-ci, accompli avec le soutien de l'armée contre les représentants des Français (le Conseil des Anciens et les Cinq-Cents), a renversé le Directoire et a établi un nouveau régime, le Consulat, gouvernement d'abord tricéphale puis dirigé, en fait, par un seul homme : le Premier consul, c'est-à-dire Bonaparte lui-même.

L'ascension d'un général révolutionnaire

L'homme n'est pas beau. Né en Corse en 1769, d'un père petit notable rallié à la cause française dans une île encore largement proitalienne, l'enfant est envoyé à titre de boursier dans des écoles militaires royales. Il se destine à la carrière de soldat et est nommé lieutenant d'artillerie en 1785.

Ce qui le propulse sur le devant de la scène, c'est, bien sûr, la Révolution. Lorsque Toulon se révolte en 1793 contre la Convention, il est chargé de l'écraser. Son succès lui vaut le grade de général de brigade : il a 27 ans. Arrêté

Le Cortège du sacre sur le Pont-Neuf *(peinture de J. Bertaux, Paris, Carnavalet).*

Sacres et titres des souverains en France

C'est le roi franc Clovis, qui, le premier, s'est fait sacrer par saint Remi, l'évêque de Reims, vers 496. En l'an 800, Charlemagne, roi des Francs, se rend à Rome où le pape le fait empereur. Tous les rois de France jusqu'à Louis XVI portent le titre de roi de France et sont sacrés à Reims. Le sacre, cérémonie religieuse, leur confère la pleine autorité royale, délégation sur terre de l'autorité divine.

Napoléon se fait donc sacrer empereur par le pape ; innovation que ne reprend pas son petit-neveu Napoléon III. À la faveur de la restauration des Bourbons, Charles X, frère de Louis XVI, est le dernier roi à se faire sacrer à Reims, cérémonie incomprise car trop vieillie. Son successeur, Louis-Philippe, porté au pouvoir par la révolution de Juillet (1830), porte le titre de roi des Français.

L'Europe face à la France en 1804

Depuis la Révolution, **la France est en guerre avec l'Europe.**

Souvent victorieuse, elle demeure soumise à la coalition des monarchies contre la République. En outre, ses avancées en Italie – dues à Bonaparte – accentuent les rivalités. Parvenu au pouvoir, Bonaparte met l'accent sur la politique intérieure. Il mène pour cela une politique de paix à l'extérieur, allant jusqu'à signer, **en 1802, la paix d'Amiens** avec l'Angleterre.

Mais **le renforcement du pouvoir de Bonaparte inquiète.** Ses vues sur l'Angleterre et sur l'Italie font monter la tension. Son ambition impériale, connue de tous, accroît la crainte. Si la guerre éclate, elle opposera la France au reste de l'Europe. La force de l'Empereur le condamne à l'isolement, donc au renoncement ou à la victoire.

Napoléon sur le trône impérial *(D. Ingres, détail, Paris, musée de l'Armée).*

Le Sacre de Napoléon Bonaparte à Notre-Dame de Paris, le 2 décembre 1804
(Louis David, Paris, musée du Louvre). Détail : le couronnement de l'impératrice Joséphine de Beauharnais.

Les Bonaparte en Europe

Les fabuleux succès extérieurs. De 1804 à 1808, la politique extérieure de Napoléon Ier vole de succès en succès. L'Empire français compte 130 départements et 44 millions d'habitants : il s'étend de la Hollande à la Toscane en Italie, et il comprend même les provinces illyriennes, l'actuelle Albanie. Mais le pouvoir de la France s'étend aussi sur des États vassaux : royaumes d'Espagne, de Naples, États allemands, Confédération helvétique, grand duché de Varsovie...

Le placement des frères. Or, l'évolution monarchique du pouvoir conduit Napoléon à utiliser sa famille comme lien politique entre son Empire et ses dépendances. Il crée par là une sorte de dynastie napoléonienne à l'échelle de l'Europe. Napoléon ne déclare-t-il pas un jour : « Si j'ai conquis des royaumes, c'est pour que la France en retire des avantages. » Avec quatre frères et trois sœurs, Napoléon dispose d'une famille étendue. Joseph reçoit le royaume de Naples en 1806 ; en 1808, il est déplacé et « nommé » roi d'Espagne. Louis est fait roi de Hollande en 1806 ; Jérôme règne sur la Westphalie de 1807 à 1813 (ses descendants sont aujourd'hui les chefs de la maison impériale française). Lucien, seul, se marie sans l'autorisation de son frère en 1803, et il n'est donc pas reconnu comme « prince français », titre donné par Napoléon à ses frères.

Les femmes et les enfants aussi... Les sœurs de Napoléon reçoivent aussi des titres : Élisa est duchesse de Lucques et de Piombino, grande-duchesse de Toscane ; Pauline devient duchesse de Guastalle ; Caroline épouse le maréchal Murat, fils d'un aubergiste, qui doit son ascension à ses succès et à Napoléon, et remplace en 1808 Joseph sur le trône de Naples. Enfin, les deux enfants du premier mariage de l'impératrice Joséphine – adoptés par Napoléon – sont Eugène de Beauharnais, qui reçoit des titres allemands, et Hortense de Beauharnais, reine de Hollande à partir de 1810.

un temps après la chute de Robespierre, il reprend vite ses commandements et exécute fidèlement les ordres du gouvernement. Il réprime l'insurrection royaliste d'octobre 1795 à Paris. Promu commandant de l'armée d'Italie, il excelle ! Arcole, Castiglione, Rivoli, Mantoue : les victoires résonnent de gloire et prolongent l'écho des canons victorieux. La France domine le nord de l'Italie, impose la paix aux Autrichiens. Puis vient l'expédition d'Égypte qui, en 1798-1799, constitue une épopée prestigieuse (la bataille des Pyramides). C'est le tremplin qui lui permet de diriger le coup d'État du 18-Brumaire et de le confisquer à son profit.

Du Consulat à l'Empire

La nouvelle Constitution, proclamée après le coup d'État, est son œuvre personnelle. Si le suffrage universel est maintenu, les élections sont supprimées. Les citoyens proposent une liste de candidats parmi lesquels le pouvoir choisit les membres des Assemblées et les fonctionnaires. Le Premier consul, assisté de deux autres consuls réduits progressivement au rôle de figurants, est maître de la réalité du pouvoir. Il l'utilise pour centraliser efficacement l'administration de la France ; et il crée, en 1803, le « franc germinal », égal à 0,32 grammes d'or, dont la valeur restera inchangée jusqu'à la Première Guerre mondiale.

Quant à la pacification politique, elle se fonde sur le pardon aux modérés – royalistes ou républicains prêts à se fondre dans le nouveau régime – et l'élimination des réfractaires. Sur le plan religieux, Bonaparte négocie avec Rome le Concordat de 1801 qui place l'Église de France dans la dépendance spirituelle du pape, mais dans celle du gouvernement pour les questions politiques. Toutes ces réformes rallient au Premier consul l'essentiel des suffrages : le nouveau régime apporte à la France la pacification souhaitée, après une longue tourmente.

Le sacre

La réussite conduit Bonaparte à se faire proclamer consul à vie dès 1802. Puis, fort de son pouvoir, il se proclame, en mai 1804, empereur des Français. Pour donner à ce titre l'éclat qu'il mérite, il demande à Pie VII de venir à Paris le sacrer : l'Empereur est suffisamment puissant pour faire se déplacer le pape – et non l'inverse –, et le général révolutionnaire s'inscrit dans une tradition (le sacre) qui le réconcilie avec la France ancienne.

→**Voir aussi** : p. 354-355 (Waterloo).

Une expédition à la découverte de l'Ouest américain
LEWIS ET CLARK

Depuis son enfance, le président des États-Unis Thomas Jefferson (1801-1809) se passionne pour les étendues vierges de l'Ouest américain, foulées uniquement par les Indiens et quelques trappeurs. Avant même l'achat de la Louisiane (terme qui désigne alors les immenses territoires situés à l'ouest du Mississippi) à la France, en 1804, il songe à une expédition qui remontera le Missouri et atteindra le Pacifique.

Son arrière-pensée est la découverte d'une voie fluviale qui relierait directement l'Est et l'Ouest. Dès que s'achève le transfert de souveraineté de la Louisiane, les explorateurs sont prêts à partir et à exécuter les instructions de Jefferson.

Une préparation soigneuse

Pour mener à bien cette mission délicate, Jefferson désigne son secrétaire particulier, le capitaine Meriwether Lewis. Le jeune homme, âgé de vingt-neuf ans, demande à un ancien camarade de régiment, le lieutenant William Clark, qui a trente-trois ans, de partager avec lui le commandement de l'expédition. Cet officier un peu bourru, moins cultivé que son compagnon, a l'avantage de posséder un grand sens pratique. Le capitaine Lewis rassemble l'équipement nécessaire au voyage : un bateau à quille de 18 m de long, principal moyen de transport, des armes, des provisions, des instruments scientifiques et des cadeaux pour les Indiens. Les deux hommes recrutent une quarantaine d'hommes aux compétences diversifiées : chasseurs, trappeurs, charpentiers, forgerons, interprètes et guides, tel le Canadien français George Drouillard. Une quinzaine d'entre eux devront ramener le bateau principal au printemps 1805, lorsque les autres hommes repartiront vers l'amont, sur des embarcations forcément plus modestes. Le 14 mai 1804, le groupe commence à remonter le Missouri, à partir de Camp Wood, non loin de la ville de Saint Louis.

Du Missouri au Pacifique

Sept mois durant, les hommes affrontent la rivière impétueuse et sinueuse. Souvent, ils doivent haler leur lourde embarcation depuis les berges, qui s'effondrent. En novembre, les explorateurs s'arrêtent pour l'hiver. Ils bâtissent des cabanes près des villages des Indiens Mandans (dans le Dakota du Nord), carrefour commercial qui attire les Indiens des Plaines,

Auprès des Indiens, Lewis essaie de réunir le plus d'informations possible pour dresser des cartes des régions traversées.

Des Indiens amateurs de tabac

« Les Chinooks, les Clatsops et d'autres habitants de cette côte [pacifique] sont très portés sur le tabac. Quand ils fument, ils semblent avaler la fumée qu'ils tirent de la pipe, et pendant plusieurs bouffées cette fumée ne se voit plus : ils l'aspirent dans les poumons jusqu'à être forcés de la rejeter à une grande distance par les narines et la bouche. Je suis certain que le tabac produit ainsi une intoxication plus grande et qu'ils s'emparent de toutes ses vertus au maximum. [...] Ces gens ne semblent pas connaître l'usage des spiritueux, car il ne nous en ont jamais demandé. [...] C'est une chose très heureuse. »

M. Lewis, W. Clark, le Grand Retour : journal de la première traversée du continent nord-américain, *1804-1806,* *trad. J. Lambert, Phébus, Paris, 1993.*

les représentants des compagnies anglaises de fourrure et les trafiquants français du Canada. Là, les Américains en profitent pour coucher par écrit les multiples informations qu'ils ont commencé à recueillir. Comme le voulait Jefferson, en effet, les voyageurs ont traversé le pays en observant la faune et la flore, et en interrogeant les Indiens sur les terres et sur leurs propres mœurs. Ils ont par ailleurs multiplié les relevés afin de dresser des régions traversées les cartes le plus exactes possible. Dans les villages Mandans, ils continuent aussi à enquêter auprès des indigènes, avec cette fois une préoccupation particulière : réunir tous les renseignements concernant le cours supérieur du Missouri. Leur chance est de trouver sur place un homme blanc marié à une Indienne du haut Missouri : le Canadien Toussaint Charbonneau et Sacagawea, son épouse Shoshone, qui acceptent de leur servir de guides. En avril 1805, la barge prend le chemin du retour tandis que Lewis et Clark poursuivent la remontée du Missouri. À la fin du mois de mai, ils aperçoivent les montagnes Rocheuses. Les Grandes Chutes (Great Falls) interrompent leur navigation et obligent les hommes à porter héroïquement bateaux et bagages sur une trentaine de kilomètres. Arrivée aux *Three Forks of the Missouri,* la mission d'exploration s'engage sur la rivière Jefferson. Sacagawea, qui reconnaît les lieux où elle a passé son enfance, la guide pour franchir la ligne de partage des eaux et trouver les Shoshones — sa tribu d'origine. Les canots, désormais inutiles, sont alors remplacés par les chevaux achetés à ces Indiens. À travers les montagnes, les explorateurs suivent des pistes indigènes qui les mènent à Lolo Pass et à Lolo Trail. Pendant onze jours, ils souffrent le martyre sur cette piste. Finalement, ils découvrent la Clearwater River, qu'ils longent jusqu'à la Snake River, et celle-ci les conduit à la Columbia River, qui se jette dans le Pacifique. En novembre 1805, l'océan est en vue. Au mois de mars suivant, leur mission étant accomplie, Lewis et Clark retournent vers l'Est. Ils se séparent à Lolo Pass et se donnent rendez-vous au nord des villages Mandans, où ils se retrouvent effectivement. Le 23 septembre 1806, après un voyage de deux ans quatre mois et dix jours, ils pénètrent dans Saint Louis.

Des résultats considérables

Les résultats de la mission de Lewis et Clark sont considérables. En plus de leurs propres journaux et de ceux tenus par d'autres membres de l'expédition, les deux Américains rapportent une douzaine de carnets de notes et de dessins, des spécimens de plantes et d'animaux, ainsi que de nombreux objets indiens. Grâce à leurs efforts, toute une partie de la géographie de l'Ouest américain se trouve ainsi dévoilée. La formidable richesse de la flore et de la faune de ces terres que les Blancs n'avaient jamais foulées dans un esprit systématique d'observation, est une considérable révélation : 170 espèces de plantes et 122 espèces et sous-espèces d'animaux, inconnues aux États-Unis, sont répertoriées à l'occasion de ce voyage. Le rassemblement synthétique des relevés pris par Lewis et Clark permet par ailleurs d'établir la première carte jamais dressée de la région. En revanche, la remontée du Missouri n'a pas permis aux explorateurs de découvrir ce qu'ils espéraient trouver : l'existence d'une source commune pour les rivières des deux versants des Rocheuses, source qui, d'après le président Jefferson, aurait pu permettre d'établir une liaison hydrographique directe entre l'est et l'ouest de l'Union. L'échec des deux hommes s'explique par un fait d'évidence : cette source commune, en réalité, n'existe pas...

→**Voir aussi** : p. 382-383 (La ruée vers l'or).

Grâce aux guides indiens, Lewis et Clark remonte le Missouri, en dépit de nombreuses difficultés.

Un homme de l'expédition grimpé dans un arbre pour échapper à un ours qu'il a blessé : par les nombreuses observations effectuées, la mission de Clark contribua à faire découvrir l'Ouest américain.

Un amiral anglais meurt en héros

TRAFALGAR

Les combats sur le Victory *et l'agonie de l'amiral Nelson, à Trafalgar, le 21 octobre 1805 (peinture de Denis Dighton, Musée maritime de Greenwich).* ▽

Le 21 octobre 1805, dans l'océan Atlantique, au large du cap Trafalgar, au sud-est de Cadix, une escadre franco-espagnole est attaquée par la flotte britannique commandée par l'amiral Nelson. Les Anglais obtiennent une victoire totale qui leur donne la maîtrise absolue des mers et les délivre de toute crainte d'un débarquement français ; mais Nelson est tué au combat.

Trois ans avant cette bataille décisive, la France a pourtant signé avec l'Angleterre la paix d'Amiens. Celle-ci ne pouvait être qu'une trêve entre les deux nations : l'ambition territoriale de Napoléon, les rivalités coloniales aux Antilles, le dynamisme de l'économie anglaise et sa suprématie maritime rendaient inévitable la reprise du conflit.

Une ambition formidable : envahir les îles Britanniques

La guerre reprend et, dès le mois de mai 1803, le Hanovre, dont le roi d'Angleterre est souverain, est envahi par les troupes françaises. L'Angleterre riposte en confisquant dans ses ports 1 200 bateaux de commerce français. Sûr d'une alliance avec les États italiens et de la neutralité de l'Espagne, Bonaparte décide de concentrer ses troupes à Boulogne, avec l'idée de conquérir l'Angleterre. Après deux ans de préparatifs, le chef français, devenu empereur, veut tenter un débarquement sur les côtes anglaises. Il associe à son projet les marines hollandaise – la Hollande est le rival maritime et commercial de l'Angleterre – et espagnole. Début 1805, Napoléon semble disposer d'une légère supériorité numérique.

La France contre l'Angleterre (1795-1815)

La France révolutionnaire a eu à combattre toute l'Europe.

Déjà, **en 1795,** le Directoire élabore **un plan de débarquement en Angleterre.** Hoche propose d'attaquer l'Irlande, où l'Angleterre rencontre des difficultés depuis la guerre d'Indépendance. Le projet est remis, puis abandonné.

En 1802, Bonaparte, alors Premier consul et engagé dans une œuvre de restauration de la puissance française, signe avec l'Angleterre **la paix d'Amiens**, accueillie avec soulagement par tous. Depuis 10 ans, la France n'a pas connu la paix. **La trêve est de courte durée** – un an – et les rivalités reprennent le dessus. Toute la politique anglaise, entre 1803 et 1815, consiste à briser l'hégémonie napoléonienne sur l'Europe.

L'amiral Horatio Nelson (1758-1805). Avant Trafalgar, il avait déjà vaincu les Français à la bataille navale d'Aboukir (1798) [portrait par sir W. Bechey, Londres, National Portrait Gallery].

◁ La Bataille de Trafalgar. *Au premier plan, l'échange des coups de canon entre, à gauche, le vaisseau français le* Redoutable *et, à droite, son adversaire anglais le* Victory *commandé par l'amiral Nelson (peinture de A. Mayer, Paris, musée de la Marine).*

L'affrontement maritime

L'Angleterre organise la défense de son insularité. Ses navires gardent la Manche et rendent illusoire toute tentative de débarquement sans combat naval. Car il faut aux Français la maîtrise de cette mer pendant au moins une journée, pour organiser et effectuer l'invasion. Conscient de cela, Napoléon construit un plan ambitieux qu'il s'efforce de réaliser tout au long de l'année 1805. Son idée : attirer la flotte anglaise dans les Antilles, attaquer les intérêts britanniques outre-Atlantique et contraindre les Anglais à dégarnir leur défense en Manche.

Conformément à ce plan, l'amiral français Villeneuve quitte Toulon en janvier, délivre les Espagnols bloqués à Cadix par les Anglais et file vers les Antilles afin d'y entraîner Nelson. De là, il entame une course de vitesse avec les Anglais et remonte vers l'Espagne. Rejoint par les Anglais, il essuie quelques pertes à la bataille des Quinze-Vingts et se réfugie, d'abord à El Ferrol, un port de la côte nord de l'Espagne, puis à Cadix, au sud. Les Anglais lui bloquent alors la route de Boulogne, où Napoléon l'attend, furieux.

Trafalgar, formidable défaite française

Nelson paralyse la flotte franco-espagnole depuis le début d'octobre 1805. L'escadre française dispose de 18 vaisseaux, l'espagnole de 15. Vers la mi-octobre, on observe que Nelson n'a plus que 27 navires. Profitant de la légère supériorité numérique et d'un vent favorable à leurs voiliers, les alliés – Français et Espagnols – tentent la sortie impatiemment attendue par Napoléon. Nous sommes le 20 octobre.

Sortie du port de Cadix, la flotte de Villeneuve et de Gravina – l'amiral espagnol –, forte de ses 33 bateaux, doit se placer en une seule longue ligne. Mais la manœuvre échoue et l'arrière-garde se laisse distancer. Le 21 octobre au matin, Nelson divise sa flotte en deux colonnes et attaque le centre de l'escadre franco-espagnole. Très vite, la ligne de Villeneuve se rompt, les navires sont isolés les uns des autres et l'Anglais empêche toute contre-attaque coordonnée. Seuls quelques navires français ou espagnols tentent avec courage et succès des actions d'éclat. Au cœur de la bataille s'affrontent le *Redoutable* et le *Victory*, navire amiral de Nelson. Un coup de canon blesse mortellement Nelson, qui ne voit pas son triomphe à la fin de la journée.

L'Empire sera continental

Au soir de la bataille, un navire français, l'*Achille*, explose, accentuant le caractère dramatique de cette défaite navale. 16 bateaux des alliés sont pris : la flotte de Villeneuve est réduite à 15 navires quand les Anglais n'ont pas une seule perte. 4 500 morts et 3 700 blessés du côté allié contre 400 morts et 1 200 blessés du côté anglais. Les chiffres parlent d'eux-mêmes : avec l'anéantissement naval de Trafalgar, Napoléon sait que l'Angleterre conserve la maîtrise des mers. Conquérir l'île devient une chimère et il y renonce naturellement. Mais, à Ulm en octobre, à Vienne en novembre, à Austerlitz en décembre, les armées de l'Empereur défont les Autrichiens et les Russes. La gloire de l'Empire sera une gloire continentale. Le héros de la mer reste l'amiral anglais Nelson, mort pour la victoire.

L'Angleterre, perfide Albion ? Des relations souvent difficiles

L'Amérique, la Révolution : deux occasions de conflit. Jusqu'à une date récente, l'histoire des relations entre la France et le Royaume-Uni a été celle d'une rivalité. Rivalité de deux grandes puissances européennes et rivalité de deux empires coloniaux. À la fin du XVIIIe siècle, le roi de France Louis XVI est trop heureux d'apporter son soutien aux rebelles américains, qui luttent pour leur indépendance. La perte de ces colonies anglaises compense la perte française du Canada, enlevé par les Anglais en 1763. Pendant la Révolution française, l'Angleterre se place du côté des contre-révolutionnaires ; puis elle lutte avec la dernière énergie contre Napoléon.

Les rivalités en Afrique : Fachoda. Affaiblie par sa défaite de 1815, la France se heurte de nouveau à l'Angleterre avec le début des expansions coloniales à l'échelle du monde. En 1840, Londres empêche la France d'avancer en Orient. Mais l'épisode le plus célèbre est celui de Fachoda où, en 1898, Français et Anglais se rencontrent. Les premiers veulent réaliser une jonction Dakar-Djibouti, c'est-à-dire une domination Ouest-Est de l'Afrique ; les seconds tentent une domination Nord-Sud, Le Caire-Le Cap. Militairement moins nombreux, les Français cèdent, non sans amertume et rancœur.

La réconciliation ambiguë des deux Guerre mondiales. Toutefois en 1914, puis en 1939, la France trouve l'Angleterre à ses côtés dans la lutte contre l'Allemagne. Mais, de Londres où il organise la Résistance, le général de Gaulle doit veiller à ce que l'Angleterre ne profite pas de l'affaiblissement de la France pour « grignoter » son empire colonial. Cette politique conduit le Français à des conflits très durs avec Churchill, et plus d'une fois l'alliance entre Londres et la Résistance frôle la rupture. Depuis la perte de leurs colonies respectives, la Grande-Bretagne et la France sont deux alliées essentielles dans le monde occidental – même si leurs intérêts se heurtent souvent au sein du Marché commun.

Joseph Bonaparte, roi d'Espagne

GUERRE D'INDÉPENDANCE

En avril 1808, Napoléon Ier impose son frère comme roi d'Espagne. Il croit ainsi régler les problèmes politiques internes d'une puissance jusque-là alliée à la France. L'erreur politique se convertit en erreur militaire : l'Espagne entière se soulève et impose à la France de Napoléon un effort coûteux en hommes, en énergie et en argent.

L'Espagne du début du XIXe siècle souffre de sa monarchie. Le roi Charles IV, au pouvoir depuis 1788, s'appuie entièrement sur son Premier ministre Godoy, unanimement détesté. Ferdinand, le fils du roi et prince héritier, représente les espoirs des opposants à Godoy. Le 18 mars 1808, une émeute populaire pousse Godoy à fuir et Charles IV abdique en faveur de son fils, qui devient Ferdinand VII. Peu au fait des réalités espagnoles, Napoléon croit devoir rétablir Charles IV. Au cours d'une rencontre à Bayonne avec les deux rois d'Espagne, il se convainc de la nullité de la famille royale espagnole, contraint Ferdinand VII à rendre la couronne à son père, et celui-ci la met à la disposition de l'Empereur. Le 6 juin 1808, Napoléon propose la couronne à son frère Joseph, jusque-là roi de Naples. Cette « annexion familiale » de l'Espagne indispose fortement tous ceux qui ont mis leurs espoirs en Ferdinand VII, ou en Napoléon parce qu'ils espéraient que celui-ci prendrait le parti de Ferdinand. Le retrait de Ferdinand VII, très populaire, et la présence de soldats français désespèrent l'opinion publique. Poussée à l'émeute par des nobles et des réformistes, la population de Madrid se révolte.

El Dos de Mayo

Le 1er mai 1808, Murat passe en revue ses troupes à Madrid où il a amassé 30 000 soldats. Le 2 mai, la population se rebelle et des combats aussi furieux qu'atroces ensanglantent la capitale pendant toute la journée. La panique gagne les soldats tandis que les Madrilènes massacrent les Français qu'ils attrapent. Des scènes horribles – des femmes déchiquetant au couteau des soldats, des chevaux dépecés, des assassinats par dizaines – se répètent pendant des heures. Le lendemain, Murat donne dans la répression. Ce jour-là, environ 500 à 1 000 Espagnols et de 100 à 200 Français meurent. Le calme revient. Murat estime qu'il va durer. Ses collaborateurs espagnols jugent l'Espagne perdue pour Napoléon. Ils ont raison. La guerre éclate, l'insurrection s'étend au pays entier. Évidemment, cela n'empêche pas Joseph d'entrer dans Madrid le 20 juillet. Mais la dynamique de la résistance et de la lutte existe.

Bailen, première défaite de Napoléon sur le continent

Les Asturies du Nord sont soulevées, mais vite soumises. En revanche, à Séville, les opposants se regroupent. Aussi le général Dupont descend-il avec son armée en Andalousie. Après quelques succès, il est bloqué les 18 et 19 juillet 1808 devant la petite ville de Bailen. Là, il essuie un revers militaire cuisant, d'autant plus frappant qu'il représente le premier recul sérieux infligé aux armées impériales françaises. La bataille est décisive sur le plan psychologique. Elle montre aux Espagnols que la victoire est possible. Elle sera longue à obtenir, mais la ténacité des Espagnols y parviendra.

Le général Junot est entré au Portugal, ce qui conduit Londres à envoyer un corps expéditionnaire pour lutter contre la France et défendre le Portugal, allié militaire et surtout partenaire économique essentiel de l'Angleterre. La guerre s'internationalise peu à peu. Napoléon, devant le retard pris par les opérations, se rend lui-même en Espagne. Là, de novembre 1808 à janvier 1809, avec 200 000 soldats, il consolide le pouvoir de son frère, qui s'installe définitivement à Madrid le 4 décembre. En décembre tombent aussi les capitales de l'Aragon et de la Catalogne : Saragosse et Barcelone. Napoléon quitte une Espagne mieux contrôlée, mais qui

La Répression du Tres de mayo, *le 3 mai 1808 (Goya, musée du Prado à Madrid, détail).*

Le temps de l'Empire français

Dans sa lutte contre l'Angleterre, Napoléon, depuis la perte de la marine à Trafalgar, utilise l'arme économique : c'est **le Blocus continental.**

Pour assurer son efficacité, Napoléon l'impose à tous les États européens. Ceux-ci doivent donc être surveillés. Cette politique conduit à de nouvelles conquêtes. Le Portugal et l'Espagne en font les frais.

L'Empire s'étend sans cesse. En 1811, il atteint son expansion maximale. Il va du nord de la Hollande à l'Italie et mord sur la côte adriatique en Illyrie. Avec **130 départements et 44 millions d'habitants,** l'Empire de Napoléon ne tient pas compte des différences nationales. De plus, la Confédération du Rhin qui regroupe les États allemands, la Confédération helvétique, le royaume d'Italie, ceux de Naples et d'Espagne constituent autant d'États vassaux qui comptent 38 millions d'habitants.

Joseph Bonaparte, *roi d'Espagne (peinture du baron Gérard, château de Fontainebleau).*

est loin encore d'être dominée. Néanmoins, même si, au cours de 1809, le Portugal et la Galice – au nord-ouest de l'Espagne – sont définitivement libérés par les Anglais, le bilan de l'année est plutôt favorable aux Français qui, après la chute de Gérone, s'assurent de toute la Catalogne. Les deux ans qui suivent accentuent cette expansion française, les Espagnols sont souvent battus et les Anglais contenus au Portugal.

Les Français finalement chassés

La fin de la présence napoléonienne en Espagne est à la fois le résultat de la lutte des Espagnols et celui du déclin général de l'Empire français à partir de 1812. La coûteuse campagne de Russie affaiblit les moyens militaires de Napoléon, tandis que la situation critique en Espagne l'oblige au maintien de nombreuses troupes dans la région. Le pouvoir de Napoléon perd prise. En 1812, les armées anglo-espagnoles commandées par le duc de Wellington obtiennent de beaux succès, qui culminent avec la prise de Madrid, le 11 août. La capacité de résistance du roi Joseph reste importante, puisqu'il rentre dans sa capitale le 3 novembre. Au total, la fin de 1812 laisse croire à un hypothétique redressement.
Or, de janvier à juin 1813, un cinglant démenti est apporté par les faits. Du 22 mai au 30 juin, Joseph et les troupes françaises reculent de Madrid à la frontière, qu'ils passent le 1er juillet. 500 kilomètres de recul en six semaines ! Début 1814, la Catalogne est reconquise par les Espagnols.

La guerre d'indépendance, fierté de l'Espagne

Pour la France napoléonienne, la guerre espagnole est un effroyable gouffre. 260 000 soldats y meurent. Le bilan est

Épisode du siège de Saragosse, *le 8 février 1813 (peinture française du XIXe siècle).*

énorme aussi sur le plan financier. Véritable piège, l'Espagne constitue un handicap pour l'Empire.
Côté espagnol, l'épisode permet au peuple, trop souvent divisé, de se retrouver dans une lutte commune. Ces six années de guerre deviennent, dans la mémoire collective, celles de la « guerre d'indépendance » : c'est le nationalisme des Espagnols, leur refus d'accepter une tutelle étrangère, qui explique leur détermination farouche. D'où le caractère de guerre totale pris par le conflit, les batailles et les sièges comptant presque moins que le harcèlement de la guérilla et du terrorisme. Le général Hugo, le père du poète Victor Hugo, meurt assassiné en Espagne !... Même si l'union née de la résistance n'a pas survécu à la paix, la guerre d'indépendance reste un souvenir commun à tous, qui enseigne aux Espagnols les vertus de l'unité.

→**Voir aussi** : p. 350-351 (Bolivar au Venezuela); p. 436-437 (La guerre hispano-américaine).

Les conséquences de la guerre d'indépendance

Un grave retard économique. Si, sur le plan moral, la guerre d'indépendance favorise un sentiment d'unité, les conséquences sont désastreuses. L'Espagne tarde ainsi à démarrer sur le plan industriel et elle rate sa modernisation. L'agriculture est dominée par les grands propriétaires et les paysans pauvres sont légion.

Le détachement de l'Empire. L'occupation de la métropole par les troupes napoléoniennes a de graves conséquences outre-mer : les colonies d'Amérique latine refusent de reconnaître Joseph Bonaparte pour roi, elles apprennent à s'administrer elles-mêmes. Leur mouvement loyaliste tourne au séparatisme, peu après le retour de Ferdinand VII.

La crise politique persiste. Le refus de la solution bonapartiste n'apporte pas à l'Espagne une monarchie plus brillante et incontestable, ni une réconciliation entre ses éléments ultra-conservateurs et ses composantes libérales et anticléricales. Le règne de Ferdinand VII marque le début de tergiversations qui durent autant que le siècle, entre les tentations absolutistes et les expérimentations libérales. À la mort du roi, en 1833, le conflit entre son frère Carlos et sa fille Isabelle complique encore la situation politique.

Une institution fondamentale se met en place

LE PREMIER BACCALAURÉAT

Par le décret du 17 mars 1808, l'empereur Napoléon Ier crée le baccalauréat. Le texte fondateur prévoit que les candidats seront âgés de 16 ans au moins et qu'on pourra les interroger sur « tout ce qu'on enseigne dans les hautes classes des lycées ». Le baccalauréat devient l'aboutissement des études classiques et le premier grade universitaire.

En 1809, les premiers « bacheliers » reçoivent leur diplôme. Ils sont au nombre de... 31. Il faudra un bien long parcours pour que le « bac » devienne ce qu'il est aujourd'hui : pour l'Éducation nationale, une formidable machine bureaucratique ; pour l'opinion, un symbole de l'entrée dans la vie adulte et, d'une manière plus ou moins idéale, le laissez passer pour une carrière minimale ou pour la prolongation d'études.

L'évolution des règlements

Au cours du XIXe siècle, l'épreuve du baccalauréat, périodiquement remaniée, se diversifie progressivement. Le statut du 16 février 1810 ne fixe qu'une condition, très embryonnaire : le candidat devra traduire oralement un texte latin. Puis, rapidement, de nouvelles épreuves sont imposées. Le statut du 13 septembre 1820 détermine une épreuve écrite, qui consiste en une version latine, et il crée trois interrogations orales, respectivement de philosophie, de rhétorique et d'histoire. Pour l'équité, réclamée avec insistance par les parents et les maîtres du secteur privé, en butte à la partialité des maîtres des lycées, un statut de 1821 décide que les questions seront tirées au sort. À partir de 1840, le ministère se charge lui-même d'établir une liste de 500 questions, parmi lesquelles les examinateurs ont obligation de choisir. En 1852, Fortoul, ministre de l'Instruction publique, désireux de renforcer les humanités, impose une épreuve nouvelle : une composition en latin sur un sujet littéraire, historique ou moral, à l'écrit du baccalauréat. Cette dissertation se maintient jusqu'au début de la IIIe République — jusqu'au ministère Ferry : la grande génération républicaine des Gambetta et des Clemenceau, bachelière sous l'Empire, sait mieux qu'aucune autre écrire le latin. À l'inverse, un autre ministre, Jules Simon, bouleverse en 1872 la définition disciplinaire de l'enseignement secondaire en mettant l'accent sur des disciplines jusque-là accessoires, les langues vivantes. Il condamne, dans une circulaire, les formes traditionnelles de l'enseignement du latin (« on étudiera désormais le latin pour le comprendre et non pour le parler »), l'hégémonie des travaux écrits et de l'étude sur le cours et sur la classe. Enfin, la réforme de 1902 met en place le cadre du baccalauréat moderne, qui perdure jusqu'en 1965. Pour la première fois, la parité des lettres et des sciences est affirmée. Quatre baccalauréats sont les débouchés logiques de quatre filières : latin-grec (A), latin-langues (B), latin-sciences (C), langues-sciences (D). L'opposition majeure ne se situe pas alors entre scientifiques et littéraires, mais entre latinistes et non latinistes. Le baccalauréat D est ainsi assez méprisé, et le plus prisé est le C, qui permet de concilier un minimum de culture classique et la préparation de l'École polytechnique — le débouché privilégié des excellents élèves de l'enseignement secondaire. Mais le baccalauréat A, qui correspond à une formation littéraire classique, est alors également très bien jugé.

Une démocratisation progressive

Cependant, la différence entre le baccalauréat du XIXe siècle et celui d'aujourd'hui ne réside pas seulement dans les épreuves. La véritable ligne de démarcation réside dans le nombre des candidats qui passent l'épreuve. Sous la IIIe République — entre 1871 et 1940 —, le baccalauréat n'est accessible qu'à une faible minorité. En 1889, à peine 1 % d'une classe d'âge obtient cet examen, et, en 1936, ce taux est encore inférieur à 3 %. L'examen est à tel point élitiste que plusieurs ministres républicains (Émile Combes, Aristide Briand...) tentent de le supprimer : leurs efforts se heurtent à la résistance de la Fédération des professeurs de lycées, qui ne cesse de défendre l'épreuve. Progressivement, cependant, une évolution se fait jour. Les conditions économiques et mentales évoluant, plus aucune famille ne peut souhaiter pour ses enfants un avenir de rentier ou d'aristocrate désœuvré : les parents nobles poussent leurs fils à intégrer les grandes écoles, dont l'accès est conditionné par l'obtention du baccalauréat ; les petits-bourgeois espèrent pour leurs garçons un poste de cadre dans les administrations de l'État — et, pour cela, il faut aussi avoir le baccalauréat. En 1902, ainsi, 7 000 jeunes gens — quand même — obtiennent le fameux diplôme. Puis les jeunes filles elles-mêmes se mettent, de plus en plus nombreuses, à considérer le « bac » (qui leur est ouvert depuis 1861) comme une solution d'avenir : le diplôme, qui donne aux jeunes femmes la possibilité d'enseigner ou d'occuper un poste de secrétariat, leur permet de compenser la faiblesse d'une dot, ou de pallier les inconvénients économiques d'une vie de célibataire — ce qui est particulièrement important au lendemain de la Première Guerre mondiale, quand la carence des hommes, morts au front, force de nombreuses femmes à renoncer au mariage. Ainsi, le baccalauréat, commence à prendre valeur de symbole, de démarcation subtile entre la classe instruite et celles qui ne le sont pas.

Lycéen, en uniforme, jouant au ballon (détail d'une gravure, v. 1805, Paris, bibliothèque du musée des Arts décoratifs).

Le baccalauréat au XXe siècle

Le XIXe siècle a été le siècle de l'école élémentaire pour tous ; le XXe siècle est celui du lycée pour tous. Après une lente maturation, cette révolution s'accomplit à marche accélérée à partir des années soixante.

80 % d'une classe d'âge au bac. Dans les lycées, la vague du baby-boom, très sensible à partir des années 70, est encore augmentée dans ses effets par la décision du ministre Jean-Pierre Chevènement, qui, après 1985, proclame la nécessité d'amener 80 % des élèves au niveau du bac.

Une inflation galopante. Considéré par de nombreux sceptiques comme un vœu pieux, le mot d'ordre est, en fait, suivi d'effet : de 1985-1986 à 1991-1992, le taux d'accès d'une classe d'âge en terminale évolue considérablement, passant de 36 % à plus de 60 %, et amène finalement le nombre des bacheliers au-delà de 430 000 — parmi lesquels environ 130 000 bacheliers du technique.

La disparition du mythe ? Il semble que l'inflation du nombre des candidats soit allée de pair avec un aménagement des sections du baccalauréat et, selon certains, avec une diminution du niveau de l'épreuve... De sorte que, aujourd'hui, alors même que l'épreuve est devenue très largement démocratique, elle se trouve, pour d'autres raisons que jadis, sévèrement contestée. Pour l'État, la mise en place du bac représente une charge lourde, en termes de personnes et de coût (200 millions de francs pour la session de 1992). Pour les patrons, la possession du diplôme mythique ne constitue nullement une garantie d'efficacité au travail. À la fin du XXe siècle, on aboutit à cette situation paradoxale : ne pas avoir le baccalauréat est souvent dramatique ; l'avoir ne suffit aucunement.

Les épreuves du bac : tension, émotion, concentration. On croit alors qu'une vie se décide... (Paris, lycée Montaigne).

Le lycée Chaptal (gravure du XIXe siècle, Paris, musée Carnavalet).

Un libérateur pour l'Amérique latine

BOLIVAR AU VENEZUELA

En juillet 1811, la République vénézuelienne est proclamée une première fois à Caracas. Cet événement prévisible depuis plusieurs années marque la volonté d'indépendance de ces régions jusque-là dominées par l'Espagne. Un homme exprime et incarne cet idéal : Simon Bolivar, « el Libertador ».

Le continent sud-américain est dominé depuis la fin du XVe siècle par les Espagnols et les Portugais. Les premiers immigrants européens se sont installés sur ces terres et leurs descendants les ont adoptées comme patrie natale. Au cours de ces trois siècles s'opère peu à peu un divorce entre les colons et la métropole. Bolivar descend d'une famille espagnole. Mais, pour lui, sa patrie c'est l'Amérique.

L'influence des événements d'Europe

Les événements européens dus à la Révolution française puis aux bouleversements napoléoniens contribuent à accentuer cette distance. Entre 1797 et 1814, les colonies espagnoles se trouvent quasiment autonomes, l'Espagne n'ayant plus les moyens humains et financiers d'assurer sa présence. Les élites locales s'émancipent donc. En outre, les idéaux révolutionnaires parviennent jusqu'en Amérique latine. Bolivar lui-même se rend en Europe de 1803 à 1805. De Cadix à Rome, en passant par Paris, il découvre la ferveur révolutionnaire de certains, l'idéal franc-maçon d'autres, l'égoïsme des monarchies. Il admire Napoléon, ce général républicain dont le pouvoir se fonde sur le succès et la gloire de la Nation. La gloire, c'est-à-dire l'indépendance. À Rome, en 1805, Bolivar fait le serment de libérer l'Amérique du joug espagnol.

Crises et guerres civiles : « el Libertador »

De retour en 1807 au Venezuela, Bolivar retrouve une Amérique en effervescence.
Un an plus tôt, en 1806, un noble vénézuelien, Francisco de Miranda, a tenté un débarquement pour libérer l'Amérique. Son projet a échoué. Mais l'idée de révolte militaire est devenue réalité. L'effacement de l'autorité

Le libérateur Simon Bolivar (1783-1830) [détail d'un portrait, posthume, de l'école vénézuélienne].

Un continent en voie de libération

C'est le continent américain qui inaugure ce qu'on appelle la décolonisation, c'est-à-dire l'accession à l'indépendance de territoires dépendants d'États européens.

En **1776,** en Amérique du Nord, **les colonies britanniques se soulèvent** contre la tutelle anglaise. Le 4 juillet 1776, elles proclament leur indépendance et se rassemblent dans une fédération américaine qui compte treize États. Les treize bandes rouges et blanches du drapeau américain symbolisent cette fondation.

Cette **première libération nationale,** victorieuse après une guerre, sert d'exemple au continent sud-américain.

Bolivar et ses hommes. Le drapeau du Venezuela flotte derrière lui et celui de l'Espagne est replié.

Un autre libérateur de l'Amérique du Sud : San Martín, au Pérou, en 1821... Ou l'armée et l'Église associées.

espagnole renforce le sentiment d'une crise d'autorité dans tout le continent. Chacun joue son propre jeu. En juillet 1811, la République vénézuelienne est proclamée. Les Espagnols réagissent et la balayent au début de 1812. Bolivar s'enfuie alors et prend pour la première fois le chemin de l'exil. Sa détermination le pousse à reprendre le combat et il fonde sa démarche sur la rapidité du déplacement de ses forces militaires, sur l'effet de surprise et aussi sur la féroce décision de lutter jusqu'à la mort.

La « Campagne admirable » et ses suites

En 1813, Bolivar conduit ses troupes à travers la Colombie et le Venezuela. Ces opérations prennent le nom de « Campagne admirable ». Il entre à Caracas et proclame pour la deuxième fois la République vénézuelienne. Mais, bientôt, 11 000 soldats espagnols débarquent et mènent une contre-offensive victorieuse. Bolivar, de nouveau, est contraint à l'exil.
Pourquoi ces succès et ces échecs répétés ? Jusqu'en 1816, le combat pour l'indépendance américaine n'est que le fait d'une élite. Les masses – des Indiens, des mulâtres et des esclaves noirs – restent loyalistes. Pour elles, l'indépendance est la revendication des riches. Alors, Bolivar comprend qu'il faut que l'indépendance procède d'une volonté uniforme, un combat populaire. Il adopte, en 1816, un programme radical dans lequel il promet la libération des esclaves et la redistribution des terres prises à l'ennemi. Le virage politique est une victoire stratégique. L'Amérique prend conscience de son unité possible face à l'Espagne.
De 1819 à 1821, Bolivar se remet en campagne. Il occupe Bogota, en juillet 1819. En 1821, il proclame, cette fois-ci de façon définitive, l'indépendance du Venezuela. En 1822, son second, le général Sucre, libère l'Équateur. En 1824, Bolivar libère le Pérou et la Bolivie. Enfin, le 9 décembre 1824, à Ayacucho, les Espagnols subissent une nouvelle défaite : ils se retirent cette fois définitivement du continent. À partir de cette date, l'Amérique est américaine.

Le champion de l'unité latino-américaine

Bolivar est devenu président du Venezuela, président à vie du Pérou, vice-président de la Colombie. Il abandonne la présidence de la Bolivie au général Sucre. Héros militaire et politique, il veut incarner l'identité latino-américaine. Il rêve d'une grande confédération qui regrouperait tout le continent sud-américain sous son pouvoir. Car Bolivar est autoritaire. Il écrit un jour à un de ses lieutenants : « Qu'ont donc les Vénézuéliens qu'ils ne me doivent ? » Ces présomptions lui aliènent la sympathie des populations. En 1827, un coup d'État militaire met fin à son pouvoir au Pérou. En septembre 1828, il échappe de justesse à une tentative d'assassinat en Colombie. En 1830, son ami le général Sucre est assassiné en Bolivie. Son pouvoir s'effrite, son autorité vacille, sa popularité s'effondre. L'homme, usé prématurément par une activité frénétique, se sent pris d'un immense découragement. Il écrit, quelques semaines avant sa mort, « la seule chose qu'on puisse faire en Amérique, c'est d'émigrer ». Abandonnant tout pouvoir, il s'exile à nouveau. Miné par la tuberculose, il meurt dans l'indifférence générale, à Santa Marta, en Colombie, le 17 septembre 1830.
Si l'homme a été peu aimé, le « Libérateur » est bientôt adulé. Un mythe se met en place très vite : il subsiste toujours en Amérique latine. Le XIXe siècle, avide des luttes d'indépendance, adopte Bolivar comme modèle, comme exemple de l'homme dépassé par sa tâche, qui finit par se confondre avec l'histoire.

L'Amérique latine et ses libérateurs

À l'exception du Brésil, qui est une colonie portugaise, toute l'Amérique latine est espagnole. Elle accède à l'indépendance dans le premier tiers du XIXe siècle.

Bolivar et Sucre, dans le Nord. Né à Caracas en 1783, l'année même où l'indépendance des États-Unis est reconnue par l'Angleterre, Simon Bolivar libère de la tutelle coloniale le Venezuela entre 1811 et 1821 et la Colombie (alors Nouvelle-Grenade) entre 1817 et 1919. Son lieutenant Antonio José de Sucre libère l'Équateur (*audiencia* de Quito) en 1822 et remporte, deux ans plus tard, la victoire d'Ayacucho qui force les Espagnols à consentir à l'indépendance de l'Amérique latine.

San Martin, dans le Sud. Le général argentin José de San Martin (1778-1850) remporte en 1818 les victoires de Chacabuco et du Maïpo qui consacrent l'effacement des Espagnols de l'Argentine et du Chili. Puis, en 1821, il entre au Pérou dont il proclame l'indépendance. En désaccord avec Bolivar, il démissionne de sa charge de « Protecteur » du Pérou, en 1822, et s'exile en France. Ce retrait volontaire renforce la stature de Bolivar comme « Libérateur » essentiel de l'Amérique latine.

Iturbide et Santa Anna au Mexique. L'indépendance est proclamée en 1821, au terme d'une révolte populaire qui dure depuis 11 ans. Le général Augustin de Iturbide se proclame alors empereur, ce qui provoque des oppositions. Dès 1823, il est renversé, et fusillé en 1824. L'homme fort du pays devient le général Santa Anna, dont les ambitions territoriales sont telles que les États-Unis interviennent au Texas en 1833.

La douce transition brésilienne. En 1821, l'indépendance est accordée par le roi de Portugal. En 1822, son fils Pedro (Pierre Ier) devient empereur.

Les grandes puissances réorganisent l'Europe

LE CONGRÈS DE VIENNE

Talleyrand (1754-1838) représenta la France au congrès.

Le 1er octobre 1814, à Vienne, capitale de l'empire d'Autriche, s'ouvre un congrès des puissances européennes en lutte contre Napoléon : l'Autriche, l'Angleterre, la Russie et la Prusse. Son ordre du jour est la réorganisation territoriale et politique de l'Europe. En effet, depuis 1812, le « Grand Empire » de Napoléon recule sous les coups de quatre alliés : l'Autriche, l'Angleterre, la Russie et la Prusse.

Fin 1813 – début 1814, la chute de Napoléon s'accélère. Partout les armées françaises reculent. Italie, Belgique, Rhénanie : tout n'est plus qu'une incessante retraite militaire. Stimulés par ces succès, les Alliés savent qu'ils doivent refaire l'Europe, sortie profondément bouleversée de l'aventure française. Le 8 mars 1814, ils signent à quatre le traité de Chaumont par lequel les quatre puissances s'engagent à fournir 150 000 hommes chacune à une armée commune et à ne pas signer de paix séparée avec la France. Le 6 avril, Napoléon abdique. Le 30 mai 1814, le traité de Paris est signé avec la France de Louis XVIII, le frère de Louis XVI, le roi exécuté par la Révolution. Le pays est ramené à ses frontières de 1792 : c'est la fin de la France révolutionnaire et conquérante. Reste à régler le sort des terres dominées par Napoléon ; elles représentent le quart de l'Europe.

Si toutes les puissances sont invitées à Vienne – y compris la France parce que les Alliés veulent assurer la stabilité du nouveau pouvoir royal – seuls les « Quatre Grands » décident effectivement. Bien vite on s'aperçoit que la recherche d'un équilibre réel et permanent de l'Europe recouvre mal les ambitions hégémoniques des uns et des autres.

Le déclin de l'Empire

Après avoir soumis presque toute l'Europe, à l'exception de l'Angleterre, **Napoléon** décide de dominer le tsar de Russie.

Il regroupe en Pologne une armée de 700 000 hommes et **entre en Russie, le 24 juin 1812.** Le 7 septembre, l'armée franchit la Moskowa. Lorsque Napoléon entre à Moscou, les Russes y mettent le feu. Ayant pratiqué la tactique de la terre brûlée, les Russes empêchent tout ravitaillement. Aussi Napoléon et son armée doivent-ils battre en retraite. **C'est un désastre.** Des 700 000 hommes engagés, seuls 10 000 regagnent l'Allemagne.

Cet échec dresse les nations dominées contre le pouvoir impérial. En Espagne, la lutte s'intensifie tandis que l'Allemagne se soulève en 1813. Une grande bataille a lieu, du 16 au 19 octobre, à Leipzig, où Napoléon perd 60 000 soldats. Les Autrichiens poussent l'avantage. **Début 1814, la France est attaquée de toute part.** Même sa frontière sud est franchie par les Espagnols.

Dissensions entre les « Grands »

Chaque puissance veut renforcer son influence sur l'Europe en s'étendant naturellement selon ses frontières. La Russie veut la Pologne, tandis que la Prusse veut s'assurer de la domination de la Saxe. Les deux États se concertent pour faire entendre leur point de vue. En face, l'Autriche s'oppose à la Prusse : elle entend rester maîtresse de l'espace germanique et ne veut pas renforcer la puissance de la Prusse en en faisant le noyau d'une éventuelle unité allemande. L'Angleterre, comme l'Autriche, souhaite une Pologne indépendante. Le congrès s'achemine vers un blocage diplomatique.

C'est la France qui, par son ministre Talleyrand, relance la négociation. Elle appuie les positions anglaise et autrichienne. Le 3 janvier 1815, une alliance diplomatique et militaire est signée entre les trois pays. La France de Louis XVIII rentre dans le concert des nations, alors que Napoléon l'en avait fait exclure.

Mais, le 7 mars 1815, la nouvelle incroyable parvient à Vienne : Napoléon, à qui on avait laissé le titre d'empereur et la souveraineté sur la petite île méditerranéenne d'Elbe, revient en France. Le 20 mars, il se réinstalle à Paris, aux Tuileries.

Un partage de l'Europe

La guerre reprend et le congrès de Vienne s'achève rapidement. Le 8 juin 1815, il se sépare après la signature d'un acte final qui réorganise l'Europe au profit des quatre grandes puissances.

L'Angleterre obtient le rattachement de la Belgique aux Pays-Bas dont le souverain, le prince d'Orange, est lié à la famille royale anglaise. L'Autriche renforce son influence sur l'Italie du Nord en brisant la volonté d'indépendance de la Lombardie et en redonnant au pape tous ses États centraux – Ravenne, Bologne, Ferrare, le Bénévent. L'Italie n'est pas unie : c'est ce que recherche l'Autriche. La Prusse, arrêtée dans ses visées vers la Saxe, se rabat sur la Rhénanie : c'est l'origine de son ambition pour l'Alsace française. La Russie, elle, domine une Pologne qui n'est indépendante que sur le papier.

Le Congrès de Vienne *(gravure italienne de 1815). De gauche à droite, on reconnaît : Wellington (représentant de l'Angleterre), Talleyrand (représentant de la France) et Metternich (représentant de l'Autriche).*

Le Gâteau des rois, ou le partage de l'Europe par le congrès *(caricature française contemporaine) : sous la table, Talleyrand et le portrait de Louis XVIII.*

Aux origines du nationalisme romantique

La Révolution française a apporté à l'Europe une idée nouvelle : celle du droit des peuples à disposer d'eux-mêmes. Le temps des États multinationaux dont le seul principe de cohérence est le souverain qui regroupe, par le jeu des héritages, des territoires multiples sous sa couronne, semble toucher à sa fin. Or le congrès de Vienne le renforce : les « Quatre Grands » ne sont-ils pas quatre grands monarques ? Nulle place n'est faite aux revendications d'indépendances qu'elles soient belges, allemandes, italiennes ou polonaises. Des minorités la réclament de plus en plus fort : l'histoire européenne du XIXe siècle devient celle de ces luttes pour l'indépendance. Le premier acte se passe en Grèce en 1820 ; le deuxième en Belgique en 1830. Tous ces épisodes de gloire nourrissent l'exaltation de la jeunesse romantique qui trouve là une noble cause.

L'Europe partagée : du congrès de Vienne à Yalta

Un congrès qui prélude à d'autres. Le congrès de Vienne préfigure les grands sommets de l'époque contemporaine. Il met en avant quelques grandes puissances qui vont imposer leur politique à l'Europe. Pendant tout le XIXe siècle, ces puissances sont européennes, essentiellement la France, l'Angleterre, l'Autriche, la Prusse et la Russie. La nouveauté du XXe siècle réside dans l'irruption des États-Unis puis de l'U.R.S.S. communiste dans le jeu européen.

De Vienne à Versailles. Les grands conflits du XIXe siècle (question d'Orient, conquêtes coloniales, guerre de Crimée) débouchent sur des arbitrages franco-anglais pour la plupart. La guerre franco-allemande de 1870 ne donne lieu à aucune conférence internationale. En revanche, la Première Guerre mondiale, qui est une guerre européenne devenue mondiale parce que l'Europe domine le monde, est réglée sur le plan diplomatique par la conférence de la paix, qui se tient à Versailles entre 1919 et 1920. Un conseil des « Quatre Grands » – France, Royaume-Uni, États-Unis, Italie – règle le sort de toute l'Europe, redécoupe les frontières et crée une dizaine de nouveaux États en démantelant l'Autriche-Hongrie.

Après la Seconde Guerre mondiale : conférences et institutions internationales. Pareillement, la Seconde Guerre mondiale repose la question de la carte de l'Europe. À Téhéran en 1943 et à Yalta en février 1945, Staline pour l'U.R.S.S., Roosevelt pour les États-Unis, Churchill pour le Royaume-Uni élaborent une nouvelle Europe. Moins qu'un partage d'aires d'influence, Yalta est une négociation où les Occidentaux sont obligés de prendre en compte l'avance de l'Armée rouge dans toute l'Europe. La création de l'O.N.U. et la structure de son Conseil de sécurité avec cinq membres permanents – États-Unis, U.R.S.S., France, Grande-Bretagne, Chine – indiquent bien cette tendance des grandes puissances à « diriger » les affaires du monde.

→ **Voir aussi :** p. 210-211 (1830) ; p. 212-213 (création de la Belgique) ; p. 214-215 (1848) ; p. 218-219 (unité italienne) ; p. 222-223 (Sadowa).

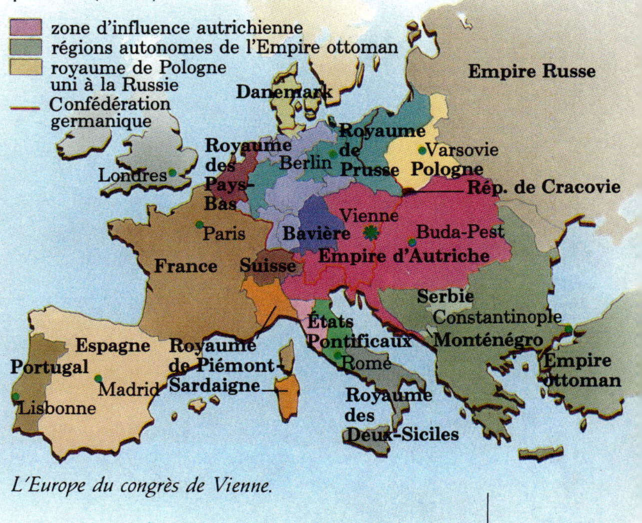

L'Europe du congrès de Vienne.

La vraie fin de l'Empire napoléonien

WATERLOO

Au soir du 18 juin 1815, Napoléon n'est plus qu'un vaincu abandonné des Français. Demeurent seulement autour de lui les fidèles entre les fidèles : ses amis militaires. Celui qui, en avril 1814, avait délaissé une première fois le pouvoir, se voit en cette soirée écrasé par le destin.

En avril 1814, Napoléon abdique mais les Européens lui laissent le titre d'empereur et la souveraineté sur l'île d'Elbe. Le gouvernement français doit en plus lui verser deux millions de francs par an. Tandis que Napoléon est en exil, l'Europe apprend à vivre sans celui qui, par ses guerres et ses conquêtes, la terrorisait. Les grandes puissances réunies à Vienne pensent une nouvelle Europe au mieux de leurs intérêts. Soudain, le 7 mars, arrive une nouvelle stupéfiante : Napoléon a débarqué à Golfe-Juan et gagne Paris. Il y arrive le 20 mars, forçant le roi

La première Restauration et le retour de l'île d'Elbe

Le 30 mars 1814, les Alliés sont aux portes de Paris. L'Empire s'est effondré. À Fontainebleau, entouré de ses généraux et de ses troupes, **Napoléon abdique le 6 avril 1814.** Il s'embarque le 28 avril pour l'île d'Elbe, que les Alliés lui donnent comme territoire. Louis XVIII est proclamé roi.

Parti de France dès 1790, le nouveau souverain doit prendre en compte les transformations révolutionnaires. Il accepte la collaboration d'un homme comme Talleyrand, serviteur fidèle de Napoléon, mais qui sait se rallier au nouveau régime. **Louis XVIII accorde une Charte constitutionnelle** qui garantit un certain nombre d'acquis révolutionnaires. Contraint d'assumer les conséquences de la défaite militaire, **le pouvoir est vite impopulaire.**

Lorsque **Napoléon débarque le 1er mars 1815** à Golfe-Juan pour gagner Paris, sa route est un long ralliement des populations à l'Empereur.

La Bataille de Waterloo *(peinture de F. Philipotteaux, Londres, Wellington Museum).*

Un des épisodes de la bataille de Waterloo : l'Entrée des Prussiens dans Planchenois *(peinture de A. Northen).*

Napoléon Ier après l'abdication *(portrait par P. Delaroche, Paris musée de l'Armée, détail).*

Louis XVIII à reprendre le chemin de l'étranger. Déjà, cette remontée spectaculaire provoque des remous. En France, ceux qui ont servi Napoléon et l'avaient abandonné le retrouvent : c'est le cas célèbre du maréchal Ney. L'Europe s'inquiète de cette nouvelle ferveur de la France napoléonienne. Elle s'organise pour abattre cet usurpateur, ce hors-la-loi qui remet en cause et la paix en Europe et les ambitions des quatre grandes puissances de l'époque : l'Autriche, l'Angleterre, la Russie et la Prusse.

Une terrible infériorité en hommes

Napoléon, conscient du caractère inévitable de la guerre, cherche d'abord à la retarder, puis à la provoquer où il veut. Les Alliés disposent de 700 000 hommes. Napoléon souhaite en rassembler 800 000 d'ici la fin de l'année 1815. Mais le temps joue contre lui en ce sens qu'il renforce l'urgence d'agir pour les Alliés.

Napoléon décide avec ses maréchaux – Ney, Suchet, Davout, Soult et Grouchy – de porter l'offensive en Belgique où des troupes anglaises et prussiennes se rassemblent. Le chef anglais, le duc de Wellington, celui qui a infligé à Napoléon la perte de l'Espagne, et le maréchal Blücher risquent de faire leur jonction et de fondre sur la France. Napoléon et son armée se mettent en route. Ils passent la Sambre le 15 juin. L'affrontement commence.

Sur le plan militaire, il faut que Napoléon batte 220 000 hommes avec une armée de 130 000 hommes. Cette infériorité numérique commande toute l'action de ces quatre journées. Wellington dispose de 100 000 hommes et Blücher de 120 000. Tout doit être fait pour empêcher la jonction.

Le 16 juin, à Ligny, un premier accrochage avec l'armée de Blücher retarde l'avance allemande. Cependant, pour pousser l'avantage, Napoléon doit lancer 30 000 hommes à leur poursuite pour les harceler et les retarder. Cela, en fait, accentue son infériorité numérique. Que peuvent faire 30 000 hommes contre 120 000 ?

« Waterloo, morne plaine... »

Le 18 juin, à Waterloo, sur un terrain légèrement ondulé, se produit une nouvelle rencontre avec l'armée anglo-hollandaise de Wellington. Napoléon dispose de 74 000 soldats. Wellington se place en position défensive : il compte sur l'arrivée de Bülow et Blücher et de leurs 12 000 soldats. La pluie a retardé l'avance des Français ; le combat ne peut s'engager qu'à partir de 9 h 30 du matin. Le plan de bataille consiste à attaquer le centre du dispositif militaire anglais et à le désorganiser. Vers 13 heures, Napoléon apprend que les Prussiens arrivent. À 13 h 30, le maréchal Ney lance une première attaque sur les Anglais. Elle échoue. Napoléon fait prévenir Grouchy de revenir à Waterloo pour lutter contre les Prussiens. L'ordre ne parvient qu'à 15 h 30. Ce retard est décisif.

À 15 h 30, la cavalerie charge mais l'artillerie anglaise repousse une nouvelle fois l'attaque. À 17 h 30, la Garde – réserve de Napoléon – entre dans le combat. Ney tente une troisième charge et échoue à nouveau. Pourtant, malgré l'échec des offensives, les Français tiennent bon. Bülow est arrivé mais n'a pas renversé le rapport de forces. Court répit en vérité ! Un nouveau corps prussien, commandé par Ziethen, arrive. Cette fois-ci, l'armée de Napoléon est submergée par la masse. La nuit tombe peu à peu. La débandade commence. Seule demeure la Garde.

Du soleil d'Austerlitz à la solitude de Sainte-Hélène

Cet échec militaire marque la fin de l'épisode des Cent-Jours. L'Aigle n'est plus qu'un prisonnier aux mains des Anglais. Celui qui a fait trembler l'Europe, dont la gloire s'inscrit dans un chapelet sonore de victoires : Iéna, Ulm, Austerlitz..., s'embarque vers une île de l'Atlantique, une île perdue et isolée.

La France paie lourd cet échec. Le deuxième traité de Paris, celui de 1815, la ramène aux frontières de 1790, lui impose 700 millions de francs d'indemnité à payer aux puissances victorieuses et une occupation militaire pendant cinq ans.

Le génial militaire, le gouvernant inventif laisse son pays dans le désastre. Mais son nom, qui suscite la haine pour certains, entre dans la légende pour les autres.

La légende napoléonienne

Le fruit d'une propagande. Général de l'armée d'Italie, Bonaparte avait soin de diffuser une image flatteuse de lui. Dans les journaux destinés à ses troupes, il fait écrire : « Bonaparte vole comme l'éclair et frappe comme la foudre. » Ses victoires successives, son pouvoir politique et son titre impérial renforcent cette propagande. Avec le déclin de l'Empire et les difficultés des derniers temps – levées en masse, présence des armées étrangères en France – l'épopée napoléonienne perd de son prestige.

Nostalgies d'après l'Empire. Rapidement la jeunesse romantique – Hugo, Musset, Vigny – exalte l'époque héroïque et la compare avec la morosité de la France des Bourbons et de Louis-Philippe. Balzac, dans son immense fresque *la Comédie humaine,* met en scène des héros oubliés et des Français vivant dans le souvenir de l'Empereur. En 1840, les cendres de Napoléon reviennent de Sainte-Hélène. Leur transfert aux Invalides, le 15 décembre, est suivi par une foule immense. L'arc de triomphe de l'Étoile, à Paris, est inauguré pour l'occasion : la longue liste des victoires de l'Empereur y est gravée.

Une grandeur qui persiste. En 1852, le neveu de Napoléon est élu président de la République. En 1852, il devient Napoléon III. Il doit son succès à la popularité posthume de son oncle. L'effondrement du second Empire apporte un coup d'arrêt à cette légende. Mais, bien vite, elle reprend ses droits. Napoléon devient au XXe siècle un personnage de film. Littérature, peinture, cinéma : tous les arts se sont nourris de ce personnage au destin fascinant qui, en retour, y puise sa dimension légendaire.

Laennec décrit les formes de la phtisie

LA TUBERCULOSE

En 1819, le Français René Laennec, inventeur du stéthoscope, publie le premier traité d'auscultation. Il applique sa méthode à la maladie qui le ronge lui-même et dont il meurt sept ans plus tard, à 45 ans : la tuberculose.

Connue depuis l'Antiquité, la tuberculose, appelée aussi « phtisie » (du grec *phtio* : « je détruis »), connaît une nette recrudescence en Angleterre au milieu du XVIIIe siècle puis s'étend dans toute l'Europe. Elle devient la maladie prédominante du XIXe siècle, celle qui obsède médecins et romanciers. Affectant alors surtout de jeunes adultes, elle conduit ses victimes à la mort dans un délai de 18 mois à deux ans. Ses ravages sont considérables : malgré l'amélioration des conditions de vie, et donc de la résistance humaine, elle cause encore 12 % des décès dans la France de 1900.

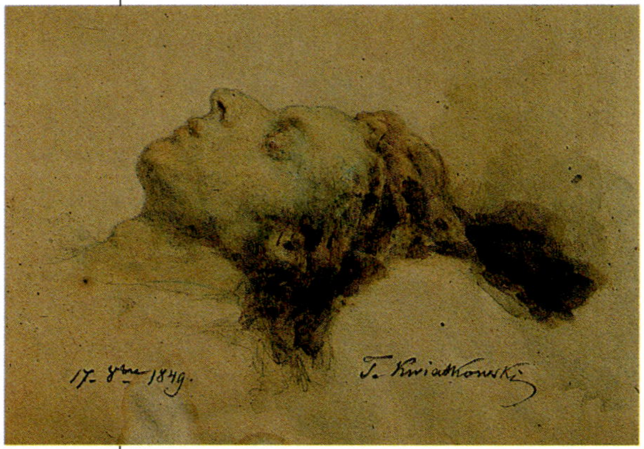

La destruction des poumons

Même si elle peut attaquer tous les organes, des méninges à l'intestin grêle en passant par les os, les reins ou l'utérus, la tuberculose prend, dans 80 % des cas, la forme d'une maladie pulmonaire. L'apport essentiel de Laennec est de montrer l'unicité de la maladie à ses différents stades et de distinguer sa forme pulmonaire des autres affections respiratoires.
Les auteurs du XIXe siècle décrivent ainsi le cycle de la maladie. Le malade souffre d'abord d'amaigrissement, s'affaiblit, est secoué d'une petite toux sèche, expectore, sue abondamment la nuit, ressent des douleurs entre les épaules et au thorax, manifeste souvent des troubles digestifs et voit sa température s'élever le soir. À l'auscultation, le médecin perçoit un bruit sec et râpeux, un léger râle crépitant, des craquements. Après quelques mois, la toux devient fréquente et douloureuse. Les crachats se font verdâtres, avec des parcelles blanches solides. Le malade vomit, perd l'appétit, a des accès de fièvre. La diarrhée l'affaiblit encore. Le stéthoscope — nouvel et précieux instrument — transmet des gargouillements (un « bruit de pot fêlé »

Chopin, l'Aiglon, Mme de Beaumont — la maîtresse de Chateaubriand — ou Marie Duplessis — l'inspiratrice de la Dame aux Camélias : innombrables sont les victimes, célèbres ou anonymes, de la tuberculose (Portrait de Chopin sur son lit de mort, *dessin de Th. Kwiatwoski, Paris, Société historique et littéraire polonaise*).

Consultation *(peinture de H. von Habermann, Berlin, Musée d'État). Au XIXe siècle, le médecin sait désormais reconnaître la maladie ; il ne sait pas la soigner.*

Les colonies du bacille de la tuberculose, dit bacille de Koch.

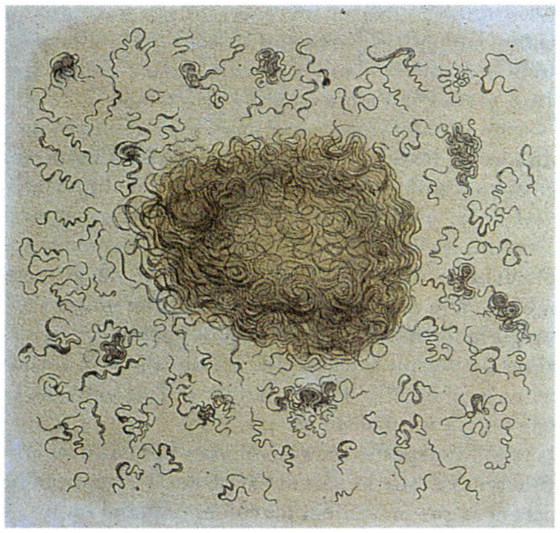

De la phtisie au bacille de Koch

L'Antiquité classique désigne sous le nom de phtisies un ensemble de maladies amaigrissantes à évolution lente, souvent pulmonaires. Puis, au Moyen Âge, les écrouelles, inflammations mortelles des ganglions lymphatiques, sont fréquentes. Petit à petit, au XIXe siècle, grâce aux travaux de Laennec, ces maladies que l'on croyait diverses sont reconnues comme étant les diverses formes d'un mal unique, la tuberculose.
La preuve définitive de l'unicité de la maladie est donnée en 1884 par Robert Koch, qui isole le bacille responsable de la tuberculose et lui donne son nom. C'est un bâtonnet de 1,5 à 3,5 millièmes de millimètre de long pour 0,3 de diamètre, que détruisent une température de 100 °C, l'exposition prolongée au soleil ou certains antiseptiques, mais qui se développe fort bien dans l'obscurité d'une maison mal aérée ou dans les organismes qu'il contamine. Ce bacille s'avère très contagieux : il est diffusé à partir des crachats des malades ou simplement par leur respiration, qui le répand en fines gouttelettes suspendues dans l'air…

selon Laennec) ou le son d'une « voix caverneuse » venue directement du thorax. Peu avant la mort, les crachats se font grisâtres et un œdème peut se déclarer. Parfois, la fin est brutale, après une violente hémorragie, possible à tout moment de la maladie.

Dans la première phase, les autopsies montrent des granulations semi-transparentes, de la taille d'un grain de millet à celle d'un pois, qui envahissent les poumons. Par la suite, celles-ci s'amollissent, deviennent blanchâtres, comme « une boule de fromage qui s'écrase sous le doigt ». C'est cette bouillie, jaunâtre, que le malade expectore péniblement. À sa place apparaissent des « cavernes », de la taille d'une noisette à celle d'un poing, remplies ou non de liquide. Les poumons, détruits, ne peuvent plus remplir leur office.

Les visages changeants de la maladie

Pendant tout le siècle, le fléau polarise autour de lui les fantasmes. Autour de 1840, c'est la maladie des romantiques : on l'associe aux « humeurs tristes », réputées distinguées; on constate qu'elle affaiblit mais laisse lucide, faisant du malade un spectateur impuissant — ce que toute une génération se sent être, au lendemain de l'épopée napoléonienne. On la croit maladie des élites, de l'Aiglon, le fils de Napoléon Ier, à Chopin; et, surtout, maladie de femmes, de Mme de Beaumont, dépeinte par Chateaubriand, à Marie Duplessis, modèle de *la Dame aux Camélias* de Dumas fils et de *la Traviata* de Verdi.

La fin du siècle découvre au contraire qu'elle frappe aussi, sinon avant tout, les pauvres. Les moralistes dénoncent alors le rôle de l'alcoolisme, d'un habitat négligé ou d'excès sexuels, qui font du malade l'artisan de son malheur, et accusent la ville, source de tous les maux, alors que le mal tue tout aussi bien au fin fond des campagnes. Depuis 1865, on sait que la maladie est contagieuse; la bourgeoisie s'affole, jette à la rue la bonne qui commence à tousser. Les syndicalistes, eux, commencent à dénoncer un fléau dû à la misère et à l'exploitation : en 1901, Fernand Pelloutier, père des Bourses du travail, souligne que la phtisie tue proportionnellement quatre fois plus dans le XIVe arrondissement de Paris, alors misérable, que dans le quartier de l'Opéra...

Un long chemin vers les remèdes

Malgré des progrès réels dans la connaissance des causes de la maladie, les médecins restent désarmés. Aux malades fortunés, ils prônent la cure de repos, la suralimentation, l'air marin, un climat bénéfique, à Madère, à Naples ou dans le sud de la France. Il ne s'agit que d'aider la nature, de favoriser une guérison spontanée. Au milieu du siècle, les Allemands Hermann Brehmer et Peter Dettweiler inventent le sanatorium, qui combine ces différents éléments, coupe les malades du monde durant des mois et des années et inspire toute une littérature d'où émerge le roman de Thomas Mann *la Montagne magique.*

D'immenses espoirs sont ouverts par la découverte du bacille, en 1884, par l'Allemand Robert Koch. Pourtant, ce n'est qu'en 1921 que les savants Albert Calmette et Camille Guérin isolent un bacille inoffensif, donc un vaccin, le B.C.G. (pour vaccin *bilié de Calmette et Guérin*). Le traitement préventif, vite généralisé puis bientôt obligatoire dans la plupart des pays du monde, entraîne un recul rapide de la maladie. Mais, pour les personnes néanmoins atteintes, le mal reste fort grave, jusqu'à l'invention, pendant la Seconde Guerre mondiale puis après la guerre, de médicaments efficaces : la streptomycine, l'isoniazide ou le rimifon. Dans les années 50, enfin, la tuberculose est vaincue dans les pays industrialisés, les sanatoriums se vident, on oublie rapidement la terreur qu'inspirait à juste titre la maladie. Celle-ci, néanmoins, continue à sévir dans le tiers-monde, où elle tue 3 millions de personnes environ chaque année, et elle menace même de reparaître en Occident, à la faveur d'un assouplissement de la réglementaion sur la vaccination.

Sanatorium dans les années 1940.

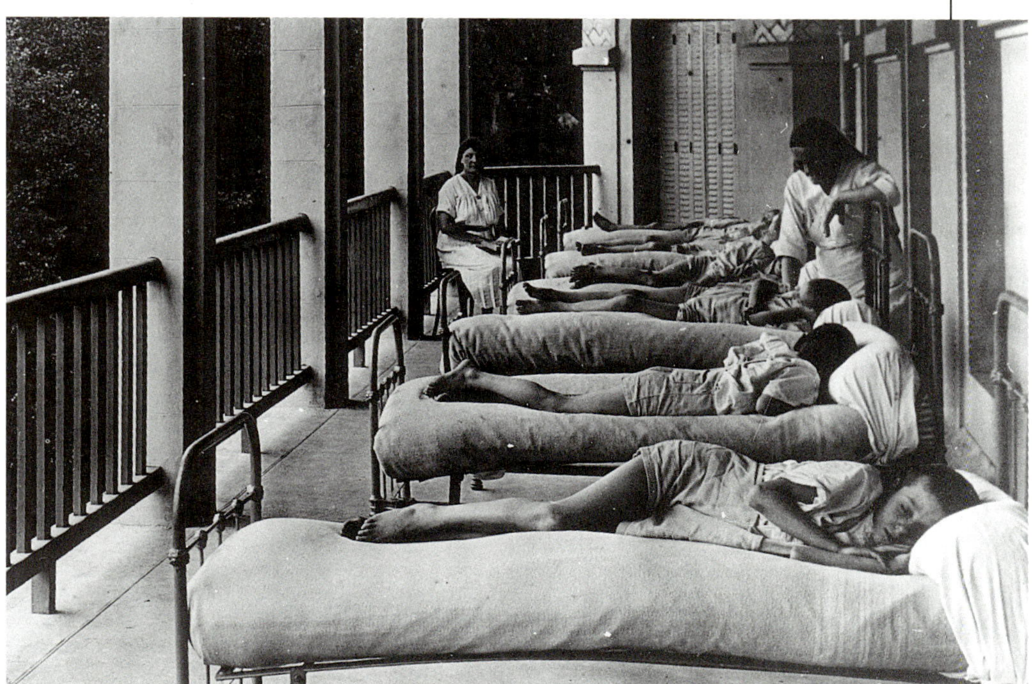

La révolution industrielle triomphe en Angleterre

UN ÂGE NOUVEAU

Grâce à ses bassins houillers et à ses centres sidérurgiques, la Grande-Bretagne, dès le début du XIXe siècle, acquiert une telle suprématie économique et technique qu'elle devient la nation la plus riche du monde. Les progrès technologiques entraînent la constitution d'une société essentiellement urbaine et modifient radicalement le monde du travail.

Les nouvelles machines dans l'industrie cotonnière. La mécanisation précoce des manufactures britanniques permet la croissance de la production et occasionne les premières crises de sous-emploi (gravure du XIXe siècle).

L'expression « révolution industrielle » est employée plus ou moins justement pour désigner l'accélération des transformations économiques et sociales du monde moderne à partir du XIXe siècle. Première nation à entrer dans l'ère industrielle, la Grande-Bretagne, devenue en quelques décennies l'« atelier du monde », sera suivie par les pays de l'Europe continentale et par les États-Unis.

Des facteurs de mutation

Dès la fin du XVIIIe siècle, la Grande-Bretagne réunit les conditions favorables à un formidable essor. Conditions technologiques d'abord, dues à l'avance des ingénieurs anglais. Dans le domaine du textile, James Hargreaves puis Richard Arkwright et Samuel Crompton sont ainsi les inventeurs des machines à tisser mécaniques. Pour faciliter le travail des mines, James Watt perfectionne la machine à vapeur de façon à en faire un outil pratique et enfin rentable. La métallurgie britannique accomplit aussi de considérables progrès : le coke des mines est substitué au charbon de bois pour traiter le minerai de fer destiné à fabriquer la fonte, et les procédés nouveaux du puddlage et du laminage accélèrent le travail de ce métal. D'autres facteurs interviennent également. La Grande-Bretagne développe précocement une infrastructure de communication : un réseau de canaux est créé pour le transport des matières premières, et les chevaux qui tirent les wagons sur les voies ferrées sont remplacés par la locomotive à vapeur inventée par Richard Trevithick et perfectionnée par George Stephenson à partir de 1814. Enfin, du fait de l'étendue de son empire, le pays peut compter sur de nombreux marchés extérieurs qui stimulent sa production.

La révolution industrielle sur le continent

La révolution industrielle anglaise sert de modèle aux pays du continent. Parce qu'ils disposent de gisements houillers, condition indispensable à la transformation de l'économie, trois États, la Belgique, la France et l'Allemagne, peuvent suivre l'exemple britannique.

La Belgique. Grâce à ses mines des vallées de la Sambre et de la Meuse, elle est la première à devenir une puissance économique de premier plan sur le continent. Ses productions de charbon, fer et acier, son industrie textile en font à la veille de la Première Guerre mondiale la nation la plus industrialisée de l'Europe continentale.

La France. Elle surmonte ses handicaps dus au ralentissement de sa croissance démographique (moins de main-d'œuvre et moins de consommateurs) et à une production plus limitée de charbon (un tiers de celle de la Belgique) grâce à une technologie très avancée. La production de charbon quintuple entre 1820 et 1847, permettant l'essor de nombreuses industries.

L'Allemagne. Morcelée en plusieurs régions, l'Allemagne a des difficultés à se moderniser et connaît un développement accéléré après l'unification. Ainsi, après 1870, la Ruhr devient la principale région de production de houille, et les industries chimiques allemandes connaissent un essor remarquable.

Liée à la présence de charbon, la géographie de l'industrie en Europe au XIXe siècle confère à certaines régions une avance décisive et explique **le retard des régions méridionales de l'Europe** (Espagne, Portugal et Mezzogiorno italien). Elle ne commence à se modifier que lorsqu'une nouvelle source d'énergie, l'électricité — ou « houille blanche » —, exploitée à partir de chutes d'eau et facilement transportable, permet de créer des industries dans les régions dépourvues de charbon.

De l'artisanat à l'industrie moderne

Dès l'origine, le développement industriel en Grande-Bretagne connaît un essor différent selon la région. Alors que le Sud-Est reste en majorité agricole, les industries se concentrent dans les Midlands, le Nord et le Nord-Ouest. Dans ces régions, l'urbanisation s'accélère de manière impressionnante : à Manchester, centre de l'industrie cotonnière du Lancashire, la population décuple entre 1760 et 1830. On calcule que, au XIXe siècle, neuf Anglais sur dix vivent déjà dans une ville. Parallèlement, la production et l'exportation se développent : le coton fourni par les manufactures anglaises est exporté à plus de 90 % et fournit 10 % du revenu national, tandis que la production du fer et du charbon triple entre 1830 et 1850. Pour témoigner des prouesses techniques de l'industrie anglaise, le prince de Galles Albert conçoit l'idée de l'Exposition universelle, qui s'ouvre en 1851 : les visiteurs du monde entier se pressent alors dans le Crystal Palace, imposant bâtiment de 70 000 m^2 construit en structure métallique et verre, manifeste et vitrine du triomphe industriel britannique.

Les hommes et la révolution industrielle

La mutation économique a pour contrecoup une intense évolution sociale. Les grands patrons d'industrie se regroupent en une véritable aristocratie, qui, bientôt, domine la vie politique, alors que, parallèlement, un prolétariat ouvrier se développe. Travaillant jusqu'à quinze heures par jour dans des conditions très pénibles, hommes, femmes et enfants constituent une masse misérable, mal payée et sujette au chômage. L'écrivain Charles Dickens choisit pour sujet de plusieurs de ses romans *(le Magasin d'antiquités, Oliver Twist)* les conditions de vie dégradantes de cette population transplantée de la campagne vers les centres industriels. Pour contrôler les plus défavorisés, une loi de 1834 crée les terribles asiles pour indigents, ou *workhouses,* dans lesquels les pauvres, séparés de leur famille et soumis à une discipline de fer, perdent à la fois liberté et dignité. Dès lors, malgré une timide législation en faveur des travailleurs (le droit de coalition et de grève est accordé en 1825), les conflits sociaux se multiplient : de 1811 à 1813, les *luddites,* ouvriers de l'industrie textile de Nottingham, détruisent les machines, qu'ils accusent de les priver de leur emploi. En 1817, des travailleurs de Manchester organisent une marche sur Londres et sont dispersés par l'armée. Le mécontentement ouvrier conduit à la formation des trade-unions, les premiers syndicats anglais, et c'est en étudiant les conditions du capitalisme britannique que le philosophe Karl Marx jette les bases du socialisme et organise la première Association internationale des travailleurs (A.I.T.).

→**Voir aussi** : p. 338-339 (le rail et le chemin de fer; p. 394-395 (La Ier Internationale).

Le « pays noir » britannique. L'industrialisation, qui se fixe près des mines de charbon, modifie profondément le paysage (gravure du XIXe siècle).

À l'orphelinat, le petit Oliver Twist, héros d'un roman de Charles Dickens, ose demander un surcroît de soupe. (illustration pour Oliver Twist).

Un égyptologue perce le secret des hiéroglyphes

Cartouche – ou compartim destiné au nom du pharaon Ramsès le premier déchiffré par Champoll (Égypte, inscript du temple d'Abou Simb

CHAMPOLLION

« Je tiens l'affaire ! » s'exclame le 14 septembre 1822 un certain Jean-François Champollion. L'affaire, c'est la clé de l'écriture hiéroglyphique, perdue depuis 1 500 ans.

Avec la fermeture des derniers temples égyptiens à la fin du IVe siècle de notre ère, le voile est tombé sur la langue et la civilisation de l'Égypte antique. C'est à ce grand génie qu'il appartient de les faire renaître. Ce n'est pas que d'autres savants n'aient tâché avant Champollion d'élucider le mystère des hiéroglyphes. À la fin du XVIIIe siècle, les seuls acquis de leurs travaux sont d'une part l'hypothèse selon laquelle le copte, parlé en Égypte jusqu'au XIIIe siècle, puis utilisé pour la liturgie chrétienne, est le dernier état de la langue antique et d'autre part l'idée que les ovales ou cartouches répétés sur les monuments renferment les noms des rois.

Où l'on reparle des hiéroglyphes

Au XIXe siècle, l'expédition d'Égypte, entreprise par Bonaparte, révèle à une Europe émerveillée la splendeur des monuments pharaoniques. De 1798 à 1801, les savants de l'expédition relèvent, décrivent, dessinent inlassablement les antiquités. Ils publient ensuite leurs travaux dans la gigantesque *Description de l'Égypte.* Alors que cet ouvrage excite la curiosité du public et renouvelle l'intérêt des chercheurs, il devient de plus en plus évident que la compréhension de la civilisation pharaonique passe par le déchiffrement de son écriture et de ses textes. Là encore, l'expédition d'Égypte joue un rôle capital : elle procure aux savants un précieux document, trouvé par un officier français dans la ville de Rosette. Il s'agit d'une stèle portant trois inscriptions dont l'une, rédigée en grec, est un décret pris sous le roi Ptolémée V et daté de 196 avant notre ère. Il paraît certain que les deux autres textes sont la traduction du grec en hiéroglyphes et sa répétition dans une écriture cursive, le démotique. Voici enfin le texte bilingue indispensable au déchiffrement ! Après la capitulation française, la pierre de Rosette, saisie par les Anglais, est expédiée à Londres. Estampes et copies permettent cependant aux Français, parmi lesquels Jean-François Champollion, de l'étudier.

L'égyptologie

L'égyptologie, qui consiste à étudier **l'histoire et la civilisation de l'Égypte pharaonique,** couvre une période qui va de 3000 environ avant notre ère à 392 de notre ère.

Après avoir déchiffré les hiéroglyphes, Champollion donne à cette science ses **premiers outils** avec la *Grammaire égyptienne,* le *Dictionnaire égyptien en écriture hiéroglyphique,* les *Monuments de l'Égypte et de la Nubie* et leurs *Notices descriptives.*

Dans la première moitié du XIXe siècle s'organisent **les grandes expéditions** qui ont pour but de relever textes, bas-reliefs et plans des monuments. Puis, après 1850, **l'égyptologie moderne** s'établit sur place, avec le Service des antiquités de l'Égypte, le musée du Caire, les instituts archéologiques, les missions des universités, des musées...

Des années d'efforts

Dès son jeune âge, Jean-François Champollion, fils d'un libraire de Figeac, dans le Lot, étudie avec passion, à Grenoble puis à Paris, les langues orientales : l'arabe, l'hébreu, le chaldéen ou araméen, puis l'éthiopien et surtout le copte, sans lequel il est impossible de parvenir à la solution. Armé d'une solide connaissance des langues et de l'histoire antique, ce passionné de l'Égypte entreprend en 1809 l'étude de la pierre de Rosette. D'autres savants, comme l'orientaliste Isaac Silvestre de Sacy, le Danois David Akerblad et surtout le physicien anglais Thomas Young, se penchent sur l'énigme. Sans résultat décisif.

Après des années passées à examiner la pierre de Rosette, Jean-François Champollion établit un début d'alphabet à partir des cartouches contenant les noms des souverains étrangers qui sont traduits alphabétiquement en hiéroglyphes. Par comparaison avec le grec, il obtient la valeur des signes. Puis il

Jean-François Champollion (1790-1832) [portrait par L. Cogniet, Paris, musée du Louvre] et la « pierre de Rosette » (Londres, Brit. Mus.), qui est à l'origine du déchiffrement des hiéroglyphes par l'égyptologue en 1822.

En 1822, Champollion n'est jamais allé en Égypte : il découvre ce pays six ans plus tard, lors d'une expédition franco-toscane (G. Angelelli, Florence, Musée archéologique).

L'Égypte est à la mode

Le XVIIIe siècle. C'est le moment où l'Égypte apparaît en force dans l'art occidental, tandis que les voyageurs, en nombre croissant, initient leurs contemporains à l'art égyptien. Les parcs s'ornent de pyramides et d'obélisques. On érige les premières tombes aux formes égyptiennes. Le décor intérieur est bientôt gagné par cette mode, tel celui du Café anglais de Rome réalisé par Piranèse ou celui de la salle réservée aux antiques dans la villa Borghèse à Rome.

Avant la Révolution. Sous le règne de Louis XVI, la fièvre égyptisante se propage. Le mobilier, fauteuils, chenets, pendules, se coiffe de la couronne égyptienne, se transforme en sphinx...

Sous Napoléon. Le courant s'amplifie à partir de l'expédition d'Égypte. Rien n'est épargné par cette vague égyptisante. Pas même la vaisselle qui, comme les porcelaines de la Manufacture de Sèvres, emprunte désormais fréquemment son décor aux rives du Nil.

Après le premier Empire. La mode égyptisante gagne les objets de la vie quotidienne et devient plus populaire. À la fin du XIXe et au XXe siècle, tout en s'intégrant à l'Art nouveau et à l'Art déco, elle s'empare de nouveaux supports, le cinéma et la bande dessinée, fascinés par son goût du mystère. Aujourd'hui, elle est encore très présente dans la publicité et, dans l'architecture, la pyramide du Louvre est le meilleur exemple de sa permanence.

démontre que l'écriture égyptienne ne peut être purement idéographique. Jusque-là, on croyait que chaque signe représentait un mot ou une phrase. Ce qui est impossible puisque les hiéroglyphes de la pierre de Rosette sont trois fois plus nombreux que les mots grecs. En outre, il constate la présence dans le texte de signes alphabétiques. Il comprend alors que le système hiéroglyphique est une combinaison d'idéogrammes et de signes phonétiques. Il approche de la solution.

La fin du mystère

Le 14 septembre 1822, Champollion étudie de nouveaux cartouches. Au début du premier figure le soleil, qui se dit *ra* en copte. À la fin, le signe alphabétique *s* est répété deux fois. Il a alors l'idée de donner au signe restant la valeur *m* et il obtient... Ramsès. Il a réussi ! Jean-François Champollion a déchiffré les hiéroglyphes ! Il a prouvé son hypothèse. La langue égyptienne mêle bien dans le même mot des signes idéographiques, qui notent ce qu'ils représentent, tel le soleil dans Ramsès, et des signes phonétiques. Quelques jours plus tard, il lit à l'Institut de France une communication intitulée *Lettre à M. Dacier relative à l'alphabet des hiéroglyphes phonétiques.* Celle-ci n'annonce pas le déchiffrement, mais prouve seulement l'existence des signes alphabétiques dans les cartouches royaux tardifs. Ce n'est qu'en 1824 que Champollion publie sa découverte dans *Précis du système hiéroglyphique.*

Le déchiffreur consacre ses dernières années à poser les bases de la nouvelle science. Tout en préparant grammaire et dictionnaire, il organise le musée égyptien du Louvre dont il est le premier conservateur. En 1828 et 1829, il dirige en Égypte une expédition franco-toscane qui relève les textes, bas-reliefs et plans des monuments. Après sa mort en 1832, son frère J. J. Champollion-Figeac se charge de publier ses travaux.

1826

L'image du monde fixée

LA PHOTOGRAPHIE

Événement d'une importance majeure, les techniques photographiques s'imposent rapidement dans un nombre considérable de domaines, aussi bien intellectuels ou scientifiques qu'artistiques. Elles s'y substituent en partie au dessin et à la gravure et assurent la relève de la description sensible par la reproduction précise et irréfutable du réel.

La photographie rend caduque l'activité de nombreux portraitistes au XIXe siècle, comme celle des graveurs qui illustrent l'actualité dans les journaux du temps, tandis que les voyageurs occidentaux se mettent à manier plus volontiers l'appareil photographique que la mine de plomb, lorsqu'ils veulent reproduire des vues de voyages. Jusqu'aux peintres impressionnistes, dont on peut se demander dans quelle mesure leur œuvre n'est pas une peinture d'instantanés, une photographie colorée en quelque sorte.
La nouvelle technique introduit ainsi une révolution de l'ordre du regard mais aussi du savoir. Elle s'impose dans les domaines de la science et de la technique. En astronomie, en biologie, en physique ou en médecine, son introduction sert d'aiguillon à la recherche, quand elle n'est pas, elle-même, la source de nouvelles découvertes.

Camera obscura

L'histoire de la photographie est ancienne et elle est double. Elle concerne en effet deux domaines distincts : l'optique, qui livre l'image, et la photochimie, qui la fixe. L'optique photographique dérive du principe de la *camera obscura,* ou chambre noire, inventée vers la fin du Xe siècle par le savant arabe Ibn al-Haytam. Comme son nom l'indique, la chambre noire est une pièce plongée dans l'obscurité. On perce, dans un mur ou dans une persienne, un trou qui projette une image inversée du dehors sur un mur ou sur un écran blanc situé dans la pièce. Cette technique d'observation est utilisée pendant cinq siècles pour l'étude des éclipses solaires, trop dangereuses pour l'observation à l'œil nu. Son usage est aussi recommandé par Giambattista Della Porta en 1558, pour la reproduction précise d'images par le dessin.

L'ancêtre des objectifs

En 1550, Girolamo Cardano a l'idée du premier objectif : une lentille biconvexe placée devant l'orifice, qui produit une image plus nette et plus brillante. En 1568, Daniele Barbaro intègre un diaphragme à cette lentille, ce qui permet de régler la quantité de lumière entrant dans la pièce. En 1573, Ignatio Danti interpose un miroir concave pour redresser l'image. La première *camera obscura* portative, l'ancêtre du boîtier photographique en quelque sorte, est celle de Caspar Schott en 1657. La première caméra reflex, qui incorpore un miroir réfléchissant l'image et la redressant,

Joseph Nicéphore Niepce

Niepce est né à **Chalon-sur-Saône** en 1765. Il passe l'essentiel de sa vie dans sa propriété de **Saint-Loup-de-Varenne** à s'occuper **de recherches scientifiques en compagnie de son frère Claude**.

En 1816, il fixe pour la première fois une image en négatif dans une ***camera obscura***. Il réalise le premier cliché photographique en 1826, et il fait ensuite un voyage en Angleterre, en 1827, pour intéresser à sa technique le roi George IV et la Royal Society ; mais l'entreprise échoue car Niepce entend conserver le secret de son procédé.

Il se lie alors avec Louis Jacques Mandé Daguerre pour développer la photographie, mais il meurt en 1833, **quatre ans avant l'invention du daguerréotype.**

Observation d'une éclipse dans une chambre noire au XVIIe siècle (gravure, Paris, Bibl. nat.).

Daguerréotype de Maertens représentant une vue panoramique de Paris depuis les Tuileries.

Premier cliché effectué par Nicéphore Niepce : vue de sa maison de Saint-Loup-de-Varenne (1826, Austin, université du Texas, coll. Gernstern).

La photographie au XIXe siècle

1835. W. H. Fox Talbot obtient les premiers négatifs sur papier, à partir desquels il peut tirer un nombre illimité d'épreuves positives.

1837-1839. Travaux de Daguerre et popularisation de la daguerréotypie.

1840. Invention du premier objectif à grande ouverture, par J. M. Petzval. Il permet des temps d'exposition réduits et la réalisation de portraits.

1847. Invention du procédé de photographie sur verre par Abel Niepce de Saint-Victor.

1851. Procédé de photographie sur verre sensibilisé au collodion de Frederick S. Archer : il produit des clichés très détaillés avec des temps d'exposition très courts. Premier appareil de prises de vues repliable de Richard Willat.

1853. Objectif de J. B. Dancer qui permet de photographier avec des temps d'exposition de l'ordre du 1/10 de seconde, et d'obtenir ainsi des « instantanés ».

1871. Procédé de sensibilisation des plaques de verre au gélatino-bromure de Richard Leach Maddox ; c'est le premier procédé moderne.

1887. Première pellicule en Celluloïd inventée par Hannibal Goodwin.

1888. Premier appareil photographique populaire, le Kodak, mis au point par George Eastman et commercialisé avec une pellicule en Celluloïd adaptée à l'appareil.

1893-1895. Premier procédé photographique couleur, élaboré par Frederic Eugene Ives.

est réalisée par J. C. Sturm. Enfin, une caméra dotée d'un téléobjectif est introduite par Johann Zahn, en 1685.

Reste alors à fixer l'image de manière permanente. La première contribution date de 1727 et elle est due à Johann Heinrich Schulze, qui décrit le rôle des rayons solaires dans le noircissement des sels d'argent. Il est le premier à expérimenter cet effet, à l'aide d'une feuille de papier dans laquelle il a préalablement découpé des lettres et qu'il place dans une bouteille contenant une solution de craie et de nitrate d'argent : le passage de la lumière à travers le papier découpé noircit la solution et restitue l'image des lettres. Le procédé de Schulze reste malheureusement confiné au domaine de la « physique amusante » et personne ne songe à l'utiliser pour fixer réellement les images. Il faut attendre 1802 pour qu'un Anglais, Thomas Wedgwood, s'y essaie, mais sans succès. Bien qu'il arrive à fixer des images sur du papier enduit de nitrate d'argent, il ne réussit pas à les conserver, et elles noircissent peu après qu'elles ont été exposées à la lumière.

Huit heures d'exposition

La solution surgit des travaux d'un lithographe français, Joseph Nicéphore Niepce. Celui-ci obtient le premier négatif de l'histoire en 1816, à l'aide de papier sensibilisé au chlorure d'argent. Mais il ne réussit pas à en tirer d'épreuve positive, et ce n'est qu'en 1826, après dix ans d'expérimentations, qu'il tire la toute première photographie : l'émouvante vue de sa maison de famille.

Il obtient ce cliché historique en enduisant une plaque d'étain avec du bitume de Judée, qui blanchit et durcit sous l'influence de la lumière. La durée d'exposition exceptionnellement longue de la photographie (huit heures) explique que le soleil semble briller des deux côtés de la cour de sa maison. En 1829, Niepce s'associe avec l'artiste-peintre Louis-Jacques-Mandé Daguerre pour perfectionner et commercialiser le nouveau procédé. À la mort de Niepce, en 1833, Daguerre poursuit seul les recherches, et découvre le procédé d'obtention d'une image latente sur une plaque d'argent sensibilisée aux vapeurs de mercure. En 1837, il obtient le premier « daguerréotype », où une image très précise est fixée durablement sur la plaque, après lavage de celle-ci avec de la saumure chaude.

L'importance de la daguerréotypie est reconnue par Arago, et la technique est popularisée grâce à la publication d'un pamphlet bientôt traduit en huit langues et qui connaît trente éditions successives. Dorénavant, la photographie sort du domaine expérimental et elle devient peu à peu une donnée permanente de la vie quotidienne.

→**Voir aussi** : p. 428-429 (Le cinématographe).

1829

Le suicide des veuves interdit en Inde

LA FIN DES «SATI»

Le 4 décembre 1829, le gouverneur général de l'Inde, lord William Bentinck, fait adopter une loi qui interdit aux veuves de se suicider en montant sur le bûcher funéraire de leur mari. Il se dresse contre une pratique ancestrale, jugée barbare non seulement par les Occidentaux mais aussi par l'opinion hindoue éclairée.

En ce début du XIXe siècle, nombreuses sont les veuves hindoues (appelées sati ou suttees) qui, conformément à la coutume hindoue du sati, se jettent sur le bûcher de leur époux défunt. Elles agissent sous la pression familiale ou pour se soustraire à la condition de personne exclue qu'elles vont devoir endurer au sein de la société.

Une évolution progressive

La loi de 1829 déclare que la pratique observée par les sati est illégale et que, comme tous les délits criminels, elle doit être réprimée et punie. Toute personne qui s'est rendue complice du sacrifice d'une veuve est déclarée coupable d'homicide, même si la victime a sollicité son aide. S'il est prouvé que la violence ou d'autres moyens de pression ont été employés, le tribunal a toute liberté d'infliger la peine capitale à ceux qui ont utilisé pareilles méthodes. Au Rajputana, région située dans l'ouest de l'Inde, où la coutume est fortement enracinée, il faut encore des années pour parvenir à l'interdire complètement. Ainsi, dans la ville de Jaipur, elle n'est supprimée qu'en 1846. La cité d'Udaipur est témoin du dernier cas de suicide légal en 1861 lorsque le défunt souverain rajput est suivi sur le bûcher par l'une de ses esclaves. En revanche, aucune de ses épouses légales n'a tenté de se jeter sur le brasier funéraire, ce qui prouve que les mœurs ont évolué. L'opinion publique, désormais opposée à cette pratique, n'exerce plus de pression sur les veuves.

À la suite de l'interdiction des sati, bien des veuves ont encore tenté de rejoindre le bûcher funéraire. Mais l'assistance ou les autorités locales ont empêché leur immolation, du moins momentanément. Les plus fermement résolues à mourir se sont alors retirées dans une chambre, soigneusement verrouillée, et ont mis le feu à leur sari. A. S. Altekar, auteur d'un livre sur la position de la femme hindoue, rapporte qu'en 1946 sa propre sœur s'est livrée aux flammes après le décès de son époux, malgré l'existence d'un bébé et l'opposition de sa famille.

Cérémonie funéraire dans un manuscrit du XVIIe siècle (Venise, bibliothèque Marciana). En bas, la veuve s'est précipitée dans le bûcher où se consume le corps de son mari.

Une coutume bien implantée

La première attestation historique du sati date du début du VIe siècle et provient du Madhya Pradesh, une région du centre de l'Inde. Elle concerne une reine désespérée qui n'a pas voulu survivre à son mari et s'est jetée dans le brasier consumant la dépouille de son conjoint. À la suite de défaites militaires, des reines et des femmes de haut rang recourent au sati pour éviter de tomber aux mains de leurs ennemis et de connaître le déshonneur. Née dans la caste des nobles combattants, la coutume s'étend ensuite aux familles des brahmanes formant la caste sacerdotale. Elle n'est plus limitée aux femmes de la classe dominante, mais est aussi adoptée par les veuves du commun.

Le sati n'a donc pas une origine religieuse. Ce sont ses partisans qui lui ont donné par la suite un contenu religieux. Ils estiment que le sacrifice de la veuve efface les péchés du mari et assure au couple une place permanente dans le ciel. La femme qui s'immole de manière aussi sublime est l'objet d'une grande vénération.

Cette respectueuse admiration n'est pas partagée par les étrangers. Avant les Anglais, les musulmans, qui s'étaient rendus maîtres du nord de l'Inde au début du XVIe siècle, se sont montrés très hostiles au sacrifice des veuves. Ils ne l'ont pas interdit formellement par crainte de violentes réactions, mais se sont efforcés de le limiter. Ils ont obligé les veuves à demander l'autorisation de se brûler aux gouverneurs musulmans. Mais, en fait, ceux-ci l'ont aisément accordée.

L'Inde du XIXe siècle

Depuis la fin de la guerre de Sept Ans, **l'Angleterre, qui a éliminé l'influence de la France, reste l'unique puissance dominante en Inde.** Depuis Calcutta, Madras et Bombay, l'expansion britannique s'accomplit dans le centre et le nord du subcontinent, de telle sorte qu'en 1850, après une longue série de conquêtes, l'empire britannique des Indes s'étend du Bengale à l'Indus, du Cachemire au cap Comorin.

Les territoires conquis sont, dans leur grande majorité, administrés directement, l'émanation sur place de la Couronne britannique étant **le gouverneur général des Indes, qui prend le titre de vice-roi après 1858.** Mais, par ailleurs, **des centaines de petits États autonomes subsistent, protectorats en fait liés à la Couronne, gouvernés par des maharajas :** ils survivront jusqu'à l'indépendance de l'Inde en 1947.

Le développement de l'empire se fait **au détriment de la Compagnie des Indes orientales,** qui avait assuré la première pénétration anglaise dans le pays. Celle-ci perd son monopole commercial en 1813, avant de disparaître en 1858.

Les mesures que l'autorité anglaise impose commencent à modifier profondément la société indienne. Ces mesures sont d'ordre social (interdiction du suicide des veuves), culturel (introduction de l'éducation britannique), technique (construction d'un réseau ferré, développement du télégraphe...) et économique (l'abolition du monopole de la Compagnie permet le développement d'un premier capitalisme indien).

En 1876, **la reine Victoria est proclamée impératrice des Indes,** mais le pays est rapidement troublé par des mouvements nationalistes et autonomistes.

Femme d'un radjah se sacrifiant sur le bûcher de son mari (Paris, Bibliothèque nationale).

Sur le bûcher

Les voyageurs tels que les Français Jean-Baptiste Tavernier et François Bernier au XVIIe siècle et le Britannique Thomas Twining à la fin du XVIIIe siècle ont laissé des descriptions très complètes des sati. Ils ont observé trois façons différentes de procéder. Dans le nord de l'Inde, il existe un bûcher qui consiste en une hutte de quatre mètres carrés environ construite en roseau et en petits bouts de bois. On y place des pots d'huile et autres matières grasses pour accélérer la combustion. La femme s'assied le dos contre un pilier auquel on l'attache pour éviter qu'elle ne se sauve. Il arrive en effet que certaines femmes terrorisées sortent du brasier. Elles sont alors rejetées de leur famille et de leur caste, sur lesquelles elles ont jeté le déshonneur.

Au Bengale, le bûcher, constitué de fagots, palmes, joncs et paille, est installé au bord du Gange, où la femme vient laver la dépouille de son mari et se laver elle-même. La veuve est étroitement attachée au corps du défunt, allongé sur le bûcher. Puis elle est ensevelie sous une autre couche de combustible. Le feu est là aussi activé par du beurre ou de l'huile.

Sur la côte sud-est et dans le nord du pays, on dresse un bûcher dans une fosse assez profonde pour empêcher la fuite des femmes. C'est dans une fosse de ce genre que François Bernier a vu disparaître une veuve et ses cinq esclaves, toutes volontaires. Le même voyageur a pu constater que cette attitude n'était pas commune à toutes les femmes. À Lahore, la fillette de douze ans qu'il a vu brûler était «plus morte que vive à l'approche du bûcher, elle tremblait et pleurait à grosses larmes». Il arrive aussi que des veuves soient poussées sur le bûcher par des familles désireuses d'accaparer leur héritage. Cependant, la grande majorité des veuves accomplissent ce sacrifice qu'elles considèrent comme un devoir sacré avec l'intrépidité, la gaieté, la fermeté et l'insensibilité remarquées par François Bernier au cours de ces «horribles spectacles».

Selon les régions, le bûcher est installé dans une fosse ou au sommet d'une butte. Dans tous les cas, des matières grasses sont utilisées pour hâter la combustion (Versailles, bibliothèque municipale).

La France renoue avec la Révolution

LES TROIS GLORIEUSES

1830 : depuis seize ans, par-delà la parenthèse des Cent-Jours, la monarchie est rétablie en France, dans les plis d'un drapeau que la Révolution de 1789 a honni ; le drapeau blanc. C'est la Restauration, nom trompeur, qui semble signifier le retour à l'Ancien Régime alors qu'une Constitution, la Charte, a été octroyée. Le régime reconnaît les libertés élémentaires, il crée deux Chambres dotées d'un pouvoir législatif ; mais il réserve le droit de vote à une minorité d'individus – des hommes seulement, et des hommes riches.

Surtout, le régime évolue dans un sens autoritaire, spécialement après la mort du premier roi de la Restauration, Louis XVIII, et l'avènement de son frère, Charles X, en 1824. Pourtant, ce n'est pas contre lui et surtout pas contre l'idée de monarchie que se fait la révolution. Elle est le résultat d'une série de crises et de maladresses ponctuelles.

Dès avant que meure Louis XVIII, et lors de l'accession au pouvoir de Charles X, la monarchie accomplit des choix politiques malheureux. En 1820, après l'assassinat de l'héritier de la dynastie, le duc Charles de Berry, par le fanatique Louvel, le ministre libéral Decazes est renvoyé. En 1822, des jeunes gens affiliés à une société secrète sont exécutés, sous prétexte qu'ils complotent contre la royauté : les « Quatre Sergents de La Rochelle » – des têtes folles plus que des opposants réfléchis – deviennent des martyrs, aux yeux de l'opinion. Puis, le futur Charles X décide de se faire sacrer à Reims, selon la tradition des rois anciens : longue et minutieuse reconstitution, à laquelle ne manque même pas la guérison miraculeuse des malades (le « toucher des écrouelles »), quand le siècle fête ses vingt-cinq ans...

Les difficultés économiques et les bévues du roi

Ces erreurs seraient peut-être sans conséquences si des difficultés économiques ne venaient s'ajouter au malaise politique. Au milieu des années 1820, la conjoncture, jusqu'alors florissante, s'inverse. Une crise boursière, importée d'Angleterre, oblige à restreindre le crédit, entraînant des entreprises dans la faillite. De mauvaises récoltes se succèdent, de 1826 à 1830 ; la disette reparaît et, avec elle, des troubles oubliés : rixes sur les marchés, attaques de convois, migrations d'affamés...

Ce n'est pas encore le roi que l'on accuse, mais déjà la cour et, suivant un vieux réflexe, les jésuites, ces âmes damnées du pape, dont on prétend qu'ils veulent affamer le peuple pour rétablir l'ordre d'antan... En août 1829, le roi donne un aliment à ces rumeurs ; il nomme des ministres dont les noms ressuscitent les souvenirs de la réaction contre-révolutionnaire : Jules de Polignac, l'ancien chef des émigrés ; le comte de La Bourdonnaye, qui, en 1815, réclamait des bourreaux contre les révolutionnaires. On dit qu'un coup de force se prépare pour renforcer l'autorité du roi. Les députés n'ont pas le

Exemple de censure avant 1830 : la saisie des presses au National.

Des troubles dans toute l'Europe

En 1815, les souverains européens victorieux de Napoléon ont voulu effacer tout souvenir de 1789 et des conquêtes françaises : depuis, libéraux et nationalistes s'agitent au nom du droit des peuples à l'indépendance ou à l'unité.

En 1830, l'accession de la Grèce à l'indépendance, après une guerre héroïque contre la domination turque, et le succès partiel de la révolution parisienne, qui renverse un roi conservateur, mettent le feu aux poudres : la **Belgique** se révolte dès août et conquiert son indépendance par rapport au royaume des Pays-Bas ; la **Pologne,** sous domination russe, s'insurge, et il faut neuf mois à l'armée du tsar pour reconquérir Varsovie ; en **Allemagne,** différents souverains accordent des Constitutions, dont Metternich, l'influent chancelier d'Autriche, s'emploie à limiter les effets ; en **Italie,** les populations de Modène, Parme, Plaisance, Bologne et des Marches se soulèvent : en 1831, l'Autriche intervient et réprime l'insurrection.

Ainsi, sauf en Belgique, la révolution échoue dans le court terme.

Les trois derniers rois de la France

Louis XVIII (1755-1824) est roi en 1814-1815, pendant la première Restauration, puis, de nouveau jusqu'à sa mort, après les Cent-Jours, à partir du 22 juin 1815. Il est le petit-fils de Louis XV, le frère cadet de Louis XVI. Comte de Provence avant la révolution, il a émigré en juin 1791. Gras, impotent, mais intelligent, il comprend qu'un retour à l'Ancien Régime est impossible et accepte que la France ait une Constitution : la Charte de 1814 est « octroyée » par le roi, et non votée par le peuple.

Charles X (1757-1836), autre frère de Louis XVI, accède au trône quand Louis XVIII meurt sans postérité. Comte d'Artois lorsqu'il émigre, dès 1789, il devient le chef de la droite extrémiste (les « ultras »), sous le règne de son aîné. D'où son impopularité, et la révolution qui le renverse, six ans après son sacre.

Louis-Philippe Ier (1773-1850), qui prend en 1830 le titre de « roi des Français », est un homme bien différent. Ce n'est plus un Bourbon mais un Orléans : descendant du cadet de Louis XIV, le duc Philippe d'Orléans. Son père portait le surnom de « Philippe-Égalité », et il a pris parti pour la Révolution, avant de s'exiler lorsque les Jacobins ont pris le pouvoir. Depuis 1815, il mène une vie « bourgeoise » et fortunée, il attire la sympathie des progressistes comme des timorés.

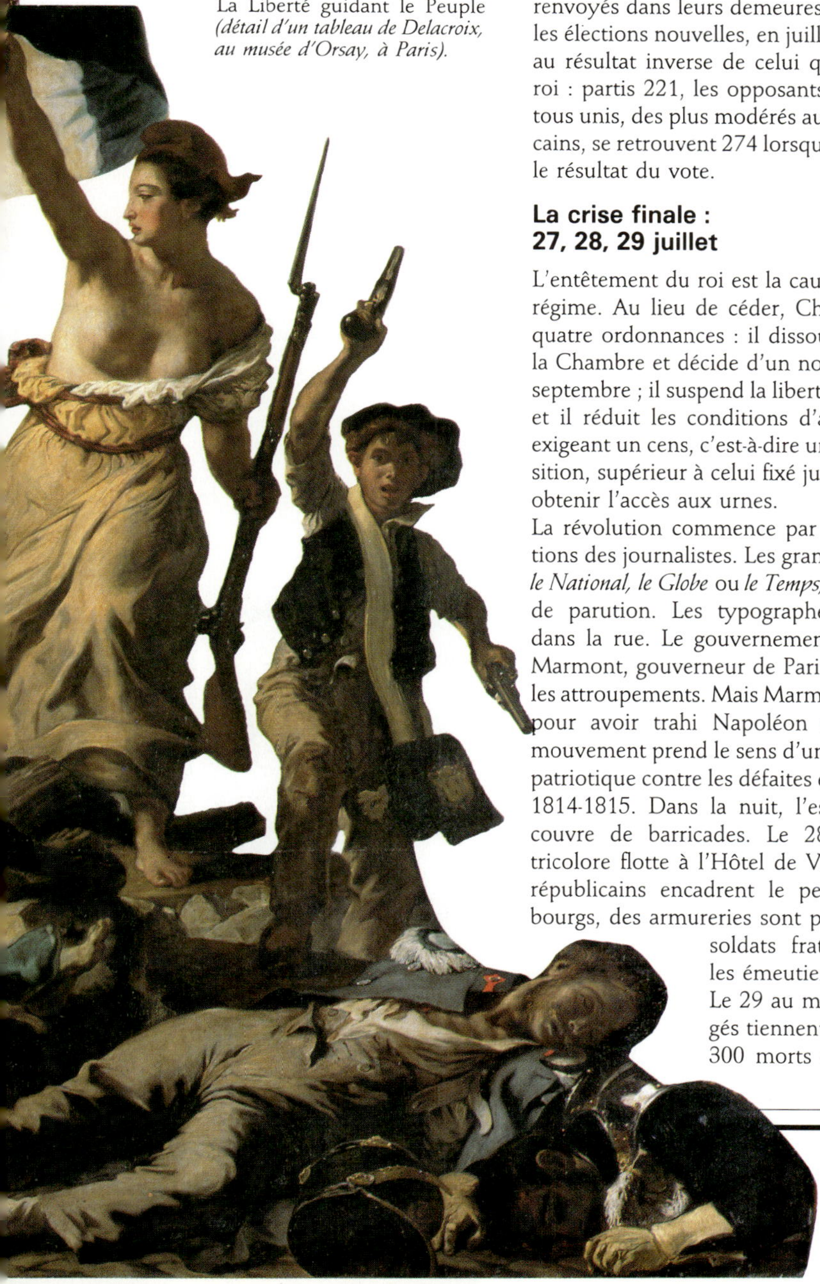

La Liberté guidant le Peuple *(détail d'un tableau de Delacroix, au musée d'Orsay, à Paris).*

pouvoir de renverser le ministère ; ils lui manifestent leur opposition, en mars, et sont renvoyés dans leurs demeures, en mai. Mais les élections nouvelles, en juillet, aboutissent au résultat inverse de celui que souhaite le roi : partis 221, les opposants à la réaction, tous unis, des plus modérés aux plus républicains, se retrouvent 274 lorsque est proclamé le résultat du vote.

La crise finale : 27, 28, 29 juillet

L'entêtement du roi est la cause de la fin du régime. Au lieu de céder, Charles X prend quatre ordonnances : il dissout de nouveau la Chambre et décide d'un nouveau vote en septembre ; il suspend la liberté de la presse ; et il réduit les conditions d'accès au vote, exigeant un cens, c'est-à-dire un seuil d'imposition, supérieur à celui fixé jusqu'alors pour obtenir l'accès aux urnes.

La révolution commence par les manifestations des journalistes. Les grands quotidiens, *le National, le Globe* ou *le Temps,* sont interdits de parution. Les typographes descendent dans la rue. Le gouvernement fait appel à Marmont, gouverneur de Paris, qui disperse les attroupements. Mais Marmont est détesté pour avoir trahi Napoléon en 1814 : le mouvement prend le sens d'une protestation patriotique contre les défaites et les traités de 1814-1815. Dans la nuit, l'est de Paris se couvre de barricades. Le 28, le drapeau tricolore flotte à l'Hôtel de Ville, de jeunes républicains encadrent le peuple des faubourgs, des armureries sont pillées, certains soldats fraternisent avec les émeutiers.

Le 29 au matin, les insurgés tiennent Paris ; ils ont 300 morts et 4 000 blessés. En trois journées, « Les Trois Glorieuses », le roi a été balayé. Un pouvoir insurrectionnel s'installe à l'Hôtel de Ville , on chante le « Ça ira » et on parle d'élire La Fayette président de la République. Quand Charles X se décide à retirer les ordonnances, puis à abdiquer en faveur du jeune duc de Bordeaux, nul ne l'écoute plus ; il ne peut que s'exiler.

Le « roi-citoyen » imposé par la révolution : Louis-Philippe Ier (peinture par Winterhalter).

La France change seulement de monarchie

La France va-t-elle renouer avec la grande révolution ? En fait, les députés craignent d'être débordés : ils ne veulent ni d'un pouvoir du peuple ni d'une république qui rappellerait 93. Puisque Charles X ne peut être ramené au pouvoir, ils recourent à son cousin, le duc d'Orléans Louis-Philippe, et lui offrent le pouvoir avec le titre de « lieutenant-général », faute d'oser proposer aussitôt le changement de monarchie. Dès ce moment (30 juillet), l'historien et journaliste Adolphe Thiers présente le duc comme un « roi-citoyen ». Le 31, celui-ci se fait acclamer au balcon de l'Hôtel de Ville, en compagnie du marquis de La Fayette. Le prestige du vieux héros de la guerre de l'Indépendance américaine calme toute velléité d'opposition : le 9 août, le lieutenant-général est reconnu roi des Français, sous le nom de Louis-Philippe. C'est le début d'un nouveau régime, la monarchie de Juillet.

La conférence de Londres crée un nouvel État

NAISSANCE DE LA BELGIQUE

Le 21 juillet 1831, Léopold de Saxe-Cobourg est acclamé à Bruxelles. Place Royale, il jure « d'observer la Constitution et les lois du peuple belge, de maintenir l'indépendance nationale et l'intégrité du territoire », puis déclare que, Belge par adoption, il le sera aussi par sa politique. La Belgique a un roi, près d'un an après s'être insurgée contre la domination hollandaise. Ça n'a pas été facile...

L'histoire de la naissance de la Belgique commence dans la foulée des événements parisiens de l'année précédente. Sitôt les Français insurgés, en juillet 1830, Bruxelles emboîte le pas. Le 24 août, anniversaire du roi de Hollande, des affiches annoncent « Lundi, feu d'artifice, mardi, illumination, mercredi, révolution ». Le mercredi, la foule saccage un journal gouvernemental, brûle la maison du ministre de la Justice, pille les armureries. La bourgeoisie, inquiète, remplace le gouvernement défaillant, désarme les pillards, mais réclame l'autonomie. Il en va de même partout dans le pays : l'ordre revient, mais il n'est plus hollandais.

Le roi réagit, lance des troupes sur Bruxelles. Elles sont repoussées. Le sang qui coule creuse un fossé infranchissable : on ne veut plus l'autonomie mais l'indépendance. Tout le pays chasse les Hollandais. Un gouvernement provisoire se crée et convoque une assemblée nationale, le Congrès.

Les cours d'Europe s'alarment : la Prusse, l'Autriche, et surtout la Russie, se disent prêtes à intervenir contre le mouvement belge. La France, au contraire, soutient les nationalistes. L'Angleterre fait la part du feu : la Hollande est une rivale qu'elle veut bien affaiblir, pourvu que la Belgique ne devienne pas française. Une conférence se réunit à Londres en novembre 1830. Le 18, l'indépendance est proclamée à Bruxelles ; le 20, la conférence reconnaît le nouvel État. Le tsar, occupé à réprimer une insurrection à Varsovie, n'intervient finalement pas.

À la recherche d'un roi

Le 20 janvier 1831, à Londres, on impose à la Belgique la neutralité perpétuelle. Les conditions territoriales et financières faites au nouvel État sont désastreuses ; Bruxelles proteste mais ne peut qu'accepter.

Le 7 février, une Constitution est adoptée : elle instaure une « monarchie constitutionnelle représentative sous un chef héréditaire » ; il reste évidemment à trouver ce chef. Les libéraux veulent un fils d'Eugène de Beauharnais. À Paris, le roi Louis-Philippe répugne à favoriser un parent de Napoléon : il pousse en avant son fils, le duc de Nemours, mais se heurte à l'opposition anglaise. Finalement, au Congrès, l'accord se fait sur un personnage obscur : le baron Surlet de Choquier devient régent ; il est à peu près privé d'autorité.

Or, tout va mal. Les partisans de la Hollande s'insurgent à Gand et à Malines ; des violences éclatent contre eux, de Liège à Anvers. De nouveau, on frôle la guerre, civile et européenne : les Prussiens sont sur le Rhin,

La Belgique avant la Belgique

Avant 1830, la Belgique n'existe pas comme État indépendant. Après avoir fait partie des biens de la maison de Bourgogne à la fin du Moyen Âge, elle devient au XVIe siècle **une possession des Habsbourg :** Maximilien d'Autriche, Charles Quint puis Philippe II d'Espagne. En 1579, les sept provinces du Nord ayant fait sécession pour former les Provinces-Unies, celles du Sud – la future Belgique – restent seules placées sous l'autorité de l'Espagne : cela jusqu'en 1713, où le traité d'Utrecht les remet à la maison d'Autriche.

Sous la Révolution, les « États belgiques Unis » proclament leur indépendance (1790). Puis la région est occupée et administrée par la France (1795-1815).

En 1815, les anciens Pays-Bas espagnols et les anciennes Provinces-Unies – la Hollande – sont amalgamés en un seul État : **le royaume des Pays-Bas,** confié au comte Guillaume d'Orange, qui devient Guillaume Ier. Le pays mêle des habitants de religion (protestante ou catholique), de langue (le néerlandais ou le français) de sociologie et d'intérêts économiques divergents : l'amalgame ne peut tenir ; il est rompu en 1830.

Caricature montrant les pays à la conférence de Londres.

Six rois pour un royaume

Léopold Ier (1831-1865) : il assure l'indépendance du pays, contre les ambitions, par exemple, de Napoléon III. Auparavant, la Belgique a évité et les révolutions de 1848 et la réaction qui a suivi. La vie politique s'organise autour de l'opposition entre libéraux et catholiques.

Léopold II (1865-1909) : en 1890, il donne à la Belgique le Congo, qui était sa propriété personnelle. À l'intérieur, les catholiques allument la guerre scolaire contre l'école neutre, créée en 1879 ; des lois sociales répondent au fort mouvement ouvrier ; en 1893, le suffrage universel est instauré.

Albert Ier (1909-1934) : il fait face à l'invasion allemande de 1914. Le pays est occupé, le « roi chevalier » part au Havre, l'armée continue le combat. L'après-guerre voit la reconstruction, les crises politiques opposant catholiques, libéraux et socialistes, l'affirmation de la Flandre.

Léopold III (1934-1940 / 1950) : sous son règne, la crise favorise la montée du nationalisme flamand et d'un mouvement fascisant, le « rexisme ». En 1940, le roi reste en Belgique occupée ; en 1944, il est emmené en Allemagne ; en 1945, il est déclaré « incapable de régner » : le prince Charles, résistant actif, devient régent. Après guerre, la « question royale » divise le pays. Elle se conclut par l'abdication royale, en 1950.

Baudouin Ier (1951-1993) : il préside à la difficile indépendance du Congo, et hérite des affrontements entre Flandre catholique et conservatrice et Wallonie francophone et socialiste. La « question linguistique » entraîne la régionalisation en 1970, puis, en 1988, la loi faisant du pays une « monarchie fédérale ».

Albert II (roi en 1993). Fils de Léopold III, il devient roi à la mort de son frère aîné en 1993.

La prestation de serment du roi Léopold.

l'Autriche menace, et Paris parle de nouveau d'intervenir.

La solution Léopold

Une deuxième fois, Londres s'entremet : elle promet des conditions meilleures aux Belges et pousse Léopold de Saxe-Cobourg, veuf d'une héritière du trône d'Angleterre, oncle de Victoria, et qui vient de refuser la couronne de Grèce. La France approuve : il va épouser Louise, fille de Louis-Philippe. Et, s'il trouve la Constitution belge trop démocratique, il accepte de s'en arranger.

Le Congrès élit le nouveau candidat le 4 juin, par 152 voix contre 44. Les puissances accordent un « traité des 18 articles », qui allège les charges du jeune État, intègre dans son territoire le Luxembourg et lui donne une partie de Maastricht. Léopold accepte la couronne si le Congrès accepte le traité : c'est chose faite le 9 juillet, après des discussions orageuses : Léopold devient donc roi.

Les problèmes ne cessent pas

L'affaire, cependant, ne se clôt pas là. Le 1er août, le roi de Hollande, encouragé par Berlin, Vienne et Saint-Pétersbourg, attaque, bouscule l'armée de Léopold, prend Louvain, menace Bruxelles. La France sauve la situation en envoyant 50 000 hommes qui, le 12, occupent Bruxelles ; le 20, les Hollandais sont définitivement chassés de la ville. Le prestige français est au plus haut, les autres puissances craignent une annexion, imposent l'évacuation.

De plus, les défaites belges incitent à la sévérité : de nouveaux articles sont imposés à la Belgique, qui lui retirent finalement le Luxembourg, le Limbourg et des bouches de l'Escaut. Bruxelles proteste et puis s'incline, car la France, cette fois, ne veut plus intervenir.

Il reste à expulser les Hollandais de la forteresse d'Anvers, ce que fait une expédition franco-anglaise en 1832. Il reste, symétriquement, à forcer la Belgique à évacuer le Limbourg et le Luxembourg, ce qui est fait en 1838. À la fin des années 1830, enfin, la Belgique existe donc, avec sa Constitution et ses frontières actuelles.

Léopold Ier roi des Belges (par Winterhalter).

Une nouvelle maladie atteint l'Europe

LE CHOLÉRA À PARIS

En mars 1832, le choléra, fléau jusque-là réservé à la lointaine Asie, atteint Paris. D'abord, rares sont ceux qui s'émeuvent. Le poète allemand Heinrich Heine voit, le jour de la mi-carême, « des masques qui, parodiant la couleur maladive et la figure défaite, raillent la crainte du choléra et la maladie elle-même ». Pourtant, l'épidémie qui commence alors fera plus de 100 000 morts dans le seul royaume de France...

La Visite aux cholériques *(détail d'une peinture de F. Guerie, château de Compiègne). La plupart des riches quittèrent Paris pour échapper à l'épidémie. Presque seule, la famille royale montra l'exemple en demeurant sur place.*

Scène de l'épidémie à Paris (gravure d'après Bouchot, Paris, musée Carnavalet).

Les autorités, par souci de ne pas inquiéter les populations, sont les premières à diffuser des informations lénifiantes, parfaitement mensongères. Le 29 mars 1832, encore, le *Moniteur universel*, organe officiel du gouvernement, parle de « quelques accidents » et d'une maladie qui « n'offre que peu de danger lorsqu'elle est prise à temps ». Le lendemain, il comptabilise quand même 62 cas et 24 décès ; le surlendemain, 178 cas et 60 décès... Les chiffres ne cessent d'augmenter jusqu'au 10 avril, quand la presse annonce que la maladie aurait fait 2 000 victimes dans la journée ! Mais l'opinion publique est persuadée qu'on lui ment encore : la rumeur fait circuler des chiffres doubles ou triples de ceux des bilans officiels.

Le « vibrion cholérique »

Identifié en 1883 par Robert Koch, le vibrio cholerae *est une bactérie en forme de virgule. Très présente dans les excréments des malades, elle prospère dans l'eau, transite par les mains et les aliments, pénètre dans l'organisme par la bouche, s'attaque à l'intestin.*

Vomissements et diarrhées peuvent alors faire perdre au corps le quart de son poids. Le contaminé est apathique, a les yeux révulsés, la peau gris-bleu et peut mourir en moins de douze heures.

Aujourd'hui, une réhydratation massive, par perfusion, sauve 90 % des malades, les médicaments font le reste. Encore faut-il un minimum d'équipement sanitaire. Le vrai remède passe par la prévention et l'hygiène : la cuisson des légumes, l'usage d'eau préalablement bouillie, ce qui tue le microbe, et surtout par un réseau d'égouts empêchant la contamination de l'eau potable par les eaux usées. Ce n'était pas le cas en Europe au XIX*e siècle, ce ne l'est pas aujourd'hui dans l'essentiel du tiers-monde.*

On manque de corbillards

L'épidémie est si brutale et si meurtrière que, bien vite, les pompes funèbres se trouvent débordées : les cercueils viennent à manquer, la plupart des morts sont inhumés dans de simples sacs. Mais les corbillards, eux aussi, sont insuffisamment nombreux. Charrettes, fiacres, tombereaux viennent combler le déficit. De véritables embouteillages se produisent aux portes des cimetières, et, parfois, des accrochages font verser les macabres cargaisons. Les fossoyeurs entassent les corps les uns sur les autres dans des fosses communes creusées à la hâte et très superficiellement. Des corps en putréfaction, recouverts d'une faible couche de terre, se dégagent d'épouvantables émanations.

Paris tout entier n'est pas également touché. Dans les quartiers populaires, la mortalité atteint les 3 % : les habitants vivent entassés dans des appartements trop petits et mal aménagés — l'épidémie trouve les conditions favorables à son extension. Les secteurs riches de la ville paient à la mort un tribut deux fois moindre : une partie des habitant ont fui la capitale avec leur domesticité dès le début de l'épidémie ; ceux qui restent sont bien nourris — donc plus résistants — et bénéficient de conditions d'hygiène meilleures, qui les mettent davantage à l'abri de la maladie. L'argent, comme le note Heine avec pertinence, s'avère constituer « une protection aussi contre la mort ». Protection imparfaite cependant : des personnalités illustres et prospères, comme le chef du gouvernement, Casimir Périer, l'égyptologue Champollion ou le général Daumesnil, héros de la bataille de Wagram, meurent, atteints par l'épidémie.

La rumeur et l'émeute

Comme souvent, la catastrophe s'accompagne de violences. Dans les premiers jours, le peuple de Paris ne croit guère au choléra, parle d'empoisonnements, répète obstinément que les riches font tuer les pauvres pour éviter une famine. Des hommes sont lynchés pour avoir offert un bonbon à un enfant, s'être arrêtés trop longtemps devant une échoppe, être en

Étiquette d'un flacon contenant une potion contre le choléra : l'épidémie, en provoquant à juste titre l'inquiétude de la population, favorisa toutes sortes de trafics.

possession d'une poudre étrange — du camphre ou du chlorure que d'aucuns croient capables de protéger de la maladie. Les voies de fait ne cessent que lorsque nul ne peut plus nier qu'il s'agit bien d'une épidémie.

Par la suite, ce sont les adversaires de la monarchie qui s'agitent. La protestation politique fournit un exutoire à l'angoisse née de l'épidémie. Des placards proposent d'assainir l'atmosphère en décapitant Louis-Philippe et ses ministres ! Les obsèques du général Lamarque, fervent républicain, mort du choléra le 2 juin, sont suivies par des hommes en armes. Certains tentent de s'emparer du cercueil, de le porter au Panthéon. Le cortège se transforme en émeute. Des barricades s'élèvent. L'armée met deux jours pour venir à bout des insurgés, dont les derniers sont massacrés dans le cloître Saint-Merri, au cœur d'un des quartiers les plus touchés par l'épidémie. L'affaire ne fait pas moins de 800 morts, dont le nombre important s'ajoute au sinistre bilan de la maladie.

Des remèdes

La tension est d'autant plus grande que les médecins ne connaissent guère de remèdes efficaces. Le mélange de punch et de camomille, les potions camphrées ou les frictions à la teinture de cantharide ne changent guère le cours de la maladie. Pire : sangsues, saignées et diètes affaiblissent les malades; l'application d'un fer à repasser chaud le long du dos ou les bains de vapeur aggravent la déshydratation. Quelques médecins prescrivent bien l'absorption de grandes quantités d'eau, ce qui va dans le bon sens, mais ils sont rares, et les perfusions salées imaginées en Angleterre présentent trop de risques pour être largement pratiquées. Faute de mieux, bien des familles de malades cherchent un secours en priant les saints guérisseurs !

Quand l'épidémie s'apaise d'elle-même, une demi-année après l'apparition des premiers cas, 18 402 morts ont été dénombrés à Paris, et beaucoup d'autres n'ont pas été mentionnés sur les registres de l'état civil. L'impact sur les esprits est considérable parce que la maladie est nouvelle en Occident, parce qu'elle tue un malade sur deux, parce qu'elle est foudroyante et, aussi, parce que c'est Paris qui a été touché : l'épidémie de 1854, plus meurtrière, épargne pratiquement la capitale. Le choléra de 1832 reste pour l'éternité, selon la formule de l'écrivain et diplomate François René de Chateaubriand, la « grande mort noire armée de sa faux [...] venue nous écraser aux rives de la Seine sous les roues de son char ».

Les grandes épidémies de choléra

Une origine indienne. Le choléra existe depuis toujours, à l'état endémique, sur le continent indien. Parfois, il se lance à l'assaut de la Chine, de l'Indonésie, voire du Proche-Orient. Mais, jusqu'au XIXe siècle, la rareté des relations intercontinentales l'empêche d'atteindre l'Occident. En 1817, la première des grandes pandémies touche Moscou, mais sans progresser davantage vers l'ouest.

Les épidémies en Occident. Le développement de l'Empire colonial anglais et les progrès des transports amplifient les vagues suivantes. En 1831, 1848, 1865 et 1883, Europe et Amérique du Nord sont touchées. Les progrès de l'alimentation et de l'hygiène, ainsi qu'une meilleure connaissance de la maladie, permettent de contenir le bilan de la dernière vague. Mais, en 1892, à Hambourg, où la municipalité a négligé les infrastructures sanitaires et refusé les mesures de quarantaine, au nom de la liberté du commerce, le choléra reparaît, aussi puissant et fatal qu'autrefois. De 1899 à 1921, une sixième pandémie ne fait de victimes que jusque dans les Balkans, même si Marseille est touchée en 1911. Désormais, le monde développé est à l'abri. Si, parfois, un migrant ou un voyageur tombe malade, le vibrion n'arrive plus à se répandre autour de lui.

La mondialisation. Depuis 1960, dans un monde où aucun pays n'est à plus d'un jour d'avion d'une zone contaminée, une septième pandémie sévit. Les gouvernements n'aiment guère parler d'un fléau synonyme de sous-équipement, mais, en 1966, l'Afrique noire est atteinte et le choléra y semble devenu endémique. En 1991, le Pérou est gravement touché. Partout où de grandes concentrations urbaines connaissent malnutrition et promiscuité, et où un minimum de salubrité n'est pas assuré, la maladie peut frapper. Et l'apparition, fin 1992, au Bengale, d'une variété résistant à maints antibiotiques risque d'aggraver encore la situation.

Mille charrues par an produites dans un atelier américain

LA RÉVOLUTION DE L'AGRICULTURE

Comme elle le fait alors pour son industrie, la Grande-Bretagne, dès le XVIIIe siècle, est la première à moderniser son agriculture. Mais ce sont les États-Unis qui, grâce à l'immensité des terres vierges de l'Ouest, deviennent à partir de 1840 la plus grande puissance agricole du monde.

Pour l'étranger qui visite les États-Unis vers 1840, la modernité de ce pays neuf est un objet d'émerveillement. La vitesse déconcertante des progrès de son agriculture se traduit par une prospérité qui, en quelques décennies, donne à ce continent la première place dans l'économie mondiale. Aux États-Unis comme partout ailleurs, les progrès de l'agriculture sont liés à ceux de la mécanisation et de la science, ce qui explique le fossé qui se creuse entre les pays industrialisés et les autres régions du monde.

Dans les Grandes Plaines d'Amérique

Jusqu'à la fin du XVIIIe siècle, l'agriculture américaine est limitée aux États du Sud, qui produisent le coton, le riz et le tabac. En 1787, l'ordonnance du Nord-Ouest déclare propriété fédérale les immenses étendues de l'Ouest, que l'on a alors à peine commencé à explorer. Le gouvernement vend à un prix très faible ces terres que les *farmers* vont défricher pour y cultiver, essentiellement, du blé et du maïs. Très vite, ces hommes entreprenants, mais qui manquent de main-d'œuvre, utilisent un matériel incomparablement plus performant que celui des agriculteurs du reste du monde. En 1831, l'industriel Cyrus Hall McCormick met sur le marché une première moissonneuse mécanique. Batteuses, faucheuses et semoirs sont bientôt produits en masse par l'industrie américaine : dès 1842, le constructeur John Deere, inventeur de la charrue à soc et versoir en acier, sort de son usine de l'Illinois 1000 machines par an, chiffre qui passe à 10 000 dès 1857. Le transport des productions du Middle West — l'immense plaine intérieure — est par ailleurs facilité par la construction de canaux et, plus encore, par celle du chemin de fer qui, depuis Baltimore, Philadelphie et surtout New York, traversent le continent d'est en ouest. L'élevage constitue aussi une des réussites du pays : par des croisements entre races, la production bovine augmente considérablement. Le bétail est sacrifié sur place et transporté dans des wagons froids (l'invention de la machine frigorifique par le Français Charles Tellier date de 1869), ou bien il est dirigé vers les immenses abattoirs de Chicago et de

Batteuse à vapeur au XIXe siècle. Dans le domaine agricole comme dans le domaine industriel, la mécanisation modifie radicalement les conditions de la production.

Inconvénients et contreparties de la révolution agricole

Pays nantis... En deux siècles, des années 1800 à la fin du XXe siècle, on peut estimer que la productivité du travail agricole a été multipliée par 50 et celle du sol par 10. Cette situation ne concerne que les pays développés de la zone tempérée. Dans ces régions, l'évolution a entraîné une modification fondamentale de la société rurale. Le paysan de jadis est devenu un exploitant qui gère des capitaux importants, utilise un matériel lourd et maîtrise des techniques complexes. Pour être rentable, l'entreprise agricole doit couvrir de vastes surfaces : le regroupement des terres a pour corollaire la disparition de nombreuses petites exploitations, tandis que le machinisme diminue le nombre des ouvriers agricoles. La contrepartie de l'accroissement de la productivité est le risque de surproduction, c'est-à-dire d'effondrement des cours, contre lequel doivent lutter des politiques de quotas.

... et laissés-pour-compte. Dans les pays du tiers-monde de la zone équatoriale, la situation est tout à fait différente : une agriculture aux moyens traditionnels et aux rendements extrêmement médiocres continue à prédominer. Les causes de ce sous-développement sont multiples : si les principaux handicaps sont naturels (aridité, érosion des sols, ainsi que des cataclysmes périodiques, sécheresses ou inondations), les facteurs socioculturels (analphabétisme, structure foncière) et économiques (manque de capitaux) jouent également. L'histoire, et en particulier la colonisation directe ou indirecte, qui a parfois substitué à des agricultures vivrières des productions uniques spécialisées, a eu aussi un rôle néfaste : devenues monoproductrices, ou presque, les économies de certains pays ont gravement souffert lorsque la crise mondiale leur a fermé des débouchés (en 1929) ou en cas de surproduction.

Un abattoir près de Chicago en 1882. Venus des Grandes Plaines, les bestiaux sont abattus dans les villes importantes de l'Est. La viande, mise en conserve ou transportée dans des containers frigorifiques, est en partie destinée à l'exportation.

Cincinnati, qui développent les conserveries. Grâce à ces progrès, dès le début du XXe siècle, une large partie des produits de l'agriculture et de l'élevage américains sont destinés à l'exportation et servent à l'alimentation d'une partie du monde.

En Europe aussi...

Pourtant, sur le Vieux Continent aussi, plusieurs pays passent, au XIXe siècle, d'une agriculture traditionnelle à une exploitation moderne des terres. L'exemple vient de la Grande-Bretagne : au cours du XVIIIe siècle, l'assolement triennal, c'est-à-dire la mise en culture des terres deux années sur trois, y est remplacé par une rotation à quatre temps où la terre reste toujours utile, grâce à l'introduction du fourrage et des racines comestibles (comme la pomme de terre), qui viennent remplacer la jachère. Dans le Norfolk, William Coke, comte de Leicester, inaugure l'emploi des machines modernes. La race ovine dishley est créée grâce aux méthodes de sélection de l'agronome Robert Bakewell (1725-1795). Au siècle suivant, l'accroissement démographique qui se produit dans plusieurs pays européens entraîne l'extension des terres cultivées, dont les productions sont destinées à l'alimentation des populations. Grâce à des investissements importants et à l'utilisation des méthodes scientifiques modernes, les rendements agricoles augmentent et les espèces animales s'améliorent. Les nouvelles sources d'énergie — vapeur, pétrole puis électricité —, mises au service des machines agricoles, permettent également une meilleure productivité. Enfin, l'usage des engrais artificiels se généralise à la suite des découvertes du chimiste allemand von Liebig concernant les éléments constitutifs des plantes (potasse, phosphate, azote).

Des problèmes nouveaux

Cette évolution, qui ne touche que les régions tempérées du globe, n'est pas sans causer elle-même des problèmes multiples. La répartition du sol s'avère, dans de nombreux cas, inadéquate à une exploitation moderne des ressources agricoles. En Angleterre, au XIXe siècle, la révolution agricole porte à son terme ultime une politique de clôture des pâtures et des champs labourés (enclosures), qui retire ses moyens d'existence à une très petite paysannerie qui avait l'habitude de conduire ses bêtes sur les terres en jachère. En France, dans les régions de l'Ouest, au siècle suivant, le paysage rural se trouve profondément modifié par le phénomène inverse : la destruction des haies séparant, dans les régions bocagères, des champs trop petits pour que les machines agricoles puissent aisément y manœuvrer. La commercialisation des produits agricoles, qui ne sont plus uniquement destinés à la consommation locale, fait par ailleurs du monde rural la proie de crises dont les facteurs, comme les enjeux, dépassent largement le cadre d'une unique nation : la concurrence des pays neufs « casse » les prix sur les marchés des pays anciens ; des catastrophes naturelles — comme la destruction par le phylloxéra de la majorité du vignoble français à partir de 1865 — ruinent des régions entières ; enfin, la surproduction de certains produits entraîne des baisses de prix qui suscitent la faillite de nombreux exploitants. Pour tirer le meilleur parti de leurs productions, les États sont donc forcés de choisir entre une politique de libéralisme commercial, qu'ils prônent quant ils veulent exporter, et des mesures protectionnistes. Les agriculteurs, de leur côté, se muent en groupes de pression. Du fait qu'ils constituent une portion notable des électorats nationaux, français en particulier, les gouvernements, soucieux de les ménager, décrètent des subventions et adoptent des législations favorables, achevant ainsi de fausser les lois du marché.

Entre 1877 et 1885, l'industriel Cyrus Hall McCormick construit et vend 50 000 moissonneuses mécaniques.

Un homme seul parcourt l'Afrique centrale

DAVID LIVINGSTONE

Livingstone attaqué par un lion (gravure en couleur du XIXe siècle, collection particulière).

Cameron en Afrique australe

Une expédition trop tardive. En 1872, la *Royal Geographical Society* de Londres confie au lieutenant de marine Verney Lovett Cameron la mission de retrouver Livingstone en Afrique. En 1873, Cameron débarque à Zanzibar... pour rencontrer à Kazeh les serviteurs de Livingstone qui transportent la dépouille de leur maître vers la côte.

Le sud du Tanganyika. Plutôt que de retourner en Angleterre, Cameron choisit de rester sur place et d'explorer la région sud du lac Tanganyika. Il découvre que celui-ci communique avec le Congo, et surtout que, en dépit de ce que pensait Livingstone, le Nil et le Lualaba sont deux fleuves différents.

D'est en ouest à travers l'Afrique. Se dirigeant vers l'ouest, Cameron entreprend ensuite de traverser le continent. Au prix de mille difficultés, il atteint en novembre 1875 la côte angolaise après une marche de 5 000 km.

Médecin et missionnaire, David Livingstone arrive en 1840 sur le continent africain — qu'il ne quittera quasiment plus jusqu'à la fin de sa vie, en 1873. Il s'enfonce à plusieurs reprises dans des régions encore inexplorées, découvre les chutes du Zambèze avant de mourir, lors d'un ultime voyage vers le lac Tanganyika.

Par son désir de convertir les Noirs au christianisme et d'explorer des terres sauvages, Livingstone occupe une place de premier rang parmi les pionniers de l'Afrique.

Un missionnaire enthousiaste

La destinée généreuse de Livingstone est déjà inscrite dans la double formation de ce jeune Écossais, à la fois théologien et médecin. Son ambition est d'aider les hommes et de convertir les païens. En 1840, la Société des missions de Londres l'envoie en Afrique dans la région du Cap. Lors de sa première mission à Kuruman, sur un affluent du Limpopo, il se fait vite aimer des indigènes. Après la destruction de sa mission par les Boers, alors en guerre contre les Anglais, il quitte Kuruman en 1849 avec sa femme et ses enfants. Il traverse le désert de Kalahari et découvre le lac Ngami. L'aventure l'a tant passionné qu'il décide de se consacrer désormais à la recherche de terres inexplorées. Il s'installe sur le moyen Zambèze, chez le peuple des Kololos. Mais comment engager une famille dans des projets si risqués ? Livingstone se sépare des siens, qu'il raccompagne au Cap, où ceux-ci s'embarquent pour la Grande-Bretagne. L'Anglais peut alors envisager la traversée du continent africain du Zambèze à la côte occidentale, soit près de 2 000 km ! Avec une escorte de 27 hommes, fournie par le chef des Kololos, il remonte le cours du fleuve, de là gagne les sources du Kassaï et, en mai 1854, arrive au bord de l'océan Atlantique, dans la ville angolaise de Luanda. Il reste trois mois dans cette colonie portugaise, où il rédige un rapport adressé à la *Royal Geographical Society*.

« La fumée tonnante des chutes »

En quittant Luanda, Livingstone a le projet de redescendre le Zambèze en se dirigeant vers l'est pour trouver l'embouchure du grand

Les cataractes du Zambèze, que l'explorateur baptise Victoria Falls en l'honneur de la reine d'Angleterre (gravure du XIXe siècle, Paris, Bibliothèque du musée des Arts décoratifs).

fleuve dans l'océan Indien. De nouveau, le chef des Kololos lui donne les moyens de cette expédition. En novembre 1855, l'infatigable marcheur et son escorte noire aperçoivent au loin des colonnes de vapeur : « Elles sont blanches à la base et s'assombrissent dans le haut, ce qui augmente leur ressemblance avec la fumée qui s'élève du sol. » Il reconnaît en avançant les légendaires chutes du Zambèze, décrites par les Noirs Makololos comme « une fumée qui monte avec un bruit de tonnerre ».

En l'honneur de la reine d'Angleterre, l'explorateur baptise ces chutes les « Victoria Falls ». L'année d'après, au mois de mai 1856, Livingstone atteint l'océan Indien : pour la première fois, un Européen a traversé le continent africain d'ouest en est. L'Anglais se décide alors à rejoindre son pays natal : il est accueilli comme un héros. Mais il ne peut oublier l'Afrique. Ayant achevé la rédaction du récit de ses voyages, dans lequel il insiste sur l'horreur que lui inspire la traite des esclaves par les marchands arabes, il retourne en Afrique. Là, paré du titre de « consul de la région du Zambèze », il reprend en 1858, avec son frère Charles, l'exploration du fleuve et découvre le lac Nyassa (aujourd'hui Malawi), une véritable mer intérieure de près de 30 000 km².

Le dernier voyage

Lors d'un nouveau séjour à Londres, destiné à obtenir d'indispensables subventions, Livingstone prend connaissance de la querelle opposant Burton et Speke à propos des sources du Nil. C'est pour lui une nouvelle piste à suivre : en 1866, il est à l'embouchure du Rovuma, d'où il s'engage vers l'intérieur des terres. Contournant les lacs Nyassa et Tanganyika, il découvre le lac Moeru, d'où, en direction du nord, part le fleuve Luvua, qui rejoint le Lualaba — qu'il prend pour le Nil. Malade, ayant perdu la plupart des hommes de son escorte, il lui faut compter aussi avec l'hostilité des marchands arabes, dont il dépend pour transporter vers le nord sa correspondance et qui lui vouent une haine inexpiable à cause de ses opinions sur le trafic d'esclaves. Aussi, à partir de 1869, le monde occidental cesse-t-il d'avoir des nouvelles de l'explorateur. En 1870, le *New York Herald* décide d'envoyer à sa recherche un de ses journalistes, Stanley. Ce dernier retrouve enfin, le 10 novembre 1871 à Ujiji, sur le lac Tanganyika, l'explorateur britannique : c'est l'interpellation fameuse « Mr Livingstone, I presume ». L'homme est en haillons, miné par les fièvres, d'une maigreur squelettique. L'Américain tente de le convaincre de rentrer au plus vite en Angleterre, pour s'y faire soigner, mais Livingstone refuse : il choisit, malgré son épuisement, de retourner vers le bassin du Lualaba. Le 1er mai 1873, un de ses serviteurs le trouve agenouillé contre sa couchette, rigide, la tête entre les mains : Livingstone est mort pendant sa prière... Ses compagnons procèdent à un embaumement de fortune, au moyen d'eau-de-vie et de sel, après quoi ils transportent la dépouille à travers les terres, jusqu'à Zanzibar. De là, le corps de ce grand amoureux de l'Afrique est ramené en Angleterre et inhumé en grande pompe, dans l'abbaye de Westminster.

Jeu de la découverte de l'Afrique établi à la fin du XIXe siècle à partir des voyages menés par les explorateurs Livingstone et Stanley.

1846-1849

Un pays meurt de faim

LA GRANDE FAMINE IRLANDAISE

Au milieu du XIXe siècle, la famine qui s'abat sur l'Irlande prend l'allure d'un cataclysme. Désormais, et pour longtemps, l'Irlande fait figure de pays martyr. Dans l'immédiat, les Irlandais quittent massivement leur sol natal.

À la recherche de pommes de terre saines dans un champ (gravure de 1849).

Entre deux recensements, de 1841 à 1851, l'Irlande perd le quart de sa population. Un cataclysme d'une telle ampleur est unique en Europe à l'époque moderne, et d'autant plus inadmissible qu'il se produit aux portes de la riche Angleterre. Certes, à partir de 1844, l'Europe tout entière connaît une grave crise alimentaire — la dernière que connaisse l'ouest de ce continent. Mais l'Irlande est le seul pays où la pénurie dégénère en terrible famine, cinq longues années durant.

Un équilibre précaire

L'ampleur du cataclysme tient avant tout aux caractères propres de l'Irlande au début du XIXe siècle, qui font de celle-ci un milieu particulièrement fragile. En 1840, juste avant la famine, l'île est extraordinairement peuplée. Sa population a plus que doublé en cinquante ans, au point d'en faire le pays le plus dense d'Europe. Comme, par ailleurs, l'île est presque entièrement agricole, la pression sur la terre est extrêmement forte, et donc les loyers particu-

La maladie de la pomme de terre

Cause essentielle de la famine irlandaise, la maladie de la pomme de terre avait fait des ravages sur la côte est de l'Amérique du Nord à partir de 1842. Elle traverse l'Atlantique entre 1844 et 1845.

L'agent de la maladie est un champignon, le Phytophthora infestans. *Il se développe d'abord sur les feuilles de la plante et se répand à l'arrachage sur les tubercules. Les pommes de terre, qui paraissent saines au premier abord, tombent en putréfaction en quelques jours. En outre, le champignon peut sommeiller dans les tubercules d'une année sur l'autre, et reprendre ainsi ses ravages lors de la récolte suivante.*

L'Irlande présente un climat idéal pour sa prolifération : peu de gel, forte humidité, mais absence de pluies violentes qui nettoieraient les feuilles.

Les affamés se pressant aux portes d'un asile (gravure contemporaine des événements).

lièrement élevés. Le système du «conacre» est très répandu : il s'agit de la location d'un tout petit terrain, pour le temps d'une seule récolte. Chaque année, le paysan doit s'inquiéter de trouver un nouvel emplacement pour nourrir sa famille. La situation des ouvriers agricoles et des paysans sans terre est encore plus précaire.
C'est la pomme de terre qui permet une telle concentration de population sur une surface aussi faible. Parfaitement adapté au climat irlandais, le tubercule, grâce à ses très forts rendements, permet de nourrir une famille de six personnes pendant une année, avec une surface égale seulement à 7 000 m^2. Véritable fondement de l'alimentation des Irlandais, la pomme de terre leur fait dramatiquement défaut quand la maladie vient à la détruire.
Par ailleurs, la situation politique de l'Irlande contribue à sa fragilité. Depuis le XVIe siècle, le pays est contrôlé par l'Angleterre. Il s'agit non d'une union, mais d'une véritable domination, qui se traduit par l'accaparement des terres par de riches «landlords» anglais, qui ne résident pas en Irlande mais se contentent d'en tirer les revenus. Au jour de la famine, cet éloignement des propriétaires empêche les solidarités locales de jouer et la charité de se manifester, à une époque où l'État n'est pas encore en mesure de prendre seul en main l'assistance aux nécessiteux. Et, du côté de l'État, justement, l'éloignement des ministres de Londres en charge de l'Irlande explique en grande partie l'inadéquation des mesures prises.

La conjonction des catastrophes

Au mois d'août 1845, alors que la récolte s'annonce excellente, les premiers signes de la maladie de la pomme de terre apparaissent. En octobre, au moment de l'arrachage, il faut se rendre à l'évidence : c'est l'essentiel de la récolte qui est perdu et, avec elle, la principale ressource alimentaire du pays. Dès les premiers mois de 1846, les réserves sont épuisées. Pour les plus pauvres, qui n'ont pas les moyens d'acheter des produits de substitution, la situation est très vite dramatique. Elle tourne au cauchemar lorsqu'on s'aperçoit que la récolte de 1846 est encore plus désastreuse. Il en va de même les années suivantes.
Les paysans, faute de pommes de terre, en sont réduits à consommer leur production de céréales destinée à la commercialisation et deviennent ainsi incapables de payer leurs loyers. Expulsés, ils viennent grossir les rangs des sans-abri.
Or, l'hiver 1846-1847 est glacial. Chose rarissime en Irlande, la neige tombe dès le mois d'octobre. Dans la petite ville de Cork, au sud du pays, il meurt en décembre, chaque semaine, une centaine de sans-abri. D'autre part, le renchérissement général des grains, dû aux mauvaises récoltes qui touchent toute l'Europe, empêche le gouvernement anglais de décider des importations massives de blé et aggrave la situation alimentaire. Alors, sur des organismes affaiblis par la faim et le froid, les maladies font des ravages. La dysenterie tue des milliers d'enfants, le scorbut fait son apparition, alors qu'il était jusque-là presque inconnu en Irlande grâce à la vitamine C contenue dans les pommes de terre. En 1847, une terrible épidémie de typhus se déclare; en 1849, le choléra se met de la partie! Au total, on considère que, pour un individu mort de faim, deux autres sont emportés par les maladies.

Un gouvernement désarmé

Pour le gouvernement britannique, le «laisser-faire» est un dogme. En novembre 1845, poussé par les nouvelles alarmantes qui viennent d'Irlande, il se décide néanmoins à faire acheter du maïs aux États-Unis, mais il refuse catégoriquement de renouveler l'opération une fois le stock écoulé au printemps 1846. Or, c'est à ce moment précis que commence la véritable famine. Toute l'action du gouvernement de Londres est ainsi faite de décisions inadéquates et prises à contretemps. Il faut attendre le milieu de 1847 pour qu'apparaissent enfin les premières distributions de soupes populaires.
Face à l'ampleur du désastre et à l'incapacité gouvernementale, pour beaucoup, la seule solution reste le départ. Un million d'Irlandais émigrent pendant la famine, un autre million dans les années 1850. Ces départs, conjugués au nombre des morts — au total, peut-être un million et demi de victimes —, sont la véritable cause de la fin de la famine, avant même la disparition de la maladie de la pomme de terre, parce qu'ils diminuent la pression agraire et démographique, principal facteur de l'intensité du désastre.

Les émigrants irlandais à Cork (gravure de 1851). L'exil est, pour bien des miséreux, l'unique solution de survie : alors se constituent une partie des minorités irlandaises en Amérique du Nord.

L'émigration irlandaise

Plutôt casaniers jusqu'à la grande famine, les Irlandais deviennent à cette occasion l'un des principaux peuples migrants d'Europe.
L'Angleterre. C'est d'abord vers les ports tout proches de la côte orientale de Grande-Bretagne que les Irlandais, fuyant la famine, se dirigent. À Liverpool, il en débarque 300 000 au cours des cinq premiers mois de 1847. La population de la ville s'en trouve multipliée par deux. Presque toujours misérables et cantonnés dans des bidonvilles, les émigrants irlandais s'attirent le mépris des Anglais, ce qui ajoute encore à la haine profonde entre les deux peuples.
L'Amérique. D'autres émigrants se dirigent vers l'ouest, traversant l'Atlantique dans des conditions sanitaires épouvantables (certains bateaux perdent la moitié de leur «cargaison»). Le Canada en accueille le plus grand nombre : les Irlandais y sont d'abord mis en quarantaine dans des camps où les épidémies viennent à nouveau les décimer. Les États-Unis sont plus stricts quant aux critères d'entrée, mais, une fois sur le sol américain, les Irlandais y connaissent un sort un peu meilleur, notamment grâce à l'élan de solidarité de la population. D'abord concentrés à Boston et à New York, les Irlandais forment des communautés très soudées aux États-Unis, et ce jusqu'à nos jours.

Des cadets mexicains résistent à l'ennemi

LES « NIÑOS HÉROES »

Le 13 septembre 1847, à Mexico, six adolescents, dont l'âge varie entre 13 et 19 ans, trouvent la mort au cours d'une terrible bataille qui oppose troupes américaines et armée mexicaine. Au cours des combats, ils défendent l'honneur national avec une bravoure qui leur vaudra par la suite le surnom de *Niños héroes* (« Enfants héros ») et l'admiration de tout leur peuple.

En 1846, le Mexique, qui n'accepte pas l'entrée du Texas — État qu'il a récemment perdu — dans l'Union américaine, déclare la guerre aux États-Unis. L'année suivante, son armée est mise en déroute par les troupes de l'Union, qui parviennent jusqu'à Mexico. Les défenses tombent les unes après les autres, et, très vite, le château fortifié de Chapultepec devient l'ultime bastion de la résistance et le seul obstacle à la prise de la capitale. Depuis le début des années 1840, cet édifice, situé au sommet d'une colline, abrite l'École militaire. C'est à cet établissement qu'appartiennent les cadets qui s'illustrent au cours de la bataille de Chapultepec.

La volonté de combattre

À l'aube du 13 septembre 1847, les élèves du Collège militaire sont réveillés par les coups de canon incessants de l'armée américaine qui bombarde la forteresse de Chapultepec. Les cadets, qui se retrouvent pour prendre leur petit déjeuner, n'ont qu'une peur, celle d'être anéantis par les projectiles sans avoir pu participer à la défense, car la garnison de la forteresse, qui regroupe des soldats adultes, est, à ce moment, la seule admise à combattre. Soudain, les coups de canon diminuent d'intensité. Ce calme relatif signifie que l'ennemi, très supérieur en nombre à la garnison du château, a décidé de lancer l'assaut.

Les jeunes cadets opposent une résistance acharnée face aux assaillants (détail d'une fresque de Diego Rivera, Mexico, ministère de l'Éducation).

Le monument élevé à la gloire des « Niños héroes » commémore leur héroïque défense lors de l'attaque américaine, à Mexico.

Ce revirement va-t-il déterminer les adultes à lancer les jeunes dans la bataille ? Les cadets peuvent le croire lorsque le capitaine qui dirige le collège les fait aligner au garde-à-vous, baïonnette au canon. L'officier prononce un poignant discours exaltant le sentiment patriotique des élèves — qui sont plus que jamais, à ce moment, désireux de se battre. Mais un ordre du général en chef arrive alors, exigeant que les jeunes du Collège quittent la place. Le capitaine hésite un instant. Puis, conscient qu'il lui faudrait répondre de son insoumission devant des parents pleurant la mort de leur enfant, il se résout à annoncer la retraite. Cependant, un groupe d'une dizaine de cadets refuse de se retirer : bien décidés à rencontrer l'ennemi, ils se retranchent dans un bâtiment appelé le Mirador.

Morts au champ d'honneur

Lorsque les premiers soldats américains passent à portée de fusil du Mirador, les jeunes garçons tirent sur eux, d'abord de façon désordonnée. Puis ils décident d'adopter une stratégie plus rigoureuse. Les fortifications — leur a-t-on appris — doivent être le dernier réduit de la défense. Les vaillants élèves s'élancent aussitôt vers les escaliers pour rejoindre le sommet du Mirador, d'où ils espèrent pouvoir opposer une ultime résistance. Mais des cris de victoire, jaillissant au-dessus de leurs têtes, leur font comprendre qu'il est trop tard pour cette action. L'ennemi a réussi à prendre la position par un autre côté. Cela ne décourage nullement les cadets qui continuent la lutte dans les salles mêmes du bâtiment. Six d'entre eux pénètrent dans une pièce occupée par des officiers de leur camp, blessés et désarmés.

Ces chefs, peu désireux de se faire cribler de balles sans pouvoir se défendre, les convainquent de déposer les armes et de se rendre. Mais, un peu plus loin, deux élèves font face avec un courage admirable au flot des assaillants. Le premier, un certain Agustin Melgar, fait feu sur un ennemi qui s'effondre. Réfugié derrière un matelas, il continue à tirer jusqu'à épuisement de ses munitions et meurt, transpercé par les baïonnettes adverses. Le deuxième, Vicente Suarez Ferrer, abat un soldat d'une balle et un autre d'un coup de baïonnette dans l'estomac. Puis il connaît le même sort que son camarade. Le reste des cadets, qui a accepté l'ordre de retraite du général, se trouve finalement pris aussi dans les combats, à l'entrée de la forteresse. En essayant de défendre la porte, quatre d'entre eux, Juan de la Barrera, Fernando Montes de Oca, Juan Escutia, Francisco Marquez, perdent la vie. À 10 heures du matin, la bataille, commencée à l'aube, s'achève par l'écrasement complet des défenseurs du château de Chapultepec.

La gloire de la patrie

Le comportement héroïque des cadets de l'École militaire, ce 13 septembre 1847, est salué par tous, Mexicains comme Américains. Au moment même où certains soldats commencent à déserter, les élèves de l'École militaire n'ont qu'un souhait : se jeter dans la mêlée. La fougue des jeunes gens stimule l'ardeur au combat des militaires plus âgés — retardant seulement l'inévitable défaite. Dès 1847, le gouvernement crée une médaille et une croix honorant les défenseurs de Chapultepec, et en particulier les cadets. Un siècle plus tard exactement, des fouilles entreprises dans la forteresse de Chapultepec mettent au jour les dépouilles des six enfants, morts pour la patrie. Celles-ci sont déposées dans des urnes de cristal, conservées au Collège militaire. En 1952, les restes des six cadets sont solennellement transférés dans un lieu érigé à leur gloire, le Monument des *Niños héroes,* au pied de la colline de Chapultepec. Ce monument, ainsi que les chants des poètes qui, tel Amada Nervo, ont célébré le sublime sacrifice des *Niños héroes* rappellent au peuple mexicain qu'il doit à ces enfants et à leurs camarades du Collège militaire une des pages les plus belles et les plus glorieuses de son histoire.

Le Mexique et son grand voisin

Un pays instable. Devenu indépendant en 1821 (traité de Cordoba), confronté à de graves difficultés économiques et à une vie politique rythmée de pronunciamentos (trente présidents se succèdent pendant le premier demi-siècle d'existence du pays), le Mexique, dirigé principalement par le général Santa Anna jusqu'en 1855, doit affronter les ambitions de son puissant voisin, les États-Unis.

Du « grand » Mexique... À l'époque où le Mexique acquiert sa liberté, sa frontière nord se situe bien à l'intérieur des États-Unis actuels. Mais le territoire national se réduit par la suite comme une peau de chagrin. Une première crise éclate quand le Texas fait sécession en 1836. La répression menée par les troupes mexcanes, d'abord victorieuses (massacres d'Alamo), se solde par un échec, et le Mexique doit reconnaître l'indépendance de la région.

... au désastre de 1848. Dix ans plus tard, le Texas ayant choisi de se réunir aux États-Unis (1845), ce pays déclare la guerre au Mexique pour l'obliger à renoncer à ses prétentions sur la région. Le conflit qui s'ensuit (1846-1847, celui où les « niños héroes » trouvent la mort) se termine au détriment du Mexique et lui coûte, outre le Texas, la Californie du Sud, l'Arizona et le Nouveau-Mexique (traité de Guadalupe Hidalgo, 1848), soit 40 % de son territoire.

L'assaut du château de Chapultepec (gravure de Carlos Nebel, Mexico, musée national d'Histoire).

1848

Le printemps des peuples et des nations

LA RÉVOLUTION EN EUROPE

En 1848, une vague révolutionnaire secoue l'Europe : les espoirs des libéraux, les aspirations des patriotes, étouffés après 1830, se manifestent dans toute leur force, ranimés par les difficultés économiques : de mauvaises récoltes, une crise financière puis industrielle sans précédent à partir de 1846.

Les premiers troubles se produisent en 1847, en Suisse, où une guerre civile oppose les cantons septentrionaux, protestants et libéraux, aux cantons méridionaux, catholiques et conservateurs. Puis, dans les premiers mois de l'année suivante, l'agitation devient générale. Elle commence d'abord en Italie. Dans cette région divisée en plusieurs États, les patriotes sont encouragés par la présence d'un pape réformiste, Pie IX, et par les ambitions du roi de Piémont, Charles-Albert, qui veut libérer la péninsule des Autrichiens. Le 12 janvier 1848, la révolution éclate à Palerme : la Sicile se détache du royaume de Naples. Dans celui-ci, le roi Ferdinand II doit accorder une Constitution ; en Toscane, le 17 février, le duc Léopold II est contraint d'en faire autant.

Le relais est pris par la France de la monarchie de Juillet. Le prétexte est la question du cens, c'est-à-dire du montant d'impôts qu'un homme doit nécessairement payer pour devenir électeur. En décembre 1847, l'opposition à Louis-Philippe organise une campagne de banquets sur le thème de l'élargissement du corps électoral : comme les slogans prononcés sont de plus en plus violents, le dernier banquet est interdit, le 23 février 1848. La mesure, banale, provoque des troubles, réprimés dans le sang. Il y a seize morts, Paris s'enflamme, le roi abdique : il a « glissé dans le sang » répandu.

Le 25, la IIe République française est proclamée : c'est un régime généreux, qui se réclame à la fois du socialisme chrétien, du libéralisme et du romantisme, et intègre des poètes à son premier gouvernement, provisoire (Lamartine). Les mesures prises sont à la hauteur des idéaux : abolition de l'esclavage, de la peine de mort en matière politique ; instauration du suffrage universel (masculin) ; liberté de presse et de réunion ; proclamation du droit au travail. C'est le temps de « l'illusion lyrique ».

L'Europe de 1848

L'Europe de 1848 reste celle du congrès de Vienne. Mais la Belgique et la Grèce sont indépendantes ; la Serbie, la Moldavie et la Valachie sont autonomes dans l'Empire ottoman.

Des peuples sont écartelés entre plusieurs puissances. L'Allemagne est divisée en 39 États, parmi lesquels la partie occidentale de l'empire d'Autriche. L'Italie est morcelée : royaumes de Piémont-Sardaigne et de Naples, duchés de Modène, de Toscane, de Parme, États de l'Église, royaume lombardo-vénitien appartenant à l'Autriche.

Inversement, dans l'empire d'Autriche, **des nationalités aspirent à l'indépendance,** ou du moins à l'autonomie : Hongrois, Tchèques, Slovaques, Polonais, etc.

Libéralisme et aspiration nationale en Allemagne

La nouvelle des événements parisiens déclenche la révolution allemande. En Bade, en Hesse-Darmstadt, à Nassau, en Wurtemberg, les gouvernements promulguent des Constitutions. Dans le sud-ouest du pays, les paysans brûlent les chartes féodales. En Bade et à Cologne, les républicains s'insurgent. Les événements les plus importants se produisent en Prusse. Là, le 19 mars, le roi Frédéric-Guillaume IV répond aux barricades en promettant une Assemblée élue au suffrage universel et il se pose en champion de l'unité allemande. Le 30, un Parlement des différents États allemands se réunit à Francfort et jette les plans d'un empire national, libéral et adepte du suffrage universel. L'Autriche, liée pendant des siècles à l'Allemagne dans le cadre du Saint Empire puis de la Confédération germanique, refuse d'adhérer à ce projet.

La révolution à Vienne et ses conséquences

Les libéraux autrichiens s'insurgent aussi, le 13 mars. Le 15, le chancelier Metternich, symbole et pivot du conservatisme européen, est remplacé par un ministère libéral. Le 15 mai, une Assemblée constituante est convoquée et, le 31 août, elle abolit droits féodaux et privilèges fiscaux. En Hongrie, le libéral Kossuth fait instaurer un ministère parlementaire et la liberté de la presse. À Prague, un Congrès panslave affirme les droits des peuples slaves au sein de l'empire d'Autriche.

Alors, de nouveau, le flux révolutionnaire secoue l'Italie – où Pie IX et Charles-Albert ont à leur tour promulgué des Constitutions. Milan et Venise chassent leurs garnisons autrichiennes, François V de Modène fuit son

La révolution à Vienne.

La révolution à Berlin.

Allégorie des révolutions de 1848 : La République universelle *(lithographie de Frédéric Sorrieu).*

Les débuts de l'unité allemande : grande ou petite Allemagne ?

De 1815 à 1866, alors que l'Allemagne commence son unité, la question essentielle est de savoir s'il convient ou non d'intégrer dans sa construction l'Autriche, qui comprend parmi ses sujets des « non-Allemands », en particulier des Hongrois et des Slaves.

La grande Allemagne politique. Politiquement, une tradition d'union existe depuis des siècles entre l'Autriche et les États d'Allemagne : dans le cadre du Saint Empire romain germanique jusqu'en 1806, puis dans la Confédération germanique, entre 1815 et 1866. Dans les deux cas, l'Autriche domine cette union : les Habsbourg monopolisent le titre d'empereur germanique puis président de droit la Confédération.

La petite Allemagne économique. Sur le plan économique, une union lie au XIXe siècle des États de la seule Allemagne autour de la Prusse. Cette union est le *Zollverein* (« Union douanière »), constituée en 1834 et agrandie, renforcée, en 1842. Malgré tous ses efforts, en particulier après 1848, l'Autriche ne parvient ni à pénétrer dans cette union ni à former une union rivale avec des États allemands.

La symbiose. L'unité résulte de la transformation de la Confédération germanique en une Confédération de l'Allemagne du Nord qui exclut l'Autriche, en 1866 ; puis en la transformation du *Zollverein* en une union politique dominée par la Prusse et qui concerne toute l'Allemagne, en 1871 avec la proclamation du IIe Reich.

duché, Ferdinand-Charles de Parme se voit imposer un gouvernement provisoire. Le 24 mars, le roi de Piémont vole au secours des Milanais et des Vénitiens, secondé par le duc de Toscane, le pape et le roi de Naples.

Le reflux

Mais, à partir de juin, les événements basculent. L'armée autrichienne prend Prague le 17 et disperse le Congrès panslave, puis elle écrase les Italiens à Custozza, le 27 juillet. Charles-Albert tente une nouvelle offensive en mars 1849, mais, battu, il doit abdiquer en faveur de son fils Victor-Emmanuel II. Milan et Venise retombent sous la domination autrichienne. Le 27 octobre, l'armée autrichienne reprend Vienne contre les insurgés ; la Constituante est exilée, puis dissoute. La Hongrie est attaquée, avec l'aide des Croates révoltés contre leurs nouveaux maîtres, puis avec celle du tsar : en août 1849, la rébellion hongroise est écrasée.

En France, l'Assemblée élue en avril 1848 est dominée par les modérés ; elle revient sur le droit au travail. Le Paris populaire s'insurge du 23 au 26 juin, la répression fait 3 500 morts. La République continue, mais la révolution est bien finie.

En Italie, Ferdinand II reconquiert la Sicile de janvier à mai 1849 et abroge la Constitution. À Rome, d'où le pape a fui, Mazzini proclame la république le 22 février, mais, le 30 juin, une expédition française rétablit Pie IX dans ses États. En Prusse, enfin, l'agitation persistante inquiète la bourgeoisie. En novembre 1848, Frédéric-Guillaume IV met Berlin en état de siège, puis il dissout la Constituante. Une Constitution rédigée par lui lui donne le droit de dissolution et celui de veto ; elle est modifiée en mars 1849 pour que les 20 % d'électeurs les plus riches élisent les deux tiers des députés. Le roi refuse finalement la couronne d'empereur parce qu'elle lui est offerte par le Parlement de Francfort et qu'il ne veut rien devoir à la volonté du peuple ; il écrase en juillet une insurrection démocratique en Saxe et en Rhénanie. Partout, l'ordre ancien semble rétabli. Mais le feu des nationalités couve sous la cendre et, en Allemagne comme en Italie, les patriotes regardent vers la Prusse et le Piémont, autour desquels peut se faire, malgré tout, l'unité de leurs nations.

→**Voir aussi** : p. 400-401 (La bataille de Sadowa).

Une marée humaine vers la Californie

LA RUÉE VERS L'OR

La vie à la mine : des hommes rudes venus chercher la fortune et qui ne trouvent souvent que le labeur, tels sont les colons qui arrivent en Californie au milieu du XIXe siècle. ▷

Le 24 janvier 1848, alors qu'il supervise la construction d'une scierie hydraulique dans une vallée de la Sierra Nevada, située au nord-est de Sacramento, en Californie, James W. Marshall découvre des pépites d'or. La nouvelle se répand comme une traînée de poudre et elle provoque une ruée humaine d'une ampleur encore jamais vue.

La « fièvre de l'or » touche d'abord les habitants de San Francisco, de San Jose, de Los Angeles et de Monterey, qui, voyant les quantités du métal rapportées de la vallée du Sacramento par les premiers prospecteurs, ne songent plus qu'à une chose : courir eux-mêmes recueillir les pépites. Dès le mois de mai, les magasins, bureaux, fabriques et champs se vident. Les journaux cessent de paraître, les navires qui font escale sont bloqués dans les ports faute d'équipages. Même les soldats désertent ! Cette folie de l'or gagne ensuite le reste des États-Unis et même l'Europe. Rien ne rebute les milliers de personnes qui partent pour l'Ouest, rien ne calme les imaginations enfiévrées, pas même la perspective d'un long et difficile voyage.

Par terre ou par mer

Les premiers à se diriger vers la Californie sont les Américains eux-mêmes. De l'est du pays arrivent d'abord ceux qui, trouvant trop longue et difficile la traversée par l'intérieur, choisissent la voie maritime. Pour financer le coût élevé du voyage, ils vendent tous leurs biens, empruntent à des particuliers ou se font financer par des compagnies créées pour l'occasion. Avant de s'embarquer, ils dévalisent les magasins qui vendent l'équipement nécessaire à la prospection. Notables, étudiants, fermiers et ouvriers se mêlent donc à bord des navires qui font voile soit vers le cap Horn pour contourner l'Amérique, soit vers Panamá, où les passagers traversent l'isthme à pied — le canal n'est pas encore construit — avant de reprendre un bateau sur le Pacifique. Par le cap Horn, le voyage peut durer jusqu'à sept mois ; par Panamá, il est plus court mais plus dangereux, à cause de la fièvre jaune et du choléra qui y sévissent. Ces premiers arrivants sont suivis par les Américains ou les Européens parvenus sur la côte est et qui ont choisi la voie terrestre. Ceux-ci sont retardés par l'obligation d'attendre la fin de l'hiver 1848-1849, trop

Prospecteurs d'or au début des années 1850 (gravure du XIXe siècle).

Sur la South Fork

William Swain, qui, depuis novembre 1849, prospecte avec des associés la South Fork, un affluent de la Feather River, donne des nouvelles à sa famille restée dans l'est des États-Unis :

« Il y a du bon bois pour la construction (ce qui n'est pas le cas pour de nombreux cours d'eau de Californie), cela est important pour nous car nous pensons que notre santé l'été prochain dépend de l'habitation sèche, chaude et confortable que nous aurons eue pendant la saison des pluies. Beaucoup d'émigrants se précipitent vers les mines et vont travailler sans tentes, beaucoup sans couvertures qui les protègent de l'air froid de la nuit, et ils vivent de porc et de pain dur. Des centaines ont été frappés par la maladie, beaucoup sont morts alors que d'autres n'ont pu travailler pendant le reste de la saison [...]. Après avoir prospecté pendant deux jours, nous avons trouvé un bon endroit pour construire un barrage et drainer la rivière. Nous avons revendiqué la concession [...] Dès que la pluie le permettra, une baisse du niveau de la rivière nous laissera la possibilité d'aller dans le lit et de voir ce qu'il y a là. S'il n'y a pas d'or, nous irons à un autre endroit, car l'or abonde ici. »

Cité dans J. S. Holliday, The World rushed in, *A Touchstone Book, 1983.*

rigoureux pour permettre le voyage. La frontière entre les régions « civilisées » de la partie orientale des États-Unis et les immenses étendues sauvages de ce qu'on appelle alors le Far West (l'Ouest lointain) est alors marquée par le Missouri. Près de Saint Louis, au sud des Grands Lacs, sur le Mississippi, se trouvent les points de départ des pistes longues de 3500 km qui mènent vers les États où les chercheurs d'or veulent s'installer : l'Oregon au nord, la Californie au sud. Alors que, en 1845, 5000 colons, à la recherche de nouvelles terres agricoles, défiaient les Rocheuses, le principal obstacle du relief, en 1849 et en 1850, ce sont respectivement 50000 puis 55000 personnes qui tentent l'aventure. À partir du mois d'avril, de longues files de chariots attelés à des mules ou à des bœufs s'étirent dans les Grandes Plaines. À côté marchent des hommes surtout, mais aussi des femmes et des enfants. Au fil des semaines, nombre de bêtes meurent d'épuisement, tandis que des voyageurs sont emportés par des accidents ou par la maladie, le choléra en particulier.

La vie des chercheurs d'or

Une fois la Sierra Nevada atteinte, les caravanes se dispersent et les prospecteurs se mettent à l'œuvre. Ils travaillent souvent en association. Par dizaines de milliers, ils fouillent le lit des rivières à la recherche de l'or qui s'est détaché des roches, ou bien ils attaquent la montagne à coups de pioche pour mettre au jour un filon. Quelle que soit la méthode choisie, chacun définit soigneusement sa concession. Les camps miniers rassemblent les tentes et les cabanes en rondins de bois bâties par les chercheurs et sommairement meublées. Dans les communautés les plus importantes et les plus stables, l'animation est assurée dans les « saloons », où joueurs professionnels et dames de petite vertu soutirent habilement aux mineurs les fruits de leur dur labeur. Les bagarres provoquées par l'abus d'alcool et par des litiges au sujet des concessions ne sont pas rares. Dans ces régions vierges qui échappent encore complètement à la loi, la violence se déchaîne. La justice, rendue par les mineurs eux-mêmes, est expéditive. Quand les recherches deviennent vaines à un endroit, les prospecteurs se déplacent, laissant derrière eux des villes fantômes. Seul un petit nombre, parmi les dizaines de milliers de chercheurs d'or, font fortune. La nourriture acquise à des prix exorbitants et le matériel, acheté cher et transporté à grands frais jusqu'en Californie, engloutissent les économies et les maigres gains de beaucoup d'aventuriers. Les déceptions s'accumulent, la nostalgie et le désespoir s'installent. Certains repartent, d'autres demeurent en Californie mais changent d'activité.

Le recul de la « Frontière »

La ruée vers l'or a du moins un résultat favorable : elle change radicalement la vision que les Américains de l'Est ont du Far West et de la « Frontière » qui sépare leur civilisation des immenses espaces intérieurs peuplés par les Indiens et par un nombre encore très limité de Blancs — principalement des trappeurs. Les milliers d'hommes qui retournent vers l'Est après un séjour plus ou moins long en Californie parlent de la vie libre, dépourvue de contraintes qu'ils y ont menée. Ils évoquent la réussite des commerçants et des fermiers qui ont commencé à exploiter les terres fertiles des vallées de cette région, vantant la douceur du climat et décrivent des villes où tout reste encore possible pour les immigrants. Or, le brusque afflux de population entre 1849 et 1856 a amené la création de nouveaux services sur les pistes — des comptoirs, des ponts et des bateaux pour passer les rivières —, qui rendent moins périlleuse qu'auparavant la traversée du continent. Ainsi, après les trappeurs et les explorateurs, et avant les cow-boys des Grandes Plaines et le chemin de fer qui reliera les deux côtes, les chercheurs d'or ont largement contribué à repousser la Frontière.

Une ville californienne à la fin du XIXᵉ siècle : l'arrivée des colons a transformé le paysage, la démographie et la vie de l'Ouest américain en faisant surgir des villes qui vont disparaître ou grossir.

Le second Empire est proclamé
NAPOLÉON III

La préparation du coup d'État du 2 décembre 1851 : le président et ses hommes.

Les 21 et 22 novembre 1852, par 7 824 000 voix contre 253 000, un plébiscite rétablit l'empire en France. Le 2 décembre, jour anniversaire du couronnement de son oncle et de la victoire d'Austerlitz, Louis Napoléon Bonaparte, président de la République depuis décembre 1848, neveu de Napoléon Ier et petit-fils de Joséphine de Beauharnais, première épouse de celui-ci, devient Napoléon III, empereur des Français.

Ce plébiscite a été préparé par des voyages qui ont permis au président de vérifier sa popularité, de présenter un programme économique, et de rassurer en proclamant que « l'Empire, c'est la paix ». Il a surtout été précédé par un coup d'État, juste un an auparavant : celui-ci n'a pas aboli la IIe République, née en février 1848, mais il a concentré tous les pouvoirs entre les mains du président, lui ouvrant la route du trône.

Le président avant le coup d'État

Élu le 10 décembre 1848 par près des trois quarts des votants, Louis Napoléon doit son succès au prestige de son nom, à l'appui des conservateurs, qui le préfèrent aux républicains, et à la désaffection des petites gens pour la République « bourgeoise », qui a augmenté les impôts des paysans et, en juin, écrasé la révolte des ouvriers parisiens. Sa politique s'identifie dans les premières semaines à celle du « parti de l'Ordre », les anciens monarchistes, partisans de la réaction. Mais un « parti de l'Élysée » se constitue rapidement et le président accroît sa popularité en se démarquant de l'Assemblée : il défend en particulier le suffrage universel, contre les députés qui ont privé du droit de vote le tiers des électeurs, en exigeant un certificat de résidence de trois ans dans un canton alors que tant d'hommes vont de ville en ville chercher du travail.
À l'opposition de l'Assemblée s'ajoute, pour le président, le souci de l'avenir. Des élections législatives et présidentielles sont prévues pour le début de 1852. On craint une révolution sociale. Les conservateurs n'ont pas de bon candidat, et la Constitution interdit à Louis Napoléon de se présenter une deuxième fois. Il veut la faire modifier, mais ses rapports avec l'Assemblée sont trop mauvais : il échoue. Il ne lui reste que la force : il place des hommes sûrs à la tête de l'armée et à la préfecture de police.

L'opération « Rubicon »

Dans la nuit du 1er au 2 décembre 1851, pendant qu'une grande réception a lieu au palais de l'Élysée, l'armée investit Paris. Deux proclamations sont affichées : la première s'adresse aux soldats, « élite de la nation » ; la seconde, au peuple. L'Assemblée, dénoncée comme un « foyer de complots », est dissoute – ce qu'interdit la Constitution, mais cette dernière est abrogée – et on annonce une nouvelle Constitution, avec un président élu pour dix ans, rééligible, en position de force face à un pouvoir législatif morcelé ; le suffrage universel est rétabli, et Louis Napoléon demande au peuple d'approuver le coup d'État. Comme César franchissant le Rubicon pour rentrer en Italie, le neveu de Napoléon Ier a fait le pas qui sépare la république instaurée en toute légitimité et un régime

Parcours triomphal de Napoléon III devant l'Arc de triomphe, le jour de la proclamation de l'empire.

autoritaire né d'un coup de force, qui sera bientôt officiellement l'empire.

Dans la capitale, la réaction à l'opération est presque nulle. Quelques députés, parmi lesquels Victor Hugo, tentent de soulever le peuple, mais le souvenir de la répression sanglante de juin 1848 est proche, et l'on a peur. L'antiparlementarisme joue aussi : des ouvriers reprochent aux députés leur indemnité, 25 francs par jour. Un député, Victor Baudin, leur dit : « Vous verrez tout à l'heure comment on peut mourir pour 25 francs par jour » –, et il se fait effectivement tuer sur une barricade. L'épisode émeut quelques faubourgs ; le 4, une résistance s'esquisse, mais 30 000 hommes ratissent Paris d'est en ouest ; une fusillade, boulevard Bonne-Nouvelle, fait 300 morts et terrorise la bourgeoisie. Le soir, Paris est maté.

La province, elle, bouge davantage. L'esprit républicain y a pénétré, on n'y a pas été touché par la répression de juin 1848, on s'y défie moins des députés. Cette province « rouge » prend les armes dans l'Allier, l'Hérault, le Gers, le Lot-et-Garonne, la Nièvre, le Loiret, le Gard, le Var, les Basses-Alpes, la Drôme, le Vaucluse. La révolte, immortalisée par Zola dans son roman *la Fortune des Rougon*, est promptement réprimée : des paysans mal armés ne peuvent pas grand-chose contre la force publique. Les bien-pensants parlent de jacquerie, de pillages. On évoque de nouveau le spectre de la révolution sociale, prévue pour 1852. Le coup d'État, exécuté contre une assemblée conservatrice, prend un sens éminemment conservateur.

L'instauration d'un régime

L'ordre public rétabli, la légitimation du coup de force intervient. Le 20 décembre 1851, un premier plébiscite a lieu : par 7 145 000 voix contre 592 000, le coup d'État est approuvé. Une Constitution est rédigée à la va-vite, en janvier 1852 : provisoire, facile à modifier, elle assoit la domination d'un homme, le « prince-président ». Le 29 février, les élections au Corps législatif, caricature d'assemblée sans pouvoirs, ne donnent que 8 opposants, dont trois républicains qui refusent de siéger plutôt que de prêter serment au dictateur.

Reste à convaincre l'Europe que Louis Napoléon ne cherchera pas à rééditer les conquêtes de son oncle ; reste a favoriser l'Église, à tenir la presse, à museler toute contestation politique. Reste aussi, parce que le bonapartisme n'est pas purement réactionnaire, à favoriser les industriels « productifs », face aux notables traditionnels, ou à aider les sociétés ouvrières de secours mutuel, pourvu qu'elles ne s'affichent pas comme oppositionnelles. Dans les mois qui séparent le coup d'État de la proclamation de l'empire, un régime s'esquisse ainsi : il durera 18 ans.

→**Voir aussi** : p. 380-381 (La révolution en Europe).

Portrait de Louis Napoléon, quelques mois avant la proclamation de l'empire.

La tradition bonapartiste en France

À côté du légitimisme contre-révolutionnaire et de l'orléanisme conservateur et libéral, le bonapartisme est le troisième courant de la droite française traditionnelle, qui se perpétue au XXe siècle.

Sous le second Empire, les composantes de cette tendance sont claires. Selon la formule de l'historien Guizot, Napoléon III constitue « une gloire nationale, une garantie révolutionnaire et un principe d'autorité ». Le bonapartisme mélange autoritarisme (le pouvoir personnel), attachement à la nation (au travers des souvenirs impériaux, mais aussi du principe des nationalités) et référence à 1789, d'où la légitimation par l'approbation populaire et le suffrage universel.

Après 1870, le bonapartisme se modifie. Il influence des tendances qui diffèrent de lui sur des points essentiels : le nationalisme de la fin du XIXe siècle, voire les fascismes de l'entre-deux-guerres. Autorité et nation sont là, mais pas le souci de légitimité populaire. D'autres courants sont plus proches. Plus directement, il inspire en France le boulangisme, un mouvement qui, à partir de 1877, recueille les voix d'anciens républicains radicaux rêvant d'une revanche contre l'Allemagne et d'un chef charismatique.

Résonances contemporaines. Plus récemment, patriotisme, exécutif fort et référendums ont pu faire passer le gaullisme pour un bonapartisme. Aujourd'hui, un néogaullisme populaire ou populiste s'oppose aux « dérives orléanistes » libérales. Peut-être même trouverait-on une certaine gauche, socialiste et républicaine, qui aurait quelque vague air de famille avec le régime inauguré en 1851-1852...

L'Europe en 1852

La flambée nationale et libérale de **1848 n'est plus qu'un souvenir.**

L'Autriche a joué un rôle décisif dans cette reprise en main. Elle a rétabli l'« ordre », dès novembre 1848. À l'extérieur, elle a contraint le roi de Prusse à refuser la couronne d'empereur allemand en avril 1849, écrasé les insurgés hongrois en août, stoppé en Italie les ambitions unificatrices du Piémont, et, si elle n'est pas intervenue à Rome, c'est que **la France** conservatrice l'y a précédée en juillet 1849 pour rétablir le pouvoir du pape.

On pourrait se croire en 1815, même si les rêves libéraux et nationaux persistent et si 1848 a montré **l'existence de la « question sociale »** et du mouvement ouvrier.

Henri Dunant au secours des victimes de guerre

LA FONDATION DE LA CROIX-ROUGE

En 1859, un jeune Suisse de 29 ans parcourt le champ de bataille de Solferino : le carnage dont il est le témoin le bouleverse. Il conçoit alors l'idée d'un service qui, destiné à soigner les blessés de guerre, ne ferait pas de distinction entre les nationalités. L'idée de la Croix-Rouge est née : l'institution, grâce à la première Convention de Genève en 1864, peut venir en aide à toutes les victimes. Les nations prennent conscience de la nécessité d'organisations humanitaires neutres.

Au milieu du XIXe siècle, les soins apportés aux blessés sur les champs de bataille sont encore extrêmement sommaires. Certes, dans les armées des différents pays, il existe des services sanitaires et des chirurgiens héroïques qui n'hésitent pas à opérer alors même que le canon tonne encore tout près. Mais, d'une part, chacun soigne les blessés de son pays en laissant agoniser les ennemis sans leur apporter de secours ; d'autre part, les premiers soins une fois apportés, aucune aide suivie n'est mise en place, et les blessés attendent dans un abandon à peu près complet leur évacuation.

La « boucherie » de Solferino

Lors de la guerre de Crimée, qui oppose les Français et les Anglais aux Russes en 1854, cette situation détermine une jeune Anglaise,

Sans se soucier du camp auquel appartiennent les soldats, la Croix-Rouge se donne pour mission d'assister humainement, matériellement et médicalement les belligérants (illustration d'un timbre publicitaire suisse).

Les organisations humanitaires aujourd'hui

Les O.N.G. Pour surmonter l'obstacle que constitue pour la Croix-Rouge et les organisations issues de l'O.N.U. le principe de non-ingérence dans la politique intérieure des nations apparaît, en 1967, lors du conflit du Biafra, la première O.N.G. (Organisation non gouvernementale), Médecins sans frontières (M.S.F.). Bientôt, d'autres O.N.G. apparaissent : Action internationale contre la faim (A.I.C.F.), Médecins du monde (M.D.M.), Aide médicale internationale (A.M.I.), Handicap international, etc.

La défense des droits de l'homme. Des organisations apolitiques se donnent par ailleurs pour mission la défense des droits de l'homme : ainsi Amnesty International ou la Fédération internationale des droits de l'homme (F.I.D.H.).

L'aide aux pauvres. Enfin, une action caritative privée, souvent d'origine religieuse, est accomplie par de multiples associations nationales et internationales qui, depuis la fondation de l'Armée du Salut en 1865 à Londres, viennent en aide aux plus démunis : Oxford Famine Relief Committee (OXFAM) en Grande-Bretagne, l'International Rescue Committee (IRC) aux États-Unis, le Secours populaire, le Secours catholique, les Restaurants du cœur en France, le Brot für die Welt en Allemagne, etc.

L'abbé Laine, aumônier de l'empereur, consolant les blessés, pendant la bataille de Solferino (gravure du XIXᵉ siècle d'après des croquis de M. Moulin).

Florence Nightingale, à s'embarquer pour organiser sur le terrain un hôpital militaire. L'initiative de la jeune femme est unanimement célébrée mais tarde à faire école. Cinq ans plus tard, le 24 juin 1859, la bataille de Solferino met aux prises, sur un autre front, celui de la campagne d'Italie, les Autrichiens et les troupes franco-sardes. Elle se révèle effroyablement meurtrière : aux 32 000 morts s'ajoutent les milliers de blessés qui agonisent sur place. Parmi ceux qui, le lendemain des combats, circulent au milieu des victimes, se trouve donc Henri Dunant. Sa présence à Solferino est fortuite : le Genevois, qui s'est engagé dans des opérations financières en Algérie, cherche à rencontrer l'empereur Napoléon III pour lui demander son appui. Ce qu'il voit à Solferino est pour lui une révélation : devant l'abandon tragique des blessés des deux camps, il élabore le projet d'une association neutre qui, lors des guerres, assurerait les soins sans distinction de nationalité.

L'organisation de la Croix-Rouge

De retour en Suisse, Dunant n'a de cesse d'imposer son projet. Pour alerter l'opinion, il publie en 1862 le livre *Un souvenir de Solferino*, dans lequel il expose la nécessité de créer des sociétés de secours pour les victimes de guerre et demande l'élaboration d'un règlement international. L'opinion s'émeut, les premières associations apparaissent. L'année suivante, au mois de février, le « Comité des cinq » — Dunant, le général Dufour, deux médecins et un juriste — se réunit à Genève et demande officiellement la tenue d'un congrès international chargé de définir les conditions de l'aide humanitaire. Dès octobre 1863, les délégués de douze pays fixent à Genève le principe de sociétés permanentes fédérées dans un organisme, auquel est donné le nom de Croix-Rouge, un symbole imaginé par le général Dufour. Le 22 août 1864, la première convention de Genève reconnaît au Comité international de la Croix-Rouge (C.I.C.R.) le droit d'assurer lors des guerres une aide médicale en toute neutralité. Par la suite, quatre autres conventions internationales établissent les conditions de la protection des blessés pour les forces terrestres et navales, les prisonniers de guerre et les victimes civiles.

La Suisse, pays neutre

Constituée en **1353**, la Confédération des huit cantons suisses utilise d'abord sa force militaire dans les conflits qui l'opposent aux Habsbourg ou à la France. Mais, **dès 1474, elle signe une première « paix perpétuelle » avec les Habsbourg, qui reconnaissent son indépendance, puis un traité similaire avec la France de François Iᵉʳ en 1516**, après le désastre subi par les soldats suisses à Marignan. Ces « paix » sont le prélude à une politique systématique de non-engagement en matière de politique extérieure, qui aboutit à la reconnaissance par les nations européennes de l'indépendance et de la neutralité de la Suisse (traité de Westphalie, 1648).

Le pays n'en connaît pas moins les violences des luttes religieuses qui opposent les cantons catholiques et les cantons protestants, et, entre 1792 et 1813, il est victime de l'occupation des troupes françaises.

Après quoi la Confédération reste inviolée. **Pendant les deux guerres mondiales, elle applique une politique de stricte neutralité**, et c'est sur son territoire que sont installées, au XIXᵉ siècle puis dans l'entre-deux-guerres, les organisations internationales de la Croix-Rouge et de la S.D.N.

Grandeur et limites de la Croix-Rouge

La Convention de Genève de 1864 est immédiatement suivie par la création dans de nombreux pays de comités nationaux de la Croix-Rouge (ou du Croissant-Rouge dans les pays musulmans). L'activité de ces comités est coordonnée à Genève par le C.I.C.R. et par la Ligue des sociétés de la Croix-Rouge, fondée en 1919. La Première Guerre mondiale fournit à l'organisation l'occasion dramatique de montrer son efficacité : les infirmières de la Croix-Rouge sont présentes sur tous les fronts et des bénévoles organisent les envois de colis aux prisonniers. La paix revenue, l'action de la Croix-Rouge se diversifie : secours d'urgence en cas de catastrophes, entraide pour les démunis, formation médicale de bénévoles. Mais, au fil du temps, la modification du caractère des conflits pose le problème de l'attitude que doit observer l'organisme, tenu à une stricte neutralité, dans les conflits intérieurs de certains pays. Ainsi, la Croix-Rouge, pour pouvoir continuer son travail d'assistance, doit garder le silence sur les atrocités des camps de concentration nazis... L'institution, bientôt, s'avère insuffisante pour la multiplicité des tâches qu'elle a à remplir. La S.D.N. (Société des Nations) puis l'O.N.U. créent, en s'inspirant de son modèle, d'autres agences spécialisées dans l'aide internationale, officielles et indépendantes des gouvernements : ainsi la FAO (Food and Agricultural Organisation, qui se consacre à l'assistance alimentaire et agricole) ; l'Unicef, dont la mission est la protection de l'enfance dans le monde ; l'O.M.S., ou Organisation mondiale de la santé.

Les infirmières de la Croix-Rouge durant le conflit sino-japonais (estampe japonaise du XIXᵉ siècle).

L'or noir tiré du sous-sol

LE FORAGE DU PÉTROLE

Le 27 août 1859, le puits foré par William Drake près de Titusville, en Pennsylvanie (États-Unis), atteint une nappe de pétrole à 21 mètres de profondeur, et une substance noire et visqueuse jaillit à la surface.

Une seconde révolution industrielle s'amorce à cet instant : le forage pétrolier à grande échelle est destiné à bouleverser les modes d'éclairage, de lubrification et de combustion de la fin du XIXe siècle. Il permet, au XXe siècle, de fournir l'énergie abondante et bon marché sans laquelle notre mode de vie serait inconcevable.

Le bitume, ancêtre du pétrole

Le pétrole, ou plutôt l'un de ses dérivés naturels, le bitume, est déjà connu du Proche-Orient ancien, où il sert de mortier aux constructions babyloniennes et de produit de calfatage aux navires des Phéniciens. C'est ainsi qu'Homère mentionne les «noirs vaisseaux» de ces derniers dans *l'Odyssée*.
Mais le bitume n'est connu que sous la forme d'affleurements, résultat du suintement du composé à travers les sols. Hérodote en rapporte l'existence par ces mots : «Il est une autre ville à huit jours de marche de Babylone : elle s'appelle Is ; on y trouve une rivière de médiocre importance, qui s'appelle également Is et qui se jette dans l'Euphrate. En jaillissant du sol, cette rivière entraîne avec ses eaux des grains de bitume en abondance; de là provient le bitume qui a servi pour les murs de Babylone.»

Une production rudimentaire

Les procédés de récupération des produits bitumineux et pétrolifères ne sont pas moins sommaires aux États-Unis, avant 1859, qu'à Babylone, bien longtemps avant notre ère. Généralement, les prospecteurs reprennent la tradition des Indiens Seneca : ils étendent une couverture sur l'eau où le pétrole affleure, la laissent s'en imprégner, puis l'essorent dans un récipient; ou bien, comme on le voit encore faire en 1833, ils raclent des cartons laissés à tremper dans cette eau.
Les petites quantités récupérées au moyen de ces procédés primitifs servent essentiellement à la confection d'«huiles médicinales», vantées par des charlatans qui parcourent le pays pour écouler leur élixir miracle, au tarif moyen d'un dollar la fiole.

Les forages d'eau de saumure

Cependant, depuis de nombreuses années déjà, les chercheurs d'eau salée ont mis au point un système de forage pour récupérer la saumure dans les profondeurs du sol, et ils ramènent de plus en plus fréquemment à la surface du pétrole infiltré dans l'eau.
On peut citer au moins quinze exemples de ce type entre 1840 et 1860. Celui de l'American Well est resté célèbre : un forage d'eau de saumure du Kentucky atteint une poche de brut en 1829 et libère le pétrole avec une telle violence que des geysers de dix mètres de haut jaillissent du puits. Plus de mille barils

Le premier puits de pétrole de William Drake à Titusville en 1865 (Pennsylvanie) [ci-dessous]*; et,* à droite*, les champs pétrolifères de Californie au début du siècle.*

par jour sont produits à cette occasion, avant le tarissement de la poche trois ou quatre semaines plus tard.

La première compagnie pétrolière

Tout change lorsque deux Américains, Georges H. Bissell et Jonathan G. Elvereth, fondent, en 1854, la première compagnie pétrolière du monde, la Pennsylvania Rock Oil Company, plus tard rebaptisée Seneca Oil Company. Les deux hommes entendent se lancer de manière systématique dans la récupération de l'«huile de pierre» et dans le lucratif commerce des huiles médicinales, ainsi que de tout autre sous-produit du pétrole. Pour ce faire, ils acquièrent le bail de terrains situés à Oil Creek, près de Titusville, Pennsylvanie, où des affleurements de pétrole brut les assurent d'une source d'approvisionnement sûr.

Le rapport Silliman

Avant d'envoyer un de leurs employés, William Drake, à Titusville, les deux entrepreneurs donnent à analyser un échantillon de pétrole brut à Benjamin Silliman Jr, un célèbre professeur de chimie générale et pratique de l'université de Yale, pour qu'il leur indique les propriétés commercialisables du produit.
Le rapport de Silliman a des conséquences décisives pour l'avenir de l'industrie pétrolière. En effet, personne avant ce savant ne s'est réellement penché sur les propriétés chimiques du pétrole brut, et, *a fortiori*, personne n'a pris conscience de son potentiel industriel. Silliman révèle qu'il s'agit d'un excellent produit lampant, susceptible d'être utilisé comme produit de substitution au gaz d'éclairage, et d'un lubrifiant exceptionnel, ce qui ne manque pas d'encourager les deux hommes d'affaires, qui dépêchent Drake à Titusville avec mission de forer.

L'or noir surgit

Drake entreprend donc de dresser un puits de pétrole, le premier de l'histoire. La nouvelle technique d'extraction pétrolière de Drake ressemble en tout point à celle des foreurs d'eau de saumure. Il achève la construction du puits au mois de mai 1858. Mais son entreprise de forage ne rencontre qu'incrédulité de la part des habitants du comté, qui n'imaginent pas qu'on puisse «extraire du pétrole de la roche». Ce scepticisme n'entame pas la ténacité de Drake, qui s'équipe, outre des divers outils du prospecteur de saumure, d'une machine à vapeur de six chevaux destinée à fournir l'énergie nécessaire au travail de la foreuse. Le forage commence vers le milieu du mois d'août 1859, dès que la roche, qui est située à dix mètres de profondeur environ, est atteinte. Il s'achève dans l'après-midi du 27, lorsque la tête de la foreuse atteint le gisement. L'annonce de la découverte provoque, dans les semaines qui suivent, une ruée vers la Pennsylvanie comparable à la ruée vers l'or californienne.
Quant à Drake, il a trouvé le moyen de capter la source d'énergie promise à révolutionner l'industrie moderne.

Puits de pétrole, de nos jours, en Indonésie, dans l'île de Sumatra.

Le développement de l'industrie pétrolière

1860. Emploi du pétrole (baptisé mazout) comme combustible dans les locomotives et les navires.

1864. Invention du forage au diamant (pour percer les formations géologiques dures) par Rudolf Leschot.

1874. Construction, par Van Sickle, du premier pipe-line aux États-Unis.

1876. Construction d'un deuxième pipe-line, en Russie, par le chimiste suédois Alfred Nobel.

1877. Construction du premier tanker, destiné à transporter du pétrole brut.

1886. Premier brevet pour le craquage du pétrole (procédé de raffinage par dislocation de l'hydrocarbure) des Américains Benton et Pielsticker.

1896. Premier forage pétrolier offshore en Californie, depuis des jetées de bois avancées dans la mer. Le système est rapidement introduit en Louisiane et au Venezuela.

1911. Première plate-forme pétrolière.

1913. Procédé de craquage thermique du pétrole lors de sa phase liquide, inventé par la Standard Oil of Indiana. Il permet une augmentation de la production d'essence.

1925. Craquage du pétrole lors de sa phase gazeuse, réalisé par la compagnie américaine Carbon Petroleum.

1932. Invention des barges de forage semi-submersibles et mise en service de la première plate-forme pétrolière, sur la côte ouest des États-Unis.

Le « scandale » de la sélection naturelle

LE DARWINISME

Le soir même de sa sortie en librairie, le 24 octobre 1859, la première édition de l'ouvrage *De l'origine des espèces par voie de sélection naturelle,* écrit par le naturaliste Charles Darwin, est épuisée. L'œuvre passionne et dérange : ses théories révolutionnaires suscitent de farouches adversaires et des partisans convaincus, qui s'opposent avec une virulence peu commune.

Des siècles durant, en se fondant sur l'autorité de la Bible, les hommes ont considéré que la Terre était vieille de quelques milliers d'années seulement et que la vie était restée la même depuis l'époque de la création du monde décrite dans la Genèse, le premier chapitre de la Bible. Ce n'est qu'au XVIIIe siècle que ces certitudes se trouvent quelque peu ébranlées : la science naissante des fossiles — la paléontologie — révèle l'existence d'espèces disparues depuis fort longtemps, prouvant ainsi que la vie sur la Terre a changé. L'aboutissement des travaux de ces premiers savants intervient au milieu du XIXe siècle, lorsque Darwin formule sa théorie de l'évolution des formes de vie.

Un rongeur d'Amérique latine, planche de la Zoologie du voyage du Beagle *(Paris, Bibliothèque nationale de France). C'est au cours du voyage d'exploration mené dans l'hémisphère Sud que le Britannique Darwin posa les bases du système scientifique qui devait révolutionner les vues sur l'histoire des êtres vivants.*

Une formation d'autodidacte

Né en Angleterre en 1809, Charles Darwin est le petit-fils d'Erasmus Darwin, un célèbre botaniste et zoologiste, et fils d'un médecin de campagne. Passionné par la nature, il collectionne dès son enfance les insectes, les plantes, les pierres. Élève puis étudiant moyen, il poursuit sans conviction des études de médecine d'abord, de théologie ensuite. Ses années à Cambridge lui permettent de perfectionner ses connaissances en botanique, en zoologie et en géologie, par l'étude livresque et la fréquentation de savants avec lesquels il se lie d'amitié ; ces relations lui valent d'être recommandé comme naturaliste au capitaine du *Beagle*, navire qui s'apprête à partir en mission scientifique autour du globe. Le voyage, qui se déroule de décembre 1831 à octobre 1836, mène Darwin en Amérique du Sud, à Tahiti, en Nouvelle-Zélande et en Australie. Au cours de ce périple, il s'étonne de découvrir des fossiles d'animaux différents de ceux qui existent alors et il remarque avec surprise que les mêmes espèces ont évolué différemment, en fonction du milieu où elles ont vécu et se sont reproduites durant des millénaires. Dès lors, l'idée généralement admise d'espèces créées à un moment donné et ne s'étant jamais transformées (« fixisme ») lui semble douteuse.

Pinson, planche de la Zoologie du voyage du Beagle *(Paris, Bibliothèque nationale de France).*

La sélection naturelle

Rentré en Angleterre, il multiplie les expériences, telles que le croisement de différentes races de pigeons, et pratique d'innombrables dissections. Pendant plus de vingt ans, le naturaliste amasse les observations, rassemblant ainsi une immense quantité d'indices qui forment le fondement de sa doctrine de l'évolution des espèces. Dans celle-ci, le concept de « sélection naturelle », ou « survivance du plus apte », occupe une place fondamentale. Darwin établit d'abord que les espèces animales et végétales subissent des « variations » (nous disons aujourd'hui « mutations génétiques ») de manière subite ou progressive. La « sélection naturelle », dictée par la lutte pour l'existence, a pour effet de conserver les variations favorables et d'éliminer celles qui sont nuisibles. En conséquence, elle favorise les individus ou les espèces capables de s'adapter aux conditions et au milieu dans lesquels ils vivent, condamnant

Littré — l'homme du Dictionnaire — et Darwin, deux des phares de la pensée du XIXe siècle, déguisés en singes savants par le caprice d'une évolution inachevée… (caricature par Gill, 1879, Paris, musée Carnavalet). ▷

à une disparition certaine ceux qui n'y parviennent pas. Darwin soutient d'autre part l'idée qu'une source unique est à l'origine de la vie sur la Terre : à partir d'elle, les différentes espèces, y compris l'homme, auraient évolué et se seraient différenciées, toujours sous l'effet de la sélection naturelle. Une telle affirmation, au milieu du XIXe siècle, apparaît proprement scandaleuse : elle contredit le texte de la Genèse, qui décrit la création successive des différents animaux, couronnée par celle d'une espèce supérieure, l'Homme. L'année qui suit la parution de *De l'origine des espèces par voie de sélection naturelle,* l'évêque d'Oxford persifle les théories du naturaliste avec cette interrogation : « Est-il vraiment croyable que des variétés favorisées de navets aient tendance à devenir des hommes ? ». Mais l'ensemble de la communauté scientifique se rallie au darwinisme et décerne récompenses et honneurs à son créateur.

Une théorie qui évolue

D'August Weismann... En 1883, un an après la mort du grand naturaliste, le savant allemand August Weismann dépouille le darwinisme d'une idée fausse. À côté de la sélection naturelle, Darwin accordait en effet au milieu un rôle dans l'évolution des espèces. Ainsi, certains oiseaux habitant des îles perdues dans l'océan Pacifique (notamment les Galápagos), dont ils ne pouvaient s'évader, auraient vu leurs ailes se réduire ou s'atrophier. D'après Darwin, ce caractère se serait transmis systématiquement. En montrant que cela n'est pas toujours le cas, August Weismann fonde le néo-darwinisme.

... à Gregor Mendel. Le darwinisme se trouve encore affiné grâce au botaniste autrichien Gregor Mendel, qui établit en 1865 les lois de la transmission héréditaire pour les croisements d'espèces végétales. En 1900, d'autres savants montrent que les lois énoncées par Mendel à propos des plantes sont également valables en ce qui concerne les autres êtres vivants : ainsi naît la science génétique, ou science de l'hérédité. Les progrès de cette nouvelle discipline permettent par la suite aux scientifiques d'expliquer les variations à l'intérieur d'une espèce ou l'apparition de nouvelles espèces. Au cours du XXe siècle, de nouvelles découvertes sont venues enrichir l'explication du phénomène ; mais la sélection naturelle mise en évidence par Charles Darwin reste un des moteurs de l'évolution.

Garibaldi réalise l'unité italienne

L'EXPÉDITION DES MILLE

Au printemps 1860, la péninsule italienne est en voie d'unification. Le royaume de Piémont est l'âme de cette évolution : les deux hommes qui le gouvernent, le roi Victor-Emmanuel II et le ministre Camillo Benso, comte de Cavour, ont réussi à unifier autour de leur État toute l'Italie du Nord, Vénétie exceptée. Il leur reste à entreprendre la conquête du reste de la péninsule, c'est-à-dire le Centre et le Sud.

Le Centre de l'Italie, à ce moment, est constitué par les États de l'Église : attaquer le pape est impensable dans l'immédiat ; cela créerait à l'agresseur de périlleuses complications diplomatiques.
Au sud, en revanche, un roi sans grand soutien extérieur règne par la terreur : François II, souverain des « Deux-Siciles » – c'est-à-dire de la Sicile et de l'Italie du Sud. Ce roi est contesté par ses sujets, patriotes et libéraux, qui rêvent d'unité et de démocratie. Ce sont eux qui fournissent au Piémont l'occasion désirée : ils contactent Giuseppe Garibaldi, l'homme qui a aidé les États d'Amérique du Sud à gagner leur indépendance, qui s'est illustré ensuite, en 1848, dans les insurrections de la péninsule, et qui a finalement modéré ses ardeurs républicaines pour se rapprocher du roi de Piémont, seule puissance capable de mener à terme l'unité de l'Italie. Garibaldi accepte d'agir si une révolution populaire l'appelle : le 4 avril, la Sicile se soulève. La police, prévenue, occupe Palerme et y massacre les insurgés. La révolte agonise, mais elle a fourni un prétexte.

Les Mille

À Gênes, des volontaires affluent, Italiens, mais aussi Anglais, Hongrois, Polonais, Français, etc., nostalgiques du rêve libéral et national avorté en 1848. Le gouvernement du Piémont est discret et efficace : il refuse officiellement de fournir des armes, mais il en fait livrer quelques-unes. Prêt à désavouer un échec comme à exploiter un succès, il ne veut pas se compromettre vis-à-vis des puissances étrangères.
Le 5 mai, 1 072 volontaires embarquent : leur nombre arrondi donne le nom de l'expédition. En Toscane, où il mouille le temps de rafler des armes supplémentaires et de tenter d'agiter les États de l'Église, Garibaldi lance le slogan « Italie et Victor-Emmanuel » : l'ancien révolutionnaire comble les vœux du souverain qu'il sert.
L'expédition débarque à Marsala, en Sicile, le 11 mai. Le 15, à Calatafimi, elle vient à bout de 5 000 soldats réguliers : cela suffit pour faire de Garibaldi un héros invincible, aux yeux du peuple. Avec le renfort de volontaires siciliens, il se rend maître de Palerme, le 6 juin 1860 : les combats de rue, la lutte aux moyens inégaux – fusils nationalistes contre canons de François II – font un demi-millier de morts. En juillet, l'île est conquise. Garibaldi s'en proclame dictateur, au nom de Victor-Emmanuel.

Premières tensions

À Naples, François II négocie avec les émissaires du Piémont. Il ressuscite une Constitution, celle que son père a promulguée en 1848 puis arbitrairement abrogée ; il convoque un parlement, qu'il ajourne d'ailleurs aussitôt. Le roi des Deux-Siciles n'est plus crédible : sa capitale attend Garibaldi.
Victor-Emmanuel hésite pourtant : feinte ou précaution, il demande à Garibaldi de rester en Sicile. Celui-ci refuse, courtoisement ; le roi n'insiste pas. À partir du 8 août, les « Mille » – qui sont bientôt 25 000 –, se battent en Calabre. Mal armés, mal ravitaillés, indisciplinés, ils avancent avec une rapidité étonnante, face à une armée de métier quatre fois plus nombreuse, mais qui ne croit pas en son combat. Le royaume se décompose. Trahi de toutes parts, François II fuit le 7 septembre. Garibaldi, sans escorte, fait une entrée triomphale dans Naples.

La récupération par le Piémont

L'Europe a suivi avec passion la progression des patriotes garibaldiens. À la fin de l'été 1860, elle se pose une question essentielle : que va faire Garibaldi ? Il dit qu'il va marcher sur Rome, proclamer Victor-Emmanuel roi d'Italie au Quirinal ou au Vatican, puis qu'il libérera Venise. Mais il s'entoure aussi de républicains, parmi lesquels l'homme qui fonda contre le pape l'éphémère République romaine, en 1848 – Giuseppe Mazzini. La révolution italienne, commencée au nom du roi de Piémont, va-t-elle s'achever par l'abolition de la monarchie ?

Giuseppe Garibaldi portant le drapeau tricolore du royaume d'Italie. (détail d'une peinture du XIXe siècle représentant le libérateur de l'Italie débarquant à Marsala).

Cavour s'alarme du danger. Mais il transforme le péril en une chance exceptionnelle. Le souverain est menacé dans son trône, l'opération qu'il a laissé mener risque de finir par le renversement du pape, que ne toléreront pas plusieurs États d'Europe ? C'est lui, donc, qui interviendra, en allant sur place, dans le Sud. Pour cela, il faut inévitablement passer par les États du pape : là, Victor-Emmanuel se fera acclamer par le peuple ; celui-ci réclamera de lui-même son annexion à l'ensemble qu'il domine.

La bataille de Calatafimi en 1860 (peinture italienne du XIXe siècle). Garibaldi est au centre.

Le Piémont en 1860

Porteur de tous les espoirs des partisans de l'unité italienne, le Piémont a pour roi **Victor-Emmanuel II** (1820-1878) et pour président du Conseil, depuis 1852, **Camillo Benso, comte de Cavour.**

Admirateur de l'Angleterre industrielle, celui-ci entreprend **la modernisation du royaume.** L'armée est réorganisée, de grandes banques se créent ainsi qu'un réseau de chemins de fer, le port de Gênes est aménagé.

D'autre part, **le Piémont cherche des alliés.** Il fait, en 1854, la guerre de Crimée aux côtés de la France et de l'Angleterre. Napoléon III rêve d'une fédération italienne présidée par le pape ; Cavour veut un État unitaire, mais ne le détrompe pas : il obtient, en 1859, un traité le garantissant contre une agression autrichienne. Tout est prêt pour la conquête de la péninsule.

Camillo Benso, comte de Cavour (portrait photographique par Mayer et Pierson).

Consulté sur le projet, Napoléon III donne son accord : « Faites, mais faites vite. » Les armées du Piémont bousculent les soldats pontificaux à Castelfidardo le 18 septembre ; ils occupent l'ensemble des États de l'Église à l'exception de Rome même ; et ils avancent vers le sud. Garibaldi ne résiste pas : ayant à faire face à une contre-offensive de François II et contesté par ses propres amis, il cède la place. Le 21 octobre 1860, les États de l'Église (moins le Latium) et tout le sud de la péninsule approuvent par plébiscite leur rattachement au futur « royaume d'Italie ». Le 7 novembre, Victor-Emmanuel entre triomphalement dans Naples.

Naissance d'une nation

Il ne reste plus qu'à venir à bout de François II, qui résiste encore à Gaète. Le danger d'une action militaire de l'Autriche, au Nord, est conjuré par l'attitude de la France, qui promet d'intervenir dans ce cas. D'ailleurs, l'empereur d'Autriche est occupé, au même moment, à endiguer l'agitation des éléments hongrois dans ses provinces... Quant à la Prusse, elle se contente de protestations platoniques, Cavour faisant remarquer que le Piémont « donne un exemple que, probablement, dans quelque temps, la Prusse sera très heureuse d'imiter ».

Le 18 février 1861, un premier parlement italien est réuni à Turin, et, le 17 mars, Victor-Emmanuel II est proclamé roi d'Italie. À cette date, même si son unité n'est pas complète, même s'il lui manque et Rome et Venise – sans parler de Trente –, l'Italie constitue un nouvel État, unitaire, en Europe.

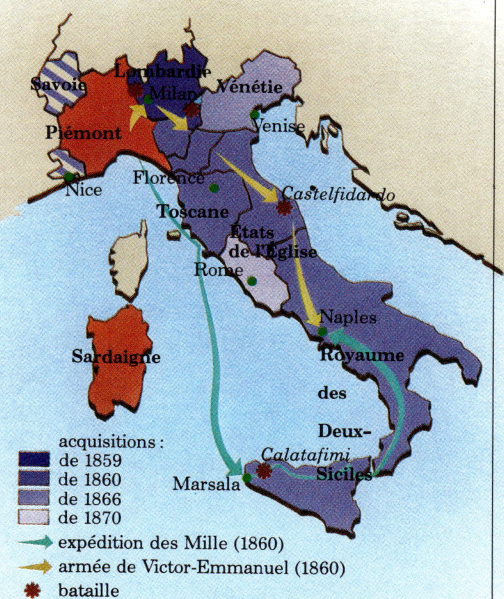

Les principales étapes de l'unité italienne.

Les grandes étapes de l'unité italienne

1859. L'unité commence par une guerre du Piémont contre l'Autriche, provoquée par le Piémont soutenu par la France. Les victoires de Magenta et Solferino donnent la Lombardie au Piémont, mais Napoléon III refuse de continuer jusqu'à Venise. Florence, Modène, Parme, Bologne et Ferrare, insurgées, votent leur réunion au Piémont.

1860-1861. Le traité de Paris entérine ces votes : la France reçoit, après plébiscite, Nice et la Savoie. L'expédition des Mille, conduite par Garibaldi, amène l'annexion des Deux-Siciles et des États pontificaux, Rome exclue. L'ensemble prend le nom de royaume d'Italie ; son souverain est Victor-Emmanuel II, ex-roi de Piémont.

1866. La victoire de la Prusse à Sadowa, contre l'Autriche, livre la Vénétie à l'Italie.

1870-1871. En guerre contre la Prusse, les Français quittent Rome, qu'ils défendaient contre toute tentative d'occupation de la part de l'Italie. La ville est occupée, annexée après plébiscite, puis proclamée capitale du royaume. Le pape se considère comme prisonnier dans son palais du Vatican, jusqu'en 1929, quand les accords du Latran règlent la situation.

1919-1920. Après la victoire alliée, le traité de Saint-Germain (avec l'Autriche), puis celui de Rapallo (avec le nouvel État yougoslave), donnent à l'Italie le Trentin, la Vénétie Julienne avec Trieste, et le Tyrol du Sud. Elle espérait plus, notamment la Dalmatie, qu'elle avait dominée pendant des siècles, et elle est déçue.

1947. L'Italie perd Trieste et son territoire, qui passent sous administration internationale.

1954. Un accord avec la Yougoslavie lui permet de récupérer la ville.

Les socialistes européens se regroupent

LA Ire INTERNATIONALE

Plus favorable que les lois françaises, la législation britannique a permis un développement précoce du syndicalisme dans ce pays (bannière syndicale des employés du chemin de fer en Angleterre à la fin du XIXe siècle).

Réunis à Londres en 1864, les représentants des différents courants du socialisme en Europe font franchir une étape importante à l'émancipation de la classe ouvrière. Désormais rassemblés dans la lutte, les travailleurs s'inspirent de la doctrine de Karl Marx pour condamner le capitalisme et préconiser la « dictature du prolétariat ».

La révolution industrielle du début du XIXe siècle en Europe a pour effet de transformer à des degrés variables les sociétés traditionnelles. Aux conditions de vie de plus en plus précaires des ouvriers s'oppose la prospérité d'une haute bourgeoisie qui tire sa fortune de l'industrie et du commerce: alors naît l'antagonisme entre « capitalistes » et « prolétaires ». Avec l'Association internationale des travailleurs (A.I.T.), la classe ouvrière s'organise à l'échelle du monde pour améliorer ses conditions de travail.

Les premiers mouvements socialistes

C'est en France et en Grande-Bretagne que la condition misérable des ouvriers suscite les premières théories socialistes. Leur programme est de réformer la société économique pour remédier aux injustices provoquées par le capitalisme et la libre concurrence. Leurs doctrines utopiques proposent une nouvelle société conçue pour le bonheur des hommes.

Pour **Saint-Simon et ses disciples, Enfantin, Auguste Comte et Bazard,** cet idéal passe par la distribution du travail et des richesses : les saint-simoniens vivent dans des communautés harmonieuses régies par une parfaite fraternité.

Le même optimisme anime les thèses de Charles Fourier, qui imagine la construction de « phalanstères », sortes de coopératives où vivent et travaillent plusieurs milliers de familles.

Le Britannique Owen, le Français Louis Blanc, l'Italien Momo sont parmi les autres théoriciens de ces sociétés futures qui doivent supprimer les inégalités. Quant à **Proudhon,** pour qui **« la propriété est le vol »,** il élabore des thèses beaucoup plus violentes qui le rapprochent de Marx et des fondateurs de la Ire Internationale.

Les conséquences de l'industrialisation européenne

C'est dans les usines de Grande-Bretagne et de France que les ouvriers ont les conditions les plus pénibles : les femmes et les enfants travaillent durement pour un salaire inférieur à celui des hommes, pourtant déjà médiocre. La cherté de la vie réduit le pouvoir d'achat de familles qui vivent dans la hantise du chômage et logent dans des taudis insalubres aux conditions d'hygiène déplorables. En France, les salariés ne peuvent se fédérer pour obtenir l'amélioration de leur sort : datant de la Révolution, la loi Le Chapelier (1791) interdit les associations de travailleurs exerçant le même métier ainsi que la grève. La législation britannique est un peu moins défavorable aux ouvriers. Depuis 1824, ceux-ci ont la possibilité de se grouper en *trade-unions* (syndicats) pour défendre leurs conditions de travail et leurs salaires. Lorsque, en 1862, avec l'autorisation de l'empereur Napoléon III, déterminé à prouver sa bonne volonté sociale, une délégation de 200 travailleurs français conduite par l'ouvrier Tolain se rend à Londres, à l'occasion de l'Exposition universelle, elle découvre avec étonnement la liberté d'action des trade-unions et les acquis que ceux-ci ont procurés à la classe ouvrière.

« Prolétaires de tous les pays, unissez-vous ! »

En France, la révolution de 1848 avait bien fait entrevoir aux ouvriers la possibilité d'une ère nouvelle, mais les espoirs socialisants avaient bientôt été ruinés par la politique réactionnaire de la IIe République puis du second Empire. Le cas de la France n'est pas isolé : après la vague de répression qui suit l'euphorie révolutionnaire de 1848, nombre d'exilés venus de toute l'Europe se retrouvent dans quelques villes d'accueil, Londres en premier lieu, mais aussi Paris, où ils peuvent confronter leurs expériences et élaborer peu à peu une doctrine de l'histoire de la société. Le philosophe allemand Karl Marx est le plus lucide de ces exilés. Au fait de toutes les idées énoncées par les théoriciens socialistes, il en fait la synthèse, puis élabore un système doctrinal qui les dépasse largement en rigueur logique : *le Manifeste du parti communiste* (1848) et surtout *le Capital* (après 1867) expliquent la signification de l'évolution économique du monde et proposent des solutions pour un avenir meilleur. Mais Marx ne se contente pas d'être un théoricien du socialisme. Avec l'appui de son ami Engels, il veut donner une dimension efficace au socialisme en en faisant un mouvement uni et international. L'Exposition universelle de Londres, en 1864, parce qu'elle se veut la vitrine du capitalisme triomphant, est l'occasion de réunir en contrepoint les victimes de ce même capitalisme. Le 28 septembre 1864, dans la capitale britannique, se réunissent des délégués représentant

Karl Marx
(1818-1883).

toutes les tendances progressistes d'Europe : communistes allemands, proudhoniens français, anarchistes, trade-unionistes anglais, patriotes hongrois, polonais, italiens, etc. L'assemblée est si diverse qu'on ne peut lui demander de fixer un programme pour un combat commun. Du moins l'avenir est-il préservé. Dans l'adresse inaugurale, rédigée par Marx, sont rappelés les deux avertissements fondamentaux déjà énoncés dans *le Manifeste :* « La conquête du pouvoir politique est devenue la tâche principale de la classe ouvrière » et « Prolétaires de tous les pays, unissez-vous ! » D'autre part, la décision est votée de créer dans chaque pays des sections relevant d'une organisation unique, l'Association internationale des travailleurs (A.I.T.), dont le siège est installé à Londres.

Les difficultés de l'Internationale

Karl Marx est donc le principal organisateur de la Ire Internationale. Réunie chaque année à partir de sa fondation dans différentes cités d'Europe, celle-ci discute des motions présentées par les sociétés ouvrières de chaque pays. Dès cette époque, le soutien des *« Internationaux »* à plusieurs mouvements de grève leur attire des sympathisants en Belgique, en France et en Espagne. Mais les difficultés restent nombreuses : en Grande-Bretagne, en Allemagne et en Italie, les sections de l'A.I.T. ont d'autant plus de mal à s'organiser que les gouvernements, qui ont tendance à surestimer le nombre des militants, se montrent particulièrement répressifs. En outre, le caractère hétéroclite des mouvements constitutifs de l'Internationale suscite inévitablement des conflits internes. Les marxistes trouvent dans l'anarchiste Bakounine un adversaire acharné. En 1872, après l'échec de la Commune de Paris, dans laquelle Marx avait vu « un gouvernement de la classe ouvrière », les tensions montent à leur point extrême : cette année-là, au congrès de La Haye, Bakounine est exclu de l'Internationale et fonde son propre mouvement de lutte ouvrière. Le déclin de l'A.I.T., dès lors, se précipite. Elle est dissoute au congrès de Philadelphie, en 1876.

→**Voir aussi** : p. 358-359 (Un âge nouveau) ; p. 408-409 (La commune).

Un atelier de confection à Manchester au début des années 1860.

Le Capital

Publié en trois livres à partir de 1867, le Capital *est le texte fondateur du marxisme. S'écartant des constructions utopistes des premiers socialistes, Karl Marx énonce comme doctrine que l'économie donne son sens à l'histoire et que toute société connaît la lutte de deux classes opposées, oppresseurs et opprimés. L'étude analytique des différentes contradictions qui caractérisent le capitalisme permet au philosophe d'affirmer que la chute de la bourgeoisie est inévitable. Pour préparer cette révolution, les travailleurs doivent se regrouper dans une force internationale. Leur victoire leur permettra d'organiser la dictature du prolétariat, dans laquelle tous les outils de production seront collectifs.*

Le général Lee capitule devant le général Grant

LA FIN DE LA GUERRE DE SÉCESSION

Le 9 avril 1865, le commandant en chef des troupes de l'Union, le général Ulysses O. Grant, reçoit la reddition inconditionnelle de son vis-à-vis confédéré, le général Robert E. Lee, à Appomattox.

Cinq jours plus tard, le 14 avril, le président des États-Unis, Abraham Lincoln, est assassiné dans un théâtre de Washington par un acteur partisan de la cause sudiste, John Wilkes Booth. Ces deux événements dramatiques marquent la fin d'une guerre civile sanglante, quatre ans de combats qui ont fait plus de 600 000 morts, sans compter le coût économique de la guerre, les destructions et le prix moral à payer.

Une guerre longtemps incertaine

La reddition de Lee témoigne de l'épuisement du Sud. Pourtant, le résultat du conflit qui éclate le 12 avril 1861, lorsque les sudistes ouvrent le feu sur Fort Sumter, dans le port de Charleston, est longtemps incertain. La supériorité économique du Nord est longue à se traduire sur les champs de bataille. Aucun des deux camps, en fait, n'est préparé à la guerre. Mais les confédérés, longtemps mieux commandés, font mieux que résister. Des généraux de valeur, tels Beauregard, Thomas « Stonewall » (Mur de pierre) Jackson ou Lee, n'ont, au début du conflit, pas d'égaux chez les nordistes. Le Sud lutte pour son mode de vie et a pour seul objectif de résister à l'invasion. Le Nord, au contraire, doit conquérir. Il lui faut mettre à contribution tout son immense potentiel économique. Pour toutes ces raisons, la guerre est longue et douloureuse.

La défaite des sudistes

Dans la vallée du Mississippi, les nordistes, commandés par Grant, remportent plusieurs victoires et, à l'été 1863, contrôlent le fleuve, isolant l'Arkansas et le Texas. Mais, sur le front de Virginie, Lee et Jackson repoussent les assauts des troupes de l'Union, dont les généraux sont vaincus l'un après l'autre dans leurs vaines tentatives de percer le front

Le contexte de la guerre

Le conflit qui oppose le Nord et le Sud a des raisons politiques, économiques et morales.

Les intérêts économiques des uns et des autres diffèrent largement. Le Nord, plus industrialisé, plus urbanisé, souhaite protéger ses usines. Le Sud, essentiellement rural et agricole, est partisan du libre-échange. Les deux sections s'opposent sur l'idée d'un système bancaire national, qui semble inutile aux Sudistes, ou sur la politique de distribution de la terre.

Les différences politiques ne sont pas moindres entre les villes du Nord, qui connaissent une certaine démocratisation, et le contrôle aristocratique des familles de planteurs du Sud.

Enfin, **la question de l'esclavage** et de son abolition est une épine présente en permanence dans les relations entre les États.

confédéré et d'atteindre la capitale du Sud, Richmond, où se tient le gouvernement du président Jefferson Davis. Mais les confédérés sont incapables de faire la décision et, en juillet 1863, Lee est battu à Gettysburg, en Pennsylvanie.
Le sort de la guerre est alors décidé, mais il faut encore près de deux ans aux nordistes pour l'emporter. En 1864, le nordiste Sherman ravage le Sud, prenant Atlanta, Savannah, Columbia et Charleston au cours d'une célèbre et sanglante marche à la mer. Les destructions sont considérables, les effets psychologiques encore plus importants. Quelques mois encore, et Richmond tombe. Malgré son talent et son courage, il ne reste plus à Lee qu'à capituler et à tenter d'obtenir pour ses soldats les meilleures conditions possible. C'est chose faite lorsque Grant, qui, comme Lincoln, souhaite la réconciliation, autorise les confédérés à rentrer chez eux contre leur parole de ne pas reprendre les armes.

Abraham Lincoln (1809-1865), président des États-Unis en 1860, réélu en 1864, assassiné (photographie par A. Hesler).

La Reddition du général Lee, *chef des armées sudistes, le 9 avril 1865 (peinture de M. Chapped).*

Lincoln assassiné

Mais l'assassinat de Lincoln ajoute au traumatisme que connaît le pays. L'homme dont l'élection à la présidence en 1860 a déclenché la guerre s'est révélé dans l'épreuve comme une figure de premier plan – un politique habile, mais intransigeant sur les principes. La signature de la proclamation d'émancipation des Noirs, prenant effet au 1er janvier 1863, est le meilleur exemple des qualités politiques du président. Enfin, non content de faire la guerre et de la remporter, Lincoln s'efforce également de préparer la paix. En témoigne un célèbre discours qu'il prononce sur le champ de bataille de Gettysburg, à l'automne 1863, dans lequel il affirme hautement que « les morts ne sont pas morts en vain mais que cette nation, sous la protection divine, renaît à la liberté et que le gouvernement du peuple, par le peuple et pour le peuple, ne disparaîtra pas de la surface de la terre ». L'objectif de Lincoln, une fois l'esclavage aboli, est de réconcilier la nation.
À cet égard, son assassinat a pour conséquence de rendre la reconstruction du pays plus difficile et plus douloureuse. L'émotion que provoque dans le Nord la nouvelle du geste de Booth est immense. La haine entre les deux camps s'en trouve renforcée. Puisque le seul homme qui aurait pu servir d'intermédiaire et de symbole de l'ensemble de l'Union a disparu, les rancœurs et les différences prennent durablement le pas. Le Sud est vaincu et réintégré de force dans l'Union. Mais la région est pour longtemps destinée à être dominée par son vainqueur. Il faut attendre vingt ans pour que les républicains perdent une élection présidentielle, cinquante ans pour qu'un homme du Sud, un certain Thomas Woodrow Wilson, devienne président des États-Unis.
Ainsi, la fin de la guerre de Sécession, au lieu d'apporter la réconciliation avec la paix, ravive encore davantage la rivalité entre les sections.

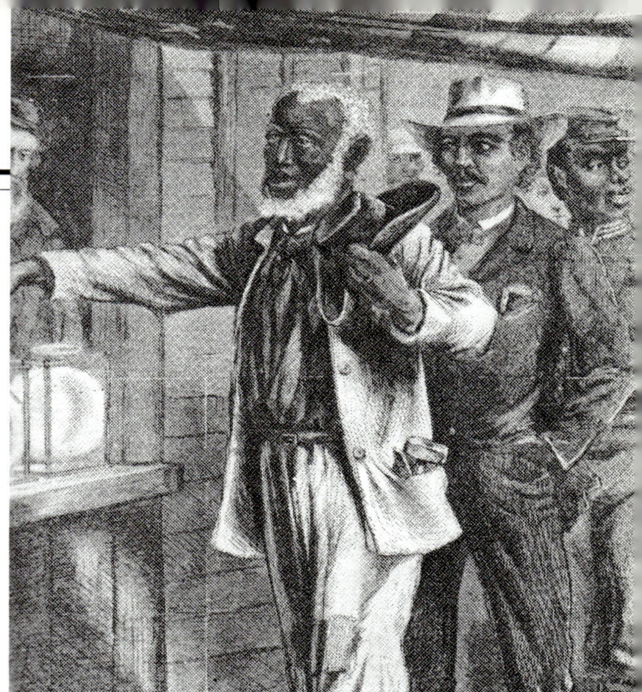

Grâce à Lincoln, les Noirs sont désormais libres et deviennent électeurs (gravure de propagande nordiste).

La lutte contre l'esclavage dans le monde

En France et en Angleterre, d'abord. La lutte contre l'esclavage à l'époque contemporaine commence au XVIIIe siècle sous l'influence des idées humanistes et de la philosophie des Lumières. Mais les premières mesures pratiques datent du XIXe siècle. En 1801, un ancien esclave, Toussaint Louverture prend le contrôle de Haïti et abolit l'esclavage. Malgré sa capture par les Français et sa mort dans une prison française en 1803, l'action de Toussaint Louverture marque un tournant. En 1804, Haïti devient une république indépendante. En 1807, la Grande-Bretagne déclare hors la loi la traite des esclaves et, grâce à sa maîtrise des mers, entreprend de lutter contre les vaisseaux des négriers. Mais il faut attendre le milieu des années 1830 pour que l'esclavage soit aboli dans l'Empire britannique. Dans les colonies françaises, essentiellement la Martinique et la Guadeloupe, l'esclavage est aboli par la deuxième République, à l'instigation de Victor Schoelcher.

Aux États-Unis. Outre-Atlantique, le mouvement abolitionniste s'organise au cours du XIXe siècle. Pendant un temps, des compromis sur l'extension de l'esclavage dans l'Ouest américain sont passés entre les États esclavagistes du Sud et les États du Nord, où l'esclavage disparaît au début du XIXe siècle Le conflit est ainsi retardé. Mais l'élection en 1860 à la présidence du républicain anti-esclavagiste Abraham Lincoln provoque la guerre civile. L'esclavage est aboli par une proclamation de Lincoln en 1863 et cette décision est confirmée par le XIIIe amendement à la Constitution, en 1865.

Sans avoir partout disparu, la lutte contre l'esclavage relève par la suite des organisations internationales telles que la Ligue des nations et, de nos jours, l'O.N.U.

Un siècle de crimes racistes aux États-Unis

LES VICTIMES DU KU KLUX KLAN

▷ *Tortures infligées à un Noir par le Klan (gravure du* Petit Journal illustré*).*

De 1865 à nos jours, le Ku Klux Klan et les groupes apparentés ont provoqué la mort de plus d'une dizaine de milliers de personnes. Essentiellement racistes, les hommes du « Klan » organisent, au XIXe siècle et dans la première moitié du siècle suivant, des exécutions orchestrées par de macabres mises en scène. De nos jours, ils se mêlent volontiers à des groupuscules paramilitaires d'inspiration nazie.

Né à la fin de la guerre de Sécession de la défaite et de l'humiliation du Sud, le Ku Klux Klan est d'abord dirigé contre les Noirs. En réaction aux grandes vagues d'immigration venues d'Europe au XXe siècle, ses membres s'attaquent ensuite à la minorité catholique, aux Juifs ainsi qu'aux homosexuels, aux alcooliques et aux « femmes immorales »...

La terreur règne dans le Sud

En 1865, l'abolition de l'esclavage et l'octroi du droit de vote aux Noirs provoquent la fureur des Blancs du Sud. Le 6 mai 1866, un petit groupe d'anciens officiers confédérés met sur pied le Ku Klux Klan, une organisation destinée à terroriser les gens de couleur. Commencent alors des défilés nocturnes à cheval, les hommes vêtus tout de blanc, portant de longues tuniques et de grandes cagoules qui dissimulent les visages. Arborant d'immenses crucifix, les membres du Klan se saisissent de personnes de couleur, les flagellent, les émasculent, éventrent les femmes enceintes, pendent leurs victimes, les brûlent vives ou encore les achèvent d'une balle dans la tête. Notables respectés dans la vie quotidienne, ils se transforment en « chevaliers » la nuit sous les ordres de leur chef, un « magicien impérial ».
En 1869, le gouvernement fédéral met le Klan hors la loi, mais les exactions de celui-ci se poursuivent. En 1871, 297 Noirs sont lynchés à La Nouvelle-Orléans et 200 autres dans le Mississippi. Au total, entre 1866 et 1914, 4 600 personnes de couleur meurent, victimes de ces expéditions nocturnes.

La résurrection du Klan

En 1915, à Atlanta, capitale de l'État de Géorgie, une quinzaine de personnes redonnent à l'organisation une existence officielle : désormais, le Klan ne s'en prend plus officiellement à la minorité noire — il prétend défendre les « vraies valeurs » de l'Amérique traditionnelle, puritaine et patriote, contre les vagues massives de nouveaux immigrants, italiens, russes, polonais ou juifs. Dès 1919, le Klan revendique 7 000 membres : il lutte, en bloc, contre les communistes, les Noirs, les catholiques, les Juifs et tous ceux qu'il considère comme immoraux (alcooliques, homosexuels, incroyants).
Dans les années 20, le mouvement devient une force politique notable : il compte 5 millions d'adhérents en 1925. Son action dépasse les limites traditionnelles du Sud et il exporte ses lynchages dans l'ensemble du pays.
Affaibli dans les années 30 et 40 par de nombreux procès et des scandales financiers, le Klan réapparaît ensuite en force après la Seconde Guerre mondiale. Sa xénophobie est alors exacerbée par l'arrivée de nouveaux immigrants et son racisme exaspéré par les revendications politiques des Noirs. Dans les cérémonies, volontiers nocturnes, qui réunissent les membres du Klan, les crucifix repa-

Deux témoignages

« Les Blancs de la basse classe [...] ont de solides préjugés contre le nègre, parce qu'il les concurrence comme main-d'œuvre non qualifiée, et, dès qu'il y a collision, ces gens se constituent en Klan, s'attaquent aux nègres qu'ils rencontrent et les maltraitent [...] Par exemple, un Blanc loue une terre à un nègre. Un autre Blanc quelconque la désire, le propriétaire préfère la donner au nègre. Pour punir le nègre, le Blanc qui prétend à la location réunit un groupe de voisins et, déguisés, ils fouettent le nègre et le laissent à moitié mort. »
« Ils ont fusillé un homme de couleur nommé Joe Kennedy, et battu sa femme, qui était de couleur claire. Leur grief contre Joe Kennedy était d'avoir épousé cette mulâtresse; ils ne voulaient pas qu'il se marie avec une femme aussi blanche; et ils l'ont battue aussi pour s'être mariée avec un nègre aussi noir ».

G. Hodgson, « Carpetbaggers » et Ku Klux Klan, *Julliard-Gallimard, Paris, 1966.*

Cérémonie du Klan dans les années 1920 : le baiser au drapeau américain...

raissent et les lynchages redeviennent monnaie courante. En outre, une nouvelle technique, le terrorisme, s'ajoute aux pratiques traditionnelles du Klan : entre 1954 et 1966, les « klansmen » font exploser 70 bombes en Géorgie et en Alabama, et 30 dans le Mississippi. Les églises catholiques, les sympathisants de la lutte des Noirs pour les droits civiques, les responsables syndicaux sont les principales victimes de ces attentats. Mais l'opinion publique s'indigne de telles exactions : en 1966, le Klan, alors fort de 30 000 membres, est de nouveau rendu illégal et ses chefs sont emprisonnés.

La pénétration des néonazis

Malgré l'interdiction légale, le Klan survit aujourd'hui secrètement. Peu nombreux (12 à 15 000 personnes), il constitue une organisation militarisée dont l'idéologie et les modes de fonctionnement sont largement inspirés de ceux des groupuscules néonazis. Les membres du Klan, dans les années 80 et 90, troquent souvent la cagoule pour des armes perfectionnées. Leur doctrine se résume à la croyance que la race blanche est supérieure à toutes les autres et que le métissage est la cause de la décadence de la société. Entraînés dans des camps militaires, ces hommes organisent des attentats contre tous ceux qui ne sont pas aryens, mettent des bombes dans des synagogues, s'attaquent aux couples mixtes.

Entre 1980 et 1986, on compte près de 3 000 menaces, agressions ou meurtres. Ce nombre, d'une part, n'est pas assez considérable pour ébranler l'ordre social, et, d'autre part, l'implantation géographique du Klan reste essentiellement limitée à quelques régions du sud des États-Unis. Néanmoins, ces groupuscules à l'appellation significative — Ordre nouveau, Nations aryennes... — bénéficient de gros moyens financiers qui leur permettent d'acheter un armement sophistiqué. Plus grave encore, selon un sondage récent, 11 % de la population américaine se reconnaîtrait dans leurs idéaux discriminatoires et racistes...

Manifestation du Klan en 1992. Dans les années récentes, le Klan survit en Amérique, comme une secte minoritaire, mais composée de membres fanatiquement attachés à des idéaux racistes et néonazis.

Des années de violences raciales

La lutte pour les droits civiques des Noirs. Le 17 mai 1954, la Cour suprême des État-Unis interdit la ségrégation dans les écoles publiques. Pourtant, jusqu'en 1964, année de la loi sur les droits civiques, il faut se battre pour que des Noirs soient admis dans certaines universités ou soient inscrits sur les listes électorales. Deux voies s'opposent alors, celle de la non-violence, prônée par Martin Luther King, et celle de la lutte armée, défendue par Malcolm X.

Les révoltes des ghettos. En 1964, alors que Martin Luther King reçoit le prix Nobel de la paix, éclate la première émeute du ghetto de Harlem. En 1965, le quartier de Watts à Los Angeles s'enflamme et les violences font 34 morts. En 1966-1967, on dénombre 157 émeutes. Après l'assassinat de Martin Luther King, en 1968, le mouvement s'essouffle un peu.

Los Angeles 1992. L'acquittement de quatre policiers, accusés d'avoir passé à tabac sans raison un jeune Noir, provoque pendant quelques jours des scènes d'une violence inouïe à Los Angeles. Les quartiers centraux de la ville sont littéralement mis à sac, les magasins pillés et les affrontements avec les forces de l'ordre font des dizaines de victimes.

La Prusse devient la puissance dominante en Europe

LA BATAILLE DE SADOWA

Depuis le début du XIXe siècle, la Prusse occupe dans le centre de l'Europe, et particulièrement en Allemagne, une place considérable. Après 1833, elle a réussi à réunir autour d'elle des États d'Allemagne en une union douanière *(Zollverein)* qui exclut l'Autriche. Le 3 juillet 1866, une victoire militaire éclatante contre ce pays lui permet de songer à transformer l'union douanière en une union politique : c'est l'amorce de l'Empire allemand.

L'homme à qui la Prusse doit son succès est moins son roi, Guillaume Ier (1861-1888), que son principal ministre, Otto von Bismarck, chancelier depuis 1862. Celui-ci veut faire la guerre à l'Autriche pour l'exclure de l'Allemagne et y assurer l'hégémonie de son pays. Pour lui, l'Allemagne est « trop étroite pour que la Prusse et l'Autriche puissent y vivre ensemble ». Il compte sur la sympathie de l'Angleterre, sur celle du tsar que la Prusse a aidé à réprimer une insurrection en Pologne, en 1863 ; il ne craint pas la France : Napoléon III s'est déclaré partisan du principe des nationalités, donc favorable à l'unité de l'Allemagne, ou au moins d'une Allemagne du Nord, sous le contrôle de Berlin.
Entre Berlin et Vienne, les relations se durcissent. Depuis 1815 existe dans le monde germanique une Confédération (c'est-à-dire une union politique) des différents États, que préside de droit l'Autriche. En avril 1866, Bismarck propose aux États allemands de former une nouvelle union qui, cette fois, exclurait l'Autriche. La riposte de Vienne est détournée ; elle exige que soit réglé le sort de duchés perdus par le Danemark en 1864 et qu'elle administre provisoirement avec la Prusse : le Schleswig, le Holstein et le Lauenburg. Ces régions, sans intérêt pour elle, constituent un débouché pour la Prusse en mer du Nord. L'occasion offerte est saisie aussitôt : von Manteuffel, gouverneur prussien du Schleswig, envahit le Holstein que tient l'Autriche. Celle-ci intervient, comme les autres États allemands : c'est la guerre.

La Prusse en 1866

Guillaume Ier, roi depuis 1861, se heurte au Parlement à majorité libérale, à propos des dépenses militaires.

En 1862, il nomme chancelier **Otto von Bismarck,** ambassadeur à Paris, qui passe outre l'opposition du Parlement en exploitant une Constitution faite pour l'exécutif. Cela lui permet de moderniser l'État et de faire de l'armée prussienne l'armée la plus moderne d'Europe.

La première occasion de tester la force de cette armée est **la guerre des Duchés en 1864 :** la Prusse et l'Autriche s'entendent, en cette occasion, pour enlever au Danemark des territoires que celui-ci prétendait annexer. Le prochain conflit opposera les anciens alliés...

Une guerre courte, un désastre pour l'Autriche

À partir du déclenchement des hostilités, tout se passe très rapidement. La France reste neutre – l'Autriche lui a promis de donner la Vénétie aux Italiens, qu'elle soutient, pourvu qu'elle n'intervienne pas. Cette neutralité permet à la Prusse de retirer ses troupes de Rhénanie, alors que l'Autriche se bat sur deux fronts, Italie et Allemagne. Dans la première région, les Autrichiens essuient d'abord des revers, puis se reprennent ; mais ils mobilisent pour cela leurs meilleurs officiers, ainsi que 200 000 hommes. Pour combattre les Prussiens, il ne reste que 280 000 soldats, confiés au médiocre feld-maréchal Benedek. La Prusse possède une armée moins nombreuse encore mais qu'ont supérieurement organisée le baron von Moltke, chef d'état-major général depuis 1858, et le comte von Roon, ministre de la Guerre depuis 1859. De plus, ses soldats disposent d'un fusil révolutionnaire, qui tire cinq coups pendant que celui des Autrichiens n'en tire qu'un.
Dans ces conditions, les États allemands alliés de l'Autriche sont vite battus : le Hanovre, l'électorat de Hesse, la Saxe sont envahis, toute l'Allemagne du Nord se soumet, puis c'est le tour de la Bavière et de la Hesse. Deux armées prussiennes entrent en Bohême, fin juin ; elles remportent victoire sur victoire sur les Autrichiens. Le 3 juillet, leurs forces réunies rencontrent l'ennemi pour une dernière bataille : c'est Sadowa. Ce jour-là, l'Autriche perd 160 canons et 40 000 hommes – morts, blessés ou prisonniers. Son armée fuit dans le désordre, les Prussiens sur ses talons.

L'achèvement de l'unité allemande

Commencée en 1834 avec la constitution d'une union douanière *(Zollverein)*, l'unité allemande est parfaite par Bismarck au profit de la Prusse, en deux étapes, de 1866 à 1870.

1866-1870. La Confédération de l'Allemagne du Nord. Née de Sadowa, cette Confédération, dont Bismarck est le chancelier, exclut l'Autriche de l'Allemagne. Elle assure la plupart des fonctions d'État, laissant aux 22 États-membres les Cultes, l'Enseignement, la Justice et les Finances. L'exécutif prime sur le législatif, et la Prusse sur les autres États. La Confédération est complétée par une association économique avec les États d'Allemagne du Sud qui n'en sont pas membres, puisque le *Zollverein* se perpétue.

1870-1871. Le IIe Reich. L'unité totale passe par l'abaissement de la France, qui veut imposer son influence au sud du Main. C'est chose faite avec la guerre de 1870, la victoire de la Prusse sur la France à Sedan (2 sept.) et les capitulations de Strasbourg, Metz et Paris (28 janv. 1871). Le 18 janvier 1871, à Versailles, Guillaume Ier devient « empereur allemand » ; la Confédération du Nord et le Zollverein sont remplacés par un empire : le *IIe Reich*, un ensemble dominé par la Prusse et qui, avec 25 États, constitue la première puissance d'Europe. Bismarck reste jusqu'en 1890 le chancelier de cet empire : il y lutte contre l'Église catholique considérée comme une force soumise à l'étranger *(Kulturkampf)* puis contre la montée du parti socialiste, qu'il croit aussi néfaste à la consolidation de la nation ; et il s'assure de l'isolement de la France, en s'alliant à la fois à l'Autriche, à l'Italie et à la Russie.

À Vienne, c'est la panique : la ville n'est pas fortifiée et elle est coupée de l'armée. De plus, la Prusse a enrôlé à sons de trompe des exilés magyars, qu'elle fait mine de diriger sur Budapest pour soulever la Hongrie. La monarchie autrichienne risque de voir sa capitale occupée et son empire en révolte.

Le début de la rivalité franco-prussienne

Alors, le 4 juillet, l'empereur François-Joseph s'adresse au seul pays susceptible de l'aider, la France. Celle-ci offre sa médiation, mais la Prusse n'en a cure : elle répond qu'elle est liée à l'Italie, que celle-ci veut venger ses défaites, prendre la Vénétie par droit de conquête et non de négociation, entrer dans Trente.

Otto von Bismarck. Portrait photographique, à l'époque de Sadowa. Le chancelier a 51 ans (cliché Roger Viollet).

Napoléon III hésite entre s'allier à la Prusse, c'est-à-dire démanteler l'Autriche et en tirer bénéfice, ou se retourner contre la Prusse, donc attaquer le Rhin et y prendre des gages. Finalement, il ne fait rien, si ce n'est, le 14 juillet, proposer un programme de paix : l'Autriche resterait intacte, mais serait exclue de l'Allemagne, les États au nord du Main formeraient une union dominée par la Prusse, ceux du Sud constituant leur propre union. La proposition vient trop tard : quand l'Autriche, acculée, demande la paix, le 22 juillet, les bases sont celles proposées par la France, mais cette puissance n'intervient pas dans la négociation. Dans les faits, non seulement la Prusse exerce son hégémonie en Allemagne, mais encore elle accroît son territoire, annexant le Hanovre, Francfort et des États qui font qu'elle est désormais d'un seul tenant, avec 4,5 millions d'habitants en plus.

Devant cette nouvelle superpuissance qui contrebalancera son influence dans le centre de l'Europe, la France tâche, au moins, d'obtenir des compensations : elle revendique des territoires sur la rive gauche du Rhin. Là encore, il est trop tard. Bismarck parle de guerre si l'on s'en prend à un territoire germanique ; les ambitions françaises, qualifiées de « politique des pourboires », froissent les peuples allemands, indignent le tsar. Napoléon III tourne ses espoirs vers des acquisitions en Belgique ou aux Pays-Bas : l'Angleterre fustige ces prétentions, ne voulant pas qu'un État d'importance internationale contrôle Anvers. En fait, Napoléon III est un aussi grand perdant que l'Autriche, face à l'ascension prussienne : il a espéré la création de deux unions s'affaiblissant l'une l'autre, au nord et au sud de l'Allemagne, et la Prusse est en voie de réaliser à son profit l'unité de tous les pays germaniques. Ce sera chose faite quatre ans plus tard, lorsque la défaite française succédera à la défaite autrichienne, Sedan terminant l'œuvre de Sadowa.

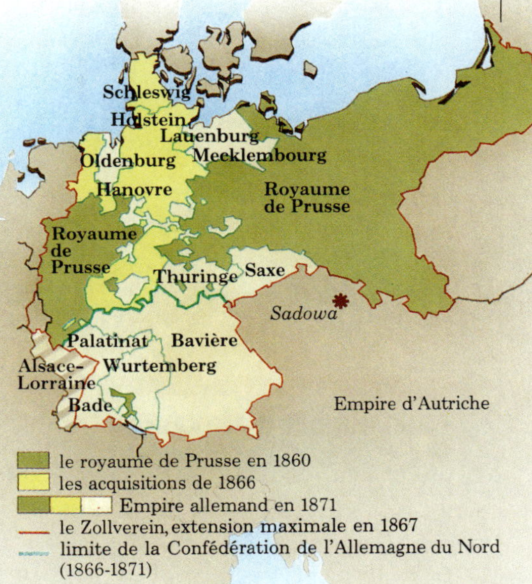

Les grandes étapes de l'unité allemande.

Guillaume Ier, son fils et Bismarck, à la bataille de Sadowa (peinture allemande du XIXe siècle).

→**Voir aussi** : p. 408-409 (La Commune).

Des attentats ensanglantent la Russie

LE TERRORISME NIHILISTE

Dans les dernières décennies du XIXe siècle et au début du XXe, la Russie tsariste est traumatisée par des séries d'attentats qui touchent aussi bien les élites politiques que des victimes innocentes. La société vit alors dans l'obsession des bombes, et les personnalités craignent en permanence pour leur vie. Les terroristes deviennent des ennemis publics.

Véritable langage politique, le terrorisme, perpétré par des militants de différents groupes politiques — populistes, socialistes, nihilistes ou anarchistes —, bouleverse l'ordre tsariste jusqu'à la révolution d'Octobre 1917. Même si le nombre de victimes n'est pas énorme, ce phénomène crée un climat de psychose collective.

Les premiers attentats

En 1866, déjà, une tentative d'assassinat vise le tsar Alexandre II, qui règne sur la Russie depuis 1855. À partir de 1878-1880, les actions terroristes se multiplient contre différents membres du gouvernement et de l'administration impériale. Une formation appelée « Terre et Liberté », vouée à la propagande, à l'instruction du peuple mais aussi à l'action violente, se met sur pied. En 1879, transformée en organisation militaire et rebaptisée « la Volonté du peuple », elle prépare des attentats contre le tsar et de hauts responsables, ouvrant ainsi la voie à ce qu'on a appelé « l'ère du terrorisme sanglant ».

Quels moyens et quel but ?

Les terroristes ne disposent que d'un arsenal extrêmement modeste : le pistolet, le poignard, une bombe artisanale dans le meilleur des cas. Ce dernier engin est aussi dangereux pour celui qui le manipule que pour la victime escomptée : mais les militants, fanatisés, sont prêts à sacrifier leur vie à leur cause. Face à cette vague sanglante, le gouvernement répond par des procès retentissants qui conduisent, pour les plus chanceux, à la dégradation civile et à la déportation en Sibérie. Beaucoup plus souvent, les nihilistes sont condamnés à la pendaison.

L'attentat du 13 mars 1881, qui coûta la vie à l'empereur Alexandre II (gravure du Monde illustré*).*

La mort d'Alexandre II

«Dans l'après-midi d'hier [...], il retournait en voiture au palais d'Hiver, accompagné d'un faible détachement de cosaques de la Garde. [...] Tout à coup, au moment où le cortège arrivait devant le théâtre Michel, un projectile assez lourd vint rouler sous les pieds des chevaux de l'escorte et aussitôt il se produisit une explosion formidable, qui fit voler en éclats toutes les vitres du véhicule.

Des clameurs éclatent de toutes parts, clameurs de douleur et d'effroi, auxquelles vient aussitôt se mêler le cri de : « Sauvez l'empereur ! », poussé par le chef de l'escorte. À ce bruit, la portière de la voiture s'ouvre et le tsar s'élance à terre. Mais à peine a-t-il touché le sol qu'un deuxième projectile éclate à ses pieds, l'enveloppe d'une fumée épaisse. À ce moment, la terreur et l'émoi deviennent indescriptibles. La fumée se dissipe et alors s'offre à tous les yeux un effroyable spectacle : l'empereur gît tout sanglant sur le terrain, les jambes broyées, le corps criblé de blessures. »

Dépêche Havas, *13 mars 1881*

Les bombes, artisanales, sont parfois dangereuses... pour ceux qui les fabriquent (gravure du Petit Journal*). Mais elles tuent aussi des victimes célèbres et parviennent ainsi à leur but : la déstabilisation de l'ordre social.*

Ce qu'ambitionnent ces hommes et ces femmes exaltés, ce n'est rien de moins que détruire l'État. Ils veulent faire table rase de toutes les institutions afin d'instaurer un ordre nouveau. En priorité, ils visent la tête du pays, c'est-à-dire le tsar, officiellement « condamné à mort » par la Volonté du peuple en 1879.

1881, le meurtre du tsar

Après six tentatives infructueuses, par des tireurs isolés ou par des militants organisés et armés de bombes, le meurtre du tsar est minutieusement préparé une nouvelle fois en 1881. Une femme, Sophie Perovskaïa, met au point l'attentat : une mine artisanale, à base de charbon noir et de nitroglycérine, est placée sur le trajet qu'emprunte régulièrement le tsar pour se rendre du domicile de sa maîtresse à sa résidence, le palais d'Hiver de Saint-Pétersbourg. Quatre bombes supplé-

mentaires, en réserve, sont susceptibles d'être lancées par des militants, en cas d'échec de la première tentative. Précaution utile : la première charge ne fait que blesser l'empereur, qui succombe aux effets d'un deuxième projectile. Les auteurs de l'attentat, arrêtés, sont pendus en 1881.

Une violence tous azimuts

Avoir frappé à la tête de l'État ne suffit cependant pas à détruire l'État lui-même. Les nouveaux groupes qui se constituent à la fin du siècle décident un terrorisme à plus large échelle et dans toutes les directions. Deux groupes, essentiellement voués à la violence, se forment à cette période, et leurs activités atteignent le paroxysme dans les années 1900-1905. Le « Drapeau noir » et « Sans cause » prônent une campagne de terreur impitoyable contre la bourgeoisie. La violence est dirigée contre les patrons et leurs entreprises, des bombes sont lancées contre les magasins et des lieux publics comme les restaurants ou les théâtres. Il suffit qu'un endroit réunisse des gens riches pour devenir une cible privilégiée. L'hôtel Bristol à Varsovie et le café Libman d'Odessa sont visés en 1905, et les explosions y font des dizaines de victimes.

Cette terreur aveugle, qui s'abat essentiellement sur les villes, prive la Russie de son seul grand ministre réformateur, Stolypine, assassiné en 1911. La vague d'attentats, certes, ne touche pas massivement les populations, mais, en affolant l'opinion, elle parvient finalement à son but : la déstabilisation de l'ordre policier tsariste, prélude à la révolution.

La Russie du XIXe siècle

Alexandre Ier (1801-1825) et Nicolas Ier (1825-1855). Sortie grandie de sa victoire contre Napoléon, la Russie annexe la Géorgie orientale, la Finlande, le royaume de Pologne... et participe au maintien de l'ordre européen lors des troubles de 1830-1831 (répression de la révolution en Pologne) et 1848-1849 (répression de l'insurrection hongroise). Les institutions sont modernisées (création de ministères, du Conseil d'État), un code des lois est élaboré. Mais le pouvoir reste autocratique et la modernisation sociale et économique est freinée par la survivance du servage.

Alexandre II (1855-1881). Sous son règne sont conduites les réformes décisives : abolition du servage (1861), transfert des pouvoirs fiscaux et judiciaires des seigneurs vers les communes rurales (mirs), création des zemstvos, assemblées territoriales élues.

Alexandre III (1881-1894). Le tsar refuse une évolution qui permettrait aux zemstvos de participer à la gestion des affaires nationales. Équipement et industrie se développent grâce à l'afflux de capitaux étrangers. Mais, en 1897, 87 % de la population reste rurale, constituée d'une minorité de paysans aisés (koulaks) et d'une majorité de paysans qui travaillent de minuscules lopins. La masse paysanne reste politiquement inerte et, comme les ouvriers sont trop peu nombreux pour constituer une force révolutionnaire, les esprits épris de changement placent leur espoir dans des actes terroristes.

Une vision romantique et naïve des événements de la Russie : des terroristes, assiégés dans leur refuge, résistent à la police (illustration française du XIXe siècle).

1867

Le Japon s'ouvre à la modernité

L'AVÈNEMENT DU MEIJI

Au XIXe siècle, le Japon, volontairement fermé à l'Europe depuis 200 ans, semble un monde figé et isolé. Depuis le XVIIe siècle, le pouvoir a été accaparé par le clan des Tokugawa, d'où est issu le *shogun* (ou général en chef) qui est le véritable gouverneur du pays. L'empereur, qui n'a plus aucun pouvoir politique ou militaire, reste confiné dans un rôle religieux.

En plein XIXe siècle, le pays garde les traits d'une société féodale qui rappelle celle du Moyen Âge occidental. La terre appartient à la haute aristocratie, les *daimyos* qui représentent environ 300 familles. Chacune d'entre elles est à la tête d'un clan puissant qui regroupe des chevaliers de petite noblesse, les *samouraïs*. La plus grande partie de la population forme la masse des paysans qui mènent une existence difficile sur des terres trop exiguës.

Le Japon traditionnel en crise

Au milieu du XIXe siècle, le pays traverse une crise grave, où se mêlent mécontentements et aspirations au renouveau : mécontentement des paysans écrasés d'impôts et insatisfaction de la noblesse dont les revenus ne progressent pas ; aspirations au changement dans une partie de la noblesse du Sud plus ouvert au monde extérieur, et dans les villes, où les marchands s'enrichissent, acquièrent une bonne instruction et s'intéressent aux innovations étrangères.

Ainsi se manifestent de plus en plus ouvertement des oppositions au pouvoir du *shogun* qui commande ce pays en crise : peu à peu s'affirme l'idée que l'empereur, respecté de tous les Japonais, devrait retrouver ses pouvoirs.

La fin d'une époque

L'insatisfaction est augmentée, au cours des années 1850, par le fait que le gouvernement du *shogun* cède trop facilement aux États-Unis et aux puissances européennes des privilèges commerciaux sans contrepartie pour le Japon.

Bientôt se dresse une coalition de mécontents qui ne supportent pas cette humiliation : ils veulent chasser le shogun qui n'a pas su repousser les étrangers ; ils entendent rendre le pouvoir à l'empereur et moderniser le pays pour qu'il puisse résister aux appétits des Occidentaux. Leur triomphe est complet lorsque, en 1867, Mutuhito, alors âgé de 14 ans, monte sur le trône impérial. L'année suivante, conseillé par des *samouraïs* réformateurs, le jeune empereur met fin au pouvoir du *shogun* et proclame le début d'une ère nouvelle : le *Meiji,* ou gouvernement éclairé.

Le nouveau Japon

Le nouvel empereur engage le pays dans la voie de la modernisation. À partir de ce moment, le Japon se met à l'école de l'Occident pour être capable de lui tenir tête, et il se transforme rapidement.

L'Extrême-Orient au milieu du XIXe siècle

La Chine et le Japon ont connu de brillantes civilisations. Mais ces deux empires vivent depuis longtemps repliés sur eux-mêmes et se trouvent **affaiblis par leur immobilisme.**

Les Occidentaux, qui voient en eux de vastes marchés où écouler leurs produits, les forcent à ouvrir leurs frontières : le choc est brutal.

Le Japon y répond par **un sursaut national.** La Chine, affaiblie par des désordres internes, doit céder d'importants privilèges commerciaux et politiques aux étrangers et tombe ainsi dans **une dépendance semi-coloniale.**

L'ère du Meiji est aussi une ère de militarisation et d'expansionnisme (estampe japonaise du XIXe siècle).

Le régime féodal est aboli sans que cela provoque trop de conflits. L'ancienne noblesse est dédommagée pour la perte de ses terres et de ses privilèges, et elle passe généralement au service de la nouvelle administration. Un État moderne est organisé : l'empereur, installé à Tokyo, est à la tête d'un régime fort et centralisé.

◁ Portrait de Meiji tenno, empereur du Japon *(peinture de Guido Molinari, 1897).*

Une séance parlementaire à l'Occidentale, dans le Japon du Meiji (estampe du XIXe siècle).

C'est dans le domaine économique que les changements sont les plus radicaux : en une trentaine d'années, le Japon devient la première – et la seule – puissance industrielle en Asie. Ce décollage industriel s'opère de façon très originale. Le pays s'ouvre aux techniques occidentales, tout en prenant soin de toujours préserver son indépendance. On fait venir à grands frais les meilleurs techniciens étrangers : des métallurgistes allemands, des constructeurs navals hollandais, des spécialistes anglais des filatures séjournent pour former les cadres japonais puis repartent dans leur pays. Autre originalité, c'est l'État qui donne l'impulsion, crée les équipements nécessaires et les industries qui demandent de gros investissements, fait appel aux techniciens occidentaux. Puis, vers 1880, il cède au secteur privé les entreprises qu'il a fondées. Des marchands ou d'anciens *samouraïs* les achètent et constituent des firmes familiales géantes, les *zaibatsu,* qui concentrent des activités bancaires et industrielles très variées et dominent des secteurs entiers : par exemple, la firme Mitsubishi contrôle les chantiers navals et la firme Mitsui l'industrie lourde. Le Japon est ainsi le premier pays non occidental qui assimile les techniques industrielles et commerciales modernes et parvient à créer une industrie et un capitalisme national sans recourir aux emprunts étrangers. Mais ce sont les paysans qui font les frais de cette expansion : ils paient de lourds impôts pour financer la modernisation économique et fournissent à l'industrie une main-d'œuvre abondante, déracinée et mal payée.

Modernisme et tradition

Ces transformations vont de pair avec l'adoption d'habitudes occidentales : en ville, on s'habille à l'européenne ; les techniques et le style de l'Occident envahissent les nouveaux quartiers de Tokyo. Mais le pays reste solidement attaché à ses traditions ; l'organisation de la famille, la cohésion de la maisonnée et le cadre de la vie privée demeurent inchangés ; la force des liens personnels et hiérarchiques, la primauté du groupe continuent de régir la société japonaise.

Le *Meiji* fait ainsi entrer le Japon dans le monde moderne en associant modernisation et sauvegarde des valeurs traditionnelles. Il donne naissance à un régime puissant qui, fort de la supériorité économique et militaire du pays, et travaillé par un nationalisme exacerbé, se lance bientôt dans une politique d'expansion en Asie.

→**Voir aussi** : p. 446-447 (La guerre russo-japonaise).

Les grands moments de l'histoire du Japon moderne

1905. Victoire contre la Russie. Le Japon est le premier pays asiatique vainqueur d'un pays européen, il en retire un grand prestige, le nationalisme et les appétits japonais en Asie s'en trouvent renforcés.

Pendant la Première Guerre mondiale. Le Japon entre en guerre contre l'Allemagne et s'empare des possessions allemandes dans le Pacifique.

1923. Tokyo est détruite par un tremblement de terre.

1926. Hirohito devient empereur.

Au cours des années 1930. Le Japon se lance dans un expansionnisme aggressif au détriment de l'empire chinois.

1933. Annexion de la Mandchourie.

1937. Guerre contre la Chine.

Pendant la Seconde Guerre mondiale. Le Japon est allié à l'Allemagne et poursuit ses conquêtes en Asie du Sud-Est et dans le Pacifique, où il se heurte aux États-Unis.

6 août 1945. L'armée américaine lance une bombe atomique sur Hiroshima pour hâter la capitulation du Japon.

1945-1951. Les forces américaines (général MacArthur) occupent le pays et président à sa reconstruction économique et politique. Le Japon devient une démocratie libérale, l'empereur perd son caractère sacré et ses pouvoirs politiques, mais il continue d'incarner l'identité nationale.

1952-1973. Le Japon devient la troisième puissance économique du monde.

1973. Le pays est frappé par la crise économique mondiale. Il la surmonte bientôt en restructurant son économie : les efforts portent désormais sur les secteurs de pointe (électronique, informatique...) et sur de nouvelles formes de pénétration commerciale à l'étranger.

1989. Mort de l'empereur Hirohito. Son fils Akihito lui succède.

La réalisation du rêve d'un pharaon

L'INAUGURATION DU CANAL DE SUEZ

L'entrée des eaux de la mer Rouge dans les lacs Amers : la Méditerranée est enfin reliée à la mer Rouge (gravure parue dans l'Illustration, *1869).*

Une des réalisations les plus spectaculaires du second Empire est le percement du canal de Suez. Son inauguration vaut la gloire à son réalisateur, Ferdinand de Lesseps, et une influence prépondérante pour la France au Moyen-Orient.

En réunissant le delta du Nil à la mer Rouge, le canal de Suez redonne à la Méditerranée, mer quasiment close, l'importance économique que lui a ravie, depuis le XVIe siècle, l'océan Atlantique.

Réaliser le rêve d'un pharaon

La nécessité, à la fois stratégique et économique, d'un canal traversant l'isthme de Suez et raccourcissant considérablement la route vers les Indes, s'impose au gouvernement français dès la campagne d'Égypte de Bonaparte. L'historien grec Hérodote ne racontait-il pas que déjà le pharaon Nechao, vers 600 avant notre ère, avait conçu l'idée d'une voie navigable entre le Nil, le grand lac Amer et la mer Rouge, projet partiellement réalisé par la dynastie des Ptolémées ? Mais, jusqu'au XIXe siècle, l'entreprise, maintes fois étudiée, se heurte à deux obstacles majeurs, d'une part le tracé dans le désert, d'autre part la différence supposée du niveau des eaux entre les deux mers qu'il s'agit de joindre. En 1846, des saints-simoniens français viennent sur place pour étudier de nouveau la possibilité de construire un canal. Leurs travaux permettent de se rendre compte qu'il n'existe pas, en réalité, de différence d'altitude entre la Méditerranée et la mer Rouge : le principal obstacle à un projet plurimillénaire tombe ainsi de lui-même. Mais les événements européens de 1848 empêchent que la réalisation des travaux soit aussitôt envisagée. Les observations faites en 1846 ne sont pas pour autant perdues. En effet, un des membres de l'expédition, Ferdinand de Lesseps, qui a vécu tout jeune en Égypte où son père était consul, décide de consacrer son existence à ce projet. L'homme a des moyens, il a de la volonté, des relations — c'est un lointain parent de l'impératrice Eugénie. Les liens amicaux qu'il sait nouer avec le khédive égyptien Sa'id Pacha lui permettent d'obtenir en 1856 un acte de concession de toutes les terres nécessaires pour le percement du canal. Il ne lui reste plus qu'à trouver les capitaux indispensables pour cette gigantesque entreprise. La création de la Compagnie universelle du canal maritime de Suez permet de recueillir une partie des fonds, grâce aux 207 000 actions souscrites par les Français.

L'inauguration du canal de Suez donne lieu à des fêtes splendides présidées par l'impératrice Eugénie et le khédive égyptien (allégorie de l'union de la mer Rouge et de la Méditerranée, illustration de H. de Montaut, Paris, bibliothèque du musée des Arts décoratifs).

Dix années de travaux

Le 25 avril 1859, Ferdinand de Lesseps donne le premier coup de pioche au percement du canal. Les actions souscrites par les Français s'avérant insuffisantes pour couvrir le prix des travaux, le khédive s'engage à fournir une main-d'œuvre gratuite de 20 000 fellahs, des paysans locaux contraints de travailler périodiquement sur le chantier à titre de corvée. Dix ans durant, on travaille à percer cette longue tranchée de 162 km de long sur 170 m de large et 20 m de profondeur, qui traverse le désert en ligne droite de Port-Saïd à Suez. Plus que les difficultés matérielles inévitables, les dangers les plus graves pour l'achèvement du chantier viennent de l'Angleterre, qui voit d'un mauvais œil les Français affermir leur pouvoir dans ces terres appartenant à l'Empire ottoman et qui tente par tous les moyens d'obtenir l'abandon des travaux. La période la plus critique est l'année 1863, lorsque l'avènement d'un nouveau khédive, Isma'il Pacha, remet en cause l'utilisation des fellahs comme main-d'œuvre non rétribuée et même la concession des terrains à la France. Palmerston, Premier ministre anglais, est évidemment à l'origine du revirement égyptien. Seule l'intervention de Napoléon III permet de résoudre le conflit. L'empereur des Français obtient de la Compagnie du canal de Suez la promesse de rétrocéder une partie des terres concédées par Sa'id Pacha et de verser désormais un salaire aux manœuvres égyptiens. Le gouvernement ottoman accepte ces nouvelles conditions et les frais supplémentaires sont assumés grâce à une nouvelle émission d'obligations à lots : en mars 1866, les travaux reprennent enfin.

Les eaux des deux mers se rejoignent

Le 14 mars 1869, les eaux de la Méditerranée sont introduites dans les lacs Amers. Le 15 août, le grand vizir de Turquie, Ali Pacha, donne le dernier coup de pioche par lequel la Méditerranée et la mer Rouge se mêlent enfin. En octobre, le premier vapeur français accomplit le trajet complet de Port-Saïd à Suez, ce qui permet d'ailleurs de découvrir un éperon rocheux faisant obstacle et que l'on fait sauter à la dynamite. Tout est prêt alors pour l'inauguration. Cette dernière a lieu le 17 novembre à Port-Saïd et est prétexte à des fêtes splendides présidées par l'impératrice Eugénie et le khédive égyptien, rejoints par de nombreuses personnalités, têtes couronnées (l'empereur François-Joseph d'Autriche, les princes héritiers de Prusse et de Grande-Bretagne), écrivains et artistes. La cérémonie d'inauguration commence par la célébration simultanée d'une messe et d'un office musulman. Après quoi, l'impératrice Eugénie monte sur le yacht impérial *l'Aigle* et prend la tête d'un cortège de navires qui remontent lentement le canal jusqu'à la mer Rouge. Sur les 162 km de rives du canal, une foule d'Égyptiens acclame les bateaux. À chaque étape, spectacles arabes, banquets fastueux, bals contribuent à rendre extraordinaire une fête qui se prolonge pendant quatre jours. Le 20 novembre, toute la flotte pénètre dans la mer Rouge, après trois jours d'un voyage qui consacre la gloire et la persévérance de Ferdinand de Lesseps.

La France et la construction des grands canaux

Au XIXe siècle, les ingénieurs et les techniciens français jouent un rôle important dans le percement des deux canaux qui, outre le canal de Suez, comptent parmi les plus célèbres du monde.

Le canal de Corinthe. Traversant l'isthme de Corinthe et reliant l'Adriatique à la mer Égée, il matérialise à la fin du XIXe siècle le rêve ébauché par l'empereur Néron au Ier siècle de notre ère. Une compagnie française commande en 1882 les travaux qui aboutissent en 1893 à une tranchée de 6 343 m de long sur 23 m de large.

Le canal de Panamá. Traversant l'Amérique centrale et reliant l'Atlantique au Pacifique, il est commencé en 1881 sur des plans de Ferdinand de Lesseps. Les travaux sont interrompus par le scandale parlementaire de Panamá en 1892. Les Américains reprennent les travaux en 1904 et, en août 1914, le premier navire traverse ce canal d'une longueur de 79,6 km.

La voie maritime ouverte par le canal de Suez va devenir la nouvelle route des Indes ; mais son intérêt est tout autant stratégique qu'économique (aquarelle de Riou, Compiègne, château).

La dernière révolution parisienne

LA COMMUNE

Mars 1871 : la France, battue à Sedan par la Prusse six mois plus tôt, passée du second Empire à la IIIe République dans la précipitation, accepte les conditions que l'Allemagne victorieuse met à la paix. La guerre étrangère est finie ; une guerre civile commence, ou du moins la révolution, car la capitale refuse en bloc les conditions de la paix et le régime modéré que les élus des campagnes entendent lui imposer.

La décision d'arrêter la guerre est d'autant moins acceptée par les Parisiens qu'elle est prise par des instances qui siègent hors de Paris : l'Assemblée nationale, réunie à Bordeaux ; le gouvernement, mené par un modéré, Adolphe Thiers, est à Versailles.

La révolte de Paris

Les Parisiens, qui ont résisté longtemps à un siège épouvantable, se sentent dépossédés de leur sort. Or, le gouvernement les prive au même moment de leurs moyens de subsistance : alors que l'activité économique n'a pas repris, il exige le paiement des loyers, dont le versement a été retardé pendant la guerre, et le renvoi des enrôlés de la Garde nationale, qui tirent de leur charge leur unique revenu.

La population de Paris doit affronter enfin, le 18 mars, une ultime vexation : Thiers ordonne qu'on saisisse les canons installés par la Garde nationale à Montmartre. C'est l'émeute : le général chargé de l'opération est tué ; les membres du gouvernement présents à Paris fuient la capitale. Restés sous l'uniforme en dépit de l'ordre de dissolution, les Gardes, dont les bataillons sont organisés en une fédération depuis le début du mois (d'où le nom de *fédérés*) établissent leurs quartiers dans l'Hôtel de Ville. Leur Comité central appelle les habitants à élire une municipalité souveraine : le vote a lieu le 26. Les abstentions sont nombreuses, les bourgeois qui auraient soutenu les conservateurs sont réfugiés à la campagne : les partisans de la révolution sont majoritaires.

L'Anarchiste Louise Michel harangue les communards *(peinture de Jules Girodet).*

Barricade dressée par les communards devant l'Hôtel de Ville de Paris.

Des références diverses

Car c'est d'une révolution qu'il s'agit, non d'une simple émeute. L'insurrection aboutit à un projet politique, qui diffère, d'ailleurs, d'un communard à l'autre. Nombre de révoltés se réclament de la Révolution, des Jacobins d'autrefois ; d'autres évoquent les théoriciens socialistes, citent Proudhon, Bakounine, Blanqui, ou se réfèrent à l'Internationale, fondée à Londres sept ans plus tôt. Tous se regroupent autour de quelques idées : l'antipathie pour la « majorité de ruraux » ; la revendication d'un pouvoir communal autonome, dans chaque village, dans chaque ville ; la conviction que ce pouvoir doit constituer l'ossature du gouvernement de la France, la Commune de Paris jouant un rôle privilégié dans cette organisation. Les mots de République et de Démocratie font partie du langage commun, les thèmes de l'instruction, de la laïcité, de la lutte contre la misère reviennent dans les discours : les orateurs parlent de justice sociale et d'amour – et ils font, de la sorte, terriblement peur aux bourgeois.

Détruire et réformer

Des provocations, des massacres, d'inexcusables sabotages expliquent cette incompréhension. Contre l'étendard tricolore, bannière de la République modérée, la Commune choisit le drapeau couleur de sang, emblème de toute insurrection. Surtout, la population prise de folie exécute des otages, achève des blessés, au début de la révolte. Elle incendie ensuite, détruit des monuments par rage d'abolir les symboles d'un ordre qu'elle conspue : la colonne Vendôme, « affirmation de militarisme », est abattue le 16 mai – on la reconstruira trois ans plus tard. Le peuple se réunit en clubs, les journaux prolifèrent, résurgences de la Révolution, qui affolent les conservateurs.

Pourtant, la Commune ne prend que des mesures modérées : l'ordre capitaliste n'est pas remis en cause, mais le paiement des loyers est retardé, des logements vides livrés aux sans-abris et les biens engagés au Mont-de-Piété restitués aux pauvres. Les décisions les plus hardies abolissent l'armée permanente au profit de milices armées ; elles instituent la séparation de l'Église et de l'État, créent une école gratuite et laïque – ces dernières mesures seront reprises par la IIIe République, une fois la Commune écrasée.

L'écrasement de la Commune

Le drame des Parisiens est leur isolement : leurs appels à la province et leur projet de faire du pays une fédération de communes ne rencontrent aucun succès. Le monde rural hait les « partageux » et les gauches urbaines pensent au plus à s'entremettre entre la capitale et Versailles. Thiers, pendant les faits, réunit 100 000 hommes. Désormais, ce sont les Français qui assiègent Paris. Le 21 mai, les versaillais entrent dans la ville. Les huit jours qui suivent constituent la « semaine sanglante » : la reconquête progresse d'ouest en est, de barricade en barricade, retardée aux Tuileries ou à l'Hôtel de Ville par des incendies, volontaires ou non. Côté gouvernemental, on compte 877 morts, plus 64 otages (dont l'archevêque de Paris) exécutés lors des derniers combats. Côté Commune, 20 000 morts, tués souvent « à froid », après les combats : les ultimes exécutions ont lieu le 27 mai, au cimetière du Père-Lachaise, au pied d'un mur qu'on appelle dès lors le « mur des Fédérés ». Il y a aussi 43 522 prisonniers, dont 4 586, comme l'anarchiste Louise Michel, sont ensuite déportés.

Le massacre, paradoxalement, consolide le régime en montrant que la République est capable de rétablir l'ordre. Une partie des revendications des communards reçoit alors satisfaction, une autre est intégrée au programme socialiste. Le souvenir de l'insurrection, surtout, alimente une légende, dont se nourriront les courants de gauche.

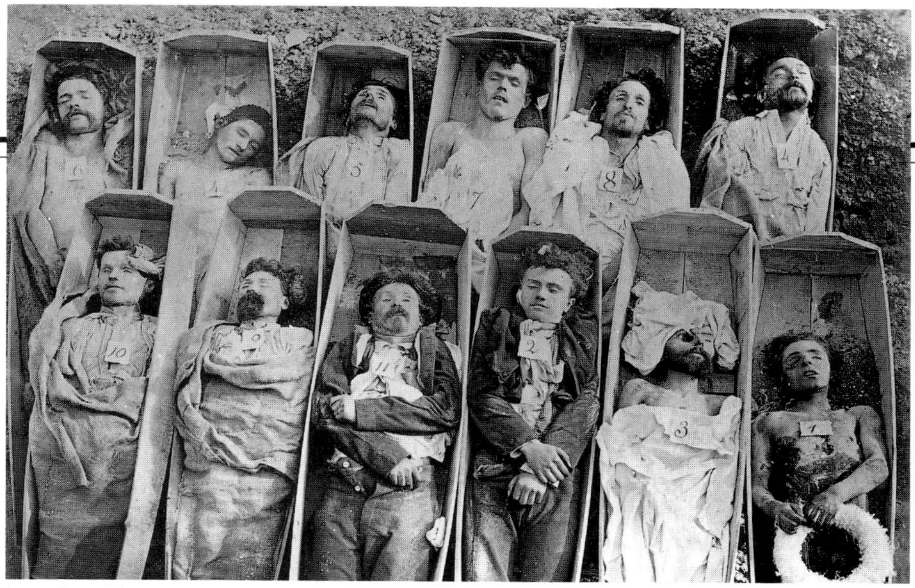
Les cadavres des communards exécutés lors de la reprise de la ville

La guerre franco-allemande

L'occasion. En 1870, un Hohenzollern est candidat à la succession au trône d'Espagne. La France ne peut accepter cette candidature : elle déclare la guerre à la Prusse le 19 juillet. Au-delà de cette circonstance, les causes du conflit sont plus profondes : la France craint la trop puissance voisine qu'est devenue l'Allemagne sous la direction prussienne ; Bismarck veut parachever par la guerre la construction de l'unité allemande.

La défaite de l'Empire. 400 000 Allemands bien armés et préparés au combat moderne ont vite fait de triompher de la résistance de 270 000 Français mobilisés dans le désordre et mal approvisionnés. L'offensive allemande, menée en Lorraine et en Alsace, fait craquer les frontières entre le 4 et le 12 août. L'anéantissement des armées impériales suit les combats de Metz et de Sedan, ville dans laquelle Napoléon III signe la capitulation le 2 septembre. Proclamée le 4 septembre, la IIIe République essaie en vain d'organiser la résistance : son échec est consacré le 28 janvier 1871 par la signature à Paris de l'armistice.

Les conséquences. Dès le 18 janvier 1871, Guillaume Ier est couronné empereur allemand à Versailles. Les préliminaires de Versailles (février), confirmés par le traité de Francfort (mai), font perdre à la France l'Alsace et Metz et l'obligent à payer une forte indemnité. Du refus de la capitale à accepter cette situation résulte la Commune.

1871 en Europe

La France, vaincue par la Prusse est amputée de deux provinces. Le second Empire s'effondre, remplacé par la IIIe République.

La Prusse, victorieuse de la France après avoir battu l'Autriche à Sadowa, en 1866, se mue en empire : le IIe Reich est proclamé dans la galerie des Glaces du château de Versailles, le 18 janvier 1871.

Le royaume d'Italie se donne Rome pour capitale, après le départ des troupes françaises protégeant le Latium, ultime possession du pape. Le 20 sept. 1870, les troupes de Victor-Emmanuel II entrent dans la Ville : Pie IX, s'enferme, prisonnier volontaire, dans son palais du Vatican.

L'Inde, joyau des Britanniques

VICTORIA IMPÉRATRICE

La reine Victoria (1819-1901) [photographiée vers 1870].

Présente en Inde depuis le XVIIe siècle, l'Angleterre en a évincé la France en 1763, et, au cours du XIXe siècle, est devenue maîtresse de l'ensemble de la péninsule. Pour affirmer cette domination et célébrer la grandeur coloniale de l'Angleterre, le Premier ministre Disraeli fait proclamer Victoria impératrice des Indes, le 1er janvier 1877.

De grandes fêtes sont organisées en Inde, à Dehli et à Calcutta « avec la pompe et la splendeur la plus impressionnante », comme le rapporte le vice-roi des Indes, lord Lytton, qui représente sur place la reine Victoria.

Des cérémonies somptueuses

En effet, la reine, une femme de 58 ans, veuve d'Albert de Saxe-Cobourg depuis 1861, n'assiste pas elle-même aux cérémonies qui se déroulent en Inde, mais elle participe au même moment à une célébration solennelle de l'événement en Angleterre.

Au cours des cérémonies, les princes hindous, les maharadjahs, accompagnés de leur suite et de nobles venus de toutes les parties de la péninsule, rendent hommage à la nouvelle impératrice, la félicitent et l'assurent de leur loyal dévouement en échange de sa protection. Par ce geste symbolique, la reine d'Angleterre recueille la succession des derniers empereurs de l'Inde, les Moghols.

L'Angleterre, puissance coloniale

Cet événement solennel, dont l'initiative revient au Premier ministre, a une fonction symbolique importante. Il s'agit d'abord de glorifier la puissance britannique, de montrer qu'elle s'étend sur de vastes territoires coloniaux. Cette mesure annonce la politique d'expansion coloniale que Disraeli et ses successeurs s'apprêtent à mener.

Sans doute, la possession de colonies n'est pas chose nouvelle pour l'Angleterre qui, dès le milieu du XIXe siècle, contrôle de vastes

L'Angleterre victorienne

Sous le règne de Victoria (1837-1901), **l'Angleterre est à son apogée.**

Elle devient **la première puissance du monde** grâce à l'expansion de son économie, aux transformations de ses structures sociales (développement des villes, du travail industriel et du nombre des ouvriers) et à la démocratisation de sa vie politique.

À l'extérieur, **son rayonnement est considérable** grâce à l'influence de son système politique, à sa prééminence économique et financière, à l'expansion coloniale qui permet la consolidation d'un empire riche et étendu.

Toutefois, après 1876, apparaissent les premiers signes d'un affaiblissement dans une conjoncture nationale et internationale difficile.

Le Voyage triomphal du prince de Galles aux Indes, en 1875 *(peinture russe du XIXe siècle). Le prince est le futur roi Édouard VII.*

territoires en Méditerranée, en Afrique, en Amérique (Canada, Antilles), en Océanie et en Asie. Mais, après 1875, les gouvernements britanniques s'efforcent, beaucoup plus systématiquement que par le passé, de consolider et d'étendre l'empire colonial pour que l'Angleterre conserve sa prééminence et son influence dans le monde.

La perle de l'Empire britannique

L'Inde forme la pièce maîtresse et le joyau de cet empire en pleine expansion : les cérémonies de 1877 sont là pour le souligner. C'est le couronnement d'une longue conquête qui a permis à la domination britannique de s'étendre sur toute la péninsule indienne. Après en avoir évincé la France, il a fallu maintenir l'influence anglaise, vaincre les résistances des élites et des masses indiennes, protéger les accès de la péninsule, organiser le pays au mieux des intérêts britanniques. Jusqu'au milieu du XIXe siècle, la domination politique et économique de l'Angleterre s'exerce par l'intermédiaire de la Compagnie des Indes orientales. Ce régime est modifié à la suite de la révolte traditionaliste des cipayes, qui éclate en 1857 dans le bassin du Gange pour protester contre les transformations radicales que la colonisation introduisait dans la société indienne. Une fois la révolte réprimée, l'Inde devient une colonie directement rattachée à la couronne d'Angleterre. La proclamation de l'empire des Indes va compléter cette organisation.

Désormais, l'administration est centralisée. À Londres, un ministère spécial, l'*India Office,* décide des grandes orientations. Sur place, un vice-roi représente l'autorité britannique.

Le Premier ministre Benjamin Disraeli (1804-1881) [photographié vers 1875].

L'Empire colonial britannique

La construction de l'Empire. Les débuts de l'Empire se situent entre le XVe et le XVIIIe siècle : après 1600 (fondation de la Compagnie des Indes orientales), les commerçants britanniques s'installent en Virginie, dans les Antilles, sur la côte est de l'Amérique, en Gambie et aux Indes (fondation de Madras). La grande extension date du XVIIIe siècle : les Anglais s'installent en Caroline, en Pennsylvanie, etc., l'État intervient pour fonder de véritables colonies, s'opposant à la France (qui doit lui céder les Indes et le Canada) et à l'Espagne (qui lui abandonne la Floride). Mais, en Amérique, les Anglais subissent un échec définitif lorsque les États-Unis sont reconnus indépendants, à Paris, en 1783.

L'apogée du XIXe siècle. Après les guerres napoléoniennes, l'Angleterre recueille l'Ascension, Malte, Ceylan, les Seychelles et l'île Maurice, la Malaisie et Le Cap. Elle s'installe en Côte-de-l'Or, en Nouvelle-Zélande, occupe Aden, s'établit à Hongkong. Mais aussi, progressivement, elle accepte l'évolution de ses colonies « blanches » vers l'autonomie : ainsi en Australie, en Nouvelle-Zélande et au Cap ; ainsi surtout au Canada, dont l'autonomie est reconnue en 1841 (*Reunion Act*) et qui devient en 1867 le premier *dominion.* En 1877, le couronnement de Victoria impératrice des Indes ouvre une nouvelle époque d'expansion : l'Angleterre acquiert Chypre, l'Égypte, étend ses positions en Orient (Malaisie, Bornéo) et en Afrique noire (Rhodésie, Kenya et Zanzibar, Soudan).

Le Commonwealth et la décolonisation. La Première Guerre mondiale amène de profonds changements : une série de mandats est attribuée à la Grande-Bretagne (Sud-Ouest africain, Cameroun, Palestine, Iraq, etc.), mais, à l'inverse, la nécessité apparaît plus que jamais de faire évoluer l'« Empire » vers une union d'États responsables, autonomes et égaux : le Commonwealth est constitué sur cette base, en 1931. Après la Seconde Guerre mondiale, l'Inde et la Birmanie deviennent indépendantes en 1948, le Yémen du Sud en 1967, par le seul jeu des négociations et des accords.

Celle-ci se manifeste de deux manières : soit directement dans une partie du pays, soit par l'intermédiaire des princes indiens, qui ont conclu des accords de protectorat avec l'Angleterre, ce qui signifie qu'ils restent théoriquement souverains dans leur principauté, mais reconnaissent la suprématie de Londres.

Les tensions entre les Anglais et les Indiens

Les Anglais sont peu nombreux en Inde : à peine 150 000 au début du XXe siècle. Ils occupent des postes élevés dans l'administration ; ils encadrent une armée recrutée parmi les indigènes. La population indienne est considérable (300 millions d'habitants vers 1900) et très divisée : l'Inde est le carrefour de plusieurs ethnies, de plusieurs religions (hindouisme, islam...), d'une centaine de langues et dialectes. La hiérarchie des castes contribue également à fragmenter et à figer la société indienne.

Mais, dans la seconde moitié du XIXe siècle, sous l'effet de la colonisation, l'économie de l'Inde se transforme. Le pays fournit des matières premières agricoles et industrielles à la Grande-Bretagne ; elle en reçoit des produits fabriqués en métropole. Ces transformations apportent au pays des équipements importants : chemins de fer, canaux, télégraphe, écoles de type britannique pour les élites indiennes. Mais elles ne remédient pas aux déséquilibres traditionnels et contribuent même à en faire apparaître de nouveaux. Le travail artisanal du textile, jadis dynamique, est bientôt ruiné par l'afflux des produits fabriqués en Angleterre et par l'apparition, au début du XXe siècle, d'une industrie cotonnière moderne. L'agriculture reste archaïque, à l'exception des cultures destinées à l'exportation, et de terribles famines continuent de dévaster périodiquement le pays. Entre 1875 et 1900, 26 millions d'Indiens meurent de faim en raison de la faiblesse de l'agriculture et de l'élevage, des sécheresses et du surpeuplement. Les épidémies sont également nombreuses et meurtrières.

Le comportement des coloniaux anglais, qui manifestent un sentiment de supériorité vis-à-vis de la civilisation indienne, choque les élites indigènes qui se sentent tenues à l'écart. Des revendications nationales, encore très modérées, s'esquissent parmi la bourgeoisie indienne qui demande à être associée à l'administration du pays. Pour l'heure, la vigilance des Anglais se porte sur d'autres nécessités : il faut s'assurer le contrôle des routes maritimes jusqu'en Inde et protéger ses abords. Ces impératifs encouragent l'expansion britannique en Asie : l'empire des Indes, auquel sont rattachés plusieurs des territoires conquis (dont la Birmanie en 1886), en sort agrandi et l'influence britannique renforcée.

Que la lumière soit !

LA LAMPE À INCANDESCENCE

C'est à la fin du XIXe siècle seulement, en 1878, avec la mise au point par les inventeurs Joseph Swan et Thomas Edison de la lampe à incandescence, que l'éclairage électrique voit véritablement le jour. À partir de cette date, la « fée électricité » commence à illuminer villes et foyers.

Si les propriétés éclairantes de l'électricité sont connues depuis le commencement du XVIIIe siècle, l'élaboration d'une lampe à la fois commode et économique résulte des recherches menées par la communauté scientifique américaine et européenne, entre 1802 et 1878.

La lampe à arc

La lampe à arc est le premier mode d'éclairage électrique de l'histoire. Ses principes sont établis par le chimiste anglais Humphry Davy, en 1802. Elle fonctionne par passage du courant électrique entre deux morceaux de charbon qui servent d'électrodes, et elle produit un arc lumineux d'une grande brillance intrinsèque, supérieure à celle de l'éclairage au gaz. La première lampe à arc pratique, la «chandelle électrique» de l'ingénieur russe Paul Jablochkoff, devient d'ailleurs très vite populaire lorsqu'elle fait son apparition, en 1876. Peu de temps auparavant, en 1873, le Belge Zénobe Théophile Gramme a réalisé, le premier, un emploi public de l'éclairage électrique, en couplant des lampes à arc à une dynamo de son invention dans son usine parisienne. Mais la lampe à arc exige le remplacement fréquent des électrodes en charbon, et entraîne de la sorte des coûts de maintenance relativement élevés.

La lampe à incandescence

Aussi, l'apparition des lampes à incandescence, beaucoup plus économiques, constitue un progrès décisif. Le principe de leur fonctionnement repose sur la loi d'équivalence thermique de l'électricité, découverte par l'Anglais James Prescott Joule en 1837 : un courant électrique passant dans un conducteur permet de le porter à incandescence par effet Joule, si le matériau qui le compose est suffisamment résistant. La véritable difficulté consistait à trouver un conducteur qui puisse être chauffé à blanc sans fondre ni se casser, à lui trouver un support adéquat, et à prévenir ensuite l'oxydation. Les premiers travaux sont ceux de l'Anglais William Robert Grove qui construit, en 1840, une lampe à incandescence sous vide avec spirale de fil de platine. Plusieurs brevets sont ensuite déposés, en Belgique et en Angleterre, pour des lampes à incandescence avec mèches de charbon. Mais la durée de combustion des filaments de platine et des mèches de charbon est beaucoup trop courte.

La longue traque du vide absolu

Entre 1840 et 1857, le chimiste anglais Joseph Wilson Swan travaille sur des conducteurs constitués de papiers de types divers, carbonisés et recuits au four, qu'il monte dans des bocaux de verre d'où l'air a préalablement été évacué. Il réussit à maintenir son conducteur à incandescence, mais l'air résiduel oxyde très rapidement le carbone et noircit la paroi de verre, ce qui rend impraticable ce procédé.
Il faut attendre 1865 et l'invention de la pompe à air à mercure de l'Allemand Hermann Sprengel, qui permet l'obtention de vides poussés, pour que les recherches reprennent sur de meilleures bases. En 1878, J. W. Swan présente un globe de verre vidé d'air portant un filament de carbone à la Newcastle Chemical Society, dont le secrétaire note, dans ses *Transactions* : «Lorsque le courant passa, le filament s'échauffa avec une telle intensité qu'il se mit à briller de façon extraordinaire.» Mais, une fois encore, «l'intérieur du globe de verre se trouva recouvert d'un dépôt de suie». L'analyse de cette suie indique qu'il s'agit de carbone, dont le transport sur les parois du globe est dû à la présence d'air résiduel, qui se dégage lorsque le filament est chauffé. Swan découvre alors que, pour éviter l'oxydation, il faut continuer à vider l'air de la lampe, lorsque le filament est incandescent. En 1880, il a résolu tous les problèmes de fond, et il dispose d'une lampe à incandescence pratique, qu'il brevette immédiatement.

Edison commercialise la lampe

L'autre grand inventeur de la période est Thomas Alva Edison, qui s'attaque au problème des lampes à incandescence en 1878. Il entreprend une longue série d'expériences sur des papiers carbonisés et des filaments de platine, à la recherche du conducteur idéal, qui permette enfin une commercialisation. À la fin de l'année 1879, il peut présenter au public sa première lampe à incandescence, où le filament conducteur est constitué de papier bristol carbonisé. Ce support est bientôt abandonné, en faveur de mèches de bambou carbonisées, qui restent standards sur les lampes Edison, de 1881 à 1894.

Paris, cité de la lumière en 1881

D'autres inventeurs travaillent aussi sur la question : les Américains Moses Farmer,

Th. Edison démontrant l'efficacité de sa lampe à incandescence, en 1879 (gravure, XIXe siècle, Paris, C.I.E.).

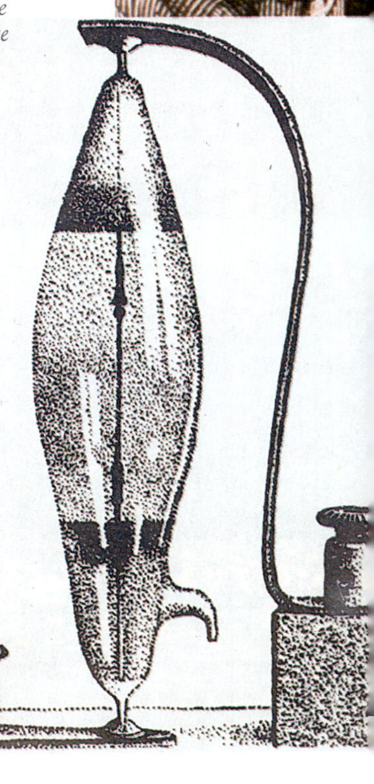

Première lampe à incandescence avec filament.

William E. Swayer et Hiram S. Maxim, l'inventeur des fusils automatiques, et l'Anglais George Lane-Fox. La première démonstration publique d'envergure des procédés d'éclairage électrique a lieu à l'Exposition internationale de 1881, à Paris, où l'on présente tous les modèles de lampes alors disponibles. La production commerciale commence dès l'année suivante : en 1882, Swan lance la Swan United Electric Light Company et Edison, la Edison Electric Light Company. L'avenir de l'éclairage électrique est désormais lié à l'équipement des villes, d'autant plus promptes à le recevoir que les autorités municipales espèrent d'un éclairage public plus efficace un surcroît de sécurité pour les habitants, et surtout à l'introduction de l'électricité dans les foyers, ceux des citadins d'abord puis ceux des campagnes, entreprise si vaste qu'elle occupe toute la première moitié du XXe siècle, dans les seuls pays développés.

Les lampes d'Edison à l'Opéra de Paris

Le vulgarisateur scientifique français Louis Figuier, contemporain d'Edison, décrit, dans les Merveilles de l'électricité, *l'installation électrique de l'Opéra de Paris, l'une des toutes premières en France.*

«Tous les spectateurs des représentations actuelles du théâtre de l'Opéra peuvent apprécier, par leurs yeux, l'éclat extraordinaire que donne, au grand escalier et à la salle, la lumière si blanche, si éclatante et si pure, des petits globes Edison. M. Garnier a été, dans cette occurrence, plus heureux qu'il ne pouvait s'y attendre. On sait que la peinture de la salle, avec sa teinte chocolat, donnait un caractère de tristesse au monument intérieur, et ne faisait aucunement valoir la toilette des dames. Le lustre électrique et les petits globes à incandescence, avec leur lumière scintillante et diamantée, sont venus combattre ces fâcheuses conditions.

... [Il fut décidé] en 1884, qu'on emploierait la lumière Edison. 1 800 lampes Edison devaient éclairer la salle, la scène et les couloirs (...) Aujourd'hui, l'éclairage électrique par incandescence Edison a conquis sa place dans toutes les parties de l'Opéra. Les célèbres peintures de Baudry, qui ont été si longtemps menacées de destruction par l'épaisse couche de fumée provenant du gaz, qui les recouvrait de plus en plus, sont enfin préservées de toute altération, et le plus bel édifice théâtral d'Europe est à l'abri de toute chance d'incendie, grâce à ce nouvel éclairage.»

Thomas Alva Edison, l'autre inventeur, avec Swan, de la lampe à incandescence.

La fin d'un fléau?

LE VACCIN CONTRE LA RAGE

Le 4 juillet 1886, à 8 h du matin, à Meissengott (près de Sélestat, en Alsace) un chien enragé attaque le petit Joseph Meister, un enfant de neuf ans. On relève le garçonnet couvert de bave et de sang. Ses quatorze morsures aux mains, aux mollets, aux cuisses sont parfois profondes. La contamination paraît donc certaine et, avec elle, la mort.

En effet, il n'existe alors aucun remède contre la rage. Après avoir été mordu, l'être humain peut vivre sans aucun symptôme pendant des semaines, parfois jusqu'à un an — bien plus longtemps que les animaux affectés de la même maladie. Il peut même ignorer son état. Mais il est condamné. Le virus chemine par les nerfs, de la plaie vers le cerveau.
Quand ce dernier est atteint, le comportement se modifie. Les docteurs de l'époque décrivent des phases dépressives, alternant avec une grande soif de tendresse, des moments de gaieté ou un besoin d'exercice physique. Puis commencent tremblements, contractures et spasmes douloureux, en particulier dans la gorge. Le malade se déshydrate, mais, quand il veut boire, il ne peut parfois plus avaler ni respirer. D'où une peur panique de l'eau, l'hydrophobie, autre nom qui a été donné à la rage. Ensuite, des hallucinations olfactives et gustatives interviennent, le malade bave abondamment, en arrive à une folie violente, puis tombe dans un semi-coma, entrecoupé de brefs moments de lucidité. Il meurt entre trois et cinq jours plus tard. Dans certains villages, dit-on, les familles étouffent les malades entre des matelas pour leur épargner une agonie si affreuse…

Un risque constant, en ville ou à la campagne : la morsure d'un chien enragé (détail d'une gravure coloriée du XIXe siècle).

Le virus et ses vecteurs

Le virus rabique a la forme d'une balle de revolver de 120 à 180 millionièmes de millimètre. Détruit par une exposition de quatre heures au soleil, par l'éther, ou par une chaleur de 60 °C, il ne peut traverser la peau ou les muqueuses. Mais il est concentré dans la salive de ses victimes, et toute morsure peut le mettre en contact avec un nerf. De la bave sur une blessure préexistante a le même effet. Le virus chemine alors lentement jusqu'au cerveau. Lorsqu'il l'atteint, la maladie proprement dite se déclare, et rien ne peut plus empêcher une issue fatale.
Les troubles du comportement qu'il engendre font que les animaux atteints cessent de craindre l'homme et peuvent se montrer très agressifs. Il s'agit indifféremment d'animaux sauvages ou domestiques, de carnivores ou d'herbivores, de mammifères ou d'oiseaux. Le renard, le chien, le chat, autrefois le loup sont ses principaux vecteurs, mais il existe aussi des pies, des hibous, des poules, des chauve-souris, des chevreuils, des lapins, des vaches, des moutons enragés…
Le virus est présent dans le monde entier. Seuls, l'Océanie, le Japon et les Îles britanniques en sont exempts.

Un miracle de la science

La mère du petit Joseph, elle, ne se résigne pas. Elle emmène son fils à Paris, chez le biologiste Louis Pasteur, déjà illustre pour ses travaux sur la fermentation et les microbes, et qui travaille sur la rage. Il a constaté que les moelles de lapins tués par cette maladie perdent lentement leur virulence en se desséchant. Il en injecte à un chien, chaque jour. D'abord une moelle assez ancienne pour être inoffensive, puis d'autres, de plus en plus récentes, donc de plus en plus virulentes. Cinquante chiens sont ainsi vaccinés. Aucun ne devient enragé, alors même qu'ils sont mis à nouveau au contact du virus.

Séance de vaccination en présence de Pasteur (à gauche, lisant la liste des candidats à la vaccination), en 1886 (lithographie d'Émile Bayard). Sitôt connu le succès obtenu par le médecin français auprès du petit Joseph Meister, des personnes mordues par des chiens enragés vinrent de toute l'Europe se faire vacciner.

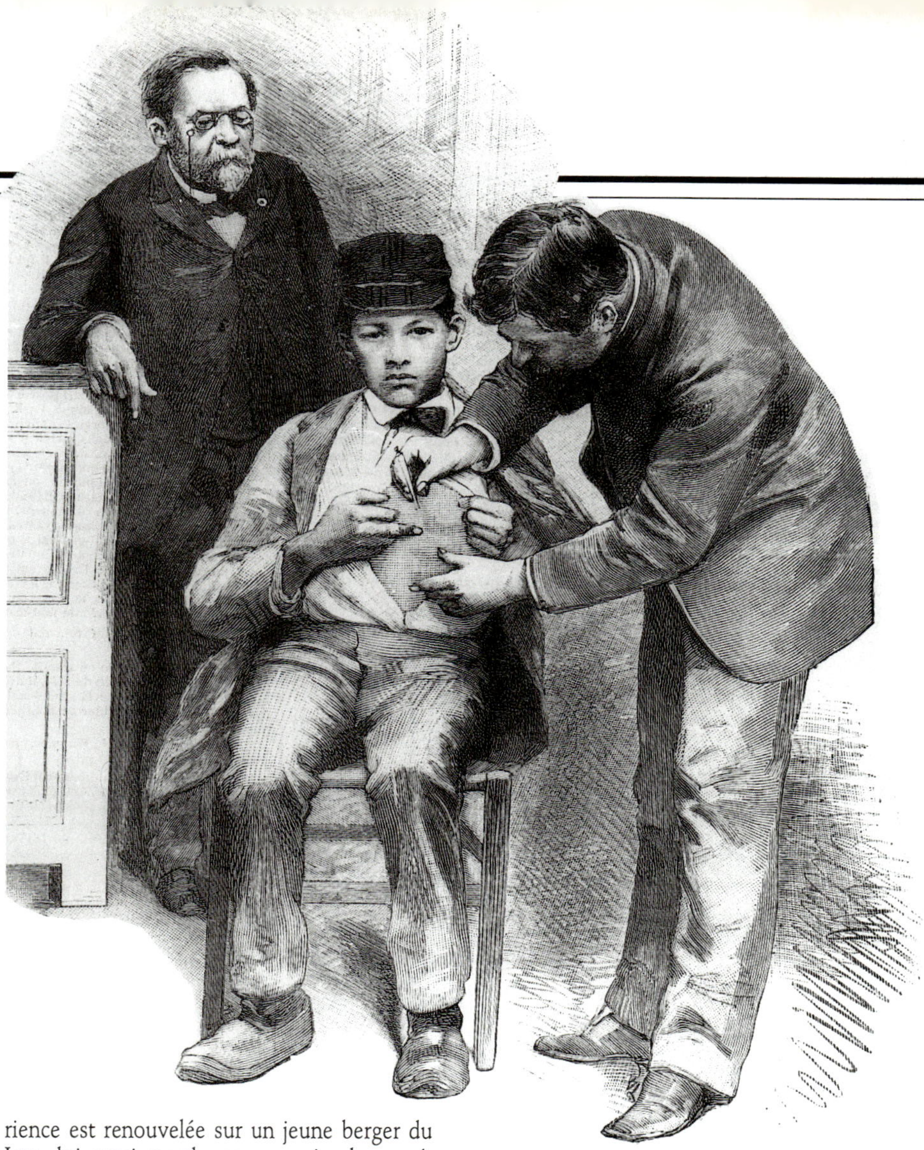

L'inoculation du virus rabique est le seul moyen de prévenir une mort lente mais certaine (gravure de l'Illustration *7 novembre 1885).*

Reste à passer à l'être humain. Les chiens ont survécu à la rage, mais celle-ci a été inoculée après la vaccination, et non avant. Or, Joseph, naturellement, n'a pas été vacciné. Il faut donc profiter du temps qui sépare la morsure de la maladie proprement dite, pour tenter d'agir impérativement, avant que le virus n'atteigne le cerveau. Reste une inconnue : si l'enfant, par miracle, n'a pas été contaminé par les morsures, ne va-t-il pas l'être par les injections ?
Pasteur consulte le docteur Vulpian, son collègue à l'Académie des sciences, et Grancher, professeur à la faculté de médecine de Paris. Ils confirment son diagnostic : il est presque impossible que le petit garçon échappe à la maladie. L'expérience peut être menée sans crainte. Pasteur avouera pourtant l'avoir tentée « non sans de vives et cruelles inquiétudes ». Le 6 juillet au soir, il injecte à l'enfant de la moelle de lapin enragé, conservée au sec depuis deux semaines. Puis il recommence avec des moelles de plus en plus fraîches, exactement comme pour les chiens.
Après dix jours, le virus inoculé est des plus actifs. Or l'enfant ne développe aucun symptôme. Il est sauvé. Mieux, il est immunisé contre toute nouvelle infection. Le succès est complet. Presque immédiatement, l'expérience est renouvelée sur un jeune berger du Jura, lui aussi mordu par un animal enragé. De nouveau, l'enfant est sauvé. En novembre 1886, 2 490 personnes, venues de toute l'Europe, condamnées autrement à une mort atroce, doivent la vie au même traitement.

La rage après Pasteur

Une régression rapide. Après 1888, le vaccin est perfectionné et diffusé par l'Institut Pasteur, fondé cette année-là par souscription nationale. De plus, des lois interdisent la divagation des chiens et des chats, ce qui limite les risques de contamination. Grâce à ces mesures, la rage régresse rapidement. En France, le dernier cas mortel remonte à 1924, dans la région de Dijon. On peut croire alors qu'elle a complètement disparu d'Europe.

Un retour offensif. À la même époque cependant, dans les régions arctiques, une maladie décime les chiens de traîneau. Le froid modifie les symptômes, mais c'est bien la rage, transmise par les renards des neiges. Elle s'étend, touche d'autres animaux, en particulier le renard roux des latitudes tempérées. En 1935, elle est signalée en Pologne, atteint l'Allemagne en 1939, le Rhin en 1959, le Danemark, la Belgique, la Suisse, l'Autriche en 1967, la France en 1968. Depuis, elle progresse de 30 à 40 km par an.

Contaminations humaines. Des éleveurs ont contracté la rage en essayant d'ôter de la gorge d'une vache le corps étranger qu'ils y croyaient bloqué, ce qui donnait les mêmes symptômes que la maladie. Heureusement, la mort de l'animal les a alertés, et ils ont pu être vaccinés. Même un cadavre peut être dangereux : dans les années 70, un taxidermiste tchèque est mort de la rage qu'il avait contractée en dépouillant un lynx. Le vaccin de Pasteur est efficace, encore faut-il savoir à temps que l'on a été contaminé.

L'Europe se dispute l'Afrique

LA CONFÉRENCE DE BERLIN

Réunis à Berlin du 14 novembre 1884 au 26 février 1885, les représentants de onze monarchies européennes, de la France, de l'Empire ottoman et des États-Unis, discutent du sort de l'intérieur de l'Afrique. Inaugurée solennellement par le chancelier Otto von Bismarck, la conférence prélude à une explosion colonisatrice qui, jusqu'aux environs de 1900, peint, dans les atlas, l'intérieur du continent aux couleurs des pays d'Europe, et partage véritablement l'Afrique.

Le prétexte de la conférence est la naissance du Congo. À la fin des années 1870, l'exploration du fleuve par l'Anglais Stanley et le Français Pierre de Savorgnan de Brazza montre qu'il y a là un pays riche, et plus accessible qu'on ne le croyait. Le roi des Belges, Léopold II, philanthrope et habile gestionnaire, a fondé l'Association internationale africaine et, grâce à Stanley, il entreprend de créer un État libre, lié non à la Belgique, mais à l'Association, et dont il sera souverain à titre personnel. Un tel État-tampon permet aux puissances de ne pas se heurter directement. Reste à partager le bassin du Congo entre cet État, la France, entraînée par Brazza, et le Portugal, installé à l'embouchure du fleuve. Bismarck saisit l'occasion d'être une fois de plus l'arbitre de l'Europe, et convoque une conférence.

Portrait de Léopold II, roi des Belges et roi du Congo, en 1885.

La conférence de Berlin, ou « conférence du Congo », présidée par le chancelier Bismarck (désignant un papier).

La délimitation des frontières
◁ *franco-allemandes, sur place, au Congo.*

Les débuts de la colonisation de l'Afrique noire

Pendant longtemps, **l'intérieur du continent,** souvent difficile d'accès, n'a pas intéressé les Européens. Seules les côtes retenaient leur attention, pour y commercer ou y établir quelques escales.

Les choses changent après 1870. L'exploration du globe est à l'ordre du jour. Surtout, **des raisons économiques** interviennent : on découvre les richesses de l'Afrique, à commencer, en 1867, par les diamants du Transvaal. De plus, l'Europe cherche à investir ses capitaux, à conquérir des marchés et des sources de matières premières, dans une période de retour au protectionnisme.

Des facteurs politiques interviennent également : l'Afrique permet les conquêtes devenues difficiles en Europe par le principe des nationalités ; la conquête flatte l'orgueil national et offre **un exutoire à la volonté de domination**, ou de revanche, dans le cas français. S'y ajoute une sincère ambition christianisatrice ou civilisatrice. Enfin, bien des États se lancent dans l'aventure pour ne pas être devancés par une autre puissance...

La conférence

La conférence a un ordre du jour précis : liberté de navigation et de commerce, modalités d'installation sur les côtes. Mais en marge, on fixe les frontières du nouvel État. La France obtient un droit de préemption en cas d'échec de l'Association, puis elle le cède à la Belgique, moyennant des avantages dans la fixation de la frontière. Un couloir relie l'État libre à l'Atlantique, à travers les possessions portugaises ; une vaste région au sud du fleuve, le Katanga, d'abord exclue, est récupérée grâce à une carte modifiée, que les Allemands entérinent par erreur... Au total, le nouvel État confié à l'Association s'étend sur deux millions et demi de kilomètres carrés, et 500 000 autres kilomètres carrés, au nord-ouest, passent à la France : la première région est le futur Congo-Léopoldville (l'actuel Zaïre) ; la seconde sera le Congo-Brazzaville (aujourd'hui Congo)... Dans cette zone particulière, un partage s'est opéré ; il en va de même au nord, pour le Niger, dont l'Angleterre contrôle le delta et dont le haut cours est attribué à la France, qui n'y est pas encore réellement présente.

La création d'une zone de liberté des échanges

L'acte final de la conférence garantit la liberté de navigation et de commerce dans toute la zone : c'était l'objet essentiel de la rencontre, une assurance souhaitée par les Américains et plus encore par Bismarck, désireux non de conquérir des territoires, mais d'« assurer au commerce allemand l'accès de l'Afrique ». Or, les Français, et surtout le président du Conseil, Jules Ferry, s'opposent strictement à cette conception. Pour eux, l'intérêt des colonies réside dans le monopole commercial détenu par la métropole... Au nom de cette conception, la France entend, comme le Portugal, réduire la superficie du « bassin conventionnel du Congo » voué à la liberté de commerce ; les Américains et les Allemands veulent l'agrandir. Finalement, on prévoit, en plus de l'ensemble du bassin géographique du fleuve, un accès à l'océan Indien, entre le Mozambique et le sultanat de Zanzibar. L'Angleterre obtient que les sources du Nil ne soient pas concernées. Pour le reste, liberté de navigation et liberté économique permettent aux bateaux de commerce de circuler dans tout le bassin, pourvu qu'ils ne transportent pas d'armes et ne se livrent pas à la contrebande. Des mesures identiques sont prises pour le Niger : on est aux antipodes de l'idée de partage, mais ce n'est que pour corriger les effets de la division territoriale qui vient d'être opérée dans cette partie de l'Afrique...

De nouvelles règles pour la colonisation

La conférence fixe aussi les conditions « pour que des occupations nouvelles sur les côtes... soient considérées comme effectives ». La principale est « l'existence d'une autorité suffisante pour faire respecter des droits acquis » : cela est assez flou pour éviter aux métropoles les frais d'un réel établissement.

Toutefois, il ne s'agit pas de s'attribuer de vastes étendues par « l'annexion au pinceau ». On a formellement exclu le système de l'*hinterland,* qui fait du pays installé sur un littoral le maître de son arrière-pays. De plus, on n'a statué que sur les côtes, et non sur l'intérieur des terres. Enfin, ce ne sont que des règles qui ont été fixées, et aucun partage général concret n'a été effectué.

Mais quelles qu'aient été les intentions, on a bel et bien partagé une vaste région, au cœur de l'Afrique, même si on en a laissé les portes ouvertes au commerce international ; et on a jeté les bases de partages futurs.

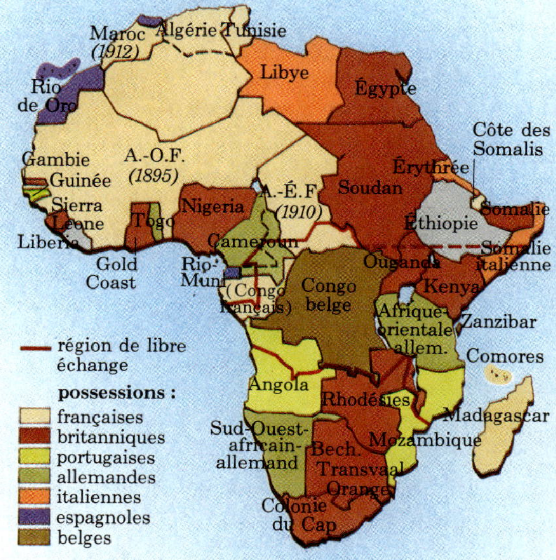

Les puissances coloniales et le partage de l'Afrique, entre 1885 et 1914.

Au lendemain de Berlin : le vrai partage de l'Afrique

« Sphères d'influence ». Dès avril 1885, Allemands et Anglais, qui se rencontrent sur la côte des actuels Cameroun et Nigeria, tracent des « *spheres of influence* » incluant des territoires qu'ils ne contrôlent pas, dans l'arrière-pays des côtes où ils sont installés. C'est une « annexion au pinceau », d'autant plus caricaturale que le fleuve-frontière, le rio del Rey, se révèle n'être qu'une baie sans cours d'eau.

Des frontières tracées au hasard. Des accords signés dans les années suivantes délimitent a priori des territoires, mentionnant parfois aussi des zones imaginaires, de sorte qu'il faut les compléter sur le terrain des textes d'application. Les frontières ignorent la réalité locale, même si un principe fixe que « si la frontière tracée venait à traverser un village, ce village serait attribué au gouvernement auquel se rattacherait la majeure partie du village »...

Des conséquences durables. En vingt ans, l'Afrique est donc partagée sur des bases entièrement arbitraires, qui sont celles appliquées au Congo et au Niger. Il en ressort un système de frontières artificielles, qui regroupent ou divisent peuples et tribus, et qui pourtant s'avèrent durables, au point de n'être pas remises en cause après la décolonisation.

Une révolution dans les transports

L'AUTOMOBILE

La première automobile Peugeot, avec un moteur Daimler, construite par Panhard-Levassor. Conçue par l'ingénieur en chef de Peugeot, Rigoulot, le modèle est commercialisé en 1890.

Il est difficile de dater l'invention de l'automobile, dans la mesure où plusieurs formules de motorisation sont, tour à tour, retenues : la vapeur, l'électricité, la combustion interne. 1885 représente pourtant une date marquante, car c'est l'année où l'Allemand Carl Benz invente son tricycle à pétrole, premier de la lignée des véhicules à moteur à combustion interne.

Il en est de l'automobile comme de l'avion : l'une des conditions de son développement réside dans le type de motorisation adopté.

Moteur à vapeur ou moteur à explosion

Mais les choses sont plus complexes avec l'automobile, car, si l'emploi de moteurs à vapeur est source de handicaps pour l'aéronautique, et que l'abandon de ceux-ci au profit des moteurs à combustion interne contribue largement à son essor, le même choix paraît beaucoup moins évident en ce qui concerne l'automobile.
En effet, pour reprendre l'analyse de Jean-Paul Dufour, « comparé à son homologue à vapeur, le moteur à explosion est une aberration technique. Son fonctionnement se fait par à-coups, les pistons y encaissent les énormes chocs de l'explosion du mélange air-essence qui les projette violemment vers le bas. La vapeur, en revanche, exerce sur ces mêmes pistons une poussée continue et facilement modulable. Résultat : une puissance maximale au démarrage, au moment où elle est le plus utile, une douceur et un silence de fonctionnement incomparables. » Précisément, l'automobile est d'abord «à vapeur» : avec le fardier de Cugnot en 1769, mais surtout après les travaux de Trevithick sur la locomotion à vapeur au début du XIXe siècle.
Toutefois, du fait du poids et de l'encombrement considérables de ces moteurs, les premiers véhicules à vapeur s'apparentent plutôt à de petites locomotives qu'à des automobiles légères : ils pèsent entre 1,5 et 8 tonnes et ils sont accompagnés de tenders pour l'alimentation de la chaudière en eau et en combustible.

L'inventeur allemand Daimler à l'arrière de sa première voiture à essence, en 1886.

L'allégement du moteur

Il faut attendre 1887 et l'invention par le Français Léon Serpollet d'un générateur de vapeur instantané pour voir se réduire la taille des moteurs à vapeur, dont la souplesse d'utilisation augmente parallèlement. Albert Dion et Serpollet lui-même mettent au point des automobiles à vapeur, qui atteignent des vitesses de pointe élevées (60 km/h pour le tricycle de Dion). Par la suite, la motorisation à vapeur reste employée essentiellement sur des camions et sur les luxueuses limousines Doble, jusqu'au début des années trente.

Mais le succès de Serpollet vient trop tard. L'invention du moteur à combustion interne, tout à la fois compact et puissant, permet en effet d'envisager de construire des véhicules légers et motorisés, qui ne sont pas handicapés par un lourd équipement auxiliaire (chaudière), ni obligés de s'arrêter fréquemment pour s'approvisionner en eau et en combustible.

Le précurseur de ces véhicules est le monocylindre quatre temps de l'Autrichien Siegfried Marcus, construit en 1864. Son inventeur aurait réalisé un court voyage expérimental sur cette automobile alimentée au kérosène mais, mécontent du résultat, il l'aurait ensuite démontée. Il construit, par la suite, trois autres modèles du même type, dont l'un, daté de 1874, se trouve au Musée technique de Vienne.

1890-1940 : 50 ans d'automobile

1890. En France, première voiture d'Armand Peugeot.

1891. Premières automobiles fabriquées en série par les Français René Panhard et Émile Levassor.

1894. Première course automobile : Paris-Rouen.

1896. Première voiture de l'Américain Henry Ford (la fondation de la Ford Motor Company date de 1903 ; la production et la vente de la première voiture populaire fabriquée à la chaîne, le Model T, s'étend de 1908 à 1927).

1898. Premier Salon de l'automobile à Paris.

1899. En France, première voiture de Louis Renault. Il y introduit la boîte de vitesses dite à prise directe (car les arbres primaire et secondaire tournent à la même vitesse).

1900. Commercialisation du pneu par la compagnie américaine Dunlop.

1908. Premier véhicule à traction intégrale (4 x 4), inventé par les ingénieurs américains Otto Zachow et William Besserdich.

1912. Introduction du démarrage électrique dans les voitures par la firme américaine General Motors.

1929. Commercialisation de la première traction avant, le Model L 29, de l'Américain Erret Lobban Cord. Introduction des boîtes de vitesses de type moderne dans les Cadillac, par General Motors.

1934. Lancement du Modèle 7 en France, par André Citroën, la première traction avant produite en masse.

1940. Première boîte de vitesses automatique, introduite par la General Motors sur une Oldsmobile. Lancement de la Jeep.

Les travaux de Carl Benz

En fait, l'automobile moderne naît véritablement avec les travaux de l'Allemand Carl Benz, qui réalise sa première automobile, un tricycle doté d'un moteur monocylindre quatre temps, en 1885.

Ce véhicule incorpore un système de transmission différentiel et un point mort, ainsi qu'une direction à crémaillère qui contrôle le mouvement de la roue avant. Son allumage est électrique et il peut atteindre la vitesse de 13 km/h. Benz construit trois autres tricycles avant de mettre au point son premier quatre-roues en 1893. Ce modèle, très populaire, est vendu à plusieurs centaines d'exemplaires jusqu'en 1901.

Entre-temps, l'Allemand Gottlieb Daimler met au point son moteur à cylindres jumelés en V. Grâce à lui, l'industrie automobile dispose à présent d'un moteur léger et puissant, et peut prendre son essor : Armand Peugeot, en France, construit une automobile à moteur Daimler en 1890 ; et l'usine de Cannstatt, en Allemagne, commence à produire des véhicules motorisés Daimler, plus tard connus sous le nom de Mercedes, à partir de 1894. L'industrie automobile prend son essor.

La voiture électrique

La voiture électrique reste un concept d'avenir en raison de son moteur. Un tricycle électrique est construit en 1882 par les Anglais Ayrton et Perry, mais le premier engin à connaître un certain succès commercial est le véhicule construit par le Français Pouchain en 1893.

Des véhicules électriques sont construits également en France, en Angleterre et en Belgique, mais ils ne parviennent jamais à concurrencer les véhicules à essence. En effet, l'alimentation du moteur exige l'incorporation de batteries en série qui alourdissent le véhicule et le rendent lent et difficile à conduire.

Ce handicap se retrouve de nos jours, et il ne pourra être réglé qu'avec l'invention de batteries légères et à haute capacité. Le problème continue d'être étudié par les grands fabricants d'automobile et il est, peut-être, en voie de résolution.

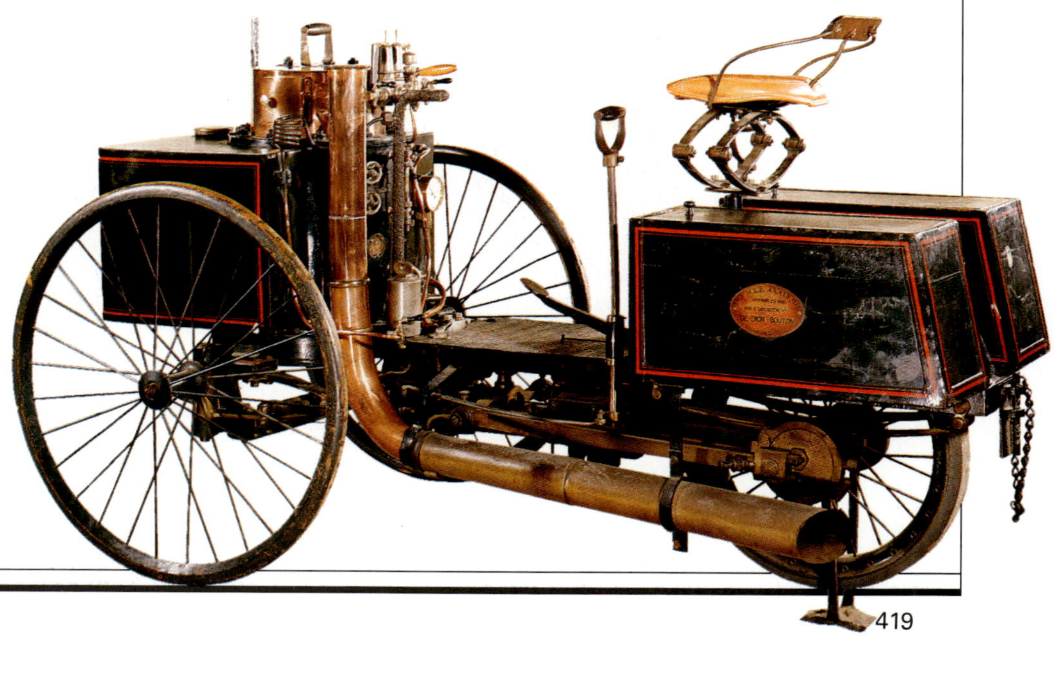

Le tricycle à vapeur de Dion (Paris, musée des Arts décoratifs).

1887-1889

Une architecture de fer haute de 300 mètres

LA TOUR EIFFEL

En 1884, une Exposition universelle est décidée à Paris pour célébrer le centenaire de la Révolution de 1789. Quatorze ans après la chute du second Empire et la défaite face à l'Allemagne, les dirigeants de la IIIe République veulent redonner à la France son rang de grande puissance, mobiliser les énergies et relancer les grands travaux. L'ingénieur Gustave Eiffel, par des articles et des conférences, familiarise alors le public avec l'idée d'un monument en fer en forme de tour de 300 mètres de hauteur.

Triomphe de l'architecture et de l'esthétique métalliques, la tour Eiffel, identifiée à la ville de Paris, est mondialement connue.

La tour Eiffel en construction (photographie datant de juillet 1888).

En mai 1886, avec Stephen Sauvestre, un architecte de son entourage qui a mis en forme le projet, il remporte le concours ouvert pour sa construction. La convention portant accord de mise en chantier est signée le 8 janvier 1887. Aussitôt, les passions se déchaînent ! Très vite, une pétition d'artistes dénonce « l'inutile et monstrueuse tour [...], le déshonneur de Paris [...], une noire et gigantesque cheminée d'usine, écrasant [...] tous nos monuments humiliés, [...] l'odieuse colonne de tôle boulonnée... ». Saluée plus plaisamment (« Bergère ») par le poète Apollinaire, elle sera aussi baptisée « tour de Babel », « suppositoire solitaire », « gigantesque clou », « baguette à suspendre les kakémonos » ou « flèche privée de cloches [...] qui sonne [...] les fêtes liturgiques du capital » !

L'ingénieur Gustave Eiffel

Le génie de Gustave Eiffel (1832-1923) n'est pas d'avoir inventé la tour – les ingénieurs de son entourage, Koechlin et Nouguier, en sont les véritables concepteurs –, mais de l'avoir construite en lui laissant son nom ! La personnalité audacieuse d'Eiffel, son sens des affaires et de la gestion expliquent cette paradoxale réussite.

Sorti à 23 ans ingénieur de l'École centrale, Gustave Eiffel a fait ses premières armes en construisant le pont de Bordeaux. À 35 ans, il crée son entreprise, les Forges de Levallois. Spécialisée dans la construction de ponts et de viaducs, la firme atteint rapidement une dimension internationale, se faisant une grande réputation en perfectionnant les procédés de fondations à l'air comprimé et en affinant les modes d'assemblage des poutres en métal afin de diminuer leur prise à la force du vent. Le succès obtenu est dû aux talents de gestionnaire de Gustave Eiffel : s'il n'invente rien lui-même, il sait s'entourer de collaborateurs de haut niveau, issus des promotions des meilleures écoles d'ingénieurs, qui travaillent en équipe et qu'il intéresse financièrement à ses succès. Par ailleurs, ce manager avisé excelle à emporter les plus imposants marchés, au besoin en les suscitant par une habile publicité visant à la fois les foules et les scientifiques !

Les Forges de Levallois ont pour gros clients les compagnies de chemin de fer : les viaducs de la Sioule et du Neuvial en Puy-de-Dôme, celui de Garabit dans le Cantal, sont pour la société d'Eiffel l'occasion de mettre au point des techniques que ses ingénieurs utiliseront ensuite afin de construire la tour. Celle-ci lui assure une célébrité mondiale mais dès, avant 1889, les institutions de génie civil de tous les pays sollicitent Eiffel, dont les ateliers fournissent l'armature de la statue de la Liberté à New York et qui participe aux travaux de toutes les expositions universelles qui ont lieu en France à partir de 1867.

La réalisation du grand projet

En 1889, l'exposition du Centenaire doit avoir pour cadre privilégié le Champ-de-Mars. Installée dans l'axe du pont d'Iéna, la tour doit fournir aux enfilades de monuments construits pour l'occasion une gigantesque porte d'entrée.

Le devis s'élève à 6,5 millions de francs. Une partie – 1,5 million – est couverte par une subvention, et le reste par une société anonyme dont la moitié du capital est fournie par Eiffel lui-même. Les coûts, qui dépasseront, en fait, largement le budget initial, seront couverts par

les bénéfices dès avant la fin de la première année d'exploitation ! Heureusement, car le monument, à l'origine, est prévu pour être démonté après la fin de l'Exposition.
Le chantier est une merveille de précision. Il occupe 250 ouvriers 24 mois durant. Leur rôle consiste à assembler des pièces dessinées, découpées et préassemblées dans l'usine de Levallois par 40 dessinateurs et 150 ouvriers. Les deux tiers des 2 500 000 rivets que comporte la tour sont ainsi posés avant d'être transportés sur place !
Chacune des quatre arêtes des quatre piles est ancrée dans un massif de maçonnerie disposé en fondation, large de 5 mètres sur 10 et profond de 7 mètres. Le premier étage est atteint le 7 décembre 1887. La tour s'élève ensuite au rythme de 10 mètres par mois jusqu'au second étage, puis de 30 mètres jusqu'à la flèche, où un paratonnerre est installé.
Afin d'attirer les foules, des accès aisés sont ménagés par des escaliers et des ascenseurs. Une cabine à deux niveaux mène au premier étage, une autre directement au second étage et une troisième à la plate-forme du sommet. Un périlleux escalier en spirale de 1062 marches dessert aussi le dernier niveau.

L'apothéose du fer

Le 6 mai 1889, jour de l'inauguration de l'Exposition universelle, la tour, éclairée par des compagnies de gaz et des feux de Bengale, resplendit de mille lumières. Un formidable succès populaire s'amorce. À la fin de l'exposition, près de 2 millions d'entrées sont enregistrées ! C'est le triomphe de l'architecture métallique et de la beauté technologique. La tour Eiffel, au même titre que l'autre grande architecture construite pour l'occasion de 1889, le palais des Machines, de l'architecte Charles-Louis-François Dutert et de l'ingénieur Victor Contamin, représente, en 1889, la glorification définitive de la machine.
Devenue le symbole de la modernité, la tour est bientôt annexée par les créateurs et les artistes, qui explorent sa nouvelle dimension plastique : dans les décennies qui suivent sa construction, les peintres Georges Seurat, le Douanier Rousseau, Paul Signac, Robert Delaunay et les cubistes la célèbrent à maintes reprises dans leurs tableaux. Dans le même temps, le public, versatile, se détourne du monument, peut-être subjugué par le « rebiffez-vous contre la ferraille » de Charles Garnier, le prestigieux architecte de l'Opéra de Paris. Remise en question pour l'Exposition universelle de 1900, la tour est finalement conservée et splendidement illuminée à l'électricité !
Gustave Eiffel, toujours avisé, s'était concilié les bonnes grâces des scientifiques en établissant des installations météorologiques et aérodynamiques au sommet de son monument. De même, il eut l'habileté de se réserver l'exploitation commerciale (y compris celle des restaurants), pendant un délai de 20 ans. Actionnaire de la Compagnie transatlantique, il fit vendre des tickets d'entrée de la tour à New York, aux riches Américains qui se préparaient à visiter Paris ! Entraînés par l'exemple des touristes étrangers, les visiteurs français, bientôt, reprirent le chemin de la tour Eiffel.
« [...] Le vent devait la plier, la foudre, la briser ; les variations de température la désarticuler : c'était une catastrophe assurée, prévue, désirée [...] ; la tour, glorieuse et sonore, a résisté aux éléments comme aux hommes... » ironise le sculpteur Duchamp-Villon en 1914.

Vue générale de l'Exposition universelle de 1889, à Paris, avec la toute nouvelle tour Eiffel (Paris, musée Carnavalet).

La fin des guerres indiennes aux États-Unis

LE MASSACRE DE WOUNDED KNEE

« Juste à côté du drapeau blanc, une femme a été abattue avec son bébé ; l'enfant, ignorant que sa mère était morte, continuait à téter, ce qui était une vision particulièrement triste. Les femmes qui fuyaient avec leurs nourrissons ont été tuées ensemble, transpercées, et les femmes qui étaient enceintes ont également été tuées. »

Le 29 décembre 1890, à Wounded Knee Creek sur la réserve de Pine Ridge, au sud-ouest du Dakota du Sud, le 7e régiment de cavalerie de l'armée américaine décime la majeure partie d'une communauté mnikoozu, sous-tribu des Sioux Teton. Le massacre, qui compte parmi les épisodes les plus tragiques et les plus sanglants de la lutte qui a opposé l'armée américaine aux tribus indiennes dans la seconde moitié du XIXe siècle, met un terme définitif à ce combat.

Une tension croissante

En 1890, les Indiens, qui ne sont plus reconnus comme un peuple indépendant, vivent parqués dans des réserves. Le bison, qui constituait le principal mode de subsistance des Sioux, a été chassé à outrance par les constructeurs du chemin de fer. Les Sioux survivent désormais grâce aux rations fournies par le Bureau des affaires indiennes. La corruption des fonctionnaires de cet organisme, les promesses non tenues du gouvernement américain ainsi que la confiscation d'une partie sans cesse croissante de leurs terres par les colons accablent les Indiens, dont la misère et la faim forment le lot quotidien. C'est dans ce contexte que naît la Ghost Dance, un mouvement qui ranime la confiance des Indiens en l'avenir : en 1889, un jeune Indien Paiute du Nevada, du nom de Wovoka, annonce que le Grand Esprit lui est apparu et lui a appris qu'en dansant et en chantant les Indiens parviendraient à récupérer leurs terres et à retrouver leur ancien mode de vie. Se répandant rapidement de tribu en tribu, la révélation gagne les Indiens du Dakota. Ces derniers se mettent à pratiquer avec ferveur la Ghost Dance (danse des esprits) qui doit les libérer des Blancs. L'agitation que suscite le mouvement dans les réserves indiennes provoque l'effroi des colons et l'envoi de troupes par le gouvernement, qui redoute une insurrection. À leur tour, les Indiens prennent peur devant le déferlement de soldats, et les plus inquiets d'entre eux quittent leurs réserves. Le 15 décembre 1890, dans la réserve de Standing Rock, la police vient arrêter Sitting Bull. Le vieux chef sioux, qui avait participé au massacre du colonel Custer et de ses hommes à la bataille de Little Big Horn en 1876, est devenu l'un des principaux propagateurs de la Ghost Dance. Alors que les Indiens tentent de s'opposer à son arrestation, un policier fait feu et abat le vieil homme.

Dans le camp de Wounded Knee

À la suite de ce meurtre, le chef mnikoozu, Big Foot, décide de quitter sa réserve de Cheyenne River près de laquelle stationnent de nombreux soldats et d'emmener sa communauté dans celle de Pine Ridge. Le 28 décembre, à une journée de marche de Pine Ridge, Big Foot et les quelque 400 Indiens qui l'accompagnent, rencontrent quatre escadrons du 7e régiment de cavalerie. Les soldats ont reçu l'ordre de les conduire au camp de Wounded Knee Creek. Les Indiens, prisonniers, dressent leurs tipis et forment un camp surveillé par des canons Hotchkiss, installés sur une éminence. Durant la nuit, le reste du 7e régiment, commandé par le colo-

*Lors de la bataille de Little Big Horn (1876), le général Custer et ses hommes sont vaincus par les Sioux de Sitting Bull (*La dernière charge de Custer*, peinture).*

Wounded Knee, 1973

Le massacre de Wounded Knee n'a cependant pas brisé la résistance des Sioux, qui, tout au long du XXe siècle, continuent à exprimer leurs revendications. Quelque 80 ans après la tragédie, Wounded Knee, qui est désormais une localité de la réserve de Pine Ridge, est le théâtre de graves événements.

L'origine du conflit. L'élection à la présidence du Conseil tribal d'un homme corrompu, et qui ne représente qu'une minorité d'Indiens, provoque la colère de l'opposition et l'occupation des bâtiments officiels. Les opposants reçoivent le soutien de l'American Indian Movement, qui défend la cause des Indiens. Le Conseil tribal fait appel au gouvernement fédéral pour déloger les occupants, qui se sont abrités derrière des tranchées. Le siège dure 71 jours, de février à mai. Les affrontements, sans armes à feu, se soldent par deux morts du côté indien et un du côté des forces anti-émeutes.

La signature d'un accord. Les négociations entre les Indiens révoltés et le gouvernement fédéral débouchent sur un accord qui garantit aux Indiens le respect de leur autonomie, la protection de leurs droits légaux et de leurs traditions. Cet accord leur laisse aussi espérer l'application du traité concernant les terres, signé en 1868 avec la nation sioux et jamais respecté. Mais, une nouvelle fois, il ne sera pas appliqué. Wounded Knee a quand même eu pour résultat d'informer l'opinion américaine sur la situation difficile des Indiens.

nel John Forsyth, rejoint le camp de Wounded Knee. Au matin, ce dernier ordonne le désarmement des Indiens, qui se délestent de leurs fusils, couteaux et haches. Jugeant que l'opération traîne en longueur, le colonel décrète une fouille systématique et trouve deux nouveaux fusils; le propriétaire de l'un d'eux, un Indien sourd, refuse de céder son arme toute neuve. Au cours de l'empoignade qui s'ensuit, un coup de feu éclate. C'est le signal du massacre. Les canons et les fusils se déchaînent contre les Indiens désarmés. Big Foot et les hommes qui entourent le jeune sourd sont les premiers à tomber. Les autres Indiens, femmes et enfants y compris, se lancent dans une fuite désespérée, mais ils sont pourchassés impitoyablement et abattus de sang froid. Le rapport officiel, dressé après le massacre, précise que les corps des femmes et des enfants étaient éparpillés sur plus de trois kilomètres. Le 29 décembre 1890, à Wounded Knee, 500 soldats ont exécuté quelque 300 Indiens dont deux tiers étaient des femmes et des enfants. Parmi les soldats, on a dénombré 25 morts et 39 blessés, pour la plupart victimes des tirs de leurs camarades. La brutalité de la tuerie n'est pas étrangère au fait que les soldats appartenaient au 7ᵉ régiment de cavalerie, celui-là même que les Indiens avaient en partie taillé en pièces à la bataille de Little Big Horn. Vingt médailles d'honneur du Congrès, la plus haute récompense militaire des États-Unis, récompenseront la bravoure dont les soldats ont fait preuve le 29 décembre... Le massacre de Wounded Knee, qui a mis fin aux rêves de liberté des Sioux, est devenu le symbole de la trahison de ce peuple par les Blancs.

En pratiquant la Ghost Dance, les Sioux espèrent se libérer de l'oppression et de la domination que les Blancs font peser sur eux.

Big Foot mort, gisant gelé sur le champ de bataille enneigé de Wounded Knee (photographie).

La ville moderne prend de la hauteur

LE GRATTE-CIEL

En 1891, l'architecte américain William Le Baron Jenney achève la construction du premier gratte-ciel, le Second Leiter Building, à Chicago. C'est l'aboutissement d'une décennie d'efforts, qui a pour effet de révolutionner l'architecture moderne.

Le concept de gratte-ciel n'est, en soi, pas nouveau. Il remonte même à la plus haute antiquité. Mais ce qui différencie les constructions antérieures de celle de William Le Baron Jenney, c'est la manière de traiter le problème des contraintes de charges.
En effet, plus on élève la hauteur d'un bâtiment, plus se pose le problème des charges supportées par celui-ci. La solution adoptée par les architectes mésopotamiens des ziggourats, avec les procédés traditionnels de maçonnerie à leur disposition, est fort simple, mais elle n'autorise aucune évolution : elle consiste tout simplement à faire porter les charges par les murs. Or, en cherchant à élever la hauteur d'un bâtiment à l'aide de murs porteurs, on doit simultanément élargir l'épaisseur des bases et creuser de profondes fondations, si l'on ne veut pas voir le tout s'effondrer comme un vulgaire château de cartes.

Des murs porteurs aux murs rideaux

Ce qui est vrai en Mésopotamie, aux alentours du IVe millénaire avant notre ère, l'est encore à New York un an seulement avant la date à laquelle Le Baron Jenney achève son Second Leiter Building : le Pulitzer Building, dernier grand immeuble à murs porteurs, achevé en 1890, a, pour soutenir ses quatorze étages, des murs épais de trois mètres à sa base. Et, même en prenant de telles précautions, l'architecte court encore le risque, au-delà de six ou sept étages, de voir les fondations de son immeuble s'effondrer sous le poids de celui-ci.
Enfin, à supposer même que le soutènement intérieur soit assuré par des colonnes en fonte, les murs externes ne peuvent accorder qu'une place limitée aux ouvertures pour les fenêtres, sauf à couvrir la façade de colonnades en fonte, comme on le fait à New York, dans les années 1870 et 1880.

C'est l'ensemble de ces problèmes que rencontre Le Baron Jenney lorsqu'il est appelé à construire le First Leiter Building à Chicago, en 1879. Ses commanditaires désirent construire un immeuble de bureaux de six étages, où la lumière du jour pourra largement pénétrer. Jenney opte alors pour une innovation radicale : il abandonne le concept de murs porteurs et emploie une ossature essentiellement métallique, de type orthogonal, en se servant de colonnes de fonte encastrées dans la brique du mur et soutenant des poutres de bois.
De cette manière, les contraintes de charges ne s'exercent plus sur les murs, mais se répartissent entre les différentes parties de la structure : à la place de l'assemblage classique de poteaux et de poutres superposés, s'appuyant, pour ne pas s'effondrer, sur de puissants murs d'enveloppe, Jenney élève une armature en forme de cage, dont tous les éléments sont solidaires. Les murs porteurs extérieurs deviennent superflus, et Jenney peut donc laisser une place importante au vitrage, exactement comme le souhaitent ses commanditaires.

Une ossature en acier

La technique de Jenney est parfaite pour des immeubles de hauteur moyenne, mais pas pour les gratte-ciel tels que nous les connaissons de nos jours. L'emploi de structures en fonte offre, en effet, une résistance nettement

Ancêtres des gratte-ciel : les ziggourats

Les premières ziggourats mésopotamiennes datent des alentours du IIIe millénaire avant notre ère (Ur). Il s'agit au départ de temples à terrasses, qui évoluent au cours du millénaire suivant vers des formes à étages (temple d'Uqair). On distingue trois grands types de ziggourats : le type sumérien, rectangulaire à la base, avec des escaliers assurant les accès (on les trouvait à Ur, Nippur, Uruk) ; le type assyrien, à base carrée et rampe d'accès tournant autour du monument (Kalakh, Assur, Khorsabad, Eridu, Adab, Hamman) ; et le type mixte, à base carrée, mais avec accès possible à la fois par des rampes et par des escaliers (ziggourats babyloniennes). Ces constructions pouvaient atteindre une hauteur phénoménale : ainsi, la grande ziggourat de Babylone, dite Etenmenanki, que l'on associe communément à la tour de Babel de la Genèse et que décrit Hérodote vers 450 avant notre ère, se serait élevée à 91 m de haut, selon les estimations des archéologues. Des survivances de ce type d'architecture existent toujours dans certaines villes du Yémen, telles Sana'a ou Shibam (justement surnommée « la Chicago du désert »), où l'on trouve des maisons-tours de pierre et de pisé de 20 à 30 m de haut. Elles sont qualifiées de « babyloniennes » par les architectes, qui les font directement remonter à la tradition des ziggourats antiques.

◁ *Grande mosquée construite en 852 de notre ère à Samarra, dans le nord de l'Iraq.*

Le Living Trust Company Building, 1er Wall Street, construit dans les années trente, l'une des périodes les plus florissantes pour l'édification des gratte-ciel de New York.

Principe de la structure métallique d'un gratte-ciel.

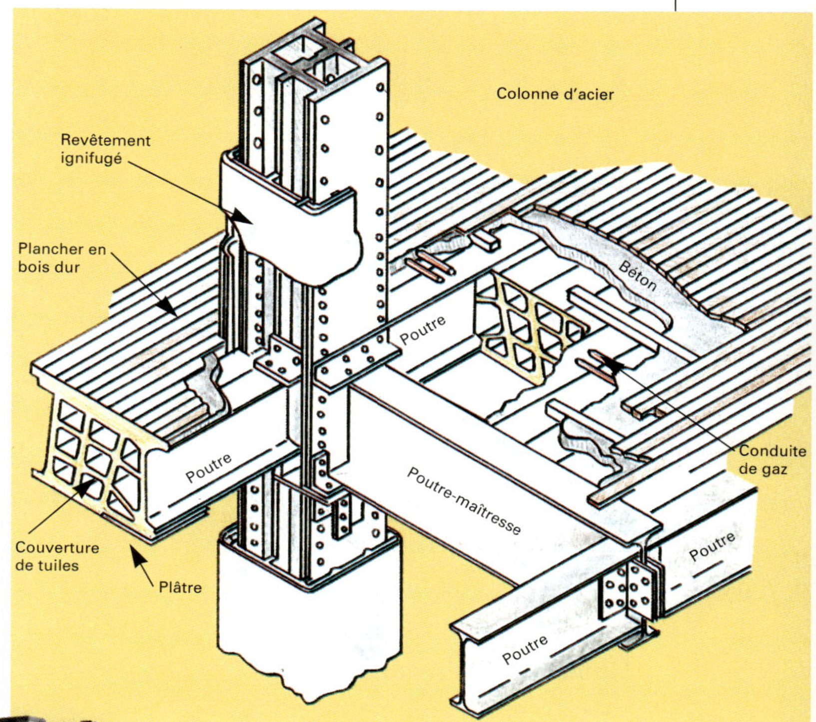

insuffisante à la construction de tels monstres. Aussi Jenney a-t-il l'idée d'introduire l'acier dans l'ossature. L'invention de nouvelles qualités d'acier, les aciers Bessemer, rend possible un tel emploi : leur rigidité accrue leur confère une bien plus grande résistance à la déformation que ne le feraient des colonnes, des poutrelles ou des entretoises de fonte. Ils permettent aussi de renforcer les soubassements des immeubles, ainsi que les parties hautes, qui peuvent s'ouvrir si les façades ne conservent pas leur aplomb.

L'utilisation de l'acier Bessemer

En 1883, Jenney utilise effectivement des aciers Bessemer pour une partie de l'ossature de l'immeuble de dix étages qu'il construit à Chicago, pour le compte de la Home Insurance Company. Il réalise enfin la première ossature intégralement en acier en 1891 avec le Second Leiter Building.
À partir de cette date, les immeubles, devenus infiniment plus résistants aux contraintes de toute sorte, peuvent s'élancer à la verticale : en 1892, l'immeuble le plus élevé du monde, le Masonic Building de Chicago, compte déjà vingt et un étages. William Le Baron Jenney, grâce à ses innovations, ouvre la voie à la transformation radicale du cadre urbain américain, puis mondial.

Un capitaine juif injustement dégradé pour espionnage

L'AFFAIRE DREYFUS

À partir de 1894, la France est partagée en deux à cause d'une affaire d'espionnage impliquant un officier français d'origine juive, Alfred Dreyfus. Jusqu'à la Première Guerre mondiale, « dreyfusards » et « antidreyfusards » s'opposent dans des luttes sans merci qu'alimentent les divers rebondissements de l'« Affaire ».

Jamais, dans toute son histoire, une telle rupture n'a divisé la France comme le fait l'accusation d'espionnage portée contre l'officier israélite. Les passions qui se déchaînent dépassent le personnage même de Dreyfus, et l'équilibre des partis politiques s'en trouve modifié en profondeur par l'Affaire dont les répercussions ne sont pas encore éteintes en 1914.

Un bordereau accusateur

En septembre 1894, une femme de ménage employée par les services secrets français ramasse dans une corbeille à papiers de l'ambassade d'Allemagne les morceaux d'un bordereau contenant des renseignements sur les nouveaux matériels secrets de l'armée française et le détail de la répartition des troupes protégeant la frontière franco-allemande. Immédiatement, le colonel Sandherr, chef du service des renseignements, prévient le général de Boisdeffre, chef de l'état-major, le général Mercier, ministre de la Guerre, et Casimir-Perier, président de la République. Une enquête est menée pour découvrir le coupable de cet acte d'espionnage et, bientôt, une ressemblance est établie entre l'écriture du bordereau et celle du capitaine Dreyfus, officier de l'état-major général. Dans le climat d'antisémitisme qui règne alors en France, les origines israélites de Dreyfus jouent en sa défaveur. Le 15 octobre, Dreyfus est enfermé dans la prison du Cherche-Midi. À ce moment, de nouvelles analyses graphologiques jettent le doute sur l'identité des écritures. Va-t-on relâcher le capitaine ? La révélation anticipée de l'affaire au grand public, le 1er novembre, dans le journal *la Libre Parole* de l'antisémite Édouard Drumont, déclenche une campagne de presse qui empêche le gouvernement de revenir en arrière : le procès devient inévitable. Le 18 décembre 1894, Dreyfus comparaît à huis clos devant le conseil de guerre. Il proteste de son innocence, mais, la veille du jour du verdict, le commandant du Paty de Clam, chargé de l'instruction, transmet aux juges militaires un dossier secret comprenant des pièces compromettantes contre Dreyfus, dossier qui, très illégalement, n'est pas porté à la connaissance de l'accusé et de ses avocats. Le 22 décembre, le conseil de guerre, déclarant à l'unanimité Dreyfus coupable, le condamne à la dégradation et à la déportation à vie dans une forteresse militaire. Le 5 janvier 1895, dans la cour de l'École mili-

« J'accuse »

« J'accuse le lieutenant-colonel du Paty de Clam d'avoir été l'ouvrier diabolique de l'erreur judiciaire, en inconscient, je veux le croire, et d'avoir ensuite défendu son œuvre néfaste, depuis trois ans, par les machinations les plus saugrenues et les plus coupables.
J'accuse le général Mercier de s'être rendu complice, tout au moins par faiblesse d'esprit, d'une des plus grandes iniquités du siècle.
J'accuse le général Billot d'avoir eu entre les mains les preuves certaines de l'innocence de Dreyfus et de les avoir étouffées, de s'être rendu coupable de ce crime de lèse-humanité et de lèse-justice dans un but politique et pour sauver l'état-major compromis.
J'accuse le général de Boisdeffre et le général Gonse de s'être rendus complices du même crime. […]
J'accuse le général de Pellieux et le commandant Ravary d'avoir fait une enquête scélérate. […]
J'accuse enfin le premier conseil de guerre d'avoir violé le droit en condamnant un accusé sur une pièce restée secrète. »

Extrait de l'article « J'accuse… ! Lettre au président de la République », l'Aurore, *jeudi 13 janvier 1898.*

La dégradation du capitaine Dreyfus après sa condamnation par le conseil de guerre (supplément illustré du Petit Journal*).*

Le procès intenté à Émile Zola après sa célèbre lettre au président de la République : un moyen pour l'écrivain de relancer l'affaire Dreyfus (supplément littéraire illustré du Petit Parisien*).*

Le procès de Rennes : le conseil de guerre déclare une nouvelle fois Dreyfus coupable mais le condamne à une très faible peine de prison ; ce verdict sera annulé par la Cour de cassation qui innocentera complètement Dreyfus.

taire, devant une foule haineuse, Dreyfus est solennellement dégradé. Puis il est embarqué à La Rochelle dans une cage de fer vers la Guyane. Incarcéré dans l'île du Diable, il est soumis à la solitude la plus totale.

Dreyfusards et antidreyfusards

En France, la famille et les amis de Dreyfus se battent pour prouver son innocence. Son frère Mathieu et le journaliste Bernard Lazare s'emploient à obtenir sa réhabilitation. Au même moment, Sandherr est remplacé au service des renseignements par le lieutenant-colonel Picquart. Ce dernier, en reprenant le dossier Dreyfus, est frappé de la similitude entre l'écriture du bordereau et celle d'un officier, le commandant Esterhazy, dont on vient de découvrir les accointances avec un attaché militaire allemand. En regroupant différents éléments de l'enquête de 1894, Picquart en arrive à la conclusion qu'il y a eu une erreur judiciaire... Ses supérieurs lui ordonnent de garder le silence sur ses découvertes et le démettent de ses fonctions en novembre 1896. Il est alors remplacé par le colonel Henry, qui produit de nouveaux documents accusant Dreyfus. Mise au courant, la famille Dreyfus demande le procès d'Esterhazy. Celui-ci est acquitté par le conseil de guerre, à l'unanimité, en janvier 1898. Ce qui permet au Premier ministre Méline d'affirmer de façon péremptoire : « Il n'y a pas d'affaire Dreyfus ! » En réalité, le débat est loin d'être clos. À la suite de la publication dans le journal républicain *l'Aurore* d'un article intitulé *« J'accuse »*, qui dénonce les officiers ayant trafiqué les documents, Émile Zola est condamné à un an de prison — il choisira la voie de l'exil pour échapper à sa peine. Le procès de l'écrivain marque une étape supplémentaire dans la guerre qui oppose dreyfusards et antidreyfusards : ce n'est plus le cas d'un condamné qui coupe la France en deux, ce sont deux conceptions, l'une fondée sur l'honneur de l'armée, l'autre sur la justice. Les journaux antidreyfusards, comme *la Libre Parole*, *le Gaulois* ou *le Petit Journal*, et les antirévisionnistes, tel Barrès, suscitent par leurs calomnies et leurs injures des opérations punitives contre les « antipatriotes », et plus particulièrement les juifs. Les dreyfusards, engagés dans l'association Le Combat pour la liberté, se recrutent surtout parmi les universitaires, les écrivains et les savants — ceux pour lesquels Clemenceau, qui les soutient, forge le néologisme d'« intellectuel ».

Le second procès de Dreyfus

En août 1898, un coup de théâtre modifie le cours des choses : pression sociale ou remords personnel, le colonel Henry, dans une lettre ouverte au ministre de la Guerre, avoue avoir fabriqué un faux pour accabler Dreyfus. Arrêté, il se tranche la gorge dans sa cellule. Quant à Esterházy, il s'empresse de quitter la France pour la Hollande. Ces éléments, décisifs, redonnent courage aux amis de Dreyfus, qui reprennent leur campagne de réhabilitation. Le 19 octobre 1898, la Cour de cassation déclare recevable la demande de révision. Le 3 juin 1899, elle annule le jugement de 1894 en décidant que Dreyfus sera rejugé par le conseil de guerre à Rennes. Le 1er juillet suivant, le capitaine débarque en France. Le procès de Rennes, qui s'ouvre le 8 août 1899, est ponctué par de nombreux incidents. Le verdict, rendu le 9 septembre, est un compromis qui ne peut satisfaire aucun des deux camps : à cinq voix contre deux, Dreyfus est déclaré « coupable avec des circonstances atténuantes » et condamné à deux ans de détention. Dix jours plus tard, le président de la République signe sa grâce. Bien évidemment, le capitaine et ses partisans ne peuvent se contenter de cette grâce présidentielle qui laisse subsister des doutes sur son innocence. La lutte continue donc, et ce n'est qu'en juillet 1906 que la Cour de cassation, annulant sans renvoi le verdict de Rennes, déclare Dreyfus innocent. Il est réintégré dans l'armée et promu chef d'escadron et, le 21 juillet, dans la cour de l'École militaire, où a eu lieu en 1895 la terrible épreuve de sa dégradation, il est décoré de la Légion d'honneur. Il a fallu douze ans pour que son innocence soit enfin totalement reconnue !

1888

Fixer et reproduire le mouvement

LE CINÉMATOGRAPHE

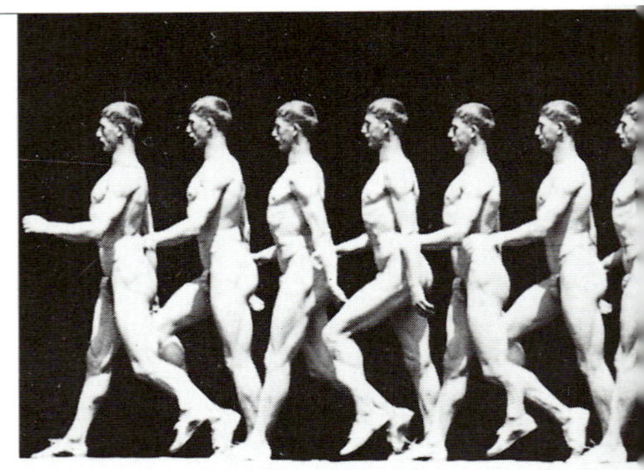

L'idée d'employer une série d'images mobiles pour donner l'illusion du mouvement (*kinêma* = « mouvement » en grec) est envisagée par divers inventeurs dès le début du XIXe siècle.

Mais il faut attendre plus de soixante ans entre les essais de ces pionniers et la mise au point de la première caméra de prise de vues moderne, le chronophotographe du Français Étienne Jules Marey.

Comment simuler le mouvement ?

La cinématographie implique l'enregistrement sur pellicule sensible d'images à intervalles de temps réguliers. Ces images doivent être ensuite projetées à une fréquence telle que l'œil humain ait l'impression d'un mouvement continu. Cela est possible en raison d'un phénomène physiologique particulier, la persistance rétinienne, qui fait que la rétine retient un bref instant l'image à la fin de l'excitation optique : entre 1/20 et 1/10 de seconde selon la couleur de l'objet, sa forme et sa distance à l'observateur. Quand le rythme de projection d'images s'effectue à une fréquence supérieure (elle est de 1/26 de seconde dans les salles de projection modernes), les images séparées demeurent assez longtemps dans l'esprit du spectateur pour lui donner l'illusion du mouvement.

Le praxinoscope de Reynaud

Ce phénomène de persistance rétinienne, reconnu dès l'Antiquité par Ptolémée et Pline, est à nouveau constaté à la Renaissance. Mais on ne commence à se servir de ses effets à des fins ludiques qu'au début du XIXe siècle. Ainsi, en 1826, un docteur anglais, J. A. Paris, construit un disque de carton portant une image sur chaque face. En le faisant pivoter rapidement, il fait apparaître les deux images simultanément.
Après lui, le Belge Joseph Plateau réalise son phénakistiscope de 1832. En faisant tourner rapidement autour de son axe un disque percé de fentes, et en observant à travers elles une série de dessins disposés en couronne au verso et réfléchis dans un miroir, Plateau montre qu'il est possible de donner l'illusion du mouvement.

D'autres instruments du même type sont construits par la suite. Citons, en particulier, le zootrope de l'Anglais W. G. Horner (1834) et le praxinoscope du Français Émile Reynaud (1876). Reynaud est le premier à réaliser une projection de spectacles dessinés, *les Pantomimes lumineuses*, au musée Grévin de Paris, entre 1892 et 1900, devenant ainsi le « père » du dessin animé. Parallèlement, la projection de plaques photographiques sur un écran s'avère possible dès la naissance de cette technique, grâce à l'existence des « lanternes magiques », inventées par l'Allemand Athanasius Kircher en 1645.

L'importance des émulsions photographiques

Mais la cinématographie implique de prendre des clichés en série, de telle sorte que la décomposition, puis la recomposition du mouvement puissent être réalisées. Or, une telle possibilité n'est envisageable qu'après l'amélioration en sensibilité des émulsions photographiques ; c'est-à-dire après 1853, date à laquelle l'Anglais J. B. Dancer met au point l'émulsion qui rend l'instantané possible. Cette invention permet alors les recherches sur l'image mobile par l'astronome français Jules Janssen, le photographe anglais E. Muybridge et le physiologiste français Étienne Jules Marey.
En 1874, Janssen tente d'enregistrer photographiquement le passage de Vénus devant le disque solaire à l'aide d'un « revolver astronomique » de sa fabrication : celui-ci se compose d'un disque circulaire recouvert d'une émulsion photographique, qui est posé sur un autre disque percé de fentes.

Le premier film

Un mécanisme d'horlogerie déplace de manière intermittente les deux disques, et l'ensemble est relié à l'oculaire d'un télescope. Janssen obtient avec lui le premier « film » de l'histoire, qui compte 48 photographies. Par ailleurs, en 1878, l'Anglais Muybridge réalise une série de clichés d'un cheval au galop, à l'aide de douze appareils qu'il déclenche successivement.
Marey, de son côté, reprend le système de Janssen d'enregistrement d'images via un seul objectif photographique. Il met ainsi au point son « fusil photographique » en 1882. Mais c'est son invention du chronophotographe, en 1888, qui marque les débuts véritables de la cinématographie. Marey, en effet, emploie le premier une pellicule sensible (inventée par l'Américain Hannibal Goodwin en 1887), et la fait avancer de manière intermittente dans son appareil, qui devient ainsi la première caméra de prise de vues moderne.

Thomas Edison (1847-1931) avec son « kinétoscope », inventé en 1891.

Chronophotographies du mouvement de la marche, réalisées par Étienne Jules Marey vers 1888.

Le seul défaut du chronophotographe, c'est de ne pas utiliser de griffes d'entraînement : l'équidistance rigoureuse entre les clichés n'est donc pas possible — ce qui ne gêne toutefois pas le physiologiste français qui s'intéresse seulement à l'étude du mouvement animal. Mais son appareil ne permet pas de réaliser une synthèse optique à la projection, à moins de fastidieux montages. C'est ce défaut que corrige l'inventeur Thomas Edison.

L'apport d'Edison

En 1891, Edison brevette son kinétographe et son kinétoscope, qui incorporent les principes essentiels d'une caméra et d'un projecteur modernes : à savoir, un film 35 mm en Celluloïd qui se compose d'une bande sensible perforée (avec quatre perforations par image) ; des griffes qui l'accrochent, puis qui l'entraînent et l'arrêtent périodiquement dans son déplacement devant l'objectif ; et des bobines de déroulement et d'enroulement du film. Grâce à ce dispositif, l'alignement de l'image et son transport régulier sont assurés. Pour permettre à chaque image d'être vue individuellement et au phénomène de persistance rétinienne d'opérer, Edison emploie une fréquence de 46 images/seconde et interpose entre le film et la lentille un obturateur tournant à 46 tours/seconde. Ce procédé fait dire au critique américain Hugh Kenner que « les spectateurs ne se rendent pas compte qu'ils sont assis dans le noir total vingt-sept minutes sur soixante ».

L'invention définitive

Les frères Lumière comprennent rapidement le profit commercial à tirer de la nouvelle invention. Ils modifient le dispositif d'Edison en passant de 46 à 16 images/seconde (principe du film muet) ; en utilisant une perforation par image au lieu de quatre ; et en améliorant le mécanisme d'entraînement par griffes. Louis Lumière imagine son dispositif de prise de vues et de projection en 1894, et le « cinématographe » est breveté par les deux frères le 13 février 1895. La première séance publique et payante du cinématographe Lumière est donnée au *Grand Café* à Paris, le 28 décembre 1895. Elle marque la naissance d'un art nouveau.

Grandes dates du cinéma

1897. Premier studio de cinéma, créé à Montreuil-sous-Bois par Georges Méliès.

1923. Introduction du film 16 mm par la firme Eastman Kodak.

1927. Premier film parlant, *The Jazz Singer.* Le système de son sur disque employé à cette occasion est détrôné l'année suivante par le procédé d'enregistrement direct sur film.

1932. Première caméra couleur, la Technicolor de la Technicolor Motion Picture Corporation américaine. Introduction du film 8 mm par Eastman Kodak.

1941. Premier emploi du son stéréophonique au cinéma (*Fantasia,* de Walt Disney).

1952-1953. Premiers films en relief, en cinérama et en cinémascope.

1965. Commercialisation du format « Super 8 » par Kodak.

1978. Introduction du son « Dolby », système réducteur du bruit de fond.

Photogramme de l'Arroseur arrosé, *l'un des premiers films des frères Auguste et Louis Lumière (1895).*

Pierre de Coubertin ressuscite les jeux Olympiques

LES JEUX D'ATHÈNES

Le départ de la finale du 100 m avec, au deuxième couloir en partant de la gauche, l'Américain T. Burke, qui remporte l'épreuve en 12 secondes.

En 1896 s'ouvrent les premiers jeux Olympiques de l'époque moderne. Se déroulant à Athènes et dans d'autres sites de Grèce, ils ressuscitent des cérémonies sportives que l'on avait cru mortes à jamais et auxquelles la volonté farouche d'un homme, le Français Pierre de Coubertin, a permis de redonner vie.

Les Jeux d'Athènes inaugurent en effet ce qui deviendra la manifestation sportive la plus prestigieuse au monde, et dont la dernière édition, cent ans plus tard, à Atlanta, accueillit 23 épreuves et 10 000 athlètes représentant 197 nations. Et cela, sans compter les Jeux d'hiver instaurés en 1924…

L'initiative de Pierre de Coubertin

Né en 1863 dans une famille aristocratique, faubourg Saint-Germain, à Paris, le baron Pierre de Coubertin fait partie de ceux qui, après 1870, voient dans le sport un moyen de la régénération nationale : « Il faut absolument tailler dans l'éducation nationale française une part au sport », écrit-il en 1888. Dès le début des années 1890, le projet de cet homme, qui est devenu le porte-parole d'associations sportives d'importance, se fait moins étroitement national. En 1892, au sein de l'Union française de sports athlétiques, Coubertin appelle les défenseurs des activités gymnastiques à s'unir pour réaliser « cette œuvre grandiose et bienfaisante : le rétablissement des jeux Olympiques ». Dans les années qui suivent, il multiplie les démarches auprès des grands personnages de l'époque — le prince royal de Grèce, le roi des Belges, le prince de Galles… —, qu'il tente d'intéresser à sa cause. Leur patronage lui permet de réunir dans le grand amphithéâtre de la Sorbonne, à Paris, le 16 juin 1894, un Congrès international pour le rétablissement des jeux Olympiques. L'audition préliminaire de l'*Hymne à Apollon,* découvert peu auparavant par des archéologues français à Delphes et transposé dans la langue musicale moderne, enthousiasma l'assistance. Lors des séances de travail, un peu moins de 80 délégués de 11 pays fixent les principes essentiels qui caractériseront ces nouveaux Jeux. La décision la plus importante est celle qui fixe le caractère moderne des sports admis dans la compétition : la précision, essentielle, permet d'éviter que les Jeux à venir ne soient qu'une simple parodie des cérémonies olympiques antiques. La périodicité quadriennale de la manifestation,

Les symboles olympiques

Les cercles. Créé en 1914 par Pierre de Coubertin et présenté pour la première fois aux Jeux d'Anvers en 1920, le drapeau olympique, à fond blanc sans bordure, porte en son centre cinq anneaux entrelacés, dont les couleurs (bleu, jaune, noir, vert et rouge) représentent les cinq continents.

Le serment. Prononcé pour la première fois à Anvers en 1920, le serment, sous sa forme actuelle, est le suivant : « Au nom de tous les concurrents, je promets que nous nous présentons aux jeux Olympiques en concurrents loyaux, respectueux des règlements qui les régissent et désireux d'y participer dans un esprit chevaleresque pour la gloire du sport et l'honneur de nos équipes. »

La flamme. Transportée pour la première fois pour les Jeux de Berlin en 1936, elle est allumée à Olympie et convoyée ensuite par des relayeurs jusque dans la ville olympique, où, apportée au stade lors de la cérémonie d'ouverture, elle brûle pendant toute la durée des Jeux.

Le Grec Spyridon Louys, premier champion olympique du marathon, reçoit la branche d'olivier symbolique.

Des Jeux pour assurer la paix

« Il est d'ordinaire assez difficile de savoir pourquoi et comment une idée naît [...] et devient un fait. Mais tel n'est pas le cas pour les jeux Olympiques. L'idée de leur rétablissement n'était pas une fantaisie : c'était l'aboutissement logique d'un grand mouvement [...]. Pour moi, j'en revendique hautement la paternité et je veux remercier ici une fois de plus ceux qui m'ont aidé à la mener à bien, ceux qui croient avec moi que l'athlétisme en sortira grandi et ennobli et que la jeunesse internationale y puisera l'amour de la paix et le respect de la vie. »

Pierre de Coubertin, Rapport officiel des premiers jeux Olympiques modernes, *1896.*

son aspect itinérant sont aussi arrêtés à ce moment-là. Le samedi 23 juin, le Congrès se clôt sur l'annonce de la date des premiers jeux — 1896 — et sur celle du site définitivement choisi pour cet événement fondateur : Athènes.

Les premiers Jeux

Soutenu en Grèce même par le fils du souverain, le prince de Sparte, Constantin, le projet des jeux Olympiques reçoit sa concrétisation au printemps 1896. Le mercredi 6 avril, jour de la fête nationale, à trois heures et quart, en présence du roi Georges Ier et du prince de Sparte, commence la cérémonie d'inauguration, suivie des premières épreuves, course, saut et lancer de disque. Le premier champion de l'histoire moderne de l'olympisme est sacré ce jour-là : c'est un étudiant américain de Harvard, James Brendan Connolly, qui franchit 13,71 m au triple saut. Durant les cinq journées qui suivent, 311 sportifs — dont 81 étrangers venus de 12 pays différents — s'affrontent. Les compétitions ont lieu à Athènes et dans ses environs : au stade Panathénaïque pour l'athlétisme ; au Zappeion pour les concours d'escrime ; au vélodrome du nouveau Phalère pour le cyclisme ; à Kallithea pour le tir, dont les stands sont préalablement bénis par le clergé ; au Pirée, dans la baie de Zea, pour la natation — et dans la campagne, pour la course cycliste sur route qui mène les concurrents d'Athènes à Marathon puis de Marathon à Athènes, avec une arrivée au vélodrome de Phalère, et surtout pour ce qui constitue le clou des épreuves, la course d'endurance, le symbolique marathon. Celui-ci se court le 10 avril, sous un soleil éclatant : un peu moins d'une vingtaine de coureurs s'élancent, aux environs de deux heures de l'après-midi, du pont de Marathon pour rejoindre, par une route qui monte, le stade Panathénaïque. Le vainqueur, formidablement ovationné par la foule nombreuse des spectateurs, est un Grec de 25 ans : Spyridon Louys, porteur d'eau de son métier. Il a couvert les 40 km de la course en 2 h 58 min 50 s. La remise des prix, qui aurait dû avoir lieu le 14 avril, est repoussée au lendemain à cause d'une pluie violente et ininterrompue. Le vendredi 15, à la fin de la matinée, dans le stade Panathénaïque comble — car l'entrée, ce jour-là, est gratuite —, le professeur Robertson, de l'université d'Oxford, lit une ode en vers pindariques, avant que les vainqueurs ne soient appelés ; le roi remet aux premiers une branche d'olivier de l'Altis d'Olympie, un diplôme et une médaille d'argent ; les deuxièmes reçoivent une branche de laurier et une médaille de bronze ; quelques prix spéciaux sont aussi décernés. La cérémonie se clôt, comme aujourd'hui, par le défilé des sportifs, le marathonien Louys en tête ; les Jeux sont ensuite déclarés achevés, et rendez-vous est pris pour une nouvelle rencontre olympique quatre ans plus tard, qui aura lieu à Paris, en mai 1900.

Le stade Panathénaïque d'Athènes sur lequel se déroulent la compétition d'athlétisme et l'arrivée du marathon.

Rénovateur des jeux Olympiques, Pierre de Coubertin (le second en partant de la gauche), préside de 1896 à 1925 le premier Comité international olympique (C.I.O.).

LE SIÈCLE TRAGIQUE

1898-1945

Le XXe siècle s'ouvre sur la Belle Époque, image fallacieuse d'une Europe en pleine prospérité. Dès 1914, cette Belle Époque disparaît dans une guerre atroce à laquelle participent les plus grandes nations du monde. Premier conflit à l'échelle mondiale, la Grande Guerre se solde par des millions de victimes et par l'effondrement économique des puissances belligérantes. Aux conflits sur les champs de bataille succèdent alors les luttes idéologiques, elles aussi porteuses de mort.
Après la chute de l'empire tsariste, le premier régime communiste du monde s'établit en Russie, très vite perverti en dictature par Staline. Tirant profit du marasme économique lié à l'après-guerre, et surtout à la crise mondiale de 1929, de nouvelles formations politiques, fascisme en Italie, nazisme en Allemagne, établissent des régimes totalitaires. L'impitoyable guerre d'Espagne n'est que le prélude à la Seconde Guerre mondiale ; pour la première fois, une guerre est plus meurtrière pour les civils que pour les militaires. Entre 1939 et 1945, l'Europe devient prisonnière des nazis, qui, en procédant à l'extermination méthodique des Juifs, font reculer les limites de l'horreur. Libérée par les Alliés en 1944-1945, l'Europe est un continent ruiné qui doit réapprendre à vivre. Au Japon, la première bombe atomique détruit Hiroshima.

Front de Verdun, contre-attaque dans le village de Vaux, 1916 (peinture de Paul Thiriat, Paris, musée de l'Armée).

Le capitalisme en crise

Le krach boursier de New York en 1929 est le prélude à une crise mondiale d'une ampleur sans précédent. Sortant de la prospérité illusoire qui a suivi la fin de la Grande Guerre, les États-Unis, puis les nations de l'Amérique du Sud et de l'Europe connaissent le chômage et la misère terreaux de nouveaux courants politiques (mère et enfants en Californie, photographie de Dorothea Lange).

La guerre d'Espagne

En évoquant dans ce célèbre tableau le bombardement de la petite ville de Guernica par les avions allemands au service du général Franco pendant la guerre d'Espagne, Picasso a su rendre l'horreur de toutes les guerres du milieu du XXe siècle, dont les populations civiles sont les principales victimes (*Guernica,* peinture de Picasso, Madrid, musée du Prado).

Hiroshima

Alors que les armées des Alliés mettent fin à cinq années de domination nazie sur l'Europe, les Américains mettent un terme brutal à la guerre avec le Japon en lançant sur les villes d'Hiroshima (6 août 1945) et de Nagasaki (9 août) les premières bombes atomiques de l'histoire. Les survivants de la destruction, brûlés par les radiations, vivent alors un long calvaire. La redoutable efficacité de l'arme nucléaire va devenir, dans les années qui suivent, l'enjeu de la lutte entre les grandes puissances mondiales.

L'U.R.S.S.

Après la chute de l'empire tsariste, la Russie devient le premier État communiste du monde. Seul chef à partir de 1924 de ce qui est devenu l'Union soviétique, Staline organise l'industrialisation du pays et fait régner la terreur en éliminant les opposants au régime (affiche du Parti communiste de l'Union soviétique).

Hitler et Mussolini

La crise de 1929 favorise la montée des régimes totalitaires. Le fascisme italien et le parti nazi allemand mettent en place des dictatures subordonnées à un seul chef, Duce ou Führer, et dont l'idéologie, fondée notamment sur l'élimination des « races inférieures » et sur l'expansion territoriale, provoque la Seconde Guerre mondiale.

La barbarie nazie

Les camps de concentration et d'extermination sont établis par les nazis afin de réaliser la « solution finale », c'est-à-dire l'extermination de tous les Juifs d'Europe, qui se solda par la mort de plus de cinq millions de Juifs. De nombreux autres déportés appartenant à des groupes jugés comme « inférieurs » sont également exécutés (baraquement dans le camp de concentration de Buchenwald).

1898

Les États-Unis interviennent à Cuba et à Manille

LA GUERRE HISPANO-AMÉRICAINE

Le 11 avril 1898, le président des États-Unis, le républicain William McKinley, demande au Congrès de voter une déclaration de guerre contre l'Espagne.

La cause du conflit est le dernier vestige de l'Empire colonial espagnol dans le Nouveau Monde, Cuba. L'île est exploitée par des gouvernants peu scrupuleux et peu soucieux des droits des Cubains. Les ressources sont détournées vers l'Espagne, l'économie est mise en coupe réglée, la vie politique est entièrement contrôlée par les Espagnols. Les colonisateurs n'hésitent pas à recourir à des impôts exorbitants. Ni la justice, corrompue, ni l'Église, indifférente, n'offrent de recours aux Cubains. En 1895, après plusieurs décennies de tensions latentes et de révoltes limitées, éclate une insurrection générale.

L'occasion de la guerre : l'explosion du croiseur *Maine*

Dans la mesure où certains Américains ont des intérêts économiques à Cuba et souffrent de l'état de guerre qui règne dans l'île, Washington est progressivement amené à intervenir. Surtout, la férocité et la maladresse avec lesquelles les Espagnols du général Weyler tentent de réprimer l'insurrection provoquent une vague d'indignation aux États-Unis. Weyler, qui dispose de troupes de plus en plus importantes – environ 200 000 hommes –, n'hésite pas à concentrer dans des camps et à affamer une partie de la population civile de l'île.

L'opinion publique et la presse à sensation de William Randolph Hearst font alors pression sur McKinley pour obtenir une intervention américaine, mais les réticences du président et de ses conseillers sont perceptibles. Tout change le 15 février 1898 avec l'explosion mystérieuse du croiseur américain *Maine* dans le port de La Havane, qui coûte la vie à 260 Américains et amène McKinley à se lancer dans une guerre qu'il souhaitait éviter.

Le débarquement américain à Guantanamo, en juin 1898 (gravure du Petit Journal*).*

Les Américains sont victorieux sur mer : ici, à la bataille de Manille, aux Philippines, en mai 1898 (gravure américaine).

L'expansionnisme américain au XIXe siècle

La guerre hispano-américaine est un nouvel épisode de l'histoire de l'expansion américaine au cours du XIXe siècle.

Progressivement, les États-Unis conquièrent l'Amérique du Nord. En 1803, ils achètent à la France **la Louisiane,** c'est-à-dire à l'époque une région immense située à l'ouest du Mississippi. Puis leur marche vers l'ouest continue, aux dépens d'abord des Indiens, occupants indigènes sans cesse rejetés plus loin ou exterminés.

Dans les années 1830-1840, l'avancée des États-Unis provoque des tensions, puis une guerre avec le Mexique, qui s'achève par une victoire américaine. Bientôt **le Texas et la Californie** entrent dans l'Union, et la construction de lignes de chemin de fer transcontinentales au lendemain de la guerre de Sécession sonne le glas des espoirs des Indiens.

Au début des années 1890, **la « frontière »,** cette ligne symbolique de la conquête du territoire, est officiellement abolie. Désormais, l'expansion américaine se fera hors du continent.

La victoire terrestre revient aussi aux Américains : ici, à Quinga, toujours dans les Philippines.

La défaite espagnole

Les combats, commencés en mai 1898, ne durent pas trois mois. La flotte américaine de Dewey détruit la flotte espagnole du Pacifique dans la baie de Manille sans perdre un seul homme, ouvrant la voie à la conquête américaine des Philippines. À Cuba, les Américains débarquent un corps expéditionnaire près de Santiago et triomphent aisément des troupes espagnoles, mal commandées et démoralisées, à la bataille de San Juan, le 1er juillet 1898. Le 3 juillet, la flotte espagnole est coulée dans la baie de Santiago. Une autre armée américaine, sous les ordres du général Miles, occupe Porto Rico sans coup férir. Le 17 juillet 1898, Santiago capitule.

Le début du « siècle américain »

Les négociations hispano-américaines tenues à Paris se concluent par l'indépendance de Cuba et la cession des Philippines, de Guam et de Porto Rico aux États-Unis. Pour la première fois, les Américains se décident à jouer hors de leurs frontières continentales un rôle de colonisateur qui déclenche d'ailleurs dans le pays de vives controverses entre partisans et adversaires de l'expansionnisme. Selon les mots qu'écrit alors à la gloire des Américains un poète qui s'y connaît en fait d'impérialisme, Kipling, les États-Unis acceptent de se charger du « fardeau de l'homme blanc ». Tâche moins simple qu'il n'y paraît, comme le montre la dure guerre coloniale que les Américains sont obligés de mener aux Philippines pendant plusieurs années contre des insurgés qui n'entendent pas voir remplacer un colonisateur par un autre, aspirent à l'indépendance et dressent des parallèles gênants entre leur lutte et la guerre de l'Indépendance américaine.

Mais la guerre de 1898 signale surtout l'entrée des États-Unis sur la scène mondiale et annonce le rôle diplomatique actif que le successeur de McKinley, Theodore Roosevelt, qui s'est couvert de gloire à Cuba, fait jouer aux États-Unis à partir de 1901. Les Américains tirent aussi du conflit des conséquences militaires. À l'instigation d'Elihu Root, ils réorganisent leur armée et leur marine, et perçoivent soudain mieux l'intérêt d'un isthme entre l'Atlantique et le Pacifique. La guerre est enfin l'occasion d'une explosion de patriotisme et de nationalisme soigneusement orchestrée par la presse populaire, et qui dépasse les clivages politiques du temps. Ainsi le corps expéditionnaire américain, dans lequel s'illustre l'un des plus brillants officiers du Sud pendant la guerre de Sécession, Wheeler, compte-t-il dans ses rangs aussi bien le républicain Roosevelt que l'ancien candidat démocrate et populiste à la Maison-Blanche en 1896, William Jennings Bryan. Par ses ambiguïtés et ses conséquences, la guerre hispano-américaine marque bien le début du « siècle américain ».

La crise espagnole au XIXe siècle

Le XIXe siècle est pour l'Espagne un siècle de difficultés politiques et de déclin.

La lutte contre les Français. Après l'invasion française de 1808 et le remplacement de Charles IV par Joseph Bonaparte, les Espagnols entreprennent une résistance qui, avec l'aide britannique, se termine victorieusement. Mais les luttes politiques, qui s'engagent alors, notamment entre partisans du pouvoir royal et libéraux, affaiblissent encore le pays.

Isabelle et les carlistes. Durant les années 1830, une guerre civile éclate lors de la succession de Ferdinand VII (1833) entre les partisans de sa fille Isabelle II et ceux de son frère Don Carlos. La question des carlistes resurgit périodiquement par la suite, notamment dans les années 1860-1870. Après l'abdication d'Isabelle en 1868, une période de troubles éclate entre 1869 et 1874, durant laquelle se succèdent une monarchie constitutionnelle (1869-1873) et une première république (1873-1874).

La fin du siècle. La restauration des Bourbons (Alphonse XII, 1874-1885, et Alphonse XIII, 1886-1931) assure la stabilité politique. La perte de Cuba et des Philippines en 1898 marque la fin de l'Empire colonial espagnol. Le Siècle d'or n'est plus alors qu'un lointain souvenir.

Les rebelles chinois s'en prennent aux étrangers

LA RÉVOLTE DES BOXERS

Le massacre des prêtres et des religieuses par les Chinois révoltés, en 1891 (illustration du Petit Journal*).*

Entre 1898 et 1900, un vaste mouvement antichrétien et xénophobe se développe en Chine, d'abord dans les régions situées au nord du fleuve Jaune. Ce mouvement s'appuie sur une réaction raciste de la population, relayée par les élites et des fonctionnaires ultraconservateurs, et il s'organise autour de milices secrètes, dites « de justice et de concorde ».

Ces milices, groupées dans une société secrète appelée « Yihetuan », sont composées de Chinois expérimentés en arts martiaux et elles ont pour symbole un poing fermé. C'est pourquoi les Européens donnent bientôt le nom de *Boxers* (ou *Boxeurs*) à leurs membres. Exaspérés par l'omniprésence des Occidentaux, qui exercent en Chine une influence religieuse, économique et militaire décisive, les Boxers choisissent pour cible privilégiée les missionnaires, c'est-à-dire ceux des Européens qui sont en contact le plus direct avec les populations. Mais, plus généralement, ils s'en prennent à toutes les formes de modernisation. La Chine de la fin du XIXe siècle est un monde en transition, où le pouvoir impérial se délite et où les traditions cèdent le pas à la modernité. Une partie des Chinois vit douloureusement cette mutation et, tout naturellement, elle cherche des victimes expiatoires pour ses frustrations. En l'occurrence, elle choisit de persécuter les étrangers, afin de « purifier » le pays de tout ce qui ne relève pas de l'héritage proprement chinois.

La boxe sacrée

Les membres du Yihetuan se recrutent parmi de très jeunes gens, dans la Chine du Nord victime d'une grave récession économique, et parmi les bateliers ruinés par les progrès de la navigation. D'abord limités, les soulèvements s'étendent progressivement, et le mouvement Yihetuan fusionne avec la « société des Grands Couteaux », une autre fédération de milices xénophobes, qui domine les régions situées au sud du fleuve Jaune.

Inspirés par des formes dégénérées de taoïsme et de bouddhisme, les Boxers, fanatiquement religieux, pratiquent un type de boxe sacrée qui les rend invulnérables, croient-ils, dans la lutte aux poings, mais aussi face aux armes blanches ou aux balles. Ils portent des amulettes, adorent des divinités populaires, prennent conseil auprès de médiums et, souvent, subissent des séances de transe hypnotique avant leurs exercices guerriers. De la sorte, ils pensent être possédés par Guandi, le dieu de la Guerre. Leurs armes favorites sont le sabre et le poignard : les Boxers, en majorité incultes, sont persuadés qu'ils n'ont pas besoin, pour vaincre, d'une supériorité militaire ou technique et que leur foi peut les rendre capables d'actes surhumains...

Leur objectif est d'anéantir tous ceux qu'ils considèrent comme les responsables des fléaux de la Chine : la sécheresse, la misère — tous maux qui seraient les conséquences d'une modernisation économique démoniaque. En balayant les «diables» étrangers, ils croient pouvoir ramener, comme par magie, la prospérité.

L'objectif des Boxers

Texte affiché à Pékin par des révoltés en 1899 :

« Si les Boxers aux pouvoirs surnaturels se sont soulevés [...], c'est uniquement pour délivrer la plaine du Nord des démons qui usurpent la place du Ciel en poussant les Chinois à adhérer au christianisme. Ces gens ne respectent ni les dieux ni les bouddhas, ils négligent leurs ancêtres, ils n'observent aucun principe des relations entre les hommes [...] La pluie refuse de tomber, le sol est desséché. C'est parce que les églises chrétiennes bloquent le Ciel. Les immortels sont mécontents, les dieux sont en colère [...] Si vous voulez chasser les démons, ce n'est pas difficile. Arrachez les voies ferrées ! Démolissez les bateaux à vapeur ! Quand tous les chrétiens auront été immolés, la grande dynastie des Qing pourra prospérer en paix. »

Atlas de la Chine, *C. Blunden et M. Elvin, Éd. de la Martinière, Paris, 1986.*

La Chine et l'Occident

En Chine, la pénétration européenne s'impose dans le courant du XIXe siècle. **L'occasion en est l'expulsion des Jésuites (1830),** qui jouaient un rôle notable auprès des empereurs Ming, suivie de **l'interdiction de l'importation de l'opium,** venu de l'Inde sous contrôle anglais (1839).

En 1834 puis en 1836 mais surtout en 1841 (bombardement de Canton), **les Britanniques** interviennent militairement : ils obtiennent l'ouverture de cinq ports et occupent l'île de Hongkong (traité de Nankin, 1842). **En 1844, des traités analogues sont signés avec la France et avec les États-Unis.**

Puis, après 1856, intervient **la seconde guerre de l'Opium,** marquée par le sac et l'incendie du palais d'Été (1860). D'autres « traités inégaux » sont alors signés : Pékin ouvre onze nouveaux ports aux étrangers et autorise l'installation de commerces exempts de la juridiction locale, la libre circulation des étrangers, ainsi que le libre exercice des religions. Les concessions jouissent de l'extraterritorialité et ont un service de douanes.

À la fin du siècle, de nouvelles puissances obtiennent des avantages : la Russie construit le chemin de fer transmandchourien et se fait concéder Port-Arthur ; l'Allemagne reçoit la baie de Jiaozhou et le port de Quingdao.

L'exécution des chefs des Boxers, le 10 mai 1901 (aquarelle de L. Sabattier).

« Détruisons les étrangers ! »

En 1899, les combattants s'en prennent d'abord aux missionnaires chrétiens, dont l'influence est très importante auprès des populations paysannes. Des missions isolées sont sauvagement attaquées, leurs églises incendiées et leurs habitants égorgés. L'hostilité populaire envers les missionnaires n'est d'ailleurs pas nouvelle. En 1870, en effet, plusieurs religieux ainsi que des Chinois convertis avaient déjà été massacrés à Tianjin, dans le nord du pays.

Mais, à la veille du XXe siècle, le phénomène est d'une tout autre ampleur. À la cour et dans les provinces du Nord-Ouest, une partie de la bureaucratie civile et militaire se félicite de l'ardeur des soulèvements xénophobes. En 1900, une véritable armée, composée de dizaines de milliers de Boxers, se dirige vers Pékin, s'attaquant à tous les symboles chrétiens et étrangers, massacrant les religieux et détruisant les églises. Le 1er juin 1900, des Boxers entrent dans la capitale et menacent le siège du gouvernement, qu'ils jugent laxiste face aux ambitions des puissances occidentales. Pendant presque deux mois, ils assiègent les légations étrangères — les équivalents locaux des ambassades —, afin de les chasser du territoire chinois. Dans le même temps, les provinces du Nord-Ouest, cœur initial du soulèvement, se trouvent en proie à une véritable guerre visant à exterminer les Occidentaux et les chrétiens chinois.

Les Boxers, partisans de la tradition chinoise, s'en prenaient non seulement aux prêtres étrangers, mais aussi aux Chinois christianisés et à tous les objets qui symbolisaient la pénétration de la modernité dans le pays (illustration du Petit Journal*).*

Une sanglante répression

À Pékin, une armée internationale, placée sous haut commandement allemand, finit par disperser très durement les révoltés. Un corps expéditionnaire est envoyé pour pacifier les régions les plus favorables au mouvement. Tous les fonctionnaires ou gouverneurs sympathisants sont emprisonnés ou exécutés. Le gouvernement chinois est alors obligé de payer une lourde indemnité de réparation aux puissances occidentales.

En fin de compte, la reprise en main du pays fait plus de victimes que les exactions des Boxers… Mais l'impact de cette révolte tient principalement au fait qu'une violence populaire a osé s'en prendre aux symboles de l'impérialisme étranger, au nom d'un idéal religieux et nationaliste — et cela dans un pays où les Occidentaux avaient eu l'habitude jusqu'alors de ne rencontrer aucune résistance.

Les Anglais vainqueurs en Afrique du Sud

LA DÉFAITE DES BOERS

À l'orée du XXe siècle, l'Afrique du Sud est le théâtre d'une lutte acharnée entre Européens : dans sa volonté de conquête, la Grande-Bretagne se heurte à la résistance des Boers, descendants des premiers colons hollandais installés depuis le XVIIe siècle.

Dans le sud de l'Afrique, les Anglais possèdent, au milieu du XIXe siècle, les deux colonies du Cap et du Natal. À côté sont situées les deux républiques du Transvaal et de l'Orange, dirigées par les Boers : c'est-à-dire les descendants des pionniers européens, arrivés au XVIIe siècle lorsque les Hollandais contrôlaient la région.

La ruée vers l'or

Les Boers sont des éleveurs ou des agriculteurs fortement attachés à leur foi protestante, à leur mode de vie et à leur indépendance, qu'ils défendent farouchement face à leurs voisins anglais dont les convoitises ne cessent de croître.

Les Britanniques cherchent, en effet, à s'assurer la suprématie en Afrique du Sud, au moment où les rivalités entre puissances européennes pour le partage du continent africain sont de plus en plus fortes ; et leur volonté de contrôler les États boers s'exacerbe lorsqu'on découvre au Transvaal des gisements de diamants (1867) et d'or (1886) d'une extrême richesse.

Dès lors, ils négocient et tentent d'intimider et d'isoler les républiques boers pour leur faire accepter la tutelle britannique. Cecil Rhodes, un financier anglais devenu magnat du diamant sud-africain puis Premier ministre de la colonie du Cap, joue un rôle très actif : dans les années 1890, avec l'accord du Premier ministre britannique Chamberlain, il met en œuvre la politique d'expansion et d'encerclement des pays boers, qui mène bientôt à la guerre. En effet, les Boers, guidés par l'irréductible président du Transvaal, Kruger, refusent catégoriquement de se soumettre. Dans ces conditions, le conflit devient inévitable. Il éclate le 12 octobre 1899.

Contre les Britanniques, les Boers, descendants d'immigrants hollandais...

Une lutte acharnée

Des deux côtés, on se prépare depuis des mois à la lutte. Les Britanniques comptent sur une victoire rapide et pensent que la plus grande puissance coloniale du monde aura facilement raison des deux petites républiques. Pourtant, ils vont s'enliser pendant presque trois ans dans une guerre meurtrière et coûteuse.

Ce sont les Boers qui, les premiers, lancent l'offensive contre les possessions anglaises : plusieurs villes sont assiégées et les troupes

L'Afrique du Sud au début du XXe siècle

Découverte au XVIe siècle par les Portugais, l'extrémité méridionale de l'Afrique, peuplée de Bantous, a été **colonisée par les Hollandais, surnommés Boers,** à partir de 1652 (fondation du Cap).

Mais, au XIXe siècle, **les Anglais,** installés d'abord au Cap (1802), ont progressivement relayé les Boers dans la domination du pays. Pour échapper à la domination britannique, qui a décidé en particulier l'abrogation de l'esclavage, les descendants des Hollandais se sont réfugiés dans l'intérieur des terres, au-delà du fleuve Vaal : c'est ce qu'on appelle le « Grand Trek ».

La situation aurait pu perdurer, avec **l'existence de républiques boers autonomes** dans le nord du pays, mais la découverte, dans le Transvaal, de **gisements de diamants et d'or,** à la fin des années 1860, a évidemment éveillé la convoitise des Britanniques.

C'est la raison de la guerre des Boers, qui éclate en 1902.

britanniques, prises de court face à des soldats particulièrement déterminés et très mobiles, essuient de graves revers. C'est la consternation en Grande-Bretagne. On envoie des renforts, parmi lesquels plusieurs corps de l'armée indienne ; au début de l'année 1900, le corps expéditionnaire britannique compte 300 000 hommes, dirigés par le chef d'état-major Kitchener. Sur place, des supplétifs sont enrôlés dans la population noire et employés comme aides de camp ou comme éclaireurs.
Ainsi renforcées, les forces de la Grande-Bretagne dégagent les villes assiégées et occupent bientôt les États boers. Le 1er septembre 1900, le Transvaal est annexé à la Couronne. Le conflit semble donc en passe d'être gagné. Mais la lutte se poursuit pendant plus d'une année, car les Boers résistent avec acharnement à l'occupation et ils recourent à des tactiques de guérilla qui déconcertent les Britanniques. La répression que ceux-ci mènent est d'autant plus impitoyable. Pour isoler la guérilla, une partie de la population est internée dans des camps, où les conditions de vie sont si dures que plusieurs milliers de personnes périssent. En mai 1902, les Boers doivent capituler : ils sont à bout de force, affaiblis par des divisions et ils se trouvent en butte à des attaques menées par des tribus noires qu'ils ont fort mal traitées dans les régions qu'ils dominaient.

De l'Union sud-africaine à la République d'Afrique du Sud

Après des premières années difficiles, dues à la nécessité de reconstruire le pays et de faire vivre ensemble les vaincus et les vainqueurs, la guerre est suivie d'une expansion économique grâce aux richesses fournies par l'extraction de l'or. Mais des difficultés nouvelles apparaissent, qui tiennent au refus des Blancs d'accorder à la population noire des droits égaux à ceux des descendants des Européens.

1910. Naissance de l'Union sud-africaine, qui regroupe les deux anciennes républiques du Transvaal et de l'Orange, et les colonies britanniques du Cap et du Natal. Les populations noires ne se voient reconnaître aucun droit : hors de l'ancienne colonie anglaise du Cap, les pratiques discriminatoires héritées du régime boer sont maintenues et même aggravées.

1914. L'Union déclare la guerre à l'Allemagne. Elle occupe le Sud-Ouest, aux mains des Allemands (1915) et l'Afrique-Orientale allemande (1916).

L'entre-deux guerres. Les nationalistes *(Afrikaners)* voient leur influence s'accroître. Le Sud-Ouest est annexé et l'Union entretient des visées sur d'autres territoires d'Afrique australe, particulièrement la Rhodésie. La politique raciste de « séparation honorable » *(eerbare apartheid)* des communautés blanche et de couleur est prônée par le *National Party.*

1939. L'Union appuie l'Allemagne nazie lors de la Seconde Guerre mondiale.

1948. Le National Party du docteur Daniel François Malan arrive au pouvoir. La politique de ségrégation est officiellement adoptée, les mariages mixtes sont interdits, les libertés des gens de couleur sont limitées.

1961. Pour agir en toute indépendance dans la voie choisie par les nationalistes afrikaners, le pays se retire du Commonwealth et devient la République sud-africaine.

Un bilan douloureux

Le traité de paix de Vereeniging est signé le 31 mai 1902 : les Boers perdent leur indépendance mais ils reçoivent des garanties économiques et politiques importantes (aide aux victimes de guerre, droit de conserver leur langue, promesse d'une représentation politique avantageuse). L'influence de la Grande-Bretagne assurée en Afrique du Sud.
Mais le conflit laisse des traces douloureuses des deux côtés. La guerre a coûté cher, en argent et en hommes. Du côté britannique, on compte 22 000 morts, dont la moitié due à des maladies. Du côté boer, 7 000 soldats sont morts au combat et 28 000 civils ont péri dans les camps. Cette guerre laisse également des traumatismes dans les mémoires. L'opinion anglaise s'est inquiétée et s'est sentie humiliée par les difficultés rencontrées au cours de ce long conflit, tandis que les méthodes impitoyables employées par les troupes britanniques ont suscité des protestations dans le monde entier. Les souffrances des civils ont laissé des traces profondes dans la mémoire des Boers et de leurs descendants afrikaners.

→**Voir aussi** : p. 644-645 (L'apartheid).

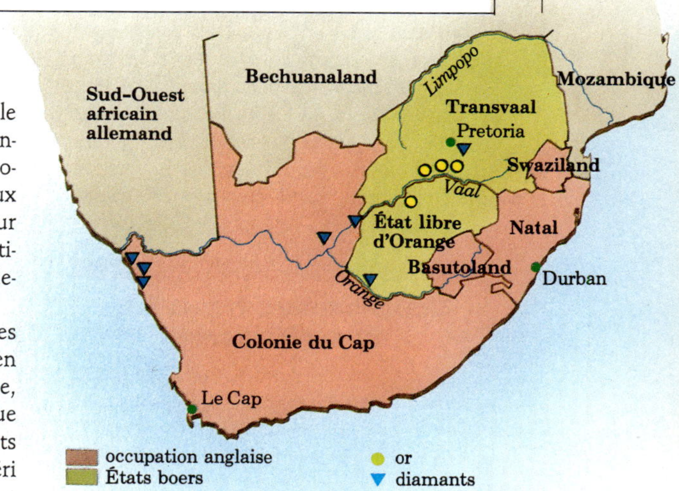

L'Afrique du Sud au début du XXe siècle.

Capitulation boer au Transvaal, en 1900 *(illustration du « Petit Journal »).*

L'Artillerie à cheval (Royal Horse Artillerie) anglaise en Afrique du Sud pendant la guerre des Boers *(tableau de G. Scott, Camberley, musée de l'Armée).*

Les Anglaises réclament le droit de vote

LES SUFFRAGETTES

Arrestation manu militari *d'Emmeline Pankhurst après l'attaque par les suffragettes du palais de Buckingham, en mai 1914.*

En 1903, Emmeline Pankhurst, militante féministe, décide de recourir à tous les moyens, légaux ou non, pour revendiquer le plein exercice des droits politiques des femmes. Elle fonde une association dont les sympathisantes, baptisées «suffragettes», n'hésitent pas à utiliser la violence pour faire triompher leurs idées. Leur action finira par contraindre les gouvernements qui se succèdent au 10 Downing Street à prendre acte de leurs revendications.

Épouse d'un avocat renommé, Emmeline Pankhurst a quarante-cinq ans lorsqu'elle fonde en 1903, à Manchester, la *Women's Social and Political Union* (WSPU), «Union sociale et politique des femmes». Déçue par le parti libéral comme par le parti travailliste, elle est convaincue de la nécessité de créer une structure permettant aux femmes de s'exprimer. Certes, celles-ci ont obtenu le droit de vote aux conseils municipaux en 1869 et aux conseils de comtés — l'équivalent des départements — en 1888, mais ces progrès sont insuffisants. Emmeline Pankhurst exige l'égalité politique entre les deux sexes. Son intention est clairement affirmée : si la simple revendication échoue, le mouvement aura recours à la violence.

Une pionnière française du suffragisme

En 1876, la journaliste française Hubertine Auclert fonde l'association «Suffrage des femmes» et, pour médiatiser son action, elle décide de ne plus payer ses impôts. Elle envoie à la préfecture de la Seine une lettre que reproduisent tous les quotidiens :
«Monsieur le Préfet. Je n'admets pas cette exclusion en masse de femmes, qui n'ont été privées de leurs droits civiques par aucun jugement. En conséquence, je laisse aux hommes qui s'arrogent le privilège de gouverner, d'ordonner, de s'attribuer les budgets, le privilège de payer les impôts qu'ils votent et répartissent à leur gré. Puisque je n'ai pas le droit de contrôler l'emploi de mon argent, je ne veux plus en donner. Je ne veux pas être, par ma complaisance, complice de la vaste exploitation que l'autocratie masculine se croit le droit d'exercer à l'égard des femmes. Je n'ai pas de droits, donc je n'ai pas de devoirs. Je ne vote pas, je ne paye pas.»
Hubertine Auclert est condamnée par le Conseil d'État. Les Françaises devront attendre 1945 pour obtenir le droit de vote.

Suffragettes et suffragistes

Les premières membres de la WSPU sont les deux filles d'Emmeline, Christabel et Sylvia Pankhurst. Très vite, des femmes de toutes les classes de la société les rejoignent pour défiler dans les rues sous les banderoles «Votes for Women». La WSPU est une association atypique : elle n'a ni statuts écrits, ni règlement, et elle fonctionne de façon assez anarchique. Il n'y a pas de cotisations fixes et les fonds récoltés sont utilisés librement par Emmeline Pankhurst.
La presse baptise «suffragettes» les militantes de la WSPU, par opposition aux «suffragistes» de la NUWSS. Cette autre association, la *National Union Of Women's Suffrage Societies* (l'Union nationale pour le vote des femmes), a le même but que la WSPU, mais en diffère par ses méthodes. Dirigée par Milicent Fawcette, elle trouve son origine dans une organisation fondée par le philosophe libéral Stuart Mill en 1867. La NUWSS emploie tous les moyens légaux de pression sur le Parlement, mais sans grand résultat. C'est donc par une contestation plus vigoureuse que la WSPU va tenter d'imposer ses vues.

Les suffragettes ne reculent devant aucun moyen pour assurer la publicité de leur cause. Déguisées en pompiers, elles manifestent sur une pompe à incendie. Illustration du Petit Journal *en 1910.*

Premiers désordres

Le 13 octobre 1905, la campagne électorale bat son plein. Sir Edward Orey préside à Manchester une importante réunion du parti libéral. Plusieurs femmes surgissent en agitant leurs déjà célèbres bannières «Votes for Women». Elles interrompent à diverses reprises l'orateur avant d'être jetées dehors et conduites au poste de police. Condamnées à une amende, elles refusent de payer et passent quelques jours en prison. La cause a enfin ses martyres. Christabel Pankhurst est parmi elles, et l'affaire fait les gros titres de la presse. L'Angleterre n'a pas l'habitude de voir de dignes ladies se comporter comme des voyous.
Les militantes poursuivent leur agitation pendant toute la campagne. Elles réclament un gouvernement décidé à prendre des mesures concrètes : par quatre fois déjà, entre 1873 et 1905, la Chambre des communes a émis un vote favorable au suffrage des femmes. Mais cet accord de principe est légalement insuffi-

Réunion politique à Trafalgar Square, en 1908 : Christabel Pankhurst prend la parole.

sant, et aucun gouvernement, qu'il soit libéral ou conservateur, n'a pris le risque de modifier la loi électorale. Le 19 mai 1906, après la victoire des libéraux, les représentantes de la NUWSS et de la WSPU réussissent à obtenir un rendez-vous avec le nouveau Premier ministre, sir Henry Campbell. Celui-ci se déclare acquis à leur cause, mais évoque l'instabilité de son gouvernement et leur demande de patienter, ce qui n'est guère dans le caractère d'Emmeline Pankhurst.

Un combat incessant

Lorsqu'en 1908 Campbell est remplacé par Herbert Asquith, opposé au vote des femmes, la colère des suffragettes s'accroît. Elles organisent de nombreux défilés à travers Londres, réunissant plusieurs dizaines de milliers de femmes. Elles assiègent le Parlement, les ministères, les domiciles des ministres, troublent les réunions publiques.

Leur tactique consiste à tout faire pour que la presse parle de leur cause. La police reçoit l'ordre d'arrêter les pertubatrices et de les relâcher immédiatement. Les suffragettes frappent donc les agents pour les obliger à les incarcérer plus longuement. Une fois en prison, elles font la grève de la faim. Malades, elles sont alors relâchées... et recommencent aussitôt. Cette forme de lutte n'est pas sans danger : une militante qui porte un grand nom, lady Constance Lytton, inflige alors à sa santé des dommages qui laisseront de graves séquelles.

Des militantes extrémistes

La question du vote des femmes est régulièrement soulevée, mais les projets de loi avortent les uns après les autres. En mars 1912, un projet porteur de tous les espoirs échoue. L'exaspération des suffragettes est à son comble. Le mouvement d'Emmeline Pankhurst durcit son action : le roi est interpellé et insulté à diverses reprises, jusque dans le palais de Buckingham. Des militantes versent de l'acide dans les boîtes postales, détériorent les tableaux au British Museum, et vont jusqu'à placer des bombes ou à provoquer des incendies dans les maisons des ennemis du féminisme et dans les églises. En 1913, une des plus actives militantes de la WSPU, Emily Davidson, n'hésite pas, le jour du grand Derby d'Epsom, à se jeter sous les sabots du cheval portant les couleurs du roi. Piétinée, elle meurt de ses blessures. Son geste suscite une grande émotion, mais de tels excès font perdre beaucoup d'influence au WSPU. Emmeline Pankhurst est condamnée à neuf ans de prison pour l'incendie d'une église, et sa fille Sylvia quitte le mouvement. Lorsque la guerre éclate, pendant l'été 1914, les suffragettes se rallient à l'Union sacrée. Emmeline Pankhurst, libérée, proclame la trêve et se consacre à la propagande pour l'effort de guerre. L'arrêt du chantage et des violences finit par convaincre Asquith, toujours Premier ministre, de faire passer la loi tant réclamée. Elle est promulguée en 1918, avec cependant une restriction : seules les femmes de plus de trente ans ont le droit de vote, alors que les hommes l'ont à vingt et un ans. C'est dix ans plus tard, en 1928, qu'est votée, grâce au Premier ministre travailliste Stanley Baldwin, la loi établissant l'égalité totale des droits politiques.

Le vote des femmes dans le monde

Les pays anglo-saxons. Ce sont les premiers pays du monde à accorder le droit de vote aux femmes, en 1893 pour la Nouvelle-Zélande, en 1894 pour l'Australie méridionale, en 1899 pour l'Australie occidentale, en 1903 pour la Tasmanie. Le Canada attend 1918, et l'Afrique du Sud, 1930. Aux États-Unis, le premier État à accorder l'égalité politique est le Wyoming, en 1869. Le Colorado franchit le pas en 1893, l'Utah en 1895, l'Idaho en 1896. Au total, onze autres États les rejoignent avant 1914.

Europe centrale et pays nordiques. Sur le continent européen, les pays nordiques sont les plus avancés : la Finlande prend l'initiative en 1906, suivie par la Norvège en 1907, le Danemark en 1915, l'Islande en 1919. La Pologne ouvre les isoloirs aux femmes dès 1918. L'Allemagne et les Pays-Bas attendent la fin de la Première Guerre mondiale, en 1919. L'Autriche suit en 1920, puis la Tchécoslovaquie en 1921, la Hongrie en 1925, la Roumanie en 1935. En dépit de la relative faiblesse des mouvements féministes, l'Espagne et le Portugal reconnaissent leurs citoyennes en 1931.

La queue du peloton. La France et l'Italie, qui accordent le droit de vote aux femmes en 1945, ne sont pourtant pas les dernières dans le camp des démocraties. Les Belges ne sont pas consultées avant 1949, les Grecques avant 1952. La plupart des Suissesses peuvent voter à partir de 1971, mais l'irréductible canton d'Appenzell-Rhodes persiste à refuser l'égalité politique des hommes et des femmes jusqu'en mars 1990.

Le plus-lourd-que-l'air

L'AVION

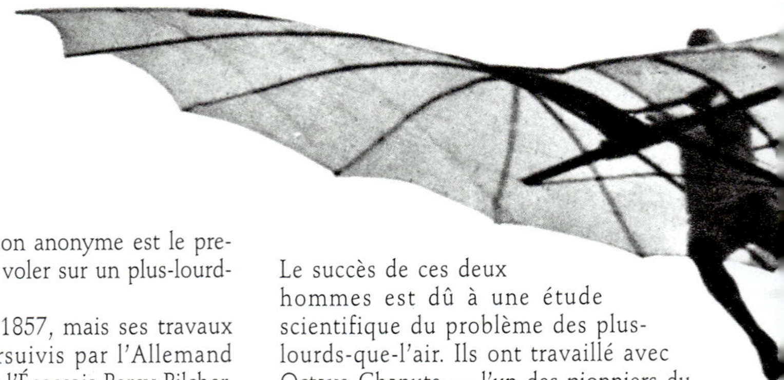

Le 17 décembre 1903 marque les débuts de l'aéronautique moderne. Ce jour-là, les frères Wright, Wilbur et Orville, réalisent l'envol d'un « plus-lourd-que-l'air » à Kitty Hawk, en Caroline du Nord. Leur biplan, *Flyer I,* est propulsé par un moteur à combustion interne de douze chevaux. Il parcourt 37 m en douze secondes (une moyenne de 19 km/h), à une altitude de quelques mètres.

À cette date, la liste des pionniers du vol est déjà longue et remonte au moins à l'Antiquité grecque. La réussite des frères Montgolfier n'a fait qu'encourager les recherches, car le ballon, malgré ses grandes qualités, reste un mode de déplacement aérien lent, encombrant et peu manœuvrable.

Un ensemble de techniques à maîtriser

La réussite de la nouvelle technique de vol requiert, de son côté, une triple évolution : 1/ aérodynamique : une théorie claire du vol avec des plus-lourds-que-l'air doit être élaborée ; 2/ structurale : il s'agit de traduire, dans la conception et dans la fabrication, les nouvelles connaissances aérodynamiques, et d'aboutir à des engins solides et contrôlables en vol ; 3/ énergétique : il faut résoudre le problème de la motorisation, pour permettre la sustentation des machines.

Les essais des pionniers

La question de l'aérodynamique des plus-lourds-que-l'air commence à être sérieusement envisagée à partir de 1799 par l'Anglais George Cayley. Surnommé le « père de la navigation aérienne », Cayley, le premier, met en évidence de manière rigoureuse l'importance aérodynamique des ailes fixes, à partir d'expériences avec des modèles réduits de planeurs. Auparavant, en effet, on pensait que l'homme devait imiter les oiseaux pour voler, c'est-à-dire qu'on construisait des engins censés être capables de « battre des ailes », et avec lesquels on s'écrasait régulièrement au sol. Cayley montre que cette conception est fausse et que c'est l'écoulement de l'air autour d'ailes fixes qui permet aux engins de voler. En 1849, il construit un planeur en grandeur réelle, dans lequel il réussit à faire voler un jeune garçon (ce garçon anonyme est le premier à véritablement voler sur un plus-lourd-que-l'air).

Cayley disparaît en 1857, mais ses travaux pionniers sont poursuivis par l'Allemand Otto Lilienthal et par l'Écossais Percy Pilcher. Lilienthal construit une série de planeurs en grandeur réelle, biplans et monoplans ; il exécute sur ces appareils plus d'un millier de vols et parvient à obtenir un excellent contrôle directionnel. Il est imité par Pilcher, à partir de 1895, mais l'un et l'autre meurent dans des accidents de vol, respectivement en 1896 et 1899. Tous deux envisageaient alors de motoriser leurs planeurs, et ils auraient très bien pu devancer les frères Wright s'ils avaient vécu assez longtemps.

L'étape de la motorisation

L'idée de la motorisation des aéronefs est dans l'air depuis un certain temps, dans les années 1890. Cayley lui-même est tenté par l'hypothèse, mais les premiers appareils motorisés sont dus au Français Félix du Temple, dont le monoplan de 1857 est doté d'une machine à vapeur. Son deuxième engin, en 1874, est le premier à « décoller » d'une pente raide, mais il s'avère incapable de voler et retombe presque immédiatement. Clément Ader, que l'on considère parfois comme l'auteur du premier vol aérien motorisé, connaît la même mésaventure en 1890.

Le bond de 50 m de l'*Éole,* qui est doté d'un moteur à vapeur de 20 chevaux, ne peut s'apparenter à un vol véritable. Ni cet engin ni son avion de 1897 ne sont contrôlables dans l'air ni capables d'un vol soutenu, et c'est là toute la différence entre les machines d'Ader et celles des frères Wright.

Il y a plusieurs raisons à cela : d'abord, le poids du moteur à vapeur par rapport à celui du moteur à combustion interne (300 kg pour l'*Éole* d'Ader contre 81,4 kg pour les premiers *Flyer*) et le rapport poids-puissance, qui est plus favorable au second ; ensuite, l'absence d'organes directionnels et stabilisateurs fiables sur les machines d'Ader ; enfin, une mauvaise aérodynamique générale : il suffit, pour s'en convaincre, de comparer les aéronefs d'Ader, avec leurs ailes imitant celles d'une chauve-souris, et les *Flyer* aux ailes profilées des frères Wright.

Le succès de ces deux hommes est dû à une étude scientifique du problème des plus-lourds-que-l'air. Ils ont travaillé avec Octave Chanute — l'un des pionniers du planeur aux États-Unis — et ils ont de grandes connaissances mécaniques. Surtout, ils ne s'arrêtent pas à la seule question du vol humain, dont la faisabilité a été abondamment démontrée par Lilienthal, ni à celle du moteur, car les moteurs à explosion ne cessent alors de se perfectionner et de voir leur taille et leur poids se réduire.

Le premier vol

Ce que les frères Wright cherchent avant tout, c'est à perfectionner le contrôle en vol : pour ce faire, ils modifient tous les appareils de gouvernail, afin d'assurer l'équilibre horizontal et vertical de leur futur engin ; ils introduisent le gauchissement différentiel des ailes, pour éviter de le voir partir en tonneaux ; et ils construisent la première soufflerie de l'histoire (1901-1902) pour tester l'aérodynamisme général des planeurs prototypes qu'ils commencent à fabriquer à partir de 1899, et qui leur permettent d'aboutir au dessin définitif du *Flyer.*

Un des premiers envols de Lilienthal en 1893.

L'Éole, construit par Clément Ader, réussit à franchir cinquante mètres dans les airs en 1890, lors de son seul vol.

La série des *Flyer* des frères Wright

Le *Flyer I* décolle pour son vol historique, le 17 décembre 1903. Encouragés par les premiers résultats obtenus, les frères Wright, décidés à améliorer son comportement en vol, se mettent ensuite au travail sur un modèle plus puissant et plus profilé, le *Flyer II*, qui décolle soixante-quinze fois à l'automne et à l'hiver 1904, réussissant à couvrir, lors de son meilleur vol, environ 4,8 km en 5 min 4 s.

Le 20 septembre, il exécute aussi le premier tour complet sur l'aile, démontrant du même coup sa grande maniabilité. Forts de ces succès, les frères Wright construisent alors le premier avion véritablement fonctionnel, le *Flyer III*. Les organes de commandes, la motorisation et la solidité générale de l'appareil sont améliorés, mais il garde le dessin de base des premiers *Flyer*, qui ont fait leurs preuves. Le *Flyer III* arrive à six reprises à rester en vol plus de quinze minutes, et il couvre, le 24 octobre 1905, la distance de 38,6 km en 38 min 3 s. La machine ne subit, à cette occasion, aucune avarie. Mais le principal résultat, c'est que les frères Wright ont pu piloter à leur guise un avion et qu'ils ont ainsi définitivement démontré la possibilité du vol aérien contrôlé.

Essai du premier Flyer *des frères Wright, à Kitty Hawk, en 1903.*

Du Flyer III à l'avion à réaction

1906. Premier vol sur un plus-lourd-que-l'air indépendant des frères Wright, par Alberto Santos-Dumont, au parc Bagatelle (Boulogne). Premier moteur d'avion véritablement efficace construit par Léon Levavasseur.

1907. Biplan à hélice propulsive des frères Gabriel et Charles Voisin.

1908. Perfectionnement du biplan des frères Voisin par Henri Farman, qui lui ajoute des ailerons pour en assurer le contrôle latéral et directionnel.

1909. Traversée de la Manche par Louis Blériot (25 juillet) sur un monoplan à hélice tractive. Invention du biplan à hélice tractive par Louis Breguet, appelé à servir de modèle aux avions de l'époque.

1910. Invention de l'hydravion par le Français Henri Fabre.

1914-1918. La Première Guerre mondiale intensifie les recherches en aéronautique et entraîne la mise au point des premiers chasseurs et bombardiers. 200 000 avions environ sont construits pendant cette période, contre 5 000 environ de 1903 à 1914.

1919-1926. Début des services aériens commerciaux, en Allemagne, Hollande, Belgique et Grande-Bretagne.

1925. Lancement du premier avion de tourisme populaire, le De Havilland Moth.

1927. Traversée de l'Atlantique en solitaire par Charles Lindbergh sur son monoplan, le *Spirit of Saint Louis*.

1929. Premier vol aux instruments réalisé par J. H. Doolittle.

1931. Premier atterrissage aveugle, effectué par M. S. Boggs.

1933. Le Boeing 247, premier avion de ligne, est mis en service aux États-Unis.

1935. Mise en service du DC3 de la firme américaine Douglas. Il sera le plus grand succès commercial de l'histoire de l'aviation civile.

1936. Premières expériences de pilotage automatique, aux États-Unis.

1939. Construction du premier avion à réaction, le Heinkel HE-178 allemand.

Une nation européenne est pour la première fois défaite

LA GUERRE RUSSO-JAPONAISE

Dans la nuit du 8 au 9 février 1904, la flotte japonaise attaque, sans déclaration de guerre, la flotte russe à Port-Arthur, et elle torpille sept bâtiments ennemis. D'un seul coup, le Japon acquiert la maîtrise des mers ; une guerre commence, qui s'achèvera l'année suivante par la victoire du Japon.

Le conflit prend place dans la région du Pacifique Nord, précisément en Mandchourie et en Chine, deux zones où l'Angleterre, les États-Unis et la France luttent pour s'assurer de bonnes positions économiques, mais où, surtout, le Japon et la Russie rivalisent depuis 1891, date de la construction du Transsibérien par ce dernier pays.

C'est la politique agressive de la Russie qui est cause du conflit. En 1893, avec l'appui de la France et de l'Allemagne, la Russie humilie le Japon, vainqueur de la Chine en 1895 : elle oblige ce pays à rendre la péninsule du Liaodong, que lui reconnaissait à l'occasion de cette victoire le traité de Shimonoseki. Le Japon avait également obtenu par la même occasion Formose, les îles Pescadores et la reconnaissance par la Chine de l'indépendance de la Corée.

Le tsar Nicolas II bénit l'armée russe à son départ au front.

Une guerre et une révolution

En même temps que la Russie se trouve engagée dans un conflit contre le Japon en Asie orientale, elle est affaiblie à l'intérieur par **le déclenchement d'une révolution, en janvier 1905.**

Cette révolution s'explique par des causes économiques, par le mécontentement étudiant et par **l'apparition d'une opposition organisée** formée de sociaux-démocrates (S.D.) et de sociaux-révolutionnaires (S.R.), d'obédience marxiste.

La révolution éclate le 22 janvier à Saint-Pétersbourg, où la répression fait 130 morts. Malgré cela, le mouvement s'étend et atteint les milieux de l'armée (mutinerie du cuirassé **Potemkine,** en mer Noire, dans l'été). La réaction ne parvient à triompher qu'au début de l'année suivante.

Le succès du Japon est celui de sa technique : le pays, qui avait accumulé un retard considérable au XIXe siècle, peut compter désormais sur une armée efficace, (photo du haut), capable d'infliger à l'ennemi des dégâts très importants (page de gauche).

Le Japon, puissance militaire au XXe siècle

L'entre-deux-guerres : la pénétration en Chine du Nord. Le Japon obtient en 1919 la plupart des anciennes îles allemandes du Pacifique. Mais la conférence de Washington (1921) l'oblige à abandonner à la Chine le Chandong, à évacuer ses troupes de Sibérie et à limiter sa flotte de guerre. Les troupes japonaises occupent Moukden (le 18 septembre 1931) à la suite d'incidents frontaliers, puis toute la Mandchourie, qui devient en 1932 le Mandchoukouo, État indépendant sous protectorat japonais. En 1933, le Japon quitte la S.D.N. En 1937, il occupe une partie de la Chine.

De la « guerre du Pacifique » au désastre d'Hiroshima. Engagé dans le pacte anti-Komintern en 1936, le Japon lance un ultimatum à l'Indochine française en 1940. Puis, sans avoir au préalable déclaré la guerre aux États-Unis, le général Tojo fait détruire la flotte américaine basée à Pearl Harbor, le 7 décembre 1941. À ce moment commence la guerre du Pacifique : les Philippines, Hongkong, la Malaisie, Singapour et l'Indonésie sont occupés. En 1942, la bataille de Midway stoppe l'avance japonaise. De 1943 à 1945, les États-Unis récupèrent du terrain. Ils lancent la bombe atomique le 6 août 1945 sur Hiroshima et le 9 août sur Nagasaki. Le 14 août, le Japon capitule : il est ramené à ses frontières du XIXe siècle.

En 1896, par un accord secret avec la Chine, les Russes garantissent le territoire chinois contre les agressions extérieures et, en retour, obtiennent la concession du chemin de fer qui traversera la Mandchourie à partir de Harbin jusqu'à la mer. Ce « Transmandchourien » consacre la pénétration économique russe et son influence dans l'est de la Chine.
Lorsque, en 1897, l'assassinat de deux missionnaires allemands aboutit à la cession du territoire de Kiao-Tcheou à l'Allemagne par un bail de 99 ans, le tsar Nicolas II exige un bail de 25 ans pour la partie sud du Liaodong, y compris Port-Arthur. En 1898, la Chine concède à la Russie le bail de Port-Arthur avec le droit d'y établir une base navale.
Enfin, en 1900, le soulèvement national chinois des Boxers, en réaction contre les pays étrangers présents, est écrasé par une intervention militaire de huit grandes puissances, à laquelle la Russie participe. Après cela, des troupes russes restent sur le terrain, sous le prétexte de protéger la construction du Transmandchourien. Des aventuriers russes proposent, à la même époque, de développer un projet de concessions forestières sur le Yalou en Mandchourie, ce qui permettrait aux sujets du tsar de pénétrer en Corée. Nicolas II est très enthousiasmé par ce projet, car il pense que la Russie a une mission civilisatrice en Asie et il sous-estime grossièrement la puissance et les ambitions japonaises. Son ministre des Finances, Witte, qui s'y oppose formellement, est contraint de démissionner.

Les négociations et la guerre

Dans un premier temps, le Japon tente de négocier. Il propose un partage qui donnerait aux Russes le nord de la Mandchourie et au Japon le sud, ainsi que la Corée. Mais, très vite, les responsables japonais se rendent compte que les tentatives de conciliation ne servent à rien : l'intervention militaire est décidée.
Alors, le 8 février 1904, le Japon attaque sans déclaration de guerre la flotte russe dans la rade de Port-Arthur. Il est militairement bien préparé et bien organisé ; allié de la Grande-Bretagne, il est diplomatiquement soutenu et, enfin, il combat près de ses bases. En face, la Russie n'est pas prête (son commandement en Extrême-Orient, assuré par l'amiral Alexeiev et le général Kouropatkine, est incompétent et ses troupes insuffisantes) ; les renforts sont acheminés par le Transsibérien à voie unique, très lent et interrompu au niveau du lac Baïkal. Enfin, le pouvoir est affaibli par les vagues de mécontentement intérieur.
Cette disproportion explique le succès des opérations japonaises : défaites russes à la bataille de Liaoyang (24 août-5 septembre 1904), au fleuve Cha-ho (5-18 octobre 1904) et à Moukden (21 février-10 mars 1905), qui font reculer l'armée russe dans le nord de la Mandchourie. Les 27-29 mai 1905, la flotte de l'amiral Zinovi Rojdestvenski, venue de la Baltique avec beaucoup de difficultés pour tenter de sauver Port-Arthur, est anéantie au cours de la bataille, au détroit de Tsushima. La Russie est désormais obligée de négocier.

La paix : l'humiliation d'une nation occidentale

Un armistice est conclu entre les deux gouvernements : si les Russes sont très affaiblis par la révolution de 1905, les finances japonaises sont totalement épuisées et l'Empire nippon n'a plus les moyens de détruire le gros des troupes russes d'Extrême-Orient. Avec la médiation du président américain Theodore Roosevelt, une Conférence de paix est organisée à Portsmouth, aux États-Unis, le 5 septembre 1905. Les clauses du traité signé à cette occasion contiennent les stipulations suivantes : la Russie doit reconnaître la prééminence des intérêts du Japon en Corée ; elle cède à son vainqueur son bail sur la péninsule du Liaodong, sa base de Port-Arthur, la voie ferrée au sud du Chandong et la moitié sud de l'île de Sakhaline. Les deux pays, d'un commun accord, s'engagent à restituer la Mandchourie à la Chine. Malgré l'insistance du Japon, aucune indemnité de guerre n'est prévue.
Cette guerre est un véritable coup de massue pour le gouvernement russe, qui ne s'attendait absolument pas à la défaite. L'humiliation des premiers revers a contribué à précipiter un événement qui aurait eu lieu de toutes manières : la révolution de janvier 1905. Du côté japonais, en revanche, c'est un véritable triomphe, car, pour la première fois dans l'histoire du monde, une nation occidentale est vaincue par une nation asiatique. L'Empire nippon en tire un prestige militaire considérable, qui durera jusqu'en 1945.

→**Voir aussi** : p. 522-523 (Pearl Harbor attaqué).

Albert Einstein découvre la relativité

E = MC²

En 1905 paraissent dans des revues spécialisées de sciences physiques trois articles qui bouleversent non seulement cette discipline mais toute une partie des conceptions scientifiques du XXᵉ siècle commençant. En post-scriptum de la dernière contribution figure une équation sibylline : E = mc².

L'auteur des trois articles est Albert Einstein, alors un parfait inconnu, modeste employé au bureau des brevets à Berne. Quinze ans plus tard, l'astronomie confirme la théorie de la relativité qu'il exposait dans ces textes. La photographie d'Albert Einstein et sa formule font alors le tour du monde.

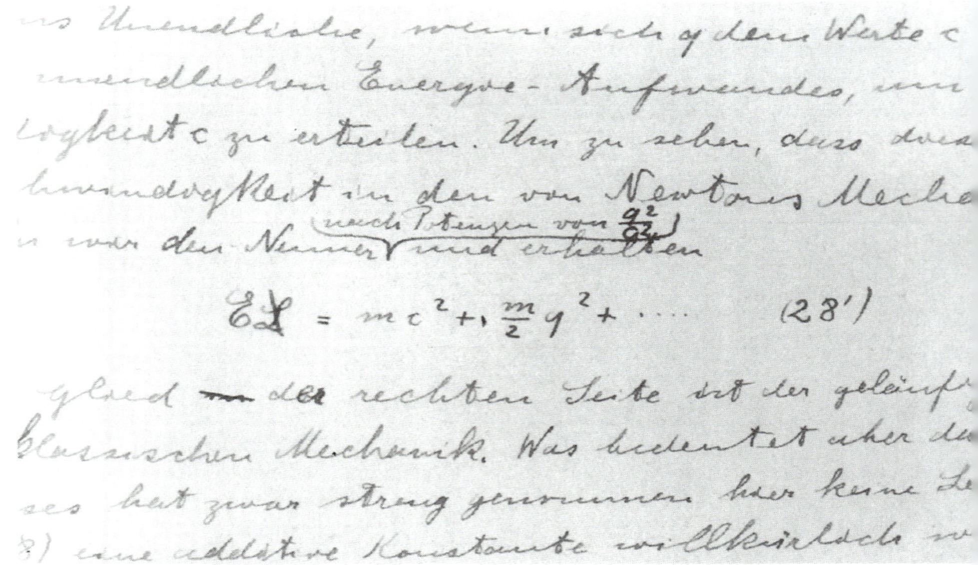

Fait sans précédent dans l'histoire des sciences, une formule physique, E = mc², passe dans l'imagination populaire.

Einstein s'insurge très tôt contre le régime nazi, prenant notamment la défense des Juifs (détail d'une fresque de Diego Rivera, 1933).

Un petit fonctionnaire aux idées géniales

Albert Einstein est né à Ulm le 14 mars 1879, dans une famille juive allemande aux idées libérales. Son père est ingénieur. L'enfant passe ses premières années à Munich et, selon la légende, n'obtient que des résultats scolaires médiocres. Il déteste surtout le système d'enseignement et les institutions impériales allemandes. En revanche, dès son entrée en 1896 à l'Institut polytechnique de Zurich, il amorce une réflexion solitaire sur les grands problèmes de la physique contemporaine, trouvant ses informations dans ses lectures personnelles. Diplômé en 1900, il se contente d'un poste tranquille au bureau fédéral des brevets du canton de Berne, poste lui assurant la sécurité financière. C'est en 1905 que le génie fulgurant d'Einstein se manifeste avec éclat. En mars, en mai et en juin de cette année, il rédige les trois études qui vont le rendre célèbre. Seul Newton à l'âge de 23 ans, isolé à cause de la peste dans son village de Woolsthorpe, a connu un printemps comparable. La première étude, « Un point de vue heuristique concernant la génération et la propagation de la lumière », expose la découverte des quanta de lumière, ces « atomes d'énergie » que l'on appelle aujourd'hui « photons », et comme application mineure l'explication de l'effet photoélectrique. La seconde, « Sur le mouvement des particules en suspension dans un liquide au repos suivant la théorie cinétique de la chaleur », propose la théorie du mouvement brownien, démontre une nouvelle fois

Un savant engagé

Albert Einstein est le contraire du savant enfermé dans sa tour d'ivoire. Dès 1914, il prend des positions politiques, écrivant un « Appel aux Européens » *qui invite les intellectuels à peser de toute leur influence contre le déchaînement des passions nationalistes. Entre 1919 et 1933, la cause du peuple juif est l'un de ses thèmes d'intervention les plus courants. Il accueille avec espoir la déclaration Balfour qui crée en Palestine « un foyer national juif » et effectue en 1921 une tournée aux États-Unis afin de recueillir des fonds pour la création à Jérusalem d'une université de haut niveau. Après son départ aux États-Unis, où il demeure réfugié jusqu'à sa mort, en 1955, il continue à s'exprimer, jugeant que c'est là son devoir. Lucide sur les risques de guerre que fait courir au monde la dictature nazie, il envoie en 1939 une lettre au président Roosevelt pour l'inciter à lancer un programme de fabrication d'une bombe nucléaire, avant que les Allemands n'y parviennent : c'est cette missive qui a fait dire injustement d'Einstein qu'il était le « père de la bombe », alors qu'il n'a jamais participé à la mise au point de l'arme atomique. Le dernier acte politique du savant est d'ailleurs un appel à la communauté scientifique mondiale pour l'abolition de la guerre, et une adjuration à mettre un terme à la prolifération des armes nucléaires.*

Einstein acquiert très rapidement une immense popularité, rare chez les scientifiques de sa dimension. Des photos le représentant dans les attitudes les plus extravagantes font le tour de la planète.

l'existence des atomes et donne une détermination nouvelle de la constante de Boltzmann. Le troisième article, intitulé « Sur l'électrodynamique des corps en mouvement », est une explication de la relativité restreinte d'où le savant tire, finalement, la formule $E=mc^2$. Les conséquences pratiques de cette formule vont du bilan d'énergie dans une bombe atomique à la dynamique mise en jeu dans la construction des grands accélérateurs de particules...

Le bouleversement de la relativité générale

Ces travaux extraordinaires ne manquent pas d'être remarqués par la communauté scientifique. Un petit nombre de physiciens allemands aventureux décident de se rendre à Berne afin de connaître Albert Einstein. La personnalité du jeune homme apparaît bien un peu bohème à ces savants austères, mais il se montre courtois et tout disposé à discuter de ses idées. Bientôt, les autorités suisses lui offrent un premier poste à l'université de Berne, puis, en 1912, une chaire plus importante à Zurich avant que, finalement, une nouvelle promotion le conduise à Berlin. Là, en 1915, Einstein affine son principe de relativité générale, dont on a pu dire à l'époque que seulement trois personnes au monde étaient capables d'en comprendre le détail mathématique... L'idée la plus novatrice apportée par cette théorie est que l'espace agit sur tous les corps qu'on y place et qu'il est modifié par eux. Plus profondément, elle affirme que c'est la matière qui crée l'espace et le temps. En 1919, une éclipse totale du Soleil donne au savant la possibilité de vérifier quelques-uns des effets de la relativité générale. Bien plus tard, après 1960, les conséquences au niveau du cosmos de la théorie de la relativité générale seront encore confirmées, cette fois par des programmes d'exploration par satellites. Des phénomènes étranges, les quasars, « ces quasi-étoiles », les pulsars, les trous noirs, les ondes gravitationnelles viendront alors confirmer le potentiel de la proposition géniale d'Albert Einstein.

Une extraordinaire popularité

Bien avant cette date, en fait dès 1919, la renommée du jeune savant devient considérable. Si bien peu de gens sont aptes à suivre ne serait-ce qu'une partie de ses raisonnements, le caractère un peu fantasque de l'homme, dont nul ne peut contester le génie, retient et séduit. Traité comme une vedette de spectacle, il se prête volontiers au jeu. Des images de lui courent la planète : Einstein tirant la langue, Einstein hirsute, les cheveux au vent... Il devient une figure mythique, célébrée, mais aussi détestée, et ce d'autant plus qu'il ne cache pas ses opinions politiques, et en particulier, après 1933, son exécration du régime nazi. Dans une communauté scientifique habituée à plus de sobriété et de prudence politique, il se fait des ennemis acharnés ; un comité anti-Einstein se constitue un moment, où des personnalités respectables et respectées côtoient des notables du nazisme. Le savant, quant à lui, a définitivement quitté l'Allemagne dès l'accession de Hitler au poste de chancelier. Aux États-Unis, où est créée pour lui la première chaire de professeur à l'Institute for Advances Studies de Princeton — la France a refusé de lui accorder un poste à l'Université —, il travaille à l'élaboration d'une théorie unitaire, synthèse de la gravitation et de l'électromagnétisme, qu'il ne parviendra jamais à achever complètement.

La destruction d'une métropole américaine

LE TREMBLEMENT DE TERRE DE SAN FRANCISCO

En 1906, San Francisco est une cité en plein essor. Ville-champignon née un demi-siècle plus tôt de la ruée vers l'or, elle est devenue à cette date la grande métropole de la côte ouest des États-Unis. Mais, le 18 avril, à 5 h 35 du matin, une secousse sismique d'une ampleur considérable l'ébranle et provoque un gigantesque incendie qui la détruit presque entièrement.

Bientôt reconstruite, la ville reste aujourd'hui sous la menace permanente de la grande faille de San Andreas, au cœur d'une des régions les plus instables du monde.

Une fière cité

C'est à l'or que San Francisco doit sa fortune. Découvert en 1848, l'année même où le Mexique cède la Californie aux États-Unis, le métal précieux que recèlent les montagnes Rocheuses provoque une véritable ruée vers l'Ouest. Petit village en 1848, San Francisco est déjà une cité de 50 000 habitants deux ans plus tard. En 1906, devenue 9e métropole des États-Unis avec 250 000 habitants — presque la moitié de la population californienne —, cette ville moderne et élégante, dont la moitié des habitants ne sont pas nés en Californie, vit de bien autre chose que de l'orpaillage ou de l'exploitation des mines. Fière de ses 20 théâtres et de son Opéra, elle l'est plus encore de son quartier d'affaires, où banques et maisons de commerce prospèrent à l'ombre du grand hôtel de ville récemment construit. Or, c'est ce quartier d'affaires, symbole du dynamisme de la cité, qui se trouve totalement détruit par le gigantesque incendie d'avril 1906. En effet, beaucoup plus que le tremblement de terre proprement dit, qui, malgré son amplitude (8,2 degrés sur l'échelle de Richter, qui en compte 9), fait peu de victimes dans une ville où les constructions sont encore majoritairement en bois, c'est l'incendie qu'il provoque qui déclenche la véritable catastrophe.

Un gigantesque incendie

Pour certains, ce sont les étincelles échappées des fils de tramway tombés sur le sol après la secousse, pour d'autres, ce sont les lampes à pétrole renversées qui sont à l'origine des flammes : dans une ville où le principal matériau de construction est hautement combustible, mille raisons peuvent expliquer le début de l'incendie. Une demi-heure après la secousse, en tout cas, on recense déjà 50 foyers d'incendie. Le feu fait rage ensuite deux jours durant, ravageant la moitié de la ville, tuant 450 personnes, en chassant 200 000 autres de chez elles. Faute d'eau — les canalisations ont été rompues lors de la secousse sismique —, les autorités ne peuvent rien : les pompiers assistent à peu près impuissants à l'incendie, l'administration se contente de loger provisoirement les sans-abri dans des tentes installées en hâte dans le grand parc de la ville.

L'armée, dans ces conditions, prend les choses en main. Le chef de la garnison, le commandant Funston, décrète la loi martiale et ordonne de tirer à vue sur les pillards qui voudraient profiter de la panique générale. Face à l'incapacité des pompiers, le même homme décide le dynamitage à grande échelle des bâtiments pour sauver les quartiers encore non touchés. En quelques heures, les habi-

Le tremblement de terre de San Francisco (illustration contemporaine de l'événement).

La faille de San Andreas

Rectiligne sur près de 1 000 kilomètres, du nord de la baie de San Francisco au désert Mojave, la grande faille de San Andreas fait planer une menace permanente sur la Californie.

Elle correspond au contact des plaques du Pacifique et d'Amérique du Nord. Au lieu de s'enfoncer l'une sous l'autre, comme c'est généralement le cas ailleurs, ces deux plaques frottent de manière latérale. Celle du Pacifique descend vers le sud et celle d'Amérique remonte vers le nord. Ces frottements sont à l'origine d'une instabilité sismique quasi permanente autour de San Francisco.

Les sismologues ont pu évaluer qu'un tremblement de terre majeur se produisait à peu près tous les 80 ans. Avec une étonnante régularité, San Francisco a connu un nouveau séisme en 1986 (de force 7), puis à nouveau en 1989 (de force 6). Si les gratte-ciel n'ont pas bougé, grâce à leur conception antisismique, l'écroulement d'un pont a causé la mort de 50 personnes en 1989 et allumé des incendies dont l'absence de vent ce jour-là a heureusement empêché la propagation.

La faille de San Andreas : la Californie, région riche et densément peuplée, située sur la faille, disparaîtra-t-elle un jour dans un terrible séisme ?

Le centre de San Francisco après la catastrophe.

À accident exceptionnel mesures d'exception : les pillards de la ville sont systématiquement fusillés (illustration du Petit Parisien).

tants voient disparaître la plus belle artère de la ville, Van Ness Avenue, dont les façades faisaient leur orgueil. Ce sacrifice permet de protéger l'ouest de la ville, mais les quartiers est, de part et d'autre de Market Avenue, sont la proie des flammes : les quais et les entrepôts sur la baie, le quartier d'affaires ainsi que le quartier chinois sont totalement détruits.

Reconstruction et menace permanente

Les habitants ont à cœur d'effacer rapidement le souvenir du cataclysme. À peine un mois plus tard, le plus célèbre citoyen de la ville, William Randolph Hearst (le magnat de la presse dont s'est inspiré le cinéaste Orson Welles pour son film *Citizen Kane*), fait venir Sarah Bernhardt : l'actrice française joue *Adrienne Lecouvreur* dans le théâtre en plein air de Berkeley.

La ville, reconstruite rapidement, est encore plus belle. Les nouvelles techniques de construction associant le béton et l'acier permettent de concevoir une cité entièrement nouvelle, faite de gratte-ciel. À l'été de 1915, l'ouverture du canal de Panamá est l'occasion d'organiser une grande exposition : 19 millions de visiteurs viennent alors admirer San Francisco remise à neuf.

Malgré cela, aujourd'hui encore, la catastrophe de 1906 occupe une grande place dans la mémoire collective des habitants de San Francisco. Comme, avant elle, Lisbonne en 1755 ou, après elle, Tokyo en 1923, San Francisco est entrée dans la catégorie des villes martyres des tremblements de terre. Certains vont jusqu'à attribuer à la menace constante de nouveaux séismes le caractère insouciant et fantasque d'une ville dont l'atmosphère est aujourd'hui unique aux États-Unis.

Le feu, hantise des villes américaines au XIXe siècle

Un précédent : Chicago. Trente-cinq ans avant San Francisco, en 1871, cette autre grande ville américaine est presque entièrement détruite par un gigantesque incendie. La chute d'une lampe à pétrole, oubliée dans une écurie, est responsable du désastre.

L'eau, moyen de survie. Certes, tous les incendies ne prennent pas de telles proportions. Mais la fréquence des ravages accomplis par le feu, au XIXe siècle, en fait l'ennemi public numéro un. Aussi l'une des préoccupations essentielles des autorités urbaines est-elle l'alimentation en eau, qui seule peut permettre une intervention efficace des pompiers. La construction des canalisations est menée dans cet esprit, au cours du XIXe siècle, beaucoup plus que par souci d'assurer aux personnes privées une alimentation en eau. Au fil du siècle, la lutte devient en effet plus efficace : les pompes à vapeur se multiplient et les professionnels remplacent les associations de pompiers volontaires.

Le vrai remède : le béton. Bien entendu, mieux vaut prévenir le feu que savoir y porter remède. Dans ce domaine, les progrès interviennent lentement. Petit à petit, à mesure que se généralisent les transports urbains, la ville s'étend, les centres surpeuplés se décongestionnent et deviennent par là moins sensibles aux incendies. La substitution de véhicules mécaniques — le tramway, puis l'automobile — aux voitures tractées par des chevaux est aussi un facteur favorable : elle entraîne la disparition des écuries, lieux vulnérables avec leurs grosses provisions de paille. Mais le progrès décisif intervient au XXe siècle seulement quand sont adoptés dans la construction de nouveaux matériaux — le béton et l'acier —, beaucoup moins combustibles que le bois.

Le dernier empereur de Chine

PUYI

L'empereur Puyi trônant, en 1917.

Choisi par l'impératrice douairière Cixi, Puyi a trois ans lorsque, en 1908, il monte sur le trône du Dragon. Il sera le dernier empereur de Chine. Entouré d'eunuques, l'enfant mène jusqu'en 1923 une vie fastueuse et recluse derrière les murs de la résidence pluriséculaire des empereurs chinois, la Cité interdite.

Le 13 novembre 1908, un palanquin sort de la Cité interdite, palais des empereurs de Chine, pour se diriger vers la demeure du Nord, résidence du prince Chun II et de son épouse. L'empereur régnant, Guangxu, vient de mourir, et sa mère, la terrible impératrice douairière Cixi, a choisi le nouveau « Fils du Ciel » : il s'agit de Puyi, fils aîné du prince Chun, qui a à peine plus de trente-six mois.

L'intronisation

L'enfant, un fin bambin à la natte déjà longue, se réfugie dans un placard à la vue des gardes du palais et n'accepte de monter dans le palanquin qu'accompagné de sa nourrice. Le palanquin, chargé de son précieux chargement, repart vers la Cité interdite. Puyi ne reverra sa mère que cinq ans plus tard. En choisissant un enfant en bas âge pour régner, Cixi a entendu se réserver l'autorité suprême pendant de longues années. Mais, victime d'une intoxication alimentaire, elle meurt quelques jours seulement après l'arrivée de Puyi. Celui-ci est intronisé en grande pompe. On le vêt de lourds habits de cérémonie que recouvre la robe impériale, en soie jaune brodée d'un dragon aux cinq griffes. La température, en cette fin d'année, est glaciale, et la cérémonie, extrêmement longue. Le tout petit garçon frissonne, de peur et de désespoir autant que de froid : « Je n'aime pas être ici. Je veux rentrer à la maison. »

Empereur sans l'être

Puyi est promu au rang de dieu vivant. Dans la Cité interdite, il ne se déplace qu'en palanquin, porté par des eunuques. Sur son passage, les personnes présentes se prosternent, s'agenouillant et frappant par neuf fois le sol de leur front. L'enfant n'est jamais puni. S'il commet une bêtise, un de ses camarades de classe est fouetté à sa place. À l'âge de cinq ans, Puyi abdique sans le savoir. La Chine est en ébullition : une révolution instaure la république. Yuan Shikai devient son premier président. Il impose à la cour les « articles du traitement bienveillant » qui sont très généreux : le petit empereur conserve son titre, jouit d'une liste civile considérable, a le droit de continuer à résider dans la Cité interdite, et ses biens personnels, très importants, ne lui sont pas enlevés. Puyi n'a aucune idée du changement fondamental qui vient de se produire : la vie à la cour continue, avec ses rites, inchangés, plus factices que jamais. Au fil des ans, sans véritable camarade, sans occupations auxquelles il soit contraint, Puyi développe une grande cruauté. Dans le journal d'un de ses précepteurs, on lit, à la date du 21 février 1913 : « Sa Majesté bat fréquemment les eunuques. Il en a récemment fait fouetter dix-sept pour des délits mineurs. Son fidèle sujet [le rédacteur] lui a fait des remontrances, mais sa Majesté n'a pas voulu écouter ses conseils. » Au moindre manquement à l'étiquette, le jeune souverain fustige de sa main ses domestiques et ses pages et va jusqu'à leur cribler le derrière de plombs. Pourtant, les eunuques continuent à voler la cour de façon éhontée. Ainsi, à en croire les registres impériaux, le petit Puyi aurait consommé, en l'espace d'un mois et à lui seul, près de cent kilos de viande et 240 canards et poulets...

Un nouveau précepteur à la cour

En 1919, la vie de Puyi est bouleversée par l'arrivée d'un nouveau personnage dans son cercle intime : Reginald Johnson, son professeur d'anglais. Abasourdi par le mode de vie irréaliste qu'on impose à l'empereur, celui-ci décide d'enseigner à son pupille les rudiments d'un comportement occidental : il commence par lui apprendre comment boire le thé à l'anglaise, comment se servir d'une fourchette et d'un couteau... Johnson fait découvrir à son élève la bicyclette, et Puyi fait installer le téléphone à l'intérieur de la Cité. Le jeune homme prend alors l'habitude de se faire appeler Henry — en souvenir de Henry VIII, qui lui paraît symboliser admirablement la royauté. À l'instigation de Johnson, Puyi décide même de couper sa natte, geste qui, en Chine, a une résonance sacrilège. Johnson acquiert rapidement à la cour une influence considérable. Puyi lui décerne le plus haut grade du mandarinat et le décore de l'ordre de la zibeline. En 1922, l'entourage de Puyi fait pression sur lui pour qu'il se marie. Après une tentative avortée pour abandonner son trône et se rendre à Oxford, le jeune homme s'incline et, à dix-sept ans, épouse Wang Chun, âgée de seize ans, membre de l'une des familles les plus riches de Mandchourie et choisie par l'empereur sur photographie. La nuit de ses noces, Puyi ne consomme probablement pas son mariage, qui restera un échec.

Un destin à l'image de l'histoire

À l'extérieur de la Cité interdite, la situation se modifie. À la suite d'un coup d'État en 1923, le général Feng Yuxiang prend le pouvoir. Il révise les « articles du traitement bienveillant ». Puyi devient un citoyen ordinaire, sa liste civile est réduite de quatre millions et demi de dollars à cinq cent mille dollars, il est tenu de quitter la Cité interdite. En revanche, il reste libre de ses mouvements, et la République chinoise lui assure une protection. À l'émissaire du général, au moment où il quitte la Cité interdite, Puyi déclare : « Voilà déjà longtemps que j'ai le sentiment de ne pas avoir besoin des "articles du traitement bienveillant". Je suis content de les voir abrogés. En tant qu'empereur, je n'étais pas libre. À présent, j'ai trouvé la liberté. » Il a dix-huit ans. Habitué à la vie hypocrite de la cour, Puyi doit sans doute à son enfance solitaire et étrange la méfiance et la fourberie qui, avouera-t-il plus tard — peut-être, il est vrai, sous la contrainte —, le caractérisent. Ces traits de caractère deviennent alors les qualités nécessaires pour traverser sans périr une époque particulièrement folle. En 1923, Puyi se réfugie à l'ambassade japonaise. Les Japonais l'installent comme empereur fantoche en Mandchourie. Il est capturé en 1945 par les Soviétiques, emmené en Sibérie puis, après la victoire de Mao Zedong, il est rendu aux Chinois qui l'envoient dans un camp de réhabilitation par le travail. « Citoyen modèle » de la nouvelle Chine populaire, Puyi meurt, libre, à Pékin en 1967.

Autobiographie de Puyi

Puyi raconte lui-même son intronisation à trois ans.
« Cérémonie interminable ; une bonne partie de la journée y passa. Il faisait très froid et quand enfin on me jucha sur le trône impérial, ma patience était à bout. Mon père m'avait guidé de ses deux mains, s'efforçant de m'empêcher de faire le moindre geste qui n'eût pas été prévu dans le cérémonial, et maintenant, par privilège, il se tenait tout près de moi, un genou en terre, le visage tourné de profil. Soudain incapable de me contenir plus longtemps, je me mis à pleurnicher. J'en avais assez de la cérémonie, je voulais rentrer à la maison ; et je le dis, tout en pleurant. [...]
— Allons, allons, disait tout bas mon père. Ne pleurez pas. Un peu de patience, il n'y en a plus pour longtemps. C'est bientôt la fin.
Ces paroles parvinrent aux fines oreilles de courtisans placés non loin du trône et, après la cérémonie, ils se confiaient entre eux en chuchotant : "Comment son Altesse Royale a-t-elle pu dire une chose pareille ! C'est bientôt la fin ! Cette parole est de mauvais augure..." »

P. Kramer, Ma vie, par Pou Yi, dernier empereur de Chine, *Stock, Paris, 1987.*

Le prince Chun, régent du Céleste Empire, avec, à gauche, debout, le petit Puyi.

L'ex-empereur, prisonnier des Chinois communistes, rédige son acte de repentance.

Pancho Villa et Emiliano Zapata portent les espoirs du peuple

LA RÉVOLUTION MEXICAINE

Pendant dix ans, de 1910 à 1920, le Mexique est ébranlé par une révolution qui dégénère en guerre civile. Parmi les protagonistes de cette époque difficile se détachent les figures de Pancho Villa et d'Emiliano Zapata, qui deviendront bientôt légendaires.

Indépendant depuis 1821, le Mexique est gouverné à peu près sans interruption à partir de 1877 et jusqu'en 1910 par un ancien soldat parvenu au pouvoir par un coup d'État, le président Porfirio Díaz. Dictateur, Díaz compte cependant à son actif le développement économique rapide du Mexique à la fin du XIXe siècle. Mais cette mutation même a des revers. La modernisation accélérée suscite un sous-emploi dans les villes et la ruine des petits exploitants dans les campagnes ; elle est à l'origine de grèves ouvrières et de révoltes paysannes, que Díaz ne sait que réprimer.

De la dictature au coup d'État

En 1910, Díaz, qui a alors 80 ans, brigue de nouveau la présidence. Il conçoit l'élection sur le mode du plébiscite, et, pour éviter tout désagrément, fait emprisonner Francisco Madero, un libéral qui ose se présenter contre lui. Mais, après que Díaz a été reconduit dans ses fonctions, Madero, aidé par de puissantes complicités, parvient à s'échapper et se réfugie aux États-Unis, d'où il lance un appel à l'insurrection, qui est largement entendu. Des soulèvements se produisent alors un peu partout dans le pays. Pancho Villa, un ouvrier agricole d'une trentaine d'années, et Emiliano Zapata, un métayer de la même génération, prennent la tête de bandes paysannes chacun dans sa région respective, les États de Durango et de Morelos. Le succès est total, puisque, en mai 1911, les insurgés, qui ont écrasé l'armée fédérale, contraignent le dictateur à l'exil. En novembre suivant, Madero est élu président. Pour autant, ce n'est pas la fin du mouvement paysan. Dans le Sud, Zapata proclame le « plan d'Ayala », qui fait de la lutte armée le moyen d'imposer la réforme agraire. Dans le Nord — la région de Pancho Villa —, les campagnes restent aussi en armes. En 1913, la « décade tragique », du 9 au 18 février, met brutalement fin à cette période embrouillée : au coup d'État manqué des partisans de Díaz succède le *pronunciamiento* réussi du chef de l'armée

À partir de 1910, les populations paysannes, qui ont souffert de la récente modernisation de leur pays, s'arment, suivant l'un ou l'autre des grands leaders révolutionnaires afin de renverser la dictature et d'imposer une réforme agraire.

Pancho Villa, l'une des figures emblématiques de la révolution mexicaine. Il attira à lui des milliers de Mexicains fascinés par son charisme, mais il ne parvint pas à s'imposer et fut assassiné en 1923.

*Autre grand personnage de l'histoire mexicaine, Emiliano Zapata eut un destin similaire à celui de Pancho Villa (*l'Armée révolutionnaire avec Emiliano Zapata*, détail d'une fresque de D.A. Sisqueiros, Mexico, château de Chapultepec).*

mexicaine, le général Victoriano Huerta. Le président Francisco Madero est assassiné, et le nouveau dictateur Huerta s'installe au pouvoir.

La guerre civile

La guerre civile, dès lors, est inévitable. Dès le mois de mars, Pancho Villa affirme sa volonté de libérer son pays : *Vámonos con Pancho Villa* !, « Marchons avec Pancho Villa », devient le cri de ralliement des milliers de Mexicains fascinés par son charisme. En un an, l'énergique maquisard rassemble la *División del Norte* (Division du Nord), une troupe de 50 000 hommes, bien armés et bien organisés, qui jouera un rôle décisif dans la victoire finale contre le général Huerta. Dans le même temps, la lutte continue dans le Durango avec Zapata, dans le Coahuila avec Venustiano Carranza, et dans le Sonora avec Álvaro Obregón, deux autres paysans. En juin 1914, les révolutionnaires écrasent l'armée de Huerta et provoquent la fuite de ce dernier ; mais, très vite, des dissensions apparaissent entre les vainqueurs. Durant le reste de l'année, Pancho Villa est l'homme fort du pays. Dans la capitale, qu'il contrôle entièrement, il installe un président à titre provisoire, désigné par les représentants des divers groupes révolutionnaires. Pendant une brève période, il se rapproche d'Emiliano Zapata. Mais les deux hommes ne parviennent pas à s'entendre pour éliminer Venustiano Carranza, qui se présente comme le chef politique de la révolution et le défenseur de la légitimité constitutionnelle, d'où le nom de « constitutionnalistes » donné à ses partisans. Celui-ci en profite pour reprendre l'avantage. En 1915, ses forces, dirigées par Álvaro Obregón, avec lequel il a fait alliance et qu'il a nommé général, infligent des défaites si sévères à Pancho Villa que, au mois de décembre, celui-ci dissout ce qui reste de son armée. Le héros reprend le maquis et continue le combat, désormais sans grand succès. Les constitutionnalistes se retournent alors contre Emiliano Zapata. Le conflit a pour cadre le fief de ce dernier, l'État du Morelos, mais il prend fin avec l'assassinat de Zapata, en 1919.

Le Mexique après la révolution

Le triomphe du parti unique. En 1929, les héritiers de la révolution fondent le parti unique, qui prend le nom de Parti révolutionnaire institutionnel en 1946. Malgré la légalisation d'autres partis en 1977, le P.R.I. exerce le pouvoir à partir de 1929. Défait à l'élection présidentielle de 2000, il reste majoritaire au Parlement.

La prospérité manquée, la démocratie impossible. Le régime du parti unique va de pair avec des réformes importantes. Entre 1934 et 1940, le président Lázaro Cárdenas réalise ainsi la réforme agraire et nationalise la production pétrolière. Les années qui suivent sont marquées par une croissance économique qui ne se dément plus jusqu'en 1982. Le pays sombre ensuite dans une crise économique et financière qui atteint son paroxysme en 1994 et 1995.

Le retour du zapatisme. Cette situation accroît le mécontentement politique. Alors que les partis d'opposition réclament en vain la démocratisation et des réformes électorales, en janvier 1994, un mouvement néozapatiste renaît. Sous la direction de celui qui se fait appeler le « sous-commandant Marcos », un homme dont l'identité véritable et le passé demeurent mystérieux, l'Armée zapatiste de libération nationale passe à l'action violente, pour réclamer, outre une véritable démocratie et la justice, le respect des droits des Indiens. L'insurrection a pour foyer la région déshéritée du Chiapas, dans le sud du pays. Elle ne s'enferme pas dans la guérilla mais utilise des moyens modernes, recourant notamment aux médias internationaux pour faire connaître ses revendications. Ainsi, durant l'été 1996, le sous-commandant organise au Chiapas la Rencontre intercontinentale pour l'humanité contre le néolibéralisme, qui réunit trois mille participants venus de quarante-deux pays et comptant parmi les personnalités les plus en vue du monde politique et intellectuel.

Vers le Mexique moderne

Le 5 février 1917, soit un mois avant d'être élu président, Venustiano Carranza promulgue une nouvelle Constitution, toujours en vigueur de nos jours. Celle-ci entérine la disparition de l'ancien ordre social dominé par un petit groupe de riches propriétaires terriens, et met en place un État à tendance socialisante qui restitue aux petits paysans les terres accaparées. La même année, au mois de mars, Carranza est élu président. Trois ans plus tard, tandis qu'il tente d'imposer son successeur, il est assassiné par le général Obregón qui, quelques mois après, devient président à son tour. La révolution connaît alors ses derniers soubresauts. En juillet 1920, un accord est signé entre Pancho Villa et le gouvernement. L'ouvrier agricole, devenu bandit puis héros national, dépose les armes et devient le propriétaire d'une hacienda que lui cède l'État. Il y est assassiné en 1923.

Les solitudes glacées du bout du monde

LES PÔLES

Partis en 1911 à l'assaut du pôle Sud, Scott et son équipe ne parviendront jamais à leur but.

Le 14 décembre 1911, le Norvégien Roald Amundsen atteint le pôle Sud, après un périple de 1 200 km à travers l'étendue glacée de l'Antarctique. Cet exploit marque l'aboutissement d'une véritable « course aux pôles », lancée à la fin du XIXe siècle ; confrontées à un milieu extrêmement hostile, les expéditions qui y participèrent, souvent au prix de nombreuses vies humaines, ont permis d'ouvrir à l'homme les derniers espaces inviolés du globe.

Les premières explorations vers l'Arctique remontent au XVIe siècle et à la recherche d'un passage maritime vers l'Orient par le Nord. Une succession ininterrompue d'expéditions vont jusqu'au XIXe siècle parcourir les eaux du Grand Nord et faire naître la conviction que l'Arctique n'est qu'un océan recouvert d'une calotte glaciaire. Dès lors, de l'Américain William Parry, qui part à pied du Spitzberg en 1827, au Norvégien Nansen, qui tente la traversée à bord du *Fram* en 1893, les tentatives pour atteindre le pôle Nord se multiplient, mais aucune ne réussit. L'Antarctique, terre mythique imaginée par les Grecs, est pour sa part resté beaucoup plus longtemps inconnu. Ce n'est qu'au XVIIIe siècle que le célèbre James Cook mène une première expédition dans l'océan Austral, suivi au début du XIXe siècle par Bellingshausen qui, pour la première fois, aperçoit le continent. En 1840, le Français Dumont d'Urville pose le pied sur la terre Adélie tandis que James Clark Ross explore les côtes. Jusqu'à la fin du siècle, les expéditions antarctiques vont rester à la lisière de l'immense continent de glace.

Le grand désert blanc

Si les deux zones géographiques situées aux extrêmes nord et sud de la planète sont regroupées sous le nom de régions polaires, elles offrent pourtant des caractéristiques différentes. L'Arctique est formé pour l'essentiel d'un océan en grande partie recouvert par la banquise, une glace permanente de 2 à 6 m d'épaisseur. Ses abords sont constitués d'une glace saisonnière, le *pack,* qui fond durant l'été et dérive sous forme d'icebergs vers le Sud. La faune de l'Arctique est avant tout marine : phoques, morses, baleines. Mais on y trouve également des ours blancs venus des terres qui sont au pourtour de l'océan, dont l'immense Groenland, recouvert en quasi-totalité par l'*inlandsis.* L'Antarctique se présente à l'inverse comme un véritable continent, plus vaste que l'Europe, et isolé du monde par l'océan Austral. Il est traversé par une chaîne de montagnes dont le plus haut sommet dépasse les 5 000 m, et à peine 1 % de sa surface est libre de glaces. L'énorme inlandsis qui le recouvre peut atteindre 4 000 m d'épaisseur ! Il s'écoule vers la mer par la barrière de Ross, où le front des glaciers forme une muraille de plusieurs centaines de kilomètres de long. À la différence de l'Arctique, les températures sont ici excessivement basses : de – 30 à – 60 °C à l'intérieur des terres. Un record a même été établi à – 94,5 °C ! La rigueur de ce climat, le plus froid et le plus venteux du globe — avec des vents pouvant dépasser les 300 km/h —, fait de l'Antarctique une des régions les plus inhospitalières du monde.

La course au pôle Nord

Au tournant du XXe siècle, la compétition entre explorateurs pour atteindre les pôles devient acharnée, exacerbée par l'orgueil national. Après l'échec du prince italien Louis-Amédée de Savoie en 1900, l'Américain Robert Peary se lance dans l'aventure. Plusieurs expéditions

Recouvert presque entièrement par une énorme masse de glace, bénéficiant d'une température excessivement froid l'Antarctique est quasiment inhabitée.

L'Antarctique, un continent protégé

À la suite de **l'Année géophysique internationale** — premier programme scientifique d'envergure mondiale consacré aux régions polaires —, un **traité** gelant toutes les revendications nationales et garantissant aux pays signataires la liberté d'accès et de recherche a été signé en **1959.**

Depuis, plusieurs textes ont été adoptés pour **protéger la faune** du continent et, en 1991, un accord a permis de bloquer pour cinquante ans toute exploitation minière. Entièrement **dévolu aux recherches scientifiques** — dans un esprit de coopération internationale poussé —, l'**Antarctique** apparaît aujourd'hui comme un **patrimoine unique** qui doit être préservé « dans l'intérêt de l'humanité tout entière ».

lui ont permis de repousser peu à peu sa base de départ toujours plus près de son objectif et, le 1er mars 1909, il quitte le cap Columbia, situé à l'extrémité de la terre Ellesmere, en direction du pôle. Financé par des industriels, il dispose de gros moyens : des équipes d'assistance avec 19 traîneaux et 133 chiens l'accompagnent afin d'établir sur son trajet des camps et des réserves de vivres. Un mois après son départ, Peary quitte le dernier groupe de support avec son assistant noir, Matthew Henson, et quatre Esquimaux. Il lui reste 250 km à parcourir pour atteindre le pôle Nord. Revenu sans encombre au cap Columbia le 27 avril, il affirme alors avoir atteint le pôle le 6 du mois. C'est le triomphe. Mais celui-ci va être de courte durée. Dès le 1er septembre, l'Américain Frédéric Cook, autre explorateur renommé, affirme avoir atteint lui-même le pôle Nord le 21 avril 1908. La polémique acharnée qui s'engage va diviser le pays jusqu'à provoquer en 1911 une réunion du Congrès pour départager les concurrents : par 135 voix contre 34, Peary sera déclaré vainqueur officiel. Mais l'attention du monde s'est déjà tournée vers un autre défi, la conquête du pôle Sud.

La conquête du pôle Nord a donné lieu à une violente polémique entre les deux explorateurs américains, Cook et Peary, qui tous deux affirment avoir atteint en premier le pôle (illustration pour l'Assiette au Beurre, *1909).*

L'enfer blanc du pôle Sud

Alors que les Américains s'efforcent d'atteindre le pôle Nord, les Anglais préfèrent s'attaquer au pôle Sud. Après une première tentative infructueuse en 1902, Robert Falcon Scott tente à nouveau de réaliser l'exploit en 1911. Partie le 1er novembre, son expédition rencontre d'énormes difficultés. Les poneys de Sibérie qui portent le matériel doivent être abattus, et leurs charges, réparties sur des traîneaux tirés par les hommes. Le 16 janvier, ceux-ci atteignent enfin leur but. Mais un drapeau norvégien flotte au pôle Sud ! Roald Amundsen se préparait à conquérir le pôle Nord lorsqu'il a appris la réussite de Peary. Dès lors, il décide de se tourner vers le sud. Instruit par son expérience de l'Arctique, Amundsen voyage en traîneaux à chiens, ce qui lui permet d'avancer rapidement et sans fatigue excessive. Après avoir atteint le pôle Sud le 14 décembre, il prend le chemin du retour et atteint la station de Framheim le 25 janvier 1912. Scott et ses compagnons ne vont pas avoir cette chance. Abattus par leur échec, ils s'épuisent peu à peu dans un combat inégal avec la nature. Les gelures et l'aveuglement causés par la réverbération leur infligent d'atroces souffrances, tandis que la sous-alimentation les affaiblit à l'extrême. Le 21 mars, un terrible blizzard les empêche de quitter leur tente alors qu'ils ne sont qu'à 18 km d'un dépôt de vivres. Pelotonnés dans leur abri, ils meurent les uns après les autres. Si l'émotion soulevée dans le monde par ce terrible drame éclipse le triomphe d'Amundsen, une page de l'histoire est tournée. Les expéditions seront désormais des exploits sportifs ou des programmes scientifiques.

Le plus grand paquebot du monde englouti par la mer

LE NAUFRAGE DU TITANIC

Le moment fatal de la collision : à minuit moins le quart exactement, le 14 avril 1912, le Titanic *s'éventre contre un iceberg (gravure du* Petit Journal*).*

Le soir du 14 avril 1912, la station de télégraphie sans fil de Terre-Neuve capte ce message : « Avons touché iceberg 41° 46' nord 50° 14' ouest. Sommes fortement endommagés. Accourez aide. » À quelque 500 km au sud-est, le *Titanic,* le plus grand et le plus luxueux des paquebots de l'époque, coule, avec 2 201 passagers et membres d'équipage, alors qu'il accomplit sa première traversée entre Southampton et New York.

Il est minuit moins le quart. Lancé à 22 nœuds — près de 700 m à la minute —, le bateau s'éventre contre une montagne de glace flottante. À tribord, l'avant est déchiré sur plus de 90 m, en dessous de la ligne de flottaison. Même le double fond de la coque n'a pas résisté. Et les pompes ne peuvent rien contre les masses d'eau qui s'engouffrent.

Une longue agonie

À minuit, le commandant du navire, le capitaine Smith donne l'ordre d'évacuation. « Les femmes et les enfants d'abord » — ce n'est pas une question de préséance : il n'y a de chaloupes que pour 1 178 personnes; moins, donc, que le nombre de passagers, mais la loi anglaise n'oblige à en prévoir que pour le tiers du nombre maximum de personnes.

Les icebergs

Les icebergs sont d'énormes blocs de glace détachés des banquises au printemps et charriés par les courants marins. Les 9/10 de leur masse sont immergés, et ils constituent de véritables récifs flottants sur lesquels les bateaux peuvent s'éventrer.

Les plus gros, s'élevant majestueusement au-dessus des flots, sont repérables, et évitables. En revanche, un bloc plat, émergeant à peine, peut être presque invisible tout en conservant une masse considérable cachée par la mer.

Le danger augmente avec la vitesse et la masse du navire, qui rendent les manœuvres plus difficiles. Il augmente aussi au fur et à mesure qu'on s'approche du pôle, les glaces fondant lentement quand elles descendent vers le sud. Il augmente enfin quand un hiver doux et un printemps précoce multiplient les blocs errants.

Sur le moment, nul ne panique. Le paquebot passe pour insubmersible. Lorsque la comtesse de Rothes s'installe dans un des 22 canots, le commissaire de bord lui dit de ne pas se presser. Et de nombreuses places restent libres, car bien des passagers se croient plus en sécurité sur le paquebot que dans de frêles esquifs en proie aux vagues.
De fait, le bateau flotte encore près de deux heures. Mais, à 1 h 40, l'avant s'enfonce. Il coule dix minutes plus tard, après que la coque s'est brisée par le milieu. Dix minutes encore, et l'arrière se dresse «comme un canard qui veut faire un plongeon», selon un rescapé, et disparaît. Le *Titanic* n'est plus qu'un cercueil d'acier par 3 500 m de fond.
Quand l'équipage et les passagers restés à bord comprennent que leur sort est scellé, l'orchestre de bord donne une leçon d'héroïsme. Dans les salons éclairés comme pour une fête, il n'a cessé de jouer des airs à la mode, pour soutenir les naufragés. Quand l'avant coule, il attaque « Plus près de toi, mon Dieu ». Les voix de ceux qui vont mourir l'accompagnent, et les 868 rescapés les entendent de leurs canots.
Pour ces derniers, l'attente commence. Certains perdent la raison, d'autres meurent de froid et d'épuisement. Après le choc, des navires ont bien capté les messages de détresse, mais le plus proche, le *Carpathia,* est à des milles et des milles. Quand il arrive enfin, vers 5 h, il recueille 711 survivants : le drame a fait 1 490 victimes, le plus lourd bilan jamais dressé pour un naufrage en temps de paix.

Un symbole

Les autorités cherchent un coupable. Le capitaine Smith, qui a coulé avec son navire, est jugé responsable. En fait, avec le *Titanic,* la compagnie anglaise White Star Line a voulu battre le record de vitesse sur l'Atlantique nord. Le paquebot allait trop vite pour pouvoir éviter les icebergs, et, pour raccourcir au maximum le trajet, il est passé trop au nord, dans une zone dangereuse en ce début de printemps.
Au-delà des responsabilités et du nombre même des victimes, la catastrophe frappe les imaginations. Le côté exceptionnel du navire lui-même et l'identité de certains passagers y contribuent. Le *Titanic,* en effet, était une ville flottante de 268 m de long, avec 10 ponts et, pour les passagers de première classe, un luxe exceptionnel à l'époque : salle à manger pour 500 convives, salons en enfilade, fumoirs, salles de sport, hammam, piscine. Il ne pouvait que faire rêver.
De plus, le luxe et la recherche du record de vitesse ont attiré des milliardaires. Parmi les victimes, on compte Benjamin Guggenheim, Georges Widener, Charles H. Hays, « rois » américains du cuivre, des tramways et du rail, et John J. Astor, l'homme le plus riche du monde. L'héroïsme de ce dernier, qui sacrifia sa vie pour sauver femmes et enfants, fait oublier que la mort ne frappe pas équitablement : ainsi, 97 % des passagères de première classe survivent, et 55 % de celles de troisième classe... Mais ce sont là des chiffres qui n'intéressent guère le public d'alors, frappé par cette malédiction des dieux qui s'abat sur un navire dont la puissance et le luxe sont une trop évidente manifestation de l'orgueil humain, défiant la nature, et se brisant contre elle.

Le milliardaire J.J. Astor, qui périt dans le naufrage du Titanic.

La mise à l'eau des canots de sauvetage : le paquebot, qui transportait plus de 2 200 personnes, était équipé de canots pouvant contenir seulement 1 178 passagers... (gravure du journal anglais The Graphic*).*

Les grands naufrages du XXe siècle

En temps de guerre. Les bilans sont très lourds. En mai 1915, 1 198 hommes et femmes meurent sur le paquebot anglais *Lusitania,* coulé par un sous-marin allemand ; en février 1916, 3 100 personnes sombrent avec le croiseur français *Provence.* En juin 1940, 6 000 personnes périssent après le bombardement du paquebot anglais *Lancastria* au large de Saint-Nazaire et, en janvier 1945, le torpillage des bâtiments allemands *Wilhelm Gustloff* et *Gal Steuben* fait 6 800 victimes.

En temps de paix. En 1904, le paquebot de loisirs *General Slocum* brûle dans le port de New York ; 1 021 personnes, en majorité des enfants, périssent ; en mai 1914, une collision sur le Saint-Laurent entre le paquebot anglais *Empress of Ireland* et un cargo norvégien fait 1 024 victimes, et, en 1948, en Chine, l'explosion du *Kianguya* en fait un millier. Mais les grands paquebots sont concurrencés par l'aviation, et leur raréfaction s'accompagne de celle des naufrages les plus meurtriers.

Les ferry-boats. Leur développement entraîne celui des accidents les impliquant. Ils transportent généralement moins de passagers, quoiqu'une collision, au Japon, en septembre 1954, ait fait 1 172 victimes. Mais les naufrages sont relativement fréquents. Ainsi, de janvier à mai 1986, 661 personnes périssent dans quatre naufrages, au Viêt Nam, en Chine et, par deux fois, au Bangladesh. En mars 1987, une porte mal fermée fait couler le ferry britannique *Herald of Free Enterprise,* devant le port belge de Zeebrugge, tuant 189 passagers. En septembre 1994, le ferry *Estonia,* assurant la liaison Stockholm-Tallinn, en Estonie, sombre dans la Baltique : 964 personnes meurent.

L'apogée de la production en série

LE TRAVAIL À LA CHAÎNE

Considéré comme le plus puissant facteur de productivité jamais imaginé, le travail à la chaîne représente l'apogée du principe de fabrication en série, dont l'origine remonte à l'invention des pièces interchangeables, au début du XIXe siècle. C'est aussi le symbole détesté des contraintes auxquelles la technique soumet l'homme.

C'est le 1er mai 1913 que la première chaîne est installée dans les usines de la Ford Motor Company, à Detroit. Les magnétos des Model T, la célèbre voiture populaire inventée par Henry Ford en 1908, se déplacent alors sur un rail situé à mi-hauteur de corps, d'un ouvrier à l'autre, et ceux-ci effectuent en cadence les diverses opérations d'assemblage. Le temps d'assemblage chute alors de 20 à 13 minutes. Puis Ford décide de remplacer le rail par une chaîne mobile où seront suspendues les magnétos. Cette fois, le temps d'assemblage n'est plus que de 5 minutes.

Gagner du temps

Ce gain extraordinaire de productivité encourage Ford à rééditer l'expérience avec les moteurs et les transmissions. Mais la productivité est maintenant telle que l'assemblage final de la voiture prend un retard considérable. Aussi Ford décide-t-il d'installer une chaîne mobile pour les châssis. Leur fabrication dans les stations d'assemblage statiques requiert, généralement, 12 heures et demie par voiture. En août 1913, Ford installe une corde de 75 m de long qui déplace le châssis au milieu de plusieurs piles de pièces détachées. Six ouvriers spécialisés suivent le châssis et le temps d'assemblage tombe alors à 6 heures. Le système est ensuite amélioré par Ford, qui installe une chaîne sans fin, réduit sa longueur, automatise son déplacement, et la place, elle et les pièces détachées, à une hauteur optimale pour permettre à l'ouvrier d'adopter la meilleure position de travail. Le 30 avril 1914, le temps d'assemblage tombe à 93 minutes. Le système est adopté dans toutes les usines de la firme, puis par les concurrents de Ford à l'échelon national, et, enfin, par d'autres fabricants américains de produits de grande consommation. En 1922, Ford déclare : «Chaque pièce de l'atelier se déplace. Elle peut se déplacer sur des crochets ou sur des chaînes qui vont à l'assemblage dans l'ordre exact où les pièces sont requises; elle peut voyager sur une plate-forme mobile, ou par gravité, mais le fait est qu'il n'y a aucun levage ou déplacement en dehors de celui de ces pièces.» La chaîne moderne est née.

Une application de l'idée du mouvement continu

La chaîne permet de produire plus en moins de temps, en immobilisant le travailleur à sa tâche mais en rendant mobiles les objets que celui-ci doit travailler. L'emploi du mouvement continu pour l'élévation de l'eau, de la terre et des minerais remonte aux élévateurs à chaîne à godets de l'époque assyrienne et grecque. Le principe de convoyage qu'il implique est alors adopté dans la mine et dans les techniques de construction. C'est en Amérique, dans les

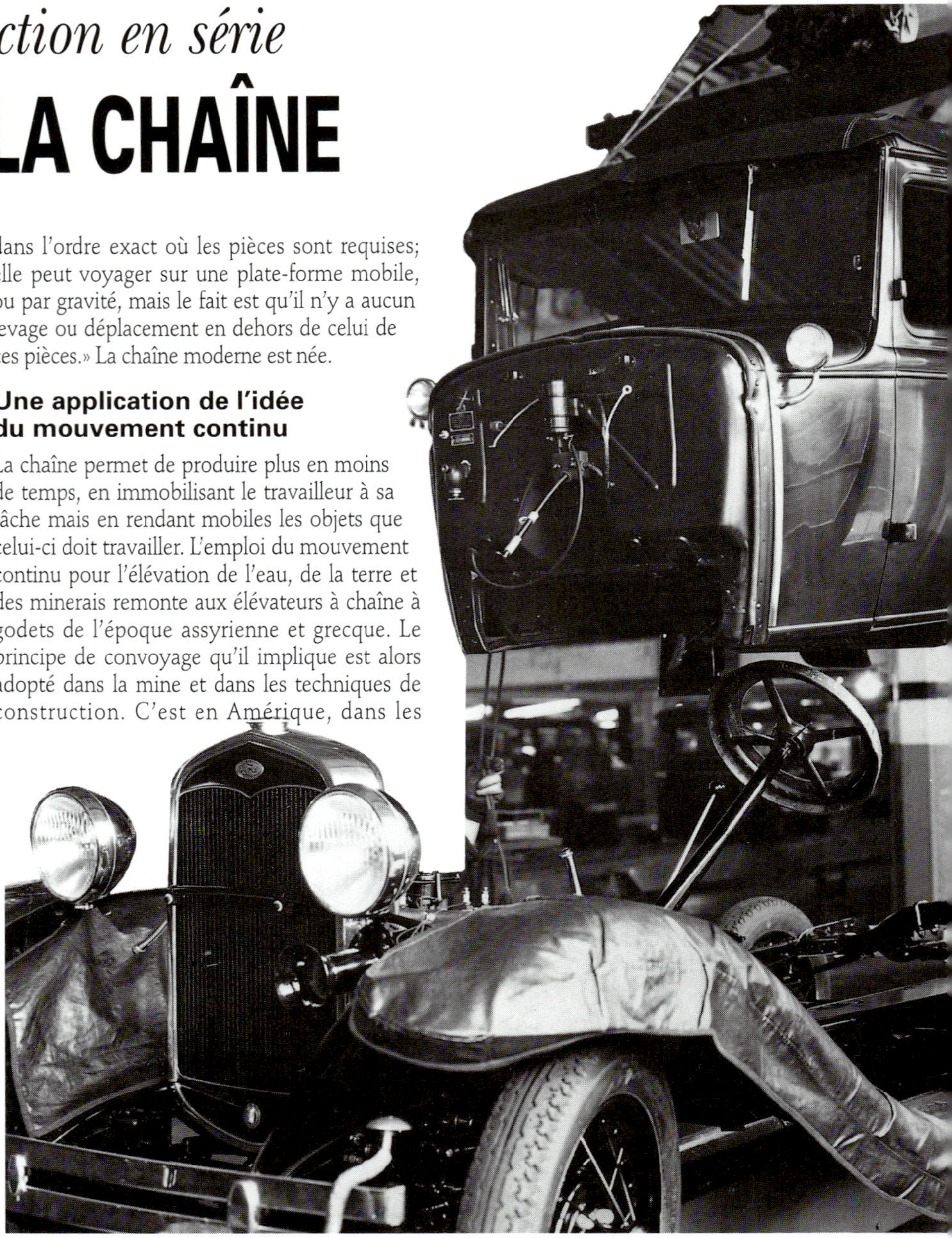

Le stakhanovisme

Dans l'Union soviétique née de la révolution de 1917, l'incitation au **développement de la production** passe par l'émulation morale et matérielle des travailleurs, autant que par des progrès techniques.

Le **stakhanovisme,** une méthode baptisée d'après le mineur Alekseï Grigorievitch Stakhanov, héros de la production de charbon dans le Donetz, **se développe** durant le deuxième plan quinquennal, **entre 1933 et 1937.** Le mouvement stakhanoviste prit la relève de celui des **oudarnik,** travailleurs de choc, qui avait connu un considérable développement à partir de 1929. Il consiste à réaliser des records de rendements récompensés par de nombreux avantages pécuniaires et une mise à l'honneur, avec affichage de la photographie du travailleur méritant et félicitations publiques.

vastes abattoirs de Chicago et de Cincinnati, au cours des années 1870, que ce principe est appliqué en premier lieu. Les carcasses sont alors suspendues à des bennes reliées à un rail, et elles passent d'un ouvrier à l'autre. Le déplacement automatique des bennes oblige le travailleur à maintenir sa cadence de travail et à éliminer les gestes inutiles, augmentant de fait sa productivité. C'est indéniablement là que se situe la genèse de la chaîne moderne, et Ford déclare lui-même dans sa biographie : «L'idée générale [de la chaîne] m'est venue en regardant les bennes utilisées dans les abattoirs de Chicago pour parer les bœufs.»

Le travail à la chaîne en crise

On ne s'appesantira pas ici sur l'effet aliénateur du travail à la chaîne, qui relève plus de l'histoire sociologique et politique que de l'aspect technique. Mais tout le monde sait que la chaîne a cessé d'être un facteur absolu d'accroissement de la productivité. Au contraire, elle entraîne de plus en plus de gaspillage, d'absentéisme et de troubles sociaux. C'est pourquoi l'industrie, automobile en particulier, robotise de plus en plus la chaîne et, parallèlement, la brise. On revient ainsi, dans certaines firmes scandinaves, japonaises et américaines, à une production fondée sur le principe de l'atelier où un petit nombre d'ouvriers spécialisés réalisent le produit dans son intégralité dans des modules de production plus conviviaux.

Avant Ford, Taylor

Organiser le travail. Les premières tentatives visant à organiser rationnellement le travail en usine précèdent les efforts de Ford. Elles sont l'œuvre de l'ingénieur américain Frederick Winslow Taylor, qui propose, en 1895, de jeter les bases d'une gestion scientifique du travail afin d'améliorer la productivité ouvrière.

L'ouvrier, simple machine. Pour cela, il propose d'instituer la rémunération à la pièce en lieu et place du salaire horaire, de contrôler les temps d'exécution des tâches et, enfin, de rémunérer l'ouvrier au prorata de ses performances. Taylor pense avoir trouvé la formule idéale, mais, rapidement, les critiques l'accusent de transformer l'ouvrier en une machine qui n'a aucun mot à dire dans l'organisation de son travail.

Un système qui marche. Taylor met en pratique ses théories à la Bethlehem Steel Company, en 1898. En réorganisant le travail des ouvriers sur les machines-outils, il découvre une technique de coupe rapide des aciers, qui permet d'enlever 200 à 300% de plus de métal, ce qui lui vaut une renommée certaine.

Pose de la carrosserie sur le châssis d'un modèle datant de la fin des années 1920.

Les débuts héroïques du travail à la chaîne : l'assemblage des voitures Model-T dans l'usine Ford de Rivière Rouge, à Detroit, en 1913. Les carrosseries glissent sur un plan incliné en bois avant d'être placées sur des châssis qui se présentent au fur et à mesure.

L'archiduc-héritier d'Autriche est assassiné à Sarajevo

LA PREMIÈRE GUERRE MONDIALE ÉCLATE

Le 28 juin 1914, l'archiduc François-Ferdinand, héritier de la double couronne d'Autriche et de Hongrie, est en visite officielle avec son épouse, la duchesse de Hohenberg, à Sarajevo, capitale provinciale de la Bosnie-Herzégovine, dans le cadre des grandes manœuvres militaires annuelles. Son assassinat est la cause immédiate de la Première Guerre mondiale.

La Bosnie-Herzégovine est une région à risque : ancien morceau de l'Empire turc, peuplé de Slaves, placé sous l'influence russe et constituant donc un danger pour l'Empire austro-hongrois hanté par la peur d'un soulèvement de ses éléments slaves, elle est administrée « provisoirement » par l'Autriche à partir de 1878, puis annexée en 1908. Mais la population garde des nostalgies nationalistes : elle regarde vers la Serbie, État auquel l'intervention autrichienne l'a empêchée de s'intégrer lorsqu'il est devenu indépendant en 1878, et ses traditions locales sont loin d'exclure le recours au terrorisme politique : le vieil empereur François-Joseph, quatre-vingt-quatre ans, a d'ailleurs échappé de justesse à un attentat.
La journée, de plus, est mal choisie. C'est la Saint-Guy, fête nationale serbe : le voyage peut passer pour une provocation.

L'attentat

Un premier attentat vise le cortège, mal protégé par des policiers trop peu nombreux et plus intéressés par le spectacle des voitures officielles que par la surveillance de la foule. Un typographe de vingt ans, Tchabrinovitch, lance une bombe sur la voiture de l'archiduc. Celui-ci a le réflexe de la ramasser sur le siège et de la renvoyer sur la chaussée, où elle explose, faisant onze blessés. C'est une première alerte, mais la visite continue. Après une réception à l'hôtel de ville, où l'atmosphère est plutôt lourde, le cortège repart. L'archiduc veut rencontrer les blessés du premier attentat. À un carrefour, le chauffeur ralentit, hésite. Un étudiant de dix-neuf ans, Gavrilo Prinzip, s'approche de la voiture, un revolver browning au poing : il tire, atteignant d'abord la duchesse à l'abdomen, puis François-Ferdinand à la tempe. L'héritier du trône d'Autriche meurt sur le coup, son épouse décède avant même son arrivée à l'hôpital. L'Europe s'émeut. À Rome, le pape s'éva-

Les Balkans en 1914.

L'Europe en 1914

L'Allemagne est désormais la première puissance économique du continent.

Les mouvements nationaux, créent une situation explosive, dans **l'Empire austro-hongrois** et dans les Balkans. Les conflits se focalisent autour d'un nouvel État : **la Serbie,** détachée de l'Empire ottoman en 1878, royaume slave vers lequel regardent les populations slaves englobées des autres États.

Dans ce contexte **deux systèmes d'alliances** se constituent : France, Angleterre, Russie forment la Triple-Entente ; la Triple-Alliance groupe, lâchement, Autriche-Hongrie et Italie.

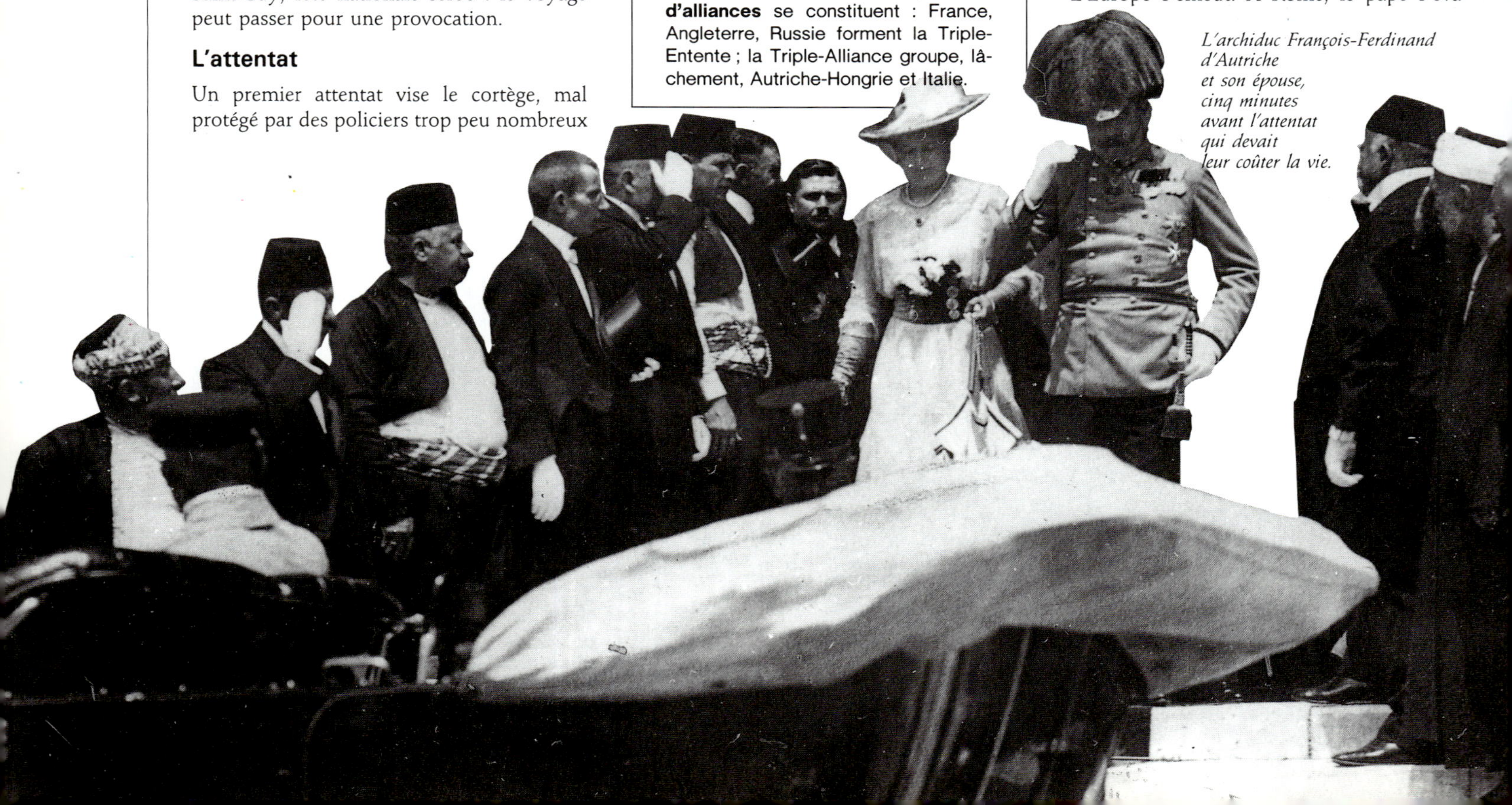

L'archiduc François-Ferdinand d'Autriche et son épouse, cinq minutes avant l'attentat qui devait leur coûter la vie.

Le socialiste français Jaurès réclamait la paix.

nouit alors qu'il prie à Saint-Pierre pour le repos de l'âme des défunts. À Londres, le *Times* parle d'un « lâche attentat qui a ébranlé la conscience du monde ». Cependant, au-delà des mots convenus, la presse et l'opinion ne s'inquiètent guère. En France, le *Petit Parisien* préfère apitoyer ses lecteurs avec le récit des deuils qu'a connus le vieil empereur François-Joseph, en soixante-six ans de règne, et tenter de percer la personnalité des nouveaux héritiers du trône, l'archiduc Charles et son épouse Zita.

L'Autriche contre la Serbie

Pourtant, une machine infernale est en marche. Derrière Tchabrinovitch et Prinzip, derrière leurs nombreux complices, qui sont arrêtés, l'Autriche dénonce le rôle de la Serbie. Celle-ci n'a aucune responsabilité directe dans l'assassinat, mais elle a toléré les activités de sociétés secrètes qui entendent libérer les Slaves soumis à l'Empire austro-hongrois, comme la « Main noire », à laquelle est lié Prinzip. Ces sociétés, à l'insu du gouvernement, ont même été appuyées par l'état-major. Surtout, pour le gouvernement de Vienne, humilier la Serbie, c'est montrer aux Slaves de l'empire qu'ils ne doivent rien attendre d'elle, et surtout pas l'indépendance à laquelle elle les excite directement ou indirectement. Le 23 juillet, un ultimatum est envoyé au gouvernement serbe. Il est accepté le 25, sauf sur un point, Belgrade ne pouvant admettre que la police autrichienne mène l'enquête sur son territoire, comme s'il s'agissait d'une province de l'empire, en écartant les officiers ou les fonctionnaires serbes qui lui sont suspects. Le 28, c'est la guerre.

Le conflit généralisé

Tout, alors, s'enchaîne très vite. Le 29, la Russie mobilise : protectrice des Slaves, elle a de grandes ambitions balkaniques, et l'entourage de Nicolas II croit que la guerre conjurera le spectre de la révolution. Pour l'empereur d'Allemagne Guillaume II, les ambitions russes mettent en danger l'existence même de l'Autriche, son allié. Poussé par l'état-major, il cesse de jouer un rôle modérateur et déclare la guerre au tsar le 1er août. La France, alliée de la Russie, mobilise le lendemain : elle a un lourd contentieux avec l'Allemagne, entre la perte de l'Alsace-Lorraine en 1871 et de plus récents affrontements pour le contrôle du Maroc ; le 3 août, l'Allemagne lui déclare la guerre et viole la neutralité belge, attaquant là où on ne l'attend pas. L'Angleterre, rivale sur mer de l'Allemagne et qui ne peut accepter l'invasion de la Belgique, entre en guerre, le 4 août.

Ainsi, l'étudiant Prinzip a déclenché un conflit général, dont les gouvernements croient alors qu'il sera bref. Plus lucide, le général Lyautey, résident général de France au Maroc, déclare, le 27 juillet : « Ils sont complètement fous ! Une guerre entre Européens, c'est une guerre civile, la plus monumentale ânerie que le monde ait jamais faite ! » .« Monumentale ânerie » destinée à faire dix millions de morts.

Les crises qui ont précédé la guerre

En dix ans, l'Europe est secouée par quatre crises majeures, à propos des colonies et dans les Balkans.

1905 : l'Allemagne soutient l'indépendance du Maroc contre les ambitions françaises. On est au bord de l'affrontement, mais la France bénéficie des alliances russe et anglaise, et l'Allemagne est isolée.

1908 : l'Autriche annexe la Bosnie-Herzégovine. Le prétexte est la naissance de la Bulgarie, qui devient indépendante par rapport à l'Empire ottoman. La Russie proteste, puis s'incline.

1911 : l'Allemagne menace d'intervenir au Maroc. De nouveau, l'affaire s'arrange : la France obtient les mains libres, moyennant la cession à l'Allemagne de territoires en Afrique équatoriale.

1912-1913 : partage des possessions ottomanes, guerres balkaniques. En 1912, la Serbie, la Bulgarie et la Grèce écrasent les Turcs, en pleine décadence. Les puissances européennes veillent à ce que le vaincu conserve Constantinople et les détroits. L'Albanie devient un État indépendant. L'année suivante, le partage de la Macédoine engendre une guerre entre la Serbie et la Bulgarie : Grecs, Turcs et Roumains se mêlent au conflit, y gagnant des lambeaux de Bulgarie. L'Autriche songe à attaquer la Serbie, mais l'Allemagne et l'Italie l'en dissuadent.

À chaque fois, les puissances trouvent une solution qui préserve la paix générale. Mais les compromis franco-allemands exaspèrent les nationalistes, et le recours à la force fait des Balkans une véritable poudrière.

Le départ des troupes allemandes pour le front français.

Le premier génocide du XXe siècle
LE MASSACRE DES ARMÉNIENS

En 1919, devant un tribunal militaire, le général Mustapha Kemal déclare : « Nos compatriotes ont commis des crimes inouïs [...], organisé la déportation et le massacre, brûlé vifs des nourrissons arrosés de pétrole [...], mis les Arméniens dans des conditions insupportables comme aucun peuple n'en a connues dans toute l'histoire. »

Maître de la Turquie à partir de 1923, ce même général nie la réalité du massacre, au nom de l'unité nationale. Ce n'en est pas moins le premier génocide du XXe siècle, sinistre modèle pour Hitler qui, en août 1939, aurait dit : « Qui parle encore aujourd'hui du massacre des Arméniens ? »

« La chasse aux Arméniens » (illustration de Weber dans Le Rire*, en 1898). Culminant dans la décision de massacre général de 1915, la tension entre la majorité turque et la minorité arménienne, est une constante de l'histoire des dernières années de l'Empire ottoman.*

Un peuple dans la guerre

Depuis 1830, l'Empire ottoman, majoritairement musulman, se désagrège. Les minorités chrétiennes — Grecs, Roumains, Bulgares ou Serbes — accèdent à l'indépendance. Les Arméniens, qui sont également des chrétiens, revendiquent pour leur part, dans un premier temps, l'autonomie. Ils sont soutenus de l'extérieur par leurs nombreux concitoyens, commerçants et intellectuels expatriés, qui tâchent d'obtenir l'appui des pays qui les accueillent. Mais le gouvernement du sultan refuse de s'engager dans une évolution qui mènerait à une nouvelle amputation territoriale. Contre les revendications des Arméniens, il exploite les tensions de ceux-ci avec d'autres peuples, musulmans, tels les Kurdes. En 1894-1895, des pogroms font plus de 100 000 morts.

En 1914, l'Empire ottoman choisit le camp de l'Allemagne. Les Arméniens, sujets du sultan, doivent affronter leurs frères, citoyens de la Sainte Russie. Certains désertent. Le gouvernement a de sérieuses raisons de douter du loyalisme des autres. En février 1915, il décide l'élimination systématique de la population arménienne, sur place, en encourageant de nouveaux pogroms ou, à partir de mai, loin des regards indiscrets, en ordonnant la déportation de tous les Arméniens survivants aux confins de l'empire.

Des témoignages allemands

En 1916, un Allemand, le Dr Martin Niepage, rapporte le témoignage de plusieurs de ses compatriotes : « L'un d'entre eux [...] raconta avoir vu des cadavres de femmes violées, nus, entassés sur le talus du chemin de fer à Tell-Abiad et à Ras-ul-Ayn. Beaucoup d'entre elles avaient un bâton enfoncé dans l'anus. Un autre [...] avait vu des Turcs attacher ensemble des Arméniens, tirer sur cette masse humaine plusieurs salves de petits plombs avec des fusils de chasse et partir en riant, laissant leurs victimes mourir dans d'effroyables convulsions. D'autres avaient les mains liées dans le dos et on les faisait dévaler du haut de rochers abrupts. Des femmes attendaient en bas et les lacéraient à coups de couteau jusqu'à ce que mort s'ensuive [...] Le consul allemand de Mossoul raconta en ma présence [...] qu'il avait vu, à plusieurs endroits de la route de Mossoul à Alep, des mains d'enfants tranchées, et en telle quantité qu'on aurait pu paver le chemin. »

(cité dans le Crime du silence, le génocide des Arméniens*, Paris, Flammarion, 1984, p. 127.)*

L'enfer

Sur la frontière nord d'abord, où sont concentrés les Arméniens qui continuent à servir, puis, en avril, notamment dans les villes de Zeïdoun, Van et Constantinople, les Arméniens sont victimes d'un massacre général. À la fin du printemps, le regroupement des survivants en caravanes s'organise à Alep, qui sert de plaque tournante à la déportation. Encadrés par des gendarmes — qui les rouent de coups, interdisent tout repos aux femmes qui accouchent et laissent les pillards s'attaquer aux convois —, la plupart des déportés disparaissent dans le désert de Mésopotamie ou de Syrie, victimes de la faim, du typhus ou du choléra. Pour ceux qui arrivent malgré tout au terme du voyage, la mort est tout aussi certaine. Un diplomate allemand dans l'Empire note que « les camps de concentration n'ont reçu ni tente, ni farine en quantité suffisante, ni combustible. Les autorités elles-mêmes ont pris aux paysans déportés leurs pioches et leurs bêches. Chacun est convaincu que tous les déportés sont voués à la mort ». Un autre témoin, également allemand, le Dr Armin T. Wegner, décrit encore plus clairement la situation : « J'en ai vu qui, saisis par la démence, mangeaient leurs propres excréments, des femmes qui faisaient cuire leur nou-

Corps flottants sur les eaux : en 1909 déjà, 3 000 Arméniens furent massacrés par les Turcs à Adana, et leurs corps jetés dans la rivière Seihour...

veau-né [...] Ils étaient là, [...] gisant entre des monceaux de [...] corps à demi putréfiés, apathiques, attendant la mort. De combien de temps, en effet, pourraient-ils prolonger leur existence misérable en fouillant dans le crottin des chevaux pour y trouver des grains de blé et en se nourrissant d'herbes ? »

Le mensonge et les bombes

Le bilan est là : 300 000 morts dès août 1915 selon Enver Pacha, alors ministre turc de la Guerre, plus de 800 000 en octobre 1916 selon l'ambassade allemande, mais aucune estimation sérieuse ne descend en dessous du million, soit la moitié des Arméniens vivant en 1914 dans l'empire.

Ceux qui ont ordonné le massacre ont été jugés; si le gouvernement actuel d'Ankara n'est pas leur héritier, il est celui de Mustapha Kemal. Et pourtant, il nie les faits, insiste sur des exactions arméniennes antérieures, sous-estime de moitié la population arménienne de 1914 et parle de 300 000 morts, dus à l'insécurité et aux pénuries subies alors par tous.

Au nom de la vérité, certains ont choisi la pire des solutions. En 1975, un attentat contre un diplomate turc a posé brutalement le problème du génocide; depuis, l'Armée secrète arménienne de libération de l'Arménie (A.S.A.L.A.), née au Liban pendant la guerre civile, s'est discréditée par des attentats aveugles, comme à Orly en 1983. Mais la vérité avance même sans violence, avec la reconnaissance du génocide par le président Mitterrand en janvier 1984, ou l'engagement pour la cause arménienne de Sean McBride, fondateur d'*Amnesty International*, de l'historien Pierre Vidal-Naquet, du romancier Leonardo Sciascia ou du cinéaste turc Yilmaz Güney.

Un camp de réfugiés arméniens en Syrie, en 1915. Aucun document photographique n'existe sur les camps de concentration situés dans les lointains confins de l'empire, où les Arméniens de Turquie étaient réunis pour y mourir. Mais des descriptions effroyables subsistent.

Après le génocide : diaspora et Arménie ex-soviétique

Préliminaires. En 1918, l'Arménie russe devient indépendante; en 1920, le traité de Sèvres, détruisant l'Empire ottoman, crée la Grande Arménie. Mais les Turcs refusent le traité, la guerre reprend, et le nouvel État est partagé entre la Turquie, où vivent toujours 40 à 50 000 Arméniens, et une République soviétique.

La république d'Arménie. En 1945, Staline appelle la diaspora à se regrouper dans cette république socialiste, mais, très vite, dictature et russification gèlent les enthousiasmes. Avec la perestroïka, le mouvement national s'affirme; en février 1988, des manifestants réclament le rattachement à leur pays du Haut-Karabakh, enclave arménienne en Azerbaïdjan; les heurts sanglants se multiplient avec les Azéris, aboutissant à la guerre. En août 1990, la république d'Arménie proclame sa souveraineté, puis son indépendance.

La diaspora dans le monde. En Europe, c'est la France qui accueille la majorité des Arméniens de l'extérieur (300 000 personnes actuellement), notamment parce qu'en 1920 elle administrait la Syrie et le Liban où les survivants s'étaient réfugiés. La diaspora est aussi présente aux États-Unis (500 000 personnes), au Canada, en Amérique du Sud et en Australie. Le souvenir du génocide est très présent, et les liens avec la république d'Arménie ont été renforcés par le séisme dévastateur de 1988 et par la guerre contre les Azéris.

Les civiles aussi ont gagné la guerre

LES FEMMES AU TRAVAIL

En 1915, l'Europe est en guerre depuis déjà une année. Les hommes sont au front, et la France doit nourrir, habiller et armer ses soldats. Dans les campagnes comme dans l'industrie, il faut des bras. De nombreuses femmes découvrent le monde du travail, d'autres ont accès à des emplois jusque-là réservés aux hommes.

Le 5 août 1914, la guerre éclate. Les soldats français, généralement confiants, partent pour une campagne que tout le monde prévoit courte. Un an plus tard, des millions d'hommes, bloqués le long d'une ligne de front de 750 kilomètres, piétinent dans la boue des tranchées. On sait désormais que la guerre sera longue, et qu'il faut tenir. Il est particulièrement urgent d'intensifier la production d'armement, mais les ouvriers sont au front, et le gouvernement doit faire face à une sévère pénurie de main-d'œuvre. On dirige vers les usines des jeunes de moins de 18 ans, des travailleurs étrangers ou coloniaux, mais ces mesures restent insuffisantes. Enfin, le gouvernement se décide à faire appel à la main-d'œuvre féminine.

Ouvrières et syndicalisme

La place prise par les femmes dans le monde du travail pendant les quatre années de la guerre a démenti bien des préjugés. Keufer, secrétaire de la fédération du Livre, traditionnellement hostile aux femmes, déclare au Congrès de 1919 :

«Il faut reconnaître que les critiques adressées aux femmes n'ont plus aujourd'hui la même valeur. Ces dernières années, par suite de difficultés matérielles, un mouvement étendu, profond, s'est produit dans les industries où le nombre de femmes occupées est considérable. Des revendications ont été formulées et des grèves assez sérieuses ont eu lieu [...] des syndicats féminins se sont constitués [...] à la suite de revendications contre la vie chère, les femmes se sont presque partout jointes aux ouvriers en grève [...] Ces faits démontrent qu'une modification appréciable se produit dans la mentalité féminine. Ils doivent nous permettre d'envisager son admission dans les organisations syndicales [...] Il faut donc prendre courageusement position, soit réaffirmer notre opposition demi-séculaire à l'emploi de la femme, au risque de nous aliéner l'opinion publique, soit combattre, non la femme, mais l'exploitation dont elle est l'objet.»

Femmes au travail dans une usine anglaise en 1917. Pendant la Première Guerre mondiale, le «champ du travail» se révèle aussi important que le champ de bataille.

Dans les campagnes

En 1914, le départ des hommes se produit au moment des moissons. Le 7 août, le président du Conseil Viviani lance un appel aux paysannes pour leur demander d'aller faucher le blé : «Debout femmes françaises, jeunes enfants, filles et fils de la patrie. Remplacez sur le champ du travail ceux qui sont sur le champ de bataille. Préparez-vous à leur montrer demain la terre cultivée, les récoltes rentrées, les champs ensemencés!»
Dans l'esprit de tous, il ne s'agit que d'une solution exceptionnelle, pour quelques mois, mais le fait est là : les femmes prennent pour la première fois la responsabilité des exploitations. Les deux premières années sont très dures, et certaines abandonnent. Mais, à partir de 1916, les prix agricoles montent et les campagnes s'enrichissent. Les femmes, dans leur grande majorité, montrent qu'elles sont capables de remplacer leurs maris. Dans son roman *le Cheval d'orgueil*, l'écrivain Pierre Jakez Hélias raconte comment son père, qui, en 1914, a confié sa faucille à sa femme, décide au retour de la lui laisser : «Il n'en était plus le maître, pensait-il, car elle avait été bien gagnée par la mère.»

La réorganisation du travail

À l'automne 1915, des circulaires ministérielles invitent les industriels à employer les femmes partout où cela est possible. Des bureaux d'embauche sont ouverts à Paris et en pro-

La moisson pendant la guerre. À la campagne, les femmes ont toujours pris leur part des travaux agricoles. Ce qui est nouveau pour elles, c'est d'en assumer seules l'entière responsabilité... et toujours avec les enfants à soigner!

Femmes en guerre

Dans tous les pays en guerre, la situation est à peu près la même qu'en France. L'industrie a besoin de bras : ce sont les ouvrières qui lui en fournissent. Mais aussi, pour la première fois, les femmes accèdent en Europe à des postes de direction. Elles deviennent chimistes, ingénieurs, médecins. En Russie, des femmes sont nommées professeurs d'Université ou architectes.

En Allemagne. Dès 1914, des féministes créent une association, reconnue par les autorités, qui joue le rôle de troupe auxiliaire de l'administration pour l'assistance et l'approvisionnement. Les femmes se dirigent en masse vers l'industrie lourde. Certaines travaillent dans la métallurgie, d'autres dans les mines. À la fin de la guerre, la célèbre société Krupp compte 30 000 femmes sur 110 000 employés.

En Grande-Bretagne. Lorsqu'elles ne travaillent pas dans l'industrie, les Anglaises remplacent les agents de police, entrent en grand nombre dans l'administration et s'engagent même dans l'armée, où elles gèrent les services de l'arrière et assurent les liaisons. Dans certaines usines, tout le personnel est ainsi bientôt féminin, y compris dans les postes d'encadrement et de direction. Et, bien que les femmes n'aient pas le droit de vote, l'une d'elles, Miss Stevenson, est nommée sous-secrétaire d'État.

vince, et les prescriptions légales concernant le travail des femmes sont levées. Quelques mois plus tard, en avril 1916, un arrêté ministériel crée un Comité du travail féminin. Cet organisme est chargé de recruter des ouvrières, d'organiser leur transport vers les usines d'armement et leur hébergement. L'objectif est de diminuer au maximum le nombre de postes tenus par des ouvriers pour envoyer davantage d'hommes au front. De nombreuses professions, jusque-là fermées aux femmes, leur deviennent accessibles. Cependant, volonté délibérée ou manque de temps, il est rare qu'une formation soit dispensée aux ouvrières. Elles sont affectées aux tâches élémentaires et mécaniques. Dans la fabrication des obus, par exemple, des hommes règlent les machines qu'elles utilisent, et c'est un surveillant qui dirige le travail d'une dizaine de femmes.

En 1913, 487 000 femmes travaillent dans l'industrie. Elles sont 627 000 en 1917, dont 430 000 dans l'armement. On note aussi d'importantes mutations qualitatives. Les secteurs traditionnellement féminins, comme le textile, sont délaissés au profit de la métallurgie et de l'armement, où les emplois, mieux payés, étaient jusque-là réservés aux hommes.

Outre la réorganisation des tâches, la présence massive des femmes dans l'industrie implique des mutations technologiques : il faut leur rendre accessibles des postes où une dépense physique importante est nécessaire. Partout, on invente des dispositifs facilitant le travail, rationalisant la fabrication. L'industrie française fait preuve de souplesse et d'adaptation. Les femmes découvrent également les emplois du secteur tertiaire : administration, commerce, banques, transports, et les Parisiens voient pour la première fois des femmes conduire des tramways.

Avec le travail, les femmes découvrent le syndicalisme. En 1916, des couturières se mettent en grève et réclament des augmentations. En effet, les salaires sont bloqués à cause de la guerre, mais les prix augmentent. Le mouvement s'amplifie et touche bientôt tous les secteurs de l'industrie, y compris les usines de la Défense nationale où, en juin, on dénombre 15 000 hommes et 40 000 femmes en grève. Cette différence de combativité s'explique par le statut des ouvriers qui travaillent dans les industries de guerre : toujours considérés comme mobilisés, ils risquent d'être renvoyés au front en cas de défaillance. Cependant, le gouvernement n'a pas le choix : les grévistes obtiennent rapidement de substantielles augmentations de salaires. Mais tous ces avantages acquis ne seront pas conservés : après la fin des hostilités, les salaires féminins baissent de nouveau.

L'après-guerre

D'après le recensement de 1921, le nombre de femmes employées dans l'industrie n'a augmenté que de 278 000 depuis 1906 : beaucoup de femmes ayant travaillé dans ce secteur pendant la guerre ont rejoint leur foyer après le retour des hommes. Mais de nombreuses Françaises ont perdu un père ou un mari et sont sans ressources. Celles-là continuent donc à travailler, on constate un déplacement vers des emplois mieux payés : les effectifs féminins du textile n'ont pas changé, mais ils ont triplé dans la métallurgie, et ils ont considérablement augmenté dans la chimie, les industries agro-alimentaires et les transports.

Si les ouvrières ont, à court terme, peu profité des bouleversements provoqués par le conflit, en revanche, les conséquences de la guerre sont spectaculaires dans les professions non industrielles : les services publics et administratifs ont doublé leur personnel féminin. Presque toutes les professions du tertiaire sont ouvertes aux femmes et celles-ci sont désormais admises dans les écoles d'ingénieurs ou de commerce. Mais, surtout, l'impact psychologique est immense : le travail des femmes dans à peu près tous les secteurs est désormais une chose acquise. En 1918, l'opinion publique, traumatisée, veut croire que la guerre n'a été qu'une sanglante parenthèse de quatre ans. Mais, pour les femmes de toutes les classes sociales, le conflit a provoqué des modifications profondes et irréversibles.

Femme conductrice d'autobus à Londres. Pour les usagers, la présence des conductrices, est un des signes les plus visibles de la participation des femmes au maintien de la vie économique.

La plus grande bataille de la Première Guerre mondiale

VERDUN

En 1914, on croyait à une guerre courte, voire « fraîche et joyeuse ». Très vite, le conflit s'est enlisé. À l'ouest, deux armées se font face, de la Suisse à la mer du Nord. Les chefs militaires rêvent d'une offensive qui emporterait la décision : au début de 1916, les Français l'envisagent sur la Somme. Elle a lieu sur la Meuse, et ce sont les Allemands qui en prennent l'initiative.

Le 21 février, la Ve armée allemande, commandée par le *Kronprinz,* le fils aîné de l'empereur, attaque le camp retranché de Verdun, sur la Meuse. Elle applique la maxime « l'artillerie conquiert, l'infanterie occupe » : un pilonnage intense prépare l'avancée de troupes, concentrées là dans la plus grande discrétion et remarquablement camouflées.
Pour le général von Falkenhayn, chef des armées allemandes, il s'agit de « saigner l'armée française » en attaquant un saillant cerné de trois côtés, dont la Meuse complique la défense mais que les Français ne peuvent abandonner pour des raisons stratégiques et symboliques : ils sont condamnés à résister sur place, dans les pires conditions, et à se faire massacrer.
Côté français, c'est la surprise. Des prisonniers ont parlé, mais le général Joffre n'a pas cru à une attaque. Il a dit au Parlement que tout était prévu, et a réservé ses soins à sa propre offensive. Ainsi, le fort de Douaumont, privé de ses meilleurs canons, ne dispose que d'une poignée d'hommes : les Allemands l'occupent sans coup férir. Certes, là où ils le peuvent, les Français se défendent, mais ils se font tailler en pièces : ainsi, en deux jours, il ne reste que 110 des 1 300 hommes des 56e et 59e régiments de chasseurs.

Philippe Pétain : « On les aura ! »

Le 24, la défense de Verdun est confiée au général Philippe Pétain. Contrairement à Joffre, il entend ménager le sang des soldats, plus que les munitions. Il impose le « tourniquet » : Verdun est un enfer avec 50 à 60 % de pertes ? les troupes n'y resteront pas jusqu'à extermination, elles y feront un séjour et se relaieront. De fait, en juillet, 70 des 95 divisions françaises ont participé à la bataille. Il faut aussi assurer le transport des hommes et du matériel. Une seule ligne de chemin de fer échappe, de Bar-le-Duc à Verdun, au feu ennemi. Elle est doublée par 75 km d'une départementale, que l'écrivain M. Barrès baptise « voie sacrée » et où

La guerre des tranchées

L'enlisement de la guerre oblige à s'enterrer pour se protéger.
On creuse un système complexe de tranchées, avec une première ligne protégée par des sacs de terre ou des créneaux de bois, précédée de barbelés, équipée de chicanes pour empêcher le tir en enfilade, en cas d'irruption ennemie.
En profondeur, des blockhaus abritent l'artillerie, des lignes de défense s'échelonnent, des boyaux font la liaison avec l'arrière pour amener ravitaillement et renforts, évacuer blessés et troupes épuisées. C'est l'univers des soldats, rendu dantesque par la boue et les parasites autant que par les tirs adverses.

De la guerre courte à la guerre longue

Au début de la guerre, **l'Allemagne a souhaité un conflit court :** elle a tâché d'emporter vite la décision, en attaquant à travers la Belgique. En septembre 1914, son offensive a été bloquée sur la Marne. Puis sa « course à la mer », pour occcuper les ports français du Nord, a également échoué.

À partir de novembre 1914, **les deux camps se font face sur 750 km de front,** d'Ypres jusqu'à la frontière suisse ; les soldats s'enterrent dans les tranchées. Les tentatives de percée franco-anglaises de 1915, en Argonne, en Artois et en Champagne, se soldent par plus de 350 000 morts dans la seule armée française. Les généraux saignent leurs troupes sans parvenir à rien. **La guerre s'est enlisée.**

circulent, sans interruption, plus de 3 000 camions, un véhicule toutes les 14 ou toutes les 15 secondes, avec, chaque semaine, 90 000 hommes et 50 000 tonnes de munitions. Enfin, Pétain galvanise les troupes. Le 10 avril, il avalise le slogan « On les aura ! », concédant au rédacteur du communiqué qu'il faut parfois « savoir ne pas parler français ». Tout cela permet de résister aux offensives, qui se succèdent jusqu'à la fin de juin. À partir de cette date, l'Allemagne s'en tient à la défensive : la bataille de Verdun est pratiquement terminée, même si les combats continuent (Douaumont, repris, est perdu de nouveau, puis repris définitivement en octobre).

L'enfer sur terre

Si Verdun, pour les Français, est un enfer, c'est d'abord qu'ils n'y ont plus de vraies lignes de défense ; les soldats s'installent dans des trous d'obus et sont souvent livrés à eux-mêmes, sans contact avec le commandement. Des blessés se noient dans des cratères inondés par la pluie ; la boue prend parfois des allures de sables mouvants. Aux beaux jours, la soif prend le relais. En mai, le fort de Vaux est attaqué : il reçoit un obus toutes les 5 secondes ; les défenseurs n'ont pas d'eau ; certains finissent par boire leur urine ; le 7 juin, quand le fort tombe, les Allemands rendent les honneurs militaires aux derniers défenseurs, qui se précipitent pour laper à même le sol l'eau de quelques flaques.

◁ *Les hommes dans les tranchées : un abri précaire et de la boue...*

Du bilan au mythe

Au total, les pertes ont été énormes : un million de tués, de blessés, de disparus, Français et Allemands, pour des avancées à peu près nulles. L'héroïsme des hommes cache mal une tragique absurdité : on commence à dire que le soldat qui flanche risque le conseil de guerre, mais que les erreurs des chefs « se soldent par des décorations »... Verdun prépare les découragements et les révoltes de l'année 1917. Mais Verdun est aussi un mythe héroïque, partagé par les soldats qui y combattirent : ce fut le cas de presque toute l'armée française, donc d'une génération, qui communia ensuite dans ses souvenirs et dans le culte de celui qui avait été son chef, qui avait su organiser une défense et qui avait compris que l'art de la guerre ne consiste pas à faire tuer ses hommes.

Soldat mort suspendu aux branches d'un arbre.

Les autres grandes batailles de la guerre

Verdun est l'une des batailles les plus meurtrières de la Grande Guerre. Parmi les autres grands combats, on peut citer :

La Marne (sept. 1914). Les Français commandés par Joffre y stoppent l'avancée allemande, à quelques km seulement de Paris.

Tannenberg (août 1914). En Prusse. L'Allemand Hindenburg arrête la progression des Russes.

Les Dardanelles (mars-déc. 1915). Le débarquement anglo-français est repoussé par les Turcs.

Ypres (22 avril 1915). L'Allemagne expérimente le gaz « moutarde » (ypérite).

Le Jütland (mai-juin 1916). La flotte allemande y est défaite par les Britanniques.

Les offensives de Broussilov (juin-sept. 1916). L'armée russe repousse les Autrichiens jusqu'aux Carpates.

Caporetto (oct. 1917). En Slovénie. Les Austro-Allemands écrasent les Italiens.

Le Chemin des Dames (avril 1917). L'offensive inutile du général Nivelle met l'armée française au bord de la révolte.

Le Chemin des Dames (mai 1918). L'offensive allemande de Ludendorff enfonce les lignes françaises et anglaises, mais s'enlise bientôt.

La bataille de la Marne (juill.-août 1918). Foch y résorbe la poche allemande de Château-Thierry.

Saint-Mihiel (sept. 1918). C'est la première bataille gagnée en Europe par une armée purement américaine. Parmi ses officiers : MacArthur, Marshall et Patton.

Ces combats et les autres batailles de la guerre ont fait environ 9 millions de victimes, dont 1,8 million d'Allemands et 1,4 million de Français.

Le couloir central du fort de Vaux, après sa réoccupation par les Français.

La guerre met fin à la Russie des tsars

LES RÉVOLUTIONS RUSSES

Entré dans la guerre en 1914 pour raffermir son pouvoir, le tsar Nicolas II est renversé par la « révolution de février ». L'année 1917 devient ainsi un tournant de l'histoire européenne, puis un tournant de l'histoire du monde quand le gouvernement provisoire issu de février est à son tour renversé : avec Lénine, c'est le communisme qui, pour la première fois, s'empare des rênes d'un pays.

Quelques jours suffisent pour que le tsar perde son trône. Le 3 mars (23 février selon le calendrier russe), les femmes de Petrograd réclament du pain, la paix et la fin de l'autocratie. Les commerçants, la bourgeoisie, les cosaques eux-mêmes leur sont favorables. Le 4, des hommes les rejoignent ; le 5, ce sont des groupements politiques.
Le 7, la *Douma,* assemblée sans grands pouvoirs, se réunit. Elle critique le gouvernement. Le 8, une nouvelle manifestation a lieu pour la soutenir et faire durcir son opposition. Le 9, les manifestants, plus nombreux, chantent *la Marseillaise,* arborent le drapeau rouge. Le 10, la police tire et tue ; le tsar fait donner l'armée, mais, le 12, les soldats se mutinent, rejoignent les manifestants, les bâtiments publics sont investis. Le 14, Petrograd est aux mains des révolutionnaires ; la plupart des villes de province ont suivi le mouvement. Le tsar n'a plus la possibilité de gouverner : poussé par les chefs militaires, il abdique, le 16 mars.

Les pouvoirs issus de février

Un gouvernement provisoire, dans lequel un socialiste modéré, Aleksandr Kerenski, joue un rôle croissant, se met en place. Face à lui, des conseils appelés Soviets se multiplient, élus par les ouvriers, les soldats, puis par les paysans. Sans pouvoir légal, ils constituent une formidable puissance, beaucoup plus extrémiste : alors que le gouvernement veut préserver une économie libérale et poursuivre la guerre, les Soviets sont favorables à l'occupation des grands domaines et ils exigent la paix immédiate. À partir d'avril, une minorité d'entre eux, menée par le socialiste extrémiste (*bolchevik*) Lénine, qui vient de rentrer d'exil, appelle à une révolution générale.

Le gouvernement entre révolution et réaction

En mai, le gouvernement cherche un compromis : il adopte une politique de guerre purement défensive, et il s'ouvre aux représentants du Soviet de Petrograd, dans l'espoir de le neutraliser. La situation reste exécrable, l' opération réussit seulement à renforcer la sympathie en faveur des bolcheviks, restés seuls en dehors du gouvernement et que le peuple ne peut tenir pour responsables.
En juillet, la crise éclate : le 15, les bolcheviks tentent une insurrection. Le gouvernement répond en faisant tirer l'armée : il en sort discrédité. Les bolcheviks sont de plus en plus influents : ils ont le pouvoir à portée de la main.

La Russie à la veille de la révolution

Commencée dans une atmosphère d'union sacrée, **la guerre tourne catastrophe,** avec huit millions de morts, blessés et prisonniers, la perte des provinces occidentales qui diminue de 20 % la production agricole et industrielle, la désorganisation des transports, l'effondrement des importations, bref, une pénurie qui dresse la population contre le pouvoir.

Dès avant la guerre, **le régime a perdu toute crédibilité.** L'influence de **Raspoutine,** moine escroc (assassiné en 1916), sur l'impératrice Aleksandra Fedorovna, a dégradé l'image de la cour. Plus fondamentalement, le principe d'un régime autocratique est remis en cause : **en 1905, un premier mouvement révolutionnaire,** s'est produit, dans les milieux ouvriers, puis dans l'armée (le cuirassé *Potemkine* en juin). Les concessions faites alors n'ont été suivies d'aucune libéralisation véritable du régime.

Lénine à la tribune, harangant la foule.

Octobre : la révolution bolchevique

La phase finale de la révolution est provoquée par une tentative de réaction de Kerenski. Le 6 novembre (24 octobre dans le calendrier russe), il fait occuper l'imprimerie où les bolcheviks impriment leur journal, la *Pravda.* La riposte est immédiate : les bolcheviks occupent les points stratégiques de la capitale, en appellent aux marins de la base de Kronstadt, qui envoient à leur aide le croiseur *Aurora* (7 novembre [25 octobre]). Kerenski fuit et, le 8 novembre, le palais d'Hiver, dernier bastion du gouvernement, tombe. Les membres du gouvernement provisoire restés sur place sont arrêtés, le palais est mis à sac, les vainqueurs boivent joyeusement dans les caves de l'ancienne demeure des tsars. L'insurrection a triomphé, il n'y a presque pas eu de morts.

Les bolcheviks, forts de leur majorité au nouveau Congrès des Soviets, constituent un gouvernement autour de Lénine. Ils appellent à une paix sans annexions, partagent les grands domaines entre les paysans, accordent aux nationalités le droit de sécession. D'autres mesures plus ou moins importantes sont encore prises : élection des juges et des officiers, laïcité de l'État et des écoles, égalité des sexes, adoption du calendrier occidental, contrôle des salariés sur les entreprises, nationalisation des banques. Tout cela répond sans doute aux aspirations populaires, mais, avant même que la guerre civile éclate et impose des mesures drastiques, la démocratie est mise sous le boisseau. Largement minoritaire à l'Assemblée constituante fraîchement élue, Lénine la dissout : la démocratie russe, née en février, périt dès octobre, sans avoir pu s'épanouir.

Les « gardes rouges » entrent dans Petrograd prennent le palais d'Hiver, pendant la révolution d'octobre.

La troupe tire sur la foule, lors de l'insurrection bolchevik à Petrograd en juillet 1917.

Les trois grandes figures de la Révolution

Alexandre Fedorovitch Kerenski (1881-1970). Avocat, député travailliste en 1912, d'abord rallié à la Défense nationale, il représente la tendance, socialiste modérée, qui triomphe provisoirement après les évènements de février. Ministre, puis chef du gouvernement, il est balayé en octobre et s'exile en mai 1918.

Vladimir Ilitch Oulianov, dit Lénine (1870-1924). Avocat également, emprisonné, relégué en Sibérie, puis exilé, il est le chef des bolcheviks. Il considère la révolution socialiste comme possible en Russie avant le développement du capitalisme, grâce à un parti de révolutionnaires professionnels, soumis à une discipline de fer.

Lev Davidovitch Bronstein, dit Trotski (1879-1940). Lui aussi a connu la prison, la Sibérie et l'exil, un exil pendant lequel il élabore la théorie de la « révolution permanente », une révolution libérale russe devant déclencher une révolution socialiste mondiale. Il rentre en Russie en mai 1917, et devient le stratège de la révolution pilotée par Lénine. Après 1925, il dénonce le pouvoir de Staline, est exilé de nouveau (1925), puis assassiné à l'instigation de Staline, au Mexique où il s'est réfugié.

Un virus plus meurtrier qu'une guerre mondiale

LA GRIPPE ESPAGNOLE

Pire que la guerre, la grippe espagnole : l'épidémie fit une vingtaine de millions de victimes! (Le Médecin, *peinture de S. L. Fildes, Londres, Tate Gallery*).

La grippe

Maladie très contagieuse, la grippe se manifeste par de la fièvre, de la fatigue, des douleurs musculaires, des troubles respiratoires et, parfois, digestifs. Elle est particulièrement dangereuse pour les personnes âgées et pour celles qui présentent des insuffisances cardiaques ou respiratoires.

Comme le virus responsable de la maladie se modifie d'épidémie en épidémie, et que l'on en connaît plus de 140 variétés, le vaccin, qui existe depuis 1937, doit être modifié chaque année. Par ailleurs, ce virus peut être associé à d'autres agents pathogènes comme le redoutable «bacille de Pfeiffer», cause des pneumonies et des pleurésies qui accompagnent l'épidémie de 1918-1919. Contre ceux-ci, cependant, on dispose, depuis les années 1940, d'antibiotiques efficaces.

En août 1918, alors que la guerre fait encore rage, une épidémie se répand dans le monde entier. Ce n'est qu'une grippe. Pourtant, en huit mois, les complications pulmonaires qui l'accompagnent sont responsables d'au moins 20 millions de décès, peut-être du double — bien plus, en tout cas, que les 13 millions dus aux combats.

La France, l'Allemagne, la Grande-Bretagne déplorent chacune environ 200 000 morts. Les estimations varient d'ailleurs : à Paris, on parle de 200 000, voire de 400 000 victimes françaises et de 112 000 anglaises, chiffres qui, à Londres, deviennent respectivement 166 000 et 229 000. La situation est bien pire hors d'Europe : 550 000 malades meurent aux États-Unis; c'est plus, pour l'Amérique, que les pertes cumulées des deux guerres mondiales, de la guerre de Corée et de celle du Viêt Nam. Les décès se comptent par dizaines de milliers en Afrique, en particulier en Rhodésie, l'actuel Zimbabwe. L'Asie est encore plus cruellement touchée avec, selon les estimations, de 13 à 20 millions de victimes pour le seul sous-continent indien.

Des hôpitaux débordés

À Paris, qui n'est pas la ville la plus touchée, les hôpitaux sont bondés. Matelas et brancards sont installés par terre, dans les couloirs et entre les lits. Les malades arrivent par familles entières, victimes de la contagion, la peau bleuie par les problèmes respiratoires, déjà, souvent, au stade de l'agonie. Après les médecins, les pompes funèbres sont débordées : on manque de cercueils. À Lyon, il faut procéder aux inhumations de nuit comme de jour, et l'on entasse souvent les cadavres plus qu'on ne les enterre.

Devant la brutalité du fléau et l'étrangeté d'une épidémie de grippe commencée en été, certains pensent au choléra, à la peste, au typhus. Mais les médecins ne trouvent aucun symptôme, aucune complication qui n'ait déjà été observé lors d'une épidémie précédente. C'est bien une grippe, d'une variété assez proche de celle qui, déjà, dans l'hiver 1889-1890, a fait tant de victimes, mais encore plus meurtrière.

La rumeur s'en mêle

En France, une rumeur se répand. La maladie viendrait de boîtes de conserve importées d'Espagne, dans lesquelles des agents allemands auraient introduit des microbes... Typique d'une psychose collective qui fait voir partout la main de l'ennemi, ce fantasme est la cause du nom de «grippe espagnole». Mais l'origine de l'épidémie doit plutôt être cherchée en Asie centrale ou dans le Middle West américain, où la maladie s'est attaquée aux porcs avant de s'en prendre aux humains. Une autre tradition, qui se veut plus sérieuse, explique la violence de l'épidémie par les privations dues à la guerre. Les Européens se seraient retrouvés dans un état de malnutrition comparable à celui des habitants du tiers-monde actuel. C'est oublier qu'en Inde aussi la maladie a des effets sans commune mesure avec une grippe habituelle, et qu'elle est particulièrement dévastatrice aux États-Unis, qui ont connu peu de restrictions alimentaires. Si la guerre a eu une influence, c'est plutôt en favorisant la contagion, à travers les déplacements de troupes américaines ou coloniales vers l'Europe.

Saignées et vaporisateurs

Quelles que soient les explications du phénomène, les médecins restent impuissants. Les remèdes disponibles sont insuffisants, même si l'huile camphrée a bien des propriétés antiseptiques et si les solutions d'or et d'argent, aussi étonnant que cela paraisse, ont quelque effet sur le virus. Pire, on a recours aux saignées, qui ne peuvent qu'affaiblir un peu plus le malade. Il est vrai qu'aucun vaccin n'est imaginable avant 1933, puisque c'est à cette date seulement que le virus est isolé.

Dans ces conditions, les solutions les plus fantaisistes trouvent des adeptes. Des commerçants vendent des masques plus ou moins perfectionnés, lointains échos des masques à gaz des tranchées. D'autres lancent des vaporisateurs de substances miracle, tous rigoureusement inefficaces. Dans certaines villes, les autorités prennent des mesures d'ordre public : les salles de spectacle sont fermées, les réunions interdites, les services religieux eux-mêmes sont limités afin de freiner la contagion en diminuant les contacts entre individus. Les mesures ont aussi pour effet de mettre la population au repos forcé, ce qui lui permet, peut-être, de mieux résister au virus, du moins à ses conséquences et aux complications.

En pratique, il faut surtout attendre que l'épidémie se calme d'elle-même, comme toujours. Curieusement, elle est d'ailleurs assez vite oubliée. Ses victimes, dans la mémoire collective, sont absorbées dans le macabre bilan du conflit : 20 millions de cadavres ajoutés aux 13 millions de morts de la guerre font un total horrible, que les rescapés, pour retrouver le goût de vivre, n'ont de cesse d'oublier.

Après les masques à gaz, les masques antigrippes ? (manifestation en faveur du port d'un masque hygiénique, à Paris, en 1918).

À Londres, à des fins prophylactiques, les employés municipaux, équipés de masques, sont munis d'instrument spéciaux pour désinfecter les lieux publics.

Un fléau sous-estimé

Une maladie à laquelle nous nous sommes habitués. La grippe est parfois ressentie comme une maladie bénigne, un désagrément sans grande importance, malgré le nombre considérable de personnes qu'elle affecte chaque année. Il est vrai qu'elle peut sembler rayée de la liste des fléaux majeurs grâce à la vaccination, aux antibiotiques et à l'élévation du niveau de vie, qui permet aux organismes, mieux alimentés, de résister plus efficacement. On en oublie les grandes épidémies dévastatrices qui se sont succédé depuis 1530, date de la première épidémie de grippe identifiée avec certitude en Europe (1729, 1733, 1782, 1830, 1847, 1889, 1918).

Un mal encore mortel. Or, dans les pays sous-développés, la grippe reste la deuxième cause de mortalité après les maladies diarrhéiques. Dans les pays industrialisés, la situation est beaucoup moins grave, mais, en France, on déplore encore quelque 1 500 décès par an en moyenne, essentiellement de personnes âgées. Et, pour les seuls États-Unis, les épidémies de 1957 et 1968 ont fait respectivement 50 000 et 80 000 morts.

Un coût social élevé. Même si la vaccination des sujets les plus fragiles permet de réduire, et peut-être un jour de supprimer totalement, la mortalité liée à la grippe, nul n'envisage d'étendre cette vaccination, systématiquement, à toute la population. Or, les effets économiques de la maladie sont considérables. Pour une année moyenne, et pour la seule France, la grippe représente un milliard de francs de frais médicaux, 24 millions de journées de travail perdues, un milliard et demi de francs remboursés par la Sécurité sociale.

Les vainqueurs de la guerre refont la carte de l'Europe

LE TRAITÉ DE VERSAILLES

Le 28 juin 1919, dans la galerie des Glaces du château de Versailles, où Guillaume Ier est devenu empereur en 1871, les représentants de la République d'Allemagne nouvellement proclamée signent le traité qui met fin, pour leur pays, à la Grande Guerre. Les vainqueurs l'ont signé avant eux, Américains, Anglais, délégués des dominions, Français, Italiens, Japonais, Belges, etc. À Paris, le canon annonce la bonne nouvelle, mais l'Allemagne considère le traité comme un *diktat,* dont la honte retombe sur sa jeune démocratie, et, à Moscou, Lénine parle d'une « paix d'usuriers et de bourreaux ».

Les négociations qui ont abouti à la paix se sont ouvertes le 13 janvier. Contrairement aux habitudes, seuls siègent les 32 vainqueurs, auxquels sont adjoints deux États nouveau-nés : la Tchécoslovaquie et la Pologne. Les délégués forment 52 commissions, chapeautées par un « conseil des Dix », puis par un « conseil des Quatre ».
C'est ce dernier conseil qui prend véritablement les décisions. On présente souvent le président américain Thomas Woodrow Wilson comme le champion du droit des peuples, le chef du gouvernement français Georges Clemenceau comme obsédé par la sécurité de son pays liée à l'abaissement allemand, son homologue anglais David Lloyd George comme soucieux d'équilibre européen, leur collègue italien Victor-Emmanuel Orlando comme cherchant à grappiller des territoires – représentations caricaturales, mais qui donnent une idée des difficultés qui surgissent entre les négociateurs.

La Société des Nations

Au début de la conférence, Wilson obtient que soit créée une organisation destinée à « développer la coopération entre les nations » et à « garantir la paix et la sécurité » par des « garanties mutuelles d'indépendance politique et d'intégrité territoriale ». La S.D.N. doit aussi gérer des territoires, souvent confiés en « mandat » à des puissances. Le pacte qui la crée est en tête du traité.
Idée généreuse, elle est en partie vidée de son sens. Toute armée commune est refusée par les Anglo-Saxons, inquiets d'une mainmise française, et on n'a qu'un Parlement international, sans pouvoirs concrets. Pire : à l'origine, les vaincus n'y sont pas admis et la Russie bolchevique en est exclue. C'est un « club de vainqueurs »...

La fin de la guerre

À l'automne 1918, **l'Allemagne et ses alliés s'effondrent.** La Bulgarie, la Turquie, l'Autriche-Hongrie signent successivement des armistices. Ce dernier empire est en miettes : **des républiques sont proclamées** à Prague, à Vienne, et à Budapest. Le IIe Reich allemand cède la place à la République de Weimar, le 9 novembre, et le nouveau régime signe **l'armistice** le 11 novembre à Rethondes.

La guerre a duré plus de quatre ans, a vu la révolution embraser la Russie, a provoqué la naissance d'une dizaine d'États sur les marges de l'ancien empire des tsars ou sur les ruines de celui des Habsbourg. Elle a surtout fait **8 millions de morts,** ruiné des régions entières, saigné à blanc l'Europe.

Les Alliés refont la carte de l'Europe (caricature parue dans le journal anglais « Le Rire », dès octobre 1915). L'Allemagne, l'empire austro-hongrois l'Empire ottoman sont les régions concernées.

La signature du traité de paix dans la galerie des Glaces à Versailles (peinture anglaise de William Orpen).

Les nouvelles frontières de l'Allemagne

Le traité proprement dit ôte à l'Allemagne 70 000 km² et 7 millions d'habitants.

À l'ouest, elle cède à la Belgique Eupen, Malmédy et Saint-Vith. La France récupère l'Alsace-Lorraine et, faute de détacher la Rhénanie du reste du pays, obtient la démilitarisation de la région et l'occupation de la rive gauche du Rhin pour cinq à quinze ans. Enfin, elle dispose du charbon de la Sarre, administrée pour quinze ans par la S.D.N. Au nord, un référendum rend au Danemark le Nord-Slesvig. À l'est, la Prusse est coupée en deux par l'accès à la mer donné aux Polonais : la France veut renforcer la Pologne contre l'Allemagne et la Russie révolutionnaire. Des référendums, voulus par les Anglais, rendent à l'Allemagne le sud de la Prusse-Orientale et la haute Silésie, mais il reste deux millions d'Allemands en Pologne. La Tchécoslovaquie reçoit les monts des Sudètes, allemands, mais nécessaires à sa défense et à son industrie. Au sud, enfin, l'Allemagne se voit interdire toute fusion avec l'Autriche.

En outre, le vaincu est jugé « indigne » de ses colonies, que les vainqueurs se partagent.

Autres mesures contre l'Allemagne

L'Allemagne, ainsi amputée, est privée de marine et d'aviation de guerre. Son armée est réduite à 100 000 hommes, voués au maintien de l'ordre intérieur. L'Elbe et l'Oder, comme le Danube, sont internationalisés, l'essentiel de la marine marchande est confisqué, ainsi que nombre de brevets, et l'Allemagne accorde aux vainqueurs la clause de la nation la plus favorisée.

Surtout, l'Allemagne doit payer des dommages de guerre à ses anciens ennemis. Cela suppose qu'elle se déclare seule responsable de la guerre, par l'article 231 du traité, particulièrement humiliant. De plus, le chiffre des « réparations » n'est pas fixé, et elle doit signer un chèque en blanc.

Une paix grosse de menaces

Quand, le 7 mai, les délégués allemands lisent le traité, ils s'indignent, veulent négocier. Clemenceau et Wilson refusent catégoriquement et menacent d'envahir l'Allemagne. Le traité est signé, mais, les années suivantes, ses clauses sont contournées, à commencer par les réparations, que les crises économiques rendent illusoires, ou l'armée de 100 000 hommes, noyau de la future *Reichswehr.* Une nation est humiliée, alors que les moyens de sa revanche ne lui sont pas ôtés : le texte est « trop doux pour ce qu'il a de dur », comme le dit le Français Bainville.

Les traités avec les alliés de l'Allemagne créent d'autres problèmes. Pour couronner cette « paix manquée », l'Amérique, par isolationnisme, désavoue Wilson, ne ratifie pas le traité, ne siège pas à la S.D.N. Ainsi, au terme de la Première Guerre mondiale, Versailles sert de point de départ aux tensions qui mènent, vingt ans après, à la Seconde.

Les autres traités de la fin de la guerre

La conférence de la paix ne s'est pas limitée à l'Allemagne ; dans les mois qui suivent, d'autres traités sont signés.

Le traité de Neuilly (27 oct. 1919). Il prive la Bulgarie de son accès à la Méditerranée, au bénéfice des Grecs.

Les traités de Saint-Germain et du Trianon. Le premier est signé avec l'Autriche (19 sept. 1919), le second avec la Hongrie (4 juin 1920). Ils consacrent l'effondrement de la monarchie austro-hongroise, sur les ruines de laquelle naissent alors deux nouveaux États : la Tchécoslovaquie et la Yougoslavie. L'Autriche est réduite à 7 millions d'habitants, elle se voit interdire la fusion avec l'Allemagne, et elle cède le Tyrol du Sud à l'Italie.

Les traités de Sèvres et de Lausanne. Le traité de Sèvres (10 août 1920) ôte à la Turquie (qui a succédé à l'Empire ottoman) ses possessions arabes et chrétiennes, et donne la côte de Smyrne à la Grèce. Une guerre s'ensuit, et le traité de Lausanne, en juillet 1923, recrée une Turquie d'Europe et chasse les Grecs d'Anatolie...

Ailleurs, on n'en arrive pas à la guerre, mais les problèmes posés par les minorités nationales sont nombreux et il y a des difficultés même entre vainqueurs : ainsi, la Pologne veut le charbon de Teschen, attribué aux Tchèques ; l'Italie et la Yougoslavie se disputent l'Istrie (promise à la première pour prix de son entrée en guerre), Fiume ainsi que la Dalmatie.

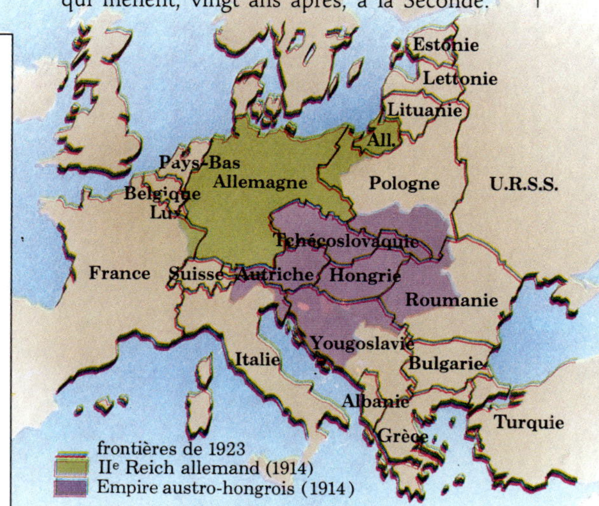

Les nouvelles frontières de l'Europe

Le conseil des Quatre : de gauche à droite, Lloyd George (Grande-Bretagne), Orlando (Italie), Clemenceau (France) et Wilson (États-Unis).

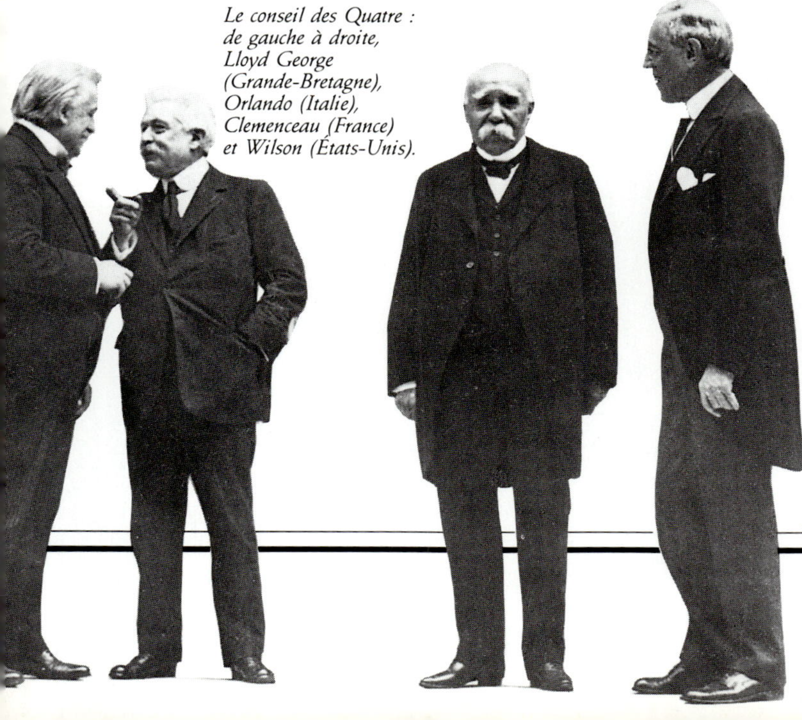

Les officiers alliés tâchent d'apercevoir la délégation allemande (au Trianon de Versailles).

Condamnés à la peine capitale sans preuves

SACCO ET VANZETTI

Le procès de Sacco et de Vanzetti : malgré de nombreux soutiens et une culpabilité très douteuse, les deux hommes seront condamnés à mort. ▷

Aux États-Unis, au début des années 1920, règne une atmosphère délétère. Il ne fait pas bon être un de ces immigrés de fraîche date, catholiques et venant de l'Europe du Sud. Lorsque, en plus, on a affaire à d'actifs syndicalistes accusés d'un hold-up sanglant, il n'en faut pas plus pour convaincre un jury de respectables citoyens de leur entière et irrévocable culpabilité.

Ce 31 mai 1921, Nicola Sacco et Bartolomeo Vanzetti sont assis côte à côte dans le box des accusés. On les juge pour meurtre à Dedham, près de Boston, dans le nord-est des États-Unis. Pourtant, l'un des accusés est déjà astreint : Bartolomeo Vanzetti a été reconnu coupable d'une tentative de vol à Bridgewater et condamné à quinze ans de détention quelques mois auparavant. Mais cette fois-ci les deux hommes sont jugés pour une affaire comportant mort d'homme : le caissier d'une fabrique de chaussures à qui l'on a dérobé la paie des employés, au mois d'avril 1920, à South Braintree, comme le révèle la lecture de l'acte d'accusation.

Immigrés, Italiens et anarchistes

Le juge Webster Thayer appartient à la bonne société de Boston. Il est très sensible à ce que d'aucuns nommeraient des présomptions. Des témoins affirment avoir vu s'enfuir des Italiens après le vol. La voiture apparemment utilisée par les assassins appartient à un ami des deux condamnés. Et, si l'on en croit la déposition des policiers qui ont participé à leur arrestation, Sacco et Vanzetti ont eu des dépositions très contradictoires, incohérentes parfois. Les avocats des accusés rétorquent aussitôt que les preuves matérielles sont inexistantes et que le comportement des deux hommes lors de leur arrestation provient de leur mauvaise connaissance de l'anglais. D'ailleurs, ils s'étonnent de la présence d'un juge et d'un procureur de district, l'attorney Katzmann, qui ont participé au premier procès de Bartolomeo Vanzetti à propos de l'affaire de Bridgewater, ce qui n'est conforme ni à la sérénité requise par la justice ni aux habitudes des tribunaux. Les accusés sont pourtant de bons citoyens : originaire du sud de l'Italie, Sacco est marié, et cet ouvrier qualifié mène une existence à l'abri du besoin. Quant à Vanzetti, immigré d'origine piémontaise, il a certes eu une vie moins rangée, mais ce vendeur ambulant n'a rien d'un gangster. Seulement, le procureur de district fait remarquer que les deux accusés ont mené nombre d'actions contre la récente guerre en Europe, qu'ils ont participé à des grèves et qu'ils ont même été parmi les meneurs — en particulier Vanzetti, qui possède une certaine culture et est un anarchiste de longue date. Ainsi apprend-on au cours des débats que les deux prévenus sont des anarchistes militants. Ils ont rallié des mou-

Sacco et Vanzetti, derrière les grilles de la prison, avant d'être menés à la chaise électrique.

La justice, prérogative des États aux États-Unis

Dans un État fédéral comme les États-Unis, **la justice, tout comme la police ou l'éducation, est une des prérogatives attribuées aux États**.

Ceux-ci sont maîtres des lois et du droit applicables, dans la mesure où ils respectent les principes de la Constitution des États-Unis.

Les juges ne sont pas des magistrats professionnels : ils **sont élus dans le cadre des comtés. L'État dispose de sa propre législation et est maître des procédures comme du droit pénal**. Ainsi, la peine de mort peut être abolie dans certains États et en vigueur dans d'autres. De même, la révision des procès et les appels ne peuvent être déférés qu'à la Cour suprême de l'État. Enfin, le gouverneur dispose du droit de grâce.

Les États-Unis au lendemain de la Première Guerre mondiale

Nationalisme... Les États-Unis choisissent l'isolement. Le parti républicain conserve la Maison-Blanche de 1921 à 1933 ; sous la pression des milieux chauvins, il ferme le pays à l'immigration européenne (loi de 1921, quotas de 1924), voire à la pensée européenne, suspecte d'anarchisme et de communisme. Hostilité au catholicisme et puritanisme progressent, ce dernier s'exprimant dans une législation antialcoolique dès 1919.

... et protectionnisme. En matière économique, la tradition protectionniste est réaffirmée avec éclat. La production industrielle s'accroît au point de provoquer une saturation du marché. L'agriculture souffre plus encore de la surproduction, car l'Europe, qui constituait un marché important, est désormais auto-suffisante. Enfin, la spéculation boursière, contre laquelle le gouvernement refuse de réagir, fait monter artificiellement les cours.

vements préconisant l'action violente, le terrorisme et ont distribué des tracts politiques peu avant leur arrestation. Dès les premiers jours d'audience, le procès revêt ainsi un aspect très politique, qu'il ne quittera plus par la suite.

Une campagne internationale

Très vite, les deux accusés bénéficient d'appuis divers, aussi bien dans les milieux de l'anarcho-syndicalisme des Industrial Workers of the World (IWW) qu'auprès des progressistes et des libéraux de Boston, comme Elizabeth Glendover Evans. En octobre 1921, l'affaire suscite des manifestations et des pétitions jusqu'en Europe. Lorsque le jury se prononce enfin, le 14 juillet de la même année, et que Sacco et Vanzetti sont déclarés coupables, l'émoi est à son comble chez leurs partisans. D'autant plus que le juge Thayer a cru bon d'assortir le verdict de remarques dans lesquelles il affirme en substance que la preuve de la culpabilité des prévenus est leur conscience d'avoir fait le mal. La minceur du dossier d'accusation explique aussi les tentatives de recours successifs déposés par les avocats des deux immigrés italiens.

Une attente insupportable

Alors que les deux condamnés sont internés et demeurent dans l'attente d'une condamnation définitive ou d'une sentence plus clémente, leurs avocats tentent plusieurs actions. En novembre 1925, la déposition d'un condamné convaincu de vol à main armée et innocentant Sacco et Vanzetti est recueillie et transmise en 1926 à la Cour suprême de l'État du Massachusetts. Mais, le 5 avril 1927, le président de cette même cour rend un arrêt selon lequel la révision du procès de Dedham n'est pas justifiée... Après cette confirmation du jugement de 1921, les deux prévenus sont donc condamnés à mort, le 9 avril 1927. L'ultime solution est alors le recours en grâce, qu'ils déposent auprès du gouverneur de l'État du Massachusetts, Fuller. Mais ce dernier, qui entretient des visées électorales, compte se présenter à la vice-présidence des États-Unis aux prochaines élections : il ne peut se passer des voix conservatrices de la vieille Amérique. Le recours est donc rejeté le 3 août 1927. Le 23, les deux condamnés sont exécutés.

Manifestation de soutien en faveur de Sacco et Vanzetti, à Boston en 1921.

→**Voir aussi** : p. 556-557 (Le maccarthysme).

Un poste dans chaque foyer familial ?

LE TRIOMPHE DE LA RADIO

En parvenant, respectivement en 1900 et en 1906, à transmettre de façon parfaitement audible la parole humaine puis la musique, la télégraphie sans fil (T.S.F.) crée la radio. Au lendemain de la Première Guerre mondiale, les stations américaines mettent au point des opérations de promotion spectaculaires pour inciter le public à acheter des récepteurs.

La plus célèbre d'entre elles est la retransmission sur l'ensemble du territoire des États-Unis, en juillet 1921, du championnat du monde de boxe opposant Jack Dempsey à Georges Carpentier. Son succès est tel qu'il amène à la radio tout un public enthousiaste. Le « poste », dès lors, devient un instrument de la communication de masse, que les milieux commerciaux et politiques commencent à prendre en compte.

Un combat de boxe en direct

Lors de l'élection présidentielle de 1920 aux États-Unis, la *Radio Corporation of America* (RCA) émet pour la première fois de façon régulière des programmes constitués de retransmissions de concerts et d'émissions d'informations, dont le succès, quoique notable, reste freiné par le sous-équipement du public. David Sarnoff, le directeur de la chaîne, décide alors de monter une opération associant la fabrication et la commercialisation à grande échelle de « *radio music boxes* », ou « boîtes de radio musicales », à une manifestation radiophonique spectaculaire afin d'inciter les familles à acheter ces « boîtes ». Il décide de retransmettre en direct le combat de boxe le plus attendu de la décennie, celui qui oppose pour le titre de champion mondial toutes catégories l'Américain Jack Dempsey, tenant du titre, au Français Georges Carpentier, champion du monde des poids mi-lourds. Des haut-parleurs installés dans les lieux publics permettent à 300 000 auditeurs en délire d'« assister » en direct à la victoire de Dempsey, puis de l'entendre commenter sa victoire au micro. Le public, désormais, est convaincu : ceux qui n'ont pas acheté un poste de radio pour l'occasion sont désormais décidés à le faire au plus vite.

Un récepteur Philips dit « boîte à jambon », datant de 1931 (Paris, musée de Radio-France).

Un succès mondial

En un an, le nombre des récepteurs passe ainsi aux États-Unis de 50 000 à 600 000. Profitant de cet engouement, 576 stations de radiodiffusion voient le jour. La plupart d'entre elles diffuse continûment des programmes musicaux, contribuant ainsi au succès du jazz, jusqu'alors confiné à quelques villes américaines. L'encombrement des ondes devient bientôt si considérable que, en 1927, le gouvernement fédéral doit réglementer l'espace sonore en limitant le nombre des chaînes. Très rapidement, cette législation est contournée : les chaînes qui ne parviennent pas à obtenir une autorisation installent leurs émetteurs de l'autre côté du Rio Grande, sur la frontière mexicaine, et continuent à émettre. Dès 1924, toutes sont suffisamment écoutées pour attirer les publicitaires et vivre, grassement, des revenus que leur procure cette « réclame » chèrement payée. Le triomphe de la radio ne se limite pas au monde américain. En Europe également, les progrès sont rapides. La première expérience de transmission d'une voix au loin a pour cadre la France : elle a lieu en novembre 1921, lorsque l'émetteur de Sainte-Assise transmet à Paris la voix de la cantatrice Yvonne Brothier chantant *la Marseillaise*. L'année suivante, la Grande-Bretagne voit la naissance de sa première chaîne de radiodiffusion, la British Broadcasting Corporation (la BBC), aux capitaux privés. Dès lors, en quelques mois, l'Europe entière s'équipe. Avant la fin de 1922, la Suisse, l'Espagne, le Danemark ont leur propre radio, ainsi que l'U.R.S.S. En 1923 c'est le tour de l'Allemagne et de l'Italie. En 1926, la BBC, devenue entre-temps radio d'État, fournit le modèle d'une chaîne diffusant des émissions d'une haute qualité culturelle et des informations objectives.

Véritable révolution dans la vie quotidienne, issu comme la radio du télégraphe, le téléphone a considérablement évolué depuis le temps des premières opératrices.

D'abord américaine, la radio s'impose ensuite rapidement en Europe avec notamment la diffusion de programmes musicaux (concert transmis par la radio à la foire de Leipzig vers 1930). ▷

La radio comme instrument de propagande

La crise de 1929, qui provoque dans le monde entier des troubles économiques et sociaux, incite les dirigeants politiques à se servir pour la première fois de cet instrument de communication formidable. Aux États-Unis, Franklin Roosevelt est le premier président à prendre personnellement la parole à la radio. Dans des émissions baptisées « Causeries au coin du feu », il tente de rassurer ses concitoyens, tâchant de les convaincre du bien-fondé de son

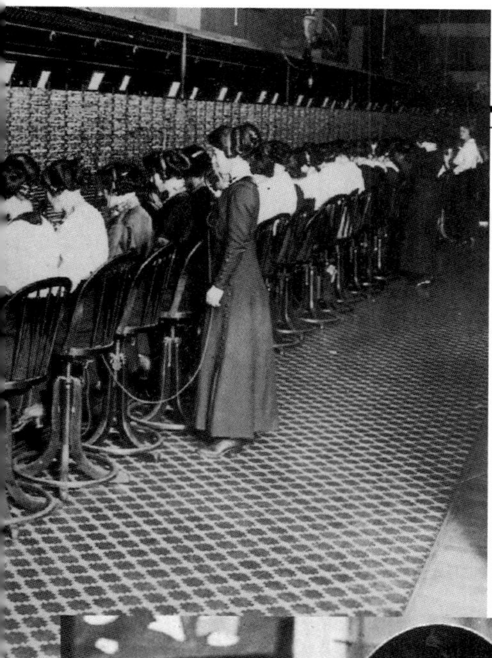

Le téléphone

Autre développement de l'invention du télégraphe, le téléphone révolutionne également la vie quotidienne. Le 10 mars 1876, le premier téléphone, inventé par l'Américain Graham Bell, transmet cette phrase historique : « Monsieur Watson, veuillez venir dans mon bureau, je vous prie. »

La diffusion aux États-Unis. Dès le début du XXe siècle, le téléphone se développe largement dans la société américaine. Il envahit les bureaux puis les foyers modernes. Dans les années 20, on encourage la ménagère à utiliser le téléphone pour faire ses achats — c'est le slogan : « *Phone for food.* » Dans les campagnes, les trois quarts des fermes sont reliées au réseau.

Le passage en Europe. Sur l'Ancien Continent, la situation varie selon les pays. Dès l'entre-deux-guerres, toute l'Allemagne est équipée. En France, vers 1920, il y a encore 43 % des communes qui n'ont pas le téléphone. Pendant la Seconde Guerre mondiale, le téléphone, comme la radio, sera l'un des atouts majeurs de la Résistance.

programme économique (le *New Deal,* ou Nouvelle Donne.) Il émaille ses propos d'allusions affectives, de détails personnels, qui apportent à son discours une touche intime, donnant ainsi à chaque auditeur qui l'écoute — ils sont 45 millions — l'impression qu'il s'adresse particulièrement à lui. En Allemagne, les nazis ont tout autant conscience que la radio représente une arme politique essentielle. Dans la nuit du 30 au 31 janvier 1933, toutes les stations du pays annoncent au peuple allemand la nomination de Hitler comme chancelier. Dès le mois de février, Goebbels, nommé ministre de la Propagande, écrit : « La radio et la presse sont à notre disposition, nous allons faire un chef-d'œuvre de propagande. » Il fait construire et commercialiser en 1935 le récepteur le moins cher du monde, le Kleinenswanger, poste à fréquence unique. Le succès de l'appareil est tel que, en cinq ans, le public radiophonique double. À cette époque, la propagande et ses thèmes racistes et nationalistes représentent 35 % des programmes de la radiodiffusion allemande.

La radio pendant la guerre

Durant la Seconde Guerre mondiale, les ondes sont le lieu d'affrontement de toutes les propagandes et actions psychologiques. Lorsque, en mai 1940, la Wehrmacht attaque la France, les émetteurs allemands diffusent des nouvelles en français pour accroître la démoralisation des combattants et des civils et accélérer la débâcle. À deux reprises, la radio permet la diffusion en France de messages destinés à avoir un retentissement immense : l'annonce du maréchal Pétain, le 17 juin 1940, qui ordonne l'arrêt des combats ; l'appel à la résistance du 18 juin 1940, prononcé par le général de Gaulle sur la BBC. Pendant toute la guerre, la chaîne anglaise organise l'information des territoires français occupés à travers des émissions comme « Les Français parlent aux Français », qui dénoncent les massacres de Juifs et le départ des premiers déportés. Les services secrets britanniques utilisent également la BBC pour communiquer par messages codés avec les mouvements de la résistance intérieure française. Tâchant de contrebalancer le succès de la BBC, la radio officielle du gouvernement de Vichy, Radio-Paris, qui émet depuis la France occupée, profère des attaques de plus en plus virulentes, contre les Britanniques et contre les Juifs. Secrétaire d'État à l'Information et à la Propagande à partir de janvier 1944, Philippe Henriot met au service de la cause allemande son éloquence enflammée. Enfin, c'est à la BBC que, le 6 juin 1944, le général de Gaulle lance un appel au soulèvement.

Des nourrissons vaccinés contre la tuberculose

L'APPARITION DU B.C.G.

Le 1er juillet 1921, un pédiatre français, Benjamin Weill-Hallé, fait absorber à un nouveau-né de 3 jours une dose de B.C.G. buccal destiné à le protéger de la tuberculose. Le cinquième jour, le bébé reçoit de nouveau une dose (2 mg) et de même le septième jour.

Le nourrisson, un petit Parisien, est né d'une mère tuberculeuse et élevé par une grand-mère présentant elle-même des signes d'infection. Il ne sera, quant à lui, jamais atteint par la maladie.

L'invention du B.C.G.

Les trois lettres B.C.G. signifient « bacille Calmette-Guérin ». Vétérinaire, Camille Guérin étudie la tuberculose chez les bovins et, en 1914, il publie avec le médecin de marine Albert Calmette une *Contribution à l'étude de la vaccination des bovidés contre la tuberculose.* Les travaux expérimentaux menés par les deux chercheurs consistent en 230 repiquages du bacille de la tuberculose — dit aussi bacille de Koch, du nom de son découvreur — sur un milieu de culture spécial contenant de la bile de bœuf, afin d'obtenir des souches de bacille dénuées de tout pouvoir pathogène, mais conservant la propriété de protéger l'organisme contre une infection bacillaire ultérieure. Sept ans plus tard — l'année qui suit la mise en application du vaccin délivré par le pédiatre Benjamin Weill-Hallé —, les deux chercheurs décident de transposer leurs études à l'enfant, en menant une expérimentation globale : le B.C.G. naît alors véritablement.

En trois ans, 178 nourrissons de la crèche de l'hôpital de la Charité, à Paris, reçoivent le nouveau vaccin. Albert Calmette rapporte ses premières statistiques en octobre et novembre 1928. Elles concernent une population de 845 nourrissons vaccinés et suivis pendant deux ans à la pouponnière de la Compagnie des mines de Béthune, aussi bien dans des familles saines que dans celles dont un ou plusieurs membres sont déjà atteints ou suspects de tuberculose. « La mortalité générale a été seulement de 3,5 % alors qu'elle était, en 1926, de 8,5 % pour toute la France et la mortalité tuberculeuse a été, de un mois à deux ans, de 0,2 %. Il n'est pas douteux que, dans cette expérience, la vaccination préventive de la tuberculose par le B.C.G. ait eu pour résultat non seulement de faire disparaître de tout le territoire de la concession des mines de Béthune la mortalité infantile due à la tuberculose, mais encore de faire manifestement baisser la mortalité générale. »

Le drame de Lübeck

Appliqué à des enfants extrêmement jeunes, le nouveau vaccin inquiète et rencontre, dès le début, de farouches oppositions. Des détracteurs opiniâtres, tels le docteur Petroff à New York ou le docteur Lignières en France, affirment que le vaccin, loin d'être inoffensif, « a gardé des pouvoirs pathogènes ». Pourtant, peu à peu, la vaccination par le B.C.G. progresse. Mais un coup de frein brutal est donné lorsque, en avril 1930, un drame se produit à Lübeck en Allemagne. Sur 252 enfants vaccinés entre décembre 1929 et avril 1930, 71 succombent à une infection tuberculeuse gravissime... Le vaccin, d'emblée, est mis en cause. Après une enquête scientifique qui dure seize mois, la vérité se fait jour. Une grave méprise a été commise au cours d'une manipulation à Lübeck, où des souches virulentes de bacilles de Koch ont été accidentellement mélangées au B.C.G. venant de Paris ! Les deux responsables sont condamnés, l'un à deux ans, l'autre à quinze mois de prison. Il paraît même encore plus probable qu'il s'agissait d'une folle et criminelle expérience du chef de laboratoire responsable de la préparation du vaccin qui, « poursuivant lui-même des essais de vaccination en 1930, avait introduit, aux fins d'expérience peut-être, des bacilles ayant gardé leur virulence dans le vaccin de l'Institut Pasteur et fait périr ainsi les nourrissons » !

Vers la vaccination mondiale obligatoire

Les années passent et, en 1948, se déroule le premier Congrès international du B.C.G. où trois cents spécialistes du monde entier s'accordent pour confirmer l'efficacité du vaccin. Des statistiques concordantes dégagent la preuve que l'infection tuberculeuse est de 80 % inférieure chez des adolescents ayant reçu le B.C.G. par comparaison aux autres. La tuberculose est encore, en 1955-1960, la mala-

Le médecin Calmette, l'un des deux inventeurs du B.C.G., vaccinant un bébé (1923). La première vaccination d'un nouveau-né contre cette maladie date de 1921.

die infectieuse qui cause le plus de morts en Europe et aux États-Unis. Aujourd'hui, plus d'un milliard de vaccinations par le B.C.G. ont été réalisées dans le monde... En Hongrie et au Portugal, la vaccination doit être effectuée dès les premiers mois de la vie. En France, elle est obligatoire depuis 1955 pour les enfants dès leur entrée à l'école. Au Canada, en Finlande, en Italie, en Australie, elle n'est pas exigée. Le risque de tuberculose, il est vrai, est à peu près nul pour des enfants vivant dans des familles bénéficiant de bonnes conditions socio-économiques et régulièrement suivis sur le plan médical. Dans les pays en voie de développement, la tuberculose est beaucoup plus meurtrière et reste un problème de santé publique. Il en va de même des autres maladies contagieuses... Pour répondre à cette situation, l'Organisation mondiale de la santé a institué en 1974 un Programme élargi de vaccination (P.E.V.), devenu opérationnel en 1977. L'objectif principal du P.E.V. est de vacciner au moins 80 % de la population infantile du tiers-monde contre les six maladies majeures « tueuses d'enfants » (tuberculose, mais aussi rougeole, diphtérie, tétanos, coqueluche et poliomyélite). En 1988, plus de 50 % des enfants du tiers-monde sont protégés contre la tuberculose : c'est encore loin d'être suffisant.

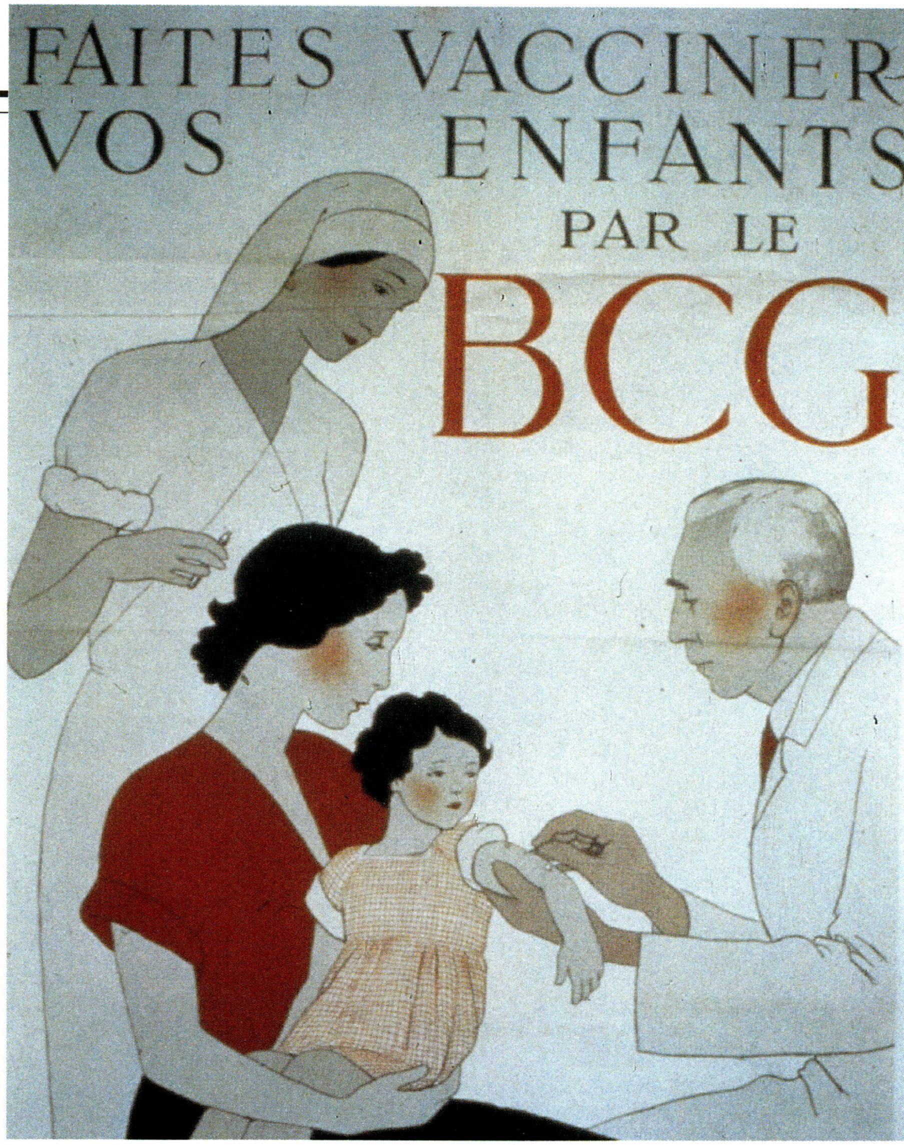

Affiche en faveur de la vaccination contre la tuberculose (1920).

Camille Guérin, vétérinaire, inventeur avec Albert Calmette du B.C.G.

Les maladies infantiles et leurs vaccins

La rougeole. La rougeole reste l'une des grandes causes de mortalité infantile dans la plus grande partie des pays du tiers-monde. Elle tue autour de deux millions d'enfants par an. Le vaccin antirougeoleux a pourtant été introduit aux États-Unis dès 1963, et dans la plupart des pays à économie développée durant les années suivantes. Or, au milieu des années 1990, seulement 26 % des enfants du tiers-monde sont vaccinés contre cette maladie.

La rubéole. Depuis l'observation de l'ophtalmologiste australien Mac Allister Greg en 1941, on sait que le virus de la rubéole peut induire chez une femme enceinte l'apparition de certaines infirmités pour son enfant. En 1966, P.D. Parkman met au point le premier vaccin contre cette maladie.

Les oreillons. En 1969, l'Américain Hillemann met au point un vaccin contre les oreillons, préparé à partir de la souche virale Jeryl-Lynn, ainsi nommée parce qu'il s'agit d'une souche isolée chez la fille de Hillemann, Jeryl-Lynn, atteinte de la maladie. Depuis 1979, environ vingt millions d'enfants ont été vaccinés, avec des résultats positifs de l'ordre de 95 %.

Le tétanos. Le tétanos tue chaque année 800 000 enfants environ. Il est dû à un bacille sporulé présent dans la terre, qui provoque une intoxication des centres nerveux. La plupart des victimes sont des nouveau-nés contaminés au moment de la section du cordon ombilical par des instruments ou des pansements souillés. Le vaccin antitétanique présente une efficacité voisine de 100 %.

De l'Empire ottoman à la Turquie moderne

KEMAL ATATÜRK

Mustafa Kemal, en 1928, donne sur une place publique de Sivas (Anatolie) une leçon d'écriture suivant l'alphabet latin, désormais seul officiel.

En 1914, la Turquie, désireuse de contrer les menées impérialistes de la Russie et de l'Angleterre, s'engage dans la Première Guerre mondiale aux côtés de l'Allemagne. Quatre ans plus tard, elle est vaincue et occupée par les Alliés, qui sont déterminés à la démanteler. C'est compter sans le général Mustafa Kemal, qui, par sa détermination, permet à son pays d'éviter un sort si funeste.

À l'attitude très dure des Alliés — Anglais, Français, Grecs et Italiens —, qui imposent à leur pays des conditions draconiennes, le sultan Mehmed VI, sur le trône depuis 1918, ses ministres et le peuple n'opposent que leur défaitisme, leur découragement et leur lassitude. Impuissants à réagir, ils se soumettent aux exigences des vainqueurs. Les voix qui s'élèvent en faveur d'une Turquie entière et libre se regroupent au sein d'associations patriotiques. L'armée, qui doit être démantelée conformément aux accords signés avec les Alliés, compte nombre d'officiers supérieurs, comme le général Mustafa Kemal, hostiles à la politique servile du gouvernement.

Le délabrement de l'Empire ottoman

Depuis la mort du sultan Soliman, en 1566, l'Empire ottoman, dont le centre est la Turquie, s'affaiblit. **Son déclin s'accélère au XIXe siècle, et la question de son démembrement est alors posée (« question d'Orient »).**

Fragments d'un empire autrefois beaucoup plus étendu, **la Grèce, puis la Serbie deviennent indépendantes.** Au sud, la « Porte », comme on dit alors, doit aussi affronter la puissance de son vassal théorique, le pacha d'Égypte Méhémet-Ali, dans la première moitié du XIXe siècle ; au nord, elle se heurte aux convoitises de la Russie et reçoit contre celle-ci l'aide militaire de la France et de l'Angleterre durant la guerre de Crimée (1854-1856).

À la fin du XIXe siècle, l'Empire ne vit plus que grâce à la protection des puissances européennes. Précurseur des « Jeunes-Turcs », le mouvement des « Jeunes-Ottomans », fondé en 1865, préconise en vain la modernisation du régime par l'adoption de réformes sur le mode occidental. **Avec Enver Pasa, en 1914, le pays cherche finalement dans l'alliance avec l'Allemagne l'occasion d'une reconquête territoriale** en Europe, notamment au détriment des Italiens, qui lui ont enlevé de nouveaux territoires en 1911-1912.

Le sursaut d'un peuple humilié

Le 15 mai 1919, les Grecs, soutenus par les Alliés, occupent la ville de Smyrne (actuelle Izmir), sur la côte égéenne, et sa région. Ils rêvent d'une Grande Grèce qui s'étendrait, comme dans l'Antiquité, le long de la côte égéenne. Pour les Turcs, cette invasion constitue un terrible camouflet, provoquant même l'indignation des citoyens les plus passifs. L'événement coïncide à un jour près avec le départ du général Kemal pour l'Anatolie, où le sultan l'a chargé d'aller démobiliser l'armée. Le souverain est loin d'imaginer que, dès son arrivée, cet officier — sorti en 1905 de l'académie de guerre d'Istanbul avec le grade de capitaine et qui a rapidement gravi tous les échelons de la hiérarchie — va se retourner contre lui en organisant la résistance militaire qu'il devait dissoudre et en se proposant aux nationalistes désorientés comme le chef qu'ils attendaient.

Après s'être assuré du concours des principaux chefs militaires d'Anatolie et de leurs forces, Kemal se lance dans l'arène politique et rompt avec le gouvernement d'Istanbul. Le 22 juin 1919, il publie la circulaire d'Amasya, qui proclame la patrie en danger et annonce la convocation d'un congrès national. Cette réunion est

Leader des nationalistes contre un gouvernement impérial soumis à l'étranger, Mustafa Kemal s'impose comme le chef victorieux, celui qui a vaincu les Grecs et restauré l'indépendance de son pays (imagerie populaire turque).

M. Kemal veut faire de la nouvelle République turque un État laïque moderne dans lequel les femmes ont des droits égaux à ceux des hommes (collège de filles, vers 1923-24).

précédée par le congrès régional d'Erzurum, qui réclame le respect des frontières, la formation d'une Grande Assemblée nationale, la création d'un gouvernement de salut public — et qui désigne enfin un Comité représentatif présidé par... Mustafa Kemal. En septembre, le congrès national entérine les décisions prises à Erzurum et leur donne une portée nationale. Le rebelle accule ensuite le Grand Vizir, ou Premier ministre, à la démission. Celui-ci est remplacé par un nouveau gouvernement, favorable aux nationalistes, qui organise aussitôt des élections. Grâce à une campagne électorale active, les kémalistes remportent un grand nombre de sièges à l'Assemblée nationale. Mais la politique de la nouvelle Chambre déplaît à Londres, qui, comme elle en a le pouvoir en tant qu'autorité de tutelle, la dissout et occupe officiellement la capitale. Une partie des députés gagne la ville d'Ankara, en Anatolie. De nouvelles élections comblent les sièges vacants.

Vers le honteux traité de Sèvres

Pour dresser le peuple contre les rebelles nationalistes, le souverain et son entourage utilisent la religion, présentant Mustafa Kemal et ses partisans comme des hérétiques, des ennemis de l'islam. L'effet de cette politique à la fois habile et dangereuse ne se fait pas attendre : la guerre civile se trouve relancée entre kémalistes et défenseurs du sultan en Anatolie, les nationalistes perdant du terrain sur le plan militaire. Ces obstacles n'empêchent cependant pas la Grande Assemblée de se réunir et de désigner un gouvernement, dont le chef est Mustafa Kemal. Renforcés par cette décision, les kémalistes reprennent l'avantage sur le terrain et parviennent finalement aux portes d'Istanbul. Les Anglais et les Français, peu soutenus par leurs opinions publiques, ne souhaitent pas engager leurs troupes, mais ils acceptent l'offre d'intervention des Grecs, qui ne demandent qu'à poursuivre leur pénétration en Turquie. Plus nombreuses et mieux équipées, les troupes grecques repoussent les nationalistes turcs et progressent vers l'Anatolie. Le 10 août 1920, les kémalistes ne peuvent s'opposer à la signature par le sultan du traité de Sèvres, qui définit le partage de la Turquie. Mais, dès l'année suivante, les nationalistes reprennent le contrôle de la situation. Ils arrachent les provinces orientales aux Français et aux Arméniens, écrasent une insurrection en Anatolie et, surtout, obtiennent le soutien matériel de la toute nouvelle Union soviétique. En 1922, Mustafa Kemal, qui a mobilisé toutes les forces et les ressources de l'Anatolie, lance l'assaut final contre les Grecs. Au mois d'août, ses troupes anéantissent la moitié de l'armée adverse et provoquent la fuite de l'autre moitié. La guerre très cruelle entre Grecs et Turcs prend fin à l'automne suivant, avec la signature de l'armistice le 11 octobre 1922. En juillet 1923, après des mois d'âpres négociations, l'intégrité et l'indépendance de la Turquie sont reconnues par le traité de paix de Lausanne.

La Turquie moderne

L'œuvre de Mustafa Kemal n'est pas pour autant terminée. Le sauveur de la Turquie, qui prend en 1934 le titre d'Atatürk, « Père des Turcs », s'attache à construire un pays moderne sur les ruines du vieil Empire ottoman. En novembre 1922, il fait voter par l'Assemblée la fin du sultanat. Un an plus tard, le 29 octobre 1923, une nouvelle Assemblée élue par le peuple proclame la République turque, dont Kemal devient le premier président. Sous son impulsion la Chambre modifie alors la Constitution de 1921 et renforce le pouvoir exécutif. Fort de cette réforme, le président, qui reste à la tête de la Turquie jusqu'à sa mort, en 1938, met en place un régime très autoritaire qui lui permet d'imposer les indispensables réformes. La transformation est considérable : l'État laïcisé supprime les lois musulmanes et les remplace par des codes empruntés à l'Europe. L'islam, qui demeure la religion nationale, est modernisé. Les sermons et l'appel à la prière abandonnent l'arabe pour le turc. L'enseignement de la religion se fait à l'aide de nouveaux manuels qui pourfendent l'obscurantisme. Kemal fait aussi modifier l'écriture, et la langue est désormais transcrite dans l'alphabet latin. La société se met à l'heure occidentale, dont elle adopte les mœurs et le costume. Les femmes, qui ne portent plus le voile, se voient accorder les mêmes droits que les hommes, y compris le droit de vote. L'économie n'est pas oubliée, et diverses mesures viennent favoriser le développement de l'agriculture, de l'industrie et des communications. Brutales, ces réformes ne remportent pas toujours les succès escomptés. À Kemal Atatürk, pourtant, la Turquie doit d'avoir survécu à la Première Guerre mondiale et d'avoir engagé l'évolution qui devait la mener vers la modernité.

1922

Mussolini prend le pouvoir en Italie

LA MARCHE SUR ROME

En 1922, le fascisme est loin des velléités révolutionnaires et sociales du « faisceau de combat » créé par Benito Mussolini le 23 mars 1919. Ses activistes, les *squadristes,* équipés par les grands propriétaires, organisent des « expéditions punitives » contre les partis de gauche et les coopératives socialistes et catholiques. Et, en mai 1921, le parti fasciste est entré dans la coalition conservatrice qui gouverne l'Italie. Il a obtenu 35 députés : la droite traditionnelle peut croire qu'elle l'a récupéré. C'est alors que, par une action de force, ou la menace d'un coup de force, Mussolini s'empare du pouvoir.

L'occasion de l'opération est fournie en octobre, par le projet qu'ont les associations d'anciens combattants groupés autour d'un ex-allié de Mussolini, Gabriele D'Annunzio, de manifester à Rome le 4 novembre 1922. Le chef du parti fasciste craint que la manifestation ne dégénère en démonstration contre lui, ou au contraire qu'elle ne rameute une clientèle qui aurait pu venir au fascisme.

Le 24 octobre, à Naples, le congrès du parti fasciste mobilise les militants. Tout est parfaitement orchestré, préparé à l'avance, jusqu'aux questions et aux réponses. Devant 40 000 personnes, l'un des principaux lieutenants de Mussolini, Michele Bianchi, venu de l'anarchisme et du syndicalisme, interroge : « Il pleut à Naples ; qu'est-ce que vous y faites ? », et Mussolini, écharpe aux couleurs de Rome sur la chemise noire qui est l'uniforme du parti, précise : « Ou le gouvernement nous donnera le pouvoir ou nous le prendrons en fondant sur Rome. » La foule reprend : « À Rome ! À Rome ! ». C'est lors d'une réunion qui s'est tenue le 16 qu'ont été préparées, non seulement la mise en scène du congrès, mais aussi l'opération de prise du pouvoir partout en Italie. On a déterminé quels points stratégiques il fallait contrôler, dans la Péninsule, décidé d'installer l'état-major des opérations à Pérouse, de concentrer les militants autour de Rome : à Santa Marinella, Monte Rodonto et Tivoli. Mussolini, lui, a choisi de partir pour Milan : il pourra plus facilement fuir en Suisse en cas d'échec, et son éloignement des lieux du

Mussolini et son entourage le jour de la Marche sur Rome. De gauche à droite, de Bono, Vecchi, Mussolini et Balbo.

La crise de la démocratie italienne

En 1919, les difficultés de la reconversion créent une **situation révolutionnaire.** La Russie sert de modèle, on occupe les grandes propriétés dans le Sud, les usines dans le Nord.

Le mécontentement est aussi patriotique. Les nationalistes estiment n'avoir pas obtenu, au traité de Saint-Germain, toutes les terres qui leur étaient dues. De septembre 1919 à Noël 1920, des volontaires animés par un poète, Gabriele D'Annunzio, occupent **Fiume,** contre la Yougoslavie. La ville est transformée en principauté, D'Annunzio y expérimente des cérémonies de masse qui préfigurent celles du fascisme, mais il noue des contacts avec l'extrême gauche. La démocratie fait la preuve de sa faiblesse.

Les « chemises noires » franchissent le pont Nomentana qui mène aux portes de Rome.

principal théâtre d'opérations, dans un premier temps, confortera son image « respectable » et légaliste.

Le chantage

Le 26, une proclamation exige la démission du Premier ministre Luigi Facta sous 48 heures, faute de quoi les fascistes marcheront sur Rome. Le lendemain, préfectures, commissariats, centraux téléphoniques et gares du pays sont encerclés. En général, militaires et fascistes restent face à face, dans l'expectative. Tout se joue à Rome. Là, les fascistes, mal armés, sans vivres, sont 26 000 : moins que les soldats du général Pugliese, qui défend la capitale. Ils pourraient être facilement dispersés.

Mais c'est la volonté politique qui compte, non le rapport des forces. D'abord, le roi Victor-Emmanuel III semble décidé à résister. Le 28, à l'aube, Facta présente un décret instaurant la loi martiale. Or, le roi refuse de signer. Il dit qu'il veut éviter une effusion de sang ; peut-être craint-il un complot qui le remplacerait par son cousin, le duc d'Aoste, lié à l'extrême droite ; sans doute a-t-il subi la pression de milieux militaires, favorables aux fascistes. Quoi qu'il en soit, il cède au chantage.

Une marche... en wagon-lit

On pense d'abord accorder quelques portefeuilles aux fascistes. Cesare de Vecchi, un des chefs de la « marche », fasciste conservateur qui se défie de l'ancien révolutionnaire Mussolini, approuve. Mais le chef du fascisme se méfie, refuse le ministère de l'Intérieur, fait monter les enchères. Pour sortir de l'impasse, industriels et financiers multiplient les télégrammes en faveur d'un cabinet qu'il dirigerait.

Le 29, le roi appelle Mussolini à Rome. Sa marche sur Rome se fait de nuit, en wagon-lit... Le 30, ses troupes entrent dans la ville : le succès du chantage est transformé, après coup, en victoire insurrectionnelle. Mussolini se présente au roi en chemise noire et jaquette, guêtres et melon, curieux mélange entre l'uniforme fasciste et un costume de chef de gouvernement. La légende lui fait dire : « Majesté, je vous apporte l'Italie de Vittorio Veneto », c'est-à-dire de la grande victoire italienne de 1918. Plus prosaïquement, mais non moins mensongèrement, il balbutie : « Excusez ma mise, mais je viens de la bataille », puis promet de donner le soir même la composition de son gouvernement. Les fascistes y détiennent la moitié des postes ; lui-même cumule présidence du Conseil, Intérieur et Affaires étrangères.

L'Italie sera fasciste

Loin de l'épopée engageant 300 000 hommes, construite après les événements par la propagande mussolinienne, la marche sur Rome n'a été qu'un bluff, une promenade que la force publique aurait pu disperser. Mais, dans les allées du pouvoir, et jusque dans l'opposition de gauche, on croit que l'exercice de responsabilités ministérielles assagira le fascisme, que Mussolini sera un chef de gouvernement comme un autre. La vérité est que des complaisances nombreuses ont ouvert à Mussolini le chemin du pouvoir : trop de gens, depuis trop de temps, ont refusé de voir et surtout de combattre les exactions de ses « chemises noires », pour qu'il soit possible, désormais, de lui barrer la route. En 1922, Mussolini est au gouvernement : de loi électorale truquée en mesures de police draconiennes, quatre ans vont lui suffire pour balayer les oppositions, embrigader la population et faire d'une démocratie parlementaire une dictature à vocation totalitaire.

Fascismes et régimes autoritaires en Europe

À l'origine, pour Mussolini, le fascisme n'est pas exportable. Les groupes étrangers qui s'en réclament restent isolés. Les dictatures qui existent en Europe centrale sont traditionalistes. Les extrémistes, souvent antisémites (ainsi la *Légion de l'archange saint Michel* en Roumanie), sont marginaux face à des régimes d'ordre qui les répriment.

La crise économique provoque un changement d'attitude. Mussolini déclare en 1932 : « Dans dix ans, l'Europe sera fasciste ou fascisée. » L'année suivante, l'arrivée au pouvoir de Salazar au Portugal et surtout l'instauration du nazisme en Allemagne vont dans ce sens, mais les relations italo-allemandes sont médiocres, Rome refusant jusqu'en 1938 le racisme et craignant une concurrence dans les Balkans. En 1934, une éphémère Internationale fasciste se crée. Pourtant, Mussolini évite de favoriser l'ultranationalisme dans des pays puissants : l'aide apportée au *pronunciamento* franquiste, dictature traditionnelle plus que fasciste, est une exception.

Enfin, vers la fin des années 30, l'Italie s'efface devant l'Allemagne. Le nazisme sert de référence à Mussolini lui-même, comme aux groupes extrémistes européens.

Le poignée de main échangée entre le roi Victor-Emmanuel III et le nouveau président du Conseil.

L'Allemagne occupée et ruinée

LE DRAME DE L'INFLATION

C'est lorsque les prix deviennent fous qu'on se rend compte à quel point la monnaie est un pilier fondamental de l'ordre social. En 1923, l'Allemagne est le premier pays à faire la douloureuse expérience d'une inflation galopante. Déjà sérieusement ébranlée par les épreuves de la Première Guerre mondiale et par sa défaite, la société allemande menace d'exploser lorsque l'affolement monétaire rend impossible la mesure de la valeur des choses.

Quasiment inconnue au XIXe siècle, l'inflation devient un phénomène récurrent après 1914-1918. Mais ce qui n'est généralement qu'une nouvelle contrainte économique, que les autorités apprennent progressivement à gérer, dégénère parfois au point de constituer un véritable cataclysme. Lorsque l'inflation monte au-delà d'un certain seuil, lorsque les prix ne signifient plus rien, c'est l'ensemble du système économique qui menace de s'effondrer. À l'Allemagne de 1923 revient le triste privilège d'ouvrir la série des catastrophes monétaires, qui se continue jusqu'à aujourd'hui.

Un pays à genoux

En 1919, l'Allemagne, signataire malgré elle du traité de Versailles, n'est pas seulement vaincue. Elle est aussi en grande partie ruinée. Le conflit a imposé au pays — comme aux autres belligérants — un énorme sacrifice financier. Mais l'Allemagne, pour payer son effort de guerre, n'a pu, comme l'ont fait la France et l'Angleterre, emprunter aux États-Unis ; elle s'est procuré de l'argent en utilisant la « planche à billets », c'est-à-dire en émettant une quantité considérable de monnaie. Cette augmentation de l'argent en circulation (la masse monétaire) vient nourrir l'inflation de l'après-guerre puisqu'il y a alors beaucoup d'argent et peu de biens disponibles.
À cette situation déjà difficile vient s'ajouter le poids des réparations. Jugée responsable de la guerre, l'Allemagne doit « réparer » les dommages matériels qu'elle a causés. À Londres, en 1921, les vainqueurs s'arrêtent sur la somme, astronomique, de 132 milliards de marks-or, c'est-à-dire la moitié de la richesse totale du pays ! C'est comme s'il fallait payer une nouvelle guerre, sitôt la paix signée. Pour le gouvernement allemand, à la tête d'un pays exsangue, la situation est presque insoluble. Elle le devient tout à fait lorsque, en janvier 1923, les Français et les Belges, mécontents du retard du paiement des réparations, envahissent la Ruhr, poumon industriel du pays. L'Allemagne plonge alors dans la catastrophe monétaire.

Le mark dans l'abîme

Dès 1922, face à l'effondrement des finances publiques, la spirale inflationniste s'accélère. La valeur d'un mark ne signifie vite plus rien. Et, comme il faut bien garder un étalon de valeurs, c'est la monnaie étrangère, le dollar, en l'occurrence, qui en tient lieu. Comme les spéculateurs, les consommateurs se mettent à anticiper la hausse des prix. Les salariés exigent l'augmentation parallèle de leurs salaires, hausse qui vient à son tour nourrir l'inflation. Au début de 1922, le dollar vaut 200 marks. Il s'échange contre 10 000 à la fin de l'année. Le processus, cumulatif, devient délirant avec l'occupation de la Ruhr. En juillet 1923, il faut un million de marks pour un dollar, 160 millions à la fin septembre, et plusieurs milliards en novembre !

Un dollar, contre des masses de marks-papier. La monnaie nationale, dans l'Allemagne de l'immédiat après-guerre, a la valeur de son poids de papier, ou presque.

Si l'on déploie les liasses... Un dollar, en 1922, vaut exactement 8 000 marks !

L'inflation galopante désorganise entièrement le circuit économique. En 1923, le troc se substitue au paiement en papier-monnaie. Pour assister à un spectacle de cirque, les Allemands apportent leur contribution… en saucisse, pain ou confiture.

Pour assurer le fonctionnement «normal» des échanges, il faut toujours plus de billets. 300 papeteries consacrent toute leur production à l'alimentation de 150 imprimeries, où tournent jour et nuit 2 000 presses à billets. Cela finit par ne plus suffire et les municipalités, ou même les entreprises, reçoivent le droit de fabriquer de la monnaie. Les brouettes de billets pour acheter une livre de beurre, les timbres à 50 milliards de marks : autant d'images d'Épinal aujourd'hui, qui, pour les Allemands d'alors, constituent un véritable traumatisme dont leur mémoire gardera longtemps le souvenir.

Un pays au bord de l'implosion

Les effets politiques et sociaux de l'inflation portée à ce stade sont ravageurs. Devant l'aberration monétaire, l'Allemagne retrouve le système primitif du troc. On voit ainsi les paysans refuser de livrer leurs produits contre monnaie. Les difficultés du ravitaillement menacent alors les villes de famine. Les troubles sociaux se multiplient, nourrissant à leur tour l'instabilité politique. À l'automne, le pays sombre dans l'anarchie. Le 1er octobre, la « *Reichswehr noire* » du major Buchrucker tente de prendre le pouvoir. Le 8 novembre, c'est le petit parti nazi d'Adolf Hitler qui essaie à son tour de s'imposer lors du « putsch de la Brasserie », à Munich. En Saxe et en Thuringe, on voit se mettre en place des gouvernements socialo-communistes qui refusent l'autorité du pouvoir central. Et, en novembre, Berlin et Hambourg sont le théâtre de combats de rue. Il faut ajouter à ces troubles les tentatives de groupuscules qui profitent de l'occupation française pour proclamer une « République rhénane » ou une « république du Palatinat ». L'Allemagne, semble-t-il, est sur le point d'exploser.

La stabilisation

Dès août 1923, le nouveau gouvernement Stresemann réunit tous les partis, à l'exception des extrêmes. Il réussit à contrer une par une les révolutions qui éclatent un peu partout, mais ce n'est qu'en rétablissant la confiance dans la monnaie qu'il peut reprendre durablement en main la situation. C'est chose faite en novembre 1923, grâce à un traitement de choc. Le crédit et la création monétaire sont brutalement restreints, et des économies budgétaires drastiques décrétées. Mais ce n'est qu'avec l'appui des Anglais et des Américains, qui ne souhaitent nullement favoriser une révolution en Allemagne, que les autorités monétaires parviennent à rompre le cercle vicieux des anticipations négatives et à restaurer la confiance.
Au total, l'inflation galopante n'aura duré qu'un an. Mais ses effets en Allemagne sont beaucoup plus durables. La hausse des prix, en déconsidérant le nouveau régime républicain, a créé les conditions favorables à l'instauration, quelques années plus tard, du régime hitlérien. La ruine des petits épargnants, dont les économies se sont trouvées brutalement dépourvues de valeur, a également préparé le terrain, sur le plan électoral, à l'ascension politique de l'opposition nazie au régime de Weimar. À beaucoup plus long terme, le traumatisme créé par la débâcle monétaire de 1923 a entraîné chez les Allemands une sorte de réflexe de protection de leur monnaie : dans les années 1990 encore, cette sensibilité inspire, dans l'Allemagne réunifiée, une politique particulièrement rigoureuse de lutte contre l'inflation et un attachement quasi religieux à la défense de la devise nationale.

L'« hyperinflation », fléau du XXe siècle

L'inflation est un mal endémique au XXe siècle. Lorsque la hausse des prix dépasse 50 % par mois, toutefois, la situation devient dramatique : on parle alors d'inflation galopante ou d'hyperinflation. L'Allemagne de 1923 est loin d'en être le seul exemple au XXe siècle.

Le résultat de l'après-guerre. Les deux guerres mondiales ont été à l'origine de telles crises, à la fois par leur coût financier et par la désorganisation générale qu'elles ont provoquée. En 1918 et dans les années suivantes, les prix flambent dans tous les pays où la révolution menace : en Allemagne ; mais aussi en Autriche et en Hongrie, États nouveaunés d'un empire disloqué ; dans la Russie des débuts du communisme. Après 1945, des situations comparables se retrouvent. De nouveau en Hongrie, par exemple, ou encore en Grèce, où les prix augmentent de 85 millions % en novembre 1945 !

L'Amérique latine. Dans les années 80 et 90, le Brésil, l'Argentine ou la Bolivie, par exemple, connaissent aussi l'inflation galopante. L'origine de cette panique monétaire est une dette extérieure colossale, dont le remboursement finit par épuiser la richesse du pays. Généralement plus durable que dans l'Allemagne de 1923, la crise monétaire engendre une véritable « culture inflationniste » chez les habitants, rendant plus difficile encore la rupture du cercle vicieux.

Alexander Fleming découvre la pénicilline

LA NAISSANCE DES ANTIBIOTIQUES

Après que, dans les années 1860, le rôle des micro-organismes dans les maladies infectieuses a été mis en évidence par Louis Pasteur, les scientifiques ont trouvé certains vaccins pour lutter contre les infections. Mais, au début du XXe siècle, ils ne possèdent toujours pas de traitement contre les infections bactériennes. La découverte de la pénicilline par l'Écossais Alexander Fleming, en 1928, va révolutionner ce domaine de la médecine.

Lors de la Première Guerre mondiale, de nombreux soldats, soignés par de simples antiseptiques, meurent des suites de leurs blessures.

Né en 1881 dans une ferme proche de la ville d'Ayshire, en Écosse, Alexander Fleming quitte sa terre natale après la mort de son père pour s'installer à Londres. Encouragé par un de ses frères, il profite d'un petit héritage pour entreprendre des études de médecine à la St Mary Medical School de l'université de Londres. Après avoir reçu son diplôme en 1906, il intègre le service des vaccinations du St Mary Hospital, dirigé par Almroth Wright. Il commence ses recherches en bactériologie dans cet établissement où il effectuera toute sa carrière.

Une découverte accidentelle

Rattaché au corps médical de l'armée pendant la Première Guerre mondiale, Alexander Fleming s'intéresse particulièrement aux blessures qui s'infectent et causent la mort de nombreux soldats. Pour lutter contre ces infections, les médecins ne connaissent à cette époque que les antiseptiques. Alexander Fleming et son patron, Almroth Wright, démontrent que ce remède ne fait qu'empirer l'état du malade, dont il affaiblit le système immunitaire. Ils préconisent l'emploi de solutions salines pour désinfecter les plaies, mais leurs conseils ne sont pas suivis. Après le conflit, Alexander Fleming concentre ses recherches sur les antibactériens. En 1921, il découvre le lysozyme, une substance contenue dans les fluides du corps comme les larmes et la salive, qui annihile certaines bactéries mais pas les plus virulentes. Sept ans plus tard, en 1928, alors qu'il travaille sur le virus de la grippe, il part en congé en laissant son laboratoire dans un joyeux désordre. À son retour, il nettoie l'évier où s'empilent des boîtes de Petri dans lesquelles il a fait des cultures de staphylocoque; avant de jeter leur contenu, il les examine attentivement. Autour d'une culture de staphylocoque doré, il remarque une moisissure bleue qui a empêché la croissance de la bactérie et qui l'a même tuée à l'endroit où elle la recouvre. Le savant mène une série d'expériences qui confirme la découverte faite par hasard et montre que la moisissure ne présente aucun risque pour les tissus humains. Alexander Fleming appelle cette moisissure « pénicilline », d'après le nom du champignon du genre *Penicillium notatum* qui la produit. Un an plus tard, il fait part de sa découverte à la communauté médicale dans un article publié dans une revue spécialisée. Il attire l'attention de ses collègues sur le rôle capital que pourrait jouer cette substance dans le traitement des infections.

Le premier antibiotique

Le monde scientifique accueille sans enthousiasme l'annonce du bactériologiste. Aussi le savant, qui se heurte au problème de l'isolement de la pénicilline et au difficile processus de sa culture, abandonne-t-il ses recherches. En 1938, dix ans après la découverte, le biochimiste anglais Ernst Chain, qui travaille à Oxford avec l'Australien Howard Florey sur les antibiotiques et les enzymes, prend connaissance des publications de Fleming sur la pénicilline. Il n'en faut pas plus aux deux hommes pour reprendre les recherches sur cette substance, qu'ils réussissent à isoler et, après l'avoir essayée avec succès sur une souris, ils la testent sur les hommes. Le remède fait merveille. Mais les savants buttent à leur tour sur la question de la fabrication à grande échelle de la pénicilline. Le déclenchement de la Seconde Guerre mondiale accélère la recherche d'une solution. En 1941, l'équipe d'Oxford trouve la réponse dans un centre de recherche agricole de l'Illinois, aux États-Unis. Dans cet établissement spécialisé dans les techniques de fermentation, les chercheurs obtiennent des résultats spectaculaires en cultivant la moisissure sur du maïs et du melon. Plus rien ne s'oppose à la production massive du remède. L'antibiotique vient de naître. Ce terme dérive du nom donné en 1889 par P. J. Vuillemin au processus de destruction d'une bactérie par une autre bactérie ou d'un être vivant par un autre être vivant. L'entrée en guerre des États-Unis, en 1942, précipite la production industrielle de la pénicilline, qui sauve quantité de vies pendant les hostilités. En 1945, Alexander Fleming, Howard Florey et Ernst Chain reçoivent tous les trois le prix Nobel de médecine pour leurs travaux sur le premier antibiotique. Alexander Fleming déclare avec modestie : « La nature fait la pénicilline ; je l'ai simplement découverte. » Après le triomphe de la pénicilline, les recherches se poursuivent et conduisent à la découverte de nombreux autres antibiotiques, dont certains obtenus entièrement par synthèse.

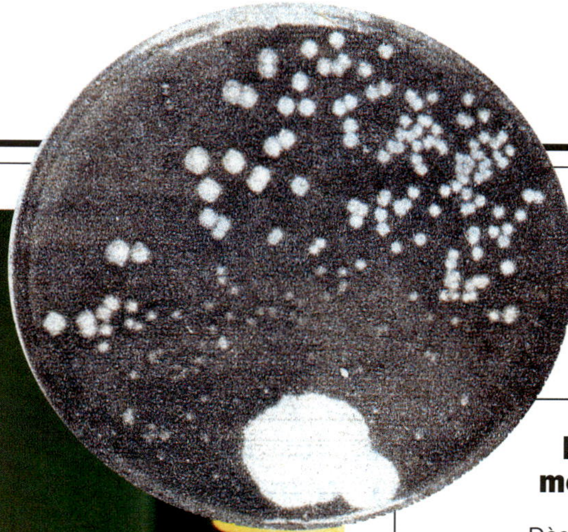

La plaque originale sur laquelle le professeur Fleming découvrit la moisissure d'où naquit le célèbre antibiotique.

Les antibiotiques menacés

Dès les années 1940, peu après la commercialisation de la pénicilline, apparaissent les premières résistances des bactéries aux antibiotiques. Soixante ans plus tard, les scientifiques craignent pour l'existence même de ces remèdes.

Du mauvais usage des antibiotiques. Dès 1945, Alexander Fleming avertit qu'une mauvaise utilisation de ce médicament entraînerait la prolifération de bactéries mutantes et résistantes. Or, dans les pays riches, les malades n'ont cessé de consommer des antibiotiques qui n'étaient pas adaptés au type d'infection, d'en prendre des doses insuffisantes ou d'abandonner le traitement avant qu'il soit terminé. L'utilisation des antibiotiques dans les aliments pour animaux, destinée à faire grossir ces derniers, a également créé des bactéries résistantes qui sont passées des animaux aux hommes. Nombreux sont ceux qui réclament aujourd'hui leur interdiction dans l'alimentation animale. Toutes ces pratiques ont conduit à l'apparition de bactéries dont certaines résistent à presque tous les antibiotiques.

À la recherche de solutions. Pour tenter d'enrayer cette évolution dramatique, il faudrait corriger les mauvaises habitudes et limiter la consommation des antibiotiques aux infections qui l'exigent réellement. Les chercheurs s'efforcent de trouver de nouvelles familles d'antibiotiques efficaces contre les maladies infectieuses qui résistent désormais à presque tous les traitements. De son côté, une équipe de la faculté de médecine d'Harvard a annoncé en 1999 la découverte d'un vaccin contre les souches résistantes du staphylocoque doré, responsable de la pneumonie, de la méningite et agent d'infection le plus répandu dans les hôpitaux.

Découvreur, en 1928, de la pénicilline, Alexander Fleming ne recevra le prix Nobel de médecine qu'en 1945.

La crise mondiale commence par un krach boursier

LE JEUDI NOIR

La grande crise économique des années trente est réputée avoir commencé le jeudi 22 octobre 1929, au stock-exchange, la Bourse de New York, avec un krach boursier comme on n'en avait jamais vu.

Le mercredi, 2,5 millions d'actions ont été vendues. Les ventes ont commencé le samedi précédent, peut-être à cause du relèvement du taux d'escompte de la Banque d'Angleterre, qui attire des fonds... L'offre excédant la demande, les cours baissent, alors que l'opinion est habituée à croire qu'ils monteront indéfiniment : ils viennent de quadrupler en quatre ans, de doubler dans l'été.

En théorie, il faut payer comptant à la Bourse de New York. En fait, les agents de change acceptent de traiter moyennant un versement de 10 % du prix des actions : ils avancent le reste, se remboursent sur la plus-value au moment de la vente. Mais, comme les prix cessent de monter, il n'y a plus de plus-value, donc plus de remboursement certain ! On s'inquiète de la solvabilité des débiteurs, on exige des paiements immédiats. Pour rembourser, les débiteurs vendent des titres, donc augmentent encore l'offre, et font baisser encore les cours ; une spirale infernale se déclenche ainsi.

Le jeudi noir

Le lendemain, c'est le « jeudi noir ». Près de treize millions d'actions sont vendues : deux fois plus que le chiffre maximum jamais atteint auparavant en une journée. Les cinq principales banques du pays tentent de freiner le mouvement ; un de leurs représentants achète pour trente millions de dollars d'actions en cinq minutes, au-dessus du cours. C'est un ballon d'oxygène, mais qui ne dure que quelques heures. À la clôture, la situation s'est encore aggravée. Le lundi, les banques jettent l'éponge, cessent de soutenir les cours. Le mardi, seize millions d'actions sont vendues, les cours baissent de plus en plus, on échange certaines actions à 1 dollar, le cours minimum : en vingt-deux jours, l'indice Dow Jones des valeurs industrielles a chuté de plus de 40 %.

Cette situation crée immédiatement une immense panique parmi les porteurs d'actions et les courtiers. Le jeudi matin, dans Wall Street, la rue où est située la Bourse, les pires

Lexique boursier

Escompte : opération de crédit à court terme, concernant un chèque, une traite, une rente, etc., avant la date à laquelle son paiement est exigible. L'acheteur déduit de la valeur du titre acheté une retenue, qui dépend du temps qu'il attendra avant de pouvoir faire valoir ce titre. Cette retenue ou intérêt varie en fonction du marché : c'est le taux d'escompte.

Indice Dow Jones : indice boursier, créé en 1897 par le Wall Street Journal, *et correspondant à la moyenne, corrigée en fonction de la valeur relative de chaque action, du cours de Bourse d'une trentaine d'actions américaines spécialement choisies.*

L'illusoire prospérité

Avant le krach, le monde semble prospère.

En fait, **dès 1918, l'inflation s'installe,** la plupart des pays manquent de devises, la baisse des prix agricoles pénalise les paysans, le progrès technique engendre un important chômage, surtout en Grande-Bretagne.

Aux États-Unis, l'immobilier s'essouffle dès 1926, l'automobile début 1929. L'expansion boursière, qui ne concerne que 1,5 des 122 millions d'Américains, cache un temps ces problèmes. On peut, effectivement, s'enrichir très vite : la hausse spéculative des actions achetées à crédit grise les économistes, on croit même pouvoir éviter les crises cycliques qui ont secoué le monde tous les sept à dix ans, depuis 1820.

Le krach détruit les illusions de ces « années folles ».

L'attente et la panique devant la Bourse, à Wall Street, le premier jour du krach (« jeudi noir »).

rumeurs circulent, des scènes d'hystérie se produisent : l'économiste et historien américain John K. Galbraith parle de « mêlée folle et effrénée pour vendre » et de « frayeur aveugle et sans merci ». Des spéculateurs, gros comme petits, des milliardaires comme leurs chauffeurs se retrouvent ruinés ; avant midi, si l'on s'en tient aux chiffres officiels, une douzaine se suicident, souvent en se jetant par une fenêtre. On raconte qu'au *Waldorf Astoria,* le palace le plus luxueux de la ville, le portier demande aux clients qui réclament une chambre : « C'est pour dormir ou pour sauter ? »

File de chômeurs à New York, attendant une distribution de nourriture, sous les lumières et les publicités de Broadway, le quartier central.

De la débâcle boursière à la catastrophe économique

Malgré les bonnes paroles du président Herbert Hoover, qui voit « la prospérité au coin de la rue », les spéculateurs ruinés vident leurs comptes bancaires, les banques ne peuvent faire face, d'autant que les autres déposants, inquiets, demandent aussi à être remboursés. Plus de 600 établissements font faillite en 1929, plus de 1 300 en 1930, près de 2 300 en 1931. Ceux qui survivent restreignent les crédits. D'autre part, les spéculateurs ruinés ne sont plus guère des consommateurs : on passe de la crise boursière à une crise économique généralisée.

L'effondrement de l'édifice financier n'est pas la seule cause de la crise, mais il sert de détonateur à une situation déjà explosive. L'*Institut de prévision économique* de Harvard explique qu'il n'y aura pas de récession, puis affirme qu'en tout état de cause elle sera peu considérable : en réalité, la ruine des spéculateurs et l'assèchement des disponibilités provoquent, à partir du printemps 1930, une cascade de faillites et un profond marasme. La production et la consommation baissent ; des entreprises font faillite : plus de 22 000 en 1929, plus de 26 000 en 1930, plus de 28 000 en 1931. En 1932, le revenu national américain est de moitié inférieur à ce qu'il était avant la crise, la masse salariale également, le chômage total ou partiel frappe le quart de la population active. Cela aggrave encore la mévente, d'où une baisse des prix qui déclenche d'autres faillites, d'autres licenciements, d'autres méventes : les produits industriels baissent de 30 %, les produits agricoles de 60 % ; les agriculteurs sont ainsi tout particulièrement touchés, beaucoup sont ruinés, expropriés, deviennent des errants, comme ceux dépeints par le romancier John Steinbeck dans *les Raisins de la colère.* Il faut un changement politique, l'élection du président démocrate Franklin D. Roosevelt, qui impose l'idée d'une intervention de l'État dans l'économie et d'une planification *(New Deal),* pour que, lentement, les dégâts commencent à être réparés.

Crise économique et Guerre mondiale

La crise se transmet au monde entier. Le départ des capitaux américains met en faillite les systèmes bancaires internationaux. Puis l'Amérique prend des mesures protectionnistes, et le commerce mondial s'effondre. Les pays « neufs », exportateurs de produits agricoles, sont particulièrement touchés : au Brésil, on brûle le café, devenu inutile, dans les locomotives et on n'importe plus, ce qui compromet l'équipement industriel et le développement. Toutes les nations sont frappées, plus ou moins tôt (la France, en 1932 seulement), et la crise se traduit par la misère, née du chômage qui n'est assorti, alors, d'aucune indemnité : à la fin de 1932, on recense 40 millions de chômeurs complets dans le monde industrialisé.

La crise a des conséquences politiques. Les équipes dirigeantes perdent les élections (républicains américains en 1932, droites françaises la même année, puis de nouveau en 1936, etc.). Des marches de chômeurs s'organisent aux États-Unis ou en Angleterre, des manifestations se produisent jusque dans les dictatures, comme en Italie fasciste. Surtout, l'échec du libéralisme économique pousse certains à remettre en cause le libéralisme politique, à chercher d'autres solutions : on prône une planification et l'intervention de l'État aux États-Unis *(New Deal)* et en France (Front populaire) ; on se prend d'une passion nouvelle pour l'U.R.S.S., où les statistiques ignorent le chômage ; surtout, un nombre de plus en plus grand d'électeurs adhèrent aux mouvements d'inspiration fasciste, puis aux délires totalitaires du nazisme, qui arrive au pouvoir en Allemagne en 1933, porté par la crise et le chômage.

L'effondrement des échanges casse le monde en blocs concurrents. La France et l'Angleterre se replient sur leurs colonies ; le Japon s'ouvre des marchés par la conquête militaire ; l'Allemagne se crée une clientèle captive ; en Europe de l'Est et en Amérique latine. L'idée de communauté internationale devient anachronique, et la crise débouche sur la Seconde Guerre mondiale.

« Migrant mother » en Californie (photographie de Dorothea Lange montrant la misère dans les campagnes).

L'arrestation d'un « parrain » à Chicago

AL CAPONE

Dans l'Amérique des années 1920, de puissants syndicats du crime se constituent. Une de leurs principales activités, la contrebande d'alcool, est particulièrement rentable depuis la loi de prohibition de 1919, qui interdit la fabrication et le commerce des boissons alcoolisées.

À l'issue de véritables guerres de gangs, certains trafiquants règnent sur des villes entières : ainsi à Chicago. Pour confondre des gangsters comme Al (Alphonse) Capone, qui achètent policiers, juges locaux et conseillers municipaux, il faut toute l'astuce des hommes de la police fédérale, le FBI.

Une tractation qui échoue

En juin 1932, Capone se trouve cependant forcé de comparaître devant les juges... pour de multiples fraudes fiscales. Cet homme de trente-trois ans, né et élevé dans les bas quartiers de New York, appelé à Chicago par un chef de bande nommé John Torrido, a en effet construit sa fortune sur une série d'activités toutes aussi illégales les unes que les autres. La principale est l'organisation, en véritable homme d'affaires, du transport et de la distribution clandestins de l'alcool (bootlegging). Les autres découlent de celle-ci : l'élimination, par la violence, des gangsters rivaux capables de lui porter de l'ombre ; et la distribution de pots-de-vin destinés à lui assurer un réseau de soutiens et donc l'impunité dans les milieux des autorités municipales. L'affaire, vénielle par rapport à tout ce que la justice pourrait lui reprocher, l'inquiète d'autant moins qu'il s'est assuré les services d'avocats de renom. Le grand cabinet d'avocats de Thomas Nash et de son associé Ahern, assistés d'Albert Fink, est là pour lui assurer une défense aussi efficace qu'onéreuse. Pour plus de sécurité, Capone recourt néanmoins à ses stratagèmes habi-

Le procès du gangster Al Capone (deuxième en partant de la gauche), à Chicago.

Règlement de compte entre gangsters à l'époque de la prohibition.

La prohibition

Demandée par **les milieux évangéliques** dès le commencement du XIXe siècle, la prohibition est d'abord édictée dans vingt-sept États avant d'être étendue à tous les États-Unis.

Au lendemain de la Première Guerre mondiale, ses partisans mettent en avant **des arguments économiques et sociaux :** la sobriété forcée augmenterait la capacité de travail des salariés et accroîtrait leurs revenus en distrayant de l'achat d'alcools des sommes relativement considérables.

Aussi, **en janvier 1919, l'interdiction des boissons alcoolisées est-elle étendue à l'ensemble du territoire des États-Unis par le dix-huitième amendement à la Constitution.** Les modalités d'application sont fixées la même année par une loi qui interdit la vente de toute boisson contenant davantage que 0,5 % d'alcool.

Des mesures similaires sont prises à la même époque dans certains pays protestants d'Europe : en Finlande, de 1919 à 1932, et en Norvège, entre 1919 et 1926.

Mais **le « régime sec » provoque une active contrebande et une véritable lutte politique** entre les « wet » (« humides ») et les « dry » (« secs »), sans susciter aucun des bienfaits que ses partisans en attendaient. **Aussi le président Franklin Roosevelt fait-il abolir la prohibition par le vingt et unième amendement, en 1933**.

tuels : il se procure la liste des jurés afin de faire pression sur eux, ou, le cas échéant, de les acheter. En juin 1932, le gangster se présente devant le juge Wilkerson. Ses avocats lui ont suggéré de plaider coupable, en obtenant auparavant l'assurance qu'on ne requerra contre lui que des peines dérisoires. Or, à la grande surprise de Capone, le marchandage — qu'il s'attend à voir fort aisément accepté — est refusé avec fermeté par le juge Wilkerson. Visiblement, les autorités fédérales — le département des Finances et celui de la Justice — qui ont été consultées par le procureur fédéral Johnson chargé du dossier d'accusation, ont décidé d'en finir avec le malfaiteur et sa bande. La fraude fiscale est le moyen qu'ils ont choisi pour coincer cet insaisissable chef mafieux.

Piégé

Quand, le 6 octobre, commencent les audiences, les avocats de Capone ont donc décidé de plaider non coupable. Il en résulte que l'accusation devra démontrer la culpabilité du suspect. Or, le juge Wilkerson a su déjouer les plans de Capone : il a fait circuler une fausse liste de jurés ! Lors de la première audience, au cours de laquelle la constitution du jury est rendue publique, le magistrat et le procureur fédéral G. Johnson peuvent constater l'émoi suscité par leur ruse du côté du box des accusés. À partir du 7 octobre, l'audition des témoins de l'accusation permet de préciser le délit pour lequel Capone est poursuivi : l'absence de déclaration fiscale entre 1924 et 1929 ! Au terme d'une longue et difficile bataille de procédure (car le gangster a d'habiles défenseurs et qu'il sait mobiliser, à grands frais, la presse de Chicago), le verdict tombe, le 17 octobre : reconnu coupable, Al Capone est débouté de sa tentative pour faire appel (24 octobre) — décision étonnante sur le plan juridique, car les faits qui lui sont reprochés sont en partie couverts par la prescription, étant trop anciens pour être encore passibles d'une peine. Il est condamné à une peine très lourde si l'on considère l'infraction qui est jugée, mais dérisoire par rapport aux crimes que le bandit a effectivement commis, et que la cour n'a pas à prendre en considération : en ajoutant les différentes peines et amendes, Capone est en effet condamné, en tout, à onze années de détention et à payer 50 000 dollars d'amende. Les frais de justice qu'il doit rembourser s'élèvent en outre à 30 000 dollars, et ses biens sont mis sous séquestre. Jamais une fraude fiscale n'a donné lieu à une condamnation pareille. Après une dernière tentative d'appel, qui échoue le 27 février 1933, et le rejet de son recours devant la Cour suprême en mai, Capone est envoyé au pénitencier d'Atlanta. Gravement malade (il est atteint de syphilis), il est libéré en 1939 et meurt le 25 janvier 1947.

Les agents du FBI procèdent à l'ouverture du coffre d'un des chefs des gangsters de Chicago, Al Capone.

D'autres cas difficiles à New York et à Chicago

Lorsqu'on a affaire à des chefs de bandes organisées et structurées qui parviennent par l'intimidation, le meurtre ou la corruption à éteindre toute tentative d'action en justice, il est très difficile de réunir des preuves pour un dossier d'accusation. En effet, les témoins font généralement défaut.

Des gangs insaisissables. La justice américaine doit affronter durant l'entre-deux-guerres ce type de difficultés. Ainsi, des chefs de bandes de grandes métropoles comme Chicago ou New York peuvent bénéficier pendant quelque temps de l'impunité.

Gangster, prisonnier puis espion. Par exemple, un Lucky Luciano s'enrichit à New York grâce à des trafics tout à fait semblables à ceux d'Al Capone : commerce et contrebande d'alcool (consommés dans, les *speakeasies* les bars clandestins), maisons de jeu, proxénétisme... Enfin emprisonné, Luciano est cependant libéré pendant la Seconde Guerre mondiale : la marine américaine l'utilise comme agent de renseignements lors de la conquête de la Sicile, en 1943.

L'avènement de la dictature nazie en Allemagne

L'INCENDIE DU REICHSTAG

Dans la soirée du 27 février 1933, à Berlin, un incendie ravage le Parlement allemand, ou *Reichstag*. Sur les lieux, le nazi Hermann Göring, chef de la police prussienne, hurle qu'il s'agit d'un « crime communiste contre le nouveau gouvernement » et du « commencement de la révolution ». Il ordonne au chef de la *Gestapo,* la police politique, d'abattre les chefs communistes « là où on les trouvera » et de faire pendre immédiatement tous les députés communistes.

Depuis le 30 janvier, Adolf Hitler, chef du parti nazi (parti national-socialiste, N.S.D.A.P.), dirige le gouvernement. Il lui faut s'entendre au Parlement avec les partis de la droite traditionnelle, dont les députés restent plus nombreux que les siens. En fait, il risque à tout moment d'être renversé, faute de pouvoir compter sur une majorité stable : c'était aussi la situation des gouvernements qui l'ont précédé. Pour conquérir le pouvoir absolu, il obtient alors du vieux président Hindenburg la dissolution du Parlement et met tout en œuvre pour remporter les élections, fixées au 5 mars. La propagande est intense sur la radio d'État, les milieux industriels financent largement une campagne spectaculaire, les nazis tiennent la rue et empêchent l'opposition de se manifester, avec, en Prusse, la bénédiction d'une police que Göring a mise à son service exclusif.

Le 24 février, une perquisition a lieu au siège du parti communiste. Göring dit avoir la preuve qu'une insurrection était prévue, mais il ne peut fournir cette preuve, et l'accusation tombe à plat. L'incendie du Reichstag intervient à point nommé pour la relancer.

L'Allemagne en 1933

De 1919 à 1933, l'Allemagne connaît un régime démocratique, **la République de Weimar.**

Ce régime, né de la défaite, n'est pas populaire. Il s'effrite lorsque **la crise économique** frappe l'Allemagne, en 1929 : il y a 600 000 chômeurs en 1928, 6 millions en 1932.

Les partis gouvernementaux, des conservateurs aux socialistes, se divisent sur la politique à adopter. Leur inefficacité incite la population à se tourner vers les extrêmes : aux législatives de 1932, 17 % des voix vont aux communistes, violemment opposés au régime, et 37 % à l'extrême droite, **le parti national-socialiste** (les nazis) ; il n'y a plus de majorité possible. La droite traditionnelle hésite, envisage un coup d'État militaire, puis choisit une solution en apparence légaliste, l'alliance avec les nazis. La République, dès lors, est condamnée.

Un montage grossier

Sur place, on arrête un jeune maçon néerlandais, Marinus Van der Lubbe, à moitié fou et militant d'un groupe communiste dissident. Il a bien essayé d'incendier le bâtiment, mais, avec pour toute mèche sa chemise, il est exclu qu'il ait pu provoquer un tel sinistre. En fait,

Le Parlement de Berlin (Reichstag) en flammes. L'incendie, d'origine criminelle, prit partout dans le bâtiment.

il a été manipulé. Dans les caves du bâtiment, reliées par un souterrain au logement de Göring, des nazis avaient stocké essence et produits inflammables...
Van der Lubbe ne suffisant manifestement pas, on arrête trois communistes bulgares : parmi eux, Georgie Dimitrov, responsable, par la suite, de l'Internationale communiste, et Premier ministre de son pays après 1945. Le chef du groupe parlementaire communiste, Ernst Torgler, se constitue prisonnier. Un procès est organisé à Leipzig. C'est un fiasco. Van der Lubbe est condamné à mort et décapité, mais les autres accusés sont innocentés le 23 décembre. Ils ont bénéficié d'une énorme campagne internationale de solidarité, dont a été exclu le Néerlandais, considéré par les communistes comme un provocateur. Ils ont surtout bénéficié de la vacuité des accusations portées contre eux.

Le programme nazi et sa réalisation

Depuis 1921, le parti nazi a pour « guide » *(Führer),* Adolf Hitler.

La doctrine. Elle est formulée par Hitler en 1923, dans un texte appelé *Mein Kampf* (« Mon combat »). Ses caractéristiques sont le racisme, la volonté expansionniste et l'hostilité à la démocratie. Le nazisme proclame les Germains « race supérieure » : ils sont destinés à former un seul État d'où seront exclus les « inférieurs », Juifs, Tsiganes, etc. Cet État conquerra un « espace vital » à l'est, puis dominera le monde après avoir renié le traité de Versailles et écrasé la France, « ennemi héréditaire, métissé et dégénéré ». À cela s'ajoutent la concentration des pouvoirs au profit d'un seul homme, la haine du parlementarisme, du marxisme et de la démocratie.

Les faits. Au pouvoir, Hitler passe aux actes. Le 28 février 1933, la détention sans jugement est autorisée, des camps s'ouvrent pour les opposants ; le 14 juillet, le nazisme est parti unique ; la structure fédérale du pays est abolie ; même les municipalités sont désormais nommées. La population est encadrée par de multiples organisations. La culture est mise au pas, les livres d'auteurs juifs, marxistes, démocrates, d'Einstein à Wells, de Freud à Zola, sont brûlés publiquement. La nationalité allemande est retirée aux Juifs en 1935, leur mariage avec des Allemands interdit, ils sont exclus de l'administration, des professions intellectuelles et artistiques, puis, en 1939, du commerce, de l'artisanat, de la direction des entreprises. À l'extérieur, les coups de force se succèdent : remilitarisation de la Rhénanie en 1936, annexion de l'Autriche et d'une partie de la Tchécoslovaquie en 1938, de la Bohême en 1939, avant l'attaque de la Pologne, qui déclenche la Seconde Guerre mondiale.

Van der Lubbe au procès de l'incendie du Reichstag.

Un incendie bien exploité

Le procès de Leipzig est un échec pour les nazis, mais ils ont depuis longtemps tiré les bénéfices politiques de l'incendie. Dès le 28 février, un décret est pris « pour la protection du peuple et de l'État », restreignant le secret postal et les libertés d'expression, de presse, de réunion, d'association. Le parti communiste est mis hors la loi, sa presse interdite, les quotidiens socialistes et nombre de journaux libéraux suspendus pour quinze jours, plus que ce qui reste de campagne électorale. 4 000 communistes sont arrêtés, avec d'autres opposants, dont des députés bénéficiaires de l'immunité parlementaire. Le même jour, 28 février, Göring publie un communiqué, prétendant que d'autres incendies étaient prévus, visant « des bâtiments officiels, des musées, des hôtels particuliers et des usines ». Aussitôt, la presse pronazie multiplie les détails sur le prétendu plan insurrectionnel, comme « la capture des femmes et des enfants des agents de police » : on les aurait placés comme bouclier devant les insurgés pour rendre la répression plus difficile.

Le nouveau chancelier Adolph Hitler en compagnie du vieux maréchal Hindenburg.

Vers la dictature

Il n'y a plus de presse d'opposition pour protester. Une partie des électeurs tombe dans le piège : suffisamment pour que, avec 44 % des voix et l'appui du parti national allemand, les nazis aient une majorité ; mais pas assez pour que le N.S.D.A.P. arrive aux deux tiers des députés requis pour changer la Constitution et établir sa dictature.
La démocratie est-elle sauvée ? Non. Car cette majorité des deux tiers, la veulerie du parti catholique, le *Zentrum,* la donne aux nazis le 23 mars : il ne reste plus à Hitler qu'à attendre la mort d'Hindenburg, le 2 août 1934, pour être seul maître du pays. L'incendie du Reichstag lui a fourni le prétexte nécessaire pour se débarrasser de ses opposants les plus déterminés, avec l'assentiment d'une population muselée par la violence et hypnotisée par les apparences de la légalité.

→**Voir aussi** : p. 508-509 (Munich).

Mao et ses troupes traversent la Chine à pied

LA LONGUE MARCHE

Entre 1930 et 1934, Jiang Jieshi, dit Tchang Kaï-chek, commandant des troupes nationalistes du Guomindang essaye, au cours de cinq campagnes, d'anéantir les bases communistes créées par Mao Zedong depuis la rupture de 1927. À l'automne 1934, pour briser l'encerclement de la sixième offensive de Jiang, Mao lance ses hommes dans la « Longue Marche », qui va durer un an et couvrir 12 000 km dans des conditions harassantes.

Depuis 1927, Mao et son compagnon Zhu De sont réfugiés dans les montagnes de la bordure sud de la Chine, et en particulier dans celles du Jiangxi, au sud-est. Dans ces régions difficiles d'accès, ils ont formé des bases rurales durables, qui finissent par contrôler 10 millions de personnes. Le 11 décembre 1931, Mao proclame une République soviétique chinoise, dont la capitale se trouve à Ruijin au Jiangxi, dans une région, donc, essentiellement rurale ; la direction officielle du parti communiste chinois, implantée à Shanghai, continue, elle, à donner la priorité aux luttes ouvrières et urbaines.

La marche du désespoir

En 1934, pour sa dernière offensive, Jiang Jieshi mobilise un million d'hommes, 200 avions, et adopte une nouvelle stratégie : il assiège non plus seulement une ville mais fait le blocus d'une région entière. 500 000 soldats participent à l'attaque, leur armement est moderne et ils sont encadrés par des officiers allemands compétents. En face, il y a 200 000 soldats armés d'un fusil, et peut-être autant de partisans mal équipés. Tenir sur place dans ces conditions est impossible : d'où la décision de déplacer massivement les communistes jusqu'en un lieu où leur survie sera de nouveau possible.

Mao et Zhu De partent en octobre 1934 et dirigent le gros des troupes : 130 000 hommes, dont 12 000 civils. Ils forcent les lignes du Guomindang et arrivent à se frayer un passage pour progresser vers l'ouest en parcourant le sud du Hunan. Mille kilomètres

La Chine en 1934

Depuis 1911, la Chine est **une république,** dont le premier président est Yan Shikaï (mort en 1916).

Mais deux forces s'opposent : **les nationalistes du Guomindang,** un mouvement fondé par Sun Yat-sen et dirigé par Jiang Jieshi (Tchang Kaï-chek) à partir de 1925 ; et **le parti communiste** (P.C.C.), fondé en 1920 à Shanghai.

À partir de 1927, cette opposition fait place à **une guerre ouverte** : Mao Zedong, Zhou Enlai et Zhu De prennent la tête du mouvement communiste dont la spécificité est de miser sur la paysannerie plus que sur les ouvriers ; Jiang Jieshi tâche de détruire leurs bases, dans les montagnes du Hunan puis du Jiangxi.

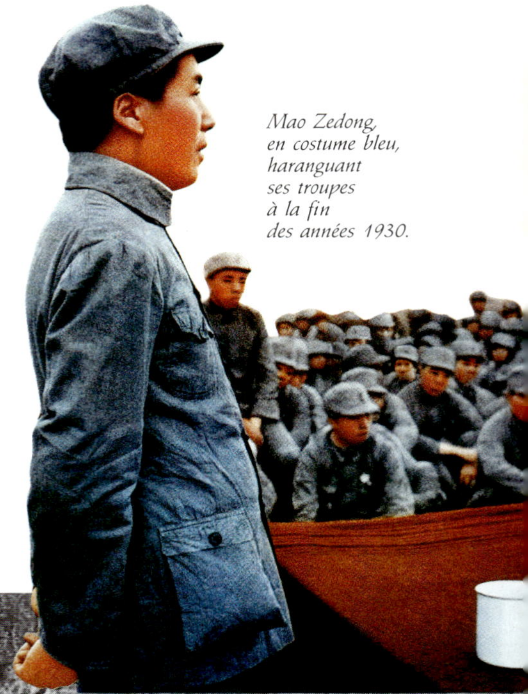

Mao Zedong, en costume bleu, haranguant ses troupes à la fin des années 1930.

L'armée communiste conduite par Mao arrive dans le nord du Shaanxi après la Longue Marche (peinture chinoise).

plus loin, à Zunyi, en janvier 1935, leur troupe a perdu 60 % de ses effectifs. Pour la première fois depuis leur départ trois mois auparavant, les combattants, harcelés par les troupes du Guomindang, peuvent se reposer quelques jours. Leurs dirigeants tiennent une réunion du 6 au 8 janvier 1935. Au cours de celle-ci, Mao est placé à la tête du Comité central du parti communiste et on lui donne l'initiative du pouvoir contre la faction dite « des 28 bolcheviques ». Après la réunion, la décision est prise de repartir : on laisse une semaine aux mobilisés pour se préparer. Progressivement, ce sont plusieurs colonnes qui se forment. La première armée de front, commandée par Mao et Zhu De, se dirige d'abord vers le Sichuan, au nord-est. Elle sillonne le territoire dans des directions contraires et fait des diversions pour mieux masquer son objectif principal, c'est-à-dire le franchissement du fleuve Bleu (Yangzi). Après l'avoir traversé, elle livre un combat resté légendaire pour le passage de la rivière Dadu, en mai 1935. Elle arrive à Maoergaï en juillet et fait sa jonction avec une autre armée : celle du quatrième front, partie en 1933 des montagnes à l'est du Bassin Rouge et commandée par Zhang Guotao. Puis les deux groupes se séparent de nouveau, Mao poursuivant par le nord-est, vers le Shaanxi, la région frontalière au nord de la Chine, Zhang faisant un détour par le sud-ouest. En octobre 1935, les deux armées se retrouvent finalement, dans le Shaanxi et elles installent là des bases rouges, à Wouki et à Yan'an. À ce moment, une nouvelle armée, la deuxième, commandée par Ho-Long, part du Hunan et entreprend la même route, en direction du sud, puis du nord-est.

Les épreuves d'une année

Pour les soldats de la première et de la quatrième armée, l'épopée aura duré un an. Les hommes sont 130 000 au départ, et moins de 30 000 à l'arrivée. Des embuscades permanentes ont été montées par les troupes du Guomindang ou par les populations autochtones – les Tibétains à la fin du périple. Les reliefs que les soldats doivent traverser sont plus difficiles les uns que les autres : des fleuves dont les ponts ont été sabotés (au pont de Luting, il ne reste plus sur deux cents mètres que des chaînes pendant au-dessus du vide) ; des chemins de montagne à 5 000 mètres d'altitude où le froid, la faim, les problèmes de respiration, les troubles cardiaques et la dysenterie déciment les troupes. Ces difficultés sont aggravées par le problème de ravitaillement : celui-ci, à base de maïs principalement, provoque des carences et rend les hommes malades. À l'été 1935, les troupes traversent les « Grandes Prairies » : des steppes marécageuses dans lesquelles les hommes s'embourbent. Au bout du long voyage, ceux qui ont survécu sortent du moins vainqueurs. L'épreuve a rapproché les communistes des populations des régions traversées. Transformée en suite d'exploits par la mythologie maoïste, la Longue Marche devient, à juste titre, l'un des symboles de la Chine populaire après 1949.

→**Voir aussi** : p. 598-599 (La révolution culturelle).

La Longue Marche des troupes de Mao, qui vont parcourir près de 12 000 km en un an.

Une unité de l'armée de Mao en marche : l'une des plus importantes pérégrinations du XXe siècle.

La Longue Marche dans la mythologie maoïste

La Longue Marche est utilisée dans la littérature de Mao et de ses proches comme preuve de l'immense courage, du dévouement et de l'ascétisme des troupes pour la cause révolutionnaire ; elle sert d'instrument de propagande, jusqu'à la mort de Mao en 1976.

La défaite des impérialistes. L'épisode permet de montrer que les soldats communistes sont capables de combattre l'armée impérialiste de Jiang, alors que la disproportion des forces est énorme : il prouve la bravoure des hommes. Mao, de la sorte, peut présenter la victoire relative de la Longue Marche comme la chute assurée de l'impérialisme.

La révolution propagée. D'autre part, la Marche met pour la première fois en contact direct les communistes avec les populations des campagnes et les minorités nationales. Les partisans en profitent pour mettre en application les réformes (agraire, dettes annulées, usure interdite, confiscations aux riches). Dans les provinces où ils passent, le souvenir qui reste est celui d'une nouvelle ère de prospérité et d'égalité.

Un modèle d'héroïsme. Enfin, les récits devenant moins sûrs avec le temps, la Longue Marche se transforme en une suite d'exploits individuels marqués par les batailles, la faim, le froid, le désespoir. C'est la notion d'épreuve et d'héroïsme que l'on retrouve le plus souvent dans les récits de l'épopée. La genèse de la Chine populaire ainsi définie par le courage, l'histoire à venir devra encore, dans l'idéologie maoïste, être héroïque.

La terreur stalinienne fait des millions de victimes

LES GRANDES PURGES

Le régime soviétique est entaché du souvenir terrifiant de la répression et du Goulag. L'importance de ces deux réalités a varié pendant les 70 ans de l'histoire de l'U.R.S.S., leur apogée se situant entre 1934 et 1953, période où Staline a été à la tête de l'État.

On s'accorde aujourd'hui pour ramener à quelque 3 millions les morts du Goulag, longtemps estimés à 10 millions par les spécialistes. L'horreur du système ne s'en trouve pas diminuée pour autant.

Combien de victimes ?

Dès l'année 1918, la répression commence. Les adversaires des bolcheviques — les communistes qui ont pris le pouvoir après la révolution d'Octobre — sont les premiers à être envoyés dans des camps de concentration nouvellement créés, ou dans des prisons tsaristes remises en service ou réhabilitées pour l'occasion. La Direction générale des camps de travail, le « Goulag », naît en septembre 1918. À la fin de l'année 1920, 84 camps de travail renferment chacun au minimum 300 déportés. La même année, 8 nouveaux camps de concentration ouvrent. En 1922, le Code pénal autorise la déportation pour trois ans et le Guépéou (la nouvelle Direction centrale de la police politique) obtient le droit de fusiller sans jugement. Trois ans plus tard, selon certaines sources, le nombre de déportés serait de 10 000, répartis dans plus de 350 camps ; puis, en 1928, il s'élèverait à 60 000.

Un témoignage

L'écrivain Varlam Chalamov raconte son expérience de déporté dans Kolyma, *récits de la vie des camps :*
« L'intellectuel détenu est écrasé par le camp. Tout ce qui lui était cher est réduit en cendres, et la civilisation et la culture s'envolent en un temps record qui peut se compter en semaines.
Dans une discussion, l'argument c'est le poing, le bâton ; la méthode de contrainte, c'est la crosse, un coup de poing en pleine figure [...]
Une beigne, un coup font de l'intellectuel le domestique docile de n'importe quel Senietchka ou Kostiechka [truands]. La force physique devient la force morale ; l'intellectuel est terrorisé à jamais. Son esprit est brisé. Et il emporte sa terreur et son esprit brisé dans la vie en liberté. »

Maspero, Paris, 1980.

Joseph Staline : sa hantise des complots l'amena à faire emprisonner et exécuter non seulement des opposants au régime, mais d'anciens amis et des catégories entières de la population (notamment les intellectuels).

Déportés par millions ?

À partir du milieu des années 30, prenant prétexte de l'assassinat de l'un de ses collaborateurs, Kirov, Staline, qui a réuni désormais entre ses mains la totalité du pouvoir, provoque une immense vague de répression. Celle-ci touche tous les pans de la société : les cadres du Parti, les plus vieux partisans du système, les trotskystes, les communistes des autres pays européens réfugiés à Moscou, les paysans soumis à la collectivisation forcée, bref, tous ceux qui, à un titre ou à un autre, apparaissent suspects. Dans son obsession de soumettre l'ensemble de la société à sa logique, le régime assimile toute opposition à la trahison et se retourne même contre d'anciens et fidèles serviteurs. On compte 660 000 déportés en 1930, de 2 à 5 millions en 1938 et 8,5 millions en 1939, soit 9 % de la population adulte. Pendant la Seconde Guerre mondiale, les déportations continuent, touchant surtout les régions frontalières de l'U.R.S.S. : les pays

Baltes (200 000 déportations), la Moldavie (200 000), la Pologne (1,2 million de personnes envoyées dans l'Oural ou en Sibérie), les Allemands de la Volga, les Tatars de Crimée, les Tchétchènes, des populations du Caucase... Puis, de 1945 à 1953, la population des camps enfle encore : le nombre de déportés atteint 10 millions en 1949-1950 ; il stagne ou diminue très légèrement dans les années qui suivent immédiatement. 165 camps forment alors ce que l'écrivain dissident Soljenitsyne a appelé « l'Archipel du Goulag ».

Comment survivre ?

En Russie occidentale, en effet, un énorme groupe de camps (« archipel ») se trouve situé dans la péninsule de Carélie (les bords de la mer Blanche, au nord du cercle polaire). Au-delà de l'Oural, également, deux régions totalement isolées sont uniquement vouées à l'emprisonnement des populations : en Sibérie septentrionale, au nord du cercle polaire (les camps de la Vorkuta, de Norylsk), et, au nord-est de la Sibérie, la région de la Kolyma, dont la capitale est Magadan.

Les déportés, ou « Zek », supportent dans ces régions des conditions climatiques effroyables : les températures descendent l'hiver à – 40 ou – 60 °C, et il neige 240 jours par an. Ils sont soumis à des travaux forcés sur d'énormes chantiers : le creusement du Belomor — le canal de la mer Blanche ; l'édification de voies ferrées tel le Bamlag, qui joint le fleuve Amour au lac Baïkal ; ou encore la construction de pipe-lines.

Dans les camps se mêle une société extrêmement hétéroclite : prisonniers politiques, intellectuels et déportés ethniques côtoient des détenus de droit commun, ce qui favorise des tensions d'une violence inouïe. À cause de ces terribles conditions de vie, la mortalité, dans ces camps, est évidemment bien supérieure à la moyenne nationale. Mais il convient d'insister sur le fait que le système du goulag ne vise jamais l'extermination systématique des prisonniers et que, dès lors, on meurt beaucoup moins dans les camps soviétiques que dans les camps nazis. Les condamnés des années 30 ont passé, en moyenne, de 10 à 15 ans dans de tels lieux.

Le goulag après Staline

Libérés, mais exclus. Peu après la mort de Staline, en 1953, les camps sont en partie vidés. Reviennent alors en Russie occidentale des millions d'hommes et de femmes qui ont passé entre 5 et 15 ans en déportation. Libres, ils demeurent marqués du sceau de l'infamie, n'ont pas le droit de se réinstaller dans les grandes villes de la Russie d'Europe. Ils demeurent privés de leurs droits civiques et ne retrouvent que très difficilement un emploi.

La fermeture de certains camps. Au milieu des années 60, certains centres, comme Ozerlag (en Sibérie, dans la région du lac Baïkal), ferment définitivement et sont laissés à l'abandon. D'autres lieux de détention restent habités, mais c'est par leur propre volonté que les anciens prisonniers y restent : ainsi le camp de Magadan, en Sibérie orientale, devient un grand centre industriel et intellectuel.

La répression trouve d'autres formes. Dans les années 70, au système des camps succèdent l'emprisonnement dans des prisons intra-urbaines (la Loubianka, à Moscou) ou dans des hôpitaux psychiatriques, l'exil forcé, ou encore la résidence surveillée dans des villes éloignées et interdites — ce fut le cas pour le scientifique Sakharov, à Gorki.

Les camps : d'immenses complexes de vie et de travail forcé, entourés de fils barbelés, dans les régions les plus rigoureuses de l'U.R.S.S. (ici, le camp de Kuryazhsky à Kharkov).

Prisonniers politiques construisant une usine, en Sibérie (photographie de 1931). L'U.R.S.S. doit une partie de son équipement industriel au travail auquel étaient contraints les déportés.

Le premier gouvernement socialiste en France

LE FRONT POPULAIRE

Le 6 février 1934, des manifestants de droite menacent d'envahir le Palais-Bourbon, siège de l'Assemblée parlementaire : aucun n'y pénètre, en réalité, mais leur attitude suffit à évoquer le spectre d'un coup d'État fomenté par les ennemis de la démocratie. Les partisans de la République mobilisent, et, parmi eux, surtout les forces de gauche : c'est l'origine du Front populaire, victorieux aux élections deux ans plus tard.

La crise du 6 février s'explique par le climat de tension qui règne en France, depuis le début des années 30. Une série de scandales a terni l'image de la démocratie. Le plus récent, qui fournit le prétexte de la manifestation antiparlementaire, est l'affaire Stavisky : un escroc dont le montage financier est couvert par des députés et dont on retrouve le corps en Suisse, après un « suicide » aux conditions mystérieuses... La plupart des manifestants veulent faire preuve de leur force, impressionner le gouvernement ; seule une minorité est prête à tenter le coup de force. Mais l'émeute fait quinze morts ; elle aboutit au changement de gouvernement, à la démission du radical Édouard Daladier, président du Conseil : la rue a imposé sa loi contre le vote populaire, qui avait écarté la droite en 1932.

Cela permet aux socialistes de la S.F.I.O. et aux militants communistes de crier qu'on a assisté à une tentative de putsch fasciste, et de proclamer l'urgence d'une réunion des tendances séparées depuis vingt ans. Le 12 février 1934, les manifestations distinctes des deux partis se mélangent spontanément. En juillet (les états-majors ont mis plus de temps à se décider), un accord est signé ; des années de polémiques sont gommées, au moins en apparence.

Le Front populaire

Or, l'alliance socialistes-communistes est rejointe, bientôt, par des éléments modérés : le ralliement communiste à la Défense nationale, la peur du fascisme, qui trouve en France des complaisances à droite, tout pousse les radicaux à se rapprocher du reste de la gauche. Le 14 juillet 1935, une manifestation scelle la création du « Rassemblement » ou « Front populaire », qui comprend socialistes, communistes et radicaux, mais aussi des organisations comme la Jeune République (catholique), le parti d'unité prolétarienne, la Ligue des droits de l'homme et les syndicats C.G.T. (socialiste), et C.G.T.U. (communiste), réunifiés en mars 1936.

Ce Front populaire a un programme modéré. Ses propositions les plus hardies sont la semaine de quarante heures sans diminution de salaire et la nationalisation des usines d'armes. Hors cela, le programme adopté est celui des radicaux, imposé par les communistes soucieux de ne pas inquiéter la petite bourgeoisie, contre les projets plus avancés de la S.F.I.O.

La France en crise du début des années 30

La France est touchée par **la crise économique** en 1931, plus tard, donc, que les autres pays, mais aussi vivement : travailleurs indépendants et petits patrons subissent le contrecoup de la baisse des prix ; les salariés n'en profitent pas, touchés par le chômage qui n'est assorti alors d'aucune indemnité.

La crise économique entraîne **une crise politique :** les radicaux remportent les élections de 1932 avec les socialistes sans pouvoir gouverner de façon stable, puis, en 1934, soutiennent des ministères de droite eux-mêmes instables.

Affiche du Front populaire : le serment d'union contre les ligues.

Les leaders du Front populaire à la tribune. De gauche à droite : Léon Blum, Maurice Thorez, Roger Salengro, Maurice Viollette et Pierre Cot.

Grève avec occupation des lieux dans une usine.

Le début de la civilisation des loisirs...

La victoire et les grèves

Les législatives ont lieu les 26 avril et 3 mai 1936. Une légère poussée à gauche et de bons reports de voix assurent la victoire du Front. Les communistes passent de 10 à 72 députés, la S.F.I.O. de 97 à 146 ; les radicaux tombent de 159 à 116 : ils ne dominent plus la gauche à l'Assemblée, et le gouvernement échoit au chef de la S.F.I.O., Léon Blum.
Ce gouvernement, que les communistes ont promis de soutenir au Parlement sans accepter d'y participer, s'installe le 4 juin. Un mouvement de grèves sans précédent a commencé à cette date : deux millions d'employés ont cessé le travail depuis le 10 mai, d'abord dans les usines d'armement, puis dans tous les secteurs économiques, y compris les moins syndicalisés. Partout en France, les employés occupent usines et magasins – fait jamais vu : tout se passe d'ailleurs dans un climat bon enfant, sous le signe de l'accordéon et des bals populaires plus que sous celui de la faucille et du marteau. Le mouvement, spontané, traduit la joie et les espoirs nés des élections. Il respecte l'outil de travail et ne remet pas en cause la propriété ; mais, par son ampleur, il est quasi révolutionnaire.

Les mesures

Cette situation permet à Léon Blum d'aller au-delà du programme sur lequel le Front a été élu. Le patronat lui-même le supplie d'intervenir. Le 7 juin, à l'hôtel Matignon – siège de la présidence du Conseil – une rencontre est organisée : patrons et syndicats discutent pendant moins de 24 heures et s'accordent sur l'élection de délégués du personnel, la levée de toute sanction pour faits de grève, le principe de contrats collectifs, et une hausse 7 à 15 % des salaires.
De nouveau, paradoxalement, ce sont les communistes qui calment la situation : contre l'aile gauche des socialistes, qui rêve d'une révolution, ils réclament la reprise du travail. Il est vrai que le bilan n'est pas mince, d'autant que s'ajoutent aux accords de Matignon des lois fort importantes : la semaine de quarante heures, l'institution de congés payés, la création d'un Office du blé pour régulariser les cours, une réforme de la Banque de France qui compense le pouvoir des gros actionnaires par celui de l'État, l'obligation de la scolarité jusqu'à 14 ans... D'autres mesures sont plus symboliques ou témoignent du nouvel état d'esprit généreux et social : trois sous-secrétariats d'État sont confiés à des femmes, alors que le droit de vote est encore réservé aux hommes ; la législation envers les immigrés est adoucie ; un secrétariat d'État aux loisirs est créé, image de la valorisation du temps libre, au moment où des tandems emportent pour la première fois vers la mer de jeunes couples d'ouvriers qui n'ont jamais quitté les villes...

La dernière fête de la République

Dans les mois qui suivent, le Front populaire se défait. Il ne peut intervenir pour aider la démocratie dans la guerre civile espagnole, et les difficultés économiques lui imposent, en février 1937, une « pause » de réformes que les communistes, cette fois, n'acceptent pas. Les radicaux s'inquiètent du coût des mesures sociales, le Sénat refuse d'accorder les pleins pouvoirs financiers à Léon Blum, qui démissionne en juin. Enfin, l'année suivante, la semaine de quarante heures est abandonnée.
Il reste du Front populaire le souvenir d'une époque bénie et un véritable mythe pour la gauche française : l'ampleur de réformes décidées en quelques jours et arrachées par le peuple sans violence, mais au son des accordéons, marque le dernier épisode joyeux, presque euphorique, de l'histoire de la France, avant l'enfer de la Seconde Guerre mondiale.

Socialistes et communistes français au XXe siècle

L'histoire de la gauche française au XXe siècle est celle d'une alternance entre la division et les efforts d'union de ses deux principales tendances.

1905. Fondation du parti socialiste S.F.I.O. (Section française de l'Internationale ouvrière).

1920. Naissance du parti communiste au congrès de Tours, par sécession de la majorité des membres de la S.F.I.O.

1934-1937. Alliance, dans le Front populaire. La chute du Front entraîne la dégradation des rapports des deux partis.

1939. Le P.C. approuve le pacte germano-soviétique et est mis au ban de la nation.

1941. Invasion de l'U.R.S.S. par l'Allemagne. Les communistes passent dans la Résistance.

1945. Le P.C. gouverne avec la S.F.I.O. et les catholiques du M.R.P. C'est le « tripartisme ».

1947. Fin du tripartisme. La S.F.I.O. gouverne avec le centre et la droite.

1965. Accords aux législatives contre le gaullisme, puis aux présidentielles pour soutenir le candidat Mitterrand.

1971. Le P.S. succède à la S.F.I.O. et F. Mitterrand prend la tête du nouveau mouvement

1972-1978. « Programme commun de gouvernement ». Les progrès du P.S. amènent la rupture.

1981. F. Mitterrand est élu président de la République. Quatre ministres communistes entrent au gouvernement.

1984. Rupture entre le P.S. et le P.C.

1988. Les communistes, tombés à moins de 10 % des voix, sont dans l'opposition. F. Mitterrand est réélu président.

Quand le sport devient un moyen de propagande

LES JEUX DE BERLIN

Désireux de montrer au monde entier la grandeur du régime nazi, Hitler organise ces Jeux sur le modèle d'une grande parade militaire (arrivée de la flamme olympique dans le stade de Berlin).

Le film de la propagande : « les Dieux du stade »

*Pour magnifier la puissance de la jeunesse aryenne, que Hitler espérait voir triompher aux Jeux de Berlin, le Führer demande à Leni Riefenstahl, la cinéaste officielle du parti nazi, de réaliser un film sur la manifestation. Riefenstahl, qui a filmé en 1933 et en 1934 les grands rassemblements des congrès de Nuremberg (*la Victoire de la foi *et* le Triomphe de la volonté*), obtient des moyens considérables : quinze techniciens et une trentaine de caméras recueillent cinq cents heures d'images, dont sont extraits deux longs-métrages,* Fête des peuples *et* Fête de la beauté*. Ceux-ci composent* les Dieux du stade*, mélange de scènes documentaires à la technique impeccable et d'aperçus esthétiques célébrant de façon équivoque la beauté d'éphèbes et d'amazones de race blanche, filmés à demi nus devant des drapeaux à croix gammée.*

Lorsque, le 1er août 1936, au terme du premier parcours de ce genre, l'ultime porteur de la flamme venue d'Olympie dépose celle-ci sur la vaste esplanade conduisant au stade tout neuf édifié à Berlin près des bords de la Spree, les Xe Jeux d'été de la XIe Olympiade de l'ère moderne sont déclarés ouverts.

L'esplanade est jalonnée de hauts mâts où flottent des drapeaux à la croix gammée ; Adolf Hitler entend donner à la manifestation sportive un apparat qui serve le prestige du régime nazi.

L'olympisme, otage du Führer

49 pays et 4 070 athlètes, dont 328 femmes, participent aux 148 épreuves des Jeux de Berlin. Les concurrents, admirablement logés dans le village olympique de Doeberitz, n'ont qu'à louer l'efficacité de l'organisation allemande ; leur sympathie ou leur antipathie vis-à-vis du régime n'a pas à s'exprimer, car l'olympisme, par vocation, est apolitique. Et pourtant, dans l'esprit de celui qui dirige l'Allemagne depuis maintenant trois ans, le chancelier Adolf Hitler, ces Jeux sont avant tout une manifestation politique où doivent s'affirmer aux yeux du monde la grandeur particulière du Reich et les qualités de la « race aryenne » qui le constitue. Déjà, au cours de l'hiver, le Führer a pu expérimenter l'efficacité d'une cérémonie de ce genre pour la propagande nazie : organisés en Bavière du 6 au 16 février 1936, les jeux Olympiques d'hiver avaient réuni des sportifs de 28 pays et permis à la skieuse allemande Christel Cranz de s'imposer comme le modèle de la jeune femme saine et forte.

« Jesse » Owens ou le triomphe d'un sprinter noir

Le 2 août, jour où commencent les compétitions, les résultats obtenus par les sportifs allemands au lancer du poids (Woelke), au javelot féminin (Tilly Fleischer), au pentathlon moderne (Handrick) et en haltérophilie (le poids moyen Manger) ont en effet de quoi satisfaire le Führer : les exploits de ces champions sont acclamés par les spectateurs du stade, qui exécutent, debout, bras tendu, le salut hitlérien. Mais, dès le

deuxième jour, survient une amère désillusion : à la course de 100 m, un Américain de l'Alabama, qui plus est un homme de couleur, James Cleveland Owens, dit Jesse Owens, remporte la victoire en 10,5 s, laissant loin derrière lui les concurrents blancs, et notamment les coureurs allemands, et cela devant 120 000 spectateurs. Le 4 août, le même sportif remporte une nouvelle et formidable victoire : à l'épreuve de saut en longueur, il franchit 8,06 m — un record qui ne sera amélioré qu'en 1960 —, tandis que le meilleur après lui, l'Allemand Luz Long, ne dépasse pas les 7,87 m. Le 5, l'Américain nargue une nouvelle fois le zélateur de la prétendue supériorité aryenne, en terminant premier, cette fois, de la course de 200 m (20,7 s). Enfin Owens remporte une dernière victoire le 9 août, lorsqu'il bat le record du monde du 4 x 100 m. avec ses compatriotes Metcalfe, Draper et Wycoff. La quadruple victoire du champion noir ternit définitivement les succès des citoyens du Reich ; elle empêche en effet Hitler d'exploiter les victoires des sportifs allemands pour transformer les Jeux en une démonstration de la supériorité d'une nation et d'une race.

Avec quatre médailles d'or, l'athlète noir américain Jesse Owens (ici au départ du 100 m) est le grand triomphateur des J.O. de Berlin.

Contre Berlin : l'impossible Olympiade de Barcelone

Boycotter les Jeux ? Dans l'année qui précède les Jeux de Berlin, de nombreuses voix s'expriment, aux États-Unis puis dans plusieurs pays d'Europe, en faveur d'un boycott de la manifestation. À cette date, en effet, il n'est déjà plus possible de s'illusionner sur la nature du régime hitlérien : les lois raciales promulguées en septembre 1936 – et auparavant l'absence de tout sportif juif dans l'équipe allemande aux Jeux universitaires de 1935 à Budapest – éclairent suffisamment la politique raciste et antisémite du Führer.

Une alternative populaire. Afin de marquer symboliquement le refus des doctrines nazies, Barcelone, dont la candidature avait été écartée en 1931 par le Comité international olympique, organise une « Olympiade populaire », soutenue notamment par les mouvements de sport ouvrier. Ces Jeux, prévus du 19 au 26 juillet, ne peuvent cependant avoir lieu. Réunis à Barcelone dans les jours qui précèdent le commencement de l'Olympiade, 4 000 sportifs espagnols et 2 000 sportifs étrangers ressortissant de 17 pays ne peuvent finalement concourir : le 18 juillet, en effet, veille de la cérémonie d'ouverture, éclate le putsch franquiste et la guerre d'Espagne.

Véritable affirmation du refus des doctrines nazies, l'Olympiade populaire de Barcelone ne peut se dérouler en raison de la guerre civile espagnole.

La plus grande tragédie du conflit sino-japonais

LE SAC DE NANKIN

Le 13 décembre 1937, les troupes japonaises entrent à Nankin, alors capitale de la Chine nationaliste. Pendant six semaines, l'armée nippone se livre à d'effroyables massacres sur les habitants de la ville. Le bilan, selon les autorités chinoises, s'élève à 250 000 victimes, civiles et militaires.

La Seconde Guerre mondiale et, commencé juste auparavant, le conflit sino-japonais (1937-1945) donnent lieu à de terrifiantes exactions en Chine et dans toute l'Asie du Sud-Est. La prise, ou « sac », de Nankin, au commencement des affrontements, constitue un épisode particulièrement dramatique. Par sa violence qui dure un très court laps de temps, elle illustre de la pire façon les solutions extrêmes issues du culte de la supériorité militaire japonaise.

Des soldats livrés à eux-mêmes

Au cours du mois de juillet 1937, les armées japonaises envahissent la Chine, y obtenant des succès foudroyants. Pékin, la Mongolie et le nord du pays tombent au mois d'août. Les troupes avançant vers le sud prennent la péninsule du Shandong, Canton en octobre, Shanghai en novembre et, enfin, Nankin, capitale de la Chine nationaliste du général Tchang Kaï-chek, en décembre. Cette occupation s'accompagne de terribles combats et de massacres de civils. À Nankin en particulier, le bain de sang est effroyable. D'autant que les soldats nationalistes, au lieu de chercher à résister à l'avance japonaise, abandonnent purement et simplement la ville à son sort — ils livrent donc 500 000 personnes environ à la cruauté sadique des envahisseurs.
Car cet envahisseur se montre d'une barbarie sans limites. Entrés dans Nankin le 13 décembre, les soldats japonais pillent, violent et tuent sans qu'à aucun moment leur commandement, et en particulier le prince Asaka, oncle de l'empereur du Japon et général en chef des troupes nippones, cherche à limiter leurs débordements. Les pires tortures sont ainsi accomplies sur les Chinois, sans que les officiers de l'armée occupante trouvent à y redire. La population civile — femmes, enfants, vieillards et non des hommes en âge de porter les armes — est sauvagement massacrée, au même titre, bien sûr, que les rares militaires qui demeuraient encore dans la ville.

Le 13 décembre 1937, les troupes japonaises entrent dans Nankin. 250 000 personnes, environ, périront du fait des violences de l'armée occupante.

Tortures, viols et meurtres

Après quelques jours de cette tuerie, les artères de la ville sont jonchées de monceaux de cadavres (43 000 selon la Croix-Rouge chinoise), que le climat de violences empêche de retirer pour les incinérer, engendrant des risques d'épidémies.
Des témoins, après la guerre, ont évoqué — outre le caractère massif des exactions — la variété et le raffinement des supplices que les Japonais faisaient subir à leurs victimes. Des milliers d'hommes fusillés collectivement, des passants arrêtés dans la rue et immédiatement assassinés, d'autres enlevés dans leurs maisons et noyés dans le Yangzi Jiang — tout cela ne suffit pas, en effet. Les militaires savent inventer de nouveaux procédés : ils font déshabiller les Chinois puis les laissent mourir de froid, les obligent à boire du kérosène ou bien les éventrent avec leur baïonnette...
D'autres témoins racontent, après coup, les allées et venues des bandes de soldats ivres, qui se divertissent en mettant le feu à tout ce qui leur tombe sous la main : échoppes, églises, ambassades, maisons individuelles, et même, apparemment, des magasins allemands arborant la croix gammée — or, le IIIe Reich est un allié du Japon.

Un témoignage

Miner Searle Bates, professeur américain d'histoire à l'université de Nankin en 1937, témoigne au procès de Tokyo :
« Moi-même, j'ai observé des séries d'exécutions de civils sans aucune provocation ou raison apparente. Un des Chinois qui habitait ma maison a été pris et tué. Dans la maison voisine, deux hommes qui étaient traumatisés parce que des soldats avaient attrapé et violé leurs femmes, furent emmenés, tués au bord de la mare attenante à ma maison et jetés dedans. Les corps des civils restaient dans les rues et sur les chemins à proximité de ma maison plusieurs jours après l'entrée des Japonais. La totalité des tueries est tellement énorme que personne ne peut en donner un tableau complet. »

Cité dans A. Brackman, The other Nuremberg, *New York, 1987.*

Le sort des femmes

Les femmes sont les principales victimes des violences de la soldatesque. Les viols n'épargnent ni les fillettes ni les femmes âgées ou enceintes. Selon des estimations communiquées par un comité international, 20 000 femmes auraient eu à subir les violences sexuelles des soldats. Et bon nombre d'entre elles sont ensuite assassinées ou mutilées. Toujours selon des témoins, les Japonais, par bandes de 15 à 20, sillonnent la ville à la recherche de nouvelles victimes et se jettent à plusieurs sur elles.

Une chose est certaine, ce débordement de violence n'est pas un « dérapage » non contrôlé par l'état-major japonais. Car Tokyo est immédiatement mise au courant du déroulement des événements et applaudit à l'annonce de cette barbarie. Par ailleurs, même si le sac de Nankin apparaît comme le lieu par excellence de la sauvagerie des troupes japonaises, des épisodes comparables, sinon en intensité, du moins par les méthodes utilisées, se déroulent dans le reste de la Chine occupée entre 1937 et 1945.

Des crimes contre la population civile chinoise furent commis ailleurs qu'à Nankin : la même année 1937, par exemple, un sous-marin japonais coula, « pour le plaisir », plusieurs jonques de pêche chinoises, faisant près de 300 victimes.

Le conflit sino-japonais : dévastations et massacres

La panique chinoise. Les troupes nationalistes chinoises redoutent tellement l'arrivée de l'armée impériale qu'elles désertent les lieux à l'avance ou ravagent des régions entières pour que celles-ci ne tombent pas intactes aux mains des Japonais. Ainsi, le commandant de Changsha, capitale du Hunan, met le feu à la ville, où s'entassent 160 000 personnes, habitants et réfugiés. Ou encore, les autorités crèvent les digues du fleuve Jaune, espérant ainsi freiner l'avancée des troupes ennemies.

Les massacres japonais. Les grandes métropoles comme les villages sont le théâtre d'innombrables scènes de massacre. À Hankow, dans le Wuhan, en 1938, des centaines de prisonniers sont noyés. Dans un village du Hubei, les femmes et les enfants sont la principale cible du sadisme des soldats : 128 sont taillés en pièces ou enterrés vivants en 1945.

Une violence encouragée. Cette horreur n'est possible que parce que les ordres viennent du gouvernement japonais et que la torture est autorisée, et même recommandée. Les services secrets japonais sont responsables de la rédaction d'un mode d'emploi de la torture, où l'on peut lire, entre autres monstruosités : « Il est nécessaire de ne pas oublier que les méthodes de torture doivent être telles qu'on puisse facilement les appliquer et il ne faut pas qu'elles suscitent des sentiments de pitié. »

Non contents de tuer, les soldats japonais se divertissent en inventant les plus horribles supplices. Ici, des Chinois sont enterrés vifs.

Les horreurs de la guerre d'Espagne

GUERNICA

Le 26 avril 1937, Guernica, petite ville du nord de l'Espagne, est bombardée par l'aviation allemande au service des troupes espagnoles commandées par le général Franco, insurgé depuis un an et demi contre le gouvernement légal du pays : la ville ne dispose d'aucune défense antiaérienne, le massacre est horrible. L'événement provoque l'effroi, dans l'Espagne républicaine et à l'étranger.

La petite cité de Guernica est la capitale historique du Pays basque, une ville presque sacrée, où les rois d'Espagne Ferdinand et Isabelle jurèrent de respecter les libertés basques. Ce n'est guère un objectif militaire, mais, au printemps 1937, elle se trouve tout près du front, à l'est d'une poche côtière fidèle au gouvernement légitime de l'Espagne, et qui va jusque vers Gijon. Catholiques, conservateurs, les Basques soutiennent la république, qui a reconnu leur autonomie, contre les militaires qui, autour du général Franco, ont déclenché la guerre civile, le 17 juillet 1936. Le 31 mars, une offensive est lancée pour les réduire.

Les origines de la guerre civile

Depuis 1931, où le roi Alphonse XIII s'exile après des élections municipales qui désavouent la royauté, **l'Espagne est une république.**

Mais le régime est instable. En octobre 1934, un soulèvement en Catalogne et dans les Asturies est réprimé durement. En février 1936, **un Frente popular** – une union des gauches sur le modèle du Front populaire français – remporte les élections : le gouvernement issu de ce vote est modéré (les socialistes le soutiennent sans y participer), mais il paraît intolérable aux mouvements de droite qui regardent de plus en plus vers le fascisme italien, et il est incapable de maîtriser **l'agitation de l'extrême gauche :** le pays ne connaît que troubles, affrontements et meurtres.

Le 12 juillet 1936, le chef royaliste José Calvo Sotelo est assassiné. L'attentat fournit le prétexte **d'un coup d'État militaire** – *pronunciamento* –, préparé en fait dès février : le 17, depuis les bases que l'Espagne possède au Maroc, les généraux de l'armée régulière, Franco en tête, se soulèvent contre le gouvernement légal. C'est le début de la guerre civile.

Trois heures d'enfer

Le jour du bombardement, beaucoup de monde se presse dans Guernica : des paysans sont venus pour le marché et l'hôpital reçoit les blessés des raids aériens contre les villages voisins. Vers 16 heures, le tocsin sonne à la volée. À 16 h 10, de tout nouveaux avions allemands, des Junkers 52, lancent des bombes soufflantes de 500 kg sur la ville. Puis des chasseurs bombardiers Heinkel 111, eux aussi allemands, mitraillent les habitants affolés, dans les rues et sur les routes. Enfin, c'est une pluie de bombes au phosphore, incendiaires. D'autres appareils participent au raid, tous allemands et tous portant la croix de Saint-André – la croix noire des nationalistes, si proche de la croix gammée nazie. L'enfer dure jusque vers 19 h 30. Le bilan est lourd : quelque 1 500 morts, 1 000 blessés. C'est dans une ville martyre que, le front avançant, les troupes nationalistes du général Mola pénètrent finalement.

Propagande et témoignages

Dès le 29 avril, la presse des insurgés clame que les républicains ont incendié la ville, avant de fuir plutôt que de combattre. On promène des correspondants de guerre dans les ruines, en leur répétant cette thèse, que la presse conservatrice française répercute sans examen, mais avec force détails. On oublie seulement d'expliquer pourquoi les « dinamiteros » ont laissé des usines d'armes tomber intactes entre les mains de l'ennemi... La propagande ne s'embarrasse pas de ces subtilités.

Mais, très vite, des témoignages circulent : celui du chanoine Albert Onaindia, témoin oculaire, et qui a la confiance de maints dignitaires catholiques ; celui aussi qu'adressent au pape une vingtaine de prêtres basques. Le Vatican se tait (il s'agit alors du pape Pie XI, pontife jusqu'en 1939) mais des catholiques, proches des Basques sinon des autres républicains jugés trop « rouges » pour qu'ils les soutiennent, s'émeuvent : en France, le philosophe Jacques Maritain, le romancier François Mauriac, le cardinal Jean Verdier. À gauche, l'indignation s'est exprimée presque aussitôt, et le peintre d'origine espagnole Pablo Picasso traduit sa douleur et son horreur dans *Guernica,* une des œuvres majeures de l'art du XXe siècle.

Le général Francesco Franco accompagné du général Mola (à lunettes), lors de l'entrée des nationalistes dans Burgos (1er octobre 1936).

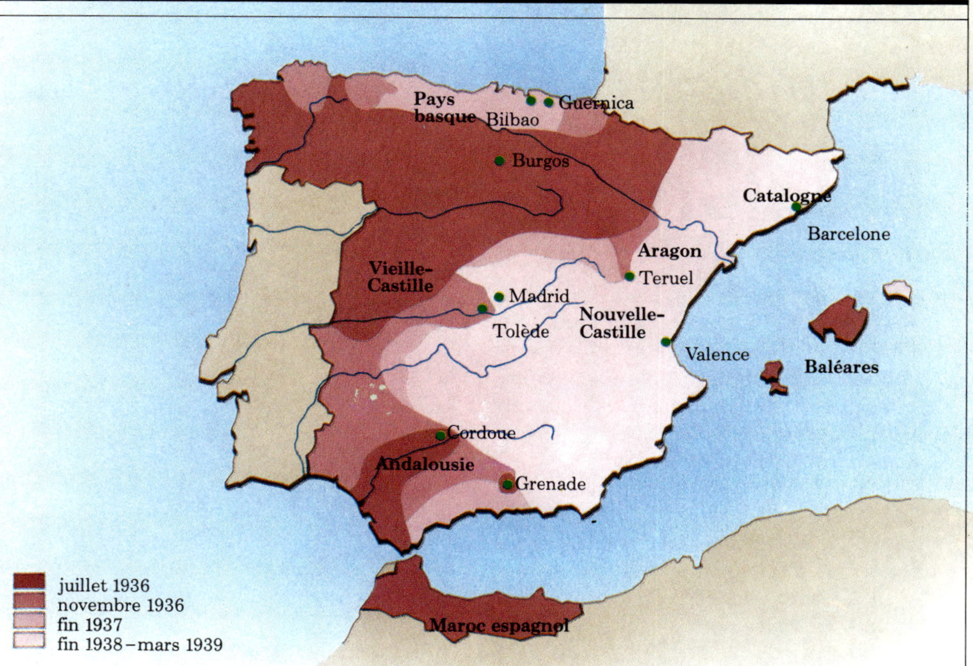

Les étapes de la guerre civile.

Trois ans de conflit

1936. Le 17 juillet, les garnisons du Maroc se soulèvent, sous le commandement du général Franco. En quatre jours, les troupes se rendent maîtres du tiers de la péninsule. Mais les centres industriels résistent : l'Espagne est coupée en deux, l'Ouest et le Sud passent aux insurgés, l'Est, les grands centres urbains (Madrid et Barcelone) et le Nord restent républicains. Aussitôt, les rebelles (« nationalistes ») obtiennent l'aide de l'Allemagne et de l'Italie ; les « républicains » peuvent compter sur l'U.R.S.S. et sur les volontaires des « brigades internationales », en majorité communistes.

1937. Les nationalistes parviennent à établir un front uni. La poche du Pays basque et des Asturies est réduite et la domination nationaliste s'étend dans le Sud (Málaga). Les républicains remportent aussi des victoires (Teruel) ; ils sauvent Madrid, mais ils souffrent de leurs divisions internes (liquidation des anarchistes à Barcelone).

Printemps 1938. Les nationalistes portent l'offensive en Aragon, atteignent la Méditerranée en avril et coupent en deux le territoire républicain.

Fin 1938-mars 1939. L'offensive finale commence en Catalogne à la Noël 1938 : Barcelone tombe en janvier et les restes de l'armée républicaine se réfugient en France, où ils sont internés dans des camps. Le 28 mars, si l'on croit les communistes des éléments nationalistes infiltrés (la « cinquième colonne ») livrent la capitale à Franco. Deux jours plus tard, les nationalistes sont maîtres de l'Espagne. La répression remplace la guerre, un régime dictatorial se met en place.

Un banc d'essai pour la Seconde Guerre mondiale

Les nationalistes qui accusent les républicains d'avoir incendié la ville ne sont pas entièrement de mauvaise foi : c'est après-coup qu'ils découvrent l'évidence, face aux fragments de bombe que l'on retrouve dans Guernica. La responsabilité de l'opération revient aux Allemands : les avions sont ceux de la légion Condor, envoyée par Hitler pour appuyer les militaires insurgés. Mais, s'il n'a pas demandé le bombardement, le général Franco ne le dénonce pas non plus : il a trop besoin de ses alliés allemands... Au-delà des mots, un fait est incontournable : à Guernica commence la guerre totale, celle qui ne fait plus de différence entre les soldats et les civils. Le gouvernement nazi y expérimente une tactique nouvelle qui combine l'action des bombes explosives et celle des bombes incendiaires sur une population de civils dépourvus de tout moyen de défense. Les bombardements de la Seconde Guerre mondiale rééditioneront malheureusement cette expérience, un peu partout à travers l'Europe.

L'horreur de Guernica : les rues après la prise de la ville, et la terreur d'une femme allaitant sous les bombes (la dernière photographie est de David Seymour).

L'Europe prête à tout pour sauver la paix

MUNICH

L'Allemagne nazie réussit des coups de force dans l'indifférence apparente des démocraties. En 1936, elle réoccupe la Rhénanie démilitarisée, puis aide les militaires putschistes en Espagne ; le 12 mars 1938, elle annexe l'Autriche. La Tchécoslovaquie est l'objectif suivant.

Lorsque, en mai 1938, Hitler réclame l'annexion des Sudètes, la guerre est prête à éclater et la France mobilise ses réservistes.

Après 1918, la France a tissé contre l'Allemagne un réseau d'alliances de revers. La démocratie tchèque en est un élément majeur, et l'alliance avec elle a été consolidée par un traité en 1935. Mais la doctrine militaire officielle, fondée sur la défensive et la ligne Maginot, se prête mal à une intervention si un allié est attaqué.

L'affaire des Sudètes

La propagande nazie s'adresse aux Sudètes, population germanique des frontières occidentales de la Tchécoslovaquie, région fondamentale pour la défense du pays. Hitler réclame en mai 1938 l'annexion de ces populations. Des violences ont lieu en septembre, pour demander l'autonomie. La Tchécoslovaquie se cabre, Paris la soutient. Mais, en France, beaucoup refusent d'appuyer l'allié oriental. Parmi eux, il y a les pacifistes, mais aussi beaucoup d'hommes de droite, à qui ne répugne pas le programme nazi et qui accusent la gauche de vouloir une guerre idéologique. Leurs arguments sont multiples, de l'invective xénophobe à la démonstration juridique. Ainsi, Joseph Barthélemy, futur garde des Sceaux de Vichy, explique dans *le Temps* que l'alliance franco-tchèque est caduque, étant liée au pacte de Locarno, dont Hitler a fait un chiffon de papier. Pour d'autres, la Tchécoslovaquie est un assemblage hétéroclite de peuples, qui doit son existence à la franc-maçonnerie... À droite, Georges Mandel, André Tardieu ou Paul Reynaud, voient que la défense de la France passe par celle de son alliée, mais leur famille politique les taxe de trahison.

La conférence

On est au bord de la guerre. Mussolini, de connivence avec Hitler, propose alors une conférence de la dernière chance, réunissant France, Allemagne, Italie et Angleterre. Elle a lieu les 29 et 30 septembre à Munich. La Tchécoslovaquie et l'U.R.S.S. sont écartées. Au terme des accords, les Sudètes sont annexés par le Reich, d'autres zones le sont par les dictateurs hongrois et polonais.

Le président du Conseil français, Édouard Daladier, est partisan de la fermeté. Mais il est isolé au sein de sa majorité, qui réunit les radicaux et la droite, prisonnier d'une opinion qui redoute la guerre, et il a conscience de la nécessité de rester lié à l'Angleterre, laquelle veut « apaiser » Hitler. Dans l'avion qui le ramène en France, il est sombre. Une foule énorme l'attend. Plus de 500 000 personnes se sont massées du Bourget au ministère de la Guerre. Il s'attend à être hué. Quand il sort de l'appareil, il est ovationné. De la même manière, l'opinion britannique plébiscite son représentant à la conférence, le Premier ministre Arthur Neville Chamberlain.

Munichois et antimunichois

Jusqu'à quel point la France, réellement, est-elle satisfaite ? À l'Assemblée, seuls les communistes, Henri de Kérillis et un socialiste votent contre les accords. Mais nombre de « munichois » le sont par résignation, comme Léon Blum qui parle de « lâche soulagement », ou Daladier lui-même. Et un des premiers sondages d'opinion indique que, si 57 % des Français approuvent Munich, 37 % y sont hostiles.

Munich pourrait provoquer un sursaut. 70 % des sondés refusent toute nouvelle concession. L'invasion de la Tchécoslovaquie en mars 1939 par l'Allemagne devrait ouvrir les yeux des plus aveugles. Mais il est trop tard, Munich a fait perdre à la France son alliée tchèque, mais aussi sa crédibilité auprès de ses autres alliés. L'U.R.S.S. considère qu'on a voulu détourner vers l'est les appétits nazis et se prépare à les renvoyer vers l'ouest avec le pacte germano-soviétique d'août 1939. Hitler, lui, pense que Paris et Londres acquiesceront toujours à ses exigences. La guerre, l'effondrement de 1940 et, à travers certains munichois, la collaboration sont plus qu'esquissés.

→**Voir aussi** : p. 510-511 (L'invasion de la Pologne).

Les ambitions de l'Allemagne nazie

Porté par la crise économique et les déchirements de ses adversaires, **Adolf Hitler arrive au pouvoir en janvier 1933 ;** conservateurs et catholiques lui abandonnent en mars les pleins pouvoirs pour quatre ans ; puis la mort du président Hindenburg, en août 1934, et la terreur font de lui le seul maître du pays.

Or, à côté de sa volonté totalitaire d'encadrement de tous les aspects de l'individu et de sa monomanie raciste, Hitler a un programme de politique extérieure précis, exprimé dès 1925 dans son livre *Mein Kampf.*

Il s'agit de **réunir tous les Allemands en un seul État,** car « le même sang appartient au même empire », puis de leur assurer « le territoire qui leur revient en ce monde », **c'est-à-dire de conquérir un « espace vital » à l'est,** aux dépens des Slaves, considérés comme des sous-hommes. S'il est possible de laisser l'Atlantique aux Anglais et la Méditerranée aux Italiens, la France, « ennemi mortel », doit être préalablement « étranglée ».

LE TEMPS DE SAMEDI

SIXIÈME DERNIÈRE

Paris-soir Dimanche

SAMEDI 1er OCTOBRE 1938

37, RUE DU LOUVRE, 37

6e DERNIÈRE

50 cent.

…st à 1 heure 35 ce matin que …CCORD des QUATRE …été signé à Munich

LA PAIX !

Demain, 1er OCTOBRE commencera l'évacuation des régions sudètes

M. Edouard Daladier est arrivé …et après-midi à 15 heures 48 au Bourget

…ur tout le parcours, de l'aérodrome à la rue Saint-Dominique, une foule immense a acclamé le Président du Conseil.

…A A MUNICH, CE MATIN, IL AVAIT DU PARAITRE PLUSIEURS FOIS …U BALCON DE SON HOTEL POUR RÉPONDRE AUX ACCLAMATIONS

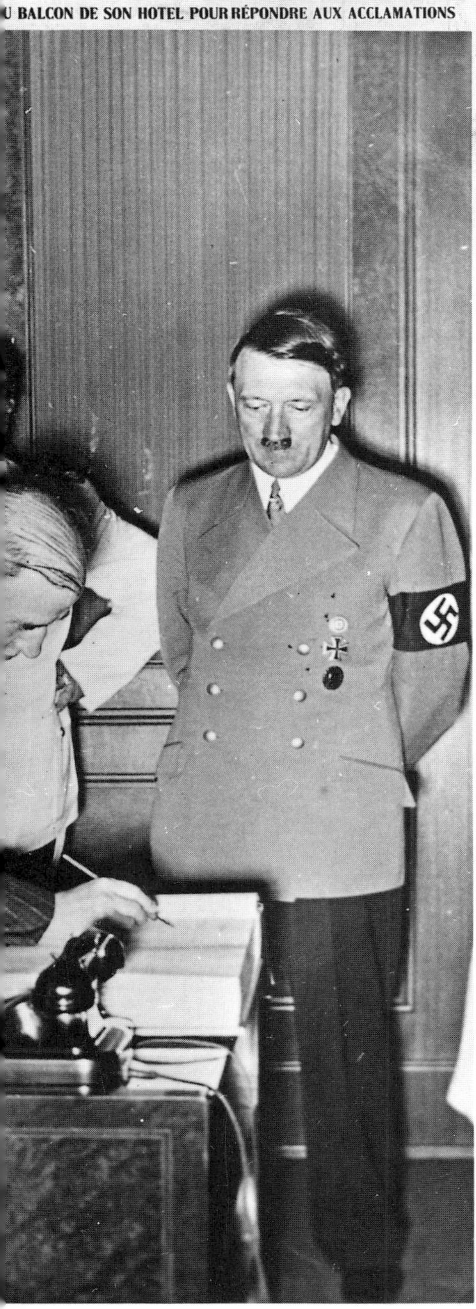

La paix ! La paix ! C'est la paix !

Voilà le mot qui, ce matin, se lisait dans tous les yeux, sortait joyeusement de toutes les lèvres. Un immense soupir de soulagement s'exhalait de toutes les poitrines à l'annonce de l'accord de Munich.

Le Monde respire. Nous allons donc vivre encore !

■ ■

Nous allons vivre ! Oui. Mais grâce à qui ?

Grâce à Neville CHAMBERLAIN, dont le geste pathétique sans précédent vivra éternellement dans la mémoire des hommes. Grâce au président ROOSEVELT, dont les paroles ont été un avertissement fatidique aux peuples qui allaient glisser à l'abime. Grâce, en un mot, à tous les chefs spirituels ou temporels qui, malgré des idéologies divergentes, se sont spontanément rassemblés pour un effort suprême, et dont l'action a permis le triomphe des forces morales sur les forces brutales.

Hommage leur soit rendu !

■ ■

Hommage aussi aux nôtres ! Hommage à Edouard DALADIER, qui — on ne le dira jamais assez — fut à l'origine de cette vigoureuse offensive pacifique ! A Georges BONNET, qui le seconda sans cesse de tous ses efforts et qui, malgré tous les obstacles, ne désespéra de la paix à aucun moment, quelque tragique qu'il fût ! A tous ceux qui, au gouvernement, ont su discerner clairement où était l'intérêt de la Patrie.

Car, de cette crise terrible, la France pouvait mourir ou sortir amoindrie. Elle en émerge la tête haute, avec ses amitiés d'hier renforcées, avec, surtout, l'amitié franco-britannique définitivement scellée; mais aussi avec l'amorce de collaborations nouvelles pour demain.

■ ■

Notre président du Conseil et notre ministre des Affaires étrangères nous ont gardé la paix. C'est bien. Ils nous ont conservé la paix dans l'honneur et la dignité. C'est mieux.

Grâce à eux, la France peut continuer à vivre son beau et glorieux destin de nation pacifique et démocratique.

Jean PROUVOST.

Directeur Général de « Paris-soir »

POUR OFFRIR à M. NEVILLE CHAMBERLAIN « LA MAISON DE LA PAIX » EN FRANCE

« PARIS-SOIR » OUVRE UNE SOUSCRIPTION NATIONALE

Depuis aujourd'hui les Anglais ont donné un surnom à M. Neville Chamberlain, un surnom magnifique et simple : « The Lord of Peace », « Le Seigneur de la Paix ».

La France reconnaissante souscrit à l'hommage ainsi adressé au Premier ministre qui a groupé autour de lui l'unanimité du Parlement et de la nation britanniques.

M. Chamberlain s'est tenu aux côtés de M. Daladier et du gouvernement français avec courage et fermeté à l'heure du péril et des plus graves décisions ; avec nous, il a consenti le suprême effort que vient de couronner la grande victoire pacifique remportée d'un commun accord avec les quatre grandes nations européennes.

Cela, comment l'oublierions-nous jamais ?

Nous voudrions que pour se souvenir lui-même de ces minutes où la joie du monde entier succède à une indicible angoisse, M. Chamberlain reçût un témoignage tangible de la reconnaissance de tous les Français, de toutes les Françaises.

PARIS-SOIR propose à ses lecteurs de se joindre à lui pour offrir au Premier britannique un petit coin de terre française. Une maison simple — puisque simples sont ses goûts — sur une rivière — puisqu'il aime pêcher à la ligne — avec tout autour un champ — puisqu'il n'est pas de plus exacte image de la paix, de ses travaux et de ses douceurs.

Ce serait la Maison de la Paix.

(SUITE EN PAGE 3)

Par l'intermédiaire de M. Schmidt, interprète officiel de la conférence, M. Daladier converse avec Hitler dans un coin du salon de réception.

M. Chamberlain, quelques instants avant la signature de l'accord parle avec M. Mussolini, dont le visage reflète l'optimisme

À son retour de Munich, le président Daladier est accueilli avec enthousiasme par la foule qui souhaite la paix.

Devant Hitler et Hermann Göring, Édouard Daladier signe le protocole de la conférence de Munich, qui abandonne les Sudètes à l'Allemagne.

Pacifisme et IIIe République française

Le pacifisme appartient à la tradition républicaine, par opposition au bellicisme napoléonien ; en 1869, Léon Gambetta prônait même la suppression des armées permanentes. Cela n'est pas incompatible avec le patriotisme : lorsque le second Empire s'effondre à Sedan en 1870, ce sont les républicains qui se font les champions de la défense nationale, quand les monarchistes sont pour la paix à tout prix.

Ce pacifisme a plusieurs visages. Celui des opportunistes est fait de sagesse, de prise en compte des réalités internationales ; les radicaux y ajoutent un besoin de justice internationale ; les socialistes refusent souvent l'idée de nation et lient guerre et impérialisme. Mais ce désir de paix n'empêche pas, en 1914, la communion de toutes les tendances dans l'union sacrée pour la victoire.

Les horreurs de la guerre mettent fin à l'unanimisme. Au pacifisme de gauche répond la doctrine militaire officielle, répudiant l'offensive, mais la droite, sans bellicisme, prône la fermeté en politique extérieure, comme en 1923, avec, contre l'Allemagne, l'occupation militaire de la Ruhr.

L'arrivée au pouvoir d'Hitler brouille les cartes. Des hommes de gauche restent pacifistes. D'autres, les communistes, des S.F.I.O. autour de Léon Blum, quelques radicaux, choisissent la fermeté contre la menace des dictatures. À l'inverse, une partie de la droite se fait pacifiste, parce qu'elle tient Hitler pour un bouclier contre Staline.

L'Allemagne déclenche la Seconde Guerre mondiale

L'INVASION ÉCLAIR DE LA POLOGNE

« Le jour de l'attaque est fixé au 1er septembre 1939, heure de l'attaque : 4 h 45 min. » Ainsi est rédigée la directive n° 1, par laquelle est ordonné, le 31 août 1939, l'acte qui va engager l'Europe dans la guerre : l'invasion de la Pologne.

Dans la foulée, le 3 septembre, l'Angleterre puis la France déclarent la guerre à l'Allemagne. Si la campagne militaire ne dure qu'un mois, elle concrétise l'état des rapports de forces internationaux et constitue la première application d'une stratégie militaire qui marquera les deux premières années de la Seconde Guerre mondiale.

La faiblesse des démocraties

Depuis 1936, Hitler impose une politique du fait accompli, qui s'appuie sur les profonds antagonismes opposant ses ennemis potentiels, le pacifisme largement partagé parmi les élites et l'opinion publique d'Europe occidentale, le traumatisme que constitue toujours la boucherie de 1914-1918 et la poussée des régimes autoritaires dans l'entre-deux-guerres. La remilitarisation de la Rhénanie (1936), le soutien ouvert à Franco face aux hésitations des démocraties, l'annexion de l'Autriche (Anschluss, 1938) et le démantèlement de la Tchécoslovaquie en deux temps (octobre 1938, avec l'aval de la France et de l'Angleterre à Munich, et en mars 1939) sont autant d'étapes de cette course à la guerre. La conférence de Munich confirme à Hitler qu'il peut compter sur la faiblesse des démocraties et sur l'hésitation des sphères dirigeantes à le désigner comme l'ennemi principal.
Depuis 1934 pourtant, la France, principalement, sous l'impulsion alors de son ministre des Affaires étrangères Barthou, a défini une stratégie d'encerclement diplomatique fondée sur un double accord : avec l'Italie d'une part et avec l'Union soviétique de l'autre. Mais le deuxième partenaire suscite des réticences chez les successeurs de Barthou. Malgré un net raffermissement après mars 1939, les ambiguïtés et les hésitations restent donc très présentes, et la puissante Angleterre de Nevil Chamberlain entretient les unes et les autres.

Les alliances en 1939

Le rapport de forces internationales s'est notablement amélioré au profit de **l'Allemagne** dans la seconde moitié des années 1930.

En septembre 1939, elle dispose **de fortes positions en Europe centrale et orientale** soit par absorption, soit par le biais d'accords économico-politiques.

La stratégie française d'encerclement finit d'être battue en brèche avec **le double pacte germano-soviétique.** En même temps se constitue et s'affermit depuis 1936-1937 **l'Axe Berlin-Rome-Tokyo** : avec le pacte Antikomintern, auquel se joindront en particulier la Hongrie et l'Espagne ; et avec le pacte d'Acier, que signent en mai 1939 l'Allemagne et l'Italie.

Le 1er septembre 1939, les troupes allemandes violent la frontière germano-polonaise. Ici, des soldats brisent une barrière entre les deux pays, près de Sopot. La guerre commence.

Chars allemands envahissant la Pologne (septembre 1939).

Contre les chars, les cavaliers polonais...

Un tragique renversement d'alliances

C'est fort de ces atermoiements, mais plus fondamentalement d'une conviction solidement ancrée qu'il n'y a pas de différence de nature entre les régimes allemand, français et anglais, que l'U.R.S.S. de Staline multiplie les contacts diplomatiques officieux avec l'Allemagne de Hitler, plus étroits, semble-t-il, à partir de l'automne 1938.

Au point d'aboutissement, matérialisant l'échec des négociations franco-anglo-soviétiques engagées pendant l'été 1939, on trouve le pacte germano-soviétique signé le 23 août 1939, pacte de non-agression dont une clause secrète prévoit le partage de la Pologne. Le pacte d'amitié confirme le mois suivant ce revirement diplomatique et précise le partage des sphères d'influence.

L'alliance germano-soviétique et la neutralité de l'Italie rendent complètement obsolète la stratégie mise au point par la France et l'Angleterre au printemps 1939, qui envisageaient de profiter d'une résistance polonaise appuyée par les Soviétiques pour attaquer le maillon faible de l'Axe, à savoir l'Italie, tout en restant, à l'ouest, à l'abri de la ligne Maginot. Le nouveau plan, arrêté en septembre, est donc essentiellement défensif, puisque rien n'est envisagé à l'ouest au-delà du symbole. On joue sur la guerre longue, et la rapide victoire de l'Allemagne conforte militaires et politiques dans leur décision.

La guerre-éclair

Cette réaction correspond exactement à ce qu'espérait et prévoyait Hitler, et la stratégie militaire de la Wehrmacht en Pologne répond aux exigences de cette stratégie mondiale. Sa seule chance est de gagner vite ; la guerre-éclair, le *Blitzkrieg*, est aussi l'application des réflexions les plus modernes développées dans l'entre-deux-guerre par de Gaulle, Guderian ou Douhet. La mobilité et la rapidité sont au cœur de cette stratégie ; l'alliance char-avion en est l'instrument.

Tous les chars sont concentrés dans une dizaine de *Panzerdivisionen* (P.Z.D.) qui portent l'attaque décisive et en profondeur en un point précis, avec la couverture de l'aviation d'appui, tandis que des bombardiers s'attaquent aux arrières de l'ennemi. Dans la P.Z.D., un premier ensemble léger ouvre la brèche, dans laquelle s'engouffrent les chars lourds pour l'agrandir et démanteler les positions ennemies. Les chars moyens s'enfoncent ensuite en profondeur, tandis que des brigades de fusiliers finissent le travail contre les poches ennemies ainsi isolées.

Une défaite consommée en 10 jours

Dans le dispositif allemand, l'armée polonaise est prise en tenailles entre les groupes d'armées A au sud (von Rundstedt) et B au nord (von Bock), de part et d'autre du saillant polonais. Au sud, la pénétration des blindés suit l'axe Wielun-Varsovie ; au nord, via le corridor de Dantzig, elle se dirige vers Bialystok et Brest-Litovsk. Du côté polonais, la résistance des armées ne peut être efficace que dans la perspective d'une rapide entrée en action des forces franco-britanniques à l'ouest, et le généralissime Rydz-Smigly commet l'erreur de vouloir tenir tout le front, au plus près des frontières. Les batailles de rupture s'opèrent entre le 4 et le 6 septembre, tandis que la défaite est consommée en 10 jours. Cette dernière est consacrée par l'entrée en lice de l'U.R.S.S. le 17 septembre, qui réalise bientôt sa jonction avec les forces allemandes. Le 5 octobre, la dernière poche de résistance se rend.

Si l'Europe semble ensuite s'endormir dans les langueurs trompeuses de la « drôle de guerre », le *Blitzkrieg* reste la règle d'or de la stratégie allemande jusqu'en 1941.

Les deux premières années de la guerre : le *Blitzkrieg*

Les deux premières années de la Seconde Guerre mondiale sont marquées par la stratégie de la « guerre-éclair », le *Blitzkrieg*, caractérisée par l'emploi massif et conjugué des avions et des chars.

Septembre 1939, la Pologne. La nouvelle stratégie est expérimentée avec un succès total, facilité, il est vrai, par l'alliance et l'intervention russes, en Pologne, au mois de septembre 1939. L'Europe s'installe ensuite dans la « drôle de guerre » (septembre 1939-mai 1940), limitée à des escarmouches entre patrouilles françaises et germaniques, entre Rhin et Moselle.

Printemps 1940, l'Europe de l'Ouest. À partir d'avril suivant, la guerre-éclair reprend, à l'initiative d'Hitler : les troupes allemandes occupent la Norvège (9 avril-2 mai), les Pays-Bas (10-15 mai) et, comme en 1914, traversent les Ardennes, envahissant le Luxembourg, la Belgique et la France (10 mai-22 juin).

Printemps 1941, les Balkans. L'été et l'automne sont occupés par la « bataille d'Angleterre », tentative infructueuse d'Hitler pour envahir la Grande-Bretagne, restée son seul adversaire après l'effondrement français. À partir d'avril 1941, les divisions blindées germaniques reprennent leur foudroyante progression, cette fois en direction du sud : la Yougoslavie et la Grèce sont occupées en avril 1941.

1940

15 000 officiers polonais massacrés par Staline

LE MASSACRE DE KATYN

« Katyn, la forêt de la mort » : affiche allemande destinée à la France occupée (1943, collection privée). Longtemps, l'U.R.S.S. rejeta la responsabilité du charnier sur l'occupant nazi — arrivé en Pologne quelques mois après le massacre.

Au printemps 1940, Joseph Vissarionovitch Djougachvili, dit Staline, décide de faire exécuter 15 000 Polonais faits prisonniers depuis septembre 1939. Le 13 avril 1943, une partie des corps sont découverts à Katyn, à la frontière de la Biélorussie et de la Russie, par l'armée du IIIe Reich. Les Soviétiques, aussitôt, accusent les nazis du massacre.

Les 4 500 morts de Katyn représentent l'élite de l'armée polonaise : leur exécution fait partie d'un vaste plan conçu par Staline pour détruire les cadres politiques, militaires et intellectuels de la Pologne.

L'ordre de Staline

« Décision du 5 mars 1940 :
I) Confier au N.K.V.D. [la police politique] de l'U.R.S.S.
1°) Les cas de 14 700 personnes qui se trouvent dans les camps de prisonniers de guerre, anciens officiers polonais, fonctionnaires, propriétaires terriens, policiers, agents de renseignement, gendarmes, colons, détenus de droit commun.
2°) Ainsi que les cas de 11 000 personnes arrêtées qui se trouvent dans les prisons des régions occidentales de l'Ukraine et de la Biélorussie […] — à examiner selon la procédure spéciale, avec l'application à ceux-ci de la peine capitale par fusillade.
II) L'examen de ces cas doit être […] fait selon la procédure suivante :
a) pour les personnes qui se trouvaient dans les camps de prisonniers de guerre — en utilisant les documents présentés par la Direction pour les prisonniers de guerre du N.K.V.D. de l'U.R.S.S.,
b) pour les personnes arrêtées — en utilisant les documents des dossiers présentés par le N.K.V.D. de l'Ukraine et de la Biélorussie.
III) Confier l'examen des dossiers et l'exécution de la décision à la troïka composée des camarades Merkoulov, Kaboulov et Bachtakov.
Signé : secrétaire du Comité central, Joseph Staline. »

Publié par le quotidien Libération*, le 15 octobre 1992.*

Avril 1943 : le charnier, au moment de son dégagement. En ce lieu et dans des fosses voisines furent ensevelis 4 500 officiers polonais exécutés par les Soviétiques d'une balle de pistolet.

Un massacre programmé

Le 17 septembre 1939, l'Union soviétique envahit la Pologne afin d'occuper les territoires qui lui reviennent selon les clauses secrètes du pacte germano-soviétique, signé le

23 août de la même année. 230 000 Polonais, parmi lesquels 15 000 officiers, sont faits prisonniers par l'Armée rouge. Ils sont répartis dans les camps de concentration de Kozielsk, d'Ostachkov et de Starobielsk. Jusqu'au printemps de 1940, les familles des détenus reçoivent des lettres. Après quoi, c'est le silence. D'avril à mai 1940, 4 500 de ces prisonniers sont emmenés dans la forêt de Katyn, près de Smolensk. Ils sont ligotés, puis abattus les uns après les autres d'un coup de pistolet dans la nuque. Les balles utilisées sont de fabrication allemande, d'un modèle couramment exporté en Russie entre 1920 et 1926. Les corps sont empilés dans sept fosses (l'une regroupe jusqu'à 2 500 cadavres), puis recouverts de terre.

La découverte du charnier

À l'automne de 1942, des cheminots polonais conduisant les trains allemands affirment avoir entendu des paysans biélorusses parler de dépouilles de soldats polonais enfouies dans la forêt de Katyn. Le 13 avril de l'année suivante, la découverte des charniers est rendue publique par Radio-Berlin : « Des habitants du pays [la région de Smolensk] ont indiqué aux autorités allemandes un endroit où les bolcheviques avaient organisé des exécutions massives secrètes et où 12 000 officiers polonais auraient été assassinés par le Guépéou. » Les fosses étaient dissimulées par des conifères fraîchement plantés.

Les raisons de la tuerie

D'autres tombes, contenant les restes de 11 000 prisonniers dont nul n'a plus jamais eu de nouvelles, existent-elles quelque part dans la grande forêt biélorusse ? Ou bien les autres victimes polonaises de la folie stalinienne ont-elles été exécutées dans les camps soviétiques ?
L'épouvantable massacre, perpétré à froid, s'explique par la volonté de Staline d'éliminer tous ceux qui, parce qu'ils représentent l'élite de la Pologne, pourraient constituer un obstacle à sa volonté d'annexion. Le 5 mars 1940, le maître de l'État soviétique donne ainsi l'ordre « d'appliquer la peine capitale », non seulement aux cadres militaires, mais aussi aux fonctionnaires de différentes administrations et aux représentants des classes aisées, terriennes ou industrielles.

Avril 1943 : les paysans polonais, sous la direction de médecins légistes allemands, dégagent les corps.

1943-1993 : Katyn, la polémique

Où sont les disparus? Après l'entrée en guerre de l'U.R.S.S. contre l'Allemagne, en juin 1941, le gouvernement polonais en exil tente de reconstituer une armée en territoire soviétique. On recherche donc les officiers disparus. Les Soviétiques répondent évasivement aux demandes polonaises.

Première polémique. Deux jours après l'annonce par la radio allemande de la découverte du charnier, les ondes soviétiques répliquent qu'il s'agit soit d'un cimetière fouillé par des archéologues, soit de victimes des exactions commises par l'armée allemande pendant son avance de juin 1941. La découverte des fosses conduit très vite l'U.R.S.S. à rompre ses relations diplomatiques avec le gouvernement polonais réfugié à Londres.

Des années d'investigations. Au printemps de 1943, l'armée allemande autorise une équipe de la Croix-Rouge polonaise à venir sur les lieux et à examiner les fosses avec des médecins légistes. Le rapport de la commission d'enquête conclut que la mort des victimes remonte à trois ans, donc à 1940, ce qui établit la responsabilité des seuls Soviétiques. Mais lorsque, en 1943, la région de Smolensk est reconquise par l'Armée rouge, une commission d'enquête est mise sur pied par les Soviétiques, dans le but de démontrer la responsabilité allemande dans le massacre, qui remonterait à l'automne ou au début de l'hiver de 1941. En 1946, au procès de Nuremberg, les procureurs soviétiques tentent d'inscrire le charnier de Katyn au nombre des crimes nazis. Mais le peu de crédibilité de leur rapport, que seuls de rares témoignages viennent appuyer, incitent les Alliés à refuser cette incrimination. En 1951, une dernière enquête menée par les Américains conclut à la responsabilité du N.K.V.D. (police secrète), mais le gouvernement soviétique continue de nier les faits.

Un tabou enfin dévoilé. Dans la Pologne communiste de l'après-guerre, la censure tente de faire disparaître toutes les pièces du dossier. En Union soviétique, la légende du massacre perpétré par les nazis est maintenue et enseignée dans l'histoire officielle. Il faut attendre 1990 pour que la responsabilité de Staline dans cet horrible massacre soit enfin reconnue par l'U.R.S.S., par la voix de son président Mikhaïl Gorbatchev. Enfin, en octobre 1992, le président russe Boris Ieltsine remet aux autorités polonaises à Varsovie la copie de l'ordre signé par Staline en 1940 qui a conduit à l'exécution de 14 700 prisonniers polonais. La vérité historique, si longtemps bafouée et enfin rétablie, n'atténue en rien la monstruosité d'une tuerie froidement décidée par un seul homme.

Les armées du Reich envahissent la France

L'OFFENSIVE ALLEMANDE

Fer de lance de la stratégie offensive allemande, les divisions de Panzers sont d'une redoutable efficacité.

La France déclare la guerre à l'Allemagne le 3 septembre 1939. Pourtant, huit mois s'écoulent avant que ne commencent réellement les combats. Hitler se concentre sur le front de l'Est et la France reste dans une position défensive. En mai 1940, les armées du Reich passent à l'attaque et entrent en France.

L'Est est défendu par la ligne Maginot : c'est donc du Nord que peut venir le danger. Depuis plusieurs mois, Français et Anglais demandent à la Belgique l'autorisation de placer des hommes sur son territoire. Les Belges refusent l'entrée aux forces alliées tant que leur pays n'est pas directement agressé. Céder à la volonté franco-anglaise pourrait sembler une provocation envers Hitler, et la Belgique espère toujours rester neutre.

La Belgique envahie

Hitler a écrasé la Pologne, il peut maintenant attaquer à l'ouest. Sa stratégie est très inspirée du plan Schlieffen, qui a failli réussir en 1914.

La « drôle de guerre »

Le 2 septembre 1939, Hitler envahit la Pologne. Liées à elle par un accord de défense, **la France et l'Angleterre déclarent la guerre à l'Allemagne le 3.** Mais la Pologne est écrasée sans que les Alliés interviennent efficacement. Hitler concentre alors son action à l'est. **La France, confiante, est retranchée derrière la ligne Maginot.**

Les Français avancent dans la forêt de la Warndt le 9 septembre, mais une contre-offensive allemande les renvoie au-delà de Forbach : les combats se limitent à quelques escarmouches. **Durant plusieurs mois, il ne se passe rien** et les soldats alliés souffrent de l'inaction et de l'incertitude.

Politiquement, on ne retrouve pas l'« union sacrée » de 1914. Le gouvernement Daladier ne s'ouvre pas à gauche et les luttes politiques déchirent le Parlement. Le 22 mars 1940, Paul Reynaud succède à Daladier. Il tente de mettre un terme à la situation ambiguë mais il arrive trop tard. **Jusqu'au 10 mai, l'opinion publique ne croit pas à la guerre.**

Von Manstein y a apporté des modifications qui doivent être décisives : des attaques simultanées dans les Ardennes et la trouée de Sedan.

Le 10 mai 1940, l'armée allemande pénètre en Belgique et aux Pays-Bas. Rotterdam est bombardée et l'armée hollandaise dépose les armes le 15. Réfugiée à Londres, la reine Wilhelmine appelle à la résistance. Les forces françaises assistées de quelques divisions anglaises engagent une contre-offensive en Belgique. Le 18 mai, les forces alliées sont coupées en deux parties et le plan Weygand, destiné à ressouder les forces des Flandres à celles de la Somme, est un échec.

L'armée belge capitule. Les Anglais et quelques divisions françaises sont bloqués à Dunkerque après une longue bataille terrestre, navale et aérienne. Une pénible évacuation vers l'Angleterre commence, sous le feu des *Stukas* de l'aviation allemande. 234 000 Anglais et 110 000 Français parviennent à s'embarquer à partir du 28 mai.

La campagne de France

Dès le début de l'offensive, alors que les forces alliées ont été attirées vers le nord-ouest pour défendre la Belgique, les chars *Panzers* allemands traversent les Ardennes que l'on croyait infranchissables et fondent sur la trouée de Sedan. Les Français tentent de résister, et le colonel de Gaulle met en application ses théories sur les blindés lors de la bataille de Montcornet, le 28 mai. Mais ces actions sont insuffisantes : les chars allemands enfoncent le front et rejoignent la Manche pour couper et encercler les Alliés. Le général Weygand, qui a remplacé Gamelin à la direction de l'état-major, tente d'organiser une défense dans l'espace laissé libre entre la ligne Maginot et la mer. Comme en 1914, les troupes stationnées en Alsace et dans les Vosges sont rapidement acheminées vers le nord. Mais l'effort est insuffisant. L'armée allemande parvient à percer sur la Somme, le 6 juin, sur l'Aisne, le 9. Le lendemain, le gouvernement de Paul Reynaud quitte Paris pour Tours où il reste deux jours avant de se diriger vers Bordeaux. Le 18 juin, les troupes d'Hitler sont à Compiègne et à Châlons-sur-Marne. Le 14, elles font leur entrée dans Paris.

La question de l'armistice

Le général Weygand est partisan d'un armistice, Paul Reynaud s'y oppose. Il refuse de rompre le pacte signé avec l'Angleterre le

Les interprétations de la défaite

La république au banc des accusés. Pour le maréchal Pétain, depuis 1918 « l'esprit de jouissance l'a emporté sur l'esprit de sacrifice. On a revendiqué plus qu'on n'a servi » ; c'est le Front populaire qui est visé, et, en février 1942, Léon Blum et Édouard Daladier sont jugés à Riom comme responsables de la défaite ! Le mal remonterait d'ailleurs à 1789. C'est le discours que tenait déjà Gobineau après la défaite de 1870. Le haut clergé dit volontiers que la Providence a puni la séparation de l'Église et de l'État.

Les responsabilités des chefs militaires. À Riom, Blum montre que le Front populaire a relancé le réarmement négligé par les gouvernements conservateurs et par la hiérarchie militaire, Pétain en tête. Le procès tourne à la confusion de l'accusation, et est arrêté en avril. De Gaulle, lui, insiste sur la mauvaise utilisation des armes. De fait, les deux armées se valaient en nombre, et, si l'Allemagne dominait les airs, les chars français, excellents, étaient les plus nombreux. De plus, on a insisté sur la débandade de l'armée, dite « armée Ladoumègue », du nom d'un champion de course à pied ; or les soldats se sont battus avec courage, et ont eu 100 000 morts en cinq semaines : les Français mobilisés ont fait largement leur devoir.

Le contrecoup de 1914. Au-delà des analyses de Blum et de De Gaulle, le parti communiste a pu affirmer qu'il y avait eu trahison délibérée des classes dirigeantes. En fait, il faut faire la part de l'épuisement d'un pays saigné par la Première Guerre mondiale, et qui a implicitement demandé à son armée de reproduire les solutions défensives qui avaient permis alors d'éviter la catastrophe : c'était se condamner à être en retard d'une guerre.

L'exode de mai-juin 1940.
Les bombardements et l'avance des Allemands jettent des centaines de milliers de civils désemparés sur les routes de France ; grossissant les rangs des premiers réfugiés venus de Belgique, ils avancent dans un pays complètement désorganisé.

27 mars, qui interdit toute paix séparée. Il envisage une résistance en Bretagne, mais l'état-major y est opposé. Le gouvernement hésite à aller se réfugier en Afrique du Nord et à s'appuyer sur « l'Empire ». Des millions de Français envahissent les routes, fuyant devant l'avancée allemande et les bombardements. Roubaix n'a plus que 700 habitants. C'est l'exode.

Paul Reynaud démissionne le 16 juin et est remplacé par le maréchal Pétain. « C'est le

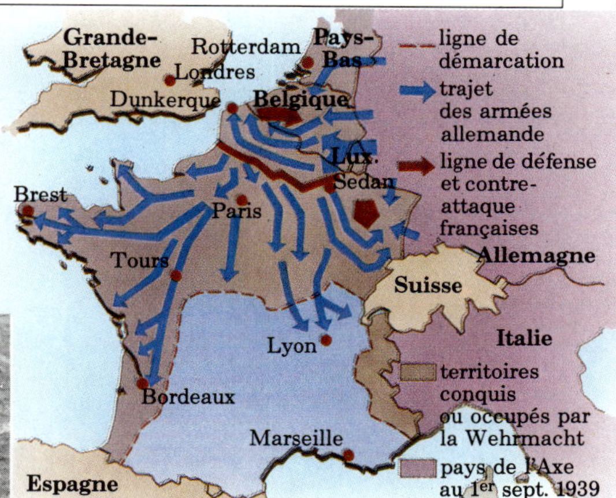

Rapide progression des armées du IIIe Reich.

cœur serré que je vous dis aujourd'hui qu'il faut cesser le combat », déclare le 17 à la radio le populaire héros de Verdun. Le lendemain, de Gaulle lui répond sur les ondes de la BBC que « des gouvernants de rencontre ont pu capituler, cédant à la panique, oubliant l'honneur, livrant le pays à la servitude. Cependant, rien n'est perdu ! » : bien peu de gens entendent alors son appel.

L'avenir apparaît sombre ce 22 juin, alors que le maréchal Pétain signe l'armistice à Rethondes « entre soldats et dans l'honneur », dans le wagon même où avait été consacrée la victoire de 1918. La France accepte l'occupation de plus de la moitié de son territoire, l'amputation de l'Alsace-Lorraine et du Nord-Pas-de-Calais, une contribution de guerre exorbitante, la livraison à Hitler des opposants allemands qui avaient cru trouver refuge sur son sol.

L'Allemagne se heurte à la résistance britannique

LA BATAILLE D'ANGLETERRE

En 1940, la défaite française une fois consacrée par l'armistice avec l'Allemagne, l'Angleterre se retrouve seule face à Hitler. La bataille d'Angleterre commence. On peut la décomposer en trois éléments.

D'abord une bataille dans les airs, la plus spectaculaire, opposant de juillet à septembre 1940 l'aviation britannique (la RAF) à l'aviation allemande (la Luftwaffe). Chez les deux adversaires l'objectif est le même : s'assurer la maîtrise de l'air – du côté allemand en vue de chasser l'aviation anglaise du ciel et de permettre à une flotte de débarquement de traverser la Manche –, du côté britannique afin de rendre impraticable le plan allemand d'invasion.

Les débuts de la guerre

De septembre 1939 à juin 1940 les neuf premiers mois de la guerre sont marqués par une série de succès foudroyants des armées allemandes. C'est la **Blitzkrieg ou guerre-éclair,** fondée sur l'emploi conjugué des blindés et de l'aviation.

La première campagne, contre **la Pologne,** débute le 1er septembre 1939. Puis, le 9 avril 1940, l'Allemagne envahit le **Danemark** et la Norvège.

Mais la campagne décisive, c'est **la campagne à l'ouest**, qui commence le 10 mai 1940 avec l'invasion des **Pays-Bas** et de **la Belgique** et l'offensive allemande contre **la France** à travers les Ardennes.

Submergée par l'adversaire, l'armée néerlandaise capitule le 15 mai, l'armée belge le 28 mai. Après la percée de Sedan (15 mai), les *Panzers* allemands se ruent vers la mer, atteignant Abbeville le 20 mai et isolant les armées française et britannique qui doivent être évacuées par Dunkerque (28 mai-3 juin). L'offensive allemande reprend le 5 juin sur la Somme et l'Aisne, les troupes françaises refluent sur tous les fronts, l'exode des civils accentue la débâcle. **Le 17 juin, le maréchal Pétain demande l'armistice** et celui-ci est signé le 22 juin, consacrant l'éclatante victoire d'Hitler.

La bataille dans les airs

La bataille aérienne débute en juillet par des raids répétés de la Luftwaffe contre les convois et les ports britanniques de la Manche. Puis, au début d'août, Hitler prescrit d'intensifier la lutte. Aussi Goering ordonne-t-il à l'aviation allemande de combiner la destruction au sol des bases de la chasse britannique et dans le ciel du maximum de chasseurs *Spitfires* et *Hurricanes,* de bombarder les usines de construction aéronautique et de renforcer le blocus.

Mais l'offensive allemande n'atteint aucun de ces objectifs. Non seulement la Luftwaffe ne parvient pas à porter un coup mortel à la RAF, mais celle-ci garde son mordant, et les pertes allemandes sont beaucoup plus élevées que les pertes britanniques. Malgré de nouveaux coups de boutoir portés à la fin d'août et au début de septembre contre les aérodromes et les centres nerveux du sud de l'Angleterre, la RAF est toujours là. Elle remporte même une grande victoire le 15 septembre, lors d'un raid massif sur Londres. Le commandement allemand doit reconnaître son échec. Au total, de juillet à octobre, la Luftwaffe a perdu 1 700 appareils et plus de 4 000 aviateurs (dont 2 500 prisonniers), la RAF, 900 appareils et 450 aviateurs.

Envahir l'Angleterre ?

Le deuxième élément dans la bataille d'Angleterre, c'est le projet d'invasion de l'île. Baptisé opération *Seelöwe* (ou « opération Otarie »), le plan consiste à débarquer sur la côte sud de l'Angleterre un puissant corps de bataille, à écraser l'armée britannique et à obtenir ainsi la capitulation du Royaume-Uni. Mais les difficultés techniques pour traverser la Manche s'annoncent considérables, d'autant que la marine anglaise – la *Royal Navy* – a la maîtrise de la mer et que la Luftwaffe ne réussit pas à avoir celle du ciel. C'est pourquoi la marine allemande multiplie les objections, non sans arguments solides. Finalement, Hitler, partagé entre la volonté d'en finir avec l'Angleterre et le rêve de détruire l'Union soviétique, décide le 17 septembre d'ajourner l'opération *Seelöwe* : celle-ci, quelques jours plus tard, est définitivement abandonnée.

Bombarder les villes

En troisième lieu, à partir de septembre, se déroule ce que les Anglais ont appelé le *Blitz,* c'est-à-dire une série de bombardements violents visant à détruire les villes britanniques, à paralyser l'industrie de guerre et à briser le moral de la population. Il dure jusqu'en mai 1941, faisant 40 000 morts (dont 25 000 pour la seule ville de Londres). Cependant, si la population paie un lourd tribut, le *Blitz* échoue complètement dans son objectif premier : atteindre le moral des Anglais. Car, en dépit de fléchissements ici ou là, le sang-froid et la discipline prévalent. À chaque alerte, la population se réfugie dans des abris, individuels ou collectifs, tandis que la défense passive, bien organisée et efficace, mobilise par dizaines de milliers chefs d'îlot, pompiers, secouristes, policiers et guetteurs. Le résultat, c'est que les dégâts matériels (200 000 maisons détruites) l'emportent de beaucoup sur les pertes humaines.

L'homme de la situation : le Premier ministre Winston Churchill (photographie par Karsh).

Les bombardements de villes : de Guernica à Hiroshima

1937 : durant la guerre d'Espagne, le bombardement allemand sur Guernica, dans le Pays basque, inaugure les raids de terreur contre la population civile des villes.

1939-1941 : la Luftwaffe procède à des bombardements systématiques à grande échelle, opérant des destructions massives à Varsovie (1939), Rotterdam (1940), Londres, Coventry et d'autres villes britanniques (1940-1941), Belgrade (1941).

1942-1945 : les Alliés ripostent par des bombardements intensifs des villes allemandes conduits par de véritables flottes aériennes. La RAF, relayée bientôt par l'aviation américaine, effectue ainsi des raids sur Cologne (1 000 avions en 1942), les villes de la Ruhr, Hambourg, Berlin. Mais pas plus que les bombardements allemands les bombardements alliés ne parviennent à faire craquer le moral de l'adversaire. Le point culminant est atteint avec le bombardement de Dresde (13-14 février 1945), qui fait 135 000 morts.

1944-1945 : les « bombes volantes ». Ce sont les V1 et surtout les V2, fusées que les Allemands ont réussi à mettre au point, et qu'ils dirigent sur l'Angleterre.

1945 : la bombe atomique. Le 6 août 1945, l'aviation américaine lance sur Hiroshima la première bombe atomique aux effets dévastateurs, suivie d'une seconde sur Nagasaki le 9 août.

Churchill, « la plus belle heure »

Facteur essentiel du succès des insulaires : la volonté farouche de résistance du peuple britannique, volonté dont les Allemands, convaincus de leur supériorité, ont mal mesuré la force. Tous les milieux, civils aussi bien que militaires, partagent cette résolution dans une véritable atmosphère d'union sacrée. Un même élan patriotique rassemble la communauté nationale derrière Winston Churchill. En effet celui-ci, depuis qu'il a été nommé Premier ministre en mai 1940, s'est imposé comme le chef incontesté du pays et comme le symbole de la nation en guerre. D'emblée, il a su trouver les mots qu'il fallait pour galvaniser ses concitoyens. Effectivement, la rhétorique churchillienne opère des merveilles, chacun retrouvant dans les paroles du Premier ministre l'écho de ses propres réactions. « Du sort de cette bataille, proclame-t-il, dépend la civilisation chrétienne (...) Hitler sait que, s'il ne nous écrase pas dans notre île, il perdra la guerre. »
Dès lors, on comprend comment, dans la mémoire collective, l'été 40 apparaît, selon la célèbre expression de Churchill, comme « la plus belle heure » de l'histoire britannique : un combat à la dimension d'une épopée. Ce qui est sûr, c'est qu'en infligeant à Hitler son premier échec l'Angleterre a brisé le mythe de l'invincibilité nazie et substitué à la *Blitzkrieg* une guerre longue, c'est-à-dire défavorable par nature à l'Allemagne. Ainsi le destin de l'Europe a bien basculé au cours de l'été de 1940.

Fumées et ruines : un bombardement dans le quartier de la cathédrale Saint Paul, en 1940.

Le thé dans un abri souterrain, pendant une alerte (photographie par R. Capa).

Pétain choisit la collaboration

LA FRANCE DE VICHY

Un autre aspect de la collaboration, l'envoi de travailleurs français en Allemagne.
Ici : *affiche destinée à encourager les « vocations ».*

Présenté comme une « révolution contemporaine » à l'image du fascisme, du national-socialisme ou du franquisme, « l'État français » qui s'instaure cherche ses références au sein du nationalisme, mais il est prêt en même temps à toutes les compromissions avec son vainqueur, l'Allemagne nazie.

Lorsqu'il arrive au pouvoir, le maréchal Pétain est un homme populaire, rassurant pour les Français. Il est le héros de Verdun, l'homme qui a mené le pays à la victoire en 1918. C'est aussi un vieillard de 84 ans, fatigué et rétrograde. Il tente d'abord un double jeu illusoire, mais se rend vite aux idées de son dauphin, Pierre Laval.

L'ordre nouveau

Pétain et Laval cherchent à réorganiser la société. Leur gouvernement est composé de membres de l'Action française et d'autres mouvements d'extrême droite, mais aussi d'hommes d'affaires, d'industriels, et même d'un représentant de la gauche pacifiste et anticommuniste comme le cégétiste René Belin. Il a le soutien de la hiérarchie catholique.

L'instauration du régime de Vichy

Le 16 juin 1940, le maréchal Pétain succède comme président du Conseil à Paul Reynaud et, le 22, il signe **l'armistice.** Le 10 juillet, le Parlement réuni au casino de Vichy vote l'acte donnant pleins pouvoirs au maréchal pour **modifier la Constitution :** 569 voix pour, 80 contre, 17 abstentions.

Le lendemain, la IIIe République disparaît. Pétain fonde **l'État français.** Il en est le chef, Pierre Laval est son dauphin et dirige le gouvernement, qui s'installe dans les hôtels de Vichy. Le régime veut instaurer un ordre moral par le retour aux valeurs traditionnelles : travail, famille, patrie. **Laval** entreprend une politique étrangère pro-germanique et rompt les relations avec l'Angleterre. Le 24 octobre 1940, Pétain serre la main de Hitler à **Montoire,** inaugurant l'ère de la collaboration.

Les syndicats sont dissous et la grève interdite, tous les acquis de 1936 disparaissent au profit d'une charte du travail qui, en octobre 1941, crée un système corporatiste d'État sans activité revendicatrice possible. Les salariés restent sans protection réelle face à leurs employeurs. Le patronat et les grandes entreprises deviennent les guides de la production. Les conseils généraux et de nombreux conseils municipaux sont dissous, soupçonnés d'être hostiles au nouveau pouvoir. En revanche, l'administration voit son pouvoir étendu avec la création de nouveaux tribunaux. Des dizaines de milliers de Français sont internés : communistes, francs-maçons, juifs, syndicalistes et protestataires de tous ordres.
La propagande idéologique bat son plein, la radio et les journaux citent sans cesse le maréchal. Les jeunes sont encadrés au sein des « Compagnons de France », des « Jeunes du maréchal » et des chantiers de jeunesse. Pour les adultes a été créé le S.O.L. (Service d'ordre légionnaire), organisation de type paramilitaire.

La politique de collaboration

C'est le 30 octobre 1940 que le maréchal Pétain appelle officiellement les Français à collaborer avec l'occupant, sur le plan tant politique qu'économique. « C'est dans l'honneur et pour maintenir l'unité française dans le cadre d'une activité constructive du nouvel ordre européen que j'entre aujourd'hui dans la voie de la collaboration », déclare-t-il dans un message adressé à la nation.
Laval, partisan d'une union encore plus étroite avec l'Allemagne, est temporairement écarté du pouvoir et remplacé par l'amiral Darlan, mais, dans le pays, les arrestations se succèdent : le jeune préfet Jean Moulin, qui a refusé de porter au compte de tirailleurs sénégalais des massacres commis par l'ennemi, Honoré d'Estienne d'Orves, qui a tenté de monter un réseau gaulliste en France, Pierre Mendès France, qui est accusé de déser-

Un portrait du maréchal trône dans le salon de nombreuses familles françaises, qui écoutent pieusement ses discours à la radio.

L'antisémitisme est l'un des ressorts du régime de Vichy. Ici : *une affiche pour une exposition pseudo-scientifique de 1941 qui prétendait dresser un véritable portrait physique et physiologique des israélites.*

tion pour avoir voulu continuer le combat depuis l'empire colonial. Blum, Daladier et Reynaud sont condamnés à perpétuité, et l'ingénieur Jacques Bonsergent est fusillé pour avoir levé la main contre un soldat allemand.

L'espoir du nouveau régime est d'être la deuxième puissance derrière l'Allemagne dans l'Europe nazie. L'industrie française se met à produire pour l'Allemagne. Avec le système du S.T.O. (Service du travail obligatoire), la France fournit des ouvriers qui vont travailler en Allemagne. Mais la collaboration est aussi politique, avec la création de la milice de Joseph Darnand, voire militaire lorsque le maréchal encourage la L.V.F. (Légion des volontaires français) à aller combattre les « bolcheviques » sur le front de l'Est aux côtés des Allemands.

L'étoile jaune

En 1940, Vichy impose une législation antisémite en dehors même de toute pression allemande. Elle devient un élément important de la collaboration. Les Juifs n'ont plus le droit de sortir après 20 heures, de fréquenter les salles de spectacle ni de se réunir. À partir du 28 mai 1942, ils sont tenus de porter une étoile jaune sur leurs vêtements.

Le 16 juillet, les nazis acceptent de ne pas déporter de juifs français, mais, en échange la police française leur livrera tous les Juifs étrangers. À trois heures du matin, 9 000 policiers français participent à une gigantesque rafle et rassemblent plus de 13 000 Juifs au Vélodrome d'hiver.

L'administration désigne des commissaires chargés de la spoliation des biens des Juifs. La délation est encouragée et les arrestations se font sans cesse plus nombreuses. Des camps d'internement transitoires alimentent Auschwitz ou Treblinka.

Collaboration et Résistance en Europe

Dans les pays occupés, gouvernements et populations optent, soit pour la collaboration comme le régime de Vichy, soit pour la résistance comme le font le général de Gaulle et les Forces françaises de l'intérieur (F.F.I.).

La Belgique. Le Premier ministre Pierlot part pour Londres tandis que le roi Léopold demeure sur place – il sera forcé d'abandonner son trône en 1945.

La Norvège. Le roi Haakon VII et son gouvernement gagnent Londres, un gouvernement pro-allemand est mis en place par le fasciste Quisling.

En Hongrie et en Roumanie. Les dictateurs Horthy et Antonescu se maintiennent, cédant la réalité du pouvoir aux Allemands.

Aux Pays-Bas. Aucun armistice n'est signé. La reine Wilhelmine gagne Londres tandis que les territoires d'outre-mer continuent le combat.

Au Danemark. Une résistance passive et les contacts noués avec la Suède permettent de protéger la communauté juive.

En Pologne. Le gouvernement Sikorski s'exile à Londres tandis qu'une Armée de l'intérieur s'organise.

En Tchécoslovaquie. La Résistance se manifeste notamment par l'assassinat du protecteur de Bohême-Moravie R. Heydrich en juin 1941.

En Yougoslavie. Les communistes menés par Tito et les Tchetniks du colonel Mihailovic se disputent la prééminence contre l'occupant. Les premiers, soutenus par les Britanniques, libèrent le pays en 1944.

En Grèce. La résistance divisée entre communistes et nationalistes s'affronte en une guerre civile où triomphe les derniers, soutenus par les Britanniques, à partir de décembre 1944.

En U.R.S.S. Les partisans harcèlent l'arrière du front allemand pour faciliter les offensives de l'Armée rouge.

L'extermination des Juifs d'Europe

LA SHOAH

Le nom d'Auschwitz est associé aujourd'hui au souvenir du plus grand crime collectif jamais perpétré. C'est pour qualifier son caractère exceptionnel que l'on a forgé la notion de « crime contre l'humanité ». L'extermination des Juifs d'Europe par l'Allemagne nazie dépasse en effet dans l'horreur les exemples précédents, car la barbarie y a pris un visage froid et méthodique, presque industriel.

À proprement parler, l'extermination des Juifs d'Europe ne commence qu'en 1941. S'il est difficile d'affirmer que les nazis ont prévu, dès leur arrivée au pouvoir en 1933, l'extermination physique de tous les Juifs, il est en revanche évident que la solution finale est l'aboutissement direct de leur idéologie raciste. De longues années de persécution à l'égard des Juifs ont préparé un processus criminel systématique, dont la mise en œuvre a été menée pendant la Seconde Guerre mondiale.

L'idéologie nazie

Plus encore que le recours à la violence ou le refus de la démocratie, le caractère particulier de l'Allemagne nationale-socialiste c'est l'idéologie formulée par son führer, Adolf Hitler. Cette idéologie se veut « scientifique », c'est-à-dire systématique. Toute sa vision du monde repose sur la notion de race et sur celle d'une hiérarchie entre ces races. En haut de l'échelle se trouve la « race des seigneurs », les Aryens, dont font partie les Allemands, alors que tout en bas serait la « race juive ». En conséquence de quoi les nazis développent une vision biologique de l'évolution idéale des sociétés humaines : ils souhaitent « purifier » la race, en extirper la « vermine » — comme un microbe dans un organisme.

Le début de la persécution

Arrivés au pouvoir en 1933, les nazis ne tardent pas, en conséquence, à mettre en œuvre leur idéologie raciale. Les lois racistes de Nuremberg ôtent aux Juifs le droit à la citoyenneté allemande, en même temps qu'elles leur interdisent de se marier ou même d'avoir des rapports sexuels avec les Allemands aryens. Ces lois leur ferment de nombreux métiers, en particulier tous les postes publics, dans l'Administration et

Adolf Hitler (vers 1938-1939). L'idéologie raciste et antisémite du führer est responsable de la mort de 5 millions de Juifs. Mais le peuple allemand a laissé faire, et bien des Européens ont collaboré.

La « purification du Reich » passe par l'expulsion des Juifs, contraints à supporter les pires humiliations. Mais, quand l'Allemagne envahit l'ensemble de l'Europe, que faire des Juifs de ces régions ? Vient le temps de l'enfermement, puis du génocide.

Le bilan du génocide

De proche en proche, toute l'Europe dominée par l'Allemagne nazie et ses alliés subit le génocide. Les premiers touchés sont les Juifs de l'Est : Soviétiques, Polonais, Allemands bien sûr, et Autrichiens. Puis les Juifs de Norvège, des Pays-Bas, ceux de la zone occupée française, sont expédiés vers les camps, souvent avec la collaboration des forces de police locale. Les derniers frappés sont les communautés juives des pays alliés de l'Allemagne, Italie et Hongrie, où l'extermination ne commence qu'en 1944.
Au total, trois millions de personnes disparaissent dans les camps, morts de maladie ou gazés. À ce chiffre, il faut ajouter celui des victimes juives enfermées dans les ghettos des grandes villes de l'Est et mortes de faim, de maladie, ou pendant les combats (ainsi ceux de Varsovie, en mai 1943) ; celui aussi des personnes massacrées en U.R.S.S. par les « groupes d'intervention » (Einsatzgruppen) opérant à la mitraillette, dès le printemps 1941, soit avant la conférence de Wansee : en tout, 2,1 millions de morts.

l'armée — avant de leur confisquer purement et simplement leurs biens. À ce moment, la politique menée poursuit un but très clair : créer des conditions si impossibles pour les Juifs que ceux-ci choisiront l'exil — purifiant ainsi « spontanément » la composition ethnique du Reich !
Mais, au fil des années, cette politique d'exclusion prend un tour de plus en plus violent et insupportable. Le 9 novembre 1938, un premier pas est franchi lors de la « nuit de cristal ». Ce soir-là, dans toute l'Allemagne, des groupes terroristes, principalement composés de S.A. — des partisans fanatiques de Hitler, organisés en sections paramilitaires —, attaquent des commerces juifs, brisant les vitrines (d'où le nom de « nuit de cristal »), détruisant, brûlant les synagogues, assassinant sauvagement. Ce pogrom, très organisé, est relayé après quelques heures par des interventions de police. À la fin de la nuit, en effet, sur l'ordre de Hitler, environ 35 000 Juifs allemands sont rassemblés et emmenés de force dans des camps de concentration — à Dachau, à Sachsenhausen, à Lichtenburg et à Buchenwald, ouverts deux années auparavant —, prétendument pour accélérer leur « évacuation » (pour reprendre un terme utilisé par la propagande nazie) de l'Allemagne. L'opinion allemande ne réagit aucunement face à ces actes, ce qui ne peut qu'encourager les nazis à aller encore plus loin.

Le problème juif et sa « solution »

Cette politique de violence, de discrimination et de persécution systématique se révèle en partie efficace puisque les Juifs quittent effectivement l'Allemagne, de plus en plus nombreux. Mais, au contraire, à partir du moment où Hitler commence à exécuter son programme d'expansion géographique, il y a, sur le territoire du IIIe Reich, de plus en plus de Juifs ! En Autriche, en Tchécoslovaquie, en Pologne (où vit la plus importante communauté juive d'Europe), toutes régions envahies entre mars 1938 et fin septembre 1939, le problème juif se repose avec une acuité nouvelle.
Juste après la victoire de juin 1940 contre la France, une première « solution » est envisagée sous la forme d'une déportation générale à Madagascar, qui est alors une colonie française, ou dans une « réserve » de Juifs en Pologne. Finalement, en janvier 1942, une conférence de responsables nazis réunie à Wansee, en Allemagne, opte pour la « solution finale de la question juive » — l'extermination de tous les Juifs d'Europe.

Les camps de la mort

À partir de cette date se met en place un administration rigoureuse, destinée à gérer le massacre le plus efficacement possible. À sa tête, Heinrich Himmler, le chef de toutes les forces de sécurité ; sous ses ordres, les unités de la police militarisée (S.S.) et celles de la police politique (Gestapo). Les services administratifs des différents États, l'Allemagne mais aussi les pays occupés, collaborent pour regrouper et transporter les victimes vers leur destination finale, les camps d'extermination.
Situés principalement en Pologne, où ils sont construits à partir de 1941, ces camps sont parfois de simples terminaux ferrovières situés à l'écart des zones habitées et où les déportés sont gazés dès leur arrivée : ainsi à Belzec, Sobibor ou Treblinka (où meurent 700 000 personnes avant octobre 1943). D'autres sont de véritables villes où les détenus, tant qu'ils sont bien portants, travaillent comme « esclaves », même si leur destin final reste d'être assassinés : il en va ainsi à Auschwitz, divisé en un centre de travail, Auschwitz I, et un camp d'extermination où sont situées les chambres à gaz, Auschwitz-Birkenau. Celles-ci fonctionnent jusqu'en novembre 1944, deux mois avant la libération du camp par les forces soviétiques.

À Auschwitz, en Pologne, dans les principaux camps d'extermination du régime nazi, des enfants derrière les barbelés…

L'attaque qui précipite l'Amérique dans la guerre

PEARL HARBOR ATTAQUÉ

Fin 1941, la guerre fait rage en Russie et en Extrême-Orient. De ces deux conflits, l'un en Europe, l'autre en Asie, les États-Unis sont officiellement absents. Le 7 décembre, tout bascule lorsque survient un des événements majeurs de la Seconde Guerre mondiale.

Il est 7 heures 55 : 183 avions nippons frappent par surprise la flotte américaine dans la rade de Pearl Harbor, à 15 km de Honolulu, dans l'archipel des Hawaii. Jusqu'à 8 h 30, ils déversent bombes et torpilles sur les cuirassés, les terrains d'aviation et les réservoirs de la base. À 8 h 45, une seconde vague tourbillonnante de 170 appareils vient pendant soixante minutes achever le travail. Au total, en un peu plus d'une heure et demie, les 8 grands cuirassés sont mis hors de combat (dont 3 coulés), 3 croiseurs, 3 destroyers, 4 navires auxiliaires sont sérieusement endommagés et 159 avions sont déchiquetés au sol. Le bilan est lourd pour les Américains, y compris en pertes humaines : 2 403 morts et 1 178 blessés. Les assaillants, eux, n'ont perdu que 29 appareils et 5 sous-marins de poche. Le même jour, les Japonais débarquent en Malaisie et dans les Philippines.

L'avion et la mer

*Les porte-avions, jusqu'alors un peu secondaires, deviennent à partir de 1941-1942, les pièces essentielles des grandes marines, devançant dans ce rôle les cuirassés de ligne classiques. L'attaque surprise de Tarente, le 11 novembre 1940, par les appareils britanniques qui décollèrent de l'*Illustrious *et détruisirent une grande partie de la flotte italienne, a montré l'atout de ces bases flottantes et mobiles. Les Japonais s'inspirent de l'exemple (mais sans guerre déclarée) à Pearl Harbor.*

Les porte-avions obtiennent leur consécration définitive quelques mois plus tard dans la mer de Corail, en mai, et à Midway, en juin 1942 : désormais les batailles navales sont aéronavales, livrées « au-delà de l'horizon » par duels de flottes distantes de 400 km, ce qui correspond au rayon d'action et de destruction de l'aviation embarquée.

Une opération bien préparée

Le but des Japonais est évident : neutraliser la puissance américaine, seul obstacle à leurs ambitions de conquête en Extrême-Orient et dans le Sud-Est asiatique. Occupant déjà la partie la plus riche de la Chine depuis 1937, ils ont profité de la guerre européenne et de la défaite française de 1940 pour pénétrer dans la péninsule indochinoise. Mais le président Franklin Roosevelt a répliqué par des sanctions économiques, en particulier l'embargo sur le pétrole en juillet 1941. Le général Tojo, à la tête du gouvernement nippon depuis octobre, pense que la condition de la conquête du Sud est la destruction de la flotte américaine du Pacifique.

Le président Roosevelt signant la déclaration de guerre au Japon (8 décembre 1941).

Le cuirassé américain West Virginia *en flammes après avoir été atteint par les bombes de l'aéronavale japonaise.*

1941, le tournant du siècle

Entre 1933 et 1941, l'Allemagne hitlérienne, l'Italie fasciste et le Japon effectuent leurs conquêtes.

Face à cette situation, **Franklin Roosevelt** est convaincu que les États-Unis doivent **renoncer à l'isolationnisme** qu'ils pratiquent depuis 1900 (sauf entre 1917 et 1921). Encore lui faut-il convaincre son opinion publique réticente. Après Pearl Harbor, il tient son *casus belli !* Plus tard, certains iront jusqu'à accuser – à tort – le président d'avoir été prévenu de l'attaque et d'avoir laissé faire, pour pouvoir entrer dans le conflit.

Au moment même où les États-Unis sont propulsés sur le devant de la scène internationale, pour jouer un rôle dont ils ne se départiront plus ensuite, **l'U.R.S.S.,** en gagnant la bataille de Moscou, se révèle comme un géant. En décembre 1941, on assiste à la naissance des deux superpuissances qui domineront le second XXe siècle.

C'est l'amiral Yamamoto, commandant en chef de la flotte combinée, qui est chargé de préparer l'opération contre Pearl Harbor. Jeune marin en 1904, il avait participé à l'attaque surprise contre Port-Arthur lors de la guerre russo-japonaise. Cette fois, la difficulté est de vaincre la distance, près de 5 500 km ! La solution passe par l'emploi de 6 porte-avions, avec 350 appareils à bord, accompagnés de 2 cuirassés, 3 croiseurs, 9 destroyers, plusieurs navires ravitailleurs, et précédés par 26 sous-marins, dont 5 de poche, chargés de pénétrer en reconnaissance dans la rade de Pearl Harbor. L'escadre, commandée par l'amiral Nagumo, quitte discrètement les Kouriles le 26 novembre. Tous feux éteints, observant le silence radio total, elle passe par les brumes de la route septentrionale, moins fréquentée, et s'arrête à 230 milles au nord de l'île Oahu, où se situe la cible. Là, elle attend l'ordre d'attaque, qui lui est transmis le vendredi 5 décembre. L'assaut est prévu pour la fin de la semaine, car c'est la période où la flotte américaine revient habituellement au port après ses exercices hebdomadaires. Le dimanche matin, à l'heure où Nagumo sait que l'équipe de radar de nuit a cessé sa surveillance sans être remplacée, il lance les avions torpilleurs et les bombardiers en piqué, encadrés par les avions de chasse, les célèbres « Zéros ». À 9 h 45, quand tout est fini et que Pearl Harbor disparaît dans des gerbes de feu et de fumée épaisse, le message traditionnel de victoire, « Tora ! », est adressé à Tokyo.

Le sursaut américain

Du côté des Américains, l'effet de surprise est total. L'agression nipponne a lieu dans la douce torpeur du week-end, et à Pearl Harbor rien n'est prévu pour répondre à une telle opération. Les pertes ont laissé un traumatisme profond. Plus grande encore est l'indignation face à la traîtrise. Le 8 décembre, Franklin Roosevelt qualifie la journée précédente de « jour d'infamie », et obtient sans difficulté du Congrès la reconnaissance de l'état de guerre entre les États-Unis et le Japon. L'opinion publique se dresse, unie derrière lui, contre l'agresseur : les derniers pans de l'isolationnisme américain tombent enfin. Or, si le succès des Japonais, tactique, leur a assuré la maîtrise de l'Océan pendant six mois et permis de conquérir le Sud-Est asiatique, la force stratégique de la flotte US – les porte-avions absents de leur base de décembre – reste intacte pour la future guerre aéronavale.

Les États-Unis dans la Seconde Guerre mondiale

Les Américains, les seuls à être **massivement** engagés sur les deux fronts à la fois, se situent au centre nerveux de la guerre.

Sur le front du Pacifique. Ils arrêtent l'avance japonaise dans la mer de Corail en mai et à la bataille de Midway en juin 1942. Puis ils partent à la reconquête de l'Océan, d'archipel en archipel, le général MacArthur par le sud, l'amiral Nimitz par le Pacifique central.

« **Germany first !** » Mais l'ennemi principal des États-Unis, c'est l'Allemagne. La puissance industrielle américaine est mise au service d'une stratégie frontale : préparer le débarquement là où le Reich est le plus puissant, en France, et le vaincre grâce à une telle supériorité de matériels que les pertes américaines soient minimes. Au total, l'industrie livre 8 millions de tonnes de vaisseaux de guerre, 10 millions de tonnes de vaisseaux marchands, 300 000 avions, 15 millions d'armes portatives ! Il faut du temps pour arriver à ces résultats. En attendant, les Américains acceptent la stratégie périphérique préconisée par Churchill, et conduisent le débarquement en Afrique du Nord en novembre 1942, celui en Sicile en juillet 1943 et dans la péninsule italienne en septembre. C'est le 6 juin 1944 que le **D Day** (le jour J) arrive enfin : le débarquement en Normandie est essentiellement une œuvre américaine...

La fin de la guerre : Hiroshima. La libération de l'Europe une fois acquise, en 1945, reste la guerre avec le Japon, qui s'annonce longue et meurtrière. Elle est brusquement écourtée par la décision de Truman, le successeur de Roosevelt : deux bombes atomiques sont lancées, l'une sur Hiroshima le 6 août, l'autre sur Nagasaki, le 9 août 1945. Grâce à son industrie et à sa science, le géant économique est devenu aussi un géant militaire qui a gagné la guerre, avec moins de 300 000 morts, soit 66 fois moins que l'U.R.S.S.

Manifestation de joie de la part des soldats japonais, le 7 décembre 1941, après l'attaque de Pearl Harbor.

Une bataille qui marque le tournant de la guerre

STALINGRAD

Le 2 février 1943, von Paulus, général en chef de la VIe armée allemande, capitule devant Stalingrad. Avec lui, ce sont 90 000 hommes qui sont faits prisonniers, dont 2 500 officiers et 24 généraux, et 20 000 blessés.

Les lettres qu'a saisies la censure allemande montrent l'ampleur du traumatisme constitué par ces sept mois d'une bataille sans merci. Au-delà, cette première défaite d'envergure marque le véritable tournant de la Seconde Guerre mondiale, qu'il s'agisse des rapports de forces entre les belligérants ou parmi les Alliés.

Une décision contestée

Dans sa directive n° 41 du 5 avril 1942, Hitler précise les objectifs d'une nouvelle campagne sur le front de l'Est, après la très rapide progression de l'été précédent, mais aussi les déboires des mois suivants. Il s'agit donc au nord de prendre Leningrad, au centre de maintenir les positions acquises et au sud d'opérer une percée vers les champs pétrolifères du Caucase, tout en coupant la Volga à Stalingrad, axe nord-sud d'une importance majeure pour le ravitaillement des troupes soviétiques.

Acquis à une stratégie défensive, les principaux militaires allemands sont très réticents et plaident en vain pour une consolidation des positions. Il faut dire que la situation de l'U.R.S.S. s'est singulièrement améliorée. La production militaire croît rapidement ; l'armée gagne en efficacité, avec l'abolition, en octobre 1942, de l'institution des commissaires politiques et la nomination de Joukov pour diriger les opérations de Stalingrad et du Don. Au plus fort de la lutte, deux millions de soldats – un million dans chaque camp – se feront face à Stalingrad, devenue, au sortir de l'été, l'objectif prioritaire de Hitler.

Le tournant de la guerre

À l'été 1942, l'Allemagne est au faîte de sa puissance en Europe, en Afrique du Nord et au Proche et Moyen-Orient. Le second semestre marque le tournant de la guerre.

Si la bataille de Stalingrad, par l'ampleur des forces engagées, constitue bien la première défaite d'envergure de la Wehrmacht, **Rommel a déjà dû battre en retraite à El-Alamein,** le 3 novembre 1942, quelques jours avant le débarquement allié en Afrique du Nord.

Dans le même temps, **les Japonais ont aussi atteint leurs limites.** En juin 1942, ils connaissent leur première défaite navale face aux Américains, à **Midway,** et bientôt ils doivent évacuer **Guadalcanal,** pointe extrême de leur avancée, au nord de la Nouvelle-Calédonie.

Des combats dramatiques

Stalingrad est une grosse ville industrialisée de la basse Volga, sur la rive droite du fleuve, au débouché d'une vaste plaine steppique. A priori très vulnérable, elle constitue un important nœud de communications. La bataille qui s'y engage à la fin juin 1942 connaît deux phases : l'offensive allemande jusqu'au 18 novembre, puis la contre-offensive soviétique jusqu'à la capitulation du 2 février 1943.

À l'été, l'avancée allemande semble irrésistible contre une ville prise en tenailles par deux armées qui opèrent leur jonction le 2 septembre. Le front passe à quelques kilomètres de la ville. Chaque rue, chaque usine, chaque maison devient l'objet de combats dramatiques. À cette résistance opiniâtre et héroïque, les Soviétiques ajoutent une flexibilité tactique qui associe une défense en profondeur, des réactions immédiates sur les flancs et des attaques massives et concentrées. Les Allemands sont pris au piège de leur tactique, puisque l'avancée des blindés fragilise la VIe armée qui s'est engouffrée dans la brèche mais dont les liens avec l'arrière sont dès lors fort ténus.

Les combats acharnés se déroulent à l'intérieur même de Stalingrad, dans les usines et les rues en ruine.

Prisonniers allemands souffrant de membres gelés, à la fin de la bataille.

Pour la contre-offensive soviétique lancée les 19-20 novembre sur le front du Don par Rokossovski, et sur le front de Stalingrad par Eremenko, il s'agit, en premier lieu, de rompre ces liens. Ce sont alors près de 60 divisions qui se font face, mais les Soviétiques ont une supériorité constante à chaque point d'impact. Au moment même où Hitler, à la fin janvier 1943, inonde les hommes du front de décorations, von Paulus donne l'ordre de ne plus alimenter les blessés, faute de liens avec l'arrière pour l'évacuation et le ravitaillement.

Des erreurs lourdes de conséquences

Comme on le voit, les causes de la défaite allemande sont multiples. Il faut déjà les rechercher dans le changement de nature de la guerre depuis l'automne 1941. Le temps n'est plus au *Blitzkrieg* : la très rapide progression de l'été 1941 avait déjà été démentie par les déboires de l'automne suivant et de l'hiver 1941-1942 ; l'immensité de l'espace à conquérir et le terrible froid des deux hivers successifs interviennent pour beaucoup dans la défaite allemande, qui trouve aussi sa source dans l'héroïsme des combattants soviétiques, militaires et civils. Mais, sans de grosses erreurs allemandes, le désastre serait resté une défaite, voire un repli organisé.

À l'origine, Stalingrad n'est pour Hitler qu'un objectif second ; la résistance soviétique, la charge symbolique d'une ville qui porte le nom de Staline expliquent sans doute son acharnement, et ce changement de priorité. Son refus de tout repli s'appuie en outre sur une nouvelle erreur d'appréciaton de Göring, qui a garanti que la *Luftwaffe* pourrait assurer le ravitaillement de la VIe armée encerclée. C'est enfin au nom de la discipline que von Paulus obéit jusque très tardivement aux ordres de Hitler, y compris quand, le 19 décembre, les blindés de Hoth se trouvant à une cinquantaine de kilomètres seulement, il pourrait encore tenter une percée pour opérer une jonction.

Une défaite aux effets considérables

Les conséquences de cette victoire soviétique sont majeures. Elle s'inscrit déjà dans une contre-offensive généralisée qui desserre l'étau allemand sur le Caucase, tandis que tout au nord, en janvier, si Leningrad reste assiégée, un couloir de 10 km permet de ravitailler la ville. La Wehrmacht ne cessera plus de reculer, sauf pour une courte contre-offensive sur Kharkov.

À une autre échelle, Stalingrad constitue la première défaite d'envergure pour des Allemands qui seront condamnés à concentrer sur le front de l'Est l'essentiel de leurs forces. Les plus fragilisés dans le camp de l'Axe sont les alliés de l'Allemagne. Quant aux pays qui étaient tentés de s'engager à ses côtés, ils se replient dans une position d'attente.

Les conséquences sont énormes aussi pour le vainqueur. En U.R.S.S. même, le culte de Staline devient un puissant facteur de cohésion du système, quitte à oublier les responsabilités du chef dans les défaites du premier semestre 1941. Mais, à l'extérieur aussi, l'image de l'U.R.S.S. et celle de Staline s'améliorent considérablement dans les opinions publiques, et la résistance communiste dans les territoires occupés s'en trouve singulièrement renforcée. Enfin, dans ce qui marque le véritable point de départ de la contre-offensive généralisée, Staline, qui supporte le poids le plus important de la guerre, apparaît en position de force face à Churchill et à Roosevelt, ce qu'enregistrera, à la fin de 1943, la conférence de Téhéran.

La guerre sur le front Est : la campagne de Russie

22 juin 1941 : l'« opération Barbarossa ». L'Allemagne attaque l'U.R.S.S. Les relations entre les deux pays s'étaient détériorées pendant l'hiver précédent. Hitler, qui a toujours désigné les terres de l'Est comme un champ d'expansion naturel pour l'Allemagne, espère y trouver les richesses agricoles et industrielles nécessaires à un conflit long.

16 novembre-5 décembre 1941 : la bataille de Moscou. La Wehrmacht arrive à moins de 20 km de la capitale soviétique.

Mai-septembre 1942 : la seconde offensive. Elle commence en mai par la conquête de l'Ukraine (prise de Kharkov, important centre métallurgique) et se poursuit au cours de l'été par l'occupation de la Crimée et des terres entre Don et Volga et jusqu'au Caucase. Dans ce contexte se situe la bataille de Stalingrad, limite orientale du front, à partir de juin 1942.

Février 1943 : la capitulation allemande à Stalingrad.

1943 : la contre-offensive soviétique. L'Armée rouge repousse la Wehrmacht jusqu'au Dniepr.

27 janvier 1944 : la fin du blocus de Leningrad. La ville était cernée depuis 870 jours.

Printemps-été 1944 : l'offensive finale soviétique. La totalité du territoire soviétique est reconquise au printemps ; l'Armée rouge pénètre en Pologne en juillet-août ; en Roumanie, en Bulgarie et en Hongrie entre septembre et décembre.

16 avril-8 mai 1944 : la bataille de Berlin. Les Soviétiques ont pris Vienne en mars et opéré leur jonction avec les forces alliées à la fin de mars et au début d'avril. Les premiers soldats entrent le 2 mai dans la ville. La capitulation allemande y est signée, le 8, huit jours après le suicide d'Hitler.

Les Alliés débarquent en Europe

LA LIBÉRATION

À l'aube du 6 juin 1944, en Normandie, trois divisions aéroportées sautent dans les environs de Caen et de Carentan, suivies peu après par le débarquement sur le littoral de cinq divisions d'assaut, entre Ouistreham et la côte ouest du Cotentin : la libération de l'Europe commence.

Depuis 1942, l'ouverture d'un second front à l'ouest est à l'ordre du jour chez les Alliés. Après des discussions serrées entre Britanniques et Américains, les premiers préférant une stratégie périphérique, les seconds partisans d'une opération frontale contre la Wehrmacht, la décision est arrêtée lors des conférences *Trident* (Washington, mai 1943) et *Quadrant* (août 1943). Les plans alliés prévoient un débarquement sur les côtes françaises au printemps 1944, suivi de la destruction du corps de bataille allemand et de la libération de l'Europe occidentale, puis d'une offensive d'ensemble contre l'Allemagne dont les Alliés saisiraient les centres vitaux. Ainsi, le Reich serait contraint à capituler sans conditions, conformément au mot d'ordre fixé par Roosevelt et Churchill à Casablanca en janvier 1943.

Aspects logistiques du débarquement

Le débarquement du 6 juin 1944 constitue la plus grande opération amphibie de tous les temps.
Sont groupés en une immense armada un premier échelon de 50 000 hommes acheminés les uns par mer dans des chalands de débarquement, les autres par air (parachutistes et planeurs en trois divisions aéroportées) et dotés d'un matériel considérable (1 500 chars, 3 000 canons, 13 000 véhicules). L'expédition est protégée par une flotte de 500 navires de guerre (dont 6 cuirassés, 23 croiseurs, 148 destroyers) et par une force aérienne de 500 avions.
Afin de tromper les Allemands sur le lieu réel du débarquement en leur faisant croire que l'attaque principale aurait lieu sur la côte du Pas-de-Calais, les stratèges alliés ont monté une opération d'intoxication : c'est le plan Fortitude.
*Enfin, l'infrastructure d'*Overlord *s'accompagne de deux ports artificiels, remorqués à travers la Manche et arrimés à la côte à Arromanches et à Saint-Laurent-sur-Mer, ainsi que d'un oléoduc sous-marin destiné à acheminer le carburant de l'île de Wight à Port-en-Bessin.*

L'opération « Overlord »

Dès lors les préparatifs de l'opération *Overlord* (nom de code du débarquement) sont menés méthodiquement et minutieusement sous la conduite du général Eisenhower, nommé commandant en chef de l'expédition.
Le jour J est finalement fixé au 6 juin, l'objectif étant d'établir une solide tête de pont sur la côte normande du Calvados et du sud du Cotentin. C'est là, en effet, que débarquent ou sont parachutées les premières vagues d'assaut britanniques, canadiennes et américaines, sans que les Allemands, surpris, parviennent à les rejeter à la mer.

Une foudroyante avancée

À ce moment commence sur le sol de la Normandie une dure bataille statique qui oppose pendant des semaines les deux adversaires, jusqu'au jour où les blindés américains réussissent à percer les lignes allemandes dans la région de Saint-Lô.
Dès lors, c'est une avance torrentielle en direction de la Bretagne et de la Loire, en dépit de violentes contre-attaques allemandes (mais une partie des divisions utilisées pour cette opération est enfermée dans la poche de Falaise). Partout la Wehrmacht doit battre en retraite. La route de Paris est ouverte : le 25 août, la capitale est libérée par l'action conjointe de la Résistance et de la 2e division blindée du général Leclerc, et le général de Gaulle s'y installe comme chef du Gouvernement provisoire de la République française.
Au même moment, les troupes franco-américaines effectuent un débarquement réussi sur les côtes de Provence, puis s'engouffrent dans la vallée du Rhône : Marseille et Nice sont libérées le 28 août, Lyon le 3 septembre, Dijon le 11 septembre. Cependant que sur tout le territoire français situé au sud de la Loire et à l'ouest du Rhône les occupants sont chassés par les Forces françaises de l'intérieur et qu'au nord de la Seine les Anglo-Canadiens avancent à marches forcées, atteignant Lille et Bruxelles le 3 septembre.

L'Europe libre

Sur le front de l'Est, l'Armée rouge a déclenché de son côté, le 22 juin, une formidable offensive, qui, après avoir enfoncé tout le centre du dispositif allemand, l'a portée sur la Vistule (mais sans secourir Varsovie insurgée où la résistance polonaise est abandonnée à son sort).
Durant l'automne, tandis que la Wehrmacht reconstitue à l'ouest une ligne de défense des Vosges à la Meuse et au Rhin et tente même une ultime contre-offensive dans les Ardennes, l'Armée rouge accentue son avance, pénétrant en Hongrie et en Yougoslavie,

La fin de l'histoire : après la bataille d'Avranches, où 2 000 Allemands sont faits prisonniers, les vaincus sont poussés sur les routes par les troupes américaines. Les libérateurs tâchent alors de se frayer un passage de la Normandie vers la Bretagne.

Le débarquement en Normandie : soldats américains courant entre les brise-lames et les chevaux de frise, sous le feu de l'ennemi.

La joie de la Libération : l'accueil de la population aux soldats américains, à Paris, en août 1944

La fin de la guerre

De juin 1944 au printemps 1945, sous les coups de boutoir des Anglo-Américains à l'ouest et des Soviétiques à l'est, **les armées allemandes se disloquent.**

Tandis que **Hitler se suicide** le 30 avril 1945 dans son *bunker* et que Berlin est prise le 2 mai par l'Armée rouge, **l'amiral Dönitz,** successeur du Führer, **capitule sans conditions.**

La capitulation japonaise suit de peu. Avant même que soit lancée, le 6 août 1945, la première bombe atomique sur Hiroshima et que, le 8 août, l'U.R.S.S. déclare la guerre, le Japon est à bout de souffle. Le 15 août, l'empereur Hirohito proclame la fin des hostilités, mais l'acte de capitulation n'est signé que le 2 septembre.

atteignant le territoire allemand en Prusse-Orientale en janvier 1945, libérant le camp d'Auschwitz le 27 janvier.

À l'ouest, après que les Trois Grands, à la conférence de Yalta (4-11 février), ont jeté les bases de l'Europe de l'après-guerre (sort de l'Allemagne et de la Pologne, zones d'influence dans les Balkans, organisation des Nations unies), Américains, Britanniques et Français reprennent l'offensive en février 1945. Ils franchissent le Rhin, encerclent la Ruhr et arrivent jusqu'en Autriche et en Tchécoslovaquie. Ce pays, qui avait été le premier à être occupé en 1939, est le dernier à être libéré en mai 1945, en même temps que les Pays-Bas, le Danemark et la Norvège.

Les chefs d'État et les hommes politiques alliés

Winston Churchill (1874-1965) a déjà une longue carrière politique derrière lui (il a été de nombreuses fois ministre) lorsqu'il devient Premier ministre, le 10 mai 1940. Chef incontesté de l'Angleterre en guerre, partisan d'une lutte à outrance, il dirige avec énergie la diplomatie et la stratégie de son pays jusqu'à la victoire, mais, désavoué aux élections de 1945, il doit quitter le pouvoir.

Franklin Roosevelt (1882-1945), élu président des États-Unis en 1932, a d'abord conduit une politique intérieure de redressement et de modernisation : le *New Deal*. Favorable à la cause des démocraties (loi prêt-bail de mars 1941), signataire de la charte de l'Atlantique, il doit faire face à l'attaque japonaise sur Pearl Harbor, qui provoque l'entrée en guerre des États-Unis. Réélu pour la 4e fois en 1944, il s'efforce de préserver de bonnes relations avec l'U.R.S.S. Il meurt le 12 avril 1945.

Joseph Staline (1879-1953) dirige l'U.R.S.S. d'une main de fer depuis 1928. Dictateur rusé et habile, il a beau signer en août 1939 un pacte de non-agression avec l'Allemagne hitlérienne, celle-ci se lance à l'attaque de l'U.R.S.S. le 22 juin 1941. Dans le gigantesque affrontement qui s'ensuit, Staline, promu maréchal, prend la tête des armées soviétiques. La victoire de 1945 consacre l'U.R.S.S. comme une superpuissance et renforce la dictature de Staline jusqu'à sa mort en 1953.

Charles de Gaulle (1890-1970), nommé général de brigade au printemps 1940, lance de Londres, le 18 juin, un appel historique à la résistance. Chef de la France libre, il consacre tous ses efforts de patriote intransigeant à rétablir la France dans son intégrité et sa grandeur. Président du Gouvernement provisoire, il démissionne peu après la Libération (20 janvier 1946).

Le partage du monde n'a pas eu lieu

YALTA

Au début de 1945, alors que la Seconde Guerre mondiale n'est pas terminée, les dirigeants des trois puissances qui sont sur le point de la gagner, Roosevelt, Staline, Churchill, se rencontrent pour préparer la paix.

Leur conférence a lieu du 4 au 11 février 1945 en U.R.S.S., en Crimée, à Yalta. Là, jamais si peu d'hommes n'ont pris tant de décisions pour un si grand nombre d'êtres humains. Quant à dire qu'ils se sont partagés le monde ou même seulement l'Europe, c'est admettre une légende qui ne correspond nullement à la réalité.

L'Amérique contre le partage

Churchill et Staline se sont vus à Moscou quelques mois plus tôt, en octobre 1944. Roosevelt empêché, l'Anglais et le Soviétique ont réparti des pourcentages d'influence entre les Occidentaux et l'U.R.S.S. dans les pays du Sud-Est européen. C'est avec ce projet de partage, limité à la partie balkanique et danubienne du continent, que l'on confond souvent les conclusions de Yalta. Or, le président des États-Unis est en total désaccord avec ce type de pratique, caractéristique de la vieille diplomatie européenne. À ses yeux, une conférence à trois s'impose d'urgence. Aussi accepte-t-il, bien que malade et affaibli, de faire un voyage long et éprouvant en U.R.S.S., Staline ayant fait savoir que la conduite de la guerre en Europe orientale l'empêchait de quitter son territoire.
Roosevelt et Churchill se rencontrent au préalable à Malte, dans la journée du 2 février, pour se concerter. Le soir, les deux délégations, fort imposantes, décollent vers l'Est. La conférence débute le 4, dans une atmosphère chaleureuse : l'euphorie est partagée par les trois Grands, à la veille de la victoire commune contre l'ennemi.

Des intérêts divergents

Staline compte obtenir pour son pays exsangue et délabré des réparations allemandes massives. Il entend surtout constituer et faire accepter un glacis défensif en Europe orientale, une zone d'influence aux portes de l'U.R.S.S., afin de prévenir tout risque de nouvelle invasion militaire. Ses atouts sont considérables : ses soldats sont présents dans tout l'est du continent et, en février, ils ont réussi à pénétrer au cœur de la Prusse, sur

De gauche à droite : Winston Churchill, Franklin D. Roosevelt et Joseph Staline, à la conférence de Yalta, en février 1945.

De Yalta à Potsdam

Cinq mois après Yalta, **du 17 juillet au 2 août 1945,** se tient au Cecilienhof de Potsdam, à 20 km au sud-ouest de Berlin, une nouvelle conférence qui réunit Staline et Molotov pour l'U.R.S.S., Truman et Byrnes pour les États-Unis (Roosevelt est mort le 12 avril), Churchill et Eden, puis Attlee et Bevin pour la Grande-Bretagne (les élections anglaises, intervenues pendant la conférence, ont amené la chute du gouvernement conservateur remplacé par un cabinet travailliste).

La situation militaire a considérablement changé : l'Allemagne a capitulé deux mois plus tôt ; la réussite de **l'expérience atomique** réalisé au Nouveau-Mexique le 16 juillet fournit au président américain l'arme qui va lui permettre de mettre fin à la guerre sur le front asiatique.

À Potsdam, sont discutés principalement **les principes politiques et militaires qui doivent gouverner le traitement de l'Allemagne :** désarmement, démilitarisation, dénazification, jugement des criminels de guerre, décentralisation et démocratisation, réparations, division de la Prusse-Orientale entre U.R.S.S. et Pologne...

Roosevelt et Churchill, en conférence privée lors de la signature des accords de Yalta.

l'Oder, à 70 km de Berlin, alors qu'à l'ouest les Anglo-Saxons, retardés par la contre-offensive allemande des Ardennes, n'ont pas encore franchi le Rhin.

Churchill est inquiet de cette situation. Il sent que l'Angleterre ne fait pas le poids entre les deux géants et souhaite que la France soit associée aux décisions.

Quant à Roosevelt, il se rend à Yalta en demandeur : la guerre contre le IIIe Reich est sur le point de se terminer, mais non celle contre le Japon ; Roosevelt veut obtenir l'engagement des Soviétiques dans la guerre contre l'Empire nippon. D'autre part, il ne perçoit de paix durable que si les Grands continuent de s'entendre dans le cadre d'une institution internationale plus efficace que la Société des Nations créée en 1919. Or, son projet d'Organisation des Nations unies bute sur un obstacle : les Soviétiques veulent y détenir 16 voix, une pour l'U.R.S.S. et une pour chacune des 15 républiques qui la constituent.

Le partage de l'Europe : une longue partie d'échecs (1944-1949)

Le partage de l'Europe, s'il n'a pas été décidé à Yalta, est le résultat d'une longue évolution, d'une véritable partie d'échecs commencée quelques mois avant Yalta et terminée quatre années plus tard.

Soviétiques ou alliés ? L'influence du libérateur. Les pions commencent à se répartir sur l'échiquier européen dès 1944, au gré et au rythme des positions que conquièrent les forces anglo-saxonnes à l'Ouest et soviétiques à l'Est dans leur combat contre l'Allemagne nazie. Les régimes futurs des pays sont grandement conditionnés par la couleur de l'armée libératrice ou occupante. Rien d'automatique cependant : l'Autriche, par exemple, dont la partie orientale fut tenue par les Soviétiques, n'est pas divisée en deux comme l'Allemagne après la guerre ; elle peut choisir un régime économique et politique libéral.

La formation du glacis soviétique. Ce n'est le cas ni de la Bulgarie, ni de la Roumanie, ni de la Pologne, pièces maîtresses du glacis soviétique, qui n'ont pas droit, après 1945, aux « élections libres » prescrites à Yalta. En revanche, en Hongrie et en Tchécoslovaquie, pions de la seconde ligne par rapport aux frontières de l'U.R.S.S., rien n'est joué d'avance. Dans ces deux pays, un scrutin régulier est organisé. Il faut quatre ans pour que les communistes hongrois, minoritaires en 1945 (17 % des voix), noyautent l'État et grignotent le pouvoir ; et c'est en février 1948 seulement, lors du « coup de Prague », qu'est rompue dramatiquement la collaboration des communistes et des non-communistes, en Tchécoslovaquie.

La fin du partage : l'Allemagne et la Grèce. Les dernières régions partagées sont l'Allemagne, après la crise de Berlin en 1948-1949, et la Grèce, où, au même moment, la guerre civile se termine par la défaite des communistes. Dès lors, à partir de 1949, il n'y a plus de case sur l'échiquier européen où les deux joueurs puissent avancer leur roi. En termes de jeu d'échecs, on dit que la partie se termine par un « pat ». L'échiquier européen resta ainsi bloqué pendant quarante ans...

Staline, le grand vainqueur de la conférence

Après une semaine de négociations, Roosevelt obtient satisfaction sur ces deux points. Staline promet l'entrée en guerre son pays contre le Japon trois mois après la capitulation allemande. Quant à l'O.N.U., le projet est définitivement mis au point à Yalta et les Soviétiques rabaissent leurs prétentions, en acceptant d'être représentés par trois voix. La France obtient une zone d'occupation en Allemagne aux côtés des trois Grands. Mais le grand vainqueur est Staline. Il se fait accorder par Roosevelt la moitié des réparations allemandes, fait admettre que le gouvernement de la Pologne sera essentiellement constitué par les membres de l'équipe que ses troupes ont installée à Varsovie auxquels seront adjoints quelques ministres polonais de Londres, et il commence ainsi à construire le glacis défensif qu'il espère.

Ce triomphe sanctionné à Yalta ne doit pas faire illusion : de fait, les Occidentaux n'ont rien abandonné à l'U.R.S.S. qu'elle ne détînt déjà par la force des armes. Ce que l'on attribue mythiquement à « l'ordre de Yalta » était en réalité déjà inscrit sur le terrain, et Yalta fut plutôt une vaine tentative pour enrayer un engrenage bien enclenché.

→**Voir aussi** : p. 552-553 (Coup de Prague).

Les armées soviétiques dans Berlin en ruine, en juin 1945.

Une seule bombe pour détruire une ville

HIROSHIMA, LA MORT ATOMIQUE

Le 6 août 1945 au matin, deux avions américains s'approchent d'Hiroshima, une cité de 300 000 habitants au sud de Honshu, la plus grande des îles du Japon. On est loin de ces escadrilles qui ont transformé les principales villes du pays en champs de ruines. Nul ne s'inquiète vraiment. Un instant plus tard, la ville est détruite, il y a déjà au moins 100 000 morts et disparus.

Le B-29 *Enola Gay* a déjà parcouru 25 km, quand son équipage voit un immense éclair blanc. Puis, tandis que la ville disparaît sous un amas de poussière grise parcourue de flammes, un champignon nuageux monte jusqu'à la stratosphère — des témoins l'aperçoivent à une distance de plus de 500 km. Expérimentée trois semaines plus tôt, dans le désert du Nouveau-Mexique, la «bombe A» (pour atomique) entre dans l'histoire. Trois jours plus tard, c'est Nagasaki, un port à l'est de l'île de Kyushu, qui est rayé de la carte.

Le «champignon» atomique, au-dessus d'Hiroshima. La bombe explosa à 600 mètres du sol, produisant d'effroyables ravages.

Le feu nucléaire

La bombe d'Hiroshima explose à 600 m au-dessus du sol, créant une boule de feu dévastatrice. Juste en dessous d'elle, en une fraction de seconde, la température atteint 6 000 °C. 600 m plus loin, des tuiles fondent : on dépasse encore les 1 300 °C. Les personnes qui n'ont pas eu la chance de bénéficier d'un abri sont carbonisées. Les corps de ceux qui habitaient le plus près de l'épicentre de l'explosion se volatilisent. Il ne reste d'eux, parfois, qu'une ombre sur un mur de béton. Plus loin, la chaleur est telle que les yeux fondent dans les orbites; certains visages ne sont plus que des boules de chair à vif. À 3 km du lieu où la bombe est tombée, la peau découverte, brûlée, tombe par plaques.
Avec une vitesse de plus de 300 m à la seconde, la vague de chaleur souffle les maisons, les véhicules, les hommes. Sur une dis-

Hiroshima, après l'explosion du 6 août 1945...

La bombe atomique

Un neutron heurtant un atome d'uranium le casse en deux atomes, baryum et krypton, dégage de l'énergie et libère d'autres neutrons, d'où une réaction en chaîne. Une variété d'uranium, l'uranium 235, riche en neutrons, permet, à partir d'une masse minimale, dite critique, d'emballer la réaction, d'où la production instantanée d'une énergie colossale : c'est la bombe A.
On dépasse la masse critique en faisant se heurter violemment des blocs d'uranium ou de plutonium, sous-produit artificiel de la réaction en chaîne contrôlée des piles atomiques.
La bombe H, à hydrogène, utilise une bombe A pour créer une chaleur permettant la fusion d'atomes légers, ceux de l'hydrogène, fusion qui dégage une énergie bien supérieure encore.
À côté de l'énergie, équivalente à Hiroshima à celle de 20 000 tonnes de T.N.T., les bombes atomiques produisent radiations et substances radioactives : d'où leurs effets mortels, longtemps après l'explosion.

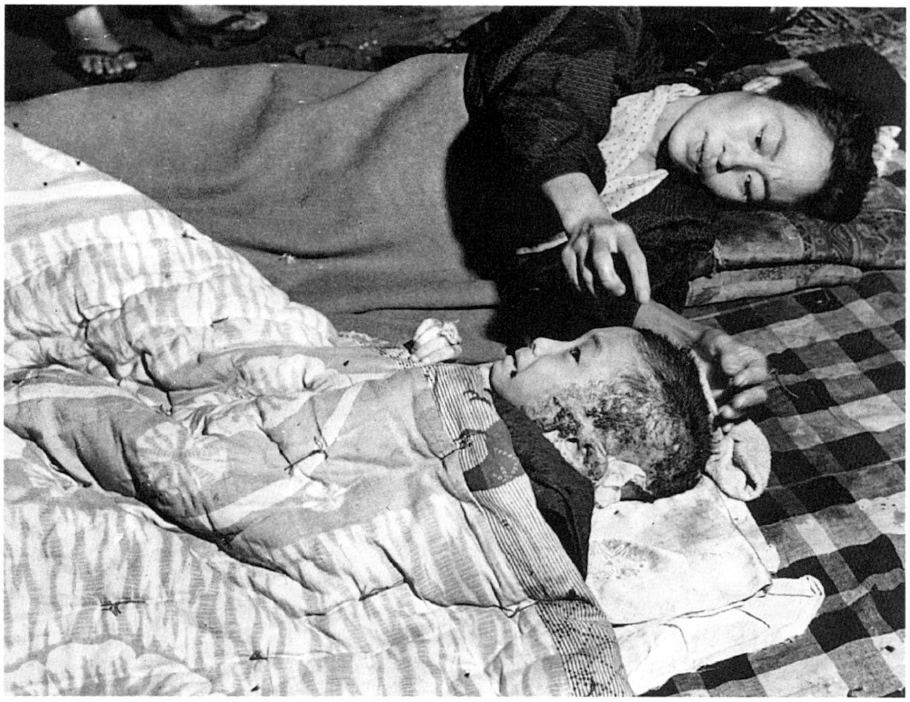

Survivants, après l'explosion.
100 000 personnes périrent lors de l'explosion de la bombe.

tance de plusieurs kilomètres, la végétation semble être passée sous un rouleau compresseur. Des passants ont été projetés et broyés contre des murs; d'autres ont la peau lacérée par des éclats de vitre, ou encore arrachée par le souffle et la chaleur; des milliers de personnes, enfin, sont prises sous les décombres, menacées par les incendies que la chaleur a fait naître et que le vent déplace et entretient plus de six heures durant.
À Nagasaki, les effets de la bombe sont peu différents. La ville est située dans une vallée, et l'onde de choc n'en est que plus dévastatrice, arrachant les arbres avec leurs souches, ne laissant aucun immeuble habitable dans un rayon de 3 km. En revanche, la propagation des incendies est limitée par de vastes étendues d'eau. Le hasard fait que l'équipement médical est moins touché, et le premier bilan n'est « que » de 36 000 morts.

Un cauchemar sans fin

Les survivants et les équipes de secours brûlent les corps, que la chaleur de l'été putréfie rapidement, mais on n'ose le faire que de jour, de peur de signaler la ville et de l'exposer à des bombardements nocturnes. Le bilan des victimes, cependant, s'allonge de jour en jour. Entre 48 et 72 heures après le drame, les rescapés qui étaient proches du « point zéro » lors de l'explosion perdent l'appétit, vomissent, crachent du sang, meurent. Parallèle à l'effondrement brutal du taux de globules blancs, celui des plaquettes est responsable de ces hémorragies. Pour d'autres, qui étaient plus éloignés, les symptômes sont un peu plus tardifs. Pourtant, dans un rayon de 1 000 m, il n'y a pratiquement aucun survivant; et parmi les malades, certains se trouvaient à plus de 3 km de l'explosion.
Ce sont les radiations qui tuent, et aussi la radioactivité qui se dégage des ruines. Des médecins, des secouristes meurent cinq, quinze, vingt ans plus tard de cancers, de leucémie — dans des proportions incomparablement supérieures à celles des populations éloignées des deux villes. Leur agonie, et celle des survivants, perpétue le cauchemar et rend impossible tout bilan exact des victimes.

La capitulation japonaise, signée à bord du navire américain le Missouri. *L'empereur annonça à son peuple sa décision de capituler, le 15 août.*

L'épée de Damoclès

La bombe pour assurer la paix? Officiellement, la bombe atomique a été lancée pour mettre fin à la Seconde Guerre mondiale en évitant le massacre qu'aurait été la conquête du Japon ville par ville, maison par maison. De fait, le 15 août 1945, pour la première fois, l'empereur du Japon s'adresse à son peuple à la radio : il annonce la capitulation du pays, effective le 2 septembre. En Asie comme en Occident, la Seconde Guerre mondiale est terminée.

La surenchère des Grands. C'est, de fait, le début d'une course au nucléaire. En 1949, l'U.R.S.S. essaie sa première bombe A; en 1951, les États-Unis mettent au point la bombe H, à fusion, suivis en 1953 par l'U.R.S.S. En 1954, un seul engin possède 750 fois la puissance destructrice de la bombe d'Hiroshima et, en 1961, c'est 2 500 fois cette puissance. Les deux Grands ont les moyens de détruire plusieurs fois toute vie sur la Terre.

Le temps de la prolifération. Si la peur de l'apocalypse nucléaire recule après 1962, avec la détente, un autre danger apparaît, la prolifération. De nouveaux pays ont la bombe : l'Angleterre en 1951, la France en 1960, la Chine en 1964, l'Inde en 1974, le Pakistan, peut-être l'Afrique du Sud, Israël, etc. L'Iraq semblait sur le point de l'avoir en 1990, au moment de la guerre du Golfe. Des États indépendants issus de l'U.R.S.S. ont hérité de son arsenal. Pire, assez d'uranium et de plutonium à usage civil circule pour qu'on puisse craindre leur vol, et la mise au point d'une bombe «artisanale» par un groupe terroriste. La bombe d'Hiroshima et sa descendance restent une épée de Damoclès au-dessus de la planète.

NOTRE TEMPS

1945-2000

Alors que la Première Guerre mondiale s'était achevée sur la détermination des belligérants pour que ce conflit fût le dernier (la « der des der »), après 1945, au contraire, le monde est persuadé de l'imminence d'une nouvelle crise. Or, la guerre froide, qui oppose, jusqu'à l'effondrement du communisme en 1990, les États-Unis et l'U.R.S.S. ainsi que leurs alliés respectifs, ne débouche pas sur un conflit ouvert et généralisé. Cependant, la stabilité du monde est loin d'être assurée, menacée par de multiples crises internationales et par les guerres — Algérie, Indochine puis Viêt Nam — liées, en partie, à la décolonisation, événement majeur de l'après 1945. Le raidissement de l'islam, consécutif à la révolution iranienne de 1979, est également un facteur de conflit, alors qu'au Proche-Orient, la question des rapports israélo-palestiniens tarde à trouver sa solution.
À l'est, l'effondrement du bloc communiste engendre des conflits meurtriers, comme dans l'ex-Yougoslavie. Sur le plan économique, l'euphorie des vingt-cinq années qui suivent la guerre se conclut brutalement avec la crise pétrolière de 1973, génératrice d'un malaise profond et structurel, se traduisant notamment par le phénomène persistant du chômage. Plus dramatique encore, la situation économique et sociale de continents entiers, comme l'Afrique, ne s'améliore pas. En Asie, si quelques pays confirment leur volonté de jouer un rôle nouveau dans l'économie mondiale, la Chine tarde encore à décoller.

La chute du mur de Berlin, en novembre 1989.

Des hommes sur la Lune

La révolution technique la plus stupéfiante du XXe siècle est la conquête de l'espace. Le premier vol habité (Vostok 1) a lieu en 1961 et, en 1969, des hommes marchent sur la Lune (mission Apollo XI). La fin du siècle est consacrée à l'envoi de robots, dans des directions proches (l'exploration de la face cachée de notre satellite) ou beaucoup plus lointaines, et à la mise au point d'une station habitée.

Un monde nouveau à l'Est

Au lendemain de la Seconde Guerre mondiale, la crispation entre l'« Est » et l'« Ouest » aboutit à la guerre froide et à de graves menaces de guerre (crise des fusées, à Cuba). La division du monde en un bloc communiste (l'U.R.S.S. et ses satellites) et un bloc capitaliste (mené par les États-Unis) semble alors définitive. Or, de la déstalinisation, engagée par Khrouchtchev en 1956, à la perestroïka, promue par Gorbatchev en 1985, une évolution se fait jour, qui aboutit à la chute des régimes communistes dans les pays de l'Europe du Centre et de l'Est et à la désintégration de l'Union soviétique (Nikita Khrouchtchev au XXIIe congrès du Parti communiste, en 1961).

L'euphorie de l'après-guerre

Baby-boom et expansion économique marquent dans les pays occidentaux les années 1950-1975. Guidés par un idéal de confort et de promotion sociale, les ménages consacrent une grande partie de leurs revenus à l'achat d'une voiture et de matériel électroménager (publicité pour les automobiles Pontiac, 1955).

L'Europe

De la C.E.C.A. fondée en 1951, à la C.E.E. créée par le traité de Rome en 1957 et devenue en 1992 C.E. (traité de Maastricht), l'Europe connaît une mutation rapide qui doit être complétée, au seuil du XXIe siècle, par une union politique et monétaire (l'euro, la future monnaie européenne).

La montée de l'islamisme

En Iran, en 1979, une révolution substitue au régime du chah une république islamique, dirigée par l'ayatollah Khomeyni. À partir de cette date se produit un raidissement de l'islam, qui, combiné avec des intérêts stratégiques et économiques, provoque des conflits militaires importants (guerre Iran-Irak, guerre du Golfe), une véritable guerre civile dans un pays comme l'Algérie, et une recrudescence du terrorisme en Occident (manifestation de deuil en Iran après la mort de Khomeyni en 1989).

L'Afrique, un continent oublié ?

Pauvreté et parfois famine, guerres ethniques et drame de l'épidémie du sida frappent de façon régulière et persistante l'Afrique. Devenu indépendant pour une large part dans les années 1960, le continent noir n'a pas réussi à émerger et il reste aujourd'hui celui de la souffrance (1996, le retour des réfugiés rwandais du Zaïre dans leur pays).

La naissance de la plus grande institution mondiale

L'ORGANISATION DES NATIONS UNIES

L'Organisation des Nations unies, ou O.N.U., voit le jour au lendemain de la Seconde Guerre mondiale, le 24 octobre 1945, avec comme objectif de maintenir la paix et la sécurité dans le monde. Elle succède à la Société des Nations (S.D.N.), qui s'était fixé le même but à l'issue du premier conflit mondial, mais qui n'avait jamais eu les moyens de s'imposer.

En 1941, Franklin D. Roosevelt, président des États-Unis, et Winston Churchill, Premier ministre du Royaume-Uni, élaborent le projet d'une organisation internationale devant garantir la sécurité des États. Signé à bord d'un navire, le document porte le nom de charte de l'Atlantique. Vingt-six autres pays souscrivent à l'idée des deux chefs d'État et signent le 1er janvier 1942 la déclaration des Nations unies. En avril 1945, les émissaires de cinquante nations se réunissent à San Francisco pour élaborer la charte de l'O.N.U., votée le 25 juin et ratifiée par une majorité de pays le 24 octobre.

Le siège de l'O.N.U. se trouve à New York depuis 1951.

Le fonctionnement de l'O.N.U.

La charte, qui compte 111 articles regroupés en 19 chapitres, détermine le rôle et le fonctionnement de l'O.N.U. Son devoir principal consiste à maintenir la paix en ayant recours, si nécessaire, aux forces armées mises à sa disposition par les États membres. L'O.N.U. se définit comme un lieu d'échange où se déroulent les discussions, les débats et les négociations qui ont pour but de prévenir ou

Franklin D. Roosevelt et Winston Churchill à bord du navire sur lequel ils ont signé, le 14 août 1941, la charte de l'Atlantique, définissant les principes de leur politique de sécurité.

de résoudre les conflits et d'en limiter les conséquences. L'institution veille également au respect des droits et des libertés fondamentales de l'homme, qu'elle définit en 1948 dans sa Déclaration universelle. Son action en faveur du développement économique, social et culturel dans le monde l'amène à intervenir dans des domaines aussi variés que la santé, l'éducation, la protection de l'enfance, l'environnement, la réglementation des transports maritimes et terrestres, le droit du travail ou la protection du patrimoine mondial. Le fonctionnement de l'O.N.U. repose sur six organes principaux : l'Assemblée générale, formée des représentants de tous les États membres (185 aujourd'hui); le Conseil de sécurité; le Conseil économique et social; la Cour internationale de justice; le Conseil de tutelle; et le Secrétariat général, dirigé par un secrétaire général, qui est le plus haut fonctionnaire de l'organisation. L'action de l'O.N.U. s'appuie sur des organismes soumis à son autorité comme le H.C.R. (Haut-Commissariat pour les réfugiés) et sur de multiples institutions spécialisées telles que la Banque mondiale, l'Unesco (Organisation des Nations unies pour l'éducation, la science, la culture) ou l'O.M.S. (Organisation mondiale de la santé), qui lui sont liées par des accords.

Les principaux organes de l'O.N.U.

L'Assemblée générale est au cœur du système onusien. Elle se compose des représentants des 185 États membres qui, quelle que soit leur importance, disposent d'une voix. Elle siège chaque année, de septembre au début de l'année suivante. Des sessions extraordinaires ont lieu lorsque la situation internationale l'exige. Des commissions préparent le travail entre les sessions. Rien n'oblige les États à se conformer aux décisions prises par l'Assemblée, mais la pression internationale les y invite fortement.

Le Conseil de sécurité est l'organe permanent chargé du maintien de la paix. Il se réunit dès que la sécurité internationale est menacée. Il se compose de cinq membres permanents (les États-Unis, la fédération de Russie, la Chine, le Royaume-Uni et la France), qui ont un droit de veto, et de dix membres élus pour deux ans. Il décide des opérations de maintien de la paix ainsi que des interventions armées. Les États sont tenus d'appliquer les résolutions prises par le Conseil de sécurité.

Le Conseil économique et social (ECOSOC), formé de 54 membres élus tous les trois ans parmi les États membres, se réunit deux fois par an. Il guide l'action des Nations unies dans le domaine de la coopération économique, sociale, culturelle et il fait le lien entre l'O.N.U. et les organisations non gouvernementales (O.N.G.).

Le Conseil de tutelle, qui avait pour mission de conduire certains territoires jusqu'à l'indépendance, a achevé son travail en 1994.

La Cour internationale de justice, qui siège à La Haye, est constituée de quinze magistrats élus par l'Assemblée générale. Elle a pour vocation de régler les différends entre les États et de donner son avis sur les problèmes juridiques internationaux.

Le Secrétariat général, qui emploie 8 700 fonctionnaires originaires de quelque 160 pays, est l'organe permanent chargé de l'administration de l'O.N.U. À sa tête se trouve le secrétaire général, qui joue un rôle diplomatique et politique de premier plan. Il est élu tous les cinq ans par l'Assemblée générale sur recommandation du Conseil de sécurité.

Les limites de l'action de l'O.N.U.

Pour remplir sa principale mission, le maintien de la paix dans le monde, l'O.N.U. s'est d'abord heurtée à la guerre froide. L'état de tension qui s'est instauré après 1945 et jusqu'à l'effondrement des régimes communistes d'Europe en 1989, entre l'U.R.S.S. et les États-Unis et leurs alliés respectifs a souvent paralysé le Conseil de sécurité. Les États-Unis et l'U.R.S.S., tous deux membres du Conseil de sécurité, ont recouru à leur « droit de veto » pour empêcher le vote de résolutions contraires à leurs intérêts. L'O.N.U. a pu cependant intervenir lors des guerres israélo-arabes de 1956, 1967 et 1973, en Corée et à Chypre en 1960, en envoyant une force internationale de maintien de la paix. Cette force est formée par les célèbres Casques bleus, soldats mis à la disposition de l'O.N.U. par les pays membres. Aujourd'hui, l'O.N.U. ne souffre plus de l'antagonisme des deux blocs. Ses interventions n'en sont pas pour autant devenues des succès complets. Si l'opération menée contre l'Iraq à la suite de l'invasion du Koweït en 1990 et 1991 a été efficace, il n'en a pas été de même pour l'ex-Yougoslavie, où l'O.N.U., présente depuis 1992, n'a pu empêcher la guerre. Ce conflit a mis en évidence les faiblesses de la force internationale, qui ne peut intervenir militairement sur le terrain et qui ne peut que se défendre en cas d'attaque. L'établissement d'une armée permanente, pourvue de moyens, fait partie des réformes qui permettraient un meilleur fonctionnement de l'O.N.U., mais les grandes puissances comme les États-Unis et la Russie, qui ne pourraient plus intervenir dans le monde en fonction de leurs intérêts, n'y sont guère favorables. De même, une réforme du Conseil de sécurité, toujours dominé par les vainqueurs de la Seconde Guerre mondiale, semble s'imposer. L'O.N.U., également critiquée pour le nombre excessif de ses fonctionnaires et le gaspillage généré par son fonctionnement, reste néanmoins une institution irremplaçable qui a sauvé et continue à sauver bien des vies humaines et à favoriser le développement de nombreuses nations à travers le monde.

Opérationnels depuis 1956, les Casques bleus, constitués par les contingents fournis par les États membres, interviennent dans les pays en conflit, comme ici en Bosnie en 1994.

Des criminels de guerre nazis en accusation

LE PROCÈS DE NUREMBERG

Après la capitulation des Allemands, le 8 mai 1945, et la découverte progressive des crimes innombrables commis dans les territoires occupés, les Alliés décident de mener à bien un projet mûri depuis plusieurs années : juger les principaux responsables devant un tribunal international.

Les exécutions de Nuremberg : la plupart des accusés furent condamnés à la peine capitale et exécutés.

Les nazis sur le banc des accusés, au procès de Nuremberg.

Le 20 novembre 1945, vingt-quatre accusés sont rassemblés au palais de justice de Nuremberg, un des prétoires assez vaste et encore debout dans l'Allemagne vaincue. Le moment est historique : pour la première fois, sont jugés des criminels de guerre et de grands dignitaires d'un pays vaincu. Quels dignitaires et pour quels crimes ! L'horreur des crimes nazis est à la mesure de l'événement.

Un tribunal sans précédent

Les juges représentent les quatre puissances victorieuses. Donnadieu de Vabres et « lord Justice » Lawrence ont été mandatés par la France et la Grande-Bretagne; Francis Biddle et le major général Nikitchenko sont délégués par les États-Unis et l'Union soviétique. La lecture de l'acte d'accusation donne le ton des débats : la traduction des textes en quatre langues ajoute à la lourdeur de la procédure. Les chefs d'accusation ont été définis quelques mois auparavant : essentiellement crime contre la paix et complot. Les crimes de guerre sont définis par les législations internationales de l'avant-guerre. En revanche, le crime contre l'humanité est inconnu du droit jusque-là. La plupart des condamnés sont passibles de la peine capitale.

De simples exécutants ?

Dès le 21 novembre, les accusés et leurs avocats plaident non coupables. Ils dénoncent le caractère rétroactif des lois appliquées ici et voient dans le tribunal devant lequel ils comparaissent une « justice de vainqueurs ». Dans le box des accusés, encadrés par la police militaire, on reconnaît H. Göring, le plus grand dignitaire nazi encore vivant. Les généraux W. Keitel, A. Jodl, et les amiraux K. Dönitz et E. Raeder doivent répondre des crimes de l'armée et de la marine. A. Speer et F. Sauckel avaient la haute main sur l'industrie de guerre et sont responsables des déportations de travailleurs. Un grand industriel, G. Krupp, est aussi cité à comparaître. Gravement malade, il est représenté par son fils. Le parti nazi est présent avec R. Hess et J. Streicher; la propagande par H. Fritsche et les administrations des pays occupés par von Neurath pour la Bohême-Moravie, par A. Seyss-Inquart pour les Pays-Bas, H. Frank pour la Pologne, von Schirach pour l'Autriche et A. Rosenberg pour l'est de l'Europe. Les seuls civils sont J. von Ribbentrop, W. Frick et H. Schacht : à travers eux, est jugée l'action de leurs ministères respectifs (Affaires étrangères, Intérieur, Banque du Reich). F. von Papen, civil aussi, est le prédécesseur de Hitler à la Chancellerie et a favorisé son accession au pouvoir. De novembre à février se succèdent les vingt-neuf témoins de l'accusation, parmi lesquels figurent certains accusés. À partir de mars 1946, la défense présente ses témoins. Göring, l'héritier de Hitler, en profite pour récuser ses juges et glorifier le régime nazi ; il est le seul des accusés à reconnaître ses responsabilités et à oser ne pas renier ni condamner ses crimes, bien au contraire. Les autres inculpés nient leur responsabilité directe. Le devoir d'obéissance, en particulier, est le leitmotiv des militaires : ils n'ont fait qu'exécuter les ordres. Bientôt, la question de la responsabilité pénale est posée en termes plus délicats encore, lorsqu'il s'agit non plus d'individus, mais d'organisations, comme les SS (Sections de Sécurité, les milices du parti nazi), la Gestapo (la police secrète) ou l'armée elle-même.

Un verdict controversé

Les quatre réquisitoires des procureurs R. Jackson, A. Shawcross, F. de Menthon et R. Rudenko montrent les divergences d'appréciation entre les quatre pays vainqueurs. Alors que Français et Soviétiques insistent sur les crimes contre l'humanité que leurs pays respectifs ont subis durant plusieurs années d'occupation, Britanniques et Américains évoquent surtout les crimes contre la paix et les guerres d'agression. Ces discordances révèlent un malaise, qui croît à mesure que le procès progresse. D'abord, les juges doivent éluder les problèmes posés par la présence d'une puissance — l'Union soviétique — qui s'est elle-même rendue coupable de crimes contre l'humanité. De même, lors des plaidoiries, le souvenir récent des bombardements massifs de populations civiles par les avions britanniques et américains est évoqué, par la défense, pour essayer de mettre en doute la capacité de cette cour à juger les Allemands pour crimes de guerre... Enfin, du point de vue purement juridique, la distinction, jamais expérimentée, entre crimes de guerre et crimes contre l'humanité pose un délicat problème, qu'aide douloureusement à résoudre la projection d'un film sur les camps d'extermination, évoquant de manière atroce le génocide. Le 30 septembre, le jugement est rendu. Les accusés sont poursuivis pour les crimes commis après 1937 : les juges ne prennent pas en compte la période antérieure aux annexions et aux guerres d'agression. Le 1er octobre, douze condamnations à mort sont prononcées ; trois des prévenus, tel R. Hess, devront subir la prison à vie, quatre autres dix à quinze ans d'emprisonnement et trois obtiennent l'acquittement, tels Schacht et von Papen. Condamné à mort, Göring se suicide avant les 16 et 17 octobre, dates prévues pour les exécutions. Le procès de Nuremberg, qui a passionné l'opinion dans ses débuts, s'achève sur une impression amère. Le public s'attendait à voir comparaître de terribles assassins. La déception, surtout chez les Français et les Soviétiques, qui ont dû subir l'occupation nazie, est à la mesure des attentes. On a vu à la barre des fonctionnaires zélés et tatillons se réfugiant derrière les notions d'obéissance et de devoir, fuyant leurs responsabilités. À aucun moment, il n'a été donné de commencer à comprendre les raisons et les enchaînements qui ont mené au drame que furent la guerre et ses inédites horreurs.

Le crime contre l'humanité

En 1945, le crime contre l'humanité est un chef d'inculpation inédit. Il se définit en premier lieu par l'existence d'un plan concerté visant à éliminer un groupe d'individus. Ses manifestations en sont la déportation, l'exécution massive, la pratique d'enlèvements et de disparitions, ainsi que la torture, toutes effectuées à l'encontre d'un groupe de population civile, pour des motifs de persécution idéologique, raciale ou politique.

Le crime contre l'humanité n'a été intégré dans les législations nationales qu'avec lenteur depuis 1946. Le nouveau Code pénal français de 1993 l'incorpore en y adjoignant la notion de « génocide ».

Libération du camp d'extermination de Dachau par les soldats américains.

Les criminels de guerre japonais devant leurs juges

LE TRIBUNAL DE TOKYO

Un Nuremberg japonais : le procès de Tokyo institué par MacArthur pour juger les crimes commis en Asie.

Le crime de guerre

La définition du crime de guerre est précisée par les sessions des tribunaux de Nuremberg et de Tokyo. Il s'agit des atrocités commises en violation du droit de la guerre. La notion comprend les crimes perpétrés contre les populations civiles, déportations, travail obligatoire, prises d'otages, destructions et bombardements de villes et de villages. Les mauvais traitements à l'encontre des prisonniers de guerre relèvent également du crime de guerre.
Mais le concept de crime de guerre, contrairement à celui de crime contre l'humanité, a des origines plus lointaines : il a été défini par une série de textes et de règlements internationaux élaborés depuis le XIXe siècle, lors de conférences telles celles de La Haye en 1899 et 1907, et celle de Genève en 1949. Bon nombre de règlements militaires reprennent ces dispositions, limitant en particulier de ce point de vue le devoir d'obéissance du subordonné.
En 1968, l'O.N.U. a déclaré les crimes de guerre imprescriptibles. Mais aucun tribunal international ne siège en permanence, et la définition de la frontière entre responsabilités individuelles et collectives reste délicate. Enfin, la définition d'un droit de la guerre se heurte à la résistance des États, qui invoquent leur souveraineté, et à celle des armées, qui en appellent aux nécessités des opérations militaires et au devoir d'obéissance.

Commandant suprême des forces alliées dans le Pacifique, le général MacArthur a la haute main sur le gouvernement du Japon, vaincu et occupé à l'issue de la Seconde Guerre mondiale. En janvier 1946, il décide de constituer à Tokyo un tribunal militaire international chargé de juger les criminels de guerre japonais, à l'instar du tribunal de Nuremberg pour l'Europe.

Complété en amont, au Japon même, par une Agence centrale chargée de recueillir des informations, le tribunal militaire international de Tokyo est formé par les représentants de onze nations : les États-Unis, l'Australie, le Canada, la Chine, la France, l'Inde, la Grande-Bretagne, les Pays-Bas, la Nouvelle-Zélande, ainsi que — engagés tardivement sur le champ de bataille asiatique — l'Union soviétique et le Portugal.

Les chefs d'accusation

Le tribunal de Tokyo utilise bon nombre d'éléments inspirés du tribunal de Nuremberg. La procédure est ainsi influencée par le droit anglo-saxon. Le principe d'un jugement international statuant sur des individus mais également sur des associations et groupements a aussi été retenu. Mais le tribunal de Tokyo se démarque de celui de Nuremberg sur plusieurs points. D'abord, les chefs d'accusation reconnus sont au nombre de trois et évoquent les circonstances particulières de la guerre dans le Pacifique et en Asie de l'Est depuis l'année 1937 (le gouvernement chinois eût voulu que le tribunal fît remonter sa compétence plus loin dans le temps). Sont retenues contre les prévenus les accusations de crimes de guerre, de crimes contre l'humanité, de crimes et conspiration contre la paix. Il n'est pas fait mention de persécutions pour des motifs religieux ou de génocide. Enfin, les actes commis par le gouvernement japonais contre ses propres citoyens ne sont pas jugés par le tribunal international. Une autre particularité est introduite, avec la définition d'un nouveau type de crime international : les morts de civils et de militaires à l'issue des opérations militaires engagées par le Japon sans déclaration de guerre préalable, en U.R.S.S. et en Mongolie en 1939 ; à Pearl Harbour et aux Philippines en 1941, etc. Le tribunal se charge par ailleurs d'examiner les crimes perpétrés chez les neutres (l'U.R.S.S., jusqu'en août 1945, et le Portugal, présent à Macao). Enfin, il prend en considération des problèmes spécifiques comme le trafic

MacArthur, le vainqueur de la guerre du Pacifique, commandant des troupes d'occupation au Japon.

Des geôliers japonais saluent leurs prisonniers américains à leur libération.

d'opium dont s'est rendu coupable le Japon en Chine, ou encore le travail forcé des prisonniers et des civils en violation des engagements pris par le Japon lors du mandat que lui avait confié en 1920 la Société des Nations sur d'anciennes colonies allemandes.

Un tribunal sous la férule de MacArthur

MacArthur, tant que dure le procès, conserve la haute main sur cette juridiction qu'il a si largement contribué à créer. Il constitue un recours possible pour les accusés. De plus, il approuve la nomination du président et des procureurs sur une liste proposée par les différents pays concernés. Onze juges sont ainsi établis, le président étant sir William Webb. Les principaux accusés sont l'amiral Tojo Hideki, ancien chef de gouvernement de l'Empire japonais entre 1941 et 1944, Hirota Koki, Premier ministre en 1936 et 1937, et cinq hauts fonctionnaires de l'Empire du Soleil levant. En tout, vingt-cinq dirigeants sont traduits devant le tribunal. Le prince Konoe, prédécesseur de Tojo comme chef du gouvernement, se suicide en 1945 alors qu'il était sur le point d'être arrêté comme criminel de guerre. Très vite, il apparaît aux juges que les rôles exacts de chacun sont difficiles à préciser. Le cas du général Tojo, qui a cumulé les pouvoirs, est significatif. Premier ministre, chef des armées et de l'industrie de guerre, il a certainement assumé des responsabilités très lourdes et qui éclipsent celles des autres accusés. Il est notamment à l'origine du déclenchement de la guerre contre les États-Unis en 1941. Hirota, lui aussi, est un coupable de poids et on l'accuse plus particulièrement des atrocités perpétrées lors de l'invasion de la Chine en 1937. Après des années de débats, dont la lenteur est aggravée par les difficultés rencontrées pour traduire ceux-ci en onze langues, et alors que les États-Unis entament de nouveaux types de relations avec le Japon, la sentence est enfin connue. Sept condamnations à mort par pendaison sont ainsi prononcées en novembre 1948, parmi lesquelles celles de Tojo (exécuté le 23 décembre) et de Hirota.

À la recherche d'un tribunal international

Tribunal... moral. Pendant la guerre du Viêt Nam, certains intellectuels comme Jean-Paul Sartre et Simone de Beauvoir ont constitué en 1968 un tribunal moral chargé de juger les crimes de guerre perpétrés par les États-Unis : le tribunal Russell.

La crise yougoslave. Depuis les troubles de la guerre civile yougoslave, on parle de nouveau d'un tribunal international chargé de réprimer les crimes contre l'humanité. En mai 1993, le Conseil de sécurité des Nations unies décide d'instituer un tribunal international. Ses compétences sont élargies à toutes les violations du droit humanitaire en Yougoslavie. Onze juges sont élus par l'Assemblée générale de l'O.N.U. Mais tous les accusés doivent comparaître, aucune condamnation par contumace ne peut être prononcée. Cela suppose la collaboration d'États impliqués dans le conflit, comme la Serbie, pour l'arrestation des suspects.

L'exemple du Rwanda. Lors des massacres commis en 1994 au Rwanda, une commission d'enquête de l'O.N.U. a été dépêchée tardivement pour dégager les responsabilités de ce qui apparaît comme un véritable génocide. Un tribunal international a été envisagé, mais le projet est resté sans effet.

L'avènement révolutionnaire de la « machine pensante »

L'ORDINATEUR

George Boole, portrait anonyme au crayon (1847, Londres, National Portrait Gallery). ▷

L'ordinateur représente l'aboutissement d'une quête vers le calculateur universel, dont le concept prend forme en Grande-Bretagne au XIXe siècle. Sa réalisation effective exige le perfectionnement d'une grande diversité de techniques, aux origines parfois anciennes.

Une fois réalisée l'évolution de ces techniques — qui touchent à la logique, à la programmation et au calcul —, la question de leur mise en œuvre pose celle du mode opératoire des machines. Les recherches s'orientent d'abord vers des systèmes électromécaniques, mais la solution vient de l'emploi de composants électroniques, grâce auxquels l'ordinateur acquiert la puissance et la rapidité qui lui sont nécessaires.

« Machines pensantes » et logique formelle

L'idée de « machines pensantes » appartient à une tradition logique qui remonte à Aristote, et qui consiste à considérer la pensée rationnelle comme une activité mécanique. La recherche de « lois de la logique » s'exprimant dans le langage rationnel des mathématiques est sérieusement entreprise par Leibniz, à la fin du XVIIe siècle. Sa *Mathématique universelle* le conduit à employer le système binaire, qui permet de réaliser tous les calculs en n'utilisant que des 1 et des 0. L'Anglais George Boole établit définitivement, entre 1847 et 1857, l'importance du système binaire pour l'expression symbolique des principes généraux de la logique pure. Il formalise sa découverte dans l'algèbre booléenne, qui constitue la base des systèmes logiques de tous les ordinateurs modernes.

L'essor de la programmation

Entre-temps, une évolution parallèle a lieu dans les méthodes de calcul et dans celles de programmation. Les algorithmes, déjà connus des mathématiciens de la Mésopotamie, et perfectionnés à partir du XIe siècle en Occident, se prêtent tout naturellement à la programmation. En effet, ce sont des séquences d'action obéissant à des règles et visant à résoudre des problèmes mathématiques. Or, comme ces règles sont précises et dépourvues d'ambiguïté, elles peuvent être programmées dans une machine de manière séquentielle (opération par opération). Justement, la programmation est devenue une possibilité réelle après l'invention de la carte perforée au XVIIIe siècle.

La confluence de ces diverses évolutions amène une première — et géniale — ébauche de l'ordinateur par l'Anglais Charles Babbage, entre 1821 et 1871. Celui-ci anticipe les principes opératoires de l'ordinateur moderne, algèbre booléenne mise à part, avec son calculateur automatique de 1832, la « machine analytique », qui reste malheureusement au stade de la théorie. Il y introduit les principes de programmation sur cartes perforées (le premier programme est écrit par son assistante et amie Ada Lovelace, fille de lord Byron), de lecture des résultats, de stockage des données dans une mémoire et de séquence d'instructions. Même non aboutis, ces travaux sont destinés à avoir, à terme, une influence considérable.

Les calculateurs automatiques

Les besoins en calculateurs automatiques sont en effet réels, que ce soit pour les tables de navigation, les horaires de chemin de fer ou les statistiques, et les premiers calculateurs commerciaux apparaissent à la fin du XIXe siècle. L'Américain Herman Hollerith introduit ainsi une machine à calculer électromécanique, programmable par codage algorithmique : chaque perforation d'une carte déclenche électriquement un relais qui ajoute un nombre au compteur approprié. Cette machine sert avec succès au recensement américain de 1890. Puis, en 1930, l'Américain Vannevar Bush construit un calculateur électromécanique encore plus puissant, l'« analyseur différentiel », capable de résoudre des équations différentielles.

Mais les percées véritables viennent à la fin des années 1930. En 1937-1938, l'Anglais Claude Shannon découvre l'identité formelle entre algèbre booléenne et algèbre des contacts : comme un relais électrique a deux états possibles, ouvert ou fermé, il est possible d'exprimer ces états de manière binaire (1 = circuit ouvert ; 0 = circuit fermé). Par conséquent, la nature des systèmes électriques peut elle-même être décrite selon les règles de l'algèbre booléenne, qui est de type binaire. Or, comme celle-ci est aussi une algèbre de la logique, on peut désormais concevoir des systèmes électriques qui ne réaliseront plus seulement des opérations arithmétiques, mais aussi des opérations logiques. Les relais électromagnétiques deviendront des « portes logiques », capables de distinguer entre données vraies et fausses, à l'aide des opérateurs logiques *et*, *ou* et *non*. Shannon démontre ainsi qu'un calculateur peut traiter activement les données, et devenir par là même un « ordinateur ».

L'apport de l'électronique

La Seconde Guerre mondiale entraîne une évolution rapide des techniques, car elle met en évidence la nécessité de disposer de machines plus rapides et plus puissantes que les calculateurs à circuits électriques. Ceux-ci peinent à résoudre les trajectoires balistiques

Un prototype de la « machine analytique » de l'inventeur anglais Charles Babbage, réalisée sur la base de ses études préliminaires (Londres, London Science Museum).

Vue générale de l'ENIAC, le premier ordinateur moderne, en cours de travail en 1946.

des bombes volantes V1 et V2, à décrypter les codes secrets ou à faire les calculs de la bombe atomique. La solution vient de l'emploi de circuits électroniques. C'est ainsi qu'apparaît, en 1943, le premier ordinateur électronique, le *Colossus* mis au point par le génial informaticien britannique Alan Turing, qui permet de percer à jour le code nazi *Enigma* et contribue à la victoire alliée dans la bataille de l'Atlantique.

Les nouveaux universaux informatiques

Mais le *Colossus* est encore une machine spécialisée, tandis que les pionniers de l'ordinateur sont à la recherche d'un calculateur universel. Turing a déjà fait un pas important dans cette direction avec sa machine algorithmique imaginaire de 1937, capable de calculer tout problème réductible sous forme d'algorithmes. De leur côté, les Américains Atanasoff et Berry ont étudié, de 1939 à 1942, la réalisation d'un calculateur électronique à langage binaire, mais leur projet est interrompu par la guerre ; et l'Allemand Zuse a conçu un ordinateur électronique en 1940, le Z4 (détruit lors d'un bombardement).

Le premier ordinateur à fonctions universelles est le Mark I de Howard Aiken, construit en 1944 à Harvard, mais ses performances restent limitées du fait de l'emploi de relais électromagnétiques.

Le véritable ordinateur moderne est l'ENIAC (Electronic Numerical Integrator and Calculator), doté de composants électroniques et construit en 1946 à l'université de Pennsylvanie, sous la direction de deux hommes, John William Mauchly et de John Presper Eckert.

L'ENIAC est une énorme machine contenant 18 000 tubes à vide, qui sont utilisés comme commutateurs en place des relais électromagnétiques, 70 000 résistances, 10 000 capacitances, 6 000 commutateurs annexes et plusieurs centaines de kilomètres de câbles. Il pèse plus de 30 tonnes, il est malaisé d'emploi et ses composants sont relativement peu fiables, mais il est cinq cents fois plus rapide que le Mark I. En effet, comme les tubes électroniques ne possèdent aucun élément mécanique, ils peuvent changer d'état en quelques millionièmes de seconde, et la machine peut ainsi réaliser des opérations beaucoup plus complexes.

Vers l'ordinateur personnel

1946. Joseph von Neumann développe le concept de l'ordinateur.
1947. Invention du transistor aux Laboratoires Bell.
1951. Premier ordinateur commercial, l'Univac I de la Remington Rand. Il intègre des programmes, enregistre les données sur bande magnétique pour le stockage externe et introduit le premier terminal d'ordinateur.
1952. Premier ordinateur commercial d'IBM : l'IBM 701.
1956. Premier ordinateur commercial transistorisé, le Leprechaun, construit aux Laboratoires Bell.
1956. Invention du circuit intégré par Jack Kilby. Premier langage-machine permettant l'interaction utilisateur-machine, le Fortran.
1964. Mise au point du premier ordinateur à circuits intégrés.
1971. Invention du microprocesseur par Edward Hoff.
1976. Le premier micro-ordinateur populaire, l'Apple I d'Apple Computer.

→**Voir aussi** : p. 662-663 (La révolution de communication); p. 698-699 (Internet).

L'élection de Juan Perón en Argentine

LA DÉCADE PÉRONISTE

Le 26 février 1946, le colonel Juan Domingo Perón est élu président de l'Argentine à une large majorité de voix. À la tête du pays durant une dizaine d'années, il met en application la doctrine du justicialisme, ou péronisme, qu'il a élaborée.

Issu de la classe moyenne, Juan Perón commence sa carrière comme officier, car il considère que l'armée lui offre les moyens de s'élever dans l'échelle sociale. Entré à l'Académie militaire en 1913, il progresse régulièrement dans la hiérarchie de l'armée. Envoyé en mission en Italie à la fin des années 1930, il y admire le régime fasciste de Mussolini. En 1943, Juan Perón, colonel depuis deux ans, réunit un groupe d'officiers qui renverse le gouvernement civil, accusé de vouloir mettre fin à la neutralité de l'Argentine en s'engageant dans le conflit mondial aux côtés des États-Unis.

La conquête du pouvoir

Juan Perón, qui devient chef d'état-major de l'armée, s'attribue aussi la tête du département du Travail, qu'il transforme en secrétariat d'État. Il espère ainsi donner à son pouvoir un autre soutien que celui de l'armée, et, en effet, il profite de ce poste pour se rapprocher des syndicats et du prolétariat. En augmentant les salaires des ouvriers – ils progresseront de 47 % entre 1946 et 1955 –, en diminuant leurs heures de travail, en instituant le treizième mois et en encourageant la signature de conventions collectives, il gagne le soutien presque inconditionnel des *descamisados,* ou

Juan Perón, président de la République argentine de 1946 à 1955 et en 1973, tenta d'instaurer un système original, associant dirigisme économique et justice sociale (portrait de 1950).

À Buenos Aires, des partisans de Perón célèbrent la victoire de leur candidat à l'élection présidentielle de 1946.

D'Evita à Isabel

Eva Perón (1919-1952). Eva Duarte, la jeune et belle actrice, d'humble origine, qui épouse Juan Perón en 1945, séduit immédiatement le peuple argentin. Bien qu'elle n'exerce aucune fonction officielle, elle est l'un des piliers du régime péroniste. Véritable ministre du Travail et de la Santé, elle traite avec les syndicalistes et prépare les lois sociales. Avec la Fondation Eva Perón, en partie financée par les contributions syndicales, elle organise un système d'assistance sociale, doté d'hôpitaux, d'écoles, d'orphelinats et de maisons de retraite pour les travailleurs. Également militante de la cause féminine, elle est à l'origine de la loi sur le droit de vote aux femmes. Morte d'un cancer en 1952, elle entre dans la légende, ses partisans allant même jusqu'à réclamer sa canonisation.

Isabel Perón (1931). Isabel quitte sa profession de danseuse pour devenir la secrétaire puis, en 1961, l'épouse de Juan Perón. En 1973, ce dernier la choisit comme vice-présidente, contre l'avis du peuple argentin, qui ne l'aime pas. Après le décès de son mari, elle préside aux destinées de l'Argentine. Privée de tout soutien, elle ne fait face ni à l'inflation, ni à l'agitation sociale, ni à la violence politique. Le 24 mars 1976, alors que le pays est au bord de l'anarchie, elle est renversée par une junte militaire. Emprisonnée pendant cinq ans, elle s'exile en Espagne à sa libération.

Première femme et premier soutien de Juan Perón, Eva développa une intense activité sociale et rencontra un immense écho auprès du peuple.

« sans-chemise ». En 1945, Juan Perón, qui cumule les fonctions de vice-président, de ministre de la Guerre et de secrétaire d'État au Travail, s'affirme de plus en plus comme l'homme fort du régime. Il se heurte alors à l'opposition d'un groupe d'officiers, qui l'arrête et l'emprisonne. Le 17 octobre, une manifestation populaire, d'une ampleur inouïe, envahit Buenos Aires et sa banlieue pour réclamer la libération de Juan Perón. Les militaires cèdent à la pression de la rue. De retour au pouvoir, Juan Perón profite de sa popularité pour programmer les élections qui le consacreront démocratiquement président de l'Argentine. Il épouse Eva Duarte, surnommée Evita par le peuple, qui est son plus fidèle appui, et il lance sa campagne autour des thèmes fédérateurs qui forment sa doctrine, le justicialisme. Justice sociale, collaboration des classes et surtout des ouvriers et des industriels, indépendance économique et politique face à l'impérialisme des États-Unis et de la Grande-Bretagne, unité nationale et rôle d'arbitre de l'État, telles sont les idées avec lesquelles il parvient à fédérer socialistes, syndicalistes, radicaux, conservateurs, nationalistes de l'extrême droite et catholiques. Le 26 février 1946, 56 % des Argentins votent librement pour Juan Perón et la société plus juste qu'il promet.

Le péronisme à l'épreuve

De 1946 à 1949, le régime de Juan Perón profite d'une situation économique favorable. L'État, qui s'est arrogé le monopole de l'exportation des viandes et des céréales, réalise des bénéfices considérables en contraignant les agriculteurs et les éleveurs à céder ces denrées à vil prix puis en les revendant à des prix très élevés. Le gouvernement lance un plan quinquennal d'industrialisation et développe l'industrie au détriment de l'agriculture. Conformément à son programme électoral, Juan Perón entreprend de nombreuses nationalisations, dans les domaines de la banque et des assurances notamment, rachetant très cher les concessions étrangères comme celle du chemin de fer, qui appartient aux Britanniques. Au cours de cette période euphorique, le gouvernement entreprend aussi de grands et coûteux travaux publics. Juan Perón proclame une troisième voie, située entre le capitalisme et le communisme. Mais, en 1949, la conjoncture internationale change. En entraînant la chute des exportations agricoles de l'Argentine, elle prive l'État argentin de l'essentiel de ses ressources. En 1950, l'Argentine entre dans la crise. Malgré ses déclarations nationalistes et anti-impérialistes, Juan Perón est contraint de demander un prêt aux États-Unis. Les difficultés économiques mettent rapidement en évidence la mauvaise gestion des entreprises nationalisées, la corruption des représentants du peuple et des fonctionnaires péronistes. L'enthousiasme des premières années laisse la place au désenchantement. En ces temps de crise et d'agitation sociale, le contrôle policier et la répression contre les opposants se renforcent à travers tout le pays. En 1952, la mort de son épouse Evita, adulée par le peuple, prive Juan Perón d'un appui capital. Après s'être aliéné la marine et l'Église, en laïcisant le pays, Juan Perón est finalement renversé par une junte militaire en 1955.

Exilé en Espagne, il retrouve la sympathie du peuple, déçu par les régimes civils et militaires, tous incapables de redresser la situation économique. En 1973, les péronistes remportent les élections. Juan Perón rentre en Argentine, où il est réélu président. Il meurt en juillet 1974, laissant le pouvoir à sa nouvelle épouse, Isabel, qui sera renversée par un coup d'État deux ans plus tard.

Le péronisme, qui survit à la disparition de Juan Perón, reste l'un des principaux mouvements politiques argentins. Interdit pendant la dictature militaire, de 1976 à 1983, il triomphe à nouveau en 1989 avec l'élection du président Carlos Menem, réélu en 1995.

L'essor des naissances en Occident

LE BABY-BOOM

À la fin de la Seconde Guerre mondiale, tous les pays industrialisés connaissent une forte hausse des taux de fécondité, qui atteint quelquefois trois enfants par femme. Jamais au cours de l'ère industrielle l'Europe occidentale et les États-Unis n'ont vu des taux si élevés et si durables. Le temps est à l'optimisme. L'enfant est roi...

Gamins et gamines, ou la rue transformée en terrain de jeux.

Cette période est surnommée, dès la prise de conscience du phénomène, aux alentours de 1946 « l'époque du baby-boom ». La « génération du baby-boom », qui grandit dans la prospérité, développe des habitudes de consommation fort différentes de celles de ses aînés.

Deux pointes de fécondité

Une première flambée du taux de fécondité a lieu à la fin et au lendemain de la guerre, avec des variantes selon les pays. En Allemagne, la remontée des taux de fécondité se produit dès l'entre-deux-guerres, à l'époque du régime hitlérien. En France, en 1943, malgré les perturbations liées à l'Occupation, 616 000 naissances sont enregistrées sur le territoire métropolitain. À la fin du conflit, les retrouvailles des couples séparés, autant que les nouveaux mariages, contribuent à l'essor des naissances. En 1946, 844 000 bébés naissent en France. Le nombre moyen d'enfants par femme approche de trois : c'est bien plus qu'en 1920. L'intensité augmente encore en 1947. Les Pays-Bas, la Suisse, la Belgique, l'Italie et la Grande-Bretagne connaissent également une « récupération » (c'est le terme officiel des démographes) consécutive à la guerre. Le phénomène est d'autant plus singulier que depuis longtemps, dans tous les pays occidentaux et industrialisés, le taux de fécondité moyen des femmes diminuait régulièrement. Au début des années 1960, il remonte partout en Occident, dépassant le plus souvent 2,5 enfants par femme — soit bien plus que dans la période précédente. Dans ce mouvement d'ensemble, la France occupe une position moyenne. Les Françaises sont aussi fécondes que les femmes britanniques, mais moins que les Néerlandaises, les Canadiennes ou les Américaines...

La génération du baby-boom

La génération du baby-boom est celle de la prospérité. Elle connaît un niveau de vie élevé, l'hygiène, la santé, un système de sécurité sociale décent, des moyens modernes de transport, d'information, de communication. En France, 4 millions d'adolescents de plus de 14 ans révolus sont élèves ou étudiants en 1975, contre 0,6 million trente ans plus tôt.

Dans tous les pays, on constate des évolutions dues à la transformation du milieu de vie : meilleure nourriture des enfants, hygiène, vaccins systématiques et soins médicaux plus constants, développement des études et diminution de l'analphabétisme chez les adolescents ; mais aussi instabilité plus grande, due à une structure familiale fréquemment éclatée (divorces) et à des déménagements de plus en plus nombreux.

Une autre transformation, fondamentale, se fait jour : bombardé d'informations visuelles, l'enfant, et surtout l'adolescent, devient un consommateur. Un nouveau marché naît, formé par les produits spécialement destinés aux jeunes : pour les petits, couches-culottes et jouets appropriés ; pour les plus grands, blue-jeans, baskets et tee-shirts, bandes dessinées ou électrophones...

Fécondité et croissance économique

Tous les pays évoluent de concert : timide reprise de la fécondité pendant la guerre, baby-boom après 1945 jusqu'en 1964, puis diminution de la fécondité jusqu'à une stabilisation vers 1975. La description s'applique aussi bien à l'Australie qu'à l'Allemagne, à la Suède qu'à la France. Les vraies nuances s'expriment dans le niveau auquel la fécondité se stabilise après 1975, au moment où la tendance s'inverse, suscitant une crise démographique : 1,8 en France, en Grande-Bretagne, aux États-Unis ; 1,6 au Danemark ou aux Pays-Bas ; 1,4 en Allemagne. À partir

Lorsque l'enfant paraît...

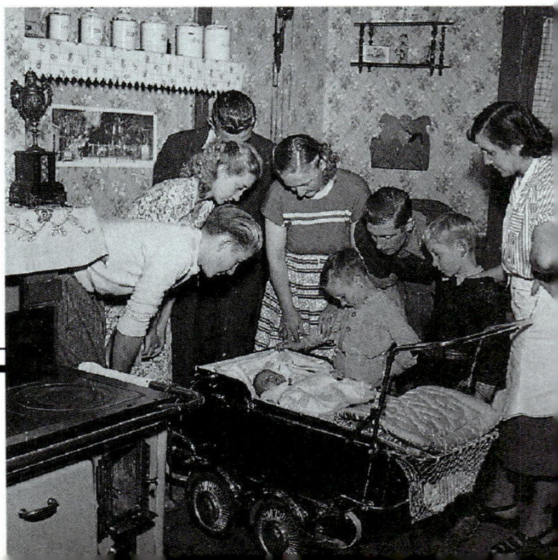

Séverine et Marie

Dans son livre, les Trente Glorieuses, *l'écrivain Jean Fourastié compare deux jeunes filles : l'une, Séverine, appartenant à la génération du baby-boom ; l'autre, Marie, née deux cents ans plus tôt. « Séverine, à 10 ans, est plus grande, plus indépendante, plus entreprenante, plus « décidée » que Marie à 17 ans. Séverine a ses premières règles à 12 ans et demi ; Marie à 17 ans et demi. À 20 ans, Séverine mesure 1,65 m et pèse 45 kg, sa taille est svelte, ses formes longilignes et graciles ; Marie ne mesure que 1,55 m et pèse 50 kg ; sa taille est lourde, sa silhouette déjà déformée par les travaux des champs et les durs travaux ménagers, les fagots et les bûches, les grosses marmites que l'on pend à la crémaillère, l'eau que l'on monte du puits et que l'on porte à bras ou sur la tête, la pâte que l'on pétrit, la lessive que l'on rince les pieds dans le ruisseau, les animaux de la basse-cour… Séverine n'est jamais malade. Dès qu'elle ressent un léger symptôme, médecin ou dentiste lui épargnent toute douleur ; elle ne sait pas ce qu'est la souffrance physique. Marie au contraire a la souffrance pour compagne ; ne serait-ce qu'à cause des dents (à 20 ans, elle en a déjà perdu 8 ou 10)… »*

Jean Fourastié, les Trente Glorieuses, *Hachette, Paris, 1985.*

de 1975, les moyens de contraception atteignent leur pleine expansion. Cela ne suffit pas à expliquer la fin du baby-boom — qui a marqué le pas presque dix ans plus tôt. La légalisation des moyens de contraception ne sert qu'à faciliter une maîtrise de la fécondité déjà voulue et assurée par d'autres méthodes. Comment expliquer l'accélération puis la décélération du nombre des naissances ? Plusieurs raisons sont évoquées. La plus évidente est l'explication psychologique, en liaison avec le climat économique. L'époque du baby-boom correspond à peu de chose près à celle des « Trente Glorieuses », c'est-à-dire les années de prospérité économique qui s'étendent de 1945 à 1974 : en ces temps de croissance durablement élevée, les jeunes adultes croient en l'avenir… 1974, en revanche, marque le début de la crise économique ; conscients des difficultés qu'aura à affronter leur progéniture, les jeunes couples hésitent à multiplier le nombre de leurs enfants.

À la fin du XXe siècle…

Aujourd'hui, en Europe, les jeunes se marient moins, les couples divorcent davantage, ont moins d'enfants, et mettent ceux-ci au monde plus tard.

Des indices de fécondité faibles en Occident. En 1993, l'indice de fécondité en France est de 1,65 et le renouvellement des générations n'est assuré qu'à partir de 2,1. La France est cependant le pays le plus fécond d'Europe après l'Irlande et la Suède. En 1987, l'Allemagne connaît le taux de fécondité le plus faible du monde avec 1,3. Avec l'Allemagne, les pays d'Europe du Sud ont la fécondité la plus basse.

Des familles monoparentales et recomposées. Au cours des vingt dernières années, la monoparentalité — soit dans presque 9 cas sur 10 une femme seule avec son ou ses enfants — est devenue un phénomène courant en Europe. En France, par exemple, elle concerne aujourd'hui 13 % des familles avec enfants de moins de 25 ans, et 23 % à Paris, où elle culmine. Cette phase est souvent suivie d'une remise en couple du parent seul et donne lieu à des familles recomposées. C'est, selon les sociologues, le nouveau modèle de la famille en Occident.

1946 : affiche en faveur de la repopulation. « Récupération » spontanée ou effet d'une politique nataliste, la reprise démographique est le trait majeur des vingt années qui suivent la fin de la Seconde Guerre mondiale.

Une aide à la reconstruction de l'Europe

LE PLAN MARSHALL

Pour soulager l'Europe, ravagée par la Seconde Guerre mondiale, livrée à la misère et à la faim, les États-Unis choisissent d'abord d'aider chaque pays séparément. Mais, devant le peu de résultat obtenu, ils sont amenés à concevoir un autre type d'aide. Le 25 juin 1947, le secrétaire d'État américain (ministre des Affaires étrangères) George Marshall propose son « plan » de redressement à l'Europe.

Le souci des États-Unis est non seulement de porter secours aux populations, mais aussi de lutter contre la menace communiste — bien réelle en Grèce, où se déchaîne la guerre civile entre communistes et forces gouvernementales — et de défendre les valeurs de leur civilisation. Les Américains ont également la volonté d'instaurer durablement la paix et la prospérité et de relancer le commerce international.

Au secours du Vieux Continent

C'est à l'université Harvard que George Marshall, lors d'un discours resté célèbre, propose le plan qui porte son nom. Il évoque alors une aide multilatérale qui a pour corollaire l'entente et l'unité des Européens, ces derniers devant définir eux-mêmes un programme général de reconstruction. En 1947, l'offre du secrétaire d'État concerne aussi bien l'Europe occidentale que l'Union soviétique et ses satellites. Alors que les Européens de l'Ouest répondent favorablement à la proposition, l'U.R.S.S., représentée par Molotov, le commissaire aux Affaires étrangères, la refuse pour l'ensemble du bloc communiste, sans tenir compte du désir formulé par la Tchécoslovaquie, la Pologne et la Yougoslavie d'accepter l'aide américaine. Ainsi, avant même sa mise en œuvre, le plan Marshall provoque une profonde rupture entre l'est et l'ouest de l'Europe, s'imposant comme l'un des premiers actes de guerre froide. Après avoir rejeté un premier plan européen, qui se contentait de dresser une liste des besoins des pays concernés et n'émettait aucune vue globale, le gouvernement américain soumet un second plan au Congrès. Élaborant un plan de relèvement sur quatre années, celui-ci promet l'union douanière entre les différents États, premier pas vers une unité

Utilisant les moyens de communication modernes (radio, télévision, publicité) pour promouvoir le plan Marshall, les Américains incitent les Européens à s'entendre et à s'unir (affiche de 1947).

Les fonds fournis par le plan Marshall permettent aux habitants de Berlin-Ouest de reconstruire les logements et usines détruits pendant la guerre.

européenne, qui constitue pour les Américains l'une des conditions de l'aide. Le plan, adopté en avril 1948, est suivi par la signature d'accords bilatéraux entre les États-Unis et les nations bénéficiaires. En outre, une aide intérimaire est mise en place pour les pays qui connaissent les plus grosses difficultés alimentaires, la France, l'Italie et l'Autriche.

Les Américains en Europe

Afin de mener à bien le plan Marshall, l'Europe fonde le 16 avril 1948 l'Organisation européenne de coopération économique, ou O.E.C.E., qui regroupe dix-neuf pays. De leur côté, les États-Unis créent l'*Economic Cooperation Administration* ou ECA, qui envoie des équipes dans tous les États participant au programme de relèvement, les fonctionnaires américains s'efforçant de faire respecter les accords bilatéraux, signés dans le cadre du plan. Ces derniers demandent notamment aux Européens d'améliorer leur production, de rétablir leur situation financière en réduisant l'inflation, de coopérer et de commercer librement entre eux, et de rendre des comptes sur l'utilisation de l'aide. Sans intervenir directement dans les économies et les finances des différentes nations, les membres de l'ECA font pression sur les gouvernements pour obtenir gain de cause. Mais, malgré leurs efforts, l'Europe renâcle à s'unifier et à réaliser l'union douanière. L'ECA exerce par ailleurs un contrôle sur l'utilisation des produits du plan Marshall, ceux-ci ne devant pas être réexportés vers les pays de l'Est. Elle orchestre aussi la publicité en faveur du programme d'aide : inaugurations d'usines, expositions itinérantes, brochures, articles dans la presse, émissions de radio et de télévision soulignent les mérites de l'œuvre américaine.

Envoyé pour remercier les États-Unis de leur « Train de l'amitié », le « Train de la reconnaissance français » arrive en 1949 à Washington.

L'utilisation de l'aide

De 1948 à 1951, les États-Unis fournissent à l'Europe 11 milliards 780 millions de dollars sous forme de dons et 1 milliard 139 millions de dollars sous forme de prêts. La Grande-Bretagne, la France, l'Italie et l'Allemagne de l'Ouest sont les principales bénéficiaires de cette aide. Les achats, dont près de 70 % viennent des États-Unis et près de 12 % du Canada, consistent essentiellement en produits alimentaires et engrais, en matières énergétiques, en matières premières et en machines et véhicules. En Europe, la France, qui se lance avec succès dans la modernisation du pays, équipe les secteurs industriels de l'énergie, de la sidérurgie, des machines-outils, des transports (automobiles, ferroviaires et aéronautiques), et favorise le développement de l'agriculture. Ces priorités sont critiquées par le gouvernement américain qui voudrait qu'une partie plus importante de l'aide financière soit consacrée à la construction de logements populaires, car il craint un mécontentement social capable de déboucher sur une révolution communiste. L'aide Marshall, qui a permis à certains pays, comme la France, de surmonter de graves pénuries alimentaires et qui a procuré à l'Europe les fonds nécessaires à son redémarrage, prend fin en octobre 1951, relayée alors par une aide militaire. En effet, après la reconstruction de l'Europe, les États-Unis privilégient son réarmement afin de lutter contre l'expansion du communisme.

→**Voir aussi** : p. 692-693 (Le traité de Maastricht).

Le plan Marshall et l'unité européenne

Des débuts difficiles. Très vite, il devient évident que l'O.E.C.E., l'organisation européenne née des exigences américaines, ne présidera pas à l'union demandée par le plan Marshall. Alors que les Anglais se déclarent franchement hostiles à la fédération de l'Europe, attitude qu'ils conservent jusqu'en 1972, les Français doivent vaincre leur très vive réticence à l'égard d'un rapprochement avec l'Allemagne. Le Congrès des États-Unis, mécontent, reproche aux Européens leur incapacité à s'entendre.

Une Europe atlantique ? Le 4 avril 1949 est fondée l'Organisation du traité de l'Atlantique Nord (O.T.A.N.), qui vise à assurer la paix, la sécurité et la prospérité dans cette partie du monde. Elle rassemble les États-Unis, le Canada et une partie des pays de l'Europe de l'Ouest. L'idée émerge bientôt d'intégrer l'O.E.C.E., organisation européenne de nature économique, dans l'O.T.A.N., institution à vocation militaire. Mais elle est finalement abandonnée, car tous les pays de l'O.E.C.E. ne sont pas membres de l'O.T.A.N.

Les premiers pas. En 1950, l'insistance des États-Unis porte enfin ses fruits. En septembre, les Européens adoptent l'Union européenne des paiements, projet d'origine américaine, qui conduit à la libéralisation d'une partie du commerce entre les États européens. En 1951, l'Allemagne et la France célèbrent leur réconciliation en créant la Communauté européenne du charbon et de l'acier (C.E.C.A.), qui regroupe six pays. C'est le début de la construction européenne.

La décolonisation commence en Asie

L'INDÉPENDANCE DE L'INDE

À l'issue de la Seconde Guerre mondiale, la première vague de décolonisation commence en Asie. L'Inde, fleuron de l'Empire britannique, retrouve son indépendance en 1947. La Grande-Bretagne accepte à temps une évolution devenue irréversible et évite une guerre d'indépendance. Néanmoins, les oppositions entre les différentes communautés regroupées dans l'empire des Indes provoquent déchirements et violences.

En 1947, la situation est peu favorable aux puissances européennes et au maintien de leur domination coloniale. La guerre les a considérablement affaiblies et a porté un rude coup à leur prestige en montrant qu'elles n'étaient pas invincibles. De plus, les grands vainqueurs, les États-Unis et l'Union soviétique, sont hostiles au colonialisme européen.

L'Inde en 1947

« Perle de la Couronne britannique » depuis Victoria, proclamée impératrice en 1877, l'Inde compte, à partir de la fin du XIXe siècle, une élite nombreuse et capable, formée dans les écoles anglaises et rassemblée, à partir de 1885 dans le parti du **« Congrès national indien ».**

Tout d'abord, cette élite demande seulement d'être admise aux postes de responsabilité. Puis, pendant la première moitié du XXe siècle, **la personnalité du Mahātmā Gāndhī** (1869-1948), avocat hindouiste de grand charisme, infléchit le mouvement. Il devient un phénomène de masse, lutte pour l'indépendance et l'égalité entre les hommes, mais n'accepte, pour y parvenir, que des moyens non-violents : boycott des marchandises britanniques, grèves de la faim, etc. Aux côtés de Gāndhī, un de ses disciples prend progressivement de l'importance : **Jawaharlāl Nehru** (1889-1964), qui incarne l'aile progressiste du parti du Congrès.

Face à ces nationalistes, la Grande-Bretagne oscille entre répression et concessions jusqu'en 1945, date à laquelle commencent les négociations qui conduisent à l'indépendance de l'Inde.

La domination coloniale remise en cause

Dans les pays colonisés, la guerre, aggravant la misère, a envenimé une situation déjà tendue. Les élites indigènes, qui ont appris à l'école des Européens la valeur des idées de liberté et de justice, voudraient les voir enfin appliquées dans leur pays et dénoncent le pouvoir des colonisateurs qui les tiennent à l'écart des responsabilités. En Inde, ces élites demandaient depuis la fin du XIXe siècle à être associées au gouvernement de leur pays ; elles ont radicalisé leur position pendant la Seconde Guerre mondiale et réclamé l'indépendance immédiate. Les autorités anglaises remettent la question à l'après-guerre.

Un désengagement rapide et pragmatique

La paix revenue, la Grande-Bretagne accepte de négocier l'indépendance de l'Inde : elle est la première puissance coloniale européenne qui, malgré l'importance des intérêts en jeu, sait accepter à temps l'inéluctable. Elle y est aidée par l'expérience préalable de décolonisation de ses anciennes colonies à peuplement européen (Canada, Australie...) : les succès du *Commonwealth,* l'union dans laquelle la Grande-Bretagne et ces pays devenus indépendants sont rassemblés depuis 1931 montrent qu'il est possible d'accorder l'indépendance politique aux colonies et de maintenir avec elles des liens commerciaux et financiers avantageux.

Indépendance et partition

Dès juillet 1945, le nouveau gouvernement britannique, présidé par le travailliste Attlee, entame les négociations qui doivent conduire à l'indépendance. Mais le processus est retardé par les graves antagonismes religieux et politiques qui opposent les deux principales communautés religieuses : hindouiste et musulmane. Le « parti du Congrès », qui réunit les élites hindouistes dirigées par Gāndhī et Nehru, est favorable au maintien de l'unité indienne après l'indépendance. La « Ligue musulmane », menée par Muhammad Ali Jinnah, demande que l'on tienne compte de la répartition des communautés religieuses dans la péninsule indienne et qu'y soient

À Calcutta, en 1946, des émeutes se produisent, prélude aux affrontements entre communautés qui suivront l'indépendance.

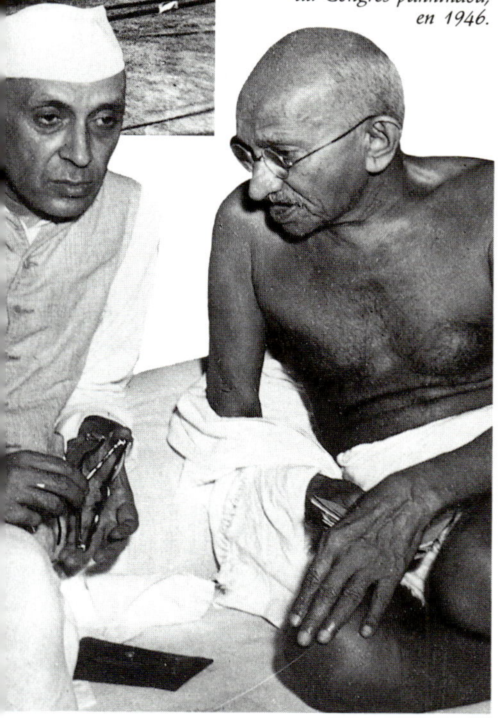

Le pandit Nehru (à gauche) et le Mahātmā Gāndhī (à droite) au Congrès panhindou, en 1946.

Le subcontinent indien depuis l'indépendance

La République de l'Inde. Nehru est le président de la République de l'Inde ou Union indienne, jusqu'en 1964. Il met en œuvre un socialisme modéré : on appelle « voie indienne » ce modèle souple de développement. Au début des années 1960, deux guerres ont lieu : contre la Chine, en 1962 (pour la délimitation des droits des deux pays sur le Tibet) ; contre le Pakistan en 1965 (pour la domination sur le Cachemire). Entre 1966 et 1977, puis de 1980 jusqu'à sa mort, Indira Gāndhī, fille de Nehru, gouverne le pays : les réformes mises en œuvre ne résolvent pas tous les graves problèmes sociaux, religieux et politiques du pays – inégalités sociales et régionales, conflits entre communautés religieuses – et conduisent à l'assassinat d'Indira Gāndī par un membre sikh de sa garde personnelle, en 1984. Depuis, la situation reste tendue.

Le Pakistan. En 1947, il est constitué de deux provinces musulmanes séparées par plus d'un millier de kilomètres : le Pakistan occidental et le Pakistan oriental. Réduit depuis 1971 à sa partie occidentale, il vit, entre 1978 et 1988, sous la dictature du général Zia et, après cette date, il est gouverné démocratiquement par une femme, Benazir Bhutto, renversée en 1990.

Le Bangladesh. Née quatorze ans après la partition, de la sécession de la partie orientale du Pakistan, la République du Bangladesh a souffert à plusieurs reprises, depuis sa fondation, d'inondations catastrophiques et de famines meurtrières.

découpés deux États séparés, l'un pour les hindous, l'autre pour les musulmans.

Devant la multiplication des affrontements entre communautés, le parti du Congrès doit accepter le principe de la partition. Les Britanniques tentent d'arbitrer la situation. Ils chargent donc le vice-roi, lord Mountbatten, d'établir un plan de partage et d'assurer le transfert de souveraineté. Ce plan de partition aboutit le 15 août 1947 à la création de deux États indépendants : le Pakistan, à majorité musulmane (composé de deux provinces séparées par 1 700 km : le Pakistan occidental et le Pakistan oriental) et l'Union indienne, à majorité hindouiste.

Un partage dans la violence

Le découpage des nouvelles frontières nécessite des transferts de population : 7 millions de musulmans quittent l'Union indienne et 10 millions d'hindouistes fuient le Pakistan. Cet exode s'accomplit dans un déchaînement de passion et de violence, malgré les appels au calme de Gāndhī, qui tente de prêcher la tolérance à toutes les communautés. La partition de l'Inde provoque donc une véritable guerre civile qui se solde par plusieurs dizaines de milliers de morts, victimes des fatigues de l'exode ou de massacres. Le 30 janvier 1948, des extrémistes hindouistes qui n'acceptent pas la partition assassinent Gāndhī, symbole du compromis et de la recherche de la paix.

Ainsi, le désengagement britannique, qui se voulait pragmatique (substituant une influence indirecte à une domination coloniale devenue incertaine, laisse le champ libre à des antagonismes religieux que la présence coloniale avait auparavant attisés, en divisant pour mieux régner. La partition devenue inévitable ne suffit pas à régler tous les problèmes de minorités religieuses et tous les litiges frontaliers ; la domination du Cachemire demeure un grave sujet de dispute entre l'Union indienne et le Pakistan, bien au-delà de 1947.

Malgré ces difficultés, une première étape – essentielle – est franchie dans l'histoire de la décolonisation. D'autant plus que, désormais, l'Inde soutient activement la cause des autres pays colonisés en quête d'indépendance.

La partition de l'Inde.

La conférence de New Dehli, en 1947 : de gauche à droite, Nehru, lord Ismay, de lord Mountbatten, M.A. Jinnah, premier chef de l'État du Pakistan.

L'Europe de l'Est sera sous influence soviétique

LE COUP DE PRAGUE

En 1945, la Tchécoslovaquie reconstituée est un pays libre et démocratique. Cependant, dès 1948, une crise politique, des manœuvres policières et la pression de la rue y assurent la domination communiste. Les chars russes ne sont pour rien dans le « coup de Prague », mais, en ce début de guerre froide, l'Occident y voit la preuve de l'expansionnisme soviétique, et organise sa défense : le monde est coupé en deux.

Abandonnés à l'Allemagne par l'Occident en 1938 et libérés par les Russes, les Tchèques, en 1946, donnent 38 % des voix (43 % en Bohême-Moravie) aux communistes. Ceux-ci pourraient prendre le pouvoir, mais ils offrent l'exemple d'un pays à la fois démocrate et prosoviétique, comme les « Grands » l'ont souhaité. Le gouvernement d'unité nationale est dirigé par Fierlinger, procommuniste, puis par le chef du P.C. Klement Gottwald, mais les communistes y sont en minorité, alors qu'au Parlement les socialistes et eux ont la majorité.
Or, dès 1947, on entre dans la guerre froide. En juin, les États-Unis lancent le plan Marshall d'aide à l'Europe : la reconstruction doit éviter des troubles de la misère et aller de pair avec une certaine unification, qui garantira la paix à venir ou au moins l'attachement à l'alliance américaine. L'U.R.S.S. refuse l'aide, au nom de son indépendance. Prague se déclare intéressé, mais Moscou, qui craint une brèche dans son glacis défensif, fait pression, et la Tchécoslovaquie n'adhère pas au plan. Les États-Unis refusent par ailleurs d'accorder des crédits hors plan à Jan Masaryk, ministre des Affaires étrangères et fils du fondateur de la république tchécoslovaque.

L'est de l'Europe au lendemain de la guerre

L'Union soviétique veut former **un glacis de pays amis.** Or, à Yalta en 1945, il a été dit que l'Europe orientale serait libre de son destin. En revanche, Russes et Anglais ont prévu des sphères d'influence dans les Balkans.

Tout cela est inconciliable : les communistes yougoslaves, qui ont libéré leur pays, ne veulent pas céder le pouvoir aux amis de l'Angleterre ; en Pologne et dans les anciens satellites de l'Allemagne (Hongrie, Bulgarie, Roumanie), des gouvernements librement élus seront, à l'inverse, forcément antisoviétiques.

La Tchécoslovaquie semble une exception : ce jeune pays, formé en 1918, a déjà une tradition démocratique de gauche. Mais, même là, la transition vers le communisme ne se fait pas sans crise...

La fin du gouvernement d'Union nationale

Au sein du gouvernement, les partis « bourgeois » déplorent ces refus, comme ils déplorent le projet communiste d'impôt exceptionnel pesant sur les plus riches... Les législatives de mai 1948 doivent trancher, mais, en septembre 1947, l'U.R.S.S., qui se croit à la veille d'une nouvelle guerre, incite Gottwald à s'assurer du pouvoir. La tension monte. Des ministres des deux camps reçoivent des colis piégés. On trouve des caches d'armes. Le ministre de l'Intérieur, communiste, dénonce l'agitation séparatiste en Slovaquie, après l'exécution de Mgr Tiso, ancien chef pronazi du pays. Les « modérés » accusent la police de partialité, et dénoncent le noyautage communiste.
Le P.C. est isolé, d'autant que la nouvelle direction socialiste lui est hostile. Il réplique en insistant sur l'aide alimentaire soviétique, en resserrant encore son empire sur la police et en s'assurant la neutralité de l'armée.
En février, pour mettre fin au gouvernement Gottwald, les ministres « bourgeois » veulent démissionner : ils pensent que les socialistes

Des membres de la milice populaire traversent le pont Charles, à Prague. Leur soutien fut décisif pour la réussite du « coup de Prague ».

Le communiste Klement Gottwald, président du Conseil (en haut, en médaillon) réussit à réunir une foule immense lors de ses meetings : ici, place Venceslas, lors de l'annonce de la formation du nouveau gouvernement.

les suivront et qu'il n'y aura plus de majorité au Parlement...

La rue fait la décision

Mais le P.C. fait résoudre la crise par la rue. Du 17 au 25, il déclenche une grève générale et appelle à l'occupation des usines et des journaux ; il est soutenu par plus de 250 000 manifestants. Le 21, il crée des milices ouvrières. Maître de la police, il perquisitionne au siège des autres partis en dénonçant toute résistance comme un complot, et, le 23, il fait disperser brutalement un cortège de 15 000 étudiants hostiles. Les socialistes, impressionnés par l'ardeur des masses, ou apeurés par un raid des communistes et de leur propre aile gauche contre leurs locaux, se rallient, alors qu'auparavant ils refusaient l'idée d'un gouvernement à deux, sans partis « bourgeois ».

L'établissement de l'influence soviétique dans les autres pays

L'alliance américano-soviétique ne résiste pas à la fin de la guerre, et surtout à la mainmise communiste en Europe de l'Est, déterminée par la peur qu'a l'U.R.S.S. d'une agression américaine.

La Pologne. Le premier lieu de conflit est la Pologne : les Soviétiques traitent les Polonais en vaincus, leur imposent des cessions de territoires, organisent les élections dans le pays qu'ils occupent, de manière à amener le succès des candidats qui leur sont acquis. Le 19 janvier 1947, le communiste Bierut est élu président de la République ; en décembre 1948, la fusion des partis socialiste et communiste fait du parti ouvrier unifié un organisme tout-puissant dans le pays.

La Bulgarie. Les communistes bulgares, avec en tête Georgi Dimitrov, l'un des chefs de la IIIe Internationale, instaurent vers la même époque le modèle soviétique dans leur pays.

La Roumanie. Le pays connaît un processus identique, qui commence par l'interdiction des partis bourgeois en 1947 et par l'abdication du roi Michel le 30 décembre de la même année. La République populaire est proclamée en avril 1948.

La Hongrie. Les communistes Rakosi et Imre Nagy, minoritaires aux élections de 1947, inaugurent la tactique du « salami hongrois » : ils s'emparent progressivement de tous les rouages de l'État et éliminent successivement leurs adversaires en 1948.

La République démocratique allemande. L'occupation soviétique de la partie orientale de l'Allemagne s'accompagne de la nationalisation de l'économie et de la formation d'un parti socialiste unifié (S.E.D.) La R.D.A. est constituée, le 7 octobre 1949, en réponse à la proclamation de la R.F.A., le 23 mai 1949, dans la partie de l'Allemagne occupée par les alliés occidentaux. À cette date, deux pays dans les Balkans sont par ailleurs passés au communisme, hors de toute ingérence de l'U.R.S.S. : la Yougoslavie, en 1946, à l'initiative de Tito, et l'Albanie en 1945-46, à celle d'Enver Hodja. Après 1949, l'influence communiste se répand en Asie : le 1er octobre 1949, la République populaire de Chine est proclamée ; le 25 juin 1950, la Corée du Nord communiste envahit celle du Sud, proaméricaine ; en Indochine, dès 1946, la guerre oppose les nationalistes procommunistes aux colonisateurs français. À la fin des années 1950, enfin, l'influence communiste pénètre en Amérique, avec, en 1959, l'établissement à Cuba, par Fidel Castro, d'un régime qui devient prosoviétique.

De la démocratie à la « démocratie populaire »

Le 25, le président Edvard Beneš, malade, accepte la démission des « modérés », puis va se reposer à la campagne. Le nouveau gouvernement Gottwald épure l'armée, l'administration, l'industrie, même s'il doit freiner le zèle des militants, qui limogeraient volontiers l'essentiel des cadres de l'économie. Et, s'il ne comporte que 12 communistes sur 27 ministres, les autres sont sans pouvoirs. Jan Mazaryk, maintenu à son poste, meurt le 10 mars : suicide ou assassinat ? En mai, une liste unique recueille les voix de plus de 80 % des inscrits. Beneš démissionne le 8 juin, pour ne pas ratifier la nouvelle Constitution, d'inspiration stalinienne, et Gottwald le remplace : entre coup d'État et révolution, approuvé par une forte minorité de la population, accepté dans la résignation par la majorité, le coup de Prague a enterré la Tchécoslovaquie démocratique. Pour l'Occident, qui simplifie les faits, il devient pour longtemps le symbole même de la mainmise soviétique sur l'est de l'Europe et un argument contre toute coopération avec les communistes.

Lhassa occupée par les Chinois

LE DRAME TIBÉTAIN

Depuis le début de l'occupation du haut plateau tibétain par l'armée de la Chine communiste, en 1950, la population vit dans l'horreur d'une répression féroce. Emprisonnée, exilée, affamée, torturée, cette population est obligée de vivre sous l'emprise politique d'un pouvoir qui lui refuse son indépendance.

Manifestation des Tibétains en exil, en mars 1989, à Delhi, en Inde, contre l'occupation militaire chinoise, le jour anniversaire de la première révolte, en 1959.

Manifestations de rue à Lhassa, la capitale du Tibet, le 1er octobre 1987. Le pays, indépendant dans l'entre-deux-guerres et profondément religieux, ne peut accepter la tutelle chinoise, assortie d'une colonisation active et d'un athéisme militant.

Le témoignage du dalaï-lama

Sur la répression de 1959, le dalaï-lama écrit : « Des dizaines de milliers des nôtres ont été tués, non seulement au combat mais en dehors, individuellement et délibérément. Ils ont été tués sans jugement, soupçonnés d'opposition au communisme, de thésaurisation ou simplement à cause de leur position sociale ou sans raison aucune. La raison principale et fondamentale est qu'ils ne voulaient pas renoncer à leur religion. Ils n'ont pas été seulement fusillés, ils ont été battus à mort, crucifiés, brûlés vifs, noyés, écorchés, mutilés, affamés, pendus, ébouillantés, enterrés vivants, étripés ou décapités. Ces meurtres ont été commis en public. Des hommes et des femmes ont été tués à petit feu, sous les yeux de leur propre famille contrainte à regarder, et on a même forcé des petits enfants à tirer sur leurs parents. »

Dalaï-lama, Mon pays et mon peuple, *Olizane, Genève, 1984.*

Combien de Tibétains sont morts, victimes de l'occupation chinoise ? Aucun chiffre ne saurait être avancé. Mais, s'il est impossible de parler de tentative de génocide humain par les Chinois, il est certain qu'une entreprise de destruction systématique de la culture tibétaine est poursuivie par le gouvernement central, pour lequel cette région est un lieu stratégique.

L'occupation forcée

Lorsqu'en 1950 les troupes de l'armée populaire de libération, après la prise du pouvoir par les communistes en Chine, entrent au Tibet, c'est avec l'intention d'annexer ce pays, indépendant depuis 1912. Dès 1952, la collectivisation des terres s'accompagne de violences. On regroupe de force les familles dans des structures collectives afin de pratiquer en masse des cultures céréalières. Ce processus a pour résultat la destruction de l'économie agricole traditionnelle. Selon les opposants au régime de Pékin, 70 000 Tibétains seraient morts de faim entre 1959 et 1963, soit 2 à 3 % de la population totale.

L'indépendance étouffée

En 1959, le Tibet oriental — c'est-à-dire la province de Kham — se révolte. Cette rébellion occasionne une répression féroce : bombardements systématiques de la région, absence de soins aux blessés, voire tortures et enterrements vivants. Le 22 mars, la reprise de la capitale, Lhassa, est l'occasion d'un bain de sang : entre 2 000 et 10 000 Tibétains, selon les estimations, meurent dans ces événements violents. Le dalaï-lama Tenzin Gyatso, chef spirituel et souverain du Tibet, fuit en Inde, accompagné de 20 000 de ses compatriotes. La version chinoise présente la révolte comme le fait d'une poignée de notables qui ont entraîné malgré elles des populations qui vivaient en paix avec l'occupant... Néanmoins, des centaines de milliers de personnes sont envoyées dans des camps — 20 % environ en ressortiront vivantes. Les moines, en particulier, élite religieuse et intellectuelle de la nation tibétaine, font l'objet de persécutions : par com-

munautés entières, ils sont expédiés dans les mines de charbon, pour y travailler, ou obligés d'assurer des travaux forcés dans le froid, la faim et la terreur permanente d'exécutions sommaires.

Un génocide culturel

Quelques années plus tard, pendant la révolution culturelle chinoise (1966-1969), la politique chinoise connaît un nouveau durcissement : sous toutes ses formes et dans tous les lieux, la culture traditionnelle tibétaine devient la cible du pouvoir. Les « gardes rouges », jeunes disciples fanatiquement fidèles aux mots d'ordre de Mao Zedong, entrent de force dans les maisons des particuliers, en retirent les autels voués à Bouddha et les remplacent par des portraits du Grand Timonier (Mao). Ils investissent les édifices religieux et les temples, dispersent les communautés, rasent, dans tout le pays, les monuments symboles d'une culture plus que millénaire. À Lhassa, par exemple, l'université, détruite, cède la place à un terrain vague et à... une antenne de télévision. En 1969, sur 6 259 monastères, seuls 13 restent encore en fonctionnement. Les autres, dépouillés de tous leurs trésors et manuscrits, sont transformés en hangars, prisons ou casernes, s'ils ne sont pas rasés.

Le drame de l'exil

Un gouvernement interdit dans son propre pays. Le dalaï-lama s'est installé avec ses compagnons en Inde. Le gouvernement chinois les a invités à rentrer au Tibet en 1984. Mais le dalaï-lama a refusé ce qu'il considère comme un cadeau empoisonné et ne cesse de voyager à travers le monde pour faire connaître la situation épouvantable de son pays. Des missions représentant le gouvernement tibétain sont présentes dans différents pays occidentaux afin de tenir au courant l'opinion publique internationale des exactions commises par les Chinois.

Des colonies d'exilés. 100 000 Tibétains environ vivent entre l'Inde du Sud, le Népal, le Bhoutan et le Sikkim. Le changement de climat et d'altitude, la confrontation à de nouvelles maladies ont tué une grande part de ces populations. Les gouvernements d'accueil font tout pour éviter qu'elles ne se regroupent et forment une réelle puissance politique.

Préserver sa culture. En dehors d'un effort permanent d'information sur les violations des droits de l'homme dans leur pays, les exilés tentent de préserver leur culture. Pour que la vie religieuse ne disparaisse pas, ces communautés ont recréé en Inde du Sud les plus célèbres temples tibétains, ceux de Sera, Drepung, Ganden.

Le dalaï-lama, chef spirituel et temporel du Tibet, en exil depuis 1959, parcourt le monde pour que le Tibet ne devienne pas la nation opprimée oubliée de tous.

Toutes ces exactions visent à éradiquer le bouddhisme et à détruire la spécificité culturelle tibétaine. Parallèlement, la population est astreinte à un contrôle de la natalité qui, souvent, se transforme en campagnes de stérilisations forcées.

Révoltes et répression

En 1969, une nouvelle révolte à Lhassa est réprimée dans le sang. Onze ans plus tard, en 1980, deux hauts membres du Parti communiste chinois, au terme d'une tournée au Tibet, reconnaissent les erreurs de la politique. Le régime, alors, est quelque peu assoupli. Petit à petit, certains temples se remettent à fonctionner. D'autre part, en 1984, le pays est rouvert au tourisme international : les étrangers, désormais, c'est-à-dire des observateurs de la politique chinoise, peuvent venir sur place.
Ces adoucissements n'empêchent pas que les droits de l'homme soient constamment violés, et, pas plus que la politique de terreur précédemment mise en œuvre, ils ne viennent à bout du nationalisme tibétain. En 1987, une nouvelle révolte indépendantiste éclate, provoquant des représailles et la fermeture du pays aux étrangers. En 1989, alors que le dalaï-lama reçoit le prix Nobel de la paix, le Tibet vit sous le joug de la loi martiale. Les massacres, désormais, ne sont plus aussi systématiques qu'ils l'étaient dans les années 50 et 60, mais le bilan global de l'occupation chinoise reste effrayant.
S'il faut en croire le gouvernement tibétain exilé en Inde, en effet, 1,2 million de personnes, environ, soit le quart de la population totale du Tibet, aurait péri depuis 1950, victimes directes ou indirectes de l'occupation chinoise. Ces chiffres, très probablement exagérés, n'en révèlent pas moins l'atrocité d'une situation de répression constante. Parce que le Tibet revendique son indépendance politique et sa spécificité culturelle, il vit depuis quarante ans sous le joug d'une terreur sanglante.

Une version moderne de la «chasse aux sorcières»

LE MACCARTHYSME

Manifestation anticommuniste à New York, en 1949. Le mouvement d'opinion impulsé par McCarthy s'appuie — comme le montrent certains panneaux — sur le nationalisme et le puritanisme fanatiques d'une partie de la population. ▷

Joseph McCarthy, sénateur républicain du Wisconsin, fut à l'origine de la « chasse aux sorcières » qui marqua les États-Unis au début des années 50 (photographie de 1950).

Entre 1950 et 1954, en pleine période de « guerre froide », une campagne effroyable, née de la peur de l'Union soviétique est menée aux États-Unis par le sénateur Joseph McCarthy. Des catégories entières de la population américaine sont dénoncées comme dangereuses, pourchassées et arrêtées : les communistes ou supposés tels, les homosexuels, mais aussi les drogués...

Une véritable fièvre s'empare de toutes les sphères du pays : les calomnies, les dénonciations et les pires formes d'intolérance traduisent peurs et fantasmes. Quatre années durant, tout le monde devient l'ennemi de tout le monde, au point que, de nos jours encore, l'Amérique vit dans la honte de tels événements.

La fièvre anticommuniste

Le 19 février 1950, à l'occasion d'une conférence qu'il prononce en Virginie, un obscur sénateur du Wisconsin, Joseph McCarthy, suscite une hantise qui devient rapidement nationale, en parlant des dangers du communisme à l'échelle mondiale et à l'intérieur même des États-Unis. À l'en croire, les espions communistes occupent des postes nombreux et cruciaux au sein du gouvernement et de l'Administration. Il faut d'urgence les débusquer et mener une croisade nationale contre l'influence croissante qu'ils ont acquise. Le « maccarthysme » est né, version contemporaine de cette « chasse aux sorcières » qui fut organisée contre les femmes « suppôts du diable » et qui suscita, en 1692 dans l'État du Massachusetts, une dramatique série de procès pour sorcellerie.

Irlandais d'origine, catholique, le sénateur républicain McCarthy est un bon vivant, joueur, grand buveur ; et un menteur, qui s'invente une biographie qui l'honore. À partir de 1950, comme son mandat est sur le point d'expirer, le souci d'être réélu le conduit à imaginer une campagne capable de garantir son avenir : c'est alors qu'il commence à s'intéresser au problème des infiltrations communistes, domaine qui jusque-là n'avait jamais retenu son attention.

Or, un large mouvement d'opinion, depuis la fin de la Seconde Guerre mondiale, s'inquiète

Les époux Ethel et Julius Rosenberg, accusés d'espionnage au profit de l'U.R.S.S., condamnés à mort et exécutés en 1953.

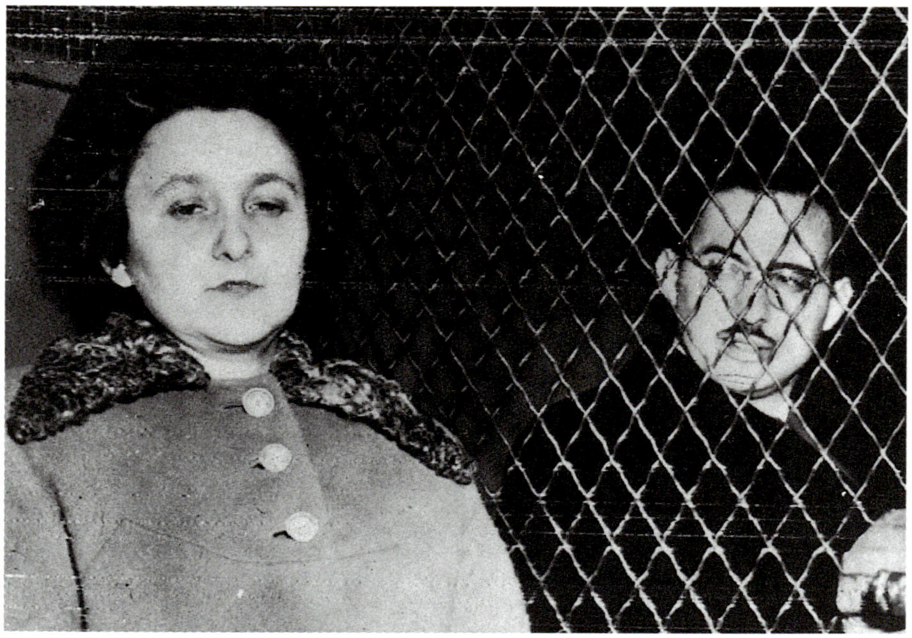

L'exécution des Rosenberg

Dans un article paru en 1953, le philosophe français Jean-Paul Sartre dénonce en ces termes l'exécution des Rosenberg :

« [...] Sur un des plateaux, vous avez mis l'univers, et sur l'autre, McCarthy. À l'heure où Rosenberg s'est assis sur la chaise électrique, la balance a penché du côté McCarthy. [...] Vous dites que McCarthy passera et qu'on ménage en secret sa perte. Et après ? Votre McCarthy a des millions de têtes. Coupez-en une, il en renaîtra cent. [...] Tenez, j'ai sur ma table une photo prise jeudi dernier à Washington : des hommes bien nourris, bien vêtus et des femmes élégantes défilent pour demander la tête des Rosenberg ; au premier rang, une jeune et jolie fille porte une pancarte sur laquelle on peut lire : « Grillez-les et envoyez leurs corps en U.R.S.S. ! »

Le chant interrompu, histoire des Rosenberg, *ouvrage collectif, Gallimard, Paris, 1955.*

d'un noyautage possible des institutions américaines par des communistes à la solde de l'U.R.S.S. En 1946, déjà, le président démocrate Truman alimente ce fantasme en ordonnant une enquête sur les sympathies politiques des fonctionnaires. Dès 1947, les administrations ont mission de renvoyer tous les employés susceptibles d'avoir des opinions politiques subversives, communistes ou proches. À partir de 1951, en large partie sous l'effet de la campagne lancée par McCarthy, les preuves ne sont plus utiles et une simple délation suffit à inculper un suspect.

Qui sont les dénonciateurs?

Au niveau fédéral, le Département d'État et ses commissions d'enquête, mandatés par le président Truman, mettent en cause 284 fonctionnaires. Le Sénat et la Chambre des représentants, en majorité républicains, mènent aussi leurs enquêtes, par l'intermédiaire de deux institutions : la Commission sur la sécurité intérieure et la Commission sur les activités antiaméricaines, cette dernière créée dès avant la Seconde Guerre mondiale. Bientôt, à Washington, commissions et sous-commissions d'enquête prolifèrent, chacune établissant sa propre « liste noire » de suspects qu'il faut soit licencier, soit ne pas recruter. De proche en proche, le phénomène s'étend à tous les États de l'Union, aucune institution publique ne voulant être en reste dans la lutte «patriotique» contre le communisme.

Dans le secteur privé, le cinéma, où la Commission sur les activités antiaméricaines sévit avec force publicité, est aux premières loges : les professions de foi anticommunistes et les dénonciations s'y multiplient. Un certain Ronald Reagan, président du syndicat des acteurs, se montre particulièrement actif dans la recherche des « ennemis » ; mais on peut aussi citer, pour la virulence de leurs interventions, les noms de Cecil B. De Mille, d'Elia Kazan (mis en cause dans un premier temps pour son passé communiste), de Ginger Rogers ou de Gary Cooper. Dans les autres domaines du secteur privé, des listes noires circulent, fondées sur des calomnies ou des soupçons, et provoquent des renvois.

Combien de victimes?

Dans cette atmosphère, un procès pour espionnage au bénéfice de l'U.R.S.S. conduit un couple, les Rosenberg, à la chaise électrique en 1953. Ce sont les seuls à payer de leur vie la folie maccarthyste. Mais, dans les milieux politiques, 26 mesures d'expulsion ont été appliquées, 3 ou 4 millions de fonctionnaires ont fait l'objet d'une surveillance et plusieurs milliers d'entre eux ont préféré démissionner plutôt que de subir de multiples interrogatoires. Dans les milieux enseignant et ouvrier, dans les entreprises, des milliers de personnes ont perdu leur emploi. Pour tous ces chômeurs, il fut bien entendu quasiment impossible de retrouver un travail.

Quelques victimes célèbres

L'affaire Alger Hiss. Un des plus brillants représentants du New Deal — le programme de planification économique, à l'époque de la Grande Dépression — est accusé d'avoir été communiste dans les années 30 et d'avoir ainsi trahi son pays. L'enquête, menée avec un acharnement exceptionnel par le jeune sénateur Richard Nixon, conduit à un procès en 1950, à l'issue duquel Hiss est condamné à 5 ans de prison. Il demeure effectivement détenu 44 mois et ne cesse ensuite, sa vie durant, de tenter de prouver son innocence.

Dans le milieu du cinéma. Charlie Chaplin, d'origine juive et dont les opinions radicales sont connues, fait l'objet d'une campagne de presse si violente qu'elle l'amène à choisir l'exil en Europe, à partir de 1952. De même, Jules Dassin, inscrit sur la liste noire depuis 1947, trouve refuge en France.

Dans le monde littéraire. Les écrivains de gauche sont suspectés et obligés de rendre des comptes sur leurs sympathies politiques. L'une des plus célèbres victimes est Arthur Miller, dont les ouvrages sont censurés et le passeport confisqué.

« Salut les copains » et ses enfants

NAISSANCE DU ROCK'N'ROLL

Elvis Presley, dit « the King ».

À la sortie de la Seconde Guerre mondiale, un nouveau type de musique s'impose, pour une catégorie d'âge particulière. Rompant avec les rythmes des chansons aimées des adultes, les jeunes s'éprennent de la gouaille et de la vivacité des chanteurs noirs. Il ne s'agit pas de jazz, mais d'un genre musical inédit : le rock'n'roll.

Les nouveaux sons de cette musique deviennent le symbole d'une attitude également très neuve des adolescents, qui revendiquent, à partir des années 1950, une autonomie qui leur était jusque-là déniée.

Naissance du phénomène rock'n'roll

Quelle est la vraie date de la naissance du rock'n'roll en tant que phénomène de société ? Il est impossible de le dire exactement. Est-ce à la fin de 1951, quand Johnny Raye imite dans le registre désespéré les chanteurs noirs des dancings ? Ou en avril 1954, avec l'enregistrement de *Rock around the Clock* de Bill Haley — le plus célèbre, peut-être, des disques de rock, qui tient une place capitale dans la légende de cette musique ? Ou bien en juillet 1954, lorsqu'un jeune homme timide, Elvis Presley, frappe à la porte du studio de Sam Phillips et enregistre la reprise d'un blues noir d'Arthur Crudup : *That's All Right Mamma.* À moins que ce ne soit en 1955, quand Alan Freed organise au Brooklyn Paramount de New York le premier Rock'n'roll show...

Bill Haley et le contrebassiste des « Comets ».

Le rock'n'roll à la française

Johnny Hallyday. Le phénomène apparaît en France vers 1958-1960. Révélé par une émission de « radio-crochet », au Marcadet-Palace, à Paris, en décembre 1959, Jean-Philippe Smet remporte un immense succès sous le nom de Johnny Hallyday, en sortant, le 14 mars 1960, son premier 45 tours.

Les vedettes du Golf. Les fans du rock'n'roll, des garçons pour la plupart, sont lycéens ou jeunes employés de bureau : ils ont entre quinze et vingt ans, peu d'argent. Ils sont d'abord les habitués d'un nouveau club des grands boulevards, le Golf-Drouot, où est installé un juke-box. Tout ce que la France compte de nouvelles idoles vient s'essayer au Golf : Eddy Mitchell, Long Chris, Danny Logan, quelques filles aussi comme Sylvie Vartan. L'année 1960 voit apparaître les Chaussettes noires (avec Eddy Mitchell), les Chats sauvages (avec Dick Rivers)...

La passion de la danse. C'est le temps des surprises-parties, les « surboums », qui inquiètent les parents et réjouissent leur progéniture. Mais on danse aussi sur les places publiques, comme lors de la folle nuit de la Nation, à Paris, au printemps 1961.

« Salut les copains ». Enfin, les fans du rock se retrouvent aussi, à partir de 1962, dans la lecture d'un nouveau magazine, *Salut les copains.* L'hebdomadaire qui a bientôt pour pendant, à destination des jeunes filles, *Mademoiselle âge tendre,* obtient en quelques mois un extraordinaire succès.

Chaque rythme nouveau génère les gestes d'une nouvelle danse.

En fait, c'est l'ensemble des années 1950 qui est marqué par le rock'n'roll. Avec Elvis Presley, dit « the King », un Blanc rencontre la musique des Noirs et assume ses rythmes syncopés et sa sensualité. Au même moment, Bill Haley et son groupe, les Comets, se déchaînent sur des rythmes noirs et se voient propulsés au rang de porte-parole de l'adolescence en révolte. Leurs concerts tournent à l'émeute, leurs noms apparaissent sur les blousons de cuir des rebelles — vrais ou faux — du monde entier. L'establishment s'inquiète de voir la jeunesse se trémousser sur des musiques frénétiques... Le rock'n'roll franchit un pas de plus avec Gene Vincent, Eddie Cochran et, un peu plus tard, Vince Taylor, garçons sauvages qui justifient la réputation du rock'n'roll propagée dans les médias : violence, attitude provocante, excès en tout genre. Toute une panoplie d'attributs évocateurs du rock'n'roll se met en place dans la jeunesse : « bananes » et rouflaquettes ; blousons de cuir et grosses motos...

La rencontre d'une musique et d'une génération

La caractéristique du rock est la violence : tension des voix, urgence du chant, violence sur scène et hors de scène, représentée et vécue, transformation des fonctions instrumentales. Écouter du rock'n'roll à quinze ans, c'est faire acte de scission. Les pionniers du rock expriment dans leurs textes les sentiments, les expériences et les amours des adolescents. Dans *My Generation,* chef-d'œuvre du rock enregistré en 1965, les Who prononcent les paroles suivantes : « I hope I die 'fore I get old » (« J'espère que je mourrai avant d'être vieux »). Les « rockers » (Eddie Cochran et Chuck Berry surtout), outre une pratique accentuée de l'obscénité, traitent de l'ennui de l'école, du caractère réactionnaire des parents, du manque d'argent et de l'interdiction de sortir... Dans les chansons et dans les attitudes sur scène des chanteurs rock, le thème du sexe prend aussi une importance considérable. Dans les années 1950, danser le rock est souvent l'occasion, pour les jeunes, du premier contact physique avec l'autre sexe. Rapidement, le rock'n'roll devient un phénomène international. En Europe, à partir de 1956, il est véhiculé par le juke-box, le cinéma, les premiers films d'Elvis Presley. En Grande-Bretagne, le succès de ce genre musical est particulièrement vif. Le rock à l'heure anglaise voit se développer des groupes comme les Beatles, dont la renommée envahit l'Europe et les États-Unis. Les Rolling Stones (leur premier album sort en 1963) mettent en transes la respectable Angleterre.

Un phénomène chronique

Mais le rock n'est pas seulement un moyen de communication ponctuel entre les jeunes du monde entier, c'est aussi l'expression d'une nouvelle manière de penser et de vivre. Son évolution au cours des années 1960 en est la preuve. Après la vague de musique d'opposition de la première décennie, les rockers découvrent l'engagement politique. Joan Baez et Bob Dylan, notamment, prônent la non-violence comme méthode de combat, une idée largement répandue à cette époque parmi la jeunesse américaine. Aux rythmes du rock, de nombreux lycéens et étudiants participent alors à des démonstrations de masse, rejetant en bloc l'*American way of life,* et tout spécialement l'intervention américaine au Viêt Nam. Dans les années 1970 et 1980, la communauté du rock se renforce en produisant des structures underground et une contre-culture. Aujourd'hui encore, le rock, sous des formes modernes, intègre toutes les musiques et véhicule l'opposition de la jeunesse.

Musiques de jeunes

Au fil des années, les musiques préférées par les jeunes se succèdent, imposant des rythmes et des gestes de danse à chaque fois différents.

Le twist est inventé par Chubby Checker et son fameux Let's twist again. *Dans le twist, chacun crée ses propres pas en se trémoussant en solitaire. Le pape Jean XXIII condamne pourtant cette* diabolica saltatio *lorsqu'elle fait son apparition en Europe au tout début des années 1960. D'autres danses du même type suivent en cascade : le madison, le jerk, le mashed potatoes...*

Vers 1974-1975, le Munich Sound exploité par Giorgio Moroder lance le disco, fondé sur la mise en avant de la batterie. Ce type de musique est d'abord adopté dans les discothèques avant d'être lancé par John Travolta avec le film la Fièvre du samedi soir.

Plus particulier à une communauté, le raï s'appuie sur les instruments traditionnels et la langue arabes. Il traduit la mélancolie et la rébellion de la jeunesse algérienne. Apparue vers 1986-1988, la musique « techno », exclusivement synthétique, utilise les technologies les plus avancées.

La dernière des purges staliniennes
LE PROCÈS DE PRAGUE

En 1951, en pleine guerre froide, Staline décide d'intensifier la mise au pas de l'Europe de l'Est, dominée depuis la fin de la Seconde Guerre mondiale. Il s'agit d'éliminer d'anciens cadres des partis communistes locaux, considérés comme dangereux, surtout depuis que la Yougoslavie de Tito a décidé de quitter le giron de Moscou.

Le procès de Prague marque cette période. Mis à part les différences de lieux, la spécificité des purges en Europe de l'Est, par rapport à celles qui ont eu lieu en U. R. S. S. dans les années 1930, réside dans le fait que, à la répression politique, s'ajoute désormais la persécution antisémite.

Un terrifiant complot

La chasse aux opposants a commencé en Union soviétique même, depuis la découverte d'un « complot » de médecins visant à assassiner Staline. Et le procès de dirigeants du parti tchécoslovaque, qui s'ouvre à Prague le 22 novembre 1952, est une évidente conséquence des remous qui touchent l'U.R.S.S. Comme en 1936-1938, la procédure est publique : il s'agit de donner au « spectacle » le maximum de publicité possible. La renommée des accusés s'y prête, ce sont des dirigeants connus de tous. Comparaissent, en effet : Rudolf Slansky, ancien chef du parti communiste ; les ex-ministres Bedrich Geminder et Svab ; Arthur London, vice-ministre des Affaires étrangères ; des diplomates, etc. En tout, quatorze prévenus s'apprêtant à être jugés par un tribunal dont les magistrats sont conseillés et encadrés par des spécialistes soviétiques... Les chefs d'accusation qui sont lus à l'ouverture du procès par le procureur Urvalek évoquent les ramifications d'un terrifiant complot. Le point commun des personnes inculpées est leur appartenance à la vieille génération de communistes tchèques qui ont connu l'avant-guerre et ont combattu notamment comme volontaires des Brigades internationales durant la guerre civile espagnole, entre 1936 et 1939. En outre, onze prévenus sur quatorze sont juifs. Le procureur le souligne lourdement, en martelant ses phrases et en ponctuant l'appel des accusés par l'expression « d'origine juive ». Le ton, dès lors, est donné : le procès sera marqué par un antisémitisme patent. L'affaire, en apparence, est limpide. Certains inculpés sont des « traîtres » travaillant pour l'étranger, notamment l'État d'Israël, protégé par les États-Unis ; il en va ainsi d'Arthur London, cadre du parti communiste, mais juif — donc suspect —, et dénoncé de surcroît comme trotskiste. Les autres prévenus sont montrés comme des ennemis plus sournois : ils « pactisent » avec Tito et préparent un renversement de régime.

Préparer une vaste purge

Les accusés sont interrogés longuement. Leurs aveux sont retransmis par la radio nationale. Slansky, doit reconnaître ainsi, sur l'invite pressante du procureur général, qu'il est devenu un allié objectif de Tito, et donc des puissances occidentales. Les interrogatoires visent aussi à mettre en évidence les collusions entre les prévenus et le mouvement trotskiste

La Tchécoslovaquie de 1948 à 1968

Après le « coup de Prague » de 1948, **la République tchécoslovaque est devenue une démocratie populaire.** Klement Gottwald jusqu'en 1953, Zapotocky jusqu'en 1957, Novotny jusqu'en 1968 se succèdent à la présidence. **Le parti communiste devient le parti unique, de grands procès** montés permettent d'épurer le personnel politique.

Après 1960, le revenu national s'effondre, provoquant la démoralisation de l'opinion. Un mouvement se fait jour pour revenir à une société plus libre. Le 5 janvier 1968, le rénovateur **Alexander Dubcek** est élu premier secrétaire du p.c. Alors commence la période du **« printemps de Prague »,** une révolution en douceur pour créer un « socialisme à visage humain », dont la naissance est brutalement interrompue, dans la nuit du 20 au 21 août 1968, par **l'intervention des chars soviétiques.**

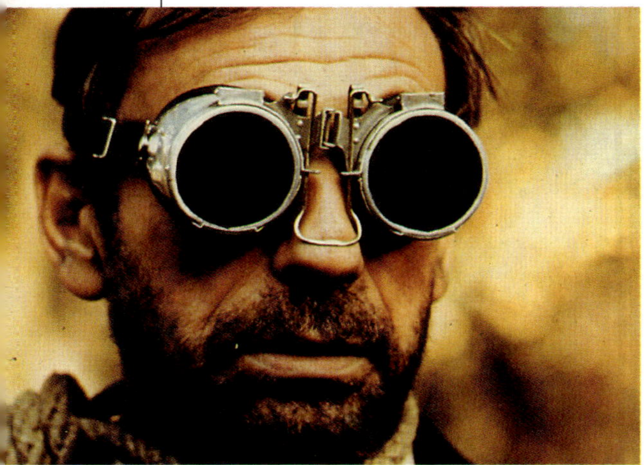

Après la mort de Staline, Arthur London, l'un des trois rescapés du procès de Prague, est libéré : il publie l'Aveu, *récit de sa détention (image du film* l'Aveu *de Costa-Gavras).*

Les purges de la guerre froide

L'affaire des « blouses blanches ». Quelques mois après le procès de Prague, en janvier 1953, des médecins sont accusés d'avoir empoisonné des dirigeants soviétiques, parmi lesquels l'idéologue Jdanov, mort en 1947. Les prévenus sont censés se préparer à commettre de nouveaux forfaits. Comme tous les médecins soupçonnés sont juifs, Staline en conclut qu'il s'agit d'un complot international mené au profit de l'État d'Israël ou dirigé par lui. L'amalgame est poussé fort loin, et les médecins coupables doivent être jugés au même titre que nombre d'autres opposants ou supposés opposants, arrêtés sous l'accusation de soutien au régime de Tito, aux idées de Trotski ou aux projets des sionistes. Mais le procès n'aboutit pas. Staline meurt en mars 1953, et les accusés sont réhabilités en avril.

La dernière victime : Beria. Le chef de la police politique de Staline a été le responsable de ces procès. Paradoxe ou justice suprême, il est la dernière victime de la machine judiciaire stalinienne. Après la mort de Staline, en mars 1953, Beria tente de prendre les rênes du pouvoir. Évincé en quelques semaines, il est arrêté en juin et jugé en décembre, à la grande joie de ceux qu'il a naguère terrorisés. Son exécution est une des dernières mises à mort d'un grand dirigeant politique soviétique.

— il s'agit là d'une ancienne accusation que les procès de Moscou de 1936 à 1938 ont abondamment ressassée. Beaucoup plus nouvelle et insidieuse est l'accusation de « sionisme », contenue également dans les interrogatoires. L'État hébreu, né de la Seconde Guerre mondiale, a fait naître une espérance parmi les Juifs du monde entier, en particulier, ceux d'Union soviétique, qui désirent massivement y émigrer. Staline voit dans ce projet un risque de désagrégation du bloc socialiste. Le « cosmopolitisme » — terme dont il désigne l'attachement des Juifs à Israël — est pour lui synonyme de trahison, et doit être pénalement jugé comme tel. Aussi le réquisitoire du procureur, prononcé après quatre journées d'interrogatoires et de confrontations, ose-t-il expliquer la trahison dont sont accusés les inculpés d'origine juive par le caractère propre du peuple sémite. Le procès a glissé vers une association entre des condamnations politiques et un racisme déclaré et revendiqué. Le 27 novembre 1952, les juges prononcent la sentence : les accusés sont tous reconnus coupables. Trois d'entre eux seulement, parmi lesquels Arthur London, échappent à la peine de mort, remplacée pour eux par la réclusion criminelle à perpétuité. Les autres accusés sont exécutés le 4 décembre 1952. Les trois « rescapés » seront, en fait, libérés quelques années plus tard, en 1956, après la mort de Staline et consécutivement au relatif dégel de l'Europe de l'Est qui a suivi. Arthur London, réfugié en France, relate son incarcération et son procès dans son témoignage, *l'Aveu*, paru en 1968.

Un des accusés : Rudolf Slansky, ancien secrétaire général du parti communiste tchécoslovaque.

Comparution des accusés devant le tribunal de Prague.

→**Voir aussi** : p. 552-553 (Coup de Prague).

À la conquête de la montagne des dieux
LES PIONNIERS DE L'HIMALAYA

William Conway : en 1892, il mena la première expédition importante sur le Karakorum.

Au XIXe siècle, depuis l'ascension du mont Blanc par Saussure, les monts alpins ont perdu de leur mystère et commencent à devenir des destinations pour les touristes. Les Européens se tournent alors vers les plus hauts sommets du monde, ceux de la chaîne himalayenne, qui s'échelonnent du Pakistan au Bhoutan.

La conquête des premiers sommets hauts de 6 000 à 7 000 mètres, presque tous situés à l'ouest de la chaîne himalayenne, date des années 1880. Il faudra encore plus de un demi-siècle pour que les géants de la chaîne, les « plus de 8 000 m », soient vaincus à leur tour.

Topographes et ascensionnistes

Pour les bouddhistes, ces pics de rocs et de glace sont les demeures des dieux, défendues par des dragons et des démons. Les négociants et les pèlerins de la région, depuis des siècles, passent par les hautes vallées de la chaîne, mais la carte de l'ensemble de l'Himalaya reste vierge en bien des points jusqu'au début du XIXe siècle, où les premiers explorateurs commencent à recueillir des données permettant de dresser une cartographie approximative des monts. Un de ces pionniers, Charles Webb, qui évalue en 1808 l'altitude du Dhaulagiri à 8 162 mètres (soit une erreur de 10 mètres), est qualifié de fantaisiste par des savants en chambre, incapables d'imaginer des sommets atteignant une telle hauteur. Cependant, à partir de 1830, les travaux de la Survey of India, le service topographique des Indes, confié au Britannique George Everest — l'homme qui donnera son nom au plus haut sommet du monde —, permettent de confirmer que quatorze pics de l'Himalaya ont plus de 8 000 mètres, et 200 plus de 7 000 mètres... En 1852 et 1856, les topographes anglais découvrent les points culminants de la chaîne, l'Everest et le K2.

Mais c'est à la fin du siècle seulement, particulièrement au Karakorum, dans le Cachemire, et dans la partie occidentale de la chaîne, que des hommes entreprennent de conquérir ces terribles sommets. La première tentative notable est celle de l'alpiniste britannique William Conway, qui effectue en 1892 les premières ascensions importantes du Karakorum. Avec deux compagnons, Bruce et Eckenstein, il gravit le Pioneer Peak, un pic culminant à 6 890 mètres. L'exploration apporte la révélation des difficultés particulières liées à cette montagne inconnue : à-pic vertigineux, gouffres insondables et, surtout, raréfaction de l'air à haute altitude. Dix-sept ans plus tard (1909), le duc des Abruzzes conduit la première expédition scientifique en altitude : munie d'un matériel scientifique considérable et d'appareils photographiques, son équipe, admirablement organisée, établit un nouveau record d'altitude, à 7 418 mètres.

La conquête des quatorze « plus de 8 000 m »

L'Annapurna (8 078 m). Le 3 juin 1950, l'expédition française conduite par M. Herzog et L. Lachenal parvient au sommet.

L'Everest (8 848 m). Le 29 mai 1953, l'expédition anglaise conduite par Hunt permet à E. Hillary et Tenzing de vaincre le plus haut sommet du monde.

Le Nanga Parbat (8 126 m). Le 4 juillet 1953, l'expédition allemande menée par K. Herrligkoffer parvient au sommet.

Le K2, ou **Godwin Austin (8 611 m).** Le 31 juillet 1954, l'expédition italienne conduite L. Lacedelli, A. Compagnoni et A. Desio vainc ce sommet.

Le Cho Oyu (8 154 m). Sommet atteint le 9 octobre 1954. L'expédition est autrichienne et dirigée par H. Tichy et S. Jöchler.

Le Makalu (8 515 m). Sommet vaincu le 18 mai 1955. Expédition française comprenant J. Couzy, L. Terray et J. Franco.

Le Kangchenjunga (8 598 m). Le 25 mai 1955, l'expédition anglaise de C. Evans, G. Band et J. Brown parvient au sommet.

Le Manaslu (8 157 m). Sommet vaincu le 9 mai 1956. Expédition japonaise (Imanishi, Norbu, Kato et Higeta).

Le Lhotse (8 511 m). Sommet atteint le18 mai 1956. Expédition suisse (F. Luchsinger et E. Reiss)

Le Gasherbrum II (8 035 m). Le 7 juillet 1956, l'expédition autrichienne comprenant F. Moravec, S. Larch et H. Willenpart parvient au sommet.

Le Broad Peak (8 047 m). Sommet vaincu le 9 juin 1957. Expédition autrichienne (M. Schmuck, H. Buhl, K. Diemberger et F. Wintersteller).

Le Hidden Peak (8 068 m). Sommet vaincu le 5 juillet 1958. L'expédition américaine est conduite par P. Schoening et A. Kauffman.

Le Dhaulagiri (8 172 m). Sommet vaincu le 13 mai 1960. Expédition suisse menée par M. Eiselin.

Le Gosainthan (8 013 m). 2 mai 1964. Expédition chinoise (Xiu-Jing).

Des Français sur l'Annapurna

En 1913, seuls deux pics importants de plus de 7 000 mètres ont été conquis, le Trisul et le Kun. Entre les deux guerres, les expéditions se multiplient, mais aucun « 8 000 mètres » n'est gravi. Une nouvelle étape est franchie après 1945 grâce à l'amélioration du matériel et à une meilleure utilisation de l'oxygène. Alors, pendant les années 1950, les quatorze « plus de 8 000 mètres » tombent les uns après les autres. En 1950, un premier sommet, l'Annapurna (8 078 m) est atteint par une équipe française dirigée par Maurice Herzog. Le camp de base est installé à 4 000 mètres, au pied du versant nord de la montagne, où se situe le seul itinéraire praticable. Puis, sur 2 800 mètres de dénivelés du glacier, sont placés cinq camps — le dernier à 7 400 mètres d'altitude —, reliés par un système de navettes destinées à faire monter rapidement le matériel. Le 3 juin 1950, Maurice Herzog et Louis Lachenal, sans être encordés, après une marche épuisante dans la neige épaisse, atteignent le sommet : à 14 heures, Herzog brandit au sommet de l'Annapurna son piolet portant un drapeau français. Pour la première fois, un homme a foulé le sol à plus de 8 000 mètres d'altitude. La redescente est très difficile : pieds et mains gelés, Herzog et Lachenal rejoignent à grand-peine le camp V, où les attendent Gaston Rébuffat et Lionel Terray. Dans des souffrances extrêmes, les quatre hommes rejoignent le 8 juin le camp de base. Le retour vers la plaine est encore très pénible. Mais les blessures comptent peu au regard de la joie qu'éprouve l'équipe française à avoir, la première, franchi l'altitude symbolique des 8 000 mètres.

L'Everest

Le plus haut sommet de l'Himalaya, l'Everest, devient après cet exploit le but visé par les alpinistes du monde entier. En 1952, une équipe suisse tente en vain son ascension. À leur tour, les Anglais se lancent dans l'entreprise. Après un premier échec, ils montent, sous la direction du colonel John Hunt, une nouvelle expédition aux moyens considérables et qui tient compte des expériences acquises lors des tentatives précédentes. Au printemps 1953, 10 alpinistes, 28 sherpas et 350 porteurs établissent le camp de base à 5 445 mètres d'altitude. Comme pour l'expédition de l'Annapurna, des camps-relais sont installés jusqu'à 8 000 mètres. Le 29 mai, à l'aube, le Zélandais Hillary et le sherpa Tenzing commencent leur progression vers l'arête aiguë du sommet de l'Everest. À 11 h 30, les deux hommes trouvent enfin l'éminence la plus élevée, à 8 840 mètres : la montagne la plus haute du monde est vaincue. Pour remercier les dieux qui ont permis cette violation de leur espace sacré, Tenzing laisse dans un trou creusé dans la neige des offrandes, consistant en quelques biscuits.

→**Voir aussi** : p. 324-325 (Le mont Blanc est vaincu).

L'expédition française de Maurice Herzog sur l'Annapurna : le difficile retour vers le camp de base (au premier plan, Lionel Terray et le sherpa Ang-Tarkey).

Le Zélandais Hillary sur l'Everest : le 29 mai 1953, le plus haut sommet du monde est vaincu.

Porteurs sherpas dans l'Himalaya : les autres héros anonymes des grandes ascensions de cette partie du monde.

Un sacre suivi en direct dans le monde entier

LA TÉLÉVISION ENTRE DANS LES FOYERS

En 1953, le couronnement de la jeune Élisabeth II d'Angleterre est le premier événement retransmis à la télévision en direct dans plusieurs pays européens et en léger différé aux États-Unis. La télévision devient un média capable de faire vivre le même événement à l'ensemble de la planète. C'est le début de la standardisation des programmes télévisuels.

À la suite de contacts multiples entre les organismes de télévision britannique, français, belge, néerlandais — et l'organisme de l'Allemagne occidentale placé dans la zone alors sous contrôle britannique —, la décision est prise de procéder au cours de la semaine du 20 au 26 avril 1953 à des essais complets de transmission d'images à partir de Londres. La qualité des images parvenues sur le continent est telle que la retransmission de la cérémonie du couronnement de la reine d'Angleterre, qui doit avoir lieu le 2 juin, est décidée.

Le couronnement de la reine Élisabeth II, le 2 juin 1953, est le premier événement retransmis en direct à la télévision.

Le couronnement de la BBC

En dépit des protestations des télévisions étrangères, seule la BBC (British Broadcasting Corporation) est habilitée à filmer. Hormis les « cameramen » — britanniques —, aucun journaliste, de quelque nationalité qu'il soit, n'est admis à pénétrer dans l'abbaye de Westminster.

C'est après la Seconde Guerre mondiale que la télévision pénètre véritablement dans les foyers européens et américains, devenant dès lors un objet de consommation accessible à toute la famille.

Les images sont commentées par des reporters anglais situés devant les récepteurs. Les Français seuls obtiennent le droit de prononcer leur propre commentaire, en direct pour la télévision. La cérémonie débute le 2 juin, à 10 h 15... et tout se déroule à merveille. Dans toute l'Europe, des retransmissions publiques ont été organisées. Ainsi, en France, des projections sur grand écran ont lieu dans des salles de cinéma spécialement équipées : à Paris, au Marignan, au Marbeuf, au Raimu, à la Comédie Wagram. Cependant, quelques petits incidents sont là pour témoigner du peu de maîtrise du direct international. Le reporter français Jacques Sallebert, correspondant à Londres de la R.T.F., laisse ainsi échapper une « gaffe » monumentale dans la conclusion qu'il donne à l'émission : « Ce matin, dans cette loge maintenant vide, avait pris place la famille royale et, au premier rang, un petit garçon de 4 ans, tout ébloui par le faste du couronnement, ne réalisait sans doute pas que la même cérémonie se déroulera « bientôt » pour lui ! » Les Américains, eux, frôlent l'incident diplomatique. Ayant fait venir par avion le film du couronnement, qu'ils peuvent ainsi diffuser le jour même (il faudra attendre le mois de juillet 1962 pour que des images de télévision puissent franchir « en direct » l'Atlantique), ils intercalent durant la diffusion du service religieux un message publicitaire montrant... un singe mangeant des bananes !

Les séries en provenance des États-Unis, comme «Dallas», inondent à partir des années 70 les écrans du monde entier.

Les dessins animés (ici «Dragon Ball»), réalisés en grande partie aux États-Unis et au Japon, n'échappent pas à la standardisation de la production télévisuelle.

L'essor incroyable de la télévision

En 1953, la télévision n'en est toutefois pas à ses premiers moments. En Grande-Bretagne, la station de télévision de la BBC est inaugurée officiellement en 1936, et le public anglais qui a pu s'équiper reçoit dès lors douze heures de programme par semaine. Trois ans plus tard, la télévision fonctionne également aux États-Unis. Mais, même dans ces pays, le nombre des foyers possédant un poste récepteur reste extrêmement faible. C'est seulement après la Seconde Guerre mondiale, et en fait quelques années après l'émission retransmettant le sacre d'Élisabeth II, soit au début des années 60, que la télévision, désormais présente dans une majorité de maisons, devient un véritable symbole de la « société de consommation », au même titre que l'automobile. Le premier million de récepteurs est atteint en 1952 en Grande-Bretagne, en 1957 en Allemagne, et en 1958 en France. Le cap des 10 millions de téléspectateurs est dépassé pour ces mêmes pays en 1959, 1964, 1970. En 1964, 60 millions de postes récepteurs sont installés dans des foyers aux États-Unis. Cette banalisation du récepteur de télévision s'accompagne d'un allongement de la durée de la programmation et de la suprématie progressive de la télévision « grand public ». Gigantesques instruments de spectacle, les télévisions du monde entier concurrencent fortement les genres traditionnels de distraction comme le cinéma ou le théâtre.

Le triomphe de la télévision commerciale

Très tôt, les publicitaires ont compris le bénéfice qu'ils pouvaient retirer de ce nouveau média. En achetant des «espaces» mesurés en temps de passage et d'autant plus coûteux qu'ils sont situés à des heures de plus grande écoute, ils fournissent aux chaînes des recettes qui leur permettent d'allonger les programmes et d'en améliorer la qualité en consentant des investissements plus importants. Cependant, le niveau culturel des émissions ne s'en trouve pas amélioré, bien au contraire, les émissions de distraction se multipliant d'une manière générale sur les trois grandes chaînes américaines, CBS, ABC et NBC, dès 1950. À partir des années 70 sont privilégiés les shows de variétés et les séries. Fabriquées industriellement, ces séries de télévision alimentent les antennes américaines, celles des pays anglophones et même, au prix de doublages, celles des télévisions du monde entier, pays socialistes exceptés. Ainsi des feuilletons policiers comme «Mannix» ou «Le fugitif», des programmes familiaux comme «Lassie» ou «Daktari», des séries d'espionnage comme «Mission impossible», des séries de comique familial comme «Family Affairs» ou, plus récemment, des sagas populaires comme l'interminable «Dallas», lancé dès 1978, sont vus dans le monde entier. Pour échapper au caractère standardisé de cette production de masse, il faut attendre la révolution de la télédistribution par câble, qui intervient en 1975 aux États-Unis. Dès janvier 1982, 23 millions d'Américains sont abonnés à la télévision par câble, qui leur offre un éventail varié de chaînes thématiques et culturelles... Aujourd'hui, grâce aux satellites de diffusion directe et au numérique, chaque téléspectateur à travers le monde est à même grâce à un équipement minimal de recevoir des centaines de chaînes.

Télévision et problèmes de société

Une consommation excessive ? En 1996, la consommation de télévision progresse légèrement en Europe pour atteindre, en moyenne, 189 minutes par personne et par jour. Elle est plus élevée au sud qu'au nord, mais reste globalement moins élevée qu'aux États-Unis, où elle atteint 241 minutes quotidiennes.

La violence à la télévision. Le problème de la violence à la télévision constitue l'une des pierres d'achoppement du système. On a pu calculer que, atteignant l'âge de 17 ans, un adolescent américain a pu voir sur le petit écran plus de 18000 meurtres. Les Canadiens sont les premiers à avoir réagi à cette situation en classant leurs émissions en fonction du degré de violence, permettant ainsi la mise en œuvre d'une «puce» antiviolence, fruit des travaux du professeur Tim Collins. En 1996, les pays européens mettent en place un système de codage des programmes indiquant leur degré de violence.

Télévision et désinformation. Le problème de la désinformation est souvent posé à propos de la télévision. Depuis les années 80, les ratés de l'information se sont multipliés : «charniers» de Timisoara, mise en scène de la guerre du Golfe... Le paradoxe de la guerre du Golfe étant que, avec du matériel ultrasophistiqué de prise de vues et de télécommunication, peu d'images probantes ont été diffusées.

1954

De nouveaux horizons pour la chirurgie moderne

LA GREFFE D'ORGANES

Le remplacement chez un être humain d'un organe malade par un organe sain est un vieux rêve de la médecine. Sa réalisation effective date de 1954, avec le succès de la première transplantation rénale aux États-Unis. L'étude poussée des mécanismes de rejet permet à terme de préciser le mode opératoire de la technique.

C'est au siècle précédent que l'idée de greffer un organe sain à la place d'un organe malformé ou ayant subi des lésions commence à faire son chemin. On peut, avec Jean Crosnier et Henri Kreis dans *l'Homme greffé,* en attribuer la paternité scientifique au médecin français Paul Bert, qui publie en 1863 sa thèse intitulée *De la greffe animale.* Mais les expériences de Bert sur les transplantations d'organes chez les animaux ne sont pas encourageantes.

Les fondements de l'immunologie

Il en est de même des premières tentatives sur un être humain, réalisées en 1906 par le chirurgien français Mathieu Jaboulay. Il faut attendre 1912 pour que le chirurgien et biologiste français Alexis Carrel, qui a perfectionné une technique de suture vasculaire par anastomose, démontre qu'il n'existe aucun obstacle sur le plan chirurgical à la réalisation de transplantations d'organes. En revanche, Carrel note, le premier, des phénomènes de rejet qui se caractérisent par une nécrose de l'organe nouvellement greffé. La nature génétique de ces rejets est mise en évidence dans les décennies qui suivent par divers chercheurs, anglo-saxons pour la plupart : ils démontrent que les cobayes animaux qui sont croisés de manière incestueuse aboutissent à des lignées pures qui ne rejettent plus les greffes entre elles.

Trois conditions nécessaires

En 1947, le professeur Jean Hamburger établit trois conditions qui doivent présider à toute tentative de greffe : 1/ réaliser la protection des greffons contre les lésions ischémiques, qui risquent de survenir entre le moment du prélèvement et celui de la nouvelle implantation par suite d'insuffisance d'irrigation sanguine des tissus ; 2/ identifier les groupes de compatibilité tissulaire entre receveur et donneur, afin de réduire au minimum les risques de rejet ; 3/ mettre au point des agents pharmacodynamiques susceptibles d'être employés pour prévenir la mort du greffon, même en cas de compatibilité imparfaite.

Les premiers succès

La toute première greffe réussie date du 23 décembre 1954 : une transplantation rénale est réalisée à Boston entre deux frères qui sont de vrais jumeaux, et qui ont de ce fait une structure antigénique génétiquement identique. Cette « isogreffe » n'a qu'une portée médicale très limitée, puisqu'elle ne peut s'effectuer que sur des jumeaux vrais, qui représentent en fait deux exemplaires du même individu. Or, ce qui intéresse d'abord la recherche, ce sont les « allogreffes », qui concernent deux sujets de même espèce, sans qu'il y ait gemellité vraie.

Le rôle de la compatibilité tissulaire

La découverte en 1958, par le professeur français Jean Dausset, des antigènes d'histocompatibilité (antigènes de compatibilité tissulaire) éclaire un fait fondamental : la réaction immunitaire qui se produit chez le receveur est dirigée contre les antigènes d'histocompatibilité du donneur.

Les antigènes d'histocompatibilité, appelés aussi HLA *(Human Leucocyte Antigens),* sont codés par des gènes au niveau du 6e chromosome, région qui a été baptisée « complexe majeur d'histocompatibilité» (MHC). Ces antigènes se trouvent à la surface des cellules et ils forment une « carte d'identité génétique » qui n'est jamais strictement la même entre deux individus.

Or, comme le rappellent Crosnier et Kreis, « c'est la plus ou moins grande différence entre les cartes d'identité cellulaire de deux individus qui explique le rejet d'un organe greffé..., sa rapidité et son intensité». « L'un des premiers principes de la transplantation (ajoutent-ils) est de trouver un organe dont les antigènes membranaires sont le plus proches possible de ceux des cellules des receveurs. On dit alors qu'existe une bonne compatibilité tissulaire (histocompatibilité) entre le donneur et le futur receveur. » Dans le cas contraire, les cellules « immunocompétentes » du receveur attaquent les antigènes du donneur et détruisent le greffon, par un phénomène connu sous le nom de « cytotoxicité », avec dans certains cas l'aide d'anticorps dotés aussi d'une activité cytotoxique.

Ce mécanisme de rejet une fois compris par la médecine, il devient possible de le prévenir, en cherchant des donneurs et des receveurs histocompatibles, mais aussi en développant des médicaments qui dépriment le système immunitaire, et qui sont alors dits « immunosuppresseurs » : azathioprine, corticoïdes, cyclosporine, anticorps antilymphocytes. Franchie dans les années 60, cette étape fait de la transplantation d'organes une pratique courante.

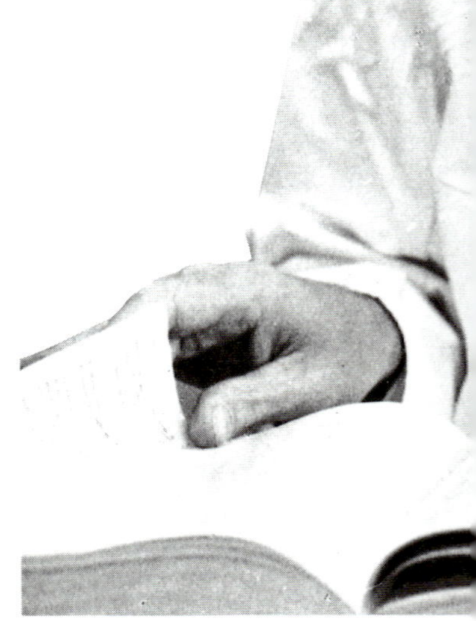

Le Pr Jean Dausset (né en 1916), responsable, en 1958, de la découverte des antigènes d'histocompatibilité (HLA). Les groupes de compatibilité déterminent si une greffe d'organe peut ou non être acceptée par l'organisme.

Opération de greffe du cœur dans un hôpital à Houston, au Texas, en 1967. ▷

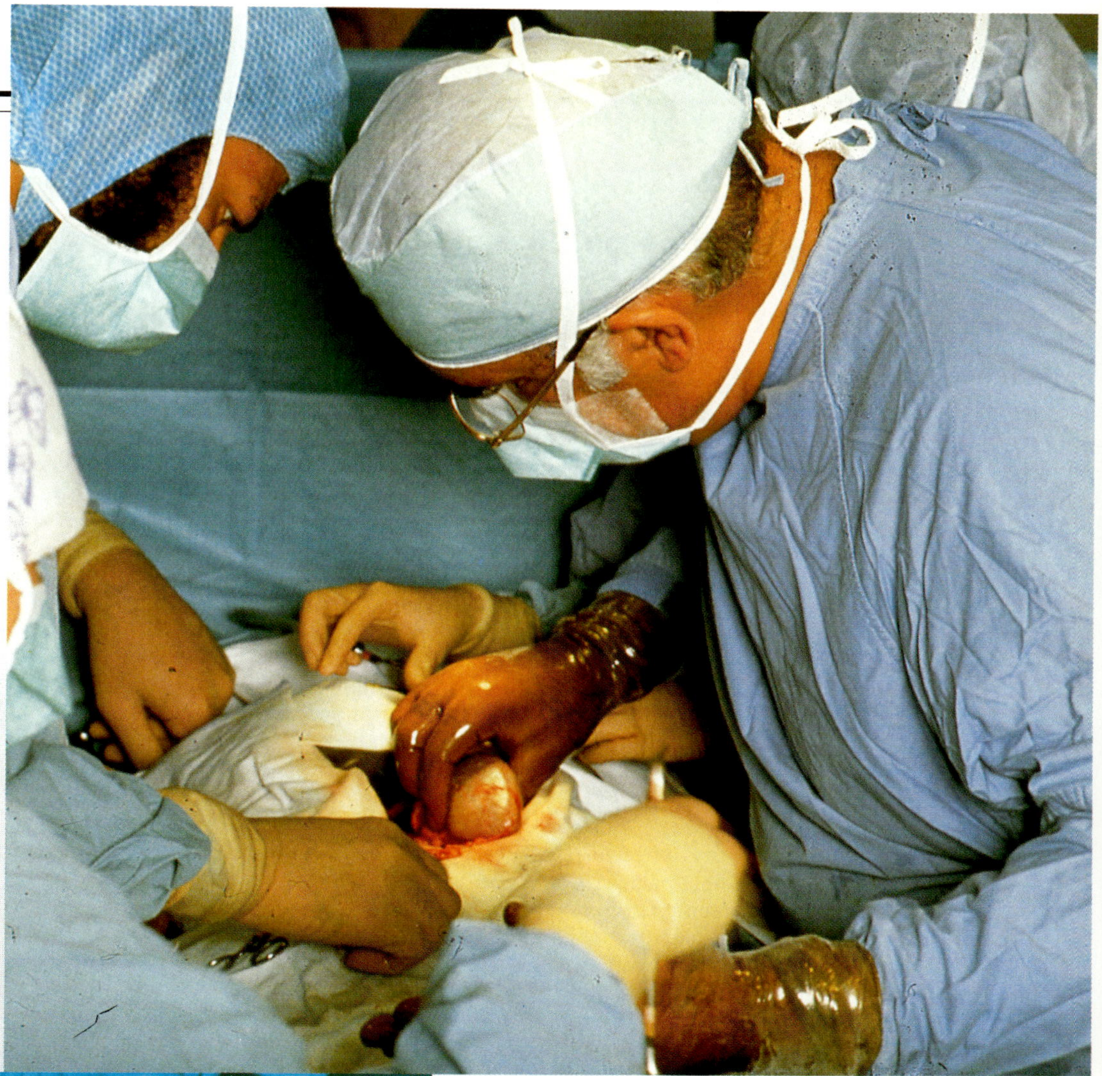

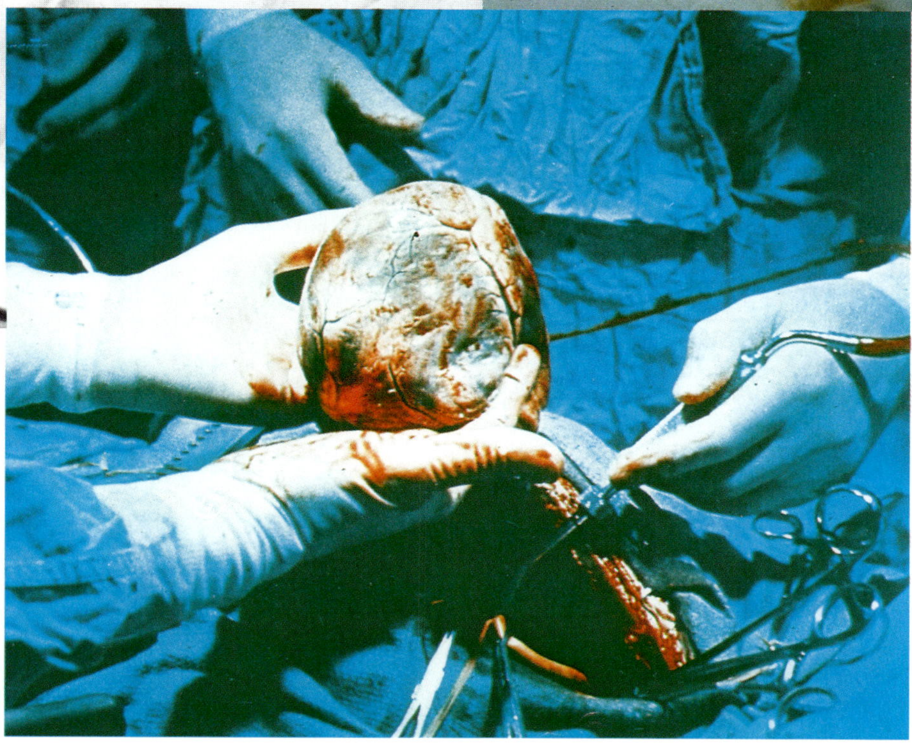

La greffe d'organes depuis 1958

Novembre 1958. Premières greffes de moelle osseuse réussies, à Paris.

23 janvier 1959. Nouvelle greffe de rein réussie aux États-Unis, cette fois sur de faux jumeaux (allogreffe).

5 mai 1963. Première tentative de transplantation de foie, par T. E. Starzl à Denver.

11 juin 1963. Première tentative de greffe pulmonaire réalisée sur un être humain par J. Hardy, aux Etats-Unis.

Décembre 1966. Première tentative de greffe de pancréas sur un être humain par les chirurgiens Lillehei et Kelly, aux États-Unis.

3 décembre 1967. Première greffe de cœur, réalisée en Afrique du Sud par le docteur Barnard.

25 septembre 1998. Première greffe de la main par les professeurs Dubernard et Owen, à Lyon.

Aux origines de la révolution sexuelle

LA PILULE ANTICONCEPTIONNELLE

La découverte d'un procédé de contraception orale, simple et sûr, a provoqué une révolution d'une ampleur inégalée dans les mœurs de la seconde moitié du XXᵉ siècle.

La pilule anticonceptionnelle, qui est à l'origine de cette révolution des mœurs, est le fruit des travaux d'un biologiste de la reproduction américain, le docteur Gregory Pincus, et l'aboutissement de recherches menées depuis le début du siècle sur l'inhibition de l'ovulation.

Les premières méthodes contraceptives

Dès l'Antiquité, on subodore l'existence d'une relation entre ovaires et fertilité, et des ablations d'ovaires sont pratiquées en Lydie et en Égypte pharaonique pour stériliser les femmes. Mais il faut attendre l'essor de l'endocrinologie, dans la seconde moitié du XIXᵉ siècle, pour que la physiologie de l'ovaire soit sérieusement étudiée.
Les expériences d'opothérapie réalisées en 1889 par le médecin français Brown-Séquard montrent alors qu'il est possible d'utiliser les sécrétions d'ovaires d'origine animale chez la femme dans un but thérapeutique. Ces travaux représentent une importante étape liminaire.

Le mécanisme de l'ovulation

Les modifications des organes de reproduction féminins, qui visent à les préparer à la fécondation et à la gestation, sont ensuite clarifiées avec la description du cycle œstral (cycle menstruel) par le physiologiste anglais Heape, en 1900. D'autres physiologistes mettent alors en évidence le rôle prépondérant des sécrétions hormonales de l'ovaire, progestérone et œstrogènes, dans le contrôle de ce processus physiologique fondamental, mais aussi, et surtout, dans l'inhibition de l'ovulation.
Ce sont ces effets et non les hormones elles-mêmes qui sont d'abord découverts. En 1898, un vétérinaire zurichois, le professeur Zschokke, constate que la persistance du corps jaune ovarien, le corps qui sécrète la progestérone, empêche le développement des follicules ovariens, et par conséquent l'ovulation de la vache. L'hypothèse selon laquelle le corps jaune inhiberait l'ovulation est confirmée en 1909 par le médecin américain Leo Leb, qui remarque que l'ovulation survient plus tôt chez un cobaye animal privé de ce corps. En 1916, l'inhibition de l'ovulation par des extraits lipidiques de corps jaune est observée chez la femelle du rat par les docteurs autrichiens Hermann et Stein.
Enfin, en 1919, le professeur autrichien Haberlandt réussit à provoquer la stérilité temporaire de lapines en transplantant sous leur peau des ovaires de lapines gravides (c'est-à-dire porteuses d'un fœtus). Il constate en 1927 que les mêmes résultats sont obtenus en injectant ou en administrant par voie orale des extraits ovariens, et il envisage en 1930 de mettre au point un contraceptif oral progestatif à usage humain, l'infecundin.

La progestérone

Un an plus tôt, en 1929, les physiologistes américains George Corner et Edgar Allen et le physiologiste français Pierre Gley découvrent la progestérone. Cette hormone est synthétisée par le chimiste allemand Adolf Butenandt en 1934, et la démonstration de sa capacité à inhiber l'ovulation chez la lapine est définitivement faite en 1937 par le physiologiste américain Makepeace. Parallèlement, l'activité inhibitrice de l'ovulation par les œstrogènes est constatée par le chercheur autrichien Fellner en 1927. Il note que cette autre sécrétion hormonale de l'ovaire empêche la grossesse quand elle est injectée ou administrée par voie orale, car elle détruit l'ovule et inhibe la fonction du corps jaune. L'isolement de l'œstrogène ovarien des mammifères, l'œstradiol, est réalisé en 1935 ; sa forme active par voie buccale, l'éthinyl-œstradiol, est synthétisée en 1936.

L'expérimentation humaine

Il faut cependant attendre le début des années 1950 pour qu'aient lieu les premières expérimentations de contraceptifs oraux sur des êtres humains. À cette date, le docteur Gre-

Gregory Pincus (1903-1967), et son invention, la pilule anticonceptionnelle.

La révolution médicale du XXe siècle en matière de procréation consiste en ce que le couple peut désormais choisir d'avoir ou non des enfants : ci-dessus, *Louise Brown, le premier « bébé-éprouvette », à l'âge de un an, en 1979.*

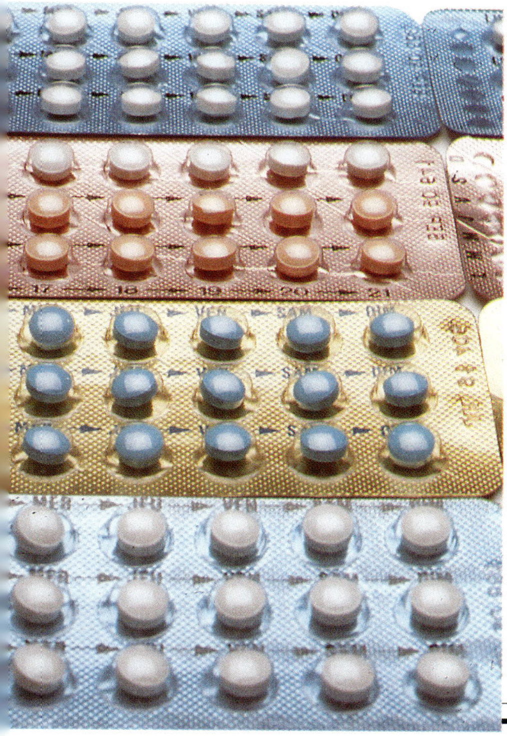

gory Pincus, associé au gynécologue américain John Rock, expérimente la progestérone sous forme injectable et à très fortes doses orales. Peu satisfait des résultats de ce traitement, qui est mal supporté et très coûteux, il se tourne vers des dérivés de la progestérone actifs par voie buccale, qui commencent à être préparés dans les laboratoires des firmes pharmaceutiques américaines.

Les tests de San Juan

En 1953, Pincus entreprend de tester deux cents de ces dérivés, pour en retenir finalement un seul, le noréthynodrel. Sa forme médicamenteuse est développée en 1954 dans les laboratoires de la firme pharmaceutique Searle. En fait, la « pilule » est un œstroprogestatif, car, en plus du noréthynodrel, elle contient également du méthyléther d'éthinylœstradiol, ou mestraniol, qui est un puissant œstrogène de synthèse.

En 1956, Pincus rapporte les premiers résultats obtenus dans l'espèce humaine grâce à une expérimentation massive chez 1 308 femmes de San Juan (Porto Rico). La commercialisation de la pilule comme contraceptif a lieu en 1960 aux États-Unis. Le rideau peut alors se lever sur la « révolution sexuelle » des années 60.

La fécondation « in vitro »

L'autre grande révolution de ce siècle dans le domaine des mœurs sexuelles est produite par la fécondation *in vitro* suivie du transfert de l'embryon. Elle se situe à l'opposé des techniques de contraception, puisqu'il s'agit non plus d'empêcher, mais de provoquer artificiellement la fécondation.

Fivete. La technique de fécondation *in vitro* suivie du transfert de l'embryon est plus connue sous ses initiales de Fivete et elle a été développée par le docteur anglais Robert Edwards. Son principe consiste à mettre en présence les ovocytes d'une femme et les spermatozoïdes de son mari, lorsque, pour des raisons physiologiques (obstruction ou maladie des trompes, hypofertilité masculine), ceux-ci ne peuvent se rencontrer.

Le transfert de l'embryon. Edwards rencontre d'abord de grandes difficultés pour féconder les ovocytes et, ensuite, pour transférer l'œuf fécondé dans l'utérus de la femme. En particulier, il court le risque de provoquer une grossesse extra-utérine au cas où le transfert de l'embryon s'effectuerait mal. Grâce à d'énormes efforts et à l'aide du chirurgien Patrick Steptoë, il réussit cependant à faire naître Louise Brown, le premier « bébé-éprouvette », en 1979. Deux mille autres enfants naissent par ce procédé entre cette date et 1991.

Les méthodes dérivées de la Fivete. D'autres méthodes, inspirées de la fécondation *in vitro*, ont été mises au point progressivement : la fécondation *in vitro* avec les spermatozoïdes d'un donneur suivie de transfert d'embryon, dans les cas de stérilité masculine ; le transfert d'ovocytes d'une donneuse, dans le cas où ils seraient absents dans les ovaires de la femme ; l'insémination d'une « mère porteuse » qui reçoit l'œuf issu du spermatozoïde du mari et des ovocytes de la femme, dans le cas d'une absence d'utérus chez celle-ci. Mais ces méthodes sont éthiquement contestables, alors que, comme le rappelle le docteur H. Rozenbaum, la Fivete « a l'immense avantage moral que la fécondation résulte de l'union de l'ovocyte de la femme et du spermatozoïde du mari... l'enfant est l'enfant physique, charnel, du mari et de la femme ».

1954

La guerre d'Indochine est finie pour les Français

DIÊN BIÊN PHU

Le 7 mai 1954, la garnison française occupant le poste de Diên Biên Phu, en pays thaï, à 300 km de Hanoi, est défaite par les forces quatre fois supérieures du Viêt-minh, les indépendantistes vietnamiens soutenus par la Chine et l'U.R.S.S. La défaite, qui n'est pas un désastre du point de vue militaire, traumatise l'opinion française : elle précipite la fin de la guerre d'Indochine et sonne le glas de la présence française en Asie.

Parachutistes largués sur Diên Biên Phu en novembre 1953, lors de l'« opération Castor ».

Tout commence lorsque le gouvernement français donne l'ordre au général Navarre, chef des troupes en Indochine, d'empêcher une offensive viêt-minh contre le Laos, pays indépendant mais appartenant à l'Union française constituée depuis peu.
Un camp retranché défendant une route essentielle, celle de Louang-Prabang, est donc installé à partir du 20 novembre 1953, date à laquelle sont largués des milliers de parachutistes : c'est l'« opération Castor ». La première tâche des soldats est de remettre en état un vieux terrain d'aviation japonais datant de la Seconde Guerre mondiale, qui devient le cœur d'un dispositif de résistance comptant points d'appui périphériques et colonnes mobiles opérant alentour. L'emplacement, Diên Biên Phu, est une cuvette plantée de rizières : cette situation doit rendre impossible l'usage par le Viêt-minh de pièces d'artillerie qui, placées sur les collines, seraient immédiatement repérées.

Un adversaire plus fort que prévu

Le problème est que les troupes ennemies sont plus nombreuses que prévu et surtout mieux équipées. Une route de 300 km, de la

L'Indochine vers 1950

L'Indochine est **la partie continentale de l'Asie du Sud-Est,** formée des pays suivants : Birmanie, Thaïlande, Malaisie, Cambodge, Laos et Viêt-nam.

Avant 1940, **ces pays sont des colonies**, sauf la Thaïlande qui est un État indépendant. Pendant la guerre, **le Japon occupe l'Indochine** (moins la Thaïlande qui est son alliée). Il se retire en 1945 en proclamant l'indépendance.

Après la guerre, **le pouvoir colonial ne peut se maintenir :** l'indépendance est proclamée partout, entre 1948 et 1957. **Le cas du Viêt-nam** est compliqué par l'influence qu'exercent les communistes : la France ne veut pas remettre le pouvoir aux révolutionnaires du Viêt-minh – les indépendantistes procommunistes. C'est l'origine de la guerre d'Indochine, puis de la guerre du Viêt-nam.

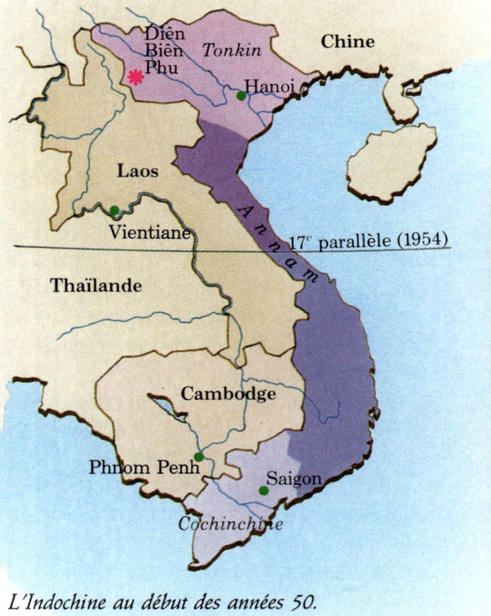

L'Indochine au début des années 50.

frontière chinoise à Diên Biên Phu, remise en état dans des conditions insensées, permet à 80 000 coolies de déplacer sur leurs bicyclettes des éléments de mortiers de 120, de canons de 105, de batteries antiaériennes (DCA), et la nourriture nécessaire aux soldats. De sorte que le camp français se trouve encerclé et que les parachutistes doivent réclamer des renforts d'urgence.

De la fin novembre à février, c'est l'attente. Les forces du Viêt-minh tentent ailleurs une offensive sur le Laos et ne peuvent concentrer leurs efforts sur Diên Biên Phu. Officiellement, la France souhaite un affrontement. En réalité, plus personne ne croit à une victoire. Le gouvernement aspire seulement, modestement, à « créer les conditions militaires les plus favorables à la solution politique du conflit ». Même cela est problématique.

L'assaut final du Viêt-minh. Les soldats émergent de tranchées souterraines pour conquérir le camp.

Le piège s'est refermé

Le 13 mars 1954, le Viêt-minh donne le premier assaut. En quatre jours, trois points d'appui tombent. La défense antiaérienne viêt-minh empêche les avions français d'attaquer, gêne le pont aérien et l'évacuation des blessés. Diên Biên Phu devient un enfer. Le 20, l'ennemi est à 200 mètres du camp.

La situation dégénère encore en avril. Le pont aérien est totalement coupé. Le 22, l'aérodrome est occupé, livrant au Viêt-minh toute facilité pour s'approvisionner en armes et en munitions. Des centaines de blessés français s'entassent dans des abris souterrains. À la fin d'avril et au début de mai, les attaques se succèdent dans des tranchées que les pluies transforment en bourbiers. Le 7 mai, c'est l'assaut final : privés d'artillerie, pilonnés par l'ennemi, qui aura tiré en tout quelque 200 000 obus, les 8 000 hommes encore valides plus des renforts parachutés *in extremis* sont submergés, dans l'après-midi. Le total des victimes s'élève à 4 000 morts côté français, 8 000 côté viêt-minh.

Le prestige du Viêt-minh est augmenté par sa victoire. La moitié des Vietnamiens que la France tente de mobiliser rejoignent le camp des partisans de l'indépendance, un autre tiers se cache. La France s'est effondrée en Indochine.

À Genève, on arrête les pendules

À Paris, le radical Pierre Mendès France, président du Conseil depuis le 18 juin et qui réclame depuis longtemps la fin de la guerre, annonce le 7 juillet que les discussions de paix, ouvertes à Genève le 8 mai, doivent aboutir avant le 20. Faute de quoi il demandera au Parlement d'envoyer en Indochine le contingent.

Conférence de Genève : Mendès France et Zhou Enlaï, la veille de la signature des accords de paix.

Les négociateurs ont la main forcée. Le 20, à minuit, on arrête symboliquement les pendules dans la salle de négociations, et quand, au matin, des accords sont signés, on les date de la veille... Ils prévoient un cessez-le-feu, la libération des prisonniers, l'évacuation du Laos et du Cambodge par le Viêt-minh, qui occupe la partie du Viêt-nam située au nord du 17e parallèle, entrant dans Hanoï le 10 octobre ; le pays doit être réunifié après des élections libres, en 1956. La guerre d'Indochine est terminée pour la France – mais le Viêt-nam n'entre pas dans une période de paix, loin de là.

→**Voir aussi** : p. 632-633 (L'évacuation de Saigon).

Le Viêt-nam, des origines à l'intervention américaine

L'indépendance ou la vassalité chinoise. Le Viêt-nam existe comme nation depuis l'Antiquité. Selon les époques, il forme un royaume indépendant ou sous le contrôle de la Chine. En 1802, il se constitue en empire avec la dynastie des Nguyên.

La domination française. Présente à Saigon depuis 1859, maîtresse de la Cochinchine (le Sud) depuis 1868, la France, établit son protectorat sur le centre (l'Annam) puis le nord (Tonkin) du pays dans les années 1880 : le Viêt-nam devient, en 1887, l'Union indochinoise, avec le Cambodge et, en 1899, le Laos.

L'invasion japonaise. Le Japon occupe l'Indochine de 1940 à 1945. Avant sa défaite, il en proclame l'indépendance.

La guerre d'Indochine. Fin 1946, le Viêt-minh de Hô Chi Minh exige l'indépendance. Il tient le nord du pays, soutenu par l'U.R.S.S. et, bientôt, par la Chine de Mao. La France concède l'indépendance, mais veut rétablir l'empereur Bao Dai, déposé en 1945 : ce qui était une guerre coloniale devient un affrontement Est-Ouest.

Les deux Viêt-nam. En 1954, les accords de Genève partagent le pays en deux. Hô Chi Minh dirige la République démocratique (communiste) dans le Nord, Bao Dai est renversé, dans le Sud, et une république est instituée. Pour éviter la conquête du Sud par le Nord, les États-Unis interviennent.

Le tiers-monde, force politique
BANDUNG

En 1955, la décolonisation s'achève en Asie et commence à peine en Afrique. C'est alors que les pays décolonisés d'Asie décident d'organiser, à Bandung, en Indonésie, la conférence des peuples afro-asiatiques : pour la première fois, les pays du tiers-monde proclament leur solidarité et manifestent leur volonté d'agir sur la scène internationale.

L'initiative de cette réunion, qui doit examiner la situation de l'Asie et de l'Afrique, a été prise par cinq pays d'Asie récemment décolonisés : l'Inde, le Pakistan, Ceylan, la Birmanie et l'Indonésie. Le Premier ministre indien, Nehru, a joué un rôle déterminant : à la tête de l'un des premiers pays décolonisés, il veut réaffirmer solennellement le droit des peuples colonisés et des pays récemment libérés à s'affranchir de toutes les formes de tutelle.

Solidaires contre le colonialisme

La conférence se tient du 18 au 24 avril 1955 sous la présidence du chef de l'État indonésien, Sukarno. 29 nations d'Asie et d'Afrique y participent. Certaines ont accédé récemment à l'indépendance politique ; la plupart sont pauvres et dans la dépendance économique des pays industrialisés.
Le thème central de la réunion est le colonialisme, que tous les participants condamnent. Le communiqué final de la conférence précise avec force que « le colonialisme sous toutes ses formes est un mal auquel il doit être rapidement mis fin ». L'égalité entre toutes les nations est proclamée.
Les participants examinent également les problèmes de développement économique et culturel de l'Asie et de l'Afrique et demandent que soit organisée une coopération économique mondiale pour lutter contre la pauvreté et le sous-développement.

Une unité fragile

Solidaires dans leur lutte contre le colonialisme et le sous-développement, les pays du tiers-monde sont plus divisés quant à l'attitude à adopter face aux deux blocs antagonistes que contrôlent les États-Unis et l'U.R.S.S. Faut-il s'aligner sur l'un d'eux et prendre position dans la guerre froide ?
En fait, trois tendances se dessinent. Les neutralistes, avec l'Indien Nehru et l'Égyptien Nasser, prônent le non-alignement : ils veulent se maintenir en dehors des deux blocs et repoussent la protection des États-Unis et celle de l'U.R.S.S., qu'ils perçoivent comme une nouvelle forme de tutelle. Les pro-Occidentaux (le Pakistan, la Turquie et le Japon, présent à Bandung), qui font partie d'alliances militaires régionales patronnées par les États-Unis, demandent que l'impérialisme soviétique soit condamné au même titre que le colonialisme européen. Enfin, les pays communistes (Chine populaire et Viêt-nam du Nord), favorables évidemment à l'U.R.S.S., négocient habilement : le premier pays, par la voix de son représentant Zhou Enlai, propose un compromis acceptable par

Un monde peuplé et pauvre

La conférence de Bandung réunit **31 nations indépendantes :** 23 pays asiatiques et 8 pays africains. Des pays sous domination coloniale sont conviés comme observateurs : ainsi **le Maroc, la Tunisie et l'Algérie.** Aucune puissance « blanche » d'Asie ou d'Afrique et aucun État européen ne sont invités.
Les pays réunis pour la conférence représentent **55 % de la moitié de la population du globe,** mais seulement **8 % de ses richesses.** Tenus jusqu'à une date récente dans une situation de minorité politique, ils manifestent à Bandung, pour la première fois, une volonté et une capacité de décision communes.

Qu'est-ce que le tiers-monde ?

Cette expression apparaît dans les années 1950 pour désigner l'ensemble des pays pauvres qui, face aux deux blocs antagonistes, capitaliste et socialiste, forme un troisième monde avec ses problèmes spécifiques : celui des pays déshérités ou, comme l'on dit alors, sous-développés, longtemps exploités et dominés par les grandes puissances internationales.
Aujourd'hui, on parle également du « Sud » déshérité par opposition au « Nord » privilégié. Enfin, l'expression « quart-monde » désigne les plus démunis des pays du tiers-monde. On l'emploie aussi pour évoquer l'existence de poches de pauvreté à l'intérieur même des pays riches.

tous et s'assure d'une audience importante auprès des pays du tiers-monde.
Du fait de ces divergences, les partisans du non-alignement ne parviennent pas à faire adopter par l'ensemble de la conférence une position résolument neutraliste ; mais le mouvement des non-alignés s'amorce.

Une force politique nouvelle

Surtout, en affirmant solennellement leur solidarité contre l'impérialisme sous toutes ses formes, les pays du tiers-monde s'imposent sur la scène internationale comme une force nouvelle, avec laquelle il faut désormais compter. Ainsi commence une nouvelle époque : en 1945, le monde s'est coupé en deux ; après Bandung, trois mondes doivent coexister, l'Ouest, l'Est et le « Sud » : l'esprit de Bandung, c'est ainsi l'étendard levé des peuples dominés, ou, pour reprendre les mots de L.-S. Senghor, poète et plus tard président de la République du Sénégal, « la mort du complexe d'infériorité » des peuples de couleur.

Femme indienne et son enfant en train de mendier, lors d'une famine (photographie Werner Bischof, 1951).

Sukarno (en blanc, à gauche), président de la République indonésienne, recevant à Bandung les délégations venues participer à la conférence.

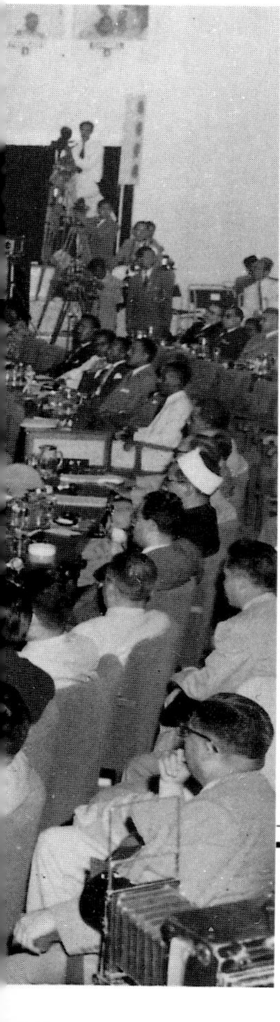

Le président Sukarno prononçant le discours d'inauguration de la conférence, le 18 avril 1955.

Unité et diversité du tiers-monde

Tentatives d'union. Après Bandung, les tentatives d'union au sein du tiers-monde se sont multipliées, sans toujours obtenir de grands résultats. On peut citer : la création officielle du mouvement des non-alignés (qui dépasse d'ailleurs les seules limites du tiers-monde), à Belgrade, en 1961 ; les regroupements régionaux, plus restreints mais plus homogènes, comme l'Organisation de l'unité africaine (O.U.A.), qui s'appuie sur l'unité culturelle de l'Afrique noire et s'occupe de l'ensemble de ses problèmes politiques et économiques ; enfin, les regroupements et les conférences pour résoudre les problèmes économiques du tiers-monde et lutter contre le sous-développement. Ainsi, à partir de 1963, le « groupe des 77 » (166 membres en 1984) s'efforce de donner une voie unitaire au tiers-monde en matière économique, notamment lors des réunions de la Conférence des Nations unies pour le commerce et le Développement (C.N.U.C.E.D.).

Un échec relatif. Ces réalisations ne doivent pas cacher le fait que l'ensemble des pays du tiers-monde ne sont pas parvenus à constituer une troisième force diplomatique unie. Le mythe de l'unité politique du tiers-monde s'est aujourd'hui effondré. D'abord, parce que le tiers-monde constitue en fait un ensemble très hétérogène, où se côtoient des pays aux caractères économiques, sociaux, politiques et culturels très différents. Les écarts sont encore accentués par des divergences idéologiques et des conflits. De plus, la crise des années 1970-1980 a aggravé les disparités au sein du tiers-monde : on a commencé à opposer, d'un côté, les « nouveaux riches » (les pays exportateurs de pétrole et les pays-ateliers dynamiques comme Taiwan, Singapour, la Corée du Sud...) et, de l'autre côté, les pays les plus pauvres toujours en proie à la misère, l'inégalité et la dépendance, que certains désignent aujourd'hui du nom de quart-monde.

1956

Le XXe Congrès du parti communiste de l'U.R.S.S.

LA DÉSTALINISATION COMMENCE

En février 1956, devant 1 436 délégués venus de toute l'Union soviétique et les envoyés de 55 « partis frères », se tient le XXe Congrès du parti communiste de l'Union soviétique, le premier depuis 1953 et la mort de Staline. Les révélations du secrétaire général, Nikita Khrouchtchev, sur son prédécesseur font l'effet d'une bombe.

Le Congrès commence sans surprise. En sept heures de discours, Khrouchtchev détaille les succès du Ve plan quinquennal et les objectifs du suivant. Suit cependant un éloge de la décentralisation administrative et du pouvoir collégial. La différence avec le règne de Staline, déjà sensible, s'accroît quand sont affirmées la possibilité de la coexistence pacifique avec le bloc capitaliste, celle de la neutralité du tiers-monde entre l'Est et l'Ouest, celle de « voies nationales au socialisme ». L'U.R.S.S. n'est plus le modèle absolu ; le parti communiste italien, en particulier, en prend bonne note.

Un autre responsable, Anastase Mikoyan, va plus loin, dénonce le culte de la personnalité, les « violations de la légalité socialiste », les déformations de l'histoire officielle... Si le corps de Staline est toujours offert à la vénération publique, sur la place Rouge, ses successeurs ne se réclament plus de lui. Mais le plus spectaculaire reste à venir.

Un rapport secret accablant

Le 24 février, Khrouchtchev prononce devant les seuls délégués soviétiques un « rapport secret » qui dénonce l'hystérie, la paranoïa et la mégalomanie de Staline.

Celui-ci était présenté comme le père de la victoire sur le nazisme. Or, prévenu de l'agression nazie de 1941, il n'y a pas préparé le pays et a décimé l'armée. Il a voulu fuir Moscou menacée, a imposé des choix tactiques absurdes. Incapable de lire une carte, il a suivi les combats sur une mappemonde. Dans les « purges », 98 des 135 membres du Comité central de 1935, 1 110 des 1 966 délégués au XVIIe Congrès, « plusieurs milliers d'honnêtes et innocents communistes » sont morts victimes « des exécutions sans procès et sans instruction », après des aveux sous la torture. Des peuples entiers ont subi des « répressions massives ». Ukrainien, Khrouchtchev ajoute que, si son peuple y a échappé, c'est qu'il était trop nombreux et que Staline n'aurait su où le déporter. Loin de l'adulation d'antan ou du relatif silence d'après 1953, Staline est mis au ban de l'histoire.

Une déstalinisation encore relative

Le rapport reste cependant incomplet. Ainsi, l'essentiel des choix économiques n'est pas contesté ; la liquidation de non-communistes, de trotskistes, de partisans de l'ancien prési-

L'U.R.S.S. de Staline à Khrouchtchev

Après les souffrances de la Seconde Guerre mondiale, **les Soviétiques aspirent à une libéralisation.**

Or, **Staline concentre encore davantage le pouvoir** entre ses mains. Monarque absolu et adulé, il impose un nationalisme culturel étroit, un antisémitisme de plus en plus officiel, une surveillance systématique de tous. Plus de 10 millions de personnes sont dans les camps du *Goulag* (la Direction générale des camps), quand **il meurt, le 3 mars 1953.**

Staline n'a pas de successeur unique incontestable : ses anciens collaborateurs se partagent le pouvoir avant de se le disputer. **Nikita Khrouchtchev devient Premier secrétaire du parti :** il réussit à s'imposer contre des rivaux qui ne se méfient guère de lui, mais il doit manœuvrer pour assurer sa position.

dent de l'Internationale communiste, Boukharine, éliminé par Staline, est oubliée, comme la déportation des Allemands de la Volga ou des Tatars de Crimée, dont les terres sont allées à des Russes et à des Ukrainiens. Surtout, les chefs du parti ayant détenu de hautes responsabilités sous Staline, le rapport ne parle guère que de ce dernier, réputé source de tout bien hier, de tout mal aujourd'hui.
De plus, Khrouchtchev refuse de « fournir des munitions à l'ennemi » : le rapport n'est pas publié en U.R.S.S., seules les cellules du parti le reçoivent, comme les chefs des autres partis communistes. Parmi ceux-ci, les Polonais ne le diffusent qu'à l'élite des militants. Quant aux communistes français, ils nient l'existence du rapport...
Le secret, d'ailleurs relatif, n'est pourtant pas maintenu longtemps. À la mi-mars, le *New York Times,* puis l'*Agence française de presse* en donnent un résumé. En juin, on a le texte complet, jamais démenti.

À Budapest, en 1956, la population brûle les images de Staline.

Portrait de Nikita Khrouchtchev, à l'époque du XXe Congrès.

Nikita Khrouchtchev parlant au XXe Congrès du parti communiste de l'U.R.S.S., sous la statue de Lénine.

Des conséquences énormes

Le rapport de Khrouchtchev a un effet énorme en U.R.S.S. D'aucuns protestent ; en Géorgie, où Staline est né, il y a des émeutes. Mais la censure se libéralise, avec des retours en arrière. Des hommes sortent des camps, des victimes sont réhabilitées. C'est à la fois peu et beaucoup, et le choc est grand pour l'ensemble de la société.
Les pays de l'Est sont eux aussi ébranlés. En Pologne, Wladyslaw Gomulka, « communiste national », est réhabilité et remplace son successeur, qui avait été imposé par les Soviétiques. En Hongrie, Imre Nagy proclame le multipartisme et la neutralité du pays, mais les tanks russes écrasent cette révolution : la déstalinisation atteint tragiquement ses limites.
Malgré cela, le XXe Congrès a détruit un mythe et déclenché un mouvement de fond en U.R.S.S., mouvement hésitant, contrarié, étouffé même, plus tard, mais qui chemine, souterrainement, jusqu'à la fin des années 80 et à la *perestroïka.*

→**Voir aussi** : p. 498-499 (Les grandes purges).

La personnalisation du pouvoir après 1956

En U.R.S.S. Après le XXe Congrès, la déstalinisation continue. Le 31 octobre 1961, le corps de Staline est retiré du mausolée de la place Rouge ; le 10 novembre, Stalingrad devient Volgograd. Pourtant, la personnalisation du pouvoir persiste : en octobre 1964, Khrouchtchev est écarté, en partie pour en avoir abusé. Mais, de la direction collégiale qui lui succède, émerge très vite le secrétaire général du parti, Leonid Brejnev. Malgré son style terne, un culte officiel s'organise, particulièrement visible lors de son soixante-dizième anniversaire, le 19 décembre 1976 : le régime qui a succédé à la Russie des tsars a de la peine à se passer d'un souverain !

En Chine. En Chine, après la mort de Mao Zedong, le 9 septembre 1976, Deng Xiaoping, qui l'avait écarté, lui succède. Cependant, un portrait géant reste suspendu place Tian'anmen, et le jugement officiel porté sur lui est nuancé. La démaoïsation n'est que partielle et le libéralisme économique va de pair avec un autoritarisme qui ne recule pas devant le massacre, lors des manifestations étudiantes de juin 1989.

Dans les autres pays communistes. D'autres leaders communistes ont organisé leur propre culte, comme le Roumain Nicolae Ceausescu, qualifié de « génie des Carpates » et de « Danube de la pensée », jusqu'à sa chute et son exécution, à Noël 1989 ; ou Kim il-Sung, qui crée un pouvoir héréditaire en Corée du Nord.

Hors des pays communistes. Hors des pays communistes, il n'a pas manqué de tyrans mégalomanes, réécrivant le *Notre Père* afin qu'il s'adresse à eux, comme les Duvalier en Haïti, ou se décrétant empereur comme Bokassa en République centrafricaine, jusqu'à ce qu'un coup d'État les renverse, respectivement en 1986 et 1979.

La France intervient militairement en Égypte

LA CRISE DE SUEZ

Empêtrée dans la guerre d'Algérie, la France veut y voir une insurrection téléguidée de l'extérieur. Elle soupçonne le colonel Nasser, au pouvoir en Égypte depuis 1954. De fait, celui-ci fournit des armes aux rebelles, prône, avec les non-alignés, le droit à l'autodétermination, et fait retentir les transistors algériens des émissions de « la Voix des Arabes ».

Le président Gamal Abdel Nasser acclamé par la foule, le 29 juillet 1956, après l'annonce aux Égyptiens de la nationalisation du canal de Suez. En bas, *le canal, vers 1956.*

En Égypte même, Nasser a un grand projet, le barrage d'Assouan, qui doit favoriser l'agriculture en régularisant les crues du Nil, et l'industrie en produisant de l'électricité. Or, en juillet 1956, pour le punir de son jeu de bascule entre l'U.R.S.S. et eux, les U.S.A. refusent de financer le barrage, contrairement à ce qui avait été prévu.

L'éclat de rire de Nasser

Le 26 juillet, Nasser, dans un homérique éclat de rire, annonce devant 150 000 personnes que le barrage sera financé par la nationalisation de la Compagnie du canal de Suez. D'ailleurs, la police en occupe les locaux. C'est une société égyptienne, il va indemniser les actionnaires, tout est légal. Mais les Anglais, majoritaires dans la société, s'indignent. D'autant que leurs troupes ont juste quitté l'Égypte, dont ils ont longtemps été les « protecteurs ».

Dans son discours, Nasser a parlé du « Français de Lesseps, (...) à l'origine de la mort de tant de martyrs égyptiens lors de la construction de ce maudit canal ». Le gouvernement de Guy Mollet l'accuse de communisme, de nazisme, de nationalisme, d'islamisme, et, selon le mot d'un conseiller, veut « coloniser le canal ou canaliser le colonel ». On croit régler ainsi le problème algérien tout en se rapprochant de Londres pour construire l'Europe.

Un plan de débarquement en Égypte est préparé. Après des hésitations, il est modifié : pour ne pas apparaître comme des agresseurs, Français et Anglais profiteront d'une attaque israélienne répondant aux fréquents raids palestiniens, pour s'interposer... en occupant la zone du canal.

Opération Mousquetaire

Le 24 octobre, à Sèvres, avec la participation de David Ben Gourion, l'opération est mise au point. Le 29 octobre, l'armée d'Israël, largement pourvue de matériel français, enfonce les positions égyptiennes dans le Sinaï. Le lendemain, comme prévu, Londres et Paris lancent un ultimatum : suspension des hostilités, retrait des troupes à 15 km du canal, réputé menacé. Israël obtempère, pas Nasser. C'est le prétexte cherché pour intervenir. Le

---

Le monde à un tournant

En **1955, à la conférence afro-asiatique de Bandoeng,** en Indonésie, les pays du tiers-monde affirment leur volonté de coexistence pacifique et de coopération contre le sous-développement, et condamnent l'apartheid et le colonialisme, ce qui vise en particulier la France au Maghreb.

En février **1956,** le Soviétique Khrouchtchev dénonce les crimes de Staline. En octobre, des manifestations ouvrières donnent le signal d'une certaine libéralisation en Pologne. **La Hongrie se soulève ;** le 1er novembre, au moment de l'expédition de Suez, elle proclame sa neutralité ; mais **les chars soviétiques noient dans le sang cette volonté d'indépendance.**

Le monde devient plus complexe qu'au temps de la guerre froide, mais les anciennes puissances coloniales, comme la France, y sont plus qu'auparavant prises entre **l'hégémonie des super-grands et l'émergence politique du tiers-monde.**

Les troupes françaises sur les quais de Port-Fouad, près de Port-Saïd, sur la rive orientale du canal, en novembre 1956. Au fond, épave de navire.

Les responsables politiques de l'intervention, pour la France et pour la Grande-Bretagne : Guy Mollet et Anthony Eden, à Paris, à l'hôtel Matignon, devant les caméras de télévision.

Les interventions militaires françaises après Suez

Officiellement, il n'y a pas guerre en Algérie. En fait, le « maintien de l'ordre » mobilise des centaines de milliers de soldats. La guerre déborde en Tunisie en janvier 1958, avec le bombardement du village de Sakhiet. En juillet 1961, 7 000 parachutistes sont envoyés à Bizerte, base conservée par la France et attaquée par Tunis ; un millier de Tunisiens, une trentaine de Français meurent dans les combats.

Après les indépendances africaines, la France appuie les régimes amis. Au Gabon, elle aide en février 1964 le président Léon M'Ba contre un putsch militaire ; au Tchad, en août 68, elle mate une rébellion contre le président François Tombalbaye. Dans la décennie suivante, au Zaïre, le président Mobutu est aidé en avril 1977, et, en mai 1978, les parachutistes portent secours à des Européens menacés à Kolwesi. En Mauritanie, les troupes du Polisario sont attaquées par les soldats français en décembre 1977. Au Tchad, la France intervient début 1978 et en mai 1980 contre des rebelles liés à la Libye... Hors des ex-colonies, elle encadre, le 21 novembre 1979, la prise de la Grande Mosquée de La Mecque, occupée par un groupe armé. Inversement, l'opération « Barracuda » du 20 septembre 1979 met fin au régime de « l'empereur » centrafricain Bokassa, jusque-là bénéficiaire d'incroyables complaisances diamantifères au plus haut niveau.

Dans les années 80. En août 83, l'opération « Manta » engage 3 000 soldats au Tchad. En septembre 1982, la France aide l'O.L.P. à quitter Beyrouth, puis participe à une force d'interposition internationale au Liban, ne partant que fin mars 1984, après avoir eu 88 morts. En 1991, elle prend part à la guerre du Golfe puis, en 1999, elle s'associe à l'intervention militaire de l'O.T.A.N. en Yougoslavie, dans le cadre du conflit au Kosovo.

31, les aéroports égyptiens sont bombardés, ce qui facilite encore l'avance israélienne. Mais la coordination entre alliés est des plus médiocres : les Anglais souhaitent faire fuir les Égyptiens et débarquer au son des cornemuses, les Français rêvent de faire cavalier seul. Le repli de Nasser, qui en appelle à l'O.N.U., fait apparaître l'opération pour ce qu'elle est, une agression.

Enfin, le 5, 7 000 parachutistes arrivent près de Port-Saïd et de Port-Fouad, pour y constituer une tête de pont. Militairement, c'est un succès, même si la garnison de Port-Saïd refuse de se rendre, et si des haut-parleurs affirment aux Égyptiens que la Troisième Guerre mondiale est commencée, et que les missiles soviétiques s'abattent sur Londres et Paris. Le lendemain, l'immense armada concentrée à Chypre arrive, le débarquement commence. Mais, après quelques heures, l'ordre de tout arrêter arrive.

« Un Diên Biên Phu diplomatique »

Le mot est de l'écrivain François Mauriac, et résume la situation. Le 5, l'U.R.S.S., bien qu'occupée par la révolte hongroise, menace d'utiliser les « terribles moyens de destruction modernes ». Les États-Unis ne s'associent pas à elle, mais ils ne veulent pas laisser l'U.R.S.S. se poser en protectrice de l'Égypte. Ils imposent le respect du cessez-le-feu décidé par l'O.N.U., usant de pressions, comme la vente de livres sterling pour faire chuter la monnaie anglaise.

Le 21 novembre, des Casques bleus de l'O.N.U. débarquent, couvrant le rembarquement des troupes. Cela concrétise l'échec de la France et de l'Angleterre, pays de second ordre impuissants face aux super-grands, à qui ils laissent désormais l'essentiel de la place dans la région. En France même, l'affaire se traduit par un rationnement de l'essence, des achats massifs de produits de base dans les épiceries et une triple poussée nationaliste : seuls les députés communistes, l'extrême droite poujadiste anglophobe et quelques isolés comme Pierre Mendès France n'ont pas approuvé le gouvernement ; seul un tiers de la population condamne l'expédition après-coup ; surtout, et cela va jouer en Algérie, des officiers se jugent trahis par « un gouvernement de lâches », qui a reculé malgré des succès sur le terrain...

Une capitale jaillie du désert

BRASILIA

À 1 100 m d'altitude, à plus de 2 000 km de la côte, sur un plateau semi-désertique, surgit, solitaire, la capitale brésilienne. Pivot du nouveau développement économique et social à l'intérieur des terres, elle est construite en un temps record, quatre ans, et inaugurée en 1960.

L'édification de Brasília correspond à un rêve ancien. Depuis le deuxième quart du XIXe siècle, les hommes d'État brésiliens projettent de déplacer leur capitale de Rio de Janeiro vers l'intérieur des terres. La cité fédérale, dont ils appellent de leurs vœux la naissance, devra être le symbole de l'indépendance, de la puissance nouvelle de leur pays.

Un projet qui remonte à 1825

En 1822 est proclamée l'indépendance du Brésil. Trois ans plus tard, les dirigeants décident – pour des motivations à la fois économiques et politiques – de déplacer leur capitale dans le centre du gigantesque pays. Ils veulent amorcer une dynamique qui, à terme, compensera le déséquilibre entre le littoral surpeuplé et l'immensité des terres intérieures quasi inviolées. De plus, ils souhaitent se démarquer par rapport à une longue tradition de politique coloniale, qui a conduit les Portugais à multiplier les ports le long des côtes pour embarquer les richesses vers l'Europe. En 1891, le projet de déplacement de la capitale est inscrit dans le texte de la Constitution. En 1956, enfin – soixante-cinq années plus tard –, le président Kubitschek décide de donner effet à la mesure. Le site de la ville nouvelle est fixé sur un haut plateau occupant le versant méridional du bassin amazonien. La responsabilité de sa conception et de son édification est confiée à deux architectes brésiliens : Oscar Niemeyer, âgé alors de 49 ans – un ami personnel du président –, et Lucio Costa – né en 1902 –, sélectionné au terme d'un concours.

Une croix gigantesque

La responsabilité de déterminer le plan urbain revient à Costa. Celui-ci adopte la forme simple d'une croix, qui rappelle à la fois la tradition antique (le *cardo* et le *decumanus*, c'est-à-dire les deux voies se croisant à angle droit des villes romaines) et la symbolique chrétienne. Mais c'est aussi une aspiration à l'ordre, une conception où rien n'est laissé au hasard, sensée rendre tous les habitants égaux. Deux grands axes délimitent donc l'espace. Il y a d'une part, une voie nord-sud, avenue résidentielle et de circulation. Longue de 10 km, elle est bordée de part et d'autre par 30 quartiers d'habitation, composés d'immeubles en béton de 6 étages chacun, regroupés quatre par quatre, et toujours pourvus de terrains de sport, d'une église, d'écoles, etc. D'autre part, un axe est-ouest, compose l'artère politique et monumentale de la ville, longue de 6 km. Les équipements publics s'y échelonnent : ministères, immeubles d'affaires, bâtiments destinés à la culture et aux loisirs, un parc des exposition, et la cathédrale. Le palais du gouvernement, dit de l'Aurore, celui de la Cour suprême et celui du Congrès (Chambre des députés et Sénat) s'y trouvent également, distribués autour d'une place triangulaire, la place des Trois-Pouvoirs (l'exécutif, le législatif et l'administratif). Ils dominent un lac artificiel,

Structures en béton et immenses verrières transparentes : la cathédrale de Brasília, œuvre de l'architecte Niemeyer.

Un précédent : Chandigarh, en Inde

Spécialisation des quartiers. La ville indienne, conçue entre 1951 et 1956 par Le Corbusier, inachevée, présente le découpage fonctionnel qui sera celui de Brasília avec, au nord, les bâtiments publics, au centre, la zone d'affaires et, près de la gare, les activités industrielles.

Un vocabulaire architectural typique. Les voies de circulation sont hiérarchisées. Les bâtiments les plus importants, dont les silhouettes se reflètent sur des plans d'eau, ont chacun une forme et un traitement original. Mais des constantes demeurent : la construction des immeubles sur pilotis, l'utilisation de brise-soleil, le parti des toits-terrasses.

Le théâtre de Brasilia.

La place des Trois-Pouvoirs (ici le Congrès), à Brasilia.

baptisé Paranoá. L'ensemble des monuments est regroupé au sein d'un vaste périmètre, où abondent les espaces verts.

Des formes modernes, symboles du pouvoir

La réalisation des bâtiments officiels est confiée à Niemeyer. Au plan simple de Costa, celui-ci répond par des bâtiments de forme élémentaire, mais originale. Ainsi, les coupoles inversées du Sénat et de la Chambre des députés (la première à l'endroit et l'autre à l'envers) ou, encore, la couronne de piliers incurvés de la cathédrale. L'influence de l'architecte français Le Corbusier est évidente dans bien des monuments. Elle se remarque dans l'utilisation des pilotis, qui permettent, sans interruption, de voir la plaine à perte de vue, dans les façades tout en verre, dans les brise-soleil, dans les terrasses-jardins en guise de toits.
La ville est entièrement conçue en béton, matériau que Le Corbusier a utilisé fréquemment et dont le faible prix de revient constitue un atout essentiel dans ce pays au revenu national médiocre. Mais l'architecte ajoute à la neutralité du béton une note de régionalisme en recourant, en particulier, à des carreaux de faïence bleue pour orner les monuments. Il use aussi d'un matériau plus coûteux, le marbre, pour la longue plate-forme qui, à la pointe du triangle formé par la place des Trois-Pouvoirs, supporte les bâtiments du Sénat et de la Chambre des députés. La pureté des matériaux, la simplicité des formes architecturales se combinent magnifiquement pour symboliser l'énergie d'un pays tourné vers son avenir.

Vivre à Brasília

L'ambition de ceux qui ont conçu Brasília était de faire de la ville non seulement la capitale gouvernementale du Brésil mais également sa métropole économique et sociale. L'avènement d'une dictature militaire, en 1964, a freiné brutalement le premier élan. Maîtres d'ouvrage et architectes se sont dispersés – Niemeyer est parti travailler en Europe. Beaucoup plus lentement que cela n'était prévu, la cité a développé des fonctions autres que gouvernementales. Elle n'en constitue pas moins, aujourd'hui, le grand pôle d'attraction du Brésil central. Au point qu'elle compte plus de un million d'habitants, alors qu'elle était conçue pour abriter 140 000 personnes. Est-ce un signe de sa réussite ? Non, car une partie importante de sa population se concentre dans des cités satellites composées de simples bidonvilles. Dans le contexte d'une expansion démographique anarchique, les quartiers résidentiels du centre sont devenus trop coûteux pour les revenus modestes.
La fascination qui se dégage de cette œuvre titanesque ne fait pas oublier non plus qu'une ville sans passé, sans possibilité de sorties - elle est plantée au milieu d'un désert qui présente peu d'attraits – rend la vie quotidienne monotone et artificielle. Défi de l'homme face à une nature difficile, symbole conceptuel d'une nouvelle vie urbaine, Brasilia n'a atteint qu'en apparence le but qui lui était assigné. Son centre s'impose par son austère magnificence, comme l'emblème d'un Brésil futur et meilleur ; mais sa banlieue rappelle cruellement les difficultés du présent, la misère d'un pays qui a manqué le défi de son plein développement.

→ **Voir aussi :** p. 300-301 (La Cité radieuse).

Le traité de Rome crée la C.E.E.

LE MARCHÉ COMMUN

À Rome, le 25 mars 1957, deux traités sont signés par les ministres des Affaires étrangères belge, français, luxembourgeois et néerlandais, les chefs des gouvernements italien et allemand, et les six chefs de délégation qui les ont négociés. L'un crée l'Euratom, Communauté européenne de l'énergie atomique ; l'autre, le plus connu, fonde la C.E.E., Communauté économique européenne, ou Marché commun.

C'est l'aboutissement d'un cheminement, qui remonte à l'union paneuropéenne du comte Coudenhove-Kalergi en 1923 ou au plan d'Aristide Briand proposant la création d'« États-Unis d'Europe », balayé, en 1929, par la crise mondiale.

Après 1945, les nécessités de la reconstruction et la peur du bloc soviétique remettent à l'ordre du jour la création d'institutions communes en Europe occidentale : ce n'est qu'une esquisse. Des démocrates-chrétiens (le chancelier allemand Konrad Adenauer ou le président du Conseil italien De Gasperi), des sociaux-démocrates (le Belge Paul-Henri Spaak), des « techniciens » (le Français Jean Monnet) entendent aller plus loin. Monnet défend l'idée d'une Europe supranationale, réalisée progressivement pour ne pas heurter les susceptibilités nationales et axée autour de la réconciliation franco-allemande. Ces principes débouchent sur une entente économique à six – les six futurs signataires du traité de Rome – dans le secteur du charbon et de l'acier : c'est la création de la C.E.C.A. (Communauté européenne du charbon et de l'acier). En revanche, le projet de créer une armée commune – une C.E.D., ou Communauté européenne de défense – est repoussé par la France, par peur du réarmement allemand et par attachement à la souveraineté nationale : l'idée supranationale suscite des oppositions, et l'Europe ne peut se construire que lentement.

Vers une union douanière européenne

En juin 1955, à Messine, en Sicile, les ministres des Affaires étrangères des pays de la C.E.C.A. chargent un comité d'experts, présidé par P. Spaak, d'étudier les possibilités d'union douanière et de coopération atomique. Le but fixé n'est qu'un prétexte : il s'agit en fait de « poursuivre l'établissement d'une Europe unie, par le développement d'institutions communes ». Au XIXe siècle, l'unité allemande a commencé aussi par une union douanière, le *Zollverein.* Beaucoup d'éléments sont favorables : des chefs de gouvernement partisans de l'idée européenne (le socialiste Guy Mollet en France) ; le retour de la Sarre à la R.F.A., qui apaise le ressentiment allemand ; la prise de conscience, après l'échec de l'expédition franco-anglaise à Suez, que les pays européens isolés ne font pas le poids face aux deux Grands. Les travaux du Comité

Les promoteurs de l'idée européenne (les Français Jean Monnet, à gauche, et Robert Schuman, à droite) et la signature du traité (ici, les délégations française et allemande : de gauche à droite : Christian Pineau, Maurice Faure et le chancelier Adenauer).

L'Europe avant le traité

Les premiers pas de l'unification datent de la reconstruction, lorsque les pays collaborent pour se répartir l'aide américaine (plan Marshall). Alors naît, en 1948, **l'O.E.C.E.** (l'Organisation européenne de coopération économique), qui regroupe les États non-communistes d'Europe, moins l'Espagne, le Portugal et la Finlande, puis, en 1949, à Strasbourg, **le Conseil de l'Europe :** Il regroupe dix pays, mais n'a qu'une autorité morale et n'émet que des recommandations.

Les vrais fondateurs de la construction européenne sont les Français **Jean Monnet et Robert Schuman,** qui font triompher en 1951 l'idée de Communauté européenne du charbon et de l'acier, organisme doté d'une autorité supranationale et qui réunit les futurs signataires du traité de Rome.

Mais la France est aussi à l'origine du premier échec de l'idée européenne, lorsqu'elle s'oppose, en 1954, au projet de **Communauté européenne de défense** (C.E.D.), c'est-à-dire d'une armée commune européenne.

Le général de Gaulle et Konrad Adenauer en 1962 : la construction européenne a été l'un des moyens de la réconciliation franco-allemande.

Spaak aboutissent aux traités de Rome et à la création de la C.E.E.

« Le » traité

La première phrase du préambule dit que les signataires sont « déterminés à établir les fondements d'une union sans cesse plus étroite entre les peuples européens ». Suivent deux cent quarante-huit articles.
Les premiers indiquent les principes fondamentaux de la Communauté : elle doit « promouvoir un développement harmonieux des activités économiques [...], une expansion continue et équilibrée, une stabilité accrue, un relèvement accéléré du niveau de vie, et des relations plus étroites entre les États qu'elle réunit ». Les articles suivants organisent la libre circulation progressive des personnes et des biens entre États et annoncent les dispositions communes, financières, économiques et sociales. Enfin, des institutions communautaires sont prévues.
Il s'agit d'une Assemblée de « représentants des peuples des États » devant plus tard être élue au suffrage universel ; d'un Conseil représentant les gouvernements, avec « pouvoir de décision », mais qui doit, pour au moins dix ans, prendre ces décisions à l'unanimité ; d'une Commission, dont les membres, indépendants de leurs pays d'origine, doivent faire l'unanimité du Conseil et ont un « pouvoir de décision propre » ; d'une Cour de justice pour « le respect du droit dans l'application du traité » et d'un Conseil économique et social consultatif.

Les premiers pas du bébé européen

L'Angleterre refuse d'abord d'adhérer, puis elle pose sa candidature en 1961 – on la fait attendre jusqu'en 1973. En 1958, l'arrivée au pouvoir de De Gaulle en France inquiète les « Européens » : mais si le général est hostile au projet d'une union politique, il souhaite la formation d'une confédération d'États souverains. C'est lui qui s'oppose à l'entrée de la Grande-Bretagne, qu'il juge trop liée aux États-Unis ; cette opposition crée une première crise en 1963. Une deuxième crise s'ouvre en 1965, quand la France refuse que la Communauté ait des ressources budgétaires propres.
Ces refus cessent après le départ de De Gaulle : l'unité semble à portée de la main. À partir de 1974, la crise économique attise les divergences entre États, sans que soit jamais remis en cause le principe d'une Europe communautaire. La C.E.E. s'élargit (elle compte douze États après 1986), ses structures se renforcent et ses effets économiques positifs sont très sensibles. À partir de 1986-1987, la ratification de l'*Acte unique européen* accélère le processus d'unification en préparant l'uniformisation des systèmes juridiques, bancaires, éducatifs, etc. Enfin, à partir de 1989, des perspectives nouvelles s'ouvrent pour une Europe conçue jusqu'alors en fonction de l'Ouest, lorsque le bloc rival, les pays communistes regroupés dans le « Comecon », commence à se déliter, et que l'Allemagne se réunifie.

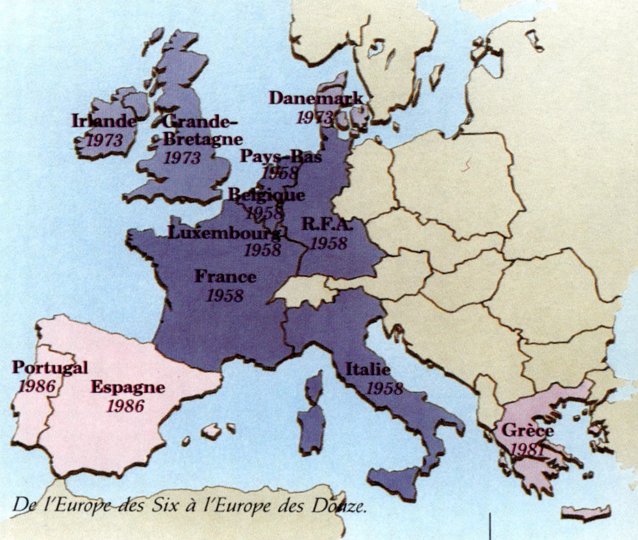

De l'Europe des Six à l'Europe des Douze.

La C.E.E. depuis le traité de Rome

1958. Installation des institutions communautaires. Première séance de l'Assemblée européenne de Strasbourg.
1959. Baisse de 10 % des tarifs douaniers dans la C.E.E. D'autres baisses suivent en 1962 (50 %) et 1963 (10 %).
1960. La Grande-Bretagne demande à adhérer.
1962. Début de l'Europe agricole (prix uniques, « préférence communautaire », taxes sur les importations). L'Assemblée devient le Parlement européen.
1963. Convention de Yaoundé avec des pays du tiers-monde.
1965. Fusion C.E.E.-C.E.C.A.-Euratom.
1967. Unification du prix des céréales.
1968. Fin des droits de douane internes, tarif extérieur commun, libre circulation des travailleurs.
1969. Projets d'union économique et de coopération politique.
1970. Projet de monnaie commune.
1972. Adhésion de la Grande-Bretagne, du Danemark, de l'Irlande et de la Norvège. Retrait norvégien.
1973. Création du S.M.E., serpent monétaire européen, coordonnant les monnaies de plusieurs États-membres.
1975. Réunion du premier Conseil européen des chefs d'État et de gouvernement. L'Italie et l'Irlande entrent dans le S.M.E. Accords de Lomé avec 46 pays du tiers-monde.
1979. Renforcement du S.M.E. et unité de compte commune, l'écu. Élection du Parlement européen au suffrage universel.
1981. La Grèce entre dans la C.E.E.
1985. L'Espagne et le Portugal entrent dans la C.E.E. Principe de l'Acte unique (décisions à la majorité simple et, pour 1993, « grand marché » avec totale liberté de circulation des biens et des personnes).
1989. Sommet des « pays riches », à Paris, avec la C.E.E. comme État. La prochaine réunification allemande force à revoir le processus d'unification.

Le continent noir accède à l'indépendance

LA DÉCOLONISATION DE L'AFRIQUE

À partir de 1957, les trois puissances coloniales européennes, la Grande-Bretagne, la France et la Belgique, se résolvent à accorder l'indépendance à leurs possessions d'Afrique noire. Une nouvelle carte du continent se dessine, en fonction des régimes qu'adoptent les nouvelles nations.

De retour de Grande-Bretagne, où il a obtenu l'indépendance pour son pays (1957), le Ghana, Nkrumah est porté en triomphe par ses concitoyens.

Au contraire de ce qui se passe dans les pays à fort peuplement blanc (Algérie ou Rhodésie du Sud, aujourd'hui le Zimbabwe), la décolonisation des États noirs se déroule généralement dans des conditions pacifiques, sauf dans l'ex-Congo belge, déchiré par une sanglante guerre civile. Mais les nombreux problèmes qui se posent aux nouveaux pays ne leur permettent pas de se passer complètement de l'intervention des grandes puissances mondiales.

Le processus de décolonisation

Dès la fin de la Seconde Guerre mondiale, l'ordre colonial, qui a fait la fortune de plusieurs États de l'Europe, est contesté. Poussée par l'U.R.S.S. et par les États-Unis, hostiles à l'impérialisme européen, l'O.N.U., dans la charte de San Francisco en 1945, proclame le droit des peuples à disposer d'eux-mêmes. Dans les colonies, les mouvements nationalistes acquièrent à la même époque une force accrue. Enfin, réunie en 1955, la conférence de Bandung met au premier plan la volonté des pays déjà décolonisés de constituer avec les futures nations libérées un « bloc » capable de faire front à la suprématie des État riches et dominateurs. Dans le continent noir partagé entre la Grande-Bretagne, la France, la Belgique, le Portugal et l'Espagne, la décolonisation se met en place de façon globalement rapide et sereine. Prélude à l'indépendance, les Britanniques — qui ont déjà accepté, avant la guerre, l'émancipation du Canada, de l'Australie, de la Nouvelle-Zélande et de l'Afrique du Sud — mettent en place des institutions provisoires dans les territoires qu'ils contrôlent. Première de tous les États noirs à accéder à l'indépendance, l'ancienne Gold Coast, qui deviendra le Ghana, connaît ainsi une évolution exemplaire : réforme constitutionnelle en 1946, nomination de Nkrumah au poste de Premier ministre en 1952, indépendance au sein du Commonwealth en 1957. Le Nigeria (1960), puis le Tanganyika (1961), l'Ouganda (1962) deviennent aussi indépendants, tout en conservant des liens étroits avec leur ancienne métropole. L'Afrique noire britannique achève ainsi sa libération, dans les meilleures conditions possibles, en 1965. Les territoires africains de la France connaissent une évolution comparable. Une

En 1958, le général de Gaulle prononce à Brazzaville un célèbre discours sur le droit des peuples à disposer d'eux-mêmes, initiant ainsi l'émancipation des colonies françaises d'Afrique noire.

Le Congo en guerre

La crise la plus grave liée à la libération des pays africains noirs éclate dans l'ancien Congo belge, devenu république du Congo, Zaïre, puis, depuis 1997, République démocratique du Congo.

Dès la proclamation de l'indépendance, reconnue par l'ancienne métropole le 1er juillet 1960 après quatre ans d'effervescence nationaliste, des émeutes éclatent dans la capitale, Léopoldville (aujourd'hui Kinshasa), et les troupes congolaises se mutinent contre les officiers belges qui continuent de les encadrer. Moïse Tschombé, gouverneur de la région minière du Katanga, en profite pour déclarer l'indépendance de celui-ci. Il reçoit dans un premier temps l'appui de la Belgique qui, ayant considérablement investi dans l'Union minière du Katanga, espère de la sorte sauvegarder ses intérêts. Une force internationale, les « Casques bleus », est envoyée par l'O.N.U. à l'appel du Premier ministre congolais, Patrice Lumumba — mais elle se garde d'abord de prendre parti. Lumumba lui-même est assassiné en 1961, à cause de son obstination à réduire la sécession katangaise, et la république du Congo sombre dans des luttes ethniques sans merci. Mais, l'ancienne métropole ayant modifié sa politique, la sécession katangaise est réduite en 1964 par des parachutistes belges. Un an plus tard, le colonel et chef d'état-major Sese Seko Mobutu s'empare du pouvoir par un putsch et se proclame président de la République puis (1966) chef du gouvernement. Sous son régime dictatorial à parti unique, le pays revient à la stabilité et à la paix. En 1997, Mobutu, fortement contesté depuis de nombreuses années, est acculé à la démission par des troupes rebelles dirigées par Laurent-Désiré Kabila, et le pays sombre à nouveau dans la guerre.

Le continent africain reste aujourd'hui confronté à d'énormes problèmes de pauvreté, de surpopulation et de santé (Lagos, Nigeria).

première étape est constituée par la « loi-cadre » préparée par Gaston Defferre et votée en 1956, qui crée des conseils de gouvernement à compétence interne. Puis, en 1958, après le discours prononcé à Brazzaville par le général de Gaulle proclamant le droit des peuples d'outre-mer à décider de leur avenir, des référendums sont organisés. Les pays concernés sont appelés à choisir pour la Communauté avec la France ou la liberté totale. Seule la Guinée se prononce alors pour la sécession et ce n'est qu'en 1960 que tous les territoires de l'A.-O.F. (Afrique-Occidentale française) et de l'A.-É.F. (Afrique-Équatoriale française), ainsi que Madagascar, deviennent indépendants. En Afrique australe, la décolonisation de l'Angola, colonie portugaise, est, quant à elle, beaucoup plus tardive et beaucoup plus difficile : elle est proclamée en 1975, à la suite de presque quinze ans d'un conflit armé opposant les soldats de la métropole au front de libération soutenu par l'Union soviétique. Et, après 1975, l'Angola est le théâtre d'une guerre civile entre le Mouvement populaire de libération de l'Angola et les mouvements de guérilla, soutenus par l'Afrique du Sud. Autre colonie portugaise, le Mozambique connaît une évolution similaire.

→ **Voir aussi** : p. 572-573 (Bandung); p. 700-701 (Le drame du Rwanda).

L'Afrique nouvelle

Après l'euphorie qui a suivi leur indépendance, les jeunes États africains se trouvent confrontés à de terribles difficultés politiques et économiques.

Le rattachement à un « bloc ». Les ressources du continent en ce qui concerne certaines productions agricoles (café, cacao, oléagineux), et surtout minières, suscitent les convoitises occidentales. En proposant aux jeunes nations largement démunies les aides financières, militaires et techniques dont elles ont tant besoin, les pays européens persistent à jouer un rôle actif dans le continent africain. Le succès de la pénétration étrangère dépend du caractère du régime choisi par les nouveaux États : dans les années qui suivent l'indépendance, les pays qui se rallient au marxisme privilégient leurs rapports avec l'Union soviétique et le bloc de l'Est, tandis que les autres préfèrent garder des liens avec leurs anciennes métropoles pour développer une économie capitaliste.

Une économie défaillante. Toutes les aides extérieures ne suffisent pas cependant pour permettre un développement satisfaisant du continent africain, structurellement sous-équipé. Abandonnées à des pratiques agricoles archaïques, les campagnes végètent le plus souvent, tandis que les villes connaissent une croissance anarchique. Dans plusieurs régions règnent de façon endémique malnutrition et pauvreté, aggravées par des catastrophes climatiques comme la grande sécheresse du Sahel en 1973-1974.

Le drame des conflits ethniques. Enfin, le découpage territorial du continent, legs de la colonisation, entretient des conflits constants entre les États africains et à l'intérieur des pays. Séparées par une frontière arbitraire, des ethnies veulent se regrouper tandis que d'autres, qui se partagent un territoire, luttent pour sa possession exclusive ou afin d'obtenir le monopole du pouvoir. Ces rivalités aboutissent périodiquement à des drames : ainsi dans l'ex-Congo belge en 1960, au Biafra en 1967 (république du Nigeria) ou au Rwanda en 1994.

La plus grande famine de l'histoire de la Chine

LE «GRAND BOND EN AVANT»

Entre 1958 et 1961, Mao Zedong, maître incontesté de la Chine populaire, impose à son pays le «Grand Bond en avant» : un programme de modernisation visant à développer la petite industrie dans les campagnes et à accroître dans des proportions considérables la production agricole. Le volontarisme aveugle et irréaliste du programme a des effets catastrophiques : entre 15 et 30 millions de morts.

« Trois ans d'efforts et de privations et mille ans de bonheur », tel est le slogan lancé en 1958 pour entraîner les populations dans un tourbillon brutal de transformations. En trois ans, des exigences de production surhumaines conduisent le pays à la plus grande famine qui ait jamais existé en Chine.

L'ivresse du Grand Bond

L'objectif de Mao Zedong, c'est-à-dire le développement simultané de l'industrie et des campagnes, se résume dans le programme « marcher sur les deux jambes ». En six mois, pour atteindre ce but, les « communes populaires », unités de base de l'habitat et de la production dans les régions rurales, sont radicalement transformées : constituées à l'origine d'une quinzaine à une vingtaine de familles en moyenne, elles deviennent, par le regroupement autoritaire des populations, de véritables cités réunissant des centaines de milliers de personnes (jusqu'à 400 000). Les membres de ces nouvelles structures sont harcelés, contraints de donner à la communauté tout ce qui leur appartient, obligés de travailler à des cadences infernales — jusqu'à seize heures par jour !

D'énormes travaux d'irrigation et de nouvelles plantations ainsi que la mise en place de petites unités industrielles (notamment des hauts-fourneaux) viennent soutenir cet effort humain sans précédent pour assurer le développement rapide de l'économie. Durant toute l'année 1958, dirigeants de Pékin et cadres locaux, enthousiastes et volontaristes, accroissent régulièrement les normes de production et obligent en particulier les paysans à livrer à l'État des quantités toujours plus grandes de céréales.

Un immense effort physique et moral : c'est ce que demande le « Grand timonnier » à la population de Chine populaire, à l'époque du « Grand Bond en avant ». Effort excessif et qui conduira à des contre-performances désastreuses.

Des exemples dramatiques : la Mandchourie et l'Anhui

Dans les régions du centre et du centre-nord, zones difficilement accessibles et que touchent de plus, en ces années, une terrible sécheresse, la situation créée par le Grand Bond est plus dramatique encore que dans le reste du pays.

En Mandchourie, par exemple, la production agricole diminue de moitié entre 1958 et 1960 alors que pratiquement aucun convoi de vivres ne parvient dans la région. Il faut attendre 1962 pour que la surmortalité liée à la famine commence à disparaître.

Dans l'Anhui, la mortalité fait un bond effrayant : de 15 ‰ en 1957 à 68 ‰ en 1960. Pendant la même période, le taux de natalité passe de 30 ‰ à 11 ‰. Les effets conjugués de la surmortalité due à la faim et du déficit des naissances conduisent cette région à un déficit démographique de 2 millions d'habitants pour la seule année 1960.

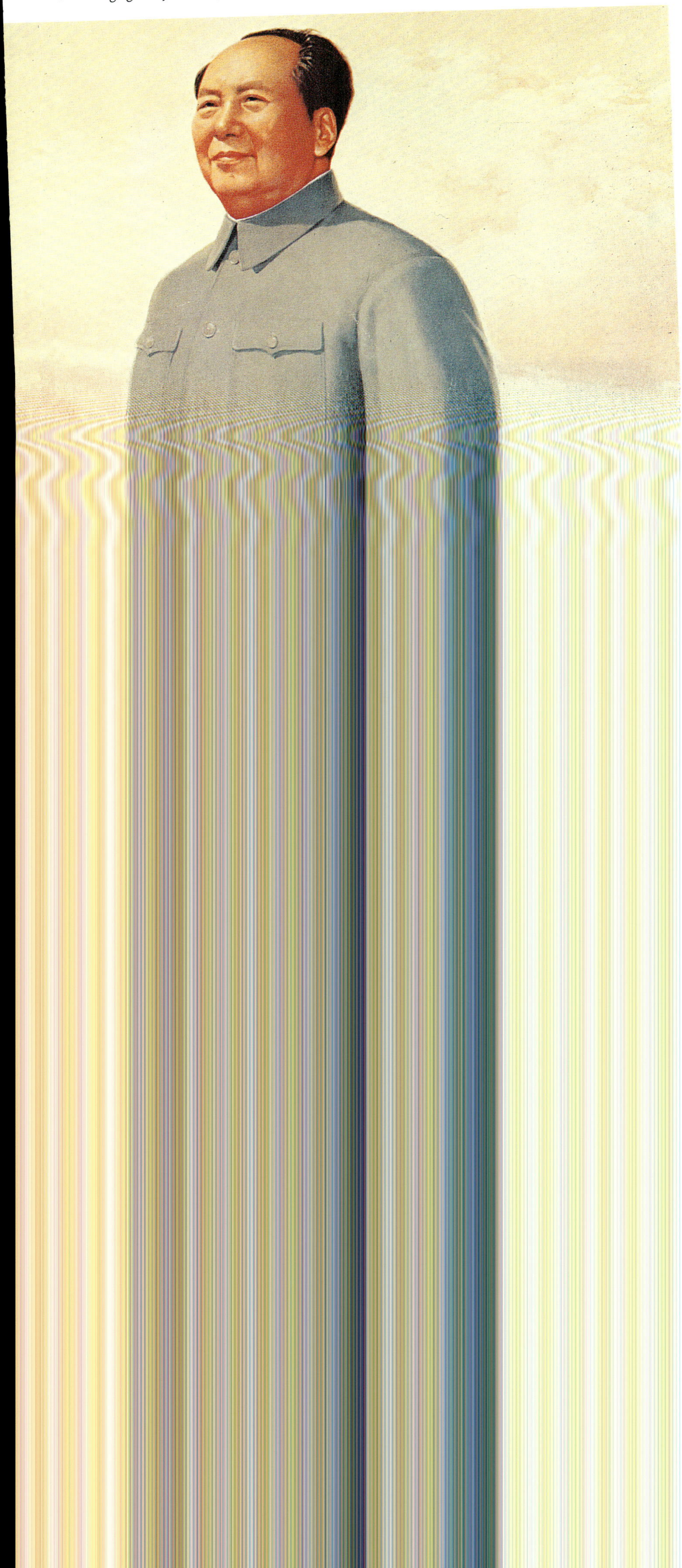

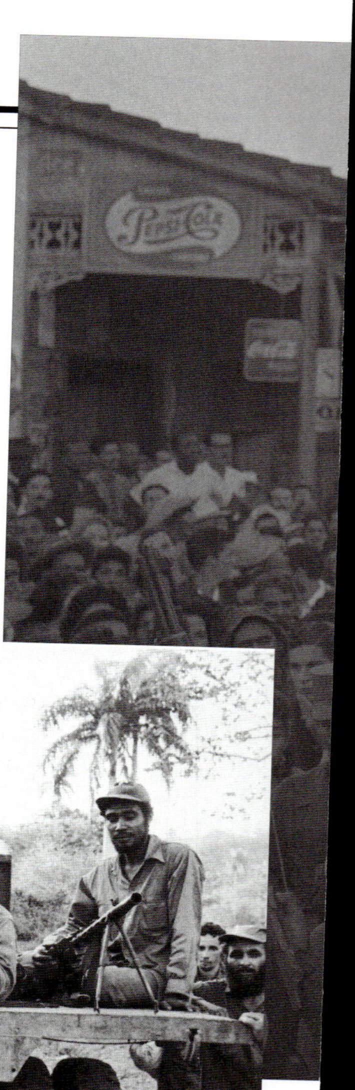

Des résultats catastrophiques

Pour satisfaire de telles exigences, les paysans substituent à la diversité des productions antérieures, garante jusque-là d'un relatif équilibre alimentaire, une monoculture céréalière beaucoup moins satisfaisante du point de vue diététique. Surtout, ils sont forcés d'employer des techniques agricoles évidemment dommageables pour la terre. L'abandon de la jachère aggrave la pauvreté de sols souvent déjà peu fertiles; la mise en place de semis extrêmement serrés provoque l'étouffement des jeunes pousses; les terres irriguées ne sont plus drainées, tant les paysans manquent de temps pour ce qui ne touche pas directement à l'accroissement immédiat de la production : dès lors, l'évaporation des eaux provoque une concentration de sel sur la surface qui rend les cultures impossibles. Enfin, la politique hydraulique générale aggrave les risques d'inondation, car les grands travaux d'irrigation faits dans la hâte favorisent l'érosion. Les ponts ou les canaux construits en bambous ou en torchis risquent d'être emportés à la première crue.

Dès l'automne 1958, des tournées d'inspection constatent que statistiques et résultats sont gonflés ou faussés. Surtout, les récoltes sont négligées par des paysans enrôlés de force dans les industries rurales. Malgré la contrainte qui pèse sur eux, à la mesure des exigences gigantesques, les populations n'arrivent pas à remplir le plan.

Au total, l'économie et le pays entier se retrouvent désorganisés. Un immense exode rural alors vient gonfler les villes de 15 millions d'habitants supplémentaires. Productions agricoles et industrielles chutent dramatiquement en 1961.

Une famine épouvantable

Alors que la production agricole ne cesse de baisser, le gouvernement continue à exporter riz et céréales vers l'étranger. La conséquence principale de cette décision est d'affamer les Chinois eux-mêmes. Dès 1959, les ressources alimentaires par habitant sont de 20 % inférieures à ce qu'elles étaient en 1957.

La faim s'installe dans toutes les régions, des hordes de miséreux se lancent sur les routes en quête de nourriture. Affaiblis, les affamés présentent une plus grande réceptivité aux maladies et aux infections : la mortalité passe de 11 ‰ en 1957 à 29 ‰ en 1960. La fécondité féminine diminue, quant à elle : le taux de natalité s'effondre à 18 ‰ en 1961, alors qu'il était de 33 ‰ en 1957.

Dans les villes, tous les terrains non construits sont transformés en potagers et de nombreux habitants transforment leur balcon en poulailler. La ration de riz par habitant baisse en 1961 de 25 % dans les campagnes et de 8 % dans les villes.

Le bilan est accablant : 15 millions de personnes au moins — mais peut-être bien 30 millions selon d'autres estimations — meurent de faim et d'épidémies. Face à une faillite si évidente du projet, le gouvernement chinois fait finalement marche arrière, mais seulement une fois les «trois années d'efforts» révolues, c'est-à-dire en 1961. À cette date, en peu de temps, les techniques de culture traditionnelles sont restaurées et les communes populaires de nouveau morcelées, tandis que les paysans sont rendus à leurs activités exclusivement agricoles.

La Chine, terre de grandes famines

Des disettes récurrentes. De tout temps, les crises de subsistance ont affecté la Chine et en particulier sa moitié nord. Moussons dévastatrices ou sécheresse sont les deux fléaux contre lesquels les paysans ont à se battre depuis la nuit des temps. Jusqu'au milieu du XIXe siècle, au prix d'une intervention massive de l'État, l'administration impériale parvient à juguler à peu près les conséquences sociales et démographiques de ces calamités naturelles. Après quoi, les choses tendent à empirer.

La famine de 1876-1879. Dans les provinces situées entre le Yangzi et le fleuve Jaune, 75 millions de personnes souffrent de manque de nourriture dans les deux années 1876-1877. Parmi elles, 10 millions se trouvent dans un état de dénuement absolu. Le degré d'affaiblissement des personnes est tel que celles-ci ne peuvent assurer les semailles pour la récolte du blé de printemps en 1878. La famine s'installe alors, faisant de 9 à 13 millions de morts, selon les estimations.

Au XXe siècle. En 1920-1921 et en 1928-1930, la sécheresse frappe le nord et l'ouest du pays. Ces deux famines causent la mort de 3,5 millions de personnes.

Mao Zedong (1893-1976) : de 1958 à 1961, le projet économique excessivement ambitieux dont il imposa la mise en place causa la mort de dizaines de millions de personnes.

Les « barbus » entrent dans La Havane

FIDEL CASTRO

Le 8 janvier 1959, Fidel Castro pénètre dans La Havane à la tête de quelques centaines de guérilleros, jeunes gens exaltés qui, après des années de lutte, ont réussi à obtenir le départ du dictateur Fulgencio Batista : il a la prétention d'instaurer un régime qui échappe à toutes les dénominations classiques.

En réalité, l'identification progressive du castrisme au marxisme et l'importance croissante de la présence soviétique dans le pays font bientôt de ce dernier un des bastions les plus solides du communisme en Amérique latine.

Une épopée révolutionnaire

L'aventure castriste a commencé en 1953, soit six années plus tôt. À ce moment-là Cuba est soumise à une dictature appuyée par les États-Unis, qui laisse le champ libre aux trafics mafieux dans la capitale et élimine les oppositions par les moyens les plus brutaux : la torture et les exécutions sommaires. Indignés par ce régime, une poignée d'étudiants et d'ouvriers, menés par Fidel Castro, alors âgé de 26 ans, se lancent à l'assaut de la caserne de la Moncada à Santiago de Cuba : leur rébellion est réprimée dans le sang. Arrêté, condamné à quinze ans de réclusion et gracié peu après, Fidel Castro s'exile au Mexique ; de là, il prépare un retour militaire dans l'île. En décembre 1956, un commando de 82 hommes, à bord d'un petit yacht, le *Granma,* débarque sur la côte cubaine de l'Oriente. De nouveau, les rebelles sont massacrés, à l'exception de douze rescapés qui se réfugient dans les forêts de la Sierra Maestra. Bientôt, ces insoumis sont rejoints par des centaines de volontaires venus des campagnes : les *barbudos* — ils ont juré de ne plus se raser jusqu'au renversement de la dictature — opèrent des raids audacieux dans toute la Sierra. Leur action rencontre dans le reste du monde une audience favorable : l'opinion se montre fascinée par ces hommes courageux qui mènent leur combat sans aide extérieure et pratiquement sans moyens. En octobre 1958, les colonnes, conduites par Castro et ses lieutenants « Che » Guevara et Camilo Cienfuegos, investissent la plupart des villes cubaines. La fuite de Batista leur ouvre enfin La Havane.

Chef des insurgés, Fidel Castro est accueilli en libérateur dans une capitale affranchie du pouvoir dictatorial de Batista.

En 1956-1957, des centaines de guérilleros rejoignent Fidel Castro et prennent le maquis dans la Sierra Maestra.

La baie des Cochons

Si la personnalité de Castro suscite l'enthousiasme, son programme politique, en 1959,

---

Les balseros

Les premiers exilés. Au moment de la prise de pouvoir par Fidel Castro, les opposants au nouveau régime quittent clandestinement l'île pour s'installer à Miami en Floride. On chiffre à un million ces exilés volontaires auxquels, à partir de 1966, une législation américaine assure l'accueil.

Après 1990. Un nouveau mouvement d'émigration se produit en 1990, lorsque l'effondrement du communisme en Europe et la dislocation de l'U.R.S.S., en privant Cuba de l'aide financière et logistique que lui fournissait ce pays, suscitent une montée du chômage et des difficultés alimentaires intolérables. Le mouvement est d'une ampleur telle que les États-Unis, désormais, renoncent à accueillir sans condition les réfugiés.

Une situation sans issue ? Durant les mois de juillet et août 1994 se produit la crise la plus grave. Sur des embarcations précaires, entre 20 000 et 30 000 *balseros* — les « boat people » cubains — s'enfuient vers les côtes américaines. Sur ordre du président Clinton, plusieurs centaines de ces personnes sont renvoyées sur la base américaine de Guantánamo, à Cuba même. En septembre, après des négociations difficiles avec Fidel Castro, les États-Unis s'engagent à donner un minimum de 20 000 visas d'entrée par an aux Cubains. Cependant l'embargo américain contre La Havane est renforcé.

est beaucoup plus difficile à cerner. Fidel, à cette époque, affirme n'avoir aucune attache avec le marxisme — à la différence de plusieurs de ses proches, Antonio Valdés, Ernesto Guevara (dit « Che »), ou son propre frère, Raúl Castro. Il se présente comme le leader de la liberté du tiers-monde — une notion alors nouvelle qui englobe les pays pauvres et les nations récemment décolonisées —, ceci lui valant durant les premiers mois de l'établissement de son pouvoir la sympathie des États-Unis. Pourtant, très rapidement, l'évolution du régime conduit à une crise très grave entre Cuba et son puissant voisin. En effet, en mai 1959, une première réforme agraire, limitant les propriétés à 402 hectares, touche de plein fouet les compagnies américaines qui possèdent des exploitations sucrières. Alors que le président Eisenhower fournit officiellement son appui aux anticastristes réfugiés en Floride, le gouvernement cubain signe un accord commercial avec l'Union soviétique, nationalise les intérêts pétroliers américains dans l'île et exproprie près de 200 sociétés dont les capitaux sont états-uniens. Washington réplique en décrétant un embargo total sur le commerce avec Cuba; les relations diplomatiques sont rompues entre les deux pays. Au printemps 1961, la situation s'aggrave encore et manque déclencher une crise internationale. Le 17 avril, avec l'appui de la CIA (le service d'espionnage américain), et un équipement fourni par les États-Unis, quelques centaines d'exilés anticastristes débarquent sur la côte sud-ouest de l'île, dans un lieu appelé la baie des Cochons. Ils espèrent obtenir le ralliement de la population cubaine, mais sont refoulés par l'armée. La responsabilité américaine dans cette entreprise maladroite est évidente : elle est reconnue officiellement par le président Kennedy lui-même.

L'affaire des fusées

L'affaire conduit le gouvernement castriste à se rapprocher de Moscou. Mais l'Union soviétique, cette fois, monnaye son aide ; en 1962, Nikita Khrouchtchev obtient d'installer secrètement à Cuba des rampes de lancement pour des fusées nucléaires… pointées vers les États-Unis. Dans la nuit du 14 octobre 1962, un avion de reconnaissance américain prend des photographies de ces rampes. Quatre jours plus tard, John Kennedy apprend que des cargos soviétiques transportant des missiles font route vers Cuba. La révélation de ces informations place pendant plusieurs jours le monde sous la menace d'un conflit nucléaire. Si la crise se dénoue finalement, entre le 26 et le 28 octobre, le régime castriste, quant à lui, a désormais choisi son camp : celui qui ne se fait plus désormais appeler que le líder máximo se déclare officiellement « marxiste-léniniste » et, de fait, s'aligne progressivement sur le modèle soviétique. Dans les premières années, le régime connaît un certain succès sur le plan agricole, médical et scolaire; mais le plan d'industrialisation de l'île se révèle très coûteux, et, rapidement, la population doit subir de fortes restrictions alimentaires, génératrices d'un mécontentement fermement contenu par Castro. Cependant, d'anciens amis de ce dernier préfèrent quitter le pays pour diffuser à l'extérieur une « révolution permanente » authentique. Sur le modèle de l'ancienne guérilla cubaine, de nouveaux fronts sont ainsi ouverts dans divers pays d'Amérique latine. « Che » Guevara devient alors la nouvelle figure emblématique de l'espoir des opprimés : ayant choisi de quitter Cuba en 1965, il s'en va poursuivre la lutte en Bolivie, où il trouve la mort le 9 octobre 1967.

Si le líder máximo est plus que contesté aujourd'hui, Che Guevara, mort en 1967, continue d'être l'objet d'un culte et reste, à travers le monde, l'une des grandes figures révolutionnaires (enterrement près du Che, à Cuba, de 7 guérilleros morts en Bolivie avec lui, 1999).

1961

Le premier vol habité dans l'espace

VOSTOK 1

Le 12 avril 1961, l'Union soviétique étonne le monde entier en envoyant le premier homme dans l'espace. Avec cet immense succès scientifique et technologique, la puissance communiste confirme la suprématie acquise depuis quelques années dans le domaine de l'astronautique.

Au lendemain de la Seconde Guerre mondiale et pour des raisons militaires, l'URSS s'engage activement dans l'aventure spatiale. Elle cherche à combler son retard sur les

Le départ de Vostok 1, le 12 avril 1961. À son bord, Youri Gagarine, le premier explorateur de l'espace.

Vostok 1

Le vaisseau Vostok est propulsé par une fusée, formée d'un corps central entouré de quatre accélérateurs et par un étage orbital. Ce dernier se sépare du vaisseau dès qu'il a été placé sur orbite.

Le vaisseau se compose de deux parties : l'habitacle, ou capsule de rentrée, et le compartiment des équipements, ou module de service. L'habitacle sphérique abrite le cosmonaute, installé sur un siège éjectable. Le module de service transporte les réserves d'oxygène et d'azote, les batteries alimentant les appareils de bord et la rétrofusée qui permet de sortir de l'orbite et de revenir sur la Terre.

Poids du vaisseau : 4,73 t ; longueur : 4,40 m ; diamètre de la capsule de rentrée : 3,30 m ; volume de la capsule : 5,20 m3.

Durée du vol : 1 h 48 ; durée de l'orbite : 1 h 29

Périgée (point de l'orbite où le vaisseau Vostok est le plus proche de la Terre) : 181 km. Apogée (point de l'orbite où le vaisseau Vostok est le plus éloigné de la Terre) : 327 km.

Américains, qui détiennent l'arme atomique. Après une dizaine d'années passées à concevoir et à mettre au point des fusées et des satellites, les Soviétiques lancent, le 4 octobre 1957, le premier satellite artificiel, Spoutnik. Ils ouvrent ainsi triomphalement l'ère de l'exploration spatiale. Le mois suivant, Spoutnik 2 emporte dans l'espace la chienne Laïka, le premier être vivant satellisé, ainsi que des instruments qui mesurent les rayons solaires et cosmiques. Ces réussites, confirmées par le lancement de Spoutnik 3, invitent l'Union soviétique à poursuivre son programme de vol habité.

Un passager pour Vostok 1

Dès 1959, les autorités recrutent parmi les pilotes de l'aviation militaire des volontaires pour une mission secrète et dangereuse. Lorsque la sélection définitive s'achève en mai 1960, il reste six hommes. Six mois durant, les candidats, qui savent désormais qu'un voyage dans l'espace les attend, reçoivent une formation théorique. Commencent ensuite les séances d'entraînement intensif, qui durent six autres mois. Les futurs cosmonautes sont confrontés à des machines qui simulent les conditions de vol et testent les réactions des organismes. Il s'agit de savoir comment ces hommes supportent les accélérations extrêmement brutales (de l'ordre de 1 300 kilomètres à l'heure en quelques secondes), les décélérations et les pressions très fortes qui en résultent. Ils se préparent aussi au vol en apesanteur. Ce n'est qu'au soir du 10 avril 1961 que les Soviétiques désignent l'occupant du vaisseau Vostok 1. Le premier voyageur de l'espace sera le lieutenant Youri Gagarine. Né le 9 mars 1943, le jeune officier, fils de charpentier, est marié à une infirmière et est père de deux fillettes.

Un vol sans histoire

Le 11 avril 1961, la fusée qui doit emporter le vaisseau Vostok 1 est transportée sur l'aire de lancement de la base de Tiouratam-Baïkonour, dans l'Asie centrale soviétique. Le 12 au matin, Gagarine, enveloppé d'une combinaison spatiale pourvue d'un casque et reliée à une pompe à oxygène, s'installe sur le siège-couchette éjectable de la capsule de Vostok 1, face à une caméra qui le filme. À 6 h 07, en temps universel, la fusée décolle. Trois minutes plus tard, comme prévu, elle perd sa coiffe, c'est-à-dire sa partie supérieure de forme conique. Cinq minutes après le décollage, c'est le corps central de la fusée qui se sépare. Enfin, à 6 h 21, après la mise en orbite du vaisseau, l'étage orbital se détache. Vostok 1, dont le nom signifie « Orient », commence à effectuer sa révolution autour de la Terre d'est en ouest. Le vol étant entièrement automatique, Youri Gagarine n'a aucune manœuvre à accomplir. Il est un simple passager dont les savants étudient les réactions. À travers le hublot de la capsule, le cosmonaute profite donc pleinement de l'extraordinaire spectacle qu'il est le premier homme à contempler : la Terre vue d'une distance de 200 à 300 km. Ce merveilleux voyage dans l'espace se double bientôt d'un voyage dans le temps. À 6 h 49, Vostok 1 entre dans l'ombre de la Terre, c'est-à-dire dans la nuit. À 6 h 57, l'engin survole l'Amérique. Vingt minutes plus tard, le vaisseau quitte l'ombre de la Terre et retrouve le jour. Youri Gagarine vit sa deuxième aube de la journée. Durant le vol, il est prévu que le cosmonaute prenne une légère collation : en vue des futurs vols habités, qui seront forcément plus longs, les scientifiques veulent en effet étudier les réactions de l'organisme dans l'espace, lorsqu'il ingère de la nourriture. Gagarine avale donc une gelée contenue dans un tube et de l'eau conservée dans un petit réservoir équipé d'un tuyau À 7 h 25, le tour de la Terre s'achève. C'est un des moments les plus dangereux : la rétrofusée du module de service, qui doit faire sortir le vaisseau de l'orbite et amorcer le retour sur la Terre, va-t-elle s'allumer ?

Un retour sans problème

Les savants, qui ont prévu une possible défaillance du moteur, ont choisi de placer Vostok 1 sur une orbite basse. À partir de cette orbite, le vaisseau, privé de moyen de propulsion, rentrerait dans l'atmosphère au bout de dix jours... Ces précautions s'avèrent inutiles. Le contact avec l'atmosphère produit un échauffement très important qui transforme la capsule en boule de feu. Le phénomène est prévu : à l'intérieur de l'habitacle, la température est toujours de 20 °C. Peu après l'entrée dans l'atmosphère, la capsule et le module de service se détachent. À 7 000 mètres d'altitude, l'écoutille de la cabine s'ouvre et le siège s'éjecte. Un parachute se déploie. À 4 000 m, Youri Gagarine se sépare du siège éjectable et fait fonctionner son propre parachute. Il touche le sol à une vitesse de 18 km/h. À l'époque, les Soviétiques, sans doute par crainte que le vol habité ne soit pas reconnu, ont tu le fait que le passager devait s'éjecter au retour. L'opération était pourtant inévitable, étant donné la brutalité de l'atterrissage de la capsule, que le corps humain n'aurait pu supporter. À 7 h 55, Youri Gagarine pose donc les pieds sur le sol de l'Union soviétique. Le premier homme à avoir volé dans l'espace devient instantanément un héros dont le nom restera à jamais attaché aux débuts de la conquête spatiale.

La capsule de retour de Vostok 1, lors de son atterrissage.

Berlin symbolise la coupure de l'Europe en deux

LE MUR DE LA HONTE

Dans la nuit du 12 au 13 août 1961, à 0 h 30, la police militarisée de l'Allemagne de l'Est installe 43 kilomètres de barbelés pour séparer Berlin-Est de Berlin-Ouest. Dans les semaines qui suivent, les barbelés sont doublés d'un mur ; en 1962, les maisons bordant la zone sont progressivement démolies ; vers 1965, le mur fait 25 kilomètres et il est précédé d'un *no man's land* qui facilite la surveillance et le tir éventuel par des sentinelles installées en permanence. La « barrière de protection antifasciste », vite appelée « mur de la honte » colmate la seule brèche dans le rideau de fer abaissé après 1945 par l'U.R.S.S. entre l'Europe « capitaliste » et l'Europe « socialiste ».

La période est pourtant à la détente, depuis la mort de Staline. L'équilibre de la terreur pousse en ce sens ; l'Union soviétique et les États-Unis disposent de bombes thermonucléaires ; la personnalité des chefs des deux pays, Nikita Khrouchtchev et John F. Kennedy, joue également. Mais les crises n'ont pas tout à fait cessé. Il y en a une, encore, à cause de Berlin, en 1958, quand les Soviétiques proposent de faire de la cité une ville libre, sous contrôle de l'O.N.U., et que les Occidentaux refusent. Depuis, le climat est à la tension, d'autant que l'U.R.S.S. menace de signer avec la R.D.A. un traité de paix séparé et de restituer à celle-ci les pleins pouvoirs sur Berlin-Est. En 1961, ce projet de paix séparé est réactivé : en juillet, Khrouchtchev évoque la signature prochaine de ce traité, et déclare que les troupes soviétiques se tiendront prêtes à repousser l'agression, en cas de réaction occidentale après la signature de l'accord. À la fin du mois, Kennedy répond que « Si la guerre éclate, elle aura commencé à Moscou et non à Berlin ». Une partie de poker est en cours, et les joueurs disposent de bombes atomiques. Le mur de Berlin est la plus grosse relance de cette partie.

Les nécessités de l'économie est-allemande

La construction du mur est décidée dans ces circonstances, comme il semble qu'aucune entente ne soit plus possible entre les deux blocs à propos du statut de l'Allemagne. Mais les raisons de la construction sont surtout internes à la R.D.A., car Berlin pose de terribles problèmes au gouvernement de l'Allemagne de l'Est : il suffit à un de ses citoyens de prendre le métro dans le secteur soviétique pour en redescendre un peu plus loin en secteur occidental. 45 000 personnes le font chaque jour pour aller travailler ; d'autres les imitent, mais restent en R.F.A.

L'Allemagne et Berlin entre la guerre et le mur

En juin 1945, l'Allemagne est divisée en **quatre secteurs d'occupation :** russe, américain, anglais et français. Berlin, au centre de la zone russe, est occupée par les quatre alliés.

En 1948, une crise se produit. L'U.R.S.S., qui s'oppose à la création d'un État d'Allemagne de l'Ouest comprenant Berlin, impose **le blocus de la ville** ; le secteur ouest se maintient grâce à un pont aérien américain. Au terme de la crise, le blocus est levé, les zones d'occupation remplacées par deux États : la R.F.A. (zones d'occupation occidentales) et la R.D.A. (zone soviétique). Les armées des anciens alliés continuent à administrer Berlin ; mais l'U.R.S.S. n'appartient plus au commandement commun : la ville est coupée en deux.

En 1958, nouvelle crise : l'U.R.S.S. parle de traité séparé, exige que le statut de Berlin soit changé. La menace n'est pas mise à exécution, mais la tension persiste.

△ *À Berlin-Ouest, en 1962, des citoyens font signe à des parents situés de l'autre côté du mur.*

◁ *Des sentinelles est-allemandes emportent le corps d'un jeune maçon tué alors qu'il cherchait à fuir.*

La destruction du mur par les citoyens allemands, en novembre 1989 : la plus grande joie imaginable. ▷

Le mur et son système protecteur de barbelés et de planches, du côté de la R.D.A. (1962). ▽

Les grandes étapes de la guerre froide

La construction du mur marque une des dernières phases de la tension qui oppose les États-Unis et l'U.R.S.S. ainsi que leurs alliés respectifs, de 1948 à 1963.

1945-1949 : la mise en place des blocs. Les anciens alliés se divisent, en Grèce et en Chine où ont lieu de véritables guerres civiles, et surtout en Europe, où l'U.R.S.S. constitue une zone de protection en imposant le communisme à l'Est.

1949-1953 : les principaux affrontements. En 1949 et en 1955, respectivement, deux systèmes d'alliances adverses sont créés : l'O.T.A.N., et le pacte de Varsovie. Les blocs s'affrontent, à Berlin en 1948, en Asie, où la République populaire de Chine est proclamée en 1950, et où ont lieu les guerres de Corée et d'Indochine.

1953-1963 : les dernières crises. Après la mort de Staline, et alors que l'U.R.S.S. a les moyens d'attaquer à l'arme nucléaire le territoire américain, on s'achemine vers la « coexistence pacifique ». Des crises se produisent encore, à Berlin avec la construction du mur en 1961, à Cuba en 1962 avec le débarquement américain de la baie des Cochons.

Après 1963 : la « détente » triomphe. Elle n'est pas totale (les Américains continuent leur croisade anticommuniste, au Viêt-nam, de 1954 à 1975), la crise économique provoque un nouveau durcissement, après 1973 ; mais la paix n'est pas sérieusement mise en cause. En 1989, enfin, le renversement des régimes communistes en Europe crée un climat international nouveau.

Ils sont 2 700 000 depuis 1949, étudiants, ouvriers qualifiés, techniciens, médecins, à avoir ainsi choisi l'Occident : leur départ signifie une condamnation du régime, et il est une grave perte pour son économie. Or, avec le regain de tension, le nombre des exilés volontaires augmente : 15 000 dans les dix premiers jours d'août, plus de 4 000 dans la seule journée du 12.

De la crise à l'apaisement

Malgré tout, la surprise est totale. Le 12 août est un samedi, veille d'un long week-end, et la réaction internationale ne se manifeste que le 20, par une note américaine condamnant la violation du statut de Berlin et par le renforcement des contingents occidentaux. Le 23, Khrouchtchev annonce la reprise des essais nucléaires et la construction de bombes de grande puissance. Le 3 septembre, il ordonne aux États-Unis d'interdire leurs lignes vers Berlin aux Allemands de l'Ouest. Kennedy relance les essais atomiques souterrains. Le 8, on est au paroxysme de la crise. Et, pourtant, celle-ci retombe. Khrouchtchev renonce à signer le traité de paix avec la R.D.A. et les Américains n'interviennent pas. Le mur reste en place, l'aéroport est rouvert aux avions occidentaux ; la crise s'achève. L'édification du mur marque la fin, pour longtemps, des rêves de réunification allemande. Elle permet de maintenir en R.D.A. un régime contre lequel les citoyens ne peuvent « voter avec leurs pieds » et elle renforce les liens entre l'Allemagne de l'Ouest et l'Amérique, symbolisés par Kennedy déclarant à Berlin, le 26 juin 1963 : « Je suis un Berlinois. » Paradoxalement, en supprimant une source de conflits, le mur facilite aussi les relations entre Est et Ouest et aide à la détente... Mais il est la cause de la mort de 176 personnes, candidats malheureux à l'évasion, et de la séparation dramatique de familles, pendant trente ans, jusqu'au 9 novembre 1989, date du commencement de sa démolition surprise.

→**Voir aussi** : p. 676-677 (L'année de tous les changements).

1962

La guerre d'Algérie est finie

LES ACCORDS D'ÉVIAN

Le général de Gaulle au milieu de la foule algérienne, lors d'un voyage en décembre 1960.

Le 19 mars 1962, le cessez-le-feu est proclamé en Algérie. La veille, Krim Belkacem, chef de la délégation du mouvement nationaliste algérien, le F.L.N. (Front de libération nationale), et Louis Joxe, Robert Buron et Jean de Broglie, ministres français, ont signé les 93 pages des « accords d'Évian », mettant fin à une guerre qui a tué environ 30 000 français et 200 000 à 1 200 000 Algériens, selon les estimations.

En janvier 1961, 75 % des Français ont accepté par référendum le principe de l'autodétermination de l'Algérie. En avril, l'échec d'un putsch militaire à Alger a levé le dernier obstacle à l'indépendance. Pourtant, les négociations ont commencé difficilement.

Dès février, Georges Pompidou, émissaire officieux du général de Gaulle, a pris des contacts. Le F.L.N. exige de représenter seul les Algériens, et ne veut ni cessez-le-feu préalable, ni garanties pour les Européens, ni séparation de l'Algérie et du Sahara pétrolifère. Il est contenté aussitôt sur le premier point. Début mars, de Gaulle cède sur le second, la négociation reprend le 20 mai à Évian, puis est rompue le 13 juin, l'opposition sur les deux derniers points restant totale. Après un nouvel échec, de Gaulle cède sur le Sahara le 5 septembre. Tout ce qui peut être accordé au F.L.N. l'est d'avance : il y a urgence.

Une situation intenable

La négociation avec le F.L.N., aux méthodes terroristes, indigne des gens qui ne reculent pas devant les mêmes méthodes. Début 1961, c'est-à-dire une fois acquis le principe d'un possible retrait français, une organisation clandestine se fonde, l'O.A.S. (Organisation armée secrète), décidée à s'opposer par la force à l'indépendance de l'Algérie. Les attentats se multiplient en métropole : 726 de mai à mi-octobre 1961. Le 31 mars, entre autres victimes, Camille Blanc est tué, parce qu'il est maire d'Évian.

Le 17 octobre à Paris, une manifestation pacifique d'Algériens se solde par plus de cent morts. Que le F.L.N. ait assassiné 47 policiers en trois ans n'explique pas tout. Le 8 février 1962, 8 manifestants anti-O.A.S. meurent contre les grilles du métro Charonne ; les policiers ont jeté sur eux tout ce qui leur tombait sous la main.

Enfin, les accords

Les pourparlers reprennent du 10 au 19 février dans le Jura, aux Rousses, où les négociateurs atteignent le chalet « Yeti » déguisés en skieurs, puis de nouveau à Évian, le 7 mars. L'accord nécessite encore des discussions serrées : les choses sont rendues d'autant plus difficiles que, si les Français représentent le gouvernement, les Algériens n'engagent qu'eux-mêmes, et qu'il leur faut ensuite l'aval du F.L.N.

Les accords prévoient un cessez-le-feu, la libération des prisonniers, et surtout un vote en Algérie où sera choisi le maintien du statu quo, la rupture totale avec la france et l'indépendance « dans la coopération » ; les Algériens pourront rester français, les Européens conserver leur nationalité d'origine et prendre la nationalité algérienne ; des mesures concernent les rapports économiques futurs entre les deux pays, le sort des expériences atomiques françaises au Sahara, de

L'Algérie avant la guerre de libération

Vieux pays de civilisation phénicienne, carthaginoise, puis romaine, l'Algérie est devenue musulmane à la fin du VIIe siècle. Siège de dynasties puissantes au Moyen Âge (les Almoravides puis les Almohades), elle a constitué, après le XVIe siècle, un État autonome vivant de la piraterie, sous la suzeraineté théorique des Ottomans.

La colonisation française a commencé à s'établir à partir de 1827. Elle s'est développée à la faveur du conflit contre l'émir Abd el-Kader, entre 1839 et 1847, et a atteint ses limites définitives par l'occupation de la Kabylie et des confins sahariens à l'époque du second Empire (1852-1870).

Cette longue colonisation a entraîné **un grand nombre d'Européens** à s'établir en Algérie : ils sont un million au milieu du XXe siècle, fonctionnaires, agriculteurs ou commerçants installés souvent depuis des générations.

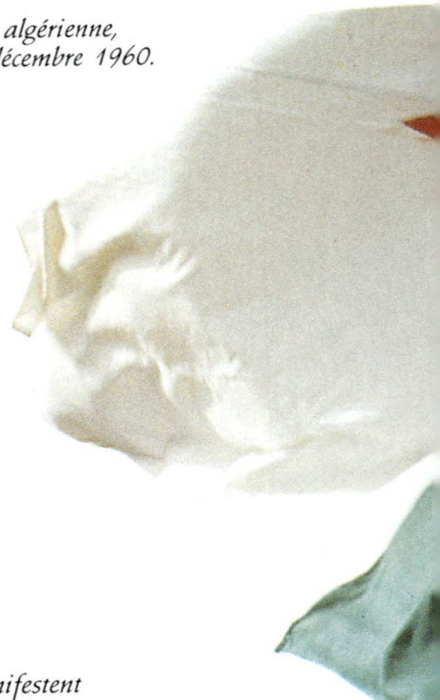

Des Algériennes manifestent en faveur de l'indépendance de l'Algérie, quelques semaines avant la signature des accords d'Évian.

l'utilisation d'aérodromes et du port de Mers el-Kébir.
La métropole respire. On ne s'inquiète guère des musulmans qui ont pris parti pour la France, pendant la guerre, et dont 150 000, peut-être, sont massacrés après les accords. La paix est approuvée par 90,7 % des votants le 8 avril. Cela dit, le F.L.N. a eu satisfaction, et les garanties proposées sont minces.

Sept ans et demie de guerre coloniale

Aux origines de la guerre. Après la Seconde Guerre mondiale, le nationalisme algérien se radicalise, en même temps que celui des autres peuples colonisés. Le statut de 1947 permet aux autochtones de voter, mais séparément des Européens et pour une minorité d'élus. De plus, les autorités truquent les scrutins. La tension monte.

Le début de l'insurrection. À la Toussaint 1954, l'insurrection débute par le meurtre de deux Européens dans les Aurès. Le Front de libération nationale est créé par Ahmed Ben Bella. En un cycle infernal, une répression féroce répond au terrorisme, poussant les Algériens vers le F.L.N. Paris envoie le contingent : 100 000, 400 000 soldats en 1956. L'armée assume l'administration, la police, etc.

La contestation en métropole. Devant les excès, une opposition à la guerre apparaît en France. Le 13 mai 1958, un gouvernement décidé à mettre en œuvre une politique plus libérale est investi : à Alger, c'est l'émeute, mêlant « pieds-noirs », c'est-à-dire Français implantés en Algérie depuis longtemps, militaires, pour qui un « abandon » serait déshonorant, et éléments fascisants. La crise aboutit, en France, à l'effondrement du régime : au retour au pouvoir du général de Gaulle et à la proclamation de la Ve République.

La liquidation du conflit. Le partisans de l'Algérie française attendent du général une politique de fermeté ; mais, dès 1959, de Gaulle prône l'autodétermination du peuple algérien et négocie avec le F.L.N.

Le retour en Algérie du Gouvernement provisoire de la République algérienne, en juillet 1962 (ici, P. Ben Khedda).

Attentat de l'O.A.S. : voiture piégée place du Gouvernement, à Alger.

L'apocalypse algéroise

Mais, dès avant qu'on puisse voir si le F.L.N. souhaite vraiment appliquer les clauses des accords et créer une nouvelle Algérie indépendante et pluraliste, l'O.A.S. relance une campagne de terreur. Le 22 mars, Bab el-Oued, quartier populaire européen, s'insurge. Six soldats du contingent sont assassinés. L'armée boucle le secteur. Le 26, une manifestation de soutien, réputée pacifique, marche sur le quartier. Rue d'Isly, l'armée tire, faisant 46 morts et 200 blessés... L'Alger européen est touché au cœur.
L'O.A.S. accumule les destructions, sème la terreur. En 15 jours, 164 personnes meurent et 269 sont blessées à Alger, à cause de camionnettes piégées, de mortiers, de mitraillages au hasard des rues arabes. Le F.L.N. répond naturellement aussi par la violence et, le 14 mai, des bars européens sont attaqués à la grenade.

Malgré les menaces de l'Armée secrète, les Européens fuient cet enfer. Fin août, on a enregistré 700 000 départs, vers l'Espagne, Israël, et surtout vers la France.

L'indépendance, au bout des ruines...

Dans les derniers jours du mois de mai, devant l'échec de sa stratégie, l'O.A.S. accepte de négocier avec le F.L.N. Le 17 juin, un accord, contesté d'ailleurs dans les deux camps, marque la vraie fin de la guerre et permet au référendum prévu à Évian de se dérouler, le 1er juillet, dans des conditions à peu près normales. Le résultat est écrasant : 99,72 % de « oui » à l'indépendance.
L'Algérie française n'est plus qu'un souvenir ou une nostalgie. Évian a permis à la France de tourner la page, échangeant la grandeur de la tache rose des planisphères contre celle du verbe gaullien et celle, plus substantielle, d'un essor économique jusque-là obéré par la guerre. Mais la folie de l'O.A.S. a contribué à la rupture définitive des deux communautés, européenne et musulmane, sur la rive sud de la Méditerranée.

1962-1965

Un vent de réforme souffle sur l'Église

LE CONCILE DE VATICAN II

En 1959, devant un parterre de cardinaux muets de stupeur, le pape Jean XXIII rend publique sa décision de réunir un concile œcuménique, c'est-à-dire l'assemblée universelle de tous les évêques catholiques et des supérieurs religieux : le concile de Vatican II se déroule d'octobre 1962 à décembre 1965, presque un siècle après le dernier en date.

Élu pape en 1958, à l'âge de 78 ans, Jean XXIII est conscient que l'Église n'a pas su s'adapter au monde moderne et qu'une mise à jour est indispensable. Il assigne donc pour tâches essentielles au nouveau concile de travailler au renouveau de l'Église et à la restauration de l'unité avec les autres confessions chrétiennes.

Une période de tâtonnements

Deux années d'intenses préparatifs sont nécessaires pour concrétiser l'initiative pontificale. Une consultation des futurs Pères conciliaires et des facultés catholiques de théologie permet tout d'abord de déterminer les thèmes à aborder. Des commissions rédigent ensuite les projets de textes qui seront examinés et elles établissent règlements et méthodes de travail. Le 11 octobre 1962, le concile de Vatican II s'ouvre dans la basilique Saint-Pierre de Rome par une cérémonie somptueuse. Dans son discours inaugural, le pape rappelle leur mission aux évêques et aux pères supérieurs investis du droit de débattre et de voter, dont le nombre variera entre 2 370 et 2 526. Il leur précise qu'ils ne sont pas réunis pour prononcer des condamnations comme par le passé. Des observateurs — membres des autres Églises chrétiennes, laïques et experts à des titres variés — sont invités à suivre les débats de l'assemblée. Pour laisser aux Pères conciliaires la plus grande liberté, Jean XXIII ne préside pas le concile, confiant ce rôle à des cardinaux. Au cours de la première session (11 octobre-8 décembre 1962), les défauts de l'organisation apparaissent, essentiellement le manque de coordination. Les textes présentés sont trop nombreux et leurs sujets, trop variés, alors que

Successeur de Jean XXIII, Paul VI assure, à partir de septembre 1963, la direction du concile, et ouvre la voie, par son esprit novateur, à de nombreuses réformes.

L'Église et la société actuelle

Jusqu'où peut aller l'effort d'adaptation de l'Église catholique au monde moderne ? Les années du pontificat de Jean-Paul II montrent les efforts et les limites de l'adaptation possible.

Sur le plan social, sur celui des droits de l'homme, le pape profère un discours libéral, abordant les chapitres de la faim dans le monde, de l'injustice, du respect des droits, de la nécessité de la paix.

Sur le plan éthique en revanche, les positions du chef de l'Église catholique demeurent rigoureuses. En mars 1995, l'encyclique Evangelium vitae *(« Évangile de la vie ») condamne l'avortement, la procréation artificielle et les manipulations d'embryons humains. Le texte va jusqu'à dénier « une authentique validité juridique » aux lois sur l'avortement votées par les institutions démocratiques. Les autres moyens du contrôle des naissances (pilule et préservatif) sont rejetés avec à peine moins de rigueur, malgré l'épidémie de sida qui marque la fin du XXe siècle, et même dans les pays confrontés à une croissance démographique exponentielle.*

Le deuxième concile de Vatican invite tous les évêques présents à participer activement aux débats et à voter.

La crise de la foi

Peu après la fin du concile de Vatican II, l'agitation politique et sociale qui secoue les sociétés occidentales en 1968 ébranle à son tour l'Église. Elle révèle au grand jour la crise de la foi, qui remonte alors à une dizaine d'années.

La gravité de la crise. Les paroissiens sont nombreux à déserter les églises et les confessionnaux. Des prêtres abandonnent leur sacerdoce, alors même que les vocations se font plus rares. L'éducation religieuse recule considérablement. Tout cela se traduit par une ignorance croissante de l'histoire religieuse et de la signification des rites et des sacrements.

Des situations diverses. En Europe, une minorité de catholiques pratiquants côtoie désormais une majorité de catholiques baptisés et non pratiquants. En Amérique latine, les pratiquants demeurent en revanche très nombreux : à l'aube du XXIe siècle, ce continent compte plus de la moitié des catholiques du monde.

les interventions multiples empêchent toute discussion solide. La deuxième session (29 septembre-4 décembre 1963) apporte les modifications attendues : des coordinateurs sont nommés; les textes, regroupés par grandes questions, passent de 70 à 16 et sont discutés en congrégation générale, c'est-à-dire au sein de l'assemblée formée de tous les Pères qui se tient dans la basilique Saint-Pierre ; corrigés et amendés par des commissions, ils sont ensuite soumis à la congrégation générale pour vote. La langue du concile, aussi bien orale qu'écrite, est le latin. Le Vatican réserve également un meilleur accueil aux journalistes, tenus à l'écart lors de la première session. Les correspondants des médias bénéficient ainsi d'un bureau tandis que des conférences de presse les tiennent régulièrement au courant de la progression des travaux. L'événement, très largement couvert, a dès lors un retentissement international.

Soucieux de conduire l'Église catholique sur le chemin de la modernité et de l'œcuménisme, Jean XXIII convoque le concile de Vatican II, mais ne peut assister qu'à la première session.

De profondes réformes

Après la mort de Jean XXIII en juin 1963, son successeur, Paul VI, poursuit activement son œuvre. Il suit de très près les deuxième (29 septembre-4 décembre 1963), troisième (14 septembre-21 novembre 1964) et quatrième (14 septembre-8 décembre 1965) sessions. En partie grâce à ses interventions pertinentes, les Pères parviennent alors à un accord presque unanime qui permet au concile de progresser efficacement. Le premier texte voté porte sur la réforme liturgique : le concile, désireux que les fidèles soient mieux éduqués et participent davantage au culte, décide d'abandonner le latin comme langue liturgique. Désormais, la messe sera dite dans les langues nationales. Dans le texte concernant l'Église *(Lumen gentium)* sont évoqués pour la première fois la vie, le ministère et la formation des prêtres ainsi que le statut des laïques. Le quotidien des religieux et l'activité missionnaire sont réformés. Pour la première fois également, l'Église définit sa position vis-à-vis des autres confessions chrétiennes, avec lesquelles elle recherche désormais l'unité, et vis-à-vis des religions non chrétiennes. Ainsi elle lève l'accusation qui pesait sur les Juifs, considérés comme collectivement responsables de la mort du Christ. D'autre part, le concile affirme que la liberté religieuse est un droit fondamental et il renonce à la religion d'État. Un texte *(Gaudium et Spes)* est spécialement consacré à la place de l'Église dans le monde moderne, dont il dresse le tableau. Il s'intéresse non plus au problème dépassé des rapports de l'Église avec les pouvoirs politiques, mais à celui des relations des catholiques avec les sociétés contemporaines, très diverses. Le concile invite les croyants et non-croyants au dialogue et au respect mutuel. Pour conclure, les Pères appellent de leurs vœux un gouvernement mondial qui instaurerait à jamais la paix. Dès la fin du concile de Vatican II, le pape Paul VI consacre son énergie à mettre les réformes en application. Elles sont progressivement adoptées par l'immense majorité des ecclésiastiques et des fidèles. Une petite minorité de conservateurs reste impénétrable à cette évolution, rejetant le rapprochement avec les autres Églises, tout comme la liberté religieuse et les changements dans la liturgie. Mais l'évolution du catholicisme, décidée par le concile de Vatican II, est irréversible.

L'Amérique en état de choc

KENNEDY ASSASSINÉ

Le vendredi 22 novembre 1963, John Fitzgerald Kennedy, président des États-Unis depuis 1960, visite Dallas, au Texas, étape de sa tournée en vue de sa candidature à la réélection l'année suivante. Comme le cortège arrive dans le centre-ville, des coups de fusil éclatent : touché à la tête, Kennedy s'effondre dans sa voiture.

Quelques heures plus tard, dans l'avion qui ramène à Washington la dépouille du président assassiné, le vice-président Lyndon B. Johnson prête serment et devient président des États-Unis. L'assassin de Kennedy, lui-même abattu deux jours plus tard dans des circonstances mystérieuses, est Lee Harvey Oswald. Les raisons de son geste restent peu claires. Une commission nationale d'enquête, réunie à la demande de Johnson, et dirigée par le président de la Cour suprême, Earl Warren, rejette l'hypothèse d'un complot fomenté par des extrémistes sudistes, des castristes, des communistes ou des opposants politiques. Mais l'idée d'un déséquilibré agissant seul est périodiquement remise en question depuis lors. Quels que soient les motifs de son assassin, le meurtre de Kennedy touche le monde entier. L'Amérique est en état de choc. Les funérailles du président assassiné sont l'occasion d'un deuil national profond. La télévision, désormais largement répandue, contribue à la médiatisation de l'événement. Déjà très populaire durant les trois années de son mandat, Kennedy devient, après sa mort, l'objet d'un véritable culte.

Un président jeune et séduisant

Né en 1917, John Fitzgerald Kennedy incarne une nouvelle génération. Il est le plus jeune candidat qui ait jamais été élu à la Maison-Blanche. Il est aussi le premier président à être né au XXe siècle. Lors de la campagne de 1960, le jeune sénateur du Massachusetts, issu d'une famille irlandaise catholique de Boston, obtient l'investiture du parti démocrate aux dépens d'Adlai E. Stevenson, et persuade le Texan Johnson, qui doit lui apporter les voix du Sud, d'être son colistier pour la vice-présidence. Il est élu de justesse contre le républicain Richard Nixon, qui sert depuis 1952 de vice-président à Dwight Eisenhower. Kennedy a réussi à frapper l'imagination de ses compatriotes en leur offrant comme projet politique la conquête d'une « nouvelle frontière » et en leur donnant le choix entre « la grandeur de la nation » et « le déclin de la nation ». Le flou du projet est alors masqué par le talent médiatique incontestable et la puissance de séduction du candidat et de son épouse, Jacqueline.

L'Amérique des années 1960

Les années 1960, que couvrent pour l'essentiel les présidences de **John F. Kennedy (1960-1963) et Lyndon B. Johnson (1963-1968)**, sont, aux États-Unis, une décennie de mutations, d'espoirs et de doutes.

C'est l'époque où le Congrès vote **la loi sur les droits civiques** en 1964, faisant naître chez les Noirs des espérances, dont l'assassinat de Martin Luther King, en 1968, symbolise les limites. L'Amérique se veut plus juste avec ses minorités, qui revendiquent avec passion leur identité ethnique ou raciale ; elle entend être plus équitable avec les défavorisés, que viennent aider les programmes sociaux mis en place par Johnson sous le nom de « grande société ». Sortant de l'après-guerre et de la guerre froide avec énergie et passion, la jeunesse américaine fait des campus des lieux de revendication et de changement social. Et, lorsque des Américains marchent sur la Lune en juillet 1969, c'est bien **la « nouvelle frontière »** de Kennedy qui est atteinte.

Mais l'Amérique des années 1960 est aussi celle de **l'enlisement progressif au Viêt-nam,** des dures émeutes dans les quartiers noirs des villes et des conflits racistes dans le Sud traditionnel. Quelques mois après le triomphe dans l'espace, la fusillade de Kent State University, qui coûte la vie à quatre étudiants hostiles à la guerre du Viêt-nam, conclut tragiquement la décennie.

Sous Kennedy et sous Johnson, les États-Unis changent rapidement, mais non sans parfois payer chèrement le prix du changement.

Mais un bilan politique modeste

Mais, en trois ans à la Maison-Blanche, il n'a que le temps de mettre en chantier des projets et de subir des échecs. Ainsi, le dossier brûlant des droits civiques des Noirs n'est qu'entrouvert par l'administration Kennedy, incapable de persuader le Congrès d'agir. En politique étrangère, Kennedy subit un échec cinglant en 1961, lorsqu'une tentative d'invasion de Cuba par des réfugiés anticastrites soutenus par la CIA se termine par un désastre à la baie des Cochons. En 1962, il est confronté, à nouveau à Cuba, à la crise des missiles. Devant la menace que constitue pour les États-Unis l'installation de missiles soviétiques à Cuba, Kennedy réagit ferme-

Les assassinats de chefs d'État

Un phénomène de plus en plus fréquent. Les assassinats de chefs d'État se sont multipliés au XIXe et au XXe siècle. Aux États-Unis, outre John F. Kennedy en 1963, c'est le cas d'Abraham Lincoln en 1865, de James A. Garfield en 1881 et de William McKinley en 1901. Ronald Reagan a fait l'objet d'une tentative d'assassinat en 1981. En dehors de l'assassinat de Kennedy, dont les causes restent mystérieuses, ces crimes relèvent du geste d'un déséquilibré ou de raisons politiques, les deux causes étant parfois difficiles à démêler, comme lors de l'assassinat de Lincoln.

Les raisons politiques. Le meurtre politique s'inscrit dans une longue tradition, celle du tyrannicide. C'est cette tradition qui est reprise par différents groupes anarchistes européens à la fin du XIXe siècle, en Russie ou en Autriche-Hongrie par exemple, ainsi qu'en France où le président Sadi Carnot est assassiné par Caserio en 1894. Autre est la tradition du meurtre nationaliste, dont sont victimes par exemple l'archiduc François-Ferdinand à Sarajevo, en juin 1914, ou le roi Alexandre de Yougoslavie et le président français Paul Doumer, à Marseille, en 1931.

John Fitzgerald Kennedy (1917-1963).

Le président J. F. Kennedy et sa femme dans leur voiture, à l'aéroport de Dallas, peu avant l'assassinat.

ment et obtient le retrait des Soviétiques. En Indochine, il choisit d'envoyer des « experts » militaires au Viêt-nam du Sud. Plus de 15 000 soldats américains sont sur place en octobre 1963.

Un triomphe posthume

Les choix de Kennedy durant sa présidence ne sont pas de nature à expliquer son extraordinaire popularité. C'est Lyndon B. Johnson, utilisant très habilement le contrecoup de l'assassinat, qui parvient, en quelques mois, à faire voter la loi sur les droits civiques et les programmes sociaux qui constituent deux des plus importants résultats de leurs deux présidences. Mais Kennedy est parvenu à incarner la volonté de changement qui caractérise le début des années 1960. La jeunesse et le charme du premier catholique à parvenir à la Maison-Blanche marquent davantage les Américains que les résultats finalement maigres de son action politique. Et la disparition tragique de l'enfant chéri de l'Amérique fait de lui un symbole et un mythe.

L'assassinat de Lee Harvey Oswald, assassin de J. F. Kennedy, dans les locaux de la police de Dallas, le 24 novembre 1963.

Mao Zedong veut transformer les mentalités

LA RÉVOLUTION CULTURELLE

Au début des années soixante, Mao doit faire face à une opposition grandissante au sein même de la direction du P.C.C. Face à l'appareil du parti, éclairé par les erreurs économiques du « Grand Bond en avant » et las des excès de l'idéologie maoïste, le « grand Timonier » et sa faction engagent la lutte contre le révisionnisme, en s'appuyant essentiellement sur l'armée et sur la jeunesse. Ils déclenchent une véritable insurrection, la Révolution culturelle, un mouvement qui dure pendant trois ans.

En novembre, le départ est donné par Mao et sa femme Jiang Qing : ils chargent un écrivain obscur de rédiger un article dénonçant une pièce de l'auteur Wu Han, *la Destitution de Hai Rui.*
Les milieux intellectuel et universitaire suivent en lançant des accusations contre les « droitiers » : le président de l'université de Pékin est dénoncé par une affiche murale *(dazibao)* comme un élitiste. Jiang Qing règle ses comptes avec les dirigeants de la culture à Shanghai, qui ont eu le malheur de dédaigner ses positions sur l'opéra. En avril 1966, le *Journal de l'armée* lance un appel à une révolution culturelle et reçoit le soutien du Premier ministre Zhu Enlai. La violence se déchaîne dans les universités, contre tous ceux qui détiennent une parcelle d'autorité.

Le pouvoir aux « gardes rouges »

L'été 1966 est celui des gardes rouges : ce sont essentiellement des lycéens et des étudiants, des jeunes, donc, qui n'ont pas participé à la révolution. Mao les mandate pour lutter contre ses adversaires par une affiche dont le slogan est « Feu sur le quartier général ». Le 8 août, une charte de la Révolution culturelle est promulguée et en définit les objectifs : « renverser ceux qui, dans le parti, détiennent

La Chine populaire en 1966

Proclamée en 1949, **la République populaire de Chine** est le fruit de plus de vingt ans de guerre civile, interrompue par de rares trêves et par un front commun contre le Japon, pendant la Seconde Guerre mondiale.

Dans les années 1950, **des réformes très importantes** ont été décidées : redistribution des terres, loi sur le mariage organisant l'émancipation des femmes. Le premier plan quinquennal (1953-1957) a favorisé l'industrie lourde et développé les coopératives agricoles.

Mais, entre 1959 et 1966, **le Grand Bond en avant** a plongé le pays dans de terribles difficultés, en exigeant un effort économique démesuré. Contre l'avis de Mao, des dirigeants groupés souhaitent orienter l'économie vers des directions plus libérales.

Des étudiants de l'armée populaire de libération commentent le Petit Livre rouge, *dans la province méridionale du Yunnan.*

Image de la Révolution culturelle : de jeunes gardes rouges lisent à haute voix le Petit Livre rouge *des pensées de Mao Zedong, devant un portrait géant de celui-ci.*

Les grands chocs de la Chine communiste

Les Cent Fleurs (1956). Au printemps, Zhu Enlai lance un nouveau slogan : « que cent fleurs s'épanouissent, que cent écoles rivalisent ». Cette thématique est élargie dans un discours de Mao le 2 mai : « Laissez les cent fleurs s'épanouir ». Il s'agit de séduire les intellectuels, assez réservés face au régime, en favorisant le débat littéraire et artistique. Le mouvement donne lieu à une critique ouverte des dirigeants. Il retombe brusquement.

Le Grand Bond en avant (1957-1959). Dès 1956, Mao s'inquiète de l'écart entre les villes et les campagnes. Il proclame qu'il est temps que la Chine « marche sur deux jambes » (industrie et agriculture) et organise dans les campagnes la mise en place des « communes populaires » dans lesquelles le travail est réparti par brigades et où sont construits des petits hauts-fourneaux à moindre prix. On passe à la collectivisation de la vie privée et à la dénonciation du « mariage romantique ».

Le Printemps de Pékin (juin 1989). Le 16 avril, Hu Yaobang, ancien secrétaire général du parti écarté du pouvoir après décembre 1986, meurt. Son enterrement se transforme en manifestations puis en occupation de la place Tian'anmen à Pékin par des étudiants et réclament une démocratisation de la vie politique. Le 4 mai, le mouvement s'élargit. Sur la place investie, on construit une statue « la déesse démocratie ». Le 19 mai, le Premier ministre Li-Peng annonce qu'il va mettre fin au désordre. Le 20, la loi martiale est décrétée. Le mouvement dure jusqu'à la nuit du 2 juin durant laquelle la population de Pékin repousse l'armée. Le 4 juin est une journée de massacre et les combats durent jusqu'au 7 juin. La « normalisation » commence : des rafles et des arrestations sont organisées dans les milieux étudiants et intellectuels. Les leaders du mouvement s'enfuient ou sont exécutés.

l'autorité et ont pris la voie capitaliste ». Le 18 août, une énorme manifestation est organisée à Pékin, place Tian'anmen, où la foule uniformément vêtue du costume bleu attend l'apparition de son leader. Les gardes rouges se déversent par trains entiers dans tout le pays et ils répandent la pensée de Mao dont le symbole est le *Petit Livre rouge,* un recueil de ses pensées. À la fin de l'été, ils ont rempli les objectifs fixés, mais le mouvement a déjà commencé de se diviser entre ceux qui pensent que l'essentiel est acquis et les extrémistes pour qui la révolution ne fait que débuter.

De grands journaux muraux, les dazibaos, *répercutent vers les masses les slogans de la révolution.*

La poussée de l'extrême gauche

À l'automne, la dernière tendance a le dessus : la lutte, plus violente et confuse, s'étend au prolétariat. En décembre, les ouvriers prennent le pouvoir à Shanghai. En février 1967, la Commune est proclamée.
Les maoïstes s'efforcent dès lors d'installer dans les campagnes et dans les villes de nouveaux pouvoirs : des comités révolutionnaires constitués de gardes rouges, de militaires et de cadres fidèles. Ils provoquent de vives résistances parmi les pouvoirs locaux, en 1967 et 1968, mais ils s'opposent également aux gauchistes : à Wuhan, en Chine centrale, pendant l'été 1967, la jeunesse révoltée affirme ses propres aspirations contre les autorités des comités déjà en place, et elle se bat pour une république sans bureaucratie, une « Commune populaire de Chine ». Le pays plonge désormais dans la guerre civile. Encouragés par la presse qui proclame que les anti-maoïstes sont « des rats qui courent dans les rues, tuez-les », les rebelles réclament les têtes de Liu Shaoqi, le président de la République, et de Deng Xiaoping, le secrétaire général du P.C.C. La révolution est à son point culminant.

Le retour à l'ordre

Mais, à l'été 1968, alors que la menace soviétique se fait pressante aux frontières du Nord-Est et que la crise tchécoslovaque met toutes les puissances mondiales en alerte, Mao décide de remettre de l'ordre dans le pays.

Dès l'année précédente, il a commencé à freiner l'activité des gardes rouges. Sa défaveur se termine en persécution : ceux qui échappent aux arrestations sont enrôlés dans l'armée ou bien envoyés à la campagne. La répression *(xiafang)* touche 20 millions de jeunes dans l'hiver 1968-1969. En septembre 1967, la politique radicale est officiellement répudiée. Le processus s'accompagne de violences inouïes, car les plus extrémistes continuent à se battre. Au printemps 1968, les gauchistes rallument la guerre civile à Pékin et dans les provinces : en été, en Chine du Sud (à Wuzhou dans le Guangxi) des bombes au napalm sont déversées sur les rebelles et font des milliers de victimes. Parallèlement à cette reprise en main, des équipes de propagation de la pensée de Mao sont envoyées dans les universités et les collèges : elles doivent ramener les adolescents, en effervescence depuis deux ans, à la soumission, à l'ordre et à la discipline. L'anéantissement des gardes rouges met fin à la révolution.
Les maoïstes ont triomphé de l'appareil du parti. En octobre 1968, Liu Shaoqi est éliminé et, en 1969, le IXe congrès du P.C.C. consacre l'établissement d'un ordre nouveau. Les militaires y tiennent une place prééminente et Mao désigne comme dauphin le maréchal Lin Biao, un fidèle de la première heure. La Révolution culturelle est donc une victoire pour la tendance alliée à Mao. Mais elle n'a pas accompli ses buts fondamentaux – la destruction de la bureaucratie – et surtout elle a profondément meurtri la société chinoise dans toutes ses couches.

Le troisième conflit israélo-arabe

LA GUERRE DES SIX JOURS

En 1967, du 6 au 12 juin, l'État d'Israël, se sentant encerclé, lance une offensive surprise : sur trois fronts à la fois, il balaie ses adversaires arabes et conquiert ce qui deviendra les « territoires occupés ». C'est la guerre des Six Jours.

Depuis 1948, la tension est constante entre Israël et les États arabes voisins : l'État hébreu vit dans l'angoisse d'une nouvelle attaque et refuse la création à ses côtés d'un État palestinien. De leur côté, les pays arabes, vaincus lors d'un premier conflit en 1948, espèrent prendre leur revanche sur Israël qu'ils ne veulent pas reconnaître. L'Égypte de Nasser, en particulier, se pose en ardent défenseur des intérêts arabes.

Une guerre éclair

La tension rebondit lorsque, en mai 1967, Nasser obtient de l'O.N.U. le retrait du Sinaï des soldats neutres envoyés par l'Organisation – les « Casques bleus » –, et qu'il interdit le golfe d'Aqaba à tout trafic en direction d'Israël, bloquant l'approvisionnement en pétrole de ce pays. Se sentant encerclé par l'Égypte, la Syrie et la Jordanie qui bénéficient du soutien de l'U.R.S.S., Israël décide alors de lancer une guerre préventive et par surprise.

Un État vieux de 19 ans

La création de l'État d'Israël est proclamée le 14 mai 1948. La création de ce nouvel État résulte de la nécessité de redonner une terre au peuple juif dispersé depuis des siècles et persécuté pendant la Seconde Guerre mondiale.

Mais le partage de la Palestine entre les Juifs et les populations arabes qui y sont installées depuis longtemps se déroule dans la violence. Le plan de l'O.N.U. qui avait prévu le partage de la Palestine en deux États, arabe et juif, n'est pas appliqué : les États arabes refusent de reconnaître l'État hébreu ; **aucun État palestinien ne voit le jour.**

Dès lors, la **tension est constante :** deux peuples, les Juifs et les Palestiniens, dont un grand nombre est forcé de s'exiler, se disputent la même terre.

Le 5 juin, une fois l'aviation égyptienne détruite au sol, l'armée israélienne fonce vers le sud, dans le désert du Sinaï. Le 7 juin, elle tient toute la rive orientale du canal de Suez et lève le blocus sur le golfe d'Aqaba, tandis que d'autres unités s'emparent de Jérusalem-Est, puis envahissent à l'est la Cisjordanie et au nord-est le plateau du Golan. Vaincus et humiliés, les États arabes doivent accepter le cessez-le-feu. Pour eux, les pertes sont lourdes : l'Égypte a 20 000 tués, la Jordanie plus de 6 000, la Syrie 500 – Israël a 800 morts. La victoire militaire de l'État hébreu est absolue et son armée (*Tsahal*) y gagne une réputation d'invincibilité.

Le général israélien Moshe Dayan, en juin 1967.

Convoi détruit, abandonné par l'armée égyptienne, dans le désert du Sinaï.

Les « territoires occupés »

La guerre-éclair n'aura duré que six jours, mais elle donne au conflit du Proche-Orient une dimension nouvelle. L'État d'Israël quadruple le territoire qu'il contrôle en y ajoutant le Sinaï, la bande de Gaza, le plateau du Golan et la Cisjordanie qui forment les 90 000 km^2 de « territoires occupés ». Faute d'être reconnu par ses voisins, il obtient ainsi une monnaie d'échange et un moyen de pression pour garantir sa sécurité. Certes, le 27 novembre, le Conseil de sécurité de l'O.N.U., par sa résolution 242, rappelle qu'aucun territoire ne peut être acquis par la force, exige le retrait israélien et proclame le droit de tous les États de la région à des frontières « sûres et reconnues ». Mais le texte reste sans effet, car Israël pose comme préalable à son retrait la reconnaissance de son existence par ses adversaires, tandis que ceux-ci ne veulent négocier qu'après son retrait et qu'ils refusent toujours farouchement de reconnaître l'État hébreu. La tension persiste donc et l'occupa-

tion des territoires conquis par Israël se prolonge. La victoire fulgurante de l'armée israélienne en 1967 n'apporte donc pas de solution aux tensions israélo-arabes ; en créant la question des territoires occupés, elle fait même naître de nouveaux sujets de discorde.
Les grands perdants de cette guerre sont les Palestiniens. Ceux qui s'étaient, depuis 1949, réfugiés dans les territoires désormais occupés se retrouvent sous administration israélienne : pour beaucoup, un nouvel exode commence, vers le Liban et la Jordanie. La résistance palestinienne se radicalise et se lance dans le terrorisme à grande échelle. Le conflit paraît alors inexpiable, en l'absence de part et d'autre de toute volonté de négociation et de reconnaissance mutuelle.

Le 8 juin 1967, les troupes israéliennes victorieuses conquièrent le Dôme du Rocher, dans la partie de Jérusalem jusqu'alors occupée par les Palestiniens.

Les conflits israélo-arabes depuis la fondation d'Israël

En 1948, les États arabes voisins n'acceptent pas la création d'un État juif indépendant en Palestine, qu'ils considèrent comme une terre arabe.

1948. Au lendemain de la proclamation d'Israël, les pays arabes attaquent le nouvel État. Israël obtient la victoire et agrandit son territoire au détriment des Palestiniens.

1956. Israël participe avec la France et la Grande-Bretagne à une intervention contre l'Égypte de Nasser.

1967. C'est la guerre des Six Jours.

6 octobre 1973. L'Égypte et la Syrie attaquent par surprise Israël qui, après de graves difficultés, finit par gagner la guerre du Kippour. Pour faire pression sur les alliés d'Israël, les États arabes exportateurs de pétrole décident de réduire leurs livraisons puis augmentent leurs tarifs. En 1978, grâce à la médiation américaine, l'Égypte et Israël signent les accords de Camp David et font la paix. L'Égypte a reconnu Israël qui lui restitue le Sinaï.

1982. Opération « Paix pour la Galilée » : l'armée israélienne envahit le Liban jusqu'à Beyrouth pour y liquider les combattants palestiniens. Elle se retire en 1985.

1987. Dans les territoires occupés, les Palestiniens déclenchent la « révolte des pierres » contre la présence israélienne.

1988. Le leader de l'O.L.P. (Organisation de libération de la Palestine), Yasser Arafat, reconnaît de fait l'État d'Israël en acceptant la résolution 242 de l'O.N.U.

1993. Le 13 septembre, à Washington, le Premier ministre israélien, Yitzhak Rabin, et Yasser Arafat se serrent officiellement la main. Ils scellent ainsi un accord prévoyant une autonomie des territoires occupés.

1994. Arafat installe sa capitale provisoire à Jéricho. Une longue négociation commence avec les Israéliens pour organiser le passage à la souveraineté.

1995. L'assassinat de Rabin, puis les élections de 1996 qui amènent Benyamin Nétanyahou au pouvoir, conduisent à un nouveau raidissement de la situation.

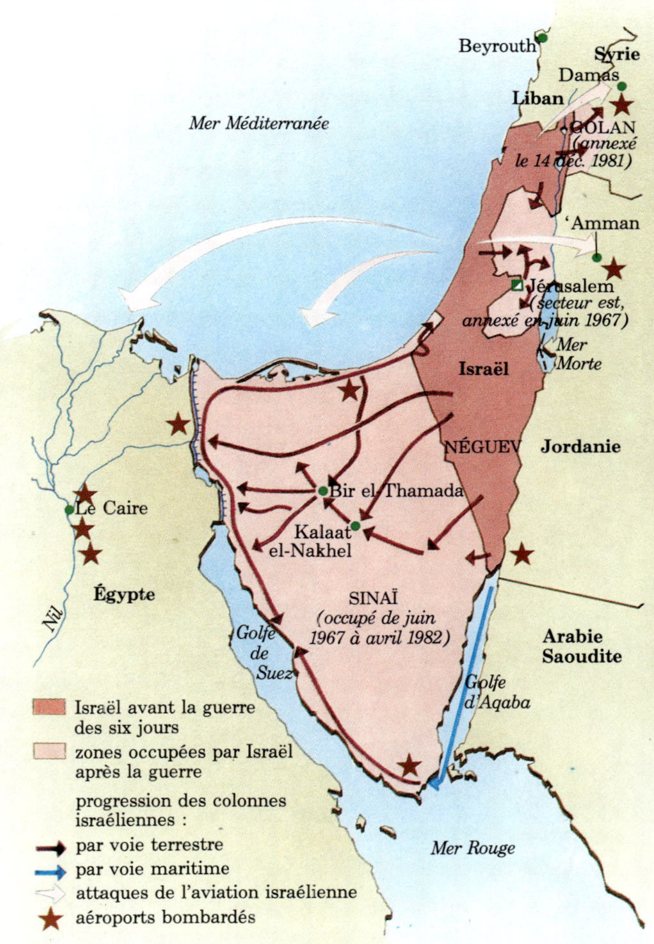

Le conflit israélo-arabe.

L'assassinat du défenseur des Noirs américains

MARTIN LUTHER KING

Condamnée à payer une amende pour avoir refusé de laisser, dans un bus, sa place à un Blanc, Rosa Parks devient pour Martin Luther King et ses amis le symbole de la politique injuste qui frappe les Noirs de son pays.

Le 4 avril 1968, lorsque Martin Luther King, mortellement blessé par un tueur isolé, s'affaisse sur le balcon d'un hôtel de Memphis, dans le Tennessee, il emporte avec lui les espoirs de millions de Noirs américains de voir leur sort rapidement s'améliorer.

Alors que l'Amérique noire enterre son porte-parole, l'Amérique blanche s'effraie, avec juste raison, de la mort de cet homme modéré et extrêmement populaire. Dès l'annonce de l'attentat contre le pasteur, les Noirs laissent en effet éclater leur colère dans 110 villes des États-Unis. Incendies, pillages, affrontements avec la police se soldent par la mort de 39 personnes. Par une cruelle ironie du sort, l'apôtre de la non-violence est à l'origine des émeutes les plus terribles que les États-Unis aient connues jusqu'à cette date.

Les autobus de Montgomery

Pour Martin Luther King, la lutte pour la défense des droits des Noirs dans les États

Le 28 août 1963, Martin Luther King prononce son célèbre discours « I have a dream », dans lequel il exprime son espoir de voir un jour une Amérique unie et pacifique.

ségrégationnistes du sud du pays commence en décembre 1955. Depuis un peu plus d'un an, le jeune homme, qui a une brillante formation universitaire, exerce la fonction de pasteur dans une église baptiste de Montgomery, dans l'Alabama. Il milite en même temps dans une association nationale pour le progrès des gens de couleur. Le 2 décembre, il fait partie des activistes noirs qui prennent la défense de Rosa Parks, une Noire qui a refusé de céder sa place à un Blanc dans un autobus. Arrêtée, R. Parks est accusée d'avoir violé la loi municipale sur la ségrégation et condamnée à payer une amende. Cette punition inique, qui soulève l'indignation de la communauté noire, permet à ses chefs, Martin Luther King en tête, d'organiser le boycottage des autobus de la ville afin d'obtenir la fin de la ségrégation dans les transports publics de la ville, fréquentés à 70 % par les Noirs. Dès cette époque, le pasteur prône la non-violence et le respect de l'ordre. L'opération n'est pas du goût des extrémistes blancs du Sud, paniqués à l'idée d'être un jour obligés de partager écoles, transports, restaurants avec des Noirs, relégués au plus bas de l'échelle sociale. Ces irréductibles combattent la déségrégation par l'intimidation et les agressions, allant même jusqu'à dynamiter la maison de Martin Luther King. Mais rien ne peut plus enrayer le processus en cours. En décembre 1956, un an après le début du boycottage, la Cour suprême des États-Unis déclare anticonstitutionnelle la législation de Montgomery et de l'État de l'Alabama sur les transports. Les Noirs peuvent remonter dignement dans les bus, où ils jouissent désormais des mêmes droits que les Blancs. Les événements de Montgomery, couverts par la presse nationale, rendent Martin Luther King célèbre dans tout le pays.

« I have a dream »

À la suite de cette victoire, Martin Luther King et d'autres représentants des Églises du Sud fondent la SCLC (Southern Christian Leadership Conference), qui se donne pour tâche de poursuivre la lutte en faveur des droits civiques; le pasteur de Montgomery en devient le président. Après son voyage en Inde, pays de Gandhi, en 1959, il ancre plus solidement son action dans la non-violence. L'année suivante, il quitte Montgomery avec sa famille pour Atlanta. Martin Luther King s'engage aux côtés des étudiants de la ville, qui organisent des occupations de cafétérias réservées aux Blancs. Comme souvent au cours de ce type d'actions, il est arrêté et emprisonné. Cette fois, il doit sa libération au sénateur J. F. Kennedy, intervenu en sa faveur en octobre 1960, à la veille des élections présidentielles. En 1962, le pasteur lance une campagne contre la ségrégation à Birmingham, en Alabama. Boycottage et occupation de magasins tenus par des Blancs avec les étudiants, marches avec les écoliers dressent les autorité locales contre Martin Luther King et ses jeunes partisans, qui sont jetés en prison par centaines. Mais cela ne suffit pas. Le 3 mai, les forces de l'ordre blessent les enfants qui participent à une marche pacifique en les dispersant à l'aide de lances à incendie et de chiens. La télévision montre à l'Amérique et au monde consternés les images de la répression exercée sur les enfants noirs. Ces événements décident le président Kennedy à soumettre rapidement au Congrès un projet de loi fédérale obligeant les États à mettre fin à la ségrégation dans les lieux publics. Pour encourager le Congrès à voter la loi, les associations noires de défense des droits civiques organisent une marche sur Washington. Le 28 août 1963, la manifestation rassemble quelque 200 000 personnes. La foule est bouleversée par le discours, vibrant d'émotion, de Martin Luther King. Dans son allocution « I have a dream » (« Je fais un rêve »), il évoque une Amérique où tous seront égaux et il imagine un Sud où régneront la justice et la liberté et non plus la haine provoquée par la seule couleur de la peau. Le 2 juillet, l'Acte sur les droits civiques voté par le Congrès est signé par le président. La popularité de Martin Luther King est à son apogée. En décembre 1964, le pasteur baptiste reçoit le prix Nobel de la paix. C'est pour lui la consécration mondiale.

De nouveaux objectifs

Après cette victoire concernant les droits civiques, Martin Luther King porte la lutte sur le terrain social, économique et syndical. Il s'insurge contre la ségrégation dans l'emploi et le logement. Mais les progrès très lents de la cause noire lui valent de nombreuses critiques de la part d'autres associations de militants qui préconisent une stratégie musclée pour obtenir des résultats plus rapides. En 1967 est lancé le slogan du black power, le « pouvoir noir », réclamant la prise du pouvoir par les Noirs. Mais le pasteur reste plus que jamais attaché à ses principes de non-violence. À la veille de sa mort, il prépare une grande marche des pauvres, toutes couleurs confondues, sur Washington. En avril 1968, alors qu'il se rend à Memphis pour soutenir une grève des éboueurs, il est assassiné par un Blanc nommé James Earl Gray, qui sera arrêté et condamné.

En octobre 1995, le leader noir Louis Farrakhan parvient à rassembler lors de la Million Man March de Washington près de 500 000 personnes.

Un nouveau défenseur

Si les Noirs américains ou les Africains-Américains, comme les États-Unis appellent maintenant cette communauté, **ont remporté au milieu des années 1960 le combat pour les droits civiques,** ils sont encore **très loin d'avoir gagné celui pour l'égalité des chances.**

C'est pourquoi aujourd'hui le discours radical et provocateur de **Louis Farrakhan, dirigeant de la secte religieuse et politique de la Nation de l'islam,** a une pareille audience auprès des Noirs. Il est écouté aussi bien par les **jeunes révoltés des ghettos que par les membres d'une classe moyenne désorientée.** Le leader noir, dressé contre la suprématie blanche, exige un partage des races. **Il réclame la fondation d'un État noir,** complètement séparé du reste des États-Unis, et il interdit les mariages interraciaux. En octobre 1995, la Million Man March qu'il organise à Washington **rassemble 500 000 hommes, les femmes étant exclues de la manifestation.** C'est la marche de Noirs la plus importante depuis celle de 1963.

Catholiques contre protestants

LA GUERRE CIVILE EN ULSTER

Lorsque, après des années de calme, la violence fait sa réapparition en Irlande du Nord, à la fin des années 60, il est difficile de prédire qu'une guerre civile commence. Un quart de siècle plus tard, ce conflit sanglant en plein cœur de l'Europe n'en finit pourtant pas de durer. Puisant ses racines très loin dans l'histoire, il n'est que le dernier avatar de l'inextricable « question d'Irlande ».

Des enfants devant des ruines, au début des années 70 : le fanatisme religieux a ressuscité, en pleine Europe de l'Ouest, une guerre civile commencée il y a des siècles.

La « question d'Irlande » est née au XVIe siècle avec l'invasion anglaise et elle a empoisonné la vie politique du Royaume-Uni pendant tout le XIXe siècle, avant d'exploser en 1916, pour déboucher sur l'indépendance du sud de l'île en 1921. D'abord difficiles, les rapports entre l'Irlande indépendante et l'Angleterre ont fini par se stabiliser après quelque temps, faisant croire au règlement définitif du différend. Mais, dans le Nord, en Ulster, région plutôt calme jusque-là, la violence se rallume à la fin des années 60. Dans cette partie de l'île que les accords de Londres de 1921 ont maintenue dans le « Royaume-Uni de Grande-Bretagne et d'Irlande du Nord », les communautés protestantes et catholiques s'affrontent subitement. Le conflit qui naît relève à la fois de la guerre civile, de la guerre de religion et de la guerre de libération nationale, au moins du côté catholique.

Les racines du conflit

L'Ulster est la région où la colonisation anglaise a été la plus forte, à la faveur de gigantesques confiscations de terres au profit des Anglais dans le cours du XVIIe siècle. La deuxième ville d'Ulster s'appelle d'ailleurs Londonderry — ce qui montre clairement la composition originelle de sa population. Ces colons, protestants à l'origine, le sont restés au cours du temps : aussi, en 1921, refusent-ils absolument de rejoindre l'Irlande indépendante et catholique. C'est cette opposition qui, aux accords de Londres, impose le partage de l'île.

Pendant presque 50 ans, à la suite de cet accord, ces « unionistes », majoritaires démographiquement et dominants économiquement, exercent sur la région un contrôle politique sans partage. Un découpage électoral permet par exemple à la ville de Londonderry, catholique à 60 % en 1967, d'avoir un conseil local à 60 % protestant ! Quant au Parlement d'Ulster, tous les députés y sont protestants.

Le basculement dans la guerre civile

Longtemps, les catholiques restent passifs devant cette situation, que certains qualifient quand même de véritable « apartheid européen ». Mais, dans le climat des années 60, fait de luttes pour les droits civiques aux États-Unis et de révoltes étudiantes un peu partout dans le monde, les choses changent. En 1966 est ainsi créée l'Association pour les droits civiques en Irlande du Nord, qui réclame une loi électorale juste, l'abolition de la juridiction d'exception et la réforme de la police — mais en aucun cas le rattachement de l'Ulster à l'Irlande du Sud. Face à cette situation, les protestants, au lieu de chercher un compromis, adoptent des positions toujours plus radicales. Un extrémisme entraîne l'autre : le 24 août 1968, une grande manifestation non violente des catholiques de l'Association pour les droits civiques dégénère en affrontements.

Il s'agit là de la première d'une longue série d'émeutes urbaines. L'année suivante, les violences augmentent et l'été voit de véritables batailles rangées opposer catholiques et protestants dans les villes de Belfast et de Londonderry. Dès lors, la haine ne cesse plus. Déjà nettement séparés auparavant, les quartiers catholiques et protestants prennent des allures de camps retranchés, séparés par de véritables lignes de démarcation. Dans cette ambiance survoltée, les revendications de droits civiques et les marches pacifiques cèdent le pas aux actes sanguinaires.

Dans les deux camps, des sociétés secrètes

L'ordre d'Orange... Dans un conflit aussi vieux que celui qui existe en Irlande, la tradition des sociétés secrètes est solidement établie. Dès l'époque de la colonisation, les protestants minoritaires forment l'ordre d'Orange, du nom de Guillaume d'Orange, le héros qui a chassé d'Angleterre la dynastie catholique des Stuarts au XVIIe siècle. Interdit en 1837, l'ordre réapparaît à la fin du XIXe siècle, devant la montée des mouvements politiques catholiques. Après l'indépendance du Sud, il règne en maître en Ulster, à tel point que certains ont parlé d'« État orangiste ». Depuis le renouveau du conflit, après 1970, une société paramilitaire a par ailleurs été réactivée dans la même région, l'*Ulster Volunteer Force,* ancienne milice paramilitaire, fondée en 1913 pour lutter contre les nationalistes catholiques.

Du côté catholique. Le XIXe siècle est aussi le moment où, dans le camp catholique, pullulent des petites organisations plus ou moins clandestines, qui s'opposent aux militants modérés. Ainsi les *Fenians,* qui organisent des attentats après l'échec du soulèvement de 1867. Son héritière, la Fraternité républicaine irlandaise, se regroupe avec d'autres mouvements en 1905 pour former le parti *Sinn Féin* (« Nous seuls » en gaélique). Sa branche armée, l'IRA *(Irish Republican Army),* naît en 1916 à l'occasion du soulèvement militaire écrasé dans le sang par les Anglais. Très peu active dans le Nord, elle végète avant de renaître, à l'occasion du conflit en Ulster.

Une église en flammes : est-ce vraiment pour Dieu que l'on se bat ?

L'engrenage de la violence

L'armée anglaise tente de s'interposer. Mais la minorité catholique ne peut croire à sa neutralité dans le conflit entre les deux communautés. De fait, le 30 janvier 1972, les parachutistes anglais tirent sur un cortège de manifestants catholiques, tuant 13 personnes. Ce « dimanche sanglant » a un immense retentissement dans le monde. À Dublin, en représailles, la foule incendie l'ambassade britannique. En Ulster, les revendications passent brutalement de l'égalité des droits à l'indépendance, et un groupe militaire clandestin se forme, sous le nom — hérité des luttes du début du siècle — d'Armée républicaine irlandaise (IRA). La lutte est ouverte contre l'« occupant » britannique. Le 21 juillet de cette même année, les protestants connaissent à leur tour un « vendredi sanglant », à Belfast, où 16 personnes meurent, victimes de bombes posées par les militants de l'IRA. La boucle est bouclée quand les extrémistes protestants organisent à leur tour des commandos pour répondre aux attentats de l'IRA.

En 1979, cependant, la violence déborde le seul cadre de l'île. Cette année-là, l'IRA assassine lord Mountbatten sur le territoire britannique. Les autorités anglaises, naturellement, procèdent à des arrestations. En 1980 et 1981, la grève de la faim des prisonniers irlandais catholiques se termine par la mort de leur chef, Bobby Sands, et de plusieurs de ses compagnons. L'opinion internationale s'émeut; les Irlandais catholiques encore davantage. Le Premier ministre britannique Margaret Thatcher, qui n'a pas cédé, échappe de peu à un attentat, en 1984, à Brighton.

Une paix fragile

Au milieu des années 90, la paix civile n'est toujours pas revenue. Pourtant, tous les habitants de l'Ulster ne sont pas, et loin de là, favorable au terrorisme. Mais le nombre des morts a engendré la haine et rendu la réconciliation d'autant plus difficile. De plus, l'intervention de Londres, perçue comme une agression par l'une et l'autre partie, ne fait que compliquer les choses. Toutefois, des négociations, sous l'égide de Londres et de l'Irlande du Sud, sont entamées en 1993 entre les protestants d'Ulster et les catholiques de Sinn Féin. L'accord de Stormont en 1998 permet un gouvernement semi-autonome en Irlande du Nord. Cependant cette paix semble bien fragile pour preuve la démission du chef du gouvernement le protestant David Trimble, en juillet 2001, s'élevant contre le non-désarmement de l'IRA.

D'une génération à une autre : au début des années 90, les enfants de ceux qui jouaient jadis au milieu des ruines s'amusent de même dans les rues fumantes des derniers attentats.

La révolution étudiante en France

LE MAI PARISIEN

Le 31 décembre 1967, dans ses vœux aux Français, Charles de Gaulle, président de la République, salue 1968 « avec sérénité ». Six mois plus tard, le pays frôle la révolution : une crise universitaire se mue en crise sociale et politique ; mai 1968 entre dans l'histoire.

En 1968, il y a deux fois plus d'étudiants en France qu'en 1960. En lettres ou en sociologie, ces étudiants craignent de ne pas trouver de travail à la fin de leurs études ; dans tous les secteurs, locaux et enseignants manquent. De plus, le temps est au romantisme révolutionnaire : les héros de l'époque sont Mao, Trotski ou Che Guevara. Enfin, les jeunes refusent les contraintes du passé ; dans les cités universitaires, les garçons demandent le libre accès aux bâtiments des filles. Des incidents éclatent, que le ministère escamote avec mépris : « Hier ils réclamaient des maîtres, aujourd'hui il leur faut des maîtresses. »

Nanterre, université créée en 1963 pour désengorger la Sorbonne, est isolée en banlieue parisienne et jouxte un bidonville, parfait exemple des injustices sociales. L'extrême gauche s'y développe. Le 22 mars, des étudiants occupent les locaux. Les diverses tendances « gauchistes » s'unissent autour d'un étudiant en sociologie d'origine allemande qui sait trouver des formules choc, Daniel Cohn-Bendit : on veut casser le système universitaire, pilier de la « société bourgeoise ». Les incidents se multiplient. Nanterre est fermée le 3 mai ; les étudiants tiennent meeting à la Sorbonne. La police intervient. 500 jeunes sont arrêtés, beaucoup sont molestés ; la Sorbonne est fermée. Les enseignants eux-mêmes se mettent en grève, leurs commissions improvisées multiplient les projets de réforme. Dans le Quartier latin, la tension monte ; elle aboutit le 10 mai à une « nuit des barricades », qui fait un millier de blessés. Pour ramener le calme, le Premier ministre Georges Pompidou rouvre la Sorbonne le 13 ; mais le mouvement, de l'université, s'est étendu aux autres secteurs de la vie sociale.

Dix millions de Français en grève

En effet, le 13 mai, pour protester contre la répression anti-étudiants, les syndicats organisent une manifestation. 170 000 personnes, selon la police, 800 000, selon les organisateurs, se rassemblent à Paris : le mécontentement social ne demande qu'à s'exprimer. La manifestation est assortie d'une grève, qui se prolonge au-delà des 24 heures pour lesquelles elle était prévue ; les salariés occupent spontanément les usines, comme l'ont fait leurs parents ou leurs grands-parents en 1936. Le 21, il y a 8 à 10 millions de grévistes. Le 27, à Grenelle, au ministère des Affaires sociales, les négociations avec les patrons débouchent sur une hausse de 7 % des salaires et de 35 % du salaire minimum, des garanties pour les délégués d'entreprise, la promesse de la remise en vigueur de la semaine de 40 heures (instituée par le Front populaire mais abandonnée dès 1937), d'augmentations des prestations sociales, d'allègements fiscaux, et sur le paiement des jours de grève, s'ils ne sont pas « récupérés » avant décembre.

Le parti communiste, satisfait, prêche le retour au calme. La base refuse : la crise devient politique, le régime paraît menacé, même si une partie du pays s'alarme d'un désordre qu'elle ne comprend pas et qui

Les affrontements entre les étudiants et la police, au Quartier latin, le 6 mai 1968. Le même jour, Daniel Cohn-Bendit devant un policier... (photographie de Gilles Caron).

commence à la priver d'essence pour ses voitures...

La crise politique

Parti le 14 en Roumanie comme si de rien n'était, le général de Gaulle fustige la « chienlit » et propose un référendum, des réformes. On ne l'écoute pas : le pouvoir semble vacant. Parallèlement, le mouvement se délite. Le 22, on manifeste contre l'expulsion de Cohn-Bendit en Allemagne fédérale ; les communistes boycottent la manifestation : c'est le début d'un « duel à trois », gaullistes, communistes et « gauchistes » accusant chacun les deux autres de complicité. Le 27, V. Giscard d'Estaing propose une union nationale autour de lui. Le 28, F. Mitterrand dit qu'après l'échec du référendum il faudra un autre gouvernement et des présidentielles : il sera candidat. Le propos, modéré, est anticonstitutionnel, et la télévision, en le résumant, fait croire à un essai de coup d'État...

Le 29, de Gaulle disparaît : il est à Baden-Baden, où il rencontre le général Massu, commandant des forces françaises en Allemagne. Veut-il dramatiser la situation ? S'assurer de l'appui de l'armée ? À son retour, à

La France de 1968 : une apparente euphorie

En 1968, **la France est riche,** comme l'est l'ensemble du monde occidental : c'est le résultat des « trente glorieuses », les trente années de l'après-guerre.

Mais **la prospérité s'essouffle** aux États-Unis, et le gouvernement français prend acte du changement de tendance : en 1967, les exportations et l'équipement sont favorisés, au détriment de la consommation. Des tensions sociales en résultent.

En politique, **le prestige du général de Gaulle** ne lui garantit plus un pouvoir incontesté : il est **mis en ballottage** aux élections présidentielles de 1965, puis ne doit sa majorité au Parlement, en 1967, qu'aux votes de l'outre-mer... Dix ans de pouvoir, c'est beaucoup, après l'instabilité de la IVe République.

la radio, il dénonce les communistes, qui ont pourtant freiné les révolutionnaires, et il annonce des législatives. Immédiatement, 500 000 de ses fidèles défilent sur les Champs-Élysées. Le rapport des forces a changé.

Des « gauchistes » veulent boycotter les élections. Il y a encore des heurts, et trois morts, alors que les pires événements, à Paris où le préfet Grimaud s'était montré prudent, n'avaient provoqué aucun accident fatal... Les Français aspirent au retour à la normale, après un mois de folie ; les législatives sont un triomphe pour le gouvernement.

Mai 68 entre au musée des souvenirs. Reste à en chercher les causes. D'aucuns parlent de complot, d'autres de crise de société, d'autres encore évoquent la difficile adaptation des structures traditionnelles à la réalité moderne. Il faut aussi faire la part des hasards, des enchaînements incontrôlables. Il reste que, pendant un mois, Paris a cru revivre 1789 ou 1848, et que bien des changements se font, après coup, une fois le calme revenu, la crise ayant permis de prendre conscience de la fossilisation qui figeait la société française.

Dans les grands magasins du « Printemps », les salariés font la grève et occupent les lieux : un délégué syndical expose sa position...

Les contestations étudiantes dans le monde

Mai 1968 n'est pas un phénomène exclusivement parisien ou même français. Presque partout dans le monde, la jeunesse bouge en 1967-68.

Aux États-Unis. Le refus de la guerre du Viêt-nam, la radicalisation du mouvement noir et la mise en cause de la « société de consommation » se traduisent par des manifestations violentes, des occupations d'universités, etc.

En Europe. En R.F.A., la contestation vise aussi la guerre du Viêt-nam et son appui par la grande presse. En avril 1968, un attentat contre le leader étudiant Rudy Dutschke crée une forte tension. En Italie, l'occupation des universités, contre des structures quasi féodales, débouche sur un refus du système politique et du poids de l'Église. En Hollande, le mouvement rejoint celui des *provos* anarchisants. En Belgique, il s'aggrave de tensions entre Wallons et Flamands. En Suisse s'ajoute la solidarité avec les immigrés. En Espagne, les étudiants voudraient secouer la dictature.

Les pays de l'Est. 1968 est l'année du « printemps de Prague », au cours duquel le parti communiste tchécoslovaque dirigé par Dubcek tente de s'orienter vers « un socialisme à visage humain ». L'expérience, commencée le 8 avril et dans laquelle les étudiants jouent un grand rôle, est stoppée, le 20 août, par l'intervention des chars de l'U.R.S.S. et du pacte de Varsovie. En Pologne, la jeunesse intellectuelle conteste la bureaucratie, et, contre elle, le gouvernement joue de l'ouvriérisme et de l'antisémitisme...

En Amérique latine. L'hostilité aux États-Unis et les problèmes sociaux expliquent des émeutes, au Brésil, en Argentine, et surtout au Mexique, où la répression est féroce, faisant vingt morts à Mexico, le 2 octobre.

En Chine. Enfin, on peut considérer la « Révolution culturelle » comme un mouvement de la jeunesse manipulé par Mao Zedong pour rétablir son pouvoir contre l'appareil du parti communiste.

La manifestation des gaullistes descendant les Champs-Élysées, le 30 mai 1968. Après la révolution, la réaction...

Le féminisme, revendication de masse

LE «WOMEN'S LIB»

Dans les années 60, le féminisme n'est pas une idée nouvelle, mais seule une minorité d'intellectuelles ose s'en réclamer publiquement. Or, pour la première fois, en 1968, des femmes américaines descendent en grand nombre dans la rue pour exiger l'égalité avec les hommes dans tous les actes de la vie quotidienne. Pour la première fois également, une «majorité silencieuse» approuve leurs revendications.

Le 7 septembre 1968 se déroule à Atlanta l'élection de Miss America. La finale est télévisée, de nombreux journalistes sont là. Tout à coup, des femmes surgissent et commencent à perturber la cérémonie. Elles entendent ainsi protester contre l'image dégradante que les concours de beauté sont censés donner de la femme. En signe de protestation et de liberté, les manifestantes retirent leurs sous-vêtements et les jettent dans la rue. L'événement fait les gros titres de la presse et l'Amérique, stupéfaite, redécouvre le mouvement féministe, oublié depuis les suffragettes. À peine un mois plus tard, ces mêmes militantes appellent leurs consœurs à descendre dans la rue pour revendiquer l'égalité entre les sexes. Elles sont plusieurs dizaines de milliers à marcher sur Wall Street.

En France, les objectifs du M.L.F.

Texte signé «quelques militantes» paru dans le numéro spécial de Partisans *intitulé «Libération de la femme, année zéro», juillet-octobre 70 :*

«Objectifs réformistes : tels ceux poursuivis par le groupe NOW. Ils consistent à obtenir pour les femmes les droits fondamentaux définis par la Constitution américaine et visent à l'abrogation des lois sur l'avortement, des lois limitant le travail des femmes; ils luttent pour de meilleures conditions de vie : obtention de salaires égaux, de meilleures conditions de travail.

Objectifs tactiques : ils veulent libérer les femmes des exploitations en tant qu'objets sexuels par la création de garderies d'enfants et d'institutions collectives, prises en charge par les communautés (les parents) afin de les délivrer du travail domestique et de l'élevage des enfants et de leur permettre de se consacrer à leur lutte; luttes pour la contraception et l'avortement généralisé.

Objectifs finaux : ne cherchent plus une amélioration de la condition des femmes mais visent à la disparition de toutes les institutions sexistes : noyau familial, mariage, et à la destruction du système social qui les engendre; droit pour chaque femme à disposer d'elle-même.»

Une nouvelle génération

Ce mouvement n'est pas une génération spontanée. Depuis le début des années 60, la condition féminine est un sujet d'étude et de combat. C'est une nouvelle génération de femmes, nées dans les années 40, qui est concernée. Leurs aînées ont lutté contre le fascisme, contre le colonialisme. Quelle cause leur reste-t-il? La leur, bien sûr, celle des femmes.

En 1966, la psychosociologue Betty Friedan fonde la National Organization of Women (Organisation nationale des femmes), dont le sigle NOW signifie «maintenant». Très vite, l'association réunit plus de 10 000 adhérentes, essentiellement des femmes mariées et des mères de famille. Voulant agir comme un groupe de pression politique, NOW énonce des revendications précises : égalité face à l'emploi, égalité dans la famille, abolition de toute image sexiste de la femme. Betty Friedan déclare à la presse : «NOW se consacre à l'idée que les femmes sont d'abord et avant tout des êtres humains qui, comme les autres personnes de notre société, doivent avoir l'occasion de développer à fond leur potentiel humain.»

Un mouvement remarqué

Betty Friedan est jugée trop conservatrice par certaines militantes et, en 1967, les plus jeunes, qui sont célibataires pour la plupart, font scission. Elles créent un mouvement plus radical, le WLM, Women's Liberation Movement, familièrement appelé Women's Lib et dont l'équivalent français sera le M.L.F., Mouvement de Libération de la Femme. Au sein du WLM cohabitent de nombreux groupes, de petites structures autonomes et parfois rivales, ayant des analyses différentes mais des intérêts communs. Les militantes de chaque tendance savent faire front si nécessaire et entreprennent d'innombrables actions auprès des pouvoirs publics et des médias.

L'action du Women's Lib connaît une grande popularité chez les femmes des classes moyennes, dès 1968. Une véritable littérature féministe apparaît : *le Deuxième Sexe,* de Simone de Beauvoir, se vend à plus d'un million d'exemplaires. Ouvrages théoriques et revues se multiplient, témoignant de la vitalité de ce courant. En revanche, la presse grand public considère toujours les féministes comme un objet de raillerie. Les militantes y sont le plus souvent caricaturées comme des lesbiennes gauchistes ou des frigides hystériques.

La cause des femmes

En novembre 1970 se tient la première convention nationale des féministes à Chicago. Le mouvement prend ses distances avec la gauche radicale : l'analyse ne donne plus la priorité à la lutte des classes, mais à la lutte des sexes. En effet, nombre de militantes

Le Women's Lib recrute ses militantes principalement parmi les intellectuelles — ici, l'affiche appelle à l'unité des femmes artistes

ont protesté contre la guerre du Viêt-nam au sein des mouvements pacifistes, mais beaucoup sont déçues de constater que, même dans ces milieux progressistes, l'égalité des sexes est plus présente dans les discours que dans les actes.

Le 1er juillet 1970, suite à de nombreuses manifestations du WLM, l'État de New York légalise l'avortement. Cette première victoire est bientôt suivie d'une seconde, beaucoup plus importante puisqu'elle concerne l'ensemble des États-Unis. En août 70, sur demande de la démocrate Martha Griffiths, la Chambre des représentants vote un amendement constitutionnel qui reconnaît aux Américaines l'égalité en matière d'emploi. De grandes sociétés, comme ITT, sont contraintes de verser, à titre rétroactif, plusieurs millions de dollars en compensation des différences de salaire entre hommes et femmes effectuant le même travail.

Un écho international

Le phénomène du Women's Lib dépasse largement les États-Unis et, dans la plupart des pays occidentaux, des mouvements similaires émergent dès 1968. L'Angleterre, les Pays-Bas, l'Allemagne, la Suisse, l'Italie, le Canada, l'Australie découvrent les manifestations de femmes. Les Françaises commencent à faire parler d'elles quelques mois avant tout le monde, puisque les premières réunions de féministes ont lieu à l'université de Vincennes en mai 1968. Le grand mouvement qui secoue Paris crée des conditions favorables à l'éclosion des revendications féministes. Dans un numéro de la revue *Partisans* intitulé «Libération de la femme, année zéro» et qui, de manière informelle, fonde le M.L.F., on peut lire à propos de mai 68 : «La possibilité de s'exprimer pour la première fois, et pour la première fois d'être écoutée sans réticences, l'accueil rencontré auprès des femmes et des hommes par les meetings organisés sur le thème de la libération des femmes ont permis à certains groupes de s'affermir, de sortir de l'isolement, à d'autres de se constituer.»

Dans le monde entier, et même si les excès de cette époque nous semblent aujourd'hui révolus, le Women's Lib a permis une modification progressive mais certaine des mentalités.

Les femmes prennent la parole : conférence pour les droits de la femme à Versailles, en 1970.

Une manifestation féministe à Londres.

Figures du Women's Lib

Kate Millet. Professeur d'anglais et de philosophie, elle est l'auteur d'un ouvrage qui exerce une influence profonde sur les militantes du Women's Lib : *la Politique du mâle* (1969). Elle y analyse l'histoire de la femme, interprétée comme une histoire de la domination masculine. Elle reste une des grandes références du mouvement.

Gloria Steinem. Journaliste, elle se fait remarquer dès le début des années 60 par ses prises de position proches du NOW. Elle peut, par son influence, être considérée comme une des véritables fondatrices du Women's Lib. En 1971, elle crée une autre association, la WAA, Women's Action Alliance, qui incite les femmes à s'engager dans l'action politique.

Germaine Greer. D'origine australienne, docteur ès lettres de l'université de Cambridge, elle publie en 1971 *la Femme eunuque,* un essai où elle défend l'amour libre en termes crus. L'ouvrage, diversement apprécié par ses consœurs féministes, fait grand bruit.

Valerie Solanas. Elle publie le manifeste du SCUM, mouvement dont elle semble être le seul membre. SCUM signifie «Society for Cutting Up Men», c'est-à-dire «Association pour la castration des hommes». Valerie Solanas propose l'assassinat de tous les hommes et rêve d'une société où les femmes seraient les maîtres du monde. En juin 68, elle tire trois coups de revolver sur l'artiste Andy Warhol qu'elle accuse «d'exploitation sexiste». Elle est incarcérée puis envoyée en hôpital psychiatrique.

Shulamit Firestone. De culture marxiste, cette Canadienne pense que l'émancipation de la femme ne peut être obtenue que par une révolution générale, c'est-à-dire la libération de la classe ouvrière et une totale modification des modes de vie. Elle lutte contre l'institution du mariage et de la famille, défend l'idée d'une société communautaire. Avec Gloria Steinem, Shulamit Firestone doit être considérée comme une des fondatrices du Women's Lib.

«La grand-mère du peuple juif»

GOLDA MEIR

En février 1969, l'Israélienne Golda Meir vit une retraite paisible. Ancienne secrétaire générale du Mapaï, le parti travailliste unifié, elle s'est retirée de toute fonction politique depuis 1967. Mais, ce mois-ci, la mort du Premier ministre Levi Eshkol, successeur de David Ben Gourion, le fondateur de l'État d'Israël, lui rend le pouvoir.

Dans son discours d'investiture, le 17 mars, Golda Meir s'affirme pour une position «dure» de l'État d'Israël : elle se réfère aux territoires conquis dans la récente guerre des Six Jours de juin 1967, en exaltant «la libération de notre patrimoine national» et annonce la prochaine installation de kibboutzim dans les régions occupées.

De l'Ukraine à Tel-Aviv

Le Premier ministre, qui s'appelle en réalité Golda Mabovitch ou, de son nom d'épouse, Golda Meyerson, a milité depuis l'âge de dix-sept ans dans des organisations sionistes, et est arrivée en Israël dès avant la fondation de l'État hébreu. Née en 1898 en Ukraine, elle a passé son enfance aux États-Unis, où ses parents avaient émigré. Élevée dans la ville de Milwaukee, dans le Wisconsin, elle découvre les idées sionistes à l'occasion de la visite dans la cité de deux jeunes gens chassés de Palestine par le gouvernement turc, David Ben Gourion et Isaac Ben Zvi. Golda ne quitte pas aussitôt, pour autant, les États-Unis. Tout en militant au Poale Sion, le parti sioniste ouvrier, elle poursuit des études d'institutrice, contre le gré de ses parents et au prix d'un travail de nuit dans une blanchisserie. En 1918, ayant acquis son diplôme, elle épouse Morris Meyerson, un peu plus âgé qu'elle, dont elle aura deux enfants, mais qu'elle quittera en 1938.

Les premiers temps d'Israël

En 1921, le couple part pour la Palestine. Il vit quelques années dans le kibboutz de Merhavia, près de Nazareth, avant de s'installer, en 1924, à Tel-Aviv. Dès lors, la jeune femme commence à occuper des fonctions publiques. Secrétaire générale du Moatzoat Poalot (le Conseil ouvrier féminin), puis membre du Conseil exécutif de la Histadrouth (la Confédération générale des travailleurs israéliens), elle devient la collaboratrice et l'amie de David Ben Gourion et noue des liens avec ceux qui seront, plus tard, les Premiers ministres d'Israël.

De 1945 à 1947, elle lutte pour la création de l'État juif, à laquelle s'opposent les Anglais. C'est à cette époque qu'elle hébraïse son nom en Golda Meir. Elle est responsable du Bureau politique, et chargée de mission à l'étranger, où elle doit trouver subsides et soutiens favorisant la naissance d'Israël. À ce titre, elle voyage en Europe, en U.R.S.S. et aux États-Unis (collectant en tout cinquante

Pendant une conférence de presse, en 1973, Golda Meir se mord les lèvres en accusant l'U.R.S.S. de s'ingérer dans la guerre israélo-arabe.

Les femmes politiques dans le monde

Golda Meir est la première femme à accéder au pouvoir suprême par ses propres mérites, et non à titre héréditaire. **Margaret Thatcher,** en Grande-Bretagne, est la seconde.

Indira Gandhi en Inde, **Corazón Aquino** aux Philippines, **Benazir Bhutto** (première femme à diriger un pays musulman) au Pakistan, sont élus aux plus hautes fonctions gouvernementales dans leurs pays, respectivement en 1966, 1986 et en 1988.

En Occident, **Vigdis Finnbogadottir** est présidente de la République d'Islande de 1980 à 1996, **Gro Harlem Brundtland** est Premier ministre de Norvège de 1986 à 1989, **Marie Robinson,** présidente de la République irlandaise de 1990 à 1997, et **Édith Cresson,** Premier ministre en France de mai 1991 à 1992. **Tansu Ciller** est Premier ministre de Turquie de 1993 à 1996, et en 2000, **Tarja Halonen** est élue présidente de la République de Finlande.

Soldats israéliens emportant un blessé pendant la guerre du Kippour. Golda Meir et Moshe Dayan furent vivement critiqués à propos de l'impréparation de l'armée au moment du conflit.

millions de dollars) et même, déguisée en femme musulmane, elle rencontre le roi Abdallah de Jordanie pour le convaincre de ne pas participer à la guerre que les pays arabes se préparent à faire au futur État. Le 14 mai 1948, elle est l'une des signataires de la Déclaration d'indépendance, acte de naissance du nouvel État juif. L'année suivante, David Ben Gourion l'envoie comme ambassadrice à Moscou. Puis, élue à la Knesset — l'Assemblée nationale israélienne — en 1949, elle est successivement ministre du Travail (1949-1956), ministre des Affaires étrangères (1956-1966), et enfin secrétaire générale du Mapaï, le parti travailliste unifié (1966-1967).

Le successeur de Ben Gourion et de Levi Eshkol

Lorsqu'elle revient aux affaires, au début de l'année 1969, Israël vit une période cruciale de son histoire. Combattue par les pays arabes depuis sa fondation, son existence se révèle de plus en plus clairement conditionnée par l'acquisition de frontières sûres, éloignées des centres vitaux du pays. Adoptant d'emblée des positions très dures, le Premier ministre Golda Meir, soutenue par le ministre de la Guerre Moshe Dayan, non seulement n'envisage pas un retrait des territoires conquis pendant la guerre des Six Jours, mais, même, refuse de discuter d'un problème palestinien, dans la mesure où il n'existe pas, à ses yeux, de peuple palestinien... En 1973, cependant, son gouvernement subit un rude revers. Au mois d'octobre, alors que le pays célèbre la grande fête juive de Kippour, les pays arabes attaquent Israël, qui subit de sérieux dommages et, pour la première fois dans les guerres israélo-arabes, doit accepter de négocier dans une conférence de paix. L'opposition de droite et les officiers supérieurs dénoncent l'impréparation du pays et, en décembre 1973, les élections ne sont pas loin de tourner à la défaite pour Golda Meir et son parti. Les critiques continuant dans les mois qui suivent, le Premier ministre démissionne le 10 avril 1974. Rappelée aux affaires quelques mois, dans le cadre du gouvernement Rabin, en 1976, Golda Meir n'exerce plus qu'un rôle modeste dans la direction de son pays et meurt le 8 décembre 1978. Celle dont David Ben Gourion disait «c'est le seul homme de mon gouvernement» demeure, dans la mémoire des Israéliens et du monde entier, comme une des grandes figures fondatrices de l'État d'Israël.

Femmes-soldats : les femmes dans l'armée

En Israël. L'état de guerre permanent a conduit Israël à adopter le système de la nation armée, qui permet en quelques heures de mobiliser des unités préparées à l'offensive. Hommes et femmes sont assujettis à la préparation militaire, puis à un service, puis à des périodes de réserve annuelles. Les femmes ne sont pas envoyées sur le front en période de combat ni dans les territoires occupés en temps de paix. Elles sont chargées d'actions plus techniques ou regardées comme moins dangereuses, qui vont de la surveillance et du contrôle dans les villes d'Israël, à l'intendance et aux services techniques, ainsi qu'à l'assistance médicale ou sociale auprès des soldats.

Aux États-Unis. La guerre du Golfe a récemment mis en vedette la présence des femmes au sein de l'armée américaine, effective depuis la suppression du service militaire obligatoire, en 1975. Les femmes constituaient 6% des forces américaines en Arabie saoudite. Dans les précédents conflits, cependant, les femmes n'étaient pas totalement absentes. Au Viêt Nam, elles étaient infirmières, assistantes sociales et cantinières. En 1991, elles servaient comme armurières, opératrices radio, agents de renseignements, pilotes d'avions et d'hélicoptères.

En Europe. Dans tous les pays européens, l'armée emploie des femmes. En France, en 1991, celles-ci forment 6,1 % des effectifs. Elles accèdent progressivement à tous les postes et grades, mais sont plus rarement envoyées au combat.

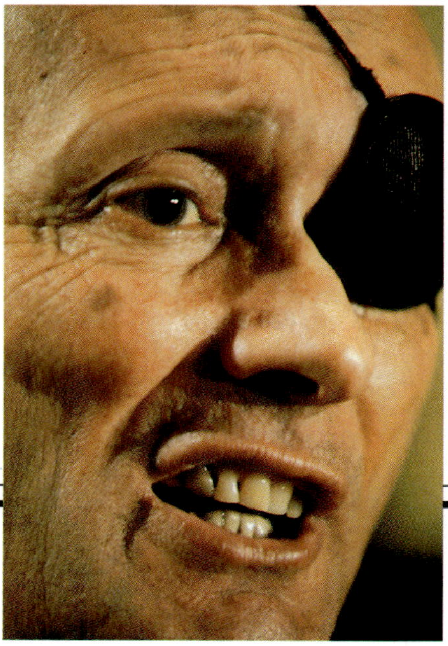

Moshe Dayan, ministre de la Guerre lors du conflit du Kippour.

L'homme à la conquête de l'espace

ON A MARCHÉ SUR LA LUNE

Le 21 juillet 1969, à 3 h 52, heure de Paris, l'Américain Neil Armstrong sort de l'engin qui l'a déposé quelques heures plus tôt sur la « mer de la Tranquillité ». Très lentement, il descend les barreaux de l'échelle. À 3 h 56 mn, il pose son pied gauche sur le sol et déclare : « Ce n'est qu'un petit pas pour l'homme, mais un bond gigantesque pour l'humanité. » La réalité vient de rejoindre la bande dessinée d'Hergé, le créateur de Tintin : on a marché sur la Lune.

Douze ans plus tôt, les succès soviétiques dans l'espace inquiètent l'Amérique. L'honneur national est en jeu, et l'équilibre des forces : une fusée capable de lancer un satellite peut atteindre n'importe quel point du globe. La distance ne protège plus des bombes.

Le pari de Kennedy

Le 7 novembre 1957, le président Dwight Eisenhower juge nécessaire de préciser que les États-Unis peuvent repousser toute attaque russe, et annonce la centralisation et l'accélération du programme spatial. Le 25 mai 1961, avant même le premier vol habité américain, son successeur, John F. Kennedy, proclame sa volonté d'« envoyer un homme sur la Lune avant la fin de la décennie ».

L'objectif fixé, les États-Unis se donnent les moyens de l'atteindre. D'abord, les cabines *Mercury* volent avec un homme à bord, puis sont remplacées par les *Gemini,* avec deux hommes. De mars 1965 à novembre 1966, en dix vols, elles comblent le retard américain. Une avance est même prise : on réalise des arrimages en orbite.

Un jeu de construction dans l'espace

Ces arrimages sont indispensables. On construit une fusée aussi énorme que possible, *Saturn V :* 111 mètres de haut, 3 100 tonnes, 155 millions de chevaux. Or, même ce monstre ne peut pas expédier sur la Lune un engin capable de s'arracher au sol lunaire pour rentrer directement sur terre. Pour tourner la difficulté, on invente un véritable Méccano spatial, composé du vaisseau *Apollo* et du Lem, ou module lunaire, installé au-dessous de lui dans la fusée. En orbite terrestre, *Apollo* doit se retourner, fixer le Lem à son « nez », puis partir se mettre en orbite autour de la Lune. Là, deux cosmonautes passent dans le Lem, qui se détache pour se poser sur la lune. Seule sa partie supérieure repart : relativement légère, elle peut facilement rejoindre Apollo, avant d'être abandonnée. Pour la rentrée dans l'atmosphère, les moteurs sont eux aussi largués : seul le module de commande abritant les cosmonautes – soit 5 des 3 100 tonnes initiales – revient sur terre, ou plutôt en mer.

La mise au point ne va pas sans drame. Le 27 janvier 1967, à l'entraînement, Virgil Grissom, Edward White et Roger Chaffee

L'espace, une course soviéto-américaine

Au départ, l'U.R.S.S. accumule les succès : le 4 octobre 1957, *Spoutnik 1* est le premier satellite artificiel ; le 3 novembre, la chienne Laïka est le premier animal sur orbite ; *Lunik 1* échappe à l'attraction terrestre le 2 janvier 1959, *Lunik 2* percute la Lune le 13 septembre, *Lunik 3* en photographie la face cachée le 6 octobre ; le 12 avril 1961, à bord de *Vostok 1,* Youri Gagarine est le premier homme dans l'espace ; le 16 juin 1962, Valentina Terechkova est la première femme ; le 13 octobre 1963, *Voskhod 1* est le premier vaisseau multiplace, et le 18 mars 1965, Alexei Leonov est le premier homme qui marche dans l'espace.

Les États-Unis lancent *Explorer 1* le 1er février 1958 et leur premier cosmonaute, John Glenn, le 20 février 1962. Ils prennent l'avantage avec le vol à moins d'un mètre de distance des cabines *Gemini 6* et *7,* le 15 décembre 1965, et **le premier amarrage,** entre la cible *Agena* et *Gemini 8,* **le 16 mars 1966 ;** le 2 juin 1966, *Surveyor 1* se pose en douceur sur la Lune. L'U.R.S.S. a encore sa part de « premières », mettant *Luna 10* en orbite autour de la lune le 3 avril 1966, et en ramenant *Zond 5* le 21 septembre 1968. Mais, **avec les vols habités *Apollo*, se manifeste vraiment la supériorité américaine.**

Départ de la Lune du module lunaire (Lem) pour rejoindre Appolo 11 en orbite lunaire, le 21 juillet 1969 à 18 h 54. Au fond, une vue partielle de la Terre.

sont brûlés vifs dans leur cabine. Les vols ne reprennent qu'en octobre 1968, quand *Apollo 7* est expérimenté en orbite terrestre ; à Noël, *Apollo 8* tourne autour de la Lune ; le Lem est essayé autour de la Terre avec *Apollo 9,* autour de la Lune avec *Apollo 10.*

500 millions de téléspectateurs

Enfin, le 16 juillet 1969 à 14 h 32 (heure française), *Apollo 11* décolle de cap Canaveral, en Floride, devenu cap Kennedy en hommage au président assassiné le 22 novembre 1963. Il emporte Neil Armstrong, Edwin Aldrin et Michael Collins.

Le vol se passe admirablement bien. Le 19 juillet, à 18 h 22, *Apollo* est en orbite lunaire. Le lendemain, le Lem, *Eagle,* avec à son bord Armstrong et Aldrin, se détache du reste de l'attelage, *Columbia.* Des blocs de pierre rendent dangereux l'alunissage, alors qu'il ne reste plus qu'une minute de propergol, mais à 21 h 17, pour la première fois, un objet habité se pose sur la Lune. Les cosmonautes demandent que leur soient épargnées les quatre heures de sommeil officiellement prévues avant leur sortie.

Celle-ci est suivie à la télévision par au moins un demi-milliard de Terriens. Par une ironie du sort, Collins, resté en orbite à bord d'*Apollo,* ne peut assister à l'événement.

En deux heures et demie, dans le vide parfait qui entoure la Lune, sous une gravité qui leur retire 80 % de leur poids terrestre, les deux hommes recueillent des échantillons de sol, prennent des photos, installent un sismomètre-émetteur, un réflecteur pour renvoyer des signaux lasers vers la Terre et une feuille d'aluminium traitée pour piéger les particules des « vents solaires ». Symbole oblige, ils plantent un drapeau américain, dévoilent une plaque précisant qu'ils sont venus « pacifiquement au nom de l'humanité entière », et écoutent, au garde à vous, le président Richard Nixon. Puis ils regagnent *Eagle,* prennent les huit heures de repos prévues. À 18 h 54, c'est le départ de la partie supérieure du Lem, délestée de toutes charges inutiles. Elle est abandonnée à l'espace après la jonction avec *Columbia,* dont les moteurs sont rallumés pour le grand retour.

Le 24 juillet, 8 jours, 3 heures et 17 minutes après le départ, *Apollo* amerrit dans le Pacifique. Pour les cosmonautes restent à supporter 21 jours de quarantaine, le temps que les savants s'assurent qu'ils ne ramènent aucun micro-organisme lunaire, et que notre satellite est bien un astre mort. Ce sont ces savants, désormais, qui prennent le relais des cosmonautes en interrogeant les échantillons et les relevés obtenus grâce à leur exploit.

Les vols habités après *Apollo 11*

Après l'exploit, le désenchantement. Le programme *Apollo* se poursuit, mais l'exploit répété cesse de passionner l'opinion, même si on s'émeut lorsqu'une explosion, peu après le départ d'*Apollo 13,* compromet la mission et met en danger les cosmonautes, qui rentrent tout de même sains et saufs le 17 avril 1970. De plus, les budgets sont fortement réduits.

Les Soviétiques : des records d'endurance. Les Soviétiques ont renoncé à la Lune. Leur programme circumterrestre, avec les vaisseaux *Soyouz* et la station *Saliout,* est retardé après le 29 juin 1971 et la mort de trois cosmonautes rentrant de 24 jours dans l'espace. Cependant, le 17 juillet 1975, symbole de la « détente », *Soyouz 19* et une cabine *Apollo,* prévue pour un vol lunaire supprimé, se rejoignent sur orbite. D'autres Soyouz mènent vers Saliout puis vers la station *Mir* des hommes qui battent des records d'endurance (jusqu'à 437 j 18 h de séjour dans l'espace) avant la rentrée de Mir dans l'atmosphère le 23 mars 2001.

Le prochain objectif : Mars ? Les Américains, eux aussi revenus autour de la Terre, lancent *Skylab,* laboratoire orbital rejoint par une cabine *Apollo* le 25 mai 1973, puis, à partir du 12 avril 1981, des navettes réutilisables. Les vols se multiplient, mais les navettes ont des problèmes techniques, et l'une d'elle explose en vol le 28 janvier 1986, tuant ses sept passagers.

Le début des années 2000 est marqué par l'assemblage et l'exploitation d'une Station spatiale internationale, tandis que s'intensifie l'exploration de la planète Mars par des sondes automatiques en prélude à d'éventuels vols habités ultérieurs, peut-être vers 2020.

Les premiers pas de l'homme sur la Lune : Edwin Aldrin descendant les marches du Lem, le 21 juillet 1969 à 4 h 14 min.

Edwin Aldrin marchant sur la Lune, dans la mer de la Tranquillité, et photographié par Neil Armstrong, l'autre cosmonaute descendu du module lunaire.

Les autonomistes basques face à Franco

LE PROCÈS DE BURGOS

Le 3 décembre 1970, treize hommes et trois femmes comparaissent devant le tribunal militaire de la région de Burgos. Ils sont accusés d'avoir organisé des attentats terroristes sous l'égide de l'E.T.A., l'organisation séparatiste basque.

Pour l'Espagne de Franco, en quête de respectabilité sur la scène internationale, ce procès est un enjeu considérable.

L'ordre doit régner

Le jour de l'ouverture du procès, la police et surtout l'armée sont partout présentes dans les rues de Burgos et à proximité du palais de justice militaire. La Cour martiale, composée de six juges, dont le président, le colonel Manuel Ordovas, siège en grand uniforme. Les seize accusés quant à eux, encadrés par des hommes en armes, sont des civils, tous jeunes : leur moyenne d'âge est de vingt-sept ans. Deux prêtres se trouvent parmi eux. L'énoncé des charges portant sur les prévenus est effectué lors des audiences des 3 et 4 décembre. Accusés de terrorisme, de l'assassinat d'un commissaire de police, d'attaques à main armée, de propagande et d'activités politiques illégales, les seize jeunes gens risquent, selon les cas, la peine capitale ou des peines de prison très lourdes.

Une atmosphère très tendue

Lorsque, à partir du 6 décembre, les accusés sont interrogés, leurs révélations plongent la Cour dans le désarroi, mais fournissent de la matière aux journalistes. Les prévenus dénoncent leurs juges : ils ont été torturés par la police. Jesus Abrizque, interrogé par ces magistrats, décrit les mauvais traitements dont il a été victime depuis son arrestation. À sa suite, Maria Iciar Aizpurùa puis Victor Ariana Bilbao dénoncent les méthodes violentes de la police et de l'armée. L'incident est si grave que les audiences sont suspendues le 7 décembre. L'agitation, il est vrai, est alors à son comble : une grève de la faim à laquelle s'astreignent d'autres détenus, des grèves générales déclenchées à travers le Pays basque et l'écho donné par la presse internationale aux révélations des accusés ont jeté un total discrédit sur la Cour martiale et sur le régime tout entier. De plus, le consul de la R.F.A., Eugen Beilh, a été enlevé par l'E.T.A., et des menaces de représailles ont été proférées en cas de condamnation à mort des seize accusés de Burgos. Les militaires usent alors d'un subterfuge : ils ten-

Affiche française de soutien à Puig Antich, militant catalan condamné à mort.

Un autonomiste catalan exécuté

Franco et les autonomistes. La dictature du général Franco doit lutter contre les revendications autonomistes des Basques et des Catalans principalement. La répression exercée par le pouvoir, d'abord féroce, semble s'atténuer vers la fin de l'ère franquiste : à partir de 1962, les exécutions de militants politiques se font plus rares, même si ces derniers sont toujours traduits devant les tribunaux militaires.

Un regain de répression. Pourtant, en 1972, un jeune homme, Salvador Puig Antich, militant dans un mouvement libertaire catalan, est arrêté. Jugé en janvier 1974 par le Conseil de guerre de Barcelone pour le meurtre d'un policier et une attaque à main armée, il est condamné à la peine capitale. Malgré l'élan de sympathie internationale suscité par cette affaire, Puig Antich est exécuté au garrot en mars 1974.

Au moment des procès de Burgos, où vont être dénoncées les violences policières du régime, Franco tente de redonner à l'Espagne une place au plan international : c'est sans doute la raison pour laquelle il va gracier les condamnés à mort de Burgos.

tent, à partir du 8 décembre, de déclarer irrecevables les témoignages des prévenus. Ceux-ci, qui affirment se considérer comme des prisonniers de guerre, ont beau protester violemment, le président de la Cour leur interdit de parler. Pourtant, le 9, des revendications autonomistes retentissent dans le prétoire : Mario Onaindía, un des accusés, hurle les slogans de l'E.T.A. On doit se saisir du prévenu, qui se jette du box des accusés sur ses juges. Pour couper court à la publicité faite autour de ces débats trop animés, le huis clos est imposé. En l'absence de tout public et de la presse, le procureur, c'est-à-dire le représentant de l'État, accusateur, le commandant Carlos Granados Mezquita, prononce un réquisitoire très dur. Au nom de l'ordre et de la sûreté de l'État, il demande que soient condamnés à mort six des inculpés. Les seize avocats de la défense, maître Peces Barba en tête, affirment alors dans un communiqué leur refus de cautionner cette parodie de justice.

Des délibérations interminables

Des semaines durant, les condamnés et l'opinion restent dans l'expectative. Des semaines durant, des discussions ont lieu entre les juges et le général Franco lui-même, ainsi qu'au sein de l'armée, où partisans de la fermeté et attentistes s'affrontent, surtout après la libération du consul allemand, le 25 décembre. Enfin, le 28 décembre, le tribunal rend son verdict. Neuf condamnations à mort sont prononcées, et des peines de prison très lourdes, allant de douze ans à la perpétuité, frappent les autres prévenus. Un seul accusé est acquitté. La stupeur et l'indignation sont générales dans la presse internationale. Le verdict est d'autant plus dramatique que, selon la procédure militaire, les condamnés à mort doivent être exécutés dans les douze heures, tandis que leurs avocats ne disposent que d'un délai de deux heures pour déposer une demande de grâce. Or, la Cour martiale a pris soin, pour éviter que les défenseurs des condamnés n'aient le temps de se préparer à un quelconque pourvoi auprès du commandant militaire de la région, de ne les convoquer qu'in extremis, à la sauvette. De tels procédés dressent l'ensemble de la presse contre les juges militaires, et des membres de l'Église, pourtant soutien traditionnel du régime, adressent eux-mêmes des lettres à Franco demandant la grâce des inculpés. En fait, le Caudillo, qui cherche alors à redonner à l'Espagne une place sur la scène internationale, craint, en se montrant trop dur, de susciter pour son régime de très graves mesures de rétorsion. Aussi remet-il les exécutions. Et, le 30 décembre, après de multiples consultations, il décide d'user de son droit de grâce. Les neuf condamnés à mort voient leurs peines commuées en trente ans de prison.

Les athlètes israéliens pris en otages

L'ATTENTAT DE MUNICH

Le 5 septembre 1972, alors que se déroulent les jeux Olympiques de Munich, un commando palestinien prend en otages les athlètes israéliens. L'opération se termine à l'aéroport dans un bain de sang. Cette affaire, outre la marque qu'elle laissera dans les relations israélo-palestiniennes, ouvre une nouvelle ère dans l'histoire des jeux Olympiques, désormais enjeu politique autant que trêve pacifique dédiée au sport.

Un tireur d'élite sur le balcon du village olympique. Négocier plus longtemps aurait-il permis d'éviter un bain de sang ?

Aux premières heures de la matinée du 5 septembre 1972, un commando de cinq hommes pénètre dans l'immeuble occupé par la délégation israélienne au village olympique de Munich, et retient en otages ses membres. Un athlète et un entraîneur sont abattus. À 7 heures, le village olympique est bouclé par la police. Deux heures et quinze minutes plus tard, 12 000 policiers de Munich et 25 tireurs d'élite sont sur place.

Le groupe terroriste palestinien « Septembre noir » revendique immédiatement l'attentat. Un communiqué est diffusé vers midi, du Caire : en échange de la libération des otages, cette organisation réclame la remise en liberté d'environ 150 Palestiniens prisonniers en Israël et la mise à la disposition du commando d'un avion pour les transporter dans n'importe quelle capitale arabe, à l'exception d'Ammam et de Beyrouth. Si ces conditions ne sont pas remplies, les otages seront exécutés. À 15 heures, le gouvernement israélien fait savoir qu'il refuse de céder au chantage.

Conclusion sanglante à l'aéroport

Pourtant, les négociations ne sont pas interrompues et, à 22 heures, les Palestiniens, accompagnés des otages et d'officiels allemands, quittent le bâtiment dans un autocar militaire. Ils montent ensuite à bord d'hélicoptères qui se rendent à l'aéroport de Fuerstenferldbruck, situé à 80 km de Munich. Chaque pilote est surveillé par un homme de Septembre noir. Les services de sécurité allemands sont embusqués dans l'aéroport.

Le drame se produit peu après l'atterrissage des hélicoptères. Une fusillade éclate — les feux de la tour de contrôle s'éteignent, laissant les pistes dans l'obscurité. Quatre Palestiniens sont tués par des tireurs d'élite allemands. Un ravisseur a le temps d'assassiner quatre otages à l'arme automatique. L'un des hélicoptères explose.

Le bilan de l'opération est lourd : neuf otages sont morts dans le massacre, ce qui porte à onze le nombre de victimes israéliennes. Cinq terroristes ont été abattus, trois sont arrêtés.

L'Allemagne vit cette conclusion sanglante comme une catastrophe nationale. Les otages étant juifs, les Allemands voient dans cet attentat et dans sa tragique conclusion le rappel d'un passé insupportable. Les autorités israéliennes ont exercé sur le gouvernement allemand une pression de tous les instants pour les inciter à une attitude dure. C'est peut-être une des raisons de la précipitation dont ont fait preuve les forces policières allemandes, et du bain de sang final.

Septembre noir

Pour la première fois, les jeux Olympiques sont mêlés à un grand conflit international — ici, le conflit israélo-palestinien. L'organisation palestinienne Septembre noir, à l'origine de l'attentat, a été créée à la fin de l'année 1971. Unité clandestine chargée de missions de commandos, elle a choisi son nom en souvenir des morts palestiniens tombés en Jordanie, lors des conflits de septembre de l'année précédente — la première opération de Septembre noir a d'ailleurs été l'assassinat, au Caire, en novembre 1971, du Premier ministre jordanien. Le 8 février 1972, la même organisation a dyna-

Le terrorisme palestinien

Les actes de terrorisme palestinien ont été très nombreux depuis l'indépendance d'Israël. Ils comptent parmi les plus tragiques.

Attentat aérien. Le 8 mai 1972, un Boeing 707 est détourné par trois Palestiniens de l'organisation Septembre noir, qui menacent de faire exploser l'avion si les fedayins emprisonnés en Israël ne sont pas immédiatement libérés. Un commando d'Israéliens déguisés en mécaniciens reprend la maîtrise de l'avion. Deux des terroristes sont tués dans l'assaut.

Attentat de Lod. Trois Japonais, membres d'une organisation clandestine d'extrême gauche, agissant pour le compte du F.P.L.P., attaquent à la grenade et à la mitraillette, le 30 mai 1972, les passagers qui se trouvent dans le hall d'arrivée de l'aéroport de Lod, faisant 26 tués, pour la plupart des pèlerins portoricains.

De représailles en représailles. Le 15 mai 1974, un commando palestinien s'empare d'une centaine d'enfants à l'école de Maalot. Au cours de l'assaut par l'armée israélienne, 25 Israéliens et 3 fedayins sont tués. Le 17 mai, en représailles, l'aviation israélienne bombarde des camps de réfugiés palestiniens au Liban.

mité l'usine ouest-allemande de Hambourg-Stroefer qui fabriquait des équipements électroniques pour Israël. Elle avait exécuté deux jours plus tôt, près de Cologne, cinq Jordaniens accusés d'espionnage au profit d'Israël.
Particulièrement efficace, l'organisation n'abandonne nullement les siens après la conclusion des attentats qu'elle mène. Après l'opération de Munich, elle veille à la libération des trois preneurs d'otages survivants. Le 29 octobre 1972, un commando détourne un avion. Il négocie la libération des trois Palestiniens, qui sont effectivement libérés à Zagreb puis se rendent à Tripoli. Là, le gouvernement libyen refuse de les extrader.

L'assassinat d'un mythe : l'olympisme

Les jeux Olympiques sont suspendus vingt-quatre heures durant. Le communiqué du Comité international olympique est ainsi rédigé : « La paix olympique a été rompue par un assassinat commis par des terroristes criminels. L'ensemble du monde civilisé condamne ce crime barbare avec horreur. » Une cérémonie funèbre se déroule au stade olympique, en l'absence des délégations arabes et russes.
Avec cet attentat, le mythe de l'olympisme se trouve sérieusement altéré. La prise d'otages a permis aux Palestiniens de jouer la trêve à l'envers. Officiellement, l'O.L.P. (l'Organisation de libération de la Palestine) se dissocie de Septembre noir. En fait, elle ne manque pas d'indiquer que la tuerie sert la cause palestinienne. Dans l'Antiquité, les jeux Olympiques donnaient le signal d'un armistice. Désormais, ils peuvent devenir l'occasion du plus intolérable des faits de guerre — une guerre non déclarée, qui surprend entièrement ses victimes —, le terrorisme et la prise d'otages. Les jeux Olympiques ne sont plus un signe de paix, mais le support médiatique idéal d'une action politique : c'est un signe des temps. Autant que les athlètes — qui en sont morts —, le sport lui-même devient désormais l'otage des conflits internationaux : les Jeux de 1980, à Moscou, sont boycottés par les États-Unis et par ce qui est encore la République fédérale allemande ; ceux de 1984, à Los Angeles, sont boycottés par l'U.R.S.S. et par la plupart des pays de l'Est...

Un journaliste du quotidien français *le Figaro* écrit, le 7 septembre 1972 : « Les jeux peuvent continuer pour la plus grande satisfaction des chapelles : ils sont morts cette nuit, brûlés vifs avec les otages. »

La cérémonie funèbre en l'honneur des victimes, célébrée dans le stade sous le drapeau olympique en berne.

Les restes de l'hélicoptère détruit lors de la fusillade du 5 septembre 1972. Neuf otages israéliens périrent dans l'explosion — deux autres Israéliens avaient été abattus auparavant par les terroristes palestiniens.

Afin d'accroître son indépendance en matière d'énergie, la France lance un important programme de construction de centrales nucléaires. ▷

La vertigineuse ascension du prix du pétrole

LE PREMIER CHOC PÉTROLIER

Le 16 octobre 1973, à la conférence de Koweït, l'Organisation des pays exportateurs de pétrole, l'O.P.E.P., décide d'augmenter le prix du pétrole de 70 % à 100 %. Le 23 décembre, à la conférence de Téhéran, elle décrète une seconde augmentation de même importance. En quelques semaines le prix du pétrole est multiplié par quatre.

Au XXe siècle le pétrole, qui a servi d'abord simplement de combustible pour l'éclairage, a vu son emploi étendu aux transports routiers, maritimes et aériens, aux centrales thermiques, à la production d'énergie pour l'industrie et à la chimie. Il joue désormais un rôle de premier plan dans l'économie mondiale. Aussi la hausse brutale du prix en 1973 est-elle durement ressentie par les pays importateurs — dont la France fait partie.

L'O.P.E.P. impose sa loi

En septembre 1960, l'Arabie saoudite, l'Iran, l'Iraq, le Koweït et le Venezuela fondent l'Organisation des pays exportateurs de pétrole pour

Conférence de l'O.P.E.P. : à partir du début des années 1970, le pétrole devient une véritable arme politique pour les pays qui le produisent.

Face à la crainte de la pénurie, la France entreprend de limiter le plus possible ses importations, notamment par les économies d'énergie.

La France et l'énergie nucléaire

La création du C.E.A. Dès 1945, la France fonde le Commissariat à l'énergie atomique (C.E.A.) pour mener les recherches sur les applications pacifiques de l'énergie nucléaire, dans le domaine de la production d'électricité notamment. Le pays a l'avantage de disposer d'abondantes ressources en uranium, le combustible utilisé dans les centrales nucléaires.

Une source d'énergie chère. Les premières centrales nucléaires sont mises en service en 1959-1960 à Marcoule, en 1965-1966 à Chinon, puis en 1969-1971 à Saint-Laurent-des-Eaux. Ces unités fonctionnent avec de l'uranium naturel. À partir de 1969 la France adopte la technique de l'uranium enrichi et construit les centrales de Fessenheim et Bugey 2 et 3. À cette époque, l'électricité produite par les centrales nucléaires est deux fois plus chère que celle des centrales hydroélectriques ou que celles qui fonctionnent avec du fuel.

Priorité au nucléaire. Après le choc pétrolier de 1973, l'énergie nucléaire devient compétitive. Le programme de construction de centrales connaît un grand essor jusqu'au milieu des années 1980. La baisse très sensible des cours du pétrole conduit alors la France à ralentir son programme nucléaire. En 1985, le pays met en service le surrégénérateur Superphénix, réacteur nucléaire extrêmement puissant à l'étude depuis de longues années.

Une indépendance accrue. Aujourd'hui, les centrales nucléaires fournissent 73 % de la production nationale d'électricité et donnent à la France un taux d'indépendance énergétique de 50 %. Sans elles, ce taux ne serait que de 20 %. L'électricité produite par les centrales nucléaires se range, en outre, parmi les moins onéreuses d'Europe.

défendre leurs intérêts face aux toutes-puissantes compagnies pétrolières internationales, qui dominent l'ensemble du marché pétrolier, de l'extraction à la distribution. La Libye, le Nigeria, l'Indonésie, les Émirats arabes unis, l'Algérie, le Qatar, le Gabon, l'Équateur rejoignent ensuite les fondateurs de l'O.P.E.P. L'Organisation s'efforce d'obtenir une part plus importante des bénéfices réalisés par les grandes compagnies et de reprendre à ces dernières le contrôle de la production pétrolière de ses États membres. Dans les années 1970, l'accroissement de la demande, résultat de l'augmentation de la part du pétrole dans la consommation énergétique mondiale, place les États producteurs du tiers-monde dans une position de force. En 1973, le pétrole devient pour les nations arabes une arme politique tournée contre les pays qui aident Israël pendant la guerre du Kippour. Les États du Moyen-Orient menacent les États-Unis et les Pays-Bas d'un embargo sur le pétrole. À la fin de l'année la guerre israélo-arabe fournit à l'O.P.E.P. le prétexte à la hausse considérable du prix du pétrole. Cette augmentation provoque le premier choc pétrolier. Entre 1978 et 1981, la grève des travailleurs du pétrole en Iran, la réaction de l'Arabie saoudite à la signature des accords de Camp David entre Israël et l'Égypte puis le déclenchement de la guerre entre l'Iran et l'Iraq conduisent à une nouvelle explosion des prix. C'est le second choc pétrolier.

De graves conséquences

Les deux séries d'augmentations successives affectent profondément la France, au même titre que la plupart des pays qui produisent très peu ou pas du tout de pétrole. Ainsi en 1974, le pays dépend pour son approvisionnement en pétrole à 77 % du Moyen-Orient. La facture pétrolière du pays, multipliée par plus de sept entre 1973 et 1980, déséquilibre fortement la balance commerciale et creuse le déficit entre les exportations et les importations. La hausse du pétrole entraîne aussi celle des autres sources d'énergie, tel le gaz naturel, dont le prix quadruple entre 1970 et 1982. Tout cela a pour effet de provoquer une sérieuse récession économique avec pour corollaire une forte montée du chômage.

Une nouvelle politique énergétique

À l'instar des autres pays d'Europe, des États-Unis et du Japon, le premier choc pétrolier conduit la France à modifier sa politique de l'énergie. Elle accélère son programme de centrales nucléaires et développe son équipement hydroélectrique afin de réduire progressivement la part de l'énergie obtenue à partir du pétrole. L'État rend aussi plus performante l'exploitation de ses maigres ressources pétrolières, situées surtout dans les Landes. Les gouvernements prennent également des séries de mesures qui visent à économiser le pétrole. Pour les carburants routiers, ils pratiquent des hausses qui profitent en même temps à l'État grâce aux taxes fiscales très élevées prélevées sur ces produits. Par ailleurs, les dirigeants limitent la vitesse des automobiles à 90 km/h sur les routes et encouragent les constructeurs à réduire la consommation des véhicules. Dans le domaine de l'habitat, les pouvoirs publics fixent des normes d'isolation et en encouragent l'application en accordant des subventions ou des réductions d'impôts. Grâce à ces nouvelles orientations et aux dispositions prises pour réaliser des économies, la France réussit à baisser sa consommation de pétrole de 18 % entre 1979 et 1981 et à réduire ses achats en conséquence. Après le second choc pétrolier, la France et les autres nations industrialisées poursuivent leurs efforts dans cette voie. La baisse généralisée de la consommation de pétrole, combinée à une surproduction des membres de l'O.P.E.P., mène en 1986 à un contre-choc pétrolier avec une chute brutale des prix. Cette baisse favorise une relance de l'économie et une progression de la demande en pétrole. L'évolution des prix du pétrole, soumis à d'importantes variations, est très difficile à prévoir. Les experts s'efforcent néanmoins de mesurer les risques, d'évaluer les enjeux et d'imaginer les différents scénarios possibles afin de définir les grandes orientations de la politique énergétique qui engagent les années à venir.

La manipulation des vecteurs de l'hérédité

LE GÉNIE GÉNÉTIQUE

En 1973, les chercheurs américains Herbert Boyer, Stanley Cohen et leurs collègues mettent au point les premières techniques de clonage et de recombinaison génétique de molécules d'ADN. Ils démontrent ainsi qu'il est possible d'intervenir directement et avec précision sur le patrimoine génétique des organismes vivants.

Cette technique ouvre des perspectives biologiques, médicales, chimiques et industrielles riches d'espoirs et de controverses. Mais un retour en arrière vers les débuts de la biologie moléculaire est nécessaire pour mieux comprendre les données de ce qu'on appelle le « génie génétique ».

C'est en 1944 que les chercheurs Theodor Avery et Colin McLeod démontrent que la molécule d'ADN (acide désoxyribonucléique) sert de support matériel aux gènes qui sont à l'origine des caractères héréditaires des individus, et le vecteur de leur transmission de génération en génération.

Les mystères de l'ADN

La structure de l'ADN est élucidée par James Watson et Francis Crick en 1953. Ils montrent que la molécule se compose de deux brins qui s'enroulent l'un autour de l'autre pour former une double hélice. Chaque brin est formé d'un enchaînement de quatre sortes de nucléotides (petites molécules) dont seule la base diffère : il peut s'agir d'adénine, de thymine, de cytosine ou de guanine. Les nucléotides se joignent les uns aux autres dans la double hélice, comme les barreaux d'une échelle et selon une règle rigoureuse, dite d'appariement des bases : adénine-thymine ; thymine-adénine ; cytosine-guanine ; guanine-cytosine.

Les gènes sont des séquences de nucléotides qui forment des segments plus ou moins longs de l'ADN des chromosomes (1 000 à 50 000 paires de bases). Leur réplication s'opère de manière très rigoureuse, mais un phénomène appelé crossing-over, ou enjambement, a parfois lieu : il entraîne un échange de segments de chromosomes qui a pour effet de provoquer une recombinaison génétique qui fait alors apparaître dans la descendance des traits qui n'existaient pas chez les parents.

Toutes ces précisions ont leur importance, car le but du génie génétique est d'isoler et de purifier des gènes, afin de les reproduire de manière conforme en grande quantité pour provoquer des recombinaisons génétiques par crossing-over contrôlé *in vitro*.

Quant à la technique du clonage, elle permet de produire industriellement des molécules biologiques d'intérêt médical, biologique ou chimique, mais habituellement présentes à l'état de simples traces dans l'organisme.

La mémoire de l'espèce dans une séquence génétique

L'isolement et la purification des gènes font appel à des techniques très sophistiquées, car, ainsi que le rappellent les biologistes, « purifier un gène à partir de l'ADN d'un organisme est irréalisable : un gène humain, par exemple, représente un cent-millième de l'ADN total d'une cellule humaine, et ne se distingue que par sa séquence de nucléotides ».

La parade consiste donc à découper cet ADN en un très grand nombre de morceaux — de l'ordre de 100 000 — et à greffer chacun de ces morceaux dans une bactérie : c'est le clonage bactérien.

Il faut ensuite, par des méthodes spécifiques de criblage, repérer la bactérie contenant le fragment d'ADN correspondant au gène que l'on recherche, pour pouvoir alors le reproduire à volonté. En effet, cette bactérie, en se multipliant, transmet à l'identique la copie du morceau d'ADN qu'elle contient à sa descendance, conformément au principe de réplication de l'ADN.

Par ailleurs, une fois que le gène a été isolé, on peut réaliser son hybridation avec un autre fragment d'ADN ou d'ARN ; ou encore, il est possible de le greffer dans les cellules d'un organisme où il est absent, pour créer des organismes dits transgéniques, c'est-à-dire capables de transmettre à leur descendance le gène ainsi incorporé.

Manipulations génétiques et industrie pharmacologique

Ces manipulations génétiques permettent la fabrication de médicaments et de vaccins. La première société de génie génétique, Genentech, est fondée à cette fin en 1977, et la fabrication industrielle d'insuline par

Liaison hydrogène entre les deux bases d'une paire de bases.

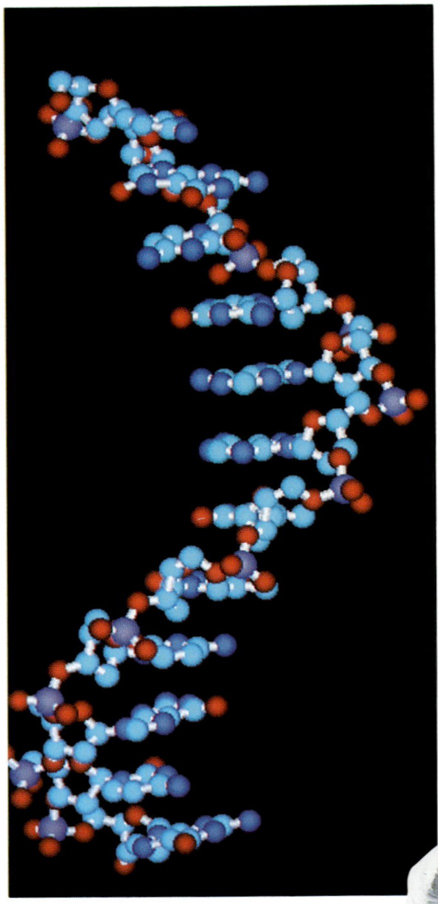

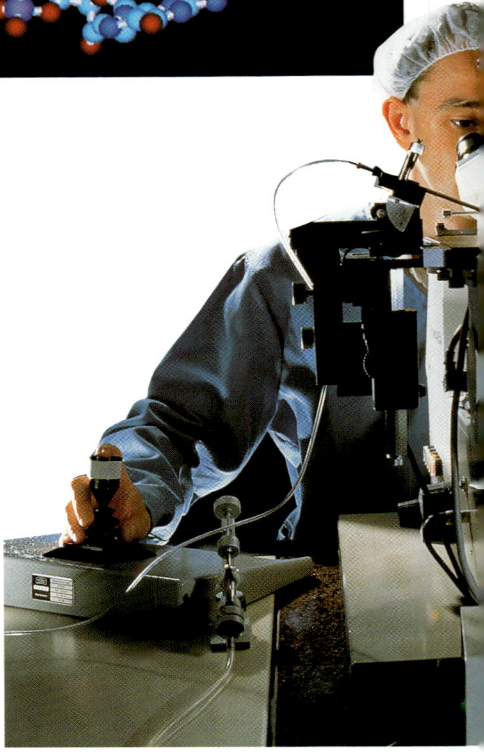

Structure et réplication de l'ADN

La découverte de la structure moléculaire de l'ADN s'est accompagnée de celle de son processus de réplication et de transmission de l'information génétique.

L'ADN polymérase. La réplication de l'ADN est effectuée avant la division cellulaire par une enzyme, l'ADN polymérase. Les brins d'ADN se séparent et des nucléotides libres se placent en face de chaque nucléotide de chaque chaîne, en respectant la règle d'appariement des bases qui interdit toute union de nucléotides non conforme.

Copies conformes. Chacun des brins d'ADN sert de matrice à de nouveaux brins qui en sont la copie conforme. Or, les gènes sont des séquences de nucléotides et forment des segments plus ou moins longs de l'ADN des chromosomes.

Des parents aux enfants. La découverte du mode de réplication de l'ADN donne une explication physique de la transmission du patrimoine génétique chez les êtres vivants.

Réplication de l'ADN.

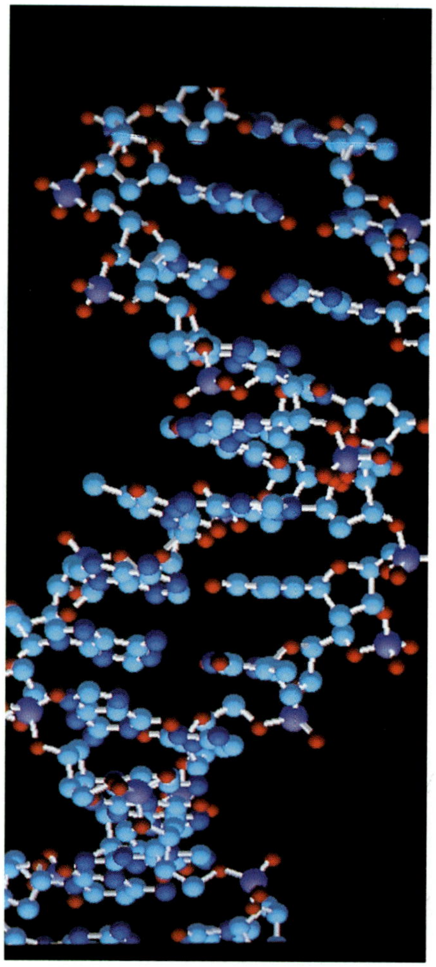

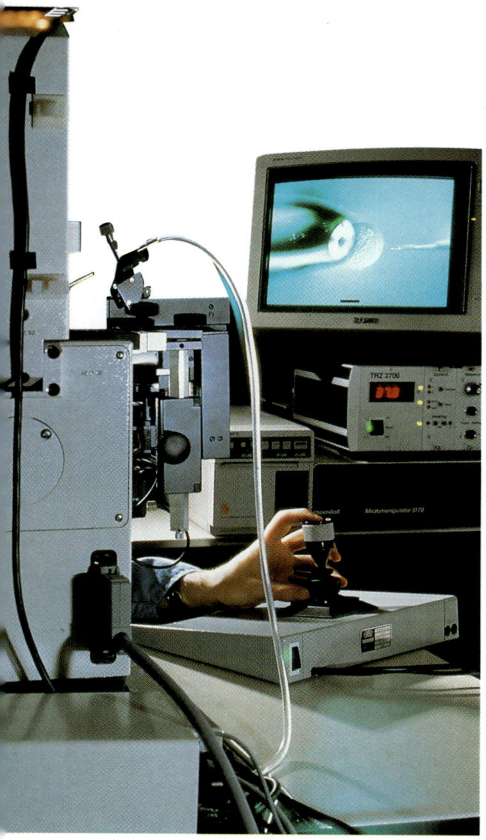

Biologiste insérant des segments d'ADN dans un embryon.

génie génétique commence en 1980. Les manipulations génétiques rendent possible la mise au point de produits chimiques, de ferments, et d'outils de diagnostic des maladies héréditaires comme des infections virales.

Mais l'application la plus célèbre et la plus discutée du génie génétique concerne son emploi thérapeutique. Celui-ci pose de graves problèmes d'éthique et de morale, concernant le risque de modification du génome de l'espèce humaine. La préoccupation est telle qu'un moratoire sur les expériences de thérapie génique est demandé en 1974, que ces expériences sont sérieusement limitées aux États-Unis en 1976, et que, en 1980, le professeur Martin Cline fait l'objet de sévères sanctions pour avoir réalisé, sans l'aval des comités d'éthique, une expérience de thérapie génique.

L'aspect juridique des manipulations génétiques

Tout change en 1990. Le gouvernement américain autorise, en septembre, la première tentative de thérapie génique sur une enfant souffrant d'un grave trouble immunitaire, et, en décembre, le Comité d'éthique français donne un avis favorable aux expériences de thérapie génique. La greffe de gène est désormais assimilée à une mini-greffe d'organe, qui ne modifie pas l'identité du malade, mais à condition qu'elle concerne les seules cellules somatiques. La modification délibérée du génome des cellules germinales (ovules ou spermatozoïdes) est donc, quant à elle, formellement interdite, car elle risquerait d'être transmise à la descendance et pourrait correspondre du même coup à une modification du génome de l'espèce humaine.

L'avis du Comité d'éthique français de décembre 1990

Les progrès des connaissances de génétique ouvrent la possibilité d'agir sur le génome de la cellule humaine afin de corriger une anomalie génétique responsable d'une maladie héréditaire ou d'introduire un gène gouvernant la production d'une protéine susceptible de conférer à cette cellule une action thérapeutique.

En décembre 1990, le Comité consultatif d'éthique émet un avis favorable aux recherches chez l'homme dans ce domaine sous réserve du respect des conditions suivantes :

1/ il convient de limiter les possibilités de thérapie génique aux seules cellules somatiques et d'interdire formellement toute tentative de modification délibérée du génome des cellules germinales et toute thérapie génique comportant le risque d'une telle modification. Dans cet esprit, le transfert de gènes par des vecteurs viraux dans l'embryon humain est interdit, du fait des risques d'atteinte des cellules germinales ;

2/ dans le domaine très particulier des maladies héréditaires, les recherches de thérapie génique doivent être envisagées uniquement dans les cas de maladies résultant d'une anomalie concernant un seul gène et entraînant une pathologie particulièrement grave.

Une impitoyable dictature militaire se met en place au Chili

LE COUP D'ÉTAT DU GÉNÉRAL PINOCHET

Le 11 septembre 1973, le général Augusto Pinochet exige la reddition sans condition du président Salvador Allende, qui refuse de se démettre de ses fonctions. Il envoie alors deux avions de l'armée de l'air bombarder le palais présidentiel de la Moneda. En quelques heures, la junte militaire qui a organisé le coup d'État contrôle l'ensemble du Chili.

Candidat des partis de gauche rassemblés dans l'Unité populaire, le socialiste Salvador Allende a été élu à la tête du Chili en 1970. La réforme agraire et les nationalisations décidées par son gouvernement ainsi que l'intervention croissante de l'État dans l'économie ont provoqué une vive agitation politique et sociale. Les classes moyennes, le patronat et les sociétés américaines durcissent leurs résistances, aggravant encore les difficultés économiques. De plus en plus de

Commandant en chef des forces armées dès 1973, président de la République de 1974 à 1990, Pinochet instaure un régime autoritaire et policier largement soutenu par l'armée.

Le 11 septembre 1973, le palais présidentiel est bombardé sur l'ordre du général Pinochet, alors chef de la junte militaire qui a organisé le coup d'État contre le président Allende.

Chiliens commencent à souhaiter une intervention de l'armée pour ramener l'ordre.

Une répression brutale

Alors que, dans le palais présidentiel en flammes, le président Allende se donne la mort, l'armée envahit les rues de Santiago. Elle agit sur les ordres du général Pinochet, commandant en chef de l'armée, qui a fomenté le coup d'État avec les principaux responsables militaires. Bien décidée à extirper le « cancer » marxiste, la junte fait arrêter massivement les militants de gauche ; 45 000 personnes sont emprisonnées dans des stades et des camps militaires où elles subissent des interrogatoires. Des centaines de prisonniers sont torturés et assassinés. Les jours suivants, les nouveaux maîtres du Chili multiplient pourtant les déclarations rassurantes. Ils affirment qu'ils ne cherchent pas à se venger des partisans d'Allende et qu'ils entendent respecter la Constitution, mais ces promesses sont vite démenties par les faits. La junte décrète l'état de siège, dissout le Parlement, interdit les partis politiques et le principal syndicat du pays, et censure la presse. Dès le mois de novembre, la DINA, la police secrète placée sous l'autorité directe d'Augusto Pinochet, est opérationnelle. Si les militants de gauche forment sa cible principale, les anciens parlementaires et les éléments modérés de l'armée, favorables à un retour rapide à la démocratie, sont également visés. Les activités de la DINA s'étendent aussi à l'étranger, où elle organise des attentats contre d'anciens responsables chiliens. Le gouvernement d'Augusto Pinochet, qui a élaboré un système répressif féroce, s'impose par la terreur. Le 27 juin 1974, le général se fait proclamer président du Chili par la junte.

L'ordre règne à Santiago

Après avoir verrouillé le monde politique et syndical, le gouvernement Pinochet s'attelle au redressement économique du pays. Le général s'entoure de conseillers formés à l'université de Chicago, aux États-Unis, et adeptes de l'économie de marché. Les résultats sont d'abord spectaculaires. L'inflation est ramenée de 1 000 % à 10 % et la croissance s'élève à 8 % par an. Le Chili est le modèle cité en exemple aux autres pays en voie de développement. Mais, en 1981, cette politique économique atteint ses limites. L'inflation reprend et le chômage augmente de manière inquiétante. La dette extérieure du Chili devient la plus importante de l'Amérique latine. Les prix des produits de première nécessité flambent. En 1980, le général Pinochet fait rédiger une nouvelle Constitution, adoptée par référendum l'année suivante. Par le même référendum, il fait prolonger son mandat de président jusqu'en 1990. Il donne ainsi une assise institutionnelle à son régime.

Des protestas à la fin de la dictature

La crise économique qui touche de plein fouet les classes pauvres et moyennes fait renaître l'agitation sociale. Le 11 septembre 1983, jour du dixième anniversaire du coup d'État, a lieu la première manifestation, ou *protesta,* contre Augusto Pinochet. Les Chiliens descendent dans la rue pour demander la fin de la dictature militaire et le retour d'un gouvernement civil. L'agitation s'intensifie en 1984 alors que la crise économique s'aggrave. Le régime, lâché par les banquiers, les industriels et les grands propriétaires terriens, qui le soutenaient jusqu'alors, ne s'appuie plus que sur l'armée. La répression, ordonnée par le général Pinochet qui n'a aucunement l'intention de quitter ses fonctions, ne réussit pas plus à désarmer l'opposition qu'à venir à bout des protestas. En 1988, Augusto Pinochet se présente au plébiscite prévu par la Constitution de 1980, qui doit reconduire son mandat de président pour dix ans. Mais 56 % des électeurs rejettent sa candidature. Le dictateur est contraint d'accepter le verdict des urnes et d'organiser des élections présidentielles. En 1990, il cède le pouvoir au président Patricio Aylwin Azócar, mais il se réserve le poste de commandant en chef de l'armée. Lorsqu'il quitte ce poste, le 10 mars 1998, il devient sénateur à vie. L'immunité qui s'attache à ce statut empêche le Chili de le juger pour ses crimes.

Entre 1983 et 1985, le pays, durement touché par la crise économique, connaît une série de manifestations anti-Pinochet réclamant la démocratie.

La justice en marche

Tortionnaires impunis. En 1990, le gouvernement chilien crée deux commissions qui enquêtent sur les quelque 3 000 assassinats et les 957 disparitions, attribués à la police secrète. La loi d'amnistie, édictée par la junte militaire en 1978 pour protéger les auteurs de crimes commis entre 1973 et 1978, ne permet pas de traduire les tortionnaires devant la justice. L'armée chilienne, épurée de ses éléments modérés depuis le coup d'État, s'oppose bien évidemment à un procès du régime militaire.

L'arrestation d'Augusto Pinochet. Le 16 octobre 1998, à la demande de deux juges espagnols, les autorités britanniques arrêtent le général Pinochet dans une clinique de Londres. Les magistrats, qui ont enquêté à la suite d'accusations formulées par des associations de victimes à l'encontre de l'ex-dictateur, réclament son extradition vers l'Espagne afin qu'il soit jugé pour « génocide, terrorisme et incitation à la torture ». Le 8 octobre 1999, la justice britannique autorise l'extradition du général vers l'Espagne. L'appel déposé par les avocats d'A. Pinochet prolonge la procédure de plusieurs mois. En janvier 2001, il est assigné à résidence chez lui, et inculpé pour l'enlèvement et l'exécution en 1973 de 75 personnes.

Vers une justice internationale. En juillet 1998, 120 pays ont adopté les statuts de la Cour pénale internationale. Constituée de dix-huit magistrats, celle-ci siégera à La Haye et jugera les auteurs de génocide, de crimes contre l'humanité, de crime de guerre et de crime d'agression. Mais, en 2000, douze nations seulement sur les soixante qui lui permettront de voir le jour ont ratifié la convention lui ayant donné naissance. D'ores et déjà, le cas Pinochet a donné un souffle nouveau à la justice internationale. Nombreux sont les militaires et les dirigeants qui font l'objet de procédures dans les pays européens.

L'espionnage qui fit tomber un président

LE WATERGATE

En juin 1972, les journalistes Robert Woodward et Carl Bernstein, du quotidien *Washington Post*, révèlent à l'opinion une effarante affaire d'espionnage politique : en période de campagne électorale, l'immeuble du Watergate, siège du Parti démocrate, a été cambriolé par des hommes liés à la Maison-Blanche, où règne le républicain Richard Nixon.

Deux ans plus tard, en mars 1974, le président des États-Unis doit accepter la mise en accusation de ses plus proches conseillers. Lui-même est menacé de destitution par le Congrès.

Les premiers inculpés : des hommes de main

Plusieurs instances judiciaires mènent l'offensive contre le président. Une commission du Sénat enquête sur la campagne électorale de 1972. La commission judiciaire de la Chambre des représentants réunit des éléments qui permettraient de proposer la destitution du président. La Cour suprême fédérale le presse de livrer des pièces à conviction en dénonçant ce que Nixon appelle « le privilège de l'exécutif ».

Le fameux immeuble du Watergate, siège du Parti démocrate.

Enfin, un procureur spécial mène une instruction sur les agissements de ses proches. Le 8 janvier 1973 s'ouvre, devant le tribunal fédéral de Washington, le premier procès concernant l'affaire : ne comparaissent alors que des exécutants, notamment les dénommés Liddy et Mac Cord. Ils sont évidemment condamnés, mais le verdict ne peut suffire à arrêter le scandale. Très vite, en effet, l'enquête, menée tant

La procédure d'« impeachment »

Cette procédure complexe vise théoriquement à poursuivre en justice tout fonctionnaire suspect de s'être rendu coupable de crimes ou de délits, du petit administrateur au président des États-Unis. Elle traduit la responsabilité pénale de toutes les autorités.

*Dans les faits, cette procédure, que seul le Congrès peut mettre en œuvre et qui est généralement fort longue, est exceptionnellement utilisée. Ainsi, au XXe siècle, si l'on excepte la destitution de quelques juges fédéraux, l'*impeachment *n'a été utilisé qu'à l'encontre des présidents Nixon et Clinton.*

Le premier des procès consécutifs à l'affaire du Watergate, celui de John Ehrlichman, en juillet 1974.

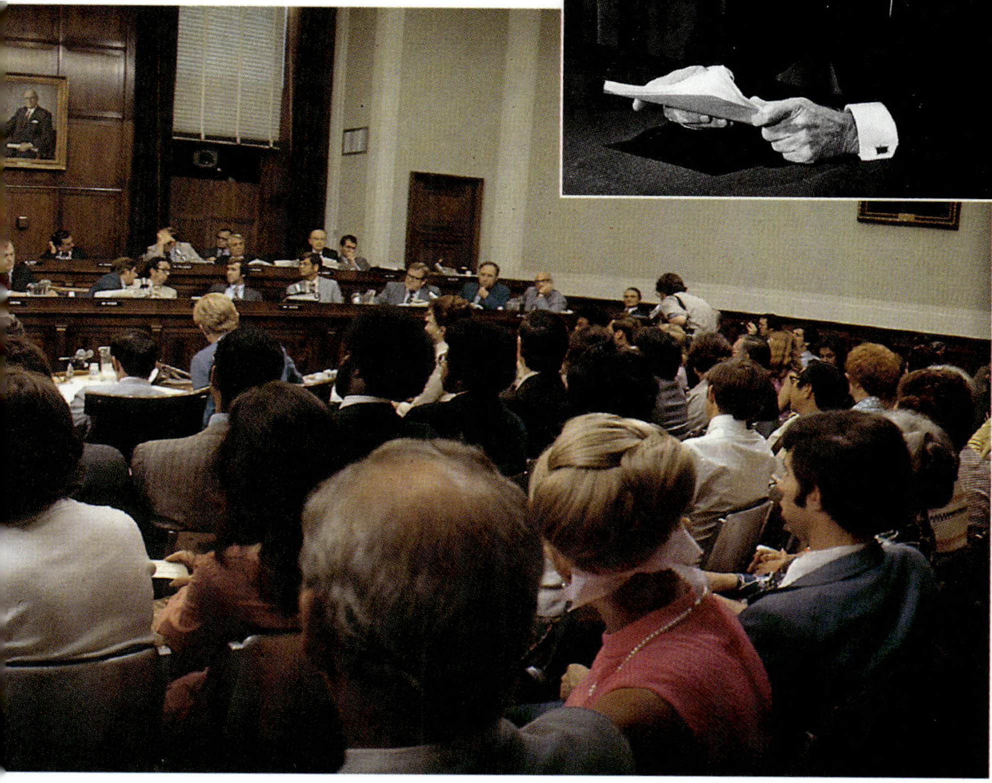

Richard Nixon, président des États-Unis, présente publiquement sa démission à la suite de l'affaire du Watergate.

par les policiers que par les journalistes d'investigation, révèle des complicités dans l'affaire du Watergate, qui remontent jusqu'aux personnalités les plus proches de Nixon, et jusqu'à Nixon lui-même. Ce dernier serait coupable non seulement d'avoir ordonné l'espionnage du parti adverse, mais aussi d'avoir inspiré le cambriolage du cabinet d'un psychiatre qui était en possession de documents compromettants pour lui, et, enfin, d'avoir détourné pour son propre usage des fonds destinés à sa campagne.

Les hommes du président

Au début du mois de mars 1974 commence la deuxième phase judiciaire du Watergate. Des hommes de première importance, et non plus des lampistes, comparaissent devant le Grand Jury, un tribunal préliminaire chargé d'établir les chefs d'inculpation : ils ont pour noms John D. Ehrlichman, H. R. Haldeman, Gordon Strachan et Charles W. Colson; Robert C. Mardian et Kenneth W. Parkinson — ces deux derniers ayant dirigé le comité chargé de la récente campagne électorale grâce à laquelle Richard Nixon a été triomphalement réélu; ou encore John N. Mitchell, qui ne fut rien de moins que... ministre de la Justice. Toutes ces personnes sont accusées d'avoir entravé la justice en tentant d'étouffer l'affaire du Watergate et, certaines d'entre elles, d'avoir été impliquées dans le cambriolage du cabinet du psychanalyste. Après cette deuxième phase consistant à inculper les personnes commence la troisième étape judiciaire du Watergate : les procès des inculpés. Le premier de ces procès est celui de John Ehrlichman, condamné en juillet 1974 pour association de malfaiteurs et parjure dans l'affaire du cambriolage du psychanalyste.

Nixon contre le Congrès

Parallèlement à ces actions qui concernent des collaborateurs du président, le pouvoir législatif dans son entier, c'est-à-dire le Congrès constitué par la réunion de la Chambre des représentants et du Sénat, met en place, comme la Constitution américaine l'y autorise, une procédure d'*impeachment* visant à destituer Nixon. La première phase de la procédure est la constitution des chefs d'inculpation par la Commission judiciaire issue de la Chambre des représentants. Le président est ainsi sommé par cette Commission, le 11 avril, de remettre des enregistrements considérés comme des pièces à conviction essentielles, et la même requête lui est présentée de la part des sénateurs. Or, il s'y refuse; en conséquence, une procédure d'urgence est engagée auprès de la Cour suprême, visant à obtenir qu'elle tranche rapidement en ce domaine. En juillet 1974 commencent donc les audiences devant ce tribunal, instance juridique supérieure de l'Union. L'avocat du président, James Saint-Clair, invoque le secret nécessaire à tout gouvernement et reprend la thèse du privilège de l'exécutif pour justifier le refus de Richard Nixon de remettre les documents. Après plusieurs jours de délibérations, le tribunal suprême refuse de se plier à ces vues et exige du président, comme le demandait le procureur Jarowsji, qu'il cède les enregistrements. Le conflit entre pouvoir exécutif et pouvoir judiciaire est réglé au profit du second. Désormais, la procédure d'*impeachment* est sur la bonne voie : soit qu'il continue à refuser de donner les documents, soit qu'il les livre alors qu'ils sont clairement compromettants pour lui, le président se trouve dans la situation d'être inculpé. Il ne restera plus au Sénat, conformément au déroulement normal de la procédure, qu'à le destituer... Préférant partir avant d'être déchu par décision judiciaire, le président démissionne le 8 août 1974. Le mois suivant, le nouveau président, Gerald Ford, met un terme aux poursuites engagées contre son prédécesseur en prononçant sa grâce, précisant qu'il souhaite mettre un point final à une affaire qui n'a que trop agité le pays et que la démission de Nixon est, pour cet homme d'État, une punition déjà suffisante. La décision de Ford ne clôt cependant pas l'affaire en ce qui concerne les collaborateurs du président. Toujours à l'automne de 1974, le 1er octobre, comparaissent devant le tribunal fédéral de Washington les cinq principaux accusés de l'affaire, après Nixon : J. Mitchell, reconnu coupable d'avoir commandité le cambriolage de l'immeuble du Watergate, est condamné à trente mois de prison. Il en accomplit dix-neuf avant d'être libéré. Les conseillers Haldeman, Dean et Ehrlichman (qui se présente devant ce tribunal pour la seconde fois) sont également condamnés à des peines de prison. Ces condamnations mettent un terme aux suites judiciaires de l'affaire. Mais, des années plus tard, le syndrome Watergate reste brûlant : le pouvoir exécutif américain sort gravement ébranlé de ce scandale.

La fin de l'État de Salazar

LA RÉVOLUTION DES ŒILLETS

Le 25 avril 1974, une insurrection militaire, la « révolution des œillets » – du nom des fleurs que la population offre alors aux soldats révoltés, – met fin, au Portugal, à près de cinquante ans de dictature : la République unitaire et corporatiste instaurée en 1926 et dirigée de 1933 à 1970 par Antonio de Oliveira Salazar cède le pas à la démocratie.

Antonio de Oliveira Salazar en 1962. Le dictateur avait gouverné le Portugal de 1933 à sa mort, en 1970.

Le paradoxe de cette révolution est qu'elle est fomentée par des militaires, soutiens traditionnels des dictatures dans le monde entier comme dans l'Espagne voisine. Mais l'armée, en 1974, est lasse de mener des guerres coloniales que l'évolution historique voue à l'échec, et elle constitue d'autre part – la police politique de Salazar ayant démantelé toute autre opposition interne – le seul groupe social capable de s'opposer à la dictature et de promouvoir un retour à la démocratie dans le pays.

Les soldats au secours de la démocratie

Le 25 avril, une fraction de l'armée se désignant du nom de « Mouvement des forces armées » (M.F.A.) chasse du pouvoir Marcello Caetano, qui a succédé à Salazar en 1970. Les généraux Costa Gomez et de Spinola, limogés un mois plus tôt pour avoir osé s'exprimer sur la nécessaire évolution démocratique du régime, sont appelés à participer à la « junte de salut national », qui constitue le gouvernement provisoire du Portugal. Le 26 avril, une amnistie générale pour tous les prisonniers politiques, la suppression de la censure et de la police politique sont décrétées, et on annonce l'élection au suffrage universel d'une Assemblée constituante.

Euphorie et premières inquiétudes

Le 28 avril, Mario Soares, secrétaire général du parti socialiste, exilé à Paris depuis 1970, fait un retour triomphal à Lisbonne. Le 1er mai, une gigantesque manifestation se déroule dans les rues de la capitale. Des réformes économiques sont mises en place : dans le domaine agraire surtout s'effectuent des occupations spontanées de grands domaines par les ouvriers agricoles et la mise en place de nouvelles structures coopératives et collectivistes. Les relations diplomatiques se renouent avec les pays de l'Est et M. Soares fait une tournée des capitales européennes, affolées par l'aspect insurrectionnel et extrémiste du mouvement. Le 16 mai, le général de Spinola devient président de la République et, le lendemain, un nouveau gouvernement provisoire, sous la direction d'Adelino Palma Carlos, sans étiquette politique, réunit des membres de la junte (Gomez), des socialistes (Soares, ministre des Affaires étrangères) et des communistes (Cunhal, secrétaire général du P.C. portugais, qui est ministre sans portefeuille).

La révolution entre les extrêmes

L'été 1974 est marqué par une série de crises politiques qui opposent Spinola à l'aile la plus gauchiste du M.F.A., et Soares dénonce la violence avec laquelle se déroulent l'occupation et l'expropriation des terres. En juillet, le colonel Vasco Gonçalves, candidat modéré du M.F.A., succède à Palma Carlos : il se donne pour tâche d'enrayer l'influence du parti communiste. Après septembre, où des manifestations de droite soutenant Spinola se terminent par des affrontements, le milieu des officiers, très marqué à gauche pour une part, est épuré et les réformes de structures se ralentissent. C'est dans ce contexte de dissensions politiques au sein du gouvernement que se préparent les élections législatives, prévues pour le 25 avril 1975.

Les premières élections libres

Le gouvernement Gonçalves se trouve forcé de louvoyer entre les promesses d'une société plus juste et la nécessité de ménager les couches conservatrices. La mobilisation politique est toujours intense : pour les élections législatives, 91 % de la population se rend aux urnes. Le parti victorieux est sans conteste le parti socialiste, qui remporte, avec 37 % des

Le Portugal en 1974

Depuis 1926, le Portugal, constitué en république après 1910, est **une dictature.** Ministre des Finances en 1928, président du Conseil en 1932, **Antonio de Oliveira Salazar** gouverne le pays en maître absolu de 1933 à sa mort, en 1970.

Le régime se survit à lui-même, sous la direction de **Marcello Caetano,** pendant les quatre années qui suivent la mort de Salazar. Mais la vie économique est alors désorganisée par les **guerres coloniales** que le pays mène en Afrique (Guinée-Bissau, Angola, Mozambique et Cap-Vert), et le mécontentement économique et politique de la population, que l'efficacité de la police de Salazar avait fait taire, recommence à s'exprimer.

Toutefois, c'est **l'armée,** consciente de l'impasse coloniale et groupe social puissant, qui constitue la seule formation oppositionnelle efficace, à l'origine de la « révolution des œillets ».

À Lisbonne, après le coup d'État du 25 avril, la population laisse exploser sa joie à l'arrivée des troupes libératrices dans la capitale.

Manifestation populaire à Lisbonne, le 1er mai 1974. Là encore, les civils et les militaires fraternisent.

La victoire électorale du socialiste M. Soares, en avril 1975. On remarquera les œillets, qui ont donné son nom à la révolution portugaise.

voix, 115 sièges à la Chambre. Le P.S. doit compter avec le Parti populaire démocratique, qui obtient 26 % des suffrages (80 élus). Le parti communiste réalise un score de 12 % et est représenté par 30 députés seulement : l'extrême gauche est donc isolée et la politique gouvernementale trouve son inspiration dans les positions modérées de M. Soares. Dès lors, les grandes réformes sont totalement arrêtées. En 1977, le gouvernement restitue une partie de leurs terres à leurs anciens propriétaires ou les distribue à de petits exploitants ou à des ouvriers agricoles. Après les élections de 1979, marquées par la victoire des conservateurs, le nouveau gouvernement, de centre droit, revient sur toutes les grandes options prises pendant la révolution. Mais l'essentiel reste préservé : le Portugal est une démocratie, et il se dégage progressivement de ses emprises coloniales.

Le retour à la démocratie des dictatures de l'Europe du Sud

Au milieu des années 1970, deux autres pays de l'Europe méridionale, dictatures militaires depuis plusieurs années ou plusieurs décennies, reviennent à la démocratie comme le fait le Portugal.

La Grèce. Depuis la chute de la royauté en 1967 et l'exil forcé du roi Constantin II, une junte d'officiers fait régner en Grèce le « régime des colonels ». Le conflit avec la Turquie à propos de Chypre, les transformations économiques du pays et la fin du soutien américain provoquent finalement la chute de ce régime en 1974 : Constantin Karamanlis restaure les libertés. Élu président de la République en 1980, il fait entrer son pays dans la C.E.E. en 1981 – année où son parti perd les élections au profit du parti socialiste *(Pasok)* de Gheorghios Papandhréou, qui devient Premier ministre.

L'Espagne. En Espagne, c'est la mort de Francisco Franco, le 20 novembre 1975, qui détermine le retour à la démocratie. La succession du *Caudillo* a été établie par lui-même, quand il a désigné, en 1969, le prince Juan Carlos comme son dauphin. Depuis la guerre civile de 1936-1939, le pays a considérablement changé : le vieux conflit entre l'« Espagne noire » (celle de l'Église, des propriétaires et de la bourgeoisie conservatrice) et l'« Espagne rouge » (des communistes et des ouvriers) est devenu anachronique. La démocratie peut se développer. Commence la « transition démocratique », que contrôlent le roi et le Premier ministre Adolfo Suarez. Des élections législatives ont lieu en 1977 ; deux partis sont en concurrence : l'union du centre démocratique et le parti socialiste (P.S.E.) de Felipe Gonzalez. Le P.C. de S. Carillo est légalisé. Le principal problème est la nostalgie de certains pour la dictature franquiste : en février 1981, le colonel Tejero prend en otages les parlementaires espagnols aux Cortes. L'extension du putsch militaire est évitée grâce à Juan Carlos, qui en appelle au loyalisme de l'armée. En 1982, le P.S.E. est victorieux aux élections législatives et inaugure une politique de décentralisation. En 1986, l'Espagne ainsi que le Portugal entrent dans la C.E.E.

Un pays condamné ?

LE BANGLADESH SOUS LES EAUX

Une maison sur pilotis ? Non, le grenier d'une ferme, dernier refuge des habitants et des bêtes.

Le Bangladesh n'est qu'un immense delta, où convergent les eaux de l'Himalaya. Les fleuves, qui devraient lui procurer la richesse, détruisent périodiquement ses cultures.

De juillet à septembre 1974, les deux tiers du Bangladesh sont submergés par des inondations désastreuses. La famine et la menace d'une épidémie remettent en question l'existence d'un pays qui vient juste d'accéder à l'indépendance. La répétition des catastrophes naturelles souligne les énormes difficultés d'un des « cas » les plus complexes du tiers-monde.

Rarement surpopulation et sous-développement ont pris un caractère aussi dramatique qu'au Bangladesh. L'instabilité politique qui gangrène un État sans tradition historique aggrave encore la situation et paralyse les initiatives de développement. Ces conditions, certes difficiles mais non exceptionnelles, sont rendues particulièrement dramatiques en raison même de la géographie du pays.

Le Bangladesh n'est qu'un immense delta où viennent se rejoindre le Gange et le Brahmapoutre, deux des plus grands fleuves du monde. C'est un pays au ras de l'eau qui ne compte que 8 % de terres hautes. Lorsque les fleuves entrent en crue, que s'y ajoutent les grandes marées, ressenties jusqu'à 400 kilomètres à l'intérieur des terres, et que les cyclones se mettent de la partie, le Bangladesh n'est plus qu'une vaste plaine inondée. Une telle conjonction de facteurs se produit en 1974, plaçant le pays au bord de l'abîme.

La grande inondation

L'été au Bangladesh est l'époque de la mousson. L'Himalaya tout proche constitue une barrière naturelle qui nourrit les multiples affluents des grands fleuves du Bengale, dont le débit devient colossal. Mais, parvenues dans le delta, les eaux ne s'écoulent plus que

Le Bangladesh : un pays qui manque d'eau

Irriguer pour produire davantage. C'est un sérieux paradoxe que de voir le Bangladesh, périodiquement menacé par les eaux des fleuves comme de la mer, souffrir d'une insuffisance chronique de cette même eau. En effet, la seule issue face au déficit alimentaire du pays serait la production de plusieurs récoltes par an. Mais pour cela, il faut pouvoir irriguer en saison sèche, et le Bangladesh manque cruellement d'équipements hydrauliques.

Une région longtemps délaissée. Cette situation est la rançon d'un passé de prospérité. Alors que les Anglais ont pratiqué d'énormes travaux visant à irriguer les régions les plus sèches de l'Inde, l'actuel Bangladesh, plutôt bien arrosé par les pluies, n'a jamais été inscrit à l'ordre des priorités. Il le paie aujourd'hui par un immense retard en matière de travaux d'irrigation.

Des sinistrés sur le toit de leur maison. Le Bangladesh est un des pays les plus déshérités du monde.

très lentement. En 1974, les pluies sont particulièrement abondantes et, dès le mois de juillet, le gouvernement bengali lance ses premiers appels à l'aide. Après quelques jours d'accalmie, au début du mois d'août, l'eau s'abat à nouveau en trombe à partir du 18, alors qu'on se rapproche de la période des grandes marées et des cyclones.

Après la rupture des maigres digues les protégeant, les deux tiers des terres sont sous les eaux, détruisant villages et récoltes. La moitié au moins des 75 millions d'habitants que compte le Bangladesh est directement touchée, et 15 millions de paysans perdent la totalité de leurs biens dans les inondations. Les ponts sont coupés et la désorganisation des voies de communications, déjà précaires en temps normal, gêne considérablement l'acheminement des secours. Les inondations elles-mêmes ne font « que » 2 000 morts. Mais l'entassement des réfugiés dans des conditions sanitaires exécrables est un terrain de choix pour l'épidémie de choléra qui, bientôt, se déclare.

Enfin, et surtout, la destruction des récoltes est particulièrement dramatique pour un pays qui connaît, par ailleurs, un déficit alimentaire chronique. À la fin de septembre, la famine règne au Bangladesh. Dans la capitale, Dacca, 20 personnes meurent de faim chaque jour et la situation est évidemment plus grave dans les régions reculées. Ainsi, selon le quotidien *Times of India,* la famine aurait déjà fait, à la fin du mois d'octobre, 80 000 victimes dans le nord-ouest du pays.

Une histoire mouvementée

Totalement désarmé devant la catastrophe, le gouvernement peut seulement constater que « la nature a déclaré la guerre au Bangladesh ». Or, c'est d'une autre guerre que le pays sort tout juste en 1974. Peuplé en majorité de musulmans, le delta du Bengale avait été rattaché, lors de l'indépendance de l'Inde en 1947, au bassin de l'Indus pour former le Pakistan, séparé en deux par l'Union indienne à majorité hindoue. Longtemps dominé par son « frère » de l'Ouest, le Pakistan oriental accède à l'indépendance et devient le Bangladesh en 1971, après un conflit violent tranché par l'intervention des troupes indiennes d'Indira Gandhi.

C'est déjà une catastrophe naturelle qui avait été la cause du déclenchement de la guerre d'indépendance : un terrible cyclone, en 1970, avait fait 500 000 morts, et les autorités pakistanaises s'étaient alors trouvées parfaitement incapables de réagir. Cet événement avait beaucoup contribué au succès électoral du mouvement séparatiste de la ligue Awami, la même année.

En 1974, les nouvelles autorités du Bangladesh sont confrontées au même problème. Or, la ligue Awami, désormais au pouvoir, révèle à son tour son incompétence et sa corruption. L'histoire se répète : les inondations puis l'impuissance gouvernementale sont pour beaucoup dans le coup d'État militaire qui se produit l'année suivante, et au cours duquel le « père de la patrie », Mujibur Rahman, est assassiné. Depuis cette époque, le Bangladesh se débat toujours dans une instabilité politique périodiquement arbitrée par les militaires. Cette instabilité contribue largement aux difficultés du pays.

Le cas du Bangladesh

Jusqu'au XVIIIe siècle, le Bengale est pourtant le grenier à céréales de l'Inde. La fertilité du delta et l'abondance des eaux permettent largement de nourrir une population, déjà importante pour l'époque, de 15 millions d'habitants. Mais la colonisation et la croissance démographique viennent ensuite détruire ce bel équilibre. Le système colonial, en favorisant les propriétaires et en ruinant les artisans, fait du futur Bangladesh un pays de paysans pauvres. Cependant, les progrès de la médecine favorisent la survie d'un nombre de plus en plus grand d'enfants, sans que ce progrès soit compensé par une réduction volontaire de la natalité.

Les conséquences combinées de ces deux phénomènes se font sentir primitivement au cours de la Seconde Guerre mondiale, en 1943. À cette époque, le delta, qui compte déjà 60 millions d'habitants, connaît pour la première fois de son histoire une terrible famine. La partition de l'Inde aggrave encore la situation puisque presque toute l'industrie du Bengale est concentrée à l'Ouest, autour de Calcutta qui reste du côté indien. Le Pakistan oriental d'alors se trouve notamment séparé de toute l'industrie textile qui traitait le jute, principale ressource du pays (aujourd'hui encore le premier producteur mondial). Pays sans industrie, pays sans ville — où 95 % des habitants sont des ruraux —, pays sans élites, enfin, dont la quasi-totalité des cadres administratifs venaient du Pakistan occidental, le Bangladesh, sinistré en 1974, donne alors l'impression d'être un pays condamné, capable de survivre grâce à l'aide internationale.

Même si la population n'a cessé de croître depuis, au point de dépasser les 100 millions d'habitants aujourd'hui, il faut reconnaître que les prévisions effroyablement alarmistes de l'époque de la grande inondation ne se sont heureusement pas réalisées. Certes, la situation du pays est encore précaire et les terribles inondations de 1987-1988 sont venues le rappeler. Mais, bon an mal an, le Bangladesh a mis en place un embryon d'administration et développé des programmes d'irrigation et de digues qui permettent d'espérer en l'avenir.

Les Françaises ont le droit d'avorter

LA LÉGALISATION DE L'I.V.G.

Les débuts de la présidence de Valéry Giscard d'Estaing voient maintes nouveautés : majorité à 18 ans, secrétariat d'État à la condition féminine, élection, bientôt, d'un maire de Paris, généralisation de la Sécurité sociale, etc.

Ce vent de réformes cesse vite, devant la crise et la nécessité de satisfaire l'aile conservatrice de la majorité. Mais il permet la reprise d'un projet du gouvernement précédent, la légalisation de l'avortement, ou I.V.G., Interruption Volontaire de Grossesse. À Simone Veil, magistrat, ancienne déportée et première femme, en France, à prendre la tête d'un ministère (la Santé publique), le président demande de « mettre fin à une situation de désordre et d'injustice et d'apporter une situation mesurée et humaine à un des problèmes les plus difficiles de notre temps » : l'avortement.

Pour et contre

La première discussion parlementaire dure 25 heures, du 26 au 29 novembre, avec 74 orateurs et 80 amendements. Les adversaires du projet se mobilisent : le président de l'ordre des médecins écrit à chaque député ; un journal, *Carrefour,* crie au « génocide ». En séance, d'aucuns parlent de néonazisme, évoquent le spectre de capitaux prêts à s'investir dans des « avortoirs ».
Les défenseurs du projet ramènent le débat sur son vrai terrain. Lucien Neuwirth, instigateur, auparavant, d'une loi légalisant la contraception, fait le bilan du texte de 1920 : « Échec, injustice, contradiction. » Le garde des Sceaux Jean Lecanuet rappelle que les condamnations furent toujours limitées, 500 par an au plus, sur 300 000 avortements, ce qui condamne « une loi qui n'est plus vécue et qui n'est plus respectée ». Simone Veil, surtout, remarque que « le courage, quelquefois, consiste à ouvrir les yeux », que, « au-delà des principes abstraits, c'est la situation dramatique des 300 000 femmes confrontées chaque année à l'avortement qu'il faut considérer ».

Posture pour prendre l'injection *(gravure parue dans l'ouvrage de G. Hardy.* Moyens d'éviter la grossesse, *Paris 1908).*

La loi Veil

La loi est votée par les députés le 30 novembre 1974, par 284 voix contre 189, puis, en seconde lecture le 19 décembre, par 288 contre 192. Valable pour 5 ans, elle autorise l'I.V.G. dans un centre public ou privé agréé, jusqu'à dix semaines de la conception, en cas de « situation de détresse ». Après une première visite chez le médecin et un délai de huit jours, la demande doit être renouvelée ; suit un second entretien, gratuit et obligatoire, à caractère social.
Le texte passe grâce à la gauche. Dans la majorité, la moitié des radicaux et des centristes, deux tiers des gaullistes, trois quarts des « républicains indépendants » ont voté contre. 77 députés inaugurent à cette occasion une nouvelle procédure ; ils saisissent le Conseil constitutionnel, opposant à la loi l'article 2 de la Convention européenne des droits de l'homme : « le droit de toute personne à la vie est protégé par la loi ». Le 16 janvier, le conseil leur donne tort ; la loi est promulguée le lendemain.
La loi vaut à Simone Veil la haine tenace des extrémistes de droite, mais sa dignité et sa sincérité forcent l'estime de bien des gens. Ainsi, le journal *la Croix* se fait l'écho de la hiérarchie catholique, mais salue « une femme de tête et de cœur ». L'application du texte pose elle-même bien des problèmes, malgré la vigilance des organisations féministes. Une

La France après de Gaulle

En 1969, le rejet par référendum du projet de régionalisation et de réforme du Sénat entraîne la démission du général de Gaulle.

Georges Pompidou, ancien Premier ministre du général, conservateur mais convaincu de la nécessité de moderniser et d'industrialiser le pays, est élu président. Son Premier ministre, Jacques Chaban-Delmas, mène une politique réformiste fondée sur la concertation sociale, qui heurte les conservateurs sans convaincre la gauche. Il est remplacé en 1972 par Pierre Messmer. Le tempérament de ce dernier, la confirmation de la majorité aux législatives de 1973, la maladie du président, tout pousse à l'immobilisme.

À la mort de Pompidou, au début d'avril 1974, **Valéry Giscard d'Estaing,** représentant du libéralisme moderniste, est élu contre François Mitterrand, candidat de la gauche unie. **Le nouveau président se veut l'homme des réformes profondes** dont la France a besoin dans le cadre du système libéral.

Manifestation organisée par le Mouvement pour la liberté de l'avortement et de la contraception (M.L.A.C.), à Paris, le 1er mai 1974.

Simone Veil, ministre de la Santé publique de 1974 à 1979, lors du débat parlementaire sur l'avortement, le 26 novembre 1974.

partie des responsables médicaux sont résolument hostiles. Le pape dit ses inquiétudes lors du voyage, à Rome, du président Giscard d'Estaing à la fin de 1975. En outre, le laxisme d'établissements privés pratiquant des avortements tardifs entraîne scandales et procès. Au terme des cinq années d'essai, défendue par Monique Pelletier, ministre de la Condition féminine, et Jacques Barrot, ministre de la Santé, la reconduction définitive de la loi est votée, le 29 novembre 1979. Le nouveau texte oblige les établissements hospitaliers à se doter d'une unité pratiquant l'I.V.G. Le remboursement par la Sécurité sociale est accordé par la gauche, le 31 décembre 1982. On compte quelque 150 000 avortements légaux par an de 1977 à 1979, 180 000 de 1981 à 1983, avant une baisse liée à la diffusion de la contraception. Sans jamais faire diminuer la natalité (au contraire de ce que d'aucuns avaient prédit !), la loi Veil a évité d'ajouter les drames aux drames, les morts de femmes après des avortements clandestins.

La législation de l'avortement dans le monde

Les pays protestants. Les pays protestants sont les premiers à reconnaître aux femmes le droit d'avorter. Dès 1938, les Suédoises peuvent recourir à l'avortement lorsque la vie de la femme est en danger, en cas de viol ou d'anomalie grave du fœtus. Le même droit est accordé aux Suissesses en 1942 et aux Finlandaises en 1950, avec des restrictions similaires. Ces législations sont par la suite assouplies, jusqu'à aboutir dans les années 1970 à des pratiques plus libérales.

Les États-Unis. Aux États-Unis, où l'existence d'un centre d'avortement est toléré à New York officieusement depuis 1921, le Colorado est le premier État à légaliser l'avortement en 1967, suivi en 1970 par l'État de New York. Il faut toutefois attendre 1973 pour que la Cour suprême des États-Unis se prononce en faveur de l'avortement, lors d'un arrêt fameux, « Roe contre Wade ».

L'Europe catholique. Les pays où le catholicisme reste la religion principale, voir la religion d'État, sont les plus tardifs à reconnaître le droit d'avorter. La position de l'Église, en effet, consiste en une opposition absolue à l'avortement. En 1996 encore, le pape Jean-Paul II recommande la création dans chaque paroisse, de centres d'informations concernant les méthodes de contraception « naturelle » : pilule et contraceptifs, mais surtout « l'avortement directement voulu et procuré, même pour des raisons thérapeutiques », sont rigoureusement condamnés. L'Italie a néanmoins légalisé l'avortement en 1978. Enfin, en Pologne, le droit à l'avortement a été reconnu en 1996.

La fin de la guerre du Viêt-nam
L'ÉVACUATION DE SAIGON

Le 30 avril 1975, les troupes nord-vietnamiennes et leurs alliés du Viêt-cong entrent dans Saigon, la capitale du Viêt-nam du Sud, précipitamment évacuée par les Américains. La guerre du Viêt-nam est terminée.

Les événements du printemps 1975 viennent clore plusieurs décennies de conflits et de combats dans ce qui était, jusqu'à la Seconde Guerre mondiale, l'Indochine française.

L'engagement progressif des États-Unis

Entre 1945 et 1954, c'est la France qui est en première ligne d'une guerre coloniale douloureuse qui s'achève, après Diên Biên Phu, par les accords de Genève de 1954. Aux termes de ces textes, le Viêt-nam est divisé en deux, le Viêt-nam du Nord, communiste, et le Viêt-nam du Sud, anticommuniste. Le rôle de la France est terminé, mais sa place est prise rapidement par les États-Unis, dans le contexte général de la guerre froide, de la volonté américaine de contenir, voire de refouler, l'influence communiste, et de la conviction américaine que l'abandon d'une partie de la région aux forces communistes entraînerait l'effondrement des autres régimes non communistes, (théorie des dominos). Au nom de cette théorie, les États-Unis interviennent progressivement au Viêt-nam pour soutenir le régime du Sud, et se retrouvent acteurs d'une guerre qui n'est jamais pourtant officiellement déclarée par Washington. Les présidents américains successifs réagissent à l'unisson. Eisenhower s'engage à soutenir le régime sud-vietnamien. Son successeur, John F. Kennedy, envoie au Viêt-nam des « conseillers militaires » et des forces spécialisées dans les combats de guérilla. À la mort de Kennedy, en novembre 1963, plus de 16 000 soldats américains se trouvent au Viêt-nam. Lyndon B. Johnson, poursuivant la politique de ses prédécesseurs, accroît le degré d'intervention des Américains.

L'Amérique traumatisée

La guerre du Viêt-nam provoque aux États-Unis **un véritable traumatisme.**

Dès les premiers temps de l'intervention, à la fin des années 1960, **des mouvements de protestation** se produisent, bientôt accrus par la décision du président Johnson de recourir à **la conscription** pour renforcer les troupes américaines au Viêt-nam. Les campus des universités deviennent les lieux de manifestations d'hostilité à une guerre que l'opposition, désormais, ne soutient plus.

L'échec final de l'intervention accroîtra le malaise des Américains, pour qui le Viêt-nam reste, de nos jours, **une « sale guerre ».**

L'engagement massif : le mandat Johnson

En août 1964, un incident survenu dans le golfe du Tonkin est utilisé par Johnson pour obtenir du Congrès l'autorisation d'utiliser des forces armées au Viêt-nam. À partir de 1965, les Américains sont engagés de plus en plus lourdement dans la guerre. Plus de 500 000 hommes, au total, sont envoyés sur place. Les Américains bombardent pendant trois ans des régions du Sud contrôlées par la guérilla communiste, le Viêt-cong, et n'hésitent pas à avoir recours à des défoliants.

En janvier 1968, une offensive nord-vietnamienne vient signifier l'échec complet de la stratégie américaine et constitue pour Johnson une défaite majeure qui l'amène à renoncer à briguer un nouveau mandat présidentiel.

Richard Nixon : l'échec final de la stratégie américaine

Malgré ses promesses électorales concernant un retrait américain, le républicain Richard Nixon, successeur de Johnson, poursuit en fait la stratégie militaire de son prédécesseur. Il recommence les bombardements et les étend même au Cambodge, pourtant neutre. En avril 1970, les Américains envahissent le Cambodge, accusé d'abriter le Viêt-cong. Mais, en même temps, Nixon tente de transférer le poids de la guerre sur les Sud-Vietnamiens, en réduisant la présence des soldats américains tout en accroissant le soutien logistique à Saigon. C'est dans cet esprit que le conseiller de Nixon pour la politique étrangère, Henri Kissinger, négocie durant l'automne et l'hiver 1972 les accords de Paris, qui prévoient le retrait américain mais le soutien continué de Washington à Saigon.

Réfugiés vietnamiens sur la route, fuyant l'avancée communiste pour se réfugier à Saigon, au printemps 1975.

Une évacuation peu glorieuse

Les accords de Paris ne sont respectés par aucun des deux camps. Durant 1973 et 1974, la pression nord-vietnamienne s'accroît. Le régime du Sud s'effondre au printemps de 1975 avec une rapidité imprévue, qui contraint les Américains à procéder à l'évacuation de leurs ressortissants et de certains de leurs alliés sud-vietnamiens dans une ambiance de confusion et de panique.

L'intervention américaine a duré deux décennies et s'achève par un désastre complet. Militairement, politiquement et moralement, les États-Unis ont subi un échec douloureux. Non seulement leur objectif premier (empêcher la mainmise communiste sur le Viêt-nam) n'est pas atteint, mais ils laissent une Asie du Sud-Est politiquement sinistrée. Des dizaines de milliers d'Américains, peut-être 3 millions de Vietnamiens (Nord et Sud, civils et militaires confondus) sont morts. La « paix dans l'honneur », dont parle Nixon en 1973, est en fait une défaite honteuse.

→**Voir aussi** : p. 570-571 (Diên Biên Phu).

L'Asie du Sud-Est depuis 1975

La guerre continuée : le Viêt-nam et le Cambodge. La fin de la guerre du Viêt-nam n'apporte pas la paix en Asie du Sud-Est. Au Viêt-nam même, la mainmise de Hanoi sur l'ensemble du pays s'accompagne de violences et de représailles contre les anciens alliés des Américains. Le Cambodge, surtout, déstabilisé par l'invasion américaine de 1970 et la chute du prince Sihanouk, tombe aux mains des Khmers rouges, dont le régime se rend tristement célèbre par les violations innombrables des droits de l'homme et le véritable génocide dont il est l'auteur. Aujourd'hui encore, après deux décennies de guerres civiles, le Cambodge n'a pas retrouvé la paix.

La fin des blocs : un espoir pour l'avenir ? L'Asie du Sud-Est reste une région clef dans les relations internationales. Mais les récents changements dans les rapports entre les superpuissances semblent être porteurs d'espoir pour cette région qui a servi trop longtemps de champ de bataille dans les luttes entre Washington, Moscou et Pékin.

Des années d'intervention américaine au Viêt-nam se concluent par l'évacuation précipités des soldats et d'une très petite minorité de civils vietnamiens, le 30 avril 1975.

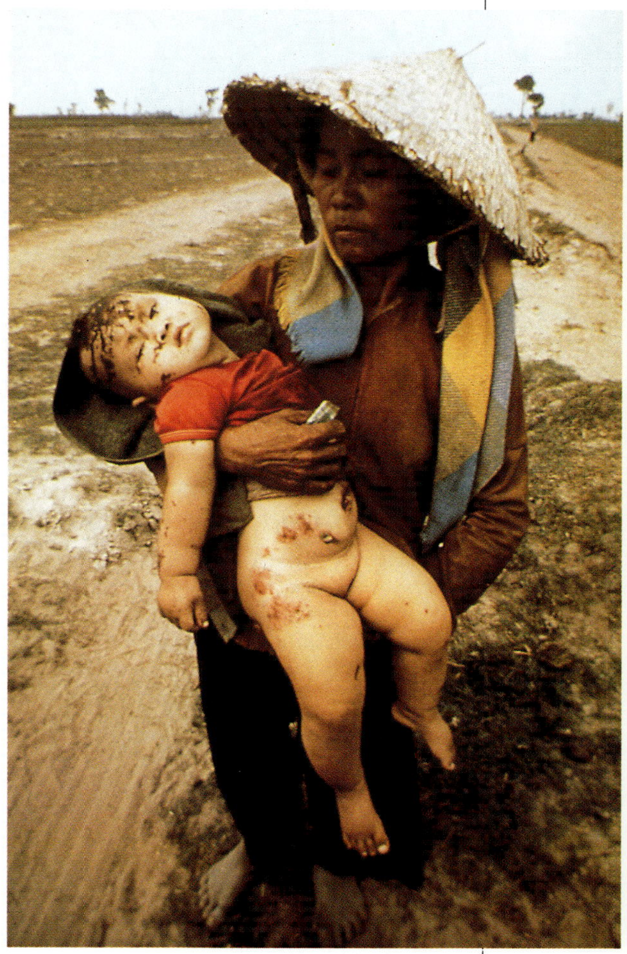

Enfant vietnamienne blessée, portée par sa mère en fuite, lors de l'attaque communiste le 12 mars 1975, dans les derniers combats de la guerre du Viêt-nam.

Le succès de la lutte antiterroriste en R.F.A.

LA BANDE À BAADER

Au mois de mai 1975, les principaux dirigeants de la « Fraction Armée rouge » (RAF), arrêtés en juin 1972, comparaissent devant leurs juges à Stuttgart, la capitale de l'État du Bade-Wurtemberg' où le groupe terroriste a commis ses actes les plus graves. La République fédérale d'Allemagne est, en effet, secouée depuis quelques années par de nombreux actes terroristes liés à la guerre froide et au conflit israélo-arabe.

L'enterrement d'Andreas Baader : le terroriste le plus redouté d'Allemagne trouve mystérieusement la mort dans sa cellule : suicide ou exécution sommaire ? À ce jour, aucune explication n'a été donnée.

Ulrike Meinhof et Andreas Baader, les deux chefs du groupe terroriste « Fraction Armée rouge ».

État de droit et terrorisme international

Le terrorisme international pose aux démocraties un problème de taille. Doit-on créer une législation d'exception pour les actes terroristes ou doit-on les juger en fonction du droit commun ?
À la suite des vagues d'attentats des années 1970, la République fédérale d'Allemagne choisit une politique d'extrême fermeté, votant une série de lois très controversées permettant des contrôles d'identité fréquents, prévoyant des fouilles sévères dans les aéroports et alourdissant les peines encourues pour les activités terroristes. Il en alla de même en Italie.
La Grande-Bretagne a également été tentée par une dure répression de crimes semblables. En 1974, une proposition de loi visant à rétablir la peine de mort pour les terroristes a manqué d'être adoptée. En France, de même, depuis septembre 1986, une loi fait des actes terroristes des crimes spécifiques distincts des autres actes criminels et en aggrave la répression.

Ce procès est exceptionnel : la société allemande compte bien en finir avec un cauchemar qui sape les bases démocratiques du pays.

Un palais de justice construit pour l'occasion

Pour juger ces prévenus exceptionnels, il a fallu construire dans l'enceinte même de la prison de Stammheim, où ils sont détenus (ce qui évite tous les risques liés aux transferts), une salle d'audience répondant aux normes de sécurité les plus exigeantes. De plus, la cour siège à huis clos et sans jurés. Le procès s'ouvre le 21 mai 1975. Les accusés revendiquent un statut de prisonniers politiques. Pourtant, l'acte d'accusation qui est lu lors de la première audience ne comporte que des chefs d'inculpation pour crimes de droit commun. Andreas Baader et Ulrike Meinhof, les chefs du groupe, Gudrun Ensslin, la compagne du premier, et Jan Carl Raspe sont accusés d'homicides, de tentatives de meurtres, de vols et d'association de malfaiteurs. Le cinquième accusé, Holger Meins, ne comparaîtra pas : il a succombé quelques mois auparavant à une grève de la faim.

Un procès interminable

L'enjeu du procès n'échappe à personne. La R.F.A. doit mettre un terme à la vague d'attentats perpétrés par des groupes se réclamant de l'extrême gauche et de la lutte pour les Palestiniens contre Israël. Le pays doit, en même temps, éviter tout glissement dans la répression et préserver ses fondements de démocratie libérale, d'autant plus que les terroristes dénoncent l'existence d'un État policier noyauté par des anciens nazis reconvertis dans les affaires et la politique. Plusieurs prises d'otages, parmi lesquelles celle de l'ambassade de la R.F.A. en Suède, en avril 1975, ont été organisées par des complices des terroristes détenus, qui ont tâché en vain d'arracher aux autorités allemandes la libération de ceux-ci. C'est dire si le procès a des connotations politiques... Les avocats de la défense (maîtres Heldmann, Schily, Becker, Riedel et von Plottnitz) sont d'ailleurs des sympathisants de la gauche allemande. Certains, comme K. Croissant, ont dû être récusés, car ils sont eux-mêmes recherchés pour complicité avec des mouvements terroristes. À la première séance du procès, les magistrats découvrent des accusés diminués par trois années de détention, scandées de grèves de la faim. À plusieurs reprises, leur état de fai-

Pendant le procès des dirigeants du groupe terroriste Baader-Meinhof, la police allemande, qui craint des représailles, diffuse à travers tout le pays cet avis de recherche concernant 16 autres terroristes : l'Allemagne vit dans la terreur.

blesse les oblige même à quitter la salle. Mais les juges refusent néanmoins d'interrompre les débats, puisque la défaillance de ceux qu'ils ont à juger est le résultat de leur choix de ne pas s'alimenter. Des mois durant, les audiences se succèdent. Une partie de l'opinion soutient les prévenus, et des manifestations en leur faveur ont lieu, à Berlin et à Cologne, notamment. À l'étranger également, les milieux intellectuels gauchistes soutiennent les terroristes ; en 1974, par exemple, c'est-à-dire avant l'ouverture du procès, le philosophe français Jean-Paul Sartre réclame et obtient de rendre visite à Andreas Baader. Les prévenus eux-mêmes ont des attitudes diverses : alors que Raspe, tout au long du procès, reste prostré et silencieux, les trois autres accusés multiplient les actes de provocation, dénoncent leurs juges et les conditions d'incarcération qui leur sont faites. Mais, de grève de la faim en grève de la faim, ils s'affaiblissent de plus en plus et perdent l'espoir. En mai 1976, Ulrike Meinhof est retrouvée pendue dans sa cellule.

Une fin tragique

Le 28 avril 1977, au terme de presque deux années de procédure, le verdict est enfin rendu : Andreas Baader, Jan Carl Raspe et Gudrun Ensslin sont condamnés à la réclusion criminelle à perpétuité. Ce jour-là, les condamnés entendent seuls les mots qui les condamnent : leurs avocats sont absents de la salle — depuis la découverte de micros dans les cellules de leurs clients, ils pratiquent la « politique de la chaise vide », protestant ainsi contre une justice qui, à leurs yeux, se fait contre la loi et exigeant en vain que le procès reparte à zéro. Détenus à Stuttgart, les trois dirigeants survivants du « groupe Baader-Meinhof » sont l'objet de diverses tentatives de libération. En septembre 1977, un groupe terroriste réclame leur mise en liberté contre la restitution d'otages : les passagers d'un avion de la compagnie aérienne Lufthansa détourné sur Mogadiscio, en Somalie. Dans le même temps, le président de la Fédération du patronat allemand, Hans Martin Schleyer, est enlevé. La prise d'otages échoue finalement, et Schleyer est exécuté par ses ravisseurs. Peu de temps après, Baader, Raspe et Ensslin sont retrouvés morts dans leurs cellules, en octobre 1977, dans des conditions demeurées mystérieuses.

Des Brigades rouges à Carlos

Les ravisseurs d'Aldo Moro. De mars à juin 1978, la cour d'assises de Turin juge quarante-six membres de l'organisation terroriste Brigades rouges, accusés d'avoir enlevé et exécuté le dirigeant démocrate-chrétien Aldo Moro. Renato Curcio, un des principaux chefs des Brigades rouges, est condamné à quinze ans de prison.

La France à son tour. Au début des années 1980, la France est touchée par une vague d'attentats de groupes terroristes comme ceux provenant d'Iran, ou agissant au nom de la lutte de libération arménienne ou palestinienne. En 1982, le procès de M. Kopp et de B. Bréguet, puis en 1986 celui de Georges Ibrahim Abdallah ont défrayé la chronique. Enfin, depuis l'extradition du Soudan d'Illitch Ramirez Sanchez, dit Carlos, durant l'été de 1994, un autre grand procès se prépare.

La métamorphose de l'Espagne

JUAN CARLOS DEVIENT ROI

Dolorès Ibárruri, alors présidente du Parti communiste, revient en Espagne en 1977 après un exil de 38 ans. Surnommée la Pasionaria, elle avait soutenu la cause des républicains pendant la guerre civile de 1936.

Depuis la fin des années 60, l'Espagne est confrontée au problème persistant du terrorisme basque perpétré par l'E.T.A., qui n'hésite pas, comme ici à Madrid en juin 1995, à agir en plein cœur des villes.

Lorsque le « Caudillo » Franco meurt, en novembre 1975, l'Espagne entière et le monde s'interrogent sur ce que sera l'après-franquisme. Contrairement aux craintes de certains, le jeune roi Juan Carlos engage son pays dans la voie de la libéralisation et de la modernisation.

Malgré les difficultés économiques, les obstacles que représentent le terrorisme basque et les nostalgies des anciens partisans du franquisme, la monarchie espagnole parvient à assurer le retour à la démocratie.

Le rétablissement monarchique

Le 20 novembre 1975, après un mois d'une agonie entretenue par des soins médicaux extrêmes, la mort du général Francisco Franco Bahamonde met un terme à une des plus longues dictatures de l'histoire. Deux jours plus tard, le prince Juan Carlos de Bourbon, âgé de 37 ans, prête serment devant les Cortes et est proclamé roi. Cette succession est prévue depuis longtemps : dès 1948, celui qui se fait appeler le Caudillo a conclu avec le comte de Barcelone, fils de l'ancien roi d'Espagne Alphonse XIII et père de Juan Carlos, un accord stipulant que le jeune prince reviendrait d'exil et poursuivrait son éducation en Espagne. Ainsi, Juan Carlos se trouve préparé, sous la tutelle de Franco, à son métier de futur roi, et, en 1969, il est présenté officiellement aux Cortes comme le « successeur désigné » du Caudillo. Pendant toutes ces années, le prince joue un rôle fort effacé dans la vie du pays, et se maintient dans l'ombre de Franco. Cette discrétion, qui conduit une partie de l'opinion espagnole à douter de son aptitude réelle à exercer le pouvoir, est une mesure de prudence : sans jamais se compromettre avec les milieux franquistes, Juan Carlos a su ne pas rompre avec Franco. La personnalité du roi, telle qu'elle se manifeste dès les premiers mois de son rétablissement, est celle d'un homme compétent, modéré et intelligent, qui n'entend pas se cantonner à un rôle de repré-

L'E.T.A.

À l'époque franquiste. À partir de 1967, c'est-à-dire du vivant même du régime franquiste, l'Espagne vit sous la menace des attentats montés par les nationalistes basques. Apparu en 1959, le groupe E.T.A. (initiales d'*Euskadi ta Askatasuna,* autrement dit « Pays basque en liberté ») réclame la création d'une république indépendante et appuie ses revendications par les armes. En 1970, seize de ses militants sont arrêtés. Leur procès se tient à Burgos, devant le conseil de guerre ; il aboutit à neuf condamnations à mort, verdict effroyablement sévère qui soulève dans le monde des protestations telles que le général Franco doit gracier les condamnés. Trois ans plus tard, l'E.T.A. revendique l'assassinat du président du gouvernement espagnol, l'amiral Carrero Blanco. En septembre 1975, deux mois avant la mort de Franco, cinq jeunes terroristes, dont deux se réclament de l'E.T.A., sont exécutés malgré une campagne internationale demandant leur grâce. Un an auparavant, un militant catalan, Salvador Puig Antich, jugé par le conseil de guerre de Barcelone pour le meurtre d'un policier et une attaque à main armée, a également été exécuté.

Dans l'Espagne démocratique. L'avènement de Juan Carlos ouvre une période d'apaisement : en 1980, les Basques élisent un Parlement régional et forment le premier gouvernement autonome. Cependant, seuls les modérés sont satisfaits de ces mesures et la fraction extrémiste de l'E.T.A. poursuit ses actes terroristes : bombes placées dans les hôtels de la côte (c'est la « guerre des vacances »), attentats contre les policiers et les militaires, explosions de voitures piégées dans des quartiers fréquentés des villes. En réaction apparaissent en Espagne les G.A.L. (Groupes antiterroristes de libération), responsables d'une trentaine d'assassinats de militants de l'E.T.A. En 1994-1995, la révélation de l'implication éventuelle du pouvoir dans les activités des G.A.L. fragilise le gouvernement de F. González.

sentation mais veut utiliser tout son pouvoir afin de favoriser la réconciliation nationale et le retour à la démocratie.

Les nouvelles donnes espagnoles

Dès son avènement, le 22 novembre 1975, Juan Carlos invite donc les Espagnols à former « une société libre et moderne ». L'année suivante, la libéralisation des institutions est engagée : les partis politiques sont légalisés ; les tribunaux d'exception sont supprimés et les détenus politiques amnistiés ; des statuts de pré-autonomie pour les régions sont étudiés. Pour la première fois depuis la guerre civile, le Parti socialiste ouvrier espagnol peut tenir son congrès en Espagne et, en mars 1977, a lieu à Madrid la première rencontre « eurocommuniste » des chefs des partis communistes italien, espagnol et français. Véritable signe des temps, Dolorès Ibárruri, la célèbre Pasionaria de la guerre civile, revient à Madrid en 1977. Enfin, un référendum, approuvé en décembre 1976 par 94 % des votants, institue la désignation du Parlement au suffrage universel. En juin 1977, les premières élections libres en Espagne depuis 1936 amènent au pouvoir le chef de l'Union du centre démocratique, Adolfo Suárez. La nouvelle Constitution du pays est approuvée par un deuxième référendum en décembre 1978. Ces mutations spectaculaires sont vécues dans l'euphorie par la majorité de la population espagnole. La libéralisation des institutions s'accompagne d'un intense mouvement de rénovation dans le domaine des mœurs, de l'art, de la culture en général. Seule une minorité de l'opinion, les conservateurs et l'Église catholique espagnole, désapprouve ce vaste effort de rénovation surnommé la « Movida », s'opposant en particulier à des mesures comme la légalisation du divorce.

La « Nuit des Cortes »

Cependant, passé les premiers enthousiasmes, la démocratie espagnole doit faire face aux problèmes économiques liés à la crise pétrolière mondiale ainsi qu'à l'agitation terroriste menée par l'E.T.A. basque et aux complots des nostalgiques du franquisme. La démission d'Adolfo Suárez en janvier 1981 ouvre une crise politique qui débouche sur plusieurs tentatives de coups d'État militaires préparés par des extrémistes de droite. Le plus spectaculaire a lieu dans l'hémicycle même des Cortes, le 23 février de la même année. Ce jour-là, 350 députés et ministres sont pris en otage durant dix-huit heures par le lieutenant-colonel Tejero et une centaine d'hommes armés. La situation est dénouée grâce à l'initiative du roi, qui, tout au long de la nuit du 23 au 24, appelle au téléphone les chefs de toutes les garnisons militaires espagnoles pour leur demander de rester fidèles au régime ; finalement, il apparaît à la télévision en grand uniforme pour s'adresser à ses sujets, les insurgés des Cortes faisant alors leur reddition. L'échec de l'entreprise ne décourage cependant pas l'extrême droite, qui poursuit dans les mois suivants son action déstabilisatrice : en mai, un commando de 11 hommes garde ainsi en otage trente-sept heures durant 200 personnes dans la Banque centrale de Barcelone, pour obtenir la libération de Tejero. De nouveau, cet acte désespéré échoue. Le résultat paradoxal de ces tentatives de putsch avortées est de rapprocher du pouvoir le Parti socialiste ouvrier espagnol. Aux élections législatives de 1982, le P.S.O.E. sort victorieux et un nouveau gouvernement est formé, présidé par le chef de ce parti, Felipe González. Pendant près de quinze ans, jusqu'à son départ en 1996, ce dernier met en œuvre un plan de restructuration économique qui a permis à l'Espagne d'entrer dans le Marché commun (1986) et de devenir partenaire des puissances mondiales.

→**Voir aussi** : p. 614-615 (Le procès de Burgos).

Le 22 novembre 1975, Juan Carlos, successeur désigné de Franco, prête serment devant les Cortes, à Madrid.

Un peuple condamné à mort par ses dirigeants

LE CAMBODGE DES KHMERS ROUGES

À Noël 1978, les Vietnamiens envahissent le Cambodge, prenant Phnom Penh, la capitale, dès le 7 janvier. Ce qu'ils découvrent est hallucinant, pire que ce que quelques réfugiés avaient laissé entrevoir. Depuis l'entrée des Khmers rouges dans Phnom Penh, en avril 1975, il y a eu au moins 300 000 exécutions et 2 à 3 millions de morts dus aux privations et aux sévices. Le tout dans un pays de moins de 9 millions d'habitants à la veille du cataclysme.

Certains intellectuels se bouchent les yeux, peut-être parce qu'ils ont cru voir, dans une révolution paysanne pure et dure, une réponse à la décadence supposée de l'Occident. Washington et Pékin soutiennent les Khmers rouges pour gêner le Viêt Nam, prosoviétique; Paris est une des rares capitales occidentales à ne pas les considérer comme seul gouvernement légitime, et Moscou bloque toute discussion à l'O.N.U., sous prétexte de non-ingérence. Mais les faits sont là, horribles.

Entre 1975 et 1978, 300 000 personnes, au moins, ont été exécutées par les Khmers rouges. Les assassinats étaient individuels ou, comme ici, collectifs.

Les « Khmers rouges »

En 1954, à la fin de la guerre d'Indochine, alors que la plupart des militants communistes se réfugiaient au Viêt Nam du Nord, un certain nombre d'entre eux, refusant de reconnaître le régime du prince Sihanouk, ont décidé de résister sur place. Leurs chefs, souvent unis par des liens familiaux, se sont formés à Paris. C'est le cas, par exemple, d'un de leurs principaux dirigeants, Khieu Samphan. Dans sa thèse, soutenue en France, il prévoit un développement autarcique du Cambodge, fondé sur la seule agriculture; et l'affectation aux champs, puis en usine, des citadins, considérés comme des parasites.

Ces opposants au régime officiel du Cambodge constituent, à partir de 1963, de maigres maquis autour d'un chef, Saloth Sar, dit « Pol Pot ». Six ans plus tard, des paysans chassés par les bombardements américains sur les régions tenues par ces maquis viennent grossir leurs rangs. À partir de 1970, date du coup d'État proaméricain du maréchal Lon Nol, le prince Sihanouk, renversé et en exil à Pékin, leur apporte sa caution.

C'est un marché de dupes : dans les régions qu'ils contrôlent, les Khmers rouges éliminent d'abord les sihanoukistes; ils continuent en massacrant les ex-exilés revenus du Viêt Nam,

Le Cambodge avant les Khmers rouges

Le Cambodge, ou Kampuchéa, est grand comme le tiers de la France (181 035 km²) et peuplé, au début des années 1960, d'un peu moins de 6 millions d'habitants, à 90 % khmers. C'est une plaine soumise à la mousson, régulièrement inondée par le fleuve Mékong et entourée de hauteurs.

Le royaume khmer a connu son apogée au XIIe siècle, avec l'édification du temple d'Angkor-Vat, puis a décliné, étouffé par la menace d'invasions venues tant de Thaïlande que du Viêt Nam. Pour y échapper, **la monarchie a accepté en 1865 le protectorat français**, tout en évoluant vers le parlementarisme.

Après **l'indépendance de 1953**, le prince Sihanouk s'est voulu neutraliste et socialisant, mais n'a pu éviter les **contrecoups de la guerre du Viêt Nam** et a été renversé en 1970 par l'armée, qui a porté au pouvoir le maréchal Lon Nol.

Réfugié à Pékin, il a donné sa caution **aux maquis communistes**, c'est-à-dire aux Khmers rouges, dans l'opposition depuis l'indépendance et qui parviennent en 1975 à conquérir le pouvoir.

« En suant pour semer [...], l'homme connaît la vraie valeur des choses. » En fonction de ce principe, affirmé hautement par les chefs politiques des Khmers rouges, les villes cambodgiennes sont vidées de leurs habitants, et ceux-ci déportés aux champs...

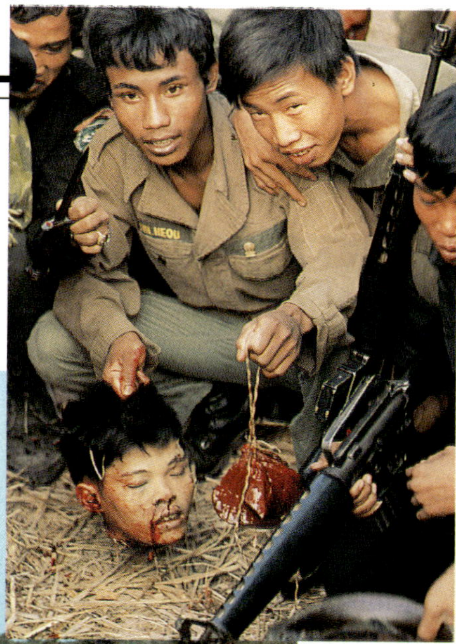

Décapitation sommaire et goût des spectacles sanguinaires. La torture, sous Pol Pot, est promue au rang de véritable sport national...

communistes comme eux, mais qu'ils considèrent comme les agents d'un ennemi héréditaire. Le noyau militaire du mouvement, l'Angkar, c'est-à-dire « l'Organisation », exige une discipline aveugle. Sa réputation de cruauté se répand bientôt et des réfugiés racontent qu'elle déporte systématiquement les habitants des bourgs et des villes.
Les Khmers rouges prennent le pouvoir au Cambodge en avril 1975, dans un pays dévasté par la guerre civile et qui a reçu en trois ans trois fois plus de bombes américaines que le Japon pendant la Seconde Guerre mondiale. Khieu Samphan est chef de l'État, Pol Pot dirige le gouvernement, Sihanouk, revenu quelques mois, retourne finalement à Pékin, les frontières se ferment hermétiquement, une expérience démentielle commence.

Retour à la terre

Immédiatement, ordre est donné d'évacuer toutes les villes. Le premier jour de l'exode, le père Ponchaud, missionnaire français, entend un commissaire politique expliquer : « Il faut que les gens apprennent qu'ils naissent du grain de riz. En suant pour défricher, pour semer, planter, récolter, l'homme connaît la vraie valeur des choses. La ville est mauvaise, non pas les gens : car les gens sont réformables, mais pas la ville ; c'est en ville qu'on trouve l'argent et la corruption. »

Sur cette base, tous les symboles d'un mode de vie réputé décadent sont détruits ou abandonnés : vêtements de couleur, machines à écrire, électrophones, télévisions, automobiles, mais aussi usines, écoles, postes, eau courante et jusqu'aux hôpitaux et aux marchés. Phnom Penh est laissée dans l'état où ont dû la laisser ses habitants. Dans un pays ramené à la préhistoire, toute la population est employée à la riziculture et à des travaux d'irrigation souvent inutiles, toujours épuisants. Dix heures de travail par jour, parfois dès l'âge de huit ans, pour deux bols de riz et de soupe claire, épuisent les organismes. La résistance aux maladies diminue et, comme rien ne doit être demandé à l'étranger, pas même un comprimé de quinine, la malaria fait des ravages. La vie privée est surveillée attentivement, les familles sont le plus souvent séparées.

Un plan d'extermination

À ce puritanisme criminel s'ajoute l'extermination des élites. En dehors des chefs, quiconque a été en contact avec l'Occident est éliminé. Avoir l'air d'un intellectuel, c'est-à-dire porter des lunettes, équivaut à une exécution immédiate ou à l'affectation aux pires travaux, ce qui revient à terme au même. Et les enfants, pour survivre, doivent apprendre à affirmer qu'ils étaient trop pauvres pour aller à l'école.
En fait, l'Angkar a droit de vie et de mort sur chacun. Le plus souvent, par souci d'économie, les exécutions se font à coups de manche de pioche ou par étouffement dans un sac de plastique. Le régime se dote d'une milice de très jeunes paysans, des enfants qui n'ont rien connu d'autre que la misère, la guerre et l'endoctrinement dans les zones « libérées » avant 1975. À terme, ils peuvent être les seuls survivants : selon Pol Pot, « il suffit de 1 à 2 millions de jeunes Khmers pour faire le Cambodge nouveau ». Mais les incidents se multiplient avec le Viêt Nam désormais unifié. À la Noël 1978, l'offensive des anciens ennemis apparaît comme une libération ; les miliciens fuient, la population s'octroie son premier vrai repas depuis quatre ans.
Le cauchemar n'est pourtant pas fini. La famine menace. Les occupants essaient de faire revivre le pays, mais ils pillent aussi Phnom Penh et freinent l'intervention des organismes humanitaires. Des maquis sihanoukistes ou nationalistes s'ajoutent à ceux des Khmers rouges, parfois près de reprendre le pouvoir. Si le retrait des Vietnamiens en 1990 et l'aide tardive des États-Unis autorisent quelque espoir, les souvenirs d'horreur ne sauraient s'effacer ; le pays reste un des plus pauvres du monde, et des bombes, reliquats de tant de guerres et de guérillas, continuent d'exploser, tuant et mutilant.

Une guerre civile au Proche-Orient

LA DÉCHIRURE LIBANAISE

En 1975, des affrontements d'une incroyable violence opposent milices chrétiennes et Palestiniens dans les grandes villes du Liban. À Ain Remaneh, dans la banlieue de Beyrouth, le 13 avril, à Zale et à Tripoli, le 3 septembre, puis de nouveau à Beyrouth le 16, des rues entières sont la proie des flammes. Bien armés, les combattants occupent certains quartiers, qu'ils barricadent.

Le conflit interne s'aggrave avec l'intervention de puissances extérieures : Israël multiplie les raids de représailles contre les bases de commandos palestiniens situées au Liban-Sud tandis que la Syrie menace d'intervenir pour repousser ces incursions. Le Liban, en quelques semaines, s'installe dans la guerre.

Une mosaïque de communautés

Le Liban est partagé entre dix-sept communautés par une histoire différente, des opinions religieuses et politiques contradictoires, sans qu'il existe cependant de différences ethniques. Les chrétiens constituent onze de ces communautés, les maronites et les grecs orthodoxes étant parmi eux les plus nombreux. Les musulmans se différencient en sunnites, chiites et druzes.

Aux difficultés potentielles créées par ces clivages traditionnels s'ajoute, depuis 1948, le problème difficile posé par l'afflux de réfugiés arabes de Palestine, musulmans à 80 %, et qui amènent avec eux leurs organisations politiques : les camps où ils résident deviennent la base d'opérations commandos contre Israël ou même d'actions terroristes à l'étranger.

Au milieu des années 1970, la principale ligne de fracture oppose le parti phalangiste libanais, chrétien et nationaliste, aux partisans de ces réfugiés palestiniens. Les premiers réclament la restauration d'un État fort, qui mette au pas les organisations de résistance palestinienne ; les seconds, au nom de la solidarité arabe, entendent lier le destin du Liban à celui des réfugiés d'Israël.

Des morts par milliers

En 1975-76, durant la « guerre des deux ans », les affrontements entre « conservateurs chrétiens » et « islamo-palestino-progressistes » ravagent l'ensemble du pays, dressant village contre village, vallée contre vallée, quartier contre quartier. L'armée, à 80 % chrétienne, et donc à 20 % musulmane, ne peut rien faire pour arrêter le conflit, paralysée qu'elle est par ses loyautés contradictoires. Les subventions des émigrés et des protecteurs arabes procurent aux combattants des armements lourds : aux kalachnikovs succèdent bientôt des canons et des lance-roquettes. L'intervention de l'armée syrienne, qui pénètre dans le pays à partir d'avril et entre dans Beyrouth le 15 novembre 1976, parvient seule à rétablir la paix. Cela au détriment de l'indépendance de l'État libanais.

Dans les années qui suivent, les adversaires libanais s'enferment dans une opposition irréductible. L'autorité du gouvernement est réduite à néant, l'armée totalement impuissante. Le pays est coupé en deux : le Nord, où la Syrie maintient un ordre relatif, et le Sud, où les Palestiniens continuent à s'agiter.

En juin 1981, pour mettre fin aux actions terroristes de l'O.L.P., l'armée israélienne occupe le Liban-Sud et le secteur ouest de Beyrouth, musulman, lors de l'opération « Paix pour la Galilée ». Après quoi, au prix du retrait des combattants de l'O.L.P. vers les pays arabes, Syriens et Israéliens se retirent… pour revenir quelques mois plus tard.

Meurtres, prises d'otages et destructions

Car le gouvernement libanais ne parvient pas à restaurer son autorité. Le nouveau président du pays, Amine Gemayel, élu le 21 septembre 1982 à la place de son frère, assassiné, ne peut empêcher la reprise de la guerre civile. Les druzes, dans le Nord, puis les chiites contestent l'autorité de l'armée nationale, qui a désormais clairement pris le parti du président. Les opérations de commandos propalestiniens contre l'occupant israélien se multiplient jusqu'au retrait de celui-ci, en 1985, qui reste présent dans la région par l'intermédiaire d'une Armée du Liban-Sud dévouée à ses intérêts. Les quartiers chrétiens de Beyrouth font l'objet d'attaques incessantes de la part des combattants chiites encadrés par des missionnaires armés venus d'Iran. Aux affrontements entre les deux clans s'ajoutent les violences liées aux conflits entre les différentes tendances musulmanes : sunnites, chiites modérés du mouvement Amal, chiites radicaux partisans de l'Iran (Hezbollah).

Après les populations, terrorisées, les étrangers, soldats de la Force des Nations unies au Liban (F.I.N.U.L.), résidents ou visiteurs d'occasion, deviennent à leur tour victimes de la violence : les militants islamistes détournent des avions, posent des bombes et retiennent une vingtaine d'otages occidentaux, notamment français et américains, dont certains meurent en captivité.

Une avenue du centre de Beyrouth, avant la guerre civile. Le Liban connaîtra-t-il de nouveau la paix et la prospérité de jadis ?

L'évacuation d'une famille dans le centre de Beyrouth.

L'attentat contre l'ambassade américaine, le 21 juin 1987.

Pour rétablir l'ordre, la Syrie occupe de nouveau le pays, y compris la partie ouest de Beyrouth, dans le courant de l'été et de l'automne de 1987. Parvenu au terme de son mandat, Amine Gemayel n'a pas de successeur : deux pouvoirs s'affrontent, l'un civil et musulman à Beyrouth-Ouest, dirigé par Selim Hoss ; l'autre militaire et chrétien à Beyrouth-Est, présidé par le général Michel Aoun, décidé à se débarrasser de la présence syrienne. C'est seulement après 1990 que, enfin, à la faveur du retrait forcé d'Aoun, contraint par l'armée libanaise à s'exiler, les différentes tendances finissent par s'entendre : une nouvelle Constitution rééquilibre le pouvoir au profit des musulmans, des élections législatives (les premières depuis vingt ans) sont organisées, les milices de Beyrouth désarmées (à l'exception de celles du Hezbollah) ; le Liban-Sud est réoccupé par l'armée nationale libanaise.

Les accords de Taëf, signés en octobre 1989, mettent fin à la guerre civile mais confirment la présence des troupes syriennes au Liban et leur retrait progressif. Premier ministre de 1992 à 1998 puis de 2000 à 2004, Rafik Hariri peut entamer la reconstruction de son pays. Or son assassinat, le 14 février 2005, ravive les tensions. Attribué à la Syrie, ce meurtre suscite des manifestations dans tout le pays, et sous la pression conjointe de la rue et des puissances occidentales, le président syrien Bachar al-Assad accepte d'évacuer du Liban ses 14 000 hommes dont le retrait est achevé dès le 26 mars. Désormais affranchis d'une tutelle pesante, les Libanais peuvent envisager de reconstruire politiquement leur pays, mais l'unité nationale est loin d'être garantie, ce que souhaitaient sûrement les auteurs de cet attentat.

Un pays dévasté

La longueur et la violence de la guerre civile laissent au Liban des traces ineffaçables.

Une capitale à reconstruire. Beyrouth, jadis capitale prospère, pilonnée par les bombardements aériens syriens (en 1978 et 1981) et israéliens (en 1982), déchiquetée par les tirs de roquettes des combattants s'affrontant sur place, montre des façades béantes, des rues éventrées, des infrastructures totalement détruites. Les plans de reconstruction proposés risquent de substituer à la ville historique un ensemble de gratte-ciel, monumentaux et anonymes.

La perte des élites. Sur le plan humain, le Liban sort du conflit profondément transformé. Les affrontements ont fait environ 150 000 morts et davantage encore de blessés, dont certains resteront handicapés à vie. Ils ont aussi provoqué d'importants flux migratoires, notamment vers l'Occident, où 200 000 Libanais environ ont choisi de se fixer définitivement. Parmi ces exilés, la majorité sont des bourgeois : une partie de l'élite financière et intellectuelle du pays — plus de la moitié des médecins, par exemple, et 45 % des ingénieurs — a ainsi déserté le pays. Ce sont autant de talents perdus, autant de force de travail et de capitaux dont la reconstruction sera privée, car les nantis sont partis avec leur fortune.

Des milliers de Vietnamiens en transit

LES BOAT PEOPLE

De 1975 au début des années 1990, des milliers de Vietnamiens choisissent de s'embarquer sur des bateaux de fortune pour émigrer. S'ils survivent aux nombreux dangers qui les attendent, leur périple aboutit dans des camps insalubres, à Hongkong ou en Malaisie, dans l'attente d'un visa ou... d'un renvoi vers Hanoi. Cet exode désastreux prolonge la tragédie de la guerre du Viêt Nam, au grand embarras des gouvernements et des instances internationales.

L'entassement des candidats à l'exil sur des embarcations peu sûres et trop petites est l'occasion de bien des accidents...

Dès 1975, faute de pouvoir partir légalement, des milliers de Vietnamiens choisissent la mer pour quitter le pays. Ils se regroupent, trouvent un bateau, un pilote, emportent un minimum d'affaires personnelles et embarquent après avoir versé quasiment toutes leurs économies aux intermédiaires qui se font fort d'organiser le voyage.

C'est souvent un voyage au bout de l'horreur. Il est impossible d'apprécier exactement le nombre de personnes (150 000, peut-être ?) qui ne sont jamais arrivées nulle part : les bateaux surchargés ont coulé — leurs occupants se sont noyés ou ont été dévorés par les requins — ou bien des pirates ont attaqué les frêles embarcations. D'autres voyageurs sont simplement morts de faim ou de froid.

Tous les pays de la région (Hongkong, la Malaisie, Singapour...) voient arriver ces boat people (littéralement, ces « gens des bateaux »). Ils les recueillent provisoirement, tant bien que mal, mais ils comptent sur les Occidentaux pour leur offrir un asile définitif.

Les vagues de boat people

Le nombre total de boat people qui, entre le 30 avril 1975 et le 30 avril 1980, soit aux périodes intenses d'émigration, ont quitté le Viêt Nam s'élève à 331 725. Les motivations de départ ont varié au cours des années. De 1975 à 1977, le premier mouvement d'émigration concerne surtout des partisans acharnés de l'ancien régime, qui fuient la république socialiste nouvellement établie. L'année suivante — époque terrible pour le Viêt Nam —, la vague d'émigration, beaucoup plus générale, est provoquée par les mêmes raisons politiques, mais aussi par la situation économique. Ce sont, globalement, les plus dynamiques qui partent, tous ceux qui préfèrent tenter leur chance à l'étranger avant qu'il ne soit trop tard. Proportionnelle-

Parfois, la police intercepte les embarcations chargées de boat people — les Vietnamiens exilés; d'autres fois, des pirates découvrent les premiers les bateaux et rançonnent leurs passagers.

ment, les citadins sont plus nombreux que les paysans, et de nombreux jeunes couples, avec des enfants en bas âge, se sont embarqués. Quinze ans plus tard, ces premiers émigrés sont implantés en France ou aux États-Unis et, le plus souvent, parfaitement assimilés.

Après l'invasion du Cambodge par le Viêt Nam, dans les premiers mois de l'année 1979, l'isolement du pays est à peu près complet. Le régime de Hanoi modifie son attitude. Autrement dit, il ferme les yeux sur les départs. L'émigration se fait alors surtout pour des raisons économiques.

La vie dans les camps

Dans les pays où ils accostent : la Malaisie, Singapour, Hongkong, les Philippines, les boat people sont groupés dans des centres d'accueil — des camps. Dans ces lieux, l'attente peut, quelquefois, atteindre deux ans.

Depuis le début de l'émigration, la situation dans les camps a empiré. Ces microsociétés ont cultivé des règles de vie spécifiques. Une violence endémique y règne, des gangs rivaux s'affrontent au moindre prétexte. La nourriture est en quantité suffisante mais, au moins dans les pays d'accueil qui appartiennent au monde en voie de développement, elle est aussi peu variée. L'espace vital de chaque personne est compris entre 0,9 et 1,5 m^2, soit nettement moins que la surface jugée indispensable par l'Organisation mondiale de la santé (3,5 m^2). Les conséquences psychologiques et sanitaires de cette situation se traduisent notamment par un démembrement des structures familiales et par la malnutrition.

La situation est particulièrement difficile sur le territoire de Hongkong. Là, depuis 1982, les nouveaux arrivants sont hébergés dans des camps dits « fermés ». Il leur est interdit, par exemple, de se rendre quotidiennement en ville pour y exercer un emploi. Même la possibilité de sorties exceptionnelles est limitée : une double rangée de barbelés entoure les camps et il faut demander une autorisation exceptionnelle pour franchir la porte. De plus en plus, surtout, les réfugiés sont dans une situation précaire : leur cas est examiné avec soin — ceux qui semblent poser des problèmes d'assimilation excessifs sont purement et simplement renvoyés au Viêt Nam. Là, leur vaine tentative d'émigration leur vaudra peut-être des représailles.

Réfugiés politiques et économiques

Ce durcissement de l'attitude des pays d'accueil — Hongkong n'est que le cas le plus manifeste — s'explique par une saturation face à l'ampleur et à la durée du phénomène. L'Asie veut d'autant moins accueillir durablement les boat people que, en proie à une crise économique elle aussi durable, les États qui, auparavant, recevaient à titre définitif les exilés tendent maintenant à fermer leurs frontières. Les États-Unis, la Grande-Bretagne, la France, l'Australie ont ainsi réduit leurs quotas d'immigration. Depuis 1988, seulement 7 % des demandeurs d'asile ont obtenu le titre de réfugié politique. La classification proposée en 1988 entre les « réfugiés politiques », qui peuvent trouver asile à l'étranger, et les « réfugiés économiques », qui se trouvent insérés dans des camps de rapatriement, paraît singulièrement absconse. Peut-on vraiment considérer comme migrant économique un Vietnamien qui quitte son pays au péril de sa vie, de celle de sa famille, au prix de souffrances indicibles et de risques majeurs? Beaucoup d'acteurs internationaux, dans cette affaire, ont voulu oublier l'article 1362 de la Déclaration universelle des droits de l'homme, selon lequel « toute personne a le droit de quitter tout pays, y compris le sien, et de revenir dans son pays... »

Depuis la fin de la décennie 80, l'émigration fléchit sensiblement. En 1986, Hanoi a même engagé une politique de réconciliation envers ces boat people, considérés auparavant par le régime comme autant de réactionnaires. Plus de 100 000 « Viêt-Keu » (Vietnamiens d'outre-mer) reviennent chaque année au pays. Ce sont, pour la plupart, d'anciens boat people. Aujourd'hui, ils restent profondément anticommunistes.

La terre atteinte, l'exil gagné, il faut encore passer des mois dans l'entassement de camps semblables à des prisons. Dans le meilleur des cas, l'exilé gagne ensuite l'Occident. Dans la pire des situations, il est renvoyé au Viêt Nam.

Les boat people de Gibraltar

Des milliers de clandestins. Au cours des dernières années, des milliers d'Africains (Sénégalais, Maliens, Ivoiriens, Marocains...) ont franchi, grâce à des marins-passeurs, le détroit de Gibraltar. Ils se lancent à vingt sur des barques prévues pour quatre et tentent de traverser les 15 km du détroit pour s'installer en Espagne. Cette transhumance a pris de l'ampleur à partir de mai 1991, lorsque les autorités espagnoles ont imposé un visa pour les Maghrébins, en application de la législation européenne.

Des centaines de noyés. De nombreux passages se soldent par des noyades. Les estimations les plus sérieuses font état d'environ 400 morts ou disparus par an.

L'expulsion des indésirables. La surveillance policière a été renforcée dans le détroit. Peu des survivants réussissent à passer entre les filets de la Guardia espagnole. Aujourd'hui, tous les immigrants illégaux, quelles que soient leur couleur ou leur nationalité, sont immédiatement renvoyés au Maroc dès leur arrivée sur le sol espagnol.

Les émeutes de Soweto

L'APARTHEID

En juin 1976, le soulèvement des populations noires à Soweto, en Afrique du Sud, marque le début d'une révolte générale des personnes de couleur contre l'« apartheid », mot afrikaans qui désigne la « séparation » raciale. Il faudra cependant encore dix-sept ans pour que les populations blanches décident de renoncer à leur système de ségrégation et d'admettre la démocratie en Afrique du Sud.

En mars 1976, le gouvernement blanc d'Afrique du Sud décide d'imposer sa langue, l'afrikaans — au lieu de l'anglais —, comme langue d'enseignement dans toutes les écoles. Pour les Africains, cette mesure est vécue comme une nouvelle atteinte à la liberté : l'afrikaans est issu du néerlandais — c'est la «langue d'État des Blancs», l'instrument symbolique de leur domination. À Soweto, ville noire jumelle de Johannesburg et distante de 15 km, le 4 juin 1976, 2 000 écoliers se mettent en grève en

Soweto, juin 1976 : un problème scolaire déclenche des émeutes, réprimées dans le sang. Une lutte commence, qui mènera, quinze ans plus tard seulement, à un début de réconciliation des communautés blanche et noire.

« Réservé aux Blancs. » En Afrique du Sud, de la fin de la Seconde Guerre mondiale au début des années 1990, la plus stricte ségrégation (« apartheid ») a régi la vie des Blancs et des gens de couleur.

Je hais l'apartheid

En 1962, inculpé dans un procès pour avoir incité des travailleurs noirs à faire grève, Nelson Mandela plaide sa haine de l'apartheid :

« Je hais la discrimination raciale, et ma haine est renforcée par le fait que l'écrasante majorité de l'humanité la partage. Je hais l'éducation qui inculque systématiquement aux enfants les préjugés racistes, et je la hais d'autant plus farouchement parce que je la déteste avec des millions d'hommes dans le monde. Je hais l'orgueil qui réserve la meilleure part à une minorité, et qui réduit la majorité à l'état d'esclavage, tout juste bonne à travailler et à vivre selon des règles imposées par cette minorité. Aucune des sanctions que prendra la Cour ne pourra éteindre ma haine; rien ne le pourra, si ce n'est la fin de l'injustice et de la barbarie, deux plaies que je n'ai cessé de combattre dans la vie politique, sociale et économique de ce pays. »

« Quel que soit le verdict, la Cour peut être assurée qu'après avoir purgé ma peine, je continuerai d'écouter la voix de ma conscience. Je serai toujours bouleversé par la haine raciale et je reprendrai la lutte contre ces injustices jusqu'à ce qu'elles soient définitivement abolies. »

N. Mandela et B. Breytenbach, l'Apartheid, *Minuit, Paris, 1985.*

manière de protestation. Le 16 juin, un défilé de collégiens portant des banderoles avec l'inscription «À bas l'afrikaans» refuse de se disperser. La police, alors, ouvre le feu : un écolier de treize ans est tué. C'est le début d'une année de violence à Soweto.

Dans les deux jours qui suivent la mort du petit collégien, plus de soixante voitures brûlent et cinquante autobus sont détruits. Les manifestants mettent systématiquement le feu aux écoles de la ville. La plupart des bâtiments administratifs et un hôtel sont mis à sac. Par vagues successives, des hélicoptères de la police passent au-dessus de la foule déchaînée et lâchent des grenades lacrymogènes. Dans les rues, les blindés des forces de l'ordre ouvrent le feu sur les manifestants. Soweto offre le spectacle d'une agglomération bombardée...

Les émeutes, progressivement, s'étendent à d'autres agglomérations peuplées de Noirs : Alexandri, près de Johannesburg; Kagiso, au nord de Pretoria; ainsi que l'université du Zoulouland, près de Durban.

Plus d'une année durant, la révolte ensanglante les cités noires du pays. Elle fait 575 morts, selon le gouvernement sud-africain, mais en réalité certainement beaucoup plus.

L'apartheid en Afrique du Sud

Il ne fait aucun doute que la politique d'apartheid et l'immense réseau des lois oppressives et humiliantes qui l'accompagne sont les raisons profondes des émeutes de Soweto.

Quoique la classification en groupes raciaux ait existé de fait en Afrique du Sud dès les premiers jours de la colonisation européenne, c'est seulement le *Population Registration Act* qui en établit officiellement le principe, en 1950 — quatre ans après la venue au pouvoir du Parti national unifié, un parti blanc d'inspiration nazie. Désormais, la loi impose à tous les Sud-Africains la possession d'un livret d'identité — *le reference book* — faisant mention de leur race. À la même date, le *Group Areas Act* assigne à chaque Sud-Africain une zone d'habitat déterminée par sa couleur.

À peu près à la même époque également — à partir de 1953 exactement —, l'enseignement est aussi régi par le cadre de l'apartheid. L'école des Non-Blancs (gens de couleur et métis) doit respecter la ségrégation et dispenser une éducation fort limitée. La législation du travail, renforcée à la même époque (entre 1949 et 1956) dans un sens restrictif, empêche les mêmes personnes d'accéder à la plupart des emplois les mieux rétribués.

Face à cette adoption systématique de lois ségrégationnistes, l'ANC (l'African National Congress, ou Congrès national africain, principal parti représentant les Noirs) répond d'abord par des campagnes non violentes. C'est à cette occasion que Nelson Mandela, l'un des jeunes chefs du parti, est condamné une première fois à neuf mois de prison avec sursis.

Constatant l'inefficacité de la stratégie d'abord adoptée, le même homme se lance alors dans l'organisation clandestine de l'ANC. Le 16 décembre 1961, Mandela crée la branche armée de l'ANC, qu'il place sous son commandement. Arrêté l'année suivante, il restera vingt-sept ans derrière les barreaux — destin tragique qui l'impose, aux yeux des Africains noirs et de l'opinion internationale, comme le symbole de la lutte contre l'apartheid.

Vers l'abolition de l'apartheid

Pendant de nombreuses années cependant, la population noire d'Afrique du Sud subit les lois ségrégationnistes sans trop se rebeller contre elles. Les émeutes de Soweto marquent le véritable réveil de l'esprit de résistance. À partir de 1983, les Noirs des ghettos environnant les villes blanches multiplient les actions de boycottage des institutions administratives et des services municipaux. La violence politique et sociale connaît un rapide développement, cependant qu'à l'extérieur la pression internationale s'accroît pour tenter d'infléchir la politique du gouvernement.

En 1989, enfin, le Blanc Frederik De Klerk accède aux fonctions de chef du Parti national et de président de l'Afrique du Sud. Cet homme, qui a jadis défendu l'apartheid comme un moyen de faire cohabiter des communautés différentes, est conscient de l'impossibilité de maintenir plus longtemps ce système. Le 2 février 1990, il annonce au Parlement sa volonté de normaliser progressivement la vie politique sud-africaine et annonce, comme gage de sa bonne volonté, la libération des prisonniers politiques. De fait, Mandela, parmi d'autres, est libéré neuf jours plus tard. Le 7 juin de la même année, un décret met fin à l'état d'urgence, en vigueur depuis juin 1986. L'ANC affirme, parallèlement, sa volonté de renoncer à la lutte armée.

Le 30 juin 1991, l'apartheid est officiellement aboli avec la suppression des principaux textes qui le régissent, c'est-à-dire les lois sur la terre, les zones d'habitation et la classification raciale de la population. À la fin de l'année 1991 s'ouvre la convention pour une Afrique du Sud démocratique. Regroupant 19 organisations politiques et sociales, elle se donne pour mission de poser les fondements d'un système politique nouveau et égalitaire. Le 17 mars 1992, un référendum consulte les Blancs sur la poursuite des négociations : 68,7 % répondent favorablement.

Pour récompenser «leurs efforts visant à la disparition pacifique du régime de l'apartheid et pour l'établissement d'une nouvelle Afrique du Sud démocratique», le militant noir anti-apartheid Nelson Mandela et le président sud-africain Frederik De Klerk reçoivent conjointement le prix Nobel de la paix 1993.

Ghetto noir en Afrique du Sud. L'apartheid a contribué à renforcer, s'il n'a pas engendré, un phénomène de prolétarisation de la communauté noire, qu'il faudra des dizaines d'années pour endiguer.

1978

L'invention du « bébé-éprouvette »

LOUISE BROWN

« La dernière fois que je l'ai vue, elle avait huit cellules. Dans son tube de verre, elle était déjà aussi jolie qu'aujourd'hui. » Le docteur Roger G. Edwards prononce cette boutade juste après avoir assisté à la naissance de Louise Brown, le premier bébé conçu dans une éprouvette et replacé au stade d'embryon dans l'utérus de sa mère auparavant stérile. Avec ses 2,688 kg, Louise Brown est le nouveau-né le plus célèbre de la planète.

Biologiste-chercheur, Roger Edwards travaille depuis 1965 avec le docteur Steptoe, chirurgien, à la fécondation hors de l'utérus. Louise Brown est née le 25 juillet 1978, à 23 h 47, à l'hôpital d'Oldham, près de Manchester. C'est le premier « bébé-éprouvette ».

Une expérience inédite

La fécondation en éprouvette a un objectif bien précis : permettre à des femmes qui ne peuvent le féconder dans leur corps de porter un enfant. Le plus souvent, celles-ci présentent une malformation au niveau des trompes de Fallope, là où s'effectue la rencontre des spermatozoïdes et de l'ovule. Louise Brown est le fruit de la patience de quelques pionniers qui, souvent dans une atmosphère de suspicion et de discussion sur le bien-fondé de leurs travaux, ont, pendant vingt ans, multiplié leurs efforts pour lutter contre cette forme de stérilité. À la suite de la naissance de la petite fille, rapidement, de 1979 à 1981, la venue au monde de six autres bébés-éprouvettes — parmi lesquels des jumeaux de sexe différent — est enregistrée en Écosse, à Calcutta et à Melbourne. Amandine, le premier bébé-éprouvette français, naît le 25 février 1982. Elle pèse 3,420 kg et mesure 51 cm. Dans les années qui suivent, la technique, parfaitement maîtrisée, devient banale.

Les quatre étapes de la fécondation in vitro

La première étape de la fécondation in vitro est le prélèvement de l'ovule féminin. Le chirurgien introduit dans le ventre de sa patiente un tube large de quelques millimètres, qui lui permet de bien voir l'ovaire. C'est par ce même tube que l'ovule est aspiré. La deuxième phase est la fécondation dans le tube de verre. Le mari, après masturbation, fournit les spermatozoïdes. La troisième étape consiste à faire vivre pendant quelques jours, dans son tube de verre, l'œuf ainsi fécondé. Celui-ci commence sa multiplication. Aux environs de quarante-huit heures, il compte quatre cellules, puis huit avant trois jours. L'équipe médicale implante alors l'œuf fécondé dans la paroi de l'utérus maternel. Un petit cathéter souple, large d'un millimètre à peine, sert à le déposer sur la muqueuse, avec un peu de liquide de culture. Pour éviter toute contraction intempestive de l'utérus, la patiente est, à ce moment, incitée au plus grand calme. Certains praticiens recommandent la pratique du yoga.

Des restrictions à la procréation artificielle ?

Alessandra Abbisogno, premier bébé-éprouvette en Italie, attend cinq mois avant d'être baptisée. Il faut ce temps à ses parents, catholiques pratiquants, pour trouver à Naples un prêtre qui accepte de procéder à la cérémonie ! Pourtant, le cardinal Luciani, futur Jean-Paul Ier, avait déclaré à la naissance de Louise Brown : « Je n'ai aucun droit de condamner les parents. Je leur présente tous mes vœux. S'ils ont agi de bonne foi et avec des intentions pures, ils peuvent même avoir un grand mérite devant Dieu pour avoir demandé aux médecins d'intervenir. » Les premiers enfants procréés selon la méthode du docteur Edwards sont le fruit de leurs parents. Mais, très rapidement, l'intervention médicale prend des formes plus complexes, qu'il s'agisse d'enfants conçus en éprouvette ou de l'insertion directe des spermatozoïdes dans le vagin de la mère : insémination artificielle avec sperme non du conjoint ou du compagnon mais d'un donneur (dans le cas de stérilité masculine), mise en place de spermatozoïdes après la mort du père, embryons congelés, dons d'ovules, procréation par des mères ménopausées depuis longtemps, « mères porteuses » inséminées avec les spermatozoïdes du conjoint fertile… la multiplication des situations est à l'origine de délicats débats moraux, dans lesquels interviennent aussi bien le législateur que les institutions religieuses, compte tenu du statut juridique de l'embryon humain et des bouleversements que ces techniques entraînent dans les modes de filiation.

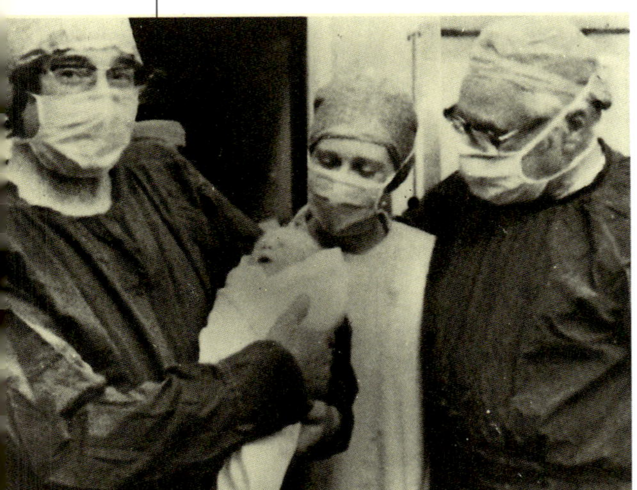

La petite Louise Brown, juste après sa naissance, dans les bras du docteur Edwards, avec la sage-femme et le docteur Steptoe.

Des parents heureux, des enfants éclatants de vie — et qui auraient pu ne jamais être conçus…

Des tubes, des éprouvettes : le monde glacial de la science, mais la promesse d'un merveilleux bonheur.

Les mères porteuses

Un ovule et une couveuse. L'expression « mère porteuse » fait référence à la pratique qui vise à pallier la stérilité d'un couple dans lequel la femme ne peut avoir d'enfants. La mère de substitution est inséminée artificiellement par le sperme du mari de la femme inféconde ou stérile : elle donne donc ses ovules et porte l'enfant pendant le temps de la gestation. Après quoi, elle est censée remettre le nouveau-né au couple avec lequel elle a passé accord.

Difficultés juridiques et problèmes éthiques. La première mère porteuse est américaine. Juges et législateurs des États-Unis sont donc les premiers à se pencher sur cette pratique. Selon les États, ils adoptent des positions diverses, ce qui traduit bien l'imbroglio éthique. En 1980, la Virginie autorise l'ouverture de cliniques spécialisées dans la conception d'embryons humains — des mères porteuses y sont accueillies. Mais, en 1981, la Cour suprême du Michigan interdit à un père biologique et à son épouse d'adopter l'enfant d'une mère porteuse, celle-ci ayant été rémunérée, alors que la législation sur les adoptions interdit toute transaction monétaire.

Les motivations des mères porteuses. Si, parfois, un arrangement familial entoure la pratique de la mère porteuse (une sœur ou une mère se substituant à la femme stérile pour porter un enfant conçu avec le sperme du conjoint de celle-ci), dans la plupart des cas, les mères porteuses sont rémunérées. Mais il arrive aussi que ces femmes changent d'avis au cours de leur grossesse ou après l'accouchement et cherchent à annuler leur contrat pour garder l'enfant : là encore, selon les lieux et les situations, les tribunaux ont pris des positions disparates.

1979

Khomeyni instaure un régime islamiste

LA RÉVOLUTION IRANIENNE

Le 1er février 1979, l'imam Khomeyni revient à Téhéran après seize années d'exil. Les manifestants islamiques occupent la rue et le chah d'Iran a quitté le pays. Le 11 février, après trois jours de combat, l'armée rejoint les insurgés et la république islamique d'Iran est proclamée.

Pourquoi l'Iran, pays moderne et riche, a-t-il vu la naissance de la seule révolution islamique victorieuse ?

Les maladresses du règne de Mohammad Reza Pahlavi

Au pouvoir depuis 1941, Mohammad Reza Pahlavi, le chah d'Iran, veut faire de l'Iran un pays moderne, laïc et industriel, en utilisant la richesse pétrolière pour le développement économique. Mais cette politique bouscule la société traditionnelle, entraîne un exode rural qui jette dans les villes des millions de paysans déracinés, tandis qu'une nouvelle génération d'éduqués ne trouve pas de débouchés dans un système politique qui reste très archaïque et centré sur la cour royale. Le chah gouverne de manière autocratique, sans autoriser les partis politiques et en réprimant toutes les oppositions. Aussi la seule force organisée en face de son pouvoir est-elle le clergé chiite.

Un ayatollah en exil

Parmi les opposants religieux, se dresse, en 1963, l'ayatollah Ruhollah Khomeyni, qui enseigne dans la ville sainte de Qom. Après la répression des manifestations contre le chah, il doit s'exiler en Iraq. Établi dans le sanctuaire chiite de Kerbala, il commence un enseignement très novateur : il prêche en effet la mise en place d'un État islamique, où le pouvoir suprême serait aux mains du clergé. Ses idées sont très neuves, le clergé iranien est en effet plutôt conservateur et se contenterait de se voir accorder par l'État un simple pouvoir de contrôle sur les lois. Mais les idées de Khomeyni rencontrent un grand écho dans une jeunesse qui cherche dans l'islam une idéologie politique capable de concurrencer le marxisme, et non une simple religion. La pensée de Khomeyni, malgré ses aspects traditionalistes, est bien une idéologie du XXe siècle soucieuse de construire, par la révolution, un État et une société nouvelle.

Le 16 janvier 1979, le chah d'Iran Mohammad Reza Pahlavi est contraint à l'exil. Il mourra au Caire l'année suivante.

L'Iran au XXe siècle

En 1986, l'Iran, un des plus vieux États du Moyen-Orient, compte 54 millions d'habitants pour un territoire de 1 648 000 km².

Conquis par les musulmans arabes au VIIe siècle, l'Iran n'est devenu majoritairement chiite qu'au XVIe siècle, par l'action d'une dynastie d'origine turque, les Séfévides. À partir de la fin du XIXe siècle, l'impuissance de la monarchie face aux empiètements des puissances occidentales et à l'endettement du pays pousse le clergé à se présenter en champion de l'indépendance nationale.

Mais la grande masse du clergé ne souhaite pas alors exercer directement le pouvoir. C'est l'arrivée au pouvoir de Reza Pahlavi en 1921, remplacé en 1941 par son fils Mohammad Reza, qui accroît les tensions entre les religieux et l'État. La nouvelle dynastie veut laïciser la société iranienne et surtout rogner le pouvoir du clergé. Le chah d'Iran, tente en 1963, par la « Révolution blanche », de contrôler les terres possédées par le clergé, ce qui entraîne une révolte ouverte qui trouve en Khomeyni son leader. Le divorce est alors consommé entre la monarchie et le clergé.

Manifestation de femmes iraniennes armées enveloppées du tchador.

Quinze jours après le départ du chah, le 1er février 1979, Khomeyni arrive à Téhéran.

L'instauration du nouveau régime

Lorsque le régime du chah s'effondre sous le coup d'une conjugaison de toutes les oppositions, seul le clergé chiite et les « comités », c'est-à-dire les organes de pouvoir locaux de la révolution, formés par des jeunes militants le plus souvent laïcs mais acquis aux idées de Khomeyni, peuvent imposer un contre-pouvoir. C'est l'alliance du clergé chiite, malgré les réticences des grands ayatollahs à l'exception bien sûr de Khomeyni, des masses récemment urbanisées et des éduqués convertis à l'idéologie islamiste qui va assurer la base du pouvoir islamique. La Constitution met en place, en 1980, des institutions stables, où le pouvoir est partagé entre l'imam et une Assemblée élue, mais où seuls les partisans de la révolution islamique sont admis à se présenter. La révolution marque la vie quotidienne, mais, si les femmes doivent obligatoirement porter le voile ou tchador, elles continuent de pouvoir travailler, voter et participer à la vie politique.

Les échecs extérieurs

L'Iran espère que la révolution islamique s'étendra à l'ensemble du monde musulman. Pour prévenir ce risque, l'Iraq, soutenu discrètement par de nombreux pays arabes et occidentaux, déclenche la guerre contre l'Iran en septembre 1980. La guerre du Golfe va absorber toute l'énergie de l'Iran pendant 9 ans. De 1982 à 1984, l'Iran contre-attaque victorieusement, mais se retrouve ensuite enlisé dans une guerre interminable. L'Iran est isolé diplomatiquement à la suite de son soutien au terrorisme. La révolution islamique ne réussit pas à percer en dehors de certaines minorités chiites au Liban et en Afghanistan. Une crise économique et sociale, avec inflation et chômage, s'abat sur l'Iran. En juillet 1988, Khomeyni annonce, à contre-cœur, un cessez-le-feu. En mai 1989, à sa mort, l'échec de la révolution islamique est patent, aussi bien à l'extérieur qu'à l'intérieur.

L'après-Khomeyni

En juillet 1989, Rafsandjani est élu président de la République. Le successeur de l'imam au poste de guide de la révolution, Khamenei, n'a ni son prestige ni son grade dans la hiérarchie religieuse. C'est la fin de la révolution islamique, même si l'empreinte de la religion reste très forte sur les institutions et dans la vie quotidienne. Mais le problème majeur reste celui de la reconstruction économique, face à un mécontentement populaire croissant. Or, cette reconstruction suppose l'aide étrangère, donc la renonciation à l'exportation de la révolution et au soutien au terrorisme.

→**Voir aussi** : p. 684-685 (La guerre du Golfe).

L'islamisme dans le monde

Islam et politique. Ce n'est pas l'imam Khomeyni qui a inventé l'islam politique. L'islam, certes, ignore en théorie la séparation entre la religion et la politique, mais depuis la fin de l'époque du Prophète et de ses quatre successeurs directs, au VIIe siècle, il y a toujours eu séparation de fait entre le politique et le religieux.

Un précédent : les « Frères musulmans ». C'est dans le monde sunnite, en Égypte, et non chiite, qu'est né, dans les années 1930, le premier mouvement moderne de l'islam politique, les « Frères musulmans ». Ce mouvement, qui inspire encore aujourd'hui la mouvance islamiste dans l'ensemble du monde musulman sunnite, prône la mise sur pied d'une organisation politique hiérarchisée et militante, s'efforçant d'encadrer la société sur le plan social et politique et d'influer sur les États pour les amener à adopter une législation islamique.

La théorie de Khomeyni. Mais les Frères musulmans s'efforcent plus de pénétrer et d'influencer les États existants que de les renverser. La théorie de Khomeyni est beaucoup plus radicale : elle déclare impies tous les régimes, même musulmans, qui ne s'engagent pas dans le processus de la révolution islamique, et elle fait du chef religieux, l'imam, le chef suprême de l'État et de la communauté des croyants. En fait, la théorie khomeyniste, trop radicale et trop exclusivement chiite, en ce sens qu'elle place toute son insistance sur la rédemption du peuple par le martyre des imams, ne prendra pas racine dans le monde sunnite. Il n'y a pas eu d'alliance entre le fondamentalisme iranien et celui des Frères musulmans. En effet, les Frères musulmans poussent non au renversement des États mais simplement à l'instauration de la loi islamique, la *charia.* Ils sont donc moins menaçants pour les régimes conservateurs arabes, qui les financent pour mieux allumer des contre-feux fondamentalistes à l'action de l'Iran, quitte à islamiser leur législation. Paradoxalement, l'échec de la révolution iranienne se traduit donc par un essor du fondamentalisme sunnite qui marquera sans doute profondément les sociétés musulmanes.

Remue-ménage à Pékin pour la succession de Mao

LA « BANDE DES QUATRE »

Séance du procès de la « Bande des Quatre », Jiang Qing, la veuve de Mao, et trois de ses proches, à Pékin.

Sitôt après la mort de Mao, le 9 septembre 1976, diverses factions du parti communiste chinois se disputent le pouvoir. Jiang Qing, veuve du « Grand Timonnier », et trois de ses proches, représentant l'aile gauche du Parti, tentent un coup d'État. Les militaires, Hua Guofeng en tête, s'y opposent. Le 6 octobre 1976, ceux que les journaux n'appellent plus que la « Bande des Quatre » sont arrêtés, dénoncés comme « ennemis de l'État ».

Quatre ans plus tard, à la fin de l'année 1980, les prisonniers sont jugés à Pékin, en compagnie d'autres opposants capables de compromettre l'ascension politique d'un autre dirigeant qui a pris le pas entre-temps sur Hua Guofeng, Deng Xiaoping, celui, précisément, que Jiang Qing, jadis, dénonçait comme un « révisionniste ».

Comploteurs et assassins

La Cour spéciale, réunie le 20 novembre 1980, doit juger dix accusés. Tout d'abord, ceux que la presse ne nomme plus, péjorativement, que la « Bande des Quatre » : Jiang Qing elle-même, à qui sont reprochés, outre son action récente, des faits remontant à la Révolution culturelle, lancée pendant l'hiver 1965-1966; et ses trois collaborateurs à la tête du pays à cette époque, Wang Hongwen, Yao Wenyuan et enfin Zhang Chunqiao, naguère vice-Premier ministre et qui fit armer la milice de Shanghai afin d'imposer son pouvoir et celui de Jiang Qing. Les inculpés sont jugés par une cour spéciale composée d'un tribunal militaire et d'un tribunal civil, tous deux placés sous le contrôle de la Cour populaire suprême, présidée par le magistrat Jiang Hua. La procédure adoptée dans le cas d'espèce est nouvelle, de même que les lois définissant les crimes et délits pour lesquels les inculpés

Des procès politiques chinois

Après la mort de Mao et la fin de la Révolution culturelle, la Chine connaît un phénomène que, contrairement à l'U.R.S.S., elle avait jusque-là ignoré : **les procès politiques**. De plus, autre nouveauté, ces procès sont **publics** et parfois retransmis en partie par la télévision officielle.

En octobre 1979, un procès se déroule ainsi à Pékin. Il s'agit de **celui du dissident Wei Jingsheng,** accusé de trahison et de menées contre-révolutionnaires. Ce procès public aboutit à la condamnation de Wei à quinze ans de prison.

Par ailleurs, il semble que certaines vagues de répression de **criminels de droit commun** frappent régulièrement la Chine, où la criminalité s'accroît considérablement en milieu urbain. La répression de l'été 1983, au cours duquel de nombreuses exécutions publiques ont eu lieu, a particulièrement ému l'opinion internationale.

Il est vrai que, derrière ces exécutions de criminels, les autorités dissimulent souvent celles d'opposants politiques... De ce point de vue, les procès qui ont suivi **les événements de la place Tien'anmen**, en 1989, ont provoqué l'indignation des pays occidentaux.

Affiche de propagande contre la « Bande des Quatre ».

sont jugés, ainsi que les peines qu'ils encourent : la Chine populaire, en effet, n'a commencé à reconstruire son édifice judiciaire que récemment, et son Code civil ainsi que son Code pénal, en 1980, ne sont vieux que de trois années. Non moins de 48 chefs d'accusation pèsent sur les prévenus : ils sont accusés de multiples crimes, dont celui d'avoir tenté d'assassiner Mao et d'effectuer un coup d'État. Par un amalgame fort étrange, cette action est assimilée à celle de Lin Biao, disparu en 1973 et qui a tenté de renverser Mao en 1971 : de sorte que les anciens partisans de Lin Biao, incarcérés depuis, comparaissent aux côtés de la Bande des Quatre !

Des interrogatoires mouvementés

À partir du 23 novembre 1980, les interrogatoires des accusés commencent. Certains jours, les juges du tribunal militaire les interrogent directement. Privés d'avocats, les prévenus doivent se défendre eux-mêmes. Tous n'adoptent pas l'attitude de tranquille collaboration que le pouvoir chinois d'alors attend d'eux : si Wang Hongwen et Yao Wenyuan plaident coupables, acceptant de jouer le jeu, Zhang Chunqiao reste prostré, s'en tenant à un mutisme hostile tant que durent les audiences.

Le procès de Mao ?

La veuve de Mao est la plus rétive de tous les inculpés. Elle ne cesse de provoquer la cour, interpellant directement les juges, allant jusqu'à les injurier. Le procès est public, et les débats relayés par la presse et par la télévision : Jiang Qing en profite pour faire du tribunal sa tribune. La vieille militante nie toute responsabilité dans les échecs du régime au cours des dernières années, et elle affirme avoir, en tout temps, agi en parfaite solidarité avec son mari. La manœuvre est formidablement habile, car condamner Jiang Qing dans ces conditions signifierait dénoncer celui qui reste encore la référence absolue du régime. Après de difficiles délibérations au sein de l'équipe dirigeante chinoise et la fin des interrogatoires, le 29 décembre, la cour écoute les plaidoiries. Le 21 janvier 1981, les verdicts sont rendus. Ils sont le fruit d'un compromis. Jiang Qing et Zhang Chunqiao sont condamnés à mort mais bénéficient d'un sursis de deux ans. Wang Hongwen est condamné à perpétuité. Les autres condamnés, quant à eux, sont frappés de lourdes peines de prison. Une fois ses fonctions remplies, la cour spéciale est dissoute. Cependant, en janvier 1983, la Cour suprême de Pékin commue les deux peines de mort en détention perpétuelle.

Le procès de Puyi

La Chine populaire dispose pendant longtemps de très peu de textes juridiques. L'arsenal répressif dirigé contre les opposants, de la privation des droits civiques à la détention en passant par la rééducation dans des camps de travail, n'en est pas moins consistant : il a servi, notamment, à « réformer » un personnage exemplaire, l'empereur Puyi.

L'empereur du Mandchoukouo. En 1950, le dernier représentant de la dynastie mandchoue renversée en 1912 est remis aux autorités chinoises par les Soviétiques. Capturé par ces derniers en 1945, il est accusé d'avoir trahi son pays en collaborant avec le Japon, qui l'a installé à la tête de l'État fantoche du Mandchoukouo. On décide de le juger.

De la condamnation… Interrogé sur ses actions durant la guerre, Puyi accuse les Japonais. Une longue rééducation est alors entreprise pour tenter de mettre l'ancien empereur en face de ses responsabilités… En 1956, Puyi est cité lors du procès de Japonais accusés de crimes de guerre.

… au redressement moral. Ayant confessé ses erreurs anciennes, le condamné, repenti, bénéficie d'une amnistie et est libéré en 1959. Il exerce alors diverses fonctions modestes, dont celle de jardinier. Réhabilité, il meurt de maladie en 1967.

Catastrophe évitée ou peur prématurée?

LE «TROU» DE LA COUCHE D'OZONE

Composante essentielle de l'atmosphère terrestre, l'ozone est une molécule qui protège les êtres vivants contre les rayons ultraviolets émis par le soleil : sa disparition entraînerait celle de la vie sur terre. Or, à la fin des années 70, des travaux mettent en évidence la menace constituée par les activités industrielles sur la couche protectrice formée par ce corps gazeux.

Les opinions publiques, abondamment alertées par les médias, réagissent vivement aux avertissements des experts. Au point que, dès 1980, les pays occidentaux réunis à Vienne signent une première convention imposant des mesures protectrices. Cinq ans plus tard, la menace semble plus pressante que jamais : la mise en évidence d'un « trou » dans le secteur de la couche d'ozone situé au-dessus de l'Antarctique prouve une accélération du phénomène. L'angoisse est alors à son comble. Est-elle véritablement fondée ? Les études les plus récentes tendent à relativiser l'importance du danger.

Au banc des accusés : les « C.F.C. »

Si les savants connaissent depuis longtemps le rôle protecteur de l'ozone, ce n'est que depuis les années 70 qu'il leur est possible d'observer précisément l'évolution chimique de la couche de l'atmosphère qui contient la quasi-totalité de cette matière, la stratosphère, située entre 10 et 50 km du sol terrestre. Leurs calculs, qui ne peuvent donc s'appuyer sur des comparaisons avec des époques antérieures, mettent du moins en évidence une tendance rapide à la diminution de la teneur en ozone de cette couche. L'hypothèse aussitôt formulée est que l'on doit cette diminution aux émissions chimiques industrielles.
La surface de la Terre, en effet, ne cesse d'émettre des gaz vers le ciel. Ces molécules gazeuses s'élèvent lentement en altitude, où elles réagissent avec d'autres molécules sous l'effet du rayonnement de la lumière. De ce point de vue, l'ozone n'échappe pas à la règle puisqu'elle résulte de la division d'une molécule d'oxygène (O_2 donnant 2 O), puis de la réaction avec une autre molécule d'oxygène ($O + O_2$) pour former une molécule d'ozone (O_3). Mais d'autres composantes chimiques de l'atmosphère réagissent à leur tour avec l'ozone et la

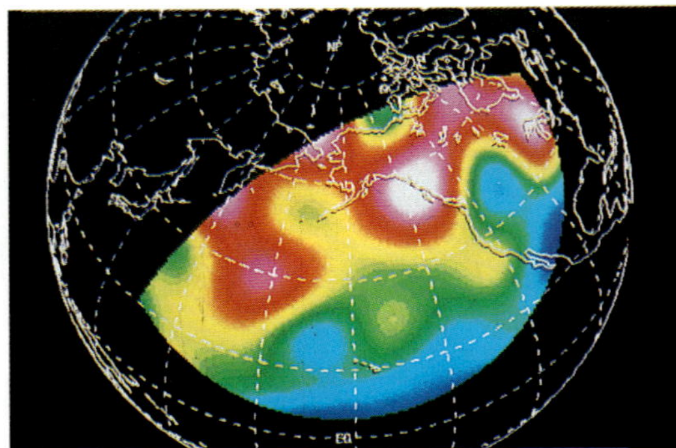

Étude par photographie satellite des concentrations de la couche d'ozone. Les régions en bleu sont celles où il y en a le moins.

détruisent pour former une molécule de nature différente. Ces réactions chimiques en haute altitude sont permanentes. La couche d'ozone n'est qu'un équilibre entre les molécules d'O_3 qui se forment et celles qui disparaissent.
Un des composants chimiques vis à vis duquel l'ozone réagit le plus mal est le chlore. Or l'industrie chimique est responsable de l'augmentation du chlore dans l'atmosphère, notamment à cause des chlorofluorocarbures — qui passent bientot dans la presse sous l'abréviation, plus simple, de C.F.C. Ces molécules de synthèse sont utilisées notamment dans les bombes aérosols, les mousses synthétiques, les appareils de réfrigération et de climatisation, les extincteurs, etc. Elles ont la particularité d'être extrêmement stables, c'est-à-dire qu'elles restent à peu près insensibles à l'action des autres molécules et qu'elles ont donc une durée de vie très longue. Aussi atteignent-elles sans subir d'altérations les hautes altitudes où se trouve l'ozone. Là, sous l'effet des très basses températures, elles libèrent le chlore contenu en elles; celui-ci détruit l'ozone.

Le « trou » d'ozone

Dès 1980, à la conférence de Vienne, des mesures sont prises pour limiter la production des C.F.C. L'insuffisance de ces mesures est dénoncée par les médias quand, en septembre et en octobre 1985, est divulguée la nouvelle de l'apparition d'un trou d'ozone au dessus de l'Antarctique

Aurore boréale. En 1985, les analyses des experts décelaient, au-dessus du pôle Sud, l'existence d'un amincissement de la couche d'ozone — baptisé aussitôt «trou» par les médias...

L'ozone : une couche protectrice vitale

L'ozone, composant ultraminoritaire de l'atmosphère, joue un rôle déterminant pour l'équilibre de l'environnement. C'est lui qui arrête en altitude la plus grande partie des rayons ultraviolets émis par le soleil.
Si tous ces ultraviolets parvenaient sur la Terre, la vie y serait impossible. Ils empêcheraient la photosynthèse qui permet la vie végétale, auraient un effet néfaste sur la production de phytoplancton essentielle à la vie dans les mers et brûleraient la peaux des hommes au point de multiplier les cancers de la peau.

Les CFC, les «chlorofluorocarbures», contenus en quantité dans les aérosols, sont-ils les responsables de la diminution de la couche d'ozone ?

L'« effet de serre »

Des questions plus que des certitudes. Outre l'air qu'il respire, l'homme doit à l'atmosphère l'équilibre thermique quasi miraculeux qui a permis de voir la vie se développer sur la «planète bleue». Avec la destruction de la couche d'ozone, l'effet de serre dû au gaz carbonique apparaît aujourd'hui comme la grande menace qui pèse sur l'atmosphère. Mais, en la matière, le décalage entre l'état des connaissances scientifiques et l'importance des enjeux pour l'avenir de l'humanité est de nouveau trop grand pour permettre un débat serein.

Ni trop chaud, ni trop froid. Les gaz de l'atmosphère jouent le même rôle que les vitres d'une serre agricole. Sans eux, la terre réfléchirait comme un miroir la plus grande partie des rayonnement qu'elle reçoit du soleil. Les deux principaux responsables de l'effet de serre sont le gaz carbonique (CO_2) et la vapeur d'eau (H_2O). Si ces deux composants disparaissaient de l'atmosphère, la température de la planète serait plus basse d'au moins 15°.

L'industrie encore accusée. Mais, à l'inverse, une augmentation de ces gaz déterminerait un réchauffement important du globe. Or, les activités industrielles de l'homme provoquent justement des émissions massives de gaz carbonique. Ces émissions peuvent-elles bouleverser l'équilibre écologique? Le réchauffement du climat depuis un siècle est actuellement évalué à 0,5°. Si la teneur en gaz carbonique dans l'atmosphère doublait d'ici à l'an 2030, comme certaines prévisions le laissent supposer, la température pourrait gagner 2 à 5°. Cela provoquerait la fonte des glaces des Pôles et l'élévation du niveau de la mer de 50 cm.

À bien examiner les choses, il ne s'agit pas exactement d'un trou. La circulation des gaz de l'atmosphère est telle qu'ils se répartissent de façon uniforme tout autour de la Terre. Mais ce que l'on observe en 1985 est une réduction brutale de l'épaisseur d'ozone. Il semble à présent que cette réduction soit due aux conditions climatiques, effectivement combinées avec l'effet produit par les C.F.C. Les mois de juillet et d'août sont les mois d'hiver au pôle Sud et la température peut descendre jusqu'à -85° dans la stratosphère. Sous l'effet de ce froid intense, les C.F.C. libèrent les atomes de chlore, mais ceux-ci ne commencent à détruire l'ozone que quelques mois plus tard, lorsque la lumière revient, à la fin de l'hiver.

Quoi qu'il en soit, le trou d'ozone est perçu sans nuances comme une catastrophe. Il faut quand même aux gouvernements cinq années pour réagir. La conférence de Londres, cependant, en 1990, des mesures beaucoup plus draconiennes que celles décidées à Vienne sont adoptées afin de réduire la production de C.F.C.

Une certitude, notre ignorance...

Derrière ces mesures et ces alarmes, qui montrent une prise de conscience de la fragilité de l'environnement terrestre, il ne faut cependant pas perdre de vue le fait qu'en ce qui concerne l'atmosphère, les études scientifiques n'en sont qu'à leurs premiers balbutiements, rendant impossible toute certitude. Dans les années 70, par exemple, on a cru que les vols supersoniques contribuaient à détruire l'ozone; aujourd'hui, on juge qu'ils sont plutôt de nature à en favoriser la production. Surtout, si les composants qui menacent l'ozone augmentent rapidement depuis le début de l'ère industrielle, cette augmentation ne concerne que des quantités infinitésimales.

Il apparaît aujourd'hui qu'on s'est inquiété un peu trop rapidement à propos d'un sujet si nouveau dans le domaine des sciences que les premières conclusions n'avaient pas forcément un sens décisif. Dans le contexte « écologique » des années 80, l'opinion a réagi d'autant plus fortement à la menace d'une altération de la couche d'ozone que cette menace concernait une composante essentielle de l'environnement, mais aussi un des lieux sensibles de l'imaginaire, cet azur, ce ciel, où la pensée chrétienne situe volontiers le paradis...

Une nouvelle épidémie mondiale
LE SIDA

En 1981, une nouvelle maladie épidémique apparaît. Son développement fulgurant suscite très rapidement une très grande inquiétude. Les chercheurs, s'ils apprennent rapidement à reconnaître la maladie, à distinguer ses phases, ses modes de contamination, restent impuissants à l'enrayer. À l'orée du IIIe millénaire, le sida apparaît comme le plus redoutable des fléaux qu'on puisse imaginer pour la santé publique.

Ce n'est pas la première fois qu'une épidémie prend les allures d'une pandémie, c'est-à-dire qu'elle se répand à l'échelle d'un continent, voire de la planète tout entière. De ce point de vue, le sida vient rejoindre la peste, par exemple, au rang des plus grandes catastrophes de la santé. Mais la nouvelle maladie frappe des sociétés qui se croyaient désormais à l'abri de menaces de ce genre. En outre, le virus et son mode de transmission très particulier nourrissent des angoisses profondes.

Manifestation d'homosexuels à New York.

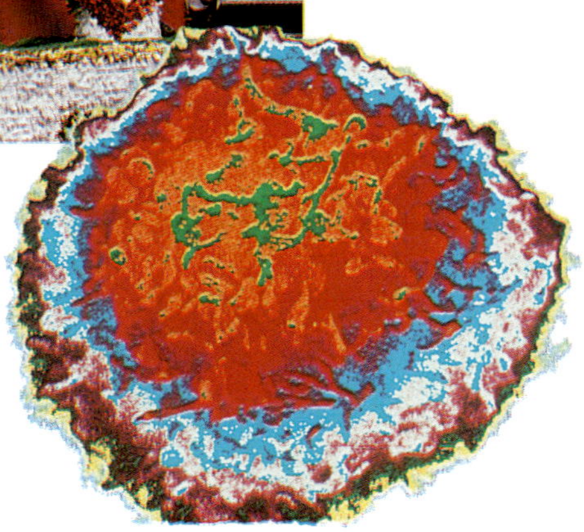

Le virus responsable de l'épidémie, tel qu'on peut le voir au microscope électronique.

« HIV »

Il s'agit d'une particule extrêmement petite qui pénètre dans une cellule, le lymphocyte T4, principal agent de défense de notre organisme. Elle le paralyse, l'empêchant d'entrer en action quand des bactéries menacent l'organisme. Puis, en se multipliant, le virus détruit les T4, compromettant ainsi le système immunitaire du malade. C'est donc en comptant le nombre de lymphocytes T4 que le médecin est renseigné sur le stade d'évolution de la maladie.

Un simple prise de sang permet de diagnostiquer la présence du virus grâce au test ELISA. Mais on a découvert, en mars 1986, qu'il existait un second virus, légèrement différent du premier et baptisé V.I.H.2. Cela complique la tâche des chercheurs, qui doivent désormais trouver des armes contre deux particules distinctes, et peut-être même d'autres non encore identifiées.

Le « cancer des homosexuels » ?

Ce sont les ordinateurs du *Center for Desease Control*, l'organe qui centralise toutes les informations relatives à la santé publique aux États-Unis, qui tirent le premier signal d'alarme, en 1981. Ils indiquent, à Los Angeles, la consommation anormalement élevée d'un médicament servant au traitement des maladies causées par la mouche tsé-tsé. Or, en l'occurrence, celui-ci est utilisé pour soigner des infections respiratoires habituellement très rares, appelées pneumocystoses. Et c'est une bactérie normalement inoffensive pour l'homme qui provoque ces infections. Peu après, on repère 200 nouveaux cas de pneumocystoses à New York. À Paris, le docteur Willy Rozenbaum fait le rapprochement avec certains cas déroutants qu'il observe depuis quelque temps dans son service de l'hôpital Claude-Bernard.

Par ailleurs, 26 cas d'un cancer de la peau très rare et toujours limité à certaines régions de l'Afrique sont recensés à New York, presque au même moment. Quelles sont ces maladies jusqu'alors inconnues et qui ne se limitent visiblement pas à des cas isolés? En observant les malades, on fait une première découverte : ce sont, dans la quasi-totalité des cas, des homosexuels. La presse s'empare bientôt de la nouvelle et titre sur « le cancer des homosexuels ».

Les premiers tâtonnements de la recherche

Le développement de maladies dues à des bactéries jusqu'alors inoffensives fait immédiatement penser à un amoindrissement du système immunitaire. C'est l'ensemble des défenses naturelles du corps humain contre les microbes et bactéries extérieures qui semble touché. On donne alors un nom à la maladie : « Syndrome immunodéficitaire acquis », ou SIDA. Le terme *syndrome* permet de désigner un ensemble de signes et de symptômes dont on n'a pas, alors, clairement identifié la cause.

Les premières recherches portent sur la population des homosexuels masculins. On pense, un moment, avoir trouvé le coupable en la personne des poppers, drogues légèrement hallucinogènes, faciles à trouver dans les sex-shops et dont certains homosexuels font une grande consommation. Mais, assez vite, la population hétérosexuelle apparaît, elle aussi, touchée. En outre, les données qui se multiplient montrent clairement qu'il s'agit d'une épidémie. Il faut donc chercher à comprendre son mode de transmission. Par déduction et recoupement, deux facteurs principaux se dégagent : les relations sexuelles et le sang.

La découverte du virus

Virus ou bactérie? Telle est la question que commencent par se poser tous ceux qui se penchent sur cette nouvelle maladie. C'est rapidement la première hypothèse qui s'impose. Reste alors à identifier clairement le virus. Les chercheurs croient l'avoir fait en repérant chez les malades la présence du cytomégalovirus (C.M.V.), célèbre pour avoir donné son titre à l'autobiographie de l'écrivain Hervé Guibert. Mais cette découverte n'explique pas tout et, d'ailleurs, à une nouvelle maladie devrait correspondre un virus inconnu. Aucun progrès n'étant

Des cas d'un cancer de la peau jusque-là rarissime sont diagnostiqués, en nombre, aux États-Unis en 1981. Cette anomalie est l'un des premiers signes qui alertent les spécialistes avant la découverte du virus.

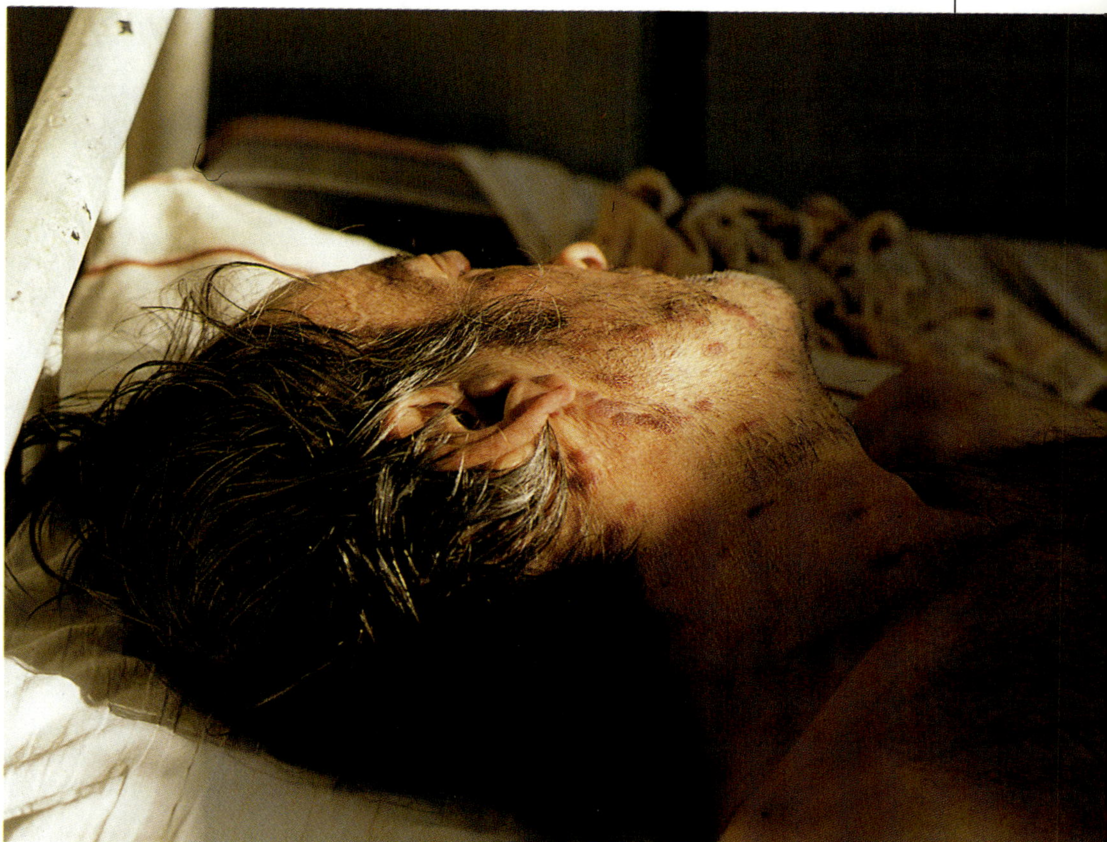

envisageable sans l'identification précise de celui-ci, la course à la recherche s'engage. En 1983, l'équipe française du professeur Montagnier, à l'Institut Pasteur, découvre le responsable du sida. L'année suivante, l'équipe américaine du professeur Gallo arrive aux mêmes conclusions que le célèbre laboratoire français. Pendant des années, Français et Américains se disputent la paternité de la découverte. L'enjeu est de taille, car il s'agit de percevoir des droits sur les millions de tests de dépistage qui sont mis sur le marché. Mais, quoi qu'il en soit, un pas décisif vient d'être franchi. L'agent de ce qui apparaît de plus en plus comme une épidémie mondiale est désormais identifié. Il s'agit d'un « rétrovirus », virus d'un type très particulier qui s'insère dans le patrimoine génétique des cellules. On le baptise HIV (en français V.I.H. : virus d'immunodéficience humaine).

HIV, d'où viens-tu ?

Par quels canaux l'épidémie s'est-elle transmise et développée ? C'est encore en questionnant les malades qu'il est possible d'y voir plus clair. Le cas d'un steward américain homosexuel au début des années 1980 est particulièrement spectaculaire. Son carnet de bord permet de relever toutes ses escales et toutes ses rencontres. On le voit ainsi, rétrospectivement, contaminer ses partenaires aux quatre coins des États-Unis. Cet exemple explique en partie le développement de multiples foyers de la maladie. Quant au véritable foyer originel, il semble se situer en Afrique. En effet, pour la plupart des premiers malades, la contamination s'est opérée sur le continent africain. En France, un chauffeur de taxi d'origine portugaise, vétéran de la guerre d'Angola, fournit ainsi des pistes. Selon les interprétations, le virus aurait deux origines possibles : d'une part les singes verts, nombreux dans la région d'Afrique centrale, qui auraient pu le transmettre à l'homme par voie de morsure ; d'autre part, il pourrait s'agir d'un virus humain, peu développé, qui aurait muté à cause de l'accélération de sa transmission. Quoi qu'il en soit, c'est sans doute au Zaïre que la maladie prend la forme d'une épidémie aux alentours de 1975. Elle atteint l'Amérique du Nord à partir de 1979 par Haïti et Miami, zones de libre-échange homosexuel où se rendaient de nombreuses personnes venant de la côte ouest et de New York.

Le sida en l'an 2000

Il est très difficile de chiffrer l'évolution de la maladie dans les années qui viennent. Cependant, en l'absence de vaccin et de traitement, on estime qu'il y aura **entre 30 et 40 millions de personnes infectées en l'an 2000.**

Au milieu des années 1990, **le cas de l'Afrique est particulièrement préoccupant,** des pays comme **le Zaïre** étant massivement touchés. Dans certaines villes du continent africain, un adulte sur trois est déjà infecté.

Mais c'est **en Amérique du Sud d'une part, en particulier au Brésil, et en Asie du Sud** d'autre part que la situation tend à devenir le plus critique. L'Inde et la Thaïlande connaissent une évolution rapide de l'épidémie. Or, il ne semble pas que l'usage de moyens de protection élémentaires, tels les préservatifs, soit en voie de se répandre massivement. La présence d'un fort tourisme sexuel et d'une importante prostitution constitue, dans ces pays, des facteurs aggravants.

Une maladie que l'on ne soigne pas

Si les scientifiques découvrent progressivement l'origine et les causes de la maladie, s'ils en analysent assez vite le processus, ils demeurent impuissants à y remédier. Une personne peut être contaminée par voie sexuelle ou par voie sanguine, par exemple lors d'une transfusion. Elle devient alors séropositive, ce qui signifie que les résultats positifs du test indiquent la présence du virus, que la personne infectée peut alors transmettre à son tour. Mais les séropositifs ne sont pas malades : pendant plusieurs années, le virus qu'ils portent reste à l'état de sommeil. C'est lorsque le virus commence à détruire le système immunitaire qu'on entre dans la maladie, proprement dit. Incapable de se défendre, le corps humain devient vulnérable à tous les microbes. Le drame des médecins — celui des malades — est l'impuissance de la science à faire autre chose que retarder l'échéance. Malgré les progrès effectués notamment par la combinaison de trois médicaments à partir de 1996 (trithérapie), les aides chimiques renforcent de plus en plus durablement les défenses immunitaires, mais elles ne s'attaquent pas au virus lui-même.

Le retour de la gauche au pouvoir
MITTERRAND PRÉSIDENT

Fin 1980, la réélection du président Valéry Giscard d'Estaing semble probable, malgré les tensions entre « giscardiens » (droite libérale et centristes) et néo-gaullistes de Jacques Chirac, quelques « affaires », dont l'assassinat d'anciens ministres, plus le chômage et l'inflation, dont le Premier ministre Raymond Barre fait les frais dans l'opinion.

Dans l'opposition, le parti communiste (P.C.F.) veut empêcher le parti socialiste (P.S.) de le surclasser définitivement. Au sein même du P.S., François Mitterrand est contesté par ceux qui lui préfèrent Michel Rocard, plus jeune, compétent en économie, enfant chéri des sondages. Toute surprise semble impossible, et au début de 1981, l'humoriste Coluche dépasse 10 % d'intentions de vote : faute de perspective politique, beaucoup appuient son entreprise de dérision.

La force tranquille

Or, la candidature Coluche tourne court. L'électorat socialiste se met dans l'hiver à croire aux chances de son candidat. Après des polémiques et l'annonce de sa candidature, Rocard se retire quand Mitterrand annonce la sienne, le 9 novembre.

Pendant la campagne, on évoque un « effet Chirac », qui permettrait au néo-gaulliste d'être présent au second tour, transformé en duel à droite. Cela pousse la gauche au « vote utile », au détriment de « petits candidats » et du P.C.F., Mitterrand fait une campagne rassurante, avec comme slogan « la force tranquille » ; les affiches le montrent sur fond de petit village, alors qu'en 1965 il posait devant un pylône à haute tension...

Le 26 avril, au premier tour, il a 25,8 % des voix, Giscard 28,3 %, Chirac 17,9 %, Marchais (P.C.F.) 15,3 %. Chirac évoque les « risques » que l'élection de Mitterrand « ferait courir à la France », mais ne vote pour Giscard qu'à « titre personnel ». À Paris, des gaullistes ornent les affiches de ce dernier de silhouettes de diamants, allusion aux cadeaux d'un potentat africain qui ont entaché le septennat. Les communistes appellent à voter Mitterrand, qu'ils ont critiqué pendant la campagne. Ils souhaiteraient un échec, mais la perte brutale du quart de leur électorat leur interdit de jouer les épouvantails.

Dimanche 10 mai, 20 heures

Le 5 mai, Giscard et Mitterrand s'affrontent dans un débat télévisé. Le premier, qui se sait distancé dans les sondages, donne l'impression malheureuse qu'il envisage sa défaite.

Les avatars de l'union de la gauche

Élaboré par le P.S. et le P.C.F. en 1972, approuvé par les radicaux de gauche, **le « programme commun »,** malgré un certain flou, mobilise l'opinion. Au premier tour des législatives de 1973, P.S. et M.R.G. dépassent 20 % des voix, talonnant le P.C. En 1974, François Mitterrand, candidat de l'union de la gauche, atteint 49,3 % des voix au second tour.

L'union profite surtout au P.S., renforcé en 1974 par la majorité du P.S.U, autour de Michel Rocard, et par des militants de la C.F.D.T. Mais le P.C. craint d'être réduit à une force d'appoint. Ses pressions pour « réactualiser » le programme commun entraînent **la rupture de l'union avant les législatives de 1978,** que la gauche perd, mais où le P.S. prend l'avantage avec 22 % des voix contre 20 à son ex-allié.

Alors qu'approchent les présidentielles de 1981, **l'union n'est plus qu'un souvenir,** ce que regrettent maints électeurs.

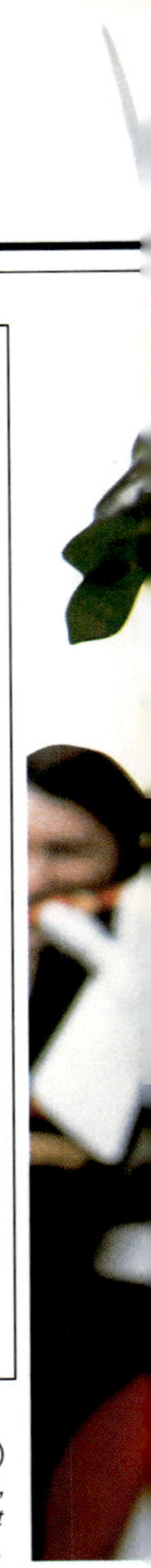

L'affiche de la campagne (à gauche) *et la joie des militants* (ci-dessous), *place de la Bastille, dans la nuit du dimanche 10 au lundi 11 mai 1981.*

François Mitterrand tenant la rose, emblème du parti socialiste, au Panthéon le 21 mai 1981 (à gauche). À droite : *le gouvernement de Pierre Mauroy (au centre, à côté de F. Mitterrand).*

Chaque camp crie victoire, mais il est difficile de savoir quel a été l'effet du débat sur les électeurs.

Au second tour, les reports de voix se passent mieux à gauche qu'à droite. Le résultat, annoncé dès 20 heures, grâce à des sondages, donne François Mitterrand élu avec 51,8 % des voix, 1 % de mieux que son rival lors de leur affrontement de 1974.

À Paris, place de la Bastille, c'est la fête, mi-spontanée, mi-organisée. Les discours comptent moins que la liesse populaire. Le *Canard enchaîné* écrit : « Ces farandoles de gens heureux qui se congratulaient, qui voyaient la nuit en rose, tout ce bonheur d'un soir donne la mesure de l'espérance soulevée par la victoire de Mitterrand. »

Le changement

Le 21 mai, le nouveau président s'installe à l'Élysée. Le jour même, suivi par une foule impressionnante et de nombreuses personnalités, il se rend au Panthéon. Seul devant les caméras, il dépose une rose sur les tombes de Jean Jaurès, Victor Schoelcher et Jean Moulin, triple hommage au socialisme, à l'anti-esclavagisme, à la Résistance.

Au soir, Pierre Mauroy est nommé Premier ministre. Le lendemain, l'Assemblée est dissoute. De premières mesures sont prises, le relèvement du S.M.I.C., des allocations familiales et du minimum vieillesse. Les 14 et 21 juin, les législatives donnent la majorité absolue des députés au P.S. Un nouveau gouvernement Mauroy est formé, avec 4 ministres communistes sur 40, mesure symbolique qui fait sortir le P.C. de 34 années d'opposition systématique. Après deux ans, le triomphalisme initial se brise sur les réalités de la crise économique. Mais ces deux années voient des réformes importantes, d'inspiration à la fois socialiste et libérale : abolition de la peine de mort, lois Auroux améliorant les rapports dans l'entreprise, décentralisation administrative, série de nationalisations, semaine de 39 heures, retraite à 60 ans, fin du monopole d'État sur la radio puis la télévision. 1981 n'a pas déclenché la révolution espérée ou redoutée au temps du « programme commun » des années soixante-dix, mais il a été le point de départ d'un réel changement.

Les septennats Mitterrand

Les difficultés s'accumulent après le temps de « l'état de grâce ». En 1983, la crise, trois dévaluations, l'inflation et le chômage conduisent à choisir la « rigueur », le blocage des salaires dans le cadre d'une conversion aux principes de l'économie de marché.

Les progrès de l'opposition. La droite, derrière Jacques Chirac, atteint 43 % des voix aux européennes de juin 1984, l'extrême droite xénophobe, 10 %, le P.C., 10 %, le P.S., 20 %. D'énormes manifestations sont organisées contre un projet de loi défavorable aux écoles privées. Pierre Mauroy démissionne en juillet, remplacé par Laurent Fabius. Son gouvernement, sans les communistes hostiles à la « rigueur », freine la fiscalité, voit l'inflation tomber à 5 %, mais bute contre le chômage et abandonne toute idée de réforme.

Aux législatives de 1986, la droite l'emporte. Elle obtient 44 % des voix, contre 31 % au P.S., 10 % à l'extrême droite et au P.C. Commence une « cohabitation » entre le président et un Premier ministre de droite, Chirac. Celui-ci met en œuvre un programme libéral, avec des dénationalisations précipitées, que difficultés sociales et manifestations étudiantes bloquent dès l'hiver.

En mai 1988, Mitterrand est réélu. Il devance Chirac, avec 54 % des voix. Après dissolution de l'Assemblée, le P.S. a une majorité relative, et le gouvernement de Michel Rocard, ouvert à des personnalités centristes, s'appuie tantôt sur le P.C. tantôt sur le centre ; réformiste et pragmatique, il profite des divisions de la droite, calme les graves troubles qui agitent la Nouvelle-Calédonie, mais se heurte à un chômage persistant, à des grèves liées à la faiblesse des salaires publics, à une crise mêlant misère du système scolaire, problèmes d'intégration des immigrés et violence suburbaine...

Margaret Thatcher conserve les Falkland

LA DAME DE FER

Le 2 avril 1982, à 9h du matin, un millier de soldats argentins débarquent sur un petit archipel de l'Atlantique sud, devenu colonie britannique en 1832, les Falkland. Premier ministre de Sa Majesté depuis 1979, Margaret Thatcher réplique immédiatement et mobilise tous les moyens nécessaires pour reconquérir les îles. Celle que l'on surnomme déjà la «Dame de fer» prouve une fois de plus qu'elle est le chef de gouvernement anglais le plus marquant depuis Winston Churchill.

À l'annonce du coup de force, les Anglais, stupéfaits, sont partagés entre la colère et l'indignation : l'Argentine ose provoquer la Grande-Bretagne! Mais les autorités britanniques sont également prises de court, car les services secrets n'ont rien remarqué. Pourtant, l'Argentine n'a jamais renoncé à revendiquer cet archipel, situé à 650 km à l'est de ses côtes, que les Anglais appellent «Falkland Islands» et les Français «îles Malouines», parce qu'elles furent découvertes par des marins de Saint-Malo. L'enjeu est cependant modeste : ces 10 000 km² de terres arides abritent 2 000 habitants et... 600 000 moutons! Mais la junte du général Viola a grand besoin d'un coup d'éclat nationaliste pour restaurer le prestige d'une dictature sanglante, de surcroît incapable de remédier au désastre économique. Les stratèges argentins pensent que les Anglais ne se battront pas pour un «caillou» perdu à 13 000 km de la métropole : c'est compter sans le caractère indomptable de la Dame de fer.

L'électorat de Margaret Thatcher : les classes moyennes, touchées par la crise, attachées aux valeurs traditionnelles et ne se résignant pas au déclin de la Grande-Bretagne.

Maggie s'en va-t'en-guerre

Dès le début de l'invasion, Margaret Thatcher réunit une cellule de crise au 10 Downing Street, la résidence officielle du Premier ministre. Malgré les recommandations de son ministre des Affaires étrangères, lord Carrington, et les pressions de l'ONU, favorable à un règlement pacifique du conflit, elle repousse absolument l'idée de céder au coup de force, ou d'en donner seulement l'impression. «Les Argentins pensent qu'un pays dirigé par une femme est un pays faible : nous allons leur prouver le contraire», déclare-t-elle. En quelques heures, la Dame de fer mobilise l'armée britannique, et une impressionnante flotte de porte-avions et de croiseurs fait route vers les îles Falkland. Margaret Thatcher obtient le soutien de Ronald Reagan, président des États-Unis, qui lui fournit une assistance technique.

Sous le contrôle direct du Premier ministre, les opérations militaires sont menées avec détermination. Les troupes argentines subissent de très lourdes pertes en hommes et en matériel. À la mi-juin, l'Union Jack, le drapeau britannique, flotte de nouveau sur l'archipel. L'honneur du Royaume-Uni est sauf et Maggie, qui fait figure d'héroïne nationale, proclame : «La Grande-Bretagne est redevenue grande!» Pourtant, le coût de l'opération est élevé pour les Anglais aussi : 255 morts, 777 blessés, un milliard de livres sterling de pertes en matériel. «Le plus gros budget jamais vu pour une campagne électorale», murmurent les opposants. De fait, c'est en grande partie grâce à ce succès que Margaret Thatcher est triomphalement réélue en juin 1983. Puissance de la victoire : c'est la Dame de fer qui est parvenue à distraire son peuple des difficultés économiques, alors que la dictature du général Viola s'effondre pour laisser place à la démocratie.

Force et volonté

Toute la carrière de Margaret Thatcher est placée sous le signe de la volonté et de l'intransigeance. Née en 1925 dans une famille de petits commerçants où elle prend ses premières leçons d'économie et de rigueur budgétaire, elle bénéficie d'une bourse pour étudier à Oxford : à vingt ans, elle y dirige le mouvement des étudiants conservateurs. Avocate, elle est élue député en 1959, puis nommée secrétaire parlementaire au ministère des Pensions et Assurances sociales en 1961. Elle devient ministre de l'Éducation en 1971, pour deux ans. En quelques années,

La Dame de fer fête sa victoire aux élections législatives de 1982.

cette patriote convaincue très attachée aux valeurs morales se forge une réputation de bourreau de travail, de négociatrice obstinée et habile. C'est le nom de son mari, Denis Thatcher, qu'elle rend célèbre, mais le couple s'organise pour permettre à Margaret de poursuivre sa carrière : ses deux fils sont confiés à une nurse. En 1975, après un «putsch» interne, elle prend la tête du parti conservateur, alors dans l'opposition. Ayant remporté les élections de 1979, elle devient, le 4 mai, la première femme Premier ministre de Grande-Bretagne. Dix ans auparavant, elle déclarait au *Sunday Telegraph* : «Aucune femme de mon temps ne sera Premier ministre. De toute façon, je ne voudrais pas devenir Premier ministre.»
Margaret Thatcher hérite d'une situation économique difficile. Les syndicats sont tout-puissants et l'inflation est considérable. Elle applique aussitôt ses convictions libérales : «Ce qu'il nous faut maintenant, c'est une part beaucoup plus importante de responsabilité et de décision individuelle, beaucoup plus d'indépendance à l'égard du gouvernement et une réduction comparable du rôle de l'État.» Soixante-sept des plus grandes entreprises, dont British Aerospace et British Petroleum, sont privatisées. Les trente milliards de livres obtenus, ainsi que les premiers bénéfices des investissements faits par les gouvernements précédents sur le pétrole de la mer du Nord, permettent d'équilibrer le budget et de rétablir la situation économique. En revanche, le chômage passe de 5 à 14 % en 4 ans.

Le «thatchérisme»

Sur le terrain social, la Dame de fer est fidèle à sa réputation. Hostile à toute entrave à la liberté du travail, elle tient tête aux syndicats lors de la grande grève des mineurs, qui dure presque un an, de mars 1984 à mars 1985. En politique intérieure, elle fait preuve de fermeté face aux revendications des nationalistes irlandais : en 1981, elle laisse Bobby Sand et ses neuf compagnons succomber à la grève de la faim qu'ils ont entreprise pour demander de meilleures conditions de détention. L'attentat de l'IRA auquel elle échappe de peu, en octobre 1984, n'entame pas sa fermeté. Sa politique étrangère est essentiellement anti-européenne et s'aligne en bien des domaines sur les positions américaines. À Bruxelles, on dit volontiers que «si elle pouvait ancrer la Grande-Bretagne dans la baie de New York, elle le ferait». En juin 1987, Margaret Thatcher remporte sa troisième victoire électorale. Mais la conjoncture économique de la fin des années 80 est difficile et la Dame de fer est confrontée aux limites de son système. L'inflation reprend alors que le chômage n'a pas cessé de croître : plus de trois millions de sans-emploi. On assiste à un regain des tensions raciales, au développement du hooliganisme, à la délinquance des banlieues. Les jeunes des quartiers défavorisés ne voient aucune perspective d'avenir et les anciens centres industriels sinistrés par la crise, comme Liverpool, sombrent dans la paupérisation.
Margaret Thatcher est contestée au sein de son propre parti. Elle a une conception du pouvoir de plus en plus personnelle, tentant de faire pression sur les médias, en particulier sur la BBC, la chaîne publique de télévision dont l'indépendance est légendaire. Ses opposants parlent d'une crise de la démocratie, et les Anglais se demandent si leur Premier ministre n'est pas devenu paranoïaque. Le chancelier de l'Échiquier (ministre des Finances), Nigel Lawson, démissionne, bientôt suivi du vice-Premier ministre. La réforme des impôts locaux aboutit au projet d'une «poll tax» immédiatement impopulaire : les contributions doivent augmenter de 30% en moyenne ! À Londres, le 31 mars, une manifestation de protestation finit en émeute. Le 20 novembre 1990, Margaret Thatcher, désavouée par ses propres troupes, perd la présidence du parti conservateur. Deux jours plus tard, elle démissionne de son poste de Premier ministre. Anoblie par la reine en remerciement de ses services, la Dame de fer s'appelle désormais lady Margaret, mais elle n'a pas renoncé à batailler contre l'Europe et donne toujours du souci à son successeur, John Major.

La Grande-Bretagne après Madame Thatcher

En novembre 1990, Margaret Thatcher, après onze années de pouvoir, est forcée de démissionner. Nouveau leader des conservateurs, **John Major** lui succède. Après seize mois d'une difficile mais habile gestion « post-thatchérienne », **il conduit le parti tory à la victoire, aux élections législatives d'avril 1992.**

L'année suivante, **la Grande-Bretagne ratifie le traité de Maastricht,** en dépit d'une forte opposition à l'intégration européenne. Une **déclaration commune anglo-irlandaise** relance le processus de paix en Irlande du Nord.

La situation économique du pays s'améliore progressivement. Mais, en 1996, éclate **la crise de la « vache folle », qui provoque un grave malaise dans l'agriculture et suscite de sévères tensions au sein de l'Europe,** les pays du continent décrétant le blocus de la viande de bœuf britannique.

«Maggie» au milieu de ses troupes, après la reconquête des Falkland.

Du Minitel au téléphone portable

LA RÉVOLUTION DES TÉLÉCOMMUNICATIONS

Les changements rapides et spectaculaires intervenus depuis le début des années 1980 dans le monde des télécommunications résultent, d'une part, de l'évolution du réseau téléphonique et de son association avec l'informatique et, d'autre part, des besoins croissants d'information de nos sociétés. Ils annoncent l'avènement d'une nouvelle ère : celle de la communication et de l'information.

Mis au point par des Français en 1982, le Minitel a connu un succès très important en France jusqu'au début des années 1990.

Association de la téléphonie et de la numérisation d'image, et permettant ainsi l'envoi et la réception en quelques secondes de documents, la télécopie, plus communément appelée fax, a fortement contribué à accélérer la communication.

Depuis deux décennies, le réseau téléphonique ne se limite plus à acheminer la voix. Il transmet également du texte, des données et des images. Couplé à l'ordinateur, il a donné naissance en France, en 1982, au Minitel. Ce système de télématique est resté le plus perfectionné du monde jusqu'à l'arrivée des logiciels de navigation sur Internet au début des années 1990. Le téléphone lui-même est en pleine mutation, comme en témoigne la progression des appareils portables.

Une réussite française

En 1978, le rapport Nora-Minc, présenté au président Valéry Giscard d'Estaing, préconise le développement des moyens de télécommunication associés à l'informatique et emploie pour la première fois le terme de télématique. Le document considère que ce sera un élément déterminant pour la croissance économique. Le gouvernement français lance alors le projet du Télétel. Ce système permettra à tous de consulter sur un petit terminal, relié au réseau téléphonique, les informations amassées dans un ordinateur central. Le projet complète le plan de rattrapage du téléphone qui a commencé en 1974 (à cette date, 12 % seulement des foyers français sont équipés du téléphone). Il profite du réseau de fibre optique installé progressivement sur l'ensemble du territoire. Avant son lancement officiel en 1982, le Minitel fait l'objet d'une campagne de presse virulente, relayée par certains parlementaires. Les journaux le considèrent comme un concurrent susceptible de leur faire perdre la manne des petites annonces et de la publicité. Ils craignent pour leur survie même, mais les garanties données à la presse par les pouvoirs publics désamorceront la crise. À la même époque, un projet de télécopie, ou transmission de textes et de dessins reproduits en fac-similé, est repoussé par le gouvernement, qui craint la réaction des postiers. La télécopie s'imposera peu après et deviendra un instrument indispensable de communication entre les entreprises. Afin d'implanter l'usage du Minitel au sein de la population française, celui-ci est distribué gratuitement. En outre, France Télécom établit un système de tarification, simple et sûr, qui inspire confiance aux utilisateurs. Calculé à la durée, ce système est géré par l'entreprise elle-même, qui reverse leur part aux fournisseurs. Jusqu'en 1987, les messageries roses contribuent très largement au succès du Minitel. Ensuite, pour compenser les pertes dues à sa moralisation, l'État et France Télécom favorisent le commerce électronique, qui devient le premier du monde. En 1994, 1,2 million de foyers français réalisent une transaction commerciale à travers le Minitel alors que 800 000 foyers américains seulement font un achat par Internet. Le Minitel a familiarisé les Français avec ce type de commerce et avec l'informatique. Et, s'il n'a pas été rentable directement, il a eu des retombées d'une importance considérable pour l'économie française.

Limites et avenir du Minitel

Le Minitel, qui s'est heurté au problème des normes adoptées par les autres systèmes de vidéotex, n'a pas réussi à conquérir les marchés étrangers comme il l'escomptait. Sur le sol national, il a freiné l'équipement informatique des ménages et limité l'intérêt du public pour Internet. En outre, sa technologie n'a pas évolué. Ainsi, à partir de 1994, l'expansion du Minitel s'arrête. Pour éviter sa disparition brutale et très coûteuse, France Télécom commence à travailler sur des projets visant à le rendre compatible avec Internet afin d'opérer un passage en douceur vers la Toile. En 1997, le Premier ministre Lionel Jospin demande à France Télécom et aux autres opérateurs de favoriser l'implantation d'Internet en France. En 1998, France Télécom propose une passerelle entre le Minitel et Internet. Il est désormais possible d'échanger du courrier électronique par le Minitel. Or c'est la principale utilisation d'Internet. Le Minitel comble ainsi un retard. France Télécom met en outre au

Les années 1990 sont celles de l'explosion du téléphone portable, ce dernier s'imposant désormais sur tous les continents.

point le projet I.S.I. (Internet Services Intégrés), qui combine les services du téléphone, du Minitel et d'Internet. Facile à utiliser, I.S.I. est destiné aux personnes qui ne connaissent pas encore Internet et qui ne sont pas familiarisées avec l'informatique. L'expérimentation à grande échelle d'I.S.I. a débuté au mois de juin 1999. L'entreprise doit encore résoudre le problème du coût élevé du terminal de visualisation, qui n'est pas un ordinateur.

La téléphonie mobile

Inventé dans les années 1960 aux États-Unis, le téléphone mobile repose sur une technologie qui utilise, comme la radio, les ondes hertziennes pour la transmission du son. Il conquiert le public américain à partir des années 1980 et les Européens dans les années 1990. Après des débuts assez lents sur le Vieux Continent, et particulièrement en France, il connaît une progression fulgurante. Le nombre d'abonnés passe en effet de 1 million au courant de l'année 1995 à 5 millions en 1997 et à 16,2 millions à la fin du mois de septembre 1999. On prévoit que, d'ici à 2007, les téléphones portables dépasseront les téléphones filaires traditionnels. En octobre 1999, les industriels ont présenté au salon des télécommunications de Genève la future génération d'appareils mobiles, qui ne se contentent plus de téléphoner : ils se connectent à Internet, reçoivent et envoient des images, dont celle de son correspondant, ou encore gèrent les agendas.

Vocabulaire des télécommunications

Minitel : nom du terminal, connecté au réseau Télétel, que France Télécom met à la disposition des abonnés. C'est à partir de cet appareil qu'on consulte les banques de données et qu'on échange les informations.

Télématique : connexion par le réseau téléphonique d'un ordinateur central et d'un terminal sur lequel on reçoit les informations.

Télétel : système français de consultation de données par vidéographie, destiné aux abonnés du téléphone.

Vidéographie interactive, ou vidéotex : procédé de transmission par le réseau téléphonique de textes et de graphiques visualisés sur un écran. On accède aux informations sur demande à l'aide d'un terminal comme le Minitel.

Un grand chef d'État disparaît

L'ASSASSINAT D'INDIRA GANDHI

Comme tous les matins, en ce mercredi 31 octobre 1984, le Premier ministre de l'Inde, Indira Gandhi, quitte à pied son bungalow de Safdarjang Road à New Delhi pour se rendre à son bureau. Alors qu'elle traverse le jardin, trois membres de sa garde personnelle arment leurs pistolets-mitrailleurs et tirent. Touchée par une douzaine de balles, Indira Gandhi s'effondre.

Elle est conduite immédiatement à l'hôpital. Les chirurgiens tentent l'impossible, mais ils ne peuvent plus rien pour elle : le cœur est perforé. Deux heures plus tard, un communiqué officiel annonce le décès. Les trois meurtriers, dont un a été abattu sur place, sont des extrémistes sikhs infiltrés dans les services de sécurité. La prise du Temple d'or d'Amritsar est vengée de façon sanglante.

Les funérailles d'Indira Gandhi : le bûcher est allumé, selon la coutume, par son fils Rajiv, qui est aussi son successeur.

Menaces sur l'unité

L'Union indienne, la plus grande démocratie du monde, est un état pluriethnique et pluriculturel. Au niveau national, les sikhs représentent 2 % de la population, mais, dans certaines régions, comme la riche plaine du Pendjab, ils sont majoritaires et réclament leur autonomie. Membres d'une secte religieuse issue de l'islam et du brahmanisme, les sikhs orthodoxes se reconnaissent à leur barbe, à leur turban (destiné à cacher leurs cheveux, qui ne doivent jamais être coupés), à leur bracelet d'acier et à leur épée.

Les affrontements entre sikhs et hindous font périodiquement de nombreuses victimes et constituent une menace grave pour l'unité du pays. En juin 1984, Indira Gandhi décide de rétablir l'ordre. L'armée traque les rebelles du Pendjab jusque dans leur sanctuaire le plus sacré, le Temple d'or d'Amritsar, et massacre plus de 800 sikhs. Cet événement suscite une immense émotion dans la communauté sikh. Les services de sécurité mesurent le danger, et la protection rapprochée du Premier ministre est renforcée. Pourtant, c'est justement de la garde personnelle d'Indira Gandhi que vient le coup fatal.

Au moment de son assassinat, elle revenait d'une tournée dans l'État d'Orissa où, la veille, elle avait affirmé dans un discours : «Si je dois mourir au service de la Nation, je le ferai avec fierté. Chaque goutte de mon sang, j'en ai la certitude, contribuera au développement de ce pays, à son renforcement, à son dynamisme.» Mais, dans ces circonstances tragiques, sa mort laisse un grand vide sur la scène politique indienne et contribue à rallumer les haines : peu avant les funérailles nationales d'Indira Gandhi, plus d'un millier de sikhs trouvent la mort dans des pogroms provoqués par les hindous.

Une voie tracée

Voilà soixante-six ans qu'Indira est née dans une famille consacrée à la politique indienne : son grand-père, Motilal, et son père, Jawaharlal Nehru, militent pour l'indépendance au sein du parti du Congrès. À douze ans, Indira organise une brigade d'enfants qui

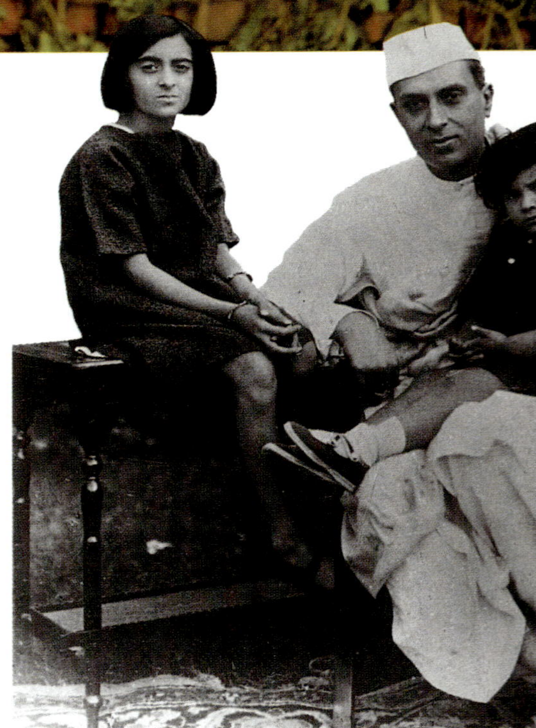

Femmes au pouvoir en Asie

Sirimawo Bandaranaike. Issue d'une famille aristocratique de Sri Lanka (ex-Ceylan), elle épouse le dirigeant du Front uni du peuple, qui devient Premier ministre. Son mari est assassiné en 1959 et Sirimawo est élue à sa succession. Première femme au monde à être chef de gouvernement, elle met en œuvre ses convictions progressistes, lançant de grands programmes de développement et d'éducation. Battue aux élections de 1965, elle revient au pouvoir de 1970 à 1977.

Benazir Bhutto. Son père, le Premier ministre pakistanais Ali Bhutto, est assassiné après un coup d'État en 1979, alors qu'elle étudie à Oxford. En 1982, elle participe à un détournement d'avion et fait libérer cinquante-quatre opposants politiques. En 1988, des élections libres sont organisées et Benazir est nommée Premier ministre : elle est la première femme à diriger un pays musulman. Un putsch la destitue en 1990, mais elle revient au pouvoir de 1993 à 1996.

Corazón Aquino. Épouse de Benigno Aquino, principal opposant au dictateur philippin Ferdinand Marcos, elle entre en politique après l'assassinat de son mari, en août 1983. Elle soulève la population, obtient habilement le soutien de la bourgeoisie et de l'armée et provoque en 1986 le départ de Marcos. Elle devient présidente des Philippines et, durant son mandat, entre 1986-1992, met en œuvre des mesures de démocratisation. La fin du mandat de celle que le peuple appelle « Cory » est marquée par une situation économique difficile et des menaces de coup d'État.

Benazir Bhutto le jour de son investiture comme Premier ministre du Pakistan.

fournit aux militants des renseignements sur les activités anglaises. Adolescente, elle étudie à Genève et à Oxford, où elle adhère au parti travailliste. De retour en Inde à vingt ans, en 1938, elle se marie avec Feroze Gandhi (qui n'a, malgré l'homonymie, aucun lien de parenté avec le mahatma Gandhi). Inscrite au parti du Congrès, Indira fait son apprentissage politique auprès de son père. Elle est chargée de tenter une conciliation entre hindous et musulmans : tâche primordiale, qui sera celle de toute son existence.

En 1942, accusée de menées politiques subversives, elle est emprisonnée par les Britanniques pendant treize mois. Quand l'Inde devient indépendante, en 1947, Nehru est le premier chef de gouvernement. Sa fille est élue présidente du parti du Congrès en 1959. Habile tacticienne, elle ne brigue pas immédiatement la succession de son père quand il meurt, en 1964, et se contente du poste de ministre de l'Information. C'est en 1966 qu'elle présente sa candidature et devient Premier ministre.

La grandeur de l'Inde

Indira définit elle-même sa tâche : «nourrir, défendre, rassurer et éduquer un demi-milliard d'êtres humains», et ajoute non sans humour : «L'Inde pèse lourd, très lourd. Je passe mon temps à la pousser.» Avec la même détermination et la même autorité que son père, le nouveau Premier ministre se bat pour moderniser son pays. Elle lutte contre le système des castes, contre la surpopulation, contre la disette, chronique dans le sous-continent. Pragmatique, elle s'efforce de remplacer les bureaucrates inefficaces par des techniciens. En 1971, elle nationalise les banques et supprime les traitements que l'État continuait de verser aux maharadjahs, les princes locaux. Indira encourage aussi l'industrialisation, promulgue une réforme agraire, fait progresser la scolarisation.

Sur le plan extérieur, l'Inde continue de participer au mouvement des non-alignés, ces pays qui refusent de se placer dans le camp d'une des deux superpuissances. C'est Nehru qui, avec Nasser et Tito, a invité les pays du tiers-monde à se joindre à eux lors de la conférence de Bandoung, en 1955. Le problème du Pakistan est plus délicat : cet État, né de la sanglante partition de l'Inde au lendemain de l'indépendance, est lui-même divisé en deux parties, situées respectivement à l'est et à l'ouest de l'Union indienne. Les frictions avec l'Inde sont chroniques. Mais, en 1971, l'agitation autonomiste au Pakistan oriental, durement réprimée, provoque l'afflux de réfugiés sur le territoire indien. Lorsque cette région proclame son indépendance et prend le nom de Bangladesh, en mars 1971, le Pakistan occidental accuse l'Inde de soutenir le nouvel État. Pour en finir, Indira choisit d'entrer en guerre contre son voisin : un conflit-éclair, en décembre, permet à l'armée indienne de détruire l'aviation pakistanaise et d'entrer au Bangladesh pour le protéger contre le Pakistan. Soucieuse d'assurer à son pays une place éminente dans le monde, Indira Gandhi dote l'Inde de l'arme nucléaire en 1974.

Indira petite fille, dans les années 20, avec son père Nehru, qui tient un autre enfant dans ses bras.

Fin de règne

Premier ministre depuis janvier 1966, Indira Gandhi doit démissionner en mars 1977 à la suite des élections législatives et de la défaite du parti du Congrès. Son autoritarisme — elle a décrété l'état d'urgence et la censure, elle a fait arrêter des opposants — a suscité la colère. Mais la traversée du désert est de courte durée : en janvier 1980, le désenchantement de l'opinion publique provoque le retour triomphal d'Indira Gandhi au pouvoir, portée par le succès électoral de son parti. Persuadée que les particularismes locaux et religieux sont une menace grave pour l'Inde, elle entend mener une politique délibérément unificatrice : «Pour moi, un Indien, c'est un Indien. Je ne me le représente pas comme un Indien du Sud, un Indien du Nord, un hindou ou un musulman. Nous ne pourrons pas vraiment être une nation tant que nous ne pensons pas en ces termes.» Mais la mainmise d'une famille sur la politique indienne peut-elle être un facteur démocratique d'unité? Indira se préoccupe beaucoup, en dépit du mécontentement d'une partie de l'opinion publique, de préparer la voie à la troisième génération, après son père Nehru et elle-même : elle choisit d'abord son fils aîné, mais il est victime d'un accident d'avion. C'est finalement son deuxième fils, Rajiv, qui lui succède, à la faveur de l'émotion suscitée par l'assassinat de sa mère : les particularismes qu'elle refusait de prendre en considération ont fini par abattre la grande dame de l'Inde.

Années de guerre et de famine

LA FAMINE EN ÉTHIOPIE

Des personnes déplacées attendent dans un camp de fortune situé à l'autre bout du pays. Les transferts autoritaires de population décidés par le dictateur Mengistu, loin de remédier à la famine, ont aggravé encore la situation. ▷

Une poignée de cacahouètes ? Voici toute la ration avec laquelle il faut vivre, dans une Éthiopie malmenée par le ciel et par la guerre civile.

« Les tragédies de la faim dans la Corne de l'Afrique sont causées par la main de l'homme plus encore que par le climat », a pu dire récemment le Secrétaire général de l'O.N.U., Boutros Boutros-Ghali. Le cas de l'Éthiopie illustre dramatiquement cette affirmation.

En 1984-1985, en effet, une famine provoquée par la sécheresse cause des centaines de milliers de morts dans le nord de l'Éthiopie. Or, le bilan de cette calamité naturelle se trouve bientôt aggravé par les déplacements autoritaires de population, décidés par le gouvernement marxiste, et par le développement d'une guerre civile en Érythrée et au Tigré.

La famine

En 1984 et en 1985, une grande famine se développe dans le nord de l'Éthiopie. Plusieurs régions voient leurs récoltes réduites de plus de 80 %, faute de pluie et de politique agricole cohérente. Huit millions de personnes sont touchées. Les habitants du Tigré, de l'Érythrée meurent par centaines de milliers. Dans certains villages, il faut creuser une quarantaine de tombes par jour pour les jeunes enfants — les plus faibles, donc les plus touchés parmi la population.

Des millions d'Éthiopiens quittent spontanément leurs villages pour s'agglutiner à l'entrée des centres urbains. Ils espèrent trouver là de quoi confectionner l'*ingera,* la galette qui constitue l'essentiel de leur alimentation. En fait, leur concentration favorise le développement de maladies, qui les déciment.

En Éthiopie, les famines ont un caractère endémique, non seulement à cause de la sécheresse, mais aussi des invasions de criquets, de chenilles et des épidémies. Activité ancestrale, l'agriculture est totalement pluviale. Le déboisement a, de plus, entraîné une érosion rapide. Tous ces phénomènes accentuent un risque de famine chronique.

Des transferts autoritaires

Face à la situation d'urgence créée par la famine, le gouvernement marxiste de Mengistu décide, en octobre 1984, de déplacer autoritairement 370 000 familles — soit plus d'un million et demi de personnes — des régions affectées par la sécheresse vers celles du sud. La décision ne tient pas compte des difficultés de circulation liées à l'existence d'immenses terres vierges, à l'insalubrité du climat (paludisme et maladie du sommeil), pas plus qu'elle ne prend en considération les difficultés évidentes que posera à la population méridionale l'arrivée de centaines de milliers de réfugiés. Le parti unique assume directement la responsabilité de l'opération. Les transferts de population sont effectués avec des moyens insuffisants (de vieux autobus mais aussi, dans certains cas, des avions non pressurisés), ce qui accroît les souffrances et provoque un nombre élevé de décès. Les colons sont répartis dans les différents villages, suivant leur ordre d'arrivée, sans qu'il soit tenu compte des facteurs sociaux et ethniques. À leur l'arrivée, le manque d'eau, de médicaments, et même l'absence de toit déclenchent de nouvelles hécatombes parmi ces rescapés de la faim. Ces camps insalubres deviennent rapidement de véritables foyers de contamination. Cent mille personnes y auraient trouvé la mort.

Vingt ans d'histoire éthiopienne

En 1973, une terrible sécheresse provoque une crise alimentaire qui fait **200 000 morts** dans la région septentrionale du Wollo, en Éthiopie. Pour la première fois, l'aide internationale se mobilise. Le gouvernement éthiopien — qui a déjà, à plusieurs reprises auparavant, refusé des subsides alimentaires extérieurs — met un point d'honneur à ne pas en profiter : l'aide alimentaire envoyée pourrit dans les hangars ou fait l'objet d'un trafic commercial.

Cette attitude irresponsable est la cause qui détermine, le 12 septembre de l'année suivante, le coup d'État aboutissant au renversement du « négus » **Hailé Sélassié**. Un gouvernement marxiste, dominé par les militaires, succède à l'empereur, mais il est refusé par une partie de la population. **Une guerre civile commence, qui a pour cadre l'Érythrée, dans le nord du pays** — une région tardivement annexée (en 1962) par l'Éthiopie. En même temps, le gouvernement de Mengistu s'engage dans une guerre avec son voisin, la Somalie, à propos de l'**Ogaden**, région frontalière entre les deux États.

Le 21 mai 1991, le président Mengistu abandonne à son tour le pouvoir et prend la route de l'exil. Meles Zenawi et les guérilleros tigréens arrivent au pouvoir. Le référendum d'avril 1993 donne naissance à la République d'Érythrée. L'aide internationale au développement continue à parer au plus pressé : construction de puits, envoi de médicaments, de camions. Des problèmes politiques et de droits de l'homme continuent à se poser, mais, en 1994, **on ne meurt plus de faim en Éthiopie**. Le « Pays des hommes au teint brûlé » a-t-il cessé d'être synonyme de désespoir ?

Enfants éthiopiens pendant la famine de 1984-1985.

La guerre civile

À la faim s'ajoute le problème de la guerre civile, chronique dans ce pays depuis un quart de siècle. Avec un peu de retard, les organisations humanitaires ont multiplié les initiatives. Une aide alimentaire de 740 millions de dollars a été débloquée par l'O.N.U. Encore faut-il que les envois alimentaires parviennent à destination. Or, routes et pistes sont peu sûres. À travers l'Érythrée et le Tigré, où se regroupent les rebelles, les actions de la guérilla constituent un danger permanent, entraînant la fermeture périodique des routes ou la destruction des convois de ravitaillement, bien avant leur attribution aux populations.
En 1988, une nouvelle famine se déclare. Le gouvernement de Mengistu en profite pour exiger le retrait des organisations humanitaires (médecins, nutritionnistes, techniciens, pilotes étrangers) du nord du pays : il veut utiliser l'arme de la faim en privant de grain ceux qui ne font pas allégeance à son régime. En fait, la plupart des organisations humanitaires refusent de se retirer et leur détermination évite que la disette ne devienne aussi catastrophique qu'en 1985. Mais l'on peut réfléchir sur ce paradoxe : si Mengistu a souhaité affamer les rebelles du Nord, on l'a aussi aidé à prolonger sa dictature en empêchant que s'établisse dans le pays une situation de famine si insupportable qu'elle eût probablement entraîné un soulèvement général et la chute du régime...

La famine en Afrique

Dix mille enfants meurent chaque jour en Afrique des effets conjugués de la malnutrition et de maladies infectieuses.

Famine et guerre. La guerre est souvent responsable de la désorganisation économique du pays, et donc de la disette. C'est le cas en Somalie, au Soudan ou au Liberia...

Sécheresse. Des pays en paix sont aussi touchés par le fléau, imputable alors à la sécheresse. Ainsi au Sahel et en Afrique australe — la région frappée par la plus récente des grandes urgences alimentaires. En 1992, en effet, la sécheresse a ruiné les cultures du Mozambique, du Zimbabwe, de la Namibie, du Botswana et même de l'Afrique du Sud. L'Afrique de l'Est et certains pays de l'océan Indien (Kenya, sud du Tchad, Madagascar...) ont également été touchés.

Prospective. Ni la pluie ni l'aide d'urgence ne peuvent reconstruire l'agriculture africaine. Les causes profondes de la crise sont à rechercher dans des facteurs non pas temporaires, mais structurels : l'explosion démographique, une stratégie économique tournée vers l'exportation plutôt que vers la consommation intérieure. Si la tendance actuelle n'est pas renversée, 30 pays d'Afrique, soit 60 % de la population totale, ne pourront nourrir leurs peuples en l'an 2000.

Une centrale nucléaire explose en Ukraine

LA CATASTROPHE DE TCHERNOBYL

Le 26 avril 1986, les autorités suédoises et finlandaises annoncent un très fort taux de radioactivité au-dessus de leur pays et dénoncent un très grave accident qui vient de se produire dans la centrale nucléaire de Tchernobyl, en Ukraine. C'est la plus grande catastrophe nucléaire survenue en temps de paix et elle est l'aboutissement de longues années d'inefficacité et d'irresponsabilité politiques.

Face aux rumeurs les plus folles qui circulent immédiatement sur les risques de contamination en Occident, les autorités soviétiques répliquent par un silence obstiné. Il faut attendre trois semaines pour que, le 14 mai, M. Gorbatchev, chef de l'État soviétique, reconnaisse officiellement l'accident, au cours d'une allocution télévisée, et réclame une coopération internationale.

Le nucléaire dans l'ancienne U.R.S.S., aujourd'hui

À la suite de l'accident de Tchernobyl, 33 centrales en service, en construction ou en commande ont été supprimées : 18 en Russie, 8 en Ukraine, 2 en Lituanie et 5 dans quatre autres républiques. Toutes étaient sur le modèle de celle de Tchernobyl. Cependant, les centrales du même type représentent encore de nos jours 40 % de la puissance en service dans l'ancienne U.R.S.S. Il en existe 15 exemplaires : 11 en Russie; 2 en Lituanie et 2 en Ukraine. La fermeture de ces centrales aurait un immense impact économique car, en 1992, le nucléaire représente 12 % de la production électrique en Russie, plus de 25 % en Ukraine et 50 % en Lituanie. Cependant, du simple point de vue de la sécurité, toutes les centrales de l'ancienne U.R.S.S. (et de tous les pays de l'Est en général) devraient être fermées, soit définitivement, soit temporairement, pour être mises au niveau des normes internationales. Par ailleurs, le territoire de l'ex-U.R.S.S. compte 35 lieux d'enfouissement de déchets radioactifs d'origine civile. Ils sont disséminés sur l'ensemble du pays. Mais certains se trouvent à proximité des grandes métropoles de Russie et ne sont que des tranchées construites à la hâte, comme celle découverte… sur le périphérique de Moscou en 1993!

La décontamination du site par des équipes spécialisées, après l'accident. 135 000 personnes, dans un rayon de 30 km autour de la centrale accidentée, durent être évacuées en urgence — définitivement.

Une centrale exemplaire

La centrale de Tchernobyl symbolise de manière effrayante la négligence du gouvernement soviétique en matière de sécurité nucléaire. Dans un pays qui, au cours des années 80, a fondé l'essentiel de son développement sur la production d'énergie électronucléaire, les risques que font courir aux populations des centrales atomiques conçues en dépit des normes de sécurité minimales ne sont pas pris en compte. Effroyablement mal conçue, l'usine de Tchernobyl, au moment de l'accident, n'avait encore atteint qu'une partie de sa puissance : complétée par la construction de nouveaux réacteurs, elle aurait dû constituer quelques années plus tard une des centrales les plus puissantes du monde. On imagine alors quelle ampleur apocalyptique aurait eu l'accident !

L'accident

La catastrophe de Tchernobyl a d'abord pour cause des erreurs humaines. Peu avant le jour de l'accident, le service de maintenance décide d'arrêter momentanément les réacteurs pour des raisons d'entretien. L'opération, qui n'a été autorisée ni surveillée par aucune instance compétente, est effectuée au mépris des procédures les plus élémentaires de sécurité. Un certain nombre d'erreurs de manipulation, semble-t-il, sont même commises.

Le vendredi 25 avril, à 1 heure du matin, une première explosion se produit dans la première tranche du réacteur : la dalle supérieure qui recouvre celui-ci se retrouve en position verticale, la machine de chargement et les structures extérieures sont totalement détruites. Les pompiers, accourus rapidement, arrivent à stopper l'incendie en quatre heures. Les trois tranches du réacteur sont mises à l'arrêt entre le 25 et le 27 avril.

Dans les jours qui suivent, 5 000 tonnes de matériaux filtrants (argile, plomb, sable) sont déversées par des hélicoptères. Le dixième jour, de l'azote sous pression est injecté sous le réacteur pour diminuer la température du cœur.

Les conséquences immédiates

L'explosion a propulsé des produits radioactifs dans les airs jusqu'à 1 500 mètres d'altitude. Puis la vapeur d'eau qui s'est échappée a provoqué le rejet continu de produits irradiants pendant quatre mois.

Les premières victimes sont, bien entendu, les ouvriers de la centrale et les pompiers. Deux victimes sont d'abord annoncées par les autorités. Dans les jours qui suivent l'accident, 299 personnes irradiées sont hospitalisées à Kiev et à Moscou et 33 décès sont officiellement comptabilisés dans le mois suivant.

La contamination des terres voisines de la centrale conduit les autorités à évacuer les 135 000 personnes vivant dans un rayon de 30 km. Le 27 avril, la ville de Pripyat, par exemple, située à 3 km de Tchernobyl, est totalement vidée de ses 45 000 habitants. Plus généralement, on estime que les 79 millions d'habitants de la Russie d'Europe ont subi dans les semaines qui suivent immédiatement l'accident, soit par irradiation, soit par ingestion, deux fois le taux de radiation naturel d'une année.

Et sur le long terme ?

Dans un rayon de 10 000 km autour de Tchernobyl, dans les républiques de Biélorussie, d'Ukraine et de Russie, 230 000 personnes, d'une manière ou d'une autre, ont

souffert ou souffriront des retombées écologiques et médicales de la catastrophe de Tchernobyl. La Biélorussie, dont 1/5 du territoire est contaminé, compte actuellement l'un des plus forts taux de malades irradiés et de personnes atteintes de cancers.
Les conséquences médicales sur le long terme sont encore très difficiles à définir. Quelle sera la proportion de maladies génétiques, de cancers ou d'apparitions d'autres maladies dans les décennies à venir? À ce jour, un large mouvement de solidarité internationale s'est organisé pour faire venir en Occident et soigner les « enfants de Tchernobyl ». Des équipes médicales se rendent en Russie pour essayer d'évaluer les conséquences humaines de la catastrophe.
Si l'une des premières conséquences de cette catastrophe a été la transparence (*« glasnost »*) de l'information et l'ouverture du gouvernement russe sur la société et l'opinion publique internationales, les conséquences humaines, écologiques et économiques sont innombrables et effrayantes. Seules les années à venir pourront donner le véritable coût de la facture de Tchernobyl.

Des expérimentations nucléaires occultées

Le polygone de Semipaliatinsk. Situé dans les steppes du Kazakhstan, ce site a fonctionné de 1949 à 1963 puis sous forme d'essais souterrains jusqu'en 1989. Les données épidémiologiques, désormais officielles, révèlent que 500 000 personnes ont été touchées à des degrés divers par les tirs dans l'atmosphère.

L'expérience de Totsk. En 1992 est révélée au grand public une expérimentation survenue en 1954 au Kazakhstan : il fallait tester les effets d'une nouvelle arme nucléaire. Pour cela, on a fait exploser celle-ci au milieu de 44 000 soldats séparés en deux groupes ! Un millier de ces soldats seulement étaient encore en vie en 1992.

Le site de la Nouvelle-Zemble. Ce site de l'océan Arctique, en activité depuis 1955, a été fermé en 1991 seulement. En 1961, une explosion nucléaire a eu lieu, dont les principales victimes sont les peuples arctiques du Grand Nord, déjà en voie d'extinction.

Le site de l'« unité 3 » de Tchernobyl, où se produisit l'explosion. Autour du bâtiment, des grues témoignent que les travaux étaient en cours... pour augmenter la puissance de la centrale !

Tchernobyl, quatre ans plus tard. Cette famille, contaminée lors du drame, revient visiter les lieux. Combien de temps et dans quelles conditions de santé ses membres survivront-ils ?

1987

Les enfants combattants de l'Intifada

LA « GUERRE DES PIERRES »

Le 9 décembre 1987, des adolescents palestiniens de 12 à 15 ans, habitant les territoires de Gaza et de Cisjordanie occupés par l'armée israélienne depuis 1967, commencent leur guerre contre les soldats israéliens. Leurs armes : des pierres lancées à bout portant.

Malgré la réprobation des autorités internationales, l'armée israélienne riposte par la fermeture des écoles, des emprisonnements d'enfants et la violence…

Vers la guérilla

La rébellion commence à la suite d'un simple fait divers. Après un grave accident de la circulation à Gaza, où un camion israélien heurte violemment deux voitures palestiniennes, provoquant la mort de plusieurs passagers, une rumeur se développe : le chauffeur aurait délibérément agi pour tuer les Palestiniens. Dès le lendemain de l'accident, les premières manifestations éclatent : des pierres sont lancées contre les soldats israéliens qui occupent les terres de Gaza et de Cisjordanie. La « guerre des pierres » vient de débuter. Les soldats répliquent : deux adolescents sont tués, une trentaine d'autres blessés. Un vent de révolte souffle alors sur l'ensemble de la Cisjordanie et de Gaza, où vivent près de 1 400 000 Palestiniens. Les accrochages se multiplient et deviennent quotidiens. Les enfants s'embusquent en francs-tireurs sur les toits, dans les renfoncements des portes, derrière des barricades de pneus enflammés, lancent quelques pierres ou objets divers et s'égaillent dans les ruelles. Les soldats sont bien équipés, casqués, capitonnés

Un adolescent palestinien chrétien : un corps de très jeune homme et déjà un regard d'adulte.

Des pierres, un enfant : le petit David palestinien contre le Goliath israélien.

de plexiglas et leurs pertes sont peu nombreuses — 15 morts entre 1987 et 1989. Mais l'impact psychologique est important. Le 8 février 1988, le ministre de la Défense israélien, Yitzhak Rabin, déclare dans le journal *Haaretz* : « Nous n'avons d'autre choix que de réprimer les émeutes ; les Palestiniens se fatigueront les premiers. » En janvier 1989, il autorise l'armée israélienne à tirer sur les lanceurs de pierre et les fuyards, quel que soit leur âge.

Un lourd bilan en 1989

Entre décembre 1987 et décembre 1988, selon les statistiques établies, 26 000 enfants et jeunes de moins de dix-huit ans sont blessés en Cisjordanie et à Gaza. 44 % des décès de Palestiniens depuis le début de l'*Intifada* sont ceux d'enfants de moins de vingt ans. Un rapport d'enquête établi en juin 1989 par quatre organisations internationales donne des précisions : 115 enfants ont été tués, la moitié des blessures subies par les enfants sont causées par des coups, un quart par des gaz lacrymogènes particulièrement dangereux pour les jeunes de moins de dix ans, le dernier quart provenant de blessures par balles — balles réelles ou plus fréquemment balles en plastique ou en caoutchouc. Mais les balles dites « en plastique » ne contiennent que 10 % de plastique (le reste est en métal), et, tirées avec les mêmes cartouches que les balles réelles, elles provoquent dans le corps des lésions irréparables. Les balles dites « en caoutchouc », quant à elles, sont de lourdes billes de métal simplement enveloppées d'une fine pellicule de gomme...

Les mesures israéliennes

Les autorités militaires israéliennes affirment que la plupart des écoles sont des foyers d'agitation. Pour cette raison, les lycées et les écoles sont fermés dès janvier 1988 par l'administration israélienne et ne rouvrent, à partir de juin 1988, que par intermittence. 300 000 élèves sont privés d'enseignement. Les Palestiniens y voient une volonté de punir la population par le biais de l'éducation, devenue depuis quarante ans l'une des valeurs essentielles de toute société évoluée. Les rafles d'enfants et de jeunes ne sont pas rares. Durant l'*Intifada,* plus de dix mille jeunes de moins de dix-huit ans, souvent des enfants de moins de douze ans, sont arrêtés de quelques heures à plusieurs jours. Les camps d'Ansar II ou d'Ansar III regorgent d'enfants ou d'adolescents à la main droite (celle qui lance des pierres) brisée par un coup de matraque. Cette guerre d'enfants déconcerte, voire affole comme aucune autre, les plus brillants stratèges militaires de l'État israélien.

L'*Intifada* « des Mosquées »

De plan de paix en accords successifs (Washington, Oslo, Charm el-Cheikh...), et malgré la naissance en 1993 d'une Autorité palestinienne, la « question » palestinienne après l'*Intifada* ne connaîtra que de timides progrès. Au moins la population des territoires occupés a-t-elle pris conscience qu'elle pouvait s'opposer à l'armée israélienne. Elle a aussi et surtout gagné une partie de l'opinion internationale à sa cause. Mais la révolte populaire de l'*Intifada* peut s'avérer une arme à double tranchant. C'est ce qu'a sans doute perçu le « faucon » Ariel Sharon, chef du Likoud, qui le 28 septembre 2000 suscite la colère des Palestiniens en pénétrant sur l'esplanade des Mosquées à Jérusalem. Cette provocation met le feu aux poudres et une seconde *Intifada,* dite « des Mosquées », embrase aussitôt la bande de Gaza et la Cisjordanie. La violence des affrontements – à laquelle fait écho une vague d'attentats meurtriers perpétrés par le Hamas – justifie alors aux yeux de la droite israélienne une réaction musclée qui fera près de 1 000 morts chez les Palestiniens. Devenu Premier ministre en 2001, Sharon engage alors un véritable bras de fer avec Yasser Arafat, littéralement assiégé dans son QG de Ramallah, jusqu'à sa mort en 2004. Son successeur, Mahmoud Abbas, aura fort à faire pour transformer cette nouvelle *Intifada* en révolte constructive.

Et demain, comment vivront-ils ensemble ?

Le Mouvement national palestinien

En 1987, le soulèvement des Palestiniens de la rive droite du Jourdain et de la bande de Gaza contraint tous les protagonistes du conflit israélo-arabe — y compris les grandes puissances — à tenter de lui trouver une issue. Dans ce contexte, l'O.L.P. devient un interlocuteur indispensable du dialogue.

L'O.L.P. Née à Jérusalem en 1964, subventionnée par la Ligue arabe, l'Organisation de libération de la Palestine possède son armée (A.L.P. ou Armée de libération de la Palestine), son Parlement (Conseil national palestinien ou C.N.P.) et son exécutif, le président du Comité exécutif dirigé par un président — Yasser Arafat depuis 1968. L'organisation est fractionnée en plusieurs tendances : al-Fath (Mouvement de libération nationale de la Palestine), F.P.L.P., etc., que l'exécutif ne peut contrôler entièrement.

Un interlocuteur, Yasser Arafat. Ayant officiellement proclamé l'abandon des pratiques terroristes en 1975, l'O.L.P., reconnue par une centaine de pays, est dès lors regardée comme l'unique représentant légitime du peuple palestinien et son chef, Yasser Arafat, nommé en 1989 président de l'« État palestinien » proclamé par l'O.L.P., devient l'interlocuteur incontournable de toutes les négociations avec Israël. Signataire en 1993 de l'accord israélo-palestinien signé à Washington, il reçoit en 1994 le prix Nobel de la paix avec les Israéliens Rabin et Peres.

L'Autorité nationale palestinienne. Conformément à ces accords, un régime d'autonomie est mis en place à Gaza et à Jéricho. Élue en janvier 1996, l'Autorité nationale palestinienne, avec à sa tête Arafat, est chargée du maintien de l'ordre dans ces régions.

L'Europe de l'Est retrouve sa liberté

L'ANNÉE DE TOUS LES CHANGEMENTS

Le 9 novembre 1989, à 18 h 57, Egon Krenz, chef du parti communiste de la R.D.A. depuis le 13 octobre, fait annoncer l'ouverture du mur de Berlin et de la frontière entre son pays et la R.F.A.

D'extraordinaires retrouvailles réunissent les millions d'Allemands séparés depuis 1961, si ce n'est depuis 1945.

Les premiers symptômes

Depuis l'écrasement du printemps de Prague en 1968, les pays de l'Est ont appris qu'aucun changement ne pouvait intervenir sans l'assentiment de l'U.R.S.S. Cependant, en Pologne, à partir de l'été 1980, à la suite de grèves dans les chantiers navals, l'accord de Gdansk autorise les syndicats indépendants et reconnaît officiellement Solidarnosc (Solidarité), dirigé par Lech Walesa. Dès lors, malgré la prise de pouvoir par le général Jaruzelski et l'armée en décembre 1981, l'État polonais, confronté à de grosses difficultés économiques, doit négocier avec l'Église toute-puissante et Solidarnosc. L'U.R.S.S., dirigée jusqu'en 1985 par une équipe de vieillards conservateurs, traverse un marasme économique sans précédent, son armée s'enlise dans le conflit afghan depuis 1979 et se ruine dans la course aux armements.

L'effet Gorbatchev

Pour ce « colosse aux pieds d'argile », le tournant est pris en 1985 lorsque M. Gorbatchev devient secrétaire général du P.C.U.S. Si, à l'origine, l'Occident est sceptique face aux réformes économiques proposées (« perestroika », restructuration) et aux aspirations proclamées de démocratisation (« glasnost », transparence), les opinions publiques des pays de l'Est, elles, acclament ces projets. Par un incroyable retournement, le « Grand Frère » devient un recours contre les gouvernements qu'il a autrefois installés au pouvoir. Dès lors, des élections libres sont réclamées et les Allemands de la R.D.A. peuvent émigrer en masse vers l'Occident via la Hongrie et l'Autriche.

Moscou donne le feu vert

Loin de « rétablir l'ordre » par la force, l'U.R.S.S. encourage clairement l'évolution de ces sociétés qui, bridées dans leurs aspirations politiques, n'attendent plus rien de

L'apprentissage de la liberté

L'Allemagne réunifiée. L'effondrement du communisme est-allemand et la chute du mur entraînent la disparition de l'ex-R.D.A. Le 3 octobre 1990, avec l'accord des pays européens et de Moscou, elle est intégrée à la R.F.A., dont la capitale passe de Bonn à Berlin. La facture économique est lourde et l'extrême droite exploite le malaise social que la transformation génère.

L'appel à l'Occident. Le pacte de Varsovie (alliance militaire) est dissous le 1er juillet 1991 ; le Comecon (marché commun des démocraties populaires et de l'U.R.S.S.), devenu une coquille vide, disparaît lui aussi. Face aux difficultés économiques et sociales (industries peu compétitives, hausse des prix, chômage, pauvreté), c'est vers la Communauté européenne et les États-Unis que ces ex-pays communistes se tournent afin de reconstruire leurs systèmes de production.

Tadeusz Mazowiecki et Lech Walesa (à droite) à Gdansk, en août 1989 : les « frères ennemis » de la révolution polonaise, pour le meilleur et pour le pire...

Images des révolutions en Europe de l'Est : Alexandre Dubcek et Vaclav Havel, à Prague (en haut, à gauche) ; et la fête, porte de Brandebourg, célébrant l'ouverture du mur de Berlin, le 1er janvier 1990.

régimes incapables de leur apporter un minimum de bien-être et de progrès. Le 30 mars 1989, le ministère soviétique des Affaires étrangères déclare qu'il soutient et approuve « les processus dynamiques et tumultueux » en Europe de l'Est. Le message est compris : les gouvernements cèdent face à la pression des opinions publiques et les événements se précipitent jusqu'en décembre.

En juin 1989, les communistes polonais sont ainsi mis en minorité à la diète, et, en août, Tadeusz Mazowiecki, un des dirigeants de Solidarnosc, devient Premier ministre. En octobre, les communistes hongrois abandonnent leurs références marxistes-léninistes, le rôle dirigeant du parti et la dictature du prolétariat. En novembre, le mur de Berlin tombe et, en Tchécoslovaquie, après des manifestations pacifiques (« la révolution de velours »), la direction communiste démissionne. En décembre, un gouvernement pluraliste est formé à Prague et l'écrivain dissident Vaclav Havel est élu président de la République.

Retards et ratés

En Bulgarie, l'évolution est plus lente, mais l'opposition remporte de peu les élections d'octobre 1991. Même l'Albanie, fermée sur elle-même, est touchée ; ses habitants, par bateaux entiers, tentent de fuir puis, en mars 1992, l'opposition libérale gagne les premières élections libres. En Yougoslavie, ces bouleversements débouchent sur l'éclatement de la confédération et la guerre civile. La situation est plus confuse en Roumanie. Après une révolution de palais camouflée en insurrection populaire, Nicolae Ceaucescu est renversé et exécuté le 25 décembre, dans des conditions obscures. Les « néo-communistes », autour du président Ion Iliescu, jouent de l'incapacité des oppositions et chargent des commandos de mineurs de disperser les manifestants contestataires ou d'écarter les dirigeants trop libéraux. Mais, malgré tout, l'est de l'Europe, l'Europe tout entière et, en fait, l'équilibre international sont profondément modifiés. Le bicentenaire de 1789 a été vraiment révolutionnaire.

En Roumanie, seulement, la révolution est violente et n'aboutit pas.

Après la chute...

En Tchécoslovaquie, le dissident Vaclav Havel est élu à la présidence de la République. Le rideau de fer entre la Tchécoslovaquie et l'Autriche est démantelé. En 1991, les troupes soviétiques se retirent du pays. Mais l'assemblée fédérale élue en juin 1990 ne peut enrayer les tensions entre Tchèques et Slovaques ni le processus de désintégration du pays. Les élections législatives de juin 1992 désignent des vainqueurs politiquement différents dans les deux régions, V. Havel démissionne le 17 juillet 1992 et, le 25 novembre, l'assemblée tchécoslovaque vote la partition définitive en deux États indépendants, dont les naissances officielles sont proclamées le 1er janvier 1993 : la Slovaquie et la république tchèque.

En Pologne. En décembre 1990, Lech Walesa, dirigeant de Solidarnosc, est élu président de la République. En 1993, les troupes soviétiques achèvent de se retirer du pays et, un an plus tard, la Pologne dépose une demande d'adhésion à l'Union européenne. Mais la persistance des difficultés économiques et le climat de « national-moralisme » que fait régner le gouvernement, très influencé par l'Église catholique, amènent un revirement partiel de l'opinion, qui conduit à l'élection de l'ex-communiste Aleksander Kwasniewski à la République.

En Hongrie. Des élections libres amènent au pouvoir le Forum démocratique, parti de centre-droit. Les troupes soviétiques se retirent et la Hongrie, en 1994, demande son adhésion à l'Union européenne. Mais la même année, les ex-communistes réformateurs remportent la victoire aux législatives.

En Roumanie. Des élections libres sont organisées en mai 1990 et portent Iliescu à la présidence de la République.

En Albanie. Les gouvernements issus des élections libres se heurtent à une situation sociale et économique excessivement difficile (50 % de la population active est au chômage).

En Bulgarie, les difficultés économiques ramènent aussi les ex-communistes au pouvoir, aux élections de 1994.

La place Tian'anmen est prise d'assaut

UNE JEUNESSE MASSACRÉE

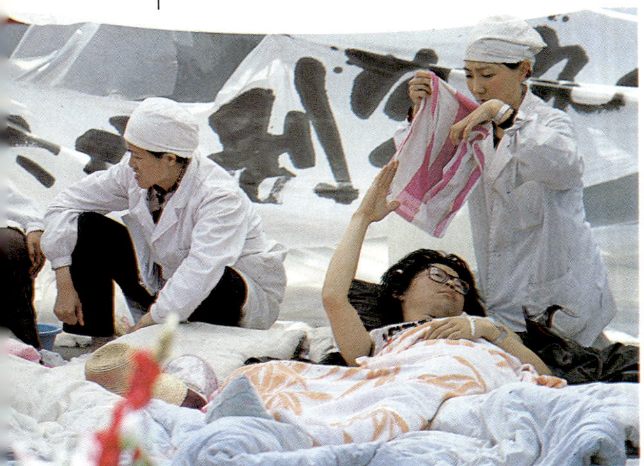

Les grévistes de la faim, place Tian'anmen.

En 1989, année de la chute du mur de Berlin, Pékin et les grandes villes chinoises connaissent des manifestations étudiantes d'une ampleur exceptionnelle. Des centaines de milliers de jeunes gens réclament la libéralisation du régime. Le gouvernement, après plusieurs semaines d'hésitation, répond par une très dure répression militaire.

Sous l'œil des caméras des principales télévisions mondiales, un immense espoir démocratique est écrasé dans le sang par un pouvoir aveugle et crispé sur ses dogmes. Lançant ses chars sur des manifestants désarmés, le pouvoir communiste chinois déclare cyniquement : « Nous avons maté l'émeute contre-révolutionnaire. »

Une explosion prévisible ?

En 1987, la modernisation économique impulsée depuis 1978 par Deng Xiaoping, ancien secrétaire général du Parti communiste, est interrompue, et les réformateurs les plus importants, Hu Yaobang et Zhao Ziyang, sont écartés du pouvoir. Une économie libéralisée s'accommode en effet de plus en plus mal de la rigidité du système politique : le monopole du Parti serait menacé par la poursuite du changement. Le 16 avril 1989, la mort de Hu Yaobang est

Un témoignage

Un étudiant rescapé du massacre de la place Tian'anmen décrit la répression :
« J'ai alors grimpé sur un arbre au bord de la rue et j'ai vu les soldats s'affairer sur la place. Ils avaient d'immenses sacs en plastique et ils y fourraient les cadavres des étudiants et des Pékinois [...]
J'ai rencontré un étudiant de ma section [...] Il m'a dit que le nombre de morts était considérable et que les militaires n'avaient pas autorisé la Croix-Rouge internationale à pénétrer sur la place pour sauver les blessés. Ensemble, nous sommes allés au centre de secours de la Croix-Rouge internationale situé à Hepingmen. De nombreux blessés y étaient apportés, sur des tricycles. Un médecin m'a dit que les soldats avaient tiré sur une ambulance qui avait brûlé [...]
Je suis revenu sur la place Tian'anmen et je me suis enquis de la situation, en interrogeant notamment une bonne dizaine de personnes âgées. Elles m'ont dit que les allées piétonnières avaient été jonchées de cadavres, que les camions militaires avaient été bâchés pour empêcher de voir ce qu'il y avait à l'intérieur, mais que ces camions avaient été chargés et qu'[on avait] emmené [leur contenu] on ne sait où [...] »

Propos recueillis par Zhao Hanqing, publiés dans le quotidien Wenhuibao *de Hongkong le 5 juin 1989.*

l'occasion du déclenchement des troubles : 6 000 étudiants partis de l'université de Beida, et bientôt rejoints par 4 000 autres personnes, se regroupent sur la place Tian'anmen, criant des slogans favorables à la démocratie et dénonçant la corruption de la classe politique. Le choix du lieu est symbolique : la place, proche de tous les lieux symboliques du pouvoir communiste, est le centre névralgique de la capitale de la Chine populaire. Dans les jours qui suivent, des centaines de milliers de personnes rejoignent les premiers manifestants, dans une atmosphère de fête. Aux côtés d'une statue symbolisant la démocratie, plantée là hâtivement, fleurissent drapeaux et banderoles, et les danses succèdent aux discussions politiques passionnées. Cependant, une poignée d'étudiants vivent ces événements plus tragiquement, entamant une longue grève de la faim pour faire entendre leurs idées.

Un homme seul, un étudiant, désarmé, devant les chars : l'image a fait le tour du monde.

La fête sur la place

Le mouvement s'amplifie à partir des premiers jours de mai. Désormais, ce ne sont plus seulement les étudiants, mais aussi les ouvriers et les employés de la ville qui se regroupent sur la place : la foule atteint peut-être 400 000 personnes. De là, le mouvement s'étend dans les autres quartiers de Pékin. Deux immenses manifestations, réunissant chaque fois près de un million de personnes, paralysent la cité, les 16 et 17 mai. Des mouvements similaires affectent, désormais, les villes de province, telles Shanghai et Canton, et des débrayages se produisent dans les usines.

Le gouvernement décide alors de réagir avant qu'il ne soit trop tard. Le 19 mai, la loi martiale est décrétée par le Premier ministre Li Peng. La peur de la répression armée commence à s'emparer des manifestants. En effet, le 20 mai, les soldats tentent de faire évacuer la place; ils reculent, ce jour-là, plutôt que de verser le sang, et certains fraternisent avec la foule. Trois jours plus tard, dans la nuit, le portrait de Mao Zedong, qui surplombe Tian'anmen, est maculé d'encre. Cependant, la tension ne cesse de monter et les rumeurs les plus pessimistes circulent, évoquant une intervention militaire. À la fin du mois, cependant, la place reste occupée par quelque 100 000 personnes.

Une répression sauvage

Dans la nuit du 2 juin, pour la première fois depuis le début du mouvement, l'armée attaque en force : plusieurs victimes tombent, mais la place n'est pas évacuée. Les 4, 5, 6 et 7 juin, les manifestants, munis de cocktails Molotov, affrontent le 27ᵉ corps d'armée. La ville est en état de siège, les rues vidées, les magasins fermés. 500 morts selon certaines sources, 7 000 selon d'autres, et entre 10 000 et 30 000 blessés : tel est l'effroyable bilan de ces journées sanglantes. Dans les hôpitaux, des bûchers, dit-on, auraient été allumés sur ordre des autorités, pour masquer l'ampleur de la répression.

Dans cette atmosphère tragique, des bruits les plus contradictoires circulent : Deng Xiaoping serait malade ou mort; Li Peng, le vice-Premier ministre, aurait été assassiné. Or, le 8 juin, Li apparaît à la télévision, annonçant une normalisation : celle-ci signifie de très nombreuses arrestations, et la torture, souvent, pour ceux qui sont emprisonnés. Des réseaux se mettent en place, qui permettent à quelques leaders étudiants de fuir à l'étranger. Le temps des rafles et de la terreur est arrivé, et toute possibilité de contestation éteinte en Chine pour plusieurs années.

L'intervention de l'armée sur la place, le 3 juin 1989. Le mouvement, engagé au milieu du mois d'avril dans l'espoir et la joie, se termine six semaines plus tard par le massacre des manifestants.

Jeunesses muselées

Le massacre de Tlatelolco. À Mexico, le 2 octobre 1968, le gouvernement de Gustavo Díaz Ordaz, aux prises avec des manifestations étudiantes contre la corruption et la bureaucratisation excessive du régime, donne l'ordre de tirer sur la foule place des Trois-Cultures, au centre de la ville, à dix jours de l'ouverture des jeux Olympiques. Des affrontements très violents se déroulent toute la nuit entre étudiants, armée et équipes spéciales du ministère de l'Intérieur. Ces combats se soldent par une quarantaine de morts (selon les chiffres officiels; peut-être en réalité 100 morts ou plus), des centaines de blessés, et des centaines d'arrestations suivies de tabassages et de tortures dans les commissariats ou les prisons.

La contestation aux États-Unis. La lutte contre la guerre du Viêt Nam rassemble la jeunesse étudiante américaine dès 1965. En 1970 notamment, près de 400 universités se révoltent contre l'élargissement de la guerre au Cambodge, et 4 étudiants sont tués par la garde nationale à Kent State University, dans l'Ohio.

Un tyran et sa femme sommairement jugés

LES ÉPOUX CEAUCESCU

Les époux Ceaucescu lors de leur procès : cette image a été retransmise par les télévisions du monde entier .

À la fin de l'année 1989, la Roumanie socialiste s'embrase. Le 22 décembre, après plus de vingt-cinq ans de règne, le dirigeant du parti communiste et de l'État, Nicolae Ceaucescu, est renversé. Il disparaît très vite pour réapparaître quelques jours plus tard aux mains des nouveaux maîtres du pays en compagnie de sa femme Elena, qui faisait figure de numéro deux dans le régime renversé.

La chute de Ceaucescu n'est pas une véritable révolution en Roumanie : peu à peu les anciens dirigeants communistes reviennent au pouvoir.

Un procès télévisé

Voici un extrait du dialogue des Ceaucescu avec leurs juges, tel qu'il a été finalement retransmis par la télévision roumaine. Une première version du procès, très élaguée, ne comportait que quelques scènes précédant l'exécution. La seconde version se veut complète :

« L'avocat : Je voudrais poser une question importante à l'inculpée. Elena Ceaucescu, est-ce que tu as des troubles mentaux ?

Elena Ceaucescu : Quoi ? Quelle provocation! Tu n'as pas honte ?

L'avocat : Je pose cette question pour une raison précise. Si elle avait été irresponsable elle aurait eu une chance.

Le juge : Est-ce que tu signes toi ?

E. Ceaucescu : je ne signe rien. Je suis entrée dans la lutte pour le bonheur du peuple dès l'âge de quatorze ans. J'aime ce peuple, c'est mon peuple.

Le Procureur : Nous considérons, sur la base des articles 162, 163, 165 et 357 du Code pénal, que les inculpés sont coupables. Je demande donc, en ce jour du 25 décembre, que la sentence soit appliquée : peine capitale et confiscation de tous les biens.

[...]

Le juge : Inculpé Nicolae Ceaucescu...

N. Ceaucescu : Je ne suis pas inculpé. Je suis président de la Roumanie et commandant suprême des forces armées. Je ne réponds que devant la Grande Assemblée nationale. Quant à toi, tu trahis ton peuple. Tu brades l'indépendance de la Roumanie.

Le juge : On ne peut pas discuter avec toi. »

Cité dans V. Loupan, La révolution n'a pas eu lieu. Roumanie, l'histoire d'un coup d'État, *Robert Laffont, Paris, 1990.*

Les juges des Ceaucescu restent anonymes et invisibles à l'écran. Seul un procureur et quelques gardiens sont filmés : il s'agit probablement d'un tribunal militaire improvisé.

Le procès des anciens dictateurs est retransmis par la télévision : à part quelques témoignages émanant de hauts fonctionnaires du gouvernement actuel de la Roumanie, et donc sujets à caution, ces images, tournées dans une intention de propagande et soigneusement sélectionnées, sont notre seule source d'information sur le déroulement de la procédure.

Jugés par ceux qu'ils avaient nommés

Les époux Ceaucescu sont jugés le jour de Noël 1989. Un blindé de l'armée roumaine les a acheminés vers un prétoire improvisé, situé peut-être dans la région de Bucarest. Dans une pièce étroite et incommode, les époux, qui conservent leurs manteaux, se serrent l'un contre l'autre, isolés de leurs juges par des tables. Ces juges, quant à eux, restent soigneusement anonymes. Les images ne permettent pas de les voir, et aucun nom n'est prononcé. Apparaît parfois la silhouette du procureur, arborant le brassard de la révolution. Plusieurs avocats, également anonymes, participent au procès. On ne peut que conjecturer que le tribunal, probablement, est militaire : l'armée, depuis le renversement du dictateur, tient en partie les rênes du pouvoir.

Un procès rondement mené

Nicolae Ceaucescu, tel qu'il apparaît sur l'écran de télévision, n'a plus rien du chef d'État sûr de lui et puissant que les Roumains avaient l'habitude de voir. Il semble considérablement affaibli. Cependant, il refuse systématiquement de répondre aux questions posées. Ce tribunal, affirme-t-il, n'est qu'une parodie : en tant que chef de l'État, il ne peut être jugé que par l'Assemblée nationale — de fait, les bases légales du tribunal sont inexistantes. Mais aucun juge n'accepte de recevoir sa requête. Le procureur énonce les griefs reprochés aux deux époux : en premier lieu, ils sont accusés de génocide et ensuite d'avoir réprimé par la force l'insurrection du peuple. On leur reproche aussi leurs malversations, leurs détournements de fonds et leur mauvaise gestion de l'économie du pays. L'interrogatoire qui s'ensuit est un dialogue de sourds. Le juge a beau interroger Ceaucescu sur sa responsabilité dans la répression, dans l'appauvrissement de la population, le dictateur nie tout en bloc, pousse des exclamations indignées, dénonce le coup d'État. Les allusions au train de vie de la famille Ceaucescu, aux titres scientifiques dont Elena Ceaucescu s'est affublée provoquent la colère et la stupéfaction de ceux qui ont tenu le pays d'une main de fer durant des décennies. Ce spectacle pitoyable s'achève par une sentence attendue : les deux prévenus, déclarés coupables, doivent être exécutés. Probablement quelques minutes plus tard, des rafales d'armes automatiques mettent un terme à la carrière du couple de dictateurs.

Les procès des anciens dirigeants socialistes

Des procès plus réguliers. Le procès des Ceaucescu a été le premier procès d'anciens dirigeants de l'Europe de l'Est. Après les doutes émis à la suite de cette parodie de justice, les autres procès ont été plus réguliers. L'idée de traduire les anciens chefs d'État communistes se répand très vite, mais cela soulève des difficultés. En effet, on ne peut les poursuivre que pour des crimes définis à l'époque des faits reprochés. Dans le cas contraire, on aurait affaire à une violation du principe de non-rétroactivité des lois. Il s'agit ensuite de cerner la responsabilité exacte d'individus et non de juger un régime politique ou des institutions. De plus, pareils procès risquent de révéler le rôle passé d'actuels dirigeants reconvertis au capitalisme.

De Jivkov à Honecker. Entre 1991 et 1992, l'ancien dirigeant bulgare Todor Jivkov est ainsi traduit devant la Cour suprême de Sofia. Le 4 septembre 1992, après dix-huit mois d'audiences, il est condamné à sept ans de prison pour détournement de fonds et abus de pouvoir.

Le procès d'Erich Honecker, ex-dirigeant de la RDA, devant la Cour du Land (territoire) de Berlin suscite beaucoup plus de passions. Débutant en novembre 1992, il s'achève en janvier 1993. Celui que l'on accuse d'homicides et de malversations est atteint d'une grave maladie et la Cour constitutionnelle de Berlin met un terme aux procédures engagées, ce qui suscite un tollé général.

L'armée irakienne envahit le Koweït

LA GUERRE DU GOLFE

Le 2 août 1990, l'armée du président irakien Saddam Hussein occupe l'émirat pétrolier du Koweït. En dépit du pronostic irakien, la communauté internationale s'indigne et réagit aussitôt : les avoirs koweïtiens sont bloqués à l'étranger ; l'O.N.U. condamne l'invasion.

Le 6 août, quelque 6 000 Occidentaux présents au Koweït sont emmenés en Iraq en otages, certains servent de « boucliers humains » sur des sites stratégiques. Le même jour, le Conseil de sécurité de l'O.N.U. décide le boycott commercial, financier et militaire de l'agresseur. Loin de céder, l'Iraq proclame l'annexion du Koweït le 8 août ; le 28, il en fait sa « dix-neuvième province ». Le 29 novembre, une autre résolution de l'O.N.U. autorise le recours à la force si l'agresseur n'a pas évacué l'émirat au 15 janvier 1991.

Un pays ancien et ambitieux

L'ancienne Mésopotamie des Sumériens et des Babyloniens, conquise par les Arabes au VIIe siècle, cœur de **l'empire abbasside**, dominée ensuite par les Mongols, les Ottomans, et, après 1914, les Anglais, a gardé le souvenir de sa splendeur passée.

Après son indépendance en 1958, la république irakienne est gouvernée par des présidents issus de coups d'État militaires. **Le Baath**, parti unique nationaliste et socialisant, s'est imposé en 1968 : le président **Saddam Hussein**, « homme fort » du pays depuis 1979, en est devenu le maître absolu.

Face à la majorité musulmane chiite, deux minorités s'agitent. Au sud, ce sont **les chiites**, et, au nord, **les Kurdes**. Ces derniers réclament l'autonomie ou l'indépendance : leur rébellion, en 1985, a été écrasée par l'armée, dont les gaz de combat ont tué de 3 000 à 5 000 civils.

Enfin, l'Iraq a lancé en septembre 1980 une offensive contre **l'Iran**, s'engageant ainsi dans une guerre de huit années, avec le soutien de l'Occident et avec des armes fournies par la France et l'U.R.S.S.

Les raisons de l'annexion

Pendant dix ans, l'Iraq a été un allié de l'Occident. En guerre contre l'Iran de 1980 à 1988, il semblait défendre toute la région contre un déferlement d'intégrisme révolutionnaire venu de Téhéran. Très meurtrier, le conflit n'a pas permis de modifications territoriales. Saddam Hussein cherche donc des compensations aux dépens des pays qu'il a protégés. Il convoite le nord du Koweït, pour élargir son accès à la mer, mais les tractations échouent au début de 1990. Or, il veut un succès extérieur pour renforcer son pouvoir, d'origine militaire ; la richesse koweïtienne renflouerait ses finances exsangues, et il entend unifier à son profit le monde arabe, idée populaire qu'il renforce en jouant du souvenir des califes de Bagdad et de l'hostilité envers Israël.

Une réaction imprévue

Il a les moyens d'agir : premier importateur d'armes du monde (3,5 milliards de dollars en 1988), l'Iraq possède une armée aguerrie et une population mobilisée par dix ans de guerre. Il compte sur les embarras des autres gouvernements arabes, confrontés à la montée de l'intégrisme, sur l'appui que lui a fourni jusque-là l'Union soviétique, et sur le désintérêt de l'Occident, absorbé par la reconstruction de l'Europe de l'Est.

Contre toute attente, la réaction internationale est rapide, déterminée et pratiquement unanime. À partir d'août, des forces considérables se déploient en Arabie Saoudite et dans le Golfe : plus de 750 000 hommes, 3 600 chars, 1 800 avions de combat, 150 navires. Trente nations sont coalisées : États-Unis, Arabie Saoudite, Royaume-Uni, France, Égypte, Syrie, etc.

La guerre

D'ultimes tentatives ont lieu dans la semaine qui précède l'échéance du 15 janvier : Téhéran puis Moscou proposent des plans de paix. En vain. Le 17 janvier, à 2 h 40, heure locale, deux jours après la date fixée par l'O.N.U., le président américain G. Bush, chef de la coalition militaire, engage les combats : c'est l'opération « Tempête du désert ». Jusqu'au 24 février, l'aviation des coalisés, avec ses moyens ultramodernes, pilonne l'armée de Saddam Hussein ainsi que des objectifs militaires au Koweït et en Iraq : puis, jusqu'au 2 mars, une offensive terrestre permet aux

Le rêve de l'unité arabe

En annexant le Koweït, puis en tentant de précipiter Israël dans le conflit, Saddam Hussein a misé sur un réflexe panarabe, censé entraîner les populations du Moyen-Orient et du Maghreb dans son camp.

Un héritage commun, non une nation. Le panarabisme entend unifier des États nationaux séparés, dont les populations ne sont pas toutes arabes (Berbères, Égyptiens, etc.), mais sont très majoritairement musulmanes, parlent la langue arabe, et se sentent héritières d'une culture et d'un passé des plus brillants.

Un passé glorieux. Dans les débuts de l'islam, de vastes empires, dirigés par les Arabes, ont rassemblé les musulmans, comme sous les Omeyyades (661-750), et surtout sous les Abbassides de Bagdad (750-1258). L'Empire ottoman a fait passer par la suite la suprématie des Arabes aux Turcs, mais lui aussi unifiait jusqu'en 1918 des peuples aujourd'hui séparés en de nombreux États.

Tentatives du xxe siècle. En 1945 naît la Ligue arabe, pour favoriser la coopération entre pays arabes et leur indépendance face aux Européens : ce n'est qu'une entente entre États souverains. En 1959, l'Égypte de Nasser fusionne avec la Syrie, mais la « République arabe unie », monstre ingouvernable, éclate deux ans plus tard. L'hostilité à Israël, depuis la fondation de cet État en 1947, rapproche les États du monde arabe. Mais la guerre du Golfe a mis au jour les divisions entre pays de la Ligue arabe, et le front anti-israélien s'est fissuré, car l'Égypte a choisi la voie de la paix en 1978, et la Syrie, le Liban et les Palestiniens ont engagé de difficiles négociations depuis le 30 octobre 1991.

Hélicoptères américains au combat, en février 1991.

Saddam Hussein, l'homme qui déclencha la guerre.

Réfugiés kurdes à la frontière iranienne, en avril 1991.

coalisés de reconquérir le Koweït et d'entrer en Iraq. L'opinion occidentale s'attendait à des combats très durs : la faiblesse ou l'inefficacité de la résistance irakienne sont pour tous une surprise.

Du côté de la coalition, les combats ont tué moins de 200 soldats et détruit 36 avions : du côté irakien, il y a de 50 000 à 150 000 victimes, militaires et civiles. Malgré ses menaces, Saddam Hussein n'a pas utilisé de gaz de combat, et les missiles *Scud* qu'il a fait tirer contre Israël, puissance non-belligérante, ont raté leur but essentiel : précipiter l'Etat hébreu dans le conflit, pour que tous ses ennemis arabes, même ceux participant à la coalition, se rallient à l'Iraq.

Un nouvel ordre

Le cessez-le-feu du 2 mars 1991 coïncide avec l'éclatement d'une guerre civile en Iraq même. Mais les chiites, au sud, et les Kurdes, au nord, sont vite écrasés. Les civils kurdes craignent des massacres, comme en 1985, et fuient vers la Turquie et l'Iran. De gigantesques camps naissent dans les montagnes, dans des conditions de misère et d'hygiène effroyables, mais hors de portée des troupes de Bagdad. Le Koweït libéré chiffre les destructions et les pollutions dues aux combats et à l'incendie des puits de pétrole, dont l'extinction dure jusqu'en novembre 1991. Dans les années qui suivent la fin de la guerre, Saddam Hussein reste au pouvoir. L'embargo sur le pétrole irakien, s'il crée des difficultés économiques considérables dans le pays, ne

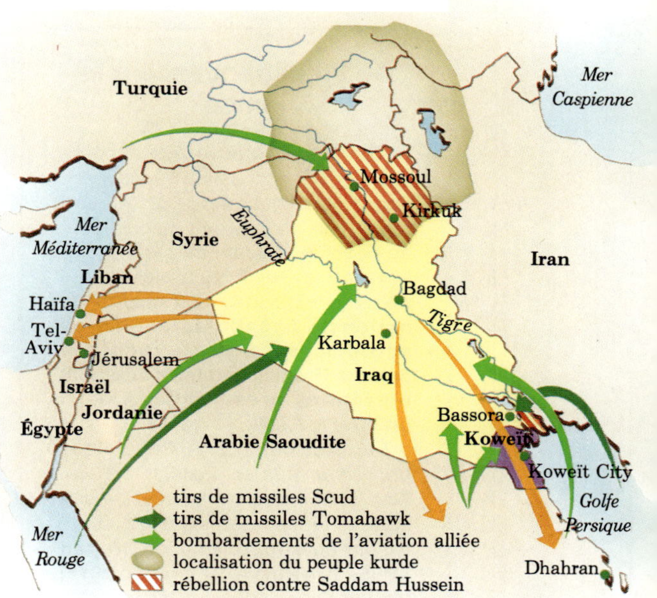

La zone du conflit.

parvient pas à déstabiliser le régime. Alors que son but était de contraindre le gouvernement irakien à révéler les caches recélant des équipements militaires et nucléaires, ce blocus est partiellement levé en 1996, sur la pression d'un mouvement d'opinion qui insiste sur les souffrances infligées aux civils par les pénuries alimentaires.

Sur le plan international, le conflit a révélé une situation nouvelle. Si l'attitude de l'O.N.U. à l'égard de l'Iraq a soulevé des espoirs éphémères en un gouvernement mondial de la paix, la guerre a prouvé surtout la détermination des États-Unis.

Les islamistes font régner la terreur

LA DEUXIÈME GUERRE D'ALGÉRIE

La victoire inattendue du Front islamique du salut aux élections de 1990 marque le début en Algérie d'un processus infernal de violences. Alors que le gouvernement durcit sa politique de répression contre les islamistes, ceux-ci entretiennent un climat d'insécurité permanente sur tout le territoire du pays et veulent, par la lutte armée, obtenir une réforme radicale du régime algérien.

Moins de vingt ans après la fin de la période dramatique de la guerre d'indépendance, les Algériens entrent à nouveau dans un processus de luttes armées dont l'issue reste incertaine.

De l'indépendance à la crise

Après la signature des accords d'Évian et l'accession à l'indépendance de l'Algérie en 1962, **Ahmed Ben Bella** impose son autorité face au G.P.R.A. (Gouvernement provisoire de la République algérienne) de Ben Khedda. **L'Assemblée nationale constituante, élue en septembre 1962, le désigne comme Premier ministre et établit un régime présidentiel à parti unique, le F.L.N.**

Élu président de la République par référendum en septembre 1963, Ben Bella rencontre au sein de son parti de fortes résistances qui aboutissent au **coup d'État du 18 juin 1965, organisé par le colonel Houari Boumediene.** Par la nationalisation des compagnies pétrolières et sa volonté de non-alignement, Boumediene mène une politique économique et internationale visant à dégager son pays de toute influence étrangère. L'Algérie devient ainsi le leader des pays non engagés en voie d'industrialisation.

Après la mort de Boumediene en novembre 1978, son successeur, **le colonel Chadli Ben Djedid, doit faire face au conflit du Sahara occidental qui oppose le Maroc au Front Polisario,** mouvement séparatiste sahraoui soutenu militairement et financièrement par l'Algérie.

La victoire électorale du F.I.S.

À partir de 1989, le F.L.N., parti politique unique de l'Algérie depuis l'indépendance, doit affronter un concurrent, le Front islamique du salut (F.I.S.), qui incarne les aspirations d'une partie du peuple algérien. Le 12 juin 1990, les élections municipales et régionales voient pour la première fois deux partis présenter des candidats. Contre toute attente, le F.I.S. remporte 853 sièges sur 1 539 et obtient la majorité non seulement dans les grandes villes, mais aussi dans les campagnes, traditionnellement fidèles au F.L.N. Le F.I.S. se trouve en position de force pour réclamer des élections législatives anticipées et le président Chadli Ben Djedid doit accéder à ses exigences. Or, en décembre 1991, dès le premier tour des législatives, le Front islamique est de nouveau en tête. Plusieurs facteurs peuvent expliquer cette victoire. L'économie algérienne est à la dérive depuis l'effondrement des cours du pétrole et l'augmentation de la dette publique. De nombreux problèmes sociaux (crise du logement, chômage des jeunes) sont accentués par l'extraordinaire croissance démographique qu'a connue le pays. Toutes ces difficultés, imputées à la politique menée par les gouvernements F.L.N. depuis l'indépendance, amènent les jeunes générations des quartiers défavorisés à placer leur espoir dans l'idéologie que leur présente le F.I.S. Face à l'islam tolérant d'une bourgeoisie largement européanisée, l'intransigeance du Front islamique est ressentie par cette partie de la population comme une réaction de sursaut national. Le strict respect des obligations de la loi religieuse, en particulier le port du *hidjab* (voile) par les femmes, est vécu comme une lutte contre l'occidentalisation des pays musulmans.

L'apparition de la violence

Après la victoire du F.I.S. aux élections législatives de 1991, les officiers algériens, peu soucieux de voir le pays basculer dans la révolution islamique, contraignent le président Ben Djedid à démissionner. Ils instituent un Haut Comité d'État formé de cinq membres et présidé par Mohamed Boudiaf, un ancien chef de la guerre de libération. Ces mesures ne suffisent naturellement pas à calmer la situation ; dans les villes, les partisans du F.I.S., privé de son droit légitime à former un gouvernement, manifestent. Pour mettre un terme aux troubles, les nouvelles autorités proclament, en février 1992, l'état d'urgence. De nombreux dirigeants du Front islamique sont alors arrêtés et celui-ci est dissous en mars. Le couvre-feu est instauré à la fin de 1992 et des forces de l'ordre, cagoulées et armées, patrouillent dans les rues des villes. Tout cela n'empêche pas la multiplication des agressions menées par les islamistes contre les fonctionnaires ni, surtout, la constitution par un « Mouvement islamique armé » de véritables maquis dans plusieurs régions du pays. La situation est d'autant plus complexe qu'il ne peut exister aucun dialogue entre les autorités algériennes et les dirigeants exécutifs du Front islamique, réfugiés à l'étranger...

L'Algérie en guerre

Dès la fin de 1993, la violence marque un nouveau tournant en Algérie. Les agressions perpétrées par les Groupes islamistes armés (G.I.A.) prennent la forme d'une véritable guérilla urbaine. Les intellectuels, les journalistes, les

Manifestation du F.I.S. à Alger le 20 avril 1990, juste avant sa victoire aux élections municipales et régionales.

À partir de 1990, le territoire algérien se couvre de cimetières improvisés, comme à Benthala, où, dans la nuit du 22 septembre 1997, 200 civils, au moins, sont massacrés à la hache ou au couteau.

Une maison vidée de ses habitants, un sol rougi par le sang des corps massacrés : telle est la réalité quotidienne de l'Algérie dans ces années terribles.

artistes, accusés de « sympathies anti-islamiques », ainsi que les femmes qui ne respectent pas la Loi coranique, sont parmi les principales victimes des exécutions sommaires. Dans les campagnes, les habitants d'un village entier sont parfois égorgés. Le F.I.S. dirige aussi ses attaques contre les Français qui vivent en Algérie et assassine employés consulaires, coopérants ou religieux — car l'ancienne puissance coloniale est coupable à ses yeux de soutenir le gouvernement algérien en place. Le 24 décembre 1994, un commando du G.I.A. s'empare sur l'aéroport d'Alger d'un Airbus d'Air France et assassine trois passagers. Ayant obtenu de conduire l'avion à Marseille, les activistes sont abattus par les forces de la gendarmerie française. Le lendemain, en représailles, quatre Pères blancs sont égorgés à Tizi Ouzou. Nommé en janvier 1994 comme seul candidat à la présidence de la République, le général Liamine Zeroual emploie sans résultat la manière forte. Un espoir de paix se fait jour lorsque, à l'initiative de la communauté catholique italienne Sant'Egidio, un « colloque pour l'Algérie » est organisé à Rome en novembre 1994; celui-ci réunit des membres de l'opposition algérienne et certains représentants du F.I.S. Mais l'explosion d'une voiture piégée le 30 janvier 1995 à Alger, faisant 42 morts et 250 blessés, est revendiquée par le F.I.S., qui manifeste ainsi son opposition à tout processus de paix. Quelle solution peut être apportée à cette nouvelle guerre d'Algérie qui, à la fin de 1996, a déjà fait plus de 50 000 morts ?

→ **Voir aussi :** p. 592-593 (Les accords d' Évian).

Les attentats terroristes en France

Des attentats sanglants. En 1995, les islamistes algériens prennent pour cible la France en organisant sur son sol une série d'attentats meurtriers. Le 25 juillet, une bombe explose dans une station du R.E.R. parisien, faisant 7 morts et 84 blessés. Le 17 août, un engin similaire, déposé près de la place de l'Étoile, blesse 17 touristes. Fin août et début septembre, trois attentats sur la voie ferrée du T.G.V., sur un marché parisien et dans le XVe arrondissement de Paris échouent à cause d'un système d'allumage défectueux. Le 7 septembre, devant une école juive de Villeurbanne, une voiture piégée explose à quelques minutes de la sortie des élèves, frôlant un nouveau carnage.

Le démantèlement des réseaux ? Le gouvernement français met en place le plan « Vigipirate », qui consiste en la surveillance des lieux publics par la police et l'armée. Soupçonné d'être responsable de l'attentat manqué contre le T.G.V., un jeune Algérien islamiste, Khaled Kelkal, est traqué par la police et abattu près de Vaulx-en-Velin le 29 septembre. Après un communiqué du G.I.A. appelant à frapper « au cœur même de la France », une bombe explose le 6 octobre dans le R.E.R., blessant 30 voyageurs. L'arrestation en novembre de six islamistes évite un nouvel attentat sur le marché de Lille.

De la transparence à l'éclatement

LA FIN DE L'U.R.S.S.

La libéralisation menée par Gorbatchev à partir de 1985 a permis l'expression de nombreux mécontentements, et en particulier l'épanouissement des revendications nationalistes. Les quinze républiques de l'U.R.S.S. veulent échapper à la tutelle du Kremlin et finissent par provoquer l'éclatement de l'Union.

Ainsi, dans le Caucase, l'Arménie veut récupérer le Haut-Karabakh, enclave isolée en Azerbaïdjan. Les accrochages font plus de deux mille morts entre 1988 et le printemps 1992. D'autres affrontements ont lieu en Géorgie, en Ouzbékistan, dans les pays Baltes et en Moldavie. L'intervention de la police et de l'armée, loin de calmer le jeu, ne fait souvent qu'alourdir les bilans.

Le problème des nationalités

La disparition de l'U.R.S.S. a accéléré la **décomposition des relations** entre les Républiques de l'ex-Union et **a créé de nouveaux conflits.**

La Fédération de Russie, elle-même, **est fragilisée.** Même si, le 10 avril 1992, un traité fédéral est signé afin de réguler les relations entre le centre et les périphéries, Moscou ne parvient pas à régler un certain nombre de conflits : dans le Caucase, où les combats entre Arménie et Azerbaïdjan pour le Haut-Karabakh continuent ; en Géorgie, où, depuis la chute de Zviad Gamsakhourdia (janvier 1992), le pays est en proie à la guerre civile parce que le peuple ossète réclame son rattachement à la Russie. Les relations de la Russie sont aussi difficiles avec l'Ukraine, en raison du partage de la flotte de la mer Noire, et avec la Biélorussie, qui se tourne de plus en plus vers l'Occident.

Le **sort des russophones** dans les Républiques indépendantes est très pénible. Dans certains pays Baltes, on les considère comme des citoyens de second rang. Ils sont contraints à l'exil dans certaines Républiques d'Asie centrale, comme la Tchétchénie, ou bien ils se retrouvent au centre d'une guerre civile, comme en Transdniestrie (Moldavie).

△ *Dernier symbole d'un régime haï, la statue de Lénine est déboulonnée à Vilnius, le 23 août 1991.*

◁ *19 août 1991, en plein putsch, Boris Eltsine stimule l'ardeur des défenseurs du Parlement russe.*

Les pays Baltes lancent le mouvement.

En 1990, de la Russie au Tadjikistan, les Parlements nationaux proclament leur souveraineté, la primauté de leurs lois sur celles de l'Union, voire même leur indépendance, comme en Lituanie. Là, dans les pays Baltes, l'État central réagit durement : l'armée occupe des bâtiments officiels à Riga et à Vilnius. Il y a des morts. Mais référendums, pressions internationales, solidarité de la République de Russie, passé historique, tout pousse à l'indépendance de la Lituanie, de la Lettonie et de l'Estonie, avant celle d'autres républiques.

De nouveaux mécontentements

Attachés à la grandeur de l'U.R.S.S. ou à la domination « grand-russienne » sur les autres peuples, les nationalistes s'indignent. Ils rejoignent ainsi les ennemis des réformes, nombreux au parti communiste et dans le gouvernement, où Gorbatchev a cru pouvoir composer avec eux. Ils comptent sur le mécontentement populaire, car les difficultés quotidiennes s'aggravent. Gorbatchev, prix Nobel de la paix en 1990, est reconnu à l'étranger mais pas dans son propre pays.
Par ailleurs, les responsables les plus réformistes s'éloignent du communisme et de Gorbatchev. Edouard Chevardnadze, ministre des Affaires étrangères, démissionne le 20 décembre 1990, insistant sur les risques de dictature. La lutte politique est très dure entre Gorbatchev et ceux, comme Boris Eltsine, qui veulent aller plus loin dans les réformes. En juin 1991, ce dernier est élu au suffrage universel à la présidence de la République de Russie. Le même mois, il porte un coup très dur aux conservateurs communistes : il interdit les activités politiques dans les entreprises et les administrations russes. De plus, il reconnaît l'indépendance lituanienne.

Le putsch

Le 20 août 1991 doit être signé à Moscou un nouveau traité de l'Union, renforçant l'autonomie des Républiques face au pouvoir central. La veille, les conservateurs frappent ; Gorbatchev, en vacances en Crimée, est remplacé « pour raisons de santé » par un « Comité d'État pour l'état d'urgence » comprenant le vice-président Gennadi Ianaev, les ministres de la Défense et de l'Intérieur, le chef du KGB. Des chars patrouillent dans Moscou. D'autres sont envoyés dans les pays Baltes. Les libertés fondamentales sont suspendues. L'Occident semble se résigner. Mais les Moscovites réagissent. Fort de sa légitimité électorale, Boris Eltsine en appelle au peuple et aux soldats. L'armée et le KGB se divisent. Les putschistes apparaissent comme des incapables isolés. Après trois jours, leur coalition se dissout d'elle-même. L'un d'entre eux se suicide, les autres sont arrêtés.

L'image symbole de la fin du putsch des conservateurs : le retour, à Moscou, de Mikhaïl Gorbatchev et sa famille, éprouvés par leur captivité en Crimée. Le dirigeant soviétique retrouve ses fonctions à la tête de l'U.R.S.S., mais il doit désormais traiter avec Boris Eltsine, le sauveur des libertés, qui a acquis au cours des événements une stature internationale.

Les conséquences

Gorbatchev revient à Moscou. On lui reproche d'avoir trop longtemps protégé les putschistes. Il plaide pour un communisme rénové, mais Eltsine, qui apparaît comme son sauveur, suspend le parti en Russie. Partout dans l'Union, les biens des partis communistes sont confisqués. Très vite, ces partis sont interdits. En octobre, le KGB est dissous.
Le putsch devait préserver l'unité de l'U.R.S.S., son échec en accélère la décomposition. Toutes les Républiques proclament leur indépendance. Des accords sur les frontières et un assez vague accord économique sont signés. En novembre naît la C.E.I., Communauté des États indépendants. Ni les pays Baltes, ni la Géorgie n'y participent. En décembre, à Minsk, la Russie, l'Ukraine et la Biélorussie (Russie blanche) proclament que l'U.R.S.S., « en tant que sujet de droit international et géopolitique, n'existe plus ». Le 21 décembre, la C.E.I. fait savoir à Mikhaïl Gorbatchev qu'il ne saurait présider une U.R.S.S. disparue. Il démissionne le 25 décembre.

La Russie après l'U.R.S.S.

Après janvier 1992, un processus de réformes économiques est mis en place par Egor Gaïdar (libéralisation des prix, privatisation des petites entreprises et tentative de privatisation de l'agriculture), afin de conduire à l'économie de marché et de lancer un capitalisme privé. Face à ce libéralisme de plus en plus contesté par la population, en butte à des difficultés économiques énormes, des oppositions politiques se révèlent et on assiste au développement d'un communisme nationaliste. Le 25 avril 1993, un référendum est organisé par Boris Eltsine afin de définir les nouveaux cadres de la vie politique, mais les résultats ne sont pas nets. La situation sociale est explosive : 90 % de la population se contente du minimum vital et certaines catégories, comme les personnes âgées, les malades ou les anciens militaires, vivent dans des conditions d'extrême précarité. En revanche, une minorité composée de commerçants et de « maffieux » bâtit des fortunes rapides.

De jeunes États en difficulté

La dislocation de l'U.R.S.S., en décembre 1991, libère de la tutelle soviétique cinq jeunes États d'Asie centrale, après plus d'un siècle de colonisation. Le Kazakhstan, le Kirghizistan, l'Ouzbékistan, le Tadjikistan et le Turkménistan deviennent en effet des républiques indépendantes.

Une population en forte croissance et des revenus maigres. Ces jeunes États, qui ont à résoudre entre eux de nombreux problèmes de frontière, ont une population principalement rurale et à fort taux de croissance. Il leur faut donc nourrir, vêtir, éduquer et employer une population très jeune et cela, désormais, sans l'aide des subventions de l'Union soviétique. Si trois de ces pays, le Kazakhstan, l'Ouzbékistan et le Turkménistan disposent de ressources agricoles et minières suffisantes pour y parvenir, les deux autres, au contraire, le Kirghizistan et le Tadjikistan sont des régions essentiellement montagnardes, situées très à l'écart des grandes voies continentales de communication, pauvres en terres agricoles irrigables et en gisements miniers.

Une impossible coopération ? La solution pour ces pays serait sans doute la mise en œuvre d'une coopération au moins économique. Mais le marché commun centrasiatique, mis sur pied en 1993, comme l'espace économique commun créé en 1994 par le Kazakhstan, le Kirghizistan et l'Ouzbékistan, restent purement formels. Les structures de production rendent ces pays rivaux sur le plan économique et constituent donc un obstacle majeur à toute tentative d'échanges de biens ou de service. Par ailleurs, la volonté hégémonique d'un de ces États, l'Ouzbékistan, fait craindre aux autres de s'engager dans une coopération qui pourrait remettre en cause leur toute récente indépendance.

Pour résoudre leurs difficultés, les cinq Républiques doivent donc chercher de l'aide auprès d'autres pays. Encore largement dépendantes de la Fédération de Russie, elles cherchent à diversifier leurs partenaires, et se tournent vers la Chine populaire qui est particulièrement intéressée par cette région du monde. Les États-Unis, l'Union européenne, mais aussi la Corée du Sud et le Japon sont également parties prenantes dans l'avenir de ces États au développement encore très précaire.

→**Voir aussi** : p. 676-677 (L'année de tous les changements).

Un pays se déchire dans un conflit sanglant

LA GUERRE DANS L'EX-YOUGOSLAVIE

À partir de 1991, l'équilibre fragile de la Yougoslavie s'écroule par la volonté d'indépendance des différents peuples réunis artificiellement dans ce pays. L'escalade de la violence, qui se traduit par des atrocités commises de part et d'autre, souligne l'incapacité des puissances mondiales à s'opposer efficacement à ces combats meurtriers.

La Bosnie-Herzégovine connaît une guerre terrible. Les Croates et les Musulmans enfermés dans des camps subissent privations, tortures et exécutions.

Lorsque les armes se taisent, au terme de cinq années d'une guerre cruelle, les problèmes sont loin d'être entièrement résolus dans les anciennes républiques de la Yougoslavie.

L'éclatement d'un pays

En juin 1991, les Parlements de Croatie et de Slovénie proclament simultanément leur indépendance. Provoquée par les dissensions qui s'élèvent au sein de la présidence collégiale sur le devenir de la Fédération yougoslave, cette sécession de deux républiques est le prélude d'une guerre civile inexpiable. Déjà, la formation en 1918 du royaume des Serbes, Croates et Slovènes — devenu Yougoslavie en 1929 — portait en elle-même les germes des discordes à venir : le nouvel État regroupait en effet une mosaïque de populations (Serbes, Croates, Slovènes, Macédoniens, Monténégrins, Musulmans, Albanais, Hongrois, Turcs, Slovaques, Bulgares, Roumains) parlant des langues différentes et appartenant à des confessions également distinctes, catholique, orthodoxe ou musulmane. Si les tensions entre ces peuples, en particulier entre Croates et Serbes, n'ont jamais cessé de se manifester depuis l'origine de l'État, elles prennent un tour dramatique à partir de 1991. Deux jours après la déclaration d'indépendance de la Croatie et de la Slovénie, les blindés de l'ancienne armée fédérale yougoslave, manœuvrés en majorité par des Serbes, pénètrent en Slovénie et des combats se déroulent pendant quelques semaines dans la région de Ljubljana. Cependant, la Communauté économique européenne fait accepter un cessez-le-feu et les militaires se retirent de Slovénie ; ils se déplacent alors en direction de la Croatie, où vit une forte minorité serbe. Se posant en défenseurs de celle-ci, les troupes «libèrent» les régions qu'elle habite. Sous le prétexte de «purification ethnique», les Croates sont massacrés ou regroupés dans des camps de concentration, et leurs habitations sont réquisitionnées par les Serbes. Devant ce qui s'apparente à une conquête militaire, les protestations européennes se multiplient, en vain. Les ports de la côte dalmate sont soumis à un blocus par la marine serbe. Après de longues semaines de siège, les villes historiques de Dubrovnik et de Vukovar sont prises et en grande partie détruites. À la fin de l'année 1991, on compte déjà entre 10 000 et 20 000 morts dans cette guerre qui ne fait que commencer.

La Yougoslavie avant l'éclatement

Après avoir joué un rôle de premier plan dans les armées de partisans yougoslaves en lutte contre les forces de l'Axe, **Josip Broz,** surnommé **Tito, devient, après la libération de son pays, le président de la République populaire fédérative de Yougoslavie,** créée en 1946 et qui comprend six républiques : la Serbie, la Slovénie, la Croatie, la Bosnie-Herzégovine, la Macédoine et le Monténégro.

Après une courte période où le pays prend modèle du régime stalinien, **la Yougoslavie rompt avec l'U.R.S.S. en 1948 et, dès 1950, accepte l'aide économique et militaire de l'Occident.** Tito mène une politique communiste originale de non-alignement et multiplie les accords avec d'autres pays qui entendent refuser l'ingérence des grandes puissances.

Après la mort de Tito en 1980, la présidence devient collégiale, les représentants de chaque république l'exerçant à tour de rôle pendant un an.

« La sale guerre »

En janvier 1992, la Communauté européenne reconnaît l'indépendance de la Slovénie, de la Croatie, de la Macédoine, puis, en avril, celle de la Bosnie-Herzégovine. Après la Slovénie et la Croatie, qui a accepté un plan de paix et le déploiement d'une force de protection internationale (FORPRONU), les Serbes tournent alors leurs attaques vers la Bosnie. Dans cette république, une forte minorité serbe (env. 32 % de la population) — soutenue par la nouvelle république fédérale de Yougoslavie, fondée en avril par l'ancienne république de Serbie associée au Monténégro — s'en prend aux Musulmans et aux Croates. Pour se rendre maîtresse des zones qu'elle estime devoir lui revenir, elle applique une politique de « purification ethnique » atroce : les villages sont incendiés, des milliers d'habitants sont massacrés, les femmes sont violées, les survivants sont expédiés dans des camps. Les Croates répliquent à cette offensive serbe, s'emparant d'une partie du pays et massacrant à leur tour la population serbe. L'opinion mondiale s'émeut, mais les grandes puissances ne parviennent pas à mettre au point une intervention militaire seule capable de mettre fin au carnage ; les Casques bleus envoyés sur place ont bien des difficultés à seulement acheminer l'aide humanitaire, qui n'arrive bientôt plus que par le seul aéroport de Sarajevo, assiégée à partir de ce moment. En mai 1992, le Conseil de sécurité de l'O.N.U. vote néanmoins un embargo commercial contre la république fédérale de Yougoslavie, alors que son président Slobodan Milosevic est condamné par la Communauté européenne. À la fin de 1993, deux médiateurs, David Owen et Thorvald Stoltenberg, proposent un plan de découpage de la Bosnie en trois républiques, projet repoussé par le gouvernement musulman bosniaque. À la même époque, la Bosnie n'est au demeurant pas la seule région de l'ex-Yougoslavie à être ravagée par les combats : à l'intérieur de la république fédérale, l'enclave autonome du Kosovo, peuplée à 80 % d'Albanais, est envahie par les Serbes, qui y installent un régime policier multipliant les arrestations.

Les villes martyres

En septembre 1993, l'enclave musulmane de Bihac, au nord de la Bosnie, fait sécession et signe un accord de paix avec le président de la république serbe de Bosnie-Herzégovine, proclamée unilatéralement en janvier 1992 et présidée par Radovan Karadzic. L'attention mondiale se porte alors surtout sur Sarajevo, la capitale bosniaque, dont la population tâche de survivre, dans un dénuement total, affrontant quotidiennement bombardements et balles des « snipers » — les tireurs embusqués — serbes. Le 5 février 1994, un obus envoyé sur le marché de Sarajevo tue 68 personnes et en blesse près de 200. L'horreur de cette tuerie pousse enfin l'O.T.A.N. à lancer un ultimatum aux Serbes afin qu'ils retirent leurs armes lourdes dans un rayon de 20 km autour de la ville. Pour la première fois, Français, Américains et Russes parviennent ensemble à se faire entendre par les Serbes, qui s'inclinent. Cependant, la guerre n'est pas finie : la ville de Gorazde, en avril 1994, les enclaves de Srebrenica et de Zepa, en juillet de la même année, sont à leur tour victimes des bombardements, leurs populations étant massacrées ou contraintes à l'exode. Les Serbes finissent par céder devant la Force de réaction rapide formée par l'O.T.A.N. et l'Union européenne. Des négociations peuvent alors commencer. Le 21 novembre 1995, sur la base militaire américaine de Dayton, les représentants bosniaques, croates et serbes signent un accord de paix prévoyant le maintien d'un État unique de Bosnie-Herzégovine, composé de deux entités : une Fédération croato-musulmane et une république serbe de Bosnie, Sarajevo restant la capitale unifiée des deux pays. L'embargo contre la république fédérale de Yougoslavie est alors levé, et une force multinationale de mise en application de la paix (*Implementation Force* ou IFOR), sous le commandement de l'O.T.A.N., est déployée en Bosnie-Herzégovine, où elle prend le relais de la FORPRONU. Au début de 1996, tout reste à reconstruire dans les États surgis du conflit. La guerre a fait plus de 150 000 morts et provoqué le déplacement de 2 millions de personnes ; elle laisse des ruines matérielles considérables, et des cicatrices morales plus graves encore.

L'accord de paix signé à Dayton le 21 novembre 1995 est ratifié à Paris le 14 décembre par les présidents de Serbie, Slobodan Milosevic, de Croatie, Franjo Tudjman, et de Bosnie, Alija Izetbegovic.

Composée d'une multitude de peuples très différents, la Yougoslavie sombre dans une terrible guerre civile à partir de 1991.

Assiégée par les Serbes à l'automne 1991, la ville croate de Vukovar est finalement conquise le 19 novembre après avoir été totalement détruite.

La difficile unification européenne

LE TRAITÉ DE MAASTRICHT

En se réunissant à Maastricht, les chefs d'État des douze pays qui composent en 1992 la Communauté économique européenne, devenue à cette occasion Communauté européenne, veulent élargir les compétences économiques de l'organisation et jeter les bases d'une union politique.

Les accords, signés le 7 février, font naître de multiples oppositions, mais, après leur ratification en 1992-1993 par tous les pays concernés (avec d'importantes clauses d'exception pour le Danemark et pour la Grande-Bretagne), les gouvernements travaillent à la mise en place pour l'an 2000 de la nouvelle Union européenne.

Maastricht, capitale de l'Europe

La petite ville néerlandaise de Maastricht, au nom si difficile à prononcer pour la plupart des Européens, devient en 1992 le symbole de l'union de l'Europe pour les uns, des désaccords inévitables entre partenaires pour les autres. Défini les 9 et 10 décembre 1991, le traité sur

Le 7 février 1992, les représentants des douze États membres de la Communauté économique européenne signent le traité de Maastricht.

Les pays de l'Union européenne

1992 : les " douze " de Maastricht. Les pays signataires des accords de Maastricht sont, par ordre d'entrée dans la Communauté, la Belgique, le Luxembourg, la France, les Pays-Bas, l'Allemagne et l'Italie (1958) ; la Grande-Bretagne, le Danemark et l'Irlande (1973) ; la Grèce (1981), l'Espagne et le Portugal (1986).

1995 : trois nouveaux venus. L'Autriche, la Finlande et la Suède adhèrent à l'Union européenne.

2004 : L'Europe à 25. Dix nouveaux États, principalement issus de l'orbite soviétique, font leur entrée dans l'Union : Malte, la Slovénie, la Hongrie, la Pologne, la Lituanie, l'Estonie, la Lettonie, la République tchèque, la Slovaquie et Chypre.

Adopté par le Conseil de l'Europe en 1955, le drapeau bleu aux douze étoiles est depuis 1986 celui de la Communauté européenne. Le nombre douze est le symbole de la plénitude et de la perfection.

l'Union européenne est signé à Maastricht, le 7 février 1992, par les douze ministres des Affaires étrangères de la Communauté. Discutés pendant plus de deux ans, ces accords prennent la forme d'un document de 250 pages qui, faisant symboliquement disparaître le qualificatif « économique », à vocation restrictive, du nom de la Communauté européenne, prévoit une transformation progressive de celle-ci en une Union européenne (U.E.) à vocation beaucoup plus générale. Trois points principaux se dégagent de ces accords. Tout d'abord, avec l'institution d'une Union économique et monétaire (U.E.M.), le traité de Maastricht prévoit la constitution d'une banque centrale européenne, dégagée de tout pouvoir politique, qui gérera la monnaie unique. Celle-ci doit entrer en vigueur en 1997, mais cette échéance sera par la suite repoussée à 1999. La deuxième mesure constitue un premier pas vers une citoyenneté européenne : le droit de voter et d'être élu aux élections européennes et municipales d'un État de l'Union est accordé à tout citoyen européen résidant dans cet État. La troisième mesure prévoit la mise en œuvre d'une politique étrangère et de défense commune.

La contestation européenne

Ratifiés par le Parlement européen en avril 1992, les accords de Maastricht sont loin de susciter l'enthousiasme de tous les gouvernements de la Communauté, et ils ne seront que difficilement acceptés. Le Danemark les refusera avant qu'un second référendum n'impose le oui en 1993. L'Angleterre y est hostile et obtient en contrepartie de son acceptation des dérogations importantes, quant à la France elle ne parvient à les faire approuver que de justesse, par un référendum qui voit le oui l'emporter avec 51 % des voix en septembre 1992. L'Europe peut donc poursuivre son chemin, mais chaque traité à venir est âprement discuté et arraché de haute lutte à l'issue de négociations douloureuses. Le traité de Nice sur la réforme des institutions, en décembre 2000, est particulièrement révélateur de ces dissensions alors que l'Europe s'apprête à accueillir dix nouveaux membres en 2004. La crise la plus grave survient en 2005 avec l'élaboration d'une Constitution européenne. Signée à Rome le 29 octobre 2004, cette Constitution doit être ratifiée par chacun des 25 États membres. Mais en mai 2005 la France dit non à près de 55 %, suivie par les Pays-Bas où ils sont 61,6 % à refuser un projet de Constitution qui est loin de faire l'unanimité, accusé de faire la part belle au libéralisme économique au détriment d'une « Europe sociale ». Car cette dernière est délicate à mettre en œuvre quand doivent s'harmoniser les économies des pays fondateurs, à l'Ouest, et celles, autrement plus fragiles et modestes, des dix nouveaux membres, à l'Est. Le processus de construction se voit alors sérieusement menacé, et l'Europe en panne doit désormais trouver un second souffle au risque de ne jamais se réaliser pleinement.

→**Voir aussi** : p. 548-549 (Le plan Marshall).

L'« euro », la nouvelle monnaie de l'Europe

Appelée « écu » au moment des accords de Maastricht, la future monnaie européenne commune reçoit le nom d'« euro » au sommet de Madrid en décembre 1995. Le « pacte de stabilité » adopté à Dublin en septembre de l'année suivante doit éviter les fluctuations des changes, condition du fonctionnement de cette monnaie. Les étapes de la transformation qui doit mener au remplacement des monnaies nationales par cette monnaie unique sont les suivantes :
1998 : désignation des États qui seront les premiers à adopter l'euro, en fonction de la compatibilité de leurs taux de change et donc des efforts accomplis auparavant par les États pour aboutir à une situation financière saine, condition d'une monnaie stable.
1999 : fixation du taux de conversion entre l'euro et les monnaies des pays européens.
2002 : mise en circulation des euros et suppression des monnaies nationales dans les pays qui ont adopté la monnaie européenne.

En 1996, l'affaire de la « vache folle » provoque une grave crise au sein de l'Union européenne, notamment entre la Grande-Bretagne, principal pays incriminé, et ses partenaires.

1993...

La réparation d'un œil géant qui explore l'espace

LE TÉLESCOPE SPATIAL « HUBBLE »

Le télescope « Hubble », vu de la navette « Discovery », au moment où il fut lâché dans l'espace.

Les télescopes spatiaux

Des observatoires dans l'espace. Dès la fin des années 1960 et au début des années 1970, les États-Unis, l'Union soviétique et l'Europe développent des programmes d'étude systématique de l'espace à l'aide de télescopes placés sur des satellites. Ces appareils, qui effectuent des observations inaccessibles aux télescopes terrestres, utilisent deux techniques complémentaires : l'imagerie, ou observation visuelle à l'aide de caméras très sensibles, et la spectroscopie, c'est-à-dire l'analyse du rayonnement électromagnétique des astres en fonction de leur longueur d'onde. Certains télescopes sont spécialisés dans l'observation d'un type particulier de radiations, rayons infrarouges, ultraviolets, X ou gamma.

Le satellite européen ISO. Lancé par une fusée *Ariane* à partir de la base française de Kourou, en Guyane, le satellite ISO (Infrared Space Observatory) a fonctionné de novembre 1995 à avril 1998. Il était équipé d'un télescope de 60 cm de diamètre, d'une caméra, de deux spectromètres et d'un photomètre, qui mesurait les intensités lumineuses. Il a fourni des images du ciel dans l'infrarouge d'une précision et d'une sensibilité encore jamais atteintes, et procurer des données sur les astéroïdes (petites planètes en orbite autour du Soleil), sur les planètes lointaines, Jupiter, Saturne, Uranus, Neptune et leurs satellites, sur les comètes ainsi que sur les étoiles en formation et les galaxies.

À la fin du XXe siècle, et malgré le précédent de la mission « Apollo » sur la Lune, l'exploration de l'espace se fait encore largement sans l'homme, c'est-à-dire au moyen d'engins inhabités du type des sondes spatiales. Le 25 avril 1990, c'est la navette américaine « Discovery » qui met en orbite à quelque 600 kilomètres de la Terre un gigantesque télescope. Cet instrument, dénommé « Hubble », destiné à l'exploration de l'Univers, est comme un œil gigantesque lancé dans l'espace pour voir ce qu'on ne peut saisir enobservant depuis la Terre.

Deux mois après le lancement de *Hubble,* les astronomes, qui attendaient cet événement sans cesse retardé depuis sept ans et comptaient beaucoup sur cet appareil pour révolutionner leurs connaissances de l'espace, sont consternés. Le télescope est « myope ». Les images qu'il transmet sont floues. En décembre 1993, la NASA se trouve forcée d'envoyer des astronautes réparer ce très coûteux produit de la technologie moderne !

Pour scruter l'Univers

Le télescope *Hubble* est un appareil de 13,1 m de longueur qui possède un diamètre maximal de 4,3 m et pèse 11 tonnes. Il est orienté par des ordinateurs de bord et alimenté en énergie par deux panneaux solaires. *Hubble* est équipé d'un miroir principal de 2,40 m de diamètre, de deux chambres photographiques, dont une pour objets faiblement lumineux réalisée par les Européens, et de deux spectrographes — des instruments chargés d'étudier le rayonnement d'un objet en fonction de sa longueur d'ondes. *Hubble* est spécialisé dans l'observation des rayons compris entre l'ultraviolet extrême et l'infrarouge lointain. L'analyse des informations qu'il envoie doit permettre de déterminer les éléments qui composent les astres, planètes, comètes et étoiles par exemple. Le télescope, conçu pour examiner des étoiles cinquante fois moins lumineuses et dix fois plus éloignées que celles observées à partir de la Terre, ne remplit d'abord pas l'attente des scientifiques dans le domaine optique. À cause d'un défaut dans la courbure du miroir principal, il envoie des images floues. Dans un premier temps, les savants utilisent des programmes informatiques pour améliorer la qualité des vues et ils adaptent leurs programmes aux capacités réduites du télescope. Ces aménagements permettent de remédier en partie à la défaillance du télescope. *Hubble* fournit ainsi les meilleurs clichés jamais obtenus de la planète Pluton et de son satellite Charon. Grâce à lui, les astronomes étudient l'enveloppe extérieure d'une supernova — une étoile dont l'éclat augmente brusquement et très intensément —, dont l'explosion a été observée quelques années auparavant, et ils reçoivent quatre images d'un quasar — un corps céleste envoyant de puissantes émissions radioélectriques — éloigné de huit milliards d'années-lumière (une année-lumière correspond à 9 461 milliards de kilomètres).

Un succès complet

Ces résultats encourageants accroissent d'autant plus la frustration des astronomes, qui voudraient obtenir la totalité des images que *Hubble,* théoriquement, aurait dû expédier. Aussi la NASA se résout-elle à intervenir directement sur le télescope. En décembre 1993, des astronautes quittent la Terre à bord de la navette *Endeavour* afin de réparer en orbite l'appareil défectueux. Le 5 du mois, la navette, qui vole à la même vitesse que *Hubble,* c'est-à-dire à 28 000 km/h, capture l'appareil à l'aide de son bras télécommandé. Au cours des jours suivants, l'équipage se relayant, et effectue cinq sorties au cours desquelles les hommes interviennent, plusieurs heures durant, sur le télescope. Les astronautes changent les gyroscopes qui ont pour fonction d'orienter l'appareil, les panneaux solaires, et ils posent une nouvelle caméra à grand champ qui tient compte du défaut de fabrication du miroir principal — qu'il est exclu de changer dans l'espace. L'équipe installe aussi un important dispositif optique qui donne à tous les instruments de *Hubble* une vision nette et en profite pour augmenter encore la mémoire des ordinateurs de bord. Le 10 décembre, le télescope remis à neuf est de nouveau largué dans l'espace. Les opérations, qui se sont déroulées dans des conditions difficiles, constituent un véritable exploit.

Saturne, comme on ne l'avait jamais vue avant « Hubble. »

Des galaxies et des étoiles

Hubble, à partir de cette date, commence à explorer l'immensité de l'espace. Filmant les confins de l'Univers, il rapporte des images extrêmement spectaculaires qui remontent à une époque où l'Univers avait un dixième de son âge... Dans une infime parcelle du cosmos sur laquelle il reste pointé pendant une dizaine de jours, il repère 1 500 à 2 000 galaxies nouvelles. Cette découverte signifie-t-elle que les galaxies, qui se comptent déjà par dizaines de milliards, sont beaucoup plus nombreuses qu'on ne le pense ? Il est encore trop tôt pour le savoir. À 7 000 années-lumière de distance de la Terre, dans la nébuleuse de l'Aigle et la constellation du Serpent, situées dans notre Galaxie, le télescope spatial prend des images de la naissance des étoiles. Là, dans les « nuages » du cosmos, volutes magnifiques, se trouve une « nursery » où une cinquantaine d'« œufs » d'étoiles sont en éclosion. *Hubble* assiste à la transformation de la masse de gaz, surtout de l'hydrogène, en une boule en fusion. Réparé à nouveau en 1997 et en 1999, le télescope spatial aura largement rempli sa mission. Tourné vers des horizons lointains, il explore le passé de l'Univers autant que son immensité. Ce voyage dans le temps doit permettre aux astronomes de recueillir des premiers éléments de réponses pour résoudre les questions qu'ils se posent au sujet de la formation et de l'évolution des galaxies et des étoiles dans l'Univers.

→**Voir aussi** : p. 682-683 (Les planètes lointaines).

Piliers de gaz dans l'espace : un de ces paysages fabuleux livrés aux hommes par l'intermédiaire du télescope « Hubble ».

Israéliens et Palestiniens à la recherche de la paix

L'ACCORD DE WASHINGTON

Le 13 septembre 1993, Yitzhak Rabin et Yasser Arafat signent, sous l'égide des États-Unis, l'accord de Washington.

Le 13 septembre 1993, après un demi-siècle de conflits et des mois de négociations secrètes, Israéliens et Palestiniens signent à Washington une déclaration de principes sur l'autonomie palestinienne. C'est le début du processus de paix qui doit mener à la coexistence pacifique entre les deux peuples.

À la fin des années 1980, le réalisme finit par l'emporter aussi bien chez les Palestiniens que chez les Israéliens. En 1988, le Parlement palestinien en exil proclame l'État de Palestine et renonce définitivement à l'idée illusoire de reconquérir l'ensemble des territoires perdus, reconnaissant ainsi implicitement l'existence d'Israël. L'O.L.P. (Organisation de libération de la Palestine) déclare, quant à elle, abandonner complètement ses activités terroristes. De leur côté, les Israéliens, aux prises avec l'Intifada, ou « guerre des pierres », le soulèvement palestinien qui a éclaté en décembre 1987 dans les territoires occupés, découvrent les limites de la répression. Cette politique, qui ne réussit pas à mater la révolte, leur aliène en outre la communauté internationale. De plus en plus d'Israéliens, las de la guerre, sont conscients que des négociations avec les Palestiniens offrent la seule issue possible au conflit.

De Madrid à Washington

La guerre du Golfe (1990-1991) précipite les événements. Après être intervenus en faveur du Koweït occupé, les États-Unis, tout-puissants dans la région depuis la chute du mur de Berlin, ne peuvent plus différer le règlement de la question palestinienne. En octobre 1991, ils organisent à Madrid une conférence pour la paix au Proche-Orient réunissant Israéliens, Syriens (qui attendent qu'Israël leur rétrocède le plateau du Golan), Jordaniens et Palestiniens. Après ces premiers contacts, des négociations s'engagent directement entre Palestiniens et Israéliens. En septembre 1993, elles débouchent sur la reconnaissance mutuelle d'Israël et de l'O.L.P., considérée comme le seul représentant du peuple palestinien, et sur la signature de la déclaration de principes de Washington. Le gouvernement travailliste d'Israël, dirigé par Yitzhak Rabin, et l'O.L.P., sous la conduite de Yasser Arafat, est parvenu à ce résultat malgré les résistances et les oppositions des radicaux des deux camps. La déclaration de principes prévoit une large autonomie pour la région de Jéricho, à l'est de la Cisjordanie, et la bande de Gaza, au sud-ouest d'Israël. Ces territoires seront placés sous le contrôle d'une Autorité palestinienne, mise en place pour une période intérimaire de cinq ans. Au terme de ces cinq années, les deux parties en présence auront défini le statut définitif des territoires palestiniens et réglé les questions les plus délicates, comme celles du retour des réfugiés et de l'avenir de Jérusalem.

L'autonomie palestinienne

L'accord dit « d'Oslo I », signé le 4 mai 1994 au Caire, rend effective la déclaration de Washington. Il fixe les conditions du retrait israélien des territoires occupés et du transfert des pouvoirs à l'Autorité palestinienne, dont il définit la composition et les attributions. L'accord précise aussi le rôle de l'importante force de police palestinienne chargée de la sécurité et du maintien de l'ordre et il garantit la circulation des personnes entre Gaza et Jéricho à travers Israël. Dès le mois de juillet, Yasser Arafat, le chef de l'O.L.P., rentre d'exil et prend la tête de l'Autorité palestinienne. Les administrations se mettent en place progressivement à Jéricho et à Gaza. L'accord dit « d'Oslo II », signé le 28 septembre 1995 à Washington, achève de définir les institutions en fixant la composition, les responsabilités et les pouvoirs du Conseil palestinien. Il prévoit aussi l'extension du territoire palestinien au rythme des retraits israéliens.

La difficile application des accords

Dans un premier temps, le processus de paix respecte le calendrier prévu. À la fin 1995, conformément aux accords d'Oslo, les Israéliens évacuent six villes de Cisjordanie. En janvier 1996, les Palestiniens sont appelés aux urnes pour élire le Conseil et le président de l'autonomie palestinienne, qui reste Yasser Arafat. En mai suivant, la droite nationaliste, opposée aux accords d'Oslo, remporte les élections en Israël. Le gouvernement de Benyamin Netanyahou avance le prétexte de l'insécurité dans les territoires palestiniens pour bloquer le processus de paix. Il encourage à nouveau l'implantation et l'extension des colonies juives. La série d'attentats meurtriers commis en 1997 par des extrémistes musulmans palestiniens contre des Israéliens ne fait que renforcer l'attitude de la droite. Le non-respect des accords mécontente un nombre toujours plus grand de Palestiniens.

Si l'accord de 1993 a débloqué dans un premier temps la situation, aujourd'hui encore les tensions restent vives entre Palestiniens et Israéliens, et les problèmes semblent loin d'être réglés.

« L'utopie » de Genève

D'autres accords se succéderont, à Wye Plantation en 1998, à Charm el-Cheick en 1999, à Camp David en 2000, à Taba en 2001, chaque fois interrompus ou abandonnés, figeant les deux parties dans un face à face semblant ne jamais pouvoir trouver d'issue satisfaisante. Un autre plan de paix pourtant est conçu, non officiel et secret, signé à Genève en décembre 2003. Élaboré par Yossi Beilin, ancien ministre de la Justice israélien et Yasser Abed Rabbo, ancien ministre de l'Autorité palestinienne, l'accord de Genève prévoit, avec le concours de la communauté internationale, un retour aux frontières « historiques » de 1947 avec des compensations territoriales minutieusement détaillées pour chacun des deux camps, les réfugiés Palestiniens obtenant des compensations et Jérusalem accédant au statut de capitale des deux États. Optimiste, voire utopiste, ce plan de paix est le premier du genre à voir des personnalités politiques israéliennes et palestiniennes chercher ensemble une solution globale. Manque maintenant, des deux côtés, la volonté de mettre en œuvre un tel programme.

→ **Voir aussi :** p. 600-601 (La guerre des Six-Jours) ; p. 668-669 (La « guerre des pierres »).

Le 20 janvier 1996, les Palestiniens élisent, pour la première fois, le Conseil de l'autonomie palestinienne et son président.

1993

L'explosion des autoroutes de l'information

INTERNET

Désormais, l'ordinateur fait partie de la vie quotidienne de nombreux enfants, qui, déjà familiarisés avec les jeux vidéo s'initient sans difficultés à l'informatique. ▷

Techniquement, Internet est un réseau électronique qui permet de relier entre eux tous les ordinateurs de la planète ; socialement, il constitue un phénomène de civilisation. Confidentiel jusqu'au début des années 1970, il s'impose sur le devant de la scène médiatique à partir de 1993, grâce à l'invention d'un logiciel, Mosaic, qui permet d'en faire un outil à la disposition de chacun.

Internet forme une toile d'araignée gigantesque reliant en 1996 plus de 50 millions d'utilisateurs répartis sur plus de 200 pays — chiffre qui passe à environ 300 millions d'utilisateurs à la fin de l'année 2000. L'origine de ce réseau remonte à la guerre froide, et résulte d'une initiative directement liée à celle-ci.

Un réseau issu des services secrets américains

En 1969, le département de la Défense américain décide de construire un réseau d'infrastructure informatique souterrain pour relier tous les quartiers généraux de son armée dans le monde. L'objectif est d'empêcher la destruction totale ou partielle par un « ennemi » des informations échangées entre les services. À cette époque, les États-Unis vivent dans la hantise d'une attaque communiste, qui viendrait d'U.R.S.S. ou de Cuba. Le projet reçoit aussitôt un commencement de réalisation, et une chaîne numérique de plus en plus considérable se développe, reliant d'abord les centres de recherche puis les grandes universités américaines. En 1974, le terme *Internet* (« filet d'interconnexions ») est créé par un certain Vint Cerf, professeur de l'Université de Californie à Los Angeles. À partir des années 80, le réseau s'écarte radicalement de l'objectif qui lui avait d'abord été assigné, la défense. Entrés en masse sur le réseau, les scientifiques — c'est-à-dire des civils — reçoivent la responsabilité de sa gestion et de son développement. Sous l'égide de la National Science Foundation (NSF), l'agence scientifique du gouvernement américain, Internet « explose » véritablement. L'épine dorsale du système, le NSF-NET, est alors constituée : c'est un ensemble de petits réseaux informatiques sur lesquels se connectent les utilisateurs du monde entier. D'abord gratuit et tourné vers la connaissance, Internet connaît ensuite une troisième révolution. Devant l'afflux et la variété des consommateurs connectés, les services payants se multiplient, le bénévolat initial s'effaçant au profit de préoccupations commerciales.

Mosaic, le logiciel

L'homme par qui cette révolution arrive est un jeune étudiant de l'université d'Urbana-Champaign, dans l'Illinois, qui ne gagne à cette époque que quelques dollars par semaine. Il invente, en 1993, le premier logiciel d'accès commode à Internet, distribué dès son apparition à un rythme de 1 000 par jour. Aujourd'hui, c'est sans doute plus de un million de copies de Mosaic qui circulent dans le monde. Grâce à ce logiciel — qu'on appelle aussi un « butineur » — le « netteur », c'est-à-dire l'utilisateur du Net, entre dans Internet et peut trouver, éventuellement dans un centre

Censurer Internet ?

Pour prévenir toute dérive, les États-Unis ont adopté en 1996 une loi sur les télécommunications, difficilement applicable et très controversée, qui s'accompagne de mesures répressives à l'encontre des documents de nature pornographique. Est reconnu coupable quiconque « a envoyé ou rendu accessible à une personne âgée de moins de 18 ans tout commentaire, demande ou suggestion, proposition, image ou autre communication qui dépeint ou décrit en termes manifestement choquants [...] des activités ou des organes sexuels ou excrétoires »... Les élus ont même ajouté au dernier moment à la liste des sujets défendus certains types de discussion sur l'avortement. Cette loi a provoqué un tollé aux États-Unis. Les documents à caractère pornographique représentent moins de 0,5 % des messages échangés sur Internet. Une douzaine d'organisations de défense de la liberté d'expression cherchent à faire invalider cette loi pour inconstitutionnalité.

Le nombre de données transférées sur le Web ne cessant de croître, le consommateur doit apprendre à « surfer » sur cet océan d'informations.

Avec la diffusion d'Internet, un nouveau type de café apparaît, le cybercafé, dans lequel les clients, ou internautes, voyagent à travers le Web (le cyberiacafe, Londres).

de données qui se trouve à l'autre bout du monde, les informations qu'il cherche. La facilité d'accès au réseau permet une augmentation extraordinaire des postes d'accès, non seulement aux États-Unis mais aussi en Europe. Entre 1990 et 1994, le nombre d'ordinateurs connectés à Internet serait ainsi passé de 526 en Italie à plus de 21000 et de 3100 à près de 66000 en France! En 1996, on estime qu'un nouvel utilisateur se branche sur Internet toutes les deux secondes. Le réseau gagne ainsi un million de nouveaux adhérents par mois.

Internet : mode d'emploi

Internet est un espace fonctionnant 24 heures sur 24. Les principaux services actuels d'Internet sont: le courrier électronique (E-mail); les forums de discussion (Usenet News) ; le téléchargement de fichiers informatiques (FTP); la téléconnexion sur d'autres ordinateurs, qui permet des échanges de fichiers et donc un travail commun, à distance, en temps réel (Telnet) ; la navigation dans le monde entier à l'aide de catalogues, afin de consulter les informations (ou données) dans les lieux (ou bases) où elles sont stockées (Gopher) ; et enfin le dernier venu, le World Wide Web (WWW), conçu par le Conseil européen pour la recherche nucléaire (Cern), qui permet à l'utilisateur d'aller chercher dans différents sites du monde des textes, des images, des sons mis à sa disposition. Les usages d'Internet sont des plus variés. Un netteur du bout du monde peut ainsi télécharger le *Discours de la méthode* de Descartes en moins de trois minutes sur son micro-ordinateur, éteindre la connexion sur Internet et consulter le livre en toute quiétude sur son ordinateur. Le journal *The Jerusalem Post* décrit la façon dont plus de 120 000 personnes de confession juive sont branchées en permanence sur le système, permettant ainsi aux membres les plus isolés d'être en contact avec leur communauté.

Avantages... et inconvénients

De nombreuses polémiques alimentent la réflexion sur le droit à appliquer à Internet. Indestructible, décentralisé, propriété de tous, Internet a fait renaître **le rêve utopique d'une communauté humaine harmonieuse, planétaire, où chacun s'appuie sur d'autres pour perfectionner ses connaissances.**

La réalité est plus complexe. Ainsi un étudiant du laboratoire de physique nucléaire a jugé astucieux de décrire par le menu sur le serveur de Berkeley les procédés **de fabrication de la bombe atomique.** Les sectes, les négationnistes et les pornographes envahissent le réseau.

Par ailleurs, **que faire du droit d'auteur dans le monde numérisé,** là où le destin de tout document semble être de participer à une immense dérive textuelle auprès de laquelle celle des manuscrits du Moyen Âge paraît infime ?

Enfin, l'essor d'Internet crée **une nouvelle disparité entre les pays riches et les pays pauvres.** Il y a par exemple davantage de lignes téléphoniques installées dans la seule île de Manhattan à New York que dans toute l'Afrique noire. Et, sans un téléphone connecté à un ordinateur, il est impossible d'accéder à Internet.

Le monde impuissant devant un terrible génocide

LE DRAME DU RWANDA

En avril 1994, une atroce guerre civile, déclenchée par la mort du président Habyarimana, éclate au Rwanda entre les ethnies hutu et tutsi. L'extermination systématique des Tutsi par les milices extrémistes hutu jette sur les routes des centaines de milliers de fuyards qui tentent de gagner les pays voisins. Une épidémie de choléra ne fait qu'ajouter à l'horreur de ce génocide.

La réconciliation qui met provisoirement fin à la guerre civile dans le pays est précaire et le drame des Tutsi et des Hutu connaît un renouveau à la fin de 1996.

La bataille de Kigali

Le 6 avril 1994, l'avion du président rwandais, le Hutu Juvénal Habyarimana, s'écrase audessus de l'aéroport de Kigali, probablement atteint par un missile. Cet événement déclenche immédiatement une guerre civile d'une atrocité indescriptible. Le 7 avril, la garde présidentielle d'Habyarimana, composée de Hutu, assassine le Premier ministre, Mme Agathe Uwilingiyimana, et abat dix Casques bleus belges de la M.I.N.U.A.R. (Mission des Nations unies d'assistance au Rwanda). C'est le point de départ, dans la

L'Afrique des ethnies

Les États de l'Afrique noire sont habités par des peuples qui présentent un pluralisme ethnique, linguistique et religieux (musulmans, animistes, chrétiens).

Le découpage des colonies, puis des États indépendants qui leur ont succédé, a largement ignoré cette diversité, sans que cette lacune se traduise forcément par des conflits. Dans certains pays coexistent en effet des dizaines de peuples différents, comme au Gabon, où l'on dénombre une trentaine d'ethnies, ou en Côte d'Ivoire (60 ethnies).

Si un pays est souvent pluriethnique, il arrive aussi fréquemment qu'une même ethnie soit éclatée en plusieurs États. Ainsi, les Évhé habitent à la fois le Ghana et le Togo. La Somalie, le Kenya et l'Éthiopie sont les trois patries des Somali. Le territoire des Kongo, situé de part et d'autre du fleuve Zaïre, s'étend sur l'Angola, le Congo et le Zaïre.

En novembre 1996, des centaines de milliers de réfugiés rwandais sont entassés dans des camions afin de pouvoir rejoindre leur ville de Kigali.

À l'été 1994, le monde découvre l'étendue du génocide perpétré contre les Tutsi.

En juin 1994, la France lance l'opération « Turquoise », destinée à secourir les innombrables réfugiés fuyant les massacres.

ville de Kigali, de luttes acharnées entre les extrémistes des forces gouvernementales hutu et les rebelles du Front patriotique rwandais (F.P.R.), majoritairement tutsi. Le 14 avril, à la demande de cette organisation, les troupes étrangères quittent le Rwanda. Elles laissent le champ libre au massacre des populations civiles. Reconnaissables grâce à la mention de l'appartenance ethnique sur les cartes d'identité rwandaises, les Tutsi sont systématiquement exterminés. Dans les hôpitaux, des Hutu achèvent les blessés tutsi. Plusieurs milliers de cadavres pourrissent dans les rues de Kigali, puis dans celles des autres villes du pays. Pour échapper à cette hécatombe, des milliers de Rwandais se lancent sur les routes pour rejoindre les pays voisins, notamment le Zaïre et la Tanzanie.

L'opération « Turquoise »

L'opinion mondiale met un certain temps à réaliser l'horreur de la situation. Préoccupés de la sécurité de leurs ressortissants, les gouvernements occidentaux se chargent d'abord de leur évacuation. Divisé sur l'attitude à adopter, le Conseil de sécurité des Nations unies se révèle incapable de briser l'indifférence internationale, et la réticence en particulier des États-Unis, peu soucieux d'engager leurs hommes dans le conflit sanglant d'un pays où leurs intérêts ne sont pas engagés. Les seules décisions prises sont ainsi celles d'un retrait prudent : le 21 avril, le Conseil décide la réduction des effectifs de la M.I.N.U.A.R., et les seuls étrangers à rester au Rwanda sont quelques religieux et membres de groupes caritatifs. De son côté, la France, qui, depuis 1973, soutient le régime rwandais, décide en juin d'envoyer en Afrique des militaires chargés de mettre en place une opération humanitaire pendant deux mois. Cette initiative reçoit l'approbation de l'O.N.U. Après avoir installé des bases opérationnelles à Goma au Zaïre, les 2 500 soldats de l'opération « Turquoise » pénètrent au Rwanda, où ils découvrent avec horreur les premiers charniers. Après de longues discussions sur le « devoir d'ingérence » dans une lutte interne d'un pays africain, médecins et infirmières des O.N.G. (Organisations non gouvernementales) commencent à leur tour à affluer. Le 5 juillet 1994, trois mois après le début des troubles, alors que les forces du F.P.R. sont entrées dans Kigali, les Français créent une « zone humanitaire sûre » dans le sud-ouest du pays, interdite aux groupes armés. Près de 400 000 Rwandais s'y réfugient.

L'exode de l'horreur

Les militaires français et les organisations humanitaires découvrent jour après jour l'ampleur du désastre : sur les routes rwandaises, près de un million d'hommes, de femmes et d'enfants, hagards et sans espoir, marchent vers une destination qu'ils ignorent en une file ininterrompue, jusqu'à ce que l'épuisement les fasse tomber sur place. Privés de nourriture et d'eau, ces rescapés des massacres connaissent bientôt une épreuve supplémentaire avec l'épidémie de choléra qui se déclare dans leurs rangs. Dans des campements de fortune privés de toute hygiène, ils meurent par milliers, car les médecins, faute de moyens, sont impuissants à freiner la contagion. Les télévisions du monde commencent enfin à montrer les images atroces de ce peuple décimé. L'opinion internationale se mobilise, mais la lenteur des dispositions prises sur le terrain est à la mesure de la trop longue indifférence mondiale. Alors qu'il ne reste plus grand-chose à faire, l'O.N.U. et les États-Unis osent enfin qualifier de « génocide » le drame du Rwanda. On estime à plus de 300 000 le nombre de Rwandais tués pendant ces quatre mois et à plus de un million celui des personnes déplacées. Après le départ des soldats de l'opération « Turquoise », le 21 août, 5 000 Casques bleus, en majorité africains, prennent la relève et une réconciliation précaire est signée entre les Tutsi et les Hutu. Mais l'hostilité des deux ethnies, leur volonté de se réserver le pouvoir restent identiques, et le problème du sort des Rwandais réfugiés au Zaïre et refoulés vers leur pays déclenche de nouveaux conflits en novembre 1996.

Le Rwanda, « pays des Mille Collines »

Limité par le Zaïre, l'Ouganda, la Tanzanie et le Burundi, **le royaume du Rwanda, uni à celui de l'Urundi,** après avoir subi un temps la domination allemande, est rattaché au Congo belge après 1923. Séparés de cette colonie en 1960, les deux États obtiennent leur **indépendance en 1961** et prennent les noms de Rwanda d'une part, de Burundi de l'autre.

Pays de hauts plateaux dominant de grands lacs, le Rwanda a **la densité de population la plus forte de l'Afrique** (310 hab. au km^2) et son économie reposait sur **l'agriculture** (café, thé, canne à sucre, tabac, pyrèthre), avant les troubles qui, après 1994, ont ruiné celle-ci.

L'histoire du pays est marquée depuis les origines par les tentatives des deux ethnies qui le composent, les Hutu et les Tutsi, de s'assurer la domination politique. Entre le XIVe siècle et le XIXe siècle, une dynastie issue de l'ethnie guerrière des Hutu a ainsi occupé le trône. Dans les premiers temps de l'indépendance, en 1962, les Tutsi ont été forcé d'émigrer ou évincés des affaires. À partir de 1973, le pays est gouverné par **le président hutu Juvénal Habyarimana :** son assassinat en 1994 suscite les troubles dramatiques de la guerre civile.

Un retour fragile à la démocratie

LA RUSSIE ENTRE DEUX DESTINS

En juillet 1996, le renouvellement de Boris Ieltsine à la présidence apparaît comme un pis-aller, comme la moins mauvaise solution pour tenter de préserver la stabilité politique et économique de la Fédération de Russie. Le choix des électeurs est d'autant plus difficile, entre un candidat communiste et l'ancien leader de l'opposition démocratique en U.R.S.S., que celui-ci est gravement malade.

La contestation du pouvoir par le Parlement et une partie de la population laisse beaucoup d'incertitudes sur ce que sera l'« après-Ieltsine ». Malgré un début de redressement économique en 1995, le pays reste en proie à une aggravation dramatique de la pauvreté, accentuée par le capitalisme sauvage des « nouveaux riches ». Instabilité politique, précarité de l'économie, intervention contestée dans les conflits internes des républiques de la C.E.I., autant de problèmes qui ne cessent de se poser à la Russie depuis la dissolution de l'U.R.S.S. en décembre 1991.

La réélection de Boris Ieltsine

En octobre 1993, l'opposition entre Boris Ieltsine et les parlementaires se solde par une tentative de coup d'État : dissous par un décret présidentiel, le Soviet suprême réagit en destituant Ieltsine. Réfugiés dans la « Maison Blanche » (le siège du Soviet), prise d'assaut par les militaires, les parlementaires sont finalement contraints de se rendre et leurs chefs, Khasboulatov et Routskoï, sont emprisonnés. L'affrontement fait près de 200 morts. Boris Ieltsine élabore alors le projet d'une nouvelle constitution, qui élargit les pouvoirs du président, élu pour quatre ans au suffrage universel direct et rééligible une fois. Le texte est adopté par référendum, avec 58 % de « oui ». Signe d'un profond désarroi politique, près de 50 % des électeurs se sont abstenus. En décembre, les élections législatives manifestent les progrès des communistes, qui remportent 22,3 % des voix et presque un tiers des sièges avec leurs alliés; l'extrême droite nationaliste de Vladimir

Depuis le début des années 1990, et plus particulièrement en 1996, la Russie connaît une situation économique désastreuse, ses habitants vivant dans des conditions de plus en plus dramatiques.

Une société déséquilibrée

Liberté économique... Dès son premier mandat, Boris Ieltsine engage son pays dans la voie des réformes libérales en privatisant, notamment, les grandes entreprises industrielles. Mais l'économie de marché se heurte aux monopoles hérités du communisme. La situation devient vite très chaotique : chômage, inflation galopante, production en chute libre.

... appauvrissement général... Les salaires des fonctionnaires ne sont plus assurés et, le jour même de l'opération d'Ieltsine, en novembre 1996, des millions de personnes manifestent dans toute la Russie pour réclamer le paiement des arriérés de salaire, soit une somme évaluée à près de 8 milliards de dollars... Plus d'un quart de la population russe vit en dessous du seuil de pauvreté, avec moins de l'équivalent de 300 F par mois. Chômage et misère sont en outre accentués par le flot des Russes revenant des anciennes Républiques soviétiques dans la mère patrie.

... et triomphe de la mafia. La dérive de cette société contribue à la prospérité des différentes mafias de l'Empire. Celles-ci édifient d'énormes fortunes, grâce à des trafics de toute sorte (en particulier de matières radioactives...), grâce aux « protections » apportées aux entreprises et aux personnalités du régime, et par le blanchiment de l'« argent sale » en Suisse, au Japon ou aux États-Unis. Les banques et les militaires prêtent main-forte à cette corruption, qui pourrit toute la vie économique. L'assassinat en mars 1995 du journaliste Vladimir Listiev, coupable d'avoir voulu dénoncer sur la chaîne publique de la télévision l'influence des organisations criminelles sur la presse, est symptomatique du climat délétère qui règne à Moscou.

Arrivée des troupes russes près de Groznyï, la capitale tchétchène.

Ancien membre de l'ex-KGB, spécialiste des arts martiaux, le président russe Vladimir Poutine a engagé une lutte impitoyable contre les « terroristes » tchétchènes.

Jirinovski arrive en deuxième position. La coalition des réformateurs soutenant Boris Ieltsine remporte néanmoins la majorité, mais avec seulement 9,89 % pour le parti « Notre Maison Russie », mené par le Premier ministre Viktor Tchernomyrdine. En février 1994, la Douma d'État — l'une des deux chambres formant la nouvelle Assemblée fédérale — vote l'amnistie des putschistes. Le 3 juillet 1996, Boris Ieltsine est réélu à la présidence de la République, au terme d'une campagne électorale confuse. Cependant, son mauvais état de santé, ses « disparitions » à répétition et la grave opération du cœur qu'il subit en novembre 1996 laissent planer bien des incertitudes. La victoire du président ne résout pas, en particulier, le problème des progrès enregistrés par les communistes et celui de la place à donner au très populaire général Lebed, qui, en opposition de plus en plus marquée avec Boris Ieltsine, quitte le gouvernement à l'automne 1996.

L' « étranger proche »

Le conflit entre Ieltsine et Lebed concerne les relations extérieures et la politique qu'il convient d'adopter vis-à-vis des mouvements nationalistes qui se font jour au sein de la fédération, avec les États qui constituaient l'ancienne Union soviétique, l' « étranger proche », selon l'expression utilisée à Moscou. En 1996, la campagne de Ieltsine est d'ailleurs centrée sur la question du rôle leader que doit jouer la Russie vis-à-vis de ces républiques sœurs, où habitent encore d'importantes minorités russes — en tout, près de 25 millions de personnes. Présente par son aide économique et militaire, la Russie est reconnue comme la puissance prépondérante par de nombreuses républiques de la C.E.I., et certaines d'entre elles, la Biélorussie, le Kazakhstan et le Kirghizistan, acceptent de signer en mars 1996 un traité d'alliance à la fois politique et économique avec Moscou, amorçant ainsi une intégration au sein d'un espace commun. Mais la présence russe s'exprime également en termes d'ingérence militaire. Ainsi en Géorgie (république qui s'est associée à la C.E.I. en 1993), avec l'accord du chef de l'État Edouard Chevardnadze, qui fut ministre des Affaires étrangères de l'U.R.S.S., les troupes russes interviennent sur la frontière qui sépare le pays de la Turquie, pour lutter contre le mouvement séparatiste abkhaze. Les soldats russes interviennent également en Azerbaïdjan, où le gouvernement doit lutter contre les revendications arméniennes à propos de l'enclave du Haut-Karabakh. Plus à l'est encore, au Tadjikistan, à la frontière de la Chine et de l'Afghanistan, la Russie soutient militairement les procommunistes qui se maintiennent au pouvoir, contre les musulmans qui veulent proclamer une république islamique.

Une tutelle contestée

La crise la plus grave éclate en Tchétchénie, qui proclame son indépendance en novembre 1991, suivie aussitôt par l'Ingouchie voisine. Les relations entre les deux peuples dégénèrent rapidement, obligeant Moscou à intervenir ; le rétablissement de l'ordre se transforme alors en une guerre d'une rare violence. Succédant à Ieltsine en mars 2000, Vladimir Poutine affichera la même fermeté dans le règlement des crises qui affectent le Caucase et l'Asie centrale, et engage contre les Tchétchènes une lutte sans merci à laquelle répond un terrorisme aveugle et sanglant.

Les États indépendants ne sont pas non plus sans prendre bientôt plus de distances avec Moscou. En 2005, la Géorgie et l'Ukraine se révoltent pacifiquement contre une liberté surveillée d'un peu trop près par la Russie, donnant l'exemple à d'autres Républiques. Les États d'Asie centrale (Kazakhstan, Kirghizistan, Ouzbékistan, Turkménistan, Tadjikistan), livrés à la férule de dictateurs, menacés par la montée de l'islamisme et les risques de conflits ethniques, connaissent des troubles qui suscitent l'inquiétude de Moscou, menacée de voir le chaos s'installer durablement dans cette région capitale pour son approvisionnement énergétique et ses ambitions géopolitiques.

→ **Voir aussi :** p. 680-681 (La fin de l'U.R.S.S.).

La sécurité alimentaire en question

LA CRISE DE LA VACHE FOLLE

Le 20 mars 1996, le ministre de la Santé britannique déclare officiellement qu'il existe un lien vraisemblable entre l'encéphalopathie spongiforme bovine et une forme atypique de la maladie de Creutzfeldt-Jakob qui affecte l'homme et dont l'issue est toujours fatale. Cette déclaration marque le début de la crise de la vache folle.

Sept jours après cette annonce, l'Union européenne décrète un embargo total sur les bovins britanniques et sur tous les produits dérivés. Le marché de la viande s'effondre. Pour endiguer l'épidémie et juguler la crise, la Grande-Bretagne accepte le plan d'abattage que lui impose le Conseil agricole de l'Europe. Ce plan concerne tous les bovins de plus de trente mois nés avant le 1er août 1996, soit quelque 3,5 millions de bêtes, c'est-à-dire un tiers du cheptel britannique.

L'origine de la crise

En novembre 1986, le laboratoire central vétérinaire de Grande-Bretagne identifie le premier cas d'encéphalopathie spongiforme bovine (ESB), ou maladie de la « vache folle ». Cette affection, qui touche le système nerveux central, se manifeste par des troubles du comportement et des troubles moteurs. Sa durée d'incubation est de 4 à 5 ans et son évolution rapide — d'une semaine à quelques mois — est toujours fatale. Les études scientifiques attribuent alors l'apparition de la maladie chez les ruminants aux farines animales fabriquées avec des carcasses recyclées de bovins et d'ovins. Aujourd'hui, les chercheurs privilégient l'hypothèse de la transmission aux bovins de la tremblante du mouton — une des formes de l'encéphalopathie spongiforme animale — par l'alimentation. En 1980, les industries britanniques ont changé le mode de fabrication des farines animales pour réduire les coûts. Insuffisamment chauffées, les farines n'ont plus été décontaminées. De 132, en 1987, le nombre de cas de vaches folles passe à 1 910 en 1988. Cette année-là, la Grande-Bretagne désigne une commission, chargée de surveiller l'évolution de l'épidémie. Elle interdit l'utilisation des farines animales de viande et d'os pour les bovins sur son territoire, sans en empêcher l'exportation. On considère que cette interdiction n'a en fait été effective qu'à partir du 1er août 1996. En 1990, le comité vétérinaire de l'Union européenne estime que l'ESB ne présente aucun danger pour l'homme. En Grande-Bretagne, l'épidémie de vache folle s'amplifie. De 12 829 cas d'ESB en 1990 on passe à 36 271 en 1993, point culminant de l'épidémie. Le 2 mars 1991, la France connaît son premier cas de vache folle. Elle prend la décision d'abattre l'ensemble des troupeaux auxquels appartiennent les bêtes malades. En septembre 1999, la Grande-Bretagne totalise quelque 173 000 cas de vache folle, et la France, 68. L'Irlande, la Suisse et le Portugal sont également touchés.

La transmission à l'homme

En 1995, les scientifiques suspectent l'ESB d'être transmissible à l'homme et d'être responsable d'une nouvelle forme de la maladie de Creutzfeldt-Jakob (MCJ). Comme l'encéphalopathie spongiforme animale, la MCJ détruit le système nerveux central. En mars 1996, l'annonce du ministre de la Santé britannique confirme la possible transmission de l'ESB à l'homme. Trois ans plus tard, le 1er novembre 1999, on recense 49 victimes de la MCJ atypique, dont 47 en Grande-Bretagne, une en France et une en Irlande. Après l'apparition des symptômes, l'évolution de cette maladie mortelle est rapide, de quelques semaines à deux ans. De nombreuses incertitudes demeurent sur cette nouvelle forme de MCJ. Les scientifiques ignorent sa durée d'incubation exacte, mais pensent que, comme les maladies à prion de ce type, elle peut aller jusqu'à trente-cinq ans. Il est également très difficile d'évaluer le nombre de victimes potentielles. Sera-t-il de l'ordre de quelques centaines, de plusieurs dizaines de milliers ou de millions ? Les experts l'ignorent.

Confronté à la crise de la vache folle, le gouvernement britannique est obligé de détruire une part importante de son cheptel.

En juin 1999, un autre scandale alimentaire éclate à propos de poulets belges contenant de la dioxine, une substance susceptible de provoquer des cancers chez les consommateurs.

La levée de l'embargo

Le 1er août 1999, l'Union européenne lève l'embargo sur le bœuf britannique, la

Grande-Bretagne ayant rempli ses engagements. Selon ses experts, la viande bovine britannique ne présente plus de danger pour les consommateurs. Le gouvernement français conteste la décision européenne et charge l'A.F.S.S.A. (l'Agence française de sécurité sanitaire des aliments) de consulter un comité de scientifiques. Le 1er octobre, l'A.F.S.S.A. annonce que les experts français considèrent que la levée de l'embargo est prématurée, car, selon eux, le nombre de cas de vache folle en Grande-Bretagne est encore trop élevé. Ils estiment qu'on ne pourra probablement pas identifier les contaminations postérieures au 1er août 1996 avant 2000-2001. Ils soulignent que, dans l'état actuel des connaissances, on ignore s'il existe d'autres modes de contamination que par l'alimentation. Les scientifiques ne sont pas certains que les mesures prises en Grande-Bretagne au sujet d'une éventuelle transmission de la mère au veau soient de nature à écarter tout danger. En octobre 1999, les experts européens confirment que les mesures prises par la Grande-Bretagne sont suffisantes. En décembre de la même année, la France annonce son refus de lever l'embargo sur le bœuf britannique. En octobre 2002, la France lève cet embargo.

Un officiel français inspecte, à la frontière franco-belge, un camion hollandais transportant du bœuf, le 5 juin 1999. D'origine hollandaise, la viande sera acceptée en France.

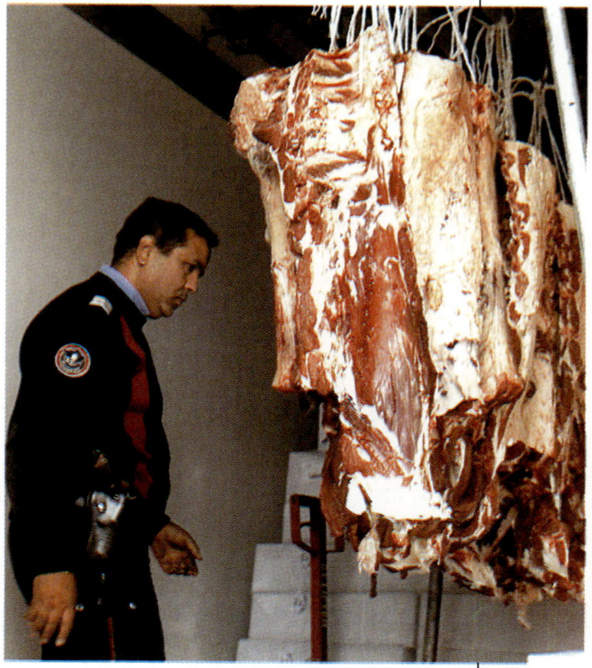

Du poulet à la dioxine au bœuf aux hormones

La crise alimentaire en Belgique. En janvier 1999, une firme belge remarque que ses poulets présentent des anomalies. Fin avril, les analyses établissent que les graisses contenues dans leur alimentation contiennent de la dioxine, une substance qui risque de provoquer des cancers chez les consommateurs. La firme belge Verkest est soupçonnée d'avoir mélangé aux graisses d'origine animale des huiles de friture récupérées auprès de Déchetteries, d'industries alimentaires et de restaurants, ce qui est formellement interdit. La firme a distribué les graisses ainsi obtenues auprès des fabricants d'aliments pour animaux qui fournissent les éleveurs. Le scandale éclate début juin. La liste des élevages de poulets, mais aussi de porcs et de bovins contaminés ne cessant de s'allonger, l'Union européenne interdit l'exportation des poulets, des porcs et des bovins élevés en Belgique depuis janvier 1999 et celle des produits dérivés. La Belgique estime que la crise lui coûtera, pour les années 1999 et 2000, 25 milliards de francs. Le 22 septembre 1999, la communauté européenne lève les restrictions frappant le bœuf, premier pas vers la sortie de la crise.

Contre le bœuf américain aux hormones. L'Union européenne, inquiète du danger potentiel des hormones de croissance pour la santé humaine, refuse l'exportation sur son territoire du bœuf aux hormones d'origine américaine. Les études récentes montrent que l'une des hormones est cancérigène, mais on ignore encore à partir de quel niveau de concentration dans l'organisme. Les travaux, dont les résultats sont attendus par l'Organisation mondiale du commerce à la fin de l'année 1999, se poursuivent.

La démocratie après la crise ?

LA CHUTE DE SUHARTO

Le 21 mai 1998, le président indonésien Suharto démissionne après trente-deux ans d'un règne sans partage. Provoqué, ou tout du moins précipité, par la crise économique générale que connaît l'Asie du Sud-Est depuis quelques années, cet événement marque un tournant politique pour l'archipel de 17 000 îles et de 210 millions d'habitants, en lui ouvrant la voie vers la démocratie.

C'est en 1965 que Suharto parvient au pouvoir, après avoir dirigé un putsch, prétendant protéger le président Sukarno et prévenir un coup d'État communiste. Il organise alors le massacre de 600 000 communistes. En 1967, Sukarno doit abandonner le pouvoir à Suharto, qui va cumuler les fonctions de président de la République et de Premier ministre.

L'« Ordre nouveau »

Suharto instaure un régime autoritaire sous contrôle de l'armée, l'« Ordre nouveau », et refuse toute opposition. Sur le plan extérieur, il inverse la politique de Sukarno en rompant avec la Chine et se rapproche des États-Unis, de l'Occident et du Japon. Redevenue pro-américaine, l'Indonésie bénéficie de l'aide internationale : la production pétrolière et les exportations reprennent, mais l'endettement extérieur s'accroît. Ses deux grandes réussites sont le contrôle des naissances et l'autosuffisance en riz. Mais dès 1988 se profilent les premières tensions avec l'armée, dont l'opinion publique profite pour se montrer plus critique et réprouver publiquement la corruption, le népotisme et l'autoritarisme du régime.

La disgrâce de Suharto

En 1997, l'Indonésie sombre dans une profonde récession, qui révèle l'échec d'une stratégie de développement confondant intérêts privés et intérêts publics.

L'« Ordre nouveau » établissant sa légitimité sur la promesse d'un développement économique, la crise asiatique met fin à cet espoir et les soutiens politiques du régime s'estompent. En octobre, Suharto fait appel au FMI, qui accorde un prêt de 40 milliards de dollars au pays, moyennant la suppression des mono-

Suharto, ici en compagnie de Ronald Reagan au début des années 1980, développa une politique extérieure active axée notamment sur un rapprochement avec les États-Unis, qui contribua à assurer sa popularité pendant de nombreuses années.

Sukarno, symbole des non-alignés

Figure emblématique du Sud-Est asiatique, Sukarno fonde en 1927 le parti national indonésien, en lutte contre la puissance coloniale hollandaise. Emprisonné, il recouvre la liberté en 1942 grâce à l'occupation japonaise pendant la guerre du Pacifique.

Après la capitulation du Japon, **en août 1945, Sukarno proclame l'indépendance et la République indonésienne, dont il devient le premier président.** Confronté à de nombreux mouvements sécessionnistes, il doit renoncer à un État fédéral pour mettre en place, avec le soutien de l'armée, une **démocratie** qualifiée de **« dirigée »**, tout en s'appuyant sur le parti communiste pour contrebalancer le pouvoir des militaires.

En 1955, Sukarno est, avec Nehru, l'un des orateurs les plus écoutés de la **conférence de Bandung,** sur l'île de Java. Première rencontre internationale de 29 pays du tiers-monde, cette réunion a pour but de promouvoir la solidarité entre ces derniers et est **à l'origine du mouvement des pays non alignés.** Cherchant à s'assurer la direction de l'Asie du Sud-Est révolutionnaire, Sukarno s'engage dans une **politique anti-américaine** et quitte l'ONU en 1965, peu avant d'être évincé.

Les étudiants manifestent leur joie après que Suharto eut annoncé sa démission, qu'ils réclamaient depuis des mois.

poles détenus par les proches du président sur l'importation de farine et de blé, ainsi que la fermeture de 16 organismes bancaires aux taux de créance abusifs. En novembre, le pays doit importer du riz, alors qu'il était devenu autosuffisant depuis 1985. De plus, le désastre économique est aggravé par une catastrophe écologique, causée par la négligence des compagnies nationales : en septembre 1997, des incendies dévastent la jungle de Kalimantan, les forêts de Sumatra et de Java, entraînant la famine des populations locales. La fuite des investisseurs étrangers, en raison des difficultés de la négociation entre le gouvernement et le FMI, suscite de vives contestations politiques intérieures, qui n'empêchent pas Suharto d'entamer un septième mandat présidentiel. Début mai, des émeutes sont organisées par les étudiants. Une nouvelle hausse des prix attise la contestation dans Jakarta : les magasins sont pillés, le quartier chinois est dévasté avec la complicité de l'armée, provoquant des centaines de morts.

Le 21 mai 1998, sous la pression populaire et internationale, Suharto annonce son retrait et demande pardon pour les erreurs et les fautes commises. Son fils adoptif et vice-président, Jusuf Habibie, devient le nouveau président malgré la protestation de 7 000 étudiants. Les proches de Suharto sont progressivement écartés des postes de responsabilité et quelques personnalités des milieux modernistes musulmans sont appelées au gouvernement. Afin de satisfaire l'opinion internationale, une enquête publique est ouverte sur les enrichissements de Suharto et des siens et deux grands prisonniers politiques sont libérés.

Premiers pas vers la démocratie

Les élections législatives de 1999 marquent le retour au multipartisme avec la présence de 48 partis, choisis parmi 200 par la Commission électorale. Le premier parti d'opposition, dirigé par Megawati Sukarnoputri, fille de Sukarno, l'emporte, suivi de l'ancien parti gouvernemental, le Golkar, puis des partis islamiques.

Pourtant, c'est le musulman modéré Abdurrahman Wahid qui accède à la présidence. En effet, les parlementaires ont refusé d'élire une femme, de surcroît hindoue, à la tête du plus grand État musulman du monde et ont rejeté J. Habibie parce qu'il était l'héritier de Suharto. Après les élections, de nombreux troubles nationalistes éclatent à Java, dans les îles Moluques, à Aceh, dans l'Irian Jaya et au Timor-Oriental. Les anciennes forces de l'ordre et les islamistes attisent l'effervescence des courants séparatistes par une attitude intransigeante dans le but de déstabiliser le gouvernement en place.

Parallèlement, le rétablissement de la justice piétine : le procès de Suharto est abandonné, son fils a pris la fuite, et les poursuites sur les exactions comme les enquêtes sur les attentats n'aboutissent pas. La démocratie indonésienne s'installe avec difficulté dans un climat d'intrigues, d'affrontements ethnico-religieux et de violence.

Massacres au Timor-Oriental

Après le départ des Portugais en 1974, le Timor a le choix entre une autonomie en association avec le Portugal, souhaitée par l'Union démocratique de Timor (UDT), l'indépendance ou l'intégration à l'Indonésie, réclamée par une minorité manipulée par Jakarta. La guerre éclate alors entre l'UDT et le Fretilin (Front révolutionnaire pour l'indépendance du Timor-Oriental), qui proclame finalement l'indépendance en 1975. **Mais les nationalistes, appuyés par les troupes indonésiennes, mènent une répression tournant au génocide,** avec 200 000 morts sur une population de 600 000 personnes. Timor devient la 27e province de l'Indonésie. Depuis 1975, le **Fretilin,** dont le dirigeant, Xanana Gusmao, a été arrêté en 1992, **mène une guérilla contre cette annexion.**

Sur le plan international, **l'ONU n'a pas reconnu la souveraineté indonésienne** et le prix Nobel de la paix a été attribué, en 1996, à Mgr Belo, évêque de Dili, et au leader indépendantiste J. Ramos-Horta.

Après la chute de Suharto, la question de l'indépendance du Timor-Oriental refait surface.

Sous l'égide de l'ONU et du Portugal, **J. Habibie organise un référendum** et libère Xanana Gusmao. Malgré la terreur perpétrée par les milices pro-indonésiennes, **78,5 % des Timorais refusent l'autonomie proposée et optent de ce fait pour l'indépendance,** le 4 septembre 1999. **Aussitôt, les milices ravagent la capitale,** Dili, faisant plusieurs milliers de morts ainsi que 300 000 déportés et réfugiés. La communauté internationale, bien qu'indignée, ne réagit que tardivement en envoyant le 20 septembre une Force internationale commandée par l'Australie. **Le 20 octobre, A. Wahid, président du nouveau gouvernement, entérine l'indépendance du Timor-Oriental.**

Après le vote des Timorais en faveur de l'indépendance, Dili, la capitale de l'île, est littéralement ravagée par les milices pro-indonésiennes.

L'O.T.A.N. intervient militairement contre la Yougoslavie

LA GUERRE AU KOSOVO

En mars 1999, toutes les tentatives faites par la communauté internationale pour amener Slobodan Milosevic, président de la République fédérale de Yougoslavie, à retirer ses troupes du Kosovo échouent, et, le 24 mars, l'O.T.A.N. lance les premières frappes aériennes contre son pays.

En 1974, le Kosovo, peuplé de 2,2 millions d'habitants, dont 90 % d'Albanais, en majorité musulmans, et 10 % de Serbes, devient une province autonome de la République socialiste fédérative de Yougoslavie. Après la disparition en 1980 de Tito, président de la République yougoslave, les Albanais du Kosovo deviennent la cible des communistes serbes nationalistes qui lui succèdent au pouvoir.

Reconquérir le Kosovo

Dès 1981, les nationalistes serbes accusent les Albanais de menacer les intérêts de la Serbie et de la Yougoslavie. Le discours anti-albanais, constamment ressassé par les médias à la solde du régime, s'efforce de démontrer que le Kosovo est le berceau de la nation serbe et une terre sacrée occupée illégitimement par les Albanais. La propagande nationaliste brandit aussi l'épouvantail de la natalité, moyen choisi par les Albanais pour s'étendre sur tout le territoire serbe, et elle affirme que ces derniers terrorisent la minorité serbe pour la chasser du Kosovo. À partir de 1987, Slobodan Milosevic, ancien apparatchik communiste qui sera élu président de la Serbie trois ans plus tard, reprend ce discours à son compte et le mène à son terme logique en prônant la formation d'un État serbe purgé de ses éléments étrangers. Parallèlement au discours destiné à mobiliser les Serbes contre les Albanais, le régime de Belgrade met en œuvre une politique de discrimination et de licenciement massif, et une féroce répression au Kosovo, qui pousseront 300 000 Albanais à l'exil. En 1990, l'une des premières mesures prises par Slobodan Milosevic après son élection est de supprimer l'autonomie du Kosovo. En 1990, toutes les institutions du Kosovo sont fermées, le système éducatif est supprimé. Mais les Albanais, qui résistent de manière pacifique, continuent à les faire fonctionner clandestinement. En septembre 1991, le

Président de la République de Serbie de 1990 à 1997, et président de la République fédérale de Yougoslavie à partir de 1997, Slobodan Milosevic place le nationalisme serbe au centre de son discours et de sa politique.

Le massacre de Poblek

Elhema Muqolli, quatorze ans, raconte le massacre de sa famille, le 17 avril 1999 :

« Ce matin-là, les paramilitaires sont arrivés et nous ont demandé de prendre le chemin de la ville de Glogovac. Quand on est arrivé près de la mosquée, ils nous ont demandé de faire demi-tour. Ils nous ont dit que nous n'avions rien à craindre. Il pleuvait. Nous sommes retournés à la maison. Deux « policiers » sont revenus à 5 heures du soir. Ils sont rentrés dans le jardin et ont demandé à mon oncle, Sinan Muqolli — le propriétaire de la maison — *de sortir avec le directeur de l'école, Ymer Elshani. Un peu plus loin, ils les ont tués à la mitraillette. L'un des deux hommes a hurlé quelque chose en serbo-croate et a brisé les fenêtres. Puis il a entrouvert la porte et lancé deux grenades. L'une a explosé, l'autre pas. J'ai sauté par la fenêtre et je me suis réfugiée derrière la maison. L'homme s'est mis à tirer dans le salon* [où étaient rassemblées cinquante-sept personnes, en majorité des membres du clan Muqolli]. *J'entendais tout le monde hurler. Il a changé trois fois ses chargeurs. Je suis restée un quart d'heure et je me suis enfuie. J'ai été ensuite recueillie par des voisins. »*

Le Monde, vendredi 18 juin 1999.

Devant le refus de Slobodan Milosevic de retirer ses troupes du Kosovo, l'O.T.A.N. décide de bombarder la Serbie.

Parlement proclame l'indépendance du Kosovo. En 1992, un vote clandestin élit Ibrahim Rugova, chef de la Ligue démocratique du Kosovo (L.D.K.), président de la République.

Vers la guerre

Les Occidentaux, qui condamnent les violations des droits de l'homme au Kosovo, n'obtiennent de Slobodan Milosevic que des promesses non tenues. Pendant ce temps, la situation des Albanais continue à se dégrader. La population survit grâce aux dons de la diaspora albanaise et aux organisations humanitaires. Certains Kosovars, peu convaincus par la politique de résistance pacifique du président Rugova et par les efforts de la diplomatie occidentale, prennent les armes. Ils se regroupent dans l'UÇK, l'Armée de libération du Kosovo. Au début de l'année 1998, l'UÇK passe à l'attaque dans la région de la Drenica, qu'elle décide de libérer. Le régime de Belgrade n'attend que ce prétexte pour lancer les opérations militaires visant à chasser les Albanais du Kosovo. Les attaques serbes, qui portent d'abord sur les villages de la région de la Drenica, se poursuivent en 1998 et au début de 1999. En février, les Occidentaux amènent Slobodan Milosevic à négocier l'autonomie du Kosovo avec Ibrahim Rugova. Mais, le mois suivant, S.Milosevic rompt les pourparlers malgré les frappes aériennes dont les Occidentaux menacent la Yougoslavie. Le 24 mars, l'O.T.A.N. commence ses bombardements. Aussitôt, Slobodan Milosevic réplique par l'opération de nettoyage ethnique qu'il a soigneusement programmée. Les villages albanais sont vidés de leurs habitants et détruits. Les forces paramilitaires et les forces de police laissent partout leurs cortèges d'horreurs : exécutions sommaires, massacres de civils jetés dans des fosses, tortures, mutilations, déportations, pillages, incendies. En mai, 900 000 Albanais ont fui le Kosovo. Le 27, le Tribunal pénal international pour l'ex-Yougoslavie inculpe Slobodan Milosevic pour crimes de guerre et crimes contre l'humanité.

Une paix difficile

Le 9 juin, deux mois et demi après le début des frappes aériennes, le président serbe signe un accord sur le retrait de ses forces du Kosovo. Le lendemain, l'O.T.A.N. annonce l'arrêt des bombardements tandis que l'O.N.U. adopte la résolution 1244 définissant les principes qui présideront au retour de la paix au Kosovo. L'O.N.U. instaure un protectorat international sur la province et désigne le Français Bernard Kouchner comme haut représentant. À la tête de la Mission des Nations unies au Kosovo, ce dernier fait office de véritable chef d'État. Alors que la force de paix dirigée par l'O.T.A.N., la Kfor, se déploie au Kosovo, les 41 000 policiers et les militaires se retirent de la province. Les réfugiés albanais rentrent massivement chez eux. La tâche de la mission internationale est immense. Tout est à reconstruire : des institutions politiques, de la police, de la justice et du système éducatif à l'activité économique et aux circuits financiers, sans oublier les infrastructures et les maisons. La Mission s'efforce également de retrouver les responsables des atrocités commises contre les Albanais et de s'opposer aux représailles dont sont désormais victimes les Serbes — 70 000 d'entre eux ont déjà quitté le Kosovo. L'O.N.U. sait que sa mission de reconstruction et de maintien de la paix au Kosovo sera longue. Au moins dix ans.

Victimes de forces serbes fanatiques, des milliers de civils kosovars sont contraints de quitter leurs villages et de se réfugier dans les pays limitrophes.

→ **Voir aussi** : p. 690-691 (La guerre dans l'ex-Yougoslavie).

Un marché commun de 6 milliards de personnes

LA MONDIALISATION

Encensée par les uns, décriée par les autres, elle fait la une de l'actualité depuis le Millenium Round de Seattle, en décembre 1999. La mondialisation, terme généralement mal défini, correspond en fait à deux processus : l'extension à l'ensemble de la planète du mode de fonctionnement du capitalisme et du libre-échange, et la nécessité pour chaque acteur économique (entreprise, gouvernement) d'inscrire son action dans un cadre qui dépasse les frontières nationales.

La fin des années 1990 a vu une floraison exceptionnelle de start-up, ces petites entreprises axées sur les nouvelles technologies, et qui pour beaucoup ont eu une croissance aussi rapide qu' éphémère.

En réalité, la mondialisation est un phénomène qui accompagne toute l'histoire du capitalisme depuis 1492, avec la découverte du Nouveau Monde puis, dans un second temps, avec la révolution industrielle du XIXe siècle. Mais le terme de « mondialisation », ou « globalisation », apparaît véritablement en 1989 avec la chute du mur de Berlin, qui consacre avec le morcellement de l'empire soviétique la disparition du seul modèle alternatif existant au système capitaliste.

L'extension du libre-échange

La mondialisation se traduit par la convergence des sociétés vers l'économie de marché et la démocratie libérale. Ce processus résulte des progrès technologiques, notamment en termes de communication, qui permet la constitution d'immenses entreprises internationales, la création d'un véritable marché unique des capitaux, et l'accès pour toute entreprise, notamment grâce à Internet, à tous les consommateurs de la planète. Elle a été rendue possible par des évolutions politiques, amorcées dans les années 80 aux États-Unis et au Royaume-Uni par la réhabilitation du libéralisme économique, poursuivies par la conversion de la gauche européenne à l'économie de marché et achevées par l'effondrement du régime soviétique.

La lutte libérale contre les réglementations, les monopoles ou les protectionnismes a entraîné une extension de la logique marchande et de rentabilité à des secteurs qui ressortaient davantage jusque-là du service public (transports, énergie, culture, protection sociale).

Elle a enfin consacré le rôle de l'actionnaire, symboliquement représenté par les fonds de pension.

Le rôle des États et le contrôle des acteurs économiques

Face à des entreprises internationales qui visent à maximiser le profit d'actionnaires pouvant être étrangers, et qui sont capables de produire de n'importe quel point du globe, les États ont vu réduire leur capacité d'influer et de contrôler l'économie, d'autant qu'en Europe ils ont peu à peu transféré leur compétence à la Communauté.

Cela ne signifie pourtant pas que les gouvernements (et donc les citoyens) ont perdu toute ambition et tous moyens de définir et de faire respecter des règles économiques. Il s'agit plutôt de dépasser le cadre national et d'inventer des organismes de contrôle et de réglementations internationaux, à l'instar de l'OMC (Organisation mondiale du commerce), censée être le gendarme des échanges dans le monde. Faute de toute légitimité démocratique, de tels organismes ont du mal à asseoir leur autorité et sont considérés par l'opinion publique comme des symboles de la mondialisation.

L'Horreur économique ou une nouvelle croissance ?

De même que les États, les citoyens ont été affectés par la mondialisation, qu'ils soient salariés, retraités ou consommateurs. Dans un premier temps, les conséquences ont été perçues de manière négative, en rendant celle-ci responsable de tous les maux de la terre : licenciements occasionnés par des délocalisations ; affaiblissement des normes de sécurité sanitaire entraîné par le démantèlement des régulations et la recherche du profit (« vache folle », OGM, effet de serre) ; standardisation culturelle ; crises financières liées à la spéculation.

Pourtant, la mondialisation a également des effets positifs en étant génératrice de progrès et de dynamisme : les délocalisations créent

La net-économie

Ce mot nouveau s'est répandu en 1999-2000 des États-Unis vers le reste du monde. **Il désigne l'activité économique centrée sur l'Internet et le phénomène des start-up** (jeunes entreprises à croissance rapide). La net-économie est apparue en 1995 avec l'introduction en Bourse de Netscape.

Un flot de start-up connut par la suite le même sort, ces entreprises n'ayant généralement pas commencé leur activité ni fait de profits. Privés de repères pour déterminer la valeur de ces actions, les investisseurs n'en achètent pas moins en masse, de peur de rater la bonne affaire, la nouvelle Microsoft. **Ce processus conduisit à une montée irrationnelle de la Bourse qui s'acheva en 2000 par l'« e-krach », l'effondrement du cours des valeurs technologiques.**

La net-économie ne se limite cependant pas à un phénomène boursier. **L'irruption d'Internet a entraîné la croissance de l'économie.** Les entreprises ont investi pour adapter leurs équipements. Dans le même temps, cet « netisation » de l'économie se traduit par une diminution des coûts, donc une meilleure productivité permettant d'éviter que cette croissance n'entraîne un redémarrage de l'inflation. En outre, les infortunes de la net-économie ont régénéré l'ensemble de l'économie, car les empereurs de l'ancien système, en absorbant les pionniers d'Internet, ont pu rester les maîtres d'un monde qui cherche de nouvelles règles du jeu.

Figure emblématique du combat anti-mondialiste, José Bové jette du blé génétiquement modifié cultivé par une compagnie américaine dans le sud du Brésil.

des emplois dans le Sud ou dans les pays de l'Est ; le jeu de la concurrence a permis un regain de créations d'entreprises et d'innovations technologiques à l'origine de l'exceptionnelle croissance aux États-Unis, puis en Europe, et de la baisse du chômage qui s'en est suivie.

Enfin, les contestataires de la mondialisation sont en train de trouver de nouveaux moyens d'action eux-mêmes « mondialisés », qu'il s'agisse des armes proprement économiques (appel au boycott, fonds d'investissement « éthiques ») ou d'une capacité à mobiliser l'opinion publique mondiale (contre-sommet économique, création d'ONG, etc.). Ces contre-pouvoirs seront peut-être de nature à éviter les excès de la mondialisation, en la rendant du même coup plus acceptable et donc inexorable.

Les icônes anti-mondialisation

La mondialisation a suscité la médiatisation de personnalités nouvelles, apparaissant comme les porte-parole de ceux qui refusent la logique économique de la globalisation.

En France, le phénomène éditorial qu'a constitué la parution en 1996 de ***l'Horreur économique,*** **de Viviane Forrester, a révélé l'ampleur du malaise de la société de cette époque face aux contraintes et aux incertitudes engendrées par la mondialisation.** L'auteur, écrivain, n'est pas une économiste, mais cette absence de « compétence », loin de la desservir, a au contraire accru sa crédibilité.

Autre figure médiatique, **José Bové** incarne le rejet de la standardisation culturelle, de la logique productiviste dangereuse pour la santé et l'environnement. Ce fils de chercheur en agronomie, lui-même ingénieur, s'est établi agriculteur dans le Larzac. **Vilipendant l'agriculture intensive, les OGM et McDonald's, pris comme un symbole de la « malbouffe »,** il sait parfaitement utiliser les médias, et devient, y compris hors de France, comme lors des manifestations contre le sommet du G7 à Seattle, **une figure de la résistance à la mondialisation.**

Mais si ce phénomène a créé un nouveau type de rebelle, c'est sans doute le sous-commandant Marcos qui l'incarne le mieux. Apparu en 1994 à la tête de la guérilla des Indiens du Chiapas contre l'État mexicain, Marcos théorise son refus de la logique économique en plaçant la société civile comme acteur principal de la lutte contre la mondialisation, se distinguant ainsi des mouvements marxistes traditionnels de l'Amérique du Sud. Un discours révolutionnaire d'un nouveau type, associé à un sens de la mise en scène (il apparaît toujours masqué), et l'utilisation d'Internet contribuent à son audience bien au-delà du Mexique.

À l'heure de la mondialisation, les affaires se font à l'échelle planétaire entre quelques multinationales très puissantes, au risque de pénaliser les plus faibles.

Le terrorisme islamiste s'attaque aux États-Unis

L'APOCALYPSE DU 11 SEPTEMBRE

Deux avions de ligne détournés s'écrasent sur les tours jumelles du World Trade Center de Manhattan et un troisième sur le Pentagone, symboles de la richesse et de la puissance américaines. Opérations suicides qui n'auront duré que deux heures et dix minutes et causé la mort de près de 3 500 personnes. Organisées par un réseau islamiste, Al-Qaida, lié au milliardaire saoudien Ben Laden, elles ébranlent l'hyperpuissance devenue vulnérable face à l'hyperterrorisme, et marquent, pour certains observateurs, l'entrée dans une nouvelle ère.

À 8 h 45, le Boeing 767 de la compagnie American Airlines, venant de Boston et se dirigeant vers Los Angeles, avec 92 personnes à bord, s'encastre dans la partie supérieure de la tour nord des deux tours jumelles du World Trade Center. À 9 h 03, un Boeing 737 de la compagnie United Airlines, ayant décollé de Boston avec 65 personnes à bord, en direction de Los Angeles, traverse la seconde tour en son milieu. À 9 h 43, à Washington, un Boeing 757 d'American Airlines, venant de Dulles et devant se rendre à Los Angeles avec 58 personnes à bord, enflamme le Pentagone, le ministère de la Défense. Puis à 10 h 10, le Boeing 757 de United Airlines provenant de

Le 11 septembre 2001 : un deuxième boeing d'American Airlines s'écrase contre la tour du World Trade Center à New York un quart d'heure après le premier.

Un mois après les attentats du 11 septembre, Oussama Ben Laden apparaît sur une bande vidéo à la télévision al-Jezira du Qatar.

Newark et se dirigeant vers San Francisco, avec 45 personnes à bord, s'écrase à son tour en rase campagne en Pennsylvanie. Une heure après l'impact, la structure en acier ne résistant pas à la chaleur de l'incendie, la tour sud s'effondre, puis 30 minutes après, la première touchée se désintègre à son tour, projetant des milliers de tonnes de débris dans les rues et les quartiers alentour et créant un immense nuage de poussière recouvrant tout le sud de Manhattan.

Un même scénario

Les appareils ont été détournés par quelques hommes, armés uniquement de couteaux et de cutters, qui ont débranché le système de pilotage automatique et dirigé les avions sur les cibles à l'aide d'un GPS portable. Certains passagers ou membres d'équipage sont parvenus à téléphoner avec leurs portables. C'est grâce à ces appels que l'on connaîtra l'enchaînement des événements et que les passagers du quatrième vol vont se révolter contre les pirates de l'air, dont on peut concevoir qu'ils avaient l'intention de se diriger sur la Maison-Blanche ou sur le Capitole. Les vols ont été choisis parce que ce sont des vols intérieurs, donc moins contrôlés, mais effectuant des voyages très longs puisqu'ils relient tous la côte est à la côte ouest. Leurs réservoirs sont donc pleins et deviennent de véritables bombes, qui percuteront leur cible à plus de 500 km/h.

La réaction américaine

L'hypothèse de l'accident est vite écartée à la suite du deuxième crash. George W. Bush, qui est en visite en Floride, fait une brève intervention. Puis, c'est l'impact sur le Pentagone. Bien qu'alertée l'aviation militaire n'a rien pu faire. La Maison-Blanche est évacuée, tous les aéroports sont fermés.
Le président G.W. Bush embarque à bord d'Air Force One, l'avion présidentiel, considéré comme l'endroit le plus sûr du territoire. De Washington, il s'adresse à la nation d'un ton ferme : « Les actes terroristes peuvent faire trembler les fondations de nos plus grands bâtiments, mais ils ne peuvent toucher les fondations de l'Amérique. »

Le colosse aux pieds d'argile

Le bilan est effroyable, même s'il est moins lourd qu'on aurait pu le craindre parce que près de 50 000 personnes travaillaient dans le World Trade Center. 3 000 personnes, dont 350 pompiers et secouristes, ont péri dans les tours, 125 au Pentagone, et on recense 265 victimes à bord des avions suicides. Les blessés se comptent par milliers, et le bilan matériel est incommensurable puisque c'est un quartier entier de Manatthan qui est détruit. Jamais les États-Unis n'ont été aussi douloureusement touchés sur leur territoire, pas même lors de l'attaque japonaise sur Pearl Harbor. La société américaine dans son ensemble est ébranlée et communie avec ferveur dans un élan patriotique sans précédent. Mais le cauchemar ne s'arrête pas là. Quelques jours après les attentats, une autre attaque, plus insidieuse et autrement effrayante, survient, chimique celle-là. Des journalistes et des hommes politiques reçoivent des enveloppes postales contenant de la poudre blanche qui se répand à l'ouverture. Il s'agit de spores d'anthrax, ou maladie du charbon, dont la forme pulmonaire est mortelle. Le 1er octobre, on recense 16 victimes dont 4 sont mortes, et une véritable psychose s'empare des États-Unis. L'enquête déterminera qu'un Américain – et non un terroriste islamiste – est sans doute à l'origine de cette vague de bioterrorisme. Mais les conséquences sont les mêmes : l'Amérique a pris conscience qu'elle n'était plus à l'abri. Il lui faut maintenant comprendre pourquoi elle est ainsi devenue la cible d'une telle violence.

Madrid à son tour

Coupable aux yeux des terroristes d'al-Qaida d'apporter son soutien à l'Amérique en participant aux opérations militaires menées en Irak, l'Espagne est elle aussi frappée par un attentat, le plus meurtrier jamais perpétré sur le Vieux continent. Le 11 mars 2004 en gare d'Atocha, à Madrid, plusieurs bombes placées à bord de trains de banlieue explosent simultanément. Il est 7 h 30 et les trains sont bondés. Le bilan est de 197 morts et plus d'un millier de blessés. Cette fois encore les terroristes sont parvenus à leurs fins, non seulement en répandant la peur parmi la population mais en déstabilisant le pouvoir en place. Quelques jours après cet attentat, le gouvernement de José Aznar, qui a tenté maladroitement d'attribuer cet attentat aux activistes de l'ETA pour se disculper, perd les élections législatives.

En gare d'Atocha, plusieurs heures après l'attentat, les secouristes extraient encore des carcasses éventrées les corps de dizaines de victimes.

«Manhattan-Kaboul» : la guerre en Afghanistan

Le 9 octobre, **George W. Bush met en place la riposte internationale.** Elle vise le démantèlement des centres d'entraînement de l'organisation terroriste et du régime des talibans qui abrite l'organisation de Ben Laden, ainsi que la capture du milliardaire saoudien lui-même. Dans une vidéo, Oussama Ben Laden se félicite de la destruction des tours et appelle à la guerre sainte, afin de repousser «les forces des croisés» américains. À l'exception de l'Irak, de l'Iran et du Viêt Nam, tous les gouvernements ont affirmé leur soutien à l'opération américaine. Certains pays ont fourni des troupes et d'autres des renseignements. D'autres encore ont offert uniquement un appui dans l'offensive financière, ce qui n'est pas des moindres, car les réseaux terroristes savent exploiter la déréglementation financière et profiter de l'opacité des circuits financiers.

De leur côté, les réfugiés afghans espèrent que les bombes américaines permettront de faire tomber le régime des talibans, même si, pour eux, **le vrai foyer du terrorisme et des fondamentalistes reste le Pakistan.** Les Américains ont mis en place un soutien humanitaire pour venir en aide à la population afghane. Néanmoins, les ONG acceptent mal le couplage de l'action militaire et de l'action humanitaire.

Si le régime des talibans s'est effondré rapidement, **Oussama Ben Laden parvient à s'échapper,** laissant ainsi planer une menace permanente d'actes terroristes sur les États-Unis et leurs alliés.

2003

La seconde guerre du Golfe

LA GUERRE EN IRAK

Alors que George Bush père avait lancé « Tempête du désert » à la tête d'une coalition internationale en 1991, le fils entreprend, contre l'avis de l'O.N.U., l'opération « Liberté de l'Irak ». L'objectif officiel est de démanteler les armes de destruction massive dont disposerait Saddam Hussein, et même de renverser le dictateur. Les arrière-pensées américaines, où se mêlent logique de croisade après le 11 Septembre et tentation pétrolière, suscitent toutefois une large opposition au sein de l'opinion publique mondiale.

Dès l'élection de George W. Bush, l'Irak était dans le collimateur de la nouvelle Administration. L'équipe qui entoure le nouveau Président compte bon nombre d'acteurs de la guerre de 1991, Dick Cheney, le vice-président, ancien ministre de la Défense, et bien sûr Colin Powell, le général vainqueur de la guerre du Golfe, nommé secrétaire d'état. Pour cette équipe, l'Irak représente le symbole de l'échec de l'O.N.U., qui n'a pas su imposer le maintien du régime d'inspection des armes de destruction massive, une menace permanente pour la sécurité du monde, en même temps que l'un des tout premiers pays en termes de réserves pétrolières, ce qui ne peut échapper à une Administration extrêmement liée à l'industrie pétrolière.

Chronique d'une guerre annoncée

Mais c'est le 11 Septembre qui renforcera l'obsession irakienne de George W. Bush. Cité comme l'un des pays de l'axe du Mal, dans une rhétorique quasiment mystique, le régime de Saddam Hussein devient très rapidement la cible d'un Président désireux d'envoyer un message fort à son opinion publique et au reste du monde. Pour ce dernier, les attentats du World Trade Center justifient par avance toute mesure qu'il pourrait prendre au nom de la sécurité de son pays. Le concept de guerre préventive fait son apparition dans la doctrine diplomatique américaine, qui, associée à l'unilatéralisme croissant de l'Administration, pousse les faucons de l'entourage du Président à envisager une opération sans l'aval de l'O.N.U.
Face aux inquiétudes des alliés des États-Unis, qui craignent qu'une intervention non légitimée par la communauté internationale ne crée un dangereux précédent, et sous l'influence de Colin Powell, George W. Bush décide pourtant de passer par l'O.N.U. Le Conseil de sécurité vote ainsi le 12 septembre 2002 une résolution imposant un régime drastique d'inspections, dans le but de découvrir et de démanteler des armes de destruction massive. Contrairement aux attentes, Saddam Hussein accepte pourtant la plupart des exigences de l'O.N.U.
Face au risque de voir disparaître le principal prétexte d'une intervention, les États-Unis arguent alors de tentatives d'achat d'armes nucléaires par l'Irak et de ses liens avec Al-Qaida. Pourtant l'opinion mondiale s'inquiète des dérives impérialistes et du discours d'inspiration religieuse de George W. Bush. En dépit des pressions et des incitations financières promises à certains pays du Conseil, les États-Unis échouent à faire voter par l'O.N.U. une résolution autorisant le recours à la force. Dès lors, à la tête d'une coalition ne comprenant pour l'essentiel que les États-Unis, le Royaume-Uni et l'Australie, George W. Bush décide le 18 mars 2003 d'envahir l'Irak.

« Choc et effroi »

Les opérations commencent le 20 mars 2003 par un bombardement très ciblé sur Bagdad. Il s'agit pour les Américains de tuer Saddam Hussein. Ce coup de poker ayant échoué, les troupes au sol pénètrent sur le territoire irakien, tandis qu'un déluge de bombes à guidage laser et de missiles Tomahawk s'abattent sur les ministères, les palais présidentiels et les centres de commandement irakiens. D'une ampleur jamais vue et extrêmement ciblés, ces bombardements doivent désorganiser et démotiver totalement les forces irakiennes : c'est la théorie dite de « choc et effroi ».
Pourtant les troupes américano-britanniques rencontrent une résistance inattendue dans les principales villes du sud du pays. Autre souci pour la coalition : l'impossibilité d'ouvrir un front nord, la Turquie ayant refusé de laisser passer les troupes américaines sur son territoire. L'état-major va dès lors faire un choix qui s'avérera payant : contourner les villes sans chercher à les prendre et filer sur Bagdad pour accélérer la chute du régime. Les troupes d'élite de Saddam sont pilonnées, et le régime s'effondre le 9 avril 2003, sans que la bataille

Le conseil de sécurité des nations unies est réuni, le 20 mars, pour discuter des inspections en Irak par les nations unies.

Le 25 mars, après une offensive éclair dans le sud du pays, les forces de la coalition continuent leur route vers Bagdad.

« Hyperpuissance américaine » contre « Vieille Europe »

L'Union européenne a été durement atteinte par le bras de fer diplomatique qui a précédé la guerre en Irak. À la veille de son élargissement à 10 nouveaux pays, elle s'est en effet profondément divisée entre pro-Américains et pays opposés à la guerre. Ces derniers, emmenés par la France au titre de son statut de membre permanent du Conseil de sécurité, regroupent notamment l'Allemagne et la Belgique. **Leur rapprochement avec la Russie attirera sur eux le sobriquet de « Vieille Europe », à laquelle s'opposerait la Nouvelle Europe,** constituée de la plupart des pays de l'Est ayant adhéré à l'Union, conduits par le Royaume-Uni, fidèle à son traditionnel alignement sur les États-Unis, flanqué de l'Italie et de l'Espagne.

À l'heure où le passage à 25 rend cruciale la question des institutions de l'Europe et l'étendue de son champ d'action, en particulier aux questions de défense et de politique étrangère, **sa capacité à parler d'une seule voix apparaît être plus éloignée que jamais.** .

de Bagdad ait pratiquement eu lieu. Le Pentagone estime le bilan des pertes irakiennes à 30 000 militaires et le gouvernement irakien fait état de la mort de 1 300 civils.

Les sombres interrogations de l'après-guerre

Le pari semble réussi pour George W. Bush. Sur un plan militaire, les pertes américaines sont très limitées (163 morts) et l'enlisement redouté n'a pas eu lieu : la guerre éclair n'aura duré que vingt et un jours. Sur un plan économique, il n'y a eu aucune tension particulière sur les prix du pétrole, les principaux champs pétroliers ayant été rapidement contrôlés par les Américains.

Sur un plan politique, les pays arabes modérés n'ont pas été déstabilisés et les États-Unis peuvent se targuer d'avoir mis fin à une dictature particulièrement cruelle. Seule ombre au tableau : pas de traces d'armes chimiques, censées pourtant justifier l'intervention.

Mais à quoi ressemblera l'Irak post-Saddam ? Le gouvernement américain souhaite instaurer une démocratie fédérale en mesure de déclencher une contagion démocratique, processus périlleux dans une région aux équilibres géopolitiques instables.

Le 1er mai 2003, George W. Bush peut annoncer la fin officielle des opérations militaires, et le lendemain un diplomate américain, Paul Bremer, est nommé administrateur civil. Le processus démocratique est vite engagé : un conseil de gouvernement transitoire institué en juillet 2003 cède la place un an plus tard à un gouvernement intérimaire dirigé par Iyad Allaoui, « l'homme des Américains ». Mais les élections législatives de janvier 2005 traduisent toute la difficulté à unir un peuple profondément divisé en communautés rivales. Longtemps opprimés, Chiites et Kurdes sont les grands vainqueurs de cette élection, ce qui augure mal d'une réconciliation future.

Derrière cette façade démocratique, l'Irak n'en finit pas de s'enliser dans une violence fratricide meurtrière. Anciens membres du parti Baas entrés en « résistance », islamistes radicaux liés à al-Qaida ou encore bandes armées mafieuses qui pullulent dans un pays en proie au chaos multiplient les attentats. Considérés comme une force d'occupation, les soldats américains sont impuissants à ramener l'ordre et paient un lourd tribut à une intervention militaire qui a certes chassé un tyran, mais dont on ne voit pas bien comment elle permettra de ramener la paix dans cette région du monde.

Le 9 avril 2003, les marines américains arrivent à Bagdad. Les Irakiens aidés par les soldats américains font tomber la statue de Saddam Hussein du quartier Al Fardu.

Soubresauts politiques dans l'ex-URSS

RÉVOLUTION ORANGE EN UKRAINE

Après cinq semaines d'une « révolution tranquille », l'Ukraine indépendante achève de s'affranchir de la pesante tutelle de Moscou. Mais le pays, fragile, reste profondément divisé.

Pour les observateurs de l'élection présidentielle en Ukraine, dont le second tour s'est déroulé le 21 novembre 2004, il ne fait aucun doute que le scrutin a été entaché de nombreuses irrégularités. La fraude n'a pas non plus échappé aux partisans de Viktor Ioutchenko, l'ancien Premier ministre, devancé de peu par son rival Viktor Ianoukovitch, Premier ministre sortant et homme lige du président prorusse Leonid Koutchma. À peine les résultats connus, qui donnent Ianoukovitch gagnant avec 49,5 % des voix, un mouvement de contestation se met en branle, pacifique et déterminé, résolu à obtenir l'annulation du scrutin.

Arborant la couleur orange de l'opposition qui donnera son nom à cette « révolution tranquille », les partisans de Ioutchenko se rassemblent par dizaines de milliers à Kiev, exigeant des autorités qu'elles annulent l'élection. Beaucoup craignent que la vague orange ne vire au rouge si les forces de l'ordre tentent de mater une fronde qui prend des allures de révolution. Mais le pouvoir reste prudent et choisit de ne rien faire. De leur côté, les « orange » ne désarment pas, se sachant soutenus par les pays d'Europe de l'Ouest qui font pression sur le gouvernement ukrainien pour qu'il annule l'élection. Koutchma et Ianoukovitch ont d'ailleurs très vite compris qu'ils avaient perdu : des ministres et des hauts fonctionnaires démissionnent, une partie des forces de police et de l'armée sympathise avec les manifestants, des vedettes du show-biz et du sport se mobilisent..., jusqu'aux radios et télés, pourtant tenues d'une main ferme par le pouvoir, qui refusent toute forme de censure. Les autorités annulent donc le scrutin et un troisième tour a lieu le 26 décembre. Viktor Ioutchenko cette fois l'emporte avec 52 % des voix.

Une situation économique périlleuse

Si les Ukrainiens peuvent s'enorgueillir d'avoir « réussi » leur révolution, le plus dur toutefois reste à faire pour moderniser une société qui peine à sortir du marasme économique et moral. Née de la dislocation de l'Union soviétique, l'Ukraine est indépendante depuis décembre 1991. Ce jeune État, plus vaste que la France et peuplé de 47 millions d'habitants, a beau connaître une croissance soutenue, son PNB reste faible et ses infrastructures industrielles et agricoles souffrent d'une inadaptation criante. C'est particulièrement le cas pour le secteur minier et la production d'acier, qui représentent pourtant l'essentiel des richesses produites. En dix ans, le PIB de l'Ukraine a chuté de 65 % ! Il s'ensuit inévitablement un chômage important dont les chiffres exacts sont soigneusement dissimulés, et l'absence de perspective pousse nombre d'Ukrainiens à émigrer.

Mais il y a pire dans l'héritage soviétique, avec la corruption qui gangrène une large part de la classe dirigeante. La fraude électorale constatée lors de ce scrutin présidentiel n'est qu'une manifestation du déficit démocratique dans un pays où les médias sont placés sous tutelle et les richesses, captées par une nomenklatura politico-financière alliée sans vergogne à une mafia qui a tissé sa toile dans presque tous les secteurs de l'économie. Et cela d'autant mieux que les réformes entreprises ont conduit à la création de zones d'exemptions fiscales propices à tous les trafics – une situation qui ne peut que freiner les investissements étrangers, qui font encore cruellement défaut à l'Ukraine.

Les deux Ukraine

La révolution orange a également éclairé d'un jour brutal ce qui est sans doute le plus sérieux problème à surmonter : la franche division du pays en deux. L'histoire comme la géographie ont placé l'Ukraine aux confins de deux mondes : à l'est, autour de la ville minière de Donetsk, l'influence russe demeure sensible, alors qu'à l'ouest, région plus agricole, on rêve d'un destin européen. Ce clivage prend des allures de véritable fracture : nationalisme parfois exacerbé à l'ouest, soumission au « grand frère » russe à l'est où vit une forte minorité russophone. Une même division apparaît sur le plan religieux : orthodoxes à l'est, placés sous l'autorité morale du patriarcat de Moscou ; catholiques de rite grec, ou « uniates », à l'ouest.

Les résultats de l'élection présidentielle traduisent la fracture franche et spectaculaire qui scinde l'Ukraine en deux camps rivaux.

La religion s'invite dans le débat politique à Kiev : des fidèles orthodoxes manifestent en faveur du candidat prorusse.

L'ombre du Kremlin

Vladimir Poutine s'est abstenu de s'immiscer de façon trop voyante dans la crise ukrainienne, mais **le « grand frère russe » n'entend pas laisser Kiev prendre ainsi ses distances,** d'autant que Ioutchenko ne fait pas mystère de ses intentions de voir l'Ukraine se rapprocher un jour de l'OTAN et, surtout, de l'Union européenne. Située au cœur de l'Europe de l'Est, l'Ukraine occupe en effet une place géopolitique capitale qui en fait l'objet de toutes les attentions. Au premier plan des préoccupations russes : la Crimée, où, conformément à un accord conclu, la Russie entretient l'une de ses principales flottes de guerre. Tous les coups alors sont permis, et c'est peu après avoir dîné avec des membres des services secrets ukrainiens, **à quelques semaines des élections, que Viktor Ioutchenko est tombé gravement malade.** Des analyses ont depuis clairement établi un empoisonnement à la dioxine, une mauvaise manière dont était coutumier l'ex-KGB… **Le poids de la Russie reste toutefois prépondérant,** et c'est avec elle que l'Ukraine réalise l'essentiel de ses échanges économiques : principal fournisseur, la Russie est également son principal client, loin devant tous les autres pays. Aussitôt investi, Vladimir Ioutchenko a réservé sa première visite officielle au Kremlin, preuve qu'il n'ignore rien de l'importance des relations avec Moscou.

Les résultats de l'élection de décembre 2004 traduisent parfaitement ce clivage. Autour de Donetsk et dans l'ensemble du bassin minier, Ianoukovitch l'emporte largement avec parfois plus de 75 % des voix, un score que n'explique pas seule la fraude. À l'ouest, particulièrement en Galicie, berceau du nationalisme ukrainien, Ioutchenko réalise des scores qui frôlent les 90 %. Le scrutin traduit donc la fracture qui déchire l'Ukraine. Pour endiguer la marée orange, au plus fort de la crise, Leonid Koutchma fera d'ailleurs planer le spectre d'une partition du pays. La politique du nouveau président Viktor Ioutchenko et de son Premier ministre Ioulia Timochenko ne devra pas seulement viser à redresser la situation économique, mais également à réconcilier ces deux Ukraine.

Après plusieurs jours de manifestation pacifique, la marée orange des partisans de Viktor Ioutchenko fête sa victoire historique.

Catastrophe en Asie du Sud-Est

L'EFFROYABLE TSUNAMI

Le 26 décembre 2004, à 0 h 58 GMT, un violent séisme (magnitude 9 sur l'échelle de Richter) est enregistré au large de Sumatra, dans l'océan Indien. La secousse a provoqué des dégâts considérables au nord de l'île, et dès les premières heures les autorités indonésiennes ont craint un bilan élevé. Mais elles ignoraient alors qu'une catastrophe d'une ampleur inégalée allait bientôt toucher l'ensemble des côtes de l'Asie du Sud-Est.

Le séisme, l'un des plus violents jamais enregistrés, aurait pu n'avoir que des conséquences limitées, mais ce tremblement de terre sous-marin a engendré un phénomène bien connu des sismologues et des océanographes : un *tsunami*. Il s'agit d'une série de vagues provoquées par un brutal mouvement du sol sous-marin, un glissement de terrain ou encore une éruption volcanique. Capables de se déplacer à plus de 800 km/h, ces vagues compactes ne sont d'abord pas très hautes ; mais à l'approche des eaux peu profondes des rivages, elles gonflent considérablement pour former un véritable mur d'eau de 20 ou 30 mètres de hauteur. C'est un tel mur qui peu après le tremblement de terre a commencé de s'abattre sur les côtes de la région, ravageant tout sur son passage. Sumatra bien sûr a été la plus atteinte, mais l'onde qui s'est propagée depuis l'épicentre a atteint en quelques heures la Malaisie, la Thaïlande, la Birmanie, le Bangladesh, l'Inde, le Sri Lanka, les Maldives. Sur la côte orientale de l'Afrique, la Somalie et la Tanzanie ont également été affectées dans une moindre mesure. Les premiers bilans sont dramatiques, mais incertains. Le lendemain de la catastrophe, on parle de 12 000 morts, puis de 20 000, avant de s'aviser que le nombre de victimes sera beaucoup plus élevé. Et, de fait, le bilan chaque jour s'alourdit pour atteindre des chiffres officiels qui oscillent entre 230 000 et 300 000 morts et disparus dans l'ensemble des pays touchés. L'Indonésie à elle seule déplore 200 000 victimes.

Un formidable élan de générosité

À chaque fois que survient un drame humain d'une telle ampleur, l'aide internationale afflue de toutes parts. Mais l'on assiste en la circonstance à une mobilisation sans précédent. Sitôt connus les premiers bilans, les ONG commencent les collectes de fonds et reçoivent des dons par centaines de milliers, à tel point que l'association Médecins sans frontières, par souci d'honnêteté, est vite obligée de les refuser, faute de pouvoir les affecter à l'aide aux populations sinistrées comme l'y oblige la loi. Les États eux aussi apportent leur soutien financier et ne manquent pas de faire assaut de générosité dans une sorte de « compétition humanitaire » quelque peu déplacée.

Mais personne n'est dupe des bonnes intentions et des promesses des gouvernements. Un an jour pour jour avant ce tsunami, le tremblement de terre de Bam en Iran faisait 30 000 morts et les pays occidentaux promettaient une aide qui n'arrivera jamais. L'ONU cette fois a pris les devants et mis en place une coordination internationale chargée d'organiser au mieux les secours, obligeant les États-Unis à renoncer à leur projet de « coalition humanitaire » que beaucoup voyaient d'un mauvais œil, craignant l'arrivée, sous couvert d'une aide médicale, d'une armada américaine dans cette région politiquement instable. En quelques semaines, près de 12 milliards de dollars seront réunis pour aider les populations sinistrées.

Charité bien ordonnée...

L'importance de la tragédie et les dégâts matériels expliquent en partie une telle solidarité, mais l'on peut légitimement s'interroger

Vue aérienne de la presqu'île de Banda Aceh en Indonésie, avant et après le tsunami. L'eau a tout dévasté sur plusieurs kilomètres.

En Indonésie, un spectacle de désolation s'offre aux rares survivants de la catastrophe, qui ont tout perdu.

Il n'y a pas de fatalité

Passé le mouvement de stupeur et d'affliction, il a bien fallu **s'interroger sur les raisons de la catastrophe,** quand bien même la fatalité oblige l'humanité à se montrer humble face aux forces indomptables de la nature. Reste que le bilan du tsunami s'explique aussi par des arguments d'ordre politique et économique. Le bilan eût été moins lourd si la région concernée avait disposé de moyens d'alerte, qui existent bel et bien et sont mis en œuvre ailleurs, comme à Hawaï. **Sur les côtes dévastées, des populations pauvres et nombreuses s'entassent dans des habitats trop fragiles pour résister aux raz de marée.** On ne peut ni empêcher un tsunami ni éviter un tremblement de terre, mais on peut en limiter les dégâts en s'éloignant des zones à risques ou en bâtissant des infrastructures susceptibles de résister. Les scientifiques mettent aussi en garde contre la recrudescence de phénomènes dévastateurs, comme les tempêtes tropicales, des phénomènes certes naturels mais directement engendrés par le bouleversement climatique consécutif à l'activité humaine sur terre.

sur les véritables raisons d'un si vaste mouvement de fraternité. Bien sûr la catastrophe étant survenue au lendemain de Noël, l'opinion publique occidentale s'est d'autant plus apitoyée ; puis, en cette période creuse d'actualités, les médias se sont emparés du drame de manière exclusive. Le caractère international de cette catastrophe a exacerbé le sentiment de vivre dans un même monde où chacun est concerné par le sort de l'autre, et a fait de ce drame une sorte de mondialisation des émotions.

Mais il faut en convenir, la présence de nombreux occidentaux parmi les victimes n'est pas étrangère à cette soudaine solidarité. Sur le littoral thaïlandais, par exemple, les zones les plus touchées ont été les côtes de la presqu'île de Phuket et leurs complexes hôteliers. En cette période de Noël, de très nombreux touristes européens se prélassaient sur les plages paradisiaques d'Asie du Sud-Est ; beaucoup ont été emportés par la vague meurtrière. Ainsi compte-t-on parmi les victimes près de 300 Allemands, plus de 200 Suédois, des dizaines de Français, d'Anglais, de Finlandais, d'Autrichiens, de Danois, mais également des Américains, des Japonais, des Australiens, des Canadiens… Cet élan de solidarité cache mal l'égoïsme occidental, lorsque le Bangladesh fut dévasté par les inondations en avril 1991, les médias occidentaux firent peu de cas des 100 000 victimes recensées, non plus que des 500 000 morts provoquées par un cyclone en novembre 1970.

Sur le pont de l'USS Abraham Lincoln, *une noria d'hélicoptères s'affaire à acheminer l'aide humanitaire aux populations thaïlandaises sinistrées.*

INDEX DES PERSONNES

A

B

C

D

E

F

G

H

I

J

K

L

M

N

T

U

V

W

Y Z

Crédits photographiques

P. 14/15 Babey-Artephot. 16 bg Dagli Orti G. 16 hg Dagli Orti G. 16 md Dagli Orti G. 17 bg Dagli Orti G. 17 hg Dagli Orti G. 17 md Badisches Landesmuseum, Karlsruhe. 18 h : Ribieras-Explorer. 18 m : Held S. 18/19 : Held S. 20 : Giraudon. 20/21 Rossi A.-Altitude. 21 : AKG. 22 : Scala. 22/23 : Lauros-Giraudon. 23 : Scala. 24 : Ancient Art and Architecture Collection. 25 h : Mary Evans Picture Library. 25 b : Giraudon. 26 : Giraudon. 26 hd : Giraudon. 27 : Lessing E.-Magnum. 28 : Scala. 29 h : Phillipart de Foy G.-Explorer. 29 b : Bibliothèque nationale de France, Paris. 30 : Nimatallah-Artephot. 30/31 : Dagli Orti G. 31 : Krafft K.-Explorer. 32 : Bibliothèque nationale de France, Paris. 32/33 : Kharbine Tapabor. 33 : Coll. Larousse. 34 : Dagli Orti G. 35 : Held. 36 : Dagli Orti G. 37 : Dagli Orti G.38 : AKG, Paris. 39 h : AKG, Paris. 39 b : AKG, Paris. S. 40 : Charmet J.L. 41 h : Bildarchiv Preussischer Kulturbesitz. 41 bd : Dagli Orti G. 42 : Lauros-Giraudon. 42/43 : Scala. 43 : Josse H. 44/45 : Bibliothèque nationale de France, Paris. 46 bg : Held S. 46 hd : Dagli Orti G. 46 hg : Lessing E.-Magnum. 46 bd : Lénars C. 47 g : Percheron R.-Artephot. 47 bd : Nimatallah-Artephot. 47 hd : Bibliothèque nationale de France, Paris. 48 h : Scala. 48 b : Scala. 49 : Scala. 50 h : RMN. 50 m : AKG-Artephot. 51 bg : Dagli Orti G. 51 md : Historisches Museum, Berne. 52 h : Thibaut N.-Explorer. 52 b : Edimedia. 53 : Scala. 55 g : Vigne J. 54 : Bibliothèque Nationale de France/Archives Larbor. 55 d : Kharbine Tapabor. 56/57 : Lauros-Giraudon. 57 h : Bibliothèque nationale de France, Paris. 58 : Barbey-Artephot. 59 m : Dagli Orti G. 59 b : Scala. 60 hd : Dagli Orti G. 60 bg : Lauros-Giraudon. 61 : Dagli Orti G. 62 : Ogawa-Artephot. 63 hg : Werner Forman Archive. 63 md : Ogawa-Artephot. 64 g Stierlin H. 64/65 : Thomas-Explorer. 65 Parra-Bordas-Diaf. 66 : Michaud R. et S.-Rapho. 67 h : Michaud R. et S.-Rapho. 67 b : Mandel G.-Artephot. 68 : Coll. Gardin. 68/69 : Giraudon. 69 : Bibliothèque nationale de France, Paris. 70 : Bibliothèque nationale de France, Paris. 70/71 b : Michaud R. et S.-Rapho. 70/71 h : Mandel G.-Artephot. 72 : Lenars Ch. 73 h : Lenars Ch. 73 b : Lenars Ch. 74/75 h : Oronoz-Artephot. 74/75 b : Bibliothèque nationale de France, Paris. 75 : Oronoz-Artephot. 76 : Dagli Orti G. 76/77 h : Dagli Orti G. 76/77 b : Josse H. 78 h : Gerster G.-Rapho. 78/79 : Held S. 79 : Ball D.-Diaf. 80/81 Bibliothèque Nationale de France, Paris. 81 hd : Dagli Orti G. 81 m : Vigne J. 82 : Artephot. 83 g : Bibliothèque Universitaire : Utrecht. 83 d : National Museum : Liverpool. 84 m : Bibliothèque nationale de France, Paris. 84 b : Osterreichische Nationalbibliothek : Vienne. 84/85 : Vigne J. 85 : Giraudon. 86 : Dagli Orti G. 87 bd : Josse H. 87 hg : Charmet J.L. 88 : Giraudon. 88/89 : Josse H. 89 : Coll. Larousse. 90 h : Musée de l'Homme, Paris. 90 b : Kharbine Tapabor. 90/91 : Roger-Viollet. 92 g : Coll. Larousse. 92 d : Coll. Larousse. 93 g : Bildarchiv Preussischer Kulturbesitz. 93 d : Bibliothèque nationale de France, Paris. 94 : Gellie T.-Hoa Qui. 95 h : Cosmos 95 b. Arthus-Bertrand Y.-Altitude. 96/97 : Mary Evans-Explorer. 97 m : Geopress-Explorer. 97 b : Anderson T.-Explorer. 98/99 : Josse H. 99 : Bibliothèque nationale de France, Paris. 100/101 h : Lessing E.-Magnum. 100/101 b : Novosti. 101 : Novosti. 102 : Bibliothèque nationale de France, Paris. 102 h : Bibliothèque nationale de France, Paris. 103 g : Bibliothèque nationale de France, Paris. 103 bd : Edimedia. 104 g : Pierpont Morgan Library, New York. 104 b : Scandibild-Artephot. 105 : Vigne J. 106 Frerck-Fotogram Stone. 107 b : Stierlin H. 107 h : Held S. 108 : Lénars C. 108 h : Nou J.L.-Explorer. 110 Corbis. 111 h: Lewis M.-Corbis. 111 md : Cooke M.-Corbis. 112 : Dagli Orti G. 113 h : Bottin J. 113 m : Bibliothèque nationale de France, Paris. 114 : Veiller-Explorer. 114/115 Barbier-Diaf. 115 Barbier-Diaf. 116 : Giraudon. 117 m : Bibliothèque nationale de France, Paris. 117 b : Giraudon. 118 : Artephot. 118 hg : Bibliothèque apostolique vaticane. 119 md : Scala. 119 mb : Giraudon. 120 : Meyer A.-Artephot. 121 h : Stierlin H.-Artephot. 121 b : Oronoz-Artephot. 122 h : Vigne J. 122 m : Bildarchiv Preussischer Kulturbesitz. 123 : Bildarchiv Preussischer Kulturbesitz. 124 b : Charmet J.L. 124 m : Dagli Orti G. 125 : Dagli Orti G. 126 : Dagli Orti G. 127 h : Roger-Viollet. 127 b : Giraudon. 128 Lechenet F.-Altitude. 129 h : Perrin T.-Altitude. 129 b. Boutin G.-Altitude. 130 : Lenars-Explorer. 131 : Sioen-Rapho. 131 b : Boisvieux-Explorer. 132/133 : École Nationale des Beaux Arts. 133 b : Barbey B.-Magnum. 133 h : Hall T / Harding R.-Explorer. 134 : Lauros-Giraudon. 135 g : Atlas Van Stolk. 135 d : Rapho. 136/137 h : Bibliothèque nationale de France, Paris. 136/137 b : Dagli Orti G. 137 : Bibliothèque nationale de France, Paris. 138 : Bibliothèque nationale de France, Paris. 139 h : Sappa C.-Rapho. 139 b : Held S. 140 : Lauros-Giraudon. 141 h : Guillot G.-Top. 141 b : Bibliothèque Nationale de France. 142 : Charmet J.L. 143 h : Dagli Orti G. 143 b : Roger-Viollet. 144 h : Dagli Orti G. 144 b : AKG, Paris. 145 : Scala. 146 : Boutin G.-Hoa Qui. 146/147 : Boutin G. Hoa Qui. 147 : Archives Larbor. 148 : Bibliothèque nationale de France, Paris. 148/149 : Scala. 149 : Bibliothèque Nationale de France, Paris. 150 g : Bibliothèque nationale de France, Paris. 150 m : Bibliothèque nationale de France, Paris. 151 : Bibliothèque nationale de France, Paris. 152 : Dagli Orti G. 153 g : British Library : Londres. 153 d : Thomas A.-Explorer. 154 : Oronoz-Artephot. 155 : Archives nationales historiques : Madrid. 156 : Kharbine Tapabor. 157 : Roger-Viollet. 158 mg : Held S. 158/159 : Held S. 159 : Wassman B.-Rapho. 160 : Roger-Viollet. 161 h : Artephot. 160/161 b : Giraudon. 162 : JÅrgens-Artephot. 162/163 : Rosikon J.-Interpress. 163 : Edimedia. 164 : Tallandier. 164-165 : Bibliothèque nationale de France, Paris. 165 h : Josse H. 165 m : Lauros-Giraudon. 165 b : Charmet J.L. 166 : Bibliothèque nationale de France, Paris. 166/167 : Bibliothèque nationale de France, Paris. 167 : Bibliothèque nationale de France, Paris. 168 : Tallandier. 169 m : Charmet J.L.-Explorer. 169 d : Bertrand L.-Explorer. 170 : Bibliothèque nationale de France, Paris. 171 hg : Dagli Orti G. 171 mh : Werner Forman Archive. 172 b : Chirol S. 172/173 : Barde J.L.-Scope. 173 : Nacivet J.P.-Explorer. 174 : Bibliothèque nationale de France, Paris. 175 bg : Bibliothèque nationale de France, Paris. 175 hd : Bibliothèque nationale de France, Paris. 176 : Scala. 177 h : Dagli Orti G. 177 b : Lauros-Giraudon. 178 b : Oronoz-Artephot. 178 h : Dagli Orti G. 179 h : Oronoz-Artephot. 179 m : Oronoz-Artephot. 180 : Edimedia. 180/181 : Oronoz-Artephot. 181 : Interpress. 182 : Jalain F.-Cedri. 182/183 : Burgerbibliothek : Berne. 183 h : Dagli Orti G. 183 m : Dagli Orti G. 184 : Edimedia. 185 h : Bibliothèque nationale de France, Paris. 185 b : S. et R. Michaud. 186 : Layma Y.-Explorer. 186/187 : Koch P.-Rapho. 187 : Koch P.-Rapho. 188 : AKG, Paris. 189 bd : Chapman-Explorer. 189 hg : Lénars C. 190 : Mansell Collection. 190/191 : Mansell Collection. 191 : Mansell Collection. 192 b : Stierlin H 192/193 : Ducange J.-Top. 193 : Stierlin H 194 m : Michaud R. et S.-Rapho. 194 b : Giraudon. 195 : Coll. Larousse. 196 : Dagli Orti G. 196/197 : Giraudon. 197 : Dagli Orti G. 198 m : Courau J.P-Explorer. 198 b : Institut Pasteur-CNRI. 199 : Hosse H. 200 : Musée de Berlin-Dahlem. 200/201 : Mangin G.-Musée des Beaux-Arts : Nancy. 201 : Burgerbibliothek : Berne. 202 : Oronoz-Artephot. 202/203 : Oronoz-Artephot. 203 : Oronoz-Artephot. 204/205 : Sipa Icono. 205 h : Charmet J.L. 205 g : Charmet J.L. 206/207 : Edimedia. 208 hg : Tomsich G.-Photeb. 208 hd : Dagli Orti G. 208 bg : National Portrait Gallery : Londres-Giraudon. 208/209 : Varga-Artephot. 209 h : AKG, Paris. 209 b : Michaud. 210 : Bibliothèque universitaire de Bâle. 210/211 : Réunion des Musées Nationaux, Paris. 211 m : Scala. 211 b : National Maritime Museum : Greenwich. 212 : Dagli Orti G. 213 g : Oronoz-Artephot. 213 d : Oronoz-Artephot. 214 b : Giraudon. 214 hd : Kharbine Tapabor. 215 : Charmet J-L.-Explorer. 216 : Musée des Beaux-Arts, Lyon. 216/217 h : Nimatallah-Artephot. 216/217 m : Nimatallah-Artephot. 217 : Scala. 218 : Josse H. 219 h : Josse H. 219 b : Giraudon. 219 h : Dagli Orti G. 219 b : Archives Larbor. 220 h : De Selva-Tapabor. 220 b : Dagli Orti G. 221 : Dagli Orti G. 222 : Scala. 223 md : Edimedia. 223 b : Lauros-Giraudon. 224 Guillot-Top. 224/225 Bibliothèque Nationale de France, Paris. 225 : Scala. 226 h : Oronoz-Artephot. 226 b : Oronoz-Artephot. 227 : Oronoz-Artephot. 228 : Josse H. 229 h : Dagli Orti G. 229 b : Coll. R. Dazy. 230 : Giraudon. 231 g : Giraudon. 231 d : Charmet J.L. 232 : Kharbine Tapabor. 232/233 m : Lauros-Giraudon. 232/233 b : AKG, Paris. 234 : Edimedia. 235 h : Lauros-Giraudon. 235 md : Josse H. 236 m : Bibliothèque nationale de France, Paris. 236 b : Kharbine Tapabor. 237 : Giraudon. 238 : Bibliothèque nationale de France, Paris. 238/239 : Oronoz-Artephot. 239 : Dagli Orti G. 240 : Bildarchiv Preussischer

Kulturbesitz. 241 h : Bildarchiv Preussischer Kulturbesitz. 241 hd : Bibliothèque Nationale, Paris-Coll. Larousse. 242 : Victoria and Albert Museum : Londres- Archives Larbor. 243 : Michaux R. et S. 244/245 : Nimatallah-Artephot. 245 hg : Lauros-Giraudon. 245 hd : Lauros-Giraudon. 245 m : Trinity College Library : Oxford. 246 : Edimedia. 247 : Lauros-Giraudon. 248/249 : Lauros-Giraudon. 248/249 b : Lauros-Giraudon. 249 : Giraudon. 250 : Dagli Orti G. 250/251 : The Granger Collection : New York. 251 : Oronoz-Artephot. 252 : Charmet J.L. 253 : Charmet J-L.-Explorer. 254 : Dagli Orti G. 255 : Dagli Orti G. 256 : Bridgeman-Artephot. 256/257 : Dagli Orti G. 257 : Josse H. 258 : Explorer. 259 g : Hulton Deutsch Collection. 259 hd : Mary Evans Pict. Lby. 260 : Lauros-Giraudon. 261 bg : Bulloz. 261 d : Kharbine Tapabor. 262 bg : Oronoz-Artephot. 262 md : Nimatallah-Artephot. 262/263 : Scala. 264 : Charmet J.L. 265 g : Bridgeman Art Library. 265 d : Bridgeman Art Library. 266/267 : Josse H. 267 g : Coll. Larousse. 267 d : Lauros-Giraudon. 268 : Novosti. 268/269 b : Josse H. 268/269 h : Charmet J.L. 270 : Hulton Deutsch Collection. 271 h : Oronoz-Artephot. 271 m : Edimedia. 272 : Lauros-Giraudon. 272/273 : Giraudon. 273 : Coll. Larousse. 274 m : Josse H. 274 hd : Roger-Viollet. 274/275 : Dagli Orti G. 276 : Lauros-Giraudon. 276/277 : Lauros-Giraudon. 277 : Lauros-Giraudon. 278 bg : Mary Evans Pict. Lby. 278 m : Charmet J.L. 279 : Charmet J.L. 280/281 : Rijksmuseum, Amsterdam. 281 mh : Lauros-Giraudon. 281 hd : Musée de la Marine, Paris. 282 : Lauros-Giraudon. 282/283 : Giraudon. 283 : Giraudon. 284/285 : Scala. 285 h : Lauros Giraudon. 235 b : Scala. 286 : Lauros-Giraudon. 286/287 : Lauros-Giraudon. 287 : Lauros-Giraudon. 288 : E.T. Archive. 289 g : Coll. Larousse. 289 d : Coll. Larousse. 290 : Bridgeman-Artephot. 290/291 h : National Portrait Gallery : Londres. 290/291 m : Coll. Larousse. 292 : Josse H. 292/293 : Dagli Orti G. 293 : Josse H. 294 : Bibliothèque royale : Copenhague. 294/295 b : Charmet J.L. 295 : Bibliothèque nationale de France, Paris. 296 : Coll. Larousse. 297 g : Conservatoire nat. des Arts et Métiers, Paris. 298/299 : AKG, Paris. 300 hg : AKG, Paris. 300 hd : AKG, Paris. 300 b : New York Public Library-Artephot. 301 hg : Charmet J.L. 301 hd : AKG, Paris. 301 bg : AKG, Paris. 301 bd : AKG, Paris. 302 : Josse H. 302/303 : Josse H. 303 : Josse H. 304 h : Josse H. 304 m : Giraudon. 304/305 b : Bibliothèque nationale de France, Paris. 306 : Held-Artephot. 306/307 : AKG, Paris. 307 : Giraudon. 308 : Charmet J.L. 308/309 : Giraudon. 309 : Coll. Larousse. 310 : Dagli Orti G. 310/311 : Charmet J.L. 311 : Charmet J.L. 312 hd : Roger-Viollet. 312 mg : Mary Evans-Explorer. 313 md : Mary Evans-Explorer. 313 National Portrait Gallery/Archives Larbor. 314 : Giraudon. 315 g : Charmet J.L. 315 d : Edimedia. 316 : Lauros-Giraudon. 316 m : Archives publiques du Canada. 316/317 b : Dagli Orti G. 318 h : Dorka. 318 b : Dorka. 319 : Vigne J. 320 h : Dagli Orti G. 320 b : Giraudon. 321 : Dagli Orti G. 322 bg : DITE. 322 hd : Lauros-Giraudon. 323 : Edimedia. 324 : Dagli Orti G. 325 h : Dagli Orti G. 325 md : Dagli Orti G. 326/327 b : DITE. 326/327 h : DITE. 328 : Mary Evans Pict. Lby. 329 hg : Mary Evans Pict. Lby. 329 md : Mary Evans Pict. Lby. 330 : Giraudon. 331 mh : Giraudon. 331 hd : Lauros-Giraudon. 332 : Charmet. 333 h : Kharbine Tapabor. 333 m Lauros Giraudon. 334 : Giraudon. 334/335 h : Lauros-Giraudon. 334/335 b : Lauros-Giraudon. 336 : Charmet. 336/337 : RMN. 337 : Dagli Orti G. 338 : Coll. Larousse. 338/339 : National Museum of Wales : Cardiff. 339 : Coll. Larousse. 340 m : Giraudon. 340 b : Josse H. 340/341 : Lauros-Giraudon. 341 : Musée de l'Armée, Paris. 342 : The Granger Collection, New York. 342/343 : The Granger Collection, New York. 343 : The Granger Collection, New York. 344 : National Portrait Gallery : Londres. 344/345 h : Lauros-Giraudon. 344/345 m : National Maritime Museum : Greenwich. 346 : Oronoz-Artephot. 346/347 : Lauros-Giraudon. 347 : Lauros-Giraudon. 348 : Charmet. 349 h : Pellegrin-Vu. 349 b : Charmet. 350 : Dagli Orti G. 350/351 b : Dagli Orti G. 350/351 h : Dagli Orti G. 352 : Dagli Orti G. 352/353 : Lauros-Giraudon. 353 : Bibliothèque nationale de France, Paris. 354 : Lessing E.-Magnum. 354/355 m : Giraudon. 354/355 h : Victoria and Albert Museum : Londres. 356 mg : Dagli Orti G. 356 bd : Charmet J.L. 356/357 : Bildarchiv Preussischer Kulturbesitz. 357 L'Illustration-Sygma. 358 : Mary Evans Pict. Lby. 358/359 : Mary Evans Pict. Lby. 359 : Mary Evans Pict. Lby. 360 : Réunion des Musées Nationaux, Paris. 360/361 : British Museum : Londres. 361 h : Bottin J. 361 b : Dagli Orti G. 362 : Bibliothèque nationale de France, Paris. 362/363 h : Charmet J.L. 362/363 b : Société Française de Photographie. 364 : Dagli Orti G. 365 h : Josse H. 365 b : Vigne J. 366 h : Lauros-Giraudon. 366/367 b : Lauros-Giraudon. 367 : Lauros-Giraudon. 368 h : Lorette P 368/369 b : Lorette P 369 : Lauros-Giraudon. 370 : Charmet J.L. 370/371 : Roger-Viollet. 371 : Tallandier. 372 : Charmet J.L. 373 h : Corbis-Bettmann-PPCM. 373 b : Corbis-Bettmann-PPCM. 374 h : Bridgeman Art Library. 374 b : Charmet J.L. 375 : Charmet J.L. 376 : Hulton Deutsch Collection. 376/377 : Hulton Deutsch Collection. 377 : Mary Evans Pict. Lby. 378 g : Edimedia. 378 bd : Dagli Orti G. 379 : Dagli Orti G. 380/381 h : Lauros-Giraudon. 380/381 m : Bildarchiv Preussischer Kulturbesitz. 381 : Bildarchiv Preussischer Kulturbesitz. 382 : Mary Evans Pict. Lby. 383 h : Archive Photos. 383 b : FPG-Explorer. 384 : Bibliothèque nationale de France, Paris. 384/385 : Lauros-Giraudon. 385 : Bibliothèque nationale de France, Paris. 386 : Charmet J.L. 387 b : Charmet J.L. 387 h : Charmet J.L. 388 : DITE. 388/389 : DITE. 389 : Schlereth-Explorer. 390 hd : Charmet J.L. 390 bg : Edimedia. 391 : Charmet J.L. 392/393 : Dagli Orti G. 393 h : Scala. 393 b : Mayer et Pierson. 394 : Edimedia. 395 h : Gesgon A.-Cirip. 395 b : Hulton Deutsch Collection. 396 : DITE. 396 : DITE. 397 h : Bettmann Archive. 397 b : Bettmann Archive. 398 : Bettmann Archive. 399 hg : Kharbine Tapabor. 399 : Schroder-Roc Mount N.-Sygma. 400 : DITE. 401 : Roger-Viollet. 402 : Vigne J. 402/403 : Vigne J. 403 : Vigne J. 404 b : Shogakukan. 404 : Coll. Larousse. 404/405 h : Réunion des Musées Nationaux, Paris. 406 : Kharbine Tapabor. 407 h : Charmet J.L. 407 b : Dagli Orti G. 408 h : Lauros-Giraudon. 409 b : Coll. Larousse. 409 : Lauros-Giraudon. 410 h : Bassano. 410 h : Braun. 411 : D.R. 412/413 : Centre d'information de l'éclairage. 413 : DITE. 414 : Kharbine Tapabor. 414/415 Josse H. 415 : Vigne J. 416 h : Kharbine Tapabor. 416 m : Lorette P. 416 b : Bildarchiv Preussischer Kulturbesitz. 418 h : Peugeot Sochaux. 418 b : Explorer. 419 : Lauros-Giraudon. 420 : Roger-Viollet. 420/421 Cherfic P.-Fotogram Stone. 421 : Dagli Orti G. 422/423 Bettmann-Corbis. 423 b : Corbis. 423 h : Bettmann-Corbis. 424/425 : Thouvenin-Explorer. 425 : Explorer. 426 : Kharbine-Tapabor. 427 h : Kharbine-Tapabor. 427 md : Kharbine-Tapabor. 428 : Lauros-Giraudon. 428/429 : Roger-Viollet. 429 : Roger-Viollet. 430 : Coll. Larousse. 431 h : AKG, Paris. 431 bd : Popperfoto-Cosmos. 431 b : AKG, Paris. 432/433 : Charmet J.L. 434 h : D.R. 434/435 : Oronoz-Artephot. 434 b : Kikuchi S.-Magnum. 435 md : Schings E.-Explorer. 435 bd : AKG, Paris. 435 bg : Archive Photos. 436 : Edimedia. 436/437 : Dagli Orti G. 437 : Edimedia. 438 : A.D.P.C.-Artephot. 439 h : L'Illustration-Sygma. 439 b : Kharbine Tapabor. 440 h : Ambassade de la République d'Afrique du Sud. 440/441 b : Ambassade de la République d'Afrique du Sud. 441 : D.R. 442 b : Mary Evans Pict. Lby. 442 h : Hulton Deutsch Collection. 443 : Mary Evans Pict. Lby. 444/445 h : DITE. 444/445 m : Coll. C. Dolfus. 444/445 b : Coll. Larousse. 446 : Gribayedoff. 446/447 : Keystone l'Illustration. 447, Paris-Match. 448 bg : Kramer E.-Edimedia. 448 : AFP. 449 : D.R. 450 b : Gohier F.-Explorer. 450 h : ADPC-Artephot. 451 hg : Mary Evans Pict. Lby. 451 md : Kharbine Tapabor. 452 : Keystone. 453 g : Keystone. 453 bd : Roger-Viollet. 454 g : Coll. Larousse. 454 d : FPG-Explorer. 455 : Dagli Orti G. 456 : Archives Larbor. 456/457 : Hawthorne A. -Corbis. 457 : Kharbine Tapabor. 458 : Kharbine Tapabor. 459 : Keystone. 459 md : Vigne J. 460/461 : DITE. 461 : DITE. 462 : Roger-Viollet. 463 h : Roger-Viollet. 463 b : Monde & Caméra. 464 : Kharbine Tapabor. 465 h : L'Illustration-Sygma. 465 md : L'Illustration-Sygma. 466 : Hulton Deutsch Collection. 466/467 : Roger-Viollet. 467 : Hulton Deutsch Collection. 468 : Roger-Viollet. 469 h : Musée de l'Armée, Paris. 469 b : Roger-Viollet. 470/471 : Tallandier. 471 m : D.R.471 h : Roger-Viollet. 472 : Bildarchiv Preussischer Kulturbesitz. 473 bg : Hulton Deutsch Collection. 473 hd : Hulton Deutsch Collection. 474 : Charmet J.L. 474 b : D.R. 475 g : Roger-Viollet. 475 d : Hulton Deutsch Collection. 476 : Keystone. 477 h : Bettmann Archive. 477 md : Bettmann Archive. 478 : Archives Larbor. 478/479 : Archive Photos. 479 : Harlingue-Roger-Viollet. 480 : Musée

Pasteur, Paris. 481 h : Musée Pasteur, Paris. 481 b : Musée Pasteur, Paris. 482 hd : Keystone l'Illustration. 483 hg : Sipa Press. 483 hd : Edimedia. 484 : Coll. Larousse. 484/485 h : Roger-Viollet. 484/485 b, Paris-Match. 486 : L'Illustration-Keystone. 486/487 : L'Illustration-Keystone. 487 : L'Illustration-Keystone. 488 : Archives Larbor. 489 g : Imperial War Museum/Archives Larbor. 489 hd Kharbine-Tapabor. 490 : Roger-Viollet. 491 h : Associated Press. 491 b : The Oakland Museum. 492 h : Bettmann Archive. 492 b : Roger-Viollet. 493 : Keystone. 494 : DITE. 494/495 : Bundesarchiv. 495 : Bundesarchiv. 496 : Rieussec. 496/497 : Imapress. 497 : Rieussec. 498 : Coll. R. Dazy. 498/499 : Novosti-Gamma. 499 : Roger-Viollet. 500 : Coll. Larousse. 500/501 : Keystone. 501 mh : Keystone. 501 hd : Schall R. 502 : Popperfoto-Cosmos. 503 h : Popperfoto-Cosmos. 503 b : D.R. 504 : L'Illustration-Sygma. 505 h : Kharbine Tapabor. 505 b : Bettmann Archive. 506/507 : Keystone. 506 : Keystone. 507 : Seymour D.-Magnum. 508 : Keystone. 508/509 b : Vaneck O 509 hg : Charmet J.L. 509 hd : Roger-Viollet. 510 : D.R. 510/511, Paris-Match. 511 : AFP. 512 : Coll. Larousse. 512/513 : Hubmann H.-Bildarchiv Preussischer Kulturbesitz. 513 : Vigne J. 514/515 : Tallandier. 515 g : Tallandier. 515 mb : Roger-Viollet. 516/517 h : Imapress. 516/517 b : Imapress. 517 : Capa R.-Magnum. 518 : Coll. Larousse. 518/519 : Roger-Viollet. 519 : Tallandier. 520 h : Keystone. 520 b : Bettmann Archive. 521 : Centre de Documentation Juive Contemporaine. 522/523 h : DITE. 522/523 b : DITE. 523 : Bischof W.-Magnum. 524 : Tass. 524/525 : Novosti. 525 : Novosti. 526/527 h : DITE. 526/527 b : DITE. 527 : Dubure-Rapho. 528/529 h : U.S. Army. 528/529 b : Gamma. 529 : Bildarchiv Preussischer Kulturbesitz. 530 hg : Bettmann Archive. 530 bd : Bettmann Archive. 531 hg : Bettmann Archive. 532/533 : Stoddart T./Katz Pictures-Cosmos. 534 h : Cosmos. 534 h : Cosmos. 534 m : Studio X-Gamma. 534 b : Dubout-Photeb. 535 h : Gaumy J.-Magnum. 535 bg : Reuter-Sygma. 535 mb : Jones J.-Sygma. 536 b : Corbis. 536 h : Rotkin-Corbis C.E. 537 : Rainier C.-Corbis. 538 : AFP. 538 h : Sygma-Keystone l'Illustration. 539 : Tallandier. 540 : AFP. 540 hg : Tallandier. 541 md : Tallandier. 542/543 : London Science Museum, Londres. 543 g : National Portrait Gallery, Londres. 543 d : DITE. 544 : Corbis. 544/545 Bettmann-Corbis. 545 : Bettmann-Corbis. 546 h : Roger-Viollet. 546 b : Roger-Viollet. 547 : Gesgon A.-Cirip. 548 hd : Gesgon A.-Cirip. 548 bg : Bettmann-PPCM. 549 : Bettmann-PPCM. 550/551 h : Keystone. 550/551 m : Keystone l'Illustration. 550/551 b : Keystone. 552 : Keystone. 552/553 : Keystone. 553 : Keystone. 554 : Baldev-Sygma. 554/555 : Baldev-Sygma. 555 : Silverstone M.-Magnum. 556 hg : Keystone. 556 bd : AFP. 557 : Bettmann Archive. 558 g : Leloir J.P 558 hd : Bettmann Archive. 559 : Cordesse A.-Editing. 560 : Coll. Christophe L. 561 h : Popperfoto. 561 b : AFP. 562 : Royal Geographical Society, Londres. 563 h : Ichac M.-Coll. Larousse. 563 m : Royal Geographical Society : Londres. 563 b : Froissardey-Atlas Photo-Coll. Larousse. 564 bg : Popperfoto-Cosmos. 564 hd : AFP. 565 g : Kipa. 565 d : Kipa. 566/567 : Keystone. 567 h : Morgan-Explorer. 567 b : DITE. 568 : Keystone. 568/569 : Explorer. 569 : AFP. 570 : Keystone. 570/571, Paris-Match. 571 : Keystone. 572/573 : Ambassade d'Indonésie. 573 g : Bischof W.-Magnum. 573 d : Bischof W.-Magnum. 574 h : Lessing E.-Magnum. 574/575 b : Lessing E.-Magnum. 575 : Keystone. 576 h : Keystone. 576/577 m : Tetrel P 576/577 h : Keystone. 577 mh : AFP. 577 hd, Paris-Match. 578 b : Moch Michel-Archipress. 578/579 : Held S. 579 hd : Held S. 580 : Lessing E.-Magnum. 580/581 : Keystone. 582 b : Boulat-Sipa. 582 mg : Bettmann-Corbis. 583 Boutin G.-Explorer. 584 : Cartier Bresson H.-Magnum. 584/585 : Edimedia. 586 : Bettmann-Corbis. 586/587 : Bettmann-Corbis. 587 : Roque A.-AFP. 588 h : Novosti. 588 b : Novosti. 589 : Novosti. 590 h : Imapress. 590/591 b : Imapress. 591 : Imapress. 591 : Imapress. 592 h : Tikhominoff-Magnum. 592/593 b : Poli-Rapho. 593 g : Gamma. 593 md, Paris-Match. 594 : CIRIC. 594/595 CIRIC. 595 : Bettmann-Corbis. 596 : Bettmann Archive. 597 h : Miller W.-Magnum. 597 b : Imapress. 598 : Rieussec. 598/599 h : Imapress. 598/599 b : Koch B.-Rapho. 600 : Caron G. 600 md : Imapress. 601 : Capa R.-Magnum. 602 b : Bettmann-Corbis. 602 h : Bettmann-Corbis. 603 : Chenet J.M.-Corbis. 604 : Bureau H.-Sygma. 605 h : Bich I.-Sygma. 605 b : Bich I.-Sygma. 606 : Caron G. 606/607 : Keystone. 607 md : Doisneau R.-Rapho. 607 bd : Barbey B.-Magnum. 608 : Cartier-Bresson H.-Magnum. 609 g : Buriot J.-Gamma. 609 d : Cagnoni-Magnum. 610 : Simonpietri Ch.-Sygma. 610/611 : Wheeler N.-Sygma. 611 : Sygma. 612 : Nasa-Cosmos. 612/613 : Nasa-Cosmos. 613 : Nasa-Cosmos. 614 b : Gesgon A.-Cirip. 614/615 : Gesgon A.-Cirip. 615 : Europapress-AFP. 616 : Deutsche Presse Agentur GmbH. 617 h : Keystone. 617 b : Deutsche Presse Agentur GmbH. 618 h : Sygma. 618 b : Agence pour la maîtrise de l'énergie. 619 : Annebicque B.-Sygma. 620 : Joffre-Explorer. 620/621 : Cosmos. 621 : Joffre-Explorer. 622 b : AFP. 622 h : Thomas R.-Reuters-MaxPPP. 623 Thomas M.-Gamma. 624/625 : Laffont J.P.-Sygma. 624 : Laffont J.P.-Sygma. 625 : Bettmann Archive. 626 : AFP. 626/627 : Francolon J.C.-Gamma. 627 g : Sipa Press. 627 d : Bureau H.-Gamma. 628 h : Nogues A.-Sygma. 628 b : Bartholomew P.-Gamma. 629 : Nogues A.-Sygma. 630 : Charmet J.L. 630/631 : Niepce-Rapho. 631 : Ledru-Sygma. 632/633 : Wheeler N.-Sipa Press. 633 g : Francolon J.C.-Gamma. 633 d : Bettmann Archive. 634 h : AFP. 634 mg : AFP. 635 : Keystone. 636 : AFP. 636/637 : EFE-Sipa Press. 637 : AFP. 638 : Griffiths-Magnum. 638/639 : Dudman R.-Sygma. 639 : Vichith S.-Gamma. 640 : Jalain F.-Explorer. 641 g : Gamma. 641 hd : Leroy C.-Gamma. 642 : Berry I.-Magnum. 642/643 : Mayer F.-Magnum. 643 : Berry I.-Magnum. 644 bg : Roger-Viollet. 644 hd : Coetzer-Sygma. 645 : Hobbs G.-Gamma. 646 : Keystone. 646/647 : De Keerle E.-Gamma. 647 : Wolf A.-Explorer. 648 : Setboun-Sipa Press. 648/649 h : Farnood-Sipa Press. 648/649 b : Abbas-Gamma. 650 h : Sygma. 650 m : Sygma. 651 : Bureau H.-Sygma. 652 hm : Nasa-Explorer. 652 d : Torbjorn L.-Gamma. 653 : Chatin-Cayets-Gamma. 654 g : Halebian-Gamma. 654 m : Becker J.-BSIP. 655 : Besson-Sygma. 656 : Goldberg D.-Sygma. 656/657 h : Goldberg D.-Sygma. 656/657 b : Vauthey P.-Sygma. 657 : Melloul R.-Sygma. 658 g : Franklin S.-Sygma. 658 bd : Franklin S.-Sygma. 659 : Spooner-Gamma. 660 h : Gadreau-Explorer. 660 m : Gardin N. 661 : Shai M.-Corbis. 662 h : Langevin J.-Sygma. 662 b : Imapress. 663 : Aubert D.-Sygma. 664 : Pavlovsky J.-Sygma. 665 h : Scianna F.-Magnum. 665 md : Scianna F.-Magnum. 666 : Novosti-Gamma. 667 g : Kostin I.-Sygma. 667 d : Contrast-Gamma. 668 h : Bauluz X.-Vu. 668 b : Rosen/Saba-REA. 669 : Bauluz X.-Vu. 670 : Merillon G.-Gamma. 670/671 m : AFP. 670/671 h : Hires C.-Gamma. 671 : Stevens W.-Gamma. 672 : Langevin J.-Sygma. 672/673 : Associated Press. 673 : Langevin J.-Sygma. 674 h : Durand P.-Sygma. 674 b : Durand P.-Sygma. 675 : Gamma. 676/677 h : Hirez-Gamma. 676/677 m : AFP. 677 : Saussier G.-Gamma. 678/679 : van der Stockt L.-Gamma. 679 h : Tagaste M.-Gamma. 679 m : Menouar-Gamma. 680 : AFP. 680/681 h : Gamma. 680/681 b : Gamma. 682 : Roobert-Sygma. 683 h : Nogues A.-Sygma. 683 : Cadoret-Sygma. 684 : CCE. 684/685 : CCE. 685 : Vernier-Sygma. 686 : S.P.L./NASA-Cosmos. 687 h : Photri. 687 b : Photri. 688 Merillon G.-Gamma. 689 Yurman W.-Gamma. 689 h : AFP. 690 : Mahau Kulik/SPL-Cosmos. 691 hd : Olley/Network-Rapho. 691 hg : Testelin X.-Rapho. 692 Dufka C.-Reuters-MaxPPP. 692/693 : Peterson S.-Gamma. 693 : Dufka C.-Reuters-MaxPPP. 694 : Duclos A.-Gamma. 694/695 : Gamma. 695 : Konstantin Zavrazhin-Gamma. 696 : Roge T.-Reuters/MaxPPP. 696/697 : Sygma. 697 : Rossignol P.-Reuters-MaxPPP. 698 bg : Haley-Sipa Press. 698/699 : Bettmann-700 h : Zamur Art-Gamma. 701 : Paoni-Contrasto-Gamma. 702 : Schacht.-Sipa Press. 703 hg : Lima M.-AFP. 703 b : Ruggieri A.-Image Bank. 704 g : AP / Sipa. 704 d : Peter C. Brandt / Liaison / Sipa. 705 : Simon C.-STF-AFP. 706 : Catuffe / Sipa. 707 h : Raedle / Getty / Sipa. 707 b Facelly / Sipa. 708 : Zavrazhin K.-Gamma. 709 ht : Dolzhenko S.-EPA-Sipa. 709 b : Dima G.-Gamma. 710 : Digitalglobe-HO-AFP. 711 h : Nogy K.-STR-AFP. 711 b : US Navy-Gamma.

N° de projet : 11003485
Imprimerie : graficas Estella
Dépôt légal : octobre 2005
Imprimé en Espagne (Pinted in Spain)
505562-03-février 2006